Rechtsitalienisch

Deutsch-italienisches und italienisch-deutsches
Rechtswörterbuch für jedermann

von
Gerhard Köbler
o. Universitätsprofessor

unter Mitarbeit von
Esther Neulichedl,
Monika Hohenauer,
Meinhard Durnwalder sowie
Gregor Christandl

2., überarbeitete Auflage

Verlag Franz Vahlen München

Verlag Franz Vahlen im Internet:
beck.de

ISBN 3 8006 3024 9

Wilhelmstr. 9, 80801 München
Satz: DTP-Vorlagen des Autors
Druck und Bindung: Druckhaus Nomos
In den Lissen 12, 76547 Sinzheim

Gedruckt auf säurefreiem, alterungsbeständigem Papier,
hergestellt aus chlorfrei gebleichtem Zellstoff

VORWORT

Die geschichtliche Entwicklung der Menschheit hat es verhindert, dass die vielleicht ursprünglich an einem Ort entstandene Sprache, mit deren Hilfe die Menschen am leichtesten Wissen ermitteln und vermitteln können, in der Gegenwart eine einzige große Einheit bildet. Vielmehr sprechen die auf etwa 200 Staaten aufgeteilten sechs Milliarden Erdenbürger des beginnenden 21. Jahrhunderts weit mehr als fünftausend unterschiedliche Sprachen (geschätzt 6500, davon mehr als die Hälfte mit weniger als zehntausend Sprechern, rund 50 mit nur noch einem Sprecher, derzeit stirbt alle zwei Wochen eine Sprache mit ihrem letzten Sprecher aus). Deshalb kann weder ein einziger Mensch mit allen anderen Menschen noch wenigstens eine Mehrheit der Menschen mit einer anderen Mehrheit unmittelbar sprachlich Wissen tauschen, sondern zahlreiche Minderheiten verstehen sich problemlos nur unter sich selbst.

In auffälligem Gegensatz zu dieser geschichtlich entstandenen sprachlichen Zerstreutheit und Unterschiedlichkeit verdichtet und vereinheitlicht sich das gesamte irdische Zusammenleben in unseren Tagen immer rascher. Mit Hilfe der modernen Verkehrsmittel kann jeder Mensch jeden beliebigen Ort der Erde in wenigen Tagen oder Stunden erreichen. Durch die elektronische Datenverarbeitung ist es sogar möglich geworden, in Sekundenschnelle jede Nachricht überall verfügbar zu machen.

Damit müssen auch die unterschiedlichen Sprachgemeinschaften und Rechtsordnungen notwendigerweise in immer engere Verbindung zueinander treten. Geschäfte werden immer häufiger mit ausländischen Partnern abgeschlossen. Leistungen werden immer öfter in fremden Ländern erbracht.

Die dadurch wachsende moderne globale Internationalisierung zeigt sich für uns Europäer am deutlichsten in der Europäischen Union. Zwar wird dort noch für lange Zeit das jeweilige partikulare Recht vorherrschen. Aber schon seit vielen Jahren werden an vielen Stellen gesamteuropäische Gemeinsamkeiten immer klarer sichtbar, ist die gesamteuropäische Zusammenarbeit längst Wirklichkeit geworden und bricht sich europäisches Recht und als augenfälligste Erscheinungsform seit 2002 europäisches Geld in den europäischen Staaten allerorten Bahn.

Umso wichtiger wird es von Tag zu Tag, fremde Sprachen und die in ihnen ablaufenden Wirklichkeitsausschnitte zu kennen und zu begreifen. Nicht umsonst verwenden die europäischen Gemeinschaften umfangreiche Mittel für Kommunikationsprogramme wie Erasmus, Sokrates oder Leonardo. Nicht ohne Grund gewinnt auch für den Juristen das außerdeutsche Recht immer mehr an Gewicht.

Über die Kenntnis der eigenen Rechtsordnung hinaus wird von ihm heute aus den tatsächlichen Gegebenheiten heraus immer öfter auch Wissen über fremde

Rechtsordnungen erwartet. Dieses steht dem Einzelnen aber aufgrund seiner stets begrenzten Studienzeit jeweils nur in beschränktem Umfang zur Verfügung. Darüber hinaus ist es selbst hier in seinem Bestand von ständiger Veränderung bedroht.

In dieser schwierigen Lage ist es zwar für die Aufgabe, Texte so zu übersetzen, als wären sie in der Zielsprache geschrieben, theoretisch an sich in jedem internationalen Rechtsfall erforderlich, umfangreiche Vergleiche der unterschiedlich artikulierten betroffenen Rechtsordnungen anzustellen, was dem am leichtesten fällt, der sie kurz vorher durch kostbare Lebenszeit verschlingende Studien kennen gelernt hat. Dieser zeitliche Aufwand ist aber immer nur einigen und für jeweils eine oder höchstens zwei fremde Rechtskulturen möglich. Umfassende, erhebliche Anstrengungen und beträchtliche Mittel erfordernde Terminologiebanken stehen dem Einzelnen, insbesondere dem Studierenden oder dem praktisch tätigen Juristen, kaum jemals wirklich für die Alltagsarbeit zu Gebote.

Vielmehr muss er sich in der zur sofortigen Lösung zwingenden Wirklichkeit trotz des eindeutigen Bewusstseins möglicher Verschiedenheiten von Gegebenheiten, Voraussetzungen und Folgen zumindest vorläufig mit dem klaren schlichten mehrsprachigen Wörterbuch bescheiden und gegebenenfalls bei der Übersetzung Begriffe der Ausgangssprache in Klammern hinzugefügt beibehalten, so bedauernswert dies dem auslandsrechtlichen Spezialisten auch erscheinen mag. Um jedem ein unmittelbares Hilfsmittel in besonders einfacher und preiswerter Form für die gegenwärtig aktuellen Fragen zur Verfügung zu stellen, habe ich auf der sachlichen Grundlage meines in vielen Auflagen vorliegenden, alle Gebiete der gesamten Rechtswissenschaft angemessen einbeziehenden deutschen Juristischen Wörterbuchs den Plan gefasst, mit Hilfe mehrsprachiger Mitarbeiter zweisprachige Übersichten über den gegenwärtigen Grundwortschatz wichtiger Fremdsprachen herzustellen. Sie sollen trotz aller mit dieser demokratisierenden Vereinfachung verbundenen Schwierigkeiten jedermann grundsätzlich in den Stand versetzen, auf Grund seiner allgemeinen Kenntnisse der jeweiligen fremden Sprache im Rechtskernbereich fremde Rechtswörter in der eigenen Sprache zu verstehen und eigene Rechtswörter in der fremden Sprache zum Ausdruck zu bringen.

Bei der Verwirklichung dieses Plans an die Spitze gestellt habe ich das weltweit besonders bedeutsame Neuenglische (370 Millionen Muttersprachler, vielleicht eine Milliarde Zweitsprachler). Für dieses Rechtsenglisch habe ich eine kurze sachliche Einführung in Geschichte und Gegenwart geboten, in vom Textverarbeitungssystem Word bestimmter alphabetischer Ordnung für die wichtigsten deutschen Rechtswörter die wichtigsten englischen und amerikanischen Bedeutungen ermittelt und dieses einfache Ergebnis in ein englisch/amerikanisch-deutsches Gegenstück umgekehrt. In gleicher Weise bin ich seitdem mit Französisch, Italienisch, Spanisch, Russisch, Polnisch, Chinesisch, Türkisch und Tschechisch verfahren.

Konzeption und Ausführung dieser ganz einfachen Hilfsmittel sind auf großes Interesse der Öffentlichkeit gestoßen. Deswegen ist eine Ausdehnung auf weitere Sprachen von mir angestrebt.
Für Rechtsitalienisch ist für die zweite Auflage der gesamte Grundstock überprüft, verdichtet und verbessert worden. Freundliche Anregungen habe ich soweit berücksichtigt, wie es der Rahmen eines preiswerten Taschenbuches zulässt. Erfasst sind mehr als 12 000 deutsche Stichwörter und mehr als 15 000 italienische Entsprechungen.
Möglich geworden ist mir dieses Werk durch den liebenswürdigen Einsatz Esther Neulichedls, Monika Hohenauers, Meinhard Durnwalders und Gregor Christandls. Zu danken habe ich für die formale Gestaltung wieder Veronika Schönegger und Josef Schönegger, für sonstige Förderung Judith Köbler, Sandra Distler und Eva Tiefenbrunner sowie dem mir seit langem verbundenen Verlag. Möge unsere gemeinsame, für Anregungen stets offene und dankbare Anstrengung (nobody is perfect) dazu beitragen, dass die Rechtswörterbücher den ersten, jederzeit anderwärts vertiefbaren Einstieg in die Welt der internationalen Jurisprudenz für jedermann eröffnen.
Wer die sachlichen Inhalte der deutschen Rechtswörter näher kennen lernen will, kann dazu mein Juristisches Wörterbuch verwenden. Wer sich entstehungsanalytisch für die geschichtliche Herkunft der deutschen Rechtswörter interessiert, kann mein Deutsches Etymologisches Rechtswörterbuch zu Rate ziehen. Wer die sachgeschichtlichen Hintergründe erfahren will, kann mein Lexikon der europäischen Rechtsgeschichte befragen.
Hinweisen lässt sich bei dieser Gelegenheit vielleicht auch noch darauf, dass Hinweise mich am schnellsten erreichen über meine e-mail-Adresse Gerhard.Koebler@uibk.ac.at. Viele meiner Arbeiten sind ganz oder teilweise im Internet unter der Adresse http://www.koeblergerhard.de einsehbar. Wer darüber hinaus an der Erarbeitung eines knappen und klaren Europäischen Universalgesetzbuchs mitwirken will, ist herzlich eingeladen, mir seine Vorstellungen, Vorschläge oder Entwürfe oder auch allgemeineren Nachrichten unmittelbar zuzuleiten.

In veritate libertas! Ceterum censeo corruptionem esse delendam! Felix faustusque veridicus!

Bozen, Innsbruck, Tirol, den 5. Dezember 2003 Gerhard Köbler

EINFÜHRUNG

Literatur: Brandt, E./Lori, V., Grundwortschatz der Rechtssprache, 1997; Cavagnoli, S./Woelk, J., Einführung in die italienische Rechtssprache, 1997; Conte, G./Boss, H., Wörterbuch der Rechts- und Wirtschaftssprache, Bd. 1 5. A. 2001, Bd. 2 6. A. 2002; David, R./Grasmann, G., Einführung in die großen Rechtssysteme der Gegenwart, 2. A. 1988; Englert, T., Deutsche und Italienische Zivilrechtsgesetzgebung 1938–1945, 2003; Jahrbuch zum Italienischen Recht, hg. v. Jayme, E./Mansel H., 1988ff; Kindler, P., Einführung in das italienische Recht, 1993; Luther, G., Einführung in das italienische Recht, 1968 (vergriffen); Massari, I., Italienische Rechtsliteratur, 1999; Paladin, L., Le fonti del diritto italiano, 2. A. 2000; Rheinstein, M., Einführung in die Rechtsvergleichung, 2. A. 1987; Römer, E., Italienische Mediensprache, 2002; Troike-Strambaci, H./Helffrich-Mariani, E., Wörterbuch für Recht und Wirtschaft, Bd. 1 3. A. 2000, Bd. 2 2. A. 1999

A. Geschichte

Literatur: Pecorella, C., Lezioni di storia del diritto italiano, 2000; Reinhardt, V., Geschichte Italiens, 1999

I. Die alten Völker

Am Ende des zweiten vorchristlichen Jahrtausends wanderten die indogermanischen Italiker von Norden aus als Hirten und Bauern in die zwischen Alpen und Afrika gelegene, mittlere Halbinsel Europas ein. Unter griechischem und etruskischem Einfluss legten sie Stadtsiedlungen an. Von den Griechen wurde der südöstlichste Teil der Halbinsel im 6./5. Jh. v. Chr. als Italia bezeichnet. Wenig später setzte sich der latinische Teilstamm der nach ihrer angeblich 753 v. Chr. von Romulus und Remus gegründeten Stadt Rom benannten Römer auf der Halbinsel durch. Sie übertrugen den Namen Italia auch auf ihr Gebiet. Mit ihren Eroberungen breitete er sich nordwärts bis zu den Alpen aus. Im Bereich ihrer Herrschaft galt das von ihnen entwickelte, unter griechischem Einfluss bereits 451/450 v. Chr. in den berühmten Zwölf Tafeln fassbare Recht. Seiner Anwendung widmete sich anfangs die Priesterschaft, seit dem 3. Jh. v. Chr. eine aus Angehörigen der Oberschicht gebildete Gruppe von weltlichen Fachleuten. Sie begründete die fünf Jahrhunderte blühende römische Rechtswissenschaft.

Als diese im 3. Jh. n. Chr. unvermutet verfiel, erlangte das Gesetz des römischen Kaisers die größte Bedeutung für das Recht. In den Jahren 528 bis 534 verwendete der oströmische, in Konstantinopel (Byzanz) residierende Kaiser Justinian (527–565) dieses Gesetz als Mittel, um das römische Recht in dem am Beginn der Neuzeit so genannten corpus iuris civilis zu sammeln. Das Ergebnis seiner Tätigkeit bestand aus dem Codex (Sammlung der bisherigen Kaisergesetze), aus den Institutionen (einem Einführungslehrbuch) und aus den Digesten (einer Zusammenfassung des gesamten Schrifttums der seit drei Jahrhunderten verfallenen Rechtswissenschaft), zu denen später noch die nach 534 entstandenen neuen Kaisergesetze (Novellen) hinzu kamen.

II. Mittelalter und frühe Neuzeit

Italien selbst war schon zuvor unter die Herrschaft des germanischen Söldnerführers Odowakar geraten, der im Jahre 476 den letzten weströmischen Kaiser abgesetzt hatte. Ihm war Theoderich der Große mit den Ostgoten gefolgt. 568 n. Chr. drangen wiederum von Norden die Langobarden ein und brachten große Teile der Halbinsel an sich, während andere Teile von Ostrom (Byzanz) zurück gewonnen wurden.
Die damit eingetretene herrschaftliche Zersplitterung blieb auch bestehen, als der neue fränkische König Pippin dem in Rom lebenden Papst als Dank für die Unterstützung bei der Entmachtung der merowingischen Königsfamilie in der Mitte des 8. Jahrhunderts die nordöstlichen Gebiete Ostroms in Italien durch Schenkung übertrug und sein Nachfolger Karl der Große 774 das langobardische Gebiet seinem fränkischen Reich eingliederte. Sie nahm sogar noch zu, als im Gefolge der christlichen Kreuzzüge in das Heilige Land der Handel im Mittelmeer aufblühte und die aufstrebenden Städte vor allem der Lombardei seit dem 12. Jahrhundert um politische Unabhängigkeit rangen. Lose dem deutschen Reich bis in das 18. Jahrhundert eingefügt entstanden nördlich des von Rom aus geleiteten päpstlichen Kirchenstaats zahlreiche Fürstentümer und Stadtstaaten wie Savoyen, Piemont, Mailand (später Lombardei), Genua, Venedig (später Venetien), Verona, Mantua, Modena, Parma, Florenz (später Toskana), Lucca oder Pisa. Von Sizilien aus setzten sich im Süden die über die Normandie aus dem Norden kommenden Normannen fest.
Fast unmerklich ging dabei allmählich das volkssprachige Latein in das eigenständige Italienisch über. Als seine ersten schriftlichen Zeugnisse sind aus dem neunten Jahrhundert ein Rätsel von Verona und aus den Jahren um 960 eine Eidesformel aus Capua bekannt. Nach einer Ansicht im 13. Jahrhundert, nach anderer Ansicht am Beginn der Neuzeit (Bembo, P., Prose della volgar lingua, 1525) geht dieses ältere, die Strukturen seiner sprechsprachlichen Grundlage deutlich bewahrende Italienisch (Altitalienisch) in neueres Italienisch über, in dem sich erst im 19. Jahrhundert der toskanische, von Florenz geprägte Dialekt mehr und mehr durchzusetzen beginnt.

Fast gleichzeitig mit den politisch-äußerlichen Entwicklungen wurden in der zweiten Hälfte des 11. Jahrhunderts die im Westen in Vergessenheit geratenen Digesten des oströmischen Kaisers Justinian in Unteritalien wieder entdeckt und abschriftlich nach Bologna vermittelt. Dort bildeten sie den Ausgangspunkt einer neuen wissenschaftlichen Beschäftigung mit dem Recht der römischen Juristen. Dieses trat bald als gemeines Recht neben die zahllosen örtlichen, auf römischrechtlich-volksrechtlicher Grundlage geschaffenen Statuten der verschiedenen lokalen Herrschaften, wobei zwar dem besonderen Ortsrecht theoretisch der Vorrang eingeräumt, über seine enge Auslegung aber den allgemeinen Regeln doch auch erheblicher Raum gewährt wurde.
In Bezug auf ganz Europa nahm Italien damit eine herausragende Stellung ein. Zahlreiche Scholaren zogen zum Studium zunächst des weltlichen und wenig später auch des durch die Arbeit des Mönches Gratian in Bologna geförderten kirchlichen Rechts über die Alpen nach Bologna, Pavia, Ferrara, Padua oder Perugia, wo sich im Gefolge des Irnerius Glossatoren um ein besseres Verständnis der Texte Justinians bemühten und seit dem 14. Jahrhundert Konsiliatoren wie Baldus oder Bartolus erfolgreich die Lösung praktischer Gegenwartsfragen mit Hilfe des römischen Rechts betrieben. So beispielhaft verfuhren die italienischen Professoren der Jurisprudenz hierbei, dass ihre Arbeitsweise als sog. mos Italicus die gesamte europäische Rechtswissenschaft bis zum Beginn der Neuzeit bestimmte und erst danach der sog. mos Gallicus der französischen Humanisten an seine Stelle trat.

III. Das neue Italien

Literatur: Astuti, G., La formazione dello Stato moderno in Italia, 1967; Ghisalberti, C., Storia costituzionale d'Italia 1848–1948, 2. A. 1978; Ghisalberti, C., La codificazione del diritto in Italia 1865–1942, 7. A. 2000

Noch im 18. Jahrhundert dauerte die starke Zersplitterung der Herrschaft auf der Halbinsel an, so dass man von Italien nur in einem geographischen Sinn sprechen konnte. Das aus den Eroberungen der Normannen im Süden entstandene Königreich beider Sizilien (mit Neapel) kam über Spanien und Habsburg 1735 an die Bourbonen. In der Mitte lag der päpstliche Kirchenstaat. Die Lombardei fiel 1714 an Habsburg, das Großherzogtum Toskana 1737, Modena 1814 und Venedig/Venetien 1815. Im Nordwesten waren die Grafen von Savoyen im 15. Jahrhundert zu Herzögen aufgestiegen, hatten ihr Interesse zunehmend nach dem östlichen Piemont verlagert und sich nach dem zusätzlichen Gewinn des Königreiches Sizilien (1713) als Könige bezeichnet, obwohl sie wenig später Sizilien gegen Sardinien wieder hatten abgeben müssen.
Trotz oder gerade wegen dieser herrschaftlichen Zersplitterung erwachte im Anschluss an die französische Revolution von 1789 in bürgerlichen Kreisen Italiens allmählich ein liberalitalienisches Nationalgefühl. Gemeinsam mit

Frankreich zog bei günstiger Gelegenheit der König von Sardinien-Piemont (-Savoyen) 1859 gegen das habsburgische Österreich, das nach Verlusten die Lombardei räumen musste. 1860 musste Sardinien-Piemont zwar das Stammland Savoyen an das napoleonische Frankreich abgeben, konnte aber andererseits noch Toskana, Modena, Parma und die Romagna aus dem Kirchenstaat gewinnen. Danach wurden die Bourbonen aus Neapel-Sizilien vertrieben und die Marken sowie Umbrien angeschlossen. Am 17. 3. 1861 nahm daraufhin der König von Sardinien den Titel eines Königs von Italien an. Im Oktober 1866 wurde dem geschwächten Österreich Venetien abgerungen und am 20. 9. 1870 der Kirchenstaat mit Rom bis auf geringe Reste eingezogen. Am Ende des ersten Weltkrieges kam schließlich als Lohn für den Kriegseintritt auf Seiten der Alliierten gegen Österreich und Deutschland noch Südtirol hinzu.
Dieses neue Italien, in dem 1922 Benito Mussolini als Führer der faschistischen Bewegung die Macht erlangte (Ende Oktober 1922 Ministerpräsident) und das sich nach dem verlustreichen zweiten Weltkrieg am 2./17. 6. 1946 durch Volksabstimmung gegen die Monarchie und für die Republik entschied, hatte nach der nationalen Einigung schon früh auch nach der Einheit des Rechts gestrebt. Als erstes wurde in diesem Zusammenhang die am 4. 3. 1848 nach belgisch-französischem Vorbild in Sardinien-Piemont geschaffene freiheitliche Verfassung (Statuto Albertino) unter der Vorstellung einfach übernommen, dass Sardinien-Piemont nur sein Gebiet erweitert habe. Wichtigstes Kennzeichen des nunmehr für ganz Italien geltenden Statuto Albertino war seine Flexibilität, die es ermöglichte, dass es bereits durch einfache Staatsgesetze abgeändert werden konnte. Vor allem auf diese Tatsache ist es zurück zu führen, dass das Statuto Albertino unter politisch sehr unterschiedlichen Regierungen in Kraft bleiben konnte.
1865 wurde vor allem auf der Grundlage der partikularen Leggi civili Sizilien-Neapels von 1819 und des sardinisch-piemontesischen Codice Albertino von 1838 unter Justizminister Pisanelli ein stark vom französisch-napoleonischen Code civil des Jahres 1804 beeinflusster Codice civile del regno d'Italia geschaffen und zum 1. 1. 1866 in Kraft gesetzt. Dem wurde gleichzeitig ein auf sardischer Ausgangsbasis geformter Codice di commercio zur Seite gestellt, der 1882/3 unter dem Einfluss des Allgemeinen Deutschen Handelsgesetzbuchs überarbeitet wurde. Ebenso wurde 1865 eine Zivilprozessordnung (Codice di procedura civile) erlassen. 1889 kam noch eine Strafprozessordnung (Codice di procedura penale) hinzu.
Im Strafrecht galten zunächst partikulare Strafgesetzbücher (Sizilien 1819, Parma 1820, Kirchenstaat 1832, Sardinien-Piemont 1839 bzw. 1859, Toskana 1853). Nach der Einigung Italiens wurde die Geltung des sardischen Strafgesetzbuchs auf ganz Italien (die Toskana ausgenommen) ausgedehnt und 1889 durch ein neues, in ganz Italien geltendes Strafgesetzbuch (Codice Zanardelli) ersetzt.
Unter der vom Faschismus mitbestimmten Zielvorstellung der Einheit der wirtschaftlichen Organisation wurde das Handelsgesetzbuch (ohne das Schiff-

fahrtsrecht) in das nach deutschem und Schweizer Vorbild 1942 überarbeitete Bürgerliche Gesetzbuch aufgenommen. Gleichzeitig wurde die Zivilprozessordnung neu gestaltet. Das Strafgesetzbuch war schon zum 1. 7. 1931 erneuert worden (Codice Rocco). Die Strafprozessordnung erhielt 1913, 1930 und 1988 eine modernisierte Fassung.

B. Öffentliches Recht (diritto pubblico)

Literatur: Barile/Cheli/Grassi, Istituzioni di diritto pubblico, 9. A. 2002; Caretti, P./De Siervo, U., Istituzioni di diritto pubblico, 6. A. 2002; Cuocolo, F., Lezioni di diritto pubblico, 2. A. 2002; Falcon, G., Lineamenti di diritto pubblico, 8. A. 2001; Martines, T., Diritto pubblico, 5. A. 2002; Pizzorusso, A., Sistemi giuridici comparati, 1998

I. Verfassungsrecht (diritto costituzionale)

Literatur: Berti, G., Manuale di interpretazione costituzionale, 4. A. 1994; Bin, R./Pitruzzella, G., Diritto costituzionale, 3. A. 2002; Cerri, A., Corso di giustizia costituzionale, 3. A. 2001; Crisafulli, V./Paladin, L., Commentario breve alle costituzione, 1990; Martines, T./Silvestri, G., Diritto costituzionale, 13. A. 2003; Cuocolo, F., Principi di diritto costituzionale, 1999; Die Verfassungen der EU-Mitgliedstaaten, hg. v. Kimmel, A., 5. A. 2000; Luther, J., Die italienische Verfassungsgerichtsbarkeit, 1990; Woelk, J., Konfliktregelung und Kooperation im italienischen und deutschen Verfassungsrecht, 1999

Zeitgleich mit der Entscheidung des italienischen Volkes vom 2./17. 6. 1946 gegen die durch ihre Zusammenarbeit mit dem gescheiterten Faschismus Mussolinis belastete Monarchie wurde eine aus 75 Mitgliedern bestehende verfassungsgebende Versammlung (assemblea costituente) gewählt. Diese beschloss am 22. 12. 1947 eine Verfassung mit 139 Artikeln und 18 Übergangsbestimmungen und Schlussbestimmungen, die am 1. 1. 1948 in Kraft trat. Sie begründete aber angesichts des von ihr vorgesehenen Verhältniswahlrechts nur eine politisch wenig stabile Verfassungswirklichkeit.

Nach der vorwiegend programmatisch gehaltenen Verfassung ist Italien eine demokratische, auf die Arbeit gegründete Republik. Die Staatsgewalt steht dem Volk zu, das ein allgemeines Wahlrecht hat, Volksbegehren erheben und in Volksentscheiden grundlegende Fragen einer Lösung zuführen kann. Im Gegensatz zum liberalen, an der Freiheit des Einzelnen ausgerichteten Staatsverständnis des 19. Jahrhunderts wird in ihr der Staat als gemeinwohlorientierter Sozialstaat aufgefasst.

Bei den Grundrechten und Grundpflichten der Staatsbürger steht deshalb der Gleichheitsgrundsatz in seiner formalen und materiellen Bedeutung (Art. 3

principio di egualianza) im Vordergrund. Besonders betont wird auch das grundlegende Recht auf Arbeit (Art. 4 diritto al lavoro), das aufgrund seines Programmcharakters jedoch keinen Anspruch des Einzelnen auf eine bestimmte bezahlte Tätigkeit gewährt. Im Übrigen werden die auf politische, wirtschaftliche und gesellschaftliche Solidarität ausgerichteten Grundsätze durchaus als verbindliche, bei der Auslegung der einfachen Gesetze zu beachtende Vorschriften angesehen.

Wichtigstes Organ des Staates ist das Parlament (Parlamento). Es besteht schon seit 1848 aus zwei Kammern, nämlich der Abgeordnetenkammer (Camera dei Deputati) und dem Senat der Republik (Senato della Republica). Beide sind vollkommen gleichberechtigt, so dass ein echtes Zweikammersystem (sistema bicamerale perfetto) besteht.

Die Abgeordnetenkammer setzt sich aus 630 auf fünf Jahre gewählten Abgeordneten zusammen. Der Senat wird von 315 regional gewählten Mitgliedern gebildet. Das passive Wahlrecht steht für die Abgeordnetenkammer allen italienischen Staatsbürgern zu, die das 25. Lebensjahr vollendet haben. Für den Senat ist es auf die über vierzigjährigen Staatsbürger beschränkt.

Zu den ordentlichen Mitgliedern des Senats kommen noch die ehemaligen Staatspräsidenten sowie insgesamt höchstens fünf vom amtierenden Staatspräsidenten für ihre besonderen Verdienste um das Vaterland auf Lebenszeit ernannte Senatoren hinzu.

Die Regierung (governo) bedarf des Vertrauens des Parlaments. Sie besteht aus dem Ministerpräsidenten (presidente del consiglio dei ministri) als dem Vorsitzenden des Ministerrates (consiglio dei ministri) und den Ministern. Ernannt werden Ministerpräsident und (auf seinen Vorschlag) Minister vom Staatsoberhaupt.

Staatsoberhaupt ist der 1946 an die Stelle des Königs getretene Staatspräsident (presidente della Repubblica). Er wird von einer besonderen Wahlversammlung (beide Kammern des Parlaments und zur Vertretung der Minderheiten jeweils drei Vertreter jeder Region [zwei Vertreter der Region Molise, ein Vertreter der Region Aosta]) mit Zweidrittelmehrheit gewählt. Durch dieses recht komplizierte Wahlverfahren, das in der Regel vieler Wahlgänge bedarf, soll gewährleistet werden, dass der Staatspräsident eine möglichst breite Zustimmung in der Bevölkerung genießt. Seine wichtigsten Aufgaben sind die vorzeitige Auflösung des Parlaments, die Lösung von Regierungskrisen sowie die Beurkundung von Gesetzen mit der Möglichkeit eines aufschiebenden Einspruchsrechts.

Neben dem für die Gesetzgebung zuständigen Parlament und neben den mit der ausführenden Staatsgewalt betrauten Organen Staatspräsident und Regierung steht der 1948 in der Verfassung begründete und im Jahre 1956 eingerichtete Verfassungsgerichtshof (Corte Costituzionale). Er ist mit 5 vom Parlament gewählten, 5 vom Staatspräsidenten berufenen und 5 von den Richtern der obersten Gerichtshöfe bestellten Mitgliedern besetzt. Er entscheidet hauptsächlich in Fragen der Normenkontrolle und der Zuständigkeit, nicht dagegen über Verfassungsbeschwerden Einzelner, die nicht zugelassen sind. Fragen der Verfassungsmäßigkeit können innerhalb von Gerichtsverfahren von Amts wegen oder auf Veranlassung der Parteien durch den Richter an den Verfassungsgerichtshof gestellt werden (indirekte Verfassungsbeschwerde). Dies hat zur Folge, dass das laufende Verfahren, in dem die angefochtene Gesetzesnorm Entscheidungsrelevanz hat, vorläufig ausgesetzt wird und erst nach erfolgtem Urteil des Verfassungsgerichtshofes wieder aufgenommen werden kann.

Zusätzliche Hilfsorgane mit Beratungs- und Kontrollfunktion sind der insgesamt eher unbedeutende, aber in der Verfassung begründete Nationale Rat für Wirtschaft und Arbeit (CNEL Consiglio Nazionale dell'Economia e del Lavoro), der Rechnungshof (Corte dei Conti), der Staatsrat (Consiglio di Stato), der seit seiner Einrichtung im Jahr 1889 allmählich vor allem als Berufungsinstanz der Verwaltungsgerichtsbarkeit tätig ist, der Oberste Rat der Gerichtsbarkeit (CSM Consiglio superiore della magistratura) und der Oberste Verteidigungsrat (Consiglio supremo di difesa).

Das Gesetzgebungsverfahren wird meist von der Regierung eingeleitet, die mit Ermächtigung des Staatspräsidenten einen Entwurf bei einer der beiden Kammern einbringt. Führt die dortige Beratung zur Verabschiedung, so erfolgt die Überweisung an die andere Kammer. Das vollkommene Zweikammersystem erfordert, dass auch in der zweiten Kammer der Text unverändert angenommen wird, bevor daraus ein Gesetz entstehen kann. Sollte in der zweiten Kammer auch nur ein Wort abgeändert werden, muss der Gesetzentwurf neuerlich der ersten Kammer zur Abstimmung vorgelegt werden. Nach Abschluss des in der Rechtswirklichkeit oft sehr verwickelten Entscheidungsverfahrens wird das Gesetz innerhalb eines Monats durch den Staatspräsidenten beurkundet und im Gesetzblatt der Republik (Gazzetta Ufficiale della Repubblica Italiana) kundgemacht. Der Staatspräsident hat jedoch die Möglichkeit, sich mit einer begründeten, verfassungsbezogenen Botschaft an das Parlament zu wenden und eine neuerliche Abstimmung zu verlangen (sog. aufschiebendes Einspruchsrecht). Beharrt das Parlament daraufhin auf dem Gesetz in seiner ursprünglichen Fassung, ist der Staatspräsident zur Beurkundung verpflichtet. Es tritt dann in der Regel am 15. Tag nach der Kundmachung in Kraft, es sei denn, der letzte Artikel des Gesetzes sieht einen anderen Zeitpunkt des Inkrafttretens vor. Gesetze mit Verfassungsrang müssen im Übrigen im Rahmen eines erschwerten Verfahrens von jeder Kammer zweimal angenommen werden, wobei die jeweils zweiten Abstimmungen erst nach einer Frist von mindestens drei Monaten durchgeführt werden dürfen und absolute Mehrheiten erfordern. Sollte lediglich eine absolute Mehrheit in beiden Kammern erreicht werden, wird das Verfassungsgesetz einem aufschiebenden Referendum unterworfen, wenn dies 500 000 Wahlberechtigte, fünf Regionalräte oder ein Fünftel der Mitglieder einer Kammer innerhalb von drei Monaten fordern. Die Möglichkeit eines aufschiebenden Referendums (referendum sospensivo oder referendum costitutivo) entfällt nur dann, wenn in den zweiten Abstimmungen Zweidrittelmehrheiten erreicht werden, weil dann das Verfassungsgesetz eine

so breite Zustimmung genießt, dass eine Volksbefragung als überflüssig angesehen wird. Dieses komplizierte Verfahren zur Verfassungsänderung garantiert eine besondere Verfassungsstabilität. Die republikanische Staatsform ist im Art. 139 ausdrücklich von einer möglichen Verfassungsänderung ausgeschlossen.
Die Verfassung (einschließlich der Gesetze mit Verfassungsrang) stellt die ranghöchste Rechtsquelle dar. Sie ist im Gegensatz zum vorhergehenden Albertinischen Statut eine starre Verfassung, d.h. einfache Gesetze bzw. Bestimmungen mit Gesetzeskraft müssen sich im Rahmen der Verfassung bewegen und dürfen nicht gegen die Verfassung verstoßen. Für die Einhaltung dieses Grundsatzes ist der Verfassungsgerichtshof zuständig.
Neben den einfachen Gesetzen sind die von der Regierung erlassenen Gesetzesdekrete (decreti legge) oder Bestimmungen mit Gesetzeskraft besonders zu erwähnen, die innerhalb von 60 Tagen einer Kontrolle des Parlaments unterzogen werden müssen und nur in Fällen höchster Dringlichkeit und Notwendigkeit erlassen werden dürfen. Hierarchisch unter den Gesetzen stehen die Verordnungen (regolamenti) des Verwaltungsrechts. An das allgemein anerkannte Völkerrecht passt sich das italienische Recht von selbst an, ohne dass das Völkerrecht dem Verfassungsrecht vorgeht. Theoretisch als Rechtsquelle ausgeschlossen ist das praktisch nicht unbedeutende Richterrecht. Verboten ist das Zitat wissenschaftlicher Schriftsteller in Urteilen.

II. Verwaltungsrecht (diritto amministrativo)

Literatur: Casetta, E., Manuale di diritto amministrativo, 3. A. 2001; Mazzarolli/Perciu/Romano u.a., Diritto amministrativo, Bd. 1f. 3. A. 2001; Nigro, M., Giustizia amministrativa, 5. A. 2002; Sandulli A., Manuale amministrativo, Bd. 1f., 15. A. 1989; Steinmayr, W./Hilpold, P., Grundriss des italienischen Steuerrechts, 2. A. 1997; Hahn, H., Der italienische Verwaltungsakt, 1998

Italien ist ein zentraler Einheitsstaat, in dem nur wenige Gebiete eine beschränkte Autonomie haben. Mit der Verfassungsreform (sog. Föderalismusreform) des Jahres 2001 wurde dieser Zentralismus durch Abgabe von Zuständigkeiten an die Regionen nur wenig geschwächt. Das Staatsgebiet ist eingeteilt in 20 Regionen (Abruzzen, Aostatal, Apulien, Basilicata, Emilia-Romagna, Venetien, Kalabrien, Kampanien, Latium, Ligurien, Lombardei, Marken, Molise, Piemont, Sardinien, Sizilien, Toskana, Trentino-Südtirol, Umbrien und Friaul-Julisch-Venetien, von denen Sizilien, Sardinien, Aostatal, Friaul-Julisch-Venetien und Trentino-Südtirol ein Sonderstatut mit Verfassungsrang haben) und 94 Provinzen, von denen zwei mit einer Autonomie ausgestattet sind (Provinz Bozen, Provinz Trient). Sowohl die autonome Region wie auch die autonome Provinz haben eigene primäre Gesetzgebungszu-

ständigkeiten. Amtssprache ist Italienisch, zweite Amtssprache in Südtirol Deutsch und im Aostatal Französisch.
Die Verwaltungsangelegenheiten sind in zahlreichen einzelnen Gesetzen und Verordnungen geregelt. Ein umfassendes Verwaltungsgesetzbuch fehlt. Dessen ungeachtet wird das Verwaltungsrecht in der Wissenschaft als eine verhältnismäßige Einheit angesehen.
Für diese gibt es eine Reihe von allgemeinen Grundfiguren. Daneben bestehen für jedes Sondergebiet zahlreiche besondere Bestimmungen. Die Kontrolle der Verwaltungstätigkeit erfolgt in Sach- und Zweckmäßigkeitsfragen durch die Verwaltung selbst und in Rechtmäßigkeitsfragen durch eine in zwei Instanzen gegliederte Verwaltungsgerichtsbarkeit.
Das Steuerrecht ist durch zahlreiche, fortwährend in Abänderung begriffene Gesetze sehr kompliziert gestaltet. Eine grundlegende Reform zur Vereinfachung des Steuersystems wird angestrebt.

III. Verfahrensrecht (diritto processuale)

Literatur: Attardi, A., Diritto processuale civile. Parte generale, 3. A. 1999; Bauer, M./König, B./Kreuzer, J., Formularienbuch zum italienischen Zivilverfahrensrecht, 2000; Bauer, M./König, B./Kreuzer, J., Italienische Zivilprozessordnung, 2. A. 1996; Bauer, M./König, B./Kreuzer, J., Italienische Strafprozessordnung, 1991; Bonell/Mayr, Aspekte der italienischen Friedensgerichtsbarkeit, Z.f. RV. 29 (1988), 241; Cappelletti, Der italienische Zivilprozess, RabelsZ 30 (1966); Conso/Grevi, Commentario breve al nuovo codice di proceudra penale, 4. A. 2002; Consolo, C., Spiegazioni di diritto processuale civile, Bd. 1f., 1998f.; Luther, G., Änderungen der italienischen Gerichtsverfassung, NJW 1957, 1392, 254; Satta/Punzi, Diritto processuale civile, 13. A. 2000; Piekenbrock, A., Der italienische Zivilprozess, 1998; Pisani/Molari/Perchinunno/Corso, Manuale di procedura penale, 5. A. 2002, Tonini, P., Manuale di procedura penale, 4. A. 2002

In der ordentlichen Gerichtsbarkeit (magistratura ordinaria) wirken Friedensrichter (giudice di pace), Landesgericht (tribunale ordinario, 164), Oberlandesgericht (corte di appello, 23) und Kassationsgerichtshof (corte di cassazione). Das Amtsgericht oder Bezirksgericht (pretore) wurde mit der „riforma del giudice unico" von 1999 aufgelöst. Seine Zuständigkeiten wurden im Wesentlichen dem Landesgericht übertragen. Für besonders schwerwiegende Strafsachen gibt es Schwurgerichte erster Instanz (corte d'assise) und Schwurgerichte zweiter Instanz (corte d'assise d'appello). Für Jugendsachen ist das Jugendgericht, für die Strafvollstreckung der Strafvollstreckungsrichter bzw. das Strafvollstreckungsgericht eingerichtet.
In Zivilsachen können in erster Instanz je nach Streitwert der Friedensrichter oder das Landesgericht zuständig sein. Die wichtigsten Zuständigkeiten des

Friedensrichters betreffen Streitigkeiten über bewegliche Sachen, deren Streitwert nicht über 2 582 € (5 Millionen Lire) liegt, sowie Straßenverkehrssachen mit einem Streitwert nicht über 15 493 € (30 Millionen Lire). Das Landesgericht ist in allen übrigen Zivilsachen, insbesondere in Steuersachen und Abgabensachen, bestimmten Familiensachen und allgemein in Rechtsstreitigkeiten, bei denen ein Streitwert nicht bestimmbar ist, entscheidungsbefugt. Seit der Zivilprozessreform von 1990 entscheidet dabei bereits der Untersuchungsrichter (giudice istruttore) als Einzelrichter im Erkenntnisverfahren, nur in ausdrücklich vom Gesetz vorgesehenen Fällen erfolgt die Weitergabe des Rechtsstreits an ein dreiköpfiges Richterkollegium. Berufungsgericht gegenüber dem Friedensrichter ist das Landesgericht, Berufungsgericht gegenüber dem Landesgericht das Oberlandesgericht. Der Kassationsgerichtshof in Rom (bis 1923 auch in Turin, Florenz, Neapel und Palermo) mit drei mit 6 Räten und 1 Vorsitzenden besetzten Zivilsenaten entscheidet über Rechtsbeschwerden, die gegen Berufungsurteile und berufungsfähige Landesgerichtsurteile statthaft sind. Bis 1990 konnte der Kassationsgerichtshof dabei nur entweder das angegriffene Urteil bestätigen oder unter seiner Aufhebung die Sache zur erneuten Entscheidung zurückverweisen, nicht jedoch selbst in der Sache entscheiden, auch wenn bei Zurückweisung das Instanzgericht an die Rechtsauffassung des Kassationsgerichtshofs gebunden war. Seit 1990 ist diese Zuständigkeit dahingehend erweitert, dass der Kassationsgerichtshof bei Verletzung oder falscher Anwendung von Gesetzen in der Sache selbst entscheiden kann, sofern keine weiteren Tatsachenfeststellungen erforderlich sind. Andernfalls erfolgt wie bisher eine Aufhebung mit Zurückweisung.

In Strafsachen können in erster Instanz das erstinstanzliche Schwurgericht (mit 6 Laienrichtern und 2 Berufsrichtern), das Jugendgericht (tribunale per i minorenni) und das Land(es)gericht zuständig sein. Berufungsinstanz sind Oberlandesgericht und zweitinstanzliches Schwurgericht. Der Kassationsgerichtshof überprüft Kassationsbeschwerden gegen Berufungsurteile und nicht berufungsfähige erstinstanzliche Urteile in rechtlicher Hinsicht.

Den Ablauf des Strafverfahrens regelt die Strafprozessordnung vom 22. 9. 1988, die gegenüber ihrer Vorgängerin einerseits die Rechte der Beteiligten stärkt, andererseits sich aber auch um die Kürzung der überlangen Verfahrensdauer bemüht. In ihrem ersten Teil bestimmt sie die Prozesssubjekte, die Verfahrenshandlungen, die Beweise und die vorbeugenden Maßnahmen. Im zweiten Teil regelt sie entsprechend dem Verfahrensablauf nacheinander Vorerhebungen und Vorverhandlung, besondere Verfahrensarten wie abgekürztes Verfahren, Schnellverfahren oder Strafbefehlsverfahren, wendet sich dann dem regelmäßigen Hauptverfahren zu, behandelt danach die Rechtsmittel (Berufung, Kassationsbeschwerde und Wiederaufnahme) und schließt mit der Vollstreckung sowie den Beziehungen zu ausländischen Behörden (Auslieferung, Rechtshilfe, Wirkung ausländischer Urteile in Italien sowie Vollstreckung italienischer Urteile im Ausland).

Neben der ordentlichen Gerichtsbarkeit steht die Verwaltungsgerichtsbarkeit (giustizia amministrativa), wobei die Abgrenzung ziemlich verwickelt ist. Bei der allgemeinen Verwaltungsgerichtsbarkeit ist in erster Instanz seit 1971 das regionale Verwaltungsgericht zuständig. Die Berufung gegen seine Urteile führt zum Staatsrat. Gegen dessen Entscheidung kommt in bestimmten Fällen eine Beschwerde zum Kassationshof in Betracht. Besondere Verwaltungsgerichte gibt es für Angelegenheiten des öffentlichen Wasserrechts und für Steuerangelegenheiten.

IV. Strafrecht (diritto penale)

Literatur: Antolisei, F., Manuale di diritto penale. Parte generale, 15. A. 2000; Antolisei, F., Manuale di diritto penale Parte speciale I, 14. A. 2002; Antolisei, F., Manuale di diritto penale. Parte speciale II, 13. A. 2000; Giuliani, S., Vergleich der deutschen und italienischen Terminologie zum Strafrecht, 1996; Fiandaca, G./Musco, E., Diritto penale. Parte generale, 4. A. 2001; Fiandaca, G./Musco, E., Diritto penale. Parte speciale, 3. A. 2002; Riz, R., Lineamenti di diritto penale, 4. A. 2002, Riz, R./Bosch, J., Italienisches Strafgesetzbuch, 2. A. 1995; Pisa, P., Pareri motivati di diritto penale, 2. A. 1998

Das Strafrecht ist im Strafgesetzbuch vom 19. 10. 1930/1. 7. 1931 (Codice Rocco) geordnet. Dieses gliedert sich in einen allgemeinen Teil (parte generale), einen besonderen Teil (parte speciale) und die im dritten Buch behandelten Übertretungen (contravvenzioni). Der allgemeine Teil beschäftigt sich mit den grundlegenden Figuren des Strafrechts (objektiver und subjektiver Tatbestand, Versuch, Umstände der strafbaren Handlung, Verbrechenskonkurrenz, Mittäterschaft, Strafzumessung usw.). Im besonderen Teil werden die einzelnen Verbrechen (delitti), die jeweils mit lebenslanger Gefängnisstrafe (ergastolo), mit zeitlich begrenzter Gefängnisstrafe (reclusione) zwischen 15 Tagen und 24 Jahren oder einer Geldstrafe (multa) zwischen 5 € und 5 164 € belegt werden können, abgehandelt. Die Übertretungen werden hingegen mit Haftstrafe (arresto) zwischen 5 Tagen und 3 Jahren und Geldbuße (ammenda) zwischen 2 € und 1 032 € geahndet. Für im Zustand der Unzurechnungsfähigkeit begangene Verbrechen sind Sicherungsmaßnahmen (misure di sicurezza) vorgesehen. Bei der Festlegung des Strafmaßes innerhalb der vom Gesetz bestimmten Grenzen richtet sich der Richter nach der Schwere des Verbrechens (gravità del reato) und der Fähigkeit des Täters zur Begehung von Straftaten (capacità a delinquere) und kann erschwerende oder mildernde Umstände mit einfließen lassen. Die Todesstrafe wurde mit Inkrafttreten der Verfassung am 1. Januar 1948 abgeschafft und durch die lebenslange Gefängnisstrafe ersetzt. Eine Gesamtreform des Strafrechts wird schon seit dem Ende des zweiten Weltkrieges angestrebt.

C. Privatrecht (diritto privato)

Literatur: Bauer, M./Eccher, B./König, B., Italienisches Zivilgesetzbuch, 3. A. 2001; Cian, G./Trabucchi, A., Commentario breve al codice civile, 6. A. 2002; Gazzoni, F., Manuale di diritto privato, 8. A. 2001; Ranieri, F., Kodifikation und Gesetzgebung des allgemeinen Privatrechts (Italien), in: Handbuch der Quellen und Literatur der neueren europäischen Privatrechtsgeschichte, hg. v. Coing, H., 3, 1 1982, 198; Resch, C., Das italienische Privatrecht im Spannungsfeld von code civil und BGB am Beispiel der Entwicklung des Leistungsstörungsrechts, 2001; Trabucchi, A., Istituzioni di diritto civile, 40. A. 2001

Das Privatrecht ist im Codice civile des Jahres 1942 geregelt. Er beginnt mit einigen Bestimmungen über das Gesetz im Allgemeinen. In den Artikeln 17 bis 31 ordnete er dabei das internationale Privatrecht, das nun in einem eigenen Gesetz detailliert geregelt ist (L. 218/1995). Sein erstes Buch (Delle persone e della famiglia, Art. 1–455) befasst sich mit den natürlichen und juristischen Personen und dem Familienrecht einschließlich des Ehegüterrechts. Im zweiten Buch (Delle successioni, Art. 456–809) werden Erbrecht und Schenkungsrecht zusammengefasst. Das dritte Buch (Della proprietà, Art. 810–1172) betrifft die Gegenstände bzw. Sachen (Eigentum, beschränkte dingliche Rechte, Besitz). Das vierte Buch (Delle obbligazioni, Art. 1173–2059) bezieht sich auf den Inhalt des schuldrechtlichen Anspruchs (Schuldverhältnisse im Allgemeinen, vertragliche Schuldverhältnisse wie Kauf, Tausch, Bestandvertrag, Werkvertrag, Auftrag, Verwahrung, Leihe, Darlehen, Bankvertrag, Leibrente, Versicherung, Spiel, Wette, Bürgschaft, Nutzungspfand, Vergleich, Wertpapiere, einseitige Schuldverhältnisse, gesetzliche Schuldverhältnisse). Das fünfte Buch (Del lavoro, Art. 2060–2642) greift auf das gesamte Handelsrecht (ausgenommen das Schifffahrtsrecht) und Wirtschaftsrecht aus. Das sechste Buch (Della tutela dei diritti, Art. 2643–2969) schließlich behandelt für die schuldrechtlichen Ansprüche und die sonstigen Rechte Fragen des Beweises, der Vollstreckung oder des Verlustes durch Zeitablauf. Den Abschluss bilden Ausführungsbestimmungen und Übergangsbestimmungen.

I. Personenrecht (diritto delle persone)

Die natürliche Person erlangt die Rechtsfähigkeit (capacità giuridica) mit der Geburt. Die Geschäftsfähigkeit (capacità di agire) erreicht sie mit der Vollendung des 18. Lebensjahres.

Stufen beschränkter Geschäftsfähigkeit ergeben sich durch die Entlassung aus der elterlichen Gewalt (emancipazione) und durch die beschränkte Entmündigung (inabilitazione). Erstere kann dem Minderjährigen, der das sechzehnte Lebensjahr vollendet hat, vom Landesgericht bei Vorliegen gewichtiger Gründe zum Zwecke der Eheschließung, entsprechender Zustimmung der Eltern bzw. des Vormundes und Anhörung des Staatsanwalts gewährt werden. Eine beschränkte Entmündigung kann bei geringer Geisteskrankheit, bei Verschwendungssucht, schwerer Alkoholabhängigkeit oder Drogenabhängigkeit sowie für Taubstumme und Blinde unter bestimmten Umständen erfolgen. In beiden Fällen wird dem beschränkt Geschäftsfähigen ein Kurator (curatore) zur Seite gestellt, der ihm bei allen über die ordentliche Verwaltung hinausgehenden Rechtshandlungen zur Seite steht. Außerdem können die von ihm ohne Beachtung der vorgeschriebenen Förmlichkeiten vorgenommenen Rechtshandlungen für nichtig erklärt werden Gänzliche Geschäftsunfähigkeit ergibt sich bei Minderjährigkeit (minore età) und voller Entmündigung (interdizione). Der Minderjährige ist von allen Rechtsgeschäften, für die vom Gesetz die Geschäftsfähigkeit vorgesehen ist, ausgeschlossen. Er kann jedoch Rechtshandlungen im engeren Sinne ausführen und grundsätzlich für unerlaubte Handlungen haftbar gemacht werden. Eine volle Entmündigung des Volljährigen ist wegen dauernder und schwerwiegender Geisteskrankheit möglich. Sie ist gerichtlich festzustellen (interdizione giudiziale). Weiter tritt sie auch als Nebenfolge einer mehrjährigen Gefängnisstrafe auf (interdizione legale), ist aber dann auf die vermögenswirksamen Handlungen beschränkt. Dem Geschäftsunfähigen wird ein Vormund (tutore) zur Seite gestellt. Die Vormundschaft über einen Minderjährigen steht beiden Eltern gleichermaßen zu (potestà dei genitori). Die vom Geschäftsunfähigen vorgenommenen Rechtshandlungen können grundsätzlich für nichtig erklärt werden. Daneben kann eine Rechtshandlung einer Person, obwohl sie nicht entmündigt ist, für nichtig erklärt werden, sofern sie zum Zeitpunkt der Handlung aus einem, auch nur vorübergehenden Grund unzurechnungsfähig war und sich aus der Handlung ein schwerer Nachteil für den Handelnden ergibt (sog. incapacità di intendere e volere).

Das Recht der juristischen Personen ist im Codice civile nur unvollkommen geregelt. Es finden sich nur Bestimmungen über nichtwirtschaftliche Vereinigungen (Vereine, Stiftungen). Die Rechtsfähigkeit wird nicht bereits mit der Eintragung in das vom Landesgericht geführte Register der juristischen Personen erworben, sondern erst mit einer besonderen behördlichen Anerkennung (riconoscimento).

II. Familienrecht (diritto di famiglia)

Literatur: Cassano, G., Manuale del nuovo diritto di famiglia, 2. A. 2003; Cian, G./Oppo/Trabucchi, A., Commentario al diritto italiano della famiglia, Bd. 1ff. 1993ff.; Grunsky, W., Italienisches Familienrecht, 2. A. 1978; Pocar/Ronfani, La famiglia e il diritto, 1998; Auletta, T., Il diritto di famiglia, 6. A. 2002; Wodok, W., Familiäre Solidarität – Der Verwandtenunterhalt im italienischen Recht, 2002

Die Familie wird im Art. 29 der italienischen Verfassung als eine natürliche, auf die Ehe gegründete Gemeinschaft definiert.
Die Eheschließung, die grundsätzlich Geschäftsfähigkeit voraussetzt, kann als Zivilehe (matrimonio civile) vor dem Standesbeamten (oder einem Religionsdiener bei der sog. akatholischen Ehe (matrimonio acattolico) oder als Konkordatsehe (matrimonio concordatario, matrimonio canonico) durch einen katholischen Geistlichen erfolgen, wobei im letzten Fall die weltlichen Rechtswirkungen erst mit der Eintragung (trascrizione) der Ehe im staatlichen Personenstandsregister rückwirkend auf den Zeitpunkt der Trauung eintreten.
In der Ehe sind Mann und Frau gleichgestellt. Die Ehegatten sind einander zu Treue, Beistand, häuslicher Gemeinschaft und Unterhalt verpflichtet. Beide gemeinsam sind weiters verpflichtet, für den Unterhalt, die Ausbildung und die Erziehung der Kinder zu sorgen.
Gesetzlicher Güterstand ist seit der Familienrechtsreform im Jahre 1975 die Gütergemeinschaft (comunione legale). Sie betrifft aber grundsätzlich nur die in der Ehe erworbenen Güter. Zu den ordentlichen Verwaltungsgeschäften (atti di ordinaria amministrazione), die keine Vermögensveränderungen bewirken, ist jeder Ehegatte allein befugt. Alle darüber hinaus gehenden Handlungen (atti eccedenti l'ordinaria amministrazione) stehen hingegen beiden Ehegatten gemeinsam zu. Daneben können die Ehegatten durch Ehegütervertrag (convenzione matrimoniale) die Gütertrennung (separazione dei beni), die Bildung eines Familiengutes (fondo patrimoniale) oder die vertragliche Gütergemeinschaft (comunione convenzionale) als Ehegüterstand festlegen.
Neben dem Tod eines der Ehegatten ist seit 1. 12. 1970 die von der katholischen Kirche heftig bekämpfte Ehescheidung (divorzio) als Auflösungsgrund der Ehe zulässig. Es gilt der Zerrüttungsgrundsatz. Meistens folgt die Ehescheidung der vorhergehenden Ehetrennung (separazione dei coniugi), die mindestens 3 Jahre andauern muss, ehe die Scheidung möglich ist.
Das Kindschaftsrecht ist seit der Familienrechtsreform neu geregelt. Die Rechtsstellung des nichtehelichen (figlio naturale) Kindes ist seitdem der des ehelichen Kindes (figlio legittimo) angeglichen. Durch Legitimation (legittimazione), die durch nachfolgende Eheschließung der Eltern oder gerichtliche Verfügung erfolgt, kann das außerhalb der Ehe geborene Kind die Eigenschaften eines ehelichen Kindes erlangen. Die Adoption (adozione) ist weitgehend durch besondere Gesetze geregelt.
Eine eingeschränkte Unterhaltspflicht (alimenti) ergibt sich aus Verwandtschaftsverhältnissen (parentela), Verschwägerung (affinità), Adoption (adozione), aber auch aus einer geleisteten Schenkung (donazione). Der Beschenkte ist jedoch nicht über den Wert der noch in seinem Vermögen verbliebenen Schenkung hinaus verpflichtet. Neben der im Gesetz festgelegten Unterhaltspflicht kann eine eingeschränkte Unterhaltspflicht auch freiwillig durch Vertrag übernommen werden.

III. Unternehmer (imprenditore) und Gesellschaft (società)

Literatur: Auletta/Salanitro, Diritto Commerciale, 13. A. 2001; Deutsche Unternehmen in Italien, hg. v. Böhmer, H. v., 1993; Ciola/Coluccia/Maganzi u.a., Terminologisches Wörterbuch zum Gesellschaftsrecht, italienisch/deutsch, 2000; De Ferra, G., Lezioni di diritto commerciale, 2001; Dolce/Corradini/Romani, Formularbuch für den Handelsverkehr Deutschland–Italien, 1995; Ferri, G., Manuale di diritto commerciale 2001; Hofmann, M., Gesellschaftsrecht in Italien, 2. A. 1997; Kindler, P., Italienisches Handels- und Wirtschaftsrecht, 2002; Rozzoli/Roscini Vitali, Guida operativa al nuovo diritto societario, 2003; Tondo-Giudice, A., Sintesi di diritto commerciale, 2001

Unternehmer (imprenditore) ist, wer berufsmäßig eine organisierte wirtschaftliche Tätigkeit zum Zweck der Erzeugung oder des Austauschs von Gütern oder Dienstleistungen ausübt (Art. 2082 Codice Civile).

Nach dem Gegenstand des Unternehmens unterscheidet das Gesetz Handelsunternehmer (imprenditore commerciale) und landwirtschaftliche Unternehmer (imprenditore agricolo). Bezüglich des Umfanges des Unternehmens trennt es den Kleinunternehmer (piccolo imprenditore) und normalen Unternehmer (imprenditore normale) mit weit reichenden Folgen in Bezug auf die Konkursfähigkeit, die Registrierpflichtigkeit und die Verpflichtung zur Buchführung.

Bezüglich der Anzahl der Beteiligten sondert es den Einzelunternehmer (imprenditore individuale) von der Gesellschaft (società), wobei Personengesellschaft (società di persone) und Kapitalgesellschaft (società di capitali) nebeneinander stehen. Personengesellschaften sind die einfache Gesellschaft (società semplice, s.s.), die offene Handelsgesellschaft (società in nome collettivo, s.n.c.) und die Kommanditgesellschaft (società in accomandita semplice, s.a.s.). Sie sind nicht rechtsfähig. Hinzu kommt aus dem europäischen Recht die europäische wirtschaftliche Interessenvereinigung (gruppo europeo di interesse economico, GEIE).

Kapitalgesellschaften sind die Aktiengesellschaft (società per azioni, s.p.a.), die Kommanditgesellschaft auf Aktien (società in accomandita per azioni, s.a.s.a.) und die Gesellschaft mit beschränkter Haftung (società a responsabilità limitata). Mit der Eintragung in das Handelsregister (registro delle imprese) erlangen sie Rechtspersönlichkeit.

Ein Unternehmen, das nicht auf Gewinn, sondern auf Gegenseitigkeit ausgerichtet ist, kann als Genossenschaft (società cooperativa) mit beschränkter oder unbeschränkter Haftung gegründet werden. Das Recht der Kapitalgesellschaften und Genossenschaften wurde im Jahr 2003 mit Wirkung ab 1. 1. 2004 grundlegend reformiert.

Mit dem Kartellvertrag (contratto di consorzio) können mehrere Unternehmer eine gemeinsame Organisation zur Regelung oder Abwicklung bestimmter Vorgänge in ihrem Unternehmen errichten.

Das italienische Handelsrecht kennt fünf Konkursverfahren (procedure concorsuali). Neben dem Konkurs (fallimento) und Vergleich (concordato preventivo), das Liquidationsverfahren (procedimento di liquidazione coatta amministrativa) für Unternehmen des öffentlichen Interesses (Banken, Versicherungen usw.), die Geschäftsaufsicht zur Abwendung des Konkurses (amministrazione controllata) und die staatliche Zwangsverwaltung (amministrazione straordinaria delle grandi imprese in crisi) für Unternehmen, die (neben anderen Voraussetzungen) mindestens 200 Mitarbeiter beschäftigen.

IV. Arbeitsrecht (diritto del lavoro)

Literatur: Clara, E., Diritto del lavoro, 2002; Persiani, M./Proia, G., Contratto e rapporto di lavoro, 2001; Persiani, M., Il diritto sindacale, 8. A. 2002; Persiani, M., Il diritto della previdenza sociale, 12. A. 2002; Pera, G./Papaleoni, M., Il diritto del lavoro, 7. A. 2003; Suppiej, G./De Cristofaro, M./Cester, C., Diritto del lavoro. Il rapporto individuale, 2. A. 2003

Im Sinne des programmatisch gehaltenen Art. 4 der Verfassung erkennt Italien als eine auf die Arbeit gegründete Republik allen Staatsbürgern das objektive Recht auf Arbeit zu und verpflichtet sich, die Bedingungen zur Verwirklichung desselben zu fördern.
Abgesehen von wenigen allgemein gehaltenen Kernbestimmungen über das Arbeitsverhältnis (rapporto di lavoro) im Codice Civile, ist der Großteil des geltenden Arbeitsrechts in einer fast unüberschaubaren Zahl von Einzelgesetzen geregelt. Vornehmliche Bedeutung kommt dabei dem im Jahr 1970 als Gesetz erlassenen sog. Arbeiterstatut (statuto dei lavoratori) zu.
Die über viele Jahre hinweg strenge Trennung zwischen privatem und öffentlichem Arbeitsverhältnis verlor durch eine weitgehende Angleichung der betreffenden Bestimmungen in den 90er Jahren an Bedeutung. In Ergänzung des sehr detailliert ausgearbeiteten Gesetzesrechts werden in regelmäßigen Zeitabständen (meist alle drei Jahre) von den drei repräsentativsten Arbeitnehmerverbänden und den entsprechenden Arbeitgeberverbänden Kollektivverträge ausgehandelt. Verzögerungen oder mangelnde Kooperationsbereitschaft münden meist in Arbeitskampf. Die im Staatsmonopol stehende Arbeitsvermittlung (collocamento) wurde nach einer Verurteilung Italiens durch den Europäischen Gerichtshof wegen Verletzung der Wettbewerbsfreiheit fast vollkommen liberalisiert.
Mit Erreichen des 15. Lebensjahres erwirbt der Minderjährige regelmäßig die Arbeitsfähigkeit (capacità di prestare il proprio lavoro), ist aber noch nicht selbst zum Abschluss des entsprechenden Vertrages berechtigt. Zu allen anderen mit dem Vertrag zusammenhängenden Rechtshandlungen ist er aber schon vor Erreichung der Volljährigkeit selbständig berechtigt.
Das auf unbestimmte Zeit abgeschlossene Arbeitsverhältnis kann jederzeit durch Kündigung des Arbeitnehmers (dimissione) aufgelöst werden. Der Ar-

beitgeber bedarf zur Kündigung (licenziamento) des Arbeitnehmers jedoch eines wichtigen Grundes (giusta causa) oder eines rechtfertigenden Grundes (giustificato motivo). Der Richter kann gem. Art. 18 des Arbeiterstatuts im Falle einer unbegründeten Kündigung bei Unternehmen mit mehr als 15 Angestellten die Wiedereinstellung (reintegrazione nel posto di lavoro) des Gekündigten und die Nachzahlung des gesamten ausgefallenen Gehalts (mindestens aber fünf Monatsgehälter) anordnen. Sollte der Arbeitnehmer nicht wieder eingestellt werden wollen, müssen ihm neben den mindestens fünf ausgefallenen Gehältern noch weitere 15 dazubezahlt werden, um das Arbeitsverhältnis endgültig aufzulösen.
Das dem Arbeitsrecht zugeordnete Recht der sozialen Fürsorge (diritto della previdenza sociale) entstammt in seiner Ausformung der Zeit des Faschismus, so dass die bedeutendsten Sozialleistungen auch heute noch durch Gesetze aus dieser Zeit geregelt werden. Allerdings wurde diesen Bestimmungen durch die verfassungsmäßige Auslegung jeder faschistische Gehalt entzogen. Ständig im Wandel begriffene politische und wirtschaftliche Bedingungen prägen die zuweilen uneinheitliche Gesetzgebung in diesem Bereich.

V. Sachenrecht (diritti reali)

Literatur: Cervelli, S., I diritti reali 2001; Greving, J., Der Treuhandgedanke bei Sicherungsübertragungen im italienischen und deutschen Recht, 2002; Kapellmann, A., Das Pubblico Registro Automobilistico, 2000; Merz, S., Manuale pratico della proprietà immobiliare, 1999; Triola R./Vignale M. R., Diritti reali, 2000

Das Eigentum an einer Sache berechtigt zur vollen und ausschließlichen Nutzung und Verfügung. Es schließt den Nichteigentümer aus und begründet gegebenenfalls einen Herausgabeanspruch (rivendicazione) gegen ihn. Der Eigentumserwerb erfolgt originär (ursprünglich) durch Aneignung (occupazione), durch Fund (invenzione), durch Zuwachs (accessione), durch Verarbeitung (specificazione), durch Vereinigung (unione) oder Vermischung (commistione) und durch Ersitzung (usucapione). Derivativ (abgeleitet) erwirbt man Eigentum aufgrund von Verträgen, durch Nachfolge von Todes wegen und durch andere vom Gesetz bestimmte Arten. Möglich sind Miteigentum (comunione), Wohnungseigentum (condominio) und Teilzeitwohnrecht (multiproprietà).
Der Besitz erfordert tatsächliche Sachherrschaft (corpus possessionis) und Eigenbesitzwillen (animus possidendi). Fehlt der Eigenbesitzwille, so liegt bloße Innehabung (detenzione) vor (z.B. Miete). Der Innehaber (z.B. Mieter) hat keinen Besitzschutz. Besonders hervorzuheben ist der Sonderfall des originären Eigentumserwerbs an beweglichen (nicht in öffentlichen Registern eingetragenen) Sachen, bei denen ein gutgläubiger Besitzerwerb vom Nichtei-

gentümer Eigentum begründet, sofern ein für die Eigentumsübertragung geeigneter Rechtstitel (z.B. Kauf) vorliegt (Art. 1153 Codice civile).
Neben Eigentum und Besitz sind die beschränkten dinglichen Rechte an fremden Sachen (diritti reali su cosa altrui bzw. diritti reali limitati) von großer praktischer Bedeutung. Als Nutzungsrechte einer fremden Sache (diritti reali di godimento) regelt der Codice Civile das Überbaurecht (diritto di superficie), die Erbpacht (enfiteusi), den Fruchtgenuss (usufrutto), das Gebrauchsrecht (diritto d'uso), das Wohnungsrecht (diritto d'abitazione) und die Grunddienstbarkeit (servitù). Zur dinglichen Sicherung von Verbindlichkeiten dienen als diritti reali di garanzia Pfandrecht (pegno) bei beweglichen Sachen und Hypothek (ipoteca) bei unbeweglichen Sachen.
Ein Grundbuchsystem deutschrechtlicher Prägung gibt es nur in den ursprünglich österreichischen Gebieten (z.B. Südtirol), während im übrigen Italien ein Immobilienregister mit rein deklaratorischen Rechtswirkungen die Rechtsverhältnisse an Grund und Boden regelt.

VI. Schuldrecht (diritto delle obbligazioni)

Literatur: Bullo/Ciola/Coluccia u.a., Terminologisches Wörterbuch zum Vertragsrecht, 2003; Ciola/Coluccia/Maganzi u.a., Terminologisches Wörterbuch zum Schuldrecht, italienisch/deutsch, 2001; Meßling, M., Die Lösung rechtsgeschäftlicher Bindungen im deutschen und italienischen Privatrecht, 2003; Nobili, C., Le obbligazioni, 2001; Reuter, C., Vertrag und Geschäftsgrundlagen im italienischen und deutschen Recht, 2002

Schuldverhältnisse können allgemein entstehen aus Vertrag, aus unerlaubter Handlung oder aus jeder sonstigen Handlung oder Tatsache, die nach dem Gesetz solche zu begründen geeignet ist. Für das allgemeine Vertragsrecht gelten die Grundsätze der Abschlussfreiheit und der Inhaltsfreiheit, die aber beispielsweise durch die von der Europäischen Gemeinschaft beeinflussten Gesetze (Haustürwiderrufsgesetz, Verbraucherkreditgesetz) eingeschränkt sind. Der einzelne Vertrag kommt durch Angebot (proposta) und Annahme (accettazione) zustande. Als grundlegende Erfordernisse des Vertrages sind dabei die Einigung der Parteien, der Rechtsgrund, der Gegenstand und die Form (falls vom Gesetz vorgeschrieben, ansonsten gilt der Grundsatz der Formfreiheit) vorgesehen.
Bereits mit der Einigung der Parteien des Kaufvertrages über Kaufsache und Kaufpreis (der mindestens bestimmbar sein muss) erwirbt der Käufer Eigentum an der Sache (Konsensprinzip). Es ist dazu kein eigenes sachenrechtliches Übertragungsgeschäft erforderlich. Der Stückkauf hat somit unmittelbar dingliche Wirkung. Man spricht von vendita ad effetti reali. Schuldrechtlich ist der Verkäufer danach nur mehr zur Übergabe der (bereits im Eigentum des Käufers stehenden) Kaufsache und der Käufer zur Bezahlung des Kaufpreises ver-

pflichtet. Allerdings gibt es eine Reihe von Ausnahmefällen, in denen der Vertragsabschluss nicht automatisch zum Eigentumsübergang führt. Man spricht dann vom schuldrechtlichen Kauf oder von vendita con efficacia obbligatoria.

So tritt beim Gattungskauf (vendita di cosa generica) der Eigentumsübergang erst mit der spezifischen Bestimmung des zu leistenden Stückes aus der Gattung ein, beim Kauf künftiger Sachen (vendita di cosa futura) erst mit der Entstehung der Sache und beim Kauf der Sache eines Dritten (vendita di cosa altrui) erst mit dem Erwerb des Eigentums an der verkauften Sache durch den Verkäufer. Bei der Wahlschuld (obbligazione alternativa) geht das Eigentum mit der Bestimmung der Leistung, beim Kauf unter Eigentumsvorbehalt (vendita con riserva della proprietà) mit der vollständigen Bezahlung des Kaufpreises über. Außerdem können die Parteien von vornherein einen nur schuldrechtlich wirkenden Vertrag schließen, indem sie die dingliche Wirkung des Eigentumsübergangs vom Ablauf einer Frist oder vom Eintritt einer aufschiebenden Bedingung (z.B. der vollständigen Bezahlung des Kaufpreises) abhängig machen.

Der Kauf eines Grundstücks bedarf immer der schriftlichen Form. Es genügt dazu eine Privaturkunde. Eine Eintragung (trascrizione) in das Liegenschaftsregister (registro immobiliare) erfolgt aber nur bei Vorlage einer öffentlichen Urkunde oder einer öffentlich beglaubigten Privaturkunde. Die Eintragung in das Register hat lediglich deklaratorische, nicht konstitutive Wirkung. Sie bewirkt beispielsweise im Falle der Veräußerung an mehrere Erwerber, dass gegenüber dem Ersteintragenden (der nicht unbedingt Ersterwerber sein muss) der „Erwerb“ Dritter nicht geltend gemacht werden kann. In allen nach 1918 zu Italien gelangten Gebieten werden hingegen die seinerzeit geltenden Grundbücher fortgeführt, so dass z.B. in Südtirol und im angrenzenden Trentino erst mit der Eintragung das Eigentum erlangt wird.

Neben einem Vertrag kann auch ein einseitiges Versprechen (promessa unilaterale), allerdings nur in den vom Gesetz ausdrücklich vorgesehenen Fällen (sog. numerus clausus), ein Schuldverhältnis begründen. Solche Fälle sind das Zahlungsversprechen (promessa di pagamento) und das Schuldanerkenntnis (ricognizione di debito), die Auslobung (promessa al pubblico), das Wertpapier (titolo di credito), die Einräumung einer Hypothek (concessione di ipoteca) und das Bürgschaftsversprechen (promessa di fideiussione).

Außervertragliche Schuldverhältnisse werden durch unerlaubte Handlung (fatto illecito) begründet. So verpflichtet jedwede vorsätzliche oder fahrlässige Handlung, die einem anderen einen rechtswidrigen Schaden zufügt, denjenigen, der sie begangen hat, den Schaden zu ersetzen (Art. 2043 Codice civile).

Als Folge einer erlaubten Handlung können außervertragliche Schuldverhältnisse durch Geschäftsführung ohne Auftrag (gestione di affari) und die Leistung einer Nichtschuld (pagamento dell'indebito) begründet werden. Daneben erzeugt der allgemeine Bereicherungsanspruch (ingiustificato arrichimento) ebenfalls ein außervertragliches Schuldverhältnis.

VII. Erbrecht (diritto successorio) und Schenkungsrecht (diritto della donazione)

Beim Tod des Erblassers (de cuius aus dem lat. is de cuius patrimonio agitur) fällt das Erbe dem Erben (erede) nur unter der Bedingung an, dass er es annimmt (accettazione). Diese Annahme wirkt dann auf den Zeitpunkt des Erbfalls zurück (Kontinuitätsprinzip). Es gilt der Grundsatz der Gesamtrechtsnachfolge (successione a titolo universale). Daraus ergibt sich die Unmöglichkeit einer Erbenstellung auf Zeit (nach dem römisch-rechtlichen Prinzip semel heres, semper heres) und die Vereinigung des Vermögens des Erblassers mit dem des Erben. Zum Schutz des Erben vor überschuldeten Erbschaften besteht jedoch die Möglichkeit einer Annnahme mit Vorbehalt der Inventarerrichtung (accettazione con beneficio d'inventario), was zur Folge hat, dass der Erbe für die Schulden des Erblassers ausschließlich mit dem Erbschaftsvermögen haftet. Wenn der Erbe die Erbschaft hingegen nicht annimmt (rinuncia) oder nicht annehmen kann, fällt diese, falls vom Erblasser vorgesehen, einem Ersatzerben (sostituto) an. Ansonsten geht sie aufgrund des Eintrittsrechts (diritto di rappresentazione) an andere Abkömmlinge über oder wird durch Zuwachs (accrescimento) unter den (anderen) Miterben aufgeteilt.
Gesetzliche Erben (successori legittimi) sind in drei Klassen eingeteilt: die Abkömmlinge, die Aszendenten und die Geschwister sowie die übrigen Verwandten bis zum 6. Grad. Der Ehegatte erhält neben einem Kind die Hälfte der Erbschaft, neben mehreren Kindern ein Drittel und neben den Eltern zwei Drittel. Nichteheliche Kinder sind den ehelichen Kindern fast gleichgestellt. Sollten keine Nachfolgeberechtigten vorhanden sein oder diese die Erbschaft nicht annehmen wollen, dann fällt die Erbschaft nach Abzug aller Schulden dem Staat an.
Das gesetzliche Erbrecht kann durch letztwillige Verfügung abgeändert werden. Allerdings sind Erbvertrag und gemeinschaftliches Testament strikt verboten. Das Testament (testamento) kann in ordentlicher Form und in außerordentlichen Formen errichtet werden. Ordentliche Testamente sind das handgeschriebene Testament (testamento olografo), das geheime Testament (testamento segreto) und das öffentliche Testament (testamento pubblico). Für die Testamentserrichtung gelten strenge Formvorschriften. Geheimes Testament und öffentliches Testament können nur unter Mitwirkung eines Notars und zweier Zeugen gültig zustande kommen. Formfehler bewirken grundsätzlich die Nichtigkeit des Testaments. Außerordentliche Testamente sind besondere Formen des öffentlichen Testaments, die unter außergewöhnlichen Umständen zulässig sind (z.B. Testament von Militärpersonen). Ihre Wirksamkeit ist zeitlich auf drei Monate nach Ende der außergewöhnlichen Umstände beschränkt. Vermächtnisse (legati) können dingliche (legatum per vindicationem, legato di specie) oder schuldrechtliche (legatum per damnationem, legato di genere) Wirkung haben.

Werden Ehefrau oder Kinder durch letztwillige Verfügung ausgeschlossen, entsteht ein Pflichtteilsanspruch (diritto alla legittima). Hat der Erblasser nur ein Kind, so kann er über die Hälfte des Nachlasses frei verfügen, hat er zwei oder mehr Kinder, so bleibt ihm ein Drittel zur freien Verfügung (quota disponibile). Dieser frei verfügbare Erbschaftsteil erstreckt sich jedenfalls auf mindestens ein Viertel der Erbschaft. Dem Ehegatten steht seit 1975 der Nachlass zur Hälfte als Pflichtteil zu, neben Kindern mindestens zu einem Viertel.

Mehrere Erben bilden eine Erbengemeinschaft (comunione ereditaria). Jeder Miterbe haftet für Erbschaftsschulden nur anteilig. Geringe Bedeutung hat die Nacherbschaft, die nur ausnahmsweise in der Form einer sostituzione fedecommissaria zulässig ist.

Außer in Gebieten der Fortgeltung älteren Rechts (d.h. in den Provinzen, in denen für den Erwerb eines Grundstücksrechts eine Eintragung im Grundbuch erforderlich ist) gibt es keinen Erbschein.

Die dem erbweisen Erwerb nahestehende Schenkung (donazione) erfordert in der Regel eine öffentliche Urkunde über den Schenkungsvertrag. Eine formlose Handschenkung (donazione manuale) ist nur ausnahmsweise bei Gegenständen von geringem Wert möglich. Nicht als Schenkung gilt eine unentgeltliche Zuwendung, die anlässlich geleisteter Dienste oder jedenfalls entsprechend den Gebräuchen vorgenommen wird (liberalità d'uso).

D. Juristen

I. Studium

Voraussetzung für eine juristische Berufstätigkeit in Italien ist ein rechtswissenschaftliches Studium (corso di laurea), das der Schulabsolvent meist an der nächstgelegenen der insgesamt 50 juristischen Fakultäten (z.B. Bari, Bologna, Cagliari, Camerino, Chieti, Ferrara, Florenz, Genua, Macerata, Mailand [u.a. Privatuniversität Cattolica oder Bocconi], Messina, Modena, Neapel, Padua, Palermo, Parma, Pavia, Perugia, Pisa, Reggio di Calabria, Rom, Salerno, Sassari, Siena, Triest, Turin, Urbino) durchführt. Für dieses stellt die jeweilige juristische Fakultät einen seit 2001 drei Studienjahre umfassenden Studienplan auf, der zur sog. laurea breve führt. Darauf aufbauend kann ein Spezialisierungslehrgang (laurea specialistica) im Ausmaß von zwei weiteren Jahren belegt werden, der für die Ergreifung der klassischen juristischen Berufe (Rechtsanwalt, Notar, Richter) notwendige Voraussetzung ist. Neben dem „klassischen" Studium der Rechtswissenschaft bieten größere Universitäten (z.B. Triest oder Bologna) auch spezielle Studienrichtungen zur Ausbildung von Wirtschaftsjuristen, Verwaltungsjuristen, Arbeitsrechtsspezialisten oder „Europajuristen" an. Jeder Student (studente universitario, 1995 rund 230 000, 1999 rund 291 000 und 2001 rund 269 000 Rechtsstudenten) kann mit Genehmigung der Fakultät auch einen persönlichen Studienplan erstellen. Mehr als die Hälfte aller Absolventen der juristischen Fakultäten im Jahr 2000 hat ihr Studium nach sieben bis acht Studienjahren beendet, nur etwa 16% konnten in der Mindeststudienzeit von vier Jahren abschließen.

Im Ergebnis ist in zahlreichen Studienfächern eine meist mündliche (praxisferne) Prüfung über das Gelernte (Gesetzestexte, Lehrbuchinhalte) abzulegen, die beliebig oft wiederholt werden kann. Im Mittelpunkt stehen die Pflichtfächer wie Bürgerliches Recht (diritto civile), Handelsrecht (diritto commerciale), Arbeitsrecht (diritto del lavoro), Zivilprozessrecht (diritto processuale civile), Verfassungsrecht (diritto costituzionale), Verwaltungsrecht (diritto amministrativo), Strafrecht (diritto penale), Strafprozessrecht (procedura penale), Rechtsgeschichte (storia del diritto) und römisches Recht (diritto romano).

Der Rechtsstoff wird in schulmäßigen Vorlesungen behandelt. Diese sind jeweils dreistündig pro Woche. Der Vorlesungsstil ist exegetisch-theoretisch-deduktiv, so dass auf praktische Fälle kaum eingegangen wird.

Am Ende des Studiums steht das esame di laurea. Hier muss der Student eine von ihm (ohne vorherige Übung) verfasste schriftliche tesi di laurea verteidigen. Ist er erfolgreich, so erwirbt er die laurea in giurisprudenza, auf Grund deren er sich dottore in giurisprudenza bzw. dottoressa in giurisprudenza nennen (lassen) darf. Das esame di laurea ist der deutschen ersten juristischen Staatsprüfung inhaltlich nicht gleichwertig, weil sie vielmehr theoretisch ausgerichtet ist und keine umfassende schriftliche Abschlussprüfung darstellt.

II. Berufstätigkeit

Will der Universitätsabsolvent Richter (giudice), Staatsanwalt (pubblico ministero) oder Notar werden, muss er nach Absolvierung einer zweijährigen an den meisten Universitäten angebotenen scuola di specializzazione per le professioni legali an einem der jährlich abgehaltenen Auswahlwettbewerbe (concorsi) teilnehmen, theoretische Aufgaben schriftlich bearbeiten und sich einer mündlichen Prüfung unterziehen. Bei einem angesichts der großen Zahl der Bewerber und der geringen Zahl der Stellen eher unwahrscheinlichen Prüfungserfolg wird er für die Gerichtstätigkeit als Gerichtsreferendar (uditore giudiziario) eingestellt und kann nach zwei Jahren Richter oder Staatsanwalt werden.

Wer Rechtsanwalt werden will, muss nach dem Studium einen Rechtsanwalt finden, bei dem er mindestens zwei Jahre lang als Praktikant tätig sein muss, was sich aufgrund des gesättigten Arbeitsmarktes und der hohen Absolventenzahlen als ziemlich schwierig erweisen kann. Danach kann er sich zu einer Prüfung (esame di avvocato) melden, die aus schriftlichen Teilen und einem mündlichen Teil besteht. Mit der Ablegung der Prüfung wird der Kandidat in die Liste der Rechtsanwälte des jeweiligen Gerichtsbezirks aufgenommen.

Seit 2001 können sich Rechtsanwälte in Italien auch zu einer società tra avvocati zusammenschließen, die auf dem Recht der offenen Handelsgesellschaft (società in nome collettivo, s.n.c.) aufbaut und als s.t.p. società tra professionisti (Partnerschaftsgesellschaft) nach außen hin erkennbar ist. Manche der avvocati sind im Übrigen gleichzeitig als schlecht bezahlte Universitätsprofessoren tätig.

III. Ausländerstudium

Berichte über das juristische Studium und andere Fortbildungsaufenthalte von Ausländern in Italien finden sich z.B. in JuS 1964, 77, JuS 1971, 664, JuS 1973, 67, JuS 1975, 340, JuS 1987, 669, JuS 1990, 1029, JuS 1994, Heft 2, XVI, JuS 1994, Heft 4, XII und JuS 1996, 759, JuS 1999, 723, JuS 2001, Heft 7, XVI.
Daneben kann der an einem Studienaufenthalt in Italien interessierte Student auch im Internet aktuelle und hilfreiche Informationen abrufen. Als Ausgangspunkt dafür wird die Seite des Italienischen Kulturinstitutes in Deutschland (Köln) empfohlen (http://www.iic-colonia.de/).

E. Internet

Immer mehr hält auch in den verschiedensten Bereichen der juristischen Tätigkeit das Informations- und Kommunikationsmedium Internet Einzug. So wurde beispielsweise der Notar berechtigt, alle Einträge in das Liegenschaftsregister (registro immobiliare) auch online durchzuführen. Der Rechtsanwalt wird künftig Mitteilungen und Zustellungen an das Gericht im Zivilverfahren auch über E-Mail mit entsprechender digitaler Unterschrift (firma digitale) übermitteln können. Daneben ist das Internet auch praktisch zu einem der wichtigsten Arbeitsinstrumente der juristischen Arbeit geworden. Kostenpflichtige und unentgeltliche Rechtsdatenbanken erleichtern die Suche nach bestimmten Gesetzen oder nach Rechtsprechung und Lehre zu einer bestimmten Einzelfrage. Newsletter verschiedenster Anbieter halten den Juristen ständig auf dem neuesten Stand der Gesetzgebung und Rechtsprechung.
Zum Einstieg in das sehr große Informationsangebot zum italienischen Recht im Internet lässt sich die allgemein anerkannte und in allen einschlägigen Werken zitierte Onlinezeitschrift von Francesco Brugaletta „Diritto&Diritti" unter http://www.diritto.it empfehlen. Der besondere Vorteil dieser Seite besteht darin, dass von ihr aus durch Links auf fast alles zugegriffen werden kann, was von juristischem Interesse ist (Gesetze, Urteile, Aufsätze, Links ...).
Die Homepage des italienischen Verfassungsgerichtshofs wird teilweise auch in deutscher Sprache angeboten und enthält eine deutsche Übersetzung

des italienischen Verfassungstextes (http://www.cortecostituzionale.it). Das Parlament erreicht man unter http://www.parlamento.it. Zur Vereinfachung des Zugangs zum geltenden Recht für den Bürger wurde vom Amt für Informatik in der öffentlichen Verwaltung die frei zugängliche und sehr ergiebige Rechtsdatenbank NormeinRete (NiR) geschaffen. Sie ist unter http://www.normeinrete.it abrufbar. Die Rechtsanwaltskanzlei Braggion & Partner bietet auf ihrer Homepage http://www.italrecht.com Kurzinformationen zu verschiedenen Bereichen des italienischen Rechts in deutscher Sprache an.
Außerdem sei noch auf die Internetpräsenz der Vereinigung für den Gedankenaustausch zwischen deutschen und italienischen Juristen e.V. (Deutsch-italienische Juristenvereinigung) unter http://www.dijv.org hingewiesen.

F. Allgemeine Hinweise

Über das Neuenglische des Deutschen sind auch einige englische Wörter in das Wörterbuch eingeflossen (e-commerce, e-mail, goodwill, joint venture, mergers & acquisitions, prime rate, soft law, software), die vielleicht auch in Italien englisch verstanden werden. Für in Italien zusätzlich gebräuchliche lateinische Ausdrücke ist derzeit am einfachsten auf Bertozzi, P., Dizionario dei brocardi e dei latinismi giuridici, 4. A. 1998 zu verweisen.

ABKÜRZUNGSVERZEICHNIS

Adj.	Adjektiv
Adv.	Adverb
engl.	englisch
F.	Femininum
franz.	französisch
jur.	juristisch
lat.	lateinisch
M.	Maskulinum
N.	Neutrum
Part.	Partikel
Pl.	Plural
Präp.	Präposition
V.	Verb

Deutsch - Italienisch

A

abändern modificare, emendare, rielaborare, riformare, apportare una variante
Abänderung (F.) eines Urteils riforma (F.) di una sentenza
Abänderung (F.) modificazione (F.), modifica (F.), emendamento (M.), rettifica (F.), variazione (F.)
Abänderungsantrag (M.) emendamento (M.), proposta (F.) d'emendamento
Abänderungsklage (F.) azione (F.) di riforma
Abandon (M.) abbandono (M.)
abandonnieren abbandonare
abartig deviante, anormale, anomalo
Abartigkeit (F.) deviazione (F.), anomalia (F.), anormalità (F.)
abbedingen escludere, derogare
abberufen revocare, richiamare, destituire
Abberufung (F.) revocazione (F.), destituzione (F.), richiamo (M.)
abbrechen rompere, demolire, interrompere, cessare, troncare
Abbruch (M.) demolizione (F.), distruzione (F.), interruzione (F.), rottura (F.)
Abbruch (M.) einer Schwangerschaft aborto (M.), interruzione (F.) della gravidanza
abbuchen registrare in diffalco, defalcare, detrarre, addebitare
Abbuchung (F.) defalco (M.), addebito (M.), detrazione (F.)
ABC-Waffen (F.Pl.) armi (F.Pl.) atomiche e biologiche e chimiche
abdanken abdicare, rassegnare le dimissioni, deporre la carica
abdingbar derogabile, disponibile
abdingen derogare
aberkennen privare, disconoscere, negare, dichiarare decaduto
Aberkennung (F.) privazione (F.), disconoscimento (M.), negazione (F.), decadenza (F.)
Aberkennungsklage (F.) azione (F.) di disconoscimento, azione (F.) di inesistenza del debito
aberratio (F.) ictus (lat.) aberratio (F.) ictus (lat.) (Abirrung des Stoßes)
Abfall (M.) rifiuti (M.Pl.), scarto (M.), cascame (M.)
Abfallbeseitigung (F.) trasporto (M.) dei rifiuti, eliminazione (F.) dei rifiuti
Abfallentsorgung (F.) smaltimento (M.) dei rifiuti
abfassen stendere, formulare, redigere, compilare
Abfassung (F.) stesura (F.), formulazione (F.), redazione (F.), compilazione (F.)
Abfertigung (F.) (Fertigmachen für Versendung) spedizione (F.)
Abfertigung (F.) (geldlicher Ausgleich im Arbeitsrecht) trattamento (M.) di fine rapporto
abfinden indennizzare, tacitare
Abfindung (F.) indennizzo (M.), tacitazione (F.)
Abfindungsvereinbarung (F.) patto (M.) d'indennizzo
Abgabe (F.) einer Scheinerklärung simulazione (F.)
Abgabe (F.) tributo (M.), tassa (F.), imposta (F.)
Abgabenhinterziehung (F.) frode (F.) fiscale, evasione (F.) fiscale
Abgabenordnung (F.) codice (M.) tributario
Abgabenüberhebung (F.) concussione (F.)
Abgasuntersuchung (F.) controllo (M.) dei gas di scarico
abgekürztes Verfahren (N.) procedimento (M.) abbreviato (M.), giuidizio (M.) abbreviato
abgeleitet derivativo
abgeleiteter Eigentumserwerb (M.) acquisto (M.) della proprietà a titolo derivativo
abgeleitetes Eigentum (N.) proprietà (F.) a titolo derivativo
abgelten ricompensare, indennizzare, pagare, tacitare
Abgeltung (F.) compenso (M.), pagamento (M.), tacitazione (F.), indennizzo (M.)
Abgeordnetenbestechung (F.) corruzione (F.) di deputato
Abgeordnetenkammer (F.) (Abgeordnetenkammer in Italien) Camera (F.) dei deputati
Abgeordneter (M.) (im Parlament) deputato (M.), onorevole (M.)
abgeschlossen concluso, chiuso, stipulato, terminato, definito
abhandenkommen perdersi, smarrirsi

abhängig dipendente (Adj.)
Abhängigkeit (F.) dipendenza (F.)
Abhängigkeitsverhältnis (N.) rapporto (M.) di dipendenza
abheben prelevare, ritirare
Abhebung (F.) prelevamento (M.)
abhelfen rimediare, riparare
Abhilfe (F.) rimedio (M.), riparo (M.), ripiego (M.)
abholen ritirare
Abholung (F.) ritiro (M.)
Abhören (N.) intercettazione (F.)
abhören intercettare
Abhörgerät (N.) apparecchio (M.) d'intercettazione, apparato (M.) intercettatore
Abitur (N.) esame (M.) di maturità, esami (M.Pl.) di Stato conclusivi dei corsi di studio di istruzione secondaria superiore
Abkommen (N.) accordo (M.), convenzione (F.), contratto (M.), trattato (M.)
Abkömmling (M.) discendente (M.)
Abkunft (F.) origine (F.), discendenza (F.)
abkürzen abbreviare
Abkürzung (F.) abbreviazione (F.), sigla (F.)
Ablass (M.) indulgenza (F.)
Ablauf (F.) scadenza (F.), decorrenza (F.)
ablaufen scadere, decorrere
ablehnen rifiutare, rigettare, ricusare, respingere
Ablehnung (F.) rifiuto (M.), rigetto (M.), ricusazione (F.)
Ablehnung wegen Besorgnis der Befangenheit ricusazione (F.) per legittimo sospetto
Ablehnungsantrag (M.) ricorso (M.) per ricusazione
ableiten sviare, dedurre
abliefern consegnare, recapitare
Ablieferung (F.) consegna (F.), recapito (M.), rimessa (F.), spedizione (F.)
ablösen rimborsare, redimere, ammortizzare, riscattare
Ablösung (F.) rimborso (M.), redenzione (F.), ammortamento (F.), riscatto (M.)
Ablösungsrecht (N.) diritto (M.) di riscatto
abmachen convenire, pattuire, accordare
Abmachung (F.) patto (M.), accordo (M.), convenzione (F.)
abmahnen ammonire, avvertire, diffidare
Abmahnung (F.) ammonizione (F.), diffida (F.)
Abmahnungsschreiben (N.) diffida (F.)
Abmahnverein (M.) associazione di vigilanza sulla concorrenza
abmarken apporre i termini di confine
Abmarkung (F.) apposizione (F.) di termini
Abnahme (F.) accettazione (F.), presa (F.) in consegna, collaudo (M.)
abnehmen accettare, prendere in consegna, collaudare
Abnehmer (M.) acquirente (M.), compratore (M.)
abnorm anormale, irregolare
abnutzen logorare
Abnutzung (F.) logorio (M.), usura (F.), deperimento (M.), deprezzamento (M.)
Abnutzungsentschädigung (F.) indennità (F.) di deprezzamento
Abolition (F.) abolizione (F.)
Abonnement (N.) abbonamento (M.)
abonnieren abbonarsi
abordnen delegare, deputare
Abordnung (F.) comando (M.) presso altra amministrazione, deputazione (F.) di lavoratori
abrechnen fare i conti, liquidare, dedurre, diffalcare
Abrechnung (F.) liquidazione (F.) dei conti, rendiconto (M.)
Abrechnungszeitraum (M.) periodo (M.) contabile
Abrechnungsstelle (F.) stanza (F.) di compensazione
Abrede (F.) pattuizione (F.), accordo (M.), convenzione (F.), patto (M.)
abreden pattuire, accordarsi, convenire
Abrogation (F.) abrogazione (F.)
abrogieren abrogare
Abruf (M.) richiesta (F.), ordine (M.) di consegna
abrufen ordinare la consegna, ritirare
abrüsten disarmare, smobilitare
Abrüstung (F.) disarmo (M.), smobilizzazione (F.)
Absage (F.) diniego (M.), risposta (F.) negativa, rifiuto (M.), revoca (F.)
absagen rifiutare, revocare, negare, declinare, disdire
Absatz (M.) comma (M.), capoverso (M.), sbocco (M.), smercio (M.), vendita (F.)
abschaffen abrogare, abolire, sopprimere
Abschaffung (F.) abrogazione (F.), abolizione (F.), soppressione (F.)

abschieben espellere
Abschiebung (F.) espulsione (F.)
Abschlag (M.) sconto (M.), disaggio (M.), ribasso (M.)
abschlägiger Bescheid (M.) risposta (F.) negativa
Abschlagszahlung (F.) acconto (M.), rata (F.), pagamento (M.) parziale
abschließen terminare, finire, definire, concludere, stipulare, concordare, chiudere
abschließend conclusivo, finale, definitivo
Abschluss (M.) der Beweisaufnahme chiusura (F.) dell'istruzione probatoria, chiusura (F.) dell'assunzione delle prove
Abschluss (M.) der Ermittlungen chiusura (F.) delle indagini preliminari
Abschluss (M.) stipulazione (F.), compimento (M.), chiusura (F.), conclusione (F.), ultimazione (F.)
Abschlussfreiheit (F.) libertà (F.) contrattuale
Abschlussprovision (F.) provvigione (F.) d'acquisto, provvigione (F.) per conclusione di contratto
Abschlussprüfung (F.) esame (M.) finale
Abschlussvertreter (M.) rappresentante (M.), agente (M.) autorizzato a concludere contratti
Abschlussvollmacht (F.) procura (F.) a concludere contratti
Abschlusszwang (M.) obbligo (M.) di contrarre
Abschnitt (M.) sezione (F.), capitolo (M.), titolo (M.)
abschöpfen prelevare, assorbire, tassare
Abschöpfung (F.) prelievo (M.), assorbimento (M.), tassazione (F.)
abschrecken intimidire
Abschreckung (F.) intimidazione (F.), deterrenza (F.)
abschreiben ammortare, dedurre, diffalcare, copiare, trascrivere
Abschreibung (F.) ammortamento (M.), deduzione (F.), diffalco (M.)
Abschreibung (F.) für Abnützung ammortamento (M.) per deperimento
Abschreibungsgesellschaft (F.) società (F.) di ammortamento
Abschrift (F.) copia (F.), duplicato (M.), trascrizione (F.)
absehbar prevedibile
absenden spedire, inviare
Absender (M.) speditore (M.), mittente (M.)
Absetzbarkeit (F.) amovibilità (F.), deducibilità (F.), smerciabilità (F.)
absetzen detrarre, dedurre, rimuovere, destituire, piazzare, smerciare
Absetzung (F.) deduzione (F.), destituzione (F.), rimozione (F.)
absichern assicurare, coprire
Absicherung assicurazione (F.), copertura (F.), garanzia (F.)
Absicht (F.) intenzione (F.), dolo (M.) intenzionale
absichtlich intenzionale
absichtliche Täuschung (F.) dolo
Absichtserklärung (F.) dichiarazione (F.) d'intenzione, dichiarazione (F.) d'intenti
absolut assoluto
absolute Fahruntüchtigkeit (F.) incapacità (F.) assoluta di guidare
absolute Mehrheit (F.) maggioranza (F.) assoluta
absolute Nichtigkeit (F.) nullità (F.) assoluta
absolute Unmöglichkeit (F.) impossibilità (F.) assoluta
absoluter Revisionsgrund (M.) motivo (M.) assoluto di ricorso (per cassazione)
absolutes Recht (N.) diritto (M.) assoluto, diritto (M.) erga omnes
Absolution (F.) assoluzione (F.)
Absolutismus (M.) assolutismo (M.)
Absolvent (M.) neolaureato (M.)
absolvieren portare a termine, finire, superare
absondern separare, isolare, scorporare
Absonderung (F.) separazione (F.)
Absonderungsgläubiger (M.) creditore (M.) privilegiato, creditore (M.) separatista
Absonderungsrecht (N.) diritto (M.) alla separazione
absorbieren assorbire
Absorption (F.) assorbimento (M.)
Absorptionsprinzip (N.) principio (M.) dell'assorbimento
absperren sbarrare, bloccare, chiudere
Absperrung sbarramento (M.), blocco (M.), chiusura (F.)
Absprache (F.) intesa (F.), pattuizione (F.), accordo (M.), patteggiamento (M.)
absprachegemäß come d'accordo
absprechen concertare, trattare, convenire, denegare, negare

abstammen discendere
Abstammung (F.) filiazione (F.), origine (F.), discendenza (F.)
Abstand (M.) distanza (F.)
abstellen scostare, spegnere, eliminare, far cessare
Abstellung (F.) cessazione (F.), rimozione (F.), eliminazione (F.)
abstimmen votare
Abstimmung (F.) votazione (F.), scrutinio (M.)
Abstimmung (F.) nach Köpfen votazione (F.) per teste
abstrahieren astrarre
abstrakt astratto
abstrakte Normenkontrolle (F.) sindacato (M.) di legittimità costituzionale in astratto
abstrakter Tatbestand (M.) fattispecie (F.) astratta
abstraktes Gefährdungsdelikt (N.) reato (M.) di pericolo presunto
Abstraktion (F.) astrazione (F.)
Abstraktionsprinzip (N.) principio (M.) dell'astrattezza
abstreiten contestare, negare
Abt (M.) abate (M.)
Abtei (F.) abbazia (F.)
Abteilung (F.) für Strafsachen sezione (F.) penale
Abteilung (F.) für Zivilsachen sezione (F.) civile
Abteilung (F.) ripartizione (F.), sezione (F.), reparto (M.), dipartimento (M.)
Abteilungsdirektor (M.) direttore (M.) di divisione, direttore (M.) di reparto, capo (M.) servizio, capo (M.) settore
Äbtissin (F.) badessa (F.)
abtreiben abortire
Abtreibung (F.) aborto (M.)
Abtreibungsmittel (N.) abortivo (M.)
abtrennbar separabile, staccabile
abtrennbarer Abschnitt (M.) cedola (F.), tagliando (M.), talloncino (M.)
abtrennen separare, staccare
Abtrennung (F.) separazione (F.), stacco (M.)
abtretbar cedibile
abtreten cedere, dimettersi
Abtretung (F.) an Zahlungs Statt cessione (F.) pro soluto, cessione (F.) in luogo di adempimento
Abtretung (F.) cessione (F.), trasferimento (M.), abbandono (M.)
Abtretung (F.) zahlungshalber cessione (F.) solvendi causa, cessione (F.) pro solvendo
Abtretungsempfänger (M.) cessionario (M.)
Abtretungserklärung (F.) dichiarazione (F.) di cessione, certificato (M.) di cessione, contratto (M.) di cessione
Abtretungsformular (N.) modulo (M.) di cessione
Abtretungsmitteilung (F.) notifica (F.)
Abtretungsurkunde (F.) atto (M.) di cessione
Abtretungsverbot (N.) divieto (M.) di cessione
Abtretungsvertrag (M.) contratto (M.) di cessione, trattato (M.) di cessione, atto (M.) di cessione
aburteilen condannare, sentenziare, giudicare
Aburteilung (F.) giudizio (M.) finale, sentenza (F.) finale
abusiv abusivo
abwägen ponderare, calcolare, dosare
Abwägung (F.) bilanciamento (M.), ponderazione (F.)
abwälzen scaricare, trasferire
Abwälzung (F.) scaricamento (M.), trasferimento (M.), traslazione (F.)
abwandern emigrare, abbandonare
Abwanderung (F.) emigrazione (F.), esodio (M.), abbandono (M.)
Abwasser (N.) acqua (F.) di scarico
abwegig anormale, anomalo, strano
Abwehr (F.) difesa (F.)
Abwehranspruch (M.) azione (F.) negatoria
abwehren respingere
abweichen derogare, divergere, deviare
abweichend derogante, derogatorio, divergente, difforme, deviante
abweichendes Verhalten (N.) comportamento (M.) deviante
Abweichung (F.) divergenza (F.), deviazione (F.), devianza (F.), scostamento (M.), variazione (F.)
abweisen rigettare, respingere, rifiutare
Abweisung (F.) rigetto (M.), reiezione (F.), rifiuto (M.)
abwenden prevenire, impedire
Abwendung (F.) prevenzione (F.), impedimento (M.)
abwerben accaparrarsi
Abwerbung (F.) (Abwerbung von Ar-

beitskräften) accaparramento (M.) di manodopera
Abwerbung (F.) (Abwerbung von Kunden) sviamento (M.) di clientela, accaparramento (M.) di clientela
abwerten svalutare, deprezzare, dispregiare
Abwertung (F.) svalutazione (F.), deprezzamento (M.), dispregiamento (M.)
abwesend assente (Adj.), contumace (Adj.)
Abwesende (F.) assente (F.), contumace (F.)
Abwesender (M.) assente (M.), contumace (M.)
Abwesenheit (F.) assenza (F.), contumacia (F.)
Abwesenheitspflegschaft (F.) curatela (F.) dei beni dell'assente, curatela (F.) in absentia
Abwesenheitsurteil (N.) sentenza (F.) contumaciale, sentenza (F.) in contumacia
Abwesenheitsverfahren (N.) procedimento (M.) in contumacia, giudizio (M.) contumaciale
abwickeln eseguire, liquidare, regolare
Abwicklung (F.) esecuzione (F.), liquidazione (F.), regolamento (M.), svolgimento (M.)
abzahlen pagare a rate, saldare
Abzahlung (F.) pagamento (M.) a rate, pagamento (M.) rateale, versamento (M.) a rate
Abzahlungskauf (M.) acquisto (M.) a rate
Abzahlungsschuld (F.) debito (M.) pagabile a rate
abzeichnen vistare, siglare, parafare
abziehen dedurre, detrarre, ritirare, sottrarre, trattenere
Abzug (M.) ritiro (M.), deduzione (F.), detrazione (F.), ribasso (M.), trattenuta (F.), sottrazione (F.)
abzüglich meno, dedotto, detratto
accidentialia negotii (lat.) elementi (M.Pl.) accidentali del negozio
Acht (F.) cura (F.), attenzione (F.)
ächten bandire, proscrivere
achten rispettare, stimare, apprezzare
achtlos sbadato
Achtlosigkeit (F.) disattenzione (F.)
Achtstundentag (M.) giornata (F.) di otto ore lavorative
Achtung (F.) attenzione (F.), rispetto (M.)
Ächtung (F.) bando (M.), proscrizione (F.)
ad hoc (lat.) (zu diesem Zweck) ad hoc (lat.), per questo
Adäquanz (F.) adeguatezza (F.)
Adäquanztheorie (F.) teoria (F.) della causalità adeguata, teoria (F.) dell'adeguatezza
adäquat adeguato, corrispondente, appropriato
Adel (M.) aristocrazia (F.)
adeln nobilitare, conferire un titolo nobiliare
Adelsstand (M.) classe (F.) nobile, aristocrazia (F.)
Adhäsion adesione (F.)
Adhäsionsverfahren (N.) procedimento (M.) per il risarcimento o le restituzioni nel processo penale
Adjutant (M.) aiutante (M.)
Administration (F.) amministrazione (F.)
administrativ amministrativo
Administrativenteignung (F.) espropriazione (F.) amministrativa
Admiral (M.) ammiraglio (M.)
adoptieren adottare
Adoption (F.) adozione (F.)
Adoptiveltern (Pl.) genitori (M.Pl.) adottivi
Adoptivkind (N.) figlio (M.) adottivo
Adressant (M.) mittente (M.), traente (M.)
Adressat (M.) destinatario (M.), trattario (M.)
Adresse (F.) indirizzo (M.), recapito (M.)
adressieren indirizzare, destinare
Advokat (M.) avvocato (M.), legale (M.)
Affekt (M.) stato (M.) emotivo, stato (M.) passionale, stato (M.) di eccitazione
Affekthandlung (F.) atto (M.) commesso in stato emotivo o passionale
Affektion (F.) affezione
Affektionsinteresse (N.) interesse (M.) d'affezione, valore (M.) di affezione, interesse (M.) affettivo
Affektionswert (M.) valore (M.) affettivo, valore (M.) d'affezione
Affidavit (N.) affidavit (M.)
affirmativ affermativo
Affront (M.) affronto (M.)
Afrika (N.) Africa (F.)
AG (F.) (Aktiengesellschaft) s.p.a. (F.) (società per azioni)
AGB (F.Pl.) (allgemeine Geschäftsbedingungen) condizioni (M.Pl.) generali del contratto
Agent (M.) agente (M.), rappresentante (M.)
agent (M.) provocateur (franz.) agente (M.) provocatore
Agentur (F.) agenzia (F.), rappresentanza (F.)

Aggression (F.) aggressione (F.)
aggressiv aggressivo
aggressiver Notstand (M.) stato di necessità (M.) aggressivo
agieren agire
Agio (N.) aggio (M.), premio (M.) di cambio, sovrapprezzo (M.) d'emissione
Agnat (M.) agnato (M.)
Agrarrecht (N.) diritto (M.) agrario
Agreement (M.) (engl.) accordo (M.), intesa (F.)
Agreement on Trade-related-Aspects of Intellectual Property (TRIPS) accordo (M.) sugli aspetti dei diritti di proprietà intellettuale
Agrément (N.) gradimento (M.)
Ahn (M.) avo (M.), antenato (M.), ascendente (M.)
ahnden perseguire, reprimere, punire
Ahndung (F.) persecuzione (F.), repressione (F.), punizione (F.)
Ähnlichkeit (F.) similitudine (F.), analogia (F.), affinità (F.)
Ähnlichkeitsschluss (M.) conclusione (F.) per analogia
Aids (N.) (acquired immune deficiency syndrome) A.I.D.S. (M.) (acquired immune deficiency syndrome)
Akademie (F.) accademia (F.)
akademisch universitario, accademico (Adj.)
akademischer Grad (M.) grado (M.) accademico
akatholische Ehe (F.) matrimonio (M.) acattolico
Akklamation (F.) acclamazione (F.)
akklamieren acclamare
Akkord (M.) cottimo (M.)
Akkordant (M.) cottimista (M.)
Akkordarbeit (F.) lavoro (M.) a cottimo
Akkordlohn (M.) retribuzione (F.) a cottimo, salario (M.) a cottimo
Akkordzulage (F.) premio (M.) di rendimento
akkreditieren accreditare
Akkreditierung (F.) accreditamento (M.)
Akkreditiv (N.) mandato (M.) di credito, lettera (F.) di credito
Akkreszenz (F.) accrescimento (M.)
Akkumulation (F.) accumulazione (F.)
Akt (M.) atto (M.), azione (F.), scrittura (F.), rogito (M.)
Akt (M.) mit Gesetzeskraft atto (M.) avente forza di legge
Akte (F.) atto (M.), documento (M.), cartella (F.), pratica (F.), fascicolo (M.)
Akte (F.) der Staatsanwaltschaft fascicolo (M.) del pubblico ministero
Akte (F.) der Verteidigung fascicolo (M.) del difensore
Akte (F.) für die Hauptverhandlung fascicolo (M.) per il dibattimento
Akteneinsicht (F.) esame (M.) della pratica, esame (M.) dei documenti, ispezione (F.) degli atti, accesso (M.) agli atti
aktenkundig attestabile a mezzo di documenti, evidente dagli atti, documentabile
Aktenlage (F.) stato (M.) degli atti
Aktenübersendung (F.) trasmissione (F.) degli atti
Aktenvermerk (M.) annotazione (F.)
Aktenvorlage (F.) presentazione (F.) degli atti, produzione (F.) degli atti, trasmissione (F.) degli atti
Aktenvortrag (M.) relazione (F.) sugli atti
Aktenzeichen (N.) sigla (F.), numero (M.) d'ordine
Aktie (F.) azione (F.) societaria
Aktienanleihe (F.) obbligazione (F.) societaria
Aktienbuch (N.) libro (M.) dei soci, registro (M.) delle azioni
Aktienemission (F.) emissione (F.) di azioni
Aktiengeschäft (N.) operazione (F.) in azioni
Aktiengesellschaft (F.) (AG) società (F.) per azioni (s.p.a.)
Aktiengesetz (N.) legge (F.) sulla società per azioni
Aktienhandel (M.) negoziazione (F.) di azioni
Aktieninhaber (M.) portatore (M.) d'azioni, titolare (M.) d'azioni, azionista (M.)
Aktienkapital (N.) capitale (M.) azionario
Aktienkurs (M.) prezzo (M.) dell'azione, quotazione (F.)
Aktienrecht (N.) diritto (M.) delle società per azioni
Aktion (F.) azione (F.), attività (F.), campagna (F.), operazione (F.)
Aktionär (M.) azionista (M.)
aktiv attivo (Adj.), effettivo (Adj.), in attività di servizio

Aktiva (N.Pl.) attivo (M.), attività (F.), massa (F.) attiva
aktives Wahlrecht (N.) elettorato (M.) attivo
aktivieren attivare, mobilizzare, iscrivere all'attivo
Aktivierung (F.) attivazione (F.), mobilizzazione (F.), messa (F.) all'attivo
Aktivlegitimation (F.) legittimazione (F.) attiva
Aktivvertretung (F.) rappresentanza (F.) attiva
aktuell attuale
Akzept (N.) accettazione (F.), tratta (F.) accettata
akzeptabel accettabile
Akzeptant (M.) accettante (M.), destinatario (M.) della proposta
Akzeptanz (F.) accettazione (F.), accoglimento (M.)
Akzeptgeschäft (N.) operazione (F.) d'accettazione
akzeptieren accettare
Akzession (F.) accessione (F.)
Akzessorietät (F.) accessorietà (F.)
akzessorisch accessorio (Adj.)
Akzidentialien (F.Pl.) accidentialia (N.Pl.) negotii (lat.), patti (M.Pl.) accessori, clausole (F.Pl.) accessorie
akzidentiell accidentale
Akzise (F.) accisa (F.), tassa (F.) di consumo
Alarm (M.) allarme (M.)
Alarmanlage (F.) dispositivo (M.) d'allarme
Albanien (N.) Albania (F.)
Albertinisches Statut (N.) Statuto (M.) Albertino
aleatorisch aleatorio
alias (Adv.) (lat.) (anders) alias (lat.), altrimenti detto
Alibi (N.) alibi (M.)
Alimentation (F.) alimentazione (F.)
Alimentationspflicht (F.) obbligo (M.) di prestare alimenti
Alimentationstheorie (F.) teoria (F.) dell'alimentazione
Alimente (N.Pl.) alimenti (M.Pl.)
aliud (N.) (lat.) (anderes) aliud (N.) (lat.), cosa (F.) diversa
Aliudleistung (F.) prestazione (F.) di aliud pro alio, prestazione (F.) di cosa diversa da quella dovuta
Alkohol (M.) alcool (M.)
Alkoholdelikt (N.) reato (M.) commesso in stato di ubriachezza
Allein- unico, esclusivo
Alleineigentum (N.) proprietà (F.) esclusiva
Alleineigentümer (M.) proprietario (M.) unico
Alleingesellschafter (M.) socio (M.) unico
Alleinrichter (M.) giudice (M.) monocratico, giudice (M.) unico
Alleinvertretung (F.) rappresentanza (F.) esclusiva, esclusiva (F.)
allfällig eventuale
allgemein generale (Adj.), complessivo, comune, universale, generico
allgemeine Bestimmung (F.) disposizione (F.) generale
allgemeine Geschäftsbedingung (F.) condizione (F.) generale di contratto
allgemeine Gütergemeinschaft (F.) comunione (F.) generale dei beni
allgemeine Gütergemeinschaft (F.) der Ehegatten comunione (F.) generale dei beni tra coniugi
allgemeine Handlungsfreiheit (F.) libertà (F.) generale di agire
allgemeine Rechtsgrundsätze (M.Pl.) principi (M.Pl.) generali del diritto
allgemeine Staatslehre (F.) teoria (F.) dello stato, dottrina (F.) dello stato
allgemeine Verjährungsfrist (F.) prescrizione (F.) ordinaria
allgemeine Wahl (F.) suffragio (M.) universale
allgemeiner Rechtsgrundsatz (M.) principio (M.) generale del diritto
allgemeiner Studentenausschuss (M.) consiglio (M.) studentesco
allgemeiner Teil (M.) parte (F.) generale
Allgemeines Abkommen (N.) über den Handel mit Dienstleistungen (GATS) accordo (M.) generale sul commercio dei servizi
allgemeines Gesetz (N.) legge (F.) generale
allgemeines Gewaltverhältnis (N.) supremazia (M.) statale
Allgemeingebrauch (M.) uso (M.) comune, uso (M.) pubblico
allgemeingültig di valditià generale
Allgemeingültigkeit (F.) validità (F.) generale
Allgemeinheit (F.) collettività (F.), generalità (F.), pubblico (M.)

Allgemeininteresse (N.) interesse (M.) generale
allgemeinkundig notorio
Allgemeinkundigkeit (F.) notorietà (F.)
allgemeinverbindlich obbligatorio per tutti, di obbligatorietà generale
Allgemeinverbindlichkeit (F.) obbligatorietà (F.) generale
Allgemeinverfügung (F.) ordinanza (F.) generale
Allgemeinwohl (N.) bene (M.) comune, interesse (M.) pubblico, pubblica utilità (F.)
Allianz (F.) alleanza (F.)
Alliierte (M.Pl.) alleati (M.Pl.)
Allmende (F.) uso (M.) civico, servitù (F.) civica, pascolo (M.) collettivo
Allonge (F.) foglio (M.) di allungamento, allungamento (M.)
allzuständig onnicompetente, di competenza generale
Allzuständigkeit (F.) competenza (F.) generale, pienezza (F.) di competenza, competenza (F.) piena
Alm (F.) pascolo (M.) alpino, alpe (F.)
alma mater (F.) (lat.) (Nährmutter bzw. Universität) alma mater (F.) (lat.), alma madre (F.), università (F.)
Almosen (N.) elemosina (F.), carità (F.)
Alpe (F.) pascolo (M.) alpino, alpe (F.)
Altenteil (M.) assegno (M.) vitalizio corrisposto dal figlio ai genitori a cui succede nell'azienda agricola
Alter (N.) età (F.), anzianità (F.), vecchiaia (F.)
alternativ alternativo
Alternative (F.) alternativa (F.)
Alternativermächtigung (F.) facoltà (F.) alternativa
Alternativobligation (F.) obbligazione (F.) alternativa
Altersfürsorge (F.) assistenza (F.) alla vecchiaia
Altersgrenze (F.) limite (M.) d'età
Altersheim (N.) casa (F.) di riposo, ricovero (M.) per anziani
Alterspräsident (M.) presidente (M.) anziano, decano (M.)
Altersruhegeld (N.) pensione (F.) di vecchiaia, trattamento (M.) di quiescenza
Altersteilzeit (F.) lavoro (M.) a tempo parziale nel periodo antecedente il pensionamento
Altersversicherung (F.) assicurazione (F.) per la vecchiaia
Altersversorgung (F.) pensione (F.) di vecchiaia
Alterszulage (F.) premio (M.) d'anzianità, maggiorazione (F.) d'anzianità
Ältestenrat (M.) (des Bundestages) comitato (M.) consultivo (del Bundestag)
Altgläubiger (M.) cedente (M.)
Altschuldner (M.) accollato (M.)
ambulant ambulante (Adj.), mobile (Adj.)
Amendement (N.) emendamento (M.), modifica (F.)
Amerika (N.) America (F.)
Amnestie (F.) amnistia (F.)
amnestieren amnistiare
Amok (M.) omicidio (M.) di persone scelte a caso, sparatoria (F.), strage (F.)
Amoklauf (M.) furia (F.) omicida
Amortisation (F.) ammortamento (M.), ammortizzazione (F.)
amortisieren ammortare, ammortizzare
Amsterdam (N.) Amsterdam (F.)
Amsterdamer Vertrag (M.) trattato (M.) di Amsterdam
Amt (N.) ufficio (M.), carica (F.), funzione (F.)
amtieren prestare servizio, essere in carica, essere in funzione
amtlich ufficiale (Adj.)
amtliches Wertzeichen (N.) valore (M.) bollato ufficiale
Amtmann (M.) funzionario (M.) amministrativo
Amtsanmaßung (F.) usurpazione (F.) di funzioni pubbliche
Amtsanwalt (M.) procuratore (M.) della Repubblica
Amtsarzt (M.) ufficiale (M.) sanitario
Amtsausübung (F.) esercizio (M.) delle funzioni d'ufficio
Amtsbetrieb (M.) svolgimento (M.) del processo per impulso del giudice, attività (F.) amministrativa
Amtsblatt (N.) bollettino (M.) ufficiale, gazzetta (F.) ufficiale
Amtsblatt (N.) der Europäischen Gemeinschaften Gazzetta (F.) Ufficiale delle Comunità Europee
Amtsdauer (F.) durata (F.) della carica, permanenza (F.) in carica

Amtsdelikt (N.) reato (M.) commesso nell'esercizio di pubbliche funzioni
Amtsdiener (M.) usciere (M.)
Amtsdirektor (M.) (Amtsdirektor in Italien) direttore (M.) di ufficio
Amtseinsetzung (F.) insediamento (M.) di una carica, insediamento (M.) in un ufficio
Amtsenthebung (F.) destituzione (F.) dalla carica, sospensione (F.) dall'ufficio
Amtsermittlung (F.) inchiesta (F.) d'ufficio
Amtsermittlungsgrundsatz (M.) principio (M.) dell'inchiesta d'ufficio
Amtsgeheimnis (N.) segreto (M.) d'ufficio
Amtsgehilfe (M.) (Amtsgehilfe in Italien) coadiutore (M.), commesso (M.), usciere (M.)
Amtsgericht (N.) pretura (F.)
Amtsgrundsatz (M.) principio (M.) di ufficialità
Amtshaftung (F.) responsabilità (F.) amministrativa
Amtshandlung (F.) atto (M.) d'ufficio
Amtshilfe (F.) assistenza (F.) amministrativa
Amtshilfeersuchen (N.) commissione (F.) rogatoria, rogatoria (F.)
Amtsmissbrauch (M.) abuso (M.) d'ufficio, abuso (M.) di poteri
Amtsniederlegung (F.) dimissione (F.) dalla carica
Amtspflegschaft (F.) curatela (F.) assistenziale, curatela (F.) affidata ad un ente d'assistenza
Amtspflicht (F.) dovere (M.) d'ufficio
Amtspflichtverletzung (F.) violazione (F.) dei doveri d'ufficio
Amtssprache (F.) lingua (F.) ufficiale
Amtstafel (F.) albo (M.) dell'ufficio, albo (M.) degli avvisi ufficiali
Amtsträger (M.) titolare (M.) d'ufficio, pubblico ufficiale (M.), funzionario (M.)
Amtsunterschlagung (F.) peculato (M.), malversazione (F.) di denaro pubblico
Amtsuntreue (F.) prevaricamento (M.), prevaricazione (F.)
Amtsverbrechen (N.) delitto (M.) commesso nell'esercizio delle pubbliche funzioni, prevaricazione (F.)
Amtsvergehen (N.) contravvenzione (F.) commessa nell'esercizio delle pubbliche funzioni
Amtsverschwiegenheit (F.) segreto (M.) d'ufficio, segreto (M.) professionale
Amtsverteidiger (M.) difensore (M.) d'ufficio
Amtsverteidigung (F.) difesa (F.) d'ufficio
Amtsvormundschaft (F.) tutela (F.) assistenziale, tutela (F.) affidata ad ente d'assistenza
Amtswalter (M.) funzionario (M.)
amtswegig d'ufficio, ex officio (lat.)
Amtszeit (F.) orario (M.) d'ufficio, permanenza (F.) in carica, periodo (M.) della carica, periodo (M.) del mandato, mandato (M.)
Amtszustellung (F.) notificazione (F.) d'ufficio
an Zahlungs Statt in luogo del pagamento, pro soluto
analog analogo, analogico, per analogia
Analogie (F.) analogia (F.)
Analogieschluß (M.) conclusione (F.) per analogia, applicazione (F.) analogica
Analogieverbot (N.) divieto (M.) dell'analogia
Analyse (F.) analisi (F.)
analysieren analizzare, esaminare, studiare
analytisch analitico
Anarchie (F.) anarchia (F.)
anarchisch anarchico
Anarchist (M.) anarchico (M.)
Anathema (N.) anatema (M.)
Anatozismus (M.) anatocismo (M.)
Anbau (M.) coltivazione (F.), fabbricato (M.) annesso
anbauen coltivare, annettere un fabbricato
anbei accluso, allegato
anberaumen fissare, indire, stabilire, convocare
Anberaumung (F.) indizione (F.), fissazione (F.), convocazione (F.)
anbieten offrire, proporre
Anbieter (M.) proponente (M.), offerente (M.)
Anbot (N.) offerta (F.), proposta (F.)
Anbotsteller (M.) proponente (M.)
andere altro, altri
Anderkonto (N.) conto (M.) fiduciario, conto (M.) altrui
ändern alterare, modificare, cambiare
Änderung (F.) alterazione (F.), modifica (F.), cambiamento (M.)
Änderung (F.) des rechtlichen Gesichtspunktes modificazione (F.) dell'imputazione

Änderungskündigung (F.) recesso (M.) modificativo
androhen minacciare, diffidare, comminare
Androhung minaccia (F.), comminazione (F.), comminatoria (F.)
aneignen (sich) appropriar(si)
Aneignung (F.) appropriazione (F.), occupazione (F.), usurpazione (F.)
Anerbe (M.) unico avente (M.) diritto alla successione mortis causa nel maso chiuso
anerkennen riconoscere, convalidare, omologare
Anerkenntnis (N.) riconoscimento (M.), dichiarazione (F.) di riconoscimento
Anerkenntnisurteil (N.) sentenza (F.) di riconoscimento
Anerkennung (F.) riconoscimento (M.), approvazione (F.), ricognizione (F.), riconoscenza (F.)
Anfall (M.) devoluzione (F.), incidenza (F.), maturazione (F.), profitto (M.), volume (M.)
Anfang (M.) der Ausführung inizio (M.) dell'attività criminosa
Anfang (M.) inizio (M.), esordio (M.), principio (M.)
anfänglich iniziale, originario
anfängliche Unmöglichkeit (F.) impossibilità (F.) originaria
anfechtbar impugnabile, contestabile, oppugnabile
Anfechtbarkeit (F.) impugnabilità (F.), annullabilità (F.), oppugnabilità (F.)
anfechten impugnare, oppugnare, chiedere l'annullamento, contestare
Anfechtung (F.) impugnazione (F.), contestazione (F.), oppuganzione (F.)
Anfechtungsgesetz (N.) (Gläubigeranfechtungsgesetz in Deutschland) legge (F.) sull'azione revocatoria
Anfechtungsklage (F.) impugnativa (F.), domanda (F.) d'annullamento, ricorso (M.) per l'annullamento di un atto amministrativo, azione (F.) di annullamento, azione (F.) revocatoria fallimentare
anfordern esigere, pretendere, richiedere, domandare
Anforderung (F.) esigenza (F.), pretesa (F.), richiesta (F.), domanda (F.), requisito (M.)
Anfrage (F.) domanda (F.), richiesta (F.), interpellanza (F.)
anfragen domandare, richiedere, interpellare
Angabe (F.) indicazione (F.), dichiarazione (F.), segnalazione (F.)
angeben indicare, dichiarare, asserire
angeblich preteso, sedicente
Angebot (M.) ad incertas personas offerta (M.) al pubblico
Angebot (N.) offerta (F.), proposta (F.)
Angebotsempfänger (M.) destinatario (M.) della proposta
angedrohte Strafe (F.) pena (F.) edittale
Angehaltener (M.) arrestato (M.)
angehören appartenere, far parte
Angehöriger (M.) appartenente (M.), membro (M.), parente (M.)
Angehörigkeit (F.) appartenenza (F.)
Angeklagte (F.) imputata (F.), accusata (F.)
Angeklagter (M.) imputato (M.), accusato (M.)
Angeld (N.) caparra (F.)
Angelegenheit (F.) affare (M.), pratica (F.)
angemessen adeguato, appropriato
Angeschuldigte (F.) imputata (F.)
Angeschuldigter (M.) imputato (M.)
angestellt impiegato (Adj.)
Angestellte (F.) impiegata (F.)
Angestelltenversicherung (F.) assicurazione (F.) degli impiegati
Angestellter (M.) impiegato (M.)
Angewiesener (M.) delegato (M.)
Angleichung (F.) adeguamento (M.), armonizzazione (F.)
angreifen attaccare, aggredire
Angreifer (M.) aggressore (M.), attaccante (M.)
angrenzen confinare
Angriff (M.) attacco (M.), aggressione (F.), offesa (F.)
Angriffskrieg (M.) guerra (F.) offensiva, guerra (F.) d'aggressione
Anhalt (M.) appoggio (M.)
Anhalt (N.) (Land Anhalt) Anhalt (F.)
Anhang (M.) appendice (F.), allegato (M.)
anhängen aggiungere
anhängig pendente
Anhängigkeit (F.) pendenza (F.)
Anhangsverfahren (N.) procedimento (M.) per il risarcimento o le restituzioni nel processo penale
anheben aumentare, elevare
Anhebung (F.) aumento (M.), innalza-

mento (M.), rialzo (M.)
anheften appuntare, attaccare
anhören sentire, ascoltare, audire
Anhörung (F.) audizione (F.), ascolto (M.)
Anhörungsrecht (N.) diritto (M.) di audizione, diritto (M.) di consultazione
Anklage (F.) accusa (F.), imputazione (F.), azione (F.) penale
Anklagebank (F.) banco (M.) degli imputati
Anklageerhebung (F.) promovimento (M.) dell'azione penale, inizio (M.) dell'azione penale
anklagen accusare, mettere in stato d'accusa
Anklageprinzip (N.) principio (M.) accusatorio
Anklageprozess (M.) processo (M.) accusatorio
Anklagepunkt (M.) capo (M.) d'accusa
Ankläger (M.) accusatore (M.)
Anklägerin (F.) accusatrice (F.)
Anklagesatz (M.) imputazione (F.), capo (M.) d'imputazione, capo (M.) d'accusa
Anklageschrift (F.) atto (M.) d'accusa, richiesta (F.) di rinvio a giudizio
Anklagezwang (M.) principio (M.) dell' obbligatorietà dell'azione penale
ankündigen annunciare, avvisare, segnalare, comunicare, portare a conoscenza
Ankündigung (F.) annuncio (M.), avviso (M.), segnalazione (F.), comunicazione (F.)
Anlage (F.) allegato (M.), impianto (M.), installazione (F.), investimento (M.), stabilimento (M.)
Anlagevermögen (N.) patrimonio (M.) immobilizzato, capitale (M.) investito, capitale (M.) fisso, attivo (M.) fisso
Anlandung (F.) alluvione (F.)
Anlass (M.) occasione (F.), motivo (M.), causa (F.), ragione (F.)
anlässlich in occasione di
anlasten ascrivere, addebitare, mettere a debito
anlegen allegare, impiantare, installare, impiegare, impostare, investire
Anleger (M.) investitore (M.), risparmiatore (M.)
Anleihe (F.) prestito (M.), mutuo (M.) obbligazionario
Anlieger (M.) confinante (M.), frontista (M.), vicino (M.)
Anliegerrecht (N.) diritto (M.) del proprietario confinante
Anliegerstaat (M.) paese (M.) confinante, Stato (M.) confinante
Anmaßung (F.) pretensione (F.), presunzione (F.), usurpazione (F.)
anmelden annunciare, depositare, denunciare, dichiarare, iscrivere
Anmeldung (F.) annuncio (M.), avviso (M.), domanda (F.), notifica (F.), iscrizione (F.)
Anmeldung (F.) zum Handelsregister (Anmeldung zum Handelsregister in Italien) domanda (F.) di iscrizione nel registro delle imprese
anmerken annotare, menzionare
Anmerkung (F.) nota (F.), annotazione (F.)
Annahme (F.) accettazione (F.), approvazione (F.), ipotesi (F.), supposizione (F.)
Annahme (F.) mit Vorbehalt der Inventareinrichtung accettazione (F.) con beneficio d'inventario
Annahme als Kind (F.) adozione (F.)
Annahmeverweigerung (F.) rifiuto (M.) d'accettazione, mancata accettazione (F.)
Annahmeverzug (M.) mora (F.) del creditore, mora (F.) accipiendi (lat.)
annehmen accettare, approvare, accogliere, prendere in consegna, presumere, supporre
annehmen als Kind adottare
annektieren annettere
Annex (M.) annesso (M.), allegato (M.), supplemento (M.)
Annexion (F.) annessione (F.)
Annexkompetenz (F.) competenza (F.) per annessione
annullieren annullare
Annullierung (F.) annullamento (M.)
anonym anonimo (Adj.)
Anonymität (F.) anonimato (M.)
anordnen ordinare, disporre
Anordnung (F.) der aufschiebenden Wirkung ordinanza (F.) di sospensione dell'esecutività
Anordnung (F.) disposizione (F.), ordinanza (F.), ordine (M.), ingiunzione (F.), raggruppamento (M.), struttura (F.)
anormal anormale, anomalo
anpassen adattare, adeguare, conformare
Anpassung (F.) adattamento (M.), adeguamento (M.), uniformazione (F.)
Anrainer (M.) confinante (M.), frontista (M.)

anrechenbar imputabile
anrechnen imputare, calcolare, mettere in conto, valutare
Anrechnung (F.) computazione (F.), imputazione (F.)
anrechnungsfähig computabile, deducibile
Anrecht (N.) diritto (M.), titolo (M.)
anregen incitare, dare impulso, suggerire, stimolare, incoraggiare, promuovere
Anregung (F.) iniziativa (F.), incitazione (F.), suggerimento (M.), stimolo (M.), impulso (M.)
anrufen chiamare, telefonare, rivolger(si), invocare, adire, appellar(si)
Anrufung (F.) adizione (F.), appellazione (F.)
ansässig residente (Adj.), domiciliato
anschaffen acquistare, comperare, procurare
Anschaffung (F.) acquisto (M.)
Anschein (M.) apparenza (F.), parvenza (F.), aspetto (M.)
anscheinend apparente, apparentemente
Anscheinsbeweis (M.) prova (F.) per presunzione semplice, prova (F.) prima facie
Anscheinsgefahr (F.) pericolo (M.) apparente
Anscheinsvollmacht (F.) procura (F.) apparente
Anschlag (M.) attentato (M.), affissione (F.), preventivo (M.), valutazione (F.)
anschlagen affiggere, stimare, valutare
anschließen accludere, collegare, allaciare, allegare
Anschluss (M.) allacciamento (M.), annessione (F.), comunicazione (F.), incorporazione (F.)
Anschlussberufung (F.) appello (M.) incidentale
Anschlusskonkurs (M.) fallimento (M.) consecutivo, fallimento (M.) successivo all'annullamento del concordato preventivo
Anschlusspfändung (F.) pignoramento (M.) successivo
Anschlussrevision (F.) ricorso (M.) incidentale
Anschlusszwang (M.) obbligo (M.) di allacciamento
anschuldigen accusare, incolpare, imputare
Anschuldigung (F.) imputazione (F.), accusa (F.), addebito (M.), incolpazione (F.)
Anschwemmung (F.) alluvione (F.)
Ansetzen (N.) zur Tatbestandsverwirklichung primo atto (M.) esecutivo del fatto tipico
ansetzen fissare, indire, stabilire, valutare, accinger(si)
Ansicht (F.) opinione (F.), avviso (M.), punto (M.) di vista, idea (F.), parere (M.)
Ansichtssendung (F.) invio (M.) per visione, campione (M.) per esame
Anspruch (M.) pretesa (F.), diritto (M.) soggettivo, titolo (M.), reclamo (M.), credito (M.)
Anspruchsberechtigter (M.) avente (M.) diritto, titolare (M.)
Anspruchsgrundlage (F.) fondamento (M.) del diritto, fonte (F.) del diritto
Anspruchskonkurrenz (F.) concorso (M.) di fonti, concorso (M.) di responsabilità
Anstalt (F.) istituto (M.), ente (M.), clinica (F.), stabilimento (M.)
Anstaltsunterbringung (F.) ricovero (M.) in istituto, assegnazione (F.) ad una casa di cura
Anstand (M.) decenza (F.)
Ansteckung (F.) contagio (M.)
ansteigen salire, aumentare, crescere
anstellen assumere
Anstellung (F.) assunzione (F.), impiego (M.), collocamento (M.)
Anstieg (M.) salita (F.), aumento (M.)
anstiften istigare, determinare, incitare
Anstifter (M.) istigatore (M.), determinatore (M.)
Anstifterin (F.) istigatrice (F.), determinatrice (F.)
Anstiftung (F.) istigazione (F.), incitamento (M.), subornazione (F.)
ansuchen domandare, richiedere
Ansuchen richiesta (F.), domanda (F.)
Anteil (M.) parte (F.), quota (F.)
anteilig proporzionale (Adj.), in proporzione, pro quota
Anteilseigner (M.) quotista (M.), azionista (M.), porprietario (M.) di azioni
Anteilsschein (M.) certificato (M.) azionario, certificato (M.) di partecipazione, parte (F.), quota (F.)
Antichrese (F.) anticresi (F.)
Anti-Mafia Gesetzgebung (F.) legislazione (F.) antimafia
Antinomie (F.) antinomia (F.)
Antisemitismus (M.) antisemitismo (M.)

antizipieren anticipare
Antrag (M.) istanza (F.), domanda (F.), offerta (F.), proposta (F.), mozione (F.), querela (F.), conclusione (F.)
Antragsdelikt (N.) delitto (M.) perseguibile a querela di parte
Antragsteller (M.) richiedente (M.), proponente (M.)
Antragstellerin (F.) richiedente (F.), proponente (F.)
Antwort (F.) risposta (F.)
antworten rispondere
anvertrauen affidare, consegnare, confidare
anwachsen accrescersi, aumentare
Anwachsung (F.) accrescimento (M.)
Anwalt (M.) avvocato (M.), legale (M.)
Anwältin (F.) avvocato (M.), avvocatessa (F.)
Anwaltschaft (F.) avvocatura (F.)
Anwaltsgebühr (F.) onorario (M.) d'avvocato, parcella (F.) d'avvocato
Anwaltskammer (F.) ordine (M.) degli avvocati
Anwaltsnotar (M.) avvocato (M.) e notaio (M.)
Anwaltsprozess (M.) processo (M.) a difesa tecnica obbligatoria
Anwaltssozietät (F.) società (F.) tra avvocati, società (F.) tra liberi professionisti (s.t.p.)
Anwaltszwang (M.) obbligo (M.) della difesa tecnica, obbligo (M.) del patrocinio
Anwärter (M.) aspirante (M.), candidato (M.)
Anwartschaft (F.) aspettativa (F.), aspettativa (F.) giuridica
Anwartschaftsrecht (N.) diritto (M.) di aspettativa
anweisen ordinare, istruire, versare, assegnare
Anweisende (F.) delegante (F.), ordinatrice (F.)
Anweisender (M.) delegante (M.), ordinatore (M.)
Anweisung (F.) delegazione (F.), ordine (M.), istruzione (F.), direttiva (F.), assegno (M.), vaglia (M.)
Anweisungsbefugnis (F.) potere (M.) ordinatorio
Anweisungsempfänger (M.) delegatario (M.)
anwendbar applicabile
anwenden applicare
Anwender (M.) utilizzatore (M.)
Anwendung (F.) applicazione (F.), impiego (M.), uso (M.), software (M.) (engl.)
Anwendungsbereich (M.) campo (M.) d'applicazione, ambito (M.) d'applicazione
anwerben reclutare, arruolare
Anwesen (N.) immobile (M.), bene (M.) stabile
anwesend presente (Adj.)
Anwesende (F.) presente (F.)
Anwesender (M.) presente (M.)
Anwesenheit (F.) presenza (F.)
anzahlen pagare in acconto
Anzahlung (F.) acconto (M.), caparra (F.)
Anzeichen (N.) indizio (M.), segnale (M.)
Anzeichenbeweis (M.) prova (F.) indiziaria
Anzeige (F.) (Anzeige bei einer Behörde) denuncia (F.)
Anzeige (F.) annuncio (M.), avviso (M.), notifica (F.)
anzeigen denunciare, dichiarare, accusare, avvisare, notificare, querelare
Anzeigepflicht (F.) obbligo (M.) di denuncia, obbligo (M.) di rendere noto
anzeigepflichtig soggetto a denuncia
Apanage (F.) appannaggio (M.), annualità (F.)
apostolisch apostolico
Apotheke (F.) farmacia (F.)
Apotheker (M.) farmacista (M.)
Appell appello (M.), chiamata (F.)
Appellation (F.) appello (M.)
Appellationsgericht (N.) giudice (M.) d'appello
Appellationsgerichtshof corte (F.) d'appello
appellieren appellar(si), fare appello, ricorrere in appello
Approbation (F.) abilitazione (F.) all'esercizio della professione del medico, approvazione (F.)
approbieren abilitare all'esercizio della professione del medico, approvare
äquivalent equivalente
Äquivalenz (F.) equivalenza (F.)
Äquivalenzprinzip (N.) principio (M.) dell'equivalenza
Äquivalenzstörung (F.) eccessiva (F.) onerosità
Äquivalenztheorie (F.) teoria (F.) della equivalenza, teoria (F.) della condicio sine qua non
Arabien (N.) Arabia (F.)

Arbeit (F.) lavoro (M.), opera (F.)
arbeiten lavorare
Arbeiter (M.) lavoratore (M.), operaio (M.)
Arbeiterschutz (M.) tutela (F.) del lavoratore, protezione (F.) del lavoratore
Arbeiterstatut (N.) (Arbeiterstatut in Italien) statuto (M.) dei lavoratori
Arbeitgeber (M.) datore (M.) di lavoro
Arbeitgeberanteil (M.) quota (F.) del datore di lavoro
Arbeitgeberverband (M.) associazione (F.) dei datori di lavoro, associazione (F.) degli imprenditori
Arbeitnehmer (M.) lavoratore (M.), prestatore (M.) d'opera
arbeitnehmerähnlich paradipendente, simile al dipendente di lavoro
Arbeitnehmerentsendegesetz (N.) legge (F.) sul trasferimento di lavoratori all'estero comunitario
Arbeitnehmererfindung (F.) invenzione (F.) del lavoratore, invenzione (F.) del prestatore d'opera
Arbeitnehmerfreibetrag (M.) quota (F.) esente a favore dei lavoratori dipendenti
Arbeitnehmerfreizügigkeit (F.) libera circolazione (F.) dei lavoratori
Arbeitnehmerhaftung (F.) responsabilità (F.) del lavoratore
Arbeitnehmerin (F.) lavoratrice (F.)
Arbeitnehmerverband (M.) associazione (F.) sindacale di lavoratori, sindacato (M.) dei lavoratori
Arbeitnehmervertretung (F.) rappresentanza (F.) dei lavoratori, rappresentanza (F.) del personale
Arbeitsamt (N.) ufficio (M.) di collocamento, ufficio (M.) del lavoro
Arbeitsbewilligung (F.) permesso (M.) di lavoro
Arbeitsdirektor (M.) direttore (M.) del lavoro
Arbeitseinkommen (N.) reddito (M.) di lavoro, retribuzione (F.)
Arbeitsfähigkeit (F.) capacità (F.) di prestare il proprio lavoro
Arbeitsförderung (F.) promozione (F.) del lavoro
Arbeitsgemeinschaft (F.) (ARGE) comunità (F.) di lavoro, comitato (M.) di lavoro
Arbeitsgenehmigung (F.) permesso (M.) di lavoro
Arbeitsgericht (N.) giudice (M.) del lavoro, tribunale (M.) del lavoro
Arbeitskampf (M.) lotta (F.) sindacale, agitazione (F.) sindacale
Arbeitskraft (F.) mano (F.) d'opera, forza (F.) di lavoro, lavoratore (M.)
Arbeitslohn (M.) salario (M.), retribuzione (F.)
arbeitslos disoccupato (Adj.), senza lavoro
Arbeitslosengeld (N.) indennità (F.) di disoccupazione, sussidio (M.) di disoccupazione
Arbeitslosenhilfe (F.) assistenza (F.) ai disoccupati
Arbeitslosenversicherung (F.) assicurazione (F.) contro la disoccupazione
Arbeitsloser (M.) disoccupato (M.), inoccupato (M.)
Arbeitslosigkeit (F.) disoccupazione (F.)
Arbeitsmarkt (M.) mercato (M.) del lavoro
Arbeitsmündigkeit (F.) capacità (F.) di sitpulare contratti di lavoro, capacità (F.) a prestare il proprio lavoro
Arbeitsprozess (M.) processo (M.) del lavoro, rito (M.) del lavoro, processo (M.) lavorativo
Arbeitsrecht (N.) diritto (M.) del lavoro
Arbeitsschutz (M.) tutela (F.) del lavoro
Arbeitssicherheit (F.) sicurezza (F.) sul lavoro
Arbeitssicherheitsgesetz (N.) legge (F.) sulla sicurezza sul lavoro
Arbeitsstätte (F.) luogo (M.) di lavoro
Arbeitstag (M.) giorno (M.) lavorativo, giorno (M.) feriale
arbeitsunfähig incapace di lavorare, inabile al lavoro, invalido
Arbeitsunfähigkeit (F.) incapacità (F.) di lavorare, inabilità (F.) al lavoro
Arbeitsunfall (M.) infortunio (M.) sul lavoro, incidente (M.) sul lavoro
Arbeitsverhältnis (N.) rapporto (M.) di lavoro
Arbeitsvermittlung (F.) collocamento (M.), mediazione (F.) di lavoro
Arbeitsvertrag (M.) contratto (M.) di lavoro
Arbeitsverwaltung (F.) amministrazione (F.) del lavoro
Arbeitswegunfall (M.) infortunio (M.) in itinere
Arbeitszeit (F.) orario (M.) di lavoro, ore (F.Pl.) lavorative

Arbeitszeitgesetz (N.) legge (F.) sull'orario di lavoro
Arbeitszeugnis (N.) certificato (M.) di lavoro, attestato (M.) di lavoro
Arbitrage (F.) arbitraggio (M.)
arbiträr arbitrario
archaisch arcaico
Architekt (M.) architetto (M.)
Architektenrecht (N.) diritto (M.) degli architetti
Archiv (N.) archivio (M.)
Archivierung (F.) archiviazione (F.)
Arglist (F.) dolo (M.)
arglistig doloso
arglistige Täuschung (F.) dolo (M.)
arglistiges Verschweigen (N.) reticenza (F.) dolosa
arglos ignaro, senza sospetti
Argument (N.) argomento (M.)
argumentieren argomentare
Argwohn (M.) sospetto (M.)
Aristokrat (M.) aristocratico (M.)
Aristokratie (F.) aristocrazia (F.)
arm povero (Adj.), indigente (Adj.)
Armee (F.) esercito (M.), armata (F.)
Armenrecht (N.) patrocinio (M.) gratuito
Arrest (M.) arresto (M.), sequestro (M.)
arrha (F.) (lat.) caparra (F.)
Arrondierung riordinamento (M.) della proprietà rurale, ricomposizione (F.) fondiaria
Art (F.) modo (M.), maniera (F.), carattere (M.), genere (M.), specie (F.), indole (F.), natura (F.)
Artenschutz (M.) tutela (F.) delle specie
Artikel (M.) articolo (M.)
Arznei (F.) medicina (F.), medicinale (M.), farmaco (M.)
Arzneimittel (N.) medicinale (M.), farmaco (M.)
Arzneimittelgesetz (N.) legge (F.) sui farmaci
Arzt (M.) medico (M.)
ärztlich medico (Adj.)
Arztrecht (N.) diritto (M.) medico, diritto (M.) sanitario
Asien (N.) Asia (F.)
asozial asociale
Asperation (M.) inasprimento (M.)
Asperationsprinzip (M.) principio (M.) del cumulo giuridico delle pene
Aspirant (M.) aspirante (M. bzw. F.)
Assekuranz (F.) assicurazione (F.)
Assessor (M.) assessore (M.), aggiunto (M.)
Assessorat (N.) assessorato (M.)
Assessorexamen (M.) secondo esame (M.) di stato
Assistent (M.) assistente (M. bzw. F.)
Assoziation (F.) associazione (F.)
assoziieren associare
Asyl (N.) asilo (M.)
Asylant (M.) rifugiato (M.)
Asylrecht (N.) diritto (M.) d'asilo
Asylverfahren (N.) procedimento (M.) di asilo
Aszendent (M. bzw. F.) ascendente (M. bzw. F.)
Aszendenz (F.) ascendenza (F.)
Atom (N.) atomo (M.)
Atomgesetz (N.) legge (F.) sull'energia nucleare
Atomwaffensperrvertrag (M.) trattato (M.) di non proliferazione di armi nucleari
Attaché (M.) addetto (M.)
Attentat (N.) attentato (M.)
Attentäter (M.) attentatore (M.)
Attest (N.) attestato (M.), certificato (M.)
atypischer Vertrag (M.) contratto (M.) atipico
Audienz (F.) udienza (F.)
auf frischer Tat ertappen cogliere sul fatto, cogliere in flagranza del fatto
aufbewahren custodire, conservare
aufbrauchen consumare
Aufbrauchsfrist (F.) limite (M.) di consumazione
aufdecken scoprire, svelare
Aufenthalt (M.) dimora (F.), soggiorno (M.), residenza (F.)
Aufenthaltserlaubnis (F.) permesso (M.) di soggiorno
Aufenthaltsgenehmigung (F.) permesso (M.) di soggiorno, autorizzazione (F.) di residenza
Aufenthaltsort (M.) luogo (M.) di soggiorno, luogo (M.) di residenza
Aufenthaltsverbot (N.) divieto (M.) di dimora, divieto (M.) di soggiorno
auferlegen infliggere, imporre, applicare, irrogare
Auffangsregelung (F.) norma (F.) di chiusura
auffordern invitare, intimare, istigare, ingiungere

Aufforderung (F.) richiesta (F.), invito (M.), ingiunzione (F.), intimazione (F.), istigazione (F.)
Aufgabe (F.) compito (M.), spedizione (F.), abbandono (M.), cessazione (F.)
aufgeben spedire, abbandonare, cessare
Aufgebot (N.) (Ausschlussverfahren im Eherecht) pubblicazione (F.) di matrimonio, pubblicazioni (F.Pl.)
Aufgebot (N.) (Ausschlussverfahren vor einer Behörde) invito (M.) a dichiarare diritti o pretese sotto pena di decadenza
Aufgebotsverfahren (N.) procedura (F.) d'ammortamento, procedimento (M.) provocatorio
Aufgeld (N.) aggio (M.) di emissione, premio (M.) di emissione, caparra (F.)
aufheben (ein Gesetz außer Kraft setzen) abrogare, abolire
aufheben rescindere, annullare, sopprimere, risolvere, abolire
Aufhebung (F.) revocazione (F.), abrogazione (F.), rescissione (F.), soppressione (F.), revoca (F.)
Aufhebungserklärung (F.) dichiarazione (F.) di scioglimento
Aufhebungsvertrag (M.) mutuo dissenso (M.), contrarius consensus (M.) (lat.), contratto (M.) di risoluzione del rapporto di lavoro, risoluzione (F.) consensuale del rapporto di lavoro
aufhetzen sobillare, agitare
Aufhetzung (F.) sobillazione (F.), agitazione (F.), istigazione (F.)
aufklären informare, istruire, chiarire, appurare, spiegare
Aufklärung (F.) chiarimento (M.), spiegazione (F.), illuminazione (F.), informazione (F.), accertamento (M.)
Aufklärung (F.) (Zeitalter der Aufklärung) illuminismo (M.)
Aufklärungspflicht (F.) obbligo (M.) d'informazione
Auflage (F.) edizione (F.), obbligo (M.), onere (M.), modus (M.)
auflassen (über Eigentumsübergang an einem Grundstück einig werden) accordarsi sul passaggio della proprietà di un bene immobile
Auflassung (F.) accordo (M.) delle parti contraenti sul passaggio della proprietà di un bene immobile
Auflassungsvormerkung (F.) trascrizione (F.) condizionale di un accordo delle parti contraenti sul passaggio della proprietà di un bene immobile
Auflauf (M.) assembramento (M.), sommossa (F.)
auflaufen maturare, accumulare
auflösen sciogliere, risolvere, liquidare, annullare
auflösende Bedingung (F.) condizione (F.) risolutiva
Auflösung (F.) der Gütergemeinschaft scoglimento (M.) della comunione legale
Auflösung (F.) des Arbeitsverhältnisses risoluzione (F.) del rapporto di lavoro
Auflösung (F.) scioglimento (M.), dissoluzione (F.), risoluzione (F.), discioglimento (M.)
Auflösungsklausel (F.) clausola (F.) risolutiva
Aufnahme (F.) ammissione (F.), entrata (F.), inizio (M.), assunzione (F.)
aufopfern sacrificare
Aufopferung (F.) (Aufopferung im Verwaltungsrecht) sacrificio (M.) di un diritto privato
Aufopferung (F.) sacrificio (M.)
Aufopferungsanspruch (M.) diritto (M.) al compenso del danno derivante dal sacrificio di un diritto privato
Aufopferungstheorie (F.) teoria (F.) dell'esigibilità
aufrechenbar compensabile
aufrechnen compensare
Aufrechnung (F.) compensazione (F.)
Aufrechnungslage (F.) requisiti (M.Pl.) oggettivi della compensazione
Aufruf (M.) appello (M.), proclama (M.)
aufrufen fare l'appello, chiamare
Aufruhr (M.) ribellione (F.), rivolta (F.)
Aufrührer (M.) ribelle (M.), rivoltoso (M.), agitatore (M.)
Aufrüstung (F.) armamento (M.), riarmo (M.)
aufschieben differire, rinviare, aggiornare, dilazionare
aufschiebend sospensivo
aufschiebende Bedingung (F.) condizione (F.) sospensiva
aufschiebende Wirkung (F.) efficacia (F.) sospensiva

aufschiebendes Referendum (N.) (aufschiebendes Referendum in Italien) referendum (M.) sospensivo, referndum (M.) costitutivo
Aufschub (M.) rinvio (M.), differimento (M.), proroga (F.)
Aufseher (M.) sorvegliante (M.), custode (M.)
Aufsicht (F.) sorveglianza (F.), vigilanza (F.), controllo (M.)
Aufsichtsbehörde (F.) autorità (F.) di vigilanza, autorità (F.) tutoria
Aufsichtspflicht (F.) obbligo (M.) di sorveglianza
Aufsichtsrat (M.) sindaco (M.), collegio (M.) sindacale
Aufspaltung (F.) smembramento (M.), frazionamento (M.), scissione (F.), divisione (F.)
aufspüren rintracciare
Aufstand (M.) insurrezione (F.), rivolta (F.)
aufstellen collocare, schierare, stabilire, compilare, predisporre
Aufstellung (F.) compilazione (F.), elencazione (F.)
aufteilen ripartire, dividere
Aufteilung (F.) ripartizione (F.), divisione (F.)
Auftrag (M.) mandato (M.), ordine (M.), incarico (M.), ordinazione (F.), missione (F.)
Auftraggeber (M.) mandante (M.), ordinante (M.), committente (M.), preponente (M.)
Auftragnehmer (M.) mandatario (M.), appaltatore (M.), agente (M.)
Auftragsangelegenheit (F.) attribuzione (F.) delegata
Auftragsbestätigung (F.) conferma (F.) di un ordine
Auftragsgeschäft (N.) commissione (F.), affare (M.) a provvigione
Auftragsvergabe (F.) aggiudicazione (F.)
Auftragsvergabe (F.) nach beschränkter Ausschreibung aggiudicazione (F.) per licitazione privata
Auftragsverwaltung (F.) amministrazione (F.) delegata
Aufwand (M.) spesa (F.), dispendio (M.)
Aufwands- und Ertragsrechnung (F.) conto (M.) perdite e profitti, conto (M.) economico
Aufwandsentschädigung (F.) indennità (F.) per spese, rimborso (M.) delle spese, diaria (F.)
Aufwandsersatz (M.) rimborso (M.) delle spese, rifusione (F.) delle spese
aufwenden spendere, impiegare
Aufwendung (F.) spesa (F.)
Aufwendungserstattung (F.) compenso (M.) delle spese
aufwerten rivalutare, rivalorizzare
Aufwertung (F.) rivalutazione (F.), rivalorizzazione (F.)
aufwiegeln istigare alla rivolta, sobillare, agitare, sollevare
aufzeichnen annotare, registrare, verbalizzare
Aufzeichnung (F.) annotazione (F.), registrazione (F.)
Augenschein (M.) ispezione (F.), sopralluogo (M.), accesso (M.) giudiziario sul luogo
Augenzeuge (M.) testimone (M.) oculare
Auktion (F.) asta (F.) pubblica, vendita (F.) all'incanto
Auktionator (M.) banditore (M.), perito (M.) d'asta, venditore (M.) all'asta
Ausbeutung (F.) circonvenzione (F.), sfruttamento (M.)
ausbilden istruire, addestrare, formare
Ausbildender (M.) istruttore (M.)
Ausbildung (F.) addestramento (M.), formazione (F.), educazione (F.)
Ausbildungsförderung (F.) promozione (F.) della formazione professionale, promozione (F.) dell'istruzione
Ausbleiben (N.) mancata comparizione (F.), assenza (F.)
ausbleiben restare assente, mancare, non comparire
ausbrechen evadere, scoppiare
Ausbruch (M.) evasione (F.), scoppio (M.)
ausbürgern privare della cittadinanza, denaturalizzare
Ausbürgerung (F.) privazione (F.) della cittadinanza, denaturalizzazione (F.)
ausdrücklich esplicito, espressamente, esplicitamente, expressis verbis (lat.)
Ausdrücklichkeitsgebot (N.) obbligo (M.) di rinvio esplicito
auseinandersetzen (teilen) dividere
Auseinandersetzung (F.) divisione (F.), scioglimento (M.), controversia (F.), conflitto (M.)
Ausfall (M.) deficienza (F.), perdita (F.), ammanco

Ausfallhaftung (F.) responsabilità (F.) per l'ammanco
Ausfallzeit (F.) periodo (M.) d'assenza
ausfertigen fare una copia, spedire, redigere
Ausfertigung (F.) copia (F.), esemplare (M.), duplicato (M.), stesura (F.)
ausforschen sondare, interrogare, indagare
Ausforschung (F.) indagine (F.), ricerca (F.), interrogazione (F.)
Ausfuhr (F.) esportazione (F.)
ausführen eseguire, attuare, esportare, compiere, perpetrare, realizzare, argomentare
Ausfuhrerlaubnis (F.) permesso (M.) d'esportazione, licenza (F.) d'esportazione
Ausführung (F.) esecuzione (F.), attuazione (F.), compimento (M.), realizzazione (F.), spiegazione (F.), argomentazione (F.)
Ausführungsgesetz (N.) legge (F.) d'esecuzione, legge (F.) d'attuazione
Ausführungsverordnung (F.) regolamento (M.) d'attuazione, regolamento (M.) d'esecuzione, decreto (M.) d'attuazione
ausfüllen riempire, compilare
Ausfüllung (F.) compilazione (F.), riempimento (M.)
Ausfüllungsbefugnis (F.) autorizzazione (F.) a compilare, autorizzazione (F.) di riempimento
Ausgabe (F.) spesa (F.), dispendio (M.), edizione (F.), emanazione (F.)
ausgeben spendere, emettere, sborsare
ausgeübter Gewerbebetrieb (M.) esercizio (M.) commerciale, esercizio (M.) industriale, attività (F.) commerciale
Ausgleich (M.) compensazione (F.), conguaglio (M.), compromesso (M.), concordato (M.)
ausgleichen compensare, conguagliare, perequare
Ausgleichsabgabe (F.) tassa (F.) di compensazione, tassa (F.) di conguaglio
Ausgleichsanspruch (M.) diritto (M.) di compensazione, diritto (M.) di regresso
Ausgleichsbetrag (M.) importo (M.) compensativo, pagamento (M.) compensativo, integrazione (F.) finanziaria
Ausgleichspflicht (F.) obbligo (M.) di collazione
Auskunft (F.) informazione (F.)
Auskunftsklage (F.) azione (F.) per la condanna alla resa di informazioni
Auskunftsperson (F.) informatore (M.)
Auskunftspflicht (F.) obbligo (M.) di dare informazioni, obbligo (M.) d'informazione
Auskunftsverweigerungsrecht (N.) diritto (M.) di astenersi dal testimoniare, facoltà (F.) di astensione dalla testimonianza
ausladen scaricare, sbarcare
Auslage (F.) spesa (F.), sborso (M.), vetrina (F.)
Ausland (N.) estero (M.)
Ausländer (M.) straniero (M.)
Ausländerfeindlichkeit (F.) ostilità (F.) verso gli stranieri, xenofobia (F.)
Ausländerrecht (N.) diritto (M.) degli stranieri
ausländisch straniero (Adj.)
Auslandsdelikt (N.) reato (M.) commesso all'estero
Auslandsdeutsche (F.) tedesca (F.) all'estero
Auslandsdeutscher (M.) tedesco (M.) all' estero
Auslandsitaliener (M.) italiano (M.) all' estero
Auslandsitalienerin (F.) italiana (F.) all' estero
auslegen interpretare, commentare, spendere
Auslegung (F.) interpretazione (F.), commentario (M.)
Auslegungsfehler (M.) errore (M.) di interpretazione
ausleihen prestare, dare in prestito
ausliefern estradare, consegnare nelle mani della giustizia, completare una fornitura, restituire
Auslieferung (F.) estradizione (F.), consegna (F.), fornitura (F.), restituzione (F.)
Auslieferungsersuchen (N.) richiesta (F.) di estradizione
Auslieferungshaft (F.) arresto (M.) dell' estradando, arresto (M.) per l'estradizione
Auslieferungsverbot (N.) divieto (M.) di estradizione
Auslieferungsverfahren (N.) procedimento (M.) di estradizione
Auslieferungsvertrag (M.) trattato (M.) d'estradizione, contratto (M.) di consegna
ausloben offrire al pubblico, promettere al pubblico
Auslobung (F.) offerta (F.) al pubblico, promessa (F.) al pubblico
auslosen estrarre a sorte, sorteggiare

Auslosung (F.) estrazione (F.) a sorte, sorteggio (M.)
Ausmaß (N.) des Schadens entità (F.) del danno
Ausmaß (N.) des Verschuldens grado (M.) di colpevolezza
Ausmaß (N.) entità (F.), grado (M.), dimensione (F.)
Ausnahme (F.) eccezione (F.), deroga (F.)
Ausnahmegericht (N.) giudice (M.) straordinario
Ausnahmezustand (M.) stato (M.) di emergenza, stato (M.) di pericolo pubblico, stato (M.) d'eccezione
ausreichend abbastanza, sufficiente, bastante
Aussage (F.) dichiarazione (F.), deposizione (F.)
Aussageerpressung (F.) estorsione (F.) di deposizione
Aussagegenehmigung (F.) autorizzazione a testimoniare in giudizio
aussagen dichiarare, deporre, testimoniare
Aussagenotstand (M.) falsa testimonianza (F.) in stato di necessità
Aussagepflicht (F.) obbligo (M.) di deporre, obbligo (M.) di testimoniare
Aussageverweigerungsrecht (N.) facoltà (F.) di astenersi dal deporre, diritto (M.) di rifiutare la testimonianza
ausschlagen rinunziare, rinunciare, rifiutare, respingere, negare
ausschlaggebend decisivo, determinante
Ausschlagung (F.) rinuncia (F.), rinuncia (F.) all'eredità
Ausschlagungsfrist (F.) termine (M.) utile per la rinuncia all'eredità
Ausschlagungsrecht (N.) diritto (M.) di rinuncia
ausschließen espellere, escludere, squalificare, estromettere
ausschließlich esclusivo, escluso
ausschließliche Gesetzgebung (F.) legislazione (F.) esclusiva
Ausschließlichkeit (F.) esclusività (F.), inderogabilità (F.)
Ausschließung (F.) espulsione (F.), esclusione (F.), eliminazione (F.), allontanamento (M.), preclusione (F.), astensione (F.)
Ausschließungsgrund (M.) motivo (F.) di esclusione, causa (F.) di astensione (F.)
Ausschluss (M.) esclusione (F.), allontanamento (M.), preclusione (F.), decadenza (F.)
Ausschlussfrist (F.) termine (M.) perentorio, termine (M.) a pena di decadenza
Ausschlussklausel (F.) clausola (F.) di decadenza, clausola (F.) di esonero da responsabilità
Ausschöpfung (F.) des Rechtsweges esaurimento (M.) delle vie legali
Ausschöpfung (F.) esaurimento (M.)
Ausschreibung (F.) indizione (F.) di gara, bando (M.) di concorso, bando (M.)
Ausschuss (M.) giunta (F.), commissione (F.), comitato (M.)
außen all'esterno, fuori (Adj.)
Außenabteilung (F.) sezione (F.) distaccata, sede (F.) distaccata, ufficio (M.) periferico
Außenbereich (M.) zona (F.) periferica
Außenhandel (M.) commercio (M.) con l'estero, commercio (M.) internazionale
Außenminister (M.) ministro (M.) degli esteri, ministro (M.) per gli affari esteri
Außenministerium (N.) ministero (M.) degli esteri, ministero (M.) degli affari esteri
Außenpolitik (F.) politica (F.) estera
Außenprüfung (F.) accertamento (M.) esterno, ispezione (F.) fiscale sul luogo, verifica (F.) fiscale sul luogo
Außenstehender (M.) estraneo (M.), soggetto (M.) diverso dall'interessato
Außensteuergesetz (N.) legge (F.) fiscale concernente le relazioni con l'estero
Außenverhältnis (N.) rapporto (M.) con terzi, rapporto (M.) esterno
Außenvollmacht (F.) procura (F.) esterna
Außenwirtschaft (F.) economia (F.) internazionale
Außenwirtschaftsrecht (N.) diritto (M.) dell'economia internazionale
außer eccetto, eccettuato, salvo, tranne
außer Kraft setzen abrogare
außerehelich extraconiugale, naturale
außergerichtlich stragiudiziale, extragiudiziale
außergewöhnlich straordinario (Adj.), enorme, eccezionale
äußern dichiarare, esternare, esprimere, manifestare
außerordentlich straordinario (Adj.), eccezionale

außerordentliche Kündigung (F.) recesso (M.) per gravi motivi, recesso (M.) per giusta causa, licenziamento (M.) per giusta causa
außerordentliches Verwaltungsgeschäft (N.) (außerordentliches Verwaltungsgeschäft in Italien) atto (M.) eccedente l'ordinaria amministrazione
außerstreitig non contenzioso, volontario
außerstreitige Gerichtsbarkeit (F.) giurisdizione (F.) non contenziosa, giurisdizione (F.) volontaria
Äußerung (F.) dichiarazione (F.), manifestazione (F.), esternazione (F.)
Äußerungsirrtum (M.) errore (M.) ostativo
außervertragliche Haftung (F.) responsabilità (F.) extracontrattuale
aussetzen abbandonare, sospendere, interrompere
Aussetzung (F.) sospensione (F.), interruzione (F.), abbandono (M.), esposizione (F.)
aussiedeln evacuare, sfollare
Aussiedler (M.) evacuato (M.), sfollato (M.)
aussondern separare, eliminare
Aussonderung (F.) separazione (F.), eliminazione (F.), individuazione (F.)
aussperren fare la serrata
Aussperrung (F.) serrata (F.)
ausspielen sfruttare, mettere qn. contro qn.
Ausspielung sfruttamento (M.)
Ausspielvertrag (M.) contratto (M.) aleatorio
Ausstand (M.) sciopero (M.)
ausstatten dotare, corredare, fornire
Ausstattung (F.) dotazione (F.), dote (F.), corredo (M.)
ausstehend arretrato, mancato, esigibile
ausstellen emettere, rilasciare, esporre, trarre, rogare
Aussteller (M.) emittente (M.), traente (M.), estensore (M.)
Ausstellung (F.) emissione (F.), esposizione (F.), mostra (F.)
Aussteuer (F.) dote (F.), corredo (M.)
aussteuern dotare
Austausch (M.) scambio (M.), baratto (M.)
austauschen scambiare, sostituire
Australien (N.) Australia (F.)
austreten ritirarsi, recedere, abbandonare, uscire
Austritt (M.) ritiro (M.), abbandono (M.), recesso (M.), dimissione (F.Pl.)
ausüben esercitare, praticare, esplicare
Ausübung (F.) esercizio (M.)
Ausübungsermächtigung (F.) autorizzazione (F.) all'esercizio di un diritto
Ausverkauf (M.) svendita (F.), saldi (M.Pl)
Auswahl (F.) scelta (F.), selezione (F.), assortimento (M.)
auswählen scegliere, selezionare
auswandern emigrare
Auswanderung (F.) emigrazione
Auswanderungsbetrug (M.) frode (F.) in emigrazione
auswärtig estero (Adj.)
auswärtige Angelegenheit (F.) affare (M.) estero
auswärtiger Dienst (M.) servizio (M.) estero
Auswärtiges Amt (N.) ministero (M.) degli affari esteri
ausweichen eludere, evadere, scansare, sterzare
Ausweis (M.) carta (F.) d'identità, documento (M.) di riconoscimento, tessera (F.) d'identificazione
ausweisen espellere, far figurare, dichiarare, dimostrare
Ausweismissbrauch (M.) abuso (M.) di documento di riconoscimento
Ausweispflicht (F.) obbligo (M.) di possedere e di esibire un documento d'identità
Ausweisung (F.) espulsione (F.), bando (M.), sfratto (M.)
Ausweisungsbeschluss (M.) decreto (M.) d'espulsione
auswirken (sich) incidere, ripercuoter(si), causare, influire, rifletter(si)
Auswirkung (F.) conseguenza (F.), incidenza (F.), ripercussione (F.), influenza (F.)
auszahlen pagare, liquidare, corrispondere
Auszahlung (F.) pagamento (M.), liquidazione (F.), sborso (M.)
Auszählung (F.) scrutinio (M.), spoglio (M.) dei voti
Auszubildender (M.) apprendista (M.)
Auszug (M.) estratto (M.), stralcio (M.)
auszugsweise per estratto
Authentie (F.) autenticità (F.)
authentifizieren autenticare
authentisch autentico
authentische Interpretation (F.) interpretazione (F.) autentica

Auto (N.) automobile (F.), autovettura (F.), autoveicolo (M.), macchina (F.)
Autobahn (F.) autostrada (F.)
Autohaftpflichtversicherung (F.) assicurazione (F.) responsabilità civile auto
Autokratie (F.) autocrazia (F.)
autokratisch autocratico
Automat (M.) distributore (M.) (a gettone), distributore (M.) automatico
Automatenmissbrauch (M.) uso (M.) improprio di distributori automatici
automatisch automaticamente
automatisierter Zahlungsverkehr (M.) pagamenti (M.Pl.) automatizzati
autonom autonomo
Autonomie (F.) autonomia (F.)
Autonomiestatut (N.) statuto (M.) di autonomia, statuto (M.) autonomo
Autopsie (F.) autopsia (F.), necroscopia (F.)
Autor (M.) autore (M.)
Autorenrecht (N.) diritto (M.) d'autore
autorisieren autorizzare
Autorisierung (F.) autorizzazione (F.)
Autorität (F.) autorità (F.)
autoritativ autoritativo
Autoversicherung (F.) assicurazione (F.) autoveicoli
Aval (M.) avallo (M.), garanzia (F.)
avallieren avallare, garantire
Avallist (M.) avallante (M.)
Avis (M.) avviso (M.)
avisieren avvisare
Axiom (N.) assioma (M.)

B

baccalaureus (M.) (lat.) baccalaureus (M.) (lat.), baccalaureato (M.)
Baden (N.) Baden (M.)
Baden-Württemberg (N.) Vurtemberga (F.)
Bagatelldelikt (N.) reato (M.) bagattellare
Bagatelle (F.) bagattella (F.)
Bagatellsache (F.) causa (F.) di valore minimo
Bahn (F.) ferrovia (F.)
Bahnpolizei (F.) polizia (F.) ferroviaria
Baisse (F.) ribasso (M.)
Bakkalaureat (N.) baccalaureato (M.)
Band (N. bzw. M.) nastro (M.), volume (M.)
Bande (F.) banda (F.), compagnia (F.)
Bandenbildung (F.) associazione (F.) a delinquere, costituzione (F.) di banda armata
Bandendiebstahl (M.) furto (M.) commesso da banda
Bandenkriminalität (F.) criminalità (F.) associata
Bandit (M.) bandito (M.)
Bank (F.) banca (F.), istituto (M.) bancario, istituto di credito
Bankakzept (N.) accettazione (F.) bancaria
Bankanweisung (F.) mandato (M.) bancario, assegno (M.) bancario
Bankbürgschaft (F.) garanzia (F.) bancaria, affidavit (M.) bancario
Bankeinlage (F.) deposito (M.) in banca, deposito (M.) bancario
Bankenaufsicht (F.) controllo (M.) sulle banche, sorveglianza (F.) sulle banche, vigilanza (F.) sulle banche
Bankgeheimnis (N.) segreto (M.) bancario
Bankgeschäft (N.) contratto (M.) bancario, operazione (F.) bancaria
Bankier (M.) banchiere (M.)
Bankkonto (N.) conto (M.) in banca, conto (M.) bancario
Banknote (F.) banconota (F.)
Bankomat (M.) bancomat (M.)
Bankräuber (M.) rapinatore (M.) di banca, svaligiatore (M.) di banca
Bankrecht (N.) diritto (M.) bancario
Bankrott (M.) bancarotta (F.), insolvenza (F.), fallimento (M.), dissesto (M.)
bankrott in bancarotta, insolvente, fallito (Adj.), in dissesto
Bankrotteur (M.) bancarottiere (M.)
Bankscheck (M.) assegno (M.) bancario
Bann (M.) bando (M.)
Bannkreis (M.) perimetro (M.) di rispetto
Bannmeile (F.) perimetro (M.) di rispetto
bar contante (Adj.), in contanti, pronto cassa
Bargebot (N.) offerta (F.) in contanti
Bargeld (N.) contante (M.), denaro (M.) in contanti
Barkauf (M.) acquisto (M.) in contanti
Barriere (F.) barriera (F.), ostacolo (M.), impedimento (M.)
Barscheck (M.) assegno (M.) pagabile in contanti
Barzahlung (F.) pagamento (M.) in contanti, pagamento (M.) in denaro
Basis (F.) base (F.), fondamento (M.)

Basiszins (M.) interesse (M.) base
Basiszinssatz (M.) tasso (M.) base
Bataillon (N.) battaglione (M.)
Batterie (F.) batteria (F.), pila (F.) elettrica
Batterieverordnung (F.) regolamento (M.) sulla raccolta delle batterie esauste
Bau (M.) costruzione (F.), edificio (M.), fabbricato (M.)
Bauaufsicht (F.) sorveglianza (F.) dei lavori di costruzione
Bauer (M.) contadino (M.), agricoltore (M.), colono (M.)
Bauernbefreiung (F.) liberazione (F.) dei contadini
Bauernkrieg (M.) guerra (F.) dei contadini
baufällig cadente, pericolante, desolato (Adj.)
Baufehler (M.) difetto (M.) di costruzione
Baufreiheit (F.) libertà (F.) di costruire, libertà (F.) di costruzione
Baugebiet (N.) area (F.) edificabile, area (F.) fabbircabile
Baugenehmigung (F.) concessione (F.) edilizia
Baugesetzbuch (N.) legge (F.) urbanistica
Bauherr (M.) committente (M.), committente (M.) di una costruzione
Baukosten (F.Pl.) spese (F.Pl.) di costruzione
Baukostenzuschuss (M.) contributo (M.) di costruzione
Bauland (N.) terreno (M.) edificabile, area (F.) fabbricabile
Baulandsache (F.) controversia (F.Pl.) relativa all'espropriazione (di terreno edificabile) per pubblica utilità
Baulastenverzeichnis (N.) registro (M.) degli oneri edilizi
Bauleiter (M.) direttore (M.) della costruzione, capo (M.) cantiere, capo (M.) mastro
Bauleitplan piano (M.) regolatore
Bauleitplanung (F.) pianificazione (F.) urbanistica, pianificazione (F.) regolatrice generale
Baulinie (F.) allineamento (M.), linea (F.) di fabbrica
Baumangel (M.) difetto (M.) di costruzione, vizio (M.) della costruzione
Baumeister (M.) costruttore (M.) edile
Baunutzungsverordnung (F.) regolamento (M.) sull'edificazione dei suoli
Bauordnung (F.) regolamento (M.) edilizio
Bauordnungsamt (N.) ufficio (M.) per il regolamento edilizio
Bauordnungsrecht (N.) disciplina (F.) dei regolamenti edilizi
Bauparzelle (F.) lotto (M.)
Bauplan (M.) piano (M.) di costruzione, progetto (M.) edilizio
Bauplanung (F.) progetto (M.) di costruzione, progettazione (F.)
Bauplanungsrecht (N.) diritto (M.) urbanistico (F.)
Bauplatz (M.) area (F.) edificabile, zona (F.) edificabile
Baupolizei (F.) polizia (F.) edilizia
Bauprozess (M.) processo (M.) civile in materia edilizia
Baurecht (N.) diritto (M.) di costruire, diritto (M.) edilizio
baureif edificabile, fabbricabile
Bauschein (M.) permesso (M.) di costruire
Bausparkasse (F.) cassa (F.) di risparmio immobiliare, cassa (F.) di credito edilizio
Bausparvertrag (M.) contratto (M.) di risparmio immobiliare
Baustelle (F.) cantiere (M.)
Baustellenverordnung (F.) regolamento (M.) sui cantieri edili
Bauträger (M.) fiduciario (M.) immobiliare, committente (M.)
Bauüberwachung (F.) sorveglianza (F.) edilizia
Bauwerk (N.) edificio (M.), fabbricato (M.), costruzione (F.)
Bauwich (M.) distanza (F.) tra costruzioni
Bayer (M.) bavarese (M.)
bayerisch bavarese
Bayerisches Oberstes Landesgericht (N.) corte (F.) suprema d'appello di Baviera
Bayern (N.) Baviera (F.)
beabsichtigen intendere, avere l'intenzione, progettare
beachten osservare, rispettare
Beachtung (F.) osservanza (F.), rispetto (M.)
Beamtenbestechung (F.) corruzione (F.) di pubblico ufficiale
Beamtenhaftung (F.) responsabilità (F.) dei funzionari pubblici, responsabilità (F.) dell'ente pubblico per il fatto commesso dai suoi funzionari
Beamtenrecht (N.) diritto (M.) del pubblico impiego

Beamtenrechtsrahmengesetz (N.) legge (F.) quadro sul diritto del pubblico impiego
Beamtenverhältnis (N.) rapporto (M.) di impiego pubblico
Beamter (M.) pubblico ufficiale (M.), funzionario (M.) pubblico, dipendente (M.) pubblico, impiegato (M.)
beanspruchen pretendere, esigere, domandare, rivendicare, vantare
Beanspruchérstreit (M.) conflitto (M.) tra pretendenti
Beanspruchung (F.) pretesa (F.), rivendicazione (F.)
beanstanden reclamare, contestare
Beanstandung (F.) reclamo (M.), contestazione (F.)
bearbeiten lavorare, trattare, rielaborare, adottare
Bearbeitung (F.) lavorazione (F.), trattazione (F.), adattamento (M.), rielaborazione (F.)
beaufsichtigen sorvegliare, vigilare, controllare
Beaufsichtigung (F.) vigilanza (F.), sorveglianza (F.), controllo (M.)
beauftragen incaricare
Beauftragter (M.) mandatario (M.), delegato (M.), incaricato (M.), procuratore (M.)
beauftragter Richter (M.) giudice (M.) delegato
Beauftragung (F.) mandato (M.), delega (F.), incarico (M.)
bebauen fabbricare, costruire sopra, coltivare
Bebauungsplan (M.) piano (M.) regolatore particolareggiato
Bedarf (M.) bisogno (M.), fabbisogno (M.), esigenza (F.)
Bedenken (N.) obiezione (F.), dubbio (M.), esitazione (F.)
bedenken considerare, ponderare, calcolare, gratificare
Bedenkzeit (F.) tempo (M.) per riflettere
bedeuten significare, rappresentare
Bedeutung (F.) significato (M.), importanza (F.), rilevanza (F.), peso (M.)
Bedeutungsirrtum (M.) errore-vizio (M.)
bedienen servire, manovrare
Bediensteter (M.) (Bediensteter des öffentlichen Dienstes) pubblico ufficiale (M.), impiegato (M.) pubblico
Bediensteter (M.) impiegato (M.), dipendente (M.)
Bedienung (F.) servizio (M.), maneggio (M.), uso (M.), persona (F.) di servizio
Bedienungsanleitung (F.) istruzioni (M.Pl.) per l'uso
bedingen causare, comportare, condizionare, esigere, presupporre, richiedere
bedingt condizionato
bedingte Schuldfähigkeit (F.) semimputabilità (F.), imputabilità (F.) parziale
bedingte Strafaussetzung (F.) sospensione (F.) condizionale della pena
bedingter Vorsatz (M.) dolo (M.) indiretto, dolo (M.) eventuale
Bedingung (F.) condizione (F.), patto (M.), presupposto (M.)
bedingungsfeindlich non sottoponibile a condizione, incondizionabile
bedingungsfeindliches Rechtsgeschäft (N.) actus (M.) legitimus (lat.), atto (M.) legittimo, negozio (M.) puro
Bedingungsfeindlichkeit (F.) incondizionabilità (F.)
Bedingungstheorie teoria (F.) della condicio sine qua non
bedrohen minacciare
Bedrohung (F.) minaccia (F.)
Bedürfnis (N.) bisogno (M.), esigenza (F.), fabbisogno (M.)
Bedürfnisprüfung (F.) esame (M.) sul bisogno pubblico
bedürftig bisognoso, indigente (Adj.), non abbiente
Bedürftigkeit (F.) stato (M.) di bisogno, indigenza (F.)
beeid(ig)en prestare giuramento, far prestare giuramento, asseverare con giuramento
Beeid(ig)ung (F.) asseverazione (F.), giuramento (M.), prestazione (F.) del giuramento
beeinflussen influenzare, condizionare, subornare
beeinträchtigen pregiudicare, nuocere, danneggiare, recare pregiudizio
Beeinträchtigung (F.) pregiudizio (M.), danno (M.), nocumento (M.)
beenden compiere, terminare, finire, concludere, chiudere
beendeter Versuch (M.) tentativo (M.) compiuto
beendigen finire, terminare, concludere, chiudere
Beendigung (F.) cessazione (F.), conclu-

sione (F.), ultimazione (F.)
beerdigen seppellire, sotterrare
Beerdigung (F.) seppellimento (M.), sepoltura (F.), funerale (M.)
Beerdigungskosten (F.Pl.) spese (F.Pl.) funerarie
befähigen abilitare
Befähigung (F.) abilitazione (F.), qualificazione (F.)
Befähigungsnachweis (M.) certificato (M.) di abilitazione
befangen prevenuto, sospetto di parzialità
Befangenheit (F.) parzialità (F.)
befassen (sich) occupar(si), trattare
Befehl (M.) ordine (M.), comando (M.)
befehlen ordinare, comandare
befolgen osservare, rispettare, obbedire, ubbidire
Befolgung (F.) osservanza (F.), obbedienza (F.), rispetto (M.)
befördern trasportare, trasferire, spedire, promuovere, avanzare di grado
Beförderung (F.) trasporto (M.), trasferimento (M.), spedizione (F.), promozione (F.), avanzamento (M.)
Beförderungsgefahr (F.) rischio (M.) del trasporto
Beförderungsvertrag (M.) contratto (M.) di trasporto
befragen interrogare, intervistare, consultare
Befragung (F.) interrogazione (F.), intervista (F.), consultazione (F.)
befreien liberare, esonerare, esimere, svincolare
befreit esonerato, esente, dispensato, liberato
Befreiung (F.) liberazione (F.), esonero (M.), esenzione (F.), affrancamento (M.), purgazione (F.), svincolo (M.)
Befreiungsanspruch (M.) diritto (M.) all' esenzione, diritto (M.) ad essere tenuto indenne
befreundet associato, corrispondente
befrieden pacificare, calmare
befriedigen soddisfare, pagare, tacitare
Befriedigung (F.) soddisfazione (F.), pagamento (M.)
Befriedung (F.) pacificazione (F.)
befristen fissare un termine, limitare nel tempo, imporre un termine
befristet a tempo determinato, a termine, temporaneo
Befristung (F.) fissazione (F.) di un termine, limitazione (F.) temporale, termine (M.)
Befugnis (F.) facoltà (F.), potere (M.), attribuzione (F.)
befugt autorizzato
Befund (M.) parere (M.), referto (M.)
befürworten approvare, appoggiare, caldeggiare
Befürwortung (F.) approvazione (F.), appoggio (M.), parere (M.) favorevole
begabt talentato
Begabtenförderung (F.) promozione (F.) di persone capaci e meritevoli
begebbar negoziabile, realizzabile
begebbares Wertpapier (N.) titolo (M.) di credito negoziabile
Begebbarkeit (F.) negoziabilità (F.)
begeben decretare, emettere, negoziare
Begebung (F.) emissione (F.), negoziazione (F.), decretazione (F.)
begehen commettere, compiere, perpetrare
Begehren (N.) domanda (F.), istanza (F.)
begehren desiderare, chiedere, domandare
Begehung (F.) commissione (F.), perpetrazione (F.), esecuzione (F.), commemorazione (F.)
Begehungsdelikt (N.) reato (M.) commissivo, reato (M.) d'azione
Beginn (M.) inizio (M.), principio (M.), origine (F.), apertura (F.), avviamento (M.)
beginnen iniziare, esordire, incominciare, avviare
beglaubigen autenticare, certificare, accreditare
beglaubigte Privaturkunde (F.) scrittura (F.) privata autenticata
Beglaubigung (F.) autenticazione (F.), certificazione (F.), accreditamento (M.)
Beglaubigungsschreiben (N.) lettera (F.) credenziale, credenziale (F.)
Beglaubigungsvermerk (M.) autenticazione (F.), annotazione (F.) di autenticazione
begleichen saldare, pagare
Begleichung (F.) saldo (M.), pagamento (M.)
begleiten accompagnare, scortare
Begleitschutz (M.) accompagnamento (M.) di protezione, scorta (F.) armata
Begleittat (F.) fatto (M.) accessorio
Begleitumstand (M.) circostanza (F.) concomitante

Begleitung (F.) accompagnamento (M.), scorta (F.)
beglichen liquidato, saldato
begnadigen graziare
Begnadigung (F.) grazia (F.)
begreifen comprendere, capire, intendere
begrenzen delimitare, circoscrivere, limitare
begrenzt limitato, delimitato, circoscritto
Begrenzung (F.) circoscrizione (F.), delimitazione (F.), limitazione (F.)
Begriff (M.) concetto (M.), nozione (F.)
begriffen in fase di, in stato di
Begriffsjurisprudenz (F.) giurisprudenza (F.) dei concetti
begründen motivare, fondare, ragionare
begründet motivato, fondato, ragionato
Begründetheit (F.) fondatezza (F.)
Begründung (F.) motivazione (F.), giustificazione (F.), argomentazione (F.)
Begründungsmangel (M.) difetto (M.) di motivazione
begünstigen favorire, agevolare, facilitare, favoreggiare
begünstigender Verwaltungsakt (M.) atto (M.) amministrativo ampliativo
Begünstigter (M.) beneficiario (M.), onorato (M.), privilegiato (M.)
Begünstigung (F.) favoreggiamento (M.), facilitazione (F.), beneficio (M.), avvantaggiamento (M.), protezione (F.)
behandeln trattare, curare, maneggiare
Behandlung (F.) trattamento (M.), cura (F.), maneggio (M.)
Behandlungsvertrag (M.) contratto (M.) di trattamento medico
behaupten affermare, sostenere, asserire, allegare
Behauptung (F.) affermazione (F.), asserzione (F.), allegazione (F.)
beheben riparare, eliminare, rimediare
Behebung eliminazione (F.), riparazione (F.)
Behelf (M.) rimedio (M.), espediente (M.), strumento (M.), ripiego (M.)
beherbergen alloggiare, albergare
Beherbergung (F.) alloggiamento (M.), albergamento (M.)
Beherbergungsvertrag (M.) contratto (M.) di albergo
beherrschen dominare, controllare
Beherrschung (F.) dominio (M.), controllo (M.)
Beherrschungsvertrag (M.) contratto (M.) di dominio
behindern impedire, ostacolare, intralciare
behindert impedito, ostacolato, handicappato (Adj.), menomato
Behindertentestament (N.) testamento (M.) a favore di un portatore di handicap
Behinderter (M.) handicappato (M.), minorato (M.), inabile (M.)
Behinderung (F.) minorazione (F.), impedimento (M.), intralcio (M.)
Behinderungswettbewerb (M.) competizione (F.) d'intralcio
Behörde (F.) autorità (F.), ente (M.)
Behördenweg (M.) via (F.) gerarchica
beibringen produrre, esibire, presentare, somministrare, insegnare, istruire
Beibringung (F.) produzione (F.), esibizione (F.), disposizione (F.)
Beibringungsgrundsatz (M.) principio (M.) di disposizione
beiderseitig reciproco
beifügen allegare, accludere
Beigeladener (M.) chiamato (M.) in causa
Beigeordneter (M.) aggiunto (M.), assessore (M.) comunale
Beihilfe (F.) (Gehilfenschaft) complicità (F.)
Beihilfe (F.) (Unterstützungsleistung im Verwaltungsrecht) sussidio (M.), sovvenzione (F.), contributo (M.)
Beihilfe (F.) zum Selbstmord aiuto (M.) al suicidio
beiladen chiamare in causa
Beiladung (F.) chiamata (F.) in causa per ordine del giudice
Beilage (F.) allegato (M.)
beilegen comporre, accludere
Beilegung (F.) composizione (F.), componimento (M.)
Beirat (M.) comitato (M.)
Beischlaf (M.) concubito (M.), amplesso (M.), congiunzione (F.) carnale
beischlafen avere rapporti sessuali, congiungere
Beiseiteschaffen (N.) sottrazione (F.)
Beisichführen (N.) porto (M.)
Beisitzer (M.) assessore (M.), giudice (M.) a latere
Beispiel (N.) esempio (M.), falsariga (F.)
beispielhaft esemplare (Adj.), esemplificativo

Beistand (M.) aiuto (M.), assistente (M.), assistenza (F.), soccorso (M.), patrocinio (M.), appoggio (M.), patrocinatore (M.), consulente (M.)
Beistandsverweigerung (F.) omissione (F.) di soccorso, omesso soccorso (M.)
beistehen aiutare, appoggiare, assistere, soccorrere, patrocinare
beistimmen acconsentire, aderire
Beitrag (M.) contributo (M.), premio (M.)
Beitrag (M.) zur Sozialversicherung contributo (M.) di assicurazione sociale
beitragen contribuire
Beitragsbemessung (F.) calcolo (M.) dell'imposizione contributiva
Beitragsbemessungsgrenze (F.) limite (M.) per il calcolo dell'imposizione contributiva, imponibile (M.) contributivo
Beitragsleistung (F.) contribuzione (F.)
Beitragspflicht (F.) obbligo (M.) contributivo
Beitragstäter (M.) complice (M.)
beitreiben recuperare, riscuotere, incassare
Beitreibung (F.) recupero (M.), riscossione (F.), incasso (M.), esecuzione (F.)
beitreten accedere, aderire, entrare, iscriver(si)
Beitritt (M.) accessione (F.), adesione (F.), entrata (F.)
beiwohnen assistere, partecipare
Beiwohnung (F.) assistenza (F.), partecipazione (F.), congiunzione (F.) carnale
bejahen confermare, rispondere affermativamente
Bekanntgabe (F.) comunicazione (F.), comunicato (M.), annuncio (M.), promulgazione (F.), proclamazione (F.)
bekanntgeben comunicare, annunciare, rendere pubblico, proclamare, promulgare
bekanntmachen pubblicare, comunicare, rendere noto, divulgare
Bekanntmachung (F.) pubblicazione (F.), comunicazione (F.), avviso (M.), annuncio (M.), divulgazione (F.)
bekennen confessare, ammettere, rivendicare
Bekennerbrief (M.) lettera (F.) di rivendicazione, comunicato (M.) rivendicativo
Bekenntnis (N.) confessione (F.)
bekenntnisfrei laico, non confessionale
Bekenntnisfreiheit (F.) libertà (F.) di culto
Bekenntnisschule (F.) scuola (F.) confessionale
beklagen convenire in giudizio, lamentare
beklagt convenuto (Adj.)
Beklagter (M.) convenuto (M.)
Bekräftigung (F.) asseverazione (F.), conferma (F.)
Belang (M.) interesse (M.), importanza (F.), questione (F.), rilievo (M.)
belasten addebitare, deporre a carico, accusare
belastend oneroso, pesante, a carico
belästigen molestare, disturbare, importunare
Belästigung (F.) molestia (M.), disturbo (M.)
Belastung (F.) onere (M.), addebito (M.), accusa (F.), deposizione (F.) a carico
Belastungsbeweis (M.) prova (F.) a carico
Belastungszeuge (M.) testimonio (M.) a carico, testimone (M.) dell'accusa
belaufen ammontare, importare, aggirarsi su
Beleg (M.) documento (M.) di prova, pezza (F.) giustificativa, certificato (M.), giustificativo (M.)
belegbar documentabile
belegen (Adj.) posto (Adj.), sito (Adj.), situato
belegen (V.) occupare, documentare, infliggere, coprire, iscriversi a, provare, comprovare
Belegenheitsgrundsatz (M.) principio (M.) del locus rei sitae
beleglos indocumentato, non documentato
Belegschaft (F.) personale (M.), maestranza (F.), equipaggio (M.)
belehren istruire, ammonire, informare, avvertire
Belehrung (F.) istruzione (F.), ammonimento (M.), informazione (F.), avvertimento (M.)
Belehrungspflicht (F.) dovere (M.) di ammonimento
beleidigen offendere, insultare, ingiuriare
Beleidigung (F.) offesa (F.), insulto (M.), ingiuria (F.), oltraggio (M.)
beleihen costituire in pegno per ottenere un prestito, ipotecare, prestare su pegno
Beliehene (F.) incaricata (F.) di un pubblico servizio
Beliehener (M.) incaricato (M.) di un pubblico servizio
belohnen ricompensare, premiare, retribuire
Belohnung (F.) ricompensa (F.), premio (M.), retribuzione (F.), riconoscimento (M.), mercede (F.)
bemächtigen (sich) impossessar(si), impadronir(si)

bemessen fissare, commisurare, calcolare, determinare
Bemessung (F.) fissazione (F.), commisurazione (F.)
Bemessungsgrundlage (F.) parametro (M.) di commisurazione, base (F.) di commisurazione, base (F.) di imposizione
benachrichtigen avvertire, informare, comunicare, segnalare
Benachrichtigung (F.) avvertimento (M.), comunicazione (F.), segnalazione (F.)
benachteiligen svantaggiare, pregiudicare, danneggiare
benachteiligend svantaggioso, dannoso, pregiudizievole
benachteiligende Klausel (F.) clausola (F.) vessatoria
Benachteiligung (F.) svantaggio (M.), pregiudizio (M.), danno (M.)
benannter Vertrag (M.) contratto (M.) nominato
beneficium (N.) (lat.) (Wohltat) beneficium (N.) (lat.), beneficio (M.)
beneficium (N.) inventarii (lat.) (Wohltat des Inventars) beneficium (N.) inventarii (lat.), beneficio (M.) d'inventario
Benehmen (N.) (Benehmen im Verwaltungsrecht) intesa (F.), concerto (M.), benestare (M.)
Benehmen (N.) (Verhalten) condotta (F.), atteggiamento (M.)
Benelux-Staaten (M.Pl.) Stati (M.Pl.) del Benelux
benennen denominare, qualificare, designare, intitolare
Benennung (F.) denominazione (F.), dichiarazione (F.) di nomina, qualificazione (F.), designazione (F.), nomina (F.), intitolazione (F.)
Benennungsvorbehalt riserva (F.) di nomina del contraente
benutzen usare, utilizzare, fare uso di
Benutzer (M.) utente (M.)
Benützerin (F.) utente (F.)
Benutzung (F.) uso (M.), utilizzo (M.)
Benutzungsbewilligung (F.) autorizzazione (F.) d'uso
Benutzungsgebühr (F.) tassa (F.) d'uso, diritto (M.) d'uso
Benutzungsordnung (F.) regolamento (M.) d'uso, regolamento (M.) per gli utenti
Benutzungsrecht (N.) diritto (M.) d'uso
Benutzungsverhältnis (N.) rapporto (M.) d'uso
Benutzungszwang (M.) obbligo (M.) d'uso
Benzin (N.) benzina (F.), gas (M.)
beobachten osservare, notare
beraten consigliare, deliberare, consigliar(si), consultar(si)
Berater (M.) consulente (M.), consigliere (M.)
Beratung (F.) deliberazione (F.), consiglio (M.), consulenza (F.)
Beratungshilfe (F.) consulenza (F.) legale gratuita, assistenza (F.) legale gratuita
Beratungszimmer (N.) camera (F.) di consiglio
berauben derubare, rapinare, defraudare, depredare
Beraubung (F.) rapina (F.), derubamento (M.), defraudamento (M.)
berechnen conteggiare, calcolare, computare, fatturare
Berechnung (F.) conteggio (M.), calcolo (M.), calcolazione (F.), computo (M.)
Berechnungsgrundlage (F.) base (F.) di calcolo
berechtigen legittimare, autorizzare
berechtigt legittimato, autorizzato, avente diritto, titolare (Adj.)
Berechtigter (M.) avente (M.) diritto, titolare (M.), autorizzato (M.)
Berechtigung (F.) diritto (M.), legittimazione (F.), titolo (M.), autorizzazione (F.)
Bereich (M.) ambito (M.), settore (M.), sfera (F.), campo (M.), cerchia (F.)
bereichern arricchire
Bereicherter (M.) arricchito (M.)
Bereicherung (F.) arricchimento (M.)
Bereicherung (F.) ohne Rechtsgrund arricchimento (M.) senza causa, arricchimento (M.) ingiustificato
Bereicherungsabsicht (F.) intenzione (F.) di procurarsi un profitto, dolo (M.) di arricchimento
Bereicherungsanspruch (M.) azione (F.) di arricchimento
Bereicherungsklage (F.) azione (F.) di arricchimento
bereinigen appurare, depurare, regolare, sistemare
Bereinigung (F.) appuramento (M.), regolamento (M.), sistemazione (F.)

bereit pronto, disposto
Bereitschaft (F.) disponibilità (F.)
Bereitschaftsdienst (M.) servizio (M.) d'emergenza, servizio (M.) di pronto soccorso
Bereitschaftspolizei (F.) squadra (F.) mobile
Berg (M.) montagna (F.)
Bergarbeiter (M.) minatore (M.)
Bergbau (M.) industria (F.) mineraria, industria (F.) estrattiva
Bergelohn (M.) compenso (M.) di recupero, premio (M.) di recupero, premio (M.) di salvataggio
bergen salvare, portare in salvo
Bergrecht (N.) diritto (M.) minerario
Bergregal (M.) monopolio (M.) delle miniere
Bergwerk (N.) miniera (F.)
Bergwerkseigentum (N.) proprietà (F.) mineraria
Bericht (M.) rapporto (M.), relazione (F.), referto (M.), rendiconto (M.)
berichten riferire, rapportare, informare
Berichterstatter (M.) relatore (M.), giudice (M.) relatore, corrispondente (M.), inviato (M.)
berichtigen rettificare, correggere, regolare, emendare
Berichtigung (F.) rettifica (F.), correzione (F.), regolamento (M.), emendamento (M.)
Berlin (N.) Berlino (F.)
Berliner Testament (N.) testamento (M.) berlinese
Bern (N.) Berna (F.)
Berner Übereinkunft (F.) convenzione (F.) di Berna
berücksichtigen considerare, tener conto di, prendere in considerazione
Beruf (M.) professione (F.), mestiere (M.)
berufen nominare, fare appello, appellare, ricorrere
beruflich professionale
Berufs- professionale
Berufsausbildung (F.) addestramento (M.) professionale, formazione (F.) professionale
Berufsausübung (F.) esercizio (M.) della professione
Berufsbeamter (M.) funzionario (M.) di carriera, funzionario (M.) di ruolo
Berufsberater (M.) consulente (M.) di orientamento
Berufsberatung (F.) orientamento (M.) professionale
Berufsbild (N.) profilo (M.) professionale
Berufsbildung (F.) formazione (F.) professionale, addestramento (M.) professionale
Berufserfahrung (F.) esperienza (F.) professionale
Berufsfreiheit (F.) libertà (F.) di scelta della professione
Berufsgeheimnis (N.) segreto (M.) professionale
Berufsgenossenschaft (F.) associazione (F.) professionale, associazione (F.) di categoria
Berufsgruppe (F.) categoria (F.) professionale
Berufskrankheit (F.) malattia (F.) professionale
Berufsliste (F.) albo (M.) professionale
Berufsrichter (M.) giudice (M.) di carriera, giudice (M.) togato
Berufsschule (F.) scuola (F.) d'avviamento professionale, scuola (F.) professionale
Berufsunfähigkeit (F.) incapacità (F.) di esercitare una professione, invalidità (F.) professionale
Berufsunfähigkeitsversicherung (F.) assicurazione (F.) contro l'invalidità professionale
Berufsverband (M.) associazione (F.) professionale, associazione (F.) di categoria
Berufsverbot (N.) interdizione (F.) professionale
Berufsverbrecher (M.) delinquente (M.) professionale
Berufswahl (F.) scelta (F.) della professione
Berufung (F.) appello (M.), ricorso (M.), nomina (F.), vocazione (F.)
Berufungsbeklagte (F.) convenuta (F.) nel giudizio d'appello
Berufungsbeklagter (M.) appellato (M.), convenuto (M.) nel giudizio d'appello
Berufungsgericht (N.) giudice (M.) d'appello, corte (F.) d'appello
Berufungsinstanz (F.) grado (M.)d'appello, secondo grado (M.) di merito
Berufungsverfahren (N.) giudizio (M.) d'appello, procedimento (M.) d'appello
Berufungsverzicht (M.) acquiescenza (F.), rinuncia (F.) all'appello
Besatzung (F.) occupazione (F.), presidio (M.), equipaggio (M.)
Besatzungsgebiet (N.) zona (F.) d'occu-

pazione, zona (F.) occupata, territorio (M.) occupato
Besatzungsgewalt (F.) forza (F.) d'occupazione, potenza (F.) occupante
Besatzungsmacht (F.) potenza (F.) occupante
Besatzungsrecht (N.) diritto (M.) d'occupazione
Besatzungsstatut (N.) statuto (M.) d'occupazione
Besatzungszone (F.) zona (F.) occupata, zona (F.) d'occupazione
beschädigen danneggiare, deteriorare, avariare, rovinare
Beschädigung (F.) danneggiamento (M.), danno (M.), deterioramento (M.), avaria (F.)
beschaffen acquistare, procacciare, procurare, reperire
Beschaffenheit (F.) carattere (M.), qualità (F.), indole (F.)
Beschaffung (F.) acquisto (M.), procacciamento (M.), rifornimento (M.)
Beschaffungsverwaltung (F.) amministrazione (F.) acquirente
beschäftigen occupare, impiegare
beschäftigt occupato
Beschäftigung (F.) lavoro (M.), occupazione (F.), impiego (M.)
Beschäftigungspflicht (F.) obbligo (M.) di assunzione
beschatten pedinare
Beschattung (F.) pedinamento (M.)
Bescheid (M.) decisione (F.) amministrativa, responso (M.), risposta (F.), informazione (F.), notizia (F.)
bescheiden (V.) rispondere, decidere
Bescheidungsurteil (N.) sentenza (F.) che obbliga la pubblica amministrazione a decidere secondo l'assunto giuridico del giudice
bescheinigen certificare, attestare, autenticare
Bescheinigung (F.) certificato (M.), attestato (M.), autenticazione (F.), documento (M.)
Beschenkter (M.) donatario (M.)
beschimpfen insultare, ingiuriare, oltraggiare
Beschimpfung (F.) insulto (M.), ingiuria (F.), vilipendio (M.)
Beschlag (M.) sequestro (M.)
Beschlagnahme (F.) sequestro (M.), arresto (M.), cattura (F.), confisca (F.)
beschlagnahmen sequestrare, confiscare, avocare
beschleunigen accelerare, sollecitare
beschleunigt accelerato
beschleunigtes Verfahren (N.) procedimento (M.) accelerato, procedimento (M.) d'urgenza, giudizio (M.) direttissimo
beschließen concludere, terminare, deliberare, ordinare, convenire, decidere
Beschluss (M.) deliberazione (F.), decreto (M.), ordinanza (F.), delibera (F.), risoluzione (F.), consulto (M.)
beschlussfähig capace di deliberare, regolarmente costituito, in numero legale
Beschlussfähigkeit (F.) capacità (F.) di deliberare, numero (M.) legale, quorum (M.) (lat.)
Beschlussorgan (N.) organo (M.) deliberante
Beschlussunfähigkeit (F.) mancanza (F.) di numero legale
Beschlussverfahren (N.) procedimento (M.) in camera di consiglio
beschränken limitare, restringere
beschränkt Handlungsfähige (F.) inabilitata (F.)
beschränkt Handlungsfähiger (M.) inabilitato (M.)
beschränkt limitato, ristretto
beschränkte Ausschreibung (F.) licitazione (F.) privata
beschränkte Entmündigung (F.) inabilitazione (F.)
beschränkte Geschäftsfähigkeit (F.) capacità (F.) d'agire limitata
beschränkte Haftung (F.) responsabilità (F.) limitata
beschränkte Handlungsfähigkeit (F.) capacità (F.) d'agire limitata
beschränkte persönliche Dienstbarkeit (F.) servitù (F.) personale limitata
beschränktes dingliches Recht (N.) diritto (M.) reale limitato, diritto (M.) reale su cosa altrui
Beschränkung (F.) limitazione (F.), restrizione (F.), contenimento (M.)
beschuldigen accusare, incolpare, imputare, incriminare
Beschuldigte (F.) imputata (F.), accusata (F.), incolpata (F.)
Beschuldigter (M.) imputato (M.), incolpato (M.), accusato (M.)

Beschwer (F.) onere (M.), gravame (M.)
Beschwerde (F.) appello (M.), ricorso (M.), impugnazione (F.), reclamo (M.), gravame (M.)
Beschwerdeführer (M.) ricorrente (M.), reclamante (M.)
Beschwerdeführerin (F.) ricorrente (F.), reclamante (F.)
Beschwerdeverfahren (N.) procedimento (M.) di ricorso, procedimento (M.) di reclamo
beschweren (sich) reclamare, lagnar(si), recriminare
beschweren gravare, aggravare
beseitigen eliminare, rimuovere, sopprimere, levare
Beseitigung (F.) eliminazione (F.), rimozione (F.), soppressione (F.), levata (F.)
Beseitigungsanspruch (M.) diritto (M.) alla rimozione
besetzen occupare
Besetzung (F.) occupazione (F.)
Besitz (M.) possesso (M.)
Besitzdiener (M.) detentore (M.)
Besitzeinweisung (F.) immissione (F.) nel possesso
besitzen possedere, essere in possesso
Besitzentziehung (F.) spossessamento (M.), spoglio (M.)
Besitzer (M.) possessore (M.)
Besitzergreifung (F.) impossessamento (M.), entrata (F.) in possesso
Besitzkehr (F.) riacquisto (M.) del possesso dallo spogliatore perseguito
Besitzkonstitut (N.) costituto (M.) possessorio
Besitzmittelungsverhältnis (N.) costituto (M.) possessorio, rapporto (M.) tra possessore diretto e possessore indiretto
Besitznahme (F.) impossessamento (M.)
Besitzrecht (N.) diritto (M.) al possesso
besitzrechtlich possessorio
Besitzschutz (M.) tutela (F.) del possesso, tutela (F.) possessoria
Besitzstand (M.) stato (M.) patrimoniale, consistenza (F.) dei beni, situazione (F.) patrimoniale
Besitzsteuer (F.) imposta (F.) sul patrimonio, imposta (F.) patrimoniale, tassa (F.) sul patrimonio, tassa (F.) patrimoniale
Besitzstörung (F.) turbativa (F.) del possesso, molestia (F.) del possesso
Besitztum (N.) possedimento (M.)
Besitzwehr (F.) difesa (F.) privata del possesso
besolden retribuire, stipendiare, pagare, salariare
Besoldung (F.) retribuzione (F.), stipendio (M.), salario (M.)
Besoldungsdienstalter (N.) anzianità (F.) di servizio, anzianità (F.) salariale
Besoldungsordnung (F.) regolamento (M.) degli stipendi, regolamento (M.) salariale
besondere Bestimmung (F.) disposizione (F.) particolare
besonderer Teil (M.) parte (F.) speciale
besonderes Gewaltverhältnis (N.) rapporto (M.) di supremazia speciale
besonderes Verfahren (N.) procedimento (M.) speciale, rito (M.) speciale
besonders particolare, speciale
besorgen procurare, eseguire, sbrigare, compiere
Besorgnis (F.) preoccupazione (F.)
besorgniserregend preoccupante, allarmante, inquietante
Besorgung (F.) acquisto (M.), disbrigo (M.), cura (F.), esecuzione (F.), commissione (F.)
besser meglio, migliore
bessern migliorare
Besserung (F.) miglioramento (M.), rafforzamento (M.)
bestallen insediare in una carica, investire di una carica
Bestallung (F.) insediamento (M.), nomina (F.), investitura (F.)
Bestand (M.) inventario (M.), dotazione (F.), consistenza (F.), effettivo (M.), scorta (F.), portafoglio (M.)
Bestandgeber (M.) (Bestandgeber in Österreich) locatore (M.)
Bestandnehmer (M.) (Bestandnehmer in Österreich) locatario (M.)
Bestandsaufnahme (F.) redazione (F.) d'inventario, sopralluogo (M.)
Bestandskraft (F.) inoppugnabilità (F.)
Bestandteil (M.) componente (F.), parte (F.) integrante, elemento (M.) costitutivo
Bestandvertrag (M.) (Bestandvertrag in Österreich) contratto (M.) di locazione
bestätigen confermare, attestare, certificare, convalidare, approvare, affermare

Bestätigung (F.) certificato (M.), convalida (F.), attestato (M.), conferma (F.), ricevuta (F.), convalida (F.)
Bestätigungsschreiben (N.) lettera (F.) di conferma
Bestätigungsurteil (N.) sentenza (F.) d'omologazione
bestechen corrompere
bestechlich corruttibile, venale
Bestechlichkeit (F.) corruttibilità (F.), venalità (F.)
Bestechung (F.) corruzione (F.)
bestellen nominare, designare, commissionare, ordinare, comandare, coltivare
Bestellung (F.) ordinazione (F.), ordine (M.), commessa (F.), nomina (F.), costituzione (F.), coltivazione (F.)
besteuern tassare, gravare d'imposta, censire
Besteuerung (F.) tassazione (F.), imposizione (F.)
Besteuerungsgrundlage (F.) base (F.) imponibile, imponibile (M.)
Besteuerungsverfahren (N.) procedimento (M.) di tassazione
bestimmbar determinabile, accertabile, individuabile, definibile
Bestimmbarkeit (F.) determinabilità (F.), accertabilità (F.), definibilità (F.), individuabilità (F.)
bestimmen determinare, stabilire, fissare, destinare, disporre, definire
bestimmt determinato, certo, stabilito
Bestimmtheit (F.) determinatezza (F.), certezza (F.), concretezza (F.)
Bestimmtheitserfordernis (N.) requisito (M.) di determinatezza
Bestimmtheitsgebot (N.) obbligo (M.) di determinatezza
Bestimmtheitsgrundsatz (M.) principio (M.) di determinatezza
Bestimmung (F.) determinazione (F.), fissazione (F.), disposizione (F.), destinazione (F.)
Bestimmungskauf (M.) vendita (F.) con specificazione, vendita (F.) con individuazione
bestrafen punire
Bestrafung (F.) punizione (F.)
bestreiten contestare, oppugnare
Bestreitung (F.) contestazione (F.), confutazione (F.), disconoscimento (M.), oppugnazione (F.)
besuchen visitare, frequentare
Besuchsrecht (N.) diritto (M.) di visita
betagt sottoposto a termine
Betagung (F.) sottoposizione (F.) a termine
betäuben stordire, intontire
Betäubung (F.) stordimento (M.), intontimento (M.), anestesia (F.)
Betäubungsmittel (N.) stupefacente (M.), anestetico (M.)
Betäubungsmittelgesetz (N.) legge (F.) sulle sostanze stupefacenti
beteiligen rendere partecipe, far socio, partecipare, prendere parte
Beteiligte (F.) interessata (F.), parte (F.), compartecipe (F.)
Beteiligter (M.) interessato (M.), parte (F.), compartecipe (M.)
Beteiligung (F.) partecipazione (F.), concorso (M.) di persone nel reato
Betracht (M.) considerazione (F.), riguardo (M.)
betrachten considerare, prendere in considerazione, contemplare
Betrachtung considerazione (F.), esame (M.), riguardo (M.)
Betrachtungsweise (F.) modo (M.) di considerare, considerazione (F.)
Betrag (M.) somma (F.), importo (M.)
betrauen incaricare
betreiben esercitare, esperire, gestire, praticare
Betreten (N.) auf frischer Tat flagranza (F.)
betreten (V.) accedere, entrare, calpestare
Betretung (F.) auf frischer Tat arresto (M.) in flagranza
betreuen assistere, curare
Betreuer (M.) assistente (M.)
Betreuung (F.) assistenza (F.), cura (F.)
Betreuungsverein (M.) associazione (F.) di cura
Betrieb (M.) azienda (F.), impresa (F.), attività (F.) aziendale
Betriebsanlage (F.) impianto (M.)
Betriebsausgabe (F.) spesa (F.) d'esercizio, spesa (F.) di gestione
Betriebseinnahme (F.) entrata (F.) d'esercizio, entrata (F.) dell'azienda, introito (M.) di gestione
Betriebsgefahr (F.) rischio (M.) d'esercizio
Betriebsmittel (N.Pl.) fondi (M.Pl.) di gestione, fondi (M.Pl.) d'esercizio, risorse (F.Pl.), mezzi (M.Pl.) operativi

Betriebsmittelverwaltung (F.) economato (M.)
Betriebsprüfer (M.) revisore (M.) dei conti
Betriebsprüfung (F.) revisione (F.) della contabilità aziendale, controllo (M.) di gestione
Betriebsrat (M.) consiglio (M.) di fabbrica, consiglio d'azienda, delegato (M.) d'azienda, consigliere (M.) di fabbrica
Betriebsrente (F.) pensione (F.) aziendale
Betriebsrentengesetz (N.) legge (M.) sul trattamento pensionistico complementare, legge (F.) sulla pensione aziendale
Betriebsrisiko (N.) rischio (M.) d'azienda
Betriebsschutz (M.) misure (F.Pl.) di sicurezza sul lavoro
Betriebsstörung (F.) interruzione (F.) del lavoro, interruzione (F.) dell'esercizio
Betriebsübergang (M.) trasferimento (M.) d'azienda
Betriebsvereinbarung (F.) accordo (M.) aziendale, contratto (M.) aziendale
Betriebsverfassung (F.) organizzazione (F.) sociale delle aziende
Betriebsverfassungsgesetz (N.) legge (F.) sull'ordinamento aziendale, legge (F.) sull'organizzazione sociale delle aziende
Betriebsverhältnis (N.Pl.) condizioni (F.Pl.) d'azienda, condizioni (F.Pl.) d'esercizio
Betriebsvermögen (N.) patrimonio (M.) d'azienda, capitale (M.) d'esercizio, capitale (M.) circolante
Betriebsversammlung (F.) assemblea (F.) generale dei lavoratori dell'azienda
Betriebswirtschaft (F.) economia (F.) aziendale
betrinken (sich) ubriacar(si)
Betrug (M.) truffa (F.), frode (F.)
betrügen truffare, frodare, defraudare, imbrogliare, ingannare
Betrüger (M.) truffatore (M.), frodatore (M.), barattiere (M.), imbroglione (M.)
betrügerisch fraudolento, doloso
betrügerische Erhöhung (F.) und Senkung (F.) der Preise auf dem öffentlichen Markt oder an Handelsbörsen aggiotaggio (M.)
betrügerische Krida bancarotta (F.) fraudolenta
betrügerische Zahlungsunfähigkeit (F.) insolvenza (F.) fraudolenta
betrunken ubriaco, alcoolizzato, ebbro
Bettelei (F.) mendicità (F.), accattonaggio (M.)
Betteln (N.) accattonaggio (M.), mendicità (F.)
betteln mendicare
Bettler (M.) mendicante (M.), accattone (M.)
Beugemittel (N.Pl.) mezzo (M.) coercitivo
beugen piegare, coartare, forzare
Beugestrafe (F.) pena (F.) comminata per garantire l'attuazione di un provvedimento amministrativo
beurkunden certificare, autenticare, verbalizzare, rogare, attestare
Beurkundung (F.) certificazione (F.), autenticazione (F.), forma (F.) solenne, attestazione (F.), legalizzazione (F.)
beurlauben collocare in congedo, collocare fuori ruolo, congedare
Beurlaubung (F.) collocamento (M.) in congedo, collocamento (M.) fuori ruolo, congedo (M.), permesso (M.)
beurteilen giudicare, apprezzare, criticare, stimare, valutare
Beurteilung (F.) giudizio (M.), apprezzamento (M.), valutazione (F.), qualificazione (F.)
Beurteilungsspielraum (M.) apprezzamento (M.) discrezionale, limiti (M.Pl.) discrezionali
Beute (F.) bottino (M.), preda (F.)
Bevölkerung (F.) popolazione (F.)
bevollmächtigen delegare, rilasciare procura a, autorizzare
Bevollmächtigter (M.) procuratore (M.), delegato (M.), plenipotenziario (M.)
Bevollmächtigung (F.) procura (F.), delega (F.), autorizzazione (F.), conferimento (M.) di procura
bevorrechtigt privilegiato (Adj.)
Bevorrechtigung (F.) privilegio (M.), prerogativa (F.)
bevorzugen preferire, pirvilegiare, avvantaggiare
bewachen sorvegliare, vigilare, custodire
Bewachung (F.) sorveglianza (F.), vigilanza (F.), custodia (F.)
bewähren provare, dimostrare, confermare
Bewährung (F.) prova (F.), verificazione (F.)
Bewährungshelfer (M.) assistente (M.) del condannato in pendenza della sospensione condizionale della pena

Bewährungszeit (F.) periodo (M.) di sospensione condizionale della pena, condizionale (F.)
Beweggrund (M.) movente (M.), motivo (M.), cagione (F.)
beweglich mobile (Adj.)
bewegliche Sache (F.) cosa (F.) mobile, mobile (M.)
Beweis (M.) prova (F.), dimostrazione (F.), comprova (F.)
Beweisantrag (M.) richiesta (F.) d'assunzione di una prova
Beweisantritt (M.) produzione (F.) della prova, deduzione (F.) della prova
Beweisaufnahme (F.) assunzione (F.) delle prove, istruzione (F.) probatoria, assunzione (F.) dei mezzi di prova
beweisbar comprovabile, dimostrabile
beweisen provare, fornire la prova, dare prova, dimostrare
Beweiserhebung (F.) assunzione (F.) della prova
Beweiserhebungsverbot (N.) divieto (M.) di assunzione di prove
Beweiserleichterung (F.) facilitazione (F.) della prova
Beweisführung (F.) deduzione (F.) della prova
Beweisgrund (M.) argomento (M.) di prova, prova (F.)
Beweisinterlokut (N.) sentenza (F.) interlocutoria in materia probatoria
Beweiskraft (F.) forza (F.) probatoria, efficacia (F.) probatoria
beweiskräftig probatorio, probativo
Beweislast (F.) onere (M.) della prova
Beweislastumkehr (F.) inversione (F.) dell'onere della prova
Beweismittel (N.) mezzo (M.) di prova, mezzo (M.) probatorio
Beweisregel (F.) norma (F.) limitativa della libera valutazione delle prove, regola (F.) di prova
Beweissicherung (F.) incidente (M.) probatorio, assuzione (F.) di prova a futura memoria
Beweissicherungsverfahren (N.) incidente (M.) probatorio
Beweisstück (N.) elemento (M.) di prova, documento (M.) probatorio
Beweisthema (N.) oggetto (M.) della prova, thema (M.) probandum
Beweisunterschlagung (F.) sottrazione (F.) di mezzi di prova
Beweisurkunde (F.) documento (M.) probatorio
Beweisverfahren (N.) procedimento (M.) di assunzione dei mezzi di prova, istruzione (F.) probatoria
Beweisverwertungsverbot (N.) divieto (M.) di utilizzare una prova
Beweiswürdigung (F.) valutazione (F.) della prova
bewerben (sich) proporre la propria candidatura, competere, presentarsi candidato
Bewerber (M.) candidato (M.), aspirante (M.)
Bewerberin (F.) aspirante (F.), candidata (F.)
Bewerbung (F.) candidatura (F.), domanda (F.) di assunzione
bewerten valutare, giudicare, stimare, classificare
Bewertung (F.) valutazione (F.), giudizio (M.), classifica (F.), stima (F.)
bewilligen concedere, autorizzare, accordare, consentire, approvare
Bewilligung (F.) autorizzazione (F.), concessione (F.), licenza (F.), permesso (M.), benestare (M.)
bewirken causare, provocare, produrre, effettuare
bewusst consapevole, cosciente, deliberato
bewusste Fahrlässigkeit (F.) colpa (F.) cosciente, colpa (F.) con previsione
bewusstlos svenuto, privo di sensi
Bewusstlosigkeit (F.) stato (M.) di incoscienza, svenimento (M.), inconsapevolezza (F.)
Bewusstsein (N.) coscienza (F.), consapevolezza (F.)
Bewusstseinsstörung (F.) turbamento (M.) della coscienza
bezahlen pagare, ammortizzare, retribuire, corrispondere, estinguere
Bezahlung (F.) pagamento (M.), ammortamento (M.), estinzione (F.), retribuzione (F.) saldo (M.)
bezeugen testimoniare, attestare, testificare, confermare
bezichtigen incolpare, accusare
Bezichtigung (F.) incolpazione (F.), accusa (F.)
beziehen occupare, percepire, riscuotere, abbonare, acquistare, comprare

Beziehung (F.) rapporto (M.), relazione (F.), riferimento (M.)
Bezirk (M.) circoscrizione (F.), circondario (M.), distretto (M.)
Bezirksdirektion (F.) der Antimafiabehörde direzione (F.) distrettuale antimafia
Bezirksgericht (N.) (Bezirksgericht in Österreich) pretura (F.), pretura (F.) circondariale
Bezirkshauptmann (M.) (Bezirkshauptmann in Österreich) capo (M.) dei servizi amministrativi di una circoscrizione
Bezirksnotar (M.) (Bezirksnotar in Baden-Württemberg) notaio (M.) di circoscrizione
Bezirksrichter (M.) pretore (M.)
Bezug (M.) acquisto (M.), abbonamento (M.), relazione (F.), rapporto (M.)
Bezugnahme (F.) riferimento (M.)
Bezugsrecht (N.) (Option) diritto (M.) d'opzione
bezweifeln dubitare, porre in dubbio
Bibliographie bibliografia (F.)
Bibliothek (F.) biblioteca (F.)
Bibliothekar (M.) bibliotecario (M.)
Bier (N.) birra (F.)
Bierlieferungsvertrag (M.) contratto (M.) di fornitura di birra
bieten offrire, fare un'offerta
Bieter (M.) offerente (M.)
Bigamie bigamia (F.)
Bilanz (F.) bilancio (M.), stato (M.) patrimoniale
bilanzieren formare un bilancio
Bilanzrecht (N.) diritto (M.) del bilancio
bilateral bilaterale
Bild (N.) immagine (F.), quadro (M.)
bilden creare, formare, educare
bildende Kunst (F.) arte (F.) figurativa
Bildnisschutz (M.) tutela (F.) dell'immagine
Bildschirm (M.) schermo (M.), video (M.)
Bildschirmtext videotel (M.), televideo (M.), teletext (M.)
Bildung (F.) formazione (F.), costituzione (F.)
Bildung (F.) krimineller Vereinigungen associazione (F.) a delinquere
Bildungsverwaltungsrecht (N.) diritto (M.) dell'istruzione pubblica
billig equo, giusto, a buon prezzo, a buon mercato
billigen approvare, ammettere
Billigkeit (F.) equità (F.), giustizia (F.), modicità (F.)
Billigkeitsgrund (M.) ragione (M.) di giustizia, motivo (M.) di equità
Billigkeitshaftung (F.) responsabilità (F.) secondo equità
Billigkeitsklausel (F.) clausola (F.) d'equità
Billigkeitsrecht (N.) equità
Billigung (F.) approvazione (F.), approvazione (F.), consenso (M.)
binden vincolare, legare, obbligare
bindend vincolante, obbligatorio, impegnativo
bindende Wirkung (F.) forza (F.) vincolante, forza (F.) obbligatoria
Bindung (F.) vincolo (M.), legame (M.)
Bindungswirkung (F.) effetto (M.) vincolante, effetto (M.) obbligatorio
binnen entro, fra, nello spazio di
Binnenhandel (M.) commercio (M.) interno, commercio (M.) nazionale
Binnenmarkt (M.) mercato (M.) interno, mercato (M.) nazionale
Binnenschifffahrt (F.) navigazione (F.) interna
Bischof (M.) vescovo (M.)
Bistum (N.) diocesi (F.)
Bitte (F.) domanda (F.), richiesta (F.)
bitten pregare, chiedere
Bittleihe (F.) possesso (M.) precario
Bittleiher (M.) precarista (M.)
Blankett (N.) foglio (M.) firmato in bianco, modulo (M.) in bianco, carta (F.) bianca
Blankettgesetz (F.) legge (F.) in bianco
Blankettmissbrauch (M.) abuso (M.) di biancosegno
Blankettvorschrift (F.) norma (F.) in bianco
blanko in bianco, allo scoperto
Blankogeschäft (N.) contratto (M.) allo scoperto, operazione (F.) allo scoperto
Blankoindossament (N.) girata (F.) in bianco
Blankoscheck (M.) assegno (M.) in bianco
Blankounterschrift firma (F.) in bianco
Blankovollmacht (F.) procura (F.) in bianco
Blankowechsel (M.) cambiale (F.) in bianco
Blankozession (F.) cessione (F.) allo scoperto
Blasphemie (F.) blasfemia (F.), bestemmia (F.)
bleiben rimanere, restare
Bleiberecht (N.) diritto (M.) di soggiorno

blind ceco, clandestino
Blockade (F.) blocco (M.)
blockfrei neutralistico, non alleato
blockfreier Staat (M.) paese (M.) non alleato, Stato (M.) neutrale
blockieren bloccare
Blockwahl (F.) voto (M.) a blocco
blöd stupido (Adj.), imbecille (Adj.), matto (Adj.)
Blut (N.) sangue (M.)
Blutalkohol (M.) alcoolemia (F.), tasso (M.) alcoolimetrico del sangue
Blutbad (N.) bagno (M.) di sangue, strage (F.), massacro (M.)
Blutprobe (F.) prelievo (M.) del sangue, prova (F.) d'etilismo
Blutrache (F.) vendetta (F.) di sangue
Blutrausch (M.) follia (F.) omicida
Blutschande (F.) incesto (M.)
blutsverwandt consanguineo
Blutsverwandter (M.) consanguineo (M.)
Blutsverwandtschaft (F.) consanguineità
Boden (M.) suolo (M.), terreno (M.), fondo (M.), superficie (F.)
Bodenaltertum (N.) rinvenimento (M.) archeologico, reperto (M.) archeologico
Bodenkredit (M.) credito (M.) immobiliare, credito (M.) fondiario, credito (M.) agrario, mutuo (M.) fondiario
Bodenordnung (F.) regolamento (M.) fondiario
Bodenrecht (N.) diritto (M.) fondiario, diritto (M.) del suolo
Bodenreform (F.) riforma (F.) fondiaria, riforma (F.) agraria
Bodenrente (F.) rendita (F.) fondiaria
Bodenschatz (M.) ricchezze (F.Pl.) del sottosuolo, risorse (F.Pl.) del sottosuolo
Bodenverkehr (M.) commercio (M.) di beni immobiliari
Bodenverkehrsgenehmigung (F.) autorizzazione (F.) per l'alienazione di beni immobiliari
Bodmerei (F.) prestito (M.) a cambio marittimo, ipoteca (F.) su navi
Bombe (F.) bomba (F.), ordigno (M.)
Bon (M.) buono (M.)
bona fides (F.) (lat.) (guter Glaube) bona fides (F.) (lat.), buona fede (F.)
Bonität (F.) solvibilità (F.), solidità (F.) finanziaria, standing (M.) (engl.)
Bonus (M.) gratifica (F.), premio (M.), abbuono (M.), dividendo (M.) addizionale
Bord (N.) bordo (M.)
Bordell (N.) bordello (M.), casa (F.) chiusa
Borg (M.) credito (M.), prestito (M.)
borgen prestare
Börse (F.) borsa (F.)
Börsengeschäft (M.) affare (M.) di borsa, contratto (M.) di borsa, operazione (F.) di borsa
Börsengesetz (N.) legge (F.) sulla borsa
Börsenindex (M.) indice (M.) di borsa, inidce (M.) dei corsi di borsa
Börsenkurs (M.) corso (M.) di borsa, prezzo (M.) di borsa, quotazione (F.) in borsa
Börsenmakler (M.) agente (M.) di cambio, mediatore (M.) di borsa
Börsennotierung (F.) quotazione (F.) in borsa, prezzo (M.) di borsa
Börsenrecht (N.) diritto (M.) della borsa
Börsenspekulant (M.) borsista (M.), giocatore (M.) di borsa, speculatore (M.) di borsa
Börsenspekulation (F.) speculazione (F.) in borsa, gioco (M.) di borsa
böse Absicht (F.) dolo (M.), intenzione (F.) dolosa
böse cattivo, maligno, male (Adv.)
böser Glaube (M.) mala fede (F.)
bösgläubig in mala fede
Bösgläubigkeit (F.) mala fede (F.)
böswillig doloso, malintenzionato
Bote (M.) messo (M.), nunzio (M.), nuncius (M.) (lat.), messaggero (M.)
Botin (F.) messaggera (F.), messaggera (F.)
Botschaft (F.) messaggio (M.), notizia (F.), ambasciata (F.)
Botschafter (M.) ambasciatore (M.)
Botschafterin (F.) ambasciatrice (F.)
Boykott (M.) boicottaggio (M.)
boykottieren boicottare
Branche (F.) branca (F.), ramo (M.) d'affari
Brand (M.) incendio (M.)
Brandenburg (N.) Brandeburgo (M.)
Brandmauer (F.) muro (M.) spartifuoco, muro (M.) pieno, muro (M.) tagliafuoco
Brandschutz (M.) protezione (F.) antincendio, prevenzione (F.) incendi
Brandstifter (M.) incendiario (M.)
Brandstiftung (F.) incendio (M.) doloso
Brauch (M.) uso (M.), usanza (F.), costume (M.), pratica (F.)

brauchen adoperare, usare, abbisognare, occorrere
Braut (F.) fidanzata (F.), sposa (F.)
Bräutigam (M.) fidanzato (M.), sposo (M.)
brechen rompere, infrangere
Bremen (N.) Brema (F.)
brennen bruciare
brevi manu traditio (F.) (lat.) (Übergabe kurzer Hand) brevi manu traditio (F.) (lat.)
Brief (M.) lettera (F.)
Briefgeheimnis (N.) segreto (M.) della corrispondenza, segreto (M.) epistolare
Briefgrundschuld (F.) debito (M.) fondiario rappresentato da un titolo
Briefhypothek (F.) ipoteca (F.) rappresentata da un titolo al portatore
Briefmarke (F.) francobollo (M.)
Briefwahl (F.) votazione (F.) per corrispondenza
Brigade (F.) brigata (F.)
bringen portare, apportare, fruttare
Bringschuld (F.) debito (M.) portabile, obbligazione (F.) portabile
Bruch (M.) rottura (F.), violazione (F.)
Bruchteil (M.) frazione (F.), quota (F.)
Bruchteilseigentum (N.) proprietà (F.) per quota ideale, comproprietà (F.) per quota ideale, condominio (M.)
Bruchteilsgemeinschaft (F.) comunione (F.) per quote ideali, communio (F.) pro indiviso (lat.)
Bruder (M.) fratello (M.)
Brüssel (N.) Bruxelles (F.)
Brüsseler Vertrag (M.) trattato (M.) di Bruxelles
brutto lordo
Buch (N.) libro (M.)
Bucheintragung (F.) registrazione (F.) contabile, scrittura (F.) contabile
buchen allibrare, registrare, riservare
Buchführung (F.) contabilità (F.), tenuta (F.) dei libri
Buchgeld (N.) moneta (F.) contabile, moneta (F.) scritturale
Buchhalter (M.) contabile (M.), ragioniere (M.)
Buchhaltung (F.) contabilità (F.), ragioneria (F.), gestione (F.) contabile
Buchhypothek (F.) ipoteca (F.) iscritta
Buchstabe (F.) lettera (F.), carattere (M.)
Buchstabenfolge (F.) ordine (M.) alfabetico
buchstäblich letterale, testuale
buchstäblicher Sinn (M.) senso (M.) letterale delle parole
Buchung (F.) allibramento (M.), registrazione (F.), scrittura (F.) contabile, prenotazione (F.)
Buchwert (M.) valore (M.) contabile, valore (M.) di libro, valore (M.) di carico
Budget (N.) bilancio (M.) preventivo, bilancio (M.), budget (M.)
Budgetrecht (N.) diritto (M.) all'approvazione del bilancio, diritto (M.) del bilancio
Bulgarien (N.) Bulgaria (F.)
Bulle (F.) bolla (F.)
Bulletin (N.) bollettino (M.)
Bund (M.) federazione (F.), lega (F.), Bund (M.)
Bundesamt (N.) ufficio (M.) federale
Bundesangelegenheit (F.) affare (M.) federale
Bundesangestelltentarifvertrag (M.) (BAT) contratto (M.) BAT, contratto (M.) collettivo di lavoro degli impiegati federali
Bundesanstalt (F.) ente (M.) federale, istituto (M.) federale
Bundesanwalt (M.) procuratore (M.) federale
Bundesanwaltschaft (F.) procura (F.) federale, procura (F.) della Repubblica
Bundesanzeiger (M.) bollettino (M.) federale
Bundesarbeitsgericht (N.) Corte (F.) federale del lavoro
Bundesaufsicht (F.) vigilanza (F.) federale
Bundesaufsichtsamt (N.) Ufficio (M.) federale di vigilanza
Bundesauftragsverwaltung (F.) amministrazione (F.) federale delegata
Bundesausbildungsförderungsgesetz (N.) (BaföG) legge (F.) federale sulla promozione della formazione professionale
Bundesautobahn (F.) autostrada (F.) federale
Bundesbahn (F.) ferrovie (F.Pl.) federali
Bundesbank (F.) banca (F.) federale
Bundesbaugesetz (N.) legge (F.) urbanistica federale
Bundesbeamter (M.) funzionario (M.) federale
Bundesbeauftragter (M.) delegato (M.) federale
Bundesbehörde (F.) autorità (F.) federale

Bundesbodenschutzgesetz (N.) legge (F.) federale sulla protezione dei suoli
Bundesdatenschutzgesetz (N.) legge (F.) federale sulla tutela del segreto dei dati
Bundesdisziplinargesetz (F.) legge (F.) federale sul procedimento disciplinare
Bundesfernstraße (F.) strada (F.) federale di grande comunicazione
Bundesfinanzhof (M.) Corte (F.) federale delle finanze
Bundesflagge (F.) bandiera (F.) federale
Bundesgebiet (N.) territorio (M.) federale
Bundesgebührenordnung (F.) für Rechtsanwälte tariffa (F.) federale per gli avvocati
Bundesgericht (N.) tribunale (M.) federale
Bundesgerichtshof (M.) Corte (F.) federale di giustizia, Corte (F.) suprema federale
Bundesgesetz (N.) legge (F.) federale
Bundesgesetzblatt (N.) der Bundesrepublik Deutschland Gazzetta (F.) ufficiale della Repubblica federale di Germania
Bundesgesetzgebung (F.) legislazione (F.) federale
Bundesgesundheitsamt (F.) Ufficio (M.) federale della sanità
Bundesgrenzschutz (M.) guardia (F.) federale di frontiera
Bundeshaushalt (M.) bilancio (M.) federale
Bundesheer (N.) forze (F.Pl.) armate federali
Bundesimmissionsschutzgesetz (N.) legge (F.) federale sulla protezione contro le immissioni
Bundesjustizminister (M.) ministro (M.) federale della giustizia
Bundesjustizministerium (N.) ministero (M.) federale della giustizia
Bundeskabinett (N.) gabinetto (M.) federale
Bundeskanzler (M.) cancelliere (M.) federale
Bundeskanzleramt (N.) cancelleria (F.) federale
Bundeskartellamt (N.) Ispettorato (M.) federale dei cartelli, Ufficio (M.) federale dei cartelli
Bundesknappschaft (F.) Corporazione (F.) federale dei miniatori
Bundeskriminalamt (N.) Ufficio (M.) federale per la repressione della criminalità
Bundesland (N.) land (M.), regione (F.) federale
Bundesminister (M.) ministro (M.) federale
Bundesministerin (F.) ministro (M.) federale
Bundesnachrichtendienst (M.) servizio (M.) d'informazioni federale
Bundesnaturschutzgesetz (N.) legge (F.) federale sulla protezione dell'ambiente
Bundesnotarkammer (F.) camera (F.) notarile federale
Bundesnotarordnung (F.) legge (F.) federale notarile
Bundesoberbehörde (F.) autorità (F.) superiore federale
Bundespatentgericht (N.) tribunale (M.) federale competente in materia di brevetti
Bundespolizei (F.) polizia (F.) federale
Bundespost (F.) posta (F.) federale
Bundespräsident (M.) Presidente (M.) della Repubblica federale di Germania, presidente (M.) della federazione
Bundespräsidialamt (N.) Ufficio (M.) federale della presidenza
Bundesrat (M.) consiglio (M.) federale
Bundesrechnungshof (M.) Corte (F.) dei conti federale
Bundesrecht (N.) diritto (M.) federale
Bundesrechtsanwaltsgebührenordnung (F.) ordinamento (M.) federale degli emolumenti delle professioni di avvocato e procuratore
Bundesrechtsanwaltsordnung (F.) ordinamento (M.) federale delle professioni di avvocato e procuratore
Bundesregierung (F.) governo (M.) federale
Bundesrepublik (F.) Repubblica (F.) federale
Bundesrichter (M.) giudice (M.) federale
Bundesseuchengesetz (N.) legge (F.) federale sulle epidemie
Bundessozialgericht (N.) Corte (F.) sociale federale
Bundessozialhilfegesetz (N.) legge (F.) federale sull'assistenza sociale
Bundesstaat (M.) Stato (M.) federale
bundesstaatlich federale
Bundesstaatlichkeit (F.) federalismo (M.)
Bundesstraße (F.) strada (F.) federale
Bundestag (M.) parlamento (M.) federale, dieta (F.) federale, Bundestag (M.)
Bundestreue (F.) fedeltà (F.) verso la federazione
Bundesurlaubsgesetz (N.) legge (F.) federale sul riposo

Bundesverfassung (F.) costituzione (F.) federale
Bundesverfassungsgericht (N.) corte (F.) costituzionale federale
Bundesverfassungsgesetz (N.) legge (F.) costituzionale federale
Bundesverfassungsschutz (M.) Ufficio (M.) per la difesa della costituzione
Bundesversammlung (F.) assemblea (F.) federale
Bundesversicherungsamt (N.) Ispettorato (M.) federale della previdenza sociale
Bundesversicherungsanstalt (F.) für Angestellte Istituto (M.) federale per la previdenza sociale degli impiegati
Bundesversicherungsaufsichtsamt (N.) Isituto (M.) federale per la vigilanza sulle assicurazioni private
Bundesverwaltung (F.) amministrazione (F.) federale
Bundesverwaltungsgericht (N.) Corte (F.) amministrativa federale
Bundeswaldgesetz (N.) legge (F.) federale sulle foreste
Bundeswehr (F.) forze (F.Pl.) armate federali
Bundeswehrverwaltung (F.) amministrazione (F.) federale delle forze armate
Bundeszentralregister (N.) casellario (M.) giudiziale federale
Bundeszwang (M.) potere (M.) coercitivo federale
Bündnis (N.) alleanza (F.), lega (F.), coalizione (F.), confederazione (F.), unione (F.)
Bündnisfall (M.) casus (M.) foederis (lat.)
Bündnispartner (M.) alleato (M.)
Bündnisstaat (M.) Stato (M.) alleato
Bürge (M.) garante (M.), fideiussore (M.), fidefacente (M.)
bürgen garantire, rendersi garante, rendersi fideiussore, avallare
Bürger (M.) cittadino (M.), borghese (M.)
Bürgerinitiative (F.) iniziativa (F.) civica, comitato (M.) civico
Bürgerkrieg (M.) guerra (F.) civile
bürgerlich civile, borghese
bürgerliche Ehrenrechte (N.Pl.) diritti (M.Pl.) civili e politici
bürgerlicher Tod (M.) morte (F.) civile
Bürgerliches Gesetzbuch (N.) Codice (M.) civile
bürgerliches Recht (N.) diritto (M.) civile
Bürgermeister (M.) sindaco (M.), borgomastro (M.)
Bürgermeisterei (F.) segreteria (F.) comunale
Bürgerrecht (N.) diritto (M.) del cittadino, diritto (M.) civico, cittadinanza (F.)
Bürgerversammlung (F.) assemblea (F.) dei cittadini
Bürgin (F.) garante (F.), fidefacente (F.)
Bürgschaft (F.) fideiussione (F.), garanzia (F.) fideiussoria
Bürgschaftsversprechen (N.) promessa (F.) di fideiussione
Büro (N.) ufficio (M.), agenzia (F.)
Bürokratie (F.) burocrazia (F.)
Buße (F.) ammenda (F.), penitenza (F.), pena (F.), pecuniaria
büßen espiare, scontare
Bußgeld (N.) ammenda (F.), sanzione (F.) pecuniaria
Bußgeldbescheid (M.) ordinanza-ingiunzione (F.)
Bußgeldkatalog (M.) tabella (F.) delle sanzioni pecuniarie
Bußgeldverfahren (N.) procedimento (M.) per infrazioni amministrative
Büttel (M.) poliziotto (M.), aguzzino (M.), sbirro (M.)

C

case-law (N.) (engl.) (Fallrecht) case-law (N.) (engl.), diritto (M.) giurisprudenziale
causa (F.) (lat.) (Ursache bzw. Grund) causa (F.), ragione (F.), motivo (M.)
cessio (F.) (lat.) (Abtretung) cessione (F.)
Chance (F.) possibilità (F.), prospettiva (F.), probabilità (F.), opportunità (F.)
Chancengleichheit (F.) parità (F.) di chance, parità (F.) delle opportunità
Charta (F.) carta (F.), statuto (M.)
Charter (F.) noleggio (M.)
chartern noleggiare, prendere a nolo
Chartervertrag (M.) contratto (M.) di noleggio
Chef (M.) principale (M.), capo (M.), padrone (M.)
Chefarzt (M.) medico (M.) capo, medico (M.) primario
Chefredakteur (M.) redattore (M.) capo, direttore (M.) responsabile di un giornale

Chemie (F.) chimica (F.)
Chemiewaffe (F.) arma (F.) chimica
Chemiewaffenübereinkommen (N.) trattato (M.) sulle armi chimiche
Chemikalie (F.) prodotto (M.) chimico, sostanza (F.) chimica
Chemikaliengesetz (N.) legge (F.) sulle sostanze chimiche
Chemiker (M.) chimico (M.)
chemisch chimico (Adj.)
Chip (M.) chip (M.) (engl.), circuito (M.) integrato, gettone (M.)
Chipkarte (F.) carta (F.) chip
Christ (M.) cristiano (M.)
christlich cristiano (Adj.)
cif clausola (F.) cif (cost - insurance - fright)
CISG (N.) (Convention on contracts for the international sale of goods) Convenzione (F.) sui contratti di vendita internazionale di merci (CISG)
clausula (F.) rebus sic stantibus (lat.) (Klausel bei unveränderter Sachlage) clausula (F.) rebus sic stantibus (lat.)
Clearing (N.) clearing (M.), compensazione (F.) generale
CMR (N.) (Übereinkommen über den Beförderungsvertrag im internationalen Straßengüterverkehr) Convenzione (F.) relativa al contratto di trasporto internazionale di merci su strada (CMR)
CNUE (Europäischer Verband der Notare) Conferenza (F.) dei notai dell'Unione Europea
Code civil (franz.) (M.) Codice (M.) civile francese, Code (M.) civil (franz.)
Code de commerce (franz.) (M.) Codice (M.) di commercio francese
Code pénal (franz.) (M.) Codice (M.) penale francese
codex (M.) (lat.) codice (M.), libro (M.), registro (M.)
commodum (N.) (lat.) (Bequemlichkeit bzw. Vorteil) commodum (N.) (lat.), agio (M.), opportunità (F.), vantaggio (M.), utilità (F.)
compensatio (F.) lucri cum damno (lat.) (Aufrechnung des Gewinns mit dem Schaden) compensatio (F.) lucri cum damno (lat.)
Computer (M.) computer (M.), elaboratore (M.) elettronico
Computerbetrug (M.) frode (F.) informatica, frode (F.) a mezzo del computer, truffa (F.) a mezzo del computer
Computersabotage (F.) sabotaggio (M.) di computer
condicio (F.) sine qua non (lat.) (Bedingung ohne die nicht) condicio (F.) sine qua non (lat.), condizione (F.) necessaria
contra legem (lat.) (gegen das Gesetz) contra legem (lat.), contrario alla legge
Convention on contracts for the international sale of goods (CISG) Convenzione (F.) sui contratti di vendita internazionale di merci (CISG)
Copyright (N.) (Vervielfältigungsrecht) copyright (M.) (engl.), diritto (M.) di distribuzione
corpus (N.) delicti (lat.) (Gegenstand des Delikts) corpus (N.) delicti (lat.), corpo (M.) del delitto
Coupon (M.) tagliando (M.), cedola (F.)
Cousin (M.) cugino (M.)
culpa (F.) in abstracto (lat.) (Verschulden im Abstrakten) culpa (F.) in abstracto (lat.)
culpa (F.) in contrahendo (lat.) (Verschulden beim Vertragsschluss) culpa (F.) in contrahendo (lat.), responsabilità (F.) precontrattuale
culpa (F.) in eligendo (lat.) (Verschulden bei der Auswahl) culpa (F.) in eligendo (lat.), omissione (F.) negli incarichi

D

Dachgesellschaft (F.) holding (F.), società (F.) finanziaria
Damnationslegat (N.) legato (M.) con effetto obbligatorio, legatum (N.) per damnationem (lat.)
damnum (N.) (lat.) (Schaden) damnum (N.) (lat.), danno (M.)
Darlehen (N.) mutuo (M.), prestito (M.)
Darlehensgeber (M.) mutuante (M.), prestatore (M.)
Darlehensgeschäft (N.) operazione (F.) di prestito, concessione (F.) di mutui
Darlehensnehmer (M.) mutuatario (M.)
Darlehensvertrag (M.) contratto (M.) di mutuo
darleihen contrarre un mutuo, concedere un mutuo

Darstellung (F.) esposizione (F.), enunciazione (F.)
Dasein (N.) presenza (F.), esistenza (F.)
Daseinsvorsorge (F.) previdenza (F.)
Datei (F.) schedario (M.)
Daten (N.Pl.) dati (M.Pl.), estremi (M.Pl.)
Datenabgleich (M.) pareggiamento (M.) dei dati
Datenbank (F.) banca dati (F.), banca (F.) di dati
Datenschutz (M.) protezione (F.) dei dati, tutela (F.) dei dati
Datenschutzbeauftragter (M.) incaricato (M.) per la protezione dei dati
Datenschutzgesetzgebung (F.) legislazione (F.) sulla tutela dei dati
Datenveränderung (F.) alterazione (F.) dei dati
Datenverarbeitung (F.) elaborazione (F.) dei dati
Datum (N.) data (F.)
Dauer (F.) durata (F.)
Dauerarrest (M.) arresto (M.) lungo
Dauerauftrag (M.) ordine (M.) permanente, incarico (M.) permanente
Dauerdelikt (N.) reato (M.) permanente
dauern durare, perdurare, continuare
dauernd continuo, permanente, durevole, perpetuo
dauernde Unmöglichkeit (F.) impossibilità (F.) definitiva
Dauerschuldverhältnis (N.) rapporto (M.) obbligatorio di durata
DDR (F.) (Deutsche Demokratische Republik) RDT (F.) (Repubblica democratica tedesca)
de facto (lat.) (nach der tatsächlichen Sachlage) de facto (lat.), di fatto
de iure (lat.) (nach der Rechtslage) de iure (lat.), giuridicamente, di diritto
de lege ferenda (lat.) (nach erst noch zu erlassendem Gesetz) de lege ferenda (lat.)
de lege lata (lat.) (nach erlassenem Gesetz) de lege lata (lat.)
Debatte (F.) dibattito (M.), discussione (F.), dibattimento (M.)
Debet (N.) debito (M.), saldo (M.) a debito
Debitor (M.) debitore (M.), obbligato (M.)
decken coprire, soddisfare, colmare, garantire
Deckung (F.) copertura (F.), garanzia (F.), assicurazione (F.)
Deckungsverhältnis (N.) rapporto (M.) di provvista, coefficiente (M.) di copertura
Deckungszusage (F.) impegno (M.) di copertura, lettera (F.) di copertura
defensiv difensivo (Adj.), difensorio
defensiver Notstand (M.) stato (M.) di necessità difensivo
definieren definire
Definition (F.) definizione (F.)
Defizit (N.) deficit (M.), disavanzo (M.)
degradieren degradare
Deich (M.) diga (F.), argine (M.)
Deichrecht (N.) diritto (M.) delle dighe
Dekan (M.) decano (M.), preside (M.) di facoltà
Dekanat (N.) decanato (M.), presidenza (F.) di facoltà
Deklaration (F.) dichiarazione (F.)
deklaratorisch dichiarativo (Adj.)
deklarieren dichiarare
Dekonzentration (F.) deconcentramento (M.), decentralizzazione (F.)
dekonzentrieren deconcentrare, decentralizzare
Dekret (N.) auf Einleitung des Hauptverfahrens decreto (M.) che dispone il giudizio
Dekret (N.) decreto (M.)
Dekret (N.) des Präsidenten der Republik decreto del Presidente della Repubblica (D.P.R.)
Delegation (F.) delega (F.), delegazione (F.), rappresentanza (F.), missione (F.)
delegieren delegare
Delegierte (F.) delegata (F.), deputata (F.)
Delegierter (M.) delegato (M.), deputato (M.)
Delibation (F.) delibazione (F.)
delikitisch delittuoso
Delikt (N.) delitto (M.), fatto (M.) illecito, reato (M.)
deliktisches Verschulden colpa (F.) extracontrattuale, colpa (F.) aquiliana
Deliktsbesitzer (M.) possessore (M.) a titolo delittuoso
deliktsfähig capace a delinquere, capace di intendere e di volere
Deliktsfähigkeit (F.) capacità (F.) a delinquere, capacità (F.) di intendere e di volere
Deliktsrecht (N.) diritto (M.) dell'illecito civile
Deliktsunfähigkeit (F.) incapacità (F.) naturale

Delinquent (M.) delinquente (M.)
Delirium (N.) delirio (M.)
Delkredere (N.) star (M.) del credere
Delkredereprovision (F.) provvigione (F.) per lo star del credere
Demagoge (M.) demagogo (M.)
Demarche (F.) demarche (F.), passo (M.) diplomatico
Dementi (N.) smentita (F.)
dementieren smentire
Demenz (F.) demenza (F.)
Demission (F.) dimissione (F.), dimissioni (F.Pl.)
Demokrat (M.) democratico (M.)
Demokratie (F.) democrazia (F.)
Demokratieprinzip (N.) principio (M.) democratico, principio (M.) della democrazia
demokratisch democratico (Adj.)
Demonstrant (M.) dimostrante (M.), manifestante (M.)
Demonstration (F.) dimostrazione (F.), manifestazione (F.)
demonstrativ dimostrativo, ostentato
demonstrieren dimostrare, manifestare
Demoskopie (F.) demoscopia (F.)
DENIC (N.) (Deutsches Network Information Center) ente (M.) centrale per la registrazione dei nomi a dominio in Germania (DENIC)
Denkmal (N.) monumento (M.)
Denkmalschutz (M.) tutela (F.) dei monumenti
Denunziant (M.) denunciante (M.), delatore (M.)
Denunziation (F.) delazione (F.), denuncia (F.)
denunzieren denunciare
Departement (N.) dipartimento (M.)
Deponie (F.) deposito (M.), discarica (F.), scarico (M.)
deponieren depositare, scaricare
Deport (M.) deporto (M.)
Deportation (F.) deportazione (F.)
Deportgeschäft (N.) operazione (F.) di deporto
deportieren deportare
Depositen (N.Pl.) depositi (M.Pl.)
Depositenzertifikat (N.) certificato (M.) di deposito
Depositum (M.) deposito (M.), contratto (M.) di deposito
depositum (N.) irregulare (lat.) (unregelmäßige Verwahrung) depositum (N.) irregulare (lat.), deposito (M.) irregolare
Depot (N.) deposito (M.)
Depotgeschäft (N.) operazione (F.) di deposito
Depotgesetz (N.) legge (F.) di deposito
Deputat (N.) rimunerazione (F.) in natura, compenso (M.) in natura
Deputation (F.) deputazione (F.), delegazione (F.), commissione (F.)
Deputierter (M.) deputato (M.)
deregulieren deregolare
Deregulierung (F.) deregolazione (F.)
Dereliktion (F.) derelizione (F.), derelictio (F.) (lat.)
Dereliktionsabsicht (F.) animus (M.) derelinquendi
derelinquieren abbandonare, derelinquere
Derivat (N.) derivato (M.)
derivativ derivativo, derivato (Adj.), a titolo derivativo
derivativer Eigentumserwerb (M.) acquisto (M.) della proprietà a titolo derivativo
Derogation (F.) deroga (F.)
derogieren derogare
Deserteur (M.) disertore (M.)
desertieren disertare
Desertierung (F.) diserzione (F.)
Designation (F.) designazione (F.)
designieren designare, nominare
deskriptiv descrittivo
deskriptives Tatbestandsmerkmal (N.) elemento descrittivo della fattispecie
Despot (M.) despota (M.)
Despotie (F.) dispotismo (M.)
despotisch dispotico, tirannico
Destinatär (M.) destinatario (M.), beneficiario (M.)
Deszendent (M.) discendente (M.)
Deszendenz (F.) discendenti (M.Pl.), prole (F.), discendenza (F.)
detachiert distaccato
detachierte Kammer (F.) sezione (F.) distaccata
Detektiv (M.) investigatore (M.), detective (M.)
Detektor (M.) detettore (M.), ricevitore (M.) a cristallo, detector (M.)
Detentor (M.) detentore (M.)
Deutsche (F.) tedesca (F.)

Deutsche Demokratische Republik (F.) (DDR) Repubblica (F.) democratica tedesca (RDT)
Deutsche Welle (F.) Deutsche Welle (F.), onda (F.) tedesca
Deutscher (M.) tedesco (M.)
Deutscher Akademischer Austauschdienst (M.) (DAAD) Servizio (M.) tedesco per gli scambi accademici
Deutscher Gewerkschaftsbund (DGB) (M.) Confederazione (F.) sindacale tedesca
Deutsches Reich (N.) impero (M.) germanico, Reich (M.)
Deutschland (N.) Germania (F.)
Deutschlandvertrag (M.) Trattato (M.) sulla Germania, trattato (M.) sui rapporti tra la Repubblica Federale Tedesca e le tre potenze occidentali
Devastation (F.) devastazione (F.)
Devastationsklage (F.) azione (F.) a difesa della garanzia ipotecaria
Devise (F.) divisa (F.)
Devisen (F.Pl.) divise (F.Pl.)
Devisenklausel (F.) clausola (F.) valuta estera
Devisenmarkt (M.) mercato (M.) dei cambi, mercato (M.) delle divise
Devisenreserve (F.) riserva (F.) di divise, scorta (F.) di divise, riserva (F.) valutaria, riserva (F.) di valute
Devolution (F.) devoluzione (F.), avocazione (F.)
Devolutionsrecht (N.) diritto (M.) d'avocazione
Devolutiveffekt (M.) effetto (M.) devolutivo
Dezentralisation (F.) decentramento (M.), decentralizzazione (F.)
dezentralisieren decentrare
Dezernat (N.) sezione (F.), settore (M.), divisione (F.)
Dezernent (M.) capo (M.) di sezione, capo (M.) di divisione
DGB (M.) (Deutscher Gewerkschaftsbund) Confederazione (F.) sindacale tedesca
Diakon (M.) diacono (M.)
Diät (F.) dieta (F.)
Diäten (F.Pl.) indennità (F.) giornaliera, indennità (F.) parlamentare
Dichotomie (F.) dicotomia (F.)
Dieb (M.) ladro (M.)
Diebsgut (N.) refurtiva (F.)
Diebstahl (M.) furto (M.), ladrocinio (M.)
Diebstahl (M.) im Rückfall furto (M.) con recidiva
Diebstahlversicherung (F.) assicurazione (F.) contro il furto
dienen servire, agire
dienendes Grundstück (N.) fondo (M.) servente
Diener (M.) servitore (M.), inserviente (M.)
Dienst (M.) servizio (M.), carica (F.)
Dienstalter (N.) anzianità (F.) di servizio
Dienstaufsicht (F.) vigilanza (F.) gerarchica, controllo (M.) gerarchico
Dienstaufsichtsbeschwerde (F.) ricorso (M.) gerarchico
Dienstbarkeit (F.) servitù (F.)
Dienstbezug (M.) retribuzione (F.), stipendio (M.), compenso (M.), emolumento (M.)
Dienstbote (M.) domestico (M.), servitore (M.)
Diensteid (M.) giuramento (M.) d'ufficio, giuramento (M.) di servizio
Diensterfindung (F.) invenzione (F.) del prestatore d'opera
Dienstflucht (F.) abbandono (M.) del servizio, abbandono (M.) d'ufficio
Dienstgeheimnis (N.) segreto (M.) d'ufficio
Dienstgrad (M.) grado (M.), grado (M.) gerarchico
Dienstherr (M.) principale (M.), padrone (M.), stato (M.), persona (F.) giuridica di diritto pubblico
Dienstleistung (F.) prestazione (F.) di servizio, servizio (M.), attività (F.) terziaria, prestazione (F.) d'opera
Dienstleistungsfreiheit (F.) libertà (F.) di prestare servizio, libertà (F.) di prestazione dei servizi
Dienstleistungsmarke (F.) marchio (M.) di servizio
dienstlich ufficiale, di servizio
Dienstpostenplan (F.) organico (M.)
Dienstrecht (N.) diritto (M.) disciplinare
Dienstsiegel (N.) sigillo (M.) d'ufficio, sigillo (M.) ufficiale
Dienststelle (F.) ufficio (M.)
Dienstvereinbarung (F.) accordo (M.) di servizio
Dienstvergehen (N.) infrazione (F.) disciplinare, violazione (F.) dei doveri d'ufficio

Dienstverhältnis (N.) rapporto (M.) di servizio, rapporto (M.) gerarchico
Dienstverschaffung (F.) fornitura (F.) di servizi
Dienstverschwiegenheit (F.) segreto (M.) professionale, segreto (M.) di servizio
Dienstvertrag (M.) contratto (M.) di lavoro, contratto (M.) d'opera
Dienstvorgesetzter (M.) superiore (M.) gerarchico
Dienstweg (M.) via (F.) gerarchica
Dienstzeit (F.) orario (M.) di servizio
Dienstzeugnis (N.) certificato (M.) di servizio, benservito (M.)
dies interpellat pro homine (lat.) (der Termin mahnt anstelle des Menschen) dies interpellat pro homine (lat.)
Dietrich (M.) grimaldello (M.)
diffamieren diffamare
Diffamierung diffamazione (F.)
Differenz (F.) differenza (F.)
Differenzgeschäft (N.) contratto (M.) differenziale
differenzieren differenziare, diversificare
Differenzierung (F.) differenziazione (F.), discriminazione (F.)
Differenzierungsklausel (F.) clausola (F.) di differenziazione
Differenzschaden (M.) danno (M.) emergente
differieren differire, variare
digital digitale
digitale Unterschrift (F.) firma (F.) digitale
digitales Dokument (N.) documento (M.) digitale
Diktator (M.) dittatore (M.)
Diktatur (F.) dittatura (F.)
dilatorisch dilatorio
dilatorische Einrede (F.) eccezione (F.) dilatoria
Ding (N.) cosa (F.)
dinglich reale
dingliche Belastung (F.) onere (M.) reale
dingliche Sicherung (F.) garanzia (F.) reale
dingliche Wirkung (F.) effetto (M.) reale
dingliches Recht (N.) diritto (M.) reale
dingliches Rechtsgeschäft (M.) negozio (M.) di disposizione, negozio (M.) con effetti reali
dingliches Sicherungsrecht (N.) diritto (M.) reale di garanzia
Diözese (F.) diocesi (F.)
Diplom (N.) diploma (M.)
Diplomarbeit (F.) tesi (F.) di laurea, tesi (F.) di diploma universitario
Diplomat (M.) diplomatico (M.)
Diplomatenrecht (N.) diritto (M.) diplomatico
Diplomatie (F.) diplomazia (F.)
Diplomatik (F.) diplomatica (F.)
diplomatisch diplomatico (Adj.)
diplomatische Beziehung (F.) relazione (F.) diplomatica
Diplom-Wirtschaftsjurist (M.) giurista (M.) commerciale, giurista (M.) d'impresa
direkt diretto
direkte Stellvertretung (F.) rappresentanza (F.) diretta
direkte Steuer (F.) imposta (F.) diretta
direkte Vernehmung (F.) esame (M.) diretto
direkter Verbotsirrtum (M.) errore (M.) diretto sul precetto, errore (M.) diretto sulla norma penale
direkter Vorsatz (M.) dolo (M.) diretto
Direkterwerb (M.) acquisto (M.) diretto
Direktion (F.) direzione (F.), amministrazione (F.), presidenza (F.)
Direktionsrecht (N.) potere (M.) direttivo
Direktive (F.) direttiva (F.)
Direktmandat (N.) mandato (M.) diretto
Direktor (M.) direttore (M.)
Direktversicherung (F.) assicurazione (F.) diretta
Dirne (F.) prostituta (F.)
DIRO (F.) (Deutsche und internationale Rechtsanwaltsorganisation) Organizzazione (F.) tedesca ed internazionale di avvocati
Disagio (N.) disaggio (M.), perdita (F.) di emissione
Diskont (M.) sconto (M.), tasso (M.) di sconto
diskontieren scontare
Diskontsatz (M.) saggio (M.) di sconto, tasso (M.) di sconto
Diskretionsfähigkeit (F.) capacità (F.) di intendere
diskriminieren discriminare
Diskriminierung (F.) discriminazione (F.)
Dispens (M.) dispensa (F.), esonero (M.)
dispensieren dispensare, esonerare
disponieren disporre, ordinare, programmare

Disposition (F.) disposizione (F.), disponibilità (F.), istruzione (F.), ordine (M.)
Dispositionsfähigkeit (F.) capacità (F.) di disporre
Dispositionsmaxime (F.) principio (M.) dispositivo
dispositiv dispositivo (Adj.)
dispositives Recht (N.) diritto (M.) dispositivo
Disput (M.) disputa (F.), dibattito (M.), discussione (F.)
Disputation (F.) disputa (F.), controversia (F.)
Dissens (M.) dissenso (M.)
Dissertation (F.) dissertazione (F.)
Dissident (M.) dissidente (M.)
dissimulieren dissimulare
dissimuliertes Geschäft (N.) negozio (M.) dissimulato
distinguieren distinguere
Distinktion (F.) distinzione (F.)
Distrikt (M.) distretto (M.)
Disziplin (F.) disciplina (F.)
Disziplinargericht (N.) tribunale (M.) disciplinare
disziplinarisch disciplinare (Adj.)
Disziplinarmaßnahme (F.) sanzione (F.) disciplinare, provvedimento (M.) disciplinare
Disziplinarrat (M.) (Disziplinarrat in Italien) consiglio (M.) di disciplina
Disziplinarrecht (N.) diritto (M.) disciplinare
Disziplinarstrafe (F.) sanzione (F.) disciplinare
Disziplinarverfahren (N.) procedimento (M.) disciplinare
Divergenz (F.) divergenza (F.)
divergieren divergere
Dividende (F.) dividendo (M.)
dividieren (F.) dividere
Division (F.) divisione (F.)
DNA-Analyse (F.) analisi (F.) DNA
Dogma (N.) dogma (M.)
Dogmatik (F.) dogmatica (F.)
Doktor (M.) dottore (M.), dottore (M.) di ricerca
Doktorand (M.) dottorando (M.)
Doktorgrad (M.) dottorato (M.)
Doktorin (F.) dottoressa (F.)
Doktorprüfung (F.) esame (M.) di laurea
Doktrin (F.) dottrina (F.)
Dokument (N.) documento (M.), atto (M.), scrittura (F.)
Dokumentenakkreditiv (N.) credito (M.) documentato, credito (M.) documentario
dolmetschen tradurre a voce, fare da interprete
Dolmetscher (M.) interprete (M.)
dolos doloso
dolus (M.) (lat.) (Vorsatz) dolus (M.) (lat.), dolo (M.)
dolus (M.) directus (lat.) (direkter Vorsatz) dolus (M.) directus (lat.), dolo (M.) diretto
dolus (M.) eventualis (lat.) (eventualer Vorsatz) dolus (M.) eventualis (lat.), dolo (M.) eventuale
dolus (M.) generalis (lat.) (allgemeiner Vorsatz) dolus (M.) generalis (lat.)
dolus (M.) indirectus (lat.) (indirekter Vorsatz) dolus (M.) indirectus (lat.), dolo (M.) indiretto, dolo (M.) eventuale
dolus (M.) malus (lat.) (Arglist) dolus (M.) malus (lat.), dolo (M.)
dolus (M.) subsequens (lat.) (nachträglicher Vorsatz) dolus (M.) subsequens (lat.), dolo (M.) susseguente
Dom (M.) duomo (M.)
Domain (F.) dominio (M.)
Domain-Name (M.) nome (M.) a domino, domain name (M.) (engl.)
Domäne (F.) demanio (M.)
Domkapitel (N.) capitolo (M.) cattedrale
Doping (N.) doping (M.) (engl.)
Doppel- doppio
Doppelbesteuerung (F.) doppia imposizione (F.)
Doppelehe (F.) bigamia (F.)
Doppelname (M.) doppio nome (M.), doppio cognome (M.)
Doppelstaatsangehörigkeit (F.) doppia cittadinanza (F.)
doppelt doppio, duplice
doppelte Buchführung (M.) partita (F.) doppia
Doppelversicherung (F.) doppia assicurazione (F.)
Dossier (N.) fascicolo (M.), dossier (M.), pratica (F.)
Dotation (F.) dotazione (F.)
dotieren dotare
Doyen (M.) (franz.) decano (M.)

Dozent (M.) docente (M.)
drakonisch draconiano
Drang (M.) incitamento (M.), spinta (F.)
Draufgabe (F.) caparra (F.)
drei tre
Dreieck (N.) triangolo (M.)
Dreiecksgeschäft (N.) operazione (F.) triangolare
Dreiecksverhältnis (N.) rapporto (M.) triangolare
Drei-Elemente-Lehre (F.) teoria (F.) della tripartizione, tripartizione (F.)
Dreiklassenwahlrecht (N.) diritto (M.) elettorale di tre classi (di elettori)
Dreißigster (M.) obbligazione (F.) dell' erede di prestare gli alimenti ai componenti della famiglia del defunto per trenta giorni dopo l'apertura della successione
dringend urgente, pressante, impellante
dringlich urgente
Dringlichkeitsanfrage (F.) interpellanza (F.) d'urgenza, inchiesta (F.) urgente
Dringlichkeit (F.) urgenza (F.)
dritte terzo (Adj.)
Dritte Welt (F.) terzo mondo (M.)
Dritter (M.) terzo (M.)
Drittland (N.) paese (M.) terzo
Drittorganschaft (F.) gestione (F.) esterna della società
Drittschaden (M.) danno (M.) subito da terzi, danno (M.) del terzo
Drittschadensliquidation (F.) liquidazione (F.) del danno del terzo
Drittschuldner (M.) terzo debitore (M.)
Drittschuldnerklage (F.) azione (F.) surrogatoria
Drittschutz (M.) tutela (F.) del terzo, tutela (F.) dell'affidamento del terzo
Drittwiderspruchsklage (F.) opposizione (F.) di terzo
Drittwirkung (F.) effetto (M.) verso terzi, effetto (M.) erga omnes
Droge (F.) droga (F.), stupefacente (M.)
Drohbrief (M.) lettera (F.) minatoria
drohen minacciare, incombere
drohend minaccioso, incombente, minatorio
Drohung (F.) minaccia (F.)
Druck (M.) stampa (F.), pressione (F.)
drucken stampare, pubblicare
Drucksache (F.) stampato (M.), stampa (F.)
Druckschrift (F.) stampato (M.)
Druckwerk (N.) stampato (M.)
Dualismus (M.) dualismo (M.)
dualistisch dualistico
Duell (N.) duello (M.)
dulden tollerare, sopportare
Duldung (F.) tolleranza (F.), sopportazione (F.)
Duldungsvollmacht (F.) procura (F.) per comportamento concludente
Dumping (N.) dumping (M.), prezzo (M.) politico
dunkel scuro, oscuro, buio
Dunkelziffer (F.) numero (M.) imprecisato, numero (M.) supposto
Duplik (F.) duplica (F.), controreplica (F.)
Duplikat (N.) duplicato (M.), copia (F.)
durchführen guidare, condurre, eseguire, attuare
Durchführung (F.) esecuzione (F.), attuazione (F.), espletazione (F.), compimento (M.)
Durchführungsverordnung (F.) regolamento (M.) d'esecuzione, regolamento (M.) d'attuazione, regolamento (M.) esecutivo
Durchgang (M.) passaggio (M.)
Durchgangserwerb (M.) acquisto (M.) transitorio
durchgehen passare
durchgehend continuato
durchgreifen ricorrere a terzi garanti, intervenire energicamente
Durchgriff (M.) ricorso (M.) a terzi garanti, intervento (M.) energico
Durchgriffshaftung (F.) responsabilità (F.) del socio unico per i debiti della società
durchschneiden tagliare
Durchschnitt (M.) media (F.)
durchschnittlich medio (Adj.)
Durchschnittsmensch (M.) uomo (M.) comune, uomo (M.) medio, buon padre (M.) di famiglia
durchsetzen attuare, realizzare, ottenere, far valere
Durchsetzung (F.) attuazione (F.), realizzazione (F.)
durchsuchen perquisire
Durchsuchung (F.) perquisizione (F.)
Durchsuchungsbefehl (M.) mandato (M.) di perquisizione, ordine (M.) di perquisizione
dürftig (bedürftig) bisognoso, indigente (Adj.), insufficiente

Dürftigkeit (F.) insufficienza (F.)
Dürftigkeitseinrede (F.) eccezione (F.) d'insufficienza della massa ereditaria
dynamisch dinamico, a scala mobile
dynamische Rente (F.) pensione (F.) indicizzata
Dynastie (F.) dinastia (F.)

E

e. V. (M.) (eingetragener Verein) associazione (F.) iscritta, associazione (F.) registrata
ebenbürtig pari, eguale
Ebenbürtigkeit (F.) parità (F.) nei meriti, uguali capacità (F.Pl.)
echt autentico, veridico, genuino
echte Urkunde (F.) documento (M.) autentico
echtes Unterlassungsdelikt (N.) reato (M.) omissivo proprio
echtes Zweikammernsystem (N.) sistema (M.) bicamerale perfetto
Echtheit (F.) autenticità (F.), veridicità (F.), genuinità (F.)
Ecke (F.) angolo (M.)
Ecklohn (M.) salario (M.) di riferimento
E-Commerce (M.) commercio (M.) elettronico, e-commerce (M.) (engl.)
ECU (M.) (European Currency Unit) ECU (F.) (unità di conto europea)
edel nobile, prezioso
Edikt (N.) avviso (M.) ufficiale, editto (M.)
Ediktalzitation (F.) citazione (F.) per pubblici proclami
Edition (F.) edizione (F.), pubblicazione (F.)
Editionspflicht (F.) obbligo (M.) di produrre un documento
EDV (elektronische Datenverarbeitung) (F.) EED (F.) (elaborazione elettronica dei dati)
Effekt (M.) effetto (M.), risultato (M.)
Effekten (M.Pl.) titoli (M.Pl.), valori (M.Pl.)
effektiv effettivo (Adj.), reale
Effektivklausel (F.) clausola (F.) "effettivo"
Effizienz (F.) efficienza (F.), rendimento (M.)
EG (F.) (Europäische Gemeinschaft) CE (F.) (Comunità Europea)
Ehe (F.) matrimonio (M.)
eheähnliche Lebensgemeinschaft (F.) convivenza (F.) more uxorio, convivenza (F.) di fatto, unione (M.) di fatto
Eheaufhebung (F.) annullamento (M.) del matrimonio
Eheband (N.) vincolo (M.) coniugale, vincolo (M.) matrimoniale
ehebrechen commettere adulterio
Ehebrecher (M.) adultero (M.)
Ehebrecherin (F.) adultera (F.)
ehebrecherisch adultero (Adj.)
Ehebruch (M.) adulterio (M.)
Ehefähigkeit (F.) capacità (F.) matrimoniale, emancipazione (F.)
Ehefrau (F.) moglie (F.), coniuge (F.)
Ehegatte (M.) coniuge (M.), marito (M.)
Ehegattenerbrecht (N.) diritto (M.) successorio dei coniugi
Ehegattenunterhalt (M.) mantenimento (M.) del coniuge, alimenti (M.Pl.) per il coniuge
Ehegesetz (N.) legge (F.) sul matrimonio
Ehegüterrecht (N.) diritto (M.) patrimoniale tra coniugi
Ehehindernis (N.) impedimento (M.) al matrimonio, dirimente (M.)
ehelich matrimoniale, coniugale, legittimo (Adj.)
eheliche Abstammung (F.) filiazione (F.) legittima
eheliche Lebensgemeinschaft (F.) comunione (F.) matrimoniale, comunione (F.) tra coniugi
ehelichen sposare, prendere in matrimonio
Ehelicherklärung (F.) legittimazione (F.)
eheliches Kind (N.) figlio (M.) legittimo
Ehelichkeit (F.) legittimità (F.), stato (M.) di figlio legittimo
Ehelichkeitsanfechtung (F.) disconoscimento (M.) della legittimità, diconoscimento (M.) della paternità, contestazione (F.) della paternità
Ehelichkeitserklärung (F.) legittimazione (F.)
Ehelichkeitsvermutung (F.) presunzione (F.) di legittimità
Ehemann (M.) marito (M.), consorte (M.), sposo (M.)
ehemündig capace di contrarre matrimonio, emancipato
Ehemündigkeit (F.) capacità (F.) di contrarre matrimonio, emancipazione (F.)

Ehename (M.) nome (M.) acquistato con il matrimonio
Ehenichtigkeit (F.) nullità (F.) del matrimonio
Eheprozess (M.) processo (M.) matrimoniale, processo (M.) di divorzio
Eherecht (N.) diritto (M.) matrimoniale
Ehescheidung (F.) divorzio (M.), scioglimento (M.) del matrimonio
Eheschließung (F.) matrimonio (M.), celebrazione (F.) del matrimonio
Ehestörung (F.) turbamento (M.) della convivenza coniugale
Eheverbot (N.) divieto (M.) di matrimonio
Eheverfehlung (F.) violazione (F.) dei doveri reciproci dei coniugi
Eheverlöbnis (N.) sponsali (M.Pl.)
Ehevermittler (M.) agente (M.) matrimoniale
Ehevermittlung (F.) mediazione (F.) matrimoniale
Ehevertrag (M.) convenzione (F.) matrimoniale, contratto (M.) nuziale
Ehre (F.) onore (M.)
Ehrenamt (N.) carica (F.) onorifica, carica (F.) onoraria
ehrenamtlich onorario (Adj.), onorifico, volontario
Ehrenbeamter (M.) funzionario (M.) onorifico, funzionario (M.) non retribuito
Ehrenbeleidigung (F.) offesa (F.) all'onore, oltraggio (M.)
Ehrendoktor (M.) dottore (M.) honoris causa
Ehrengericht (N.) giurì (M.) d'onore, collegio (M.) di probiviri
Ehrenkodex (M.) codice (M.) deontologico
Ehrenrecht (N.) diritto (M.) onorifico
Ehrenstrafe (F.) pena (F.) infamante
Ehrenwort (N.) parola (F.) d'onore
Ehrverletzung (F.) lesione (F.) dell'onore, offesa (F.) all'onore, oltraggio (M.)
Ehrverlust (M.) perdita (F.) dei diritti civili e politici
Eichamt (N.) ufficio (M.) verificazione pesi e misure, ufficio (M.) verifica pesi e misure
eichen verificare, punzonare, stazzare, tarare
Eid (M.) giuramento (M.)
Eidesbruch (M.) violazione (F.) di giuramento
Eidesleistung (F.) prestazione (F.) di giuramento
eidesmündig capace di prestare giuramento
Eidesmündigkeit (F.) capacità (F.) di prestare giuramento
eidesstattlich sotto il vincolo del giuramento, giurato (Adj.)
eidesstattliche Erklärung (F.) dichiarazione (F.) giurata, giuramento (M.) promissorio
eidesstattliche Versicherung (F.) dichiarazione (F.) giurata, affidavit (M.) (lat.)
Eifersucht (F.) gelosia (F.)
eifersüchtig geloso
eigen proprio, di se stesso, inerente
Eigenbedarf (M.) bisogno (M.) proprio, uso (M.) proprio, uso (M.) interno
Eigenbedarfskündigung (F.) recesso (M.) per uso proprio
Eigenbesitz (M.) possesso (M.) in proprio
Eigenbesitzer (M.) possessore (M.) in proprio
Eigenbesitzwillen (M.) animus (M.) possedendi (lat.)
Eigenbetrieb (M.) azienda (F.) autonoma
eigener Wirkungskreis (M.) campo (M.) d'azione proprio, sfera (F.) d'azione propria
eigenes Kapital capitale (M.) proprio
Eigengeschäftsführung (F.) gestione (F.) d'affari altrui
Eigengesellschaft (F.) azienda (F.) comunale
eigenhändig di proprio pugno, di propria mano, autografo, olografo
eigenhändiges Testament testamento (M.) olografo
Eigenheim (N.) villino (M.) in proprio
Eigenjagdbezirk (M.) circoscrizione (F.) di caccia privata, riserva (F.) di caccia privata
Eigenkapital (N.) capitale (M.) proprio, capitale (M.) di propria pertinenza
Eigenmacht (F.) arbitrio (M.)
eigenmächtig abusivo, arbitrario, autoritario
Eigenname (M.) nome (M.) proprio
Eigenschaft (F.) qualità (F.), natura (F.), carattere (M.), indole (F.)
Eigentum (N.) proprietà (F.)
Eigentümer (M.) proprietario (M.)
Eigentümergrundschuld (F.) debito (M.) fondiario a favore del proprietario
Eigentümerhypothek (F.) ipoteca (F.) a favore del proprietario
Eigentümerin (F.) proprietaria (F.)
Eigentumsanteil (M.) quota (F.) di proprietà

Eigentumsaufgabe (F.) abbandono (F.) della proprietà, derelizione (F.)
Eigentumsbindung (F.) limiti (M.Pl.) al diritto di proprietà, restrizione (F.) del diritto di proprietà
Eigentumserwerb (M.) acquisto (M.) della proprietà
Eigentumsfreiheitsklage (F.) azione (F.) negatoria
Eigentumsherausgabeanspruch (M.) azione (F.) di rivendicazione
Eigentumsklage azione (F.) petitoria
Eigentumsrecht (N.) diritto (M.) di proprietà
Eigentumsstörung (F.) turbativa (F.) della proprietà
Eigentumsstörungsklage (F.) azione (F.) negatoria
Eigentumsübertragung (F.) trasferimento (M.) della proprietà, passaggio (M.) della proprietà, traslazione (F.) di proprietà
Eigentumsverlust (M.) perdita (F.) della proprietà
Eigentumsvermutung (F.) presunzione (F.) di proprietà
Eigentumsvorbehalt (M.) riservato dominio (M.), riserva (F.) di proprietà, diritto (M.) di riservato dominio
Eigentumswohnung (F.) appartamento (M.) in condominio, alloggio (M.) in condominio
eignen appartenere, avere in proprietà
Eigner (M.) proprietario (M.)
Eignung (F.) attitudine (F.), idoneità (F.)
einantworten immettere nel possesso
Einantwortung (F.) immissione (F.) nel possesso
Einbahnstraße (F.) strada (F.) a senso unico
einbehalten trattenere, ritenere
Einbehaltung (F.) trattenuta (F.), ritenuta (F.)
einberufen convocare, chiamare alle armi, arruolare
Einberufung (F.) convocazione (F.)
einbeziehen comprendere, includere
einbrechen entrare di forza, penetrare di forza, sfondare, sfasciare, scassinare
Einbrecher (M.) scassinatore (M.)
einbringen rendere, presentare, apportare
Einbringung (F.) apporto (M.), conferimento (M.), recupero (M.)
Einbruch (M.) scasso (M.), crollo (M.), irruzione (F.), effrazione (F.)
Einbruchsdiebstahl (M.) furto (M.) con scasso, furto (M.) con effrazione
einbürgern naturalizzare
Einbürgerung (F.) naturalizzazione (F.)
Eindringen (F.) penetrazione (F.)
eindringen penetrare
einfache Gesellschaft (F.) società (F.) semplice
Einfrieren (N.) der Guthaben congelamento (M.) dei crediti
Einfuhr (F.) importazione (F.)
einführen introdurre, presentare, importare
Einführung (F.) introduzione (F.), attivazione (F.), instaurazione (F.)
Einführungsgesetz (N.) legge (F.) introduttiva, prelegge (F.), disposizioni (F.Pl.) preliminari al BGB
Eingabe (F.) petizione (F.), istanza (F.), memoria (F.), proposta (F.)
Eingang (M.) entrata (F.), arrivo (M.), incasso (M.), riscossione (F.)
eingeben fare richiesta, fare istanza
eingehen aderire, arrivare, concludere, cassare, entrare, fallire
Eingehungsbetrug (M.) truffa (F.) contrattuale
eingetragene Genossenschaft (F.) società (F.) cooperativa iscritta, società (F.) cooperativa registrata
eingetragener Verein (M.) (e. V.) associazione (F.) iscritta, associazione (F.) registrata
eingreifen intervenire, interferire
Eingriff (M.) intervento (M.)
Eingriffsverwaltung (F.) amministrazione (F.) autoritativa
einhalten osservare, rispettare, attenersi a, adempiere
Einhaltung (F.) osservanza (F.)
einheimisch indigeno, nazionale, locale (Adj.)
Einheit (F.) unità (F.), unione (F.)
einheitlich unitario (Adj.), uniforme (Adj.)
Einheitliche Europäische Akte (F.) Atto (M.) unico europeo
einheitliches Kaufrecht (N.) diritto (M.) d'acquisto unitario, diritto (M.) dei contratti di vendita internazionali
Einheitlichkeitswille (M.) volontà (F.) dell'unitarietà
Einheitsstrafe (F.) pena (F.) unitaria
Einheitstätersystem (N.) teoria (F.) monis-

tica del concorso di persone nel reato
Einheitswert (M.) standard (M.), valore (M.) unitario
einig d'accordo, concorde
einigen unire, unificare, conciliare
Einigung (F.) unione (F.), unificazione (F.), consenso (M.), accordo (M.), intesa (F.), conciliazione (F.)
Einigungsmangel (M.) vizio (M.) nel consenso, dissenso (M.)
Einigungsstelle (F.) ufficio (M.) di conciliazione
Einigungsversuch (M.) tentativo (M.) di conciliazione
Einigungsvertrag (M.) contratto (M.) di riunificazione
Einkammersystem (N.) sistema (M.) unicamerale
Einkauf (M.) acquisto (M.), compra (F.), compera (F.)
einkaufen acquistare, comprare
Einkaufskommission (F.) provvigione (F.) d'acquisto
Einkaufspreis (M.) prezzo (M.) d'acquisto
einklagen rivendicare per via giudiziaria, azionare
Einkommen (N.) reddito (M.), entrata (F.), introito (M.), ricavo (M.), emolumento (M.)
Einkommensteuer (F.) imposta (F.) sul reddito, tassa (F.) sul reddito
Einkommensteuergesetz (N.) legge (F.) sull'imposta sul reddito
Einkunft (F.) reddito (M.), entrata (F.), emolumento (M.)
einladen convocare, invitare, caricare
Einladung (F.) convocazione (F.), invito (M.), intimazione (F.)
Einlage (F.) deposito (M.), inserimento (M.), apporto (M.), conferimento (M.)
einlassen (sich) introdurre, metter(si) in, inserir(si) in, costituir(si) in
Einlassung (F.) costituzione (F.) in giudizio
Einlassungsfrist (F.) termine (M.) per la costituzione in giudizio
einlegen depositare, presentare
Einleger (M.) depositante
Einleitung (F.) introduzione (F.), apertura (F.)
einliefern depositare, consegnare, impostare
Einmanngesellschaft (F.) società (F.) a socio unico, società (F.) unipersonale, società (F.) individuale
einmischen (sich) immischiar(si), ingerir(si), intrometter(si), interferire
Einmischung (F.) ingerenza (F.), intromissione (F.), interferenza (F.)
Einnahme (F.) entrata (F.), incasso (M.), ricavato (M.), introito (M.)
einnehmen esigere, riscuotere, incassare, prendere, ricavare
einordnen inquadrare, qualificare, classificare
Einordnung (F.) inquadramento (M.), classificazione (F.), qualificazione (F.)
einräumen concedere, ammettere, riconoscere
Einräumung (F.) concessione (F.), ammissione (F.), riconoscimento (M.)
Einräumung (F.) einer Hypothek concessione (F.) d'ipoteca
Einrede (F.) der Vorausklage beneficio (M.) d'escussione, beneficium (N.) excussionis (lat.)
Einrede (F.) eccezione (F.), obiezione (F.)
einreichen presentare, esibire, depositare, inoltrare
einreisen entrare
einrichten istituire, fondare, arredare, attrezzare, impiantare
Einrichtung (F.) istituto (M.), istituzione (F.), ente (M.), arredamento (M.), attrezzatura (F.)
einschlägig in materia, competente, pertinente
einschließen chiudere, includere, comprendere, contenere, implicare
Einschließung (F.) reclusione (F.), inclusione (F.)
einschränken limitare, ridurre, restringere, circoscrivere, contenere
Einschränkung (F.) limitazione (F.), riduzione (F.), restrizione (F.), circoscrizione (F.), contenimento (M.)
Einschreiben (N.) raccomandata (F.), lettera (F.) raccomandata
einschreiben iscrivere, raccomandare, registrare, immatricolare
Einschreiten (N.) intervento (M.), azione (F.)
einschreiten intervenire, agire
einschüchtern intimidire
Einschüchterung intimidazione (F.)
einsehen prendere visione, esaminare, ispezionare, consultare
einseitig unilaterale
einseitig verpflichtend unilaterale, con effetti obbligatori unilaterali

einseitig verpflichtender Vertrag contratto (M.) unilaterale, contratto (M.) con effetti obbligatori unilaterali
einseitiges Handelsgeschäft (N.) affare (M.) commerciale unilaterale
einseitiges Rechtsgeschäft (N.) negozio (M.) giuridico unilaterale
einseitiges Versprechen (N.) promessa (F.) unilaterale
einsetzen istituire, insediare, nominare, investire, surrogare
Einsetzung (F.) insediamento (M.), istituzione (F.), nomina (F.), investimento (M.), surrogazione (F.)
Einsicht (F.) ispezione (F.), visione (F.), discernimento (M.)
Einsichtnahme (F.) visura (F.), presa (F.) di visione, presa (F.) di conoscenza
einsichtsfähig capace d'intendere, capace di discernere
Einsichtsfähigkeit (F.) discernimento (M.), capacità (F.) d'intendere
Einsperren (N.) imprigionamento (M.), incarceramento (M.), reclusione (F.)
einsperren imprigionare, incarcerare, recludere
Einspruch (M.) opposizione (F.), obiezione (F.), ricorso (M.), eccezione (F.)
Einspruchsgesetz (N.) (Einspruchsgesetz in Deutschland) legge (F.) che viene approvata solo se il consiglio federale non vi si oppone entro il termine previsto
einstehen rispondere, garantire
einstellen assumere, sospendere, interrompere, chiudere, terminare
Einstellung (F.) archiviazione (F.) degli atti del procedimento penale, assunzione (F.), sospensione (F.), interruzione (F.), arresto (M.), chiusura (F.)
Einstellung (F.) der Voruntersuchung archiviazione (F.) degli atti del procedimento penale
Einstellungsbeschluss (M.) decreto (M.) di archiviazione degli atti del procedimento penale, dichiarazione (F.) di non luogo a procedere
Einstimmigkeit (F.) unanimità (F.), voto (M.) unanime
einstweilig provvisorio, temporaneo, interinale
einstweilige Anordnung (F.) provvedimento (M.) provvisorio, disposizione (F.) provvisoria
einstweilige Verfügung (F.) provvedimento (M.) d'urgenza
einstweiliger Ruhestand (M.) pensionamento (M.) temporaneo
Eintrag (M.) registrazione (F.), iscrizione (F.), trascrizione (F.), nota (F.)
eintragen registrare, iscrivere, trascrivere, annotare, rendere, fruttare
Eintragung (F.) registrazione (F.), iscrizione (F.), trascrizione (F.), intestazione (F.)
Eintragungsbewilligung (F.) autorizzazione (F.) d'iscrizione
Eintragungsfähigkeit (F.) registrabilità (F.)
eintreiben riscuotere, recuperare, esigere
Eintreten (N.) des Erbfalls apertura (F.) della successione
eintreten entrare, surrogare, subentrare, sostituire, sostenere, verificarsi
Eintritt (M.) des Verzugs costituzione (F.) in mora
Eintritt (M.) entrata (F.), adesione (F.), accessione (F.), avveramento (M.), ingresso (M.)
Eintrittsrecht (N.) diritto (M.) di accessione, diritto (M.) di surroga, diritto (M.) di rappresentazione nella successione
einverleiben incorporare, insinuare, intavolare, annettere
Einverleibung (F.) incorporazione (F.), insinuazione (F.), annessione (F.), intavolazione (F.)
Einvernahme (F.) esame (M.), ascolto (M.), audizione (F.)
Einvernehmen (N.) comune accordo (M.), intesa (F.)
einvernehmen interrogare, ascoltare
einverstanden consenziente, d'accordo
Einverständnis (N.) accordo (M.), consenso (M.), intesa (F.)
Einwand (M.) eccezione (F.), obiezione (F.), osservazione (F.)
Einwanderer (M.) immigrante (M.)
einwandern immigrare
Einwanderung (F.) immigrazione (F.)
einweisen immettere, insediare, addestrare, ricoverare
Einweisung (F.) immissione (F.), insediamento (M.), addestramento (M.), ricovero (M.)
einwenden obiettare, eccepire, sollevare eccezione

Einwendung (F.) obiezione (F.), eccezione (F.), opposizione (F.), replica (F.)
einwilligen consentire, assentire, aderire
Einwilligung (F.) adesione (F.), benestare (M.), consenso (M.), acconsentimento (M.)
einwirken influenzare, incidere, agire su
Einwirkung (F.) influsso (M.), azione (F.), effetto (M.)
Einwohner (M.) abitante (M.)
einzahlen versare, liberare
Einzahlung (F.) versamento (M.), pagamento (M.), liberazione (F.), rimessa (F.)
Einzelhaft (F.) isolamento (M.) diurno
Einzelhandel commercio (M.) al dettaglio, commercio (M.) al minuto
Einzelkaufmann (M.) commerciante (M.) in proprio, imprenditore (M.) individuale
einzeln disgiunto, individuale, singolo
Einzelrechtsnachfolge (F.) successione (F.) a titolo particolare
Einzelrichter (M.) giudice (M.) monocratico, giudice (M.) in composizione monocratica
Einzelunternehmer (M.) imprenditore (M.) individuale
Einzelvollmacht (F.) procura (F.) speciale, procura (F.) commericale individuale
einziehen sequestrare, confiscare, riscuotere, incassare, ritirare
Einziehung (F.) confisca (F.), sequestro (M.), riscossione (F.), incasso (M.), ritiro (M.)
Einziehungsermächtigung (F.) mandato (M.) di incasso, mandato (M.) di riscossione
Einziehungsverfahren (N.) procedimento (M.) di confisca
Eisenbahn (F.) ferrovia (F.)
elektrisch elettrico
Elektrizität (F.) elettricità (F.), energia (F.) elettrica
elektronisch elettronico
elektronische Datenverarbeitung (F.) (EDV) elaborazione (F.) elettronica dei dati (EED)
elektronische Unterschrift (F.) firma (F.) elettronica
elektronisches Dokument (N.) documento (M.) elettronico, documento (M.) informatico
Elter (M. bzw. F.) genitore (M.)
elterlich dei genitori, paterno
elterliche Gewalt (F.) potestà (F.) dei genitori, patria potestà (F.)
elterliche Sorge (F.) potestà (F.) dei genitori, potestà (F.) parentale
Eltern (Pl.) genitori (M.Pl.)
Elternzeit (F.) congedo (M.) parentale
E-Mail (N.) e-mail (F.), messaggio (M.) elettronico, lettera (F.) elettronica
E-Mail Adresse (F.) indirizzo (M.) elettronico, indirizzo (M.) e-mail
Emanzipation (F.) emancipazione (F.)
emanzipieren emancipare
Embargo (N.) embargo (M.)
Embryo (M.) embrione (M.)
emeritieren emerire, pensionare, collocare in pensione (F.)
Emeritierung (F.) emeritazione (F.), pensionamento (M.), collocazione (F.) in pensione
Emigrant (M.) emigrante (M.), emigrato (M.)
Emigration (F.) emigrazione (F.)
emigrieren emigrare
Emission (F.) emissione (F.)
Emissionsbank (F.) banca (F.) d'emissione
Emittent (M.) emittente (M.)
emittieren emettere
Empfang (M.) ricevimento (M.), accoglimento (M.), ricezione (F.)
empfangen ricevere, accogliere
Empfänger (M.) destinatario (M.), beneficiario (M.)
Empfängerhorizont (M.) intelligibilità (F.) oggettiva di un atto recettizio da parte del destinatario
Empfängnis (F.) concepimento (M.)
Empfängnisverhütung (F.) prevenzione (F.) del concepimento
Empfängniszeit (F.) periodo (M.) di concepimento
empfangsbedürftig recettizio
empfangsbedürftige Willenserklärung (F.) dichiarzione (F.) recettizia
Empfangsbedürftigkeit (F.) recettizietà (F.)
Empfangsbestätigung (F.) quietanza (F.), ricevuta (F.), avviso (M.) di ricevimento
empfehlen raccomandare, consigliare, sollecitare
Empfehlung (F.) raccomandazione (F.), consiglio (M.), referenza (F.), suggerimento (M.)
Ende (N.) fine (F.), termine (M.)
endgültig definitivo, conclusivo, perentorio
endgültige Unmöglichkeit (F.) impossibilità (F.) definitiva, impossibilità (F.) assoluta

Endurteil (N.) sentenza (F.) definitiva, sentenza (F.) finale, decisione (F.) finale
Energie (F.) energia (F.)
Energieentziehung (F.) sottrazione (F.) di energia
Energierecht (N.) diritto (M.) dell'energia
Energieversorgung (F.) approvvigionamento (M.) d'energia, distribuzione (F.) d'energia
England (N.) Inghilterra (F.)
Enkel (M.) nipote (M.)
Enkelin (F.) nipote (F.)
Enklave (F.) enclave (F.)
Enquête (F.) inchiesta (F.)
Enquêtekommission (F.) commissione (F.) d'inchiesta
Enquêterecht (N.) diritto (M.) all'istituzione di commissioni d'inchiesta
entbinden liberare, esonerare, assolvere, esimere, esentare, dispensare, prosciogliere
Entbindung (F.) liberazione (F.), esonero (M.), esenzione (F.), dispensa (F.), proscioglimento (M.)
entdecken scoprire, rivelare, svelare
Entdeckung scoperta (F.), rivelazione (F.)
enteignen espropriare
Enteignung (F.) espropriazione (F.)
Enteignung (F.) zu gemeinnützigen Zwecken espropriazione (F.) per pubblica utilità
Enteignungsentschädigung (F.) indennità (F.) di espropriazione
enteignungsgleicher Eingriff (M.) restrizione (F.) di tipo espropriativo, espropriazione (F.) di fatto
enterben diseredare
Enterbung (F.) diseredazione (F.)
entfalten sviluppare, dispiegare
Entfaltung (F.) sviluppo (M.)
entfernen allontanare, togliere, eliminare, cancellare, rimuovere, escludere
Entfernung (F.) destituzione (F.), distanza (F.), allontanamento (M.), rimozione (F.), esclusione (F.), cancellazione (F.), eliminazione (F.)
entflechten deconcentrare, decentrare
Entflechtung (F.) deconcentrazione (F.), decentramento (M.), decartellizzazione (F.)
entfremden alienare
Entfremdung (F.) alienazione (F.)
entführen rapire, sequestrare
Entführer (M.) rapitore (M.)
Entführung (F.) rapimento (M.), ratto (M.), kidnapping (M.), sequestro (M.) di persona
Entgang (M.) perdita (F.)
entgangen perso, mancante, cessante
entgangener Gewinn (M.) lucro (M.) cessante, lucrum (N.) cessans (lat.), mancato guadagno (M.)
entgehen sfuggire, mancare
Entgelt (N.) corrispettivo (M.), compenso (M.), rimunerazione (F.), retribuzione (F.), ricompenso (M.), pagamento (M.), paga (F.)
entgelten retribuire, ricompensare, rimunerare, pagare
Entgeltfortzahlungsgesetz (N.) legge (F.) sul pagamento della retribuzione durante il periodo di malattia
entgeltlich oneroso, a titolo oneroso
Entgeltlichkeit (F.) onerosità (F.)
enthaften scarcerare, liberare, rilasciare
Enthaftung (F.) scarcerazione (F.), rilascio (M.), esonero (M.) dalla responsabilità, liberazione (F.), liberazione (F.) dalla responsabilità
enthalten contenere, comprendere, includere, astenere
Enthaltung (F.) astensione (F.)
enthaupten decapitare
Enthauptung (F.) decapitazione (F.)
entheben destituire, sospendere
Enthebung (F.) destituzione (F.), sospensione (F.)
entkolonialisieren decolonizzare
Entkolonialisierung (F.) decolonizzazione (F.)
Entkriminalisierung (F.) depenalizzazione (F.)
entlassen scarcerare, rimettere in libertà, licenziare, dispensare, rilasciare, mandare in congedo
Entlassung (F.) aus der elterlichen Sorge (Entlassung aus der elterlichen Sorge in Italien) emancipazione (F.)
Entlassung (F.) licenziamento (M.), scarcerazione (F.), congedo (M.), rilascio (M.)
entlasten sgravare, discaricare, sollevare, esonerare
Entlastung (F.) sgravio (M.), discarico (M.), scarico (M.), esonero (M.)
Entlastungsbeweis (M.) prova (F.) a discarico, prova (F.) liberatoria
Entlastungszeuge (M.) testimone (M.) a discarico, testimone (M.) della difesa

entleihen prendere in prestito
entlohnen rimunerare, ricompensare, retribuire
Entlohnung (F.) retribuzione (F.), paga (F.), rimunerazione (F.)
entmündigen interdire, dichiarare interdetto
Entmündigter (M.) interdetto (M.)
Entmündigung (F.) interdizione (F.)
Entnahme (F.) prelevamento (M.), prelievo (M.)
entnazifizieren denazificare
Entnazifizierung (F.) denazificazione (F.)
entnehmen prelevare, prendere, ritirare
Entreicherter (M.) impoverito (M.)
entschädigen risarcire, indennizzare, compensare, rimunerare
Entschädigter (M.) indennizzato (M.)
Entschädigung (F.) risarcimento (M.) del danno, indennità (F.), indennizzo (M.), compensazione (F.), riparazione (F.)
Entscheid (M.) decisione (F.), decreto (M.), sentenza (F.)
entscheiden decidere, giudicare, decretare, definire, statuire, sentenziare
Entscheidung (F.) decisione (F.), delibera (F.), sentenza (F.)
Entscheidung (F.) in der Sache decisione (F.) nel merito
Entscheidung nach Lage der Akten (F.) decisione (F.) allo stato degli atti
entscheidungsfähige Geschworene (F.) giudice (M.) popolare con poteri decisori
entscheidungsfähiger Geschworenere (M.) giudice (M.) con poteri decisori
Entscheidungsgrund (M.) motivazione (F.) della decisione
Entscheidungssammlung (F.) raccolta (F.) di giurisprudenza, repertorio (M.) di giurisprudenza
entschließen (sich) prendere una decisione, decidere
Entschließung (F.) risoluzione (F.), decisione (F.)
Entschluss (M.) decisione (F.), proposito (M.), risoluzione (F.), determinazione (F.)
entschuldbar scusabile
entschuldigen scusare, giustificare, discolpare, scagionare
entschuldigender Notstand (M.) stato (M.) di necessità scusante
Entschuldigung (F.) scusa (F.), giustificazione (F.)
Entschuldigungsgrund (M.) causa (F.) di giustificazione
Entschuldung (F.) sdebitamento (M.), pagamento (M.) dei debiti
entsenden mandare, inviare
Entsendung (F.) invio (M.)
entsorgen rimuovere, smaltire
Entsorgung (F.) rimozione (F.), smaltimento (M.)
Entweichung (F.) evasione (F.)
entwenden sottrarre
Entwendung (F.) sottrazione (F.), trafugamento (M.)
entweren rivendicare
entwerfen progettare, delineare, abbozzare
entwerten svalutare, svalorizzare, obliterare, annullare
Entwertung (F.) svalutazione (F.), devalorizzazione (F.), deprezzamento (M.), annullamento (M.)
Entwerung (F.) evizione (F.)
entwickeln sviluppare, produrre
Entwicklung (F.) evoluzione (F.), sviluppo (M.), svolgimento (M.)
Entwicklungskriminalität (F.) criminalità (F.) giovanile, criminalità (F.) minorile
entwidmen sclassificare
Entwidmung (F.) sclassificazione (F.)
Entwurf (M.) progetto (M.), bozza (F.), tracciato (M.)
entziehen spossessare, spogliare, sottrarre, ritirare, evincere, privare
Entziehung (F.) spossessamento (M.), sottrazione (F.), evizione (F.), privazione (F.)
Entziehungsanstalt (F.) istituto (M.) di disintossicazione, casa (F.) di recupero
Entzug (M.) spossessamento (M.), sottrazione (F.), evizione (F.), privazione (F.), ritiro (M.)
Enumeration (F.) enumerazione (F.)
Enumerationsprinzip (N.) principio (M.) di tassatività
enumerativ tassativo (Adj.)
enumerieren enumerare, numerare, elencare
Enzyklika (F.) enciclica (F.)
Enzyklopädie (F.) enciclopedia (F.)
Erbanfall (M.) devoluzione (F.) d'eredità, successione (F.), delazione (F.) dell'eredità
Erbausgleich (M.) indennizzo (M.) successorio anticipato, soddisfacimento (M.) anticipato

Erbbaurecht (N.) diritto (M.) enfiteutico, diritto (M.) d'enfiteusi
Erbbauzins (M.) canone (M.) enfiteutico
erbberechtigt successibile
erbbiologisch genetico
erbbiologisches Gutachten (N.) perizia (F.) genetica
Erbe (M.) erede (M.)
Erbe (N.) eredità (F.)
Erbeinsetzung (F.) istituzione (M.) d'erede
erben ereditare, succedere, ricevere in eredità
Erbengemeinschaft (F.) comunione (F.) ereditaria
Erbenhaftung (F.) responsabilità (F.) dell'erede
Erbersatzanspruch (M.) diritto (M.) successorio surrogatorio
Erberschleichung (F.) captazione (F.) d'eredità
Erbfall (M.) apertura (F.) della successione
Erbfolge (F.) successione (F.)
Erbin (F.) erede (F.)
Erblasser (M.) defunto (M.), de cuius (lat.), testatore (M.)
Erblasserin (F.) defunta (F.), de cuius (lat.), testatrice (F.)
erblich ereditario (Adj.), trasmissibile per successione
Erbmasse (F.) massa (F.) ereditaria, asse (M.) ereditario
Erbpacht (F.) enfiteusi (F.)
Erbrecht (N.) diritto (M.) successorio, diritto (M.) ereditario
Erbschaft (F.) eredità (F.), lascito (M.), massa (F.) ereditaria
Erbschaftsanspruch (M.) diritto (M.) alla successione, rivendicazione (F.) d'eredità
Erbschaftsbesitzer (M.) possessore (M.) di beni ereditari
Erbschaftserwerber (M.) acquirente (M.) di beni ereditari
Erbschaftskauf (M.) vendita (F.) d'eredità
Erbschaftsklage (F.) petizione (F.) d'eredità, petitio (F.) hereditatis (lat.)
Erbschaftsteuer (F.) imposta (F.) sulle successioni, tassa (F.) di successione
Erbschein (M.) certificato (M.) d'eredità
Erbschleicher (M.) captatore (M.) d'eredità
Erbschleicherei (F.) captazione (F.) d'eredità
Erbteil (M.) quota (F.) d'eredità, porzione (F.) d'eredità
erbunfähig incapace di succedere
Erbunfähigkeit (F.) incapacità (F.) di succedere
erbunwürdig indegno a succedere
Erbunwürdigkeit (F.) indegnità (F.) a succedere
Erbvertrag (M.) patto (M.) successorio
Erbverzicht (M.) rinuncia (F.) all'eredità
ereignen (sich) avvenire, accadere, succedere
Ereignis (N.) avvenimento (M.), evento (M.), accadimento (M.), fatto (M.), vicenda (F.)
erfahren (V.) venire a sapere, apprendere
Erfahrung (F.) esperienza (F.), pratica (F.), conoscenza (F.)
Erfahrungsgrundsatz M.) massima (F.) d'esperienza
erfassen rilevare, censire, accertare
Erfassung (F.) rilevazione (F.), censimento (M.), accertamento (M.)
erfinden inventare, ideare, fingere
Erfinder (M.) inventore (M.), ideatore (M.)
Erfindung (F.) invenzione (F.), ideazione (F.)
Erfolg (M.) successo (M.), risultato (M.), evento (M.), conseguenza (F.)
Erfolgsabwendung (F.) impedimento (M.) dell'evento
Erfolgsabwendungspflicht (F.) obbligo (M.) di impedire l'evento
Erfolgsdelikt (N.) reato (M.) d'evento, reato (M.) materiale
Erfolgshaftung (F.) responsabilità (F.) oggettiva
Erfolgshonorar (N.) palmario (M.), cessione (F.) di quota lite
Erfolgsort (M.) luogo (M.) in cui si è verificato l'evento
erfolgsqualifiziertes Delikt (N.) reato (M.) qualificato dall'evento, delitto (M.) aggravato dall'evento
Erfolgsunrecht (N.) antigiuridicità (F.) dell'evento
erforderlich necessario, essenziale, occorrente, richiesto
Erforderlichkeit (F.) esigenza (F.), necessità (F.), occorrenza (F.)
erfordern esigere, richiedere, necessitare, bisognare
Erfordernis (N.) esigenza (F.), requisito (M.), bisogno (M.), elemento (M.) costitutivo, elemento (M.) essenziale

erfüllbar esigibile
Erfüllbarkeit (F.) esigibilità (F.), possibilità (F.) di adempimento
erfüllen adempiere, compiere, assolvere
Erfüllung (F.) adempimento (M.), compimento (M.), assolvimento (M.), realizzazione (F.)
Erfüllung (F.) durch einen Dritten adempimento (M.) del terzo
Erfüllung (F.) einer Nichtschuld pagamento (M.) dell'indebito
Erfüllungsbetrug (M.) frode (F.) nell' adempimento
Erfüllungsgehilfe (M.) ausiliario (M.)
Erfüllungsgeschäft (N.) atto (M.) di adempimento
erfüllungshalber pro solvendo (lat.), solvendi causa (lat.)
Erfüllungsinteresse (N.) interesse (M.) all'adempimento
Erfüllungsort (M.) luogo (M.) dell'adempimento
Erfüllungsübernahme (F.) accollo (M.) di pagamento, accollo (M.) liberatorio
Erfüllungsverweigerung (F.) rifiuto (M.) di adempiere
ergänzen integrare, completare, aggiungere, supplire
ergänzend complementare, supplementare, suppletivo
ergänzende Vertragsauslegung (F.) interpretazione (F.) integrativa del contratto
Ergänzung (F.) integrazione (F.), completamento (M.), supplemento (M.), perfezionamento (M.)
Ergänzungspflegschaft (F.) curatela (F.) speciale
Ergänzungsrichter (M.) giudice (M.) supplente
Ergänzungsurteil (N.) sentenza (F.) complementare
ergehen essere emanato, essere pubblicato
ergreifen cogliere, afferrare, catturare, prendere
Ergreifung (F.) auf frischer Tat arresto (M.) in flagranza
Erhalt (M.) ricevimento (M.), ricezione (F.), mantenimento (M.), conservazione (F.)
erhalten (V.) ricevere, ottenere, prendere, mantenere, conservare
erheben riscuotere, prelevare, indagare
erheblich rilevante, considerevole, notevole
Erhebung (F.) riscossione (F.), prelievo (M.), indagine (F.), statistica (F.), rilevamento (M.), elevazione (F.), sommossa (F.)
erhöhen aumentare, elevare, alzare, incrementare
Erhöhung (F.) aumento (M.), elevazione (F.), incremento (M.), rialzo (M.), maggiorazione (F.)
erinnern ricordare, rammentare, diffidare, sollecitare, richiamare
Erinnerung (F.) richiamo (M.), sollecitazione (F.), diffida (F.), memoria (F.), ricordo (M.)
erkennen riconoscere, giudicare, decidere
Erkenntnis (F. bzw. N.) conoscenza (F.), sentenza (F.), decisione (F.)
Erkenntnisgericht (N.) giudice (M.) di cognizione
Erkenntnisverfahren (N.) procedimento (M.) di cognizione, giudizio (M.) di cognizione
erklären dichiarare, spiegare, esplicare, illustrare, chiarire
Erklärung (F.) dichiarazione (F.), spiegazione (F.), esplicazione (F.), chiarimento (M.), illustrazione (F.)
Erklärungsempfänger (M.) destinatario (M.) della proposta, destinatario (M.) della dichiarazione
Erklärungsirrtum (M.) errore (M.) ostativo, errore (M.) nella dichiarazione
Erklärungstheorie (F.) teoria (F.) della dichiarazione
Erklärungswille (M.) volontà (F.) di dichiarazione
erkundigen informar(si)
Erkundigung (F.) informazione (F.)
Erlass (M.) remissione (F.), condono (M.), esonero (M.), emanazione (F.), decreto (M.) editto (M.), ordinanza (F.), rilascio (M.)
erlassen rimettere, condonare, esonerare, dispensare, emanare, rilasciare, promulgare
Erlassvertrag (M.) remissione (F.) del debito
erlauben permettere, autorizzare, ammettere, consentire, assentire
Erlaubnis (F.) permesso (M.), autorizzazione (F.), ammissione (F.), licenza (F.), concessione (F.)
Erlaubnisirrtum (M.) erronea supposizione (F.) dell'esistenza di una causa di giustificazione

Erlaubnistatbestandsirrtum (M.) erronea supposizione (F.) dell'esistenza di una causa di giustificazione
Erlaubnisvorbehalt (M.) riserva (F.) di autorizzazione
erlaubt ammesso, consentito, permesso (Adj.), lecito
erlaubtes Handeln (N.) atto (M.) lecito
Erlaubtheit (F.) liceità (F.)
erläutern spiegare, commentare, interpretare, chiarire
Erläuterung (F.) spiegazione (F.), commento (M.), esplicazione (F.), chiarimento (M.)
erledigen regolare, risolvere, terminare, compiere
Erledigung (F.) disbrigo (M.), espletamento (M.), assolvimento (M.), componimento (M.)
erleichtern semplificare, alleggerire, facilitare, agevolare
erleichtertes Verfahren (N.) procedimento (M.) semplificato
Erleichterung (F.) alleggerimento (M.), facilitazione (F.), agevolazione (F.), alleviamento (M.), sgravio (M.)
erleiden sopportare, subire
erlittener Schaden (M.) danno (M.) emergente, danno (M.) subito
Erlös (M.) ricavo (M.), ricavato (M.), realizzo (M.)
Erlöschen (N.) der Straftat estinzione (F.) del reato
Erlöschen (N.) estinzione (F.), cessazione (F.), scadenza (F.)
erlöschen estinguersi, cessare, spirare, scadere
erlösen salvare, liberare
ermächtigen autorizzare, abilitare, facoltizzare, delegare
Ermächtigung (F.) autorizzazione (F.), abilitazione (F.), delegazione (F.), facoltà (F.)
Ermächtigung (F.) zur Strafverfolgung autorizzazione (F.) a procedere
Ermächtigungsgesetz (N.) legge (F.) delega, legge (F.) di delega
ermahnen ammonire, esortare
Ermahnung (F.) ammonimento (M.), ammonizione (F.), esortazione (F.)
ermäßigen ridurre, diminuire, abbassare
Ermäßigung (F.) riduzione (F.), diminuzione (F.)
Ermessen (N.) discrezionalità (F.), potere (M.) discrezionale
ermessen misurare, valutare
Ermessensentscheidung (F.) decisione (F.) discrezionale
Ermessensfehler (M.) vizio (M.) nell'esercizio del potere discrezionale
Ermessensmangel (M.) vizio (M.) di merito
Ermessensmissbrauch (M.) abuso (M.) di potere discrezionale, sviamento (M.) di potere
Ermessensnichtgebrauch (M.) mancato uso (M.) del potere discrezionale
Ermessensreduzierung (F.) restrizione (F.) del potere discrezionale
Ermessensüberschreitung (F.) eccesso (M.) di potere discrezionale
ermitteln accertare, indagare, verificare
Ermittler (M.) investigatore (M.), accertatore (M.)
Ermittlung (F.) inchiesta (F.), indagine (F.), determinazione (F.), rilevazione (F.), ricerca (F.), accertamento (M.)
Ermittlungen (F.Pl.) indagini (F.Pl.) preliminari
Ermittlungsgeheimnis (N.) segreto (M.) istruttorio
Ermittlungsgrundsatz (M.) prinicipio (M.) della ricerca della verità materiale
Ermittlungsrichter (M.) giudice (M.) per le indagini preliminari (g.i.p.)
Ermittlungstätigkeit (F.) attività (F.) investigativa
Ermittlungsverfahren (N.) istruttoria (F.), procedimento (M.) d'inchiesta, procedimento (M.) istruttorio
ermorden ermorden
Ermordung (F.) assassinio (M.)
ernähren alimentare, nutrire, sostenere, mantenere, allevare
Ernährung (F.) alimentazione (F.), nutrizione (F.)
ernennen nominare, designare
Ernennung (F.) nomina (F.), designazione (F.)
Ernennungsurkunde (F.) atto (M.) di nomina, atto (M.) di designazione, decreto (M.) di nomina
eröffnen aprire, cominciare, iniziare
Eröffnung (F.) apertura (F.), inaugurazione (F.)

Eröffnungsantrag (M.) des Gläubigers ricorso (M.) per la dichiarazione del fallimento
Eröffnungsantrag (M.) des Schuldners richiesta (F.) per la dichiarazione del fallimento
Eröffnungsbeschluss (M.) decreto (M.) che dispone il giudizio
Eröffnungsbeschluss (M.) über das Konkursverfahren sentenza (F.) dichiarativa di fallimento, sentenza (F.) di dichiarazione del fallimento
Eröffnungsbilanz (F.) bilancio (M.) d'apertura
Eröffnungsverfahren (N.) udienza (F.) preliminare
erörtern discutere, dibattere, trattare
Erörterung (F.) discussione (F.), dibattito (M.)
erpressen estorcere, ricattare, minacciare
Erpresser (M.) ricattatore (M.)
erpresserisch ricattatorio, a scopo di estorsione
erpresserischer Menschenraub (M.) sequestro (M.) di persona a scopo di estorsione, ratto (M.) a scopo di estorsione, ricatto (M.)
Erpressung (F.) estorsione (F.)
Erpressung (F.) im Amt concussione (F.)
erregen provocare, eccitare
Erregung (F.) öffentlichen Ärgernisses atti (M.Pl.) osceni in pubblico, offesa (F.) alla pubblica decenza
errichten costruire, costituire, instaurare, istituire, erigere, redigere
Errichtung (F.) costituzione (F.), costruzione (F.), istituzione (F.), redazione (F.)
erringen conquistare, ottenere, conseguire, aquisire
Errungenschaft (F.) acquisto (M.), conquista (F.), conseguimento (M.), acquisizione (F.)
Errungenschaftsgemeinschaft (F.) comunione (F.) degli acquisti
Ersatz (M.) sostituzione (F.), surrogato (M.), indennizzo (M.), risarcimento (M.)
Ersatzdienst (M.) servizio (M.) sostitutivo
Ersatzerbe (M.) sostituto (M.), erede (M.) sostituto
Ersatzerbschaft (F.) sostituzione (F.) ordinaria, sostituzione (F.) volgare
Ersatzfreiheitsstrafe (F.) pena (F.) detentiva sosostitutiva
Ersatzgeldstrafe (F.) sanzione (F.) pecuniaria sostitutiva
Ersatzkasse (F.) cassa (F.) mutua autonoma
Ersatzstrafe (F.) pena (F.) sostitutiva
Ersatzvermächtnis (N.) legato (M.) sostitutivo
Ersatzvornahme (F.) esecuzione (F.) d'ufficio
Ersatzzeit (F.) periodo (M.) di contribuzione figurativa
Ersatzzustellung (F.) notificazione (F.) non in mani proprie, notificazione (F.) sostitutiva
Ersatzzwangshaft (F.) sanzione (F.) detentiva per impossibilità di pagamento di una sanzione pecuniaria
Erscheinen (N.) comparizione (F.), apparizione (F.)
erscheinen comparire, apparire, presentarsi, figurare
erschießen fucilare, sparare
Erschießung (F.) fucilazione (F.)
erschleichen captare
Erschleichen captazione (F.)
erschließen aprire, bonificare, valorizzare
Erschließung (F.) valorizzazione (F.), bonifica (F.)
erschöpfen esaurire, finire
erschöpfend tassativo, esauriente
Erschöpfung (F.) des Rechtsweges esaurimento (M.) delle vie legali
Erschöpfung (F.) esaurimento (M.)
erschweren aggravare, ostacolare, complicare
erschwerend aggravante
erschwerender Umstand (M.) circostanza (F.) aggravante
Erschwerung (F.) aggravamento (M.)
Erschwerungsgrund (M.) aggravante (F.), circostanza (F.) aggravante
ersetzen sostituire, rimpiazzare, risarcire, rimborsare, rifondere, compensare, surrogare
Ersetzung (F.) sostituzione (F.), indennizzo (M.), rimpiazzamento (M.)
Ersetzungsbefugnis (F.) facoltà (F.) alternativa
ersitzen usucapire
Ersitzung (F.) usucapione (F.)
Ersitzungsbesitz (M.) possesso (M.) ad usucapionem

erstatten rimborsare, restituire
Erstattung (F.) rimborso (M.), restituzione (F.)
Erstattungsanspruch (M.) diritto (M.) al rimborso
Erstgericht (N.) giudice (M.) di primo grado, giudice (M.) di prima istanza
erstinstanzliches Urteil (N.) sentenza (F.) di primo grado, sentenza (F.) di prima istanza
Ersuchen (N.) domanda (F.), richiesta (F.)
ersuchen chiedere, invitare, richiedere, domandare
ersuchter Richter (M.) giudice (M.) richiesto, giudice (M.) delegato
erteilen concedere, conferire, impartire, dare, rilasciare
Erteilung (F.) concessione (F.), impartizione (F.), conferimento (M.)
Ertrag (M.) ricavo (M.), rendita (F.), frutto (M.), utile (M.), gettito (M.)
Erträglichkeitsgrenze (F.) limite (M.) di tollerabilità
Ertragshoheit (F.) potestà (F.) fiscale
Ertragsteuer (F.) imposta (F.) sul reddito
erwachsen adulto (Adj.)
Erwachsener (M.) adulto (M.)
erwägen considerare, valutare
Erwägung (F.) considerazione (F.), valutazione (F.)
erwähnen menzionare, accennare
erweitern allargare, ampliare, espandere, estendere, potenziare
erweiterter Vorsatz (M.) dolo (M.) specifico
Erweiterung (F.) allargamento (M.), estensione (F.), espansione (F.), ampliamento (M.), potenziamento (M.)
Erwerb (M.) acquisto (M.), acquisizione (F.), successione (F.)
Erwerb (M.) unter Lebenden successione (F.) inter vivos, successione (F.) tra vivi
Erwerb (M.) von Todes wegen successione (F.) mortis causa, successione (F.) a causa di morte
erwerben acquistare, acquisire
Erwerber (M.) acquirente (M.), avente (M.) causa
erwerbsfähig capace di lavoro proficuo, capace di guadagnare
Erwerbsfähigkeit (F.) capacità (F.) di lavoro proficuo, capacità (F.) di guadagno
erwerbslos disoccupato (Adj.), senza impiego, senza lavoro
erwerbstätig attivo, lavorativo
Erwerbstätigkeit (F.) attività (F.) lavorativa, attività (F.) rimunerata
erwerbsunfähig inabile al lavoro, incapace di lavoro, invalido (Adj.)
Erwerbsunfähigkeit (F.) incapacità (F.) lavorativa, invalidità (F.)
Erwerbsverbot (N.) divieto (M.) d'acquisto, proibizione (F.) d'acquisto
erwidern rispondere, replicare, riscontrare
Erwiderung (F.) replica (F.), risposta (F.)
Erwiderungsrecht (N.) diritto (M.) di replica
Erwiderungsschrift (F.) comparsa (F.) di risposta, memoria (F.) di replica
Erzbischof (M.) arcivescovo (M.)
erzeugen produrre, fabbricare
Erzeugnis (N.) prodotto (M.), fabbricato (M.)
erziehen educare, allevare
Erzieher (M.) educatore (M.)
Erziehung (F.) educazione (F.), allevamento (M.), addestramento (M.)
Erziehungsanstalt (F.) casa (F.) di rieducazione per minorenni, istituto (M.) educativo
Erziehungsbeistand (M.) assistenza (F.) educativa
Erziehungsgeld (N.) assegno (M.) educativo
Erziehungshilfe (F.) sussidio (M.) all'educazione
Erziehungsmaßregel (F.) misura (F.) rieducativa
Erziehungsurlaub (M.) congedo (M.) educativo, congedo (M.) di educazione
erzwingbar coercibile
erzwingen costringere, imporre, forzare, coartare, estorcere
Erzwingung (F.) estorsione (F.), coercizione (F.), costrizione (F.), conseguimento (M.) con la forza
Erzwingungshaft (F.) arresto (M.) coercitivo
Esel (M.) asino (M.), somaro (M.)
Estoppel (N.) estoppel (M.) (engl.), divieto (M.) del venire contra factum proprium
Etat (M.) bilancio (M.), bilancio (M.) pubblico, bilancio (M.) dello Stato
Ethik (F.) etica (F.)
ethisch etico

ethnisch etnico
ethnischer Proporz (ethnischer Proporz in Südtirol) proporzionale (F.) etnica
Ethos (M.) etica (F.), moralità (F.)
EU (F.) (Europäische Union) UE (F.) (Unione Europea)
Eugenik (F.) eugenica (F.), eugenetica (F.)
eugenisch eugenico
EuGH (M.) (Europäischer Gerichtshof) CGE (F.) (Corte di Giustizia Europea)
Euratom (F.) (Europäische Atomgemeinschaft) CEEA (F.) (Comunità Europea dell' Energia Atomica), Euratom (F.)
Eurocheque (M.) eurochèque (M.)
Eurokorps (M.) eurocorps (M.), corpo (M.) europeo
Europa (N.) Europa (F.)
Europaabgeordneter (M.) eurodeputato (M.), deputato (M.) europeo
europäisch europeo (Adj.)
Europäische Akte (F.) Atto (M.) unico europeo
Europäische Atomgemeinschaft (F.) (EAG bzw. Euratom) Comunità (F.) Europea dell'Energia Atomica (CEEA)
Europäische Gemeinschaft (EG) Comunità (F.) europea (CE)
Europäische Gemeinschaft (F.) für Kohle und Stahl (EGKS) Comunità (F.) Europea del Carbone e dell'Acciaio (CECA)
Europäische Investionsbank (F.) Banca (F.) europea di investimento
Europäische Konvention (F.) zum Schutz der Menschenrechte und Grundfreiheiten (EMRK) Convenzione (F.) europea di salvaguardia dei diritti dell'uomo e delle libertà fondamentali (CEDU)
Europäische Sozialcharta (F.) Carta (F.) sociale europea
Europäische Union (F.) (EU) Unione (F.) Europea (UE)
Europäische Universität (F.) Università (F.) europea
Europäische Wirtschaftliche Interessenvereinigung (F.) (EWIV) Gruppo (M.) europeo di interesse economico (GEIE)
Europäische Wirtschaftsgemeinschaft (F.) (EWG) Comunità (F.) economica europea (CEE)
Europäische Zentralbank (F.) (EZB) Banca (F.) Centrale Europea (BCE)
Europäischer Gerichtshof (M.) (EuGH) Corte (F.) di giustizia europea (CGE)
Europäischer Gerichtshof (M.) für Menschenrechte Corte (F.) europea dei diritti dell'uomo (CEDU)
Europäischer Rat (M.) Consiglio (M.) Europeo
Europäischer Wirtschaftsraum (M.) (EWR) spazio (M.) economico europeo (SEE)
Europäisches Gemeinschaftsrecht (N.) diritto (M.) comunitario europeo
Europäisches Parlament (N.) (EP) Parlamento (M.) Europeo (PE)
europäisches Recht (N.) diritto (M.) europeo, diritto (M.) comunitario
Europäisches Unionsrecht (N.) diritto (M.) dell'Unione Europea
Europäisches Währungssystem (N.) (EWS) Sistema (M.) Monetario Europeo (SME)
Europarat (M.) Consiglio (M.) d'Europa
Europarecht (N.) diritto (M.) europeo
Europawahl (F.) elezione (F.) europea
European Currency Unit (N.) (ECU) Unità (F.) di conto europea (ECU)
Euroscheck (M.) eurochèque (M.)
Euthanasie (F.) eutanasia (F.)
evakuieren evacuare, sfollare
Evakuierung (F.) evacuazione (F.)
Evaluation (F.) evaluazione (F.)
Evaluation (F.) evaluazione (F.)
evangelisch evangelico (Adj.), protestante (Adj.)
eventual eventuale
Eventualantrag (M.) domanda (F.) in via subordinata
Eventualaufrechnung (F.) compensazione (F.) eventuale
Eventualmaxime (F.) principio (M.) di preclusione, principio (M.) di eventualità
Eventualvertrag (M.) contratto (M.) aleatorio
Eventualvorsatz (M.) dolo (M.) eventuale
evident evidente
Evidenz (F.) evidenza (F.)
Eviktion (F.) evizione (F.)
Eviktionshaftung (F.) garanzia (F.) per evizione
Evokation (F.) avocazione (F.)
Evokationsrecht (N.) diritto (M.) d'avocazione
EWG (F.) (Europäische Wirtschaftsge-

meinschaft) CEE (F.) (Comunità economica europea)
EWIV (F.) (Europäische wirtschaftliche Interessenvereinigung) GEIE (M.) (Gruppo europeo di interesse economico)
EWS (N.) (Europäisches Währungssystem) SME (M.) (Sistema monetario europeo)
ex lege (lat.) (kraft Gesetzes) ex lege (lat.), secondo la legge
ex nunc (lat.) (von nun an) ex nunc (lat.)
ex officio (lat.) (von Amts wegen) ex officio (lat.), d'ufficio
ex tunc (lat.) (von damals an) ex tunc (lat.)
Examen (N.) esame (M.)
exceptio (F.) (lat.) (Einrede) exceptio (F.) (lat.), eccezione (F.)
exceptio (F.) doli (lat.) (Einrede der Arglist) exceptio (F.) doli (lat.)
exekutieren giustiziare, eseguire
Exekution (F.) esecuzione (F.), sequestro (M.)
Exekutionsverfahren (N.) procedimento (M.) d'esecuzione, procedimento (M.) esecutivo, processo (M.) esecutivo
exekutiv esecutivo (Adj.)
Exekutive (F.) potere (M.) esecutivo, esecutivo (M.)
Exequatur (N.) exequatur (M.), delibazione (F.)
Exhibitionist (M.) esibizionista (M.)
exhibitionistisch esibizionista (Adj.), esibizionistico
exhibitionistische Handlung (F.) atto (M.) esibizionistico
exhumieren esumare, disseppellire
Exhumierung (F.) esumazione (F.)
Exil (N.) esilio (M.), bando (M.)
Existenz (F.) esistenza (F.), posizione (F.) sociale, sussistenza (F.)
Existenzminimum (N.) minimo (M.) di sussistenza, minimo (M.) d'esistenza, minimo (M.) vitale
existieren esistere, essere, sussistere
Exklave (F.) exclave (F.)
exklusiv esclusivo
exklusive Wirtschaftszone (F.) zona (F.) economica esclusiva
Exkommunikation (F.) scomunica (F.)
exkommunizieren scomunicare
Exkulpationsbeweis (M.) prova (F.) liberatoria, prova (F.) d'innocenza
exkulpieren liberare, discolpare
Exmatrikulation (F.) cancellazione (F.) dal registro dell'università, abbandono (M.) degli studi
exmatrikulieren cancellare dal registro dell'università
Experte (M.) esperto (M.), tecnico (M.)
Expertensystem (N.) sistema (M.) esperto
Expertise (F.) perizia (F.)
explodieren esplodere, scoppiare
Explosion (F.) esplosione (F.), scoppio (M.)
Export (M.) esportazione (F.)
exportieren esportare
expressis verbis (lat.) (ausdrücklich) expressis verbis (lat.), espressamente, esplicitamente
extensiv estensivo
exterritorial estraterritoriale, extraterritoriale
Exterritorialität (F.) estraterritorialità (F.), extraterritorialità (F.)
extrem estremo
Extremismus (M.) estremismo (M.)
Extremist (M.) estremista (M.)
Exzess (M.) des Mittäters concorso (M.) anomalo di persone nel reato
Exzess (M.) eccesso (M.)
exzessiv eccessivo

F

Fabrik (F.) fabbrica (F.), stabilimento (M.) industriale
Fabrikant (M.) fabbricante (M.), produttore (M.)
Fabrikation (F.) fabbricazione (F.), produzione (F.)
Fabrikationsfehler (M.) difetto (M.) di fabbricazione
Fach (N.) materia (F.), ramo (M.), settore (M.), casella (F.)
Fachanwalt (M.) avvocato (M.) specializzato
Facharbeit (F.) lavoro (M.) specializzato
Facharbeiter (M.) operaio (M.) specializzato, operaio (M.) qualificato, lavoratore (M.) qualificato
Fachaufsicht (F.) controllo (M.) tecnico
Fachbeirat (M.) comitato (M.) tecnico
Fachbereich (M.) area (F.) disciplinare, facoltà (F.)
fachgerecht a regola d'arte, da esperto

Fachhochschule (F.) scuola (F.) professionale di istruzione superiore
Fachkommission (F.) commissione (F.) tecnica
Fachmann (M.) specialista (M.), tecnico (M.), esperto (M.)
Fachschaft (F.) rappresentanza (F.) studentesca di una facoltà
Factoring (N.) factoring (M.)
facultas (F.) alternativa (lat.) (Ersetzungsbefugnis) facoltà (F.) alternativa, facultas (F.) alternativa (lat.)
fähig abile, capace, atto (Adj.), idoneo, passibile
Fähigkeit (F.) capacità (F.), attitudine (F.), idoneità (F.), abilità (F.), passibilità (F.)
Fähigkeit (F.) des Täters zur Begehung von Straftaten capacità (F.) a delinquere
fahnden ricercare, investigare
Fahndung (F.) ricerca (F.), ricerca (F.) dell'autore del reato, investigazione (F.)
Fahndungspolizei (F.) squadra (F.) mobile
Fahndungsschreiben (N.) mandato (M.) di cattura, mandato (M.) di ricerca
Fahne (F.) bandiera (F.)
Fahnenflucht (F.) diserzione (F.)
fahnenflüchtig disertato (Adj.)
Fähnrich (M.) aspirante (M.) ufficiale
Fahrbahn (F.) carreggiata (F.), piano (M.) stradale, corsia (F.)
fahren guidare, andare
Fahrer (M.) autista (M.), conducente (M.), guidatore (M.)
Fahrerflucht (F.) fuga (F.) del conducente
Fahrerin (F.) conducente (F.), autista (F.)
Fahrerlaubnis (F.) patente (F.), patente (F.) di guida, autorizzazione (F.) di circolazione
Fahrhabe (F.) mobile (M.), bene (M.) mobile
Fahrkarte (F.) biglietto (M.), biglietto (M.) di trasporto
fahrlässig colposo, negligente
fahrlässige Krida (F.) bancarotta (F.) semplice
fahrlässiges Zusammenwirken (N.) mehrerer cooperazione (F.) colposa nel reato
Fahrlässigkeit (F.) colpa (F.), negligenza (F.)
Fahrlässigkeitsdelikt (N.) delitto (M.) colposo
Fahrlehrer (M.) insegnante (M.) di guida
Fahrnis (F.) mobile (M.), bene (M.) mobile
Fahrnisexekution (F.) esecuzione (F.) mobiliare
Fahrnisgemeinschaft (F.) comunione (F.) dei beni mobili fra coniugi
Fahrnisklage (F.) azione (F.) mobiliare
Fahrschein (M.) biglietto (M.), biglietto (M.) di trasporto, titolo (M.) di trasporto
Fahrt (F.) corsa (F.), viaggio (M.)
Fahrtenbuch (N.) tabella (F.) delle corse
fahruntüchtig incapace di guidare
Fahruntüchtigkeit (F.) incapacità (F.) di guidare
Fahrverbot (N.) divieto (M.) di circolazione, divieto (M.) di guida
Fahrzeug (N.) veicolo (M.), macchina (F.)
Fahrzeughalter (M.) detentore (M.) dell' autoveicolo
fair corretto, leale
Fairness (F.) correttezza (F.), lealtà (F.)
Faksimile (N.) facsimile (M.)
faktisch di fatto, de facto (lat.), effettivo (Adj.)
faktische Gesellschaft (F.) società (F.) di fatto
faktischer Vertrag (M.) contratto (M.) di fatto
Faktor (M.) fattore (M.)
Faktum (N.) fatto (M.), dato (M.) di fatto
Faktura (F.) fattura (F.), conto (M.)
fakturieren fatturare, mettere in conto
Fakultät (F.) facoltà (F.)
fakultativ facoltativo
Fakultativobligation (F.) obbligazione (F.) facoltativa
Fall (M.) caso (M.), causa (F.), caduta (F.), ribasso (M.)
Fallfrist (F.) termine (M.) perentorio, termine (M.) a pena di decadenza
Fallgerechtigkeit (F.) giustizia (F.) del caso concreto
fällig scaduto, esigibile, maturato, scadente
Fälligkeit (F.) scadenza (F.), esigibilità (F.), maturazione (F.)
Fälligkeitsklausel (F.) clausola (F.) di decadenza dal termine
Fallrecht (N.) case-law (N.) (engl.), diritto (M.) giurisprudenziale
Fallsammlung (F.) casistica (F.), repertorio (M.) di giurisprudenza
falsch falso (Adj.), sbagliato, erroneo
Falschaussage falsa deposizione (F.), falsa testimonianza (F.), dichiarazione (F.) falsa

Falschbeurkundung (F.) falsità (F.) in atti, falso (M.) in atti, falso (M.) ideologico
Falscheid (M.) falso giuramento (M.), spergiuro (M.)
fälschen falsificare, contraffare, manipolare, alterare
Fälscher (M.) falsificatore (M.), contraffattore (M.), falsario (M.)
Falschgeld (N.) moneta (F.) falsa, moneta (F.) contraffatta
Falschlieferung (F.) consegna (F.) di merce diversa da quella pattuita
Falschmünzer (M.) falsario (M.), fabbricante (M.) di monete false
Fälschung (F.) falsificazione (F.), contraffazione (F.), falso (M.)
falsus procurator (M.) (lat.) (Vertreter ohne Vertretungsmacht) falsus procurator (M.) (lat.)
Familie (F.) famiglia (F.)
Familienangehörige (F.) congiunta (F.), membro (M.) della famiglia, familiare (F.)
Familienangehöriger (M.) congiunto (M.), membro (M.) della famiglia, familiare (M.)
Familienbeihilfe (F.) assegni (M.Pl.) familiari, assegno (M.) per il nucleo familiare
Familienbuch (N.) registro (M.) dello stato di famiglia
Familienfideikommiss (M.) fedecommesso (M.) familiare
Familienfürsorge (F.) assistenza (F.) alla famiglia, sussidio (M.) di famiglia
Familiengericht (N.) sezione (F.) famiglia del tribunale
Familiengesellschaft (F.) società (F.) familiare
Familiengut (N.) fondo (M.) patrimoniale
Familienhilfe (F.) assegni (M.Pl.) di famiglia, assegni (M.Pl.) familiari
Familienmitglied (N.) congiunto (M.), familiare (M.),membro (M.) della famiglia
Familienname (N.) cognome (M.), nome (M.) di famiglia
Familienrecht (N.) diritto (M.) di famiglia
Familiensache (F.) causa (F.) di competenza della sezione famiglia del tribunale, causa (F.) matrimoniale
Familienunternehmen (N.) impresa (F.) familiare
Fang (M.) cattura (F.)
Fangprämie (F.) ricompensa (F.) per la cattura, premio (M.) di cattura
Faschismus (M.) fascismo (M.)
fassen prendere, afferrare, formulare
Fassung (F.) versione (F.), redazione (F.), formulazione (F.), testo (M.)
Faszikel (N.) fascicolo (M.)
Faust (F.) pugno (M.)
Faustpfand (N.) pegno (M.) manuale
Faustrecht (N.) diritto (M.) del più forte, diritto (M.) di farsi giustizia
Fazit (N.) risultato (M.), effetto (M.)
Fehde (F.) faida (F.)
Fehlbestand (M.) ammanco (M.), deficienza (F.) d'inventario
Fehlbetrag (M.) deficit (M.), disavanzo (M.), somma (F.) mancante
Fehlen (N.) der Geschäftsgrundlage mancanza (F.) della base negoziale
Fehlen (N.) der Vollendung mancata consumazione (F.) del reato
fehlen mancare
Fehlentscheidung (F.) decisione (F.) errata, decisione (F.) sbagliata
Fehler (M.) vizio (M.), difetto (M.), errore (M.), sbaglio (M.)
fehlerhaft viziato, difettoso, vizioso, irregolare
fehlerhafte Gesellschaft (F.) società (F.) irregolare, società (F.) di fatto
Fehlerhaftigkeit difettosità (F.), scorrettezza (F.), viziosità (F.)
Fehlerkorrektur (F.) correzione (F.) di errori
fehlerlos perfetto, corretto, senza difetti, senza errori
Fehlgeburt (F.) aborto (M.) spontaneo
Fehlurteil (N.) sentenza (F.) errata, giudizio (M.) errato
Feier (F.) festa (F.)
Feiertag (M.) giorno (M.) festivo, festa (F.), giorno (M.) di festa
feil da vendere, in vendita
feilbieten offrire in vendita
feilschen mercanteggiare
Feind (M.) nemico (M.)
feindlich ostile, nemico (Adj.)
Feindseligkeit (F.) ostilità (F.)
Feld (N.) campo (M.), ambito (M.), cerchia (F.)
Felddienstbarkeit (F.) servitù (F.) rurale
Feldwebel (M.) maresciallo (M.) ordinario
Fensterrecht (N.) diritto (M.) di veduta

Ferien (F.Pl.) ferie (F.Pl.), vacanza (F.)
Feriensache (F.) causa (F.) trattata durante le ferie giudiziarie
fern lontano, distante
Fernabsatz (M.) commercio (M.) a distanza
Fernabsatzvertrag (M.) contratto (M.) a distanza
Fernkommunikation (F.) telecomunicazione (F.)
Fernkommunikationsmittel (M.) mezzo (M.) di telecomunicazione
Fernmeldegeheimnis (N.) segreto (M.) delle telecomunicazioni
Fernmelderecht (N.) diritto (M.) delle telecomunicazioni
Fernmeldewesen (N.) telecomunicazioni (F.Pl.)
Fernsehen (N.) televisione (F.)
Fernsehrecht (N.) diritto (M.) della televisione
Fernsprecher (M.) telefono (M.), apparecchio (M.) telefonico
Fernstraße (F.) strada (F.) di grande comunicazione
Fernunterricht (M.) insegnamento (M.) per corrispondenza, scuola (F.) per corrispondenza
fertig finito, terminato, completo, pronto
fertigstellen finire, completare, ultimare
Fertigstellung (F.) approntamento (M.), rifinitura (F.), ultimazione (F.)
fest fermo, sostenuto, fisso, stabile (Adj.), vincolato
Festgeld (N.) deposito (M.) a termine, deposito (M.) a scadenza fissa
Festhalten (N.) fermo (M.)
festhalten fermare, arrestare, trattenere, registrare
Festnahme (F.) arresto (M.), fermo (M.)
Festnahme (F.) auf frischer Tat arresto (M.) in flagranza
festnehmen arrestare, fermare
Festpreis (M.) prezzo (M.) fisso
festsetzen fissare, liquidare, stabilire, determinare
Festsetzung (F.) fissazione (F.), liquidazione (F.), determinazione (F.)
feststellen determinare, accertare, fissare, constatare, stabilire
Feststellung (F.) fissazione (F.), determinazione (F.), accertamento (M.), constatazione (F.)
Feststellungsinteresse (N.) interesse (M.) all'accertamento
Feststellungsklage (F.) azione (F.) di accertamento, azione (F.) dichiarativa
Feststellungsurteil (N.) sentenza (F.) di accertamento, sentenza (F.) dichiarativa
Festung (F.) fortezza (F.)
festverzinslich a reddito fisso
feudal feudale
Feudalismus (M.) feudalismo (M.)
Feuer (N.) fuoco (M.)
Feuerversicherung (F.) assicurazione (F.) contro l'incendio
Fideikommiss (M.) sostituzione (F.) fedecommissaria, fedecommesso (M.)
fiduziarisch fiduciario (Adj.)
Fiktion (F.) finzione (F.)
fiktiv fittizio
Filiale (F.) filiale (F.), succursale (F.), sede (F.) secondaria
Film (M.) film (M.)
Filmrecht (N.) diritto (M.) cinematografico
final finalistico
finale Handlungslehre (F.) teoria (F.) finalistica dell'azione
Finanz (F.) finanza (F.)
Finanzamt (N.) ufficio (M.) imposte, ufficio (M.) delle finanze, agenzia (F.) delle entrate
Finanzausgleich (M.) perequazione (F.) finanziaria
Finanzautonomie (F.) autonomia (F.) finanziaria
Finanzen (F.Pl.) finanze (F.Pl.)
Finanzgericht (N.) commissione (F.) tributaria
Finanzgerichtsbarkeit (F.) giurisdizione (F.) tributaria, contenzioso (M.) tributario
Finanzhaushalt (M.) bilancio (M.) pubblico, bilancio (M.) dello Stato
Finanzhoheit (F.) potestà (F.) finanziaria, potestà (F.) d'imposizione, sovranità (F.) finanziaria
finanziell finanziario (Adj.)
finanzieren finanziare
Finanzierung (F.) finanziamento (M.), sovvenzione (F.)
Finanzierungsplan (M.) piano (M.) di finanziamento

Finanzminister (M.) ministro (M.) delle finanze
Finanzmonopol (N.) monopolio (M.) fiscale, privativa (F.) fiscale
Finanzplanung (F.) programmazione (F.) finanziaria, pianificazione (F.) finanziaria
Finanzrecht (N.) diritto (M.) finanziario
Finanzverfassung (F.) ordinamento (M.) finanziario, sistema (M.) finanziario
Finanzvermögen (N.) beni (M.Pl.) patrimoniali, demanio (M.) privato
Finanzverwaltung (F.) amministrazione (F.) finanziaria, amministrazione (F.) delle finanze
Finanzwache (F.) Guardia (F.) di Finanza
Findelkind (N.) trovatello (M.)
finden trovare, rinvenire, scoprire, reperire
Finder (M.) ritrovatore (M.)
Finderlohn (M.) premio (M.) al ritrovatore
Finger (M.) dito (M.)
Fingerabdruck (M.) impronta (F.) digitale
fingieren fingere, simulare
Firma (F.) ragione (F.) sociale, denominazione (F.) della ditta, denominazione (F.) sociale, ditta (F.)
fischen pescare
Fischerei (F.) pesca (F.)
Fischereiabkommen (N.) convenzione (F.) sulla pesca
Fischereiaufseher (M.) guardapesca (M.)
Fischereirecht (N.) diritto (M.) di pesca
Fischwilderei (F.) pesca (F.) di frodo
Fiskaldelikt (M.) delitto (M.) fiscale
fiskalisch fiscale, tributario, erariale
Fiskus (F.) fisco (M.)
fix fisso
Fixgeschäft (N.) contratto (M.) a termine fisso, vendita (F.) con consegna a giorno fisso, operazione (F.) a fermo
Fläche (F.) area (F.), superficie (F.)
Flächennutzung (F.) utilizzazione (F.) dell'area, destinazione (F.) dell'area
Flächennutzungsplan (M.) piano (M.) regolatore generale
Flächenwidmungsplan (M.) piano (M.) di zonizzazione
Flagge (F.) bandiera (F.)
flexibel flessibile
fliegen volare
fliehen fuggire, evadere, scappare
Fließband (N.) nastro (M.) trasportatore, catena (F.) di produzione
Fließbandarbeit (F.) lavoro (M.) a catena
fließen scorrere
Flotte (F.) flotta (F.), naviglio (M.)
Flottenabkommen (N.) accordo (M.) navale
Flucht (F.) fuga (F.), evasione (F.)
flüchten fuggire, evadere
Fluchtgefahr (F.) pericolo (M.) di fuga, sospetto (M.) di fuga
flüchtig werden rendersi latitante
Flüchtige (M.) latitante (M.)
Flüchtling (M.) profugo (M.), rifugiato (M.), fuggiasco (M.)
Fluchtlinie (F.) allineamento (M.)
Flug (M.) volo (M.)
Flugblatt (N.) volantino (M.), foglio (M.) volante
Flughafen (M.) aeroporto (M.), porto (M.) aereo
Flugschrift (F.) volantino (M.)
Flugverkehr (M.) navigazione (F.) aerea, traffico (M.) aereo
Flugzeug (N.) aereo (M.), aeromobile (M.), aeroplano (M.)
Flugzeugentführung (F.) dirottamento (M.) aereo
Flur (F. bzw. M.) campagna, proprietà (F.) rurale, corridoio (M.)
Flurbereinigung (F.) riordinamento (M.) della proprietà rurale, ricomposizione (F.) fondiaria
Flurstück (N.) particella (F.) catastale
fob (free on board) franco a bordo, fob (free on board)
föderal federale
Föderalismus (M.) federalismo (M.)
föderalistisch federalista (Adj.), federale
Föderation (F.) federazione (F.)
föderativ federativo
Folge (F.) conseguenza (F.), risultato (M.), ordine (M.), sequenza (F.)
folgen risultare, conseguire, derivare, seguire, succedere
Folgenbeseitigung eliminazione (F.) delle conseguenze dannose, reintegrazione (F.)
Folgenbeseitungungsanspruch (M.) diritto (M.) alla reintegrazione
Folgerecht (N.) diritto (M.) di seguito
Folgeschaden (M.) danno (M.) indiretto, danno (M.) conseguente, danno (M.) permanente

Folter (F.) tortura (F.), tormento (M.)
foltern torturare, tormentare
Fond (M.) fondo (M.)
fordern chiedere, esigere, domandare, reclamare, rivendicare
fördern estrarre, scavare, promuovere, favorire, sostenere, incoraggiare, stimolare
Forderung (F.) credito (M.), rivendicazione (F.), richiesta (F.), pretesa (F.), diritto (M.), reclamo (M.), postulato (M.)
Förderung (F.) estrazione (F.), promozione (F.), incentivazione (F.), incoraggiamento (M.)
Forderungsabtretung (F.) cessione (F.) del credito
Forderungsanmeldung (F.) insinuazione (F.) del credito, domanda (F.) di ammissione di un credito al passivo
Forderungseintreibung (F.) recupero (M.) di crediti, riscossione (F.) di credito, realizzo (M.) di credito
Forderungskauf (M.) cessione (F.) di credito, acquisizione (F.) del credito
Forderungspfändung (F.) pignoramento (M.) di credito
Forderungsrecht (N.) diritto (M.) di credito
Forderungsübergang (M.) trasferimento (M.) di credito
Forderungsverletzung (F.) violazione (F.) di credito
Förderungsverwaltung (F.) amministrazione (F.) di promozione
forensisch forense
Form (F.) forma (F.), configurazione (F.), foggia (F.)
formal formale
Formalbeleidigung (F.) ingiuria (F.) consistente nella forma offensiva dell'espressione
Formalie (F.) formalità (F.)
Formalismus (M.) formalismo (M.)
Formalität (F.) formalità (F.)
Formel (F.) formula (F.)
formell formale
formell legitimierter Wertpapierinhaber (M.) proprietario (M.) di un titolo di credito formalmente legittimato
formelle Rechtskraft (F.) cosa (F.) giudicata formale
formelle Verfassung (F.) costituzione (F.) in senso formale
formelles Recht (N.) diritto (M.) formale, diritto (M.) processuale
Formfehler (M.) vizio (M.) di forma, vizio (M.) formale
Formfrage (F.) questione (F.) di forma
Formfreiheit (F.) libertà (F.) della forma
Formgebundenheit (F.) forma (F.) solenne
Formkaufmann (M.) soggetto (M.) considerato imprenditore per ragioni formali
förmlich formale
Formmangel (M.) vizio (M.) di forma, vizio (M.) formale, difetto (M.) di forma
Formsache (F.) formalità (F.), questione (F.) di forma
Formular (N.) modulo (M.), formulario (M.)
Formularvertrag (M.) contratto (M.) concluso mediante moduli o formulari
formulieren formulare
Formulierung (F.) formulazione (F.)
Formzwang (M.) forma (F.) ad substantiam, obbligo (M.) di forma
forschen indagare, ricercare, investigare
Forscher (M.) ricercatore (M.), studioso (M.)
Forschung (F.) ricerca (F.), studio (M.), indagine (F.)
Forst (M.) foresta (F.)
Förster (M.) guardia (F.) forestale
fortbilden (sich) perfezionars(si), specializzar(si), aggiornar(si)
Fortbildung (F.) perfezionamento (M.), specializzazione (F.), aggiornamento (M.)
fortführen continuare, proseguire
Fortführung (F.) continuazione (F.), proseguimento (M.), prosecuzione (F.)
fortgesetzt continuato, continuo, reiterato
fortgesetzte Gütergemeinschaft (F.) comunione (F.) dei beni continuata tra il coniuge superstite e gli eredi
fortgesetzte Handlung (F.) atto (M.) continuato
fortgesetztes Delikt (N.) reato (M.) continuato, delitto (M.) continuato
fortsetzen continuare, proseguire
Fortsetzung (F.) proseguimento (M.), prosecuzione (F.), continuazione (F.)
Fortsetzungsdelikt (N.) reato (M.) continuato
Fortsetzungsfeststellungsklage (F.) azione (F.) successiva di accertamento dell'illegittimità di un atto amministrativo
Fortsetzungszusammenhang (M.) continuazione (F.), vincolo (M.) della continuazione

forum (N.) (lat.) (Markt bzw. Gericht) forum (N.) (lat.), piazza (F.) del mercato, mercato (M.), piazza (F.) pubblica
Foto (N.) fotografia (F.)
Fotorecht (N.) diritto (M.) della fotografia
Fötus (M.) feto (M.)
Fracht (F.) nolo (M.), carico (M.), prezzo (M.) di trasporto, porto (M.)
Frachtbrief (M.) lettera (F.) di vettura, lettera (F.) di porto, bolletta (F.) di carico
Frachtführer (M.) vettore (M.)
Frachtgut (N.) merce (F.), piccola velocità (F.)
Frachtvertrag (M.) contratto (M.) di noleggio, contratto (M.) di trasporto
Frage (F.) questione (F.), domanda (F.), richiesta (F.)
Fragebogen (M.) questionario (M.)
fragen chiedere, domandare, richiedere
Fragestunde (F.) ora (F.) delle interrrogazioni
fraglich discutibile, dubbioso, incerto, de quo (lat.)
Fraktion (F.) gruppo (M.) parlamentare, frazione (F.)
Fraktionszwang (M.) appartenenza (F.) obbligatoria ad un gruppo parlamentare, disciplina (F.) di gruppo
Franchisegeber (M.) datore (M.) di franchigia
Franchisenehmer (M.) prenditore (M.) di franchigia
Franchisevertrag (M.) contratto (M.) di franchising
Franchising (N.) franchising (M.)
frankieren affrancare
franko franco
Frankreich (N.) Francia (F.)
Frau (F.) donna (F.), signora (F.)
Frauenhandel (M.) tratta (F.) di donne
Frauenhaus (N.) casa (F.) di rifugio per donne, casa (F.) delle donne
Frauenraub (M.) sequestro (M.) di donne
free on board (fob) franco a bordo, free on board (fob)
frei Haus franco domicilio
frei libero, affrancato, esente, franco, gratuito, vacante
Freibank (F.) spaccio (M.) di carne di seconda qualità
Freiberufler (M.) libero professionista (M.), professionista (M.)
freiberuflich di libera professione
Freibetrag (M.) quota (F.) esente, importo (M.) non tassato
Freibeuter (M.) pirata (M.), filibustiere (M.)
Freibeweis (M.) prova (F.) libera
freibleibend senza impegno, salvo venduto
Freibrief (M.) lettera (F.) di privilegio, lettera (F.) di immunità, patente (F.) di franchigia, permesso (M.)
freier Beruf (M.) libera professione (F.)
freier Wettbewerb (M.) libera concorrenza (F.), libera competizione (F.) economica
freies Geleit (N.) salvacondotto (M.)
Freiexemplar (N.) copia (F.) gratuita, copia (F.) in omaggio
Freigabe (F.) liberazione (F.), sblocco (M.), svincolo (M.), dissequestro (M.)
Freigang (M.) regime (M.) di semilibertà
Freihafen (M.) porto (M.) franco, porto (M.) libero
Freihandel (M.) libero scambio (M.), liberismo (M.) economico
Freihandelszone (F.) zona (F.) di libero scambio
freihändig a trattativa privata, per contratto (M.) privato
freihändige Autragsvergabe (F.) aggiudicazione (F.) per trattativa privata
freihändiger Verkauf (M.) vendita (F.) privata, vendita (F.) a trattativa privata
Freiheit (F.) libertà (F.), franchigia (F.), esonero (M.)
Freiheit (F.) unter Aufsicht (Freiheit unter Aufsicht in Italien) libertà (F.) vigilata
freiheitlich liberale (Adj.)
freiheitlich-demokratische Grundordnung (F.) ordinamento (M.) fondato sulla libertà e sulla democrazia
Freiheitsberaubung (F.) sequestro (M.) di persona, privazione (F.) della libertà personale
Freiheitsbeschränkung (F.) restrizione (F.) della libertà personale, limitazione (F.) della libertà personale
Freiheitsentziehung (F.) privazione (F.) della libertà personale, sequestro (M.) di persona
Freiheitsstrafe (F.) pena (F.) detentiva, pena (F.) restrittiva della libertà personale
Freiherr (M.) barone (M.)
Freikirche (F.) associazione (F.) religiosa riconosciuta

freilassen liberare, scarcerare, rilasciare
Freilassung (F.) liberazione (F.), scarcerazione (F.), rilascio (M.)
Freimaurer (M.) massone (M.), frammassone (M.)
freisprechen assolvere, prosciogliere
Freisprechung (F.) assoluzione (F.), proscioglimento (M.)
Freispruch (M.) assoluzione (F.), proscioglimento (M.), assolutoria (F.), sentenza (F.) di assoluzione, sentenza (F.) di proscioglimento
Freistaat (M.) Stato (M.) libero
freistellen liberare, esonerare, esenziare, dispensare, esimere, svincolare
Freistellung (F.) liberazione (F.), esonero (M.), esenzione (F.), svincolo (M.)
Freistellungsanspruch (M.) diritto (M.) all'esonero dalla responsabilità
Freitod (M.) suicidio (M.)
freiwillig volontario, spontaneo
freiwillige Gerichtsbarkeit (F.) giurisdizione (F.) volontaria
freiwillige Versicherung (F.) assicurazione (F.) volontaria, assicurazione (F.) facoltativa
Freiwilligkeit (F.) volontarietà (F.)
Freizeichen (N.) insegna (F.) non appropriabile, marchio (M.) non appropriabile
Freizeichnung (F.) franchigia (F.), esonero (M.)
Freizeichnungsklausel (F.) clausola (F.) d'esonero da responsabilità, clausola (F.) di non responsabilità
Freizeit (F.) tempo (M.) libero
Freizeitarrest (M.) arresto (M.) festivo, permanenza (F.) domiciliare
freizügig (nicht ortsgebunden) libero di circolare
Freizügigkeit (F.) libertà (F.) di circolazione, libera circolazione (F.)
fremd straniero (Adj.), sconosciuto (Adj.), ignoto
Fremdbesitz (M.) detenzione (F.)
Fremdbesitzer (M.) detentore (M.)
Fremdbesitzerexzess (M.) eccesso (M.) del detentore
fremde Sache (F.) cosa (F.) altrui
Fremdenrecht (N.) diritto (M.) degli stranieri
Fremder (M.) straniero (M.)
Fremdgeschäftsführer (M.) amministratore (M.) non socio
Fremdkapital (N.) capitale (M.) mutuato, capitale (M.) prestato, capitale (M.) di credito
Freude (F.) gioia (F.), felicità (F.), piacere (M.)
Freudenhaus (N.) bordello (M.), casa (F.) chiusa
Freudenmädchen (F.) prostituta (F.)
Freund (M.) amico (M.)
Freundin (F.) amica (F.)
Freundschaft (F.) amicizia (F.)
Freundschaftsvertrag (M.) trattato (M.) d'amicizia, patto (M.) d'amicizia
Frevel (M.) sacrilegio (M.), misfatto (M.)
Frevler (M.) sacrilego (M.), scellerato (M.), blasfemo (M.)
Friede (M.) pace (F.)
Friedensbruch (M.) violazione (F.) della pace
Friedensgericht (N.) ufficio (M.) del giudice di pace, giudice (M.) di pace
Friedenspflicht (F.) dovere (M.) di pace sindacale, obbligo (M.) di pace sindacale
Friedensrichter (M.) giudice (M.) di pace
Friedensvertrag (M.) trattato (M.) di pace
Friedhof (M.) cimitero (M.)
Frist (F.) termine (M.), periodo (M.)
Fristablauf (M.) scadenza (F.) del termine
Fristaufschub (M.) proroga (F.) del termine
Fristbeginn (M.) decorrenza (F.) del termine, inizio (M.) del termine, dies (M.) a quo (lat.)
Fristende (N.) scadenza (F.) del termine
Fristhemmung (F.) sospensione (F.) del termine
fristlos senza preavviso, senza termine, sine die (lat.)
fristlose Entlassung (F.) licenziamento (M.) in tronco, licenziamento (M.) senza preavviso
Fristsetzung (F.) fissazione (F.) di un termine
Fristverlängerung (F.) prorogazione (F.) di termine, proroga (F.) del termine di scadenza
Fristversäumung (F.) inosservanza (F.) del termine
Fristwahrung (F.) osservanza (F.) del termine, rispetto (M.) del termine
Frucht (F.) frutto (M.), frutta (F.)
Fruchtgenuss (M.) usufrutto (M.)
Fruchtnießer (M.) (Fruchtnießer in Österreich) usufruttuario (M.)

führen dirigere, gestire, guidare
Führer (M.) conducente (M.), guidatore (M.), duce (M.), leader (M.), capo (M.)
Führerschein (M.) patente (F.) di guida
Führung (F.) condotta (F.), comportamento (M.), direzione (F.), gestione (F.)
Führungsaufsicht (F.) libertà (F.) vigilata
Führungszeugnis (N.) certificato (M.) di buona condotta, certificato (M.) penale, certificato (M.) generale del casellario giudiziale
Fund (M.) ritrovamento (M.), invenzione (F.)
fünf cinque
Fünfprozentklausel (F.) clausola (F.) della percentuale minima del 5% dei voti
fungibel fungibile
fungieren fungere, esercitare la funzione
Funk (M.) radio (F.), radiodiffusione (F.)
funken trasmettere via radio
Funktion (F.) funzione (F.)
Funktionär (M.) funzionario (M.)
funktionell funzionale
funktionelles Synallagma (N.) sinallagma (M.) funzionale
Funktionsnachfolge (F.) successione (F.) nelle funzioni
Funktionszulage (F.) indennità (F.) di funzione, assegno (M.) di carica
Furcht (F.) paura (F.), spavento (M.), ansia (F.), timore (M.)
Fürsorge (F.) assistenza (F.) sociale, previdenza (F.) sociale
Fürsorgeerziehung (F.) affidamento (M.) al servizio sociale minorile
Fürsorgeleistung (F.) prestazione (F.) assistenziale
Fürsorgepflicht (F.) obbligo (M.) di cura e di assistenza
Fürsorger (M.) assistente (M.) sociale
Fürsprache (F.) intercessione (F.)
Fürsprecher (M.) intercessore (M.), avvocato (M.)
Fürst (M.) principe (M.), sovrano (M.)
Fürstentum (N.) principato (M.)
Fürstin (F.) principessa (F.)
furtum (N.) usus (lat.) (Gebrauchsentwendung) furtum (N.) usus (lat.), furto (M.) d'uso
Fusion (F.) fusione (F.)
fusionieren fondere
Fusionskontrolle (F.) controllo (M.) delle fusioni, vigilanza (F.) sulle fusioni
Fuß (M.) piede (M.)
Fußgänger (M.) pedone (M.)
Fußgängerzone (F.) zona (F.) pedonale
Futter (N.) cibo (M.), nutrimento (M.)
Futtermittel (N.) mangime (M.), foraggio (M.)

G

Gabe (F.) dono (M.), regalo (M.)
Gage (F.) onorario (M.), compenso (M.), stipendio (M.)
Galgen (M.) forca (F.), patibolo (M.)
Ganove (M.) furfante (M.)
Garage (F.) autorimessa (F.), garage (M.)
Garant (M.) garante (M.), fideiussore (M.)
Garantenpflicht (F.) obbligo (M.) del garante
Garantenstellung (F.) posizione (F.) di garante
Garantie (F.) garanzia (F.), fideiussione (F.), cauzione (F.), guarentigia (F.)
Garantiefonds (M.) fondo (M.) di garanzia
Garantiefrist (F.) periodo (M.) di garanzia, termine (M.) di garanzia
Garantiegeschäft (N.) negozio (M.) di garanzia
garantieren garantire, avallare
Garantievertrag (M.) contratto (M.) di garanzia
Garde (F.) guardia (F.) del corpo, scorta (F.)
Gas (N.) gas (M.)
Gaskammer (F.) camera (F.) a gas
Gast (M.) ospite (M.), cliente (M.)
Gastarbeiter (M.) lavoratore (M.) straniero
Gastaufnahmevertrag (M.) contratto (M.) d'albergo
Gasthaus (N.) trattoria (F.), locanda (F.)
Gasthof (M.) locanda (F.), albergo (M.)
Gastprofessor (M.) professore (M.) ospite, visiting professor (M.) (engl.)
Gastrecht (N.) diritto (M.) d'ospitalità
Gastronomie (F.) gastronomia (F.)
Gaststätte (F.) ristorante (M.), albergo (M.), hotel (M.)
Gastwirt (M.) albergatore (M.), oste (M.)
Gastwirtshaftung (F.) responsabilità (F.) dell'albergatore
Gatte (M.) coniuge (M.), marito (M.), consorte (M.)

Gattin (F.) moglie (F.), coniuge (F.), consorte (F.)
Gattung (F.) genere (M.), categoria (F.)
Gattungskauf (M.) vendita (F.) di cosa generica
Gattungssache (F.) cosa (F.) generica
Gattungsschuld (F.) obbligazione (F.) di genere, obbligazione (F.) generica
Gattungsvermächtnis (N.) legato (M.) di genere
Gau (M.) distretto (M.), circoscrizione (F.)
Gauner (M.) imbroglione (M.), truffatore (M.)
Gaunerei (F.) furfanteria (F.)
Gaunersprache (F.) lingua (F.) furbesca, gergo (M.) della malavita
Gebärde (F.) gesto (M.)
Gebaren (N.) contegno (M.), comportamento (M.), gestione (F.)
gebären partorire
Gebäude (N.) edificio (M.), fabbricato (M.)
Geben (N.) prestazione (F.) di dare
geben dare, consegnare
Gebiet (N.) territorio (M.), regione (F.), campo (M.), ambito (M.)
gebieten imporre, comandare, dominare
Gebietshoheit (F.) sovranità (F.) territoriale
Gebietskörperschaft (F.) ente (M.) territoriale
geboren nato
Gebot (N.) offerta (F.), comando (M.), ordine (M.)
gebotene Sorgfalt (F.) diligenza (F.) del buon padre di famiglia
Gebotsirrtum (M.) errore (M.) sull'obbligo di garanzia
Gebrauch (M.) uso (M.), impiego (M.), usanza (F.), costume (M.)
gebrauchen adoperare, usare, utilizzare, impiegare
gebräuchliche unentgeltliche Zuwendung (F.) liberalità (F.) d'uso
Gebrauchsanmaßung (F.) furto (M.) d'uso
Gebrauchsanweisung (F.) istruzione (F.) per l'uso, istruzione (F.) d'uso
Gebrauchsdiebstahl (M.) furto (M.) d'uso
Gebrauchsentwendung (F.) furto (M.) d'uso
Gebrauchsgegenstand (M.) bene (M.) di consumo, cosa (F.) d'uso comune
Gebrauchsmuster (N.) modello (M.) d'utilità
Gebrauchsrecht (N.) diritto (M.) d'uso
Gebrauchsvorteil (M.) utile (M.) proveniente dall'uso di una cosa o dall'esercizio di un diritto, vantaggio (M.) d'uso
gebrechlich decrepito (Adj.), decadente, debole
Gebrechlichkeit (F.) decrepitezza (F.), salute (F.) precaria, debolezza (F.)
Gebrechlichkeitspflegschaft (F.) curatela (F.) dell'inabilitato
Gebühr (F.) tassa (F.), diritto (M.), quota (F.), canone (M.)
gebührenfrei esente da tasse, franco di diritti
Gebührenordnung (F.) tariffa (F.), disciplina (F.) tariffaria
gebührenpflichtig tassabile, soggetto a tassa, a pagamento
Gebührenüberhebung (F.) concussione (F.)
gebunden legato (Adj.), vincolato
gebundene Verwaltung (F.) amministrazione (F.) legata
Gebundenheit (F.) vincolatezza (F.), stazionarietà (F.)
Geburt (F.) nascita (F.)
Geburtenbuch (N.) registro (M.) di nascita, registro (M.) degli atti di nascita
gebürtig nativo (Adj.), originario
Geburtsname (M.) cognome (M.) di nascita, nome (M.) da ragazza
Geburtsurkunde (F.) atto (M.) di nascita
Gedanke (M.) pensiero (M.), idea (F.)
Gedankenfreiheit (F.) libertà (F.) di pensiero
gedenken commemorare
Gefahr (F.) im Verzug pericolo (M.) imminente, periculum (N.) in mora (lat.), pericolo (M.) nel ritardo
Gefahr (F.) pericolo (M.), rischio (M.)
gefährden porre in pericolo, mettere in pericolo, minacciare, compromettere
gefährdet in pericolo, minacciato
Gefährdung (F.) pericolo (M.), messa (F.) in pericolo, minaccia (F.)
Gefährdungsdelikt (N.) reato (M.) di pericolo
Gefährdungshaftung (F.) responsabilità (F.) oggettiva
Gefahrenabwehr (F.) difesa (F.) di rischi
Gefahrenabwendung (F.) impedimento (M.) del pericolo
Gefahrenabwendungspflicht (F.) obbligo (M.) di impedire l'evento
Gefahrengemeinschaft (F.) comunanza (F.) di rischi, comunione di rischi

gefahrengeneigt pericoloso
gefahrengeneigte Tätigkeit (F.) attività (F.) pericolosa
Gefahrenzulage (F.) indennità (F.) di lavorazione pericolosa, soprapremio (M.) di rischio
gefährlich pericoloso
gefährliche Körperverletzung (F.) lesione (F.) personale aggravata
Gefahrstoffverordnung (F.) regolamento (M.) sulle sostanze pericolose
Gefahrtragung (F.) sopportazione (F.) del rischio, rischio (M.)
Gefälle (N.) discesa (F.), dislivello (M.)
gefällig cortese, piacevole, gradito
Gefälligkeit (F.) compiacenza (F.), favore (M.), cortesia (F.)
Gefälligkeitsverhältnis (N.) rapporto (M.) di cortesia
Gefälligkeitswechsel (M.) cambiale (F.) di favore, cambiale (F.) di comodo
gefangen preso, carcerato (Adj.), detenuto (Adj.)
Gefangene (F.) detenuta (F.)
Gefangenenbefreiung (F.) procurata evasione (F.)
Gefangenenmeuterei (F.) ammutinamento (M.) di detenuti
Gefangener (M.) detenuto (M.), prigioniero (M.)
Gefangennahme (F.) cattura (F.)
Gefangenschaft (F.) prigionia (F.), detenzione (F.), reclusione (F.)
Gefängnis (N.) prigione (F.), carcere (M.), reclusione (F.), galera (F.)
Gefängnispolizei (F.) (Gefängnispolizei in Italien) polizia (F.) penitenziaria
Gefängnisstrafe (F.) pena (F.) detentiva
gefügig docile, arrendevole, malleabile
gegen contro, verso
Gegenanspruch (M.) contropretesa (F.)
Gegenäußerung (F.) replica (F.), risposta (F.)
Gegenbeweis (M.) controprova (F.), prova (F.) contraria
Gegendarstellung (F.) rettifica (F.)
Gegenforderung (F.) credito (M.) in contropartita, controcredito (M.), contropretesa (F.)
Gegengutachten (N.) controperizia (F.)
Gegenleistung (F.) controprestazione (F.), corrispettivo (M.)
Gegenmaßnahme (F.) contromisura (F.), rimedio (M.), controazione (F.)
Gegensatz (M.) contrasto (M.), opposto (M.), antitesi (F.), antinomia (F.)
Gegenschluss (M.) argumentum (M.) a contrario (lat.), argomento (M.) ex contrariis
Gegenseite (F.) controparte (F.), parte (F.) avversaria
gegenseitig reciproco, mutuo (Adj.), sinallagmatico
gegenseitiger Vertrag (M.) contratto (M.) sinallagmatico, contratto (M.) a prestazioni corrispettive
gegenseitiges Testament (N.) testamento (M.) reciproco
Gegenseitigkeit (F.) reciprocità (F.), mutualità (F.)
Gegenstand (M.) oggetto (M.), materia (F.)
gegenstandslos privo d'oggetto, infondato, irrilevante
Gegenstandslosigkeit (F.) insussistenza (F.), infondatezza (F.)
Gegenstandswert (M.) valore (M.) della causa
Gegenstimme (F.) voto (M.) contrario
Gegenteil (N.) contrario (M.), opposto (M.)
gegenüberstellen confrontare, contrapporre, mettere a confronto, raffrontare
Gegenüberstellung (F.) confronto (M.), raffronto (M.), contrapposizione (F.)
Gegenvormund (M.) protutore (M.)
Gegenvorstellung (F.) opposizione (F.), ragione (F.) contro una decisione
Gegenwart (F.) presente (M.), presenza (F.)
gegenwärtig presente (Adj.), attuale
gegenwärtige Gefahr (F.) pericolo (M.) attuale
gegenzeichnen controfirmare
Gegenzeichnung (F.) controfirma (F.)
Gegner (M.) avversario (M.), controparte (F.), parte (F.) avversaria
Gehalt (N.) stipendio (M.), retribuzione (F.), compenso (M.), rimunerazione (F.)
Gehaltsexekution (F.) esecuzione (F.) di stipendio
Gehaltspfändung (F.) pignoramento (M.) di stipendio
geheim segreto (Adj.), occulto
Geheimbund (M.) associazione (F.) segreta
Geheimdienst (M.) servizio (M.) segreto

geheime Wahl (F.) scrutinio (M.) segreto, votazione (F.) segreta
geheimer Vorbehalt (M.) riserva (F.) mentale, reservatio (F.) mentalis (lat.)
geheimer Vorbehalt (M.) riserva (F.) mentale, reservatio (F.) mentalis (lat.)
geheimes Testament (N.) testamento (M.) segreto
Geheimhaltung (F.) occultamento (M.), segretezza (F.)
Geheimhaltungspflicht (F.) obbligo (M.) di segretezza, obbligo (M.) del segreto professionale
Geheimnis (N.) segreto (M.)
Geheimpolizei (F.) polizia (F.) segreta
gehen andare
Gehilfe (M) complice (M.), ausiliario (M.), commesso (M.)
Gehilfenhaftung (F.) responsabilità (F.) per fatto degli ausiliari
Gehirn (N.) cervello (M.), encefalo (M.)
Gehirnwäsche (F.) lavaggio (M.) del cervello
Gehör (N.) ascolto (M.), audienza (F.), udienza (F.), udito (M.)
gehorchen ubbidire, obbedire, seguire, cedere, stare ai comandi, osservare
gehören appartenere, spettare
Gehorsam (M.) obbedienza (F.), ubbidienza (F.), disciplina (F.)
gehorsam ubbidiente (Adj.), obbediente (Adj.)
Gehorsamspflicht (F.) obbligo (M.) di obbedienza
Gehweg (M.) marciapiede (M.)
Geisel (F.) ostaggio (M.)
Geiselnahme (F.) presa (F.) in ostaggio
Geist (M.) spirito (M.)
geisteskrank infermo (Adj.) di mente
Geisteskrankheit (F.) infermità (F.) di mente
Geistesschwäche (F.) vizio (M.) parziale di mente, seminfermità (F.)
Geisteszerrüttung (F.) sconvolgimento (M.) mentale
geistig mentale, intellettuale (Adj.)
geistiges Eigentum (N.) proprietà (F.) intellettuale
geistlich ecclesiastico (Adj.), religioso
Geistlicher (M.) ministro (M.) di culto, ecclesiastico (M.)
Geld (N.) denaro (M.), moneta (F.)
Geldbetrag (M.) somma (F.) di denaro
Geldbuße (F.) pena (F.) pecuniaria, sanzione (F.) pecuniaria, ammenda (F.), multa (F.)
Geldersatz (M.) risarcimento (M.) in denaro, risarcimento (M.) pecuniario
Geldfälschung (F.) falsificazione (F.) di monete, falso nummario (M.)
Geldforderung (F.) credito (M.) pecuniario
Geldmittel (N.Pl.) fondi (M.Pl.), mezzi (M.Pl.) finanziari
Geldrente (F.) rendita (F.) in denaro
Geldschein (M.) banconota (F.)
Geldschuld (F.) debito (M.) pecuniario, obbligazione (M.) pecuniaria
Geldstrafe (F.) pena (F.) pecuniaria, multa (F.), ammenda (F.)
Geldstück (N.) moneta (F.)
Geldwäsche (F.) riciclaggio (M.) di denaro, riciclaggio (M.) del denaro sporco
Geldwäschegesetz (N.) legge (F.) sul riciclaggio di denaro, legge (F.) sul riciclaggio del denaro sporco
Geldwert (M.) valore (M.) monetario
Geldwertsicherung (F.) consolidamento (M.) del valore monetario
Geldwertsicherungsklausel (F.) clausola (F.) di consolidamento del valore monetario
Geldwucher (M.) usura (F.)
gelegen situato, collocato, ubicato, localizzato, sito
Gelegenheit (F.) occasione (F.), caso (M.), opportunità (F.)
Gelegenheitsdieb (M.) ladro (M.) d'occasione
Gelegenheitsdiebstahl (M.) furto (M.) occasionale
Gelegenheitsgesellschaft (F.) società (F.) occasionale, asso ciazione (F.) in partecipazione
Gelegenheitstäter (M.) delinquente (M.) occasionale
gelegentlich occasionale, casuale, saltuario
Geleit (N.) scorta (F.), seguito (M.), condotta (F.)
geloben promettere solennemente, giurare
Gelöbnis (N.) promessa (F.) solenne, giuramento (M.)
gelten valere, essere valido, vigere
geltend vigente, in vigore
geltend machen far valere, esercitare
Geltendmachung (F.) eines Anspruchs esercizio (M.) di un diritto

Geltung (F.) validità (F.), vigore (M.), autorità (F.), importanza (F.)
Geltungsbereich (M.) ambito (M.) d'applicazione, campo (M.) d'applicazione, ambito (M.) di validità
Gelübde (N.) voto (M.)
Gemahl (M.) consorte (M.), marito (M.)
Gemahlin (F.) consorte (F.), moglie (F.)
Gemarkung (F.) territorio (M.) comunale
gemäß ai sensi, giusta, a norma, ex, secondo, conformemente
gemein (allgemein) comune (Adj.), generico
Gemeinde (F.) comune (M.)
Gemeindebeamter (M.) funzionario (M.) comunale
Gemeindebetrieb (M.) azienda (F.) comunale
Gemeindedirektor (M.) sindaco (M.), segretario (M.) comunale
gemeindefrei non comunale, non appartenente ad un comune
gemeindefreies Gebiet (N.) territorio (M.) non appartenente a nessun comune
Gemeindegebiet (N.) territorio (M.) comunale
Gemeindegericht (N.) giudice (M.) comunale
Gemeindeordnung (F.) ordinamento (M.) comunale
Gemeinderat (M.) consiglio (M.) comunale
Gemeinderecht (N.) diritto (M.) comunale
Gemeindesatzung (F.) statuto (M.) comunale
Gemeindesteuer (F.) imposta (F.) comunale
Gemeindeverband (M.) associazione (F.) comunale, unione (F.) di comuni
Gemeindeverbund (M.) consorzio (M.) di comuni
Gemeindeverfassung (F.) statuto (M.) comunale
gemeine Gefahr (F.) pericolo (M.) comune
Gemeineigentum (N.) proprietà (F.) collettiva
gemeines Recht (N.) diritto (M.) comune, diritto (M.) universale
Gemeingebrauch (M.) uso (M.) comune, uso (M.) pubblico
gemeingefährlich socialmente pericoloso
gemeingefährliche Mittel (N.Pl.) mezzi (M.) socialmente pericolosi
Gemeingefährlichkeit (F.) pericolosità (F.) sociale, pericolo (M.) pubblico
Gemeingut (N.) bene (M.) comune, demanio (M.)
Gemeinkosten (F.Pl.) costi (M.Pl.) comuni, spese (F.Pl.) comuni
gemeinnützig di utilità pubblica
Gemeinnützigkeit (F.) utilità (F.) pubblica, utitlità (F.) sociale
gemeinsam comune (Adj.), collettivo (Adj.), assieme, in solido
gemeinsamer Markt (M.) mercato (M.) comune, mercato (M.) comunitario
gemeinsamer Parteiwille (M.) comune intenzione (F.) delle parti, di comune accordo (M.) tra le parti
gemeinsamer Senat (M.) sezioni (F.Pl.) unite
Gemeinschaft (F.) comunità (F.), comunione (F.), comunanza (F.), consorzio (M.)
gemeinschaftlich comune (Adj.), comunitario, in solido, consorziale
gemeinschaftliches Testament (N.) testamento (M.) congiuntivo, testamento (M.) simultaneo
Gemeinschaftsaufgabe (F.) compito (M.) comune, compito (M.) comunitario
Gemeinschaftsgeschmacksmuster (N.) modello (M.) ornamentale comunitario
Gemeinschaftsgut (N.) (Ehegemeinschaftsgut) bene (M.) della comunione
Gemeinschaftsrecht (N.) diritto (M.) comunitario
Gemeinschaftsschule (F.) scuola (F.) interconfessionale
Gemeinschaftsunternehmen (N.) impresa (F.) comune
Gemeinschaftswert (M.) valore (M.) collettivo
Gemeinschuldner (M.) fallito (M.), debitore (M.) fallimentare
Gemeinwohl (N.) bene (M.) comune, bene (M.) pubblico
gemischt misto
gemischte Schenkung (F.) donazione (F.) mista
gemischter Vertrag (M.) contratto (M.) misto
Gen (N.) gene (M.)
Gendarmerie (F.) gendarmeria (F.)
genehm gradito
genehmigen autorizzare, approvare, omologare, concedere, sancire, ratificare
genehmigtes Kapital (N.) capitale (M.) approvato, capitale (M.) autorizzato
Genehmigung (F.) autorizzazione (F.), ap-

provazione (F.), omologazione (F.), licenza (F.), concessione (F.), ratifica (F.)
genehmigungsbedürftig soggetto ad autorizzazione
General (M.) generale (M.)
General- generale (Adj.)
Generalamnestie (F.) amnistia (F.) generale
Generalanwalt (M.) procuratore (M.) generale, avvocato (M.) generale
Generalbundesanwalt (M.) procuratore (M.) generale presso la Corte federale di giustizia
Generalbundesanwaltschaft (F.) procura (F.) generale presso la Corte federale di giustizia
Generaldirektor (M.) direttore (M.) generale
Generaleinwilligung (F.) assenso (M.) generale
generalisieren generalizzare
Generalklausel (F.) clausola (F.) generale
Generalkonsens (M.) consenso (M.) generale
Generalprävention (F.) prevenzione (F.) generale
Generalsekretär (M.) segretario (M.) generale
Generalstaatsanwalt (M.) beim Kassationsgerichtshof procuratore (M.) generale presso la Corte Suprema di Cassazione
Generalstaatsanwalt (M.) beim Oberlandesgericht procuratore (M.) generale presso la corte d'appello
Generalstaatsanwaltschaft (F.) procura (F.) generale
Generalstreik (M.) sciopero (M.) generale
Generalversammlung (F.) assemblea (F.) generale
Generalvollmacht (F.) procura (F.) generale
generell generale (Adj.), generico, in genere
genetisch genetico
genetischer Fingerabdruck (M.) impronta (F.) digitale genetica
genetisches Synallagma (N.) sinallagma (M.) genetico
Genf (F.) Ginevra (F.)
Genfer Konvention (F.) Convenzione (F.) di Ginevra
genießen fruire, godere
Genom (N.) genoma (M.)
Genosse (M.) socio (M.), collega (M.), compagno (M.)
Genossenschaft (F.) cooperativa (F.), società (F.) cooperativa, consorzio (M.)
genossenschaftlich cooperativo, consorziale
Genossin (F.) socia (F.), collega (F.), compagna (F.), alleata (F.)
Genozid (M.) genocidio (M.)
Genrecht (N.) diritto (M.) genetico
Gentechnik (F.) ingegneria (F.) genetica
Genugtuung (F.) soddisfazione (F.), soddisfacimento (M.), riparazione (F.) morale
Genus (N.) genere (M.)
Genuskauf (M.) acquisto (M.) di cosa generica, acquisto (M.) generico
Genuss (M.) godimento (M.)
Genusschuld (F.) obbligazione (F.) generica
Genussmittel (N.) genere (M.) voluttuario, prodotto (M.) voluttario
Genussschein (M.) azione (F.) di godimento, titolo (M.) di godimento
Gepäck (N.) bagaglio (M.)
Gepäckaufbewahrung (F.) deposito (M.) bagagli
Gepäckversicherung (F.) assicurazione (F.) del bagaglio, assicurazione (F.) bagagli
gepfändet pignorato, sequestrato
Gepflogenheit (F.) uso (M.), usanza (F.), prassi (F.), abitudine (F.), tradizione (F.)
gerade Linie (F.) linea (F.) retta
gerade retto, diritto (Adj.), appena
Gerät (N.) apparecchio (M.), strumento (M.), attrezzo (M.), impianto (M.)
Gerätesicherheitsgesetz (N.) legge (F.) sulla sicurezza degli impianti tecnici
gerecht giusto, equo
gerechter Krieg (M.) guerra (F.) giusta
gerechter Preis (M.) prezzo (M.) giusto
gerechtfertigt giustificato
Gerechtigkeit (F.) giustizia (F.), equità (F.)
Gericht (N.) erster Instanz der Europäischen Gemeinschaften giudice (M.) di primo grado delle Comunità Europee
Gericht (N.) tribunale (M.), ufficio (M.) giudiziario, giudice (M.)
gerichtlich giudiziale, giudiziario, forense
gerichtliche Verfügung (F.) decreto (M.) giudiziario, ordinanza (F.) giudiziaria
gerichtliche Versteigerung (F.) asta (F.) giudiziale
Gerichtsamt (N.) ufficio (M.) giudiziario
Gerichtsassessor (M.) assessore (M.) giudiziario, aggiunto (M.) giudiziario
Gerichtsbarkeit (F.) giurisdizione (F.), magistratura (F.)
Gerichtsdiener (M.) usciere (M.)

Gerichtsferien (Pl.) ferie (F.Pl.) giudiziarie, vacanze (F.Pl.) giudiziarie
Gerichtsgebrauch (M.) prassi (F.) giudiziaria
Gerichtshilfe (F.) aiuto (M.) giudiziario, assistenza (F.) giudiziale sociale
Gerichtshof (M.) corte (F.) di giustizia, foro (M.), tribunale (M.)
Gerichtsjahr (N.) anno (M.) giudiziario
Gerichtskasse (F.) cassa (F.) giudiziaria
Gerichtskosten (F.Pl.) spese (F.Pl.) giudiziarie, spese (F.Pl.) di giudizio, spese (F.Pl.) processuali
Gerichtskostenvorschuss (M.) anticipazione (F.) delle spese giudiziarie
Gerichtsmedizin (F.) medicina (F.) legale
gerichtsmedizinisch medico-legale
Gerichtsordnung (F.) ordinamento (M.) giudiziario
Gerichtspolizei (F.) polizia (F.) giudiziaria
Gerichtsrat (M.) consiglio (M.) giudiziario, consiglio (M.) della magistratura, consigliere (M.) giudiziario
Gerichtsreferendar (M.) uditore (M.) giudiziario
Gerichtsschreiber (M.) cancelliere (M.)
Gerichtssprache (F.) lingua (F.) del processo
Gerichtssprengel (M.) circoscrizione (F.) giudiziaria, circondario (M.), distretto (M.)
Gerichtsstand (M.) der belegenen Sache forum (N.) rei sitae (lat.), foro (M.) del luogo in cui è situata la cosa
Gerichtsstand (M.) des Erfüllungsortes foro (M.) del luogo di esecuzione
Gerichtsstand (M.) foro (M.) competente, competenza (F.) territoriale
Gerichtsstandsklausel (F.) clausola (F.) del luogo competente
Gerichtstag (M.) giorno (M.) d'udienza
Gerichtsverfahren (N.) procedimento (M.) giudiziario, giudizio (M.)
Gerichtsverfassung (F.) ordinamento (M.) giudiziario
Gerichtsverfassungsgesetz (N.) legge (F.) sull'ordinamento giudiziario
Gerichtsverhandlung (F.) udienza (F.)
Gerichtsverwaltung (F.) amministrazione (F.) giudiziaria, amministrazione (F.) della giustizia
Gerichtsvollzieher (M.) ufficiale (M.) giudiziario
gering scarso, piccolo
geringfügig esiguo, lieve, piccolo, scarso
geringstes Gebot (N.) offerta (F.) minima
Germane (M.) germano (M.)
gesamt tutto, intero, totale, complessivo, globale
Gesamtakt (M.) atto (M.) collettivo, atto (M.) complesso
Gesamtgläubiger (M.) creditore (M.) in solido
Gesamtgläubigerschaft (F.) obbligazione (F.) in solido
Gesamtgut (N.) bene (M.) comune
Gesamthaftung (F.) responsabilità (F.) solidale, responsabilità (F.) cumulativa
Gesamthand (F.) comunione (F.) pro indiviso
gesamthänderisch pro indiviso, in mano comune
Gesamthandseigentum (N.) proprietà (F.) indivisa, comproprietà (F.) indivisa
Gesamthandsgemeinschaft (F.) comunione (F.) a mani riunite
Gesamtheit (F.) insieme (M.), complesso (M.), totalità (F.), universalità (F.)
Gesamthochschule (F.) università (F.) integrata
Gesamthypothek (F.) ipoteca (F.) simultanea, ipoteca (F.) generale
Gesamtprokura (F.) procura (F.) congiunta
Gesamtrechtsnachfolge (F.) successione (F.) a titolo universale
Gesamtschaden (M.) danno (M.) complessivo
Gesamtschuld (F.) debito (M.) solidale, obbligazione (F.) solidale, obbligazione (F.) in solido, debito (M.) totale
Gesamtschuldner (M.) debitore (M.) in solido, debitore (M.) solidale
gesamtschuldnerisch solidale, in solido
gesamtschuldnerische Haftung (F.) responsabilità (F.) solidale
Gesamtschuldnerschaft (F.) responsabilità (F.) in solido
Gesamtschule (F.) scuola (F.) integrata
gesamtstaatlich nazionale, a livello nazionale
Gesamtstrafe (F.) pena (F.) complessiva, pena (F.) cumulativa
Gesamtvertretung (F.) rappresentanza (F.) congiunta, rappresentanza (F.) collettiva
Gesamtvollstreckung (F.) esecuzione (F.) universale, esecuzione (F.) concorsuale

Gesamtvorsatz (M.) dolo (M.) generale, medesimo disegno (M.) criminoso
Gesandter (M.) legato (M.), inviato (M.), ambasciatore (M.)
Geschädigter (M.) danneggiato (M.), parte (F.) lesa, sinistrato (M.)
Geschäft (N.) affare (M.), negozio (M.), azienda (F.)
geschäftlich commerciale, negoziale
geschäftsähnliche Handlung (F.) atto (M.) paranegoziale
Geschäftsanteil (M.) quota (F.) di partecipazione
Geschäftsaufsicht (F.) zur Abwendung des Konkurses (Geschäftsaufsicht zur Abwendung des Konkurses in Italien) amministrazione (F.) controllata
Geschäftsbedingung (F.) condizione (F.) di transazione, condizione (F.) di contratto
Geschäftsbericht (M.) relazione (F.) di bilancio, rapporto (M.) di gestione
Geschäftsbesorgung (F.) cura (F.) d'affari, gestione (F.) d'affari
Geschäftsbesorgungsvertrag (M.) contratto (M.) di mandato, contratto (M.) di gestione d'affari
Geschäftsbetrieb (M.) azienda (F.) commerciale, esercizio (M.) commerciale
Geschäftsbrief (M.) lettera (F.) commerciale, lettera (F.) d'affari
geschäftsfähig capace d'agire, capace di contrattare
Geschäftsfähigkeit (F.) capacità (F.) negoziale, capacità (F.) d'agire
Geschäftsführer (M.) amministratore (M.), dirigente (M.), gestore (M.) d'affari
Geschäftsführung (F.) amministrazione (F.), gestione (F.)
Geschäftsführung (F.) ohne Auftrag gestione (F.) d'affari, negotiorum gestio (F.) (lat.)
Geschäftsgeheimnis (N.) segreto (M.) commerciale, segreto (M.) industriale
Geschäftsgrundlage (F.) base (F.) negoziale, causa (F.) del negozio
Geschäftsguthaben (N.) capitale (M.) d'impresa
Geschäftsherr (M.) committente (M.)
Geschäftsherrnpflichtverletzung (F.) inadempimento (M.) degli obblighi del committente
Geschäftsirrtum (M.) errore-vizio (M.), errore-motivo (M.)
Geschäftsjahr (N.) esercizio (M.) commerciale, anno (M.) commerciale, esercizio (M.)
geschäftsmäßig commerciale, professionale
Geschäftsmäßigkeit (F.) professionalità (F.)
Geschäftsordnung (F.) regolamento (M.) interno, regolamento (M.) di gestione
Geschäftsraum (M.) locale (M.) commerciale, immobile (M.) adibito ad uso diverso da quello di abitazione
Geschäftsraummiete (F.) locazione (F.) di immobili adibiti ad uso diverso da quello di abitazione, locazione (F.) di locali commerciali
Geschäftsstelle (F.) ufficio (M.), cancelleria (F.), segreteria (F.), sede (F.), dipendenza (F.)
Geschäftsträger (M.) incaricato (M.) d'affari
Geschäftsumfang (M.) volume (M.) d'affari, giro (M.) d'affari
geschäftsunfähig incapace di agire
Geschäftsunfähigkeit (F.) incapacità (F.) d'agire
Geschäftsvermögen (N.) capitale (M.) d'esercizio
Geschäftsverteilung (F.) ripartizione (F.) degli affari, assegnazione (F.) delle cause
Geschäftswert (M.) avviamento (M.), valore (M.) d'avviamento, valore (M.) della ditta, good will (M.) (engl.)
Geschäftswille (M.) volontà (F.) negoziale
Geschäftszeit (F.) orario (M.) d'apertura
Geschehen (N.) avvenimento (M.), accadimento (M.)
geschehen accadere, avvenire, succedere
Geschenk (N.) regalo (M.), dono (M.)
Geschenkannahme (F.) accettazione (F.) di dono
Geschichte (F.) storia (F.)
geschichtlich storico
geschieden divorziato (Adj.)
Geschiedene (F.) divorziata (F.)
Geschiedener (M.) divorziato (M.)
Geschlecht (N.) sesso (M.), stirpe (F.), famiglia (F.), genere (M.)
geschlechtlich sessuale
Geschlechtstrieb (M.) istinto (M.) sessuale
Geschlechtsverkehr (M.) rapporto (M.) sessuale
Geschmacksmuster (N.) modello (M.) ornamentale, disegno (M.) ornamentale

Geschoss (N.) proiettile (M.), pallottola (F.), piano (M.), livello (M.)
Geschwader (N.) squadra (F.), squadriglia (F.)
geschwind veloce, celere, rapido
Geschwindigkeit (F.) velocità (F.), celerità (F.), rapidità (F.)
Geschwister (N.Pl.) fratelli (M.Pl.)
Geschworenenbank (F.) banco (M.) dei giudici popolari
Geschworenenprozess (M.) processo (M.) con giudici popolari, processo (M.) davanti alla corte d'assise
Geschworener (M.) giudice (M.) popolare
Geselle (M.) artigiano (M.), operaio (M.) specializzato
Gesellschaft (F.) des bürgerlichen Rechts società (F.) di diritto civile
Gesellschaft (F.) mit beschränkter Haftung (GmbH) società (F.) a responsabilità limitata (s.r.l.)
Gesellschaft (F.) società (F.)
Gesellschafter (M.) socio (M.)
Gesellschafterbeschluss (M.) deliberazione (F.) sociale
Gesellschafterversammlung (F.) assemblea (F.) dei soci, riunione (F.) dei soci
gesellschaftlich sociale
Gesellschaftserrichtung (F.) costituzione (F.) di società
Gesellschaftskapital (N.) capitale (M.) sociale
Gesellschaftsrecht (N.) diritto (M.) delle società, diritto (M.) societario
Gesellschaftsschuld (F.) debito (M.) sociale
Gesellschaftsvermögen (N.) patrimonio (M.) sociale
Gesellschaftsvertrag (M.) contratto (M.) di società, atto (M.) costitutivo, contratto (M.) sociale
Gesellschaftszweck (M.) oggetto (M.) sociale, oggetto (M.) della società, scopo (M.) sociale
Gesetz (M.) des Schweigens (Schweigepflicht für die Mitglieder einer Verbrecherbande in Italien) legge (F.) dell'omertà, omertà (F.)
Gesetz (N.) legge (F.)
Gesetzblatt (N.) der Republik gazzetta (F.) ufficiale della Repubblica
Gesetzblatt (N.) gazzetta (F.) ufficiale
Gesetzbuch (N.) codice (M.)
Gesetzentwurf (M.) progetto (M.) di legge, proposta (F.) di legge, disegno (M.) di legge (d.d.l.)
Gesetzesanalogie (F.) analogia (F.) legale, analogia (F.) legis (lat.)
Gesetzesänderung (F.) modificazione (F.) della legge, emendamento (M.) di legge
Gesetzesdekret (N.) (Gesetzesdekret in Italien) decreto (M.) legge (d.l.)
Gesetzeseinheit (F.) concorso (M.) apparente di norme
Gesetzesinitiative (F.) iniziativa (F.) legislativa, iniziativa (F.) delle leggi
Gesetzeskonkurrenz (F.) concorso (M.) di leggi, concorso (M.) apparente di norme
Gesetzeskraft (F.) forza (F.) legislativa, forza (F.) di legge
Gesetzeslücke (F.) lacuna (F.) della legge, carenza (F.) legislativa
Gesetzesrecht (N.) diritto (M.) positivo, diritto (M.) scritto
Gesetzessammlung (F.) raccolta (F.) di leggi
Gesetzesumgehung (F.) frode (F.) alla legge, elusione (F.) della legge
Gesetzesverabschiedung (F.) approvazione (F.) di una legge, votazione (F.) di una legge
gesetzesvertretendes Dekret (N.) (gesetzesvertretendes Dekret in Italien) decreto (M.) legislativo (d.lgs.)
Gesetzesvorbehalt (M.) riserva (F.) di legge
Gesetzesvorlage (F.) disegno (M.) di legge (d.d.l.), proposta (F.) di legge, progetto (M.) di legge
Gesetzesvorschrift (F.) precetto (M.) legale, prescrizione (F.) di legge, disposizione (F.) di legge
gesetzgebend legislativo, legiferante
gesetzgebende Gewalt (F.) potere (M.) legislativo
Gesetzgeber (M.) legislatore (M.)
Gesetzgebung (F.) legislazione (F.)
Gesetzgebungsbefugnis (F.) competenza (F.) legislativa, potere (M.) legislativo
Gesetzgebungsnotstand (M.) crisi (F.) legislativa
Gesetzgebungsverfahren (N.) procedimento (M.) di formazione delle leggi, iter (M.) formativo delle leggi

Gesetzgebungszuständigkeit (F.) competenza (F.) legislativa
gesetzlich legale (Adj.), legittimo (Adj.)
gesetzlich vorgeschriebene Form (F.) forma (F.) ad substantiam
gesetzliche Erbfolge (F.) successione (F.) legittima
gesetzliche Vermutung (F.) presunzione (F.) legale
gesetzlicher Feiertag (M.) giorno (M.) festivo legale, festa (F.) nazionale
gesetzlicher Güterstand (M.) regime (M.) patrimoniale legale
gesetzlicher Richter (M.) giudice (M.) precostituito dalla legge
gesetzlicher Tatbestand (M.) elementi (M.Pl.) oggettivi della fattispecie
gesetzlicher Vertreter (M.) rappresentante (M.) legale
gesetzliches Erbrecht (N.) diritto (M.) della successione legittima, diritto (M.) del legittimario
gesetzliches Pfandrecht (N.) privilegio (M.)
gesetzliches Schuldverhältnis (N.) rapporto (M.) obbligatorio ex lege, obbligazione (F.) ex lege
gesetzliches Vorkaufsrecht (N.) prelazione (F.) legale
gesetzliches Zahlungsmittel (N.) moneta (F.) legale
gesetzmäßig conforme alla legge, legale (Adj.), legittimo (Adj.)
Gesetzmäßigkeit (F.) legalità (F.), legittimità (F.)
gesetzwidrig contrario alla legge, illegale, illegittimo, illecito (Adj.)
Gesetzwidrigkeit (F.) illegalità (F.), illiceità (F.), illegittimità (F.), contrarietà (F.) alla legge
Gesicht (M.) viso (M.), volto (M.)
Gesichtspunkt (M.) punto (M.) di vista, profilo (M.), aspetto (M.)
Gesinnung (F.) atteggiamento (M.) interiore, opinione (F.), modo (M.) di pensare
Gestalt (F.) forma (F.), figura (F.), aspetto (M.), configurazione (F.)
gestalten formare, creare, configurare, costituire
Gestaltung (F.) costituzione (F.), modificazione (F.)
Gestaltungsakt (M.) atto (M.) costitutivo, atto (M.) potestativo
Gestaltungsklage (F.) azione (F.) costitutiva
Gestaltungsrecht (N.) diritto (M.) potestativo
Gestaltungsurteil (N.) sentenza (F.) costitutiva
geständig confesso
Geständnis (N.) confessione (F.)
gestatten permettere, concedere, consentire, autorizzare
Gestattung (F.) permesso (M.), concessione (F.), autorizzazione (F.)
gestehen confessare
Gestehungskosten (F.Pl.) costo (M.) di fabbricazione, spese (F.Pl.) di produzione
Gesuch (N.) domanda (F.), richiesta (F.), istanza (F.)
gesund sano, salubre
Gesundheit (F.) salute (F.), sanità (F.)
Gesundheitsamt (N.) ufficio (M.) sanitario, ufficio (M.) d'igiene
Gesundheitsfürsorge (F.) assistenza (F.) sanitaria
Gesundheitspolizei (F.) polizia (F.) sanitaria
Gesundheitsschaden (M.) danno (M.) alla salute, danno (M.) biologico
Gesundheitsschädigung (F.) danno (M.) alla salute, nocumento (M.) alla salute
gesundheitsschädlich nocivo alla salute
Gesundheitsverletzung (F.) nocumento (M.) della salute, lesione (F.) della salute
Getreide (N.) cereale (M.), grano (M.)
getrennt separato (Adj.), diviso (Adj.), distinto (Adj.)
Getrenntleben (N.) separazione (F.) di fatto
Getto (N.) ghetto (M.)
Gewähr (F.) garanzia (F.), sicurezza (F.)
gewähren accordare, concedere, corrispondere
gewährleisten garantire
Gewährleistung (F.) garanzia (F.)
Gewährleistungspflicht (F.) obbligo (M.) di garanzia
Gewährmangel (M.) vizio (M.) occulto della cosa
Gewahrsam (M.) custodia (F.), possesso (M.), detenzione (F.)
Gewahrsamsbruch (M.) violazione (F.) della detenzione

Gewährsmann (M.) informatore (M.) confidenziale
Gewalt (F.) (Kraft) potere (M.), forza (F.), violenza (F.) fisica, violenza (F.) morale
Gewaltenteilung (F.) divisione (F.) dei poteri
Gewaltgeber (M.) (Gewaltgeber in Österreich) mandante (M.)
Gewalthaber (M.) (Gewalthaber in Österreich) mandatario (M.)
gewaltsam violento, compiuto con l'uso della forza
gewaltsame Körperverletzung (F.) lesione (F.) personale violenta
Gewalttat (F.) atto (M.) di violenza, atto (M.) di forza
gewalttätig violento, criminale (Adj.)
Gewalttätigkeit (F.) violenza (F.)
Gewaltverhältnis (N.) rapporto (M.) di supremazia
Gewässer (N.) acque (F.Pl.)
Gewässerschutz (M.) tutela (F.) delle acque
Gewehr (N.) fucile (M.)
Gewerbe (N.) industria (F.), commercio (M.), mestiere (M.), professione (F.)
Gewerbeaufsicht (F.) controllo delle attività (F.Pl.) professionali
Gewerbeaufsichtsamt (N.) ufficio (M.) dell'ispettorato del lavoro
Gewerbebetrieb (M.) azienda (F.) commerciale
Gewerbefreiheit (F.) libertà (F.) d'industria, libertà (F.) professionale
Gewerbegebiet (N.) zona (F.) industriale, zona (F.) produttiva, zona (F.) di insediamenti produttivi
Gewerbegericht (N.) giudice (M.) del lavoro
Gewerbeordnung (F.) codice (M.) delle attività lucrative indipendenti
Gewerbepolizei (F.) polizia (F.) del commercio e dell'industria
Gewerberaum (M.) immobile (M.) adibito ad uso commerciale
Gewerberaummietrecht (N.) diritto (M.) della locazione degli immobili adibiti ad uso commerciale
Gewerberecht (N.) diritto (M.) industriale
Gewerbesteuer (F.) imposta (F.) industriale, imposta (F.) sull'industria arti e professioni
gewerbetreibend esercente attività commerciale o industriale
Gewerbetreibende (F.) commerciante (F.)
Gewerbetreibender (M.) industriale (M.), commerciante (M.), esercente (M.) un'attività commerciale
Gewerbeuntersagung (F.) interdizione (F.) dall'esercizio di un'attività commerciale, interdizione (F.) dall'esercizio di una professione
Gewerbezentralregister (N.) registro (M.) centrale del commercio
gewerblich industriale (Adj.), commerciale (Adj.)
gewerblicher Rechtsschutz (M.) protezione (F.) della proprietà industriale
gewerbsmäßig professionale
Gewerbsmäßigkeit (F.) professionalità (F.)
Gewerke (M.) socio (M.) di un consorzio minerario
Gewerkschaft (F.) sindacato (M.), associazione (F.) sindacale
Gewerkschaftler (M.) sindacalista (M.)
gewerkschaftlich sindacale
Gewicht (N.) peso (M.), importanza (F.)
gewillkürt volontario
gewillkürte Erbfolge (F.) successione (F.) testamentaria, successione (F.) volontaria
gewillkürte Form (F.) forma (F.) volontaria
Gewinn (M.) utile (M.), guadagno (M.), profitto (M.), ricavo (M.)
Gewinnabsicht (F.) scopo (M.) di lucro
Gewinnanteil (M.) quota (F.) di partecipazione agli utili
gewinnbringend lucrativo, proficuo, redditizio, remunerativo
gewinnen guadagnare, vincere
Gewinnentgang (M.) mancato guadagno (M.)
Gewinnermittlung (F.) determinazione (F.) degli utili, individuazione (F.) degli utili
Gewinnrechnung und Verlustrechnung (F.) conto (M.) profitti e perdite, conto (M.) economico
Gewinnzusage (F.) promessa (F.) di guadagno, promessa (F.) di rendimento
gewiss sicuro, certo
Gewissen (N.) coscienza (F.)
Gewissensbiss (M.) rimorso (M.)
Gewissensfreiheit (F.) libertà (F.) di coscienza
Gewissheit (F.) certezza (F.), sicurezza (F.)
Gewohnheit (F.) abitudine (F.), consuetudine (F.), pratica (F.), uso (M.)

gewohnheitsmäßig abituale, consuetudinario
Gewohnheitsrecht (N.) consuetudine (F.), diritto (M.) consuetudinario, uso (M.) normativo
Gewohnheitsverbrecher (M.) delinquente (M.) abituale
gewöhnlich solito, abituale
gezogener Wechsel (M.) tratta (F.), cambiale (F.) tratta
Gier (F.) avidità (F.)
Gift (N.) veleno (M.)
giftig velenoso
Giftmord (M.) veneficio (M.)
Gilde (F.) gilda (F.), corporazione (F.)
Giralgeld (N.) moneta (F.) scritturale, moneta (F.) in giro, depositi (M.Pl.) disponibili
Giro (N.) giro (M.), girata (F.)
Girokonto (N.) giroconto (M.), conto (M.) corrente di corrispondenza
Girovertrag (M.) contratto (M.) di conto corrente
Glaube (M.) fede (F.)
glauben credere
Glaubensfreiheit (F.) libertà (F.) di credenza
glaubhaft credibile, attendibile
Glaubhaftigkeit (F.) attendibilità (F.), credibilità (F.)
Glaubhaftmachung (F.) autenticazione (F.)
Gläubiger (M.) creditore (M.)
Gläubigeranfechtung (F.) impugnazione (F.) dei creditori
Gläubigerversammlung (F.) adunanza (F.) dei creditori, assemblea (F.) dei creditori
Gläubigerverzug (M.) mora (F.) del creditore, mora (F.) accipiendi (lat.), mora (F.) credendi (lat.)
glaubwürdig credibile, attendibile
Glaubwürdigkeit (F.) attendibilità (F.)
gleich uguale, eguale
gleichartig simile (Adj.), omogeneo (Adj.), analogo
gleichartige Idealkonkurrenz (F.) concorso (M.) formale omogeneo
gleichartige Realkonkurrenz (F.) concorso (M.) materiale omogeneo
gleichartige Tateinheit (F.) concorso (M.) formale omogeneo
gleichartige Tatmehrheit (F.) concorso (M.) materiale omogeneo
Gleichartigkeit (F.) affinità (F.), omogeneità (F.)
Gleichbehandlung (F.) pari trattamento (M.), parità (F.) di trattamento
Gleichbehandlungsgrundsatz (M.) principio (M.) della parità di trattamento, principio (M.) del pari trattamento
gleichberechtigt equiparato nei diritti, avente gli stessi diritti, con pari diritti
Gleichberechtigung (F.) eguaglianza (F.), uguaglianza (F.), parità (F.) di diritti
gleiche Wahl (F.) eguaglianza (F.) del voto
Gleichheit (F.) eguaglianza (F.), uguaglianza (F.)
Gleichheitsgrundsatz (M.) principio (M.) di eguaglianza
gleichwertig equivalente
gleichzeitig contemporaneo, simultaneo, contestuale, concomitante
Gleichzeitigkeit (F.) contemporaneità (F.), simultaneità (F.), contestualità (F.)
gleiten scivolare, planare
gleitend mobile (Adj.), variabile
gleitende Skala (F.) (gleitende Skala in Italien) scala (F.) mobile
Gleitklausel (F.) clausola (F.) della scala mobile
Glied (N.) membro (M.), arto (M.), anello (M.)
gliedern articolare, strutturare, organizzare
Gliederung (F.) articolazione (F.), sistema (M.), struttura (F.)
global globale
Globalzession (F.) cessione (F.) globale, cessione (F.) totale dei crediti
Glück (N.) fortuna (F.), alea (F.), azzardo (M.), sorte (F.)
Glücksspiel (N.) gioco (M.) d'azzardo
Glücksvertrag (M.) contratto (M.) aleatorio
GmbH (F.) (Gesellschaft mit beschränkter Haftung) s.r.l. (F.) (società a responsabilità limitata)
Gnade (F.) grazia (F.), clemenza (F.)
Gnadenakt (M.) atto (M.) di grazia, atto (M.) di clemenza
Gnadenerweis (M.) atto (M.) di clemenza, atto (M.) di grazia
Gnadenfrist (F.) giorni (M.Pl.) di grazia
Gnadenstoß (M.) colpo (M.) di grazia
goodwill (M.) valore (M.) d'avviamento, avviamento (M.), valore (M.) della ditta
Gott (M.) Dio (M.)
Gottes Gnade grazia (F.) divina, grazia (F.) di dio

Gotteslästerung (F.) bestemmia (F.), blasfemia (F.)
Gouverneur (M.) governatore (M.)
Grad (M.) grado (M.), tasso (M.)
gradual graduale
Gradualsystem (N.) sistema (M.) graduale
graduieren graduare, conferire un titolo accademico
Graduierter (M.) titolare (M.) di un titolo accademico
Graf (M.) conte (M.)
Granate (F.) granata (F.)
Gratifikation (F.) gratificazione (F.), gratifica (F.)
gratis gratuito, gratis
grausam crudele, spietato
Grausamkeit (F.) crudeltà (F.), spietatezza (F.)
greifen prendere, toccare, pigliare
Gremium (N.) collegio (M.), comitato (M.)
Grenze (F.) limite (M.), confine (M.)
grenzüberschreitend internazionale
grenzüberschreitender Handelsverkehr (M.) scambio (M.) internazionale
Grenzüberschreitung (F.) attraversamento (M.) del confine, passaggio (M.) del confine
grob grosso (Adj.), ruvido, grave
grobe Fahrlässigkeit (F.) colpa (F.) grave
grobe Undankbarkeit (F.) ingratitudine (F.) grave
grober Unfug (M.) disturbo (M.) grave, molestia (F.) grave
grober Unverstand (M.) errore (M.) grave sulla causalità
Gros (N.) grosso (M.)
groß grande
Großbritannien (N.) Gran Bretagna (F.)
großdeutsch pangermanico
Großhandel (M.) commercio (M.) all'ingrosso
Großhändler (M.) commerciante (M.) all'ingrosso, grossista (M.)
Großstadt (F.) città (F.) metropolitana, metropoli (F.)
Grube (F.) miniera (F.)
Grund (M.) motivo (M.), causa (F.), ragione (F.), cagione (F.), terreno (M.), fondo (M.), suolo (M.)
Grundabtretung (F.) cessione (F.) di beni immobili, cessione (F.) di beni fondiari
Grundbuch (N.) libro (M.) fondiario
Grundbuchamt (N.) ufficio (M.) tavolare, ufficio (M.) del libro fondiario
Grundbuchauszug (M.) estratto (M.) del libro fondiario, estratto (M.) tavolare
Grundbuchberichtigung (F.) rettificazione (F.) del registro immobiliare
Grundbucheintragung (F.) iscrizione (F.) nel libro fondiario, iscrizione (F.) tavolate, intavolazione (F.)
Grundbuchordnung (F.) legge (F.) fondiaria
Grundbuchrecht (N) diritto (M.) fondiario, diritto (M.) tavolare
Grundbuchverfügung (F.) regolamento (M.) sul procedimento davanti al giudice fondiario
Grunddienstbarkeit (F.) servitù (F.) prediale
Grundeigentum (N.) patrimonio (M.) immobiliare, proprietà (F.) fondiaria
Grundeigentümer (M.) proprietario (M.) di immobili, proprietario (M.) fondiario
gründen fondare, costituire, istituire, creare, instaurare, impiantare
Gründer (M.) fondatore (M.), promotore (M.), socio (M.) fondatore
Gründeraktie (F.) azione (F.) di fondazione
Grunderwerb (M.) acquisto (M.) immobiliare, acquisto (M.) di terreni
Grunderwerbsteuer (F.) imposta (F.) sugli acquisti immobiliari
Grunderwerbsteuergesetz (N.) legge (F.) sull'imposta sull'acquisto di beni immobili
Grundgehalt (N.) stipendio (M.) base
Grundgesetz (N.) legge (F.) fondamentale, carta (F.) fondamentale
Grundherr (M.) feudatario (M.)
Grundherrschaft (F.) feudalismo (M.)
Grundkapital (N.) capitale (M.) sociale, capitale (M.) iniziale
Grundlage (F.) base (F.), fondamento (M.), principio (M.)
Grundlohn (M.) salario (M.) base
Grundordnung (F.) ordinamento (M.) base, ordinamento (M.) fondamentale
Grundpfand (N.) garanzia (F.) immobiliare, ipoteca (F.), debito (M.) fondiario
Grundpflicht (F.) dovere (M.) fondamentale
Grundrecht (N.) diritto (M.) fondamentale, diritto (M.) immobiliare

Grundrechtsfähigkeit (F.) capacità (F.) di essere titolare di diritti fondamentali
Grundrechtskatalog (M.) carta (F.) dei diritti fondamentali
Grundrechtsmündigkeit (F.) capacità (F.) di far valere autnomamente i diritti fondamentali
Grundrechtsschranke (F.) limite (M.) di un diritto fondamentale
Grundrente (F.) pensione (F.) base, rendita (F.) fondiaria
Grundsatz (M.) der freien Beweiswürdigung principio (M.) del libero convincimento
Grundsatz (M.) des rechtlichen Gehörs principio (M.) del contraddittorio
Grundsatz (M.) principio (M.), massima (F.), regola (F.)
Grundschuld (F.) debito (M.) fondiario
Grundschuldbrief (M.) titolo (M.) girabile incorporante ipoteca
Grundsteuer (F.) imposta (F.) fondiaria, imposta (F.) immobiliare, imposta (F.) su terreni
Grundstrafe (F.) pena (F.) edittale
Grundstück (N.) fondo (M.), terreno (M.), bene (M.) immobile
Grundstücksbelastung (F.) onere (M.) reale
Grundstückskauf (M.) acquisto (F.) di beni immobili, vendita (F.) immobiliare
Grundstücksrecht (N.) diritto (M.) immobiliare
Grundstücksverkehr (M.) trasferimento (M.) di beni immobili, circolazione (F.) immobiliare
Grundstückszubehör (N.) accessori (M.Pl.) immobiliari
Gründung (F.) costituzione (F.), fondazione (F.), istaurazione (F.), creazione (F.), apertura (F.)
Gründungsakt (M.) atto (M.) costitutivo
Gründungsfreiheit (F.) libertà (F.) di costituzione
Gründungsgesellschaft (F.) società (F.) in formazione
Gründungsvertrag (M.) atto (M.) costitutivo, atto (M.) di fondazione, trattato (M.) costitutivo
Grundurteil (N.) condanna (F.) generica
Grundvertrag (M.) contratto (M.) base
Grundwehrdienst (M.) servizio (M.) militare
Gruppe (F.) gruppo (M.), categoria (F.)
Gruppenfreistellung (F.) esonero (M.) di gruppo, esenzione (F.) per gruppo
Gruppenwahl (F.) voto (M.) di gruppo
Guerillakämpfer (M.) guerrigliero (M.)
Guerillero (M.) guerrigliero (M.)
Guillotine (F.) ghigliottina (F.)
gültig valido, vigente
Gültigkeit (F.) validità (F.), vigenza (F.), vigore (M.)
Gunst (F.) favore (M.)
günstig favorevole, conveniente, opportuno
Günstigkeitsprinzip (N.) principio (M.) di maggior favore per il lavoratore
Gut (N.) bene (M.), merce (F.)
Gutachten (N.) parere (M.), perizia (F.), consulto (M.)
Gutachter (M.) perito (M.), esperto (M.), consulente (M.) tecnico, tecnico (M.)
Güte (F.) qualità (F.), bontà (F.)
gute Sitten (F.Pl.) buon costume (M.)
guter Glaube (M.) buona fede (F.)
Güterabwägung (F.) bilanciamento (M.) degli interessi in conflitto, bilanciamento (M.) di interessi
Güterfernverkehr (M.) trasporto (M.) di merci a grande distanza
Gütergemeinschaft (F.) comunione (F.) dei beni
Güterkraftverkehr (M.) autotrasporto (M.) di merci
Güterrecht (N.) regime (M.) patrimoniale, diritto (M.) patrimoniale
Güterrechtsregister (N.) registro (M.) dei regimi patrimoniali
Güterstand (M.) regime (M.) patrimoniale
Gütertrennung (F.) separazione (F.) dei beni
Güteverfahren (N.) procedimento (M.) di conciliazione
Güteverhandlung (F.) udienza (F.) di conciliazione
Gütezeichen (N.) marchio (M.) di qualità, segno (M.) di garanzia
Gutglaubensschutz (M.) tutela (F.) della buona fede
gutgläubig in buona fede
gutgläubiger Erwerb (M.) acquisto (M.) in buona fede
gutgläubiger Erwerber (M.) acquirente (M.) in buona fede
Gutgläubigkeit (F.) buona fede (F.)

Guthaben (N.) saldo (M.) a credito, credito (M.), deposito (M.), saldo (M.) attivo
gütlich amichevole, bonario
gütliche Regelung (F.) sistemazione (F.) amichevole, accordo (M.) amichevole, accomodamento (M.) bonario
Gutschein (M.) buono (M.)
Gutsherr (M.) signore (M.) di una tenuta, signore (M.) di campagna
Gutsherrschaft (F.) signoria (F.)
Gymnasium (N.) liceo (M.), ginnasio (M.)

H

Haag (N.) Aja (F.)
Haager Kaufrechtsübereinkommen (N.) convenzione (F.) dell'Aja sulla vendita internazionale di beni mobili corporali
Haager Landkriegsordnung (F.) convenzione dell'Aja concernente le leggi e gli usi della guerra terrestre
Habe (F.) beni (M.Pl.), patrimonio (M.)
Haben (N.) avere (M.), credito (M.), saldo (M.) a credito, saldo (M.) attivo
Habgier (F.) avidità (F.)
Habilitation (F.) abilitazione (F.) all'insegnamento universitario
habilitieren abilitare all'insegnamento universitario
Hader (M.) litigio (M.), lite (F.), contesa (F.), controversia (F.)
Hafen (M.) porto (M.)
Haft (F.) detenzione (F.), carcerazione (F.), arresto (M.), custodia (F.)
haftbar responsabile (Adj.)
Haftbarkeit (F.) responsabilità (F.)
Haftbefehl (M.) mandato (M.) di cattura, ordine (M.) di cattura, ordine (M.) di carcerazione
haften rispondere, essere responsabile
Haftentlassung (F.) scarcerazione (F.), liberazione (F.) dalla responsabilità
Haftentschädigung (F.) riparazione (F.) per ingiusta detenzione
Haftgrund (M.) motivo (M.) dell'arresto
Häftling (M.) detenuto (M.), carcerato (M.)
Haftpflicht (F.) responsabilità (F.) civile
Haftpflichtgesetz (N.) legge (F.) sulla responsabilità civile
Haftpflichtprozess (M.) processo (M.) sulla responsabilità civile
Haftpflichtversicherung (F.) assicurazione (F.) contro la responsabilità civile, assicurazione (F.) della responsabilità civile verso terzi, assicurazione (F.) RC
Haftprüfung (F.) riesame (M.) del mandato di cattura
Haftstrafe (F.) pena (F.) detentiva, arresto (M.)
haftunfähig incompatibile con lo stato di detenzione, incapace di essere sottoposto a pena detentiva
Haftunfähigkeit (F.) incomapatibilità (F.) con lo stato di detenzione, incapacità (F.) di essere sottoposto a pena detentiva
Haftung (F.) responsabilità (F.)
Haftungsausschluss (M.) esclusione (F.) della responsabilità, esonero (M.) da responsabilità
Haftungsbeschränkung (F.) limitazione (F.) della responsabilità
Haftungsrecht (N.) diritto (M.) della responsabilità civile
Hafturlaub (M.) permesso (M.)
Hagel (M.) grandine (F.)
Hagelschaden (M.) danno (M.) causato dalla grandine
Hagelversicherung (F.) assicurazione (F.) contro la grandine
Halbgeschwister (Pl.) fratellastri (M.Pl.) e sorellastre (F.Pl.)
Halbwaise (M.) orfano (M.) di padre o di madre, orfano (M.) di un genitore
halbzurechnungsfähig seminfermo
Halbzurechnungsfähigkeit (F.) seminfermità (F.)
Halde (F.) pendio (M.), declivio (M.)
Hälfte (F.) metà (F.)
Halten (N.) detenzione (F.), arresto (M.), fermo (M.)
halten tenere, mantenere, detenere, reggere
Halter (M.) detentore (M.)
Hamburg (N.) Amburgo (F.)
Hammelsprung (M.) votazione (F.) per divisione
hamstern incettare, accaparrare, ammassare
Hand (F.) mano (F.)
Handel (M.) commercio (M.), negoziazione (F.)
Händel (M.Pl.) lite (F.), litigio (M.), controversia (F.)

Handeln (N.) azione (F.), condotta (F.), attività (F.)
Handeln (N.) in fremdem Namen contemplatio domini (F.), agire (M.) in nome altrui
handeln commerciare, mercanteggiare, negoziare, trafficare, agire
Handelnder (M.) agente (M.), autore (M.)
Handelsabkommen (N.) accordo (M.) commerciale, trattato (M.) di commercio
Handelsbilanz (F.) bilancia (F.) commerciale
Handelsbrauch (M.) uso (M.) commerciale, uso (M.) mercantile
Handelsbuch (N.) libro (M.) contabile, libro (M.) di commercio
Handelsembargo (N.) embargo (M.) commerciale
Handelsgericht (N.) tribunale (M.) commerciale
Handelsgeschäft (N.) affare (M.) commerciale, atto (M.) di commercio, operazione (F.) commerciale, casa (F.) di commercio, azienda (F.) commerciale
Handelsgesellschaft (F.) società (F.) commerciale
Handelsgesetzbuch (N.) codice (M.) di commercio
Handelsgewerbe (N.) attività (F.) commerciale
Handelskammer (F.) camera (F.) di commercio
Handelskauf (M.) compravendita (F.) commerciale
Handelsklasse (F.) categoria (F.), qualità (F.)
Handelsmakler (M.) sensale (M.), mediatore (M.) di commercio
Handelsmündigkeit (F.) capacità (F.) di esercitare un'impresa commerciale
Handelsrecht (N.) diritto (M.) commerciale
Handelsregister (N.) registro (M.) delle imprese, registro (M.) di commercio
Handelsrichter (M.) giudice (M.) commerciale
Handelssache (F.) affare (M.) commerciale, causa (F.) commerciale
Handelsunternehmer (M.) imprenditore (M.) commerciale
Handelsverkehr (M.) traffico (M.) commerciale, circolazione (F.) delle merci, scambi (M.Pl.) commerciali
Handelsvertrag (M.) trattato (M.) di commercio, accordo (M.) commerciale, convenzione (F.) commerciale
Handelsvertreter (M.) rappresentante (M.) di commercio, agente (M.) commerciale
Handgeschäft (N.) negozio (M.) manuale, negozio (M.) al minuto
Handgreiflichkeit (F.) via (F.) di fatto
handhaft in flagranza
Handkauf (M.) compravendita (F.) al minuto
Händler (M.) commerciante (M.)
Händlerin (F.) commerciante (F.)
Handlung (F.) azione (F.), atto (M.), fatto (M.)
Handlungsbevollmächtigter (M.) procuratore (M.), institore (M.), rappresentante (M.), mandatario (M.) commerciale
Handlungseinheit (F.) unità (F.) del fatto
handlungsfähig capace di agire
Handlungsfähigkeit (F.) capacità (F.) d'agire
Handlungsfreiheit (F.) libertà (F.) d'azione, libertas (F.) agendi (lat.)
Handlungsgehilfe (M.) commesso (M.)
Handlungsgehilfin (F.) commessa (F.)
Handlungshaftung (F.) responsabilità (F.) di condotta
Handlungslehre (F.) teoria (F.) dell'azione
Handlungsobjekt (N.) oggetto (M.) materiale del reato
Handlungsort (M.) luogo (M.) d'adempimento dell'obbligazione di fare
Handlungspflicht (F.) obbligazione (F.) di fare, necessitas (F.) agendi (lat.)
Handlungsvollmacht (F.) procura (F.), mandato (M.) commerciale
Handlungswille (M.) volontà (F.) di agire, volontà (F.) di disporre
Handschelle (F.) manetta (F.)
Handschenkung (F.) donazione (F.) manuale
Handschlag (M.) stretta (F.) di mano
Handschrift (F.) scrittura (F.) a mano, manoscritto (M.)
handschriftlich manoscritto (Adj.), olografo, scritto a mano
Handwerk (N.) artigianato (M.), mestiere (M.)
Handwerker (M.) artigiano (M.)
handwerklich artigianale
Handwerksinnung (F.) corporazione (F.) artigiana
Handwerkskammer (F.) camera (F.) dell' artigianato
Handwerksordnung (F.) codice (M.) dell'

artigianato, ordinamento (M.) dell'artigianato
Handwerksrolle (F.) albo (M.) delle imprese artigiane
hängen impiccare, tendere
Hangverbrecher (M.) delinquente (M.) per tendenza
Hanse (F.) hansa (F.)
Hansestadt (F.) città (F.) anseatica
Hardware (F.) hardware (M.)
Häresie (F.) eresia (F.)
hart duro
Härte (F.) rigore (M.), severità (F.), rigidità (F.), onerosità (F.)
Härtefall (M.) caso (M.) di manifesta ingiustizia
Haschisch (N.) hashish (M.), hascisc (M.)
Hass (M.) odio (M.), rancore (M.), astio (M.)
häufig frequente, spesso, sovente
Häufung (F.) accumulamento (M.), cumulo (M.), ripetizione (F.)
Häufungsprinzip (N.) principio (M.) del cumulo materiale delle pene
Haupt- principale (Adj.)
Hauptaktionär (M.) azionista (M.) principale, maggiore azionista (M.)
Hauptangeklagter (M.) imputato (M.) principale
Hauptantrag (M.) conclusioni (F.Pl.) principali
Hauptbuch (N.) libro (M.) mastro
Hauptforderung (F.) credito (M.) principale
Hauptintervention (F.) intervento (M.) principale
Hauptmangel (M.) difetto (M.) principale
Hauptmann (M.) capitano (M.)
Hauptpflicht (F.) obbligo (M.) principale
Hauptquartier (M.) quartiere (M.) generale
Hauptsache (F.) oggetto (M.) della causa, causa (F.) principale, materia (F.) del contendere
Hauptsacheklage (F.) azione (F.) sul merito della causa
hauptsächlich principale (Adj.), fondamentale, essenziale
Hauptsatzung (F.) statuto (M.) principale
Hauptschuld (F.) debito (M.) principale
Hauptschuldner (M.) debitore (M.) principale
Hauptstadt (F.) capitale (F.)
Hauptstrafe (F.) pena (F.) principale
Haupttäter (M.) autore (M.) principale
Hauptternin (M.) udienza (F.) principale
Hauptursache (F.) causa (F.) principale
Hauptverfahren (N.) giudizio (M.) di primo grado, giudizio (M.), dibattimento (M.), procedimento (M.) principale
Hauptverhandlung (F.) dibattimento (M.), fase (F.) diabttimentale
Hauptversammlung (F.) riunione (F.) generale, assemblea (F.) dei soci
Hauptversammlungsbeschluss (M.) delibera (F.) dell'assemblea generale, deliberazione (F.) assembleare
Hauptvertrag (M.) contratto (M.) principale, contratto (M.) definitivo
Hauptzeuge (M.) testimone (M.) principale
Haus (N.) casa (F.), edificio (M.), stabile (M.)
Haus- und Familiendiebstahl (M.) furto (M.) in famiglia
Hausarbeit (F.) lavoro (M.) domestico, elaborato (M.)
Hausarrest (M.) arresto (M.) domiciliare
Hausdurchsuchung (F.) perquisizione (F.) domiciliare
Hausfriede (M.) inviolabilità (F.) del domicilio, pace (F.) domestica
Hausfriedensbruch (M.) violazione (F.) di domicilio
Hausgehilfe (M.) collaboratore (M.) familiare, domestico (M.)
Hausgehilfin (F.) collaboratrice (F.) familiare, domestica (F.)
Hausgemeinschaft (F.) comunione (F.) domestica
Haushalt (M.) nucleo (M.) familiare, bilancio (M.) pubblico
Haushaltsgesetz (N.) legge (F.) di bilancio
Haushaltsgrundsatz (M.) regola (F.) del bilancio, principio (M.) del bilancio
Haushaltsplan (M.) bilancio (M.) di previsione, bilancio (M.) preventivo
Haushaltsrecht (N.) diritto (M.) del bilancio pubblico
Haushaltsvorlage (F.) progetto (M.) di legge di bilancio
hausieren vendere porta a porta, fare il venditore ambulante
Hausierer (M.) ambulante (M.), venditore (M.) ambulante
häuslich casalingo (Adj.), domestico (Adj.), di casa

Hausmeister (M.) amministratore (M.)
Hausrat (M.) mobilia (F.), mobilio (M.), suppellettili (F.Pl.), arredo (M.)
Hausratsteilung (F.) separazione (F.) mobiliare
Hausratsverordnung (F.) disciplina (F.) della divisione dei beni domestici
Hausratsversicherung (F.) assicurazione (F.) mobiliare
Hausrecht (N.) diritto (M.) di esclusione
Hausse (F.) rialzo (M.)
Haussuchung (F.) perquisizione (F.) domiciliare, ispezione (F.) domiciliare, sopralluogo (M.)
Haustürgeschäft (N.) contratto (M.) a domicilio, vendita (F.) porta a porta
Haverei (F.) avaria (F.)
Hebamme (F.) levatrice (F.), ostetrica (F.)
heben riscuotere, aumentare
Hebesatz (M.) aliquota (F.) d'imposta, tasso (M.) d'imposta
Heer (N.) esercito (M.), forze (F.Pl.) armate
Hegemonie (F.) egemonia (F.)
hegen proteggere, curare, tutelare, salvaguardare, avere in animo
hehlen ricettare
Hehler (M.) ricettatore (M.), manutengolo (M.)
Hehlerei (F.) ricettazione (F.)
heil sano, salvo
Heilanstalt (F.) casa (F.) di cura
Heilbehandlung (F.) trattamento (M.) terapeutico
heilen sanare, risanare, guarire, curare
heilig santo, sacro
Heiliger Stuhl (M.) Santa Sede (F.)
Heilkunde (F.) medicina (F.), scienza (F.) medica
Heilung (F.) convalescenza (F.), sanatoria (F.), convalida (F.)
Heim (M.) casa (F.)
Heimarbeit (F.) lavoro (M.) a domicilio
Heimarbeiter (M.) lavoratore (M.) a domicilio
Heimat (F.) patria (F.)
heimatlos apolide (Adj.), senza patria
heimatloser Ausländer (M.) straniero (M.) senza patria
Heimatvertriebener (M.) profugo (M.), espulso (M.), persona (F.) deportata
Heimfall (M.) riversione (F.), devoluzione (F.)
Heimfallsrecht (N.) diritto (M.) di devoluzione, diritto (M.) di riversione
Heimgesetz (N.) legge (F.) sulle case di riposo
heimlich segreto (Adj.), clandestino
Heimstätte (F.) casa (F.), dimora (F.), patria (F.)
Heimtücke (F.) perfidia (F.), malignità (F.), insidia (F.)
heimtückisch perfido, malizioso, insidioso
Heirat (F.) matrimonio (M.)
heiraten sposare, sposar(si), contrarre matrimonio
Heiratsbuch (N.) registro (M.) di matrimonio, registro (M.) degli atti di matrimonio
Heiratserlaubnis (F.) autorizzazione (F.) a contrarre matrimonio
Heiratsurkunde (F.) atto (M.) di matrimonio, fede (F.) matrimoniale
Heiratsvermittler (M.) agente (M.) matrimoniale
Heiratsvermittlerin (F.) agente (F.) matrimoniale
Heiratsvermittlung (F.) agenzia (F.) matrimoniale
heißen comandare, ordinare, chiamare
Heizkosten (F.Pl.) spese (F.Pl.) di riscaldamento
Heizkostenverordnung (F.) regolamento (M.) sulle spese di riscaldamento
Hektar (M.) ettaro (M.)
helfen aiutare, assistere, soccorrere
Helfer (M.) aiutante (M.), assistente (M.), ausiliario (M.)
Heller (M.) heller (M.), monetina (F.), soldo (M.)
hemmen impedire, intralciare, ostacolare, arrestare, allentare
Hemmnis (F.) ostacolo (M.), impedimento (M.), intralcio (M.)
Hemmung (F.) arresto (M.), impedimento (M.), ostacolo (M.)
Henker (M.) carnefice (M.), boia (M.)
Henkersmahlzeit (F.) pranzo (M.) d'addio, ultimo pasto (M.) del condannato a morte
herabsetzen ridurre, diminuire, ribassare, diffamare, denigrare
herabsetzende Werbung (F.) pubblicità (F.) denigratoria
Herabsetzung (F.) riduzione (F.), diminuzione (F.), ribasso (M.), diffamazione (F.), denigrazione (F.)

heranwachsen crescere
Heranwachsender (M.) adolescente (M.)
Herausgabe (F.) rilascio (M.), restituzione (F.), edizione (F.), pubblicazione (F.)
Herausgabeanspruch (M.) diritto (M.) alla consegna, diritto (M.) alla restituzione, azione (F.) di rivendicazione
herausgeben rilasciare, restituire, pubblicare
Herausgeber (M.) editore (M.)
Herausgeberin (F.) editrice (F.)
herausverlangen rivendicare
herbeiführen causare, cagionare, provocare, produrre
Herbeiführung (F.) causazione (F.), provocazione (F.), produzione (F.)
Herberge (F.) locanda (F.), albergo (M.), alloggio (M.)
Herde (F.) gregge (F.), branco (M.), mandria (F.)
hergebracht tradizionale, convenzionale, usuale
hergebrachter Grundsatz (M.) principio (M.) tradizionale
Herkommen (N.) consuetudine (F.) locale, origine (F.)
Herkunft (F.) provenienza (F.), origine (F.)
herleiten derivare, dedurre
Hermeneutik (F.) ermeneutica (F.)
Heroin (N.) eroina (F.)
Herold (M.) araldo (M.), annunciatore (M.)
Herr (M.) signore (M.), padrone (M.)
herrenlos senza padrone, senza proprietario, di nessuno
herrenlose Sache (F.) res (F.) nullius (lat.), bene (M.) derelitto, bene (M.) di nessuno
Herrschaft (F.) dominio (M.), autorità (F.), imperio (M.), supremazia (F.)
Herrschaftsrecht (N.) potere (M.) assoluto
herrschen regnare, dominare, governare
herrschende Lehre (F.) dottrina (F.) prevalente, dottrina (F.) dominante
herrschende Meinung (F.) opinione (F.) dominante, opinione (F.) prevalente
herrschendes Grundstück (N.) fondo (M.) dominante
Herrscher (M.) sovrano (M.), regnante (M.), imperatore (M.)
herstellen produrre, fabbricare
Hersteller (M.) produttore (M.), fabbricante (M.)
Herstellung (F.) produzione (F.), fabbricazione (F.)
Herstellungsklage (F.) azione (F.) di ricostituzione
Herz (N.) cuore (M.)
Herzog (M.) duca (M.)
Herzogin (F.) duchessa (F.)
Herzogtum (N.) ducato (M.)
Hessen (N.) Assia (F.)
hetzen sobillare, agitare, aizzare
heucheln simulare, fingere
Heuer (F.) arruolamento (M.), ingaggio (M.), salario (M.) dell'arruolato su nave
Heuervertrag (M.) contratto (M.) di arruolamento, contratto (M.) di ingaggio
Hexe (F.) strega (F.)
Hexenprozess (M.) processo (M.) alle streghe
Hierarchie (F.) gerarchia (F.)
Hilfe (F.) aiuto (M.), soccorso (M.), assistenza (F.), sussidio (M.)
hilfeleisten aiutare, assistere, soccorrere, coadiuvare
Hilfeleistung (F.) prestazione (F.) d'assistenza, soccorso (M.), prestazione (F.) d'aiuto
hilflos privo d'aiuto, abbandonato
Hilflosigkeit (F.) mancanza (F.) d'aiuto, abbandono (M.)
Hilfsantrag (M.) domanda (F.) in via subordinata
Hilfsbeamter (M.) agente (M.), ausiliario (M.)
hindern ostacolare, impedire
Hindernis (N.) impedimento (M.), ostacolo (M.), barriera (F.)
hinfällig inoperante, insussistente, caduco
Hinfälligkeit (F.) caducità (F.), decadenza (F.)
Hinfälligkeitserklärung (F.) dichiarzione (F.) di decadenza
Hingabe (F.) an Erfüllungs Statt dazione (F.) in luogo dell'adempimento
Hingabe (F.) an Zahlungs Statt dazione (F.) in pagamento
Hingabe (F.) erfüllungshalber dazione (F.) solvendi causa, dazione (F.) pro solvendo
hingeben dare, concedere
hinken claudicare, zoppiccare
hinkend claudicante, zoppicante
hinkendes Inhaberpapier (N.) documento (M.) di legittimazione, titolo (M.) di legittimazione
hinreichen bastare

hinreichend sufficiente, bastante
hinrichten giustiziare
Hinrichtung (F.) esecuzione (F.) capitale
hinterblieben superstite (Adj.)
Hinterbliebenenrente (F.) pensione (F.) di riversibilità
Hinterbliebener (M.) superstite (M.)
hinterlegen depositare
Hinterleger (M.) depositante (M.)
Hinterlegung (F.) bei Gericht deposito (M.) giudiziario
Hinterlegung (F.) deposito (M.)
Hinterlist (F.) perfidia (F.), malignità (F.)
hinterlistig perfido, maligno, subdolo
hinterlistiger Überfall (M.) attacco (M.) subdolo
Hintermann (M.) autore (M.) mediato, interponente (M.)
hinterziehen sottrarre, frodare, evadere
Hinterziehung (F.) sottrazione (F.), frode (F.), evasione (F.)
Hinweis (M.) avviso (M.), avvertimento (M.), indicazione (F.), segnalazione (F.)
hinweisen indicare, accennare, avvisare, segnalare
Hirn (M.) cervello (M.)
Hirntod (M.) cessazione (F.) irreversibile delle funzioni cerebrali
Hirte (M.) pastore (M.)
Hirtenbrief (M.) lettera (F.) pastorale
historisch storico
hoch alto
Hochachtung (F.) stima (F.), rispetto (M.), riverenza (F.)
hochdeutsch alto tedesco, in buon tedesco, tedesco letterario
Hochschulabsolvent (M.) laureato (M.)
Hochschulassistent (M.) assistente (M.) universitario
Hochschuldozent (M.) docente (M.) universitario
Hochschule (F.) università (F.)
Hochschulgrad (M.) titolo (M.) accademico
Hochschulrahmengesetz (N.) legge (F.) quadro sulle università
hochstapeln millantare, sbruffare
Hochstapler (M.) truffatore (M.), imbroglione (M.), raggiratore (M.), millantatore (M.)
Höchstbetrag (M.) ammontare (M.) massimo, importo (M.) massimo, limite (M.) massimo, massimo (M.)
Höchstbetragshypothek (F.) ipoteca (F.) iscritta col solo ammontare massimo
höchste supremo, sommo, massimo
Höchstgebot (N.) offerta (F.) migliore
Höchstgericht (N.) corte (F.) suprema
höchstpersönlich personalissimo
höchstpersönliches Rechtsgeschäft (N.) negozio (M.) giuridico personalissimo
Höchstpreis (M.) prezzo (M.) massimo
Höchststrafe (F.) pena (F.) massima
Hochverrat (M.) alto tradimento (M.)
Hochverräter (M.) reo (M.) di alto tradimento, alto traditore (M.)
Hochzeit (F.) nozze (F.Pl.), matrimonio (M.), sposalizio (M.), ceremonia (F.) nuziale
Hof (M.) corte (F.), fattoria (F.), maso (M.), cortile (M.) interno
Hofamt (N.) carica (F.) di corte
Höfegesetz (N.) legge (F.) sui masi chiusi
Höfeordnung (F.) regolamento (M.) sulla successione nei poderi familiari
Höferecht (N.) diritto (M.) dei masi chiusi
Hoffnungskauf (M.) emptio (F.) spei (lat.), vendita (F.) aleatoria
Hofrat (M.) consigliere (M.) aulico, consiglio (M.) aulico
Höhe (F.) altezza (F.), ammontare (M.)
Hoheit (F.) altezza (F.), sovranità (F.), potere (M.), potestà (F.)
hoheitlich sovrano (Adj.), autoritativo, d'impero
Hoheitsakt (M.) atto (M.) di sovranità, atto (M.) imperativo, atto (M.) autoritativo, atto (M.) di diritto pubblico
Hoheitsgewalt (F.) sovranità (F.)
Hoheitsgewässer (N.) mare (M.) territoriale
Hoheitsrecht (N.) diritto (M.) sovrano, diritto (M.) territoriale
Hoheitszeichen (N.) insegna (F.) di sovranità, emblema (M.) nazionale, emblema (M.) dello Stato
höhere Gewalt (F.) forza (F.) maggiore, vis (F.) maior (lat.)
Hohlmaß (N.) misura (F.) di capacità
Hohn (M.) scherno (M.), derisione (F.)
Holding (F.) holding (F.), società (F.) di partecipazione, gruppo (M.) finanziario
Holdinggesellschaft (F.) società (F.) di partecipazione finanziaria, società (F.) di controllo, società (F.) holding
Hölle (F.) inferno (M.)

holographisch olografo
holographisches Testament (N.) testamento (M.) olografo
Holschuld (F.) debito (M.) chiedibile, debito (M.) domiciliato
Homebanking (M.) homebanking (M.) (engl.), operazioni (F.Pl.) bancarie via Internet
Homepage (F.) homepage (M.), portale (M.) web, pagina (F.) principale
Homosexualität (F.) omosessualità (F.)
homosexuell omosessuale (Adj.)
Honorar (N.) onorario (M.), parcella (F.)
Honorarprofessor (M.) professore (M.) onorario
honorieren onorare, retribuire
honoris causa (lat.) honoris causa (lat.), a titolo d'onore
hören sentire, udire, audire
Hörensagen (N.) sentito (M.) dire
hörig succube (Adj.), schiavo (Adj.), soggetto (Adj.)
Hörigkeit (F.) soggezione (F.), dipendenza (F.), sudditanza (F.)
Horizont (M.) orizzonte (M.)
horizontal orizzontale
horizontaler Finanzausgleich (M.) perequazione (F.) finanziaria fra i Länder
Hospital (N.) ospedale (M.)
Hospitant (M.) uditore (M.)
huldigen rendere omaggio, venerare, adorare
Huldigung (F.) omaggio (M.), adorazione (F.), venerazione (F.)
Hund (M.) cane (M.)
hundert cento
Hundertschaft (F.) centinaia (M.), centuria (F.)
Hundesteuer (F.) tassa (F.) sui cani
Hure (F.) prostituta (F.), donna (F.) di malaffare
hüten custodire, salvaguardare, sorvegliare, guardar(si), protegger(si)
Hüter (M.) guardiano (M.), custode (M.), sorvegliante (M.), tutore (M.)
Hygiene (F.) igiene (F.)
Hymne (F.) inno (M.)
Hypothek (F.) ipoteca (F.)
Hypothekar (M.) creditore (M.) ipotecario
hypothekarisch ipotecario
Hypothekenbank (F.) banca (F.) di credito ipotecario, banca (F.) di credito fondiario
Hypothekenbrief (M.) titolo (M.) ipotecario
Hypothekengewährung (F.) concessione (F.) d'ipoteca
Hypothekenpfandbrief (M.) cartella (F.) di credito ipotecario, cartella (F.) fondiaria
Hypothekenschuldner (M.) debitore (M.) ipotecario
Hypothekenübernahme (F.) accollo (M.) del mutuo ipotecario
Hypothese (F.) ipotesi (F.), supposizione (F.)
hypothetischer Schaden (M.) danno (M.) prevedibile

I

IAO (F.) (Internationale Arbeitsorganisation) Organizzazione (F.) internazionale del lavoro (OIL)
ICAO (F.) (Internationale Zivilluftfahrt-Organisation) Organizzazione (F.) internazionale dell'aviazione civile (ICAO)
Ideal (N.) ideale (M.), aspirazione (F.), modello (M.) di perfezione
ideal ideale (Adj.), perfetto
Idealkonkurrenz (F.) concorso (M.) formale di reati, concorso (M.) ideale di reati
Idealverein (M.) ente (M.) morale
Idee (F.) idea (F.), pensiero (M.), intuizione (F.)
ideell ideale (Adj.), morale (Adj.)
identifizieren identificare, individuare
identisch identico, uguale
Identität (F.) identità (F.)
Ideologie (F.) ideologia (F.), teoria (F.) politica
Idiot (M.) idiota (M.), stolto (M.), imbecille (M.)
Idiotie (F.) idiozia (F.), idiotismo (M.)
illegal illegale
Illegalität (F.) illegalità (F.)
illegitim illegittimo
im Zweifel in caso di dubbio, in dubio (lat.)
immanent immanente (Adj.), implicito
immanente Grundrechtsschranke (F.) limite (M.) immanente di un diritto fondamentale
Immaterialgut (N.) bene (M.) immateriale
Immaterialgüterrecht (N.) diritto (M.) dei beni immateriali
immateriell immateriale

immaterieller Schaden (M.) danno (M.) non patrimoniale, danno (M.) immateriale, danno (M.) morale
Immatrikulation (F.) immatricolazione (F.)
immatrikulieren immatricolare
Immission (F.) immissione (F.)
Immissionsschutz (M.) protezione (F.) dalle immissioni
immobil immobile (Adj.)
Immobiliarzwangsvollstreckung (F.) esecuzione (F.) forzata immobiliare, espropriazione (F.) immobiliare
Immobilie (F.) immobile (M.), bene (M.) immobiliare
Immobilienbüro (N.) ufficio (M.) immobiliare
Immobilienmakler (M.) agente (M.) immobiliare, sensale (M.) immobiliare
Immobilienregister (N.) (Immobilienregister in Italien) registro (M.) immobiliare
immun immune, refrattario
Immunität (F.) immunità (F.)
imperativ imperativo (Adj.)
imperatives Mandat (N.) mandato (M.) imperativo
Imperialismus (M.) imperialismo (M.)
Imperium (N.) impero (M.)
impfen vaccinare
Impfschaden (M.) danno (M.) da vaccinazione
Impfschein (M.) certificato (M.) di vaccinazione
Impfung (F.) vaccinazione (F.)
Impfzwang (M.) vaccinazione (F.) obbligatoria
Import (M.) importazione (F.)
Importeur (M.) importatore (M.)
importieren importare, introdurre
Impressum (N.) colofone (M.)
Impugnationsklage (F.) opposizione (F.) all'esecuzione
in dubio pro reo (lat.) (im Zweifel für den Angeklagten) in dubio pro reo (lat.)
in flagranti (lat.) (bei der Tat) in flagranti (lat.), in stato di flagranza, in flagranza
Inauguration (F.) inaugurazione (F.)
Inbegriff (M.) universalità (F.) di beni mobili, quintessenza (F.)
inbegriffen compreso, incluso
Inbesitznahme (F.) impossessamento (M.), presa (F.) di possesso
Indemnität (F.) esonero (M.) da responsabilità, immunità (F.) parlamentare
Index (M.) indice (M.)
Indexklausel (F.) clausola (F.) di indicizzazione
Indigenat (N.) indigenato (M.)
Indikation (F.) indicazione (F.)
indirekt indiretto, mediato
indirekte Stellvertretung (F.) rappresentanza (F.) indiretta
indirekte Steuer (F.) imposta (F.) indiretta, tassa (F.) indiretta
indirekter Verbotsirrtum (M.) errore (M.) indiretto sull'antigiuridicità del fatto, errore (M.) indiretto sulla norma penale, errore (M.) indiretto sul precetto
indirekter Vorsatz (M.) dolo (M.) indiretto, dolo (M.) eventuale
Individualarbeitsrecht (N.) diritto (M.) del lavoro individuale
Individualrechtsgut (N.) bene (M.) giuridico individuale
individuell individuale, personale (Adj.)
Individuum (N.) individuo (M.), soggetto (M.)
Indiz (N.) indizio (M.), criterio (M.)
Indizienbeweis (M.) prova (F.) indiziaria, prova (F.) per indizi
indizieren indicare
Indossament (N.) girata (F.)
Indossant (M.) girante (M.)
Indossat (M.) giratario (M.)
indossieren girare
Industrie (F.) industria (F.)
Industrie- und Handelskammer (F.) camera (F.) di commercio ed industria
Industriegebiet (N.) zona (F.) industriale, regione (F.) industriale
industriell industriale (Adj.)
industrielle Revolution (F.) rivoluzione (F.) industriale
Industrieverband (M.) associazione (F.) industriale, confederazione dell'industria, confindustria (F.)
Infallibilität (F.) infallibilità (F.)
infam infame, basso, vile, spregevole
Infamie (F.) infamia (F.), bassezza (F.), viltà (F.), spregevolezza (F.)
Infanterie (F.) fanteria (F.)
Infektion (F.) infezione (F.), contagio (M.), contaminazione (F.)

Infektionsschutzgesetz (N.) legge (F.) per la protezione dalle infezioni
Inflation (F.) inflazione (F.)
Informant (M.) informatore (M.)
Informatik (F.) informatica (F.)
Informatiker (M.) informatico (M.)
Informatikrecht (N.) diritto (M.) dell'informatica
Information (F.) informazione (F.), notizia (F.)
informationell informativo
Informationsfreiheit (F.) libertà (F.) d'informazione
Informationssystem (N.) sistema (M.) d'informazione
informell informale
informieren informare
Ingerenz (F.) ingerenza (F.), interferenza (F.)
Inhaber (M.) detentore (M.), titolare (M.), portatore (M.)
Inhaber (M.) einer Konzession concessionario (M.)
Inhaberaktie (F.) azione (F.) al portatore
Inhaberanteilsschein (M.) certificato (M.) di partecipazione al portatore
Inhaberklausel (F.) clausola (F.) al portatore
Inhaberpapier (N.) titolo (M.) al portatore
Inhaberscheck (M.) assegno (M.) al portatore
Inhaberschuldverschreibung (F.) obbligazione (F.) al portatore
Inhaberzeichen (N.) documento (M.) di legittimazione
inhaftieren arrestare, incarcerare
Inhaftierter (M.) arrestato (M.), carcerato (M.), detenuto (M.), persona (F.) detenuta
Inhaftierung (F.) arresto (M.), carcerazione (F.)
Inhalt (M.) contenuto (M.), tenore (M.)
Inhaltsfreiheit (F.) libertà (F.) di contenuto
Inhaltsirrtum (M.) errore (M.) ostativo
Inhaltskontrolle (F.) controllo (M.) contenutistico, sindacato (M.) sul contenuto
Inhaltsverzeichnis (N.) indice (M.), sommario (M.)
Initiale (F.) iniziale (F.)
Initiative (F.) iniziativa (F.)
Initiativrecht (N.) diritto (M.) d'iniziativa
Injurie (F.) ingiuria (F.), oltraggio (M.)
Inkasso (N.) incasso (M.)
Inkassogeschäft (N.) operazione (F.) d'incasso
Inkassomandat (N.) mandato (M.) d'incasso
Inkassozession (F.) cessione (F.) per l'incasso
inklusiv inclusivo, incluso, compreso
inkognito incognito
inkompatibel incompatibile, inconciliabile
Inkompatibilität (F.) incompatibilità (F.), inconciliabilità (F.)
inkompetent incompetente
Inkorporation (F.) incorporazione (F.)
inkorporieren incorporare
Inkrafttreten (N.) entrata (F.) in vigore
Inland (N.) interno (M.), territorio (M.) nazionale
Inländer (M.) cittadino (M.), residente (M.)
inländisch interno (Adj.), nazionale
innehaben detenere, tenere
Innehaber (M.) detentore (M.), titolare (M.), portatore (M.)
Innehabung (F.) detenzione (F.), possesso (M.) precario
innen interno (Adj.)
Innengesellschaft (F.) società (F.) interna
Innenminister (M.) ministro (M.) dell'interno
Innentendenz (F.) proposito (M.) dell'agente
Innenverhältnis (N.) rapporto (M.) interno
Innenvollmacht (F.) procura (F.) al rappresentante
innere Verwaltung (F.) amministrazione (F.) interna
Innominatvertrag (M.) contratto (M.) innominato, contratto (M.) atipico
Innung (F.) corporazione (F.)
inoffiziell non ufficiale, ufficioso
inquirieren inquisire
Inquisition (F.) inquisizione (F.)
Inquisitionsmaxime (F.) principio (M.) inquisitorio
Inquisitionsprozess (M.) processo (M.) inquisitorio
Insasse (M.) passeggero (M.), detenuto (M.), prigioniero (M.), carcerato (M.)
Insemination (F.) inseminazione (F.)
Inserat (N.) inserzione (F.), annuncio (M.), notizia (F.) a pagamento
Insichgeschäft (N.) contratto (M.) con se stesso, operazione (F.) fine a se stessa
Insichprozess (M.) processo (M.) promosso contro se stesso

Insider (M.) insider (M.) (engl.)
Insiderhandel (M.) insider trading (M.) (engl.), abuso (M.) di informazioni privilegiate nelle speculazioni (F.Pl.) in borsa
Insignie (F.) insegna (F.), segno (M.), distintivo (M.)
Insinuation (F.) insinuazione (F.)
insinuieren insinuare
insolvent insolvente, insolvibile
Insolvenz (F.) insolvenza (F.), insolvibilità (F.), dissesto (M.), stato (M.) d'insolvenza
Insolvenzgericht (N.) tribunale (M.) fallimentare
Insolvenzgläubiger (M.) creditore (M.) della massa fallimentare
Insolvenzmasse (F.) massa (F.) fallimentare
Insolvenzordnung (F.) legge (F.) fallimentare, disciplina (F.) del fallimento
Insolvenzplan (M.) concordato (M.) fallimentare, piano (M.) di risanamento
Insolvenzrecht (N.) diritto (M.) fallimentare
Insolvenzverfahren (N.) procedimento (M.) fallimentare
Insolvenzverwalter (M.) curatore (M.) fallimentare
Inspekteur (M.) ispettore (M.)
Inspektion (F.) ispezione (F.)
inspizieren ispezionare, esaminare, controllare, visitare
Installateur (M.) installatore (M.)
instandhalten tenere in buono stato, mantenere
Instandhaltung (F.) manutenzione (F.)
Instandhaltungskosten (F.Pl.) spese (F.Pl.) di manutenzione
instandsetzen riparare, restaurare, rassettare
Instanz (F.) istanza (F.), grado (M.) del giudizio
Instanzenweg (M.) via (F.) gerarchica, corso (M.) delle istanze
Instanzenzug (M.) corso (M.) delle istanze, via (F.) gerarchica
Institut (N.) istituto (M.)
Institution (F.) istituzione (F.), ente (M.), istituto (M.)
institutionell istituzionale
institutionelle Garantie (F.) garanzia (F.) istituzionale
instruieren istruire
Instruktion (F.) istruzione (F.)
Instruktionsfehler (M.) inadempimento (M.) dell'obbligo d'informazione
Instruktionsmaxime (F.) principio (M.) della ricerca della verità materiale
Instruktionsrichter (M.) giudice (M.) istruttore
Instrument (N.) strumento (M.), mezzo (M.), rimedio (M.)
Insubordination (F.) insubordinazione (F.)
Integration (F.) integrazione (F.)
integrieren integrare
Integrität (F.) integrità (F.), rettitudine (F.), onestà (F.)
Intendant (M.) intendente (M.), direttore (M.) generale
Interaktion (F.) interazione (F.)
Interesse (N.) interesse (M.), importanza (F.)
Interessenjurisprudenz (F.) giurisprudenza (F.) degli interessi
Interessenkollision (F.) collisione (F.) d'interessi, conflitto (M.) d'interessi
Interim (N.) interim (M.), interinato (M.)
interimistisch inerinale, interino, provvisorio
Interimsschein (M.) certificato (M.) provvisorio
interlokutorisch interlocutorio (Adj.), non definitivo
international internazionale
Internationale Arbeitsorganisation (F.) (IAO) Organizzazione (F.) internazionale del lavoro (OIL)
internationale Handelskammer (F.) camera (F.) di commercio internazionale
Internationale Kriminalpolizeiliche Organisation (F.) (Interpol) Organizzazione (F.) Internazionale della Polizia Criminale (ICPO – Interpol)
internationale Organisation (F.) organizzazione (F.) internazionale
internationale Schiedsgerichtsbarkeit (F.) giurisdizione (F.) arbitrale internazionale
Internationale Zivilluftfahrt-Organisation (F.) (ICAO) Organizzazione (F.) internazionale dell'aviazione civile (OIAC)
internationale Zusammenarbeit (F.) collaborazione (F.) internazionale
internationale Zuständigkeit (F.) competenza (F.) internazionale
Internationaler Gerichtshof (M.) (IGH) Corte (F.) internazionale di giustizia (CIG)
Internationaler Seegerichtshof (ITLOS)

(M.) Tribunale (M.) internazionale per il diritto del mare (ITLOS)
Internationaler Strafgerichtshof (M.) (IStGH) Corte (F.) criminale internazionale (CCI)
Internationaler Währungsfond (M.) (IWF) Fondo (M.) monetario internazionale (F.M.I.)
internationales Einheitskaufsrecht (N.) diritto (M.) unitario della compravendita internazionale
internationales Privatrecht (N.) diritto (M.) internazionale privato
internationales Recht (N.) diritto (M.) internazionale
Internet (N.) rete (F.) Internet, Internet (M.)
Internetrecht (N.) diritto (M.) della rete, diritto (M.) di Internet
internieren internare
Internierung (F.) internamento (M.)
Interpellation (F.) interpellanza (F.)
Interpellationsrecht (N.) diritto (M.) d'interpellanza
interpellieren interpellare
Interpol (F.) (Internationale Kriminalpolizeiliche Organisation) Organizzazione (F.) Internazionale della Polizia Criminale (ICPO – Interpol)
Interpolation (F.) interpolazione (F.)
interpolieren interpolare
Interpretation (F.) interpretazione (F.), spiegazione (F.)
interpretieren interpretare
Interregnum (N.) interregno (M.)
Intervenient (M.) interveniente (M.), parte (F.) interveniente
intervenieren intervenire, fare da mediatore
Intervention (F.) intervento (M.), mediazione (F.)
Interventionsklage (F.) opposizione (F.) di terzo
Interzession (F.) intercessione (F.)
Intestaterbe (M.) erede (M.) ab intestato
Intestaterbfolge (F.) successione (F.) ab intestato
intim intimo, stretto, privato, confidenziale
Intimität (F.) intimità (F.), confidenza (F.)
Intimsphäre (F.) sfera (F.) della riservatezza, sfera (F.) intima
Invalide (M.) invalido (M.), inabile (M.) al lavoro
Invalidenversicherung (F.) assicurazione (F.) contro l'invalidità, assicurazione (F.) invalidità
Invalidität (F.) invalidità (F.)
Inventar (N.) inventario (M.)
Inventarerrichtung (F.) redazione (F.) d'inventario, formazione (F.) d'inventario
Inventur (F.) inventario (M.), compilazione (F.) dell'inventario
Inverzugsetzung (F.) costituzione (F.) in mora
investieren investire, insediare
Investition (F.) investimento (M.)
Investitur (F.) investitura (F.)
Investment (N.) investimento (M.)
Investmentfonds (M.) fondo (M.) comune d'investimento
Investmentgesellschaft (F.) società (F.) d'investimento
invitatio (F.) ad offerendum (lat.) (Einladung zum Angebot) invitatio (F.) ad offerendum (lat.), invito (M.) ad offrire
Inzest (F.) incesto (M.)
ipso iure (lat.) (durch das Recht selbst) ipso iure (lat.)
Irre (M.) infermo (M.) di mente, pazzo (M.), demente (M.)
irre demente (Adj.), pazzo (Adj.), matto (Adj.), folle (Adj.)
irreführen ingannare, raggirare, indurre in errore
Irreführung (F.) induzione (F.) in errore
Irrenanstalt (F.) manicomio (M.), ospedale (M.) psichiatrico
irreversibel irreversibile, irrimediabile, irreparabile
Irrtum (M.) errore (M.), sbaglio (M.)
Irrtum (M.) über das Handlungsobjekt errore (M.) sulla persona dell'offeso
Irrtum (M.) über Tatumstände errore (M.) di fatto
irrtümlich erroneo, per errore
Irrtumsanfechtung (F.) impugnazione (F.) per errore
ISBN (International Standard Book Number) ISBN (M.), codice (M.) ISBN, numero (M.) internazionale normalizzato del libro
ISDN (Integrated Services Digital Nework) ISDN (M.), rete (F.) ISDN, rete (F.) integrata di servizi digitali
Islam (M.) islam (M.)

Italien (N.) Italia (F.)
Italienische Nationalbank (F.) Banca (F.) d'Italia
IT-Recht (N.) diritto (M.) delle tecnologie informatiche
ius (N.) (lat.) (Recht) diritto (M.), giurisprudenza (F.)
ius (N.) strictum (lat.) (starres Recht) ius (N.) strictum (lat.), diritto (M.) in senso stretto
IWF (Internationaler Währungsfonds) (M.) F.M.I. (M.) (Fondo monetario internazionale)

J

Jagd (F.) caccia (F.)
Jagdaufseher (M.) guardacaccia (M.)
Jagdausübung (F.) esercizio (M.) della caccia
Jagdausübungsrecht (N.) diritto (M.) di esercitare la caccia
jagdbar da caccia, cacciabile
Jagdbezirk (M.) distretto (M.) di caccia
Jagdgenossenschaft (F.) cooperativa (F.) di caccia
Jagdpacht (F.) affitto (M.) di caccia
Jagdrecht (N.) diritto (M.) di caccia, diritto (M.) venatorio
Jagdschein (M.) licenza (F.) di caccia, permesso (M.) di caccia
Jagdwilderei (F.) caccia (F.) di frodo
jagen cacciare, inseguire, scacciare
Jäger (M.) cacciatore (M.)
Jahr (N.) anno (M.)
Jahrbuch (N.) annuario (M.)
Jahresabschluss (M.) bilancio (M.) annuale, bilancio (M.) d'esercizio, rendiconto (M.) generale d'esercizio
Jahresbericht (M.) rendiconto (M.) annuale, relazione (F.) annuale, raporto (M.) annuale
Jahresbilanz (F.) bilancio (M.) annuale, bilancio (M.) annuo
Jahresmiete (F.) canone (M.) annuo di locazione, pigione (F.) annua
jährlich annuale
Japan (N.) Giappone (M.)
Joint venture (N.) joint venture (M.)
Jude (M.) ebreo (M.), giudeo (M.)
Judikat (N.) giudicato (M.), sentenza (F.)
Judikation (F.) giudizio (M.)
Judikative (F.) potere (M.) giurisdizionale
Judikatur (F.) giurisprudenza (F.)
judizieren giudicare
Jugend (F.) gioventù (F.), giovinezza (F.)
Jugendamt (N.) ufficio (M.) di servizio sociale minorile, ufficio (M.) assistenza giovanile
Jugendarbeit (F.) lavoro (M.) minorile, assistenza (F.) sociale per la gioventù
Jugendarbeitsschutz (M.) tutela (F.) del lavoro minorile
Jugendarrest (M.) arresto (M.) per i minori
jugendgefährdend pericoloso per i minori
jugendgefährdende Schrift (F.) pubblicazione (F.) pericolosa per i minori
Jugendgericht (N.) tribunale (M.) per i minorenni
Jugendgerichtsgesetz (N.) legge (F.) sul procedimento penale minorile
Jugendgerichtshilfe (F.) assistenza (F.) giudiziaria dei minorenni
Jugendhilfe (F.) assistenza (F.) ai minorenni
Jugendkriminalität (F.) delinquenza (F.) minorile
jugendlich giovanile, giovane (Adj.), minorile, minorenne (Adj.)
Jugendlicher (M.) giovane (M.), minorenne (M.), minore (M.)
jugendlicher Straftäter (M.) delinquente (M.) minorile
Jugendrecht (N.) diritto (M.) dei minori
Jugendrichter (M.) giudice (M.) del tribunale per i minorenni
Jugendschutz (M.) tutela (F.) dei minori, protezione (F.) dei giovani
Jugendschutzrecht (N.) diritto (M.) della tutela dei minori
Jugendstrafanstalt (F.) casa (F.) di rieducazione, carcere (M.) minorile, riformatorio (M.)
Jugendstrafe (F.) pena (F.) detentiva per minorenni
Jugendstrafrecht (N.) diritto (M.) penale minorile, diritto (M.) penale dei minori
Jugendvertretung (F.) rappresentanza (F.) dei giovani
Jugendwohlfahrt (F.) assistenza (F.) sociale per i giovani
jung giovane (Adj.), giovanile
Jungfernrede (F.) primo discorso (M.)

Jungfrau (F.) vergine (F.)
Junggeselle (M.) scapolo (M.), celibe (M.)
Junker (M.) nobile (M.) giovane, junker (M.)
Junkertum (N.) condizione (F.) di signore di campagna
Junktim (N.) insieme (M.) di varie proposte di legge
Junktimklausel (F.) clausola (F.) iunctim
Junta (F.) giunta (F.)
Jura (N.Pl.) giurisprudenza (F.), legge (F.), diritto (M.)
juridisch giuridico
Jurisdiktion (F.) giurisdizione (F.)
Jurisprudenz (F.) giurisprudenza (F.)
Jurist (M.) giurista (M.), legale (M.), giureconsulto (M.), giurisperito (M.)
Juristentag (M.) congresso (M.) di giuristi
Juristerei (F.) giurisprudenza (F.)
juristisch giuridico, di legge, legale (Adj.)
juristische Ausbildung (F.) formazione (F.) giuridica
juristische Person (F.) persona (F.) giuridica
Jury (F.) giuria (F.)
Jus (N.) diritto (M.), giurisprudenza (F.)
Justitiar (M.) consulente (M.) legale
Justiz (F.) giustizia (F.), ordine (M.) giudiziario, magistratura (F.)
Justizausbildung (F.) formazione (F.) dei magistrati ed ausiliari di giustizia
Justizbeamter (M.) magistrato (M.)
Justizgewährungsanspruch (M.) diritto (M.) alla tutela giurisdizionale
justiziabel giudicabile
Justizirrtum (M.) errore (M.) giudiziario
Justizminister (M.) ministro (M.) della giustizia, ministro (M.) di grazia e giustizia
Justizministerium (N.) ministero (M.) della giustizia, ministero (M.) di grazia e giustizia
Justizmord (M.) assassinio (M.) giudiziario, assassinio (M.) legale, condanna (F.) a morte di un innocente
Justizpalast (M.) palazzo (M.) di giustizia
Justizverwaltung (F.) amministrazione (F.) della giustizia
Justizverwaltungsakt (M.) atto (M.) amministrativo dell'ordine giudiziario
Justizvollzugsanstalt (F.) istituto (M.) di pena, ufficio (M.) esecuzioni giudiziarie
Justizwachtmeister (M.) ufficiale (M.) giudiziario

K

Kabel (N.) cavo (M.)
Kabinett (N.) gabinetto (M.), governo (M.), consiglio (M.) dei ministri
Kabinettchef (M.) capo (M.) di gabinetto
Kabinettsbeschluss (M.) delibera (F.) del consiglio dei ministri
Kabinettsrat (M.) consiglio (M.) di gabinetto
Kabinettsvorlage (F.) progetto (M.) governativo
Kabotage (F.) cabotaggio (M.), trasporto (M.) interno
Kadett (M.) cadetto (M.), allievo (M.) ufficiale
kaduzieren dichiarare nullo
Kaduzierung (F.) dichiarazione (F.) di nullità, esclusione (F.) del socio dalla società a responsabilità limitata
Kaduzität (F.) caducità (F.)
Kaiser (M.) imperatore (M.)
Kaiserin (F.) imperatrice (F.)
kaiserlich imperiale
Kaiserreich (N.) impero (M.)
kalendarisch calendario (Adj.)
Kalender (M.) calendario (M.)
Kalkulation (F.) calcolo (M.), calcolazione (F.), computo (M.)
Kalkulationsirrtum (M.) errore (M.) di calcolo
kalkulieren calcolare, valutare, computare
Kameralistik (F.) cameralistica (F.)
Kammer (F.) camera (F.), ordine (M.), sezione (F.)
Kämmerer (M.) tesoriere (M.)
Kampagne (F.) campagna (F.)
Kampf (M.) lotta (F.), combattimento (M.), battaglia (F.), agitazione (F.)
kämpfen combattere, lottare
Kanal (M.) canale (M.)
Kandidat (M.) candidato (M.), aspirante (M.)
Kandidatur (F.) candidatura (F.)
kandidieren presentarsi candidato, presentare la propria candidatura
Kannkaufmann (M.) commerciante (M.) con facoltà di iscriversi nel registro delle imprese
Kannvorschrift (F.) norma (F.) potestativa, norma (F.) facoltativa

Kanon (M.) canone (M.), norma (F.)
Kanone (F.) cannone (M.)
kanonisch canonico, regolare
kanonisches Recht (N.) diritto (M.) canonico
Kanton (M.) cantone (M.)
Kanzlei (F.) cancelleria (F.), ufficio (M.), studio (M.)
Kanzler (M.) cancelliere (M.)
Kanzleramt (N.) cancellierato (M.), cancelleria (F.)
Kapazität (F.) capacità (F.), potenzialità (F.)
Kapelle (F.) cappella (F.)
Kaperei (F.) corseggiamento (M.), pirateria (F.)
kapern catturare
Kapital (N.) capitale (M.), fondi (M.Pl.)
Kapitalanlage (F.) investimento (M.) di capitale, capitale (M.) investito
Kapitalanlagebetrug (M.) truffa (F.) nell'investimento di capitali
Kapitalanlagegesellschaft (F.) società (F.) di investimenti
Kapitalanleger (M.) investitore (M.)
Kapitalanteil (M.) quota (F.) di capitale
Kapitalbeteiligung (F.) partecipazione (F.) al capitale, quota (F.) di partecipazione, quota (F.) sociale
Kapitalerhöhung (F.) aumento (M.) del capitale, elevazione (F.) del capitale
Kapitalertrag (M.) rendita (F.) del capitale, reddito (M.) di puro capitale
Kapitalertragsteuer (F.) imposta (F.) sul reddito dei capitali
Kapitalgesellschaft (F.) società (F.) di capitali
Kapitalherabsetzung (F.) riduzione (F.) del capitale
kapitalisieren capitalizzare
Kapitalisierung (F.) capitalizzazione (F.)
Kapitalismus (M.) capitalismo (M.)
Kapitalist (M.) capitalista (M.)
kapitalistisch capitalista (Adj.), capitalistico
Kapitalmarkt (M.) mercato (M.) dei capitali, mercato (M.) finanziario
Kapitalverbrechen (N.) delitto (M.) capitale
Kapitalverkehr (M.) circolazione (F.) dei capitali, movimento (M.) di capitali, scambio (M.) di capitali
Kapitalverkehrsfreiheit (F.) libertà (F.) di circolazione dei capitali
Kapitalverkehrsteuer (F.) imposta (F.) sulla circolazione dei capitali
Kapitän (M.) capitano (M.), comandante (M.)
Kapitulation (F.) capitolazione (F.), resa (F.)
kapitulieren capitolare, arrendersi
Karabiniere (M.) carabiniere (M.)
Karat (N.) carato (M.)
Kardinal (M.) cardinale (M.)
Karenz (F.) carenza (F.), aspettativa (F.)
Karenzentschädigung (F.) indennità (F.) di carenza
Karenzzeit (F.) periodo (M.) di carenza, periodo (M.) d'attesa, periodo (M.) di aspettativa
Karriere (F.) carriera (F.)
Karte (F.) carta (F.), scheda (F.), biglietto (M.), tessera (F.)
Kartei (F.) schedario (M.), cartoteca (F.), casellario (M.)
Kartell (N.) cartello (M.), coalizione (F.), intesa (F.)
Kartellabsprache (F.) intesa (F.) di cartello, convenzione (F.) di cartello, accordo (M.) di cartello
Kartellbehörde (F.) ispettorato (M.) dei cartelli
Kartellrecht (N.) diritto (M.) dei cartelli
Kartellverbot (N.) divieto (M.) di cartello
Karzer (M.) carcere (M.)
Kaserne (F.) caserma (F.)
Kasko (M.) casco (M.)
Kaskoversicherung (F.) assicurazione (F.) su corpi, assicurazione (F.) contro tutti i rischi
Kassation (F.) cassazione (F.)
Kassationsgerichtshof (M.) (Kassationsgerichtshof in Italien) Suprema Corte (F.) di Cassazione, Corte (F.) Suprema di Cassazione, Corte (F.) di Cassazione
kassatorisch cassatorio
Kasse (F.) cassa (F.), contante (M.)
Kasse (F.) gegen Faktura cassa (F.) contro fattura, pagamento (M.) contro fattura
Kasse (F.) gegen Verladedokumente cassa (F.) contro documento di spedizione, pagamento (M.) contro documento di spedizione
Kassenarzt (M.) medico (M.) convenzionato
Kassiber (M.) messaggio (M.) segreto scambiato fra detenuti
Kassier (M.) cassiere (M.)
kassieren cassare, incassare

Kaste (F.) casta (F.), classe (F.)
Kastration (F.) castrazione (F.)
kastrieren castrare
Kasuistik (F.) casistica (F.)
Kataster (M. bzw. N.) catasto (M.)
Katasteramt (N.) ufficio (M.) catastale, catasto (M.)
Katastrophe (F.) catastrofe (F.), tragedia (F.)
katholisch cattolico (Adj.)
Kauf (M.) acquisto (M.), compravendita (F.), vendita (F.)
Kauf (M.) auf Hoffnung vendita (F.) a sorte, vendita (F.) aleatoria, emptio (F.) spei (lat.)
Kauf (M.) auf Probe vendita (F.) a prova
Kauf (M.) der Sache eines Dritten vendita (F.) di cosa altrui
Kauf (M.) künftiger Sachen vendita (F.) di cose future
Kauf (M.) nach Probe vendita (F.) su campione
Kauf (M.) unter Eigentumsvorbehalt vendita (F.) con riserva di proprietà, vendita (F.) con riserva di dominio
Kaufanwartschaftsvertrag (M.) contratto (M.) preliminare di vendita
kaufen comprare, acquistare
Käufer (M.) compratore (M.), acquirente (M.)
Kauffrau (F.) commerciante (F.), negoziante (F.)
Kaufkraft (F.) potere (M.) d'acquisto
Kaufkraftklausel (F.) clausola (F.) d'acquisto
Kaufmann (M.) commerciante (M.), negoziante (M.), imprenditore (M.) commerciale
kaufmännisch commerciale
kaufmännisches Bestätigungsschreiben (N.) lettera (F.) commerciale di conferma
kaufmännisches Zurückbehaltungsrecht (N.) diritto (M.) di ritenzione del commerciante
Kaufmannsgericht (N.) tribunale (M.) del commercio
Kaufpreis (M.) prezzo (M.) d'acquisto, prezzo (M.) di vendita
Kaufrecht (N.) diritto (M.) d'acquisto, disciplina (F.) della vendita
Kaufschein (M.) buono (M.) d'acquisto
Kaufvertrag (M.) contratto (M.) di compravendita, compravendita (F.)
kausal causale
kausale Handlungslehre (F.) teoria (F.) causale dell'azione
Kausalgeschäft (N.) negozio (M.) causale
Kausalität (F.) causalità (F.)
Kausalverlauf (M.) iter (M.) causale, processo (M.) causale
Kausalzusammenhang (M.) rapporto (M.) di causalità, nesso (M.) causale, nesso (M.) eziologico
Kaution (F.) cauzione (F.)
Kavallerie (F.) cavalleria (F.)
Keinmanngesellschaft (F.) società (F.) senza soci
kennen conoscere, sapere (V.), riconoscere
kennen müssen dover conoscere, dover sapere
Kennenmüssen (N.) ignoranza (F.) inescusabile
Kenntnis (F.) conoscenza (F.), cognizione (F.), notizia (F.), visione (F.)
Kenntnisnahme (F.) presa (F.) d'atto, presa (F.) di conoscenza
Kerker (M.) carcere (M.), prigione (F.), penitenziario (M.), galera (F.)
Kern (M.) nucleo (M.), perno (M.), centro (M.)
Kernenergie (F.) energia (F.) nucleare
Kette (F.) catena (F.)
Kettenarbeitsverhältnis (N.) rapporto (M.) di lavoro a tempo determinato reiterato
Kettenarbeitsvertrag (M.) contratto (M.) di lavoro a catena
Ketzer (M.) eretico (M.)
Ketzerei (F.) eresia (F.)
keusch casto, continente (Adj.)
KG (F.) (Kommanditgesellschaft) società (F.) in accomandita semplice (s.a.)
kidnappen rapire, sequestrare
Kidnapper (M.) rapitore (M.)
Kidnapping (N.) kidnapping (M.) (engl.), rapimento (M.)
Killer (M.) killer (M.) (engl.), sicario (M.)
Kind (N.) fanciullo (M.), bambino (M.), bimbo (M.)
Kindererziehung (F.) educazione (F.) dei bambini
Kindergeld (N.) assegno (M.) familiare, sussidio (M.) di famiglia
Kinderhilfe (F.) assegni (M.Pl.) di famiglia, assegni (M.Pl.) familiari
Kindesannahme (F.) adozione (F.)

Kindesaussetzung (F.) abbandono (M.) di minore, abbandono (M.) di neonato
Kindesentziehung (F.) sottrazione (F.) di minorenni, kidnapping (M.) (engl.)
Kindeskind (N.) nipote (M.)
Kindesmisshandlung (F.) maltrattamento (M.) di minori, maltrattamento (M.) minorile
Kindesraub (M.) ratto (M.) di minore
Kindestötung (F.) infanticidio (M.)
Kindesunterhalt (M.) alimenti (M.Pl.) a favore di minori, alimenti (M.Pl.) per il figlio
Kindschaft (F.) filiazione (F.)
Kindschaftssache (F.) causa (F.) in materia di filiazione
Kiosk (M.) chiosco (M.), edicola (F.)
Kirche (F.) chiesa (F.)
Kirchenbuch (N.) libro (M.) parrocchiale, registro (M.) parrocchiale
Kirchengemeinde (F.) comunità (F.) di fedeli
Kirchengericht (N.) tribunale (M.) ecclesiastico
Kirchenrecht (N.) diritto (M.) canonico
Kirchenstaat (M.) Stato (M.) pontifico, Stato (M.) della chiesa
Kirchensteuer (F.) imposta (F.) per il culto, tassa (F.) per la chiesa
Kirchenvertrag (M.) trattato (M.) tra Stato e chiesa, concordato (M.)
Kirchenverwaltung (F.) amministrazione (F.) ecclesiastica
kirchlich ecclesiastico (Adj.), religioso
Kirchspiel (N.) parrocchia (F.)
Kittchen (N.) prigione (F.), galera (F.), gattabuia (F.)
klagbar azionabile, processibile
Klage (F.) azione (F.), domanda (F.) giudiziale, ricorso (M.), reclamo (M.)
Klageänderung (F.) mutamento (M.) della domanda
Klageantrag (M.) domanda (F.) giudiziale
Klageart (F.) tipo (M.) di azione
Klagebefugnis (F.) legittimazione (F.) ad agire
Klagebegehren (N.) domanda (F.) giudiziale
Klagebegründung (F.) motivazione (F.) della domanda, causa (F.) petendi (lat.)
Klageerhebung (F.) proposizione (F.) dell'azione
Klageerwiderung (F.) comparsa (F.) di risposta
Klageerzwingungsverfahren (N.) imputazione (F.) coatta
Klagefrist (F.) termine (M.) per promuovere l'azione
Klagegrund (M.) causa (F.) della domanda, causa (F.) petendi (lat.), titolo (M.) della domanda, motivo (M.) di agire
klagen agire in giudizio, citare in giudizio, azionare, proporre azione, fare causa, domandare
Klagenhäufung (F.) cumulo (M.) di azioni
Kläger (M.) attore (M.), parte (F.) attrice, parte (F.) attorea, querelante (M.), istante (M.)
Klägerin (F.) attrice (F.)
Klagerücknahme (F.) rinuncia (F.) agli atti
Klageschrift (F.) atto (M.) di citazione
Klaggrund (M.) causa (F.) pretendi (lat.), ragione (F.) della domanda
Klagsgegenstand (M.) petitum (N.) (lat.), oggetto (M.) della domanda
klar chiaro, inequivocabile, netto, preciso, limpido, evidente, esplicito
Kläranlage (F.) impianto (M.) di depurazione
klären chiarire, purificare, mettere a fuoco, porre in chiaro
Klasse (F.) classe (F.), categoria (F.), ordine (M.), gruppo (M.)
Klassenjustiz (F.) giustizia (F.) di classe
Klassenkampf (M.) lotta (F.) di classe
klassifizieren classificare
klauen rubare, grattare, fregare
Klausel (F.) clausola (F.), patto (M.), condizione (F.)
Klausur (F.) clausura (F.), conclave (M.), compito (M.) scritto
Kleingeld (N.) spiccioli (M.Pl.)
Kleinhändler (M.) piccolo dettagliante (M.)
Kleinod (N.) gioiello (M.), tesoro (M.)
Kleinstaat (M.) staterello (M.), piccolo Stato (M.)
Kleinunternehmer (M.) piccolo imprenditore (M.)
Klempner (M.) idraulico (M.), lattoniere (M.), stagnino (M.)
Kleptomane (M.) cleptomane (M.)
Kleptomanie (F.) cleptomania (F.)
klerikal clericale, ecclesiastico (Adj.)

Kleriker (M.) chierico (M.), ecclesiastico (M.)
Klerus (M.) clero (M.)
Klient (M.) cliente (M.)
Klientel (F.) clientela (F.)
Klinik (F.) clinica (F.)
Kloster (N.) convento (M.), monastero (M.)
Klub (M.) club (M.), gruppo (M.) parlamentare, frazione (F.)
Klubobmann (M.) capogruppo (M.)
Knappe (M.) minatore (M.)
Knappschaft (F.) corporazione (F.) di minatori, maestranza (F.) di una miniera
Knast (M.) galera (F.), prigione (F.)
Knebel (M.) bavaglio (M.)
knebeln imbavagliare, ostacolare
Knebelung (F.) imbavagliamento (M.)
Knecht (M.) servitore (M.), garzone (M.), schiavo (M.)
Knechtschaft (F.) servitù (F.), schiavitù (F.)
Knowhow (N.) know-how (M.)
Koadjutor (M.) coadiutore (M.)
koalieren coalizzare
Koalition (F.) coalizione (F.)
Koalitionsfreiheit (F.) libertà (F.) d'associazione, libertà (F.) sindacale, libertà (F.) d'organizzazione sindacale
Kodex (M.) codice (M.)
Kodifikation (F.) codificazione (F.)
kodifizieren codificare
Kodizill (N.) codicillo (M.)
Kognat (M.) consanguineo (M.)
Koitus (M.) coito (M.)
Kokain (N.) cocaina (F.)
Kolchose (F.) colcos (M.), kolkhos (M.)
Kollation (F.) collazione (F.)
Kollationierung (F.) collazione (F.)
Kollege (M.) collega (M.)
kollegial collegiale
Kollegialbehörde (F.) autorità (F.) collegiale
Kollegialgericht (N.) giudice (M.) collegiale, giudice (M.) in composizione collegiale
Kollegialorgan (N.) organo (M.) collegiale
Kollegium (N.) collegio (M.)
Kollektiv (N.) collettivo (M.)
kollektiv collettivo (Adj.)
Kollektivarbeitsrecht (N.) diritto (M.) collettivo del lavoro
Kollektivbeleidigung (F.) offesa (F.) a gruppo collettivo
Kollektiveigentum (N.) proprietà (F.) collettiva
Kollektivschuld (F.) colpa (F.) collettiva
Kollektivvertrag (M.) contratto (M.) collettivo
kollidieren collidere, entrare in collisione
Kollision (F.) conflitto (M.), collisione (F.)
Kollisionsnorm (F.) norma (F.) sui conflitti di leggi
Kollisionsrecht (N.) diritto (M.) dei conflitti di leggi, diritto (M.) di collisione
kolludieren colludere
Kollusion (F.) collusione (F.)
Kolonie (F.) colonia (F.)
Komitee (N.) comitato (M.), commissione (F.)
Kommandeur (M.) comandante (M.)
kommandieren comandare
Kommanditgesellschaft (F.) (KG) società (F.) in accomandita semplice (s.a.)
Kommanditgesellschaft (F.) auf Aktien società (F.) in accomandita per azioni (s.a.p.a.)
Kommanditist (M.) accomandante (M.), socio (M.) accomandante
Kommanditistin (F.) accomandante (F.), socia (F.) accomandante
Kommentar (M.) commento (M.), commentario (M.)
Kommentator (M.) commentatore (M.)
kommentieren commentare
kommerzialisieren commercializzare
kommerziell commerciale
Kommilitone (M.) compagno (M.) di studi
Kommilitonin (F.) compagna (F.) di studi
Kommissar (M.) commissario (M.)
Kommissariat (N.) commissariato (M.)
kommissarisch commissariale, provvisorio, interinale
Kommission (F.) commissione (F.)
Kommission (F.) der Europäischen Union commissione (F.) dell'Unione Europea
Kommissionär (M.) commissionario (M.)
Kommittent (M.) committente (M.)
Kommorient (M.) commoriente (M.)
Kommorientenvermutung (F.) presunzione (F.) di commorienza
kommunal comunale
Kommunalaufsicht (F.) vigilanza (F.) sui comuni
Kommunalrecht (N.) diritto (M.) comunale
Kommunalverfassung (F.) ordinamento (M.) comunale

Kommunalverfassungsklage (F.) azione (F.) contro una decisione organizzativa di un organo comunale
Kommunalverwaltung (F.) amministrazione (F.) comunale
Kommunalwahl (F.) elezione (F.) comunale, elezione (F.) amministrativa comunale, elezione (F.) del consiglio comunale
Kommune (F.) comune (M.), municipio (M.)
Kommunikation (F.) comunicazione (F.)
Kommunismus (M.) comunismo (M.)
Kommunist (M.) comunista (M.)
kommunistisch comunista (Adj.)
Kommunistisches Manifest (N.) manifesto (M.) del partito comunista, manifesto (M.) comunista, Manifesto (M.)
kommunizieren comunicare, pubblicare, parlare, conversare
Kompendium (N.) compendio (M.), sommario (M.)
Kompensation (F.) compensazione (F.), indennizzo (M.), risarcimento (M.), compenso (M.)
kompensieren compensare
kompetent competente, capace
Kompetenz (F.) competenza (F.)
Kompetenzkompetenz (F.) competenza (F.) della competenza
Kompetenzkonflikt (M.) conflitto (M.) di competenza
Kompetenzverteilung (F.) ripartizione (F.) delle competenze, distribuzione (F.) delle competenze
Kompilation (F.) compilazione (F.), scritto (M.) compilato
kompilieren compilare
Komplementär (M.) accomandatario (M.), socio (M.) accomandatario
Komplex (M.) complesso (M.)
komplex complesso (Adj.)
Komplize (M.) complice (M.)
Komplott (N.) complotto (M.)
Komposition (F.) composizione (F.)
Kompromiss (M.) compromesso (M.), transazione (F.)
Kondiktion (F.) ripetizione (F.) dell'indebito, azione (F.) ripetitoria, condictio (F.)
Kondition (F.) condizione (F.)
kondizieren ripetere, agire per la restituzione
Kondominat (N.) condominio (M.)
Kondominium (N.) condominio (M.)
Konferenz (F.) conferenza (F.), riunione (F.)
Konfession (F.) confessione (F.) religiosa
Konfiskation (F.) confisca (F.)
konfiszieren confiscare
Konflikt (M.) conflitto (M.), collisione (F.)
Konföderation (F.) confederazione (F.)
konform conforme
Konfusion (F.) confusione (F.)
Kongregation (F.) congregazione (F.)
Kongress (M.) congresso (M.), simposio (M.)
Kongressabgeordneter (M.) (Kongressabgeordneter in den Vereinigten Staaten) deputato (M.) del congresso
König (M.) re (M.)
Königin (F.) regina (F.)
königlich reale, regio, regale, sovrano (Adj.)
Königreich regno (M.)
Königtum (N.) regno (M.), regalità (F.), impero (M.), reame (M.), principato (M.)
Konjunktur (F.) congiuntura (F.), fase (F.) economica
Konklave (F.) conclave (M.)
konkludent concludente
konkludentes Handeln (N.) comportamento (M.) concludente, acta concludentia (lat.)
Konklusion (F.) conclusione (F.)
Konkordat (N.) concordato (M.)
Konkordatsehe (F.) (Konkordatsehe in Italien) matrimonio (M.) concordatario, matrimonio (M.) canonico
konkret concreto, reale
konkrete Normenkontrolle (F.) sindacato (M.) di legittimità costituzionale in concreto
konkretes Gefährdungsdelikt (N.) reato (M.) di pericolo concreto
Konkretisierung (F.) individuazione (F.), concretizzazione (F.)
Konkubinat (N.) concubinato (M.)
Konkubine (F.) concubina (F.)
Konkurrent (M.) concorrente (M.), competitore (M.)
Konkurrentenklage (F.) azione (F.) del concorrente
Konkurrenz (F.) concorso (M.), concorrenza (F.), competizione (F.)
konkurrieren competere, concorrere
konkurrierend concorrente (Adj.)

konkurrierende Bundesgesetzgebung (F.) legislazione (F.) federale concorrente
Konkurs (M.) fallimento (M.)
Konkursanfechtung (F.) azione (F.) revocatoria fallimentare, revocatoria (F.) fallimentare
Konkursantrag (M.) domanda (F.) di dichiarazione del fallimento, istanza (M.) di fallimento
Konkursausfallsgeld (N.) indennità (F.) al lavoratore di mancata retribuzione
Konkursforderung (F.) credito (M.) ammesso allo stato passivo fallimentare
Konkursgericht (N.) tribunale (M.) fallimentare, giudice (M.) fallimentare
Konkursgläubiger (M.) creditore (M.) della massa fallimentare
Konkursgrund (M.) causa (F.) del fallimento
Konkursmasse (F.) massa (F.) fallimentare, attivo (M.) fallimentare, patrimonio (M.) fallimentare
Konkursrecht (N.) diritto (M.) fallimentare
Konkursstraftat (F.) reato (M.) fallimentare
Konkursverfahren (N.) procedura (F.) fallimentare, procedimento (M.) concorsuale, procedura (F.) di fallimento
Konkursverwalter (M.) curatore (M.) del fallimento, curatore (M.) fallimentare
Können (N.) capacità (F.), bravura (F.), abilità (F.), maestria (F.)
konnex connesso, accessorio (Adj.)
Konnexität (F.) connessione (F.)
Konnivenz (F.) connivenza (F.)
Konnossement (N.) polizza (F.) di carico
Konnotation (F.) connotazione (F.)
Konrektor (M.) direttore (M.) aggiunto, vice-preside (M.)
Konsens (M.) consenso (M.)
konsensual consensuale
Konsensualvertrag (M.) contratto (M.) consensuale
konservativ conservativo, conservatore (Adj)
konservieren conservare, mantenere
Konsignation (F.) merce (F.) spedita in conto deposito
konsignieren spedire merce in conto deposito
Konsistorium (N.) concistoro (M.)
Konskription (F.) coscrizione (F.)
Konsolidation (F.) consolidazione (F.), consolidamento (M.)
konsolidieren consolidare
Konsorte (M.) membro (M.) di un consorzio, consorte (M.)
Konsortium (N.) consorzio (M.)
Konspiration (F.) cospirazione (F.), congiura (F.), complotto (M.)
konspirieren cospirare, congiurare, complottare
Konstitution (F.) costituzione (F.), fondazione (F.), composizione (F.), natura (F.)
Konstitutionalismus (M.) costituzionalismo (M.)
konstitutionell costituzionale
konstitutiv costitutivo
konstruieren costruire, edificare
Konstruktionsfehler (M.) difetto (M.) di costruzione, errore (M.) di costruzione
konstruktiv costruttivo, proficuo, utile (Adj.)
konstruktives Misstrauensvotum (N.) voto (M.) di sfiducia costruttivo
Konsul (M.) console (M.)
konsularisch consolare
Konsulat (N.) consolato (M.)
Konsulent (M.) consulente (M.)
Konsultation (F.) consultazione (F.)
Konsum (M.) consumo (M.)
Konsument (M.) consumatore (M.)
Konsumgenossenschaft (F.) cooperativa (F.) di consumo
konsumieren consumare
Konsumtion (F.) consunzione (F.)
Kontakt (M.) contatto (M.), relazione (F.)
Kontaktsperre (F.) segregazione (F.) dal mondo esterno
Konterbande (F.) contrabbando (M.)
Konterrevolution (F.) controrivoluzione (F.)
Kontingent (N.) contingente (M.)
Konto (N.) conto (M.)
Kontoauszug (M.) estratto (M.) di conto
Kontokorrent (N.) conto (M.) corrente
Kontokorrentkredit (M.) credito (M.) in conto corrente, credito (M.) per scoperto di conto corrente
Kontokorrentvorbehalt (M.) riserva (F.) di proprietà per debiti di conto corrente
Kontostand (M.) posizione (F.) del conto
kontrahieren contrarre
Kontrahierungszwang (M.) obbligo (M.) a contrarre

Kontrakt (M.) contratto (M.)
Kontribution (F.) contributo (M.), contribuzione (F.)
Kontrolle (F.) controllo (M.), vigilanza (F.)
Kontrolleur (M.) controllore (M.)
kontrollieren controllare, sindacare, vigilare
Kontrollrat (M.) consiglio (M.) di controllo
kontumazial contumaciale
Kontumazialverfahren (N.) processo (M.) in contumacia, giudizio (M.) contumaciale
Konvaleszenz (F.) convalescenza (F.)
Konvent (M.) convegno (M.), congresso (M.), riunione (F.), adunanza (F.)
Konvention (F.) convenzione (F.), patto (M.), trattato (M.)
Konvention (F.) zum Schutz der Menschenrechte convenzione (F.) per la salvaguardia dei diritti dell'uomo
konventional convenzionale
Konventionalscheidung (F.) divorzio (M.) consensuale
Konventionalstrafe (F.) penale (F.)
Konversion (F.) conversione (F.)
konvertibel convertibile
Konvertibilität (F.) convertibilità (F.)
Konzentration (F.) concentrazione (F.), individuazione (F.)
Konzentrationslager (N.) campo (M.) di concentramento
konzentrieren concentrare
Konzern (M.) consorzio (M.), gruppo (M.), complesso (M.) industriale
Konzernrecht (N.) diritto (M.) consorziale
Konzession (F.) concessione (F.), licenza (F.)
Konzessionär (M.) concessionario (M.)
Konzessionsabgabe (F.) diritti (M.Pl.) di concessione
Konzessionsantrag (M.) domanda (F.) di concessione
Konzessionsinhaber (M.) concessionario (M.), titolare (M.) della concessione
Konzessionssystem (N.) regime (M.) di concessione, regime (M.) dell'autorizzazione preventiva
Konzil (N.) concilio (M.)
Kooperation (F.) cooperazione (F.), collaborazione (F.)
kooperieren cooperare, collaborare
kooptieren cooptare
Koordination (F.) coordinazione (F.), coordinamento (M.)
koordinieren coordinare
Kopf (M.) testa (F.), testata (F.), intestazione (F.)
köpfen decapitare
Kopfsteuer (F.) capitazione (F.), testatico (M.)
Kopie (F.) copia (F.), riproduzione (F.)
kopieren copiare, riprodurre
Körper (M.) corpo (M.), fisico (M.), ente (M.), complesso (M.)
körperlich corporale, fisico (Adj.), materiale (Adj.)
körperliche Misshandlung (F.) maltrattamento (M.) fisico
körperliche Sache (F.) cosa (F.) corporale, cosa (F.) materiale
Körperschaden (M.) danno (M.) fisico, danno (M.) biologico, danno (M.) corporale
Körperschaft (F.) des öffentlichen Rechts ente (M.) pubblico, ente (M.) di diritto pubblico
Körperschaft (F.) ente (M.), ente (M.) collettivo, corporazione (F.), istituzione (F.)
körperschaftlich corporativo
Körperschaftsteuer (F.) imposta (F.) sul reddito delle persone giuridiche (IRPEG)
Körperverletzung (F.) lesione (F.) personale
Körperverletzung (F.) mit Todesfolge omicidio (M.) preterintenzionale
Korporation (F.) corporazione (F.), ente (M.) collettivo
korrekt corretto, giusto, esatto
korrespektiv corrispettivo (Adj.)
korrespektives Testament (N.) testamento (M.) corrispettivo
Korrespondenz (F.) corrispondenza (F.)
Korrespondenzgeheimnis (N.) segreto (M.) epistolare, segreto (M.) di corrispondenza
korrigieren correggere, rettificare
korrumpieren corrompere, contaminare, rovinare
korrupt corrotto, venale
Korruption (F.) corruzione (F.)
Kost (F.) vitto (M.)
kostbar prezioso, raro
Kostbarkeit (F.) preziosità (F.), pregio (M.), valore (M.)
Kosten (F.Pl.) costo (M.), spese (F.Pl.)
kosten costare
Kostendeckung (F.) copertura (F.) delle spese

Kostendeckungsprinzip (N.) principio (M.) della copertura delle spese
Kostenentscheidung (F.) decisione (F.) relativa alle spese
Kostenersatz (M.) rimborso (M.) delle spese
Kostenfestsetzung (F.) liquidazione (F.) delle spese
Kostenfestsetzungsbeschluss (M.) ordinanza (F.) di liquidazione delle spese
kostenlos gratuito, senza spese
Kostenordnung (F.) legge (F.) sulle spese giudiziarie in materia di giurisdizione volontaria
Kostenrechnung (F.) calcolo (M.) dei costi, conto (M.) delle spese
Kostenrecht (N.) diritto (M.) delle spese (legali)
Kostenvoranschlag (M.) preventivo (M.) di spesa, conto (M.) presuntivo
Kraft (F.) forza (F.), vigore (M.)
kraft Gesetzes in virtù della legge, in forza della legge
Kraftfahrt (F.) motorizzazione (F.), motorizzazione (F.) civile
Kraftfahrtbundesamt (N.) Ufficio (M.) federale per la motorizzazione
Kraftfahrtversicherung (F.) assicurazione (F.) della responsabilità civile autoveicoli
Kraftfahrzeug (N.) autoveicolo (M.), automezzo (M.), autovettura (F.), automobile (F.)
Kraftfahrzeugbrief (M.) carta (F.) di circolazione
Kraftfahrzeughalter (M.) detentore (M.) dell'autoveicolo
Kraftfahrzeugkennzeichen (N.) targa (F.) di riconoscimento, targa (F.) automobilistica
Kraftfahrzeugschein (M.) carta (F.) di circolazione
Kraftfahrzeugsteuer (F.) tassa (F.) di circolazione, bollo (M.) auto
Kraftfahrzeugversicherung (F.) assicurazione (F.) automobilistica, assicurazione (F.) RC auto
kraftlos nullo, inefficace, improduttivo di effetti, senza effetti
Kraftloserklärung (F.) dichiarazione (F.) di nullità, ammortamento, decreto (M.) d'ammortamento
Kraftverkehr (M.) traffico (M.) automobolistico
Kraftverkehrsordnung (F.) ordinamento (M.) del traffico automobilistico
krank malato (Adj.), ammalato (Adj.)
Krankengeld (N.) trattamento (M.) di malattia
Krankenhaus (N.) ospedale (M.), clinica (F.), casa (F.) di cura
Krankenkasse (F.) cassa (F.) malattia
Krankenschein (M.) foglio (M.) d'impegnativa
Krankenversicherung (F.) assicurazione (F.) contro la malattia
Krankheit (F.) malattia (F.), affezione (F.)
Kredit (M.) credito (M.), prestito (M.)
Kreditauftrag (M.) mandato (M.) di credito
Kreditbetrag (M.) importo (M.) del credito, ammontare (M.) del credito
Kreditbrief (M.) lettera (F.) di credito, credenziale (F.)
kreditfähig capace di credito, meritevole di credito, meritevole di fido
Kreditgeber (M.) concedente (M.) il credito, mutuante (M.), datore (M.) di credito
kreditieren accreditare, accordare credito
Kreditinstitut (N.) istituto (M.) di credito
Kreditkarte (F.) carta (F.) di credito
Kreditkauf (M.) vendita (F.) a credito, acquisto (M.) a credito
Kreditnehmer (M.) prenditore (M.) del credito, beneficiario (M.) del credito, affidato (M.)
Kreditschädigung (F.) offesa (F.) al credito
Kreditsicherung (F.) garanzia (F.) del credito
Kreditvermittlung (F.) mediazione (F.) creditizia
Kreditvermittlungsvertrag (M.) contratto (M.) di mediazione finanziaria
Kreditvertrag (M.) contratto (M.) di credito
Kreditwesen (N.) sistema (M.) creditizio
Kreditwucher (M.) usura (F.) pecuniaria
kreditwürdig meritevole di credito, meritevole di fido
Kreis (M.) cerchio (M.), cerchia (F.), circolo (M.), circondario (M.), distretto (M.), circoscrizione (F.)
Kreisausschuss (M.) giunta (F.) amministrativa del circondario, giunta (F.) distrettuale

kreisfrei non appartenente ad un circondario
Kreisgericht (N.) tribunale (M.) circondariale, pretura (F.)
Kreisordnung (F.) ordinamento (M.) circondariale
Kreistag (M.) assemblea (M.) circondariale
Kreuz (N.) croce (F.)
kreuzen incrociare, incontrare
Kreuzung (F.) incrocio (M.)
Kreuzverhör (N.) esame (M.) incrociato, controesame (M.), interrogatorio (M.) incrociato, cross examination (F.) (engl.)
Krida (F.) (Krida in Österreich) bancarotta (F.), bancarotta (F.) semplice
Krieg (M.) guerra (F.), conflitto (M.) armato
kriegführend belligerante
Kriegsdienst (M.) servizio (M.) militare
Kriegsdienstverweigerer (M.) obiettore (M.) di coscienza
Kriegsdienstverweigerung (F.) obiezione (F.) di coscienza
Kriegserklärung (F.) dichiarazione (F.) di guerra
Kriegsfall (M.) casus (M.) belli (lat.), caso (M.) di guerra
Kriegsgefangener (M.) prigioniero (M.) di guerra
Kriegsgefangenschaft (F.) prigionia (F.) di guerra
Kriegsgericht (N.) tribunale (M.) militare, consiglio (M.) di guerra
Kriegshandlung (F.) atto (M.) di guerra, azione (F.) di guerra
Kriegsrecht (N.) diritto (M.) bellico, diritto (M.) della guerra
Kriegsstrafrecht (N.) diritto (M.) penale militare, diritto (M.) penale di guerra
Kriegsverbrechen (N.) crimine (M.) di guerra, delitto (M.) di guerra
Kriegsverbrecher (M.) criminale (M.) di guerra
Kriegswaffenkontrollgesetz (N.) legge (F.) sul controllo delle armi da guerra
Kriegswirtschaft (F.) economia (F.) di guerra
kriminal criminale, delittuoso, penale (Adj.)
kriminalisieren criminalizzare
Kriminalistik (F.) criminalistica (F.)
Kriminalität (F.) criminalità (F.), delinquenza (F.)
Kriminalpolizei (F.) polizia (F.) giudiziaria
Kriminalstatistik (F.) statistica (F.) della criminalità
kriminell criminale, delittuoso, penale (Adj.)
kriminelle Vereinigung (F.) associazione (F.) a delinquere
Kriminologe (M.) criminologo (M.)
Kriminologie (F.) criminologia (F.)
kriminologisch criminologico
kriminologisches Gutachten (N.) perizia (F.) criminologica
Kronanwalt (M.) procuratore (M.) della corona
Krone (F.) corona (F.)
krönen incoronare
Kronrat (M.) consiglio (M.) della corona
Krönung (F.) incoronazione (F.), coronamento (M.)
Kronzeuge (M.) testimonio (M.) principale, superteste (M.), collaboratore (M.) di giustizia
kulant corrente, modico
Kulanz (F.) correntezza (F.)
Kulpakompensation (F.) compensazione (F.) di colpa
Kultur (F.) cultura (F.), civiltà (F.)
Kulturhoheit (F.) competenza (F.) negli affari culturali
Kumulation (F.) cumulo (M.), accumulazione (F.)
Kumulationsprinzip (N.) principio (M.) del cumulo delle pene
kumulativ cumulativo
kumulative Kausalität (F.) causalità (F.) cumulativa
kumulative Schuldübernahme (F.) accollo (M.) cumulativo
kumulieren accumulare
kündbar licenziabile
Kunde (F.) notizia (F.), scienza (F.), cliente (M.)
kundig informato, esperto (Adj.), versato
kündigen licenziare, dare le dimissioni, dimissionare, recedere dal contratto
Kündigung (F.) licenziamento (M.), dimissione (F.), dimissioni (F.Pl.), disdetta (F.), risoluzione (F.)
Kündigungsanfechtung (F.) impugnazione (F.) del licenziamento, ricorso (M.) contro il licenziamento
Kündigungsentschädigung (F.) indennità (F.) di licenziamento
Kündigungsfrist (F.) periodo (M.) di pre-

avviso, termine (M.) di preavviso
Kündigungsschutz (M.) tutela (F.) contro il licenzimento
künftig futuro (Adj.), a venire, venturo
Kunst (F.) arte (F.), tecnica (F.), metodo (M.)
Kunstfehler (M.) errore (M.) professionale, errore (M.) tecnico
Kunstfreiheit (F.) libertà (F.) d'arte
Kunstgriff (M.) artifizio (M.)
Künstler (M.) artista (M.)
künstlich artificiale
künstliche Befruchtung (F.) fecondazione (F.) artificiale
Kunstverwaltungsrecht (N.) diritto (M.) amministrativo d'arte
Kupon (M.) tagliando (M.), cedola (F.)
Kuppelei (F.) lenocinio (M.)
Kuppler (M.) lenone (M.), prosseneta (M.)
Kupplerin (F.) mezzana (F.)
Kuratel (F.) curatela (F.)
Kurator (M.) curatore (M.), amministratore (M.)
Kuratorium (N.) consiglio (M.) d'amministrazione, consiglio (M.) di gestione
Kurfürst (M.) principe (M.) elettore
Kurie (F.) curia (F.)
Kurier (M.) corriere (M.)
Kurpfuscher (M.) ciarlatano (M.)
Kurpfuscherei (F.) esercizio (M.) abusiva della professione medica
Kurs (M.) corso (M.), prezzo (M.), cambio (M.)
Kursindex (M.) indice (M.) di borsa, indice (M.) dei corsi di borsa, indice (M.) dei titoli quotati in borsa
Kurstreiber (M.) aggiotatore (M.)
Kurstreiberei (F.) aggiotaggio (M.)
Kurzarbeit (F.) lavoro (M.) ad orario ridotto, disoccupazione (F.) parziale
Kurzarrest (M.) arresto (M.) breve
kürzen abbreviare, ridurre, accorciare
Küste (F.) costa (F.), litorale (M.)
Küstengewässer (N.Pl.) mare (M.) territoriale
Kux (M.) azione (F.) di società mineraria

L

laden (aufladen) caricare
Laden (M.) negozio (M.), magazzino (M.), bottega (F.)
laden (vorladen) citare, chiamare, intimare, invitare
Ladenangestellter (M.) commesso (M.) di negozio
Ladendieb (M.) taccheggiatore (M.)
Ladendiebstahl (M.) taccheggio (M.)
Ladenschluss (M.) chiusura (F.) dei negozi, orario (M.) di chiusura dei negozi
Ladeschein (M.) ricevuta (F.) di carico, polizza (F.) di carico
lädieren danneggiare, ferire
Ladung (F.) atto (M.) di citazione (F.), citazione (F.), chiamata (F.) in causa, vocatio (F.) in ius (lat.), carico (M.), caricazione (F.), caricamento (M.)
Ladungszustellung (F.) notificazione (F.) dell'atto di citazione
laesio (F.) enormis (lat.) (außergewöhnliche Verletzung) laesio (F.) enormis (lat.), lesione (F.) enorme
Lage (F.) situazione (F.), posizione (F.), condizione (F.), andamento (M.)
Lager (N.) deposito (M.), magazzino (M.)
Lagergeschäft (N.) operazione (F.) di magazzinaggio
Lagerhalter (M.) magazziniere (M.)
Lagerhaus (N.) deposito (M.), magazzino (M.), magazzino (M.) di deposito
lagern immagazzinare, mettere in deposito, trovarsi in deposito
Lagerschein (M.) fede (M.) di deposito, ricevuta (F.) di deposito
Lagervertrag (M.) contratto (M.) di magazzinaggio
Laie (M.) laico (M.), profano (M.), incompetente (M.)
Laienrichter (M.) giudice (M.) popolare, giudice (M.) laico, giudice (M.) non togato
Land (N.) paese (M.), terra (F.), terreno (M.), Stato (M.), regione (F.), Land (M.)
Landesarbeitsgericht (N.) tribunale (M.) del lavoro del Land
Landesbank (F.) banca (F.) del Land, banca (F.) regionale, banca (F.) nazionale
Landesbehörde (F.) autorità (F.) del Land, autorità (F.) regionale
Landesgericht (N.) (Landesgericht in Österreich und Südtirol) tribunale (M.), tribunale (M.) ordinario
Landesgesetz (N.) legge (F.) del Land, legge (F.) regionale, legge (F.) provinciale

Landesgesetzgebung (F.) legislazione (F.) del Land, legislazione (F.) regionale, legislazione (F.) provinciale
Landeshauptmann (M.) presidente (M.) della giunta provinciale, presidente (M.) della porvincia, capitano (M.)
Landesherr (M.) sovrano (M.)
Landeskirche (F.) chiesa (F.) regionale
Landesrat (M.) assessore (M.), assessore (M.) provinciale
Landesrätin (F.) assessore (F.), assessore (F.) provinciale
Landesrecht (N.) diritto (M.) del Land, diritto (M.) regionale, diritto (M.) provinciale, diritto (M.) nazionale, diritto (M.) interno
Landesregierung (F.) governo (M.) del Land, governo (M.) regionale, giunta (F.) regionale, giunta (F.) provinciale
Landessozialgericht (N.) tribunale (M.) sociale del Land
Landesstrafrecht (N.) diritto (M.) penale del Land
Landesverfassung (F.) statuto (M.) regionale, costituzione (F.) del Land
Landesverrat (M.) alto tradimento (M.)
Landesverräter (M.) reo (M.) di alto tradimento
landesverräterisch di alto tradimento
Landesverwaltung (F.) amministrazione (F.) regionale, amminstrazione (F.) provinciale, amministrazione (F.) del Land
Landesverweisung (F.) bando (M.), espulsione (F.)
Landeszentralbank (F.) banca (F.) centrale del Land
Landfriede (M.) quiete (F.) pubblica
Landfriedensbruch (M.) sommossa (F.), violazione (F.) della quiete pubblica
Landgericht (N.) tribunale (M.)
Landkreis (M.) circondario (M.) rurale, distretto (M.) rurale
Landpacht (F.) affitto (M.) di fondo rustico
Landrat (M.) presidente (M.) del circondario, presidente (M.) distrettuale
Landratsamt (N.) ufficio (M.) del circondario, ufficio (M.) distrettuale
Landreform (F.) riforma (F.) agraria, riforma (F.) fondiaria
Landschaft (F.) paesaggio (M.), regione (F.)
Landschaftsschutz (M.) tutela (F.) del paesaggio
Landschaftsverband (M.) consorzio (M.) di circondari
Landstraße (F.) strada (F.) extraurbana
Landstreicher (M.) vagabondo (M.), girovago (M.)
Landtag (M.) consiglio regionale, dieta (F.) regionale, dieta (F.) del Land, consiglio (M.) provinciale
Landwehr (F.) milizia (F.) territoriale
Landwirt (M.) agricoltore (M.), agrario (M.), contadino (M.)
Landwirtin (F.) agricoltrice (F.), agraria (F.), contadina (F.)
Landwirtschaft (F.) agricoltura (F.), economica (F.) agricola
landwirtschaftlicher Unternehmer (M.) imprenditore (M.) agricolo
Landwirtschaftskammer (F.) camera (F.) dell'agricoltura
Landwirtschaftsrecht (N.) diritto (M.) agrario
lang lungo, esteso, ampio
Langfinger (M.) ladro (M.)
langfristig a lunga scadenza, a lungo termine
Lärm (M.) rumore (M.), chiasso (M.), tumulto (M.), schiamazzo (M.)
Lärmbelästigung (F.) inquinamento (M.) acustico, immissioni (M.P.) acustici, inconvenienti (M.Pl.) acustici
Last (F.) carico (M.), onere (M.), peso (M.), vincolo (M.)
Lastenausgleich (M.) perequazione (F.) degli oneri
lastenfrei esente da carichi, esente da oneri
Laster (N.) vizio (M.), debolezza (F.)
lästern imprecare, bestemmiare
Lästerung (F.) imprecazione (F.), bestemmia (F.)
lästig molesto, fastidioso, oneroso
Lastschrift (F.) addebito (M.), registrazione (F.) a debito, certificato (M.) di addebitamento
Lastschriftanzeige (F.) avviso (M.) di addebito
Lauf (M.) corsa (F.), corso (M.)
Lauf (M.) der Frist pendenza (F.) del termine
Laufbahn (F.) carriera (F.)
laufen correre, andare
Laufzeit (F.) decorrenza (F.), durata (F.), scadenza (F.), termine (M.)

Laureatsarbeit (F.) (Laureatsarbeit in Italien) tesi (F.) di laurea
Laureatsprüfung (F.) (Laureatsprüfung in Italien) esame (M.) di laurea
Leasing (N.) leasing (M.), locazione (F.) finanziaria
Leben (N.) vita (F.), esistenza (F.)
leben vivere, esistere, abitare
Lebensalter (N.) età (F.)
Lebenserfahrung (F.) esperienza (F.), esperienza (F.) di vita
Lebenserhaltungskosten (F.Pl.) costo (M.) di vita
Lebensgefahr (F.) pericolo (M.) di vita, pericolo (M.) di morte
Lebensgefährte (M.) compagno (M.)
Lebensgefährtin (F.) compagna (F.)
Lebensgemeinschaft (F.) comunione (F.) di vita
lebenslang a vita, per tutta la vita
lebenslange Freiheitsstrafe (F.) ergastolo (M.)
lebenslange Gefängnisstrafe (F.) ergastolo (M.)
lebenslänglich a vita, perpetuo, vitalizio (Adj.)
Lebensmittel (N.) alimentare (M.), genere (M.) alimentare
Lebensmittelrecht (N.) diritto (M.) alimentare
Lebenspartnerschaft (F.) convivenza (F.) more uxorio tra persone dello stesso sesso
Lebensrisiko (N.) rischio (M.) di vita
Lebenssachverhalt (M.) fattispecie (F.) concreta
Lebensstrafe (F.) pena (F.) di morte, pena (F.) capitale
Lebensversicherung (F.) assicurazione (F.) sulla vita
ledig nubile, celibe (Adj.)
legal legale (Adj.), legittimo (Adj.), lecito (Adj.)
Legaldefinition (F.) definizione (F.) legale
Legalenteignung (F.) espropriazione (F.) ex lege
Legalisation (F.) legalizzazione (F.)
legalisieren legalizzare
Legalisierung (F.) legalizzazione (F.), sanatoria (F.)
Legalität (F.) legalità (F.), liceità (F.), legittimità (F.)
Legalitätsprinzip (N.) principio (M.) di legalità
Legalservitut (F.) servitù (F.) legale, servitù (F.) coatta
Legalzession (F.) surrogazione (F.) legale
Legat (M.) legato (M.)
Legatar (M.) legatario (M.)
Legation (F.) legazione (F.)
Legationsrat (M.) consigliere (M.) di legazione
Legationssekretär (M.) segretario (M.) di legazione
legislativ legislativo
Legislative (F.) potere (M.) legislativo
Legislaturperiode (F.) legislatura (F.)
legitim legittimo (Adj.), lecito, legale (Adj.)
Legitimation (F.) legittimazione (F.)
Legitimationspapier (N.) documento (M.) di legittimazione, titolo (M.) di legittimazione
legitimieren (sich) legittimar(si), far(si) riconoscere, autenticare, autorizzare
Legitimierung (F.) legittimazione (F.)
Legitimität (F.) legittimità (F.)
Lehen (N.) feudo (M.)
Lehrauftrag (M.) incarico (M.) d'insegnamento
Lehrbeauftragter (M.) professore (M.) incaricato
Lehre (F.) apprendistato (M.), tirocinio (M.), dottrina (F.), teoria (F.), scuola (F.), insegnamento (M.)
lehren insegnare, istruire
Lehrer (M.) insegnante (M.), maestro (M.), professore (M.)
Lehrfreiheit (F.) libertà (F.) d'insegnamento
Lehrling (M.) apprendista (M.)
Lehrstuhl (M.) cattedra (F.)
Leib (M.) corpo (M.), fisico (M.)
Leibeigentum (N.) servitù (F.) della gleba
Leibesfrucht (F.) nascituro (M.), feto (M.)
Leibesstrafe (F.) pena (F.) corporale
Leibesvisitation (F.) perquisizione (F.) personale, ispezione (F.) personale
Leibgedinge (N.) contratto (M.) di vitalizio
Leibrente (F.) rendita (F.) vitalizia, vitalizio (M.)
Leibzucht (F.) contratto (M.) di vitalizio
Leiche (F.) cadavere (M.), corpo (M.), salma (F.)
Leichenfledderei (F.) furto (M.) su cadavere

Leichenöffnung (F.) autopsia (F.), sezione (F.) cadaverica
Leichenschändung (F.) vilipendio (M.) di cadavere
Leichenschau (F.) necroscopia (F.)
Leichenschauhaus (N.) obitorio (M.)
Leichnam (M.) cadavere (M.), salma (F.), corpo (M.)
leicht lieve, leggero, facile
leichtfertig con colpa grave
Leichtfertigkeit (F.) colpa (F.) grave
Leihe (F.) comodato (M.), prestito (M.)
leihen prendere in prestito, prestare, dare in prestito
Leihhaus (N.) monte (M.) di credito su pegno, agenzia (F.) di prestiti su pegno, monte (M.) di pietà
leisten prestare, adempiere
Leistung (F.) an Erfüllungsstatt prestazione (F.) in luogo dell'adempimento
Leistung (F.) prestazione (F.), rendimento (M.), adempimento (M.)
Leistungsbescheid (M.) ordine (M.) di requisizione
Leistungsgefahr (F.) rischio (M.) dell'impossibilità sopravvenuta
Leistungsinhalt (M.) contenuto (M.) della prestazione
Leistungsklage (F.) azione (F.) di condanna all'adempimento, azione (F.) d'adempimento
Leistungskondiktion (F.) ripetizione (F.) della prestazione
Leistungskontrolle (F.) controllo (M.) del rendimento
Leistungsort (M.) luogo (M.) dell'adempimento
Leistungsschutzrecht (N.) diritto (M.) connesso
Leistungsurteil (N.) condanna (F.) all'adempimento, condanna (F.) alla prestazione
Leistungsverwaltung (F.) amministrazione (F.) di prestazione
Leistungsverweigerung (F.) rifiuto (M.) d'adempimento
Leistungsverweigerungsrecht (N.) diritto (M.) di rifiutare la prestazione
Leistungsverzug (M.) mora (F.) nella prestazione, ritardo (M.) nell'adempimento
Leistungswettbewerb (M.) concorrenza (F.), competizione (F.)
Leistungswucher (M.) usura (F.) semplice
Leistungszeit (F.) periodo (M.) d'esecuzione, periodo (M.) di prestazione
leiten dirigere, guidare, reggere, condurre
leitend direttivo, dirigente (Adj.)
leitender Angestellter (M.) dirigente (M.)
leitender Generalstaatsanwalt (M.) procuratore (M.) generale
leitender Staatsanwalt (M.) procuratore (M.) capo
Leiter (M.) dirigente (M.), direttore (M.), capo (M.)
Leitsatz (M.) principio (M.), massima (F.)
Leitung (F.) direzione (F.), amministrazione (F.), comando (M.), gestione (F.), guida (F.)
Leitung (F.) und Überwachung (F.) von Unternehmen direzione (F.) e controllo di imprese, corporate governance (M.) (engl.)
Leitungsrecht (N.) diritto (M.) di condotta, diritto (M.) di direzione
Leitzins (M.) tasso (M.) di riferimento, tasso (M.) guida
Lektor (M.) lettore (M.), consulente (M.) editoriale
lenken dirigere, guidare, condurre
lernen studiare, imparare
Lesbierin (F.) lesbica (F.)
lesbisch lesbico, lesbio
lesen leggere
Lesung (F.) lettura (F.)
letzte ultimo, infimo, finale
letzter Wille (M.) ultima volontà (F.)
letztes Wort (N.) ultima parola (F.)
letztwillig testamentario, d'ultima volontà
letztwillige Verfügung (F.) disposizione (F.) d'ultima volontà, disposizione (F.) testamentaria, volontà (F.) testamentaria
leugnen negare, denegare
Leumund (M.) riputazione (F.), reputazione (F.), buona condotta (F.)
Leumundszeugnis (N.) certificato (M.) di buona condotta
Leutnant (M.) sottotenente (M.)
lex (F.) fori (lat.) (Recht des Gerichtsorts) lex (F.) fori (lat.)
Lexikon (N.) dizionario (M.), enciclopedia (F.)
liberal liberale (Adj.)
Liberaler (M.) liberale (M.)
Liberalismus (M.) liberalismo (M.)

Lidlohn (M.) salario (M.) dei domestici
Liebhaber (M.) amante (M.), amoroso (M.)
Liebhaberwert (M.) valore (M.) d'affezione
Liechtenstein (N.) Liechtenstein (M.)
Lieferant (M.) fornitore (M.)
liefern fornire, consegnare, somministrare
Lieferort (M.) luogo (M.) di consegna, luogo (M.) di resa
Lieferschein (M.) bollettino (M.) di consegna, bolla (F.) di consegna, buono (M.) di consegna
Lieferung (F.) consegna (F.), fornitura (F.), erogazione (F.), somministrazione (F.)
Lieferung (F.) frei Haus consegna (F.) a domicilio
Lieferungsbedingung (F.) condizione (F.) di consegna
Lieferungsverzug (M.) mora (F.) nella consegna
Lieferzeit (F.) termine (M.) di consegna
liegen (sich befinden) esserci, trovarsi, giacere
Liegenschaft (F.) bene (M.) immobile, immobile (M.)
Liegenschaftsregister (N.) (Liegenschaftsregister in Italien) registro (M.) immobiliare
Liga (F.) lega (F.)
limitieren limitare, ridurre
limitiert limitato
limitierte Akzessorietät (F.) accessorietà (F.) limitata
Linguistik (F.) linguistica (F.)
Linie (F.) linea (F.)
Liquidation (F.) liquidazione (F.)
Liquidationsverfahren (N.) (Liquidationsverfahren in Italien) procedimento (M.) di liquidazione coatta amministrativa
Liquidator (M.) liquidatore (M.)
liquide liquido (Adj.), solvibile
liquidieren liquidare, saldare
Liquidität (F.) liquidità (F.), solvibilità (F.), solvenza (F.)
Liquiditätsreserve (F.) riserva (F.) di liquidità, riserva (F.) bancaria
List (F.) dolo (M.)
Liste (F.) lista (F.), elenco (M.), albo (M.)
Listenpreis (M.) prezzo (M.) di listino, prezzo (M.) di catalogo
Listenwahl (F.) elezione (F.) a lista, scrutinio (M.) di lista
listig astuto, furbo, malizioso
Lizentiat (M.) licenziato (M.)
Lizenz (F.) licenza (F.)
Lizenzgeber (M.) concedente (M.)
Lizenzgebühr (F.) diritto (M.) di licenza, tassa (F.) di licenza
lizenzieren dare la licenza, concedere una licenza
Lizenznehmer (M.) licenziatario (M.)
Lobby (F.) lobby (F.), gruppo (M.) di pressione
Lobbyist (M.) lobbista (M.)
Lockspitzel (M.) agente (M.) provocatore
Logik (F.) logica (F.), ragionamento (M.), logicità (F.), razionalità (F.)
Logis (F.) alloggio (M.)
logisch logico, coerente, ragionevole, razionale
Lohn (M.) salario (M.), paga (F.), retribuzione (F.), compenso (M.), remunerazione (F.)
Lohnausfall (M.) perdita (F.) di salario
Lohnausgleich (M.) compensazione (F.) salariale, conguaglio (M.) retributivo
Lohnausgleichskasse (F.) cassa (F.) integrazione guadagni, cassa (F.) d'integrazione
lohnen pagare, retribuire, rendere, convenire
Lohnerhöhung (F.) aumento (M.) salariale, miglioramento (M.) di salario
Lohnfortzahlung (F.) indennità (F.) malattia
Lohnhandwerker (M.) artigiano (M.)
Lohnkürzung (F.) riduzione (F.) del salario, ribass (M.) delle retribuzioni
Lohnpfändung (F.) pignoramento (M.) dei salari, sequestro (M.) di salario
Lohnsteuer (F.) imposta (F.) sui redditi di lavoro dipendente, imposta (F.) sul salario
lokal locale (Adj.), del luogo
Lokaltermin (M.) sopralluogo (M.), udienza (F.) sui luoghi
Lombard (M.) prestito (M.) su pegno, anticipazione (F.) su pegno, lombardaggio (M.)
lombardieren prestare su pegno, anticipare su pegno
Lombardkredit (M.) credito (M.) su pegno, anticipo (M.) su titoli
London (N.) Londra (F.)
Londoner Schuldenabkommen (N.) accordo (M.) di Londra sui debiti esterri germanici
Lord (M.) lord (M.), signore (M.)

Lordkanzler (M.) (Lordkanzler in Großbritannien) lord cancelliere (M.)
Lordoberrichter (M.) (Lordoberrichter in Großbritannien) lord giudice (M.) supremo
Los (N.) destino (M.), sorte (F.), lotto (M.), biglietto (M.) di lotteria
löschen scaricare, cancellare, radiare, estinguere
Löschung (F.) scarico (M.), cancellazione (F.), radiazione (F.), estinzione (F.)
Löschungsanspruch (M.) diritto (M.) di cancellazione
Löschungsbewilligung (F.) autorizzazione (F.) a cancellare
Löschungsvormerkung (F.) prenotazione (F.) di cancellazione
Lösegeld (N.) prezzo (M.) del riscatto, riscatto (M.), prezzo (M.) della liberazione
lösen risolvere, sciogliere, liberare, salvare, affrancare
losen sorteggiare, estrarre
Lösung (F.) soluzione (F.), risoluzione (F.), esito (M.)
Lotterie (F.) lotteria (F.)
Lotto (N.) lotto (M.)
loyal leale
Loyalität (F.) lealtà (F.)
Lücke (F.) lacuna (F.), mancanza (F.), vuoto (M.)
lucrum (N.) cessans (lat.) (entgangener Gewinn) lucrum (N.) cessans (lat.), lucro (M.) cessante, mancato guadagno (M.)
Luft (F.) aria (F.)
Luftfahrtsrecht (N.) diritto (M.) della navigazione aerea
Luftfahrzeug (N.) aeromobile (M.)
Luftrecht (N.) diritto (M.) aereo
Lüge (F.) bugia (F.), menzogna (F.)
lügen mentire
Lügendetektor (M.) macchina (F.) della verità
Lügner (M.) bugiardo (M.), mentitore (M.)
Lump (M.) mascalzone (M.)
Lust (F.) voglia (F.), desiderio (M.), godimento (M.)
Lustmord (M.) omicidio (M.) con violenza carnale
Luxus (M.) lusso (M.)
Lynchen (N.) linciaggio (M.)
lynchen linciare
Lynchjustiz (F.) giustizia (F.) sommaria
Lyzeum (N.) liceo (M.)

M

machen fare
Machenschaft (F.) mene (F.Pl.), intrigo (M.), imbroglio (M.), macchinazione (F.), intrallazzo (M.)
Macht (F.) potere (M.), forza (F.), autorità (F.)
Machthaber (M.) potentato (M.)
Machtmissbrauch (M.) abuso (M.) d'autorità, abuso (M.) di potere
Machtpyramide (F.) piramide (F.) del potere
Mafia (F.) mafia (F.)
Magazin (N.) magazzino (M.), deposito (M.), rivista (F.)
Magister (M.) maestro (M.), Magister (M.)
Magistrat (N.) giunta (F.) comunale, magistrato (M.) comunale
Magnifizenz (F.) magnifico rettore (M.)
Mahnauftrag (M.) mandato (M.) d'ingiunzione
Mahnbescheid (M.) ingiunzione (F.) di pagamento, decreto (M.) d'ingiunzione
mahnen ingiungere, intimare, sollecitare, diffidare, ammonire
Mahnschreiben (N.) lettera (F.) d'ingiunzione, lettera (F.) di sollecitazione, lettera (F.) di diffida
Mahnung (F.) ingiunzione (F.), diffida (F.), intimazione (F.), ammonizione (F.)
Mahnverfahren (N.) procedimento (M.) d'ingiunzione
Majestät (F.) maestà (F.), sovrano (M.)
Majestätsbeleidigung (F.) lesa maestà (F.)
Majestätsverbrechen (N.) delitto (M.) di lesa maestà, crimenlese (M.)
Major (M.) maggiore (M.)
Majorat (N.) maggiorasco (M.), maggiorascato (M.)
Majorität (F.) maggioranza (F.)
Makler (M.) mediatore (M.), intermediario (M.), agente (M.) di cambio, sensale (M.)
Maklervertrag (M.) contratto (M.) di mediazione
mala fides (F.) (lat.) (böser Glaube) mala fede (F.)
Manager (M.) manager (M.), amministratore (M.), dirigente (M.)

Mandant (M.) mandante (M.), cliente (M.)
Mandat (N.) mandato (M.)
Mandatar (M.) mandatario (M.)
Mandatsverfahren (N.) procedimento (M.) per decreto
Mangel (M.) assenza (F.), mancanza (F.), insufficienza (F.), penuria (F.), vizio (M.), difetto (M.)
Mangelfolgeschaden (M.) danno (M.) indiretto, danno (M.) mediato
mangelhaft viziato, vizioso, difettoso, imperfetto, inesatto, carente, insufficiente
mangelhafter Titel (M.) titolo (M.) viziato
mangeln mancare, difettare
Mängelrüge (F.) denuncia (F.) dei vizi
mangels per mancanza di, per insufficienza di, per carenza di
Mangelschaden (M.) danno (M.) da vizio
Manie (F.) mania (F.), fissazione (F.)
Manifest (N.) manifesto (M.)
Mantel (M.) mantello (M.)
Mantelgesetz (N.) legge (F.) quadro
Manteltarifvertrag (M.) contratto (M.) collettivo quadro
Manufaktur (F.) manifattura (F.), stabilimento (M.), lavorazione (F.) a mano
Marine (F.) marina (F.)
Marke (F.) für Kanzleigebühren (Marke für Kanzleigebühren in Italien) marca (F.) per diritti di cancelleria
Marke (F.) marca (F.), bollo (M.), marchio (M.)
Markenartikel (M.) articolo (M.) di marca
Markenrecht (N.) diritto (M.) dei marchi d'impresa, diritto (M.) dei marchi
Markenrechtsreformgesetz (N.) legge (F.) di riforma sul diritto dei marchi
Markenregister (N.) registro (M.) dei brevetti per marchi, registro (M.) dei marchi d'impresa
Markenware (F.) articolo (M.) di marca
Marketing (N.) marketing (M.) (engl.), mercatistica (F.)
Markt (M.) mercato (M.)
Marktbeherrschung (F.) controllo (M.) del mercato
Marktführer (M.) leader (M.) del mercato, guida (F.) del mercato
Marktordnung (F.) disciplina (F.) del mercato, ordinamento (M.) del mercato
Marktpreis (M.) prezzo (M.) di mercato, prezzo (M.) corrente, prezzo (M.) venale
Marktrecht (N.) diritto (M.) del mercato
Marktsättigung (F.) saturazione (F.) del mercato
Marktstellung (F.) posizione (F.) sul mercato
Marktwirtschaft (F.) economia (F.) di mercato
Marodeur (M.) predatore (M.), saccheggiatore (M.)
Marschall (M.) maresciallo (M.)
Marter (F.) martirio (M.), tortura (F.), tormento (M.)
martern martirizzare, torturare, tormentare
Maschine (F.) macchina (F.), macchinario (M.), apparecchio (M.)
Maschinenversicherung (M.) assicurazione (F.) degli impianti e dei macchinari
Masochismus (M.) masochismo (M.)
Maß (N.) misura (F.), dimensione (F.), scala (F.), grado (M.)
Massaker (N.) massacro (M.), carneficina (F.), strage (F.)
Masse (F.) massa (F.), sostanza (F.), folla (F.)
Massegläubiger (M.) creditore (M.) della massa
Massekosten (F.Pl.) spese (F.Pl.) di amministrazione della massa fallimentare
Massenmord (M.) strage (F.), massacro (M.)
Masseschuld (F.) debito (M.) della massa
Masseverbindlichkeit (F.) obligazione (F.) di massa
Masseverwalter (M.) curatore (M.) fallimentare
Maßnahme (F.) misura (F.), disposizione (F.), provvedimento (M.)
Maßnahmegesetz (N.) legge-provvedimento (F.)
Maßnahmerecht (N.) diritto (M.) delle misure di sicurezza
Maßregel (F.) der Besserung und Sicherung misure (F.Pl.) di sicurezza
Maßregel (F.) misura (F.), disposizione (F.), provvedimento (M.)
Material (N.) materiale (M.)
Materialismus (M.) materialismo (M.)
materiell materiale (Adj.), di fatto
materielle Rechtskraft (F.) cosa (F.) giudicata sostanziale
materielle Verfassung (F.) costituzione (F.) in senso materiale

materieller Schaden (M.) danno (M.) materiale
materielles Recht (N.) diritto (M.) materiale, diritto (M.) sostanziale
Mätresse (F.) amante (F.), mantenuta (F.), favorita (F.)
Matriarchat (N.) matriarcato (M.)
Matrikel (F.) matricola (F.)
Matrose (M.) marinaio (M.)
Matura (F.) maturità (F.), esame (M.) di maturità
Maut (F.) pedaggio (M.)
Maxime (F.) massima (F.), principio (M.)
Mecklenburg-Vorpommern (N.) Mecklenburg-Vorpommern (M.)
Mediation (F.) conciliazione (F.) stragiudiziale
mediatisieren rendere mediato
Mediatisierung (F.) mediatizzazione (F.)
Medien (N.Pl.) media (M.Pl.)
Medienrecht (N.) diritto (M.) dei media, diritto (M.) dell'informazione
Medikament (N.) farmaco (M.)
Medikamentenabhängigkeit (F.) farmacodipendenza (F.)
Medium (N.) mezzo (M.), medio (M.), strumento (M.)
Medizin (F.) medicina (F.)
medizinisch medico (Adj.)
Medizinstrafrecht (M.) diritto (M.) della responsbilità penale dei medici
Meer (N.) mare (M.)
Meeresboden (M.) fondo (M.) marino
Meeresfreiheit (F.) libertà (F.) dei mari
Mehrheit (F.) maggioranza (F.), pluralità (F.)
Mehrheitsbeschluss (M.) deliberazione (F.) a maggioranza, decisione (F.) maggioritaria
Mehrheitsbeteiligung (F.) partecipazione (F.) maggioritaria
Mehrheitswahl (F.) elezione (F.) a collegio uninominale
Mehrheitswahlrecht (N.) sistema (M.) maggioritario
mehrseitig plurilaterale
mehrseitiges Rechtsgeschäft (N.) negozio (M.) plurilaterale
Mehrstaater (M.) soggetto (M.) con cittadinanza plurima
mehrstufig a più stadi, pluristadio
mehrstufiger Verwaltungsakt (M.) atto (M.) amministrativo complesso
Mehrtäterschaft (F.) concorso (M.) di più cause indipendenti
Mehrwert (M.) plusvalore (M.), valore (M.) aggiunto, maggior valore (M.)
Mehrwertsteuer (F.) imposta (F.) sul valore aggiunto (IVA), IVA (F.) (imposta sul valore aggiunto)
meiden evitare, scansare
Meineid (M.) falso giuramento (M.), spergiuro (M.)
meineidig spergiuro (Adj.)
Meinung (F.) opinione (F.), avviso (M.), parere (M.)
Meinungsfreiheit (F.) libertà (F.) d'opinione, libertà (F.) di pensiero
Meistbegünstigung (F.) trattamento (M.) della nazione più favorita, trattamento (M.) di miglior favore
Meistbegünstigungsklausel (F.) clausola (F.) della nazione più favorita
meiste maggiore
Meister (M.) maestro (M.), mastro (M.), capo (M.), campione (M.)
Meisterprüfung (F.) esame (M.) di maestro artigiano, esame (M.) di maestro
Meisterstück (N.) capolavoro (M.), capodopera (M.)
Meistgebot (N.) maggiore offerta (F.), migliore offerta (F.)
Meldebehörde (F.) anagrafe (F.), ufficio (M.) anagrafico
melden denunciare, notificare, annunciare, dichiarare, segnalare, registrare
Meldepflicht (F.) obbligo (M.) di denuncia, obbligo (M.) di dichiarare
meldepflichtig soggetto a denuncia
Meldung (F.) denuncia (F.), notifica (F.), avviso (M.), rapporto (M.), annuncio (M.)
Memorandum (N.) memorandum (M.), promemoria (M.)
Menge (F.) quantità (F.), massa (F.), folla (F.), cumulo (M.), moltitudine (F.)
Menschenhandel (M.) tratta (F.) degli schiavi, tratta (F.) degli esseri umani
Menschenraub (M.) ratto (M.), sequestro (M.) di persona, rapimento (M.) di persona
Menschenrecht (N.) diritto (M.) dell'uomo
Menschenwürde (F.) dignità (F.) umana
menschlich umano

mental mentale, psichico
Mentalreservation (F.) riserva (F.) mentale, reservatio (F.) mentalis (lat.)
Mergers & Acquisitions (M&A) (engl.) fusioni (F.Pl.) e acquisizioni (F.Pl.) di società, mergers e acquisitions (engl.)
merkantil mercantile
merkantiler Minderwert (M.) minusvalenza (F.) mercantile
Merkantilismus (M.) mercantilismo (M.)
merken accorger(si), notare, prendere atto
Merkmal (N.) segno (M.), caratteristica (F.), peculiarità (F.), criterio (M.)
Messe (F.) fiera (F.), mostra (F.), messa (F.)
messen misurare, paragonare
Messerstich (M.) coltellata (F.)
Methode (F.) metodo (M.), modo (M.), maniera (F.), sistema (M.)
Methodenlehre (F.) metodologia (F.)
Methodik (F.) metodica (F.)
methodisch metodico, sistematico
Methodologie (F.) metodologia (F.)
Meuchelmord (M.) omicidio (M.) commesso con mezzo insidioso, assassinio (M.)
Meuchelmörder (M.) assassino (M.)
meucheln assassinare, uccidere con mezzi insidiosi
Meuterei (F.) ammutinamento (M.), rivolta (F.)
Meuterer (M.) ammutinato (M.), sedizioso (M.), rivoltoso (M.)
meutern ammutinarsi, rivoltarsi, ribellarsi
Miete (F.) locazione (F.), canone (M.), pigione (F.), fitto (M.), nolo (M.)
mieten prendere in locazione, noleggiare, prendere a nolo, affittare, prendere in affitto
Mieter (M.) inquilino (M.), locatario (M.), conduttore (M.)
Mieterhöhung (F.) aumento (M.) dell'affitto
Mieterschutz (M.) tutela (F.) del locatario, tutela (F.) dell'inquilino
Mietgericht (N.) giudice (M.) competente in materia di locazioni
Mietkauf (M.) locazione-vendita (F.), leasing (M.) finanziario
Mietpreisbindung (F.) blocco (M.) dei canoni d'affitto
Mietrecht (N.) diritto (M.) di locazione
Mietshaus (N.) casa (F.) d'affitto
Mietskaserne (F.) casermone (M.)
Mietverhältnis (N.) rapporto (M.) di locazione, rapporto (M.) locativo
Mietvertrag (M.) contratto (M.) di locazione, contratto (M.) d'affitto
Mietwagen (M.) automobile (F.) noleggiata, macchina (F.) noleggiata
Mietwohnung (F.) appartamento (M.) in affitto
Mietwucher (M.) canone (M.) usurario
Mietzins (M.) canone (M.), pigione (F.), fitto (M.)
Migration (F.) migrazione (F.)
mild clemente, indulgente, mite, tenue
Milde (F.) clemenza (F.), indulgenza (F.), mitezza (F.), tenuità (F.)
mildern attenuare, moderare, contemperare, mitigare, alleviare
mildernd attenuante, correttivo
Milderung (F.) mitigazione (F.), attenuazione (F.), alleviamento (M.)
Milderungsgrund (M.) circostanza (F.) attenuante, attenuante (F.)
Milieu (N.) ambiente (M.)
Militär (N.) militare (M.), forze (F.Pl.) armate
Militärgericht (M.) tribunale (M.) militare
militärisch militare (Adj.)
Militärverordnung (F.) ordinamento (M.) militare, regolamento (M.) militare
Miliz (F.) milizia (F.), guardia (F.) civica
mindere minore, inferiore
Minderheit (F.) minoranza (F.)
Minderheitsbeteiligung (F.) partecipazione (F.) minoritaria, partecipazione (F.) di minoranza
minderjährig minorenne (Adj.), minore (Adj.)
Minderjährigkeit (F.) minore età (F.)
Minderkaufmann (M.) piccolo imprenditore (M.)
mindern diminuire, ridurre
Minderung (F.) diminuzione (F.), riduzione (F.)
Minderwert (M.) minusvalenza (F.), minor valore (M.)
Mindestgebot (N.) offerta (F.) minima
Mindestkapital (N.) capitale (M.) minimo
Mindestlohn (M.) salario (M.) minimo, minimo (M.) di salario
Mindestreserve (F.) riserva (F.) minima, riserva (F.) obbligatoria

Mindeststrafe (F.) minimo (M.) della pena, pena (F.) minima
Mineral (N.) minerale (M.)
Mineralöl (N.) olio (M.) minerale, petrolio (M.)
Minister (M.) für besondere Angelegenheiten ministro (M.) senza portafoglio
Minister (M.) für Justiz ministro (M.) di giustizia, ministro (M.) della giustizia
Minister (M.) ministro (M.)
Minister (M.) ohne Geschäftsbereich ministro (M.) senza portafoglio
Ministerialblatt (N.) bollettino (M.) ministeriale
Ministerialdekret (N.) (Ministerialdekret in Italien) decreto (M.) ministeriale
ministeriell ministeriale
Ministerium (N.) für Justiz ministero (M.) di giustizia. ministero (M.) della giustizia
Ministerium (N.) ministero (M.), dicastero (M.)
Ministerpräsident (M.) presidente (M.) del consiglio dei ministri
Ministerrat (M.) (Ministerrat in Italien) consiglio (M.) dei ministri
Ministerratspräsident (M.) (Ministerratspräsident in Italien) presidente (M.) del consiglio dei ministri
minorenn minorenne (Adj.), minore d'età
Minorennität (F.) minor età (F.)
Minorität (F.) minoranza (F.)
Mischehe (F.) matrimonio (M.) misto
mischen mescolare, mischiare, preparare
missachten disattendere, trascurare, disprezzare
missbilligen disapprovare, censurare
Missbilligung (F.) disapprovazione (F.), riprovazione (F.), censura (F.)
Missbrauch (M.) abuso (M.), cattivo uso (M.), impiego (M.) abusivo
Missbrauch (M.) der Amtsgewalt abuso (M.) di poteri, abuso (M.) d'autorità, abuso (M.) dei poteri d'ufficio, abuso (M.) in ufficio
missbrauchen abusare, violare
missbräuchlich abusivo
Missbrauchstatbestand (M.) abuso (M.) dei poteri
Misserfolg (M.) insuccesso (M.), fallimento (M.), sconfitta (F.)
Missetat (F.) misfatto (M.), atto (M.) criminoso
Missetäter (M.) malfattore (M.)
Missgeburt (F.) aborto (M.), essere (M.) deforme, essere (M.) mostruoso, monstrum (N.) (lat.)
misshandeln maltrattare, malmenare
Misshandlung (F.) maltrattamento (M.), sevizie (F.Pl.)
missio (F.) canonica (lat.) (kirchlicher Auftrag) missio (F.) canonica (lat.)
Misstrauen (N.) sfiducia (F.), diffidenza (F.)
misstrauen non fidarsi, diffidare
Misstrauensantrag (F.) mozione (F.) di sfiducia
Misstrauensvotum (N.) voto (M.) di sfiducia
Missverhältnis (N.) sproporzionalità (F.), sbilancio (M.), squilibrio (M.), spareggio (M.)
Missverständnis (N.) malinteso (M.), equivoco (M.), fraintendimento (M.)
missverstehen fraintendere, malintendere
Mit- con-, co-
Mitangeklagter (M.) coimputato (M.)
Mitarbeit (F.) collaborazione (F.), cooperazione (F.)
Mitarbeiter (M.) collaboratore (M.), coadiutore (M.)
Mitautor (M.) coautore (M.)
Mitbeschuldigter (M.) coimputato (M.)
Mitbesitz (M.) compossesso (M.)
Mitbesitzer (M.) compossessore (M.)
Mitbestimmung (F.) cogestione (F.), partecipazione (F.), codeterminazione (F.)
Mitbestimmungsgesetz (N.) legge (F.) sulla cogestione
mitbestrafte Nachtat (F.) postfatto (M.) punibile
Mitbeteiligter (M.) compartecipe (M.), cointeressato (M.)
Mitbewerber (M.) competitore (M.), concorrente (M.)
Mitbürge (M.) confideiussore (M.), coavallante (M.), fideiussore (M.) solidale
Mitbürgschaft (F.) confideiussione (F.), coavallo (M.), fideiussione (F.) solidale
Miteigentum (N.) comproprietà (F.), condominio (M.)
Miteigentümer (M.) comproprietario (M.), condomino (M.)
Miteigentümerversammlung (F.) assemblea (F.) dei condomini
Miterbe (M.) coerede (M.)

Miterbengemeinschaft (F.) comunione (F.) ereditaria
Mitgift (F.) dote (F.), beni (M.Pl.) dotali
Mitgläubiger (M.) concreditore (M.)
Mitglied (N.) membro (M.), socio (M.), componente (M.), aderente (M.)
Mitgliedschaft (F.) appartenenza (F.), qualità (F.) di membro, qualità (F.) di socio, adesione (F.)
Mitschuldner (M.) condebitore (M.)
Mittäter (M.) coautore (M.), correo (M.), complice (M.)
Mittäterschaft (F.) concorso (M.) di persone nel reato, correità (F.), compartecipazione (F.), complicità (F.)
mitteilen comunicare, annunciare, avvertire, avvisare, segnalare
Mitteilung (F.) comunicazione (F.), annuncio (M.), messaggio (M.), notizia (F.), avvertimento (M.), avviso (M.), segnalazione (F.)
Mittel (N.) mezzo (M.), fondi (M.Pl.)
mittelbar mediato, indiretto
mittelbare Falschbeurkundung (F.) falsità (F.) ideologica mediata
mittelbare Staatsverwaltung (F.) amministrazione (F.) indiretta dello Stato
mittelbare Stellvertretung (F.) rappresentanza (F.) indiretta
mittelbarer Besitz (M.) possesso (M.) indiretto, possesso (M.) mediato
mittelbarer Besitzer (M.) possessore (M.) mediato
mittelbarer Schaden (M.) danno (M.) indiretto
mittelbarer Täter (M.) autore (M.) mediato
mittelbarer Zwang (M.) violenza (F.) mediata
Mittelbehörde (F.) autorità (F.) intermedia
Mitunternehmer (M.) consocio (M.), coimprenditore (M.)
Mitvermächtnis (N.) collegato (M.)
Mitverschulden (N.) colpa (F.) concorrente, concorso (M.) nel fatto colposo
Mitwirken (N.) cooperazione (F.), partecipazione (F.), concorso (M.)
mitwirken cooperare, partecipare, concorrere
Mitwirkung (F.) cooperazione (F.), partecipazione (F.)
mitwirkungsbedürftiger Verwaltungsakt (M.) atto (M.) amministrativo complesso, atto (M.) amministrativo su istanza dell'interessato
Mitwirkungspflicht (F.) obbligo (M.) di partecipazione
Möbel (N.) mobile (M.), mobilio (M.)
mobil mobile (Adj.), vivace, agile
Mobiliar (N.) mobilia (F.), mobili (M.Pl.), arredamento (M.)
Mobiliarsicherheit (F.) sicurezza (F.) mobiliare
Mobiliarzwangsvollstreckung (F.) espropriazione (F.) mobiliare
Mobilien (Pl.) mobili (M.Pl.), beni (M.Pl.) mobili
modus (M.) (lat.) (Art) modus (M.) (lat.), modo (M.)
mogeln ingannare, truffare, imbrogliare, barare
Möglichkeit (F.) possibilità (F.), occasione (F.), probabilità (F.)
Monarch (M.) monarca (M.)
Monarchie (F.) monarchia (F.)
monarchisch monarchico
monarchisches Prinzip (N.) principio (M.) monarchico
Monat (M.) mese (M.)
monatlich mensile
Mönch (M.) monaco (M.), frate (M.)
Monismus (M.) monismo (M.)
Monogamie (F.) monogamia (F.)
Monokratie (F.) monocratia (F.)
monokratisch monocratico
Monopol (N.) monopolio (M.)
monopolisieren monopolizzare
Montanunion (F.) Comunità (F.) Europea del Carbone e dell'Acciaio (CECA), CECA (F.) (Comunità Europea del Carbone e dell'Acciaio)
Moral (F.) morale (F.), moralità (F.)
moralisch morale (Adj.)
Moratorium (N.) proroga (F.), moratoria (F.)
Mord (M.) omicidio (M.) aggravato, assassinio (M.)
morden uccidere, assassinare
Mörder (M.) omicida (M.), assassino (M.)
Mörderin (F.) omicida (F.), assassina (F.)
Mordlust (F.) brama (F.) di uccidere
Mordversuch (M.) omicidio (M.) tentato
Mordwaffe (F.) arma (F.) omicida
morganatisch morganatico

Morgen (M.) mattina (F.)
Morphium (N.) morfina (F.)
Moslem (M.) musulmano (M.)
Motiv (N.) motivo (M.), movente (M.), ragione (F.), causa (F.)
Motivirrtum (M.) errore (M.) nel motivo
Müll (M.) rifiuti (M.Pl.), immondizie (F.Pl.)
Müllabfuhr (F.) trasporto (M.) dei rifiuti, servizo (M.) di nettezza urbana
multilateral multilaterale
Multilaterale Investions-Garantie-Agentur (F.) (MIGA) Agenzia multilaterale per la garanzia degli investimenti (AMGI)
multimedial multimediale
Multimediarecht (M.) diritto (M.) delle tecnologie multimediali
multinational multinazionale (Adj.)
München (N.) Monaco (F.) in Baviera
Münchener Abkommen (N.) Convenzione (F.) di Monaco
Mund (M.) bocca (F.)
Mündel (N.) pupillo (M.)
Mündelgeld (N.) capitale (M.) del minore
mündelsicher di tutto riposo
mündig maggiorenne (Adj.), emancipato
Mündigkeit (F.) maggiore età (F.)
mündlich orale, a voce, verbalmente (Adv.)
mündliche Verhandlung (F.) udienza (F.) di discussione, udienza (F.) di trattazione, dibattimento (M.)
Mündlichkeit (F.) oralità (F.)
Mündlichkeitsgrundsatz (M.) principio (M.) di oralità
Mundraub (M.) furto (M.) lieve di generi alimentari o voluttuari per il consumo immediato
Munition (F.) munizione (F.)
Münze (F.) moneta (F.), spicciolo (M.)
Musskaufmann (M.) imprenditore (M.) ex lege
Muster (N.) modello (M.), campione (M.), tipo (M.), facsimile (M.)
mustern sottoporre alla visita di leva, esaminare, ispezionare
Musterprozess (M.) casua (M.) modello
Musterschutz (M.) tutela (F.) dei modelli
Musterung (F.) visita (F.) di leva
Mustervertrag (M.) contratto (M.) tipo, trattato (M.) tipo
mutmaßen presumere, supporre, ipotizzare
mutmaßlich presunto, presumibile, probabile
mutmaßliche Einwilligung (F.) consenso (M.) presunto
Mutter (F.) madre (F.)
Muttergesellschaft (F.) società (F.) madre, società (F.) controllante
Muttermord (M.) matricidio (M.)
Mutterrecht (N.) matriarcato (M.)
Mutterschaft (F.) maternità (F.)
Mutterschaftsurlaub (M.) congedo (M.) di maternità
Mutterschutz (M.) tutela (F.) della lavoratrice madre, tutela (F.) della maternità
Mutung (F.) domanda (F.) di concessione mineraria
mutwillig arbitrario, intenzionale

N

nachahmen imitare, contraffare, copiare
Nachahmung (F.) imitazione (F.), contraffazione (F.), copiatura (F.)
Nachbar (M.) vicino (M.), confinante (M.)
Nachbarklage (F.) azione (M.) del vicino
Nachbarrecht (N.) diritto (M.) di vicinato, diritto (M.) dei rapporti di vicinato
nachbessern ritoccare, ripassare, perfezionare, emendare, correggere
Nachbesserung (F.) eliminazione (F.) dei vizi, emendamento (M.), correzione (F.)
Nachbildung (F.) imitazione (F.), riproduzione (F.), duplicato (M.)
Nachbürge (M.) fideiussore (M.) del fideiussore
Nachbürgschaft (F.) fideiussione (F.) della fideiussione
Nachdrucksverbot (N.) divieto (M.) di riproduzione
Nacheid (M.) giuramento (M.) prestato dopo la deposizione
Nacheile (F.) inseguimento (M.)
Nacherbe (M.) erede (M.) sostituito, sostituto (M.) fedecommissario
Nacherbschaft (F.) sostituzione (F.) fedecommissaria
Nacherfüllung (F.) adempimento (M.) successivo, eliminazione (F.) dei vizi, consegna (F.) della cosa priva di vizi
Nachfolge (F.) successione (F.)
nachfolgende Unmöglichkeit (F.) impossibilità (F.) sopravvenuta

Nachfolger (M.) successore (M.)
nachforschen indagare, ricercare, investigare
Nachforschung (F.) indagine (F.), ricerca (F.) investigativa, investigazione (F.)
Nachfrage (F.) domanda (F.), richiesta (F.)
Nachfrist (F.) dilazione (F.), proroga (F.) del termine, moratoria (F.), termine (M.) suppletivo
nachgiebig arrendevole, condiscendente
nachgiebiges Recht (N.) diritto (M.) dispositivo, diritto (M.) derogabile
Nachkomme (M.) discendente (M.)
Nachlass (M.) eredità (F.), beni (M.Pl.) ereditari, massa (F.) ereditaria, ribasso (M.), sconto (M.), riduzione (F.)
nachlassen rimettere, abbuonare, condonare
Nachlassgegenstand (M.) bene (M.) ereditario
Nachlassgericht (N.) giudice (M.) competente in materia di successioni
Nachlassgläubiger (M.) creditore (M.) della massa ereditaria
nachlässig negligente
Nachlässigkeit (F.) negligenza (F.)
Nachlassinsolvenzverfahren (N.) procedimento (M.) d'insolvenza sull'asse ereditaria
Nachlasskonkurs (M.) liquidazione (F.) concorsuale dell'eredità
Nachlasspfleger (M.) curatore (M.) dell' eredità
Nachlasspflegschaft (F.) curatela (F.) dell'eredità
Nachlassverbindlichkeit (F.) obbligazione (F.) ereditaria, debito (M.) ereditario
Nachlassverwalter (M.) amministratore (M.) della eredità
Nachlassverwaltung (F.) amministrazione (F.) dell'eredità
Nachlieferung (F.) fornitura (F.) supplementare
Nachnahme (F.) contrassegno (M.), contro assegno (M.), rivalsa (F.)
Nachname (M.) cognome (M.)
nachprüfen riesaminare, controllare, verificare
Nachprüfung (F.) riesame (M.), controllo (M.), verifica (F.), verificazione (F.)
Nachprüfungsverfahren (N.) procedura (F.) di verifica
Nachrede (F.) (üble Nachrede) diffamazione (F.)
Nachricht (F.) notizia (F.), annuncio (M.), avviso (M.), comunicazione (F.)
Nachschieben (N.) rifornimento (M.), acquisto (M.) di merci durante la svendita per venderle nel corso di questa
nachschieben rifornire
Nachschuss (M.) versamento (M.) supplementare, pagamento (M.) suppletivo
Nachsichtwechsel (M.) cambiale (F.) a certo tempo vista
nachstellen perseguitare, insidiare
Nachtat (F.) fatto (M.) successivo
Nachteil (M.) svantaggio (M.), pregiudizio (M.), sfavore (M.)
Nachtrag (M.) appendice (F.), aggiunta (F.), complemento (M.)
nachträglich erworbenes Eigentum (N.) beni (M.Pl.) acquistati durante il matrimonio
nachträglich successivo, sopravvenuto, supplementare, posteriore, in seguito
nachträgliche Unmöglichkeit (F.) impossibilità (F.) sopravvenuta
nachträgliche Zustimmung (F.) ratifica (F.), sanatoria (F.)
Nachtragsanklage (F.) accusa (F.) suppletiva
Nachtragshaushalt (M.) bilancio (M.) complementare di previsione
Nachtwächter (M.) guardiano (M.) notturno
Nachvermächtnis (N.) legato (M.) gravato da sostituzione fedecommissaria
Nachversicherung (F.) assicurazione (F.) suppletiva
Nachwahl (F.) elezione (F.) parziale, elezione (F.) complementare
Nachweis (M.) prova (F.), certificato (M.), indicazione (F.), dimostrazione (F.), elenco (M.)
nachweisen comprovare, indicare, dimostrare, provare
Nachwirkung (F.) ultrattività (F.)
nachzahlen pagare un supplemento, pagare la differenza
Nachzahlung (F.) pagamento (M.) suppletivo
Name (M.) nome (M.)
Namensaktie (F.) azione (F.) nominativa
Namensänderung (F.) cambiamento (M.) del nome
Namensehe (F.) matrimonio (M.) fittizio

Namenspapier (N.) titolo (M.) nominativo
Namensrecht (N.) diritto (M.) al nome
naschlagen consultare, cercare
nasciturus (M.) (lat.) (Geborenwerdender) nascituro (M.)
Nation (F.) nazione (F.)
national nazionale
Nationalbewusstsein (N.) coscienza (F.) nazionale
Nationale Antimafia Direktion (F.) (Nationale Antimafia Direktion in Italien) Direzione (F.) nazionale antimafia
nationaler Antimafia Staatsanwalt (M.) (nationaler Antimafia Staatsanwalt in Italien) procuratore (M.) nazionale antimafia
Nationaler Rat (M.) für Wirtschaft und Arbeit (Nationaler Rat für Wirtschaft und Arbeit in Italien) Consiglio (M.) Nazionale dell'Economia e del Lavoro, CNEL (M.) (Consiglio Nazionale dell'Economia e del Lavoro)
Nationalfarbe (F.) colore (M.) nazionale
Nationalgefühl (N.) sentimento (M.) nazionale
Nationalhymne (F.) inno (M.) nazionale
Nationalismus (M.) nazionalismo (M.)
nationalistisch nazionalista (Adj.)
Nationalität (F.) nazionalità (F.)
Nationalitätenstaat (M.) Stato (M.) plurinazionale
Nationalkonvent (M.) convenzione (F.) nazionale
Nationalrat (M.) consiglio (M.) nazionale, consigliere (M.) nazionale
Nationalsozialismus (M.) nazionalsocialismo (M.)
nationalsozialistisch nazionalsocialista (Adj.)
Nationalstaat (M.) Stato (M.) nazionale
Nationalsymbol (N.) emblema (M.) nazionale, emblema (M.) statale
Nationalversammlung (F.) assemblea (M.) nazionale
NATO (F.) (North Atlantic Treaty Organization) NATO (F.) (Organizzazione del Patto Nordatlantico)
Natur (F.) natura (F.), carattere (M.)
Naturalherstellung (F.) restitutio (F.) in integrum (lat.), risarcimento (M.) in forma specifica
Naturalisation (F.) naturalizzazione (F.)
naturalisieren naturalizzare
Naturallohn (M.) remunerazione (M.) in natura, retribuzione (F.) in natura
Naturalobligation (F.) obbligazione (F.) naturale
Naturalrestitution (F.) restitutio (F.) in integrum (lat.)
Naturalwirtschaft (F.) economia (F.) naturale
natürlich naturale, genuino, originale (Adj.), fisico (Adj.)
natürliche Person (F.) persona (F.) fisica
Naturrecht (N.) diritto (M.) naturale
Naturschutz (M.) tutela (F.) della natura, protezione (F.) della natura
ne bis in idem (lat.) (nicht zweimal im selben) ne bis in idem (lat.)
Neben- secondario, accessorio (Adj.)
Nebenabrede (F.) elemento (M.) accidentale, patto (M.) accessorio, clausola (F.) accessoria
Nebenamt (N.) carica (F.) secondaria, funzione (F.) accessoria, ufficio (M.) secondario
Nebenbestimmung (F.) disposizione (F.) accessoria, clausola (F.) accessoria
Nebenfolge (F.) conseguenza (F.) accessoria
Nebengesetz (N.) legge (F.) complementare, legge (F.) collegata
Nebenintervenient (M.) interveniente (M.) adesivo
Nebenintervention (F.) intervento (M.) adesivo
Nebenklage (F.) azione (F.) civile nel processo penale, costituzione (F.) di parte civile
Nebenkläger (M.) parte (F.) civile
Nebenkosten (F.Pl.) spese accessorie (F. Pl.), accessorie (F.Pl.), spese (F.Pl.) addizionali, spese (F.Pl.) complementari
Nebenleistung (F.) prestazione (F.) accessoria
Nebenpflicht (F.) obbligazione (F.) secondaria, obbligazione (F.) accessoria
Nebenrecht (N.) diritto (M.) accessorio
Nebenstrafe (F.) pena (F.) accessoria
Nebenstrafrecht (N.) diritto (M.) penale speciale
Nebentäter (M.) autore (M.) accessorio
Nebentätigkeit (F.) attività (F.) secondaria, attività (F.) sussidiaria

Nebenverdienst (M.) guadagno (M.) accessorio, guadagno (M.) occasionale
Nebenvereinbarung (F.) patto (M.) accessorio, accordo (M.) accessorio
negativ negativo
Negativattest (M.) certificato (M.) di nullaosta, nullaosta (M.)
negative Koalitionsfreiheit (F.) libertà (F.) di non entrare in coalizione
negative Publizität (F.) inopponibilità (F.) ai terzi di fatti non iscritti nell'apposito registro
negativer Kompetenzkonflikt (M.) conflitto (M.) negativo di competenza
negatives Interesse (N.) interesse (M.) negativo
negatives Schuldanerkenntnis (N.) remissione (F.) del debito
negatives Tatbestandsmerkmal (N.) elemento (M.) negativo del fatto, elemento (M.) negativo della fattispecie
Negativtestament (N.) testamento (M.) di diseredazione
Negatorienklage (F.) azione (F.) negatoria
negatorisch negatorio
negatorischer Anspruch (M.) diritto (M.) di godere e disporre delle cose in modo pieno ed esclusivo
nehmen prendere
Nehmer (M.) beneficiario (M.), prenditore (M.)
Neigung (F.) inclinazione (F.), tendenza (F.), disposizione (F.), propensione (F.)
nemo plus iuris ad alium transferre potest quam ipse habet (lat.) (niemand kann mehr an Recht übertragen als er selbst hat) nemo plus iuris ad alium transferre potest quam ipse habet (lat.)
Nennbetrag (M.) importo (M.) nominale
nennen nominare, chiamare, indicare, elencare, menzionare
Nennkapital (N.) capitale (M.) nominale
Nennwert (M.) (Nennwert eines Wertpapiers) valore (M.) nominale
neppen imbrogliare, ingannare, truffare, raggirare
netto Kasse contante netto
netto netto
Netzvertrag (M.) contratto (M.) quadro
neu nuovo
Neuerung (F.) novazione (F.)
Neuformulierung (F.) rifacimento (M.), nuovo testo (M.), nuova versione (F.)
Neugläubiger (M.) cessionario (M.)
Neuhegelianismus (M.) Neohegelianismo (M.)
Neukantianismus (M.) Neokantismo (M.)
Neurose (F.) nevrosi (F.)
Neuschuldner (M.) accollante (M.)
neutral neutrale
Neutralität (F.) neutralità (F.)
Neuwahl (F.) elezione (F.) nuova, rielezione (F.)
Neuzeit (F.) età (F.) moderna
nicht non
Nichtanzeige (F.) einer geplanten Straftat omessa denuncia (F.) del reato preordinato
nichtberechtigt non avente diritto, non autorizzato
Nichtberechtigter (M.) non avente (M.) diritto, non dominus (M.) (lat.)
nichtbevorrechtigter Gläubiger (M.) creditore (M.) chirografario
Nichte (F.) nipote (F.)
Nichtehe (F.) matrimonio (M.) inesistente
nichtehelich naturale
nichteheliche Lebensgemeinschaft (F.) convivenza (F.) more uxorio, unione (F.) di fatto, convivenza (F.) di fatto
nichtehelicher Vater padre (M.) naturale
nichteheliches Kind (N.) figlio (M.) naturale
Nichtehelichkeit (F.) non legittimità (F.)
Nichterfüllung (F.) inadempimento (M.), inadempienza (F.), mancato adempimento (M.)
Nichterfüllungsschaden (M.) danno (M.) d'inadempimento, danno (M.) per inadempienza
Nicht-EU-Bürger (M.) extracomunitario (M.), cittadino (M.) extracomunitario
nichtig nullo, futile
Nichtigerklärbarkeit (F.) annullabilità (F.)
Nichtigerklärung (F.) dichiarazione (F.) di nullità, annullamento (M.)
Nichtigkeit (F.) nullità (F.)
Nichtigkeitsbeschwerde (F.) ricorso (M.) per cassazione
Nichtigkeitsgrund (M.) causa (F.) di nullità
Nichtigkeitsklage (F.) azione (F.) di nullità, azione (F.) d'annullamento

Nichtleistung (F.) mancata prestazione (F.)
Nichtleistungskondiktion (F.) actio (F.) de in rem verso (lat.)
nichtöffentlich non pubblico, in camera di consiglio, a porte chiuse
nichtöffentliche Sitzung (F.) camera (F.) di consiglio, udienza (F.) in camera di consiglio
nichtrechtsfähig non riconosciuto, senza personalità giuridica
nichtrechtsfähiger Verein (M.) associazione (F.) non riconosciuta
Nichtschuld (F.) indebito (M.)
nichtstreitig non contenzioso
Nichtvermögensschaden (M.) danno (M.) non patrimoniale, lesione (F.) non patrimoniale, danno (M.) morale
Nichtzulassung (F.) non ammissione (F.), mancata ammissione (F.), dichiarazione (F.) di inammissibilità
Nichtzulassungsbeschwerde (F.) ricorso (M.) contro la dichiarazione di inammissibilità
niederlassen (sich) stabilire la residenza, prendere domicilio, stabilir(si)
Niederlassung (F.) residenza (F.), colonia (F.), sede (F.), filiale (F.), succursale (F.), dipendenza (F.)
Niederlassungsfreiheit (F.) libertà (F.) di stabilimento
niederlegen dimettersi, rinunciare, deporre, cessare
Niederlegung (F.) (Amtsniederlegung) dimissioni (F.Pl.)
Niedersachsen (N.) Bassa Sassonia (F.)
niederschreiben mettere per iscritto, stendere, redigere
Niederschrift (F.) protocollo (M.), processo (M.) verbale, verbale (M.), trascrizione (F.)
niedrig basso
niedriger Beweggrund (M.) motivo (M.) abietto
Nießbrauch (M.) usufrutto (M.)
Nießbrauchsberechtigter (M.) usufruttuario (M.)
Nikotin (N.) nicotina (F.)
Nivellierung (F.) livellamento (M.)
Nizza (N.) Nizza (F.)
Nizzaer Vertrag (M.) trattato (M.) di Nizza
nominal nominale
Nominalprinzip (N.) principio (M.) nominale
Nominalwert (M.) valore (M.) nominale
nominell nominale
nominieren nominare, designare
Nominierung (F.) nomina (F.), designazione (F.)
Nonne (F.) suora (F.)
Nordrhein-Westfalen (N.) Renania (F.) settentrionale e Vestfalia
Nord-Süd-Dialog (M.) dialogo (M.) nord-sud
Norm (F.) norma (F.)
Normadressat (M.) destinatario (M.) della norma
normal normale (Adj.), ordinario, regolare
normaler Unternehmer (M.) imprenditore (M.) normale
normativ normativo
Normativbestimmung (F.) disposizione (F.) normativa
normative Auslegung (F.) interpretazione (F.) oggettiva
normatives Tatbestandsmerkmal (N.) elemento (M.) normativo della fattispecie (astratta)
Normenkollision (F.) conflitto (M.) di norme, concorso (M.) apparente di norme
Normenkontrolle (F.) controllo (M.) della costituzionalità delle leggi
Normenkontrollverfahren (N.) giudizio (M.) di legittimità costituzionale delle leggi
Normerlass (M.) emanazione (F.) di una norma
normieren normare, standardizzare, regolare
North Atlantic Treaty Organization (N.) (NATO) Organizzazione (F.) del Patto Nordatlantico
Not (F.) bisogno (M.), necessità (F.), emergenza (F.)
Notar (M.) notaio (M.)
Notariat (N.) notariato (M.)
Notariatsakt (M.) atto (M.) notarile, strumento (M.) notarile, atto (M.) pubblico, rogito (M.) notarile
Notariatszwang (M.) obbligo (M.) della forma notarile
notariell notarile
notarielle Beurkundung (F.) autenticazione (F.) notarile, rogito (M.) notarile
Note (F.) nota (F.), banconota (F.), voto (M.)
Notenbank (F.) banca (F.) d'emissione

Noterbe (M.) legittimario (M.), erede (M.) necessario
Noterbrecht (N.) successione (F.) dei legittimari, successione (F.) necessaria, successione (F.) contra testamentum
Notfall (M.) caso (M.) d'emergenza, caso (M.) di necessità
Notfrist (F.) termine (M.) perentorio
Nothilfe (F.) legittima difesa (F.) a favore di terzo, soccorso (M.) difensivo
notieren quotare, annotare, notare, prendere nota
Notierung (F.) quotazione (F.), prezzo (M.), ammissione (F.) alla quotazione in borsa
Notifikation (F.) notificazione (F.)
notifizieren notificare
nötig necessario, occorrente, indispensabile, essenziale
nötigen costringere, coartare, forzare, obbligare, imporre
Nötigung (F.) violenza (F.) privata, coercizione (F.), costringimento (M.)
Nötigungsnotstand (M.) stato (M.) di necessità dovuto a violenza fisica o morale
Notlage (F.) stato (M.) di bisogno, stato (M.) di necessità
notorisch notorio, risaputo, conosciuto, manifesto
Notstand (M.) stato (M.) di necessità
Notstandsexzess (M.) eccesso (M.) colposo nello stato di necessità
Notstandsgesetzgebung (F.) legislazione (F.) per stato d'emergenza, legislazione (F.) eccezionale
Notstandslage (F.) situazione (F.) d'emergenza, stato (M.) di bisogno, stato (M.) di crisi, stato (M.) d'urgenza
Notstandsverfassung (F.) costituzione (F.) di emergenza
Nottestament (N.) testamento (M.) speciale
Notverkauf (M.) vendita (F.) forzata
Notverordnung (F.) ordinanza (F.) d'urgenza, regolamento (M.) d'emergenza, decreto (M.) legge (d.l.)
Notweg (M.) accesso (M.) coattivo, passaggio (M.) coattivo, servitù (F.) di passaggio
Notwehr (F.) legittima difesa (F.)
Notwehrexzess (M.) eccesso (M.) di legittima difesa
Notwehrprovokation (F.) provocazione (F.) della legittima difesa
Notwehrüberschreitung (F.) eccesso (M.) colposo nella legittima difesa
notwendig necessario, inevitabile, indispensabile, essenziale
notwendige Aufwendung (F.) spesa (F.) necessaria, spesa (F.) di conservazione
notwendige Streitgenossenschaft (F.) litisconsorzio (M.) necessario
notwendige Verteidigung (F.) patrocinio (M.) obbligatorio, difesa (F.) d'ufficio, difesa (F.) necessaria, difesa (F.) obbligatoria
notwendige Verwendung (F.) spesa (F.) necessaria
notwendiger Verteidiger (M.) difensore (M.) d'ufficio, patrocinatore (M.) d'ufficio
Notzucht (F.) stupro (M.), violenza (F.) carnale
Novation (F.) novazione (F.)
Novelle (F.) novella (F.), legge (F.) derogatoria
novellieren emendare, riformare
Novellierung (F.) emendamento (M.), riforma (F.)
Novize (M.) novizio (M.)
Novum (N.) fatto (M.) nuovo, novum (N.) (lat.)
null zero
nullum crimen sine lege (lat.) (kein Verbrechen ohne Gesetz) nullum crimen sine lege (lat.)
numerisch numerico
numerus (M.) clausus (lat.) numerus (M.) clausus (lat.), numero (M.) chiuso
Nummer (F.) numero (M.), cifra (F.)
Nuntius (M.) nunzio (M.)
Nutzen (M.) vantaggio (M.), profitto (M.)
nützen (nützlich sein) giovare, servire, essere utile
nützen (transitiv) sfruttare, godere
Nutzfahrzeug (N.) veicolo (M.) utilitario, veicolo (M.) commerciale
nützlich utile (Adj.), vantaggioso, produttivo
nützliche Verwendung (F.) spesa (F.) utile
Nutznießer (M.) usufruttuario (M.)
Nutznießung (F.) usufrutto (M.)
Nutzung (F.) godimento (M.), utilizzazione (F.), uso (M.)
Nutzungsänderung (F.) modificazione (F.) del godimento
Nutzungsausfall (M.) mancato godimento (M.)

Nutzungsberechtigung (F.) diritto (M.) di godimento
Nutzungsentschädigung (F.) indennizzo (M.) per mancato godimento
Nutzungslizenz (F.) licenza (F.) di sfruttamento
Nutzungspfand (N.) anticresi (F.)
Nutzungsrecht (N.) diritto (M.) di godimento, diritto (M.) d'uso, diritto (M.) d'utilizzazione
Nutzwert (M.) valore (M.) d'uso

O

Obacht (F.) attenzione (F.), cura (F.)
Obdach (N.) ricovero (M.), tetto (M.), riparo (M.), asilo (M.)
obdachlos senza tetto, senza casa
Obdachlosenasyl (N.) asilo (M.) per i senzatetto, albergo (M.) dei poveri
Obdachlosigkeit (F.) condizione (F.) di senzatetto, mancanza (F.) di un ricovero
Obduktion (F.) autopsia (F.), necroscopia (F.), esame (M.) necroscopico
Oberarzt (M.) medico (M.) superiore
Oberbundesanwalt (M.) procuratore (M.) generale della Repubblica presso il tribunale amministrativo federale
Oberbürgermeister (M.) primo sindaco (M.), presidente (M.) del consiglio comunale
obere primo, alto, superiore (Adj.)
Obereigentum (N.) dominio (M.) diretto, dominium (M.) directum (lat.)
Oberfinanzdirektion (F.) direzione (F.) regionale di finanza
Oberhaus (N.) camera (F.) alta
Oberkreisdirektor (M.) direttore (M.) superiore distrettuale
Oberlandesgericht (N.) corte (F.) d'appello
Oberrichter (M.) (Oberrichter in den Vereinigten Staaten) chief justice (M.) (engl.), presidente (M.) della corte suprema
Oberst (M.) colonnello (M.)
Oberstadtdirektor (M.) primo direttore (M.) civico
Oberster Gerichtshof (M.) corte (F.) suprema, corte (F.) suprema di cassazione
Oberster Rat (M.) für Gerichtswesen (Oberster Rat für Gerichtswesen in Italien) Consiglio (M.) superiore della magistratura (CSM), CSM (Consiglio superiore della magistratura)
Oberster Verteidigungsrat (M.) (Oberster Verteidigungsrat in Italien) Consiglio (M.) supremo di difesa
oberstes Bundesgericht (N.) Corte (F.) suprema federale
Oberverwaltungsgericht (N.) tribunale (M.) amministrativo di secondo grado
Obhut (F.) cura (F.), tutela (F.), custodia (F.)
Obhutspflicht (F.) obbligo (M.) di custodia, obbligo (M.) di protezione
Objekt (N.) oggetto (M.)
objektiv obiettivo (Adj.), oggettivo
objektive Bedingung (F.) der Strafbarkeit condizione (F.) obiettiva di punibilità
objektive Unmöglichkeit (F.) impossibilità (F.) oggettiva
objektives Recht (N.) diritto (M.) oggettivo
objektives Tatbestandsmerkmal (N.) elemento (M.) obiettivo della fattispecie
objektives Verfahren (N.) procedimento (M.) oggettivo
obliegen incombere, essere demandato, essere demandato
Obliegenheit (F.) incombenza (F.), mansione (F.), onere (M.), funzione (F.), compito (M.), dovere (M.)
obligat obbligatorio, d'obbligo, obbligato (Adj.)
Obligation (F.) obbligazione (F.)
Obligationenrecht (N.) diritto (M.) delle obbligazioni
obligatorisch obbligatorio, d'obbligo, dell' obbligo
Obligo (N.) impegno (M.), garanzia (F.)
Obmann (M.) capo (M.), presidente (M.), rappresentante (M.)
Obrigkeit (F.) autorità (F.), pubblico potere (M.)
Observanz (F.) consuetudine (F.) locale, uso (M.) civico
Oder-Neiße-Linie (F.) linea (F.) Oder-Neisse
OECD (F.) (Organization for European Economic Cooperation) OCSE (F.) (Organizzazione per la Cooperazione e lo Sviluppo Economico)
offen aperto, libero, illimitato, sospeso, vacante
offenbar chiaro, manifesto (Adj.), evidente, palese, lampante, visibile

offenbaren rivelare, svelare, scoprire, manifestare
Offenbarung (F.) rivelazione (F.), manifestazione (F.), scoperta (F.), palesamento (M.)
Offenbarungseid (M.) giuramento (M.) dichiarativo, giuramento (M.) rivelatorio, giuramento (M.) prestato dal debitore
Offenbarungspflicht (F.) dovere (M.) di rivelazione
offene Handelsgesellschaft (F.) (OHG) società (F.) in nome collettivo (s.n.c.)
offenkundig manifesto (Adj.), palese, evidente, notorio
offenkundiger Mangel (M.) vizio (M.) apparente, vizio (M.) palese
offenlegen rivelare, rendere pubblico
Offenlegung (F.) rivelazione (F.)
offensichtlich evidente, apparente, palese
öffentlich pubblico (Adj.), in pubblico, pubblicamente (Adv.)
öffentliche Aufgabe (F.) funzione (F.) di servizio pubblico
öffentliche Beglaubigung (F.) autenticazione (F.)
öffentliche Beurkundung (F.) atto (M.) pubblico, forma (F.) solenne, autenticazione (F.), certificazione (F.) pubblica
öffentliche Dienstbarkeit (F.) servitù (F.) pubblica
öffentliche Dienstleistung (F.) servizio (M.) pubblico
öffentliche Einrichtung (F.) istituto (M.) pubblico, ente (M.) pubblico
öffentliche Fürsorge (F.) assistenza (F.) sociale, assistenza (F.) pubblica
öffentliche Hand (F.) mano (F.) pubblica, amministrazione (F.) pubblica, potere (M.) pubblico
öffentliche Klage (F.) azione (F.) pubblica
öffentliche Körperschaft (F.) ente (M.) pubblico
öffentliche Last (F.) onere (M.) pubblico
öffentliche Meinung (F.) opinione (F.) pubblica
öffentliche Ordnung (F.) ordine (M.) pubblico
öffentliche Sache (F.) bene (M.) pubblico
öffentliche Sicherheit (F.) sicurezza (F.) pubblica, incolumità (F.) pubblica
öffentliche Sicherheit und Ordnung (F.) sicurezza (F.) pubblica e ordine (M.) pubblico
öffentliche Sitzung (F.) udienza (F.) pubblica, seduta (F.) pubblica
öffentliche Urkunde (F.) atto (M.) pubblico, documento (M.) pubblico
öffentliche Versteigerung (F.) asta (F.) pubblica, pubblico incanto (M.)
öffentliche Versteigerung (F.) pubblico incanto (M.), asta (F.) pubblica
öffentliche Verwaltung (F.) pubblica amministrazione (F.), amministrazione (F.) pubblica
öffentliche Wohlfahrt (F.) beneficienza (F.) pubblica
öffentliche Zustellung (F.) notificazione (F.) per pubblici proclami
öffentlicher Auftrag (M.) appalto (M.) di opere pubbliche
öffentlicher Belang (M.) interesse (M.) pubblico
öffentlicher Dienst (M.) servizio (M.) pubblico, pubblico impiego (M.)
öffentlicher Glaube (M.) fede (F.) pubblica
öffentlicher Werkvertrag (M.) (öffentlicher Werkvertrag in Italien) appalto (M.), appalto (M.) pubblico
öffentliches Amt (N.) funzione (F.) pubblica, ufficio (M.) pubblico, impegno (M.) pubblico, carica (F.) pubblica
öffentliches Ärgernis (N.) oltraggio (M.) al pubblico pudore, scandalo (M.) pubblico
öffentliches Eigentum (N.) demanio (M.) pubblico, proprietà (M.) pubblica
öffentliches Gut (N.) bene (M.) pubblico
öffentliches Interesse (N.) interesse (M.) pubblico
öffentliches Recht (N.) diritto (M.) pubblico
öffentliches Testament (N.) testamento (M.) pubblico
öffentliches Wohl (N.) beneficienza (F.) pubblica
Öffentlichkeit (F.) pubblicità (F.), pubblico (M.)
öffentlichrechtliche Körperschaft (F.) ente (M.) pubblico
öffentlichrechtliche Streitigkeit (F.) controversia (F.) pubblica
öffentlichrechtliche Verwahrung (F.) deposito (M.) pubblico
öffentlichrechtlicher Vertrag (M.) contratto (M.) di diritto pubblico

offerieren offrire, proporre
Offerte (F.) offerta (F.), proposta (F.)
Offizial (M.) giudice (M.) presso il tribunale vescovile
Offizialat (N.) officialità (F.)
Offizialdelikt (N.) reato (M.) perseguibile d'ufficio
Offizialmaxime (F.) principio (M.) di officialità
Offizialverfahren (N.) procedimento (M.) d'ufficio
Offizialverteidigung (F.) difensore (M.) d'ufficio, difesa (M.) d'ufficio
offiziell ufficiale (Adj.)
Offizier (M.) ufficiale (M.)
offiziös ufficioso
OHG (F.) (offene Handelsgesellschaft) società (F.) in nome collettivo (s.n.c.)
Ohrenzeuge (M.) testimone (M.) auricolare
Ohrfeige (F.) schiaffo (M.), ceffone (M.), sberla (F.)
ohrfeigen schiaffeggiare, prendere a schiaffi, dare una sberla
Okkupation (F.) occupazione (F.)
okkupieren occupare
Ökologie (F.) ecologia (F.)
ökologisch ecologico
Ökonomie (F.) economia (F.)
ökonomisch economico
Oktroi (N.) imposizione (F.)
Ökumene (F.) ecumene (F.)
ökumenisch ecumenico
Oligarchie (F.) oligarchia (F.)
Oligokratie (F.) oligocrazia (F.)
Oligopol (N.) oligopolio (M.)
Ombudsmann (M.) ombudsman (M.), mediatore (M.)
Onkel (M.) zio (M.)
online (engl.) online, in rete
Onlinevertrag (M.) contratto (M.) online
Onomasiologie (F.) onomasiologia (F.)
Operation (F.) operazione (F.), transazione (F.)
operieren operare, agire
Opfer (N.) vittima (F.), sacrificio (M.)
Opferentschädigung (F.) (Opferentschädigung in Deutschland) risarcimento (M.) del danno per la persona offesa dal reato
Opfergrenze (F.) limite (M.) di sacrificio
opfern sacrificare, immolare
Opferschutz (M.) tutela (F.) della persona offesa dal reato
opponieren opporsi, contrapporsi, obiettare, ribattere
opportun opportuno, conveniente, appropriato, confacente
Opportunist (M.) opportunista (M.), voltagabbana (M.), doppiogiochista (M.), camaleonte (M.)
Opportunität (F.) opportunità (F.), occasione (F.), condizione (F.) favorevole
Opportunitätsprinzip (N.) principio (M.) d'opportunità
Opposition (F.) opposizione (F.)
oppositionell di opposizione
Oppositionspartei (F.) partito (M.) d'opposizione
optieren optare
Option (F.) opzione (F.), scelta (F.)
Orden (M.) decorazione (F.), onorificenza (F.), ordine (M.)
ordentlich ordinario (Adj.), ordinato
ordentliche Gerichtsbarkeit (F.) magistratura (F.) ordinaria, giurisdizione (F.) ordinaria
ordentliche Kündigung (F.) licenziamento (M.) ordinario
ordentliche Verjährungsfrist (F.) prescrizione (F.) ordinaria
ordentliche Verwaltungsgeschäfte (F.Pl.) (ordentliche Verwaltungsgeschäfte in Italien) atti (F.Pl.) di ordinaria amministrazione
ordentlicher Rechtsweg (M.) vie (F.Pl.) legali ordinarie
Order (F.) ordine (M.), ordinazione (F.)
Orderklausel (F.) clausola (F.) all'ordine
ordern ordinare, passare un ordine
Orderpapier (N.) titolo (M.) all'ordine
Orderscheck (M.) assegno (M.) all'ordine
ordinär volgare, ordinario (Adj.), triviale, banale, comune (Adj.)
Ordinarius (M.) professore (M.) ordinario, ordinario (M.)
ordnen ordinare, regolare, sistemare
Ordnung (F.) ordine (M.), ordinamento (M.), regolamento (M.)
Ordnungsbehörde (F.) polizia (F.) amministrativa
Ordnungsgeld (N.) sanzione (F.) pecuniaria disciplinare, ammenda (F.) amministrativa

ordnungsgemäß regolare, regolarmente (Adv.), debitamente (Adv.), rituale
ordnungsgemäße Buchführung (F.) contabilità (F.) regolare, tenuta (F.) regolare dei libri contabili
Ordnungshaft (F.) sanzione (F.) detentiva disciplinare
Ordnungsmittel (N.) misura (F.) disciplinare
Ordnungsrecht (N.) regolamento (M.) disciplinare
Ordnungsruf (M.) richiamo (M.) all'ordine
Ordnungsstrafe (F.) sanzione (F.) disciplinare
ordnungswidrig contrario all'ordine, irregolare
Ordnungswidrigkeit (F.) violazione (F.) amministrativa, illecito (M.) amministrativo
ordre (M.) public (franz.) ordine (M.) pubblico
Organ (N.) organo (M.), organismo (M.), ente (M.), istituzione (F.)
Organhaftung (F.) responsabilità (F.) civile della persona giuridica per gli atti illeciti commessi dai suoi rappresentanti legali
Organigramm (N.) organigramma (M.)
Organisation (F.) für europäische wirtschaftliche Zusammenarbeit (OEEC) Organizzazione (F.) europea di cooperazione economica (OECE)
Organisation (F.) für europäische wirtschaftliche Zusammenarbeit und Entwicklung (OECD) Organizzazione (F.) europea per la cooperazione e lo sviluppo economico (OCSE)
Organisation (F.) organizzazione (F.), ordinamento (M.), organismo (M.)
Organisationsakt (M.) regolamento (M.) organizzativo, regolamento (M.) d'organizzazione
Organisationsamt (N.) (Organisationsamt in Italien) ufficio (M.) organizzazione
Organisationsautonomie (F.) (Organisationsautonomie in Italien) autonomia (F.) organizzativa
Organisationsklausel (F.) clausola (F.) closed shop
Organisationsmangel (M.) carenza (F.) organizzativa, deficienza (F.) organizzativa
Organisator (M.) organizzatore (M.)
organisieren organizzare
organisierte Kriminalität (F.) criminalità (F.) organizzata
organisierter Streik (M.) sciopero (M.) organizzato
Organismus (M.) organismo (M.)
Organization for European Economic Cooperation (F.) (OECD) Organizzazione (F.) europea per la cooperazione e lo sviluppo economico (OCSE)
Organschaftsverhältnis (N.) rapporto (M.) organico
Organspender (M.) donatore (M.) d'organo
Organstreit (M.) conflitto (M.) tra organi
Original (N.) originale (M.)
original originale (Adj.), autentico, genuino
originär originario
originärer Eigentumserwerb (M.) acquisto (M.) della proprietà a titolo originario
Ort (M.) luogo (M.), località (F.), posto (M.)
orthodox ortodosso
örtlich locale (Adj.), territoriale
örtliche Zuständigkeit (F.) competenza (F.) per territorio, competenza (F.) territoriale
Ortsbeirat (M.) commissione (F.) consiliare, consiglio (M.) di quartiere
Ortsgericht (N.) ufficio (M.) di conciliazione
Ortskrankenkasse (F.) cassa (F.) malattia locale
ortsüblich di uso locale
Ortsverzeichnis (N.) elenco (M.) delle località abitate
Ortszuschlag (M.) indennità (F.) di residenza, indennità (F.) di contingenza, trasferta (F.)
Osten (M.) est (M.)
Österreich (N.) Austria (F.)
Ostgebiet (N.) regione (F.) orientale, paese (M.) dell'est
Ostverträge (M.Pl.) contratti (M.Pl.) con i paesi dell'est

P

Pacht (F.) affitto (M.), locazione (F.), fitto (M.)
pachten prendere in affitto, affittare
Pächter (M.) affittuario (M.), conduttore (M.)
Pachtgeld (M.) canone (M.) d'affitto, prezzo (M.) dell'affitto, fitto (M.)

Pachtverhältnis (N.) rapporto (M.) d'affitto
Pachtvertrag (M.) contratto (M.) d'affitto
Pachtzins (M.) canone (M.) d'affitto, fitto (M.)
pacta sunt servanda (lat.) (Verträge sind zu halten) pacta sunt servanda (lat.)
pactum (N.) de non petendo (lat.) (Vertragsversprechen nicht zu verlangen) pactum (N.) de non petendo (lat.)
Paket (N.) pacco (M.), pacchetto (M.)
Pakt (M.) patto (M.), accordo (M.)
Palast (M.) palazzo (M.)
panaschieren praticare il panachage
Pandekte (F.) pandetta (F.)
Pandekten (F.Pl.) pandette (F.Pl.)
Panzer (M.) carro (M.) armato, panzer (M.)
Papier (N.) carta (F.), documento (M.), titolo (M.), valore (M.) mobiliare
Papiergeld (N.) banconota (F.), moneta (F.) cartacea, carta (F.) moneta
Papst (M.) papa (F.), pontefice (M.)
Paragraph (M.) articolo (M.), paragrafo (M.)
Paraphe (F.) parafa (F.), sigla (F.)
paraphieren parafare, siglare
Paraphierung (F.) parafatura (F.)
Parentel (F.) parentela (F.), parentado (M.)
Parität (F.) parità (F.)
paritätisch paritetico
Parken (N.) parcheggio (M.), posteggio (M.)
parken parcheggiare, posteggiare
Parkplatz (M.) parcheggio (M.), posteggio (M.)
Parlament (N.) parlamento (M.)
Parlamentarier (M.) parlamentare (M.)
parlamentarisch parlamentare (Adj.)
Parlamentarischer Rat (M.) (Parlamentarischer Rat in Deutschland) consiglio (M.) parlamentare
Parlamentarismus (M.) parlamentarismo (M.)
Parlamentsdebatte (F.) dibattito (M.) parlamentare
Parlamentsfraktion (F.) gruppo (M.) parlamentare
Parlamentsgebäude (N.) palazzo (M.) del parlamento, parlamento (M.)
Parlamentswahlen (F.Pl.) elezioni (F.Pl.) parlamentari
Partei (F.) parte (F.), partito (M.)
Parteiänderung (F.) sostituzione (F.) di parte, successione (F.) nel processo
Parteiantrag (M.) domanda (F.) di parte, deduzione (F.), eccezione (F.) di parte
Parteibetrieb (M.) impulso (M.) della parte, diligenza (F.) della parte
Parteienfinanzierung (F.) finanziamento (M.) dei partiti
Parteienstaat (M.) Stato (M.) di partiti
parteifähig capace di essere parte nel giudizio
Parteifähigkeit (F.) capacità (F.) di essere parte nel giudizio, legitimatio (F.) ad causam (lat.)
Parteigenosse (M.) compagno (M.) di partito
Parteiherrschaft (F.) partitocrazia (F.), principio (M.) dispositivo
parteiisch parziale
parteilich parziale
Parteilichkeit (F.) parzialità (F.)
Parteiprozess (M.) processo (M.) di parti, processo (M.) in cui le parti possono stare personalmente, processo (M.) accusatorio
Parteitag (M.) congresso (M.) del partito
Parteivereinbarung (F.) accordo (M.) fra le parti
Parteivernehmung (F.) interrogatorio (M.) della parte
Parteiverrat (M.) patrocinio (M.) infedele, infedeltà (F.) del patrocinatore
Parteivorbringen (N.) allegazione (F.) di parte
Parteiwechsel (M.) successione (F.) nel processo
Parteiwille (M.) comune intenzione (F.) delle parti, volontà (F.) delle parti
partiarisches Darlehen (N.) mutuo (M.) parziario
partiarisches Verhältnis (N.) rapporto (M.) parziario
partiell parziale
partikulär particolare
Partikularismus (M.) particolarismo (M.)
Partikularrecht (N.) diritto (M.) particolare
Partner (M.) partecipe (M.), socio (M.), contraente (M.), compagno (M.), partner (M.)
Partnerin (F.) compagna (F.), partecipe (F.), contraente (F.), socia (F.), partner (F.)
Partnerschaft (F.) partecipazione (F.), associazione (F.) in partecipazione, gemellaggio (M.), rapporto (M.) di coppia
Partnerschaftsgesellschaft società (F.) tra professionisti (s.t.p.)

Parzelle (F.) particella (F.), parcella (F.) di terreno, lotto (M.)
parzellieren lottizzare, dividere in particelle
Pass (M.) passaporto (M.)
Passierschein (M.) lasciapassare (M.), biglietto (M.) di passaggio
passiv passivo (Adj.)
Passiva (N.Pl.) passivo (M.), passività (F.Pl.)
passives Wahlrecht (N.) elettorato (M.) passivo, eleggibilità (F.)
Passivlegitimation (F.) legittimazione (F.) passiva
Passivum (N.) passivo (M.)
Passivvertretung (F.) rappresentanza (F.) passiva
Passpflicht (F.) obbligo (M.) del passaporto
Passrecht (N.) diritto (M.) del passaporto
Pastor (M.) pastore (M.)
Pate (M.) padrino (M.)
Patenschaft (F.) condizione (F.) di padrino, condizione (F.) di madrina
Patent (N.) brevetto (M.), brevetto (M.) d'invenzione
Patentamt (N.) ufficio (M.) dei brevetti
Patentanwalt (M.) agente (M.) di brevetti
Patentgesetz (N.) legge (F.) sui brevetti
patentieren brevettare
Patentierung (F.) brevettazione (F.)
Patentinhaber (M.) titolare (M.) del brevetto
Patentrecht (N.) diritto (M.) dei brevetti
Patentverletzung (F.) violazione (F.) di brevetto
Pater (M.) padre (M.)
Patient (M.) paziente (M.)
Patin (F.) madrina (F.)
Patrimonium (N.) patrimonio (M.), bene (M.) patrimoniale
Patristik (F.) patristica (F.), patrologia (F.)
Patron (M.) patrono (M.), protettore (M.)
Patronat (N.) patronato (M.), egida (F.)
Patrone (F.) cartuccia (M.)
Pauperismus (M.) pauperismo (M.)
Pauschalabfindung (F.) indennità (F.) forfettaria
Pauschale (F.) somma (F.) forfettaria, forfait (M.)
Pauschalentschädigung (F.) indennità (F.) forfettaria
Pause (F.) pausa (F.), arresto (M.)
Pazifismus (M.) pacifismo (M.)
Pazifist (M.) pacifista (M.)
Pension (F.) pensione (F.)
pensionieren pensionare, mandare in pensione, collocare a riposo
Pensionierung (M.) pensionamento (M.), collocamento (M.) a riposo
Pensionsanspruch (M.) diritto (M.) alla pensione
Pensionsfonds (M.) fondo (M.) pensioni
Peremption (F.) perenzione (F.)
peremptorisch perentorio
peremptorische Einrede (F.) eccezione (F.) perentoria
Periode (F.) periodo (M.), ciclo (M.), intervallo (M.), fase (F.)
periodisch periodico (Adj.)
perpetuatio (F.) fori (lat.) (Fortdauer der Zuständigkeit des Gerichts) perpetuatio (F.) fori (lat.)
Person (F.) persona (F.), soggetto (M.)
persona (F.) ingrata (lat.) (unerwünschte Person) persona (F.) ingrata (lat.)
persona (F.) non grata (lat.) (unerwünschte Person) persona (F.) non grata (lat.)
Personal (N.) personale (M.), dipendenti (M.Pl.)
Personalabbau (M.) riduzione (F.) del personale
Personalabteilung (F.) servizio (M.) del personale, ufficio (M.) del personale
Personalakte (F.) fascicolo (M.) personale
Personalausweis (M.) carta (F.) d'identità, documento (M.) d'identificazione
Personalchef (M.) capo (M.) del personale, direttore (M.) del personale
Personalfolium (N.) foglio (M.) personale
Personalgesellschaft (F.) società (F.) di persone
Personalhoheit (F.) sovranità (F.) personale
Personalie (F.) dato (M.) personale
Personalien (F.Pl.) generalità (F.Pl.), dati (M.Pl.) personali
Personalinformationssystem (N.) sistema (M.) informatico del personale
Personalität (F.) personalità (F.)
Personalitätsprinzip (N.) principio (M.) della personalità
Personalkörperschaft (F.) ente (M.) personale
Personalkredit (M.) credito (M.) personale
Personalrat (M.) consiglio (M.) del personale

Personalstatut (N.) statuto (M.) personale
Personalunion (F.) unione (M.) personale
Personalversammlung (F.) assemblea (M.) del personale
Personalvertretung (F.) rappresentanza (F.) del personale
Personalverwaltung (F.) amministrazione (F.) del personale
Personenbeförderung (F.) trasporto (M.) di persone
Personenbeförderungsrecht (N.) diritto (M.) del trasporto di persone
Personengesellschaft (F.) società (F.) di persone
Personenrecht (N.) diritto (M.) delle persone, diritto (M.) personale
Personenschaden (M.) danno (M.) alle persone
Personensorge (F.) mantenimento (M.), vigilanza (F.) su una persona
Personensorgerecht (N.) diritto (M.) di vigilanza su una persona
Personenstand (M.) stato (M.) civile, stato (M.) personale, status (M.) (lat.)
Personenstandsbuch (N.) registro (M.) dello stato civile
Personenstandsfälschung (F.) falsa attestazione (F.) dello stato civile
Personenvereinigung (F.) associazione (F.) di persone
Personenversicherung (F.) assicurazione (F.) di persone
persönlich personale (Adj.)
persönliche Haftung (F.) responsabilità (F.) personale
persönlicher Strafaufhebungsgrund (M.) causa (F.) soggettiva di estinzione della pena
persönlicher Strafausschließungsgrund (M.) causa (F) soggettiva di esclusione della punibilità
persönliches Erscheinen (N.) comparizione (F.) personale
Persönlichkeit (F.) personalità (F.), carattere (M.) personale
Persönlichkeitsrecht (N.) diritto (M.) della personalità, diritto (M.) personale
Persönlichkeitsschutz (M.) tutela (F.) della personalità
pervers depravato, degenerato, perverso
Petition (F.) petizione (F.)
Petitionsausschuss (M.) commissione (F.) delle petizioni
Petitionsrecht (N.) diritto (M.) di petizione
petitorisch petitorio
Petschaft (F.) sigillo (M.)
Pfand (N.) pegno (M.)
pfändbar pignorabile, sequestrabile, soggetto a pignoramento
Pfandbestellung (F.) costituzione (F.) del pegno, costituzione (F.) in pegno
Pfandbrief (M.) lettera (F.) di pegno, titolo (M.) ipotecario
Pfandbriefinhaber (M.) portatore (M.) di cartelle fondiarie, portatore (M.) di cartelle edilizie
pfänden pignorare
Pfandgeber (M.) costituente (M.) del pegno, datore (M.) del pegno
Pfandgläubiger (M.) creditore (M.) pignoratizio
Pfandkehr (F.) sottrazione (F.) di cosa data in pegno
Pfandleiher (M.) prestatore (M.) su pegno
Pfandnehmer (M.) pignoratario (M.), prenditore (M.) del pegno
Pfandrecht (N.) diritto (M.) di pegno, diritto (M.) pignoratizio
Pfandsiegel (N.) sigillo (M.) su oggetti pignorati
Pfändung (F.) pignoramento (M.)
Pfändungsbeschluss (M.) ordinanza (F.) di pignoramento
Pfändungspfandrecht (N.) diritto (M.) di pegno derivante dal pignoramento
Pfändungsschutz (M.) tutela (F.) contro il pignoramento
Pfändungsurkunde (F.) atto (M.) di pignoramento
Pfandverkauf (M.) vendita (F.) del pegno
Pfarre (F.) parrocchia (F.)
Pfarrer (M.) parroco (M.), prete (M.)
Pflanze (F.) pianta (F.)
Pflanzenschutz (M.) protezione (F.) delle piante, difesa (F.) delle piante
Pflege (F.) cura (F.), assistenza (F.)
Pflegeelter (M.) genitore (M.) affidatario
Pflegeeltern (M.Pl.) genitori (M.Pl.) affidatari
Pflegekind (N.) minore (M.) affidato, minore (M.) assistito
Pflegemutter (F.) vicemadre (F.), madre (F.) affidataria

pflegen curare, aver cura
Pfleger (M.) curatore (M.), infermiere (M.), assistente (M.)
Pflegesohn (M.) figlio (M.) affidatario
Pflegetochter (F.) figlia (F.) affidataria
Pflegevater (M.) vicepadre (M.), padre (M.) affidatario
Pflegeversicherung (F.) assicurazione (F.) lungodegenza, assicurazione (F.) sulle degenze
Pflegling (M.) assistito (M.), pupillo (M.)
Pflegschaft (F.) curatela (F.)
Pflicht (F.) dovere (M.), obbligo (M.)
Pflichtenkollision (F.) conflitto (M.) di doveri
Pflichtenverhältnis (N.) rapporto (M.) di soggezione
Pflichtexemplar (N.) copia (F.) d'obbligo
Pflichtteil (M.) quota (F.) legittima, legittima (F.), quota (F.) indisponibile
Pflichtteilsanspruch (M.) diritto (M.) alla legittima
Pflichtteilsberechtigter (M.) legittimario (M.)
Pflichtteilsrestanspruch (M.) diritto (M.) all'integrazione della legittima
Pflichtverletzung (F.) violazione (F.) di un dovere, inadempimento (M.) di un obbligo, infrazione (F.) ad un obbligo
Pflichtversicherung (F.) assicurazione (F.) obbligatoria
Pflichtverteidiger (M.) difensore (M.) d'ufficio, patrocinatore (M.) d'ufficio
Pfründe (F.) prebenda (F.)
Pfund (N.) (Gewicht von einem Pfund) libbra (F.)
Philosophie (F.) filosofia (F.)
physisch fisico (Adj.)
physischer Zwang (M.) violenza (F.) fisica
Pirat (M.) pirata (M.), corsaro (M.)
Piratensender (M.) emittente (M.) pirata
Piraterie (F.) pirateria (F.)
Pistole (F.) pistola (F.)
plädieren perorare, patrocinare, auspicare
Plädoyer (N.) arringa (F.), perorazione (F.), requisitoria (F.)
Plagiat (N.) plagio (M.)
Plagiator (M.) plagiario (M.)
plagiieren plagiare
Plakat (N.) cartellone (M.), manifesto (M.)
Plakette (F.) targa (F.), targhetta (F.) distintiva
Plan (M.) piano (M.), programma (M.), progetto (M.)
planen pianificare, progettare, programmare
Planfeststellung (F.) formazione (F.) e deliberazione (F.) del piano
Planfeststellungsbeschluss (M.) delibera (F.) sull'accertamento pianificatorio
Planstelle (F.) posto (M.) organico, posto (M.) di ruolo
Planung (F.) pianificazione (F.), programmazione (F.)
Planwirtschaft (F.) economia (F.) programmata, dirigismo (M.) economico
Platz (M.) posto (M.), piazza (F.), luogo (M.)
plausibel plausibile, ragionevole
Plebiszit (N.) plebiscito (M.)
plebiszitär plebiscitario
plebiszitäre Demokratie (F.) democrazia (F.) plebiscitaria
Pleite (F.) fallimento (M.), bancarotta (F.)
Pleitegeier (M.) pericolo (M.) di fallimento
Plenarausschuss (M.) commissione (F.) plenaria, comitato (M.) plenario
Plenarbeschluss (M.) deliberazione (F.) presa in assemblea plenaria
Plenum (N.) assemblea (M.) plenaria
Plombe (F.) (Verschlusssicherung) piombatura (F.)
plombieren piombare
Plünderer (M.) saccheggiatore (M.), depredatore (M.), predatore (M.)
plündern saccheggiare, depredare, predare
Plünderung (F.) saccheggio (M.), depredazione (F.)
Pluralismus (M.) pluralismo (M.)
Plutokratie (F.) plutocrazia (F.)
Pogrom (N.) pogrom (M.)
Police (F.) polizza (F.)
Politik (F.) politica (F.)
Politiker (M.) uomo (M.) politico, politico (M.)
Politikwissenschaft (F.) scienze (F.Pl.) politiche
politisch politico (Adj.)
politische Verdächtigung (F.) sospetto (M.) di carattere politico
Polizei (F.) polizia (F.), forze (F.Pl.) pubbliche
Polizeibeamter (M.) agente (M.) di polizia
Polizeichef (M.) capo (M.) della polizia
Polizeidirektion (F.) questura (F.)
Polizeigewahrsam (M.) guardina (F.), camera (F.) di sicurezza

Polizeigewalt (F.) potere (M.) di polizia
polizeilich poliziesco, di polizia, di pubblica sicurezza
polizeiliche Generalklausel (F.) clausola (F.) generale di polizia
Polizeiordnung (F.) regolamento (M.) di polizia
Polizeirecht (N.) diritto (M.) di polizia
Polizeistaat (M.) Stato (M.) di polizia
Polizeistunde (F.) orario (M.) di chiusura dei locali pubblici
Polizeiverfügung (F.) provvedimento (M.) di polizia, ordinanza (F.) di polizia, decreto (M.) di polizia
Polizeiverordnung (F.) regolamento (M.) di polizia
Polizeiverwaltung (F.) amministrazione (F.) della polizia
Polizeiverwaltungsgesetz (N.) legge (F.) sull'amministrazione della polizia
Polizeivollzugsdienst (M.) servizio (M.) di polizia
Polizist (M.) poliziotto (M.), agente (M.) di polizia
polygam poligamo
Polygamie (F.) poligamia (F.)
pönalisieren penalizzare
Pönalisierung (F.) penalizzazione (F.)
Pontifikat (N.) pontificato (M.), papato (M.)
Popularklage (F.) azione (F.) popolare
Pornographie (F.) pornografia (F.)
pornographisch pornografico
Porto (N.) spese (F.Pl.) postali, affrancatura (F.), porto (M.)
positiv positivo
positive Forderungsverletzung (F.) violazione (F.) positiva del credito, adempimento (M.) inesatto
positive Leistung (F.) prestazione (F.) di fare, prestazione (F.) positiva
positive Vertragspflichtverletzung (F.) violazione (F.) positiva di un obbligo contrattuale
positives Interesse (N.) interesse (M.) positivo
positives Recht (N.) diritto (M.) positivo
Positivismus (M.) positivismo (M.)
possessorisch possessorio
possessorische Klage (F.) azione (F.) possessoria
possessorischer Anspruch (M.) diritto (M.) possessorio
Post (F.) posta (F.)
Post- und Fernmeldewesen (N.) Poste (F.Pl.) e Telecomunicazioni (F.Pl.)
Postamt (N.) ufficio (M.) postale
Postanweisung (F.) vaglia (M.) postale
Posten (M.) partita (F.), impiego (M.), carica (F.)
Postgeheimnis (N.) segreto (M.) postale
Postkarte (F.) cartolina (F.) postale
postlagernd fermo in posta, fermo posta
Postleitzahl (F.) codice (M.) postale, codice (M.) d'avviamento postale (CAP), CAP (codice d'avviamento postale)
Postscheck (M.) assegno (M.) postale
postulationsfähig capace di chiedere in giudizio
Postulationsfähigkeit (F.) ius (N.) postulandi (lat.), capacità (F.) di chiedere in giudizio
postulieren postulare, chiedere in giudizio
postum postumo
potentiell potenziale, possibile, virtuale
potentielles Unrechtsbewusstsein (N.) consapevolezza (F.) potenziale dell'antigiuridicità del fatto
potenzieller Käufer (M.) acquirente (M.) potenziale
Potestativbedingung (F.) condizione (F.) potestativa
Potsdamer Konferenz (N.) conferenza (F.) di Potsdam
Präambel (F.) preambolo (M.), premessa (F.), proemio (M.)
Präfekt (M.) prefetto (M.)
Präferenz (F.) preferenza (F.)
Präjudiz (N.) causa (F.) pregiudicata, precedente (M.) giudiziale
präjudiziell pregiudiziale
präjudizieren pregiudicare
präkludieren precludere
Präklusion (F.) preclusione (F.)
Präklusivfrist (F.) termine (M.) perentorio, termine (M.) a pena di decadenza, termine (M.) preclusivo
Praktik (F.) pratica (F.), prassi (F.)
Praktikant (M.) praticante (M.)
Praktikum (N.) praticantato (M.), tirocinio (M.)
Prälat (M.) prelato (M.)
Prälegat (N.) prelegato (M.)
Prämie (F.) premio (M.), ricompensa (F.), gratificazione (F.)

Prämienkauf (M.) acquisto (M.) a premio
Pranger (M.) berlina (F.), gogna (F.)
Prärogative (F.) prerogativa (F.)
Präses (M.) presidente (M.) ecclesiastico
Präsident (M.) presidente (M.)
Präsidialdemokratie (F.) democrazia (F.) presidenziale
Präsidialrat (M.) consiglio (M.) di presidenza
Präsidium (N.) presidenza (F.), comitato (M.) di presidenza
Präsumption (F.) presunzione (F.)
Prätendent (M.) pretendente (M.)
Prätendentenstreit (M.) lite (F.) tra pretendenti
Prätor (M.) pretore (M.)
Prävarikation (F.) prevaricazione (F.)
Prävention (F.) prevenzione (F.)
präventiv preventivo (Adj.)
präventives Verbot (N.) divieto (M.) preventivo
Präventivmaßnahme (F.) misura (F.) preventiva
Praxis (N.) prassi (F.), pratica (F.)
Präzedenz (F.) precedenza (F.)
Präzedenzfall (M.) precedente (M.)
Preis (M.) premio (M.), prezzo (M.)
Preisabschlag (M.) ribasso (M.), sconto (M.)
Preisausschreiben (N.) concorso (M.) a premi, bando (M.) di concorso a premi
Preisbindung (F.) blocco (M.) dei prezzi, prezzi (M.Pl.) imposti
Preisempfehlung (F.) prezzo (M.) raccomandato
Preisgabe (F.) abbandono (M.), rinuncia (F.), rivelazione (F.)
preisgeben abbandonare, rinunciare, rivelare
Preisgefahr (F.) rischio (M.) contrattuale, rischio (M.) della controprestazione
Preisminderungsklage (F.) azione (F.) estimatoria, azione (F.) di riduzione del prezzo, azione (F.) quanti minoris
Preisnachlass (M.) bonifico (M.), ribasso (M.), sconto (M.)
Preistreiberei (F.) rialzo (M.) artificiale dei prezzi, rialzo (M.) fraudolento dei prezzi
Premierminister (M.) primo ministro (M.), premier (M.)
Presse (F.) (Gesamtheit der Zeitungen) stampa (F.)
Presseamt (N.) ufficio (M.) stampa
Pressedelikt (N.) delitto (M.) commesso per mezzo della stampa, reato (M.) di stampa
Pressefreiheit (F.) libertà (F.) di stampa
Presserat (M.) consiglio (M.) stampa
Presserecht (N.) diritto (M.) della stampa
Preußen (N.) Prussia (F.)
Priester (M.) sacerdote (M.), prete (M.)
prima facie (lat.) a prima vista
Prima-facie-Beweis (M.) prova (F.) per presunzione semplice
Primat (M.) primato (M.)
Prime Rate (N.) (engl.) tasso (M.) d'interessi privilegiato, prime rate (M.) (engl.)
Primogenitur (F.) primogenitura (F.)
Prinz (M.) principe (M.)
Prinzessin (F.) principessa (F.)
Prinzip (N.) principio (M.), massima (F.)
Prinzipal (M.) principale (M.)
prinzipiell per principio, in linea di principio, in linea di massima
Prior (M.) priore (M.)
Priorität (F.) priorità (F.), precedenza (F.), preferenza (F.), privilegio (M.)
Prioritätsprinzip (N.) principio (M.) di priorità
Prise (F.) cattura (F.), preda (F.), impossessamento (M.) della nave
Privat- privato
privat privato, intimo, riservato
Privatautonomie (F.) autonomia (F.) privata
Privatdozent (M.) libero docente (M.)
Privateigentum (N.) proprietà (F.) privata
Privateigentum (N.) proprietà (F.) privata
privatisieren privatizzare
Privatisierung (F.) privatizzazione (F.)
privativ privativo
privative Schuldübernahme (F.) accollo (M.) privativo
Privatklage (F.) azione (F.) civile nel processo penale, querela (F.) di parte
Privatkläger (M.) parte (F.) civile, querelante (M.)
Privatkrankenkasse (F.) cassa (F.) mutua privata
Privatleben (N.) vita (F.) privata
Privatrecht (N.) diritto (M.) privato
privatrechtlich di diritto privato
Privatrechtsfähigkeit (F.) capacità (F.) giuridica di diritto privato

Privatschule (F.) scuola (F.) privata
Privatstiftung (F.) fondazione (F.) privata
Privatstraße (F.) via (F.) privata, strada (F.) privata
Privaturkunde (F.) scrittura (F.) privata, atto (M.) privato
Privatversicherung (F.) assicurazione (F.) privata
Privatversicherungsrecht (N.) diritto (M.) delle assicurazioni private
Privatwirtschaft (F.) economia (F.) privata
Privileg (N.) privilegio (M.)
privilegieren privilegiare
privilegiert privilegiato (Adj.)
privilegierte Straftat (F.) figura (F.) attenuata di reato
Probe (F.) campione (M.), saggio (M.), prova (F.), verifica (F.)
Produkt (N.) prodotto (M.)
Produkthaftung (F.) responsabilità (F.) civile del fabbricante o venditore del prodotto
Produzent (M.) produttore (M.)
Produzentenhaftung (F.) responsabilità (F.) del produttore
Produzentenleasing (N.) leasing (M.) operativo, locazione (F.) operativa
produzieren produrre, fabbricare
Professor (M.) professore (M.)
Professur (F.) cattedra (F.) universitaria, professorato (M.)
Prognose (F.) prognosi (F.), previsione (F.)
Programm (N.) programma (M.), piano (M.)
Progression (F.) progressione (F.)
progressiv progressivo
Prokura (F.) procura (F.) commerciale, procura (F.) institoria
Prokurator (M.) procuratore (M.)
Prokurist (M.) procuratore (M.), procuratore (M.) commerciale
Proletarier (M.) proletario (M.)
Prolongation (F.) riporto (M.), proroga (F.), prolungamento (M.)
prolongieren riportare, prolungare, prorogare, procrastinare
Promotion (F.) addottoramento (M.), proclamazione (F.) del dottore di ricerca, pubblicità (F.) diretta
Promotionsverfahren (N.) corso (M.) di dottorato
promovieren addottorarsi, laurearsi
Promulgation (F.) promulgazione (F.)
promulgieren promulgare
Propergeschäft (N.) affare (M.) per conto proprio, contratto (M.) stipulato per conto proprio
Proportion (F.) proporzione (F.)
proportional proporzionale (Adj.)
Proporz (M.) proporzionale (F.)
Propst (M.) prevosto (M.), preposto (M.)
Prorektor (M.) prorettore (M.)
Prorogation (F.) proroga (F.), accordo (M.) sulla competenza
Prostituierte (F.) prostituta (F.)
Prostitution (F.) prostituzione (F.)
protegieren favorire, proteggere, patrocinare
Protektion (F.) protezione (F.)
Protektorat (N.) protettorato (M.)
Protest (M.) protesto (M.), protesta (F.), reclamo (M.)
protestieren protestare, contestare, ribellarsi, reclamare
Protokoll (N.) protocollo (M.), processo (M.) verbale, verbale (M.), resoconto (M.)
Protokollant (M.) protocollista (M.), segretario (M.) verbalizzante (M.)
protokollieren protocollare, verbalizzare
Provider (M.) fornitore (M.) di servizi di Internet, provider (M.) (engl.)
Providerhaftung (F.) responsabilità (F.) del provider
Provinz (F.) provincia (F.)
Provision (F.) provvigione (F.)
Provokateur (M.) provocatore (M.)
Provokation (F.) provocazione (F.)
provozieren provocare, sfidare
Prozedur (F.) procedura (F.)
Prozent (N.) percento (M.), percentuale (F.)
prozentmäßiger Anteil (M.) percentuale (F.)
Prozentsatz (M.) percentuale (F.), saggio (M.)
Prozess (M.) processo (M.), procedimento (M.), procedura (F.), causa (F.), controversia (F.), giudizio (M.)
Prozessagent (M.) patrocinatore (M.) laico, difensore (M.) laico
Prozessbetrug (M.) truffa (F.) processuale, frode (F.) processuale
Prozessbevollmächtigter (M.) procuratore (M.) alle liti, rappresentante (M.) in giudizio, procuratore (M.) ad litem
Prozessbevollmächtigung (F.) procura (F.) alle liti, mandato (M.) ad litem

prozessfähig capace di agire in giudizio
Prozessfähigkeit (F.) capacità (F.) d'agire in giudizio, capacità (F.) processuale
Prozessführung (F.) condotta (F.) del processo
Prozessführungsbefugnis (F.) legittimazione (F.) ad agire in giudizio
Prozessgebühr (F.) spese (F.Pl.) processuali
Prozessgericht (N.) giudice (M.) procedente, giudice (M.) della causa
Prozesshandlung (F.) atto (M.) processuale
Prozesshandlungsvoraussetzung (F.) presupposto (M.) per agire in giudizio
Prozesshindernis (N.) causa (F.) d'improcedibilità
prozessieren processare, far causa, stare in giudizio
Prozesskosten (F.Pl.) spese (F.Pl.) di giudizio, spese (F.Pl.) legali, spese (F.Pl.) giudiziali
Prozesskostenhilfe (F.) sussidio (M.) per le spese giudiziali, gratuito patrocinio (M.)
Prozesskostenvorschuss (M.) anticipazione (F.) delle spese giudiziali
prozessleitende Verfügung (F.) provvedimento (M.) ordinatorio, ordinanza (F.), decreto (M.)
Prozessordnung (F.) procedura (F.), norme (F.Pl.) procedurali
Prozessrecht (N.) diritto (M.) processuale
Prozessstandschaft (F.) sostituzione (F.) processuale
Prozesstaktik (F.) tattica (F.) processuale
Prozesstrennung (F.) separazione (F.) delle cause, separazione (F.) dei processi
prozessual processuale
prozessunfähig incapace di agire in giudizio
Prozessunterbrechung (F.) interruzione (F.) del processo
Prozessurteil (N.) sentenza (F.) di rito
Prozessvergleich (M.) transazione (F.) giudiziaria
Prozessverschleppung (F.) ostruzionismo (M.) processuale
Prozessvollmacht (F.) procura (F.) alle liti, mandato (M.) alle liti
Prozessvoraussetzung (F.) presupposto (M.) processuale
prüfen esaminare, verificare, controllare, sindacare, ispezionare, interrogare
Prüfer (M.) esaminatore (M.), revisore (M.), controllore (M.)
Prüfling (M.) candidato (M.), esaminando (M.)
Prüfung (F.) esame (M.), prova (F.), controllo (M.), verifica (F.), revisione (F.)
Prüfungsordnung (F.) regolamento (M.) d'esame
Prügel (M.Pl.) bastonate (F.Pl.), botte (F.Pl.), percosse (F.Pl.)
Prügelei (F.) rissa (F.)
prügeln percuotere, bastonare, picchiare
Prügelstrafe (F.) pena (F.) corporale
Pseudonym (N.) pseudonimo (M.)
Psyche (F.) psiche (F.)
Psychiater (M.) psichiatra (M.)
Psychiatrie (F.) psichiatria (F.)
psychiatrisches Krankenhaus (N.) ospedale (M.) psichiatrico
psychiatrisches psichiatrico
psychisch psichico
psychische Beihilfe (F.) istigazione (F.)
psychischer Zwang (M.) violenza (F.) psichica, violenza (F.) compulsiva
Psychologe (M.) psicologo (M.)
Psychologie (F.) psicologia (F.)
Psychopath (M.) psicopatico (M.)
Psychopathie (F.) psicopatia (F.)
psychopathisch psicopatico (Adj.)
Psychose (F.) psicosi (F.)
Psychotherapeut (M.) psicoterapista (M.)
Psychotherapie (F.) psicoterapia (F.)
publik pubblico (Adj.), noto, notorio
Publikum (N.) pubblico (M.)
publizieren pubblicare, rendere pubblico
Publizität (F.) pubblicità (F.)
Publizitätsprinzip (N.) principio (M.) di pubblicità
Punktation (F.) contratto (M.) preliminare, progetto (M.) di contratto
Putativgefahr (F.) pericolo (M.) putativo
Putativnotstand (M.) stato (M.) di necessità putativo, stato (M.) di necessità erroneamente supposto
Putativnotwehr (F.) legittima difesa (F.) putativa, legittima difesa (F.) erroneamente supposta
Putsch (M.) golpe (M.), colpo (M.) di stato
putschen fare un colpo di stato
Putschist (M.) golpista (M.)

Q

Qualifikation (F.) qualifica (F.), attitudine (F.), capacità (F.)
qualifiziert qualificato, idoneo
qualifizierte Mehrheit (F.) maggioranza (F.) qualificata
qualifizierte Straftat (F.) figura (F.) aggravata di reato
qualifizierter Versuch (M.) tentativo (M.) qualificato
Qualität (F.) qualità (F.), bontà (F.)
Qualitätsgarantie (F.) garanzia (F.) di qualità
Qualitätskontrolle (F.) controllo di qualità
Quartal (N.) trimestre (M.)
quasi quasi, come
Quasidelikt (N.) quasi delitto (M.)
Quasikontrakt (M.) quasi contratto (M.)
quasinegatorisch quasi negatorio
Quasisteuer (F.) quasi imposta (F.)
Quästur (F.) (Polizeidirektion in Italien) questura (F.)
Quästur (F.) (Zahlstelle an Universitäten) cassa (F.) dell'università
Quelle (F.) fonte (F.), sorgente (F.)
Quellensteuer (F.) imposta (F.) alla fonte, ritenuta (F.) alla fonte, trattenuta (F.) all'origine
Querulant (M.) litigioso (M.), querulone (M.)
querulieren brontolare, criticare
quittieren lasciare, abbandonare, quietanzare
Quittung (F.) quietanza (F.), ricevuta (F.), scontrino (M.)
Quorum (N.) quorum (M.) (lat.), numero (M.) legale
Quote (F.) quota (F.), percentuale (F.), tasso (M.)
Quotenvorrecht (N.) privilegio (M.) della quota
Quotient (M.) quoziente (M.)
quotieren quotare
Quotierung (F.) quotazione (F.)

R

Rabatt (M.) ribasso (M.), sconto (M.), riduzione (F.)
Rache (F.) vendetta (F.)
rächen vendicare
Rad (N.) ruota (F.)
Rädelsführer (M.) capo (M.), capobanda (M.), caporione (M.), fomentatore (M.)
rädern sottoporre al supplizio della ruota, arrotare
radikal radicale (Adj.), estremista (Adj.)
Radikalismus (M.) radicalismo (M.), estremismo (M.)
Rahmen (M.) quadro (M.), ambito (M.), campo (M.)
Rahmenabkommen (N.) accordo (M.) di base, accordo (M.) quadro
Rahmengesetz (N.) legge (F.) quadro, legge (F.) cornice
Rahmengesetzgebung (F.) legislazione (F.) programmatica, legislazione (F.) quadro, legislazione (F.) cornice
Rahmenkompetenz (F.) (in Deutschland) competenza (F.) quadro del Bund
Rahmenrecht (N.) disciplina (F.) quadro, disciplina (F.) cornice, disciplina (F.) base
Rahmenvorschrift (F.) disposizione (F.) quadro, disposizione (F.) base
Rakete (F.) razzo (M.), missile (M.)
randalieren fare chiasso, fare baccano, schiamazzare
Randalierer (M.) chiassone (M.), vandalo (M.)
Rang (M.) grado (M.), ordine (M.), posto (M.)
Rangänderung (F.) postergazione (F.) di grado
Rangordnung (F.) graduatoria (F.), grado (M.), gerarchia (F.), graduazione (F.)
Rangvorbehalt (M.) riserva (F.) di grado
Rank (M.) intrigo (M.)
Ränkeschmied (M.) intrigante (M.), macchinatore (M.)
Rapport (M.) rapporto (M.)
Räson (F.) ragione (F.)
Rasse (F.) razza (F.)
Rassendiskriminierung (F.) discriminazione (F.) razziale, discriminazione (F.) per motivi di razza
rassisch razziale
Rassismus (M.) razzismo (M.)
rassistisch razzista (Adj.)
Raster (N.) reticolo (M.), retino (M.)
Rasterfahndung (F.) indagini (F.Pl.) incrociate

Rat (M.) consiglio (M.), consigliere (M.)
Rat (M.) der EU Consiglio (M.) dell'UE
Rate (F.) rata (F.)
Ratengeschäft (N.) vendita (F.) a rate
Ratenkauf (M.) acquisto (M.) a rate, vendita (F.) a rate
Ratenzahlung (F.) pagamento (M.) rateale
Räterepublik (F.) Repubblica (F.) dei soviet
Raterteilung (F.) consulenza (F.)
Rathaus (N.) municipio (M.), casa (F.) comunale
Rathauspartei (F.) partito (M.) comunale
Ratifikation (F.) ratificazione (F.), ratifica (F.)
ratifizieren ratificare
ratio (F.) (lat.) (Sinn) ratio (F.) (lat.), ragione (F.)
rationalisieren razionalizzare
Rationalisierung (F.) razionalizzazione (F.)
Raub (M.) rapina (F.)
rauben rapinare, rubare, predare
Räuber (M.) rapinatore (M.), svaligiatore (M.), depredatore (M.)
räuberisch rapace
räuberische Erpressung (F.) estorsione (F.) mediante violenza personale o minaccia di un male attuale per la vita o l'incolumità fisica
räuberischer Diebstahl (M.) rapina (F.) impropria
Raubmord (M.) omicidio (M.) a scopo di rapina
Raubüberfall (M.) rapina (F.)
Rauch (M.) fumo (M.)
rauchen fumare
Rauchverbot (N.) divieto (M.) di fumare
raufen (sich) azzuffar(si), accapigliar(si)
Raufhandel (M.) rissa (F.)
Raum (M.) spazio (M.), locale (M.), ambiente (M.), zona (F.), area (F.)
räumen sgomberare, evacuare, vuotare, sfollare
Raumfahrt (F.) navigazione (F.) spaziale
Raumordnung (F.) assetto (M.) territoriale, pianificazione (F.) territoriale, ordinamento (M.) urbanistico
Raumplan (M.) piano (M.) urbanistico, piano (M.) di assetto territoriale
Räumung (F.) sfratto (M.), sgombero (M.), evacuazione (F.)
Räumungsbefehl (M.) ordine (M.) di sfratto, ordine (M.) di evacuazione
Räumungsklage (F.) intimazione (F.) di sfratto, istanza (F.) per convalida di sfratto
Räumungsverkauf (M.) vendita (F.) di liquidazione, svendita (F.)
Rausch (M.) ebbrezza (F.), ubriachezza (F.), sbornia (F.)
Rauschgift (N.) stupefacente (M.), sostanza (F.) stupefacente, droga (F.)
rauschgiftsüchtig tossicodipendente (Adj.), drogato (Adj.)
Rauschgiftsüchtiger (M.) drogato (M.), tossicodipendente (M.)
Rauschtat (F.) fatto (M.) commesso in stato di ubriachezza, fatto (M.) commesso sotto l'azione di sostanze stupefacenti
Rauschzustand (M.) stato (M.) di ebbrezza, stato (M.) di ubriachezza
Razzia (F.) retata (F.), rastrellamento (M.), razzia (F.)
reagieren reagire
Reaktion (F.) reazione (F.)
Reaktionär (M.) reazionario (M.)
reaktionär reazionario (Adj.)
Reaktionsgeschwindigkeit (F.) velocità (F.) di reazione
Reaktionsvermögen (N.) reattività (F.)
Reaktionszeit (F.) tempo (M.) di reazione
reaktivieren riattivare
Reaktivierung (F.) riattivazione (F.)
real reale, concreto, vero
Realakt (M.) atto (M.) reale, atto (M.) materiale, atto (M.) non negoziale, atto (M.) giuridico in senso lato
Realfolium (N.) foglio (M.) immobiliare
Realgemeinde (F.) totalità (F.) dei proprietari d'immobili in un comune
Realinjurie (F.) ingiuria (F.) fisica, ingiuria (F.) reale
realisieren realizzare, attuare, concretare
Realisierung (F.) realizzazione (F.), attuazione (F.), concretizzazione (F.)
Realkauf (M.) vendita (F.) ad effetti reali
Realkonkurrenz (F.) concorso (M.) materiale di reati
Realkontrakt (M.) contratto (M.) reale
Realkredit (M.) credito (M.) reale, credito (M.) immobiliare
Reallast (F.) onere (M.) reale
Realrecht (N.) diritto (M.) reale
Realunion (F.) unione (F.) reale
Realvertrag (M.) contratto (M.) reale

Rebell (M.) ribelle (M.)
rebellieren ribellarsi
Rebellion (F.) ribellione (F.)
Rechenschaft (F.) conto (M.)
Rechenschaftslegung (F.) rendiconto (M.), resa (F.) dei conti, resoconto (M.), rapporto (M.) di gestione
Rechenschaftslegungspflicht (F.) obbligo (M.) di rendiconto
Recherche (F.) ricerca (F.), indagine (F.)
rechnen contare, calcolare, computare, conteggiare
Rechnung (F.) conto (M.), fattura (F.), nota (F.), parcella (F.)
Rechnungsabschluss (M.) chiusura (F.) dei conti, bilancio (M.) consuntivo, conto (M.) consutivo, saldo (M.) contabile
Rechnungsführer (M.) ragioniere (M.), computista (M.), contabile (M.)
Rechnungshof (M.) corte (F.) dei conti
Rechnungsjahr (N.) anno (M.) contabile, anno (M.) finanziario, esercizio (M.)
Rechnungslegung (F.) rendimento (M.) dei conti, resa (F.) dei conti, rendiconto (M.), formazione (F.) del rendiconto
Rechnungsprüfer (M.) revisore (M.) dei conti, sindaco (M.)
Rechnungsprüferkollegium (N.) (Rechnungsprüferkollegium in Italien) collegio (M.) sindacale, collegio (M.) dei sindaci
Rechnungsprüfung (F.) revisione (F.) dei conti, revisione (F.) contabile, verifica (F.) contabile
Recht (N.) (objektives Recht) diritto (M.) oggettivo, diritto (M.) obiettivo
Recht (N.) (subjektives Recht) diritto (M.) soggettivo, diritto (M.) subiettivo
Recht (N.) am eigenen Bild diritto (M.) all'immagine
Recht (N.) am eingerichteten und ausgeübten Gewerbebetrieb diritto (M.) dell'azienda all'attività imprenditoriale
Recht (N.) auf Akteneinsicht diritto (M.) di prendere visione degli atti, diritto (M.) di accedere agli atti
Recht (N.) auf Arbeit diritto (M.) al lavoro
Recht (N.) auf vorzugsweise Befriedigung diritto (M.) a soddisfazione privilegiata
Recht (N.) der sozialen Fürsorge diritto (M.) della previdenza sociale
Recht (N.) diritto (M.), ragione (F.)
rechtfertigen giustificare, legittimare, discolpare
rechtfertigender Grund (M.) giustificato motivo (M.)
Rechtfertigung (F.) giustificazione (F.), discolpa (F.)
Rechtfertigungselement (N.) requisito della causa di (F.) giustificazione
Rechtfertigungsgrund (M.) causa (F.) di giustificazione, causa (F.) di liceità, causa (F.) esimente, scusante (F.)
rechtlich giuridico, legale (Adj.), de iure (lat.)
rechtliche Wirkung (F.) effetto (M.) giuridico, effetto (M.) di legge
rechtliches Gehör contraddittorio (M.)
rechtlos senza diritto, privo di diritti
Rechtlosigkeit (F.) stato (M.) di fuorilegge
rechtmäßig legittimo (Adj.), legale (Adj.), conforme al diritto, regolare
Rechtmäßigkeit (F.) legittimità (F.), legalità (F.), conformità (F.) al diritto, regolarità (F.)
Rechtmäßigkeitsprüfung (F.) esame (M.) di legittimità
Rechtsakt (M.) atto (M.) giuridico, atto (M.) normativo
Rechtsakt (M.) der Europäischen Gemeinschaften atto (M.) normativo delle Comunità Europee
Rechtsakzeptanz (F.) accettazione (F.) del diritto
Rechtsanalogie (F.) analogia (F.) iuris, analogia (F.) giuridica
Rechtsangleichung (F.) coordinamento (M.) del diritto, coordinamento (M.) delle legislazioni
Rechtsanhängigkeit (F.) litispendenza (F.)
Rechtsanmaßung (F.) usurpazione (F.) di un diritto
Rechtsanspruch (M.) diritto (M.) soggettivo, pretesa (F.) giuridica
Rechtsanwalt (M.) avvocato (M.), legale (M.), patrocinatore (M.) legale
Rechtsanwaltsanwärter (M.) praticante (M.) avvocato
Rechtsanwaltsgebühr (F.) onorario (M.) d'avvocato, parcella (F.) d'avvocato
Rechtsanwaltsgehilfe (M.) assistente (M.) dell'avvocato
Rechtsanwaltskammer (F.) ordine (M.) degli avvocati

Rechtsanwaltskanzlei (F.) studio (M.) legale
Rechtsanwaltsprüfung (F.) (Rechtsanwaltsprüfung in Italien) esame (M.) di avvocato
Rechtsanwaltsverzeichnis (N.) albo (M.) degli avvocati
Rechtsanwendung (F.) applicazione (F.) del diritto
Rechtsauffassung (F.) assunto (M.) giuridico, tesi (F.) giuridica, concezione (F.) giuridica
Rechtsaufsicht (F.) controllo (M.) di legittimità
Rechtsausschuss (M.) commissione (F.) giuridica
Rechtsausübung (F.) esercizio (M.) di un diritto
Rechtsbegriff (M.) concetto (M.) giuridico, nozione (F.) giuridica, termine (M.) giuridico
Rechtsbehelf (M.) mezzo (M.) d'impugnazione, rimedio (M.) giuridico, espediente (M.) giuridico
Rechtsbehelfsbelehrung (F.) avvertimento (M.) relativo ai mezzi d'impugnazione
Rechtsbeistand (M.) patrocinatore (M.) legale, patrocinio (M.), assistenza (F.) legale
Rechtsberater (M.) consulente (M.) legale, giureconsulto (M.)
Rechtsberatung (F.) consulenza (F.) legale
Rechtsbereinigung (F.) sistemazione (F.) del diritto
Rechtsbeschwerde (F.) ricorso (M.) per motivi di legittimità
Rechtsbesitz (M.) possesso (M.) di un diritto
Rechtsbeugung (F.) prevaricazione (F.), elusione (F.) della legge
Rechtsbildung (F.) formazione (F.) del diritto
Rechtsbindung (F.) vincolo (M.) giuridico, legame (M.) giuridico
Rechtsbindungswille (M.) volontà (F.) di vincolarsi giuridicamente
Rechtsblindheit (F.) ignoranza (F.) dell' antigiuridicità del fatto
Rechtsbrecher (M.) delinquente (M.), violatore (M.) della legge
Rechtsbruch (M.) violazione (F.) della legge
rechtschaffen integro, onesto
Rechtschaffenheit (F.) integrità (F.), onestà (F.)
Rechtsdogmatik (F.) dogmatica (F.) giuridica
Rechtseinheit (F.) unità (F.) del diritto, unitarietà (F.) del diritto
Rechtsempfinden (N.) senso (F.) della giustizia, sentimento (M.) del diritto
Rechtsentscheid (M.) decisione (F.) giudiziale, decisione (F.) della corte d'appello su una questione giuridica in materia di locazioni
Rechtserwerb (M.) acquisto (M.) del diritto
rechtsfähig avente capacità giuridica
rechtsfähiger Verein (M.) associazione (F.) riconosciuta
Rechtsfähigkeit (F.) capacità (F.) giuridica
Rechtsfolge (F.) effetto (M.) giuridico, effetto (M.) legale
Rechtsfolgenirrtum (M.) errore (M.) sugli effetti giuridici
Rechtsfolgenverweisung (F.) rinvio (M.) al regime sanzionatorio di un'altra norma
Rechtsfolgewille (M.) volontà (F.) degli effetti giuridici
Rechtsfortbildung (F.) adattamento (M.) del diritto ai cambiamenti economici e sociali
Rechtsfrage questione (F.) giuridica
Rechtsfrucht (F.) frutto (M.) civile
Rechtsgang (M.) procedura (F.), procedimento (M.), istanza (F.)
Rechtsgebiet (N.) branca (F.) del diritto, ramo (M.) del diritto, materia (F.) giuridica
Rechtsgefühl (N.) senso (M.) della giustizia
Rechtsgesamtheit (F.) universalità (F.) di diritto
Rechtsgeschäft (N.) negozio (M.) giuridico, atto (M.) negoziale
Rechtsgeschäft (N.) unter Lebenden negozio (M.) giuridico tra vivi, negozio (M.) giuridico inter vivos
Rechtsgeschäft (N.) von Todes wegen negozio (M.) mortis causa
rechtsgeschäftlich negoziale
rechtsgeschäftlicher Verkehr (M.) rapporti (M.Pl.) giuridici, traffico (M.) giuridico
rechtsgeschäftliches Schuldverhältnis (N.) rapporto (M.) obbligatorio negoziale
rechtsgeschäftsähnliche Handlung (F.) atto (M.) negoziale, atto (M.) giuridico in senso stretto
Rechtsgeschichte (F.) storia (F.) del diritto
Rechtsgestaltungsklage (F.) azione (F.) costitutiva

Rechtsgrund (M.) causa (F.), titolo (M.), motivo (M.) giuridico
Rechtsgrundlage (F.) base (F.) normativa, titolo (M.) normativo, base (F.) legale, fondamento (M.) giuridico
Rechtsgrundsatz (M.) principio (M.) giuridico, principio (M.) del diritto, massima (F.) giuridica
Rechtsgut (N.) bene (M.) giuridico
Rechtsgutachten (N.) parere (M.) legale
Rechtsgüterschutz (M.) tutela (F.) dei beni giuridici
Rechtsgutsverletzung (F.) lesione (F.) di un bene giuridico
Rechtshandlung (F.) atto (M.) giuridico
rechtshängig pendente
Rechtshängigkeit (F.) pendenza (F.), litispendenza (F.)
Rechtshilfe (F.) assistenza (F.) giudiziaria
Rechtshilfeabkommen (N.) trattato (M.) di assistenza giudiziaria
Rechtshilfeersuchen (N.) rogatoria (F.), richiesta (F.) di rogatoria
Rechtsinformatik (F.) informatica (F.) giuridica, diritto (M.) dell'informatica
Rechtsinstitut (N.) istituto (M.) giuridico
Rechtsirrtum (M.) errore (M.) di diritto
Rechtskenntnis (F.) conoscenza (F.) del diritto
Rechtskraft (F.) efficacia (F.) di cosa giudicata, autorità (F.) di cosa giudicata, forza (F.) legale
Rechtskraft erlangen passare in giudicato
rechtskräftig avente autorità di cosa giudicata, passato in giudicato, valido
rechtskräftig entschiedene Sache (F.) cosa (F.) giudicata, giudicato (M.)
rechtskräftige Entscheidung (F.) decisione (F.) passata in giudicato, decisione (F.) definitiva
Rechtslage (F.) situazione (F.) giuridica, situazione (F.) di diritto, posizione (F.) giuridica, stato (M.) giuridico
Rechtslehrbuch (N.) manuale (M.) giuridico
Rechtslehre (F.) dottrina (F.)
Rechtsmangel (M.) vizio (M.) giuridico
Rechtsmängelhaftung (F.) garanzia (F.) per evizione
Rechtsmedizin (F.) medicina (F.) legale
Rechtsmissbrauch (M.) abuso (M.) di diritto
Rechtsmittel (N.) mezzo (M.) d'impugnazione, impugnativa (F.), gravame (M.), mezzo (M.) legale
Rechtsmittelbelehrung (F.) avvertimento (M.) relativo ai mezzi d'impugnazione
Rechtsmittelerklärung (F.) dichiarazione (F.) d'impugnazione
Rechtsmittelgericht (N.) giudice (M.) dell' impugnazione
Rechtsmittelinstanz (F.) giudizio (M.) d'impugnazione
Rechtsmittelkläger (M.) impugnante (M.)
Rechtsmittelverzicht (M.) acquiescenza (F.), rinuncia (F.) all'impugnazione
Rechtsnachfolge (F.) successione (F.) nei diritti
Rechtsnachfolger (M.) successore (M.), avente (M.) causa, causam habens (lat.)
Rechtsnachteil (M.) pregiudizio (M.) legale
Rechtsnorm (F.) norma (F.) giuridica
Rechtsobjekt (N.) oggetto (M.) del diritto
Rechtsordnung (F.) ordinamento (M.) giuridico
Rechtsperson (F.) persona (F.) giuridica
Rechtspersönlichkeit (F.) personalità (F.) giuridica
Rechtspflege (F.) amministrazione (F.) della giustizia, giustizia (F.)
Rechtspfleger (M.) funzionario (M.) giudiziario
Rechtspflicht (F.) dovere (M.) giuridico, obbligo (M.) giuridico
Rechtsphilosophie (F.) filosofia (F.) del diritto
Rechtspolitik (F.) politica (F.) legislativa
Rechtspositivismus (M.) positivismo (M.) giuridico
Rechtspraxis (F.) pratica (F.) giuridica
Rechtsprechung (F.) giurisprudenza (F.)
Rechtsprechungsgewalt (F.) potere (M.) giurisprudenziale
Rechtsquelle (F.) fonte (F.) del diritto, fonte (F.) normativa
Rechtsreferendar (M.) uditore (M.) giuädiziario
Rechtssache (F.) causa (F.)
Rechtssatz (M.) norma (F.) giuridica
Rechtsschein (M.) apparenza (F.) giuridica
Rechtsschöpfung (F.) creazione (F.) del diritto
Rechtsschule (F.) scuola (F.) giuridica

Rechtsschutz (M.) tutela (F.) giuridica, protezione (F.) giuridica
Rechtsschutzbedürfnis (N.) interesse (M.) ad agire
Rechtsschutzversicherung (F.) assicurazione (F.) della protezione giuridica
Rechtssetzung (F.) produzione (F.) normativa
Rechtssicherheit (F.) certezza (F.) del diritto, certezza (F.) giuridica
Rechtssoziologie (F.) sociologia (F.) del diritto
Rechtssphäre (F.) sfera (F.) giuridica
Rechtssprache (F.) linguaggio (M.) giuridico
Rechtssprichwort (N.) proverbio (M.) giuridico, brocardo (M.)
Rechtsstaat (M.) Stato (M.) di diritto
Rechtsstaatlichkeit (F.) caratteristica (F.) dello Stato di diritto, sistema (M.) dello Stato di diritto
Rechtsstreit (M.) lite (F.), causa (F.), controversia (F.), vertenza (F.) giudiziaria
Rechtsstreitigkeit (F.) controversia (F.) giuridica, lite (F.), causa (F.)
Rechtssubjekt (N.) soggetto (M.) di diritto, soggetto (M.) giuridico
Rechtssymbol (N.) simbolo (M.) giuridico
Rechtssystem (N.) sistema (M.) giuridico, ordinamento (M.) giuridico
Rechtstatsache (F.) fatto (M.) giuridico
Rechtstitel (M.) titolo (M.), titolo (M.) giuridico, causa (F.)
Rechtsübergang (M.) trapasso (M.) del diritto, trasmissione (F.) del diritto
Rechtsübertragung (F.) trasferimento (M.) di diritti
Rechtsunkenntnis (F.) ignoranza (F.) del diritto
Rechtsunsicherheit (F.) incertezza (F.) del diritto
rechtsunwirksam inefficace, privo di effetti giuridici
Rechtsverfolgung (F.) esercizio (M.) di un diritto, attuazione (F.) di un diritto
Rechtsvergleichung (F.) diritto (M.) comparato, comparazione (F.) giuridica
Rechtsverhältnis (N.) rapporto (M.) giuridico
Rechtsverkehr (M.) circolazione (F.) giuridica, traffico (M.) giuridico
Rechtsverletzung (F.) violazione (F.) del diritto, violazione (F.) di legge, infrazione (F.)
Rechtsverlust (M.) perdita (F.) di un diritto, decadenza (F.) da un diritto
Rechtsvermutung (F.) presunzione (F.) legale
Rechtsverordnung (F.) regolamento (M.)
Rechtsverweigerung (F.) diniego (M.) di giustizia, denegata giustizia (F.)
Rechtsvorgänger (M.) autore (M.), dante (M.) causa, causam dans (lat.)
Rechtsvorschrift (F.) norma (F.) giuridica, norma (F.) legale
Rechtswahl (F.) scelta (F.) del diritto applicabile
Rechtsweg (M.) via (F.) giudiziaria, vie (F.Pl.) legali
Rechtsweg beschreiten adire le vie legali
Rechtsweggarantie (F.) garanzia (F.) giustiziale, garanzia (F.) delle vie legali, garanzia (F.) di giudizio
Rechtswegzulässigkeit (F.) ammissibilità (F.) del giudizio
rechtswidrig antigiuridico, illegittimo, illecito (Adj.), illegale, contra ius (lat.), contra legem (lat.)
rechtswidrige Tat (F.) atto (M.) illecito, fatto (M.) antigiuridico
rechtswidriger Schaden (M.) danno (M.) ingiusto
Rechtswidrigkeit (F.) illegalità (F.), antigiuridicità (F.), illegittimità (F.), illiceità (F.)
rechtswirksam efficace, a tutti gli effetti di legge, valido
Rechtswirksamkeit (F.) efficacia (F.) giuridica, validità (F.), portata (F.) legale
Rechtswirkung (F.) effetto (M.) giuridico
Rechtswissenschaft (F.) giurisprudenza (F.), scienza (F.) del diritto, scienza (F.) giuridica
rechtswissenschaftlich giuridico
Rechtswohltat (F.) beneficio (M.)
Rechtszug (M.) istanza (F.), grado (M.) del procedimento, grado (M.) di giurisdizione, grado (M.) del giudizio
rechtzeitig tempestivo, in tempo utile
Rediskont (M.) risconto (M.)
rediskontieren riscontare
Rediskontierung (F.) risconto (M.)
redlich leale, in buona fede, onesto, integro, probo

Redlichkeit (F.) lealtà (F.), buona fede (F.), onestà (F.), probità (F.), correttezza (F.)
Reduktion (F.) riduzione (F.)
reduzieren ridurre
Reeder (M.) armatore (M.)
Reederei (F.) compagnia (F.) armatoriale, società (F.) armatrice
reell reale, leale
Referat (N.) relazione (F.), rapporto (M.), reparto (M.), sezione (F.)
Referendar (M.) uditore (M.)
Referendum (N.) referendum (M.), referendum (M.) popolare
Referent (M.) caposezione (M.), capo (M.) servizio, relatore (M.)
referieren riferire, rapportare
refinanzieren rifinanziare
Refinanzierung (F.) refinanziamento (M.), risconto (M.)
Reform (F.) riforma (F.)
reformatio (F.) in peius (lat.) (Zurückbildung in das Schlechtere) reformatio (F.) in peius (lat.), cambiamento (M.) in peggio
Reformation (F.) riformazione (F.)
reformieren riformare
Regel (F.) regola (F.), norma (F.), canone (M.), disposizione (F.), precetto (M.)
Regelbedarf (M.) bisogno (M.) normale, bisogno (M.) base
Regelbeispiel (N.) esempio (M.) regolare
regeln regolare, disciplinare, regolamentare
Regelstrafe (F.) pena (F.) normale
Regelstudienzeit (F.) durata (F.) legale degli studi
Regelung (F.) disciplina (F.), regolamento (M.), composizione (F.), regime (M.), ordinamento (M.), trattamento (M.)
Regelunterhalt (M.) alimenti (M.Pl.) base
Regent (M.) reggente (M.), governante (M.)
Regie (F.) appalto (M.), gestione (M.) statale di un'impresa, regia (F.)
Regiebetrieb (M.) gestione (F.) diretta, gestione (F.) in economia, azienda (F.) statale
regieren governare, regnare
Regierung (F.) governo (M.), regime (M.)
Regierungsakt (M.) atto (M.) di governo, atto (M.) governativo
Regierungsbezirk (M.) distretto (M.) governativo, circoscrizione (F.) amministrativa
Regierungskommissar (M.) commissario (M.) del governo, commissario (M.) governativo
Regierungskonferenz (F.) conferenza (F.) intergovernativa
Regierungspräsident (M.) capo (M.) del governo, presidente (M.) del governo
Regierungsrat (M.) consigliere (M.) di governo, consiglio (M.) di governo, governo (M.) di un cantone
Regierungsvorlage (F.) disegno (M.) di legge governativo, progetto (M.) di legge governativo
Regime (N.) regime (M.), forma (F.) di governo
Regiment (N.) reggimento (M.)
Region (F.) regione (F.)
regional regionale
Regionalrat (M.) (Regionalrat in Italien) consiglio (M.) regionale
Regionalregierung (F.) (Regionalregierung in Italien) giunta (F.) regionale
Register (N.) registro (M.), indice (M.)
Registratur (F.) registratura (F.)
registrieren registrare
Regress (M.) regresso (M.), rivalsa (F.)
Regulation (F.) regolazione (F.), liquidizione (F.), regolamento (M.), rettifica (F.), sistemazione (F.)
regulieren regolare, liquidare
Regulierung (F.) regolamento (M.), liquidazione (F.)
Rehabilitation (F.) riabilitazione (F.)
rehabilitieren riabilitare
Reich (N.) impero (M.), regno (M.)
Reich (N.) (Deutsches Reich 1871-1945) Reich (M.)
Reichsgericht (N.) Corte (F.) suprema del Reich
Reichsgesetz (N.) legge (F.) del Reich
Reichskanzler (M.) cancelliere (M.) del Reich
Reichsrat (M.) consiglio (M.) dell'impero, consiglio (M.) del Reich
Reichstag (M.) dieta (F.) dell'impero, dieta (F.) del Reich
Reichsversicherungsordnung (F.) legge (F.) sull'assicurazione sociale del Reich
Reichsverweser (M.) reggente (M.) dell'impero, reggente (M.) del Reich
Reife (F.) maturità (F.), maturazione (F.)
Reifeprüfung (F.) esame (M.) di maturità, maturità (F.), esame (M.) di stato

rein puro, genuino, netto
reines Verursachungsdelikt (N.) reato (M.) a forma libera
Reingewinn (M.) guadagno (M.) netto, profitto (M.) netto, ricavo (M.) netto
Reinvermögen (N.) patrimonio (M.) netto
Reise (F.) viaggio (M.)
Reisegewerbe (N.) commercio (M.) ambulante
Reisekosten (F.Pl.) spese (F.Pl.) di viaggio
reisen viaggiare
Reisepass (M.) passaporto (M.)
Reiserecht (N.) diritto (M.) del turismo, diritto (M.) dei viaggiatori
Reisescheck (M.) assegno (M.) turistico
Reiseveranstalter (M.) organizzatore (M.) di viaggi
Reiseversicherung (F.) assicurazione (F.) a viaggio
Reisevertrag (M.) contratto (M.) di viaggio
reiten cavalcare
Reitweg (M.) strada (F.) per cavalli
Reklamation (F.) reclamo (M.)
reklamieren reclamare
Rekrut (M.) recluta (M.), coscritto (M.)
Rekrutierung (F.) reclutamento (M.), arruolamento (M.)
Rektapapier (N.) titolo (M.) nominativo
Rektor (M.) preside (M.), direttore (M.), rettore (M.)
Rektorat (N.) rettorato (M.)
Rekurs (M.) ricorso (M.)
Rekursverfahren (N.) procedimento (M.) di ricorso
Relation (F.) relazione (F.), rapporto (M.)
relativ relativo
relative Mehrheit (F.) maggioranza (F.) relativa
relative Unwirksamkeit (F.) invalidità (F.) relativa
relatives Recht (N.) diritto (M.) relativo
Relegation (F.) espulsione (F.)
relevant rilevante, notevole
Relevanz (F.) rilevanza (F.)
Religion (F.) religione (F.)
Religionsfreiheit (F.) libertà (F.) religiosa
Religionsgesellschaft (F.) associazione (F.) religiosa, pio sodalizio (M.)
Religionsunterricht (M.) insegnamento (M.) religioso
Rembours (M.) rimborso (M.)
Rembourskredit (M.) credito (M.) d'accettazione, credito (M.) rimborsabile, credito (M.) documentario
Remittent (M.) prenditore (M.), beneficiario (M.)
Remonstration (F.) opposizione (F.), rimostranza (F.)
Remonstrationspflicht (F.) dovere (M.) di rimostranza, dovere (M.) di opposizione
Remuneration (F.) rimunerazione (F.)
remuneratorisch rimuneratorio
remuneratorische Schenkung (F.) donazione (F.) rimuneratoria
Rendite (F.) reddito (M.), rendimento (M.), rendita (F.)
Rente (F.) rendita (F.), pensione (F.), annualità (F.)
Rentenanspruch (M.) diritto (M.) alla pensione
Rentenrecht (N.) diritto (M.) previdenziale
Rentenschuld (F.) credito (M.) ipotecario
Rentenversicherung (F.) assicurazione (F.) invalidità e vecchiaia, assicurazione (F.) di pensione
Rentner (M.) pensionato (M.)
Rentnerin (F.) pensionata (F.)
Reparation (F.) riparazione (F.), indennizzo (M.)
Reparatur (F.) riparazione (F.), ristauro (M.)
reparieren riparare, aggiustare
repetieren ripetere
Repetitor (M.) ripetitore (M.)
Repetitorium (N.) corso (M.) di ripetizione, compendio (M.)
Replik (F.) replica (F.), risposta (F.)
replizieren replicare
Repräsentant (M.) rappresentante (M.)
Repräsentantenhaus (N.) camera (F.) dei deputati, camera (F.) dei rappresentanti
Repräsentation (F.) rappresentanza (F.), rappresentazione (F.)
Repräsentationsprinzip (N.) principio (M.) di rappresentazione
repräsentativ rappresentativo
repräsentative Demokratie (F.) democrazia (F.) rappresentativa
repräsentieren rappresentare
Repressalie (F.) rappresaglia (F.)
repressiv repressivo
repressives Verbot (N.) divieto (M.) repressivo

reprivatisieren riprivatizzare
Reprivatisierung (F.) riprivatizzazione (F.)
Republik (F.) repubblica (F.)
Republikaner (M.) repubblicano (M.)
republikanisch repubblicano (Adj.)
Requisition (F.) requisizione (F.)
Reservation (F.) riserva (F.)
Reserve (F.) riserva (F.), riserbo (M.)
reservieren riservare, prenotare
Reservierung (F.) prenotazione (F.), riservazione (F.)
Reservist (M.) riservista (M.)
Residenz (F.) residenza (F.)
Residenzpflicht (F.) obbligo (M.) di residenza
Resolution (F.) risoluzione (F.)
resolutiv risolutivo
Resolutivbedingung (F.) condizione (F.) risolutiva
resozialisieren risocializzare
Resozialisierung (F.) risocializzazione (F.), riadattamento (M.) sociale, reinserimento (M.) nella società
Ressort (N.) dipartimento (M.), dicastero (M.), competenza (F.), reparto (M.), sezione (F.) spettanza (F.)
Ressortdirektor (M) direttore (M.) di dipartimento, capo (M.) divisione, capo (M.) settore
Rest (M.) resto (M.), residuo (M.), saldo (M.)
restitutio (F.) in integrum (lat.) (Wiedereinsetzung in den vorigen Stand) restitutio (F.) in integrum (lat.), ripristino (M.) integrale, riduzione (F.) in pristino
Restitution (F.) restituzione (F.)
Restitutionsklage (F.) azione (F.) di restituzione
restlich restante, residuo (Adj.), rimanente
restriktiv restrittivo, limitativo
Retention (F.) ritenzione (F.)
Retentionsrecht (N.) diritto (M.) di ritenzione
Retorsion (F.) ritorsione (F.)
Retter (M.) salvatore (M.)
Reue (F.) pentimento (M.), rimorso (M.)
Reugeld (N.) caparra (F.) penitenziale, penale (F.)
Reuiger (M.) pentito (M.)
revidieren rivedere, esaminare, verificare
Revier (N.) distretto (M.) forestale, commissariato (M.)
revisibel ricorribile in cassazione, suscettibile di ricorso per cassazione
Revision (F.) ricorso (M.) per cassazione, verificazione (F.), esame (M.)
Revisionsgericht (N.) corte (F.) di cassazione
Revisionsgrund (M.) motivo (M.) di ricorso per cassazione
Revolution (F.) rivoluzione (F.)
Rezeption (F.) recezione (F.)
Rezess (M.) recesso (M.)
rezipieren recepire, accogliere
reziprok reciproco
reziprokes Testament (N.) testamento (M.) reciproco
Reziprozität (F.) reciprocità (F.)
Reziprozitätsprinzip (N.) principio (M.) di reciprocità
Rheinland-Pfalz (N.) Palatinato (M.) renano
Rhetorik (F.) retorica (F.)
Richtbeil (N.) mannaia (F.)
richten dirigere, giudicare, regolare
Richter (M.) der Vorverhandlung giudice (M.) dell'udienza preliminare (g.u.p.)
Richter (M.) erster Instanz giudice (M.) di primo grado
Richter (M.) giudice (M.), magistrato (M.) giudicante
Richteramt (N.) ufficio (M.) di giudice, carica (F.) di giudice
richterlich giudiziale, giudiziario, giurisdizionale
richterliche Entscheidung (F.) decisione (F.) giudiziale
richterliche Haftprüfung (F.) esame (M.) giudiziale del mandato di cattura
richterliche Verfügung (M.) ordinanza (F.) giudiziaria
Richterprivileg (N.) privilegio (M.) dei giudici
Richterrecht (N.) diritto (M.) giurisprudenziale, interpretazione (F.) giurisprudenziale
Richterschaft (F.) magistratura (F.) giudicante, magistratura (F.)
Richterspruch (M.) sentenza (F.) giudiziaria
richtig giusto, esatto, corretto
Richtigstellung (F.) rettifica (F.)
Richtlinie (F.) direttiva (F.), criterio (M.) di massima, principio (M.)
Richtstätte (F.) luogo (M.) dell'esecuzione capitale
Richtung (F.) direzione (F.), corrente (F.), indirizzo (M.)
Rigorismus (M.) rigorismo (M.)

rigoros rigoroso, rigido, severo
Rigorosum (N.) esame (M.) finale di dottorato
Risiko (N.) rischio (M.)
Risikobegrenzung (F.) limitazione (F.) del rischio
Risikoübernahme (F.) assunzione (F.) di rischio
Ritter (M.) cavaliere (M.)
Rittergut (N.) feudo (M.)
Robe (F.) toga (F.), abito (M.)
Rolle (F.) ruolo (M.), registro (M.), albo (M.)
römisch romano
Römischer Vertrag (M.) trattato (M.) di Roma
römisches Recht (N.) diritto (M.) romano
rot rosso
Rota (F.) Romana (lat.) (römisches Rad) Rota (F.) Romana (lat.)
Rotation (F.) rotazione (F.)
Rotes Kreuz (N.) Croce (F.) Rossa
rotieren rotare
Rotlicht luce (F.) rossa
Rotte (F.) banda (F.), squadra (F.)
Rowdytum (N.) teppismo (M.)
Rubrik (F.) intitolazione (F.), rubrica (F.)
Rubrum (N.) rubrica (F.), titolo (M.), intestazione (F.) della sentenza
Rück- contro, retro, ri-, re-
Rückbürge (M.) controgarante (M.)
Rückbürgschaft (F.) controgaranzia (F.)
rückerstatten rimborsare, restituire
Rückerstattung (F.) rimborso (M.), restituzione (F.)
Rückfall (M.) recidiva (F.)
rückfällig recidivo (Adj.)
Rückfalltäter (M.) recidivo (M.)
rückfordern ripetere
Rückforderung (F.) ripetizione (F.), domanda (F.) di rimborso
Rückgabe (F.) restituzione (F.)
rückgängig machen rescindere, revocare
Rückgängigmachung (F.) rescissione (F.)
Rückgewähr (F.) restituzione (F.), rimborso (M.)
Rückgewähranspruch (M.) diritto (M.) alla restituzione
Rückgriff (M.) regresso (M.), rivalsa (F.)
Rückgriffsklage (F.) azione (F.) di regresso
Rückkauf (M.) riscatto (M.)
Rückkaufsrecht (N.) diritto (M.) di riscatto
Rücklage (F.) riserva (F.)
Rücknahme (F.) ritiro (M.), rinuncia (F.), remissione (F.)
Rückseite (F.) parte (F.) posteriore, retro (M.), tergo (M.), verso (M.)
Rücksicht (F.) riguardo (M.)
rücksichtslos senza riguardo, spietato
Rückstand (M.) arretrato (M.), residuo (M.)
Rückstellung (F.) accantonamento (M.), riserva (F.), fondo (M.) di riserva
Rücktritt (M.) dimissioni (F.Pl.), recesso (M.)
Rücktritt (M.) vom beendeten Versuch recesso (M.) attivo
Rücktritt (M.) vom unbeendeten Versuch desistenza (F.)volontaria
Rücktrittserklärung (F.) dichiarazione (F.) di recesso
Rücktrittsklausel (F.) clausola (F.) di recesso
Rücktrittsrecht (N.) diritto (M.) di recesso
Rückübereignung (F.) ritrasferimento (M.) della proprietà
Rückversicherung (F.) riassicurazione (F.)
Rückverweisung (F.) rinvio (M.), rinvio (M.) al giudice di grado inferiore
rückwirkend retroattivo
Rückwirkung (F.) retroattività (F.), effetto (M.) retroattivo
Rückwirkungsverbot (N.) divieto (M.) della retroattività
rückzahlen rimborsare, restituire
Rückzahlung (F.) rimborso (M.)
Ruf (M.) riputazione (F.), stima (F.), fama (F.), nomina (F.), richiamo (M.)
Rufmord (M.) diffamazione (F.), denigrazione (F.), discredito (M.)
Rufschädigung (F.) diffamazione (F.), dicredito (M.), denigrazione (F.), lesione (F.) alla reputazione
Rüge (F.) biasimo (M.), ammonizione (F.), contestazione (F.)
rügen rimproverare, biasimare, criticare
Rügepflicht (F.) obbligo (M.) di denuncia dei vizi
Ruhe (F.) riposo (M.), tranquillità (F.), silenzio (M.)
Ruhegehalt (N.) pensione (F.), trattamento (M.) di quiescenza
Ruhen (N.) der Verjährung sospensione (F.) della prescrizione

Ruhen (N.) des Verfahrens sospensione (F.) del procedimento
ruhen essere sospeso, riposare
Ruhestand (M.) quiescenza (F.), pensionamento (M.)
Ruhestandsverhältnis (N.) rapporto (M.) di quiescenza
Ruhestörung (F.) disturbo (M.) del riposo, turbazione (F.) della quiete
rund rotondo, tondo, circa
Runderlass (M.) circolare (F.)
Rundfunk (M.) radio (F.), radiodiffusione (F.)
Rundfunkfreiheit (F.) libertà (F.) di radiodiffussione
Rundschreiben (N.) circolare (F.)
rüsten (sich) armare, armar(si)
Rüstung (F.) armamento (M.), armatura (F.)
Rüstungsbegrenzung (F.) limitazione (F.) degli armamenti
Rüstungswettlauf (M.) gara (F.) d'armamento

S

Saarland (N.) territorio (M.) della Saar
Saat (F.) semina (F.), seminagione (F.), seme (M.), semente (M.)
Sabotage (F.) sabotaggio (M.)
sabotieren sabotare
Sachabweisung (F.) rigetto (M.) nel merito
Sachaufwendung (F.) spese (F.Pl.) materiali
Sachbearbeiter (M.) relatore (M.), incaricato (M.), responsabile (M.) del servizio
Sachbefugnis (F.) legittimazione (F.) ad agire, legittimazione (F.) attiva
Sachbeschädigung (F.) danneggiamento (M.), danno (M.) materiale
Sache (F.) cosa (F.), bene (M.), caso (M.), affare (M.), causa (F.), questione (F.), merito (M.)
Sacheinlage (F.) apporto (M.) in natura, conferimento (M.) in natura
Sachenrecht (N.) diritto (M.) reale, diritti (M.Pl.) reali
Sachentscheidung (F.) decisione (F.) nel merito
Sachfirma (F.) ditta (F.) oggettiva
Sachgesamtheit (F.) universalità (F.) di fatto, universalità (F.) di cose
Sachherrschaft (F.) potere (M.) sulla cosa
Sachinbegriff (M.) universalità (F.) di cose
Sachkunde (F.) competenza (F.), cognizione (F.) di causa
Sachlage (F.) stato (M.) dei fatti, situazione (F.) di fatto
Sachlegitimation (F.) legittimazione (F.) ad agire
Sachleistung (F.) prestazione (F.) in natura
sachlich materiale (Adj.), obiettivo (Adj.), reale
sachliche Zuständigkeit (F.) competenza (F.) per materia
Sachmangel (M.) vizio (M.) della cosa, vizio (M.) di merito
Sachprüfung (F.) controllo (M.) di merito
Sachschaden (M.) danno (M.) materiale, danno (M.) reale, danno (M.) emergente
Sachsen (N.) Sassonia (F.)
Sachsen-Anhalt (N.) Sassonia-Anhalt (M.)
Sachurteil (N.) sentenza (F.) di merito
Sachverhalt (M.) fattispecie (F.) concreta, stato (M.) delle cose, fatto (M.) storico, fatti (M.Pl.)
Sachverhaltsdarstellung (F.) enunciazione (F.) dei fatti, esposizione (F.) dei fatti
Sachverhaltsirrtum (M.) errore (M.) di fatto, errore (M.) sul fatto
Sachversicherung (F.) assicurazione (F.) di cose
sachverständig competente (Adj.), esperto (Adj.)
Sachverständigenbeweis (M.) prova (F.) peritale
Sachverständiger (M.) esperto (M.), perito (M.), consulente (M.) tecnico
Sachvortrag (M.) esposizione (F.) nel merito
Sachwalter (M.) procuratore (M.), mandatario (M.), agente (M.), amministratore (M.)
Sachwucher (M.) usura (F.)
Sachzusammenhang (M.) connessione (F.) oggettiva
Sack (M.) sacco (M.)
Sackgasse (F.) vicolo (M.) cieco, strada (F.) senza uscita
Sadismus (M.) sadismo (M.)
Saison (F.) stagione (F.)
Saisonarbeit (F.) lavoro (M.) stagionale
Saisonschlussverkauf (M.) liquidazione (F.) di fine stagione
Sakrament (N.) sacramento (M.)
Sakrileg (N.) sacrilegio (M.)

Säkularisation (F.) secolarizzazione (F.)
säkularisieren secolarizzare
saldieren saldare
Saldo (M.) saldo (M.), residuo (M.)
Sammelladung (F.) spedizione (F.) raggruppata, carico (M.) collettivo, carico (M.) misto
sammeln collezionare, raccogliere, raggruppare, cumulare
Sammelwerk (N.) opera (F.) collettiva, repertorio (M.), raccolta (F.)
Sammlung (F.) collezione (F.), repertorio (M.), raccolta (F.)
sanieren risanare, sanare
Sanierung (F.) risanamento (M.), sanatoria (F.), assestamento (M.) finanziario
Sanktion (F.) sanzione (F.)
sanktionieren sanzionare
Satisfaktion (F.) soddisfazione (F.)
satt sazio, saturo
Sättigung (F.) saturazione (F.), sazietà (F.)
Satz (M.) frase (F.), norma (F.), tasso (M.), saggio (M.)
Satzung (F.) statuto (M.)
satzungsgemäß statutario
Satzungsrecht (N.) diritto (M.) statutario
satzungswidrig contrario allo statuto
säumig moroso, negligente, assente, contumace
Säumnis (F.) negligenza (F.), mora (F.), assenza (F.), contumacia (F.)
Säumnisverfahren (N.) procedimento (M.) contumaciale, procedimento (M.) in contumacia
Säumniszuschlag (M.) indennità (F.) di mora
Schaden (M.) danno (M.), sinistro (M.), nocumento (M.), svantaggio (M.)
Schaden (M.) für die Allgemeinheit danno (M.) pubblico
schaden danneggiare, intaccare, nuocere
Schadensberechnung (F.) valutazione (F.) del danno, calcolo (M.) del danno
Schadensersatz (M.) risarcimento (M.) del danno
Schadensersatzanspruch (M.) diritto (M.) al risarcimento del danno, diritto (M.) d'indennizzo
Schadensfreiheitsrabatt (M.) riduzione (F.) dei premi per assicurati indenni da sinistri
Schadenshöhe (F.) entità (F.) del danno
Schadensversicherung (F.) assicurazione (F.) contro i danni
schädigen danneggiare, intaccare, nuocere
Schädiger (M.) autore (M.) del danno, danneggiante (M.)
Schädigung (F.) danneggiamento (M.)
schädlich dannoso, nocivo
schädliche Neigung (F.) tendenza (F.) nociva
schadlos halten manlevare, indennizzare, risarcire
Schadloshaltung (F.) indennizzo (M.), rivalsa (F.), manleva (F.)
schaffen creare, fare, sfinire
Schaffner (M.) controllore (M.), bigliettaio (M.)
Schafott (N.) patibolo (M.)
Schalter (M.) sportello (M.)
Schaltjahr (N.) anno (M.) biestile
Schande (F.) vergogna (F.), onta (F.), infamia (F.)
Schändung (F.) profanazione (F.), ratto (M.) di persona inferma a fine di libidine
Schankkonzession (F.) licenza (F.) di vendita al minuto di bevande alcooliche
scharf tagliente, pungente, acuto, aspro, brusco
Scharfrichter (M.) boia (M.)
Schatz (M.) tesoro (M.)
schätzen valutare, stimare, apprezzare
Schatzfund (M.) invenzione (F.) del tesoro, scoperta (F.) del tesoro
Schatzkanzler (M.) cancelliere (M.) dello scacchiere
Schatzminister (M.) ministro (M.) del tesoro
Schätzung (F.) valutazione (F.), stima (F.), estimazione (F.)
Schauprozess (M.) processone (M.), processo (M.) dimostrativo
Scheck (M.) assegno (M.), assegno (M.) bancario
Scheckgesetz (N.) legge (F.) sugli assegni bancari
Scheckkarte (F.) carta-assegni (F.)
Scheidemünze (F.) moneta (F.) divisionale, moneta (F.) di biglione
scheiden divorziare, dividere
Scheidung (F.) divorzio (M.), divisione (F.)
Schein (M.) apparenza (F.), parvenza (F.), certificato (M.), attestato (M.)
Scheinbestandteil (M.) pertinenza (F.) apparente

Scheinehe (F.) matrimonio (M.) fittizio, matrimonio (M.) apparente
Scheinerbe (M.) erede (M.) apparente
Scheingeschäft (N.) negozio (M.) simulato
Scheinkaufmann (M.) commerciante (M.) apparente
Scheintod (M.) morte (F.) apparente
Scheinurteil (N.) sentenza (F.) inesistente
Scheinvertrag (M.) contratto (M.) simulato, contratto (M.) fittizio
Scheinvertretung (F.) rappresentanza (F.) senza potere
Scheinvollmacht (F.) procura (F.) fittizia
Scheitern (N.) der Ehe fallimento (M.) del matrimonio
scheitern fallire
Schelte (F.) rimprovero (M.), sgridata (F.)
schelten rimproverare, sgridare
schenken donare, regalare
Schenker (M.) donatore (M.), donante (M.)
Schenkerin (F.) donatrice (F.)
Schenkung (F.) donazione (F.), dono (M.), liberalità (F.)
Schenkung (F.) unter Auflage donazione (F.) modale
Schenkung (F.) unter Lebenden donazione (F.) inter vivos, donazione (F.) tra vivi
Schenkung (F.) von Todes wegen donazione (F.) mortis causa, donazione (F.) a causa di morte
Schenkungsabsicht (F.) animus (M.) donandi (lat.)
Schenkungsempfänger (M.) donatario (M.)
Schenkungssteuer (F.) imposta (F.) sulle donazioni
Schenkungswiderruf (M.) revoca (F.) della donazione
Scherz (M.) scherzo (M.), burla (F.)
Scherzerklärung (F.) dichiarazione (F.) ioci causa
Scherzgeschäft (N.) negozio (M.) ioci causa, negozio (M.) per scherzo
Schicht (F.) turno (M.), classe (F.), categoria (F.), ceto (M.), strato (M.)
Schichtarbeit (F.) lavoro (M.) a turno
schicken spedire, mandare, inviare
Schicksal (N.) destino (M.), fato (M.)
Schickschuld (F.) debito (M.) portabile
Schieber (M.) affarista (M.), trafficante (M.)
Schiebung (F.) riporto (M.), intrallazzo (M.)
Schiedsabkommen (N.) trattato (M.) d'arbitrato, compromesso (M.)
Schiedsgericht (N.) arbitrato (M.), collegio (M.) d'arbitri
schiedsgerichtlich arbitrale
Schiedsgerichtsbarkeit (F.) giurisdizione (F.) arbitrale
Schiedsgutachter (M.) arbitratore (M.)
Schiedsklausel (F.) clausola (F.) arbitrale, clausola (F.) compromissoria
Schiedsmann (M.) arbitro (M.), conciliatore (M.)
Schiedsrichter (M.) arbitro (M.), giudice (M.) conciliatore
Schiedsspruch (M.) sentenza (F.) arbitrale, lodo (M.) arbitrale
Schiedsstelle (F.) ufficio (M.) di arbitrato, organo (M.) arbitrale
Schiedsverfahren (N.) procedimento (M.) arbitrale, giudizio (M.) arbitrale, arbitrato (M.)
Schiedsvertrag (M.) patto (M.) arbitrale, compromesso (M.), patto (M.) compromissorio
schießen sparare, tirare
Schiff (N.) nave (F.)
Schiffbruch (M.) naufragio (M.)
Schifffahrt (F.) navigazione (F.) marittima
Schifffahrtsgericht (N.) tribunale (M.) della navigazione
Schiffspfandrecht (N.) privilegio (M.) marittimo
Schikane (F.) vessazione (F.), cavillo (M.), angheria (F.)
Schikaneverbot (N.) divieto (M.) degli atti di emulazione, divieto (M.) dell'abuso del diritto soggettivo
schikanieren vessare, usare cavilli
schikanös vessatorio, cavilloso
schimpfen imprecare, inveire, sgridare
schinden scoiare, scorticare
Schinder (M.) scorticatore (M.), aguzzino (M.)
Schirmherr (M.) patrono (M.)
Schisma (N.) scisma (M.)
Schizophrenie (F.) schizofrenia (F.)
Schlag (M.) colpo (M.)
Schlagbaum (M.) barriera (F.), sbarra (F.)
schlagen battere, picchiare, percuotere
Schläger (M.) (schlagender Mensch) battitore (M.), picchiatore (M.)
Schlägerei (F.) rissa (F.)
schlecht cattivo, falso (Adj.), guasto

Schlechterfüllung (F.) adempimento (M.) inesatto, cattivo adempimento (M.)
schlechtgläubig di mala fede
Schlechtleistung (F.) cattiva prestazione (F.), prestazione (F.) inesatta
Schleppnetz (N.) rete (F.) a strascico
Schleswig-Holstein (N.) Schleswig-Holstein (M.)
schlichten conciliare, accomodare, comporre
Schlichter (M.) conciliatore (M.), compositore (M.), paciere (M.)
Schlichtung (F.) conciliazione (F.) composizione (F.), accomodamento (M.)
Schlichtungsstelle (F.) ufficio (M.) di conciliazione, ufficio (M.) arbitrale
Schlichtungsversuch (M.) tentativo (M.) di conciliazione
schließen chiudere, concludere, contrarre, pattuire, perfezionare
Schließung (F.) chiusura (F.)
Schlot (M.) camino (M.), ciminiera (F.)
Schluss (M.) fine (F.), chiusura (F.), conclusione (F.), termine (M.)
Schlussantrag (M.) conclusione (F.)
Schlussbestimmung (F.) disposizione (F.) finale
Schlüssel (M.) chiave (F.)
Schlüsselgewalt (F.) potere (M.) domestico del coniuge
Schlusserbe (M.) erede (M.) ultimo
Schlussfolgerung (F.) conclusione (F.)
schlüssig concludente
schlüssiges Handeln (N.) comportamento (M.) concludente
Schlüssigkeit (F.) concludenza (F.)
Schlussurteil (N.) sentenza (F.) definitiva, sentenza (F.) conclusiva, sentenza (F.) finale
Schlussverkauf (M.) svendita (F.), vendita (F.) di fine stagione
Schlussvortrag (M.) discorso (M.) di chiusura, requisitoria (F.), discussione (F.) finale
Schmerz (M.) dolore (M.), sofferenza (F.), patema (M.)
Schmerzensgeld (N.) danno (M.) non patrimoniale, danno (M.) morale, pretium (M.) doloris (lat.)
Schmiergeld (N.) tangente (F.), bustarella (F.), mazzetta (F.), pizzo (M.)
Schmuggel (M.) contrabbando (M.)
schmuggeln praticare il contrabbando, contrabbandare
Schmuggler (M.) contrabbandiere (M.)
Schock (M.) choc (M.), colpo (M.), trauma (M.), scossa (F.)
Schöffe (M.) giudice (M.) popolare
Schöffenbank (F.) collegio (M.) dei giudici popolari
Schöffengericht (N.) (Schöffengericht in Deutschland) giudice (M.) collegiale penale composto dal pretore e da due giudici popolari
Scholle (F.) (Erdklumpen) zolla (F.), unione (F.) di terra
schön bello
schonen aver cura, risparmiare
Schönheit (F.) bellezza (F.)
Schönheitsreparatur (F.) riparazione (F.) di piccola manutenzione
Schonzeit (F.) periodo (M.) di divieto di caccia
schöpfen (erschaffen) creare
Schöpfung (F.) creazione (F.), creato (M.)
Schornstein (M.) camino (M.), ciminiera (F.)
Schornsteinfeger (M.) spazzacamino (M.)
Schornsteinfegergesetz (N.) legge (F.) sugli spazzacamini
Schranke (F.) sbarra (F.), barriera (F.), limite (M.)
schrecken spaventare, terrificare
Schreiben (N.) lettera (F.), scritto (M.)
schreiben scrivere, stilare, redigere, stendere
Schreiber (M.) scrivente (M.), scrivano (M.), scritturale (M.)
Schreiberin (F.) scrivente (F.), scritturale (F.)
Schreibgebühr (F.) diritto (M.) di cancelleria, diritto (M.) di segreteria, diritto (M.) di scritturazione
Schreibmaschine (F.) macchina (F.) da scrivere
Schreibmaschinenabschrift (F.) copia (F.) dattilografica
Schreibtischtäter (M.) autore (M.) mediato
Schrein (M.) stipo (M.), scrigno (M.), reliquiario (M.)
Schrift (F.) scrittura (F.), calligrafia (F.), scritto (M.), pubblicazione (F.)
Schriftform (F.) forma (F.) scritta
Schriftführer (M.) segretario (M.), cancelliere (M.), scrivano (M.)
Schriftleitung (F.) direzione (F.) del giornale, redazione (F.)

schriftlich per iscritto
schriftliches Verfahren (N.) procedimento (M.) scritto
Schriftlichkeit (F.) forma (F.) scritta
Schriftsatz (M.) memoria (F.), comparsa (F.), nota (F.), scrittura (F.)
Schriftstück (N.) atto (M.) scritto, comparsa (F.), memoria (F.), documento (M.), scrittura (F.)
Schrifttum (N.) letteratura (F.) giuridica
Schriftvergleich (M.) confronto (M.) di scritture
Schriftwerk (N.) opera (F.) scritta
Schuld (F.) debito (M.), colpevolezza (F.), colpa (F.), responsabilità (F.)
Schuldanerkenntnis (F.) ricognizione (F.) di debito, riconoscimento (M.) di debito
Schuldausschließungsgrund (M.) causa (F.) di esclusione della colpevolezza
schuldbefreiend liberatorio
Schuldbeitritt (M.) accollo (M.) cumulativo
schulden dovere, essere debitore, essere in debito
schuldenfrei esente da debiti
Schuldentilgung (F.) ammortamento (M.) dei debiti, estinzione (F.) dei debiti
Schulderlass (M.) remissione (F.) del debito
schuldfähig imputabile
Schuldfähigkeit (F.) imputabilità (F.)
Schuldform (F.) qualità (F.) soggettiva della responsabilità
Schuldgefühl (N.) senso (M.) di colpa
Schuldhaft (F.) arresto (M.) per debiti
schuldhaft colposo, colpevolmente
schuldig colpevole (Adj.)
Schuldiger (M.) colpevole (M.)
Schuldinterlokut (N.) sentenza (F.) interlocutoria sulla colpevolezza
schuldlos senza colpa
Schuldmerkmal (N.) elemento (M.) della colpevolezza
Schuldmitübernahme (F.) accollo (M.) cumulativo
Schuldner (M.) debitore (M.)
Schuldnerin (F.) debitrice (F.)
Schuldnerverzeichnis (N.) elenco (M.) dei debitori
Schuldnerverzug (M.) mora (F.) del debitore
Schuldrecht (N.) diritto (M.) delle obbligazioni
schuldrechtlich obbligatorio, di obbligazione
schuldrechtlicher Kauf (M.) (schuldrechtlicher Kauf in Italien) vendita (F.) con efficacia obbligatoria
Schuldschein (M.) certificato (M.) di debito
Schuldspruch (M.) verdetto (M.) di colpevolezza
Schuldübernahme (F.) accollo (M.)
Schuldumschaffung (F.) novazione (F.)
schuldunfähig inimputabile, non imputabile, incapace d'intendere e di volere
Schuldunfähigkeit (F.) inimputabilità (F.), mancata imputabilità (F.), incapacità (F.) di intendere e di volere
Schuldverhältnis (N.) kraft Gesetzes rapporto (M.) obbligatorio ex lege
Schuldverhältnis (N.) rapporto (M.) obbligatorio
Schuldverschreibung (F.) obbligazione (F.), titolo (M.) obbligazionario
Schuldversprechen (N.) promessa (F.) di debito
Schuldzinsen (M.Pl.) interessi (M.Pl.) debitori, interessi (M.Pl.) su debiti
Schule (F.) scuola (F.), istituto (M.) scolastico
Schüler (M.) scolaro (M.), allievo (M.), studente (M.)
Schülerin (F.) scolara (F.), allieva (F.), studentessa (F.), studente (M.)
Schulgewalt (F.) potere (M.) scolastico
Schulpflicht (F.) obbligo (M.) scolastico
Schulzwang (M.) obbligo (M.) scolastico
schummeln imbrogliare, barare
Schund (M.) robaccia (F.), ciarpame (M.)
schürfen estrarre, cercare, indagare
Schürfrecht (N.) diritto (M.) di prospezione, diritto (M.) di estrazione
Schuss (M.) sparo (M.), tiro (M.)
Schusswaffe (F.) arma (F.) da fuoco
Schutt (M.) macerie (F.Pl.), calcinacci (M.Pl.)
Schutz (M.) protezione (F.), tutela (F.)
Schutzbereich (M.) zona (F.) di rispetto
Schutzbestimmung (F.) clausola (F.) di protezione, clausola (F.) di salvaguardia
Schütze (M.) tiratore (M.), fuciliere (M.)
schützen proteggere, tutelare, salvaguardare
Schutzgeld (N.) tangente (F.), pizzo (M.)
Schutzgelderpressung (F.) racket (M.) delle tangenti, riscossione (F.) di tangenti
Schutzgesetz (N.) legge (F.) di tutela, legge

(F.) protettiva, legge (F.) di salvaguardia
Schutzmann (M.) agente (M.) di polizia, poliziotto (M.)
Schutzmaßnahme (F.) misura (F.) di salvaguardia, misura (F.) di protezione
Schutzpflicht (F.) dovere (M.) di protezione
Schutzzoll (M.) dazio (M.) prottetivo, dazio (M.) economico
Schutzzweck (M.) fine (M.) di protezione
Schwachsinn (M.) demenza (F.), idiozia (F.), infermità (F.) di mente
schwachsinnig infermo (Adj.) di mente
Schwachsinnige (F.) inferma (F.) di mente
Schwachsinniger (M.) infermo (M.) di mente
Schwager (M.) cognato (M.)
Schwägerin (F.) cognata (F.)
Schwägerschaft (F.) affinità (F.)
schwanger incinta, gravida, gestante
Schwangerschaft (F.) gravidanza (F.), maternità (F.), gestazione (F.)
Schwangerschaftsabbruch (M.) aborto (M.), interruzione (F.) volontaria della gravidanza
Schwangerschaftsunterbrechung (F.) interruzione (F.) volontaria della gravidanza, aborto (M.)
Schwarzarbeit (F.) lavoro (M.) clandestino
Schwarzarbeiter (M.) lavoratore (M.) clandestino
Schwarzgeld (N.) denaro (M.) nero
Schwarzhandel (M.) commercio (M.) abusivo, mercato (M) nero
Schwarzhändler (M.) borsanerista (M.), borsaro (M.) nero
Schwarzkauf (M.) acquisto (M.) illecito, acquisto (M.) sul mercato nero
Schwarzmarkt (M.) mercato (M.) nero, mercato (M.) clandestino
schweben pendere, essere sospeso
schwebend pendente, in sospeso
schwebende Unwirksamkeit (F.) inefficacia (F.) provvisoria
Schwebezustand (M.) pendenza (F.)
Schweigen (N.) silenzio (M.)
schweigen tacere
Schweigepflicht (F.) obbligo (M.) di riservatezza, obbligo (M.) di mantenere il silenzio, obbligo (M.) del segreto professionale
Schweiz (F.) Svizzera (F.)
schwer pesante, grave, difficile, oneroso
Schwerbehinderter (M.) grande invalido (M.), grande handicappato (M.)
Schwerbeschädigter (M.) grande invalido (M.)
Schwere (F.) der Schuld gravità (F.) della colpevolezza
Schwere (F.) des Verbrechens gravità (F.) del reato
Schwere (F.) gravità (F.), peso (M.), difficoltà (F.)
schwere Brandstiftung (F.) incendio (M.) grave
schwere Körperverletzung (F.) lesione (F.) personale gravissima
schwere Verfehlung (F.) mancanza (F.) grave
Schwert (N.) spada (F.)
Schwester (F.) sorella (F.)
Schwiegerelter (M. bzw. F.) suocero (M.), suocera (F.)
Schwiegereltern (M.Pl.) suoceri (M.Pl.)
Schwiegermutter (F.) suocera (F.)
Schwiegersohn (M.) genero (M.)
Schwiegertochter (F.) nuora (F.)
Schwiegervater (M.) suocero (M.)
schwindeln imbrogliare, truffare
schwören giurare, prestare giuramento
schwul omosessuale (Adj.)
Schwund (M.) diminuzione (F.), riduzione (F.), calo (M.)
Schwur (M.) giuramento (M.)
Schwurgericht (N.) corte (F.) d'assise
Schwurgericht (N.) zweiter Instanz corte d'assise d'appello
See (F.) mare (M.)
See (M.) lago (M.)
Seegericht (N.) tribunale (M.) marittimo
Seehandel (M.) commercio (M.) marittimo
Seehandelsrecht (N.) diritto (M.) del commercio marittimo
seelischer Schmerz (M.) dolore (M.) psichico, patema (M.) d'animo
Seemann (M.) marinaio (M.), marittimo (M.)
Seemeile (F.) miglio (F.) marittimo
Seeräuber (M.) pirata (M.)
Seerecht (N.) diritto (M.) marittimo
Seevölkerrecht (N.) diritto (M.) marittimo internazionale
Seeweg (M.) via (F.) di mare, via (F.) marittima
Seite (F.) pagina (F.), parte (F.), lato (M.)
Seitenlinie (F.) linea (F.) collaterale
Seitensprung (M.) scappatella (F.), adulterio (M.)

Sekretär (M.) segretario (M.)
Sekretariat (N.) segreteria (F.)
Sekretariatsgebühren (F.Pl.) diritti (M.Pl.) di segreteria
Sekretärin (F.) segretaria (F.)
Sekte (F.) setta (F.)
Sektion (F.) sezione (F.), dipartimento (M.), reparto (M.), sezione (F.) cadaverica, autopsia (F.)
Sektor (M.) settore (M.)
Sekundärrecht (N.) diritto (M.) secondario, diritto (M.) disponibile
selbst stesso, da sé
selbständig indipendente, autonomo
Selbständiger (M.) lavoratore (M.) autonomo, professionista (M.)
Selbstanzeige (F.) autodenuncia (F.)
Selbstauflösung (F.) autoscioglimento (M.)
Selbstauflösungsrecht (N.) diritto (M.) all'autoscioglimento
Selbstbehalt (M.) scoperto (M.) obbligatorio, franchigia (F.)
Selbstbelieferungsklausel (F.) riserva (F.) del proprio rifornimento
Selbstbestimmung (F.) autodecisione (F.), autodeterminazione (F.)
Selbstbestimmungsrecht (N.) diritto (M.) di autodeterminazione
selbstbezichtigen autoaccusare
Selbstbezichtigung (F.) autoaccusa (F.), autocalunnia (F.)
Selbstbindung (F.) autolimitazione (F.)
Selbsteintritt (M.) commissionario (M.) contraente in proprio, intervento (M.) in proprio
Selbsthilfe (F.) autotutela (F.), autodifesa (F.), esercizio (M.) delle proprie ragioni
Selbsthilferecht (N.) diritto (M.) d'autodifesa, diritto (M.) di farsi giustizia
Selbsthilfeverkauf (M.) vendita (F.) coattiva, vendita (F.) in danno
Selbstkontrahieren (N.) contrarre (M.) in proprio, contratto (M.) con se stesso
Selbstmord (M.) suicidio (M.)
Selbstmörder (M.) suicida (M.)
Selbstschuldner (M.) debitore (M.) solidale
selbstschuldnerisch solidale
selbstschuldnerische Bürgschaft (F.) fideiussione (F.) senza beneficio d'escussione
Selbstverteidigung (F.) difesa (F.) personale, autodifesa (F.)
Selbstverwaltung (F.) autonomia (F.)
Selbstverwaltungskörperschaft (F.) ente (M.) autonomo
Semester (N.) semestre (M.)
Seminar (N.) seminario (M.)
Senat (M.) der Republik Senato della Repubblica
Senat (M.) senato (M.), sezione (F.), collegio (M.)
Senator (M.) senatore (M.)
Sequester (M.) sequestro (M.)
Sequestration (F.) sequestro (M.)
sequestrieren sequestrare
Servitut (F.) servitù (F.)
Session (F.) sessione (F.)
Seuche (F.) epidemia (F.), malattia (F.) contagiosa
Sex (M.) sesso (M.), sessualità (F.)
Sexualdelikt (N.) delitto (M.) di violenza sessuale
sexuell sessuale
sexuelle Belästigung (F.) molestia (F.) sessuale
sexuelle Handlung (F.) atto (M.) sessuale, atto (M.) di libidine
sexueller Missbrauch (M.) violenza (M.) sessuale, abuso (M.) sessuale
Sezession (F.) secessione (F.)
Sheriff (M.) sceriffo (M.)
sicher sicuro, certo
Sicherheit (F.) sicurezza (F.), certezza (F.), garanzia (F.)
Sicherheitskräfte (F.Pl.) forze (F.Pl.) di sicurezza, forze (F.Pl.) dell'ordine
Sicherheitsleistung (F.) cauzione (F.), prestazione (F.) di garanzia, deposito (M.) di garanzia
Sicherheitsrat (M.) consiglio (M.) di sicurezza
Sicherheitsverwahrung (F.) custodia (F.) di sicurezza, deposito (M.) di sicurezza
Sicherheitsvorschrift (F.) norma (F.) di sicurezza
sichern garantire, assicurare
sicherstellen garantire, cautelare
Sicherstellung (F.) garanzia (F.), costituzione (F.) di garanzia, sequestro (M.)
Sicherung (F.) garanzia (F.), protezione (F.)
Sicherungsabrede (F.) accordo (M.) di garanzia
Sicherungsabtretung (F.) cessione (F.) a titolo di garanzia

Sicherungsbetrug (M.) attività (F.) post delictum diretta ad assicurarsi il profitto del reato
Sicherungseigentum (N.) proprietà (F.) di garanzia
Sicherungsgeschäft (N.) negozio (M.) a scopo di garanzia
Sicherungsgrundschuld (F.) debito (M.) fondiario di garanzia
Sicherungshypothek (F.) ipoteca (F.) di garanzia
Sicherungsmaßnahme (F.) misura (F.) di sicurezza
Sicherungsübereignung (F.) vendita (F.) di cosa a scopo di garanzia, cessione (F.) fiduciaria, trasferimento (M.) di garanzia
Sicherungsverfahren (N.) procedimento (M.) per l'applicazione di misure di sicurezza
Sicherungsvertrag (M.) contratto (M.) di garanzia
Sicherungsverwahrung (F.) misura (F.) di sicurezza detentiva
Sicht (F.) vista (F.), visibilità (F.)
Sichtvermerk (M.) visto (M.)
Sichtwechsel (M.) cambiale (M.) a vista
Sieg (M.) vittoria (F.)
Siegel (N.) sigillo (M.), suggello (M.)
Siegelbruch (M.) violazione (F.) di sigilli, rottura (F.) di sigilli
siegeln sigillare, suggellare
Signatar (M.) firmatario (M.), segnatario (M.)
Signatur (F.) firma (F.), segnatura (F.), marchio (M.), sigla (F.)
signieren firmare, segnare, siglare, marcare
Simulant (M.) simulatore (M.)
simulieren simulare
Simulierung (F.) simulazione (F.)
simultan simultaneo
Singularsukzession (F.) successione (F.) particolare
Sippe (F.) stirpe (F.), clan (M.)
sistieren arrestare, sospendere
Sistierung (F.) fermo (M.), arresto (M.), sospensione (F.)
Sitte (F.) uso (M.), costume (M.)
Sittengesetz (N.) legge (F.) morale, norma (F.) del buon costume
sittenwidrig immorale, contrario al buon costume
Sittenwidrigkeit (F.) immoralità (F.)
sittlich morale (Adj.)
Sittlichkeit (F.) moralità (F.)
Sittlichkeitsdelikt (N.) delitto (M.) contro la moralità pubblica
Sitz (M.) sede (F.), seggio (M.)
Sitzung (F.) seduta (F.), sessione (F.), riunione (F.), adunanza (F.), udienza (F.), conferenza (F.)
Sitzungsperiode (F.) sessione (F.)
Sitzungspolizei (F.) polizia (F.) delle udienze
Sitzverlegung (F.) trasferimento (M.) della sede
Sitzverteilung (F.) ripartizione (F.) dei seggi
Sklave (M.) schiavo (M.)
Skonto (N.) sconto (M.)
Skript (N.) scritto (M.)
Skriptum (N.) scritto (M.)
Smog (M.) smog (M.)
Sodomie (F.) sodomia (F.)
sofort subito, immediatamente, prontamente
sofortig immediato, subitaneo, improvviso, istantaneo
sofortige Beschwerde (F.) reclamo (M.) immediato
sofortige Verfolgung (F.) persecuzione (F.) immediata
soft law (N.) (engl.) soft law (M.) (engl.), diritto (M.) debole
Software (F.) (engl.) software (M.) (engl.), programma (M.) per elaboratori
Sohn (M.) figlio (M.)
Solawechsel (M.) sola (F.) di cambio, cambiale (F.) propria, vaglia (M.) cambiario
Sold (M.) soldo (M.), paga (F.)
Soldat (M.) soldato (M.), militare (M.)
Soldatenmeuterei (F.) rivolta (F.) militare
Söldner (M.) mercenario (M.), soldato (M.) di ventura
Solidarhaftung (F.) responsabilità (F.) solidale, responsabilità (F.) cumulativa
solidarisch solidale, in solido
Solidarität (F.) solidarietà (F.)
Solidaritätsbeitrag (M.) imposta (M.) di solidarietà
Soll (N.) debito (M.), dare (M.), saldo (M.) passivo
Sollkaufmann (M.) imprenditore (M.) che ha l'obbligo di farsi iscrivere nel registro del commercio
Sollvorschrift (F.) norma (F.) dispositiva

solvent solvibile
Solvenz (F.) solvenza (F.), solvibilità (F.)
Sommer (M.) estate (F.)
Sommerzeit (F.) ora (F.) estiva, ora (F.) legale
Sonder- particolare, speciale
Sonderabfall (M.) rifiuti (M.Pl.) speciali
Sonderausgabe (F.) spesa (F.) particolare
Sonderbehörde (F.) autorità (F.) speciale
Sonderdelikt (N.) reato (M.) proprio
Sondererbfolge (F.) successione (F.) a titolo particolare, successione (F.) particolare
Sondergericht (N.) tribunale (M.) speciale, giudice (M.) speciale
Sondergerichtsbarkeit (F.) giurisdizione (F.) speciale
Sondergut (N.) bene (M.) matrimoniale inalienabile
Sondernutzung (F.) uso (M.) particolare
Sonderopfer (N.) sacrificio (M.)
Sonderrecht (N.) diritto (M.) speciale, privilegio (M.)
Sonderrechtsnachfolge (F.) successione (F.) a titolo particolare
Sonderverbindung (F.) rapporto (M.) particolare tra pubblica amministrazione e privato
Sondervermögen (N.) patrimonio (M.) separato
Sonderverordnung (F.) regolamento (M.) speciale, ordinanza (F.) speciale
Sondervotum (N.) voto (M.) dissidente
Sonntag (M.) domenica (F.)
Sorge (F.) (Besorgnis) preoccupazione (F.), pensiero (M.), dispiacere (M.)
Sorge (F.) (Fürsorge) potestà (F.) dei genitori
sorgen (für) provvedere (a), procurare
sorgen (sich) essere preoccupato
Sorgerecht (N.) diritto (M.) di tutela, potestà (F.)
Sorgfalt (F.) diligenza (F.), cura (F.), prudenza (F.)
sorgfältig diligente, accurato
Sorgfaltspflicht (F.) dovere (M.) di diligenza, obbligo (M.) di cautela
Sorgfaltspflichtverletzung (F.) violazione (F.) del dovere di diligenza
Sorte (F.) tipo (M.), specie (F.), genere (M.), categoria (F.)
Sortenschutz (M.) protezione (F.) delle varietà
Souverän (M.) sovrano (M.)
souverän sovrano (Adj.)
Souveränität (F.) sovranità (F.)
Sowjetunion (F.) Unione (F.) Sovietica
sozial sociale
Sozialadäquanz (F.) adeguatezza (F.) sociale
Sozialarbeiter (M.) assistente (M.) sociale
Sozialauswahl (F.) selezione (F.) sociale
Sozialbindung (F.) des Eigentums funzione (F.) sociale della proprietà
soziale Frage (F.) questione (F.) sociale
soziale Indikation (F.) indicazione (F.) sociale
sozialer Wohnungsbau (M.) edilizia (F.) sociale
Sozialethik (F.) etica (F.) sociale
Sozialfürsorge (F.) previdenza (F.) sociale, assistenza (F.) sociale
Sozialgericht (N.) tribunale (M.) sociale
Sozialgesetzbuch (N.) codice (M.) sociale
Sozialgesetzgebung (F.) legislazione (F.) sociale, legislazione (F.) previdenziale
Sozialhilfe (F.) assistenza (F.) sociale
sozialisieren socializzare, nazionalizzare
Sozialisierung (F.) socializzazione (F.), nazionalizzazione (F.)
Sozialismus (M.) socialismo (M.)
Sozialist (M.) socialista (M.)
sozialistisch socialista (Adj.), socialistico
Soziallasten (F.Pl.) oneri (M.Pl.) sociali
Sozialleistung (F.) prestazione (F.) sociale, erogazioni (F.Pl.) sociali
Sozialleistungsanspruch (M.) pretesa (F.) di prestazioni sociali
Sozialleistungsquote (F.) quota (F.) delle prestazioni sociali
Sozialpartner (M.) parti (F.Pl.) sociali
Sozialpflichtigkeit (F.) funzione (F.) sociale
Sozialplan (M.) piano (M.) sociale
Sozialrecht (N.) diritto (M.) sociale, diritto (M.) della previdenza sociale
Sozialrente (F.) pensione (F.) sociale
sozialschädlich socialmente dannoso
Sozialschädlichkeit (F.) dannosità (F.) sociale, nocevolezza (F.) sociale
Sozialstaat (M.) Stato (M.) sociale
Sozialstaatsprinzip (N.) principio (M.) dello Stato sociale
Sozialversicherung (F.) assicurazione (F.)

sociale, previdenza (F.) sociale, sicurezza (F.) sociale
Sozialversicherungsanspruch (M.) diritto (M.) alla previdenza sociale
Sozialversicherungsbeitrag (M.) contributo (M.) di assicurazione sociale, contributo (M.) previdenziale
Sozialversicherungsträger (M.) ente (M.) assicuratore sociale, ente (M.) previdenziale, assicuratore (M.) sociale
Sozialverwaltungsrecht (N.) diritto (M.) dell'amministrazione sociale
Sozialwohnung (F.) casa (F.) popolare
Sozietät (F.) studio (M.) associato
Soziologie (F.) sociologo (M.)
Sozius (M.) socio (M.), compagno (M.)
Spaltung (F.) scissione (F.), separazione (F.)
Sparbuch (N.) libretto (M.) di risparmio
Spareinlage (F.) deposito (M.) a risparmio, versamento (M.) a risparmio
sparen risparmiare
Sparer (M.) risparmiatore (M.)
Sparkasse (F.) cassa (F.) di risparmio
Sparkonto (N.) conto (M.) di risparmio
Spediteur (M.) spedizioniere (M.)
Spedition (F.) spedizione (F.)
Spekulant (M.) speculatore (M.), affarista (M.)
Spekulation (F.) speculazione (F.)
spekulieren speculare, giocare in borsa
Spende (F.) dono (M.), elargizione (F.), offerta (F.), erogazione (F.)
spenden offrire, donare, erogare, elargire
Spender (M.) donatore (M.), elargitore (M.)
sperren bloccare, sbarrare, vincolare
Sperrgebiet (N.) zona (F.) bloccata
Sperrstunde (F.) ora (F.) di chiusura
Sperrung (F.) blocco (M.)
Spese (F.) spesa (F.)
Spesen (F.Pl.) spese (F.Pl.)
Spezialhandlungsvollmacht (F.) mandato (M.) speciale, procura (F.) speciale
Spezialist (M.) specialista (M.)
Spezialität (F.) specialità (F.), peculiarità (F.), singolarità (F.)
Spezialprävention (F.) prevenzione (F.) speciale
speziell speciale, particolare
spezielles Schuldmerkmal (N.) elemento (M.) speciale della colpevolezza
Spezies (F.) specie (F.)
Speziesschuld (F.) obbligazione (F.) specifica
Spezifikation (F.) specificazione (F.)
Spezifikationskauf (M.) vendita (F.) su specificazione
spezifizieren specificare, individuare
Sphäre (F.) sfera (F.), ambiente (M.)
Spiel (N.) gioco (M.), giuoco (M.)
spielen giocare
Spion (M.) spia (F.), spione (M.)
Spionage (F.) spionaggio (M.)
spionieren spiare, fare la spia
Spital (N.) ospedale (M.)
Spitzel (M.) confidente (M.) della polizia, informatore (M.)
Splitting (N.) frazionamento (M.), splitting (M.)
Sponsor (M.) sponsor (M.), sponsorizzatore (M.)
Sponsoring (N.) sponsoring (M.)
spontan spontaneo
Spontaneität (F.) spontaneità (F.)
Sport (M.) sport (M.)
Sprache (F.) lingua (F.), linguaggio (M.), favella (F.)
Sprachgruppe (F.) gruppo (M.) linguistico
Sprachminderheit (F.) minoranza (F.) linguistica
sprechen parlare
Sprecher (M.) portavoce (M.), oratore (M.), relatore (M.)
Sprengel (M.) circondario (M.), distretto (M.), circoscrizione (F.)
sprengen far scoppiare, far saltare in aria
Sprengstoff (M.) esplosivo (M.)
Spruch (M.) verdetto (M.), giudizio (M.), pronuncia (F.), dispositivo (M.), statuizione (F.), lodo (M.)
Spruchkörper (M.) collegio (M.) giudicante
Spruchrichter (M.) magistrato (M.) giudicante
Sprung (M.) salto (M.)
Sprungrevision (F.) ricorso (M.) immediato per cassazione, ricorso (M.) per saltum, ricorso (M.) omisso medio
Spur traccia (F.), orma (F.), impronta (F.), corsia (F.)
Staat (M.) Stato (M.)
Staatenbund (M.) confederazione (F.), confederazione (F.) di Stati
staatenlos apolide (Adj.)

Staatenlosigkeit (F.) apolidia (F.), apatridia (F.)
Staatennachfolge (F.) successione (F.) degli Stati
staatlich statale
staatliche Zwangsverwaltung (F.) amministrazione (F.) straordinaria delle grandi imprese in crisi
Staatsadvokatur (F.) avvocatura (F.) dello Stato
Staatsangehöriger (M.) cittadino (M.)
Staatsangehörigkeit (F.) cittadinanza (F.), nazionalità (F.)
Staatsanwalt (M.) pubblico ministero (M.), procuratore (M.)
Staatsanwältin (F.) pubblico ministero (M.)
Staatsanwaltschaft (F.) procura (F.) della Repubblica, pubblico ministero (M.)
Staatsaufsicht (F.) sorveglianza (F.) statale, vigilanza (F.) statale
Staatsbürger (M.) cittadino (M.)
Staatsbürgerschaft (F.) cittadinanza (F.), nazionalità (F.)
Staatsdienst (M.) carriera (F.) statale, servizio (M.) pubblico, servizio (M.) dello Stato
Staatsfeind (M.) nemico (M.) dello Stato
Staatsform (F.) forma (F.) statale
Staatsgebiet (N.) territorio (M.) dello Stato
Staatsgeheimnis (N.) segreto (M.) di Stato
Staatsgerichtshof (M.) corte (F.) costituzionale
Staatsgewalt (F.) potere (M.) dello Stato, autorità (F.) dello Stato, sovranità (F.)
Staatsgrenze (F.) confine (M.) dello Stato
Staatsgrundgesetz (N.) legge (F.) fondamentale dello Stato
Staatsgut (N.) bene (M.) pubblico, bene (M.) demaniale, demanio (M.) pubblico, patrimonio (M.) pubblico
Staatshaftung (F.) responsabilità (F.) dello Stato, garanzia (F.) statale
Staatskanzlei (F.) segreteria (F.) di Stato
Staatskasse (F.) erario (M.), tesoreria (F.) dello Stato, fisco (M.)
Staatskirche (F.) chiesa (F.) di Stato, religione (F.) di Stato
Staatskirchenrecht (N.) diritto (M.) ecclesiastico
Staatskommissar (M.) commissario (M.) del governo
Staatslehre (F.) teoria (F.) dello Stato, dottrina (F.) dello Stato
Staatsmann (M.) uomo (M.) di Stato, politico (M.)
Staatsnotstand (M.) Stato (M.) di emergenza nazionale, Stato (M.) di necessità nazionale
Staatsoberhaupt (M.) capo (M.) dello Stato
Staatspartei (F.) (Einheitspartei) partito (M.) unico
Staatspolizei (F.) (Staatspolizei in Italien) polizia (F.) di Stato
Staatspräsident (M.) presidente (M.) della Repubblica, capo (M.) dello Stato
Staatsprüfung (F.) esame (M.) di Stato
Staatsräson (F.) ragione (F.) di Stato
Staatsrat (M.) Consiglio (M.) di Stato
Staatsrecht (N.) diritto (M.) pubblico, diritto (M.) statuale
Staatsreligion (F.) religione (F.) di Stato
Staatsschuld (F.) debito (M.) pubblico, debito (M.) dello Stato
Staatsschuldenrecht (N.) diritto (M.) del debito pubblico
Staatsschutz (M.) protezione (F.) dello Stato, tutela (F.) dello Stato
Staatssekretär (M.) segretario (M.) di Stato
Staatsstreich (M.) colpo (M.) di Stato
Staatssymbol (N.) simbolo (M.) dello Stato
Staatstrauer (F.) lutto (M.) nazionale
Staatsverschuldung (F.) indebitamento (M.) pubblico
Staatsvertrag (M.) trattato (M.) di Stato, trattato (M.) internazionale
Staatsverwaltung (F.) amministrazione (F.) dello Stato, amministrazione (F.) statale
Staatsvolk (N.) popolazione (F.) dello Stato
Staatszweck (M.) fine(M.) dello Stato
Staatszweck (M.) scopo (M.) dello Stato, fini (M.Pl.) dello Stato
stabil stabile
Stadt (F.) città (F.)
Stadtdirektor (M.) direttore (M.) civico
Städtebau (M.) urbanistica (F.)
Städtebauförderungsrecht (N.) diritto (M.) dell'incentivazione dell'urbanistica
städtisch civico, comunale, municipale, urbano
Stadtplanung (F.) pianificazione (F.) urbanistica, programmazione (F.) urbanistica
Stadtrat (M.) consiglio (M.) municipale, assessore (M.) comunale, consigliere (M.) municipale

Stadtrecht (M.) diritto (M.) civico, diritto (M.) comunale
Stadtstaat (M.) città-stato (F.), polis (F.)
Stadtverwaltung (F.) amministrazione (F.) comunale, amministrazione (F.) municipale
Stamm (M.) stirpe (F.), linea (F.), base (F.), matrice (F.)
Stammaktie (F.) azione (F.) ordinaria, azione (F.) comune
Stammaktionär (M.) azionista (M.) ordinario
Stammeinlage (F.) deposito (M.) iniziale, quota (F.) sociale
stammen derivare, provenire, discendere
Stammkapital (N.) capitale (M.) sociale
Stand (M.) stato (M.) civile, professione (F.), ceto (M.), classe (F.), posizione (F.), situazione (F.), stato (M.), livello (M.)
Standard (M.) standard (M.)
Standesamt (N.) ufficio (M.) dello stato civile
Standesbeamter (M.) ufficiale (M.) dello stato civile
Standesrecht (N.) diritto (M.) professionale
Standgericht (N.) corte (F.) marziale, tribunale (M.) statario
ständig stabile (Adj.), fisso, permanente, costante
Standort (M.) sede (F.) fissa, ubicazione (F.), posto (M.), luogo (M.) di insediamento
Standrecht (N.) legge (F.) stataria, legge (F.) marziale
Station (F.) stazione (F.), fermata (F.)
Statistik (F.) statistica (F.)
Statistisches Amt (N.) der Europäischen Gemeinschaften Istituto (M.) statistico delle Comunità Europee
Stätte (F.) luogo (M.), sede (F.), posto (M.)
statthaft ammesso, lecito, permesso (Adj.)
Statthaftigkeit (F.) ammissibilità (F.), liceità (F.)
Statthalter (M.) luogotenente (M.), governatore (M.), capo (M.) del governo del cantone
statuieren statuire, stabilire, disporre, decretare
status (M.) quo (lat.) (Zustand in dem) status (M.) quo (lat.)
Status (M.) stato (M.) giuridico, status (M.) (lat.), stato (M.) patrimoniale
Statusklage (F.) azione (F.) di reclamo di stato, azione (F.) di stato
Statusprozess (M.) procedimento (M.) per l'accertamento dello status di una persona
Statut (N.) statuto (M.)
statutarisch statutario
Statutenkollision (F.) conflitto (M.) di leggi
Stau (M.) (Verkehrsstau) coda (F.), ingorgo (M.)
stechen pungere, accoltellare, picchiare
Steckbrief (M.) scheda (F.) segnaletica, mandato (M.) di cattura
stecken infilare, piantare
stehlen rubare
steigern aumentare, incrementare
Stelle (F.) ufficio (M.), posto (M.), luogo (M.)
Stellenplan (M.) organico (M.), dotazione (F.) organica
Stellenvermittlung (F.) collocamento (M.), ufficio (M.) di collocamento
Stellung (F.) posizione (F.), impiego (M.), carica (F.), funzione (F.), grado (M.)
Stellungnahme (F.) presa (F.) di posizione
stellvertretend vice (Adj.), sostituto (Adj.), supplente (Adj.), facente le veci di
stellvertretender Staatsanwalt (M.) sostituto procuratore (M.)
Stellvertreter (M.) sostituto (M.), supplente (M.), rappresentante (M.)
Stellvertretung (F.) rappresentanza (F.), sostituzione (F.), interinato (M.), supplenza (F.), veci (F.Pl.)
Stempel (M.) bollo (M.), timbro (M.), stampiglia (F.)
Stempelgebühr (F.) tassa (F.) di bollo, imposta (F.) di bollo, diritto (M.) di bollo
Stempelmarke (F.) marca (F.) da bollo, bollo (M.) fiscale
stempeln bollare, timbrare, stampigliare, marcare
Stempelsteuer (F.) imposta (F.) di bollo, tassa (F.) di bollo
Sterbebuch (N.) registro (M.) di morte, registro (M.) degli atti di morte
Sterbegeld (N.) somma (F.) pagabile in caso di morte, indennità (F.) in caso di morte
Sterbehilfe (F.) eutanasia (F.)
sterben morire, decedere, scomparire, defungere
Sterbeurkunde (F.) atto (M.) di morte, certificato (M.) di morte

steril sterile
Sterilisation (F.) sterilizzazione (F.)
sterilisieren sterilizzare
Steuer (F.) imposta (F.), tributo (M.), tassa (F.), contributo (M.)
steuerbar imponibile (Adj.), tassabile
Steuerbefreiung (F.) esenzione (F.) tributaria, esonero (M.) da tasse, esenzione (F.) fiscale
Steuerbehörde (F.) autorità (F.) fiscale, fisco (M.)
Steuerbeitreibung (F.) esazione (F.) delle tasse, esazione (F.) fiscale
Steuerbemessungsgrundlage (F.) base (F.) imponibile
Steuerberater (M.) consulente (M.) fiscale, consulente (M.) tributario, commercialista (M.)
Steuerbescheid (M.) cartella (F.) esattoriale, avviso (M.) d'imposizione, avviso (M.) di tassazione
Steuerbetrug (M.) frode (F.) fiscale
Steuerbevollmächtigter (M.) consulente (M.) fiscale, consulente (M.) tributario
Steuerbilanz (F.) bilancio (M.) finanziario, bilancio (M.) fiscale
Steuerdelikt (N.) delitto (M.) fiscale, reato (M.) fiscale, reato (M.) tributario
Steuereinheber (M.) esattore (M.) delle imposte, agente (M.) delle tasse
Steuererklärung (F.) dichiarazione (F.) dei redditi, denuncia (F.) dei redditi
Steuererlass (M.) esenzione (F.) d'imposta, esonero (M.) dalle tasse, condono (M.) fiscale
Steuerfahndung (F.) inchiesta (F.) tributaria
Steuerflucht (F.) evasione (F.) fiscale
steuerfrei esente d'imposta, non imponibile, esente da tassa
Steuerfreibetrag (M.) quota (F.) esente da imposta
Steuergeheimnis (N.) segreto (M.) fiscale
Steuerhehlerei (F.) ricettazione (F.) di merce su cui non è stata pagata l'imposta
Steuerhinterziehung (F.) frode (F.) fiscale, evasione (F.) fiscale
Steuerhoheit (F.) potere (M.) tributario, potere (M.) d'imposizione, sovranità (F.) fiscale, potere (M.) di levare imposte
steuerlich tributario, fiscale
Steuerpflicht (F.) obbligo (M.) dell'imposta, obbligo (M.) fiscale
steuerpflichtig imponibile (Adj.), soggetto ad imposta, tassabile
Steuerpflichtiger (M.) contribuente (M.), soggetto (M.) passivo d'imposta, soggetto (M.) tassabile
Steuerpolizei (F.) (Steuerpolizei in Italien) polizia (F.) tributaria
Steuerprüfung (F.) verifica (F.) fiscale, controllo (M.) fiscale
Steuerrecht (N.) diritto (M.) tributario, diritto (M.) fiscale
Steuerrichtlinie (F.) direttiva (F.) fiscale
Steuersache (F.) controversia (F.) fiscale, causa (F.) tributaria, materia (F.) tributaria
Steuerschuld (F.) debito (M.) verso il fisco, debito (M.) fiscale, obbligazione (F.) tributaria
Steuerstrafrecht (N.) diritto (M.) penale tributario
Steuerungsfähigkeit (F.) capacità (F.) di volere
Steuervergünstigung (F.) agevolazione (F.) fiscale, agevolazione (F.) tributaria
Stich (M.) puntura (F.), ferita (F.), incisione (F.)
stichhaltig concludente, fondato, motivato
Stichhaltigkeit (F.) fondatezza (F.), validità (F.)
Stichtag (M.) giorno (M.) di riferimento, giorno (M.) determinato, termine (M.)
Stichwahl (F.) ballottaggio (M.)
Stiefbruder (M.) fratellastro (M.)
Stiefelter (M. bzw. F.) patrigno (M.), matrigna (F.)
Stiefeltern (M.Pl.) genitori (M.Pl.) affilianti
Stiefkind (N.) figliastro (M.), figliastra (F.)
Stiefmutter (F.) matrigna (F.)
Stiefschwester (F.) sorellastra (F.)
Stiefsohn (M.) figliastro (M.)
Stieftochter (F.) figliastra (F.)
Stiefvater (M.) patrigno (M.)
Stift (N.) fondazione (F.), convento (M.)
stiften fondare, offrire, donare
Stifter (M.) (Gründer) fondatore (M.), donatore (M.)
Stiftung (F.) fondazione (F.), donazione (F.)
Stiftungsrat (M.) consiglio (M.) di fondazione
still tacito, silenzioso, calmo
stille Gesellschaft (F.) associazione (F.) in partecipazione

stiller Gesellschafter (M.) socio (M.) occulto, associato (M.)
stilllegen cessare, chiudere, fermare, eliminare
Stilllegung (F.) cessazione (F.), chiusura (F.), eliminazione (F.)
Stillschweigen (N.) silenzio (M.)
stillschweigend geschlossener Vertrag (M.) contratto (M.) concluso in silenzio
stillschweigend tacito, implicito
stillschweigende Verlängerung (M.) rinnovazione (F.) tacita, proroga (F.) tacita, rinnovo (M.) tacito
Stillstand (M.) arresto (M.), sosta (F.), ristagno (M.), stasi (F.), interruzione (F.)
Stimmabgabe (F.) votazione (F.)
Stimme (F.) voce (F.), voto (M.), suffragio (M.)
stimmen votare
Stimmenmehrheit (F.) maggioranza (F.) dei voti
Stimmenminderheit (F.) minoranza (F.) dei voti
Stimmenthaltung (F.) astensione (F.) dal voto
Stimmrecht (N.) diritto (M.) di voto, diritto (M.) al voto, diritto (M.) di suffragio
Stimmzettel (M.) scheda (F.) elettorale, scheda (F.) di votazione
Stipendiat (M.) borsista (M.)
Stipendium (N.) borsa (F.) di studio
Stipulation (F.) stipulazione (F.)
stipulieren stipulare
Stockwerk (N.) piano (M.)
Stoff (M.) sostanza (F.), materia (F.), materiale (M.), stoffa (F.)
stören disturbare, perturbare, intralciare, molestare
Störer (M.) disturbatore (M.), perturbatore (M.)
stornieren stornare, ristornare
Storno (N.) storno (M.), ristorno (M.), scrittura (F.) di storno
Störung (F.) perturbazione (F.), turbamento (M.), disturbo (M.), impedimento (M.)
Strafanstalt (F.) istituto (M.) penitenziario, istituto (M.) di pena, istituto (M.) carcerario, casa (F.) di pena
Strafantrag (M.) querela (F.)
Strafanzeige (F.) denuncia (F.)
Strafarrest (M.) arresto (M.) repressivo, reclusione (F.) militare
Strafaufhebungsgrund (M.) causa (F.) estintiva della punibilità, causa (F.) estintiva del reato
Strafaufschub (M.) rinvio (M.) dell'esecuzione della pena
Strafausschließungsgrund (M.) causa (F.) di non punibilità, causa (F.) personale di esclusione della pena
Strafaussetzung (F.) sospensione (F.) della pena
strafbar punibile, passibile di pena, condannabile
Strafbarkeit (F.) punibilità (F.)
Strafbarkeitsbedingung (F.) condizione (F.) di punibilità
Strafbarkeitsirrtum (M.) errore (M.) sulla punibilità del fatto
strafbedroht punibile, illecito
strafbedrohte Handlung (F.) atto (M.) punibile, reato (M.), illecito (M.) penale
Strafbefehl (M.) decreto (M.) penale di condanna
Strafbefehlsverfahren (N.) procedimento (M.) per decreto
Strafbemessung (F.) commisurazione (F.) della pena
Strafbestimmung (F.) disposizione (F.) penale
Strafdrohung (F.) sanzione (F.), sanzione (F.) penale
Strafe (F.) pena (F.), punizione (F.), sanzione (F.), sanzione (F.) penale
strafen punire, sanzionare
Straferkenntnis (F.) sentenza (F.) penale
Straferlass (M.) indulto (M.), condono (M.) di pena
straffällig passibile di pena, punibile
Straffälliger colpevole (M.)
Straffälligkeit (F.) criminalità (F.), punibilità (F.), reità (F.)
Strafgefangene (F.) detenuta (F.)
Strafgefangener (M.) detenuto (M.)
Strafgericht (N.) giudice (M.) penale
Strafgesetz (N.) legge (F.) penale
Strafgesetzbuch (N.) codice (M.) penale
Strafherabsetzung (F.) riduzione (F.) di pena
Strafkammer (F.) sezione (F.) penale
Strafklausel (F.) clausola (F.) penale
Sträfling (M.) detenuto (M.), carcerato (M.)
straflos impune, impunito, non punibile

straflose Nachtat (F.) postfatto (M.) non punibile
straflose Vortat (F.) antefatto (M.) non punibile
Strafmaß (N.) misura (F.) della pena, entità (F.) della pena
Strafmaßrevision (F.) appello (M.) parziale relativo alla commisurazione della pena
strafmildernd attenuante
Strafmilderung (F.) attenuazione (F.) della pena
Strafmilderungsgrund (M.) circostanza (F.) attenuante
Strafmündigkeit (F.) capacità (F.) penale
Strafnachlass (M.) liberazione (F.) anticipata, indulto (M.), remissione (F.) di pena
Strafprozess (M.) processo (M.) penale
Strafprozessordnung (F.) codice (M.) di procedura penale
Strafprozessrecht (N.) diritto (M.) processuale penale, procedura (F.) penale
Strafrahmen (M.) limiti (M.Pl.) edittali della pena
Strafrecht (N.) diritto (M.) penale
Strafrechtler (M.) penalista (M.)
strafrechtlich penale (Adj.), penalistico, di diritto penale
Strafregister (N.) casellario (M.) giudiziale
Strafregisterauszug (M.) estratto (M.) del casellario giudiziale, certificato (M.) penale
Strafrichter (M.) giudice (M.) penale
Strafsache (F.) causa (F.) penale, materia (F.) penale, affare (M.) penale
Strafsanktion (F.) sanzione (F.) penale
strafschärfend aggravante
Strafschärfung (F.) aggravamento (M.) della pena
Strafschärfungsgrund (M.) circostanza (F.) aggravante
Strafsenat (M.) (Strafsenat beim Bundesgerichtshof) sezione (F.) penale
Straftat (F.) reato (M.)
Straftatbestand (M.) fattispecie (F.) astratta del reato, figura (F.) criminosa, fattispecie (F.) legale del reato
Straftäter (M.) delinquente (M.), autore (M.) di reato, reo (M.)
Straftilgung (F.) eliminazione (F.) di un'iscrizione dal casellario giudiziale
Strafumwandlung (F.) commutazione (F.) della pena, conversione (F.) della pena
strafunmündig non imputabile, inimputabile
Strafunmündigkeit (F.) mancata imputabilità (F.), incapacità (F.) penale
Strafurteil (N.) sentenza (F.) penale, sentenza (F.) di condanna
Strafvereitelung (F.) favoreggiamento (M.) personale
Strafverfahren (N.) procedimento (M.) penale
Strafverfolgung (F.) azione (F.) penale, persecuzione (F.) penale
Strafverfügung (F.) decreto (M.) penale, decreto (M.) di condanna
Strafversprechen (N.) clausola (F.) penale
Strafverteidiger (M.) difensore (M.) penale, difensore (M.), penalista (M.)
Strafverteidigung (F.) difesa (F.) penale
Strafvollstreckung (F.) esecuzione (F.) della pena, esecuzione (F.) penale
Strafvollzug (M.) esecuzione (F.) della pena, regime (M.) penitenziario
Strafvollzugsanstalt (F.) istituto (M.) di pena, penitenziario (M.), istituto (M.) per l'esecuzione delle pene
Strafvollzugsbeamter (M.) agente (M.) di polizia penitenziaria
Strafvollzugsrichter (M.) giudice (M.) dell'esecuzione penale
Strafvorschrift (F.) norma (F.) penale, precetto (M.) penale
Strafzumessung (F.) commisurazione (F.) della pena, determinazione (F.) della pena
Strafzweck (M.) funzione (F.) della pena
Strand (M.) spiaggia (F.)
Strandgut (N.) relitto (M.) di mare, relitto (M.) marittimo
Strang (M.) capestro (M.), corda (F.), tratto (M.)
Strangulation (F.) strangolamento (M.)
strangulieren strangolare
Straße (F.) strada (F.), via (F.)
Straßenbau (M.) costruzione (F.) stradale
Straßenbaubehörde (F.) (Straßenbaubehörde in Italien) ente (M.) nazionale per le strade (ANAS)
Straßenbaulastträger (M.) amministrazione (F.) per la costruzione e manutenzione delle strade
Straßenraub (M.) rapina (F.) commessa in luogo pubblico
Straßenräuber (M.) scippatore (M.)

Straßenverkehr (M.) circolazione (F.) stradale, traffico (M.) stradale
Straßenverkehrsbehörde (F.) ufficio (M.) della circolazione stradale
Straßenverkehrsgesetz (N.) legge (F.) sulla circolazione stradale
Straßenverkehrsordnung (F.) ordinamento (M.) della circolazione stradale, codice (M.) della strada
Straßenverkehrsrecht (N.) diritto (M.) della circolazione stradale
Streich (M.) tiro (M.), scherzo (M.), colpo (M.)
streichen cancellare, radiare, stornare
Streichung (F.) radiazione (F.), cancellazione (F.)
Streife (F.) pattuglia (F.), rettata (F.), giro (M.) d'ispezione
streifen toccare, sfiorare
Streifenwagen (M.) autopattuglia (F.)
Streik (M.) sciopero (M.)
Streikbrecher (M.) crumiro (M.), non scioperante (M.)
streiken scioperare
Streikrecht (N.) diritto (M.) di sciopero, diritto (M.) allo sciopero
Streit (M.) lite (F.), conflitto (M.), litigio (M.), controversia (F.), disputa (F.)
Streitanmerkung (F.) annotazione (F.) della lite
streiten litigare, contendere, processare
Streitfrage (F.) punto (M.) controverso, questione (F.) controversa, vertenza (F.)
Streitgegenstand (M.) materia (F.) del contendere, oggetto (M.) della causa, oggetto (M.) in contestazione
Streitgenosse (M.) litisconsorte (M.)
Streitgenossenschaft (F.) litisconsorzio (M.)
streitig litigioso (Adj.), controverso, contestato
streitige Gerichtsbarkeit (F.) giurisdizione (F.) contenziosa
streitiges Verfahren (N.) procedimento (M.) contenzioso
Streitigkeit (F.) vertenza (F.), controversia (F.), lite (F.), conflitto (M.), contesa (F.)
streitverfangen controverso, litigioso (Adj.)
Streitverkündung (F.) chiamata (F.) in causa, denuncia (F.) della lite
Streitwert (M.) valore (M.) della causa
streng severo, rigoroso, austero
Strengbeweis (M.) prova (F.) formale
Strich (M.) linea (F.), tratto (M.), passeggio (M.) delle prostitute, prostituzione (F.) stradale
Strohmann (M.) uomo (M.) di paglia, prestanome (M.), persona (F.) interposta, interposto (M.)
Strom (M.) corrente (F.), energia (F.) elettrica, fiume (M.)
Stromeinspeisung (F.) erogazione (F.) di energia, alimentazione (F.) di corrente
Stromeinspeisungsgesetz (N.) legge (F.) sull'alimentazione di corrente da fonti di energia rinnovabili nella rete pubblica, legge (F.) sull'erogazione di energia
Stromentwendung (F.) furto (M.) di energia elettrica
Stromsteuer (F.) imposta (F.) di consumo sull'energia elettrica
Stromsteuergesetz (F.) legge (F.) sull'imposta di consumo sull'energia elettrica
Stück (N.) pezzo (M.), titolo (M.), esemplare (M.), collo (M.)
Stückschuld (F.) obbligazione (F.) specifica
Student (M.) studente (M.) universitario
Studentenheim (N.) studentato (M.), casa (F.) dello studente
Studentenschaft (F.) studenti (M.Pl.) universitari
Studentenwerk (N.) opera (F.) universitaria
Studienanfänger (M.) matricola (M.)
Studienordnung (F.) ordinamento (M.) didattico
studieren studiare
Studium (N.) der Rechtswissenschaft corso (M.) di laurea in giurisprudenza
Studium (N.) studio (M.)
Stufe (F.) gradino (M.), scalino (M.), livello (M.), fase (F.), tappa (F.)
Stufenklage (F.) azione (F.) successiva
stumm muto (Adj.)
Stunde (F.) ora (F.)
stunden differire, dilazionare, prorogare
Stundenlohn (M.) salario (M.) ad ora, paga (F.) oraria
Stundensatz (M.) tariffa (F.) oraria
Stundung (F.) dilazione (F.), differimento (M.), moratoria (F.), proroga (F.)
subaltern subalterno
Subhastation (F.) vendita (F.) forzata all'incanto, subastazione (F.)

Subjekt (N.) soggetto (M.)
subjektiv soggettivo, subiettivo
subjektive Unmöglichkeit (F.) impossibilità (F.) soggettiva
subjektiver Tatbestand (M.) fattispecie (F.) soggettiva
subjektiver Wert (M.) valore (M.) soggettivo
subjektives öffentliches Recht (N.) diritto (M.) pubblico soggettivo
subjektives Recht (N.) diritto (M.) soggettivo
subjektives Rechtfertigungselement (N.) elemento (M.) soggettivo della causa di giustificazione
subjektives Tatbestandsmerkmal (N.) elemento (M.) soggettivo della fattispecie
subjektives Unrechtselement (N.) elemento (M.) soggettivo dell'antigiuridicità sostanziale
Subordination (F.) subordinazione (F.)
subsidiär sussidiario
Subsidiarität (F.) sussidiarietà (F.)
Subsidiaritätsprinzip (N.) principio (M.) di sussidiarietà
Subsidien (F.Pl.) sussidi (F.Pl.)
subskribieren sottoscrivere
Subskription (F.) sottoscrizione (F.)
substituieren sostituire
Substitut (N.) sostituto (M.)
Substitution (F.) sostituzione (F.)
subsumieren sussumere
Subsumtion (F.) sussunzione (F.)
Subsumtionsirrtum (M.) errore (M.) di sussunzione
Subunternehmer (M.) subappaltatore (M.)
Subvention (F.) sovvenzione (F.)
subventionieren sovvenzionare
Subventionierung (F.) concessione (F.) di sovvenzioni
Subventionsbetrug (M.) truffa (F.) in materia di sovvenzioni, malversazione (F.) a danno dello stato
subversiv sovversivo, sedizioso (Adj.)
suchen cercare
Suchmittelgesetz (N.) legge (F.) sulle sostanze stupefacenti
Sucht (F.) mania (F.), tossicodipendenza (F.)
süchtig tossicodipendente (Adj.), drogato (Adj.)
Suffragette (M.) suffragetta (F.)
suggestiv suggestivo
Sühne (F.) espiazione (F.)
Suizid (M.) suicidio (M.)
Sukzession (F.) successione (F.)
sukzessiv successivo, gradualmente (Adv.), progressivamente (Adv.)
Sukzessivlieferungsvertrag (M.) contratto (M.) di somministrazione
summarisch sommario (Adj.)
Summe (F.) somma (F.), importo (M.), cifra (F.)
Sünde (F.) peccato (M.), fallo (M.)
Superintendent (M.) soprintendente (M.), sovrintendente (M.)
supranational sopranazionale, sovranazionale
Surrogat (N.) surrogato (M.)
Surrogation (F.) surrogazione (F.), surroga (F.)
suspekt sospetto (Adj.), indiziato (Adj.)
suspendieren sospendere
Suspendierung (F.) sospensione (F.)
Suspension (F.) suspensione (F.)
suspensiv sospensivo
Suspensivbedingung (F.) condizione (F.) sospensiva
Suspensiveffekt (M.) effetto (M.) sospensivo
Suzeranität (F.) suzeraineté (F.) (franz.)
Swapgeschäft (N.) operazione (F.) swap
Syllogismus (M.) sillogismo (M.)
Symbol (N.) simbolo (M.), segno (M.)
Synallagma (N.) sinallagma (M.)
synallagmatisch sinallagmatico, a prestazioni corrispettive
Syndikat (N.) consorzio (M.), sindacato (M.)
Syndikus (M.) consulente (M.) legale
Syndikusanwalt (M.) consulente (M.) legale
Synode (F.) sinodo (M.)
Synthese (F.) sintesi (F.)
System (N.) sistema (M.), regime (M.), schema (M.), ordine (M.)
Systematik (F.) sistematica (F.)
systematisch sistematico
systematische Interpretation (F.) interpretazione (F.) sistematica

T

Tabelle (F.) tabella (F.), elenco (M.)
Tabu (N.) tabù (M.)
Tadel (M.) biasimo (M.), rimprovero (M.)

tadeln biasimare, rimproverare
Tag (M.) giorno (M.), giornata (F.), data (F.)
Tagedieb (M.) perdigiorno (M.)
Tagegeld (N.) diaria (F.), indennità (F.) giornaliera
Tagelohn (M.) salario (M.) a giornata
Tagelöhner (M.) giornaliero (M.), bracciante (M.)
tagen essere riunito, essere in sessione
Tagesgeld (N.) prestito (M.) giornaliero, prestito (M.) a vista
Tagesordnung (F.) ordine (M.) del giorno
Tagesordnungspunkt (M.) punto (M.) dell'ordine del giorno
Tagessatz (M.) tasso (M.) giornaliero
Tageszeitung (F.) quotidiano (M.), giornale (M.)
täglich giornaliero (Adj.), quotidiano (Adj.), giornalmente (Adv.)
Tagsatzung (F.) udienza (F.), seduta (F.), riunione (F.)
Tagung (F.) conferenza (F.), congresso (M.), seduta (F.), simposio (M.)
Tagungsort (M.) luogo (M.) della riunione, luogo (M.) del simposio
Taktik (F.) tattica (F.)
Talar (M.) talare (M.), veste (F.), talare (M.), toga (F.)
Talion (F.) taglione (M.)
Talon (M.) cedola (F.) di riaffogliamento, tagliando (M.)
Tante (F.) zia (F.)
Tantieme (F.) percentuale (F.) d'interessanza, quota (F.) di utili, diritti (M.Pl.) d'autore
Tara (F.) tara (F.)
Tarif (M.) tariffa (F.)
Tarifausschluss (M.) deroga (F.) tariffaria
Tarifautonomie (F.) autonomia (F.) collettiva, autonomia (F.) della contrattazione collettiva
Tariffähigkeit (F.) capacità (F.) di concludere contratti collettivi
Tarifgebundenheit (F.) obbligo (M.) di rispettare un contratto collettivo, efficacia (F.) soggettiva del contratto collettivo
Tarifierung (F.) tariffazione (F.)
tariflich tariffario, tariffale, tabellare
Tarifpartner (M.) parte (F.) stipulante il contratto collettivo
Tarifstreitigkeit (F.) conflitto (M.) collettivo, controversia (F.) collettiva
Tarifverhandlung (F.) trattativa (F.) collettiva
Tarifvertrag (M.) contratto (M.) collettivo di lavoro
Taschendieb (M.) borsaiuolo (M.), tagliaborse (M.)
Taschengeld (N.) denaro (M.) per le piccole spese personali, denaro (M.) per le spese minute
Taschengeldparagraph (M.) disposizione (F.) dichiarante la validità dei contratti stipulati dal minore le cui prestazioni consistono in trasferimenti di somme lasciate a sua disposizione
Tat (F.) azione (F.), atto (M.), fatto (M.), condotta (F.) tipica, reato (M.)
Tatbegehung (F.) commissione (F.) del reato
Tatbestand (M.) fatto (M.), fattispecie (F.), fattispecie (F.) astratta
Tatbestandsirrtum (M.) errore (M.) sul fatto, errore (M.) di fatto
Tatbestandsmerkmal (N.) elemento (M.) costitutivo della fattispecie
Tateinheit (F.) concorso (M.) formale di reati
Tatentschluss (M.) risoluzione (F.) criminosa, proposito (M.) di commettere il reato
Täter (M.) reo (M.), autore (M.) di reato, agente (M.)
Tätereigenschaft (F.) qualità (F.) di autore
Täterschaft (F.) reità (F.), autoría (F.)
Täterstrafrecht (N.) diritto (M.) penale basato sulla personalità del reo
Tatfrage (F.) questione (F.) di fatto, questione (F.) di merito
Tathandlung (F.) atto (M.) materiale, atto (M.) reale
Tatherrschaft (F.) dominio (M.) sull'azione, dominio (M.) sul fatto
tätig attivo
tätige Reue (F.) recesso (M.) attivo, ravvedimento (M.) operoso, pentimento (M.) operoso
Tätigkeit (F.) attività (F.), occupazione (F.)
Tätigkeitsdelikt (N.) reato (M.) di pura condotta, reato (M.) formale
Tatinterlokut (N.) sentenza (F.) interlocutoria sulla commissione del fatto

tätlich werden passare a vie di fatto, ricorrere alla violenza
Tätlichkeit (F.) atto (M.) di violenza, atto (M.) violento, vie (F.Pl.) di fatto
Tatmehrheit (F.) concorso (M.) materiale di reati
Tatort (M.) luogo (M.) del reato, luogo (M.) del fatto
Tatsache (F.) fatto (M.), dato (M.) di fatto
Tatsachenbehauptung (F.) allegazione (F.) di fatto
Tatsachenfeststellung (F.) accertamento (M.) dei fatti
Tatsachenirrtum (M.) errore (M.) di fatto
tatsächlich reale, effettivo (Adj.)
tatsächliche Sachherrschaft (F.) corpus (M.) possessionis (lat.)
Tatstrafrecht (N.) diritto (M.) penale basato sul fatto
Tatumstand (M.) circostanza (F.) di fatto
Tatumstandsirrtum (M.) errore (M.) sulle circostanze del fatto
Tatverdacht (M.) indizi (M.Pl.) di reato
Tatverdächtiger (M.) indiziato (M.) di delitto, sospettato (M.)
taub sordo (Adj.)
taubstumm sordomuto (Adj.)
Taufe (F.) battesimo (M.)
taufen battezzare
tauglich idoneo, atto (Adj.), abile, capace, adeguato
Tauglichkeit (F.) abilità (F.), attitudine (F.), capacità (F.), idoneità (F.)
Tausch (M.) permuta (F.), baratto (M.), scambio (M.)
täuschen ingannare, illudere, raggirare
tauschen permutare, barattare, scambiare
Täuschung (F.) inganno (M.), imbroglio (M.), raggiro (M.), simulazione (F.)
Täuschungshandlung (F.) raggiro (M.), artifizio (M.)
taxativ tassativo
Taxe (F.) tassa (F.), valutazione (F.), stima (F.), valore (M.) convenuto, tariffa (F.)
Taxi (N.) tassì (M.), taxi (M.)
taxieren stimare, valutare
Technik (F.) pratica (F.), tecnica (F.), modo (M.) di procedere
technisch tecnico (Adj.)
Technischer Überwachungsverein (M.) (TÜV) ente (M.) di supervisione tecnica
Teil (M.) parte (F.), frazione (F.), porzione (F.), quota (F.)
Teilanfechtung (F.) impugnazione (F.) parziale
Teilaufhebung (F.) (eines Urteils) cassazione (F.) parziale
teilbar divisibile, frazionabile, porzionabile
teilbare Leistung (F.) prestazione (F.) divisibile
Teilbesitz (M.) possesso (M.) parziale
Teileigentum (N.) proprietà (F.) parziale
teilen dividere, separare, ripartire, condividere, suddividere
Teilgläubigerschaft (F.) parziarietà (F.) attiva, obbligazione (F.) parziaria
Teilhaber (M.) associato (M.), cointeressato (M.), consocio (M.), compagno (M.)
Teilhaberschaft (F.) associazione (F.) in partecipazione, partecipazione (F.)
Teilleistung (F.) prestazione (F.) parziale
Teilnahme (F.) partecipazione (F.), compartecipazione (F.), concorso (M.), complicità (F.)
Teilnehmer (M.) partecipante (M.), compartecipe (M.), utente (M.), aderente (M.)
Teilnichtigkeit (F.) nullità (F.) parziale
Teilrechtsfähigkeit (F:) capacità (F.) giuridica limitata
Teilschuld (F.) obbligazione (F.) parziaria
Teilschuldner (M.) obbligato (M.) pro quota
Teilschuldnerschaft (F.) parziarietà (F.) passiva, obbligazione (F.) parziaria
Teilschuldverschreibung (F.) obbligazione (F.), obbligazione (F.) frazionata, certificato (M.) obbligazionario
Teilstaat (M.) Stato (M.) membro
Teilstreik (M.) sciopero (M.) parziale
Teilung (F.) divisione (F.), ripartizione (F.), separazione (F.), frazionamento (M.), suddivisione (F.)
Teilungsanordnung (F.) disposizioni (F.Pl) testamentarie per la divisione dell'eredità
Teilungsklage (F.) azione (F.) di divisione, domanda (F.) di divisione
Teilungsversteigerung (F.) vendita (F.) all'incanto nella divisione
Teilunmöglichkeit (F.) impossibilità (F.) parziale
Teilurteil (N.) sentenza (F.) parziale
teilweise in parte, parziale, parzialmente
Teilzahlung (F.) pagamento (M.) parziale,

pagamento (M.) rateale
Teilzahlungsabrede (F.) accordo (M.) di pagamento rateale
Teilzahlungsgeschäft (N.) vendita (F.) rateale, vendita (F.) a rate
Teilzeitarbeit (F.) lavoro (M.) a tempo parziale, lavoro (M.) part-time, part-time (engl.)
Teilzeitbeschäftigter (M.) lavoratore (M.) part-time, lavoratore (M.) a tempo parziale
Teilzeitwohnrecht (F.) multiproprietà (F.), timesharing (M.) (engl.)
Telebanking (N.) telebanking (M.) (engl.), telebanco (M.)
Telefax (N.) telefax (M.), fax (M.)
Telefon (N.) telefono (M.)
Telegramm (N.) telegramma (M.)
Telekommunikation (F.) telecomunicazione (F.)
Teleologie (F.) teleologia (F.)
teleologisch teleologico
teleologische Auslegung (F.) interpretazione (F.) teleologica
Teleshopping (M.) televendita (F.), vendita (F.) a distanza
Tendenz (F.) tendenza (F.), propensione (F.), orientamento (M.), indirizzo (M.)
Tendenzbetrieb (M.) impresa (F.) di tendenza
Tenor (M.) (Urteilstenor) dispositivo (M.), dispositivo (M.) della sentenza, tenore (M.)
Termin (M.) termine (M.), data (F.), scadenza (F.), udienza (F.)
Termineinlage (F.) deposito (M.) a termine, deposito (M.) vincolato, deposito (M.) a scadenza fissa
Termingeschäft (N.) contratto (M.) a termine fisso, affare (M.) a termine, operazione (F.) a termine
Terminkalender (M.) agenda (F.), ruolo (M.) delle udienze
Terminologie (F.) terminologia (F.)
territorial territoriale
Territorialautonomie (F.) autonomia (F.) territoriale
Territorialhoheit (F.) sovranità (F.) territoriale, potestà (F.) territoriale
Territorialität (F.) territorialità (F.)
Territorialitätsprinzip (N.) principio (M.) di territorialità
Territorialstaat (M.) Stato (M.) territoriale
Territorium (N.) territorio (M.)
Terror (M.) terrore (M.)
Terrorismus (M.) terrorismo (M.)
Terrorist (M.) terrorista (M.)
Test (M.) test (M.), prova (F.), esame (M.)
Testament (N.) testamento (M.)
testamentarisch testamentario, per testamento
Testamenteröffnung (F.) apertura (F.) del testamento
Testamenterrichtung (F.) formazione (F.) del testamento, redazione (F.) del testamento
Testamentsanfechtung (F.) impugnazione (F.) del testamento
Testamentserbe (M.) erede (M.) testamentario
Testamentserrichtung (F.) redazione (F.) del testamento
Testamentsvollstrecker (M.) esecutore (M.) testamentario, esecutore (M.) del testamento
Testamentsvollstreckung (F.) esecuzione (F.) testamentaria, esecuzione (F.) del testamento
Testamentswiderruf (M.) revocazione (F.) di testamento
Testat (N.) certificazione (F.) del bilancio
Testator (M.) testatore (M.)
testieren testare, attestare
testierfähig capace di testare
Testierfähigkeit (F.) capacità (F.) di testare
Testierfreiheit (F.) libertà (F.) testamentaria, libertà (F.) di testare
Testierunfähigkeit (F.) incapacità (F.) di testare
Text (M.) testo (M.), contenuto (M.)
Textform (F.) dicitura (F.) del testo
Textverarbeitung (F.) elaborazione (F.) di testi
Thema (N.) tema (M.), argomento (M.)
Theokratie (F.) teocrazia (F.)
Theologie (F.) teologia (F.)
theoretisch teoretico, teorico
Theorie (F.) teoria (F.), ipotesi (F.)
Therapie (F.) terapia (F.)
These (F.) tesi (F.)
Thron (M.) trono (M.)
Thronrede (F.) (Thronrede in Großbritannien) discorso (M.) della corona
Thüringen (N.) Turingia (F.)
Tier (N.) animale (M.), bestia (F.)
Tierhalter (M.) proprietario (M.) di un animale, possessore (M.) di un animale

Tierkörper (M.) corpo (M.) animale
Tierkörperbeseitigungsrecht (N.) diritto (M.) dell'eliminazione di cadaveri di animali
Tierquälerei (F.) maltrattamento (M.) di animali
Tierschaden (M.) danno (M.) cagionato da animali
Tierschadenhaftung (F.) responsabilità (F.) per danni cagionati da animali
Tierschutz (M.) protezione (F.) degli animali
Tierschutzverein (M.) società (F.) per la protezione degli animali
tilgen ammortare, ammortizzare, estinguere, rimborsare
Tilgung (F.) ammortamento (M.), ammortizzazione (F.), estinzione (F.), cancellazione (F.), rimborso (M.)
Tilgungsrate (F.) quota (F.) d'ammortamento, rata (F.) di rimborso
Titel (M.) titolo (M.), diritto (M.), intitolazione (F.), testata (F.)
Titelschutz (M.) tutela (F.) del titolo
Tochter (F.) figlia (F.)
Tochtergesellschaft (F.) filiale (F.), società (F.) affiliata, società (F.) dipendente
Tod (M.) morte (F.), decesso (M.)
Todeserklärung (F.) dichiarazione (F.) di morte presunta
Todesfall (M.) caso (M.) di morte
Todesgefahr (F.) pericolo (M.) di morte, rischio (M.) di morte
Todesstrafe (F.) pena (F.) di morte, pena (F.) capitale
Todesursache (F.) causa (F.) di morte
Todesvermutung (F.) presunzione (F.) di morte, morte (F.) presunta
Todeszelle (F.) (Todeszelle in den Vereinigten Staaten) cella (F.) di morte
tödlich mortale, letale
Toleranz (F.) tolleranza (F.)
tolerieren tollerare
Tontine (F.) tontina (F.)
Tortur (F.) tortura (F.)
tot morto (Adj.), defunto (Adj.)
tote Hand (F.) manomorta (F.)
töten uccidere, ammazzare
Totenruhe (F.) riposo (M.) dei defunti
Totgeborener (M.) nato (M.) morto
Totgeburt (F.) parto (M.) di nato morto
Totschlag (M.) omicidio (M.) doloso comune, omicidio (M.) volontario
Totschläger (M.) omicida (M.) semplice, omicida (M.) comune
Tötung (F.) der Leibesfrucht feticidio (M.)
Tötung (F.) omicidio (M.)
Tötungsabsicht (F.) intenzione (F.) omicida, animus (M.) nocendi
Tourismus (M.) turismo (M.)
Tourismusrecht (N.) diritto (M.) del turismo
trachten tendere, mirare
Tradition (F.) tradizione (F.), consegna (F.)
Traditionspapier (N.) titolo (M.) rappresentativo, documento (M.) rappresentativo
Träger (M.) titolare (M.), portatore (M.), ente (M.)
Transaktion (F.) transazione (F.), operazione (F.), affare (M.)
Transfer (M.) trasferimento (M.), rimessa (F.)
transferieren trasferire
Transformation (F.) trasformazione (F.)
Transformationsgesetz (N.) legge (F.) di attuazione del diritto internazionale
transformieren trasformare
Transit (M.) transito (M.)
Transplantation (F.) trapianto (M.)
transplantieren trapiantare
Transport (M.) trasporto (M.), carreggio (M.)
transportieren trasportare, carreggiare
Transportrisiko (N.) rischio (M.) di trasporto
Trassant (M.) traente (M.)
Trassat (M.) trattario (M.), trassato (M.)
Tratte (F.) tratta (F.)
trauen (eine Eheschließung vornehmen) sposare, unire in matrimonio
Trauung (F.) matrimonio (M.), celebrazione (F.) del matrimonio
Trauzeuge (M.) testimone (M.) del matrimonio, testimonio (M.) di nozze
Travellerscheck (M.) traveller's cheque (M.), assegno (M.) turistico
trennen separare, dividere
Trennung (F.) der Ehegatten separazione (F.) dei coniugi
Trennung (F.) separazione (F.), divisione (F.)
Trennung (F.) von Tisch und Bett separazione (F.) di letto e di mensa, separazione (F.) quod thorum et mensam
Treu (F.) und Glauben (M.) buona fede (F.) oggettiva
treu fedele, leale, onesto

Treubruch (M.) tradimento (M.)
treubrüchig traditore (Adj.)
Treubruchstatbestand (M.) fattispecie (F.) di infedeltà patrimoniale
Treue (F.) fedeltà (F.), fede (F.), lealtà (F.)
Treuepflicht (F.) dovere (M.) di fedeltà, obbligo (M.) di fedeltà
Treugeber (M.) fiduciante (M.)
Treuhand (F.) amministrazione (F.) fiduciaria
Treuhandeigentum (N.) proprietà (F.) fiduciaria
Treuhänder (M.) amministratore (M.) fiduciario, fiduciario (M.)
treuhänderisch fiduciario (Adj.)
treuhänderischer Besitzer (M.) possessore (M.) fiduciario
Treuhänderschaft (F.) amministrazione (F.) fiduciaria
Treuhandgesellschaft (F.) società (F.) fiduciaria
Treuhandkonto (N.) conto (M.) fiduciario
Treuhandschaft (F.) amministrazione (F.) fiduciaria
Treuhandverhältnis (N.) rapporto (M.) fiduciario
Treunehmer (M.) fiduciario (M.)
Tribunal (N.) tribunale (M.)
Tribut (M.) tributo (M.), tassa (F.)
Trichotomie (F.) tricotomia (F.)
Trieb (M.) spinta (F.), impulso (M.)
Triebtäter (M.) delinquente (M.) passionale
trinken bere
Trinkgeld (N.) mancia (F.)
Trödel (M.) ciarpame (M.)
Trödelvertrag (M.) contratto (M.) estimatorio
Trödelware (F.) anticaglia (F.)
Trunkenheit (F.) im Straßenverkehr guida (F.) in stato di ebbrezza
Trunkenheit (F.) ubriachezza (F.), ebbrezza (F.)
Trunkenheit am Steuer (F.) guida (F.) in stato d'ebbrezza
Trunksucht (F.) alcoolismo (M.), alcolismo (M.)
Trust (M.) trust (M.)
Tücke (F.) malvagità (F.), malignità (F.), insidia (F.), perfidia (F.)
Tun (N.) fare (M.)
tun fare
Türkei (F.) Turchia (F.)
Turnus (M.) turno (M.)
Tutor (M.) tutore (M.)
TÜV (M.) (Technischer Überwachungsverein) ente (M.) di supervisione tecnica
Typ (M.) tipo (M.), specie (F.), categoria (F.), genere (M.)
Typengenehmigung (F.) concessione (F.) di tipo
Typenverschmelzungsvertrag (M.) contratto (M.) misto
Typenzwang (M.) tipicità (F.)
typisieren tipizzare
Typisierung (F.) tipizzazione (F.)
Tyrann (M.) tiranno (M.)
Tyrannei (F.) tirannia (F.)

U

Übel (N.) male (M.)
übel cattivo, male (Adv.)
Übeltäter (M.) malfattore (M.)
üben fare esercizi, esercitarsi
überantworten consegnare, affidare
Überbau (M.) (Grenzüberbau) costruzione (F.) su porzione di fondo attiguo, sopredificazione (F.)
überbauen sopraedificare, occupare in buona fede una porzione del fondo attiguo
Überbaurecht (N.) diritto (M.) di superficie
Überbevölkerung (F.) eccesso (M.) di popolazione, sovrappopolazione (F.)
überbewerten sopravvalutare
Überbewertung (F.) sopravvalutazione (F.)
überbringen consegnare
Überbringer (M.) portatore (M.), latore (M.)
Überbrückungskredit (M.) credito (M.) ponte
übereignen trasferire la proprietà
Übereignung (F.) trasferimento (M.) della proprietà, trapasso (M.) di proprietà, cessione (F.)
Übereinkommen (N.) accordo (M.), convenzione (F.), intesa (F.)
übereinkommen convenire, accordarsi
Übereinkunft (F.) accordo (M.), convenzione (F.), compromesso (M.), intesa (F.)
übereinstimmen concordare, convenire, corrispondere
übereinstimmend concorde, conforme, consono, consensuale

Überfall (M.) assalto (M.), attacco (M.), aggressione (F.)
überfallen aggredire, assalire, attaccare
überführen trasportare, trasferire, dimostrare la colpevolezza
Überführung (F.) trasferimento (M.), trasporto (M.), prova (F.) della colpevolezza
Überführungsstück (N.) corpo (M.) del reato
Übergabe (F.) consegna (F.), assegnazione (F.), trasferimento (M.)
Übergang (M.) passaggio (M.), attraversamento (M.), transizione (F.), trapasso (M.), trasferimento (M.)
Übergangsbestimmung (F.) disposizione (F.) transitoria
Übergangsvorschrift (F.) norma (F.) transitoria
übergeben consegnare, trasferire, assegnare, affidare
übergehen violare, preterire
Übergehung (F.) eines Plichtteilsberechtigen preterizione (F.) del legittimario
übergesetzlicher Notstand (M.) stato (M.) di necessità non codificato
Überhang (M.) eccesso (M.), eccedenza (F.), avanzo (M.), residuo (M.), rami (M.Pl.) protesi sul fondo del vicino
Überhangmandat (N.) mandato (M.) eccedente
überholen (überprüfen) revisionare, controllare, rivedere, sorpassare
überholende Kausalität (F.) causalità (F.) alternativa ipotetica
Überholverbot (N.) divieto (M.) di sorpasso
überlassen lasciare, rimettere, cedere, abbandonare
Überlassung (F.) cessione (F.), trasferimento (M.), abbandono (M.)
überlasten sopraccaricare, sovraccaricare
Überlastung (F.) sovraccarico (M.), soprappeso (M.)
überleiten passare, trasferire, trasmettere
Überleitung (F.) passaggio (M.), collegamento (M.)
Überleitungsgesetz (N.) legge (F.) transitoria
Überleitungsvertrag (M.) contratto (M.) transitorio, accordo (M.) transitorio
Übermaß (N.) eccesso (M.), eccedenza (F.), oltranza (F.), sopreccedenza (F.)
übermäßig eccessivo, esagerato, esorbitante, oltre misura
übermäßige Belastung (F.) eccessiva (F.) onerosità
Übermaßverbot (N.) divieto (M.) di eccesso
übermitteln trasmettere, inoltrare, spedire, rimettere
Übermittlung (F.) trasmissione (F.), rimessa (F.), spedizione (F.), inoltro (M.)
Übermittlungsfehler (M.) errore (M.) nella trasmissione della dichiarazione
Übernahme (F.) assunzione (F.), accettazione (F.), ricezione (F.), assorbimento (M.), rilievo (M.)
übernehmen assumere, accettare, ricevere, rilevare, assorbire, prendere in consegna
überprüfen esaminare, controllare, ispezionare, riesaminare, sindacare, verificare
überschießende Intendenz (F.) dolo (M.) specifico
überschreiben intestare, trasferire, trascrivere, trasmettere
überschreiten oltrepassare, superare, trasgredire, violare
Überschreitung (F.) der Befungnis eccesso (M.) di potere
Überschreitung (F.) superamento (M.), eccedenza (F.), infrazione (F.), violazione (F.), trasgressione (F.)
überschulden indebitare eccessivamente
Überschuldung (F.) decozione (F.), indebitamento (M.) eccessivo, eccedenza (F.) dei debiti
Überschuss (M.) eccedenza (F.), avanzo (M.), eccedenza (F.) attiva, soprappiù (M.), surplus (M.)
überseeisch d'oltremare
überseeisches Gebiet (N.) territorio (M.) d'oltremare
Übersetzer (M.) traduttore (M.)
überstaatlich sopranazionale, sovranazionale
überstellen tradurre
Überstellung (F.) von Gefangenen traduzione (F.) di detenuti
überstimmen mettere in minoranza
Überstunde (F.) ora (F.) di lavoro straordinario, ora (F.) straordinaria
übertragbar trasferibile, trasmissibile
übertragen affidare, conferire, delegare, demandare, trasferire, girare, cedere, trasmettere, mandare in onda
übertragener Wirkungskreis (M.) campo (M.) d'azione delegato

Übertragung (F.) trasferimento (M.), traslazione (F.), conferimento (M.), cessione (F.), devoluzione (F.), girata (F.), riporto (M.), trasmissione (F.)
übertreten infrangere, trasgredire, contravvenire, violare, prevaricare
Übertretung (F.) contravvenzione (F.), trasgressione (F.), infrazione (F.)
Übervorteilung (F.) circonvenzione (F.), imbroglio (M.)
überwachen vigilare, sorvegliare
Überwachung (F.) vigilanza (F.), sorveglianza (F.)
Überwachungsgericht (N.) magistrato (M.) di sorveglianza
Überwachungsgerichtshof (M.) tribunale (M.) di sorveglianza
Überwachungsrichter (M.) (Überwachungsrichter in Italien) giudice (M.) di sorveglianza
überweisen trasferire, bonificare, rimettere
Überweisung (F.) giro (M.) di partite, trasferimento (M.), versamento (M.), bonifico (M.)
Überweisungsbeschluss (M.) ordinanza (F.) di assegnazione
überzeugen convincere
Überzeugung (F.) convinzione (F.)
Überzeugungstäter (M.) delinquente (M.) per convinzione
überziehen trarre allo scoperto, mandare allo scoperto
Überziehung (F.) scoperto (M.)
Überziehungskredit (M.) credito (M.) per scoperto di conto corrente, credito (M.) su base scoperta
üble Nachrede (F.) diffamazione (F.)
Übung (F.) usanza (F.), uso (M.), prassi (F.), pratica (F.), esercizio (M.), esercitazione (F.)
Ufer (N.) riva (F.), sponda (F.)
Ultimatum (N.) ultimatum (M.)
ultra-vires-Lehre (F.) dottrina (F.) dell'ultra vires
umbringen assassinare, uccidere
umbuchen trasferire da un conto ad un altro, stornare
Umbuchung (F.) passaggio (M.) di scrittura ad altro conto, giro (M.) di partite, scrittura (F.) inversa
umdeuten convertire, dare un altro significato
Umdeutung (F.) conversione (F.)
Umgang (M.) relazioni (F.Pl.), rapporti (M.Pl.), compagnia (F.)
umgeben circondare
umgehen eludere, aggirare, evitare
umgehend immediato
Umgehung (F.) evasione (F.), elusione (F.), aggiramento (M.)
Umgehungsgeschäft (N.) negozio (M.) in frode alla legge
Umgründung (F.) einer Gesellschaft trasformazione (F.) di una società
Umkehr (F.) der Beweislast inversione (F.) dell'onere della prova
Umkehr (F.) inversione (F), ritorno (M.)
umkehren rivolgere, rovesciare
Umkehrschluss (M.) argumentum (N.) a contrariis (lat.), argomentazione (F.) a contrariis
Umlage (F.) ripartizione (F.), contributo (M.), contribuzione (F.), imposta (F.)
Umlauf (M.) circolazione (F.)
umlaufen circolare
Umlaufverfahren (N.) procedimento (M.) a circolazione, procedura (F.) a circolazione
Umlaufvermögen (N.) patrimonio (M.) circolante, attivo (M.) circolante, beni (M.Pl.) del capitale circolante
umlegen ripartire, ricomporre
Umlegung (F.) ripartizione (F.), ricomposizione (F.)
Umsatz (M.) giro (M.) d'affari, fatturato (M.), cifra (F.) d'affari, movimento (M.) degli affari
Umsatzsteuer (F.) imposta (F.) sulla cifra d'affari, imposta (F.) sugli affari
Umschuldung (F.) conversione (F.) dei debiti
Umschulung (F.) riadattamento profesionale (M.), rieducazione (F.) professionale, riqualificazione (F.) professionale
umsetzen attuare, trasporre, convertire
Umsetzung (F.) attuazione (F.), trasferimento (M.), conversione (F.)
umsonst invano, per niente, inutilmente, gratuito
Umstand (M.) circostanza (F.)
Umsturz (M.) rivoluzione (F.)
umstürzen capovolgere, rovesciare, crollare, rivoluzionare
Umverteilung (F.) ridistribuzione (F.)

umwandeln trasformare, convertire, commutare
Umwandlung (F.) trasformazione (F.), conversione (F.)
Umwelt (F.) ambiente (M.)
Umweltbelastung (F.) contaminazione (F.) ambientale
Umweltdelikt (N.) reato (M.) contro l'ambiente, reato (M.) ambientale
Umwelthaftung (F.) responsabilità (F.) ambientale
Umwelthaftungsgesetz (N.) legge (F.) sulla responsabilità ambientale
Umweltinformation (F.) informazione (F.) sull'ambiente
Umweltinformationsgesetz (N.) legge (F.) sulle informazioni in materia ambientale
Umweltkriminalität (F.) criminalità (F.) contro l'ambiente, criminalità (F.) ambientale
Umweltrecht (N.) diritto (M.) dell'ambiente
Umweltschaden (M.) danno (M.) ambientale, danno (M.) ecologico
Umweltschutz (M.) protezione (F.) dell' ambiente
Umweltverschmutzung (F.) inquinamento (M.) dell'ambiente, inquinamento (M.) ambientale
umweltverträglich ecologicamente compatibile, compatibile con l'ambiente
Umweltverträglichkeit (F.) compatibilià (F.) ambientale, compatibilità (F.) ecologica
Umweltverträglichkeitsprüfung (F.) valutazione (F.) di impatto ambientale (VIA)
umzäunen recintare
Umzäunung (F.) recinto
unabänderlich immutabile, irrevocabile, inderogabile
Unabänderlichkeit (F.) immutabilità (F.), irrevocabilità (F.)
unabdingbar inderogabile, indispensabile, essenziale, irrinunciabile
Unabdingbarkeit (F.) inderogabilità (F.), indispensabilità (F.)
unabhängig indipendente, autonomo
Unabhängigkeit (F.) indipendenza (F.), autonomia (F.)
unabtretbar incedibile
Unabtretbarkeit (F.) incedibilità (F.)
unabwendbar inevitabile
unabwendbares Ereignis (N.) fatto (M.) inevitabile
unanfechtbar incontestabile, inconfutabile, inoppugnabile
Unanfechtbarkeit (F.) incontestabilità (F.), inconfutabilità (F.), inoppugnabilità (F.)
unannehmbar inaccettabile
unannehmbare Bedingung (F.) condizione (F.) inaccettabile
unantastbar inviolabile
Unantastbarkeit (F.) inviolabilità (F.)
unanwendbar inapplicabile
Unanwendbarkeit (F.) inapplicabilità (F.)
unauffindbar irreperibile
Unauffindbarkeit (F.) irreperibilità (F.)
Unbedenklichkeitsbescheinigung (F.) nulla osta (M.), attestato (M.) di nulla osta
unbedeutend irrilevante, insignificante
unbedingt incondizionato, necessariamente
unbedingter Vorsatz (M.) dolo (M.) diretto
unbefangen imparziale
Unbefangenheit (F.) imparzialità (F.), terzeità (F.)
unbefristeter Streik (M.) sciopero (M.) ad oltranza
unbefugt non autorizzato, estraneo (Adj.), incompetente
unbefugtes Betreten (N.) eines fremden Grundstücks ingresso (M.) abusivo nel fondo altrui
unbenommen lecito, permesso (Adj.)
unbeschadet salvo, fatto salvo
unbescholten integro, impregiudicato, incensurato, illibato
Unbescholtenheit (F.) integrità (F.), illibatezza (F.)
Unbescholtenheitszeugnis (N.) certificato (M.) di buona condotta
unbeschränkt illimitato
Unbestechlichkeit (F.) incorruttibilità (F.)
unbestimmt indeterminato
unbestimmter Rechtsbegriff (M.) concetto (M.) giuridico indeterminato, nozione (F.) giuridica indeterminata
unbestreitbar incontestabile
unbestritten incontestato, incontroverso, fuori discussione
unbeweglich immobile (Adj.)
unbewegliche Sache (F.) bene (M.) immobile
unbewusst inconsapevole, inconscio

unbewusste Fahrlässigkeit (F.) colpa (F.) incosciente
unbillig ingiusto, iniquo
Unbilligkeit (F.) iniquità (F.)
unbotmäßig disubbidiente, insubordinato
Unbotmäßigkeit (F.) disobbedienza (F.), insubordinazione (F.)
Undurchführbarkeit (F.) inattuabilità (F.), ineseguibilità (F.)
unecht falso (Adj.), non genuino, spurio
unechte Gesamtschuld (F.) obbligazione (F.) solidale impropria
unechte Rückwirkung (F.) retroattività (F.) impropria
unechte Urkunde (F.) documento (M.) falso
unechtes Sonderdelikt (N.) reato (M.) proprio con aumento di pena rispetto al corrispondente reato comune
unechtes Unterlassungsdelikt (N.) reato (M.) omissivo improprio
unehelich illegittimo, naturale, extra matrimonium (lat.)
Unehelichkeit (F.) illegittimità (F.)
uneigentlich improprio
uneigentlicher Werklieferungsvertrag (M.) contratto (M.) d'opera per la produzione e fornitura di una cosa fungibile
uneinbringlich inesigibile, irrecuperabile
Uneinbringlichkeit (F.) inesigibilità (F.), irrecuperabilità (F.)
uneingeschränkt illimitato
unentgeltlich gratuito, a titolo gratuito, gratis
unentgeltlicher Vertrag (M.) contratto (M.) a titolo gratuito
Unentgeltlichkeit (F.) gratuità (F.)
unentschuldbar inescusabile
unerfahren inesperto
Unerfahrenheit (F.) imperizia (F.), inesperienza (F.)
unerfüllbar inadempibile, inattuabile, ineseguibile
Unerfüllbarkeit (F.) ineseguibilità (F.), impossibilità (F.) di adempiere
unerlaubt illecito
unerlaubte Handlung (F.) atto (M.) illecito
unerlaubtes Entfernen (N.) vom Unfallort fuga (F.) del conducente
UNESCO (F.) (United Nations Educational Scientific and Cultural Organization) UNESCO (F.) (Organizzazione delle Nazioni Unite per l'educazione la scienza e la cultura)
unfähig incapace, inabile (Adj.), impotente, inetto
Unfähigkeit (F.) incapacità (F.), inabilità (F.), impotenza (F.), inettitudine (F.)
Unfall (M.) incidente (M.), sinistro (M.), infortunio (M.)
Unfallhaftpflichtrecht (N.) diritto (M.) della responsabilità per infortuni o danni
Unfallort (M.) luogo (M.) dell'incidente, luogo (M.) dell'infortunio
Unfallverhütung (F.) prevenzione (F.) degli infortuni, protezione (F.) contro gli infortuni
Unfallversicherung (F.) assicurazione (F.) contro gli infortuni
unfreiwillig involontario
Unfug (M.) comportamento (M.) inappropriato, molestia (F.), disturbo (M.), sciocchezze (F.Pl.), stupidaggini (F.Pl.)
ungeboren nascituro (Adj.)
ungeborenes Kind (N.) nascituro (M.)
Ungebühr (F.) sconvenienza (F.), indecorosità (F.)
ungebührlich sconveniente, indecoroso, indebito (Adj.)
Ungehorsam (M.) disubbidienza (F.), disobbedienza (F.)
ungehorsam disubbidiente, disobbediente
ungerecht ingiusto, iniquo
ungerechtfertigt ingiustificato, senza giusta causa, indebito (Adj.)
ungerechtfertigte Bereicherung (F.) arricchimento (M.) senza giusta causa, arricchimento (M.) indebito, ingiustificato arricchimento (M.)
Ungerechtigkeit (F.) ingiustizia (F.), iniquità (F.)
ungesetzlich illegale, illegittimo, illecito
unglaubwürdig inattendibile, inaffidabile
Unglaubwürdigkeit (F.) inattendibilità (F.), inaffidabilità (F.)
ungleichartige Idealkonkurrenz (F.) concorso (M.) formale eterogeneo
ungleichartige Realkonkurrenz (F.) concorso (M.) materiale eterogeneo
ungleichartige Tateinheit (F.) concorso (M.) formale eterogeneo
ungleichartige Tatmehrheit (F.) concorso (M.) materiale eterogeneo

Ungleichbehandlung (F.) ineguaglianza (F.) di trattamento
Ungleichgewicht (N.) squilibrio (M.)
Unglück (N.) sfortuna (F.), disgrazia (F.), disastro (M.)
Unglücksfall (M.) incidente (M.), infortunio (M.), sciagura (F.)
ungültig non valido, invalido (Adj.), nullo
Ungültigkeit (F.) invalidità (F.), nullità (F.)
Ungültigkeitserklärung (F.) annullamento (M.), dichiarazione (F.) di nullità
unheilbar insanabile, inguaribile, incurabile
Unheilbarkeit (F.) insanabilità (F.)
Uniform (F.) divisa (F.), uniforme (F.)
Union (F.) unione (F.)
United Nations Educational Scientific and Cultural Organisation (F.) (UNESCO) Organizzazione (F.) delle Nazioni unite per l'educazione la scienza e la cultura (UNESCO)
United Nations Organization (N.) (UNO) Organizzazione (F.) delle Nazioni Unite (ONU)
universal universale
Universalerbe (M.) erede (M.) universale
Universalität (F.) universalità (F.)
Universalrechtsgut (N.) bene (M.) giuridico universale
Universalsukzession (F.) successione (F.) universale
Universität (F.) università (F.)
Universitätsassistent (M.) assistente (M.) universitario
Universitätsprofessor (M.) professore (M.) universitario, ordinario (M.)
Unkenntnis (F.) ignoranza (F.), incompetenza (F.)
unkörperlich incorporale, immateriale
Unkosten (F.Pl.) costi (M.Pl.), spese (F.Pl.)
unlauter sleale
unlauterer Wettbewerb (M.) concorrenza (F.) sleale
unmittelbar bevorstehend imminente
unmittelbar immediato, diretto
unmittelbare Stellvertretung (F.) rappresentanza (F.) diretta
unmittelbare Wahl (F.) suffragio (M.) diretto
unmittelbarer Besitz (M.) possesso (M.) diretto
unmittelbarer Schaden (M.) danno (M.) diretto
unmittelbarer Zwang (M.) forza (F.) fisica
Unmittelbarkeit (F.) immediatezza (F.)
unmöglich impossibile
Unmöglichkeit (F.) impossibilità (F.)
unmündig minore (Adj.), minorenne (Adj.)
Unmündigkeit (F.) minore età (F.), minorità (F.)
UNO (F.) (United Nations Organization bzw. Vereinte Nationen) ONU (F.) (Organizzazione delle Nazioni Unite), NU (F.Pl.) (Nazioni unite)
unparteiisch imparziale, terzo (Adj.), obiettivo (Adj.)
unparteilich imparziale, apartitico
Unparteilichkeit (F.) imparzialità (F.)
unpfändbar impignorabile
Unpfändbarkeit (F.) impignorabilità (F.)
Unrecht (N.) torto (M.), ingiustizia (F.), antigiuridicità (F.) sostanziale
unrecht ingiusto, iniquo
unrechtmäßig illegittimo, illegale, illecito
Unrechtmäßigkeit (F.) illiceità (F.), illegittimità (F.), illegalità (F.)
Unrechtsbewusstsein (N.) coscienza (F.) dell'antigiuridicità del fatto
unredlich disonesto (Adj.), di mala fede
Unredlichkeit (F.) mala fede (F.), disonestà (F.)
unregelmäßig irregolare, anomalo, saltuario, sporadico
unregelmäßige Verwahrung (F.) deposito (M.) irregolare
unrichtig sbagliato, errato, inesatto, erroneo, incorretto, falso (Adj.)
Unrichtigkeit (F.) erroneità (F.), inesattezza (F.), incorrettezza (F.)
Unruhe (F.) disordine (M.), tumulto (M.), agitazione (F.), allarme (M.)
Unschuld (F.) innnocenza (F.), incolpevolezza (F.)
unschuldig innocente (Adj.), incolpevole (Adj.)
Unschuldsvermutung (F.) presunzione (F.) di non colpevolezza, presunzione (F.) d'innocenza
unsittlich immorale, turpe
Unsittlichkeit (F.) turpitudine (F.), immoralità (F.)
unstatthaft illecito, inammissibile
Unstatthaftigkeit (F.) illiceità (F.), inammissibilità (F.)

untätig inattivo, inoperoso, inerte, passivo (Adj.)
Untätigkeit (F.) inattività (F.), inerzia (F.), inazione (F.), passività (F.)
Untätigkeitsklage (F.) ricorso (M.) contro l'inerzia dell'amministrazione
untauglich inidoneo, inabile (Adj.)
untauglicher Versuch (M.) tentativo (M.) inidoneo
unteilbare Verbindlichkeit (F.) obbligazione (F.) indivisibile
unter Ausschluss der Öffentlichkeit a porte chiuse, in camera di consiglio
unter der Hand sottobanco
unter Vorspiegelung falscher Tatsachen con inganno, con travisamento dei fatti, con raggiri ed artifizi
Unterausschuss (M.) sottocommissione (F.), sottocomitato (M.)
Unterbeteiligung (F.) partecipazione (F.) indiretta
Unterbewertung (F.) sottovalutazione (F.)
unterbrechen interrompere, sospendere, cessare, troncare
Unterbrechung (F.) interruzione (F.), sospensione (F.), arresto (M.), cessazione (F.)
unterbringen ricoverare, collocare, alloggiare, piazzare, smerciare
Unterbringung (F.) ricovero (M.), internamento (M.), collocamento (M.), sistemazione (F.), smercio (M.)
Unterdrücken (N.) einer Urkunde soppressione (F.) di un atto, soppressione (F.) di un documento
unterdrücken opprimere, sopprimere, reprimere
untere inferiore
Untereigentum (N.) dominio (M.) utile, dominium (M.) utile (lat.)
unterfertigen sottoscrivere, firmare
Unterfertigter (M.) sottoscritto (M.), firmatario (M.)
Unterfertigung (F.) sottoscrizione (F.), firma (F.)
untergeben subalterno, subordinato (Adj.)
untergeordnet subordinato (Adj.), sottoposto (Adj.)
Unterhalt (M.) mantenimento (M.), alimenti (M.Pl.), assegno (M.) alimentare
unterhalten (Unterhalt leisten) mantenere
Unterhaltsanspruch (M.) diritto (M.) al mantenimento, diritto (M.) agli alimenti
Unterhaltsklage (F.) azione (F.) alimentare
Unterhaltspflicht (F.) obbligo (M.) al mantenimento, obbligo (M.) alimentare
Unterhaltsrecht (N.) diritto (M.) al mantenimento
Unterhaltsvorschuss (M.) anticipazione (F.) di carattere alimentare
Unterhaltszahlung (F.) pagamento (M.) di sussidi, pagamento (M.) alimentare
Unterhaus (N.) camera (F.) bassa, camera (F.) dei comuni
Unterlagen (F.Pl.) documentazione (F.), atti (M.Pl.), materiale (M.), pratica (F.)
Unterlassen (N.) omissione (F.), mancanza (F.) d'azione, non fare (M.), prestazione (F.) di non fare
unterlassen omettere, tralasciare, astenersi
unterlassene Hilfeleistung (F.) omissione (F.) di soccorso
Unterlassung (F.) der Hilfeleistung (F.) omissione (F.) di soccorso
Unterlassung (F.) omissione (F.), non fare (M.)
Unterlassungsanspruch (M.) diritto (M.) alla cessazione degli atti di concorrenza sleale
Unterlassungsdelikt (N.) reato (M.) omissivo
Unterlassungsklage (F.) azione (F.) negatoria
unterliegen soccombere, perdere
Untermiete (F.) sublocazione (F.), subaffitto (M.)
Untermieter (M.) sublocatorio (M.), subconduttore (M.)
Untermietvertrag (M.) contratto (M.) di sublocazione
Unternehmen (N.) impresa (F.), azienda (F.), intrapresa (F.)
Unternehmenstarifvertrag (M.) contratto (M.) collettivo aziendale
Unternehmensverbund (M.) associazione (F.) di imprese, unione (F.) di imprese
Unternehmenszusammenschluss (M.) concentrazione (F.) di imprese, fusione (F.) di imprese
Unternehmer (M.) imprenditore (M.), appaltatore (M.)
Unternehmerpfandrecht (N.) privilegio (M.) dell'appaltatore
Unternehmerwerkvertrag (M.) (Unter-

nehmerwerkvertrag in Italien) appalto (M.), contratto (M.) d'appalto
Unterpacht (F.) subaffitto (M.)
Unterpächter (M.) subaffituario (M.)
Unterpari-Ausgabe (F.) emissione (F.) sotto la pari
Unterricht (M.) insegnamento (M.), lezioni (F.Pl.)
unterrichten insegnare, istruire
untersagen interdire, proibire, vietare
Untersagung (F.) interdizione (F.), proibizione (F.), divieto (M.)
unterscheiden distinguere, differenziare, discernere, differire
Unterscheidung (F.) distinzione (F.), differenziamento (M.), discernimento (M.)
Unterschieben (N.) eines Kindes sostituzione (F.) di neonato, supposizione (F.) di parto
unterschieben attribuire, imputare
Unterschied (M.) differenza (F.)
unterschlagen sottrarre, appropriarsi indebitamente, malversare, frodare
Unterschlagung (F.) appropriazione (F.) indebita, sottrazione (F.), soppressione (F.), malversazione (F.), defraudamento (M.)
Unterschlagung (F.) öffentlicher Gelder peculato (M.)
unterschreiben firmare, sottoscrivere
Unterschrift (F.) firma (F.), sottoscrizione (F.)
Unterstaatssekretär (M.) sottosegretario (M.) di Stato
Unterstützungsempfänger (M.) assistito (M.), sussidiato (M.)
untersuchen esaminare, indagare, istruire
Untersuchung (F.) inchiesta (F.), istruzione (F.), ispezione (F.), verifica (F.), controllo (M.)
Untersuchungsausschuss (M.) commissione (F.) d'inchiesta, commissione (F.) inquirente
Untersuchungsgefangener (M.) persona (F.) sottoposta a custodia cautelare, detenuto (M.) in custodia cautelare
Untersuchungsgrundsatz (M.) principio (M.) inquisitorio, principio (M.) della ricerca della verità materiale
Untersuchungshaft (F.) custodia (F.) cautelare
Untersuchungsrichter (M.) giudice (M.) istruttore, magistrato (M.) inquirente
Untervermächtnis (N.) sublegato (M.)
Unterversicherung (F.) sottoassicurazione (F.), assicurazione (F.) insufficiente
Untervollmacht (F.) subprocura (F.)
Unterwelt (F.) malavita (F.), criminalità (F.)
unterzeichnen firmare, sottoscrivere
Unterzeichnung (F.) sottoscrizione (F.)
untreu infedele, sleale, malfidato
Untreue (F.) malversazione (F.), infedeltà (F.)
Untüchtigkeit (F.) imperizia (F.)
unveräußerlich inalienabile
unvereinbar incompatibile, inconciliabile
Unvereinbarkeit (F.) incompatibilità (F.), inconciliabilità (F.)
unverfolgbar improcedibile
Unverfolgbarkeit (F.) improcedibilità (F.)
unverjährbar imprescrittibile
Unverjährbarkeit (F.) imprescrittibilità (F.)
Unverletzbarkeit (F.) inviolabilità (F.), integrità (F.)
unverletzlich inviolabile
unvermeidbar inevitabile
Unvermeidbarkeit (F.) inevitabilità (F.)
Unvermögen (N.) impossibilità (F.) soggettiva, incapacità (F.), impotenza (F.)
unversetzbar inamovibile
Unversetzbarkeit (F.) inamovibilità (F.)
Unverstand (M.) mancanza (F.) di senso, sconsideratezza (F.)
unvertretbar infungibile, insostenibile
unvertretbare Sache (F.) bene (M.) infungibile
unverzichtbar irrinunciabile, irrinunziabile
Unverzichtbarkeit (F.) irrinunciabilità (F.), irrinunziabilità (F.)
unverzinslich infruttifero, senza interessi
unverzüglich immediato, senza indugio, prontamente
unvollkommen imperfetto, difettoso
unvollkommene Verbindlichkeit (F.) debito (M.) imperfetto, obbligo (M.) imperfetto
unvollständig incompleto, frammentato
Unvollständigkeit incompletezza (F.), frammentarietà (F.), imperfezione (F.)
unvollstreckbar ineseguibile
unvordenklich immemorabile, ab immemorabilis (lat.)
unvordenkliche Verjährung (F.) prescrizione (F.) immemorabile
unvoreingenommen senza pregiudizi, spregiudicato, senza preconcetti

Unvoreingenommenheit (F.) spregiudicatezza (F.), imparzialità (F.), equanimità (F.), assenza (F.) di preconcetti
unvorhersehbar imprevedibile
Unvorhersehbarkeit (F.) imprevedibilità (F.)
unvorsichtig imprudente
Unvorsichtigkeit (F.) imprudenza (F.)
unwählbar ineleggibile
Unwählbarkeit (F.) ineleggibilità (F.)
unwahr falso (Adj.), non vero
Unwahrheit (F.) falsità (F.), falso (M.)
unwahrscheinlich improbabile, inverosimile
Unwahrscheinlichkeit (F.) improbabilità (F.)
Unwesen (N.) abuso (M.), disordine (M.)
unwesentlich irrilevante
unwichtig insignificante, senza importanza
unwiderlegbar inconfutabile, incontestabile
unwiderlegbare Vermutung (F.) presunzione (F.) assoluta, presunzione (F.) iuris et de iure
unwiderruflich irrevocabile
Unwiderruflichkeit (F.) irrevocabilità (F.)
unwillkürlich involontario
unwirksam inefficace, inoperante
Unwirksamkeit (F.) inefficacia (F.)
unwissend ignorante, iganro
Unwissenheit (F.) ignoranza (F.)
unwürdig indegno
Unwürdigkeit (F.) indegnità (F.)
Unzucht (F.) atto (M.) osceno, atto (M.) di libidine
unzüchtig osceno, immorale, impudico
unzüchtige Handlung (F.) atto (M.) osceno
unzulänglich insufficiente, inadeguato, difettoso
Unzulänglichkeit (F.) deficienza (F.), mancanza (F.), insufficienza (F.)
unzulässig inammissibile, irricevibile, illecito
Unzulässigkeit (F.) inammissibilità (F.), irricevibilità (F.), illiceità (F.)
Unzulässigkeitseinrede (F.) eccezione (F.) d'inammissibilità
unzumutbar inesigibile
Unzumutbarkeit (F.) inesigibilità (F.)
unzurechnungsfähig non imputabile, incapace di intendere e di volere
Unzurechnungsfähigkeit (F.) non imputabilità (F.), incapacità (F.) di intendere e di volere
unzuständig incompetente
Unzuständigkeit (F.) incompetenza (F.)
Unzuständigkeitseinrede (F.) eccezione (F.) d'incompetenza
unzuverlässig incerto, non fidato
Unzuverlässigkeit (F.) incertezza (F.), non fidatezza (F.)
unzweckmäßig inopportuno
Unzweckmäßigkeit (F.) inopportunità (F.)
Urabstimmung (F.) consultazione (F.) referendaria, votazione (F.) per corrispondenza
Urfehde (F.) tregua (F.) giurata
Urheber (M.) autore (M.)
Urheberbenennung (F.) indicazione (F.) del vero legittimato passivo
Urheberpersönlichkeit (F.) personalità (F.) dell'autore
Urheberpersönlichkeitsrecht (N.) diritto (M.) morale d'autore
Urheberrecht (N.) diritto (M.) d'autore
urheberrechtlich del diritto d'autore
Urheberschaft (F.) paternità (F.) dell'opera
Urkunde (F.) atto (M.), documento (M.), titolo (M.)
Urkundenbeweis (M.) prova (F.) documentale
Urkundendelikt (N.) falso (M.) in documenti
Urkundenfälschung (F.) falso (M.) in scrittura privata, falso (M.) in atto pubblico, falso (M.) documentale, falsità (F.) in atti, falsificazione (F.) di atti
Urkundenprozess (M.) procedimento (M.) d'ingiunzione, processo (M.) documentale
Urkundenunterdrückung (F.) soppressione (F.) di atti, soppressione (F.) di documenti
Urkundenunterschlagung (F.) sottrazione (F.) di atti, occultamento (M.) di documenti
urkundlich documentale, documentario (Adj.), autentico
Urkundsbeamter (M.) ufficiale (M.) rogante, cancelliere (M.)
Urlaub (M.) ferie (F.Pl.), congedo (M.), vacanza (F.)
Urlaubsentgelt (N.) indennità (F.) per ferie
Urlaubsgeld (N.) sussidio (M.) per le ferie
Urne (F.) urna (F.) elettorale, urna (F.) cineraria
Urproduktion (F.) produzione (F.) di materie prime
Ursache (F.) causa (F.), cagione (F.), motivo (M.), ragione (F.)
ursächlich causale, eziologico

Ursächlichkeitsverhältnis (F.) rapporto (M.) di causalità, nesso (M.) eziologico
Ursächlichkeit (F.) causalità (F.)
Urschrift (F.) atto (M.) originale, originale (M.)
Ursprung (M.) origine (F.), fonte (F.), nascita (F.)
ursprünglich originario, primordiale
ursprüngliche Unmöglichkeit (F.) impossibilità (F.) originaria
Urteil (N.) sentenza (F.), giudicato (M.), verdetto (M.), giudizio (M.)
urteilen giudicare, dare un giudizio, sentenziare
Urteilsabfassung (F.) redazione (F.) della sentenza, stesura (F.) della sentenza
Urteilsanfechtung (F.) impugnazione (F.) di una sentenza
Urteilsbegründung (F.) motivazione (F.) della sentenza
Urteilsbekanntmachung (F.) pubblicazione (F.) della sentenza
Urteilsberatung (F.) deliberazione (F.) della sentenza
Urteilsberichtigung (F.) correzione (F.) della sentenza
Urteilseröffnung (F.) pronuncia (F.) della sentenza
urteilsfähig capace d'intendere
Urteilsfähigkeit (F.) capacità (F.) d'intendere, discernimento (M.)
Urteilsformel (F.) dispositivo (M.) della sentenza
Urteilsgrund (M.) motivazione (F.) della sentenza
Urteilsspruch (M.) dispositivo (M.) della sentenza
Urteilstenor (M.) tenore (M.) della sentenza, dispositivo (M.) della sentenza
Urteilsverkündung (F.) pronuncia (F.) della sentenza, lettura (F.) della sentenza, pubblicazione (F.) della sentenza
Urteilsvollstreckung (F.) esecuzione (F.) della sentenza
Usance (F.) usanza (F.), consuetudine (F.), uso (M.)
Usancenhandel (M.) operazioni (F.Pl.) di cambio
Usurpation (F.) usurpazione (F.)
usurpieren usurpare
Utilitarismus (M.) utilitarismo (M.)

V

Vakanz (F.) vacanza (F.), posto (M.) vacante
Valuta (F.) valuta (F.), divisa (F.) estera, valore (M.)
Vasall (M.) vassallo (M.)
Vater (M.) padre (M.)
Vaterland (N.) patria (F.)
väterlich paterno
väterliche Gewalt (F.) patria potestà (F.), patria potestas (F.) (lat.)
Vatermord (M.) parricidio (M.)
Vaterschaft (F.) paternità (F.)
Vaterschaftsanerkenntnis (N.) riconoscimento (M.) della paternità
Vaterschaftsanerkennung (F.) riconoscimento (M.) della paternità
Vaterschaftsbestreitung (F.) disconoscimento (M.) della paternità
Vaterschaftsfeststellung (F.) accertamento (M.) della paternità
Vaterschaftsfeststellungsverfahren (N.) procedimento (M.) di accertamento della paternità
Vaterschaftsklage (F.) azione (F.) di accertamento della paternità
Vaterschaftsvermutung (F.) presunzione (F.) della paternità
Vatikan (M.) Vaticano (M.)
Vatikanisches Konzil (N.) concilio (M.) vaticano
verabreden convenire, accordare, concordare, pattuire, stabilire, combinare
Verabredung (F.) intesa (F.), accordo (M.), convenzione (F.), patto (M.), appuntamento (M.)
Verabredungsgefahr (F.) pericolo (M.) di collusione, rischio (M.) di collusione
verabschieden approvare, votare, varare
Verabschiedung (F.) eines Gesetzes approvazione (F.) di una legge, varo (M.) di una legge
verächtlichmachen vilipendere
Verächtlichmachung (F.) vilipendio (M.)
verändern cambiare, modificare, mutare, alterare, trasformare
Veränderung (F.) cambiamento (M.), modificazione (F.), alterazione (F.), mutamento (M.), trasformazione (F.), variazione (F.)

veranlagen tassare, fissare l'imponibile, stimare, valutare
Veranlagung (F.) predisposizione (F.), carattere (M.), indole (F.), accertamento (M.) dell'imponibile, imposizione (F.), investimento (M.)
Veranlagungsteuer (F.) tassazione (F.), imposizione (F.)
verantwortlich responsabile (Adj.)
Verantwortlichkeit (F.) responsabilità (F.)
Verantwortung (F.) responsabilità (F.)
verantwortungslos irresponsabile
Verantwortungslosigkeit (F.) irresponsabilità (F.)
verarbeiten trasformare, lavorare
Verarbeitung (F.) elaborazione (F.), lavorazione (F.), trasformazione (F.), specificazione (F.)
veräußern alienare, vendere, spacciare, cedere
Veräußerung (F.) alienazione (F.), vendita (F.), spaccio (M.), cessione (F.)
Veräußerungsverbot (N.) divieto (M.) d'alienazione
verbal verbale, orale
Verbalinjurie (F.) ingiuria (F.) verbale
Verbalkontrakt (M.) contratto (M.) verbale, contratto (M.) orale
Verband (M.) associazione (F.), unione (F.), lega (F.)
Verbandsklage (F.) azione (F.) delle associazioni
Verbandsklagerecht (F.) legittimazione (F.) attiva delle associazioni
Verbandskörperschaft (F.) ente (M.) costituito da persone giuridiche
Verbandstarifvertrag (M.) contratto (M.) collettivo bilateralmente sindacale
verbannen bandire, esiliare, proscrivere
Verbannung (F.) bando (M.), esilio (M.), proscrizione (F.)
verbergen nascondere, dissimulare, occultare
verbessern migliorare, perfezionare
Verbesserung (F.) miglioramento (M.), perfezionamento (M.)
verbieten vietare, proibire, interdire, inibire
verbinden legare, congiungere, collegare, passare
verbindlich obbligatorio, vincolante, impegnativo
Verbindlichkeit (F.) obbligazione (F.), obbligo (M.), obbligatorietà (F.), impegno (M.), debito (M.)
Verbindlichkeiten (F.Pl.) debiti (M.Pl.), passività (F.Pl.)
Verbindung (F.) relazione (F.), associazione (F.), collegamento (M.), connessione (F.)
Verbindung (F.) von Verfahren riunione (F.) di procedimenti
verborgen nascosto, clandestino, occulto
verborgener Mangel (M.) vizio (M.) occulto
Verbot (N.) der Doppelbestrafung divieto (M.) del doppio giudizio, principio (M.) del ne bis in idem
Verbot (N.) divieto (M.), proibizione (F.), interdizione (F.)
verboten vietato, proibito, inibito
verbotene Eigenmacht (F.) atto (M.) di illecita violenza, illegittimo spossessamento (M.)
Verbotsirrtum (M.) errore (M.) sull'antigiuridicità del fatto, errore (M.) di diritto
Verbotsmaßnahme (F.) misura (F.) interdittiva
Verbrauch (M.) consumo (M.), consumazione (F.)
verbrauchbar consumabile
verbrauchbare Sache (F.) bene (M.) consumabile, cosa (F.) consumabile, bene (M.) di consumo
verbrauchen consumare
Verbraucher (M.) consumatore (M.)
Verbraucherdarlehen (N.) credito (M.) al consumo, credito (M.) al consumatore
Verbraucherkredit (M.) credito (M.) al consumo, credito (M.) al consumatore
Verbraucherkreditgesetz (N.) legge (F.) sul credito al consumo
Verbraucherpreis prezzo (M.) al consumo, prezzo (M.) di vendita al dettaglio, prezzo (M.) di vendita al minuto
Verbraucherpreisindex (M.) inidce (M.) dei prezzi al consumo
Verbraucherschutz (M.) tutela (F.) del consumatore
Verbraucherschutzgesetz (N.) legge (F.) sulla tutela dei conusmatori
Verbraucherschutzklage (F.) azione (F.) a tutela dei consumatori, azione (F.) per la tutela dei consumatori
Verbraucherverband (M.) associazione

(F.) di consumatori, associazione (F.) dei consumatori
Verbraucherware (F.) prodotto (M.) di consumo, articolo (M.) di consumo
Verbrauchsgut (N.) bene (M.) di consumo
Verbrauchsgüterkauf (M.) acquisto (M.) di beni di consumo
Verbrauchsteuer (F.) imposta (F.) di consumo
Verbrechen (N.) delitto (M.), crimine (M.)
Verbrechenskonkurrenz (F.) concorso (M.) di reati
Verbrecher (M.) delinquente (M.), criminale (M.)
verbrecherisch delittuoso, criminale (Adj.), criminoso
Verbund (M.) unione (F.), organizzazione (F.), associazione (F.)
verbürgen garantire, avvallare, costituirsi fideiussore
verbüßen espiare, scontare
Verbüßung (F.) espiazione (F.)
Verdacht (M.) sospetto (M.)
verdächtig sospetto (Adj.), dubbio (Adj.), indiziato (Adj.)
verdächtigen sospettare, indiziare
Verdächtiger (M.) indiziato (M.), persona (F.) sospetta
Verdächtigung (F.) sospetto (M.)
verdecken dissimulare, nascondere, mascherare, occultare
verdecktes Rechtsgeschäft (N.) negozio (M.) dissimulato
Verdeckung (F.) dissimulazione (F.), camuffamento (M.), mascheramento (M.)
verdienen guadagnare, meritare
Verdienst (M.) guadagno (M.), emolumento (M.), reddito (M.), stipendio (M.), merito (M.), benemerenza (F.)
Verdienstausfall (M.) mancato guadagno (M.)
Verdikt (N.) verdetto (M.)
verdingen appaltare
Verdingung (F.) aggiudicazione (F.), appalto (M.)
Verdingungsordnung (F.) capitolato (M.) d'appalto
Verdingungsordnung (F.) für Bauleistungen (VOB) regolamento (M.) degli appalti per le opere edili
Verdingungsordnung (F.) für Leistungen (VOL) regolamento (M.) degli appalti di fornitura di beni e di servizi
verdunkeln (verschleiern von Sachverhalten) mascherare i fatti
Verdunkelung (F.) collusione (F.), inquinamento (M.), oscuramento (M.), offuscamento (M.)
Verdunkelungsgefahr (F.) pericolo (M.) di inquinamento delle prove
vereidigen far prestare giuramento
Vereidigung (F.) prestazione (F.) di giuramento
Verein (M.) associazione (F.), club (M.)
vereinbar compatibile, conciliabile
vereinbaren convenire, stipulare, conciliare, pattuire
Vereinbarkeit (F.) compatibilità (F.), conciliabilità (F.)
Vereinbarung (F.) convenzione (F.), accordo (M.), pattuizione (F.), patto (M.), intesa (F.)
vereinen unire, riunire, unificare
vereinfachen semplificare
Vereinfachung (F.) semplificazione (F.)
vereinigt unito
Vereinigte Staaten (M.Pl.) von Amerika Stati (M.Pl.) Uniti d'America
Vereinigung (F.) riunione (F.), associazione (F.), confederazione (F.), confusione (F.), fusione (F.), unione (F.), unificazione (F.)
Vereinigungsfreiheit (F.) libertà (F.) d'associazione, libertà (F.) sindacale
Vereinsfreiheit (F.) libertà (F.) d'associazione
Vereinshaftung (F.) responsabilità (F.) dell'associazione
Vereinsregister (N.) registro (M.) delle associazioni
Vereinte Nationen (F.Pl.) (UNO) Nazioni (F.Pl.) Unite (ONU)
vereiteln impedire, sventare
Vereitelung (F.) impedimento (M.), sventamento (M.)
vererben trasmettere in eredità, lasciare in eredità
Vererbung (F.) trasmissione (F.) in eredità, ereditarietà (F.)
Verfahren (N.) procedimento (M.), procedura (F.), processo (M.), giudizio (M.)
Verfahrensbeteiligter (M.) parte (F.), parte (F.) in causa, parte (F.) nel giudizio

Verfahrensfrage (F.) questione (F.) procedurale, questione (F.) processuale, questione (F.) di rito
Verfahrensgrundsatz (M.) principio (M.) processuale, principio (M.) del processo
Verfahrenshilfe (F.) gratuito patrocinio (M.)
Verfahrenspflegschaft (F.) curatela (F.) speciale del minore in giudizio
Verfahrensrecht (N.) diritto (M.) processuale
verfahrensrechtlich processuale, di diritto processuale, di rito
Verfahrensverschleppung (F.) ostruzionismo (M.) processuale
Verfahrensvorschrift (F.) norma (F.) processuale, norma (F.) di rito, norma (F.) di procedura
Verfall (M.) decadenza (F.), scadenza (F.), decorrenza (F.), deperimento (M.), rovina (F.), confisca (F.) obbligatoria
verfallen decadere, scadere, confiscare
Verfallsdatum data (F.) di scadenza, data (F.) ultima di validità
Verfallsfrist (F.) termine (M.) di decadenza, termine (M.) perentorio, termine (M.) di scadenza
Verfallsklausel (F.) clausola (F.) di decadenza
Verfallspfand (N.) patto (M.) commissorio
verfälschen alterare, falsificare, manipolare, contraffare
Verfälschung (F.) sofisticazione (F.), alterazione (F.), falsificazione (F.), contraffazione (F.), manipolazione (F.)
verfassen redigere, stendere, scrivere, compilare, redarre
Verfasser (M.) autore (M.), estensore (M.), compilatore (M.), redattore (M.)
Verfassung (F.) costituzione (F.), statuto (M.), compilazione (F.)
Verfassungsänderung (F.) riforma (F.) costituzionale, revisione (F.) della costituzione
Verfassungsauslegung (F.) interpretazione (F.) della costituzione
Verfassungsbeschwerde (F.) ricorso (M.) costituzionale, istanza (F.) alla Corte costituzionale
Verfassungsfeind (M.) nemico (M.) della costituzione
verfassungsfeindlich anticostituzionale
verfassungsgebend costituente
verfassungsgebende Gewalt (F.) potere (M.) costituente
verfassungsgebende Versammlung (F.) assemblea (F.) costituente
verfassungsgemäß conforme alla costituzione, statutario
Verfassungsgericht (N.) corte (F.) costituzionale
Verfassungsgerichtshof (M.) corte (F.) costituzionale
Verfassungsgeschichte (F.) storia (F.) costituzionale
Verfassungsgrundsatz (M.) principio (M.) costituzionale
verfassungskonform conforme alla costituzione
verfassungskonforme Auslegung (F.) interpretazione (F.) conforme alla costituzione
Verfassungskontrolle (F.) sindacato (M.) di costituzionalità, controllo (M.) di legittimità costituzionale
verfassungsmäßig costituzionale, costituzionario, costituzionalmente legittimo
verfassungsmäßige Ordnung (F.) ordinamento (M.) costituzionale
Verfassungsorgan (N.) organo (M.) costituzionale
Verfassungsprinzip (N.) principio (M.) costituzionale
Verfassungsrecht (N.) diritto (M.) costituzionale
Verfassungsschutz (M.) tutela (F.) costituzionale, servizio (M.) segreto
Verfassungsstreitigkeit (F.) controversia (F.) costituzionale
Verfassungsurkunde (F.) carta (F.) costituzionale
Verfassungsvorbehalt (M.) riserva (F.) costituzionale, riserva (F.) di legge costituzionale
verfassungswidrig incostituzionale, costituzionalmente illegittimo
Verfassungswidrigkeit (F.) incostituzionalità (F.), illegittimità (F.) costituzionale
verfehlen errare, perdere, mancare
Verfehlung (F.) errore (M.), mancanza (F.)
Verfolg (M.) proseguimento (M.), seguito (M.)
Verfolgbarkeit (F.) perseguibilità (F.)

verfolgen perseguire, sottoporre a procedimento penale, procedere legalmente
Verfolgung (F.) persecuzione (F.), procedimento (M.) penale
Verfolgungsantrag (M.) querela (F.), richiesta (F.)
Verfolgungsermächtigung (F.) autorizzazione (F.) a procedere
Verfolgungsrecht (N.) diritto (M.) d'inseguimento
Verfolgungsverjährung (F.) prescrizione (F.) dell'azione penale
verfrachten noleggiare, trasportare
Verfrachter (M.) noleggiante (M.), armatore (M.)
verfügbar disponibile, in pronto, liquido (Adj.), utilizzabile
verfügbarer Erbteil (M.) quota (F.) disponibile
Verfügbarkeit (F.) disponibilità (F.), liquidità (F.), utilizzabilità (F.)
verfügen ordinare, disporre
Verfügung (F.) decreto (M.), ordinanza (F.), provvedimento (M.), disposizione (F.), disposto (M.), atto (M.) dispositivo, negozio (M.) di disposizione
Verfügung von Todes wegen (F.) disposizione (F.) a causa di morte, disposizione (F.) mortis causa
Verfügungsbefugnis (F.) potere (M.) di disposizione, facoltà (F.) di disporre
Verfügungsberechtiger persona (F.) autorizzata a disporre
verfügungsberechtigt autorizzato a disporre
Verfügungsermächtigung (F.) autorizzazione (F.) a disporre
Verfügungsgeschäft (N.) atto (M.) dispositivo, negozio (M.) di disposizione
Verfügungsgrundsatz (M.) principio (M.) dispositivo
Verfügungsverbot (N.) divieto (M.) di disposizione, divieto (M.) di disporre
verführen sedurre
Verführung (F.) seduzione (F.)
Vergabe (F.) aggiudicazione (F.), assegnazione (F.), conferimento (M.), concessione (F.)
Vergehen (N.) delitto (M.)
vergelten usare rappresaglie, ripagare, retribuire, ricompensare
Vergeltung (F.) rappresaglia (F.), ritorsione (F.), retribuzione (F.)
vergesellschaften pubblicizzare, socializzare, collettivizzare
Vergesellschaftung (F.) pubblicizzazione (F.), socializzazione (F.), collettivizzazione (F.)
vergewaltigen violentare, stuprare, usare violenza carnale
Vergewaltiger (M.) stupratore (M.)
Vergewaltigung (F.) violenza (F.) carnale, stupro (M.)
vergiften avvelenare, intossicare
Vergiftung (F.) avvelenamento (M.)
Vergleich (M.) transazione (F.), accordo (M.) amichevole, conciliazione (F.), componimento (M.) amichevole, paragone (M.), confronto (M.), comparazione (F.), raffronto (M.), concordato (M.) preventivo
vergleichen (sich) accordar(si), transigere, comporre, paragonare, confrontare, comparare, raffrontare, mettere a confronto
Vergleichsmiete (F.) pigione (F.) di riferimento
Vergleichsordnung (F.) regolamento (M.) di concordato
Vergleichsverfahren (N.) procedura (F.) di concordato, concordato (M.) prefallimentare
vergüten indennizzare, retribuire, ricompensare, rimunerare
Vergütung (F.) indennità (F.), indennizzo (M.), retribuzione (F.), ricompensa (F.), rimunerazione (F.)
Vergütungsgefahr (F.) rischio (M.) retributivo
verhaften arrestare, catturare, fermare
Verhaftung (F.) arresto (M.), cattura (F.), fermo (M.)
Verhalten (N.) comportamento (M.), condotta (F.), atteggiamento (M.)
verhalten (sich) comportar(si)
Verhaltenshaftung (F.) responsabilità (F.) da condotta
Verhältnis (N.) relazione (F.), rapporto (M.), proporzione (F.)
verhältnismäßig proporzionale (Adj.), proporzionato
Verhältnismäßigkeit (F.) proporzionalità (F.)
Verhältniswahl (F.) elezione (F.) in base al sistema proporzionale, voto (M.) proporzionale
Verhältniswahlrecht (N.) diritto (M.) di voto proporzionale

verhandeln negoziare, trattare, patteggiare, pattuire, contrattare, discutere, dibattere
Verhandlung (F.) trattativa (F.), negoziato (M.), contrattazione (F.), dibattimento (M.), udienza (F.)
Verhandlungsgebühr (F.) onorario (M.) per assistenza in udienza
Verhandlungsgrundsatz (M.) principio (M.) del contraddittorio
Verhandlungskalender (M.) ruolo (M.) dei dibattimenti
Verhandlungsprotokoll (N.) verbale (M.) di udienza
Verhandlungssaal (M.) sala (F.) d'udienza
verhängen infliggere, comminare, irrogare, decretare, proclamare
Verhängung (F.) proclamazione (F.)
verharmlosen minimizzare
Verharmlosung (F.) minimizzazione (F.)
verherrlichen esaltare, magnificare, glorificare
Verherrlichung (F.) glorificazione (F.), esaltazione (F.), magnificazione (F.)
Verherrlichung (F.) von Gewalt apologia (F.) della violenza
verhindern impedire, evitare, sventare, prevenire
Verhinderung (F.) impedimento (M.)
Verhör (N.) interrogatorio (M.), escussione (F.), esame (M.)
verhören interrogare, escutere, esaminare
verhüten prevenire, sventare, impedire
Verhütung (F.) prevenzione (F.), profilassi (F.), salvaguardia (F.)
Verhütungsmittel (N.) anticoncezionale (F.), contraccettivo (M.)
verjähren prescrivere
Verjährung (F.) prescrizione (F.)
Verjährungsablauf (M.) decorso (M.) della prescrizione
Verjährungsaussetzung (F.) sospensione (F.) della prescrizione
Verjährungsfrist (F.) termine (M.) di prescrizione, periodo (M.) di prescrizione
Verjährungsunterbrechung (F.) interruzione (F.) della prescrizione
Verkauf (M.) einer fremden Sache vendita (F.) di cosa altrui
Verkauf (M.) einer künftigen Sache vendita (F.) di cosa futura
Verkauf (M.) vendita (F.)
verkaufen vendere
Verkäufer (M.) venditore (M.), commesso (M.)
Verkäuferin (F.) venditrice (F.), commessa (F.)
Verkaufskommission (F.) commissione (F.) di vendita
Verkehr (M.) traffico (M.), circolazione (F.), rapporto (M.)
verkehren essere in relazione, frequentare
Verkehrsauffassung (F.) usanza (F.) commerciale, pratica (F.) commerciale
Verkehrsdelikt (N.) infrazione (F.) stradale, reato (M.) stradale, illecito (M.) stradale
Verkehrsgefährdung (F.) messa (F.) in pericolo della sicurezza stradale, attentato (M.) alla sicurezza della circolazione stradale
Verkehrshypothek (F.) ipoteca (F.) ordinaria
Verkehrsmittel (N.) mezzo (M.) di trasporto, mezzo (M.) di comunicazione
Verkehrspflicht (F.) obbligo (M.) nel traffico giuridico
Verkehrspolizei (F.) polizia (F.) stradale
Verkehrsrecht (N.) diritto (M.) delle comunicazioni, diritto (M.) dei trasporti
Verkehrssicherheit (F.) sicurezza (F.) della circolazione stradale, sicurezza (F.) del traffico
Verkehrssitte (F.) uso (M.) commerciale, usanza (F.) commerciale, consuetudine (F.)
Verkehrsstrafrecht (N.) diritto (M.) penale stradale
Verkehrsteuer (F.) imposta (F.) sui trasferimenti, imposta (F.) sugli affari, imposta (F.) di bollo, imposta (F.) di registro
Verkehrsunfall (M.) incidente (M.) stradale
Verkehrsunfallflucht (F.) fuga (F.) del conducente
Verkehrsvorschrift (F.) norma (F.) di circolazione stradale
Verkehrswirtschaft (F.) tasporti (M.Pl.) e comunicazioni (F.Pl.)
Verkehrszeichen (N.) segno (M.) stradale, segnalazione (F.) stradale
Verkehrszentralregister (N.) casellario (M.) centrale della motorizzazione
verklagen convenire in giudizio, citare in giudizio
verklagt convenuto
verklaren fare protesto di mare

Verklarung (F.) protesto (M.) di mare, prova (F.) di fortuna
verkünden promulgare, pronunciare, pubblicare
Verkündung (F.) annunciazione (F.), proclamazione (F.), pubblicazione (F.), promulgazione (F.)
Verkündungsblatt (N.) foglio (M.) di pubblicazione
verkürzen abbreviare, limitare, diminuire, ridurre
verkürzt abbreviato, diminuito, limitato, ridotto
Verkürzung (F.) abbreviazione (F.), diminuzione (F.), riduzione (F.), lesione (F.)
Verkürzung (F.) über die Hälfte lesione (F.) ultra dimidium
verladen caricare
Verladeschein (M.) ricevuta (F.) di carico, bolletta (F.) d'imbarco, certificato (M.) di carico
Verlag (M.) casa (F.) editrice
Verlagsrecht (N.) diritto (M.) editoriale, copyright (M.) (engl.)
verlagsrechtlich di diritto editoriale
Verlagsvertrag (M.) contratto (M.) d'edizione
verlängerbar prorogabile, prolungabile, rinnovabile
verlängern prorogare, prolungare, rinnovare
verlängert prorogato, prolungato, rinnovato
verlängerter Eigentumsvorbehalt (M.) riserva (F.) di proprietà prorogata
Verlängerung (F.) proroga (F.), rinnovazione (F.), prolungazione (F.), prorogazione (F.), rinnovo (M.)
verlassen (V.) abbandonare, lasciare, uscire
Verlassenschaft (F.) massa (F.) ereditaria,eredità (F.)
verlautbaren divulgare, pubblicare, comunicare
verlegen trasferire, traslocare, spostare, pubblicare, rinviare
Verleger (M.) editore (M.)
Verleih (M.) noleggio (M.), prestito (M.), distribuzione (F.)
verleihen prestare, noleggiare, dare in prestito, conferire, concedere
Verleiher (M.) noleggiante (M.), prestatore (M.), comodante (M.)
Verleihung (F.) einer Auszeichnung conferimento (M.) di un'onorificenza
verleiten indurre, spingere
Verleitung (F.) istigazione (F.), induzione (F.)
verlesen dare lettura
Verlesung (F.) lettura (F.)
verletzen ferire, ledere, violare, infrangere, trasgredire
Verletzter (M.) ferito (M.), vittima (F.), persona (F.) offesa dal reato
Verletzung (F.) des Berufsgeheimnisses rivelazione (F.) del segreto professionale, violazione (F.) del segreto professionale
Verletzung (F.) lesione (F.), violazione (F.)
Verletzungsdelikt (N.) reato (M.) di danno
verleugnen negare, smentire, rinnegare
verleumden diffamare, calunniare
Verleumder (M.) diffamatore (M.), calunnia (F.)
Verleumdung (F.) diffamazione (F.) consistente nell'attribuzione di un fatto determinato (F.), calunnia (F.)
verlieren perdere, smarrire
Verlierer (M.) perdente (M.), soccombente (M.)
verloben (sich) fidanzar(si)
Verlöbnis (N.) promessa (F.) di matrimonio, fidanzamento (M.)
Verlobte (F.) fidanzata (F.)
Verlobter (M.) fidanzato (M.)
Verlobung (F.) fidanzamento (M.), promessa (F.) nuziale
verlosen sorteggiare, estrarre a sorte
Verlosung (F.) estrazione (F.), sorteggio (M.)
Verlust (M.) perdita (F.), decadenza (F.), disavanzo (M.), passivo (M.), deficit (M.), smarrimento (M.)
vermachen legare
Vermächtnis (N.) legato (M.)
Vermächtnisnehmer (M.) legatario (M.)
vermählen (sich) sposar(si), coniugar(si)
Vermählung (F.) matrimonio (M.)
vermeidbar evitabile
vermeidbarer Verbotsirrtum (M.) errore (M.) evitabile sul precetto, errore (M.) evitabile sull'antigiuridicità del fatto
vermeiden evitare
Vermeidung (F.) impedimento (M.)
vermeintlich apparente, presunto, putativo
vermeintlicher Rechtstitel (M.) titolo (M.) putativo

vermengen mescolare
Vermengung (F.) commistione (F.), mescolazione (F.)
Vermerk (M.) nota (F.), menzione (F.), annotazione (F.)
vermessen (V.) misurare, commisurare, rilevare
Vermessung (F.) agrimensura (F.), commisurazione (F.), rilevamento (M.)
vermieten locare, affittare, dare in affitto, dare in locazione, dare a noleggio
Vermieter (M.) locatore (M.)
Vermieterpfand (M.) privilegio (M.) del locatore
Vermieterpfandrecht (N.) privilegio (M.) del locatore
Vermietung (F.) locazione (F.), affitto (M.), noleggio (M.)
vermindern diminuire, ridurre, abbassare
vermindert diminuito, ridotto, abbassato
verminderte Schuldfähigkeit (F.) imputabilità (F.) diminuita, semimputabilità (F.)
Verminderung (F.) diminuzione (F.), riduzione (F.), calo (M.), abbassamento (M.)
vermischen mischiare, unire
Vermischung (F.) commistione (F.), confusione (F.)
Vermisstenanzeige (F.) denuncia (F.) di scomparizione
vermitteln fungere da intermediario, fare da mediatore, intermediare, intercedere, conciliare
Vermittler (M.) intermediario (M.), mediatore (M.), sensale (M.)
Vermittlung (F.) mediazione (F.), intervento (M.), intermediazione (F.), interposizione (F.)
Vermittlungsausschuss (M.) commissione (F.) di conciliazione, comitato (M.) di mediazione
Vermögen (N.) capacità (F.), facoltà (F.), patrimonio (M.), beni (M.Pl.)
Vermögensberatung (F.) consulenza (F.) patrimoniale, consulenza (F.) finanziaria
Vermögensbildung (F.) formazione (F.) del patrimonio, formazione (F.) patrimoniale
Vermögensbildungsgesetz (N.) legge (F.) di promozione per la formazione patrimoniale
Vermögensdelikt (N.) delitto (M.) contro il patrimonio
Vermögensminderung (F.) riduzione (F.) patrimoniale, danno (M.) emergente, danno (M.) patrimoniale
Vermögensnachfolge (F.) successione (F.) universale
Vermögenspflegschaft (F.) curatela (F.) del patrimonio, curatela (F.) patrimoniale
Vermögensrecht (N.) diritto (M.) patrimoniale
Vermögensschaden (N.) danno (M.) patrimoniale, lesione (F.) patrimoniale, danno (M.) emergente
Vermögenssorge (F.) amministrazione (F.) del patrimonio del minore da parte dei genitori, amministrazione (F.) dei beni
Vermögensteuer (F.) imposta (F.) sul patrimonio
Vermögensübernahme (F.) rilievo (M.) di beni
Vermögensverfügung (F.) disposizione (F.) patrimoniale
Vermögensverwalter (M.) amministratore (M.) di patrimoni, amministratore (M.) di beni
Vermögensverwaltung (F.) amministrazione (F.) di patrimoni, amministrazione (F.) di beni
Vermögensverzeichnis (N.) inventario (M.) patrimoniale, inventario (M.) di beni
Vermögensvorteil (M.) vantaggio (M.) patrimoniale
vermummen camuffare, mascherare, travisare
vermuten presumere, supporre
vermutlich presunto, supposto
Vermutung (F.) presunzione (F.), supposizione (F.)
vernachlässigen negligere, abbandonare, trascurare
Vernachlässigung (F.) negligenza (F.), abbandono (M.), trascuranza (F.)
vernehmen interrogare, sentire, apprendere
Vernehmung (F.) audizione (F.), interrogatorio (M.), escussione (F.), esame (M.)
Vernichtbarkeit (F.) annullabilità (F.)
vernichten annientare, distruggere, annullare
Vernunft (F.) ragione (F.), ragionevolezza (F.), sensatezza (F.)
vernünftig ragionevole, razionale, sensato
Vernunftrecht (N.) diritto (M.) naturale
veröffentlichen pubblicare
Veröffentlichung (F.) pubblicazione (F.)

verordnen ordinare, prescrivere, decretare
Verordnung (F.) regolamento (M.), ordinanza (F.), decreto (M.)
verpachten affittare, dare in affitto
Verpächter (M.) locatore (M.), appaltatore (M.)
Verpachtung (F.) affitto (M.), locazione (F.)
verpacken confezionare, imballare
Verpackung (F.) confezione (F.), imballaggio (M.)
verpfänden dare in pegno, costituire in pegno
Verpfändung (F.) costituzione (F.) in pegno, pignoramento (M.), dazione (F.) in pegno
verpflichten (sich) obbligar(si), impegnar(si)
verpflichten obbligare, vincolare
Verpflichteter (M.) obbligato (M.)
Verpflichtung (F.) obbligazione (F.), impegno (M.), obbligo (M.), vincolo (M.)
Verpflichtungsgeschäft (N.) negozio (M.) obbligatorio, negozio (M.) di obbligazione
Verpflichtungsklage (F.) azione (F.) di adempimento, azione (F.) per la condanna della pubblica amministrazione a provvedere
Verrat (M.) tradimento (M.)
verraten tradire, rivelare
Verräter (M.) traditore (M.)
Verräterin (F.) traditrice (F.)
verräterisch proditorio, sleale
verrechnen mettere in conto, accreditare
Verrechnung (F.) compensazione (F.), accredito (M.)
Verrechnungsscheck (M.) assegno (M.) da accreditare, assegno (M.) per conteggio
verrichten eseguire, effettuare, compiere
Verrichtung (F.) compimento (M.), esecuzione (F.), adempimento (M.), operazione (F.), disbrigo (M.)
Verrichtungsgehilfe (M.) commesso (M.)
verrucht infame, scellerato (Adj.)
versagen fallire, negare, rifiutare
Versagung (F.) rifiuto (M.), diniego (M.)
Versailler Vertrag (M.) trattato (M.) di Versaglia
versammeln (sich) adunar(si), riunir(si) in assemblea
Versammlung (F.) assemblea (F.), riunione (F.), adunanza (F.)
Versammlungsfreiheit (F.) libertà (F.) di riunione
Versammlungsgesetz (N.) legge (F.) sulle riunioni pubbliche
Versammlungsrecht (N.) diritto (M.) di riunione, diritto (M.) delle assemblee
Versammlungsverbot (N.) divieto (M.) di riunione
Versand (M.) fornitura (F.), spedizione (F.), invio (M.)
Versandhandel (M.) vendita (F.) per corrispondenza, vendita (F.) per catalogo
Versandhaus (N.) ditta (F.) di vendite per corrispondenza, impresa (F.) di spedizioni
versäumen mancare, negligere, perdere, omettere, trascurare
Versäumnis (N.) negligenza (F.), dimenticanza (F.), omissione (F.), trascuranza (F.)
Versäumnisurteil (N.) sentenza (F.) contumaciale
Versäumnisverfahren (N.) procedimento (M.) contumaciale, giudizio (M.) in contumacia, processo (M.) contumaciale
Versäumung (F.) inosservanza (F.), decadenza (F.)
Verschaffen (F.) procurare (M.), procacciare (M.)
verschaffen procurare, procacciare
Verschaffungsvermächtnis (N.) legato (M.) di cosa altrui
verschärfen aggravare, inasprire
Verschärfungsprinzip (N.) principio (M.) del cumulo giuridico delle pene
verschenken regalare
verschieben spostare, differire, rinviare, rimandare, aggiornare, protrarre, procrastinare
Verschiebung rinvio (M.), differimento (M.), spostamento (M.), proroga (F.)
verschiffen imbarcare
Verschlechterungsverbot (N.) principio (M.) del divieto della reformatio in peius
verschleiern dissimulare, camuffare, occultare
Verschleierung (M.) dissimulazione (F.), camuffamento (M.), occultamento (M.)
verschleppen (in die Länge ziehen) tirare per le lunghe, protrarre, deportare
Verschleppung (F.) deportazione (F.), protrazione (F.), ostruzione (F.)
verschleudern svendere, vendere a vil prezzo, dissipare, sperperare, sprecare

verschließen chiudere, sbarrare
Verschluss (M.) chiusura (F.), sigillo (M.), suggellamento (M.)
verschmelzen fondere, fusionare
Verschmelzung (F.) fusione (F.)
verschollen scomparso (Adj.), disperso (Adj.), assente (Adj.)
Verschollenheit (F.) scomparsa (F.), assenza (F.)
Verschulden (N.) bei Vertragsschluss colpa (F.) in contrahendo, responsabilità (F.) precontrattuale, culpa (F.) in contrahendo (lat.)
Verschulden (N.) colpa (F.), colpevolezza (F.), responsabilità (F.)
verschulden (sich) indebitar(si)
verschulden cagionare, causare, provocare, essere colpevole, rispondere
Verschuldenshaftung (F.) responsabilità (F.) extracontrattuale, responsabilità (F.) aquiliana, responsabilità (F.) per fatto illecito
Verschuldensvermutung (F.) presunzione (F.) di colpa
verschwägert affine (Adj.)
verschweigen tacere, passare sotto segreto, essere reticente
Verschweigung (F.) silenzio (M.), reticenza (F.)
verschwenden prodigare, sperperare, sprecare, dissipare
verschwenderisch prodigo
Verschwendung (F.) dissipazione (F.), spreco (M.), sperpero (M.), prodigalità (F.), dilapidazione (F.)
verschwiegen discreto, riservato
Verschwiegenheit (F.) segretezza (F.), discrezione (F.)
Verschwiegenheitspflicht (F.) obbligo (M.) del segreto, dovere (M.) di segretezza
verschwören (sich) cospirare, complottare, congiurare
Verschwörer (M.) congiurato (M.), cospiratore (M.)
Verschwörung (F.) congiura (F.), cospirazione (F.), complotto (M.)
Versehen (N.) svista (F.), sbaglio (M.), errore (M.), inavvertenza (F.)
versehen (V.) (mit) fornire, munire di, corredare di
versehen (V.) (sich) sbagliarsi, errare
versehentlich inavvertitamente, per errore, errroneamente
versehren mutilare, ferire
Versehrtheit (F.) invalidità (F.)
versenden spedire, inviare, mandare, trasportare
Versender (M.) speditore (M.), caricatore (M.), spedizioniere (M.)
Versendung (F.) spedizione (F.), invio (M.), trasporto (M.)
Versendungskauf (M.) vendita (F.) su catalogo, vendita (F.) per corrispondenza
versetzen trasferire, spostare, dare in pegno, vendere
Versetzung (F.) in den Anklagestand messa (F.) in stato d'accusa
Versetzung (F.) trasferimento (M.), spostamento (M.), collocamento (M.)
Versicherer (M.) assicuratore (M.)
versichern assicurare, affermare, asserire
versichert assicurato (Adj.)
Versicherung (F.) an Eides Statt dichiarazione (F.) giurata, affidavit (M.) (lat.)
Versicherung (F.) assicurazione (F.), affermazione (F.), asserzione (F.)
Versicherungsaufsicht (F.) vigilanza (F.) sulle assicurazioni
Versicherungsaufsichtsamt (N.) (Versicherungsaufsichtsamt in Italien) Istituo (M.) nazionale per la vigilanza sulle assicurazioni private e di interesse collettivo (ISVAP), ISVAP (Istituo (M.) nazionale per la vigilanza sulle assicurazioni private e di interesse collettivo)
Versicherungsbedingungen (F.Pl.) condizioni (F.Pl.) di polizza, condizioni (F.Pl.) di assicurazione
Versicherungsberater (M.) consulente (M.) d'assicurazione
Versicherungsbetrug (M.) frode (F.) in assicurazione
Versicherungsfall (M.) caso (M.) d'assicurazione, evento (M.) assicurativo, caso (M.) assicurato
Versicherungsgesellschaft (F.) società (F.) d'assicurazioni, compagnia (F.) d'assicurazioni
Versicherungskarte (F.) tessera (F.) assicurativa
Versicherungsnehmer (M.) assicurato (M.), contraente (M.) dell'assicurazione
Versicherungspflicht (F.) obbligo (M.) assicurativo

Versicherungspolice (F.) polizza (F.), polizza (F.) d'assicurazione
Versicherungsprämie (F.) premio (M.) d'assicurazione
Versicherungsrecht (N.) diritto (M.) delle assicurazioni
Versicherungsschein (M.) polizza (F.), polizza (F.) d'assicurazione
Versicherungssteuer (F.) imposta (F.) sulle assicurazioni
Versicherungssumme (F.) somma (F.) assicurata, capitale (M.) assicurato
Versicherungsträger (M.) ente (M.) assicuratore, assicuratore (M.), società (F.) d'assicurazioni
Versicherungsurkunde (F.) polizza (F.) d'assicurazione, certificato (M.) d'assicurazione
Versicherungsverein (M.) società (F.) di mutua assicurazione
Versicherungsvertrag (M.) contratto (M.) d'assicurazione
Versicherungszwang (M.) obbligo (M.) d'assicurazione, assicurazione (F.) obbligatoria
versiegeln sigillare, apporre i sigilli, suggellare
Versiegelung (F.) sigillatura (F.), apposizione (F.) dei sigilli
versitzen perdere un diritto per usucapione altrui
Versitzung (F.) perdita (F.) di un diritto per usucapione altrui
versöhnen riconciliare, conciliare
Versöhnung (F.) riconciliazione (F.), conciliazione (F.)
versorgen approvvigionare, assistere, mantenere, fornire, alimentare
Versorgung (F.) prestazione (F.) d'assistenza, approvvigionamento (M.), sostentamento (M.), mantenimento (M.), fornitura (F.)
Versorgungsausgleich (M.) conguaglio (M.) delle aspettative previdenziali, perequazione (F.) assistenziale
Versprechen (N.) promessa (F.)
versprechen promettere
Versprechende (F.) promittente (F.)
Versprechender (M.) promittente (M.)
Versprechensempfänger (M.) destinatario (M.) della promessa, beneficiario (M.) di una promessa, stipulante (M.)
verstaatlichen nazionalizzare, statizzare, statalizzare
Verstaatlichung (F.) statalizzazione (F.), nazionalizzazione (F.), statizzazione (F.)
Verstädterung (F.) urbanizzazione (F.)
verständigen comunicare, informare, avvisare
Verständigung (F.) informazione (F.) di garanzia, comunicazione (F.), avviso (M.)
Versteigerer (M.) banditore (M.), venditore (M.) all'asta
versteigern vendere all'asta, vendere all'incanto
Versteigerung (F.) vendita (F.) all'asta, vendita (F.) all'incanto
versterben morire, decedere
verstorben morto (Adj.), defunto (Adj.), deceduto, scomparso
Verstoß (M.) infrazione (F.), offesa (F.), violazione (F.), trasgressione (F.)
verstoßen contravvenire, trasgredire, ripudiare, respingere
verstricken implicare, coinvolgere
Verstrickung (F.) l'essere (M.) sequestrato, l'essere (M.) pignorato
Verstrickungsbruch (M.) sottrazione (F.) di cose sottoposte a sequestro, sottrazione (F.) di cose sottoposte a pignoramento, danneggiamento (M.) di cose sottoposte a sequestro, danneggiamento (M.) di cose sottoposte a pignoramento
verstümmeln mutilare, storpiare
Verstümmelung (F.) mutilazione (F.)
Versuch (M.) tentativo (M.), prova (F.)
versuchen tentare, provare
versuchtes Verbrechen (N.) delitto (M.) tentato
vertagen rinviare, procrastinare, aggiornare
Vertagung (F.) auf unbestimmte Zeit rinvio (M.) sine die
Vertagung (F.) rinvio (M.), procrastinazione (F.), aggiornamento (M.)
verteidigen difendere, patrocinare
Verteidiger (M.) difensore (M.), patrocinatore (M.)
Verteidigung (F.) difesa (F.), patrocinio (M.), reazione (F.)
Verteidigungsfall (M.) stato (M.) di guerra, caso (M.) di guerra
verteilen distribuire, ripartire
Verteilung (F.) distribuzione (F.), ripartizione (F.), riparto (M.), spartizione (F.)

vertikal verticale (Adj.)
vertikaler Finanzausgleich (M.) perequazione (F.) finanziaria verticale, perequazione (F.) finanziaria fra il Bund ed i Länder
Vertrag (M.) contratto (M.), accordo (M.), patto (M.), trattato (M.)
Vertrag (M.) zu Lasten Dritter contratto (M.) a carico di terzi
Vertrag (M.) zugunsten Dritter contratto (M.) a favore di terzi
vertraglich contrattuale, convenzionale
vertragliche Gütergemeinschaft (F.) (vertragliche Gütergemeinschaft in Italien) comunione (F.) convenzionale
Vertragsabschluss (M.) stipulazione (F.) di contratto, conclusione (F.) del contratto
vertragsähnlich quasicontrattuale
Vertragsanfechtung (F.) impugnazione (F.) del contratto
Vertragsanpassung (F.) rettifica (F.) del contratto
Vertragsauflösung (F.) risoluzione (F.) del contratto
Vertragsauslegung (F.) interpretazione (F.) del contratto
Vertragsautonomie (F.) libertà (F.) contrattuale, autonomia (F.) contrattuale
Vertragsbedingung (F.) condizione (F.) del contratto, condizione (F.) contrattuale, clausola (F.)
Vertragsbeitritt (M.) adesione (F.) ad un contratto
Vertragsbestandteil (N.) elemento (M.) del contratto
Vertragsbruch (M.) inadempienza (F.) contrattuale, rottura (F.) di contratto, violazione (F.) contrattuale
vertragsbrüchig inadempiente
Vertragsfreiheit (F.) libertà (F.) contrattuale
Vertragshaftung (F.) responsabilità (F.) contrattuale
Vertragshändler (M.) concessionario (M.)
Vertragspartei (F.) parte (F.) contrattuale, contraente (M.)
Vertragspartner (M.) contraente (M.), controparte (F.), parte (F.) contraente
Vertragspflicht (F.) obbligazione (F.) contrattuale, obbligo (M.) contrattuale
Vertragspflichtverletzung (F.) violazione (F.) dell'obbligo contrattuale
Vertragsrecht (N.) diritto (M.) contrattuale
vertragsschließende Partei (F.) parte (F.) contraente, parte (F.) stipulante
Vertragsschluss (M.) conclusione (F.) di contratto, stipulazione (F.) di contratto
Vertragsstrafe (F.) pena (F.) convenzionale, penale (F.), clausola (F.) penale
Vertragsübernahme (F.) rilievo (M.) di contratto, cessione (F.) di contratto, successione (F.) nel contratto
Vertragsurkunde (F.) documento (M.) contrattuale, atto (M.) contrattuale
Vertragsverhältnis (N.) rapporto (M.) contrattuale
Vertragsverhandlung (F.) trattativa (F.) contrattuale
Vertragsverlängerung (F.) proroga (F.) del contratto
Vertragsverletzung (F.) violazione (F.) del contratto, violazione (F.) del trattato
vertragswidrig contrario al contratto, non conforme al contratto
Vertragswidrigkeit (F.) contrarietà (F.) al contratto, inadempienza (F.)
Vertrauen (N.) fiducia (F.)
vertrauen confidare, avere fiducia
Vertrauensarzt (M.) medico (M.) di fiducia
Vertrauensbruch (M.) abuso (M.) di fiducia
Vertrauensfrage (F.) questione (F.) di fiducia, mozione (F.) di fiducia
Vertrauensgrundsatz (M.) principio (M.) di affidamento
Vertrauenshaftung (F.) responsabilità (F.) per affidamento
Vertrauensinteresse (N.) interesse (M.) negativo
Vertrauensmann (M.) uomo (M.) di fiducia
Vertrauensschaden (N.) lesione (F.) dell' interesse negativo
Vertrauensschutz (M.) tutela (F.) dell'affidamento
Vertrauensstellung (F.) posizione (F.) di fiducia, posizione (F.) di garanzia
Vertrauensvotum (N.) voto (M.) di fiducia
vertraulich confidenziale, riservato, segreto (Adj.)
Vertraulichkeit (F.) riservatezza (F.), confidenze (F.Pl.)
vertreiben espellere, spacciare, vendere
Vertreibung (F.) espulsione (F.), spaccio (M.) di merci

vertretbar fungibile, sostenibile, giustificabile
vertretbare Handlung (F.) prestazione (F.) fungibile
vertretbare Sache (F.) bene (M.) fungibile
vertreten (Adj.) rappresentato, patrocinato
vertreten (V.) rappresentare, sostituire, fare le veci, supplire, difendere
vertreten müssen essere responsabile
Vertretenmüssen (N.) responsabilità (F.)
Vertreter (M.) rappresentante (M.), agente (M.), delegato (M.), sostituto (M.), supplente (M.)
Vertretergeschäft (N.) negozio (M.) delegato, negozio (M.) concluso dal rappresentante
Vertretung (F.) rappresentanza (F.), agenzia (F.), delegazione (F.), sostituzione (F.), supplenza (F.)
Vertretungsbefugnis (F.) potere (M.) di rappresentanza
Vertretungsmacht (F.) potere (M.) di rappresentanza, facoltà (F.) di rappresentanza
Vertretungsmissbrauch (M.) abuso (M.) di potere di rappresentanza
Vertretungswille (M.) volontà (F.) di rappresentanza
Vertretungszwang (M.) rappresentanza (F.) obbligatoria, patrocinio (M.) obbligatorio
Vertrieb (M.) distribuzione (F.), commercio (M.), vendita (F.), spaccio (M.), smercio (M.)
Vertriebener (M.) espulso (M.), rifugiato (M.), profugo (M.)
Vertriebsrecht (N.) diritto (M.) di diffusione, diritto (M.) di vendita
verüben commettere, perpetrare, compiere
Verübung (F.) commissione, perpetrazione (F.), compimento (M.)
verunglimpfen vilipendere, offendere, oltraggiare, diffamare
Verunglimpfung (F.) vilipendio (M.), offesa (F.), oltraggio (M.), diffamazione (F.)
veruntreuen appropriarsi indebitamente, malversare, prevaricare
Veruntreuung (F.) appropriazione (F.) indebita, peculato (M.), malversazione (F.)
verursachen causare, cagionare, provocare
Verursacher (M.) autore (M.), agente (M.)
Verursachung (F.) causalità (F.), cagione (F.)
verurteilen condannare
Verurteilung (F.) sentenza (F.) di condanna, condanna (F.)
vervielfältigen riprodurre, moltiplicare, copiare
Vervielfältigung (F.) riproduzione (F.), duplicazione (F.), moltiplicazione (F.)
verwahren custodire, conservare, amministrare
Verwahrer (M.) custode (M.), depositario (M.), conservatore (M.)
Verwahrlosung (F.) abbandono (M.), depravazione (F.), traviamento (M.)
Verwahrung (F.) custodia (F.), deposito (M.), protesta (F.)
Verwahrungsbruch (M.) violazione (F.) della pubblica custodia di cose
Verwahrungsvertrag (M.) contratto (M.) di deposito
verwalten amministrare, gestire, ricoprire
Verwalter (M.) amministratore (M.), gestore (M.), economo (M.), fattore (M.)
Verwaltung (F.) amministrazione (F.), gestione (F.)
Verwaltungsakt (M.) atto (M.) amministrativo, provvedimento (M.) amministrativo
Verwaltungsbehörde (F.) autorità (F.) amministrativa, ente (M.) amministrativo, amministrazione (F.)
Verwaltungsgebühr (F.) tassa (F.) amministrativa
Verwaltungsgeldbuße (F.) sanzione (F.) pecuniaria amministrativa
Verwaltungsgemeinschaft (F.) unione (F.) amministrativa
Verwaltungsgericht (N.) tribunale (M.) amministrativo
Verwaltungsgerichtsbarkeit (F.) giustizia (F.) amministrativa, giurisdizione (F.) amministrativa
Verwaltungsgerichtshof (M.) corte (F.) amministrativa
Verwaltungsgerichtsordnung (F.) ordinamento (M.) giudiziario amministrativo
Verwaltungshandeln (N.) attività (M.) dell'amministrazione, attività (F.) amministrativa
Verwaltungskosten (F.Pl.) spese (F.Pl.) d'amministrazione, spese (F.Pl.) amministrative, spese (F.Pl.) di gestione
Verwaltungsprivatrecht (N.) diritto (M.) privato applicabile all'amministrazione
Verwaltungsprozess (M.) processo (M.) amministrativo, giudizio (M.) amministrativo

Verwaltungsprozessrecht (N.) diritto (M.) processuale amministrativo
Verwaltungsrat (M.) consiglio (M.) d'amministrazione
Verwaltungsrecht (N.) diritto (M.) amministrativo
verwaltungsrechtlicher Vertrag (M.) contratto (M.) di diritto pubblico, contratto (M.) della pubblica amministrazione
Verwaltungsreform (F.) riforma (F.) amministrativa, riforma (F.) burocratica
Verwaltungsstrafrecht (N.) diritto (M.) penale amministrativo
Verwaltungsträger (M.) organo (M.) amministrativo
Verwaltungstreuhänderschaft (F.) amministrazione (F.) fiduciaria
Verwaltungsübertretung (F.) illecito (M.) amministrativo, contravvenzione (F.) amministrativa
Verwaltungsunrecht (N.) illecito (M.) amministrativo
Verwaltungsverfahren (N.) procedimento (M.) amministrativo
Verwaltungsvermögen (N.) demanio (M.) pubblico, patrimonio (M.) pubblico
Verwaltungsverordnung (F.) regolamento (M.) amministrativo, regolamento (M.) interno
Verwaltungsvertrag (M.) contratto (M.) di gestione
Verwaltungsvollstreckung (F.) esecuzione (F.) amministrativa
Verwaltungsvollstreckungsgesetz (N.) legge (F.) sull'esecuzione amministrativa
Verwaltungsvorschrift (F.) norma (F.) amministrativa, disposizione (F.) amministrativa
Verwaltungszustellung (F.) notificazione (F.) amministrativa
Verwaltungszwang (M.) coercizione (F.) amministrativa
verwandt congiunto (Adj.), parente (Adj.), imparentato
Verwandter (M.) parente (M.), membro (M.) della famiglia, congiunto (M.)
Verwandtschaft (F.) parentela (F.), parentado (M.), consanguineità (F.)
verwandtschaftlich parentale, di parente
verwarnen ammonire, diffidare, avvertire
Verwarnung (F.) ammonizione (F.), ammonimento (M.), diffida (F.), avvertimento (M.)
Verwarnungsgeld (N.) ammenda (F.), sanzione (F.) pecuniaria amministrativa
verwechseln confondere, scambiare
Verwechslung (F.) scambio (M.), sostituzione (F.), confusione (F.)
verweigern rifiutare, negare, denegare, ricusare
Verweigerung (F.) rifiuto (M.), diniego (M.), ricusazione (F.)
Verweis (M.) rinvio (M.), rimando (M.), richiamo (M.), censura (F.), ammonizione (F.), biasimo (M.)
verweisen rinviare, rimandare, richiamare, ammonire
Verweisung (F.) rinvio (M.), rimessione (F.), rimando (M.), riferimento (M.)
Verweltlichung (F.) laicizzazione (F.)
verwenden impiegare, utilizzare, usare, applicare
Verwendung (F.) impiego (M.), uso (M.), utilizzazione (F.)
verwerfen rigettare, respingere
verwerflich turpe, ignobile, riprovevole, spregevole, disprezzabile
Verwerfung (F.) rigetto (M.), reiezione (F.), ricusa (F.)
verwertbar utilizzabile, realizzabile, mobilizzabile
verwerten realizzare, utilizzare, sfruttare, valorizzare
Verwertung (F.) realizzazione (F.), realizzo (M.), sfruttamento (M.), valorizzazione (F.)
Verwertungsrecht (M.) diritto (M.) patrimoniale d'autore
Verwertungsverbot (N.) divieto (M.) di utilizzare, divieto (M.) di utilizzazione
verwesen amministrare, curare, provvedere, putrefarsi, imputridire, decomporre
Verweser (M.) amministratore (M.), provveditore (M.), sostituto (M.)
verwirken perdere, decadere
verwirklichen realizzare
Verwirklichung (F.) realizzazione (F.), attuazione (F.), effettuazione (F.)
Verwirkung (F.) decadenza (F.), perdita (F.)
Verwirkung (F.) decadenza (F.), perenzione (F.), perdita (F.)
Verwirkungsklausel (F.) clausola (F.) di decadenza

verwunden ferire
verzeichnen elencare, inventariare, catalogare, registrare
Verzeichnis (N.) elenco (M.), registro (M.), repertorio (M.), catalogo (M.), inventario (M.)
verzeihen perdonare, condonare
Verzeihung (F.) perdono (M.), scusa (F.), condono (M.)
Verzicht (M.) rinuncia (F.), rinunzia (F.), abbandono (M.)
verzichten rinunciare, rinunziare, fare a meno
Verzichtserklärung (F.) dichiarazione (F.) di rinuncia, dichiarazione (F.) d'abbandono
Verzichtsurteil (N.) sentenza (F.) di rinuncia
verzinsen corrispondere interessi, fruttare interessi
Verzinsung (F.) pagamento (M.) di interessi, rendimento (M.), tasso (M.) d'interessi
verzögern ritardare, differire, indugiare, protrarre
Verzögerung (F.) ritardo (M.), indugio (M.), protrazione (F.)
verzollen sdoganare, sdaziare, doganare
Verzug (M.) mora (F.), remora (F.), ritardo (M.)
Verzugszinsen (M.Pl.) interessi (M.Pl.) moratori
Veto (N.) veto (M.)
Vetter (M.) cugino (M.)
Vetternwirtschaft (F.) nepotismo (M.)
Vieh (N.) bestiame (M.), animali (M.Pl.)
Viehkauf (M.) vendita (F.) di animali
viel molto
Vielweiberei (F.) poligamia (F.)
Vierteljahr (N.) trimestre (M.)
vierteljährlich trimestrale
Viktimologie (F.) vittimologia (F.)
Vindikation (F.) rivendicazione (F.)
Vindikationslegat (N.) legato (M.) di specie, legatum (M.) per vindicationem (lat.)
Vindikationszession (F.) cessione (F.) dell'azione di rivendicazione
vindizieren rivendicare
vinkulieren vincolare
vinkulierte Namensaktie (F.) azione (F.) nominativa vincolante
Vinkulierung (F.) vincolo (M.)
vis (F.) maior (lat.) (höhere Gewalt) forza (F.) maggiore, vis (F.) maior (lat.)
Visum (N.) visto (M.)
Vivisektion (F.) vivisezione (F.)
Vizekanzler (M.) vicecancelliere (M.)
Vizekönig (M.) vicerè (M.)
Vizekönigin (F.) viceregina (F.)
Vizepräsident (M.) vicepresidente (M.)
V-Mann (M.) informante (M.), informatore (M.) confidenziale, confidente (M.) della polizia
VOB (F.) (Verdingungsordnung für Bauleistungen) capitolato (M.) generale
vogelfrei proscritto (Adj.), bandito (Adj.), fuorilegge (Adj.)
Volk (N.) popolo (M.)
Völkerbund (M.) Società (F.) delle Nazioni
Völkergewohnheitsrecht (N.) diritto (M.) internazionale consuetudinario, consuetudine (F.) internazionale
Völkermord (M.) genocidio (M.)
Völkerrecht (N.) diritto (M.) internazionale pubblico
Völkerrechtssubjekt (N.) soggetto (M.) di diritto internazionale, soggetto (M.) internazionale
Völkerstrafrecht (N.) diritto (M.) penale internazionale
Völkervertragsrecht (F.) diritto (M.) dei trattati internazionali
Volksabstimmung (F.) referendum (M.), referendum (M.) popolare, plebiscito (M.)
Volksbank (F.) banca (F.) popolare
Volksbegehren (N.) iniziativa (F.) popolare
Volksdemokratie (F.) democrazia (F.) popolare
Volksentscheid (M.) referendum (M.), plebiscito (M.)
Volkshochschule (F.) università (F.) popolare
Volkspartei (M.) partito (M.) popolare, partito (M.) di massa
Volksschule (F.) scuola (F.) elementare
Volkssouveränität (F.) sovranità (F.) popolare
Volksverhetzung (F.) incitamento (M.) alla guerra, istigazione (F.) all'odio
Volksversammlung (F.) assemblea (M.) popolare
Volksvertreter (M.) rappresentante (M.) popolare
Volksvertretung (F.) rappresentanza (F.) popolare
Volkswirtschaft (F.) economia (F.) nazionale

Volkszählung (F.) censimento (M.)
voll pieno, completo, integrale
Vollbeschäftigung (F.) piena occupazione (F.), pieno impiego (M.)
vollenden terminare, finire, concludere, compiere, perfezionare, completare
Vollendung (F.) compimento (M.), perfezionamento (M.), completamento (M.), consumazione (F.)
volljährig maggiorenne (Adj.)
Volljähriger (M.) maggiorenne (M.), maggiore (M.) d'età
Volljährigkeit (F.) maggiore età (F.)
Volljurist (M.) (Volljurist in Deutschland) assessor (M.) juris (lat.), giurista (M.) a pieno titolo
Vollkaskoversicherung (F.) assicurazione (F.) contro tutti i rischi
Vollkaufmann (M.) imprenditore (M.)
Vollmacht (F.) procura (F.), mandato (M.), autorizzazione (F.), delega (F.)
Vollmachtsurkunde (F.) procura (F.), atto (M.) di procura
Vollrausch (M.) ubriachezza (F.) manifesta, ubriachezza (F.) piena
vollständig completo, intero, compiuto, integrale, per esteso
vollstreckbar esecutivo (Adj.), esecutorio, eseguibile
vollstreckbare Urkunde (F.) titolo (M.) esecutivo, atto (M.) esecutivo
Vollstreckbarkeit (F.) esecutività (F.), esecutorietà (F.), eseguibilità (F.)
vollstrecken eseguire
Vollstrecker (M.) esecutore (M.)
Vollstreckung (F.) esecuzione (F.)
Vollstreckungsanordnung (F.) mandato (M.) di esecuzione
Vollstreckungsbeamter (M.) ufficiale (M.) giudiziario
Vollstreckungsbefehl (M.) ordine (M.) di esecuzione, ingiunzione (F.) d'esecuzione, mandato (M.) esecutivo
Vollstreckungsbescheid (M.) decreto (M.) di esecutorietà
Vollstreckungserinnerung (F.) opposizione (F.) agli atti esecutivi
Vollstreckungsgegenklage (F.) ricorso (M.) d'opposizione all'esecuzione
Vollstreckungsgericht (N.) giudice (M.) dell'esecuzione
Vollstreckungsgläubiger (M.) creditore (M.) procedente all'esecuzione
Vollstreckungsklausel (F.) formula (F.) esecutiva
Vollstreckungsorgan (N.) organo (M.) dell'esecuzione
Vollstreckungsschuldner (M.) debitore (M.) esecutato, debitore (M.) sottoposto all'esecuzione
Vollstreckungsschutz (M.) tutela (F.) contro l'esecuzione forzata
Vollstreckungstitel (M.) titolo (M.) esecutivo
Vollstreckungsurteil (N.) sentenza (F.) esecutiva, exequatur (M.), sentenza (F.) di esecutorietà, sentenza (F.) di delibazione di decisioni straniere
Vollstreckungsvereitelung (F.) mancata esecuzione (F.) dolosa di un provvedimento del giudice
Vollstreckungsverfahren (N.) procedimeno (M.) d'esecuzione, processo (M.) d'esecuzione, procedura (F.) esecutiva, processo (M.) di esecuzione
Vollstreckungsverjährung (F.) prescrizione (F.) della pena
Vollstreik (M.) sciopero (M.) generale, sciopero (M.) totale
Volltrunkenheit (F.) ubriachezza (F.) piena
Vollurteil (N.) sentenza (F.) totale
vollzählig in numero legale, completo
Vollzähligkeit (F.) numero (M.) legale
vollziehen eseguire, effettuare, celebrare
Vollziehung (F.) esecuzione (F.), consumazione (F.), effettuazione (F.), perpetrazione (F.)
Vollzug (M.) esecuzione (F.), esecuzione (F.) della pena detentiva
Vollzugsanstalt (F.) istituto (M.) penitenziario, stabilimento (M.) penitenziario, pentitenziario (M.)
Vollzugsbeamter (M.) funzionario (M.) delle esecuzioni, operatore (M.) penitenziario
Vollzugsbehörde (M.) polizia (F.) penitenziaria
Vollzugsdienst (M.) attività (F.) della polizia penitenziaria
Vollzugsnorm (F.) norma (F.) di esecuzione, norma (F.) di attuazione
Vollzugspolizei (F.) polizia (F.) penitenziaria
Vollzugsverordnung (F.) regolamento (M.) di attuazione, regolamento (M.) d'esecuzione

Volontär (M.) praticante (M.), volontario (M.)
Volontariat (N.) volontariato (M.), stage (M.)
Volontariatszeit (F.) periodo (M.) di volontariato, periodo (M.) di stage
Volumen (N.) volume (M.), entità (F.), quantità (F.), mole (F.)
vom Hörensagen per sentito dire, de auditu (lat.), de relato (lat.)
von Amts wegen d'ufficio, ex officio (lat.), ufficialmente
vorab preliminare, preparatorio, preventivo (Adj.)
Vorabentscheidung (F.) decisione (F.) preliminare, decisione (F.) interlocutoria
Vorabsterben (N.) premorienza (F.)
Voranfrage (F.) domanda (F.) preventiva
vorangegangenes Tun (N.) precedente attività (F.) propria
vorangehen precedere
vorangehend precedente (Adj.)
voranmelden preavvisare, prenotare
Voranmeldung (F.) preavviso (M.), prenotazione (F.)
Voranschlag (M.) preventivo (M.), stato (M.) di previsione, bilancio (M.) preventivo, bilancio (M.) di previsione
Voraus (M.) diritto (M.) del coniuge superstite ai mobili e ai doni nuziali che non vengono imputati alla massa ereditaria
Vorausabtretung (F.) cessione (F.) anticipata
Vorausklage (F.) escussione (F.), citazione (F.) preventiva
voraussehbar prevedibile
Voraussehbarkeit (F.) prevedibilità (F.)
Voraussetzung (F.) presupposto (M.)
Vorausvermächtnis (N.) prelegato (M.)
Vorauszahlung (F.) pagamento (M.) anticipato
Vorbedacht (M.) premeditazione (F.)
vorbedacht premeditato
Vorbedingung (F.) condizione (F.) preliminare
Vorbehalt (M.) der Inventarerrichtung beneficio (M.) d'inventario
Vorbehalt (M.) riserva (F.)
vorbehalten riservare, apporre una riserva
vorbehaltlich fermo, salvo, con riserva di
vorbehaltlos senza riserve
Vorbehaltsgut (N.) beni (M.Pl.) parafernali, beni (M.Pl.) dotali
Vorbehaltsurteil (N.) sentenza (F.) provvisoria di condanna, sentenza (F.) di condanna con riserva
vorbereiten preparare, elaborare, predisporre
Vorbereitung (F.) preparazione (F.), elaborazione (F.), predisposizione (F.)
Vorbereitungsdienst (M.) servizio (M.) preparatorio, servizio (M.) di prova
Vorbereitungshandlung (F.) atto (M.) preparatorio
Vorbescheid (M.) decisione (F.) amministrativa preliminare, ordinanza (F.) di rigetto
vorbestellen prenotare
Vorbestellung (F.) prenotazione (F.)
vorbestraft pregiudicato (Adj.)
vorbestraft sein avere precedenti penali
Vorbeugehaft (F.) misura (F.) cautelare
vorbeugen prevenire
vorbeugend preventivo (Adj.)
vorbeugende Maßnahme (F.) misura (F.) di prevenzione, misura (F.) preventiva, misura (F.) di precauzione
Vorbeugungsverfahren (N.) (Vorbeugungsverfahren in Italien) procedimento (M.) di prevenzione
Vorbringen (N.) allegazione (F.)
vorbringen addurre, produrre, allegare
Vorbürge (M.) fideiussore (M.) precedente
Vordermann (M.) esecutore (M.) materiale
vordringlich urgente
Vordruck (M.) modulo (M.), formulario (M.)
Voreid (M.) giuramento (M.) prestato prima della deposizione
voreingenommen prevenuto
vorenthalten ritenere, tacere qc a qn
Vorenthaltung (F.) detenzione (F.) illecita, ritenzione (F.)
Vorerbe (M.) primo istituito (M.), erede (M.) gravato di sostituzione
Vorerbschaft (F.) eredità (F.) gravata di sostituzione
Vorerhebung (F.) indagine (F.) preliminare, sondaggio (M.) preparatorio, prelevamento (M.)
Vorermittlung (F.) indagine (F.) preliminare
vorerwähnt predetto, suddetto, su indicato, sopra menzionato
Vorfahre (M.) avo (M.), antenato (M.), ascendente (M.)
Vorfahrt (F.) precedenza (F.)

Vorfall (M.) accadimento (M.), evento (M.), fatto (M.)
Vorfrage (F.) questione (F.) pregiudiziale, questione (F.) preliminare
vorführen accompagnare, presentare, protare davanti
Vorführung (F.) vor Gericht accompagnamento (M.) coattivo davanti al giudice
Vorführungsbefehl (M.) ordine (M.) di accompagnamento coattivo, ordine (M.) di comparizione forzata
Vorgänger (M.) predecessore (M.)
Vorgehen (N.) modo (M.) di procedere, procedere (M.), procedimento (M.)
vorgehen precedere, procedere, agire
vorgelagerte Beweisaufnahme (M.) incidente (M.) probatorio
Vorgesellschaft (F.) società (F.) in formazione
Vorgesetzter (M.) superiore (M.), superiore (M.) gerarchico
Vorhaben (M.) proposito (M.), intenzione (F.), progetto (M.), iniziativa (F.)
Vorhalt (M.) contestazione (F.)
Vorherrschaft (F.) egemonia (F.), predominio (M.), preminenza (F.)
vorhersehbar prevedibile
Vorhersehbarkeit (F.) prevedibilità (F.)
vorhersehen prevedere
Vorkauf (M.) prelazione (F.)
Vorkaufsrecht (N.) diritto (M.) di prelazione
vorladen citare, intimare, intimare a comparire
Vorladung (F.) citazione (F.), intimazione (F.), mandato (M.) di comparizione, ordine (M.) di comparizione
Vorlage (F.) presentazione (F.), produzione (F.), esibizione (F.), progetto (M.), disegno (M.)
Vorlagefrist (F.) termine (M.) di presentazione
Vorlageverfahren (N.) ricorso (M.) in via incidentale alla corte costituzionale
vorläufig provvisorio, ad interim (lat.), temporaneo, transitorio
vorläufige Einstellung (F.) sospensione (F.) provvisoria
vorläufige Festnahme (F.) arresto (M.) di polizia, fermo (M.) di polizia
vorläufige Vollstreckbarkeit (F.) esecutorietà (F.) provvisoria, esecutività (F.) provvisoria
vorläufiger Rechtsschutz (M.) tutela (F.) provvisoria
vorlegen presentare, esibire, produrre
Vorlegung (F.) presentazione (F.), esibizione (F.), produzione (F.)
Vorlegungspflicht (F.) obbligo (M.) di presentazione
Vorleistung (F.) prestazione (F.) anticipata
Vorleistungspflicht (F.) obbligo (M.) di prestazione anticipata
vormerken prenotare, riservare, annotare
Vormerkung (F.) trascrizione (F.) condizionale, iscrizione (F.) preliminare, prenotazione (F.), annotazione (F.)
Vormund (M.) tutore (M.)
Vormundschaft (F.) tutela (F.)
Vormundschaftsgericht (N.) giudice (M.) tutelare
Vormundschaftsrichter (M.) giudice (M.) tutelare
Vornahme (F.) compimento (M.), attuazione (F.), esecuzione (F.)
Vornahmeklage (F.) azione (F.) di adempimento
Vorname (M.) prenome (M.), nome (M.)
vornehmen fare, intraprendere, effettuare, svolgere
Vorpfändung (F.) preavviso (M.) di pignoramento
Vorprüfung (F.) esame (M.) preliminare
Vorprüfungsverfahren (N.) procedimento (M.) d'esame preliminare
Vorrang (M.) des Gesetzes preferenza (F.) della legge, prevalenza (F.) della legge
Vorrang (M.) prevalenza (F.), preferenza (F.), privilegio (M.), priorità (F.), grado (M.) precedente
vorrangig prioritario
Vorrat (M.) provvista (F.), scorta (F.), lotto (M.), riserva (F.)
Vorratsschuld (F.) obbligazione (F.) di genere limitata
Vorrecht (N.) privilegio (M.), prerogativa (F.)
Vorruhestand (M.) prepensionamento (M.)
Vorsatz (M.) dolo (M.), intenzione (F.), proposito (M.)
vorsätzlich doloso, intenzionale
Vorsatzschuld (F.) colpevolezza (F.) dolosa
Vorschlag (M.) proposta (F.), offerta (F.), suggerimento (M.), progetto (M.)

vorschlagen proporre
vorschreiben prescrivere, imporre, ordinare, precettare
Vorschrift (F.) prescrizione (F.), norma (F.), disposizione (F.), precetto (M.)
vorschriftsmäßig regolare, rituale, conforme alle prescrizioni
vorschriftswidrig irregolare, contrario alle prescrizioni
Vorschuss (M.) anticipo (M.)
Vorschusszahlung (F.) pagamento (M.) anticipato
Vorsichtsmaßnahme (F.) misura (F.) cautelare, misura (F.) precauzionale, cautela (F.), precauzione (F.)
Vorsitz (M.) presidenza (F.)
Vorsitzende (F.) presidente (F.)
Vorsitzender (M.) presidente (M.)
Vorsitzer (M.) presidente (M.)
Vorsorge (F.) previdenza (F.)
vorsorgen provvedere, cautelare
vorspiegeln simulare, ingannare
Vorspiegelung (F.) simulazione (F.), inganno (M.), finzione (F.)
Vorspruch (M.) preambolo (M.)
Vorstand (M.) presidente (M.), capo (M.), comitato (M.) di direzione, comitato (M.) esecutivo, consiglio (M.) di presidenza
Vorstandsvorsitzender (M.) presidente (M.), presidente (M.) del comitato direttivo, presidente (M.) del consiglio direttivo
Vorsteher (M.) direttore (M.)
Vorstellungsmitteilung (F.) dichiarazione (F.) di scienza
Vorstiftung (F.) fondazione (F.) non registrata
Vorstrafe (F.) condanna (F.) anteriore, precedenti (M.Pl.) penali, precedenti (M.Pl.) giudiziari
Vortat (F.) antefatto (M.)
Vortäuschen einer Straftat (N.) simulazione (F.) di reato
vortäuschen simulare, dissimulare, fingere
Vortäuschung (F.) simulazione (F.)
Vorteil (M.) vantaggio (M.), profitto (M.), convenienza (F.)
vorteilhaft vantaggioso, conveniente, proficuo
Vorteilsannahme (F.) corruzione (F.) passiva impropria
Vorteilsausgleichung (F.) compensatio (F.) lucri cum damno (lat.)
Vorteilsgewährung (F.) corruzione (F.) attiva
Vorteilsverschaffungsabsicht (F.) intenzione (F.) di procurare a sè o ad altri un profitto
Vortrag (M.) relazione (F.), conferenza (F.), rapporto (M.), discorso (M.)
vorübergehend temporaneo, transitorio, provvisorio, momentaneo
Voruntersuchung (F.) indagini (F.Pl.) preliminari
Vorurteil (N.) pregiudizio (M.)
Vorverein (M.) associazione (F.) di fatto
Vorverfahren (N.) procedimento (M.) istruttorio, procedimento (M.) preliminare
Vorverhandlung (F.) udienza (F.) preliminare
Vorverstorbene (F.) premorta (F.)
Vorverstorbener (M.) premorto (M.)
Vorvertrag (M.) contratto (M.) preliminare
Vorwahl (F.) elezione (F.) preliminare, prefisso (M.)
Vorwand (M.) pretesto (M.)
vorwerfbar rimproverabile
Vorwerfbarkeit (F.) rimproverabilità (F.)
Vorwurf (M.) rimprovero (M.), biasimo (M.)
vorzeitig anticipato, prematuro
Vorzug (M.) preferenza (F.)
Vorzugsaktie (F.) azione (F.) privilegiata
Vorzugsrecht (M.) diritto (M.) di prelazione, diritto (M.) privilegiato, privilegio (M.)
Votum (N.) voto (M.)
vulgär volgare
Vulgarsubstitution (F.) sostituzione (F.) ordinaria, sostituzione (F.) volgare

W

Wache (F.) guardia (F.), posto (M.) di polizia
Wächter (M.) guardiano (M.)
Waffe (F.) arma (F.)
Waffenschein (M.) permesso (M.) di porto d'armi, porto (M.) d'armi
Waffenstillstand (M.) armistizio (M.), tregua (F.) di fatto
Wagen (M.) (Auto) macchina (F.), automobile (F.), autovettura (F.), veicolo (M.), carro (M.)
Wahl (F.) scelta (F.), selezione (F.), opzione (F.), alternativa (F.), elezione (F.), votazione (F.), scrutinio (M.)

Wahlamt (N.) ufficio (M.) elettorale, carica (F.) elettiva
Wahlanfechtung (F.) impugnazione (F.) dell'elezione
Wahlausschreibung (F.) (Wahlausschreibung in Italien) indizione (F.) dei comizi elettorali
wählbar eleggibile, elettivo
Wahlbeamter (M.) funzionario (M.) elettivo
Wahlbefugnis (F.) facoltà (F.) di scelta
Wahlbehinderung (F.) impedimento (M.) di elezioni, perturbamento (M.) di elezioni
Wahlberechtigter (M.) elettore (M.), avente (M.) diritto al voto
Wahlberechtigung (F.) diritto (M.) al voto, diritto (M.) di suffragio, elettorato (M.) attivo
Wahlbetrug (M.) frode (F.) elettorale, broglio (M.) elettorale
Wahldelikt (N.) reato (M.) elettorale
wählen scegliere, nominare, optare, selezionare, eleggere, votare
Wähler (M.) elettore (M.), votante (M.)
Wählerbestechung (F.) corruzione (F.) elettorale
Wählerin (F.) elettrice (F.), votante (F.)
Wählernötigung (F.) costrizione (F.) di elettore
Wählertäuschung (F.) inganno (M.) elettorale
Wahlfälschung (F.) frode (F.) elettorale, broglio (M.) elettorale
Wahlfeststellung (F.) accertamento (M.) alternativo
Wahlgang (M.) scrutinio (M.), votazione (F.)
Wahlgeheimnis (N.) segreto (M.) dello scrutinio
Wahlgerichtsstand (M.) foro (M.) elettivo, foro (M.) facoltativo
Wahlkampf (M.) campagna (F.) elettorale, lotta (F.) elettorale, battaglia (F.) elettorale
Wahlkonsul (M.) console (M.) onorario
Wahlkreis (M.) circoscrizione (F.) elettorale
Wahlleiter (M.) presidente (M.) della commissione elettorale
Wahlniederlage (F.) sconfitta (F.) elettorale
Wahlordnung (F.) regolamento (M.) elettorale, regolamento (M.) delle elezioni
Wahlperiode (F.) legislatura (F.)
Wahlpflicht (F.) dovere (M.) di esercitare il diritto di voto
Wahlprüfung (F.) verificazione (F.) delle elezioni
Wahlrecht (N.) diritto (M.) elettorale, diritto (M.) di voto
Wahlschuld (F.) obbligazione (F.) alternativa
Wahlurne (F.) urna (F.), urna (F.) elettorale
Wahlvermächtnis (N.) legato (M.) alternativo
Wahlverteidiger (M.) difensore (M.) di fiducia
Wahlzettel (M.) scheda (F.) elettorale
Wahndelikt (N.) reato (M.) putativo
Wahnsinn (M.) demenza (F.), follia (F.), pazzia (F.), mania (F.)
wahnsinnig demente (Adj.), pazzo (Adj.), folle (Adj.), maniaco (Adj.)
Wahnsinniger (M.) demente (M.), pazzo (M.), folle (M.), maniaco (M.)
wahr vero, veridico
währen durare, perdurare, permanere
wahren salvaguardare, tutelare
Wahrheit (F.) verità (F.), verdicità (F.)
Wahrheitsbeweis (M.) prova (F.) liberatoria, exceptio (F.) veritatis (lat.)
Wahrheitspflicht (F.) dovere (M.) di dire la verità
Wahrnehmung (F.) (Wahrung) tutela (F.), salvaguardia (F.)
Wahrnehmung (F.) berechtigter Interessen esercizio (M.) di una facoltà legittima
wahrscheinlich probabile, probabilmente
Wahrscheinlichkeit (F.) probabilità (F.)
Wahrung (F.) salvaguardia (F.), tutela (F.), protezione (F.)
Währung (F.) valuta (F.), moneta (F.)
Währungsreserve (F.) riserva (F.) valutaria, riserva (F.) monetaria, riserva (F.) di valuta
Währungsunion (F.) unione (F.) monetaria
Waise (M. bzw. F.) orfano (M.)
Waisengeld (N.) pensione (F.) agli orfani
Wald (M.) bosco (M.)
Wandelanleihe (F.) prestito (M.) obbligazionario convertibile
Wandelschuldverschreibung (F.) obbligazione (F.) convertibile
Wanderung (F.) migrazione (F.)
Wandlung (F.) risoluzione (F.) del contratto, commutazione (F.), redibizione (F.)
Wandlungsfehler (M.) vizio (M.) redibitorio

Wandlungsklage (F.) azione (F.) redibitoria
Wappen (N.) stemma (M.), blasone (M.)
Ware (F.) merce (F.), mercanzia (F.)
Warenverkehr (M.) scambio (M.) di merci, giro (M.) di merci, circolazione (F.) di beni, traffico (M.) delle merci
Warenverkehrsfreiheit (F.) libera circolazione (F.) delle merci
Warenzeichen (N.) marchio (M.)
warnen avvertire, ammonire, diffidare
Warnung (F.) avvertimento (M.), diffida (F.), ammonimento (M.)
Wartegeld (N.) indennità (F.) d'attesa, stipendio (M.) di disponibilità
warten aspettare, attendere
Wärter (M.) guardia (F.), custode (M.), vigile (M.)
Wartestand (M.) aspettativa (F.), disponibilità (F.)
Wartung (F.) manutenzione (F.), assistenza (F.)
Wasser (N.) aqua (F.)
Wassergericht (F.) (Wassergericht in Italien) tribunale (M.) delle acque pubbliche
Wasserhaushalt (M.) bilancio (M.) idrico
Wasserrecht (N.) diritto (M.) delle acque
Wasserverband (M.) consorzio (M.) per il deflusso delle acque, consorzio (M.) per il rifornimento idrico
Web (N.) rete (F.), web (M.) (engl.)
Website (F.) sito (M.) web, sito (M.) Internet
Wechsel (M.) cambiamento (M.), mutamento (M.), variazione (F.), avvicendamento (M.), cambiale (M.)
Wechselaussteller (M.) emittente (M.) di cambiale
wechselbezüglich corrispettivo (Adj.), reciproco
wechselbezügliches Testament (N.) testamento (M.) corrispettivo
Wechselbürgschaft (F.) avallo (M.), avallo (M.) cambiario
Wechselgesetz (N.) legge (F.) cambiaria
Wechselindossament (N.) girata (F.) cambiaria
Wechselprotest (M.) protesto (M.) cambiario
Wechselprozess (M.) processo (M.) cambiario
Wechselrecht (N.) diritto (M.) cambiario
Wechselreiterei (F.) cavalleria (F.) cambiaria
Wechselverpflichteter (M.) obbligato (M.) cambiario
Weg (M.) cammino (M.), via (F.), percorso (M.), modo (M.), metodo (M.)
Wegerecht (N.) diritto (M.) di passaggio, servitù (F.) di passaggio
Wegeunfall (M.) infortunio (M.) in itinere
Wegfall (M.) der Bereicherung (F.) venir (M.) meno dell'arricchimento
Wegfall (M.) der Geschäftsgrundlage cessazione (F.) della base negoziale
Wegfall (M.) venir (M.) meno, abolizione (F.), cessazione (F.)
Wegnahme (F.) confisca (F.), sottrazione (F.), asportazione (F.)
Wegnahmerecht (N.) ius (N.) tollendi (lat.)
wegnehmen confiscare, asportare, sottrarre, prendere
Wehr (F.) difesa (F.), sbarramento (M.), resistenza (F.)
Wehrbeauftragter (M.) incaricato (M.) parlamentare al controllo delle forze armate
Wehrdienst (M.) servizio (M.) militare
Wehrdienstpflicht (F.) obbligo (M.) militare, obbligo (M.) di leva, servizio (M.) militare obbligatorio
Wehrdienstverweigerer (M.) obiettore (M.) di coscienza
Wehrdienstverweigerung (F.) obiezione (F.) di coscienza
wehren (sich) difender(si)
wehrlos disarmato, inerme
Wehrlosigkeit (F.) incapacità (F.) di difendersi
Wehrmittel (N.Pl.) opere (F.Pl.) militari
Wehrpflicht (F.) obbligo (M.) di leva
Wehrpflichtiger (M.) militare (M.) di leva
Wehrrecht (N.) diritto (M.) militare
Wehrstrafrecht (N.) diritto (M.) penale militare
weigern (sich) rifiutar(si), denegare
Weigerung (F.) rifiuto (M.), diniego (M.), renitenza (F.)
Weigerungsklage (F.) ricorso (M.) per l'emanazione di un atto amministrativo rigettato
Weihe (F.) (Priesteweihe) ordinazione (F.)
weisen istruire, impartire istruzioni
Weisung (F.) istruzione (F.), prescrizione (F.), direttiva (F.)
Weisungsrecht (N.) potere (M.) direttivo, potere (M.) ordinatorio

Weisungsverwaltung (F.) pubblica amministrazione (F.) delegata
weit ampio, vasto, grande, lungo, lontano
weitere Beschwerde (F.) reclamo (M.) ulteriore
weitere ulteriore
Weitergabe (F.) inoltro (M.), traslazione (F.), trasmissione (F.)
Welt (F.) mondo (M.)
Weltbank (F.) Banca (F.) mondiale
Weltgesundheitsorganisation (F.) (WHO) Organizzazione (F.) mondiale della sanità (OMS)
Weltkulturerbe (N.) patrimonio (M.) culturale del mondo
weltlich laico (Adj.), secolare
Weltorganisation (F.) für geistiges Eigentum Organizzazione (F.) mondiale della proprietà intellettuale (OMPI)
Weltpostverein (M.) Unione (F.) postale universale (UPU)
Weltraum (M.) spazio (M.)
Weltraumrecht (N.) diritto (M.) dello spazio, diritto (M.) spaziale
Welturheberrechtsabkommen (N.) convenzione (F.) universale sul diritto d'autore
werben propagandare, fare pubblicità, acquisire
Werbung (F.) pubblicità (F.), réclame (F.), raccolta (F.) d'affari, propaganda (F.)
Werbungskosten (F.Pl.) spese (F.Pl.) pubblicitarie, costi (M.Pl.) di pubblicità
Werk (N.) opera (F.), lavoro (M.), fabbrica (F.)
Werklieferungsvertrag (M.) contratto (M.) d'appalto
Werkstarifvertrag (M.) contratto (M.) tariffario aziendale
Werktag (M.) giorno (M.) feriale, giorno (M.) lavorativo
werktäglich feriale
Werkvertrag (M.) contratto (M.) d'opera, contratto (M.) d'appalto, appalto (M.)
Werkzeug (N.) esecutore (M.) materiale, strumento (M.), attrezzo (M.), utensile (M.)
Wert (M.) valore (M.), pregio (M.), valuta (F.)
werten valutare, stimare, giudicare
Wertesystem (N.) sistema (M.) di valori
Wertgegenstand (M.) oggetto (M.) di valore, valore (M.), oggetto (M.) di pregio
wertlos senza valore, privo di valore
Wertminderung (F.) deprezzamento (M.), diminuzione (F.) di valore, perdita (F.) di valore, svalutazione (F.)
Wertpapier (N.) titolo (M.) di credito, carta (F.) valore, valore (M.) mobiliare
Wertpapierrecht (N.) diritto (M.) dei titoli di credito
Wertsache (F.) oggetto (M.) di valore, oggetto (M.) prezioso
Wertschuld (F.) debito (M.) di valore
Wertsicherung (F.) garanzia (F.) di cambio
Wertsicherungsklausel (F.) clausola (F.) di garanzia monetaria, clausola (F.) di salvaguardia
Wertung (F.) valutazione (F.)
Werturteil (N.) giudizio (M.) di valore, stima (F.), apprezzamento (M.), valutazione (F.)
Wertzeichen (N.) valore (M.) bollato
Wertzeichenfälschung (F.) falsificazione (F.) di valori bollati
Wertzuständigkeit (F.) competenza (F.) per valore
Wesen (N.) essere (M.), carattere (M.), natura (F.), sostanza (F.)
wesentlich essenziale, sostanziale, fondamentale
wesentlicher Bestandteil (M.) componente (F.) essenziale, parte (F.) integrante, requisito (M.) essenziale
Westeuropäische Union (F.) (WEU) Unione (F.) dell'Europa Occidentale (UEO)
Wettbewerb (M.) concorrenza (F.), competizione (F.), concorso (M.), gara (F.)
Wettbewerber (M.) concorrente (M.), competitore (M.)
Wettbewerbsausschreibung (F.) bando (M.) di concorso
Wettbewerbsbeschränkung (F.) restrizione (F.) alla concorrenza, limitazione (F.) della concorrenza
Wettbewerbsfreiheit (F.) libertà (F.) di concorrenza
Wettbewerbsrecht (N.) diritto (F.) della concorrenza, diritto (M.) alla concorrenza
Wettbewerbsverbot (N.) divieto (M.) di concorrenza
Wettbewerbsverzerrung (F.) distorsione (F.) concorrenziale
Wette (F.) scommessa (F.)
wetten scommettere

WEU (Westeuropäische Union) (F.) Unione (F.) dell'Europa Occidentale (UEO), UEO (Unione dell'Europa Occidentale) (F.)
white collar crime (M.) (engl.) cirminalità (F.) dei colletti bianchi, criminalità (F.) economica
WHO (F.) (Weltgesundheitsorganisation) Organizzazione (F.) mondiale della sanità, OMS (Organizzazione mondiale della sanità) (F.)
wichtig importante, rilevante
wichtiger Grund (M.) giusta causa (F.), causa (F.) grave
Widerklage (F.) domanda (F.) riconvenzionale
widerlegen confutare, oppugnare, ribattere
widerrechtlich illecito (Adj.), abusivo, indebito (Adj.), illegale, antigiuridico
Widerrechtlichkeit (F.) illiceità (F.), antigiuridicità (F.), illegalità (F.)
Widerruf (M.) des Geständnisses revoca (F.) della confessione
Widerruf (M.) revoca (F.), revocazione (F.), ritrattazione (F.), smentita (F.), deroga (F.)
widerrufen revocare, disdire, ritrattare, derogare
widerruflich revocabile, precario, derogabile
Widerruflichkeit (F.) revocabilità (F.), precarietà (F.), derogabilità (F.)
Widerrufsrecht (N.) diritto (M.) di revocazione
Widerrufsvorbehalt (M.) riserva (F.) di revoca
widersprechen contraddire, negare, smentire, contestare
Widerspruch (M.) contraddizione (F.), contrasto (M.), opposizione (F.), ricorso (M.) in opposizione
widersprüchlich contradditorio, incoerente
Widerspruchsbehörde (F.) autorità (F.) competente per i ricorsi in opposizione
Widerspruchsbescheid (M.) decisione (F.) del ricorso
Widerspruchsklage (F.) azione (F.) di opposizione, opposizione (F.) di terzo
Widerspruchsverfahren (N.) procedimento (M.) per la decisione sul ricorso amministrativo
Widerstand (M.) gegen die Staatsgewalt resistenza (F.) alla forza pubblica
Widerstand (M.) gegen einen Amtsträger resistenza (F.) ad un pubblico ufficiale
Widerstand (M.) resistenza (F.)
Widerstandsrecht (N.) diritto (M.) di resistenza
Widerstreit (M.) conflitto (M.)
widmen dedicare, destinare, classificare
Widmung (F.) dedica (F.), destinazione (F.), classificazione (F.)
Wiederaufnahme (F.) revisione (F.), riammissione (F.), ripresa (F.), riassunzione (F.)
wiederaufnehmen riassumere, riammettere, riprendere
wiederbeschaffen rimpiazzare
Wiederbeschaffung (F.) rimpiazzo (M.), riapprovvigionamento (M.)
wiedereinsetzen reintegrare, ripristinare, restituire, rimettere
Wiedereinsetzung (F.) in den vorigen Stand restituzione (F.) in termini, remissione (F.) in termini, restitutio (F.) in integrum (lat.)
Wiedereinstellung (F.) reintegrazione (F.) nel posto di lavoro
wiedergutmachen riparare
Wiedergutmachung (F.) riparazione (F.) del danno, riparazione (F.)
wiederherstellen ricostruire, ripristinare, restaurare, riparare, ristabilire
Wiederherstellung (F.) ricostruzione (F.), ricostituzione (F.), restaurazione (F.), rifacimento (M.), riparazione (F.), ripristino (M.)
wiederholen ripetere, riepilogare
wiederholt reiterato, ripetuto
wiederholte Verfügung (F.) atto (M.) amministrativo reiterato
wiederholter Rückfall (M.) recidiva (F.) reiterata
Wiederholung (F.) ripetizione (F.), riepilogo (M.)
Wiederholungsgefahr (F.) pericolo (M.) di recidiva, pericolo (M.) di reiterazione
Wiederkauf (M.) riscatto (M.), riacquisto (M.)
wiederkaufen riscattare, riacquistare, ricomprare
Wiederkaufspreis (M.) prezzo (M.) di riscatto
Wiederkaufsrecht (N.) diritto (M.) di riscatto
Wiederkehr (F.) ricorrenza (F.)
Wiederkehrschuldverhältnis (N.) rap-

porto (M.) obbligatorio a rinnovazione periodica
wiedervereinigen riunificare
Wiedervereinigung (F.) riunificazione (F.)
wiederverheiraten contrarre le seconde nozze
Wiederverheiratung (F.) seconde nozze (F.Pl.), nuove nozze (F.Pl.)
Wiederverheiratungsklausel (F.) clausola (F.) delle seconde nozze, clausola (F.) delle nuove nozze
Wiederverkauf (M.) rivendita (F.)
Wiedervorlage (F.) ripresentazione (F.)
wiedervorlegen ripresentare
Wien (N.) Vienna (F.)
Wiener Übereinkommen (F.) über konsularische Beziehungen Convenzione (F.) di Vienna sulle relazioni consolari
Wiener Vertragsrechtskonvention (F.) Convenzione (F.) di Vienna sul diritto dei trattati internazionali
Wild (N.) selvaggina (F.), animali (M.Pl.) selvatici
Wilddieb (M.) cacciatore (M.) di frodo
wilder Streik (M.) sciopero (M.) selvaggio
Wilderei (F.) caccia (F.) di frodo
Wilderer (M.) cacciatore (M.) di frodo
wildern cacciare di frodo
Wildschaden (M.) danno (M.) da selvaggina
Wille (M.) volontà (F.), volere (M.)
Willensäußerung (F.) manifestazione (F.) della volontà
Willenserklärung (F.) dichiarazione (F.) di volontà
Willensfähigkeit (F.) capacità (F.) di volere
Willensfreiheit (F.) autonomia (F.) della volontà, libera volontà (F.), libertà (F.) di volere
Willensmangel (M.) vizio (M.) della volontà
Willenstheorie (F.) teoria (F.) della volontà
Willkür (F.) arbitrio (M.)
willkürlich arbitrario
Winkeladvokat (M.) avvocatuccio (M.)
Winzer (M.) vendemmiatore (M.), vignaiolo (M.)
WIPO (F.) (Weltorganisation für geistiges Eigentum) OMPI (Organizzazione mondiale della proprietà intellettuale)
wirken avere effetto, agire, operare
wirksam efficace, operante, efficiente, funzionale
Wirksamkeit (F.) efficacia (F.), operatività (F.), efficienza (F.)
Wirkung (F.) effetto (M.), conseguenza (F.), azione (F.), portata (F.)
Wirkungskreis (M.) campo (M.) d'azione, sfera (F.) d'azione
Wirt (M.) oste (M.), albergatore (M.)
Wirtschaft (F.) economia (F.), industria (F.)
wirtschaftlich economico
wirtschaftliche Abhängigkeit (F.) dipendenza (F.) economica
Wirtschaftlichkeit (F.) economicità (F.), redditività (F.), rentabilità (F.)
Wirtschaftsbetrug (M.) frode (F.) economica
Wirtschaftsgemeinschaft (F.) comunità (F.) economica
Wirtschaftsgesetz (N.) legge (F.) sull'economia, legge (F.) economica
Wirtschaftsjurist (M.) giurista (M.) d'impresa, giurisperto (M.) in scienze economiche
Wirtschaftskraft (F.) forza (F.) economica
Wirtschaftskriminalität (F.) criminalità (F.) economica, criminalità (F.) dei colletti bianchi, white collar crime (M.) (engl.)
Wirtschaftslenkung (F.) dirigismo (M.) economico, direzione (F.) dell'economia
Wirtschaftspolitik (F.) politica (F.) economica
Wirtschaftsprivatrecht (N.) diritto (M.) privato economico
Wirtschaftsprüfer (M.) revisore (M.) dei conti, collegio (M.) dei sindaci
Wirtschaftsprüfung (F.) revisione (F.) dei conti
Wirtschaftsrecht (N.) diritto (M.) dell'economia, diritto (M.) economico
Wirtschaftsstrafrecht (N.) diritto (M.) penale economico
Wirtschaftsstraftat (F.) reato (M.) economico
Wirtschaftsübereinkommen (N.) accordo (M.) economico
Wirtschaftsunion (F.) unione (F.) economica
Wirtschaftsverfassung (F.) ordinamento (M.) economico, struttura (F.) economica
Wirtschaftsverfassungsrecht (N.) diritto (M.) costituzionale-economico
Wirtschaftsvertrag (M.) trattato (M.) economico
Wirtschaftsverwaltung (F.) amministrazione (F.) economica

Wirtschaftsverwaltungsrecht (N.) diritto (M.) amministrativo economico
Wirtschaftswissenschaften (F.Pl.) scienze (F.Pl.) economiche
Wirtshaus (N.) osteria (F.), taverna (F.), trattoria (F.)
Wissen (N.) sapere (M.), scienza (F.), nozione (F.), cognizione (F.)
wissen sapere (V.), conoscere, essere a conoscenza
Wissenmüssen (N.) dover sapere
Wissenschaft (F.) scienza (F.)
wissenschaftlich scientifico
Wissenschaftsfreiheit (F.) libertà (F.) di scienza
Wissenserklärung (F.) dichiarazione (F.) di scienza
wissentlich scientemente, consapevolmente, intenzionale, coscientemente
Wissentlichkeit (F.) dolo (M.) diretto, consapevolezza (F.)
Witwe (F.) vedova (F.)
Witwer (M.) vedovo (M.)
Woche (F.) settimana (F.)
wöchentlich settimanale (Adj.)
Wohl (N.) bene (M.), benessere (M.), salute (F.), prosperità (F.)
wohlerworben acquisito, quesito (Adj.)
wohlerworbenes Recht diritto (M.) acquisito, diritto (M.) quesito
Wohlfahrt (F.) assistenza (F.), beneficenza (F.), previdenza (F.), assistenza (F.)
Wohlfahrtspflege (F.) assistenza (F.) sociale
Wohlfahrtsstaat (M.) Stato (M.) assistenziale
wohnen abitare, risiedere
Wohngebiet (N.) zona (F.) residenziale
Wohngeld (N.) sussidio (M.) per l'alloggio, indennità (F.) d'alloggio
wohnhaft sein essere residente
Wohnort (M.) domicilio (M.), residenza (F.)
Wohnraum (M.) vano (M.) d'abitazione, locale (M.) d'abitazione
Wohnrecht (N.) diritto (M.) di abitazione
Wohnsitz (M.) domicilio (M.), residenza (F.)
Wohnung (F.) abitazione (F.), appartamento (M.)
Wohnungsbau (M.) edilizia (F.) abitativa, costruzione (F.) di alloggi
Wohnungseigentum (N.) condominio (M.)
Wohnungseigentümer (M.) condomino (M.)
Wohnungsrecht (N.) diritto (M.) d'abitazione
Wohnungsvermittlung (F.) mediazione (F.) per locazione immobiliare
Wollen (N.) volere (M.), volontà (F.), intenzione (F.)
Wollensbedingung (F.) condizione (F.) meramente potestativa
Wort (N.) parola (F.)
Wortlaut (M.) tenore (M.)
Wrack (N.) relitto (M.)
Wucher (M.) usura (F.), strozzinaggio (M.)
Wucherer (M.) usuraio (M.), strozzino (M.)
wucherisch usurario
Wunde (F.) ferita (F.)
Würde (F.) dignità (F.), decoro (M.), grado (M.)
Würdenträger (M.) dignitario (M.)
würdigen apprezzare, degnare
Würdigung (F.) apprezzamento (M.), riconoscimento (M.)

Z

Zahl (F.) numero (M.), cifra (F.)
zahlbar pagabile, esigibile
zahlen pagare, versare, liquidare, corrispondere
Zahlung (F.) einer Nichtschuld pagamento (M.) dell'indebito
Zahlung (F.) pagamento (M.), versamento (M.), liquidazione (F.)
Zahlungsanweisung (F.) ordine (M.) di pagamento, mandato (M.) di pagamento, delegazione (F.) di pagamento
Zahlungsaufforderung (F.) ingiunzione (F.) di pagamento, invito (M.) al pagamento, intimazione (F.) al pagamento
Zahlungsaufschub (M.) dilazione (F.) di pagamento, moratoria (F.)
Zahlungsbedingung (F.) modalità (F.) di pagamento, condizione (F.) di pagamento
Zahlungsbefehl (M.) decreto (M.) ingiuntivo, mandato (M.) di pagamento, incarico (M.) di pagamento
Zahlungsbestätigung (F.) conferma (F.) di pagamento
Zahlungseinstellung (F.) cessazione (F.) dei pagamenti, arresto (M.) dei pagamenti, sospensione (F.) dei pagamenti
Zahlungsempfänger (M.) beneficiario (M.) del pagamento, destinatario (M.) del pagamento

zahlungsfähig solvente, solvibile
Zahlungsfähigkeit (F.) solvibilità (F.), solvenza (F.), capacità (F.) di pagamento
zahlungshalber pro solvendo (lat.), solvendi causa (lat.)
Zahlungsklage (F.) azione (F.) di condanna al pagamento
Zahlungsmittel (N.) mezzo (M.) di pagamento, strumento (M.) di pagamento
zahlungsunfähig insolvibile, insolvente
Zahlungsunfähigkeit (F.) insolvenza (F.), insolvibilità (F.)
Zahlungsverkehr (M.) operazioni (F.Pl.) di pagamento, pagamenti (M.Pl.)
Zahlungsversprechen (N.) promessa (F.) di pagamento
Zahlungsverweigerung (F.) rifiuto (M.) di pagamento
Zahlungsverzug (M.) mora (F.) nel pagamento, ritardo (M.) nel pagamento
Zahn (M.) dente (M.)
Zahnarzt (M.) dentista (M.), odontoiatra (M.)
Zapfenstreich (M.) ritirata (F.)
Zaun (M.) recinto (M.), recinzione (F.)
Zeche (F.) miniera (F.), miniera (F.) di carbone, consumazione (F.), conto (M.)
Zechprellerei (F.) scrocco (M.)
Zedent (M.) cedente (M.)
Zeichen (N.) segno (M.), cenno (M.), gesto (M.), marchio (M.)
zeichnen disegnare, sottoscrivere, firmare
Zeichnung (F.) von Aktien sottoscrizione (F.) di azioni
Zeit (F.) tempo (M.)
Zeitablauf (M.) decorso (M.) del tempo
Zeitabschnitt (M.) periodo (M.) di tempo, epoca (F.), lasso (M.) di tempo
Zeitberechnung (F.) computo (M.) del tempo, calcolo (M.) del tempo
Zeitbestimmung (F.) termine (M.) di tempo
Zeitgesetz (N.) legge (F.) temporanea
zeitlich temporale (Adj.)
Zeitlohn (M.) salario (M.) a tempo, salario (M.) ad economia
Zeitpunkt (M.) termine (M.)
Zeitraum (M.) periodo (M.), lasso (M.) di tempo, spazio (M.) di tempo, intervallo (M.)
Zeitschrift (F.) rivista (F.), periodico (M.), pubblicazione (F.) periodica
Zeitung (F.) giornale (M.), quotidiano (M.)
Zeitwert (M.) valore (M.) corrente
Zelle (F.) cella (F.)
zensieren valutare, censurare
Zensur (F.) censura (F.), voto (M.)
zentral centrale (Adj.), principale (Adj.)
Zentralbank (F.) banca (F.) centrale
zentrales staatsanwaltschaftliches Verfahrensregister (N.) registro (M.) centrale dei procedimenti penali in corso
Zentralisation (F.) centralizzazione (F.), accentramento (M.)
zentralisieren accentrare, centralizzare
Zentralismus (M.) centralismo (M.)
Zentralregister (N.) registro (M.) centrale, casellario (M.) centrale
Zentrum (N.) centro (M.)
Zerfall (M.) crollo (M.), rovina (F.), decadimento (M.), deprezzamento (M.)
zerfallen crollare, cadere in rovina, deprezzare
zerrütten rovinare, distruggere, disfare, dissestrare
Zerrüttung (F.) der Ehe disgregazione (F.) del matrimonio, disgregazione (F.) del rapporto matrimoniale
Zerrüttung (F.) rovina (F.), disgregazione (F.), dissesto (M.), disfacimento (M.)
Zerrüttungsprinzip (N.) principio (M.) della disgregazione, principio (M.) del disfacimento
zerstören distruggere, devastare, demolire
Zerstörung (F.) distruzione (F.), devastazione (F.), demolizione (F.)
Zertifikat (N.) certificato (M.)
Zertifizierungsstelle (F.) ufficio (M.) di certificazione
Zession (F.) cessione (F.)
Zessionar (M.) cessionario (M.)
Zeuge (M.) testimone (M.), teste (M.), testimonio (M.)
zeugen generare, procreare, testimoniare
Zeugenaussage (F.) deposizione (F.), testimonianza (F.)
Zeugenbeweis (M.) prova (F.) testimoniale
Zeugeneid (M.) giuramento (M.) testimoniale
Zeugeneinvernahme (F.) audizione (F.) di testimoni, esame (M.) di testimoni
Zeugengegenüberstellung (F.) confronto (M.) di testi
Zeugenladung (F.) citazione (F.) di testimoni
Zeugenschaft (F.) testimonianza (F.)

Zeugenvernehmung (F.) audizione (F.) di testimoni, esame (M.) di testimoni, esame (M.) testimoniale, ascolto (M.) di testimone
Zeugnis (N.) certificato (M.), benservito (M.), attestato (M.), pagella (M.), testimonianza (F.), deposizione (F.)
Zeugnisverweigerung (F.) astensione (F.) dal deporre, astensione (F.) dal testimoniare
Zeugnisverweigerungsrecht (N.) diritto (M.) di astenersi dal testimoniare, facoltà (F.) di astenersi dal deporre
Zeugung (F.) procreazione (F.), ricreazione (F.)
Zeugungsfähigkeit (F.) capacità di procreare, capacità (F.) di generare
Zeugungsunfähigkeit (F.) impotenza (F.) generandi
Ziffer (F.) cifra (F.)
Zigeuner (M.) zingaro (M.), nomade (M.)
Zigeunerin (F.) zingara (F.), nomade (F.)
Zins (M.) interesse (M.), canone (M.), fitto (M.), pigione (F.), tasso (M.)
Zinsabschlag (M.) ritenuta (F.) alla fonte sugli interessi
Zinsabschlaggesetz (N.) legge (F.) dei contributi sugli interessi
Zinseszins (M.) anatocismo (M.), interesse (M.) composto
Zinssatz (M.) tasso (M.) d'interessi, saggio (M.) d'interesse
Zinsschein (M.) cedola (F.) di interessi
Zinsschuld (F.) debito (M.) di interessi
Zitat (N.) citazione (F.)
zitieren citare
zivil civile
Zivildienst (M.) servizio (M.) civile
Zivilehe (F.) matrimonio (M.) civile
Zivilgericht (N.) giudice (M.) civile, tribunale (M.) civile
zivilgerichtlich civile
Zivilkammer (F.) sezione (F.) civile
Zivilklage (F.) azione (F.) civile
Zivilprozess (M.) processo (M.) civile, giudizio (M.) civile
Zivilprozessordnung (F.) codice (M.) di procedura civile
Zivilprozessrecht (N.) diritto (M.) processuale civile, procedura (F.) civile
Zivilrecht (N.) diritto (M.) civile
Zivilrichter (M.) giudice (M.) civile
Zivilsache (F.) materia (F.) civile, causa (F.) civile
Zivilsenat (M.) sezione (F.) civile
Zivilverfahren (N.) procedimento (M.) civile, giudizio (M.) civile
Zivilverhandlung (F.) udienza (F.) civile
Zölibat (M. bzw. N.) celibato (M.)
Zoll (M.) dazio (M.), dogana (F.), imposta (F.) doganale
Zollausschlussgebiet (N.) zona (F.) extradoganale, territorio (M.) extradoganale, zona (F.) franca
Zollbehörde (F.) autorità (F.) doganale
zollfrei esente da dazio, franco dogana, in franchigia doganale
Zollgebiet (N.) territorio (M.) doganale
Zöllner (M.) doganiere (M.)
Zollrecht (N.) diritto (M.) doganale
Zollunion (F.) unione (F.) doganale
Zone (F.) zona (F.), area (F.), territorio (M.)
zu Protokoll nehmen mettere agli atti, mettere a verbale
Zubehör (N.) accessori (M.Pl.), pertinenza (F.), annesso (M.)
Zucht (F.) allevamento (M.), coltura (F.), disciplina (F.)
Zuchthaus (N.) casa (F.) di correzione, penitenziario (M.)
Zuchthausstrafe (F.) reclusione (F.)
züchtigen correggere, castigare, punire
Züchtigung (F.) correzione (F.), disciplina (F.), punizione (F.), castigo (M.)
Züchtigungsrecht (N.) diritto (M.) di correzione, diritto (M.) di disciplina, ius (N.) corrigendi (lat.)
Zuchtmittel (N.) mezzo (M.) di correzione, mezzo (M.) di disciplina
zueignen (sich) appropriar(si)
Zueignung (F.) appropriazione (F.), impossessamento (M.)
Zueignungsabsicht (F.) intenzione (F.) d'appropriazione, animus (M.) rem sibi habendi (lat.)
zuerkennen attribuire, riconoscere
Zuerkennung (F.) attribuzione (F.), riconoscimento (M.)
Zufall (M.) caso (M.) fortuito, caso (M.), coincidenza (F.)
Zug (M.) treno (M.), tratto (M.), caratteristica (F.)
Zug um Zug donnant-donnant, contestualmente, simultaneamente, pari passo

Zugabe (F.) aggiunta (F.), supplemento (M.), sovrappiù (M.)
Zugang (M.) aumento (M.), incremento (M.), accesso (M.)
Zugangsvereitelung (F.) impedimento (M.) del recapito di una dichiarazione
Zugangsverzögerung (F.) recapito (M.) ritardato di una dichiarazione di volontà
zugehören appartenere
zugehörig appartenente, pertinente
Zugehörigkeit (F.) appartenenza (F.), pertinenza (F.)
Zugewinn (M.) acquisto (M.), incremento (M.) del patrimonio, guadagno (M.)
Zugewinnausgleich (M.) conguaglio (M.) patrimoniale
Zugewinngemeinschaft (F.) regime (M.) legale di separazione dei beni con la sola divisione dell'incremento patrimoniale allo scioglimento del matrimonio
Zugunglück (N.) disastro (M.) ferroviario
Zuhälter (M.) sfruttatore (M.) di prostitute, lenone (M.), prosseneta (M.)
Zuhälterei (F.) sfruttamento (M.) della prostituzione, lenocinio (M.), ruffianeria (F.)
zukünftig futuro (Adj.), pro futuro (lat.)
Zulage (F.) supplemento (M.), assegno (M.) supplementare, maggiorazione (F.), premio (M.)
zulassen ammettere, permettere, autorizzare, consentire
zulässig lecito, ammesso, permesso (Adj.), ricevibile, ammissibile
zulässige Berufung (F.) appello (M.) ammissibile
zulässiges Beweismittel (N.) mezzo (M.) di prova ammissibile
Zulässigkeit (F.) liceità (F.), ammissibilità (F.), ricevibilità (F.)
Zulassung (F.) ammissione (F.), permesso (M.), autorizzazione (F.), abilitazione (F.)
Zulassungsantrag (M.) domanda (F.) di ammissione
Zulassungsvoraussetzung (F.) requisito (M.) di ammissione
Zulieferer (M.) fornitore (M.)
zuliefern fornire
Zulieferung (F.) fornitura (F.)
zumessen attribuire, imputare, commisurare, determinare
Zumessung (F.) applicazione (F.), commisurazione (F.), determinazione (F.)
zumutbar accettabile, ragionevole, esigibile
Zumutbarkeit (F.) esigibilità (F.), ragionevolezza (F.)
zumuten esigere
Zunahme (F.) aumento (M.), incremento (M.), accrescimento (M.)
Zuname (M.) cognome (M.), nome (M.) di famiglia
Zunft (F.) corporazione (F.)
zurechenbar imputabile
Zurechenbarkeit (F.) imputabilità (F.)
zurechnen imputare, attribuire, annoverare
Zurechnung (F.) attribuzione (F.), imputazione (F.)
zurechnungsfähig imputabile, capace d'intendere e di volere
Zurechnungsfähigkeit (F.) imputabilità (F.), capacità (F.) di intendere e di volere
zurückbehalten ritenere, trattenere
Zurückbehaltung (F.) ritenzione (F.), trattenuta (F.)
Zurückbehaltungsrecht (N.) diritto (M.) di ritenzione, ius (N.) retinendi (lat.), ius (N.) retentionis (lat.)
zurückfordern ripetere, rivendicare, reclamare
Zurückforderung (F.) ripetizione (F.), reclamo (M.), rivendicazione (F.)
zurückgeben restituire, ritornare, rendere
zurücktreten recedere, dimettersi, dare le dimissioni, rassegnare le dimissioni, abbandonare
Zurücktretender (M.) desistente (M.), dimissionario (M.)
zurückverweisen rinviare
Zurückverweisung (F.) rinvio (M.)
zurückweisen rigettare, rifiutare, respingere, ricusare
Zurückweisung (F.) reiezione (F.), rigetto (M.), rifiuto (M.)
zurückzahlen rimborsare, rifondere
zurückziehen ritirare, ritrarre, ritrattare
Zusage (F.) promessa (F.), impegno (M.), accoglimento (M.)
Zusammenhang (M.) connessione (F.), nesso (M.), legame (M.), interdipendenza (F.), rapporto (M.), relazione (F.)
zusammenrotten (sich) assembrar(si)
Zusammenrottung (F.) assembramento (M.)
zusammenschließen unire, fusionare

Zusammenschluss (M.) concentrazione (F.), integrazione (F.), unione (F.), fusione (F.)
Zusatz (M.) aggiunta (M.), addizione (F.), supplemento (M.), codicillo (M.)
zusätzlich addizionale (Adj.), accessorio (Adj.), supplementare, supplctivo
Zusatzstrafe (F.) pena (F.) accessoria
zuschießen sovvenzionare
Zuschlag (M.) supplemento (M.), maggiorazione (F.), aggiudicazione (F.)
zuschlagen aggiudicare, sbattere, colpire
zuschreiben imputare, ascrivere, attribuire, scrivere a credito
Zuschuss (M.) sovvenzione (F.), supplemento (M.), aggiunta (F.), sussidio (M.), tasso (M.) di maggiorazione (M.)
zusichern assicurare, garantire, promettere
Zusicherung (F.) assicurazione (F.), garanzia (F.), promessa (F.)
Zustand (M.) stato (M.), condizione (F.), situazione (F.)
zuständig competente (Adj.), responsabile (Adj.)
Zuständigkeit (F.) competenza (F.), attribuzione (F.), responsabilità (F.), spettanza (F.)
Zuständigkeitskonflikt (M.) conflitto (M.) di competenza
Zustandsdelikt (N.) reato (M.) istantaneo con effetti permanenti
Zustandshaftung (F.) responsabilità (F.) istantanea
zustellen notificare, recapitare, consegnare, inviare
Zustellung (F.) notifica (F.), notificazione (F.), intimazione (F.), consegna (F.), invio (M.), recapito (M.)
Zustellung (F.) zu eigenen Händen (Zustellung zu eigenen Händen in Österreich) notificazione (F.) in mani proprie
Zustellungsadressat (M.) destinatario (M.) della notificazione, notificando (M.)
Zustellungsurkunde (F.) atto (M.) di notificazione, relazione (F.) di notificazione, relata (F.) di notifica
zustimmen consentire, approvare, aderire, ratificare
Zustimmung (F.) consenso (M.), approvazione (F.), accordo (M.), adesione (F.), ratifica (F.)
Zustimmungsgesetz (N.) (Zustimmungsgesetz in Deutschland) legge (F.) ad approvazione esplicita del consiglio federale
zuverlässig fidato, sicuro, attendibile
Zuverlässigkeit (F.) fidatezza (F.), attendibilità (F.), affidabilità (F.)
Zuwachs (M.) accessione (F.), accrescimento (M.), crescita (F.), aumento (M.), incremento (M.), maggiorazione (F.)
zuwenden destinare, donare, assegnare, elargire
Zuwendung (F.) destinazione (F.), donazione (F.), assegnazione (F.), elargizione (F.)
Zuwendungsverhältnis (N.) rapporto (M.) di valuta
zuwiderhandeln contravvenire, trasgredire
Zuwiderhandlung (F.) trasgressione (F.), contravvenzione (F.), infrazione (F.)
zuzüglich aggiunto, più
Zwang (M.) costrizione (F.), coercizione (F.), violenza (F.)
Zwangsarbeit (F.) lavoro (M.) coatto, lavoro (M.) forzato
Zwangsaufenthalt (M.) obbligo (M.) di soggiorno, confino (M.), domicilio (M.) coatto
Zwangsenteignung (F.) espropriazione (F.) forzata
Zwangsgeld (N.) ammenda (F.), penalità (F.) contrattuale
Zwangshypothek (F.) ipoteca (F.) giudiziale
Zwangslizenz (F.) licenza (F.) obbligatoria
Zwangsmaßnahme (F.) misura (F.) coercitiva
Zwangsmittel (N.) mezzo (M.) coercitivo, mezzo (M.) coattivo
Zwangsräumung (F.) sfratto (M.), esecuzione (F.) forzata di rilascio di immobile
Zwangsvergleich (M.) concordato (M.) coatto
Zwangsversteigerung (F.) vendita (F.) forzata al pubblico incanto, asta (F.) giudiziaria, vendita (F.) forzata
Zwangsverwalter (M.) amministratore (M.) giudiziario, sequestratario (M.)
Zwangsverwaltung (F.) amministrazione (F.) giudiziaria, gestione (F.) coattiva, sequestro (M.), amministrazione (F.) controllata, amministrazione (F.) straordinaria
Zwangsvollstreckung (F.) esecuzione (F.) forzata
Zwangsvollstreckungsrecht (N.) diritto (M.) dell'esecuzione forzata, diritto (M.) dell'esecuzione civile

Zwangsvollstreckungsrichter (M.) giudice (M.) dell'esecuzione
zwangsweise coattivo, forzato
zwangsweise Vorführung (F.) accompagnamento (M.) coattivo, accompagnamento (M.) forzato
Zweck (M.) scopo (M.), intento (M.), fine (M.), ratio (F.) (lat.), obiettivo (M.), meta (F.)
Zweckentfremdung (F.) uso (M.) per scopo diverso da quello di destinazione
Zweckerreichung (F.) raggiungimento (M.) dello scopo
Zweckfortfall (M.) venir (M.) meno della causa, cessazione (F.) della causa
zweckgebunden a destinazione vincolata, con destinazione determinata
zweckmäßig opportuno
Zweckmäßigkeit (F.) opportunità (F.), razionalità (F.)
Zweckmäßigkeitsprüfung (F.) controllo (M.) di merito
Zweckstörung (F.) venir (M.) meno dell'interesse del creditore alla prestazione
Zweckverband (M.) (von Gemeinden) consorzio (M.) (intercomunale)
zwei due
Zweifel (M.) dubbio (M.), incertezza (F.)
zweifelhaft dubbioso, discutibile, incerto
Zweig (M.) ramo (M.), branca (F.), settore (M.), campo (M.)
Zweigniederlassung (F.) filiale (F.), succursale (F.)
Zweigstelle (F.) agenzia (F.), succursale (F.), dipendenza (F.), sede (F.) distaccata, sezione (F.) distaccata
Zweikammersystem (N.) sistema (M.) bicamerale, bicameralismo (M.)
Zweikampf (M.) duello (M.)
zweiseitig bilaterale
Zweisprachigkeit (F.) bilinguismo (M.)
Zweisprachigkeitsprüfung (F.) (Zweisprachigkeitsprüfung in Südtirol) esame (M.) di bilinguismo
zweispurig a doppio binario
Zweispurigkeit (F.) doppio binario (M.), sistema (M.) del doppio binario
zweit secondo
Zweitbescheid (M.) provvedimento (M.) di conferma
Zweiteilung (F.) bipartizione (F.), ripartizione (F.) a due
Zweitschrift (F.) duplicato (M.)
Zweitwohnsitz (M.) secondo domicilio (M.), seconda residenza (F.)
Zwilling (M.) gemello (M.)
zwingen costringere, forzare, obbligare, imporre
zwingend imperativo (Adj.), cogente, costrittivo, compulsivo
zwingendes Recht (N.) diritto (M.) imperativo, diritto (M.) cogente
Zwischenbescheid (M.) interlocutoria (F.), risposta (F.) interlocutoria
Zwischenfeststellungsklage (F.) domanda (F.) di accertamento incidentale
Zwischenklage (F.) domanda (F.) incidentale, azione (F.) incidentale
Zwischenprüfung (F.) esame (M.) intermedio
zwischenstaatlich internazionale, interstatale, intergovernativo
zwischenstaatlicher Warenaustausch (M.) interscambio (M.)
Zwischenstreit (M.) questione (F.) incidentale, incidente (M.)
Zwischenurteil (N.) sentenza (F.) incidentale, sentenza (F.) interlocutoria
Zwischenverfahren (N.) procedimento (M.) incidentale, udienza (F.) preliminare
Zwischenverfügung (F.) provvedimento (M.) interlocutorio, ordinanza (F.) incidentale, decisione (F.) incidentale
Zwischenzeit (F.) intervallo (M.), frattempo (M.), pendenza (F.) della condizione
zyklisch ciclico
Zyklus (M.) ciclo (M.)
Zypern (N.) Cipro (M.)

Italienisch - Deutsch

a

a buon mercato billig
a buon prezzo billig
a carico belastend
a destinazione vincolata zweckgebunden
a doppio binario zweispurig
a livello nazionale gesamtstaatlich
a lunga scadenza langfristig
a lungo termine langfristig
a norma gemäß
a pagamento gebührenpflichtig
a più stadi mehrstufig
a porte chiuse nichtöffentlich, unter Ausschluss der Öffentlichkeit
a prestazioni corrispettive synallagmatisch
a prima vista prima facie (lat.)
a reddito fisso festverzinslich
a regola d'arte fachgerecht
a scala mobile dynamisch
a scopo di estorsione erpresserisch
a tempo determinato befristet
a termine befristet
a titolo d'onore honoris causa (lat.)
a titolo derivativo derivativ
a titolo gratuito unentgeltlich
a titolo oneroso entgeltlich
a trattativa privata freihändig
a tutti gli effetti di legge rechtswirksam
a venire künftig
a vita lebenslang, lebenslänglich
a voce mündlich
A.I.D.S. (M.) (acquired immune deficiency syndrome) Aids (N.) (acquired immune deficiency syndrome)
ab immemorabilis (lat.) unvordenklich
abate (M.) Abt (M.)
abbandonare abandonnieren, abwandern, aufgeben, aussetzen, austreten, derelinquieren, preisgeben, quittieren, überlassen, verlassen (V.), vernachlässigen, zurücktreten
abbandonato hilflos
abbandono (F.) della proprietà Eigentumsaufgabe (F.)
abbandono (M.) Abandon (M.), Abtretung (F.), Abwanderung (F.), Aufgabe (F.), Aussetzung (F.), Austritt (M.), Hilflosigkeit (F.), Preisgabe (F.), Überlassung (F.), Vernachlässigung (F.), Verwahrlosung (F.), Verzicht (M.)
abbandono (M.) d'ufficio Dienstflucht (F.)
abbandono (M.) degli studi Exmatrikulation (F.)
abbandono (M.) del servizio Dienstflucht (F.)
abbandono (M.) di minore Kindesaussetzung (F.)
abbandono (M.) di neonato Kindesaussetzung (F.)
abbassamento (M.) Verminderung (F.)
abbassare ermäßigen, vermindern
abbassato vermindert
abbastanza ausreichend
abbazia (F.) Abtei (F.)
abbisognare brauchen
abbonamento (M.) Abonnement (N.), Bezug (M.)
abbonare beziehen
abbonarsi abonnieren
abbozzare entwerfen
abbreviare abkürzen, kürzen, verkürzen
abbreviato verkürzt
abbreviazione (F.) Abkürzung (F.), Verkürzung (F.)
abbuonare nachlassen
abbuono (M.) Bonus (M.)
abdicare abdanken
aberratio (F.) ictus (lat.) (Abirrung des Stoßes) aberratio (F.) ictus (lat.)
abile fähig, tauglich
abilità (F.) Fähigkeit (F.), Können (N.), Tauglichkeit (F.)
abilitare befähigen, ermächtigen
abilitare all'esercizio della professione del medico approbieren
abilitare all'insegnamento universitario habilitieren
abilitazione (F.) Befähigung (F.), Ermächtigung (F.), Zulassung (F.)
abilitazione (F.) all'esercizio della professione del medico Approbation (F.)
abilitazione (F.) all'insegnamento universitario Habilitation (F.)
abitante (M.) Einwohner (M.)
abitare leben, wohnen
abitazione (F.) Wohnung (F.)
abito (M.) Robe (F.)
abituale gewohnheitsmäßig, gewöhnlich
abitudine (F.) Gepflogenheit (F.), Gewohnheit (F.)
abolire abschaffen, aufheben, aufheben (ein Gesetz außer Kraft setzen)

abolizione (F.) Abolition (F.), Abschaffung (F.), Wegfall (M.)
abortire abtreiben
abortivo (M.) Abtreibungsmittel (N.)
aborto (M.) Abbruch (M.) einer Schwangerschaft, Abtreibung (F.), Missgeburt (F.), Schwangerschaftsabbruch (M.), Schwangerschaftsunterbrechung (F.)
aborto (M.) spontaneo Fehlgeburt (F.)
abrogare abrogieren, abschaffen, aufheben (ein Gesetz außer Kraft setzen), außer Kraft setzen
abrogazione (F.) Abrogation (F.), Abschaffung (F.), Aufhebung (F.)
abusare missbrauchen
abusivo abusiv, eigenmächtig, missbräuchlich, widerrechtlich
abuso (M.) Missbrauch (M.), Unwesen (N.)
abuso (M.) d'autorità Machtmissbrauch (M.), Missbrauch (M.) der Amtsgewalt
abuso (M.) d'ufficio Amtsmissbrauch (M.)
abuso (M.) dei poteri Missbrauchstatbestand (M.)
abuso (M.) dei poteri d'ufficio Missbrauch (M.) der Amtsgewalt
abuso (M.) di biancosegno Blankettmissbrauch (M.)
abuso (M.) di diritto Rechtsmissbrauch (M.)
abuso (M.) di documento di riconoscimento Ausweismissbrauch (M.)
abuso (M.) di fiducia Vertrauensbruch (M.)
abuso (M.) di informazioni privilegiate nelle speculazioni (F.Pl.) in borsa Insiderhandel (M.)
abuso (M.) di potere Machtmissbrauch (M.)
abuso (M.) di potere di rappresentanza Vertretungsmissbrauch (M.)
abuso (M.) di potere discrezionale Ermessensmissbrauch (M.)
abuso (M.) di poteri Amtsmissbrauch (M.), Missbrauch (M.) der Amtsgewalt
abuso (M.) in ufficio Missbrauch (M.) der Amtsgewalt
abuso (M.) sessuale sexueller Missbrauch (M.)
accademia (F.) Akademie (F.)
accademico (Adj.) akademisch
accadere ereignen (sich), geschehen
accadimento (M.) Ereignis (N.), Geschehen (N.), Vorfall (M.)
accantonamento (M.) Rückstellung (F.)
accaparramento (M.) di clientela Abwerbung (F.) (Abwerbung von Kunden)
accaparramento (M.) di manodopera Abwerbung (F.) (Abwerbung von Arbeitskräften)
accaparrare hamstern
accaparrarsi abwerben
accapigliar(si) raufen (sich)
accattonaggio (M.) Bettelei (F.), Betteln (N.)
accattone (M.) Bettler (M.)
accedere beitreten, betreten (V.)
accelerare beschleunigen
accelerato beschleunigt
accennare erwähnen, hinweisen
accentramento (M.) Zentralisation (F.)
accentrare zentralisieren
accertabile bestimmbar
accertabilità (F.) Bestimmbarkeit (F.)
accertamento (M.) Aufklärung (F.), Erfassung (F.), Ermittlung (F.), Feststellung (F.)
accertamento (M.) alternativo Wahlfeststellung (F.)
accertamento (M.) dei fatti Tatsachenfeststellung (F.)
accertamento (M.) dell'imponibile Veranlagung (F.)
accertamento (M.) della paternità Vaterschaftsfeststellung (F.)
accertamento (M.) esterno Außenprüfung (F.)
accertare erfassen, ermitteln, feststellen
accertatore (M.) Ermittler (M.)
accessione (F.) Akzession (F.), Beitritt (M.), Eintritt (M.), Zuwachs (M.)
accesso (M.) Zugang (M.)
accesso (M.) agli atti Akteneinsicht (F.)
accesso (M.) coattivo Notweg (M.)
accesso (M.) giudiziario sul luogo Augenschein (M.)
accessori (M.Pl.) Zubehör (N.)
accessori (M.Pl.) immobiliari Grundstückszubehör (N.)
accessorie (F.Pl.) Nebenkosten (F.Pl.)
accessorietà (F.) Akzessorietät (F.)
accessorietà (F.) limitata limitierte Akzessorietät (F.)
accessorio (Adj.) akzessorisch, konnex, Neben-, zusätzlich
accettabile akzeptabel, zumutbar
accettante (M.) Akzeptant (M.)
accettare abnehmen, akzeptieren, annehmen, übernehmen

accettazione (F.) Abnahme (F.), Akzept (N.), Akzeptanz (F.), Annahme (F.), Übernahme (F.)
accettazione (F.) bancaria Bankakzept (N.)
accettazione (F.) con beneficio d'inventario Annahme (F.) mit Vorbehalt der Inventareinrichtung
accettazione (F.) del diritto Rechtsakzeptanz (F.)
accettazione (F.) di dono Geschenkannahme (F.)
accidentale akzidentiell
accidentialia (N.Pl.) negotii (lat.) Akzidentialien (F.Pl.)
accinger(si) ansetzen
accisa (F.) Akzise (F.)
acclamare akklamieren
acclamazione (F.) Akklamation (F.)
accludere anschließen, beifügen, beilegen
accluso anbei
accogliere annehmen, empfangen, rezipieren
accoglimento (M.) Akzeptanz (F.), Empfang (M.), Zusage (F.)
accollante (M.) Neuschuldner (M.)
accollato (M.) Altschuldner (M.)
accollo (M.) Schuldübernahme (F.)
accollo (M.) cumulativo kumulative Schuldübernahme (F.), Schuldbeitritt (M.), Schuldmitübernahme (F.)
accollo (M.) del mutuo ipotecario Hypothekenübernahme (F.)
accollo (M.) di pagamento Erfüllungsübernahme (F.)
accollo (M.) liberatorio Erfüllungsübernahme (F.)
accollo (M.) privativo privative Schuldübernahme (F.)
accoltellare stechen
accomandante (F.) Kommanditistin (F.)
accomandante (M.) Kommanditist (M.)
accomandatario (M.) Komplementär (M.)
accomodamento (M.) Schlichtung (F.)
accomodamento (M.) bonario gütliche Regelung (F.)
accomodare schlichten
accompagnamento (M.) Begleitung (F.)
accompagnamento (M.) coattivo zwangsweise Vorführung (F.)
accompagnamento (M.) coattivo davanti al giudice Vorführung (F.) vor Gericht
accompagnamento (M.) di protezione Begleitschutz (M.)
accompagnamento (M.) forzato zwangsweise Vorführung (F.)
accompagnare begleiten, vorführen
acconsentimento (M.) Einwilligung (F.)
acconsentire beistimmen
acconto (M.) Abschlagszahlung (F.), Anzahlung (F.)
accorciare kürzen
accordar(si) vergleichen (sich)
accordare abmachen, bewilligen, gewähren, verabreden
accordare credito kreditieren
accordarsi abreden, übereinkommen
accordarsi sul passaggio della proprietà di un bene immobile auflassen (über Eigentumsübergang an einem Grundstück einig werden)
accordo (M.) Abkommen (N.), Abmachung (F.), Abrede (F.), Absprache (F.), Agreement (M.) (engl.), Einigung (F.), Einverständnis (N.), Pakt (M.), Übereinkommen (N.), Übereinkunft (F.), Verabredung (F.), Vereinbarung (F.), Vertrag (M.), Zustimmung (F.)
accordo (M.) accessorio Nebenvereinbarung (F.)
accordo (M.) amichevole gütliche Regelung (F.), Vergleich (M.)
accordo (M.) aziendale Betriebsvereinbarung (F.)
accordo (M.) commerciale Handelsabkommen (N.), Handelsvertrag (M.)
accordo (M.) delle parti contraenti sul passaggio della proprietà di un bene immobile Auflassung (F.)
accordo (M.) di base Rahmenabkommen (N.)
accordo (M.) di cartello Kartellabsprache (F.)
accordo (M.) di garanzia Sicherungsabrede (F.)
accordo (M.) di Londra sui debiti esterri germanici Londoner Schuldenabkommen (N.)
accordo (M.) di pagamento rateale Teilzahlungsabrede (F.)
accordo (M.) di servizio Dienstvereinbarung (F.)
accordo (M.) economico Wirtschaftsübereinkommen (N.)
accordo (M.) fra le parti Parteivereinbarung (F.)
accordo (M.) generale sul commercio dei servizi Allgemeines Abkommen (N.) über

den Handel mit Dienstleistungen (GATS)
accordo (M.) navale Flottenabkommen (N.)
accordo (M.) quadro Rahmenabkommen (N.)
accordo (M.) sugli aspetti dei diritti di proprietà intellettuale Agreement on Trade-related-Aspects of Intellectual Property (TRIPS)
accordo (M.) sulla competenza Prorogation (F.)
accordo (M.) transitorio Überleitungsvertrag (M.)
accorger(si) merken
accreditamento (M.) Akkreditierung (F.), Beglaubigung (F.)
accreditare akkreditieren, beglaubigen, kreditieren, verrechnen
accredito (M.) Verrechnung (F.)
accrescersi anwachsen
accrescimento (M.) Akkreszenz (F.), Anwachsung (F.), Zunahme (F.), Zuwachs (M.)
accumulamento (M.) Häufung (F.)
accumulare auflaufen, kumulieren
accumulazione (F.) Akkumulation (F.), Kumulation (F.)
accurato sorgfältig
accusa (F.) Anklage (F.), Anschuldigung (F.), Belastung (F.), Bezichtigung (F.)
accusa (F.) suppletiva Nachtragsanklage (F.)
accusare anklagen, anschuldigen, anzeigen, belasten, beschuldigen, bezichtigen
accusata (F.) Angeklagte (F.), Beschuldigte (F.)
accusato (M.) Angeklagter (M.), Beschuldigter (M.)
accusatore (M.) Ankläger (M.)
accusatrice (F.) Anklägerin (F.)
acqua (F.) di scarico Abwasser (N.)
acque (F.Pl.) Gewässer (N.)
acquiescenza (F.) Berufungsverzicht (M.), Rechtsmittelverzicht (M.)
acquirente (M.) Abnehmer (M.), Erwerber (M.), Käufer (M.)
acquirente (M.) di beni ereditari Erbschaftserwerber (M.)
acquirente (M.) in buona fede gutgläubiger Erwerber (M.)
acquirente (M.) potenziale potenzieller Käufer (M.)
acquisire erwerben, werben
acquisito wohlerworben
acquisizione (F.) Errungenschaft (F.), Erwerb (M.)
acquisizione (F.) del credito Forderungskauf (M.)
acquistare anschaffen, beschaffen, beziehen, einkaufen, erwerben, kaufen
acquisto (F.) di beni immobili Grundstückskauf (M.)
acquisto (M.) Anschaffung (F.), Beschaffung (F.), Besorgung (F.), Bezug (M.), Einkauf (M.), Errungenschaft (F.), Erwerb (M.), Kauf (M.), Zugewinn (M.)
acquisto (M.) a credito Kreditkauf (M.)
acquisto (M.) a premio Prämienkauf (M.)
acquisto (M.) a rate Abzahlungskauf (M.), Ratenkauf (M.)
acquisto (M.) del diritto Rechtserwerb (M.)
acquisto (M.) della proprietà Eigentumserwerb (M.)
acquisto (M.) della proprietà a titolo derivativo abgeleiteter Eigentumserwerb (M.), derivativer Eigentumserwerb (M.)
acquisto (M.) della proprietà a titolo originario originärer Eigentumserwerb (M.)
acquisto (M.) di beni di consumo Verbrauchsgüterkauf (M.)
acquisto (M.) di cosa generica Genuskauf (M.)
acquisto (M.) di merci durante la svendita per venderle nel corso di questa Nachschieben (N.)
acquisto (M.) di terreni Grunderwerb (M.)
acquisto (M.) diretto Direkterwerb (M.)
acquisto (M.) generico Genuskauf (M.)
acquisto (M.) illecito Schwarzkauf (M.)
acquisto (M.) immobiliare Grunderwerb (M.)
acquisto (M.) in buona fede gutgläubiger Erwerb (M.)
acquisto (M.) in contanti Barkauf (M.)
acquisto (M.) sul mercato nero Schwarzkauf (M.)
acquisto (M.) transitorio Durchgangserwerb (M.)
acta concludentia (lat.) konkludentes Handeln (N.)
actio (F.) de in rem verso (lat.) Nichtleistungskondiktion (F.)
actus (M.) legitimus (lat.) bedingungsfeindliches Rechtsgeschäft (N.)
acuto scharf
ad hoc (lat.) ad hoc (lat.) (zu diesem Zweck)

ad interim (lat.) vorläufig
adattamento (M.) Anpassung (F.), Bearbeitung (F.)
adattamento (M.) del diritto ai cambiamenti economici e sociali Rechtsfortbildung (F.)
adattare anpassen
addebitare abbuchen, anlasten, belasten
addebito (M.) Abbuchung (F.), Anschuldigung (F.), Belastung (F.), Lastschrift (F.)
addestramento (M.) Ausbildung (F.), Einweisung (F.), Erziehung (F.)
addestramento (M.) professionale Berufsausbildung (F.), Berufsbildung (F.)
addestrare ausbilden, einweisen
addetto (M.) Attaché (M.)
addizionale (Adj.) zusätzlich
addizione (F.) Zusatz (M.)
addottoramento (M.) Promotion (F.)
addottorarsi promovieren
addurre vorbringen
adeguamento (M.) Angleichung (F.), Anpassung (F.)
adeguare anpassen
adeguatezza (F.) Adäquanz (F.)
adeguatezza (F.) sociale Sozialadäquanz (F.)
adeguato adäquat, angemessen, tauglich
adempiere einhalten, erfüllen, leisten
adempimento (M.) Erfüllung (F.), Leistung (F.), Verrichtung (F.)
adempimento (M.) del terzo Erfüllung (F.) durch einen Dritten
adempimento (M.) inesatto positive Forderungsverletzung (F.), Schlechterfüllung (F.)
adempimento (M.) successivo Nacherfüllung (F.)
aderente (M.) Mitglied (N.), Teilnehmer (M.)
aderire beistimmen, beitreten, eingehen, einwilligen, zustimmen
adesione (F.) Adhäsion, Beitritt (M.), Eintritt (M.), Einwilligung (F.), Mitgliedschaft (F.), Zustimmung (F.)
adesione (F.) ad un contratto Vertragsbeitritt (M.)
adire anrufen
adire le vie legali Rechtsweg beschreiten
adizione (F.) Anrufung (F.)
adolescente (M.) Heranwachsender (M.)
adoperare brauchen, gebrauchen
adorare huldigen
adorazione (F.) Huldigung (F.)
adottare adoptieren, annehmen als Kind, bearbeiten
adozione (F.) Adoption (F.), Annahme als Kind (F.), Kindesannahme (F.)
adultera (F.) Ehebrecherin (F.)
adulterio (M.) Ehebruch (M.), Seitensprung (M.)
adultero (Adj.) ehebrecherisch
adultero (M.) Ehebrecher (M.)
adulto (Adj.) erwachsen
adulto (M.) Erwachsener (M.)
adunanza (F.) Konvent (M.), Sitzung (F.), Versammlung (F.)
adunanza (F.) dei creditori Gläubigerversammlung (F.)
adunar(si) versammeln (sich)
aereo (M.) Flugzeug (N.)
aeromobile (M.) Flugzeug (N.), Luftfahrzeug (N.)
aeroplano (M.) Flugzeug (N.)
aeroporto (M.) Flughafen (M.)
affare (M.) commerciale unilaterale einseitiges Handelsgeschäft (N.)
affare (M.) Angelegenheit (F.), Geschäft (N.), Sache (F.), Transaktion (F.)
affare (M.) a provvigione Auftragsgeschäft (N.)
affare (M.) a termine Termingeschäft (N.)
affare (M.) commerciale Handelsgeschäft (N.), Handelssache (F.)
affare (M.) di borsa Börsengeschäft (M.)
affare (M.) estero auswärtige Angelegenheit (F.)
affare (M.) federale Bundesangelegenheit (F.)
affare (M.) penale Strafsache (F.)
affare (M.) per conto proprio Propergeschäft (N.)
affarista (M.) Schieber (M.), Spekulant (M.)
affermare behaupten, bestätigen, versichern
affermativo affirmativ
affermazione (F.) Behauptung (F.), Versicherung (F.)
afferrare ergreifen, fassen
affezione (F.) Krankheit (F.)
affezione Affektion (F.)
affidabilità (F.) Zuverlässigkeit (F.)
affidamento (M.) al servizio sociale minorile Fürsorgeerziehung (F.)
affidare anvertrauen, überantworten, übergeben, übertragen

affidato (M.) Kreditnehmer (M.)
affidavit (M.) (lat.) eidesstattliche Versicherung (F.), Versicherung (F.) an Eides Statt
affidavit (M.) Affidavit (N.)
affidavit (M.) bancario Bankbürgschaft (F.)
affiggere anschlagen
affine (Adj.) verschwägert
affinità (F.) Ähnlichkeit (F.), Gleichartigkeit (F.), Schwägerschaft (F.)
affissione (F.) Anschlag (M.)
affittare mieten, pachten, vermieten, verpachten
affitto (M.) Pacht (F.), Vermietung (F.), Verpachtung (F.)
affitto (M.) di caccia Jagdpacht (F.)
affitto (M.) di fondo rustico Landpacht (F.)
affittuario (M.) Pächter (M.)
affrancamento (M.) Befreiung (F.)
affrancare frankieren, lösen
affrancato frei
affrancatura (F.) Porto (N.)
affronto (M.) Affront (M.)
Africa (F.) Afrika (N.)
agenda (F.) Terminkalender (M.)
agente (F.) matrimoniale Heiratsvermittlerin (F.)
agente (M.) Agent (M.), Auftragnehmer (M.), Handelnder (M.), Hilfsbeamter (M.), Sachwalter (M.), Täter (M.), Vertreter (M.), Verursacher (M.)
agente (M.) autorizzato a concludere contratti Abschlussvertreter (M.)
agente (M.) commerciale Handelsvertreter (M.)
agente (M.) delle tasse Steuereinheber (M.)
agente (M.) di brevetti Patentanwalt (M.)
agente (M.) di cambio Börsenmakler (M.), Makler (M.)
agente (M.) di polizia Polizeibeamter (M.), Polizist (M.), Schutzmann (M.)
agente (M.) di polizia penitenziaria Strafvollzugsbeamter (M.)
agente (M.) immobiliare Immobilienmakler (M.)
agente (M.) matrimoniale Ehevermittler (M.), Heiratsvermittler (M.)
agente (M.) provocatore agent (M.) provocateur (franz.), Lockspitzel (M.)
agenzia (F.) Agentur (F.), Büro (N.), Vertretung (F.), Zweigstelle (F.)
agenzia (F.) delle entrate Finanzamt (N.)
agenzia (F.) di prestiti su pegno Leihhaus (N.)
agenzia (F.) matrimoniale Heiratsvermittlung (F.)
Agenzia multilaterale per la garanzia degli investimenti (AMGI) Multilaterale Investions-Garantie-Agentur (F.) (MIGA)
agevolare begünstigen, erleichtern
agevolazione (F.) Erleichterung (F.)
agevolazione (F.) fiscale Steuervergünstigung (F.)
agevolazione (F.) tributaria Steuervergünstigung (F.)
aggio (M.) Agio (N.)
aggio (M.) di emissione Aufgeld (N.)
aggiornamento (M.) Fortbildung (F.), Vertagung (F.)
aggiornar(si) fortbilden (sich)
aggiornare aufschieben, verschieben, vertagen
aggiotaggio (M.) betrügerische Erhöhung (F.) und Senkung (F.) der Preise auf dem öffentlichen Markt oder an Handelsbörsen, Kurstreiberei (F.)
aggiotatore (M.) Kurstreiber (M.)
aggiramento (M.) Umgehung (F.)
aggirare umgehen
aggirarsi su belaufen
aggiudicare zuschlagen
aggiudicazione (F.) Auftragsvergabe (F.), Verdingung (F.), Vergabe (F.), Zuschlag (M.)
aggiudicazione (F.) per licitazione privata Auftragsvergabe (F.) nach beschränkter Ausschreibung
aggiudicazione (F.) per trattativa privata freihändige Autragsvergabe (F.)
aggiungere anhängen, ergänzen
aggiunta (F.) Nachtrag (M.), Zugabe (F.), Zuschuss (M.)
aggiunta (M.) Zusatz (M.)
aggiunto (M.) Assessor (M.), Beigeordneter (M.)
aggiunto (M.) giudiziario Gerichtsassessor (M.)
aggiunto zuzüglich
aggiustare reparieren
aggravamento (M.) Erschwerung (F.)
aggravamento (M.) della pena Strafschärfung (F.)
aggravante (F.) Erschwerungsgrund (M.)
aggravante erschwerend, strafschärfend

aggravare beschweren, erschweren, verschärfen
aggredire angreifen, überfallen
aggressione (F.) Aggression (F.), Angriff (M.), Überfall (M.)
aggressivo aggressiv
aggressore (M.) Angreifer (M.)
agile mobil
agio (M.) commodum (N.) (lat.) (Bequemlichkeit bzw. Vorteil)
agire (M.) in nome altrui Handeln (N.) in fremdem Namen
agire agieren, dienen, einschreiten, handeln, operieren, vorgehen, wirken
agire in giudizio klagen
agire per la restituzione kondizieren
agire su einwirken
agitare aufhetzen, aufwiegeln, hetzen
agitatore (M.) Aufrührer (M.)
agitazione (F.) Aufhetzung (F.), Kampf (M.), Unruhe (F.)
agitazione (F.) sindacale Arbeitskampf (M.)
agnato (M.) Agnat (M.)
agraria (F.) Landwirtin (F.)
agrario (M.) Landwirt (M.)
agricoltore (M.) Bauer (M.), Landwirt (M.)
agricoltrice (F.) Landwirtin (F.)
agricoltura (F.) Landwirtschaft (F.)
agrimensura (F.) Vermessung (F.)
aguzzino (M.) Büttel (M.), Schinder (M.)
ai sensi gemäß
aiutante (M.) Adjutant (M.), Helfer (M.)
aiutare beistehen, helfen, hilfeleisten
aiuto (M.) Beistand (M.), Hilfe (F.)
aiuto (M.) al suicidio Beihilfe (F.) zum Selbstmord
aiuto (M.) giudiziario Gerichtshilfe (F.)
aizzare hetzen
Aja (F.) Haag (N.)
Albania (F.) Albanien (N.)
albergamento (M.) Beherbergung (F.)
albergare beherbergen
albergatore (M.) Gastwirt (M.), Wirt (M.)
albergo (M.) Gasthof (M.), Gaststätte (F.), Herberge (F.)
albergo (M.) dei poveri Obdachlosenasyl (N.)
albo (M.) Liste (F.), Rolle (F.)
albo (M.) degli avvisi ufficiali Amtstafel (F.)
albo (M.) degli avvocati Rechtsanwaltsverzeichnis (N.)
albo (M.) dell'ufficio Amtstafel (F.)
albo (M.) delle imprese artigiane Handwerksrolle (F.)
albo (M.) professionale Berufsliste (F.)
alcolismo (M.) Trunksucht (F.)
alcool (M.) Alkohol (M.)
alcoolemia (F.) Blutalkohol (M.)
alcoolismo (M.) Trunksucht (F.)
alcoolizzato betrunken
alea (F.) Glück (N.)
aleatorio aleatorisch
alias (lat.) alias (Adv.) (lat.) (anders)
alibi (M.) Alibi (N.)
alienare entfremden, veräußern
alienazione (F.) Entfremdung (F.), Veräußerung (F.)
alimentare (M.) Lebensmittel (N.)
alimentare ernähren, versorgen
alimentazione (F.) Alimentation (F.), Ernährung (F.)
alimentazione (F.) di corrente Stromeinspeisung (F.)
alimenti (M.Pl.) Alimente (N.Pl.), Unterhalt (M.)
alimenti (M.Pl.) a favore di minori Kindesunterhalt (M.)
alimenti (M.Pl.) base Regelunterhalt (M.)
alimenti (M.Pl.) per il coniuge Ehegattenunterhalt (M.)
alimenti (M.Pl.) per il figlio Kindesunterhalt (M.)
aliquota (F.) d'imposta Hebesatz (M.)
aliud (N.) (lat.) aliud (N.) (lat.) (anderes)
all'esterno außen
allacciamento (M.) Anschluss (M.)
allaciare anschließen
allargamento (M.) Erweiterung (F.)
allargare erweitern
allarmante besorgniserregend
allarme (M.) Alarm (M.), Unruhe (F.)
alleanza (F.) Allianz (F.), Bündnis (N.)
alleata (F.) Genossin (F.)
alleati (M.Pl.) Alliierte (M.Pl.)
alleato (M.) Bündnispartner (M.)
allegare anlegen, anschließen, behaupten, beifügen, vorbringen
allegato (M.) Anhang (M.), Anlage (F.), Annex (M.), Beilage (F.)
allegato anbei
allegazione (F.) Behauptung (F.), Vorbringen (N.)

allegazione (F.) di fatto Tatsachenbehauptung (F.)
allegazione (F.) di parte Parteivorbringen (N.)
alleggerimento (M.) Erleichterung (F.)
alleggerire erleichtern
allentare hemmen
allevamento (M.) Erziehung (F.), Zucht (F.)
allevare ernähren, erziehen
alleviamento (M.) Erleichterung (F.), Milderung (F.)
alleviare mildern
allibramento (M.) Buchung (F.)
allibrare buchen
allieva (F.) Schülerin (F.)
allievo (M.) Schüler (M.)
allievo (M.) ufficiale Kadett (M.)
allineamento (M.) Baulinie (F.), Fluchtlinie (F.)
allo scoperto blanko
alloggiamento (M.) Beherbergung (F.)
alloggiare beherbergen, unterbringen
alloggio (M.) Herberge (F.), Logis (F.)
alloggio (M.) in condominio Eigentumswohnung (F.)
allontanamento (M.) Ausschließung (F.), Ausschluss (M.), Entfernung (F.)
allontanare entfernen
allungamento (M.) Allonge (F.)
alluvione (F.) Anlandung (F.), Anschwemmung (F.)
alma madre (F.) alma mater (F.) (lat.) (Nährmutter bzw. Universität)
alma mater (F.) (lat.) alma mater (F.) (lat.) (Nährmutter bzw. Universität)
alpe (F.) Alm (F.), Alpe (F.)
alterare ändern, fälschen, verändern, verfälschen
alterazione (F.) Änderung (F.), Veränderung (F.), Verfälschung (F.)
alterazione (F.) dei dati Datenveränderung (F.)
alternativa (F.) Alternative (F.), Wahl (F.)
alternativo alternativ
altezza (F.) Höhe (F.), Hoheit (F.)
alto hoch, obere
alto tedesco hochdeutsch
alto tradimento (M.) Hochverrat (M.), Landesverrat (M.)
alto traditore (M.) Hochverräter (M.)
altri andere
altrimenti detto alias (Adv.) (lat.) (anders)
altro andere
alzare erhöhen
amante (F.) Mätresse (F.)
amante (M.) Liebhaber (M.)
ambasciata (F.) Botschaft (F.)
ambasciatore (M.) Botschafter (M.), Gesandter (M.)
ambasciatrice (F.) Botschafterin (F.)
ambiente (M.) Milieu (N.), Raum (M.), Sphäre (F.), Umwelt (F.)
ambito (M.) Bereich (M.), Feld (N.), Gebiet (N.), Rahmen (M.)
ambito (M.) d'applicazione Anwendungsbereich (M.), Geltungsbereich (M.)
ambito (M.) di validità Geltungsbereich (M.)
ambulante (Adj.) ambulant
ambulante (M.) Hausierer (M.)
Amburgo (F.) Hamburg (N.)
America (F.) Amerika (N.)
amica (F.) Freundin (F.)
amichevole gütlich
amicizia (F.) Freundschaft (F.)
amico (M.) Freund (M.)
ammalato (Adj.) krank
ammanco (M.) Fehlbestand (M.)
ammanco Ausfall (M.)
ammassare hamstern
ammazzare töten
ammenda (F.) Buße (F.), Bußgeld (N.), Geldbuße (F.), Geldstrafe (F.), Verwarnungsgeld (N.), Zwangsgeld (N.)
ammenda (F.) amministrativa Ordnungsgeld (N.)
ammesso erlaubt, statthaft, zulässig
ammettere bekennen, billigen, einräumen, erlauben, zulassen
amministrare verwahren, verwalten, verwesen
amministrativo administrativ
amministratore (M.) Geschäftsführer (M.), Hausmeister (M.), Kurator (M.), Manager (M.), Sachwalter (M.), Verwalter (M.), Verweser (M.)
amministratore (M.) della eredità Nachlassverwalter (M.)
amministratore (M.) di beni Vermögensverwalter (M.)
amministratore (M.) di patrimoni Vermögensverwalter (M.)
amministratore (M.) fiduciario Treuhänder (M.)

amministratore (M.) giudiziario Zwangsverwalter (M.)
amministratore (M.) non socio Fremdgeschäftsführer (M.)
amministrazionc (F.) Administration (F.), Direktion (F.), Geschäftsführung (F.), Leitung (F.), Verwaltung (F.), Verwaltungsbehörde (F.)
amministrazione (F.) acquirente Beschaffungsverwaltung (F.)
amministrazione (F.) autoritativa Eingriffsverwaltung (F.)
amministrazione (F.) comunale Kommunalverwaltung (F.), Stadtverwaltung (F.)
amministrazione (F.) controllata Geschäftsaufsicht (F.) zur Abwendung des Konkurses (Geschäftsaufsicht zur Abwendung des Konkurses in Italien), Zwangsverwaltung (F.)
amministrazione (F.) dei beni Vermögenssorge (F.)
amministrazione (F.) del Land Landesverwaltung (F.)
amministrazione (F.) del lavoro Arbeitsverwaltung (F.)
amministrazione (F.) del patrimonio del minore da parte dei genitori Vermögenssorge (F.)
amministrazione (F.) del personale Personalverwaltung (F.)
amministrazione (F.) delegata Auftragsverwaltung (F.)
amministrazione (F.) dell'eredità Nachlassverwaltung (F.)
amministrazione (F.) della giustizia Gerichtsverwaltung (F.), Justizverwaltung (F.), Rechtspflege (F.)
amministrazione (F.) della polizia Polizeiverwaltung (F.)
amministrazione (F.) delle finanze Finanzverwaltung (F.)
amministrazione (F.) dello Stato Staatsverwaltung (F.)
amministrazione (F.) di beni Vermögensverwaltung (F.)
amministrazione (F.) di patrimoni Vermögensverwaltung (F.)
amministrazione (F.) di prestazione Leistungsverwaltung (F.)
amministrazione (F.) di promozione Förderungsverwaltung (F.)
amministrazione (F.) ecclesiastica Kirchenverwaltung (F.)
amministrazione (F.) economica Wirtschaftsverwaltung (F.)
amministrazione (F.) federale Bundesverwaltung (F.)
amministrazione (F.) federale delegata Bundesauftragsverwaltung (F.)
amministrazione (F.) federale delle forze armate Bundeswehrverwaltung (F.)
amministrazione (F.) fiduciaria Treuhand (F.), Treuhänderschaft (F.), Treuhandschaft (F.), Verwaltungstreuhänderschaft (F.)
amministrazione (F.) finanziaria Finanzverwaltung (F.)
amministrazione (F.) giudiziaria Gerichtsverwaltung (F.), Zwangsverwaltung (F.)
amministrazione (F.) indiretta dello Stato mittelbare Staatsverwaltung (F.)
amministrazione (F.) interna innere Verwaltung (F.)
amministrazione (F.) legata gebundene Verwaltung (F.)
amministrazione (F.) municipale Stadtverwaltung (F.)
amministrazione (F.) per la costruzione e manutenzione delle strade Straßenbaulastträger (M.)
amministrazione (F.) pubblica öffentliche Hand (F.), öffentliche Verwaltung (F.)
amministrazione (F.) regionale Landesverwaltung (F.)
amministrazione (F.) statale Staatsverwaltung (F.)
amministrazione (F.) straordinaria Zwangsverwaltung (F.)
amministrazione (F.) straordinaria delle grandi imprese in crisi staatliche Zwangsverwaltung (F.)
amminstrazione (F.) provinciale Landesverwaltung (F.)
ammiraglio (M.) Admiral (M.)
ammissibile zulässig
ammissibilità (F.) Statthaftigkeit (F.), Zulässigkeit (F.)
ammissibilità (F.) del giudizio Rechtswegzulässigkeit (F.)
ammissione (F.) Aufnahme (F.), Einräumung (F.), Erlaubnis (F.), Zulassung (F.)
ammissione (F.) alla quotazione in borsa Notierung (F.)

ammonimento (M.) Belehrung (F.), Ermahnung (F.), Verwarnung (F.), Warnung (F.)
ammonire abmahnen, belehren, ermahnen, mahnen, verwarnen, verweisen, warnen
ammonizione (F.) Abmahnung (F.), Ermahnung (F.), Mahnung (F.), Rüge (F.), Verwarnung (F.), Verweis (M.)
ammontare (M.) Höhe (F.)
ammontare (M.) del credito Kreditbetrag (M.)
ammontare (M.) massimo Höchstbetrag (M.)
ammontare belaufen
ammortamento (F.) Ablösung (F.)
ammortamento (M.) Abschreibung (F.), Amortisation (F.), Bezahlung (F.), Tilgung (F.)
ammortamento (M.) dei debiti Schuldentilgung (F.)
ammortamento (M.) per deperimento Abschreibung (F.) für Abnützung
ammortamento Kraftloserklärung (F.)
ammortare abschreiben, amortisieren, tilgen
ammortizzare ablösen, amortisieren, bezahlen, tilgen
ammortizzazione (F.) Amortisation (F.), Tilgung (F.)
ammutinamento (M.) Meuterei (F.)
ammutinamento (M.) di detenuti Gefangenenmeuterei (F.)
ammutinarsi meutern
ammutinato (M.) Meuterer (M.)
amnistia (F.) Amnestie (F.)
amnistia (F.) generale Generalamnestie (F.)
amnistiare amnestieren
amoroso (M.) Liebhaber (M.)
amovibilità (F.) Absetzbarkeit (F.)
ampio lang, weit
amplesso (M.) Beischlaf (M.)
ampliamento (M.) Erweiterung (F.)
ampliare erweitern
Amsterdam (F.) Amsterdam (N.)
anagrafe (F.) Meldebehörde (F.)
analisi (F.) Analyse (F.)
analisi (F.) DNA DNA-Analyse (F.)
analitico analytisch
analizzare analysieren
analogia (F.) Ähnlichkeit (F.), Analogie (F.)
analogia (F.) giuridica Rechtsanalogie (F.)
analogia (F.) iuris Rechtsanalogie (F.)
analogia (F.) legale Gesetzesanalogie (F.)
analogia (F.) legis (lat.) Gesetzesanalogie (F.)
analogico analog
analogo analog, gleichartig
anarchia (F.) Anarchie (F.)
anarchico (M.) Anarchist (M.)
anarchico anarchisch
anatema (M.) Anathema (N.)
anatocismo (M.) Anatozismus (M.), Zinseszins (M.)
andamento (M.) Lage (F.)
andare fahren, gehen, laufen
anello (M.) Glied (N.)
anestesia (F.) Betäubung (F.)
anestetico (M.) Betäubungsmittel (N.)
angheria (F.) Schikane (F.)
angolo (M.) Ecke (F.)
Anhalt (F.) Anhalt (N.) (Land Anhalt)
animale (M.) Tier (N.)
animali (M.Pl.) Vieh (N.)
animali (M.Pl.) selvatici Wild (N.)
animus (M.) derelinquendi Dereliktionsabsicht (F.)
animus (M.) donandi (lat.) Schenkungsabsicht (F.)
animus (M.) nocendi Tötungsabsicht (F.)
animus (M.) possedendi (lat.) Eigenbesitzwillen (M.)
animus (M.) rem sibi habendi (lat.) Zueignungsabsicht (F.)
annessione (F.) Annexion (F.), Anschluss (M.), Einverleibung (F.)
annesso (M.) Annex (M.), Zubehör (N.)
annettere annektieren, einverleiben
annettere un fabbricato anbauen
annientare vernichten
anno (M.) Jahr (N.)
anno (M.) biestile Schaltjahr (N.)
anno (M.) commerciale Geschäftsjahr (N.)
anno (M.) contabile Rechnungsjahr (N.)
anno (M.) finanziario Rechnungsjahr (N.)
anno (M.) giudiziario Gerichtsjahr (N.)
annotare anmerken, aufzeichnen, eintragen, notieren, vormerken
annotazione (F.) Aktenvermerk (M.), Anmerkung (F.), Aufzeichnung (F.), Vermerk (M.), Vormerkung (F.)
annotazione (F.) della lite Streitanmerkung (F.)
annotazione (F.) di autenticazione Beglaubigungsvermerk (M.)
annoverare zurechnen
annuale jährlich
annualità (F.) Apanage (F.), Rente (F.)

annuario (M.) Jahrbuch (N.)
annullabilità (F.) Anfechtbarkeit (F.), Nichtigerklärbarkeit (F.), Vernichtbarkeit (F.)
annullamento (M.) Annullierung (F.), Entwertung (F.), Nichtigerklärung (F.), Ungültigkeitserklärung (F.)
annullamento (M.) del matrimonio Eheaufhebung (F.)
annullare annullieren, aufheben, auflösen, entwerten, vernichten
annunciare ankündigen, anmelden, bekanntgeben, melden, mitteilen
annunciatore (M.) Herold (M.)
annunciazione (F.) Verkündung (F.)
annuncio (M.) Ankündigung (F.), Anmeldung (F.), Anzeige (F.), Bekanntgabe (F.), Bekanntmachung (F.), Inserat (N.), Meldung (F.), Mitteilung (F.), Nachricht (F.)
anomalia (F.) Abartigkeit (F.)
anomalo abartig, abwegig, anormal, unregelmäßig
anonimato (M.) Anonymität (F.)
anonimo (Adj.) anonym
anormale abartig, abnorm, abwegig, anormal
anormalità (F.) Abartigkeit (F.)
ansia (F.) Furcht (F.)
antefatto (M.) Vortat (F.)
antefatto (M.) non punibile straflose Vortat (F.)
antenato (M.) Ahn (M.), Vorfahre (M.)
anticaglia (F.) Trödelware (F.)
anticipare antizipieren
anticipare su pegno lombardieren
anticipato vorzeitig
anticipazione (F.) delle spese giudiziali Prozesskostenvorschuss (M.)
anticipazione (F.) delle spese giudiziarie Gerichtskostenvorschuss (M.)
anticipazione (F.) di carattere alimentare Unterhaltsvorschuss (M.)
anticipazione (F.) su pegno Lombard (M.)
anticipo (M.) Vorschuss (M.)
anticipo (M.) su titoli Lombardkredit (M.)
anticoncezionale (F.) Verhütungsmittel (N.)
anticostituzionale verfassungsfeindlich
anticresi (F.) Antichrese (F.), Nutzungspfand (N.)
antigiuridicità (F.) Rechtswidrigkeit (F.), Widerrechtlichkeit (F.)
antigiuridicità (F.) dell'evento Erfolgsunrecht (N.)
antigiuridicità (F.) sostanziale Unrecht (N.)
antigiuridico rechtswidrig, widerrechtlich
antinomia (F.) Antinomie (F.), Gegensatz (M.)
antisemitismo (M.) Antisemitismus (M.)
antitesi (F.) Gegensatz (M.)
anzianità (F.) Alter (N.)
anzianità (F.) di servizio Besoldungsdienstalter (N.), Dienstalter (N.)
anzianità (F.) salariale Besoldungsdienstalter (N.)
apartitico unparteilich
apatridia (F.) Staatenlosigkeit (F.)
aperto offen
apertura (F.) Beginn (M.), Einleitung (F.), Eröffnung (F.), Gründung (F.)
apertura (F.) del testamento Testamentseröffnung (F.)
apertura (F.) della successione Eintreten (N.) des Erbfalls, Erbfall (M.)
apolide (Adj.) heimatlos, staatenlos
apolidia (F.) Staatenlosigkeit (F.)
apologia (F.) della violenza Verherrlichung (F.) von Gewalt
apostolico apostolisch
appaltare verdingen
appaltatore (M.) Auftragnehmer (M.), Unternehmer (M.), Verpächter (M.)
appalto (M.) öffentlicher Werkvertrag (M.) (öffentlicher Werkvertrag in Italien), Regie (F.), Unternehmerwerkvertrag (M.) (Unternehmerwerkvertrag in Italien), Verdingung (F.), Werkvertrag (M.)
appalto (M.) di opere pubbliche öffentlicher Auftrag (M.)
appalto (M.) pubblico öffentlicher Werkvertrag (M.) (öffentlicher Werkvertrag in Italien)
appannaggio (M.) Apanage (F.)
apparato (M.) intercettatore Abhörgerät (N.)
apparecchio (M.) Gerät (N.), Maschine (F.)
apparecchio (M.) d'intercettazione Abhörgerät (N.)
apparecchio (M.) telefonico Fernsprecher (M.)
apparente anscheinend, offensichtlich, vermeintlich
apparentemente anscheinend
apparenza (F.) Anschein (M.), Schein (M.)
apparenza (F.) giuridica Rechtsschein (M.)
apparire erscheinen

apparizione (F.) Erscheinen (N.)
appartamento (M.) Wohnung (F.)
appartamento (M.) in affitto Mietwohnung (F.)
appartamento (M.) in condominio Eigentumswohnung (F.)
appartenente (M.) Angehöriger (M.)
appartenente zugehörig
appartenenza (F.) Angehörigkeit (F.), Mitgliedschaft (F.), Zugehörigkeit (F.)
appartenenza (F.) obbligatoria ad un gruppo parlamentare Fraktionszwang (M.)
appartenere angehören, eignen, gehören, zugehören
appellar(si) anrufen, appellieren
appellare berufen
appellato (M.) Berufungsbeklagter (M.)
appellazione (F.) Anrufung (F.)
appello (M.) Appell, Appellation (F.), Aufruf (M.), Berufung (F.), Beschwerde (F.)
appello (M.) ammissibile zulässige Berufung (F.)
appello (M.) incidentale Anschlussberufung (F.)
appello (M.) parziale relativo alla commisurazione della pena Strafmaßrevision (F.)
appena gerade
appendice (F.) Anhang (M.), Nachtrag (M.)
applicabile anwendbar
applicare anwenden, auferlegen, verwenden
applicazione (F.) Anwendung (F.), Zumessung (F.)
applicazione (F.) analogica Analogieschluß (M.)
applicazione (F.) del diritto Rechtsanwendung (F.)
appoggiare befürworten, beistehen
appoggio (M.) Anhalt (M.), Befürwortung (F.), Beistand (M.)
apporre i sigilli versiegeln
apporre i termini di confine abmarken
apporre una riserva vorbehalten
apportare bringen, einbringen
apportare una variante abändern
apporto (M.) Einbringung (F.), Einlage (F.)
apporto (M.) in natura Sacheinlage (F.)
apposizione (F.) dei sigilli Versiegelung (F.)
apposizione (F.) di termini Abmarkung (F.)
apprendere erfahren (V.), vernehmen
apprendista (M.) Auszubildender (M.), Lehrling (M.)
apprendistato (M.) Lehre (F.)
apprezzamento (M.) Beurteilung (F.), Werturteil (N.), Würdigung (F.)
apprezzamento (M.) discrezionale Beurteilungsspielraum (M.)
apprezzare achten, beurteilen, schätzen, würdigen
approntamento (M.) Fertigstellung (F.)
appropriar(si) aneignen (sich), zueignen (sich)
appropriarsi indebitamente unterschlagen, veruntreuen
appropriato adäquat, angemessen, opportun
appropriazione (F.) Aneignung (F.), Zueignung (F.)
appropriazione (F.) indebita Unterschlaung (F.), Veruntreuung (F.)
approvare annehmen, approbieren, befürworten, bestätigen, bewilligen, billigen, genehmigen, verabschieden, zustimmen
approvazione (F.) Anerkennung (F.), Annahme (F.), Approbation (F.), Befürwortung (F.), Billigung (F.), Billigung (F.), Genehmigung (F.), Zustimmung (F.)
approvazione (F.) di una legge Gesetzesverabschiedung (F.), Verabschiedung (F.) eines Gesetzes
approvvigionamento (M.) Versorgung (F.)
approvvigionamento (M.) d'energia Energieversorgung (F.)
approvvigionare versorgen
appuntamento (M.) Verabredung (F.)
appuntare anheften
appuramento (M.) Bereinigung (F.)
appurare aufklären, bereinigen
aprire eröffnen, erschließen
aqua (F.) Wasser (N.)
aquisire erringen
Arabia (F.) Arabien (N.)
araldo (M.) Herold (M.)
arbitraggio (M.) Arbitrage (F.)
arbitrale schiedsgerichtlich
arbitrario arbiträr, eigenmächtig, mutwillig, willkürlich
arbitrato (M.) Schiedsgericht (N.), Schiedsverfahren (N.)
arbitratore (M.) Schiedsgutachter (M.)
arbitrio (M.) Eigenmacht (F.), Willkür (F.)
arbitro (M.) Schiedsmann (M.), Schiedsrichter (M.)
arcaico archaisch

architetto (M.) Architekt (M.)
archiviazione (F.) Archivierung (F.)
archiviazione (F.) degli atti del procedimento penale Einstellung (F.), Einstellung (F.) der Voruntersuchung
archivio (M.) Archiv (N.)
arcivescovo (M.) Erzbischof (M.)
area (F.) Fläche (F.), Raum (M.), Zone (F.)
area (F.) disciplinare Fachbereich (M.)
area (F.) edificabile Baugebiet (N.), Bauplatz (M.)
area (F.) fabbircabile Baugebiet (N.)
area (F.) fabbricabile Bauland (N.)
argine (M.) Deich (M.)
argomentare argumentieren, ausführen
argomentazione (F.) Ausführung (F.), Begründung (F.)
argomentazione (F.) a contrariis Umkehrschluss (M.)
argomento (M.) Argument (N.), Thema (N.)
argomento (M.) di prova Beweisgrund (M.)
argomento (M.) ex contrariis Gegenschluss (M.)
argumentum (M.) a contrario (lat.) Gegenschluss (M.)
argumentum (N.) a contrariis (lat.) Umkehrschluss (M.)
aria (F.) Luft (F.)
aristocratico (M.) Aristokrat (M.)
aristocrazia (F.) Adel (M.), Adelsstand (M.), Aristokratie (F.)
arma (F.) Waffe (F.)
arma (F.) chimica Chemiewaffe (F.)
arma (F.) da fuoco Schusswaffe (F.)
arma (F.) omicida Mordwaffe (F.)
armamento (M.) Aufrüstung (F.), Rüstung (F.)
armar(si) rüsten (sich)
armare rüsten (sich)
armata (F.) Armee (F.)
armatore (M.) Reeder (M.), Verfrachter (M.)
armatura (F.) Rüstung (F.)
armi (F.Pl.) atomiche e biologiche e chimiche ABC-Waffen (F.Pl.)
armistizio (M.) Waffenstillstand (M.)
armonizzazione (F.) Angleichung (F.)
arredamento (M.) Einrichtung (F.), Mobiliar (N.)
arredare einrichten
arredo (M.) Hausrat (M.)
arrendersi kapitulieren
arrendevole gefügig, nachgiebig
arrestare festhalten, festnehmen, hemmen, inhaftieren, sistieren, verhaften
arrestato (M.) Angehaltener (M.), Inhaftierter (M.)
arresto (M.) Arrest (M.), Beschlagnahme (F.), Einstellung (F.), Festnahme (F.), Haft (F.), Haftstrafe (F.), Halten (N.), Hemmung (F.), Inhaftierung (F.), Pause (F.), Sistierung (F.), Stillstand (M.), Unterbrechung (F.), Verhaftung (F.)
arresto (M.) breve Kurzarrest (M.)
arresto (M.) coercitivo Erzwingungshaft (F.)
arresto (M.) dei pagamenti Zahlungseinstellung (F.)
arresto (M.) dell'estradando Auslieferungshaft (F.)
arresto (M.) di polizia vorläufige Festnahme (F.)
arresto (M.) domiciliare Hausarrest (M.)
arresto (M.) festivo Freizeitarrest (M.)
arresto (M.) in flagranza Betretung (F.) auf frischer Tat, Ergreifung (F.) auf frischer Tat, Festnahme (F.) auf frischer Tat
arresto (M.) lungo Dauerarrest (M.)
arresto (M.) per debiti Schuldhaft (F.)
arresto (M.) per i minori Jugendarrest (M.)
arresto (M.) per l'estradizione Auslieferungshaft (F.)
arresto (M.) repressivo Strafarrest (M.)
arretrato (M.) Rückstand (M.)
arretrato ausstehend
arricchimento (M.) Bereicherung (F.)
arricchimento (M.) indebito ungerechtfertigte Bereicherung (F.)
arricchimento (M.) ingiustificato Bereicherung (F.) ohne Rechtsgrund
arricchimento (M.) senza causa Bereicherung (F.) ohne Rechtsgrund
arricchimento (M.) senza giusta causa ungerechtfertigte Bereicherung (F.)
arricchire bereichern
arricchito (M.) Bereicherter (M.)
arringa (F.) Plädoyer (N.)
arrivare eingehen
arrivo (M.) Eingang (M.)
arrotare rädern
arruolamento (M.) Heuer (F.), Rekrutierung (F.)
arruolare anwerben, einberufen
arte (F.) Kunst (F.)

arte (F.) figurativa bildende Kunst (F.)
articolare gliedern
articolazione (F.) Gliederung (F.)
articolo (M.) Artikel (M.), Paragraph (M.)
articolo (M.) di consumo Verbraucherware (F.)
articolo (M.) di marca Markenartikel (M.), Markenware (F.)
artificiale künstlich
artifizio (M.) Kunstgriff (M.), Täuschungshandlung (F.)
artigianale handwerklich
artigianato (M.) Handwerk (N.)
artigiano (M.) Geselle (M.), Handwerker (M.), Lohnhandwerker (M.)
artista (M.) Künstler (M.)
arto (M.) Glied (N.)
ascendente (M. bzw. F.) Aszendent (M. bzw. F.)
ascendente (M.) Ahn (M.), Vorfahre (M.)
ascendenza (F.) Aszendenz (F.)
ascoltare anhören, einvernehmen
ascolto (M.) Anhörung (F.), Einvernahme (F.), Gehör (N.)
ascolto (M.) di testimone Zeugenvernehmung (F.)
ascrivere anlasten, zuschreiben
Asia (F.) Asien (N.)
asilo (M.) Asyl (N.), Obdach (N.)
asilo (M.) per i senzatetto Obdachlosenasyl (N.)
asino (M.) Esel (M.)
asociale asozial
aspettare warten
aspettativa (F.) Anwartschaft (F.), Karenz (F.), Wartestand (M.)
aspettativa (F.) giuridica Anwartschaft (F.)
aspetto (M.) Anschein (M.), Gesichtspunkt (M.), Gestalt (F.)
aspirante (F.) Bewerberin (F.)
aspirante (M. bzw. F.) Aspirant (M.)
aspirante (M.) Anwärter (M.), Bewerber (M.), Kandidat (M.)
aspirante (M.) ufficiale Fähnrich (M.)
aspirazione (F.) Ideal (N.)
asportare wegnehmen
asportazione (F.) Wegnahme (F.)
aspro scharf
assalire überfallen
assalto (M.) Überfall (M.)
assassina (F.) Mörderin (F.)
assassinare meucheln, morden, umbringen
assassinio (M.) Ermordung (F.), Meuchelmord (M.), Mord (M.)
assassinio (M.) giudiziario Justizmord (M.)
assassinio (M.) legale Justizmord (M.)
assassino (M.) Meuchelmörder (M.), Mörder (M.)
asse (M.) ereditario Erbmasse (F.)
assegnare anweisen, übergeben, zuwenden
assegnazione (F.) Übergabe (F.), Vergabe (F.), Zuwendung (F.)
assegnazione (F.) ad una casa di cura Anstaltsunterbringung (F.)
assegnazione (F.) delle cause Geschäftsverteilung (F.)
assegni (M.Pl.) di famiglia Familienhilfe (F.), Kinderhilfe (F.)
assegni (M.Pl.) familiari Familienbeihilfe (F.), Familienhilfe (F.), Kinderhilfe (F.)
assegno (M.) Anweisung (F.), Scheck (M.)
assegno (M.) al portatore Inhaberscheck (M.)
assegno (M.) alimentare Unterhalt (M.)
assegno (M.) all'ordine Orderscheck (M.)
assegno (M.) bancario Bankanweisung (F.), Bankscheck (M.), Scheck (M.)
assegno (M.) da accreditare Verrechnungsscheck (M.)
assegno (M.) di carica Funktionszulage (F.)
assegno (M.) educativo Erziehungsgeld (N.)
assegno (M.) familiare Kindergeld (N.)
assegno (M.) in bianco Blankoscheck (M.)
assegno (M.) pagabile in contanti Barscheck (M.)
assegno (M.) per conteggio Verrechnungsscheck (M.)
assegno (M.) per il nucleo familiare Familienbeihilfe (F.)
assegno (M.) postale Postscheck (M.)
assegno (M.) supplementare Zulage (F.)
assegno (M.) turistico Reisescheck (M.), Travellerscheck (M.)
assegno (M.) vitalizio corrisposto dal figlio ai genitori a cui succede nell'azienda agricola Altenteil (M.)
assemblea (F.) Versammlung (F.)
assemblea (F.) costituente verfassungsgebende Versammlung (F.)
assemblea (F.) dei cittadini Bürgerversammlung (F.)
assemblea (F.) dei condomini Miteigentümerversammlung (F.)

assemblea (F.) dei creditori Gläubigerversammlung (F.)
assemblea (F.) dei soci Gesellschafterversammlung (F.), Hauptversammlung (F.)
assemblea (F.) federale Bundesversammlung (F.)
assemblea (F.) generale Generalversammlung (F.)
assemblea (F.) generale dei lavoratori dell'azienda Betriebsversammlung (F.)
assemblea (M.) circondariale Kreistag (M.)
assemblea (M.) del personale Personalversammlung (F.)
assemblea (M.) nazionale Nationalversammlung (F.)
assemblea (M.) plenaria Plenum (N.)
assemblea (M.) popolare Volksversammlung (F.)
assembramento (M.) Auflauf (M.), Zusammenrottung (F.)
assembrar(si) zusammenrotten (sich)
assenso (M.) generale Generaleinwilligung (F.)
assente (Adj.) abwesend, verschollen
assente (F.) Abwesende (F.)
assente (M.) Abwesender (M.)
assente säumig
assentire einwilligen, erlauben
assenza (F.) Abwesenheit (F.), Ausbleiben (N.), Mangel (M.), Säumnis (F.), Verschollenheit (F.)
assenza (F.) di preconcetti Unvoreingenommenheit (F.)
asserire angeben, behaupten, versichern
asserzione (F.) Behauptung (F.), Versicherung (F.)
assessor (M.) juris (lat.) Volljurist (M.) (Volljurist in Deutschland)
assessorato (M.) Assessorat (N.)
assessore (F.) Landesrätin (F.)
assessore (F.) provinciale Landesrätin (F.)
assessore (M.) Assessor (M.), Beisitzer (M.), Landesrat (M.)
assessore (M.) comunale Beigeordneter (M.), Stadtrat (M.)
assessore (M.) giudiziario Gerichtsassessor (M.)
assessore (M.) provinciale Landesrat (M.)
assestamento (M.) finanziario Sanierung (F.)
assetto (M.) territoriale Raumordnung (F.)
asseverare con giuramento beeid(ig)en
asseverazione (F.) Beeid(ig)ung (F.), Bekräftigung (F.)
Assia (F.) Hessen (N.)
assicurare absichern, sichern, versichern, zusichern
assicurato (Adj.) versichert
assicurato (M.) Versicherungsnehmer (M.)
assicuratore (M.) Versicherer (M.), Versicherungsträger (M.)
assicuratore (M.) sociale Sozialversicherungsträger (M.)
assicurazione (F.) Absicherung, Assekuranz (F.), Deckung (F.), Versicherung (F.), Zusicherung (F.)
assicurazione (F.) a viaggio Reiseversicherung (F.)
assicurazione (F.) automobilistica Kraftfahrzeugversicherung (F.)
assicurazione (F.) autoveicoli Autoversicherung (F.)
assicurazione (F.) bagagli Gepäckversicherung (F.)
assicurazione (F.) contro gli infortuni Unfallversicherung (F.)
assicurazione (F.) contro i danni Schadensversicherung (F.)
assicurazione (F.) contro il furto Diebstahlversicherung (F.)
assicurazione (F.) contro l'incendio Feuerversicherung (F.)
assicurazione (F.) contro l'invalidità Invalidenversicherung (F.)
assicurazione (F.) contro l'invalidità professionale Berufsunfähigkeitsversicherung (F.)
assicurazione (F.) contro la disoccupazione Arbeitslosenversicherung (F.)
assicurazione (F.) contro la grandine Hagelversicherung (F.)
assicurazione (F.) contro la malattia Krankenversicherung (F.)
assicurazione (F.) contro la responsabilità civile Haftpflichtversicherung (F.)
assicurazione (F.) contro tutti i rischi Kaskoversicherung (F.), Vollkaskoversicherung (F.)
assicurazione (F.) degli impianti e dei macchinari Maschinenversicherung (M.)
assicurazione (F.) degli impiegati Angestelltenversicherung (F.)
assicurazione (F.) del bagaglio Gepäckversicherung (F.)

assicurazione (F.) della protezione giuridica Rechtsschutzversicherung (F.)
assicurazione (F.) della responsabilità civile autoveicoli Kraftfahrtversicherung (F.)
assicurazione (F.) della responsabilità civile verso terzi Haftpflichtversicherung (F.)
assicurazione (F.) di cose Sachversicherung (F.)
assicurazione (F.) di pensione Rentenversicherung (F.)
assicurazione (F.) di persone Personenversicherung (F.)
assicurazione (F.) diretta Direktversicherung (F.)
assicurazione (F.) facoltativa freiwillige Versicherung (F.)
assicurazione (F.) insufficiente Unterversicherung (F.)
assicurazione (F.) invalidità Invalidenversicherung (F.)
assicurazione (F.) invalidità e vecchiaia Rentenversicherung (F.)
assicurazione (F.) lungodegenza Pflegeversicherung (F.)
assicurazione (F.) mobiliare Hausratsversicherung (F.)
assicurazione (F.) obbligatoria Pflichtversicherung (F.), Versicherungszwang (M.)
assicurazione (F.) per la vecchiaia Altersversicherung (F.)
assicurazione (F.) privata Privatversicherung (F.)
assicurazione (F.) RC Haftpflichtversicherung (F.)
assicurazione (F.) RC auto Kraftfahrzeugversicherung (F.)
assicurazione (F.) responsabilità civile auto Autohaftpflichtversicherung (F.)
assicurazione (F.) sociale Sozialversicherung (F.)
assicurazione (F.) su corpi Kaskoversicherung (F.)
assicurazione (F.) sulla vita Lebensversicherung (F.)
assicurazione (F.) sulle degenze Pflegeversicherung (F.)
assicurazione (F.) suppletiva Nachversicherung (F.)
assicurazione (F.) volontaria freiwillige Versicherung (F.)
assieme gemeinsam
assioma (M.) Axiom (N.)
assistente (M. bzw. F.) Assistent (M.)
assistente (M.) Beistand (M.), Betreuer (M.), Helfer (M.), Pfleger (M.)
assistente (M.) del condannato in pendenza della sospensione condizionale della pena Bewährungshelfer (M.)
assistente (M.) dell'avvocato Rechtsanwaltsgehilfe (M.)
assistente (M.) sociale Fürsorger (M.), Sozialarbeiter (M.)
assistente (M.) universitario Hochschulassistent (M.), Universitätsassistent (M.)
assistenza (F.) Beistand (M.), Beiwohnung (F.), Betreuung (F.), Hilfe (F.), Pflege (F.), Wartung (F.), Wohlfahrt (F.), Wohlfahrt (F.)
assistenza (F.) ai disoccupati Arbeitslosenhilfe (F.)
assistenza (F.) ai minorenni Jugendhilfe (F.)
assistenza (F.) alla famiglia Familienfürsorge (F.)
assistenza (F.) alla vecchiaia Altersfürsorge (F.)
assistenza (F.) amministrativa Amtshilfe (F.)
assistenza (F.) educativa Erziehungsbeistand (M.)
assistenza (F.) giudiziale sociale Gerichtshilfe (F.)
assistenza (F.) giudiziaria Rechtshilfe (F.)
assistenza (F.) giudiziaria dei minorenni Jugendgerichtshilfe (F.)
assistenza (F.) legale Rechtsbeistand (M.)
assistenza (F.) legale gratuita Beratungshilfe (F.)
assistenza (F.) pubblica öffentliche Fürsorge (F.)
assistenza (F.) sanitaria Gesundheitsfürsorge (F.)
assistenza (F.) sociale Fürsorge (F.), öffentliche Fürsorge (F.), Sozialfürsorge (F.), Sozialhilfe (F.), Wohlfahrtspflege (F.)
assistenza (F.) sociale per i giovani Jugendwohlfahrt (F.)
assistenza (F.) sociale per la gioventù Jugendarbeit (F.)
assistere beistehen, beiwohnen, betreuen, helfen, hilfeleisten, versorgen
assistito (M.) Pflegling (M.), Unterstützungsempfänger (M.)
asso ciazione (F.) in partecipazione Gelegenheitsgesellschaft (F.)

associare assoziieren
associato (M.) stiller Gesellschafter (M.), Teilhaber (M.)
associato befreundet
associazione (F.) Assoziation (F.), Verband (M.), Verbindung (F.), Verbund (M.), Verein (M.), Vereinigung (F.)
associazione (F.) a delinquere Bandenbildung (F.), Bildung (F.) krimineller Vereinigungen, kriminelle Vereinigung (F.)
associazione (F.) comunale Gemeindeverband (M.)
associazione (F.) degli imprenditori Arbeitgeberverband (M.)
associazione (F.) dei consumatori Verbraucherverband (M.)
associazione (F.) dei datori di lavoro Arbeitgeberverband (M.)
associazione (F.) di categoria Berufsgenossenschaft (F.), Berufsverband (M.)
associazione (F.) di consumatori Verbraucherverband (M.)
associazione (F.) di cura Betreuungsverein (M.)
associazione (F.) di fatto Vorverein (M.)
associazione (F.) di imprese Unternehmensverbund (M.)
associazione (F.) di persone Personenvereinigung (F.)
associazione (F.) in partecipazione Partnerschaft (F.), stille Gesellschaft (F.), Teilhaberschaft (F.)
associazione (F.) industriale Industrieverband (M.)
associazione (F.) iscritta e. V. (M.) (eingetragener Verein), eingetragener Verein (M.) (e. V.)
associazione (F.) non riconosciuta nichtrechtsfähiger Verein (M.)
associazione (F.) professionale Berufsgenossenschaft (F.), Berufsverband (M.)
associazione (F.) registrata e. V. (M.) (eingetragener Verein), eingetragener Verein (M.) (e. V.)
associazione (F.) religiosa Religionsgesellschaft (F.)
associazione (F.) religiosa riconosciuta Freikirche (F.)
associazione (F.) riconosciuta rechtsfähiger Verein (M.)
associazione (F.) segreta Geheimbund (M.)
associazione (F.) sindacale Gewerkschaft (F.)
associazione (F.) sindacale di lavoratori Arbeitnehmerverband (M.)
associazione di vigilanza sulla concorrenza Abmahnverein (M.)
assolutismo (M.) Absolutismus (M.)
assoluto absolut
assolutoria (F.) Freispruch (M.)
assoluzione (F.) Absolution (F.), Freisprechung (F.), Freispruch (M.)
assolvere entbinden, erfüllen, freisprechen
assolvimento (M.) Erfüllung (F.), Erledigung (F.)
assorbimento (M.) Abschöpfung (F.), Absorption (F.), Übernahme (F.)
assorbire abschöpfen, absorbieren, übernehmen
assortimento (M.) Auswahl (F.)
assumere anstellen, einstellen, übernehmen
assunto (M.) giuridico Rechtsauffassung (F.)
assunzione (F.) Anstellung (F.), Aufnahme (F.), Einstellung (F.), Übernahme (F.)
assunzione (F.) dei mezzi di prova Beweisaufnahme (F.)
assunzione (F.) della prova Beweiserhebung (F.)
assunzione (F.) delle prove Beweisaufnahme (F.)
assunzione (F.) di rischio Risikoübernahme (F.)
assuzione (F.) di prova a futura memoria Beweissicherung (F.)
asta (F.) giudiziale gerichtliche Versteigerung (F.)
asta (F.) giudiziaria Zwangsversteigerung (F.)
asta (F.) pubblica Auktion (F.), öffentliche Versteigerung (F.), öffentliche Versteigerung (F.)
astenere enthalten
astenersi unterlassen
astensione (F.) Ausschließung (F.), Enthaltung (F.)
astensione (F.) dal deporre Zeugnisverweigerung (F.)
astensione (F.) dal testimoniare Zeugnisverweigerung (F.)
astensione (F.) dal voto Stimmenthaltung (F.)
astio (M.) Hass (M.)
astrarre abstrahieren
astratto abstrakt

astrazione (F.) Abstraktion (F.)
astuto listig
atomo (M.) Atom (N.)
attaccante (M.) Angreifer (M.)
attaccare angreifen, anheften, überfallen
attacco (M.) Angriff (M.), Überfall (M.)
attacco (M.) subdolo hinterlistiger Überfall (M.)
atteggiamento (M.) Benehmen (N.) (Verhalten), Verhalten (N.)
atteggiamento (M.) interiore Gesinnung (F.)
attendere warten
attendibile glaubhaft, glaubwürdig, zuverlässig
attendibilità (F.) Glaubhaftigkeit (F.), Glaubwürdigkeit (F.), Zuverlässigkeit (F.)
attenersi a einhalten
attentato (M.) Anschlag (M.), Attentat (N.)
attentato (M.) alla sicurezza della circolazione stradale Verkehrsgefährdung (F.)
attentatore (M.) Attentäter (M.)
attenuante (F.) Milderungsgrund (M.)
attenuante mildernd, strafmildernd
attenuare mildern
attenuazione (F.) Milderung (F.)
attenuazione (F.) della pena Strafmilderung (F.)
attenzione (F.) Acht (F.), Achtung (F.), Obacht (F.)
attestabile a mezzo di documenti aktenkundig
attestare bescheinigen, bestätigen, beurkunden, bezeugen, testieren
attestato (M.) Attest (N.), Bescheinigung (F.), Bestätigung (F.), Schein (M.), Zeugnis (N.)
attestato (M.) di lavoro Arbeitszeugnis (N.)
attestato (M.) di nulla osta Unbedenklichkeitsbescheinigung (F.)
attestazione (F.) Beurkundung (F.)
atti (F.Pl.) di ordinaria amministrazione ordentliche Verwaltungsgeschäfte (F.Pl.) (ordentliche Verwaltungsgeschäfte in Italien)
atti (M.Pl.) Unterlagen (F.Pl.)
atti (M.Pl.) osceni in pubblico Erregung (F.) öffentlichen Ärgernisses
attitudine (F.) Eignung (F.), Fähigkeit (F.), Qualifikation (F.), Tauglichkeit (F.)
attivare aktivieren
attivazione (F.) Aktivierung (F.), Einführung (F.)
attività (F.) Aktion (F.), Aktiva (N.Pl.), Handeln (N.), Tätigkeit (F.)
attività (F.) amministrativa Amtsbetrieb (M.), Verwaltungshandeln (N.)
attività (F.) aziendale Betrieb (M.)
attività (F.) commerciale ausgeübter Gewerbebetrieb (M.), Handelsgewerbe (N.)
attività (F.) della polizia penitenziaria Vollzugsdienst (M.)
attività (F.) investigativa Ermittlungstätigkeit (F.)
attività (F.) lavorativa Erwerbstätigkeit (F.)
attività (F.) pericolosa gefahrengeneigte Tätigkeit (F.)
attività (F.) post delictum diretta ad assicurarsi il profitto del reato Sicherungsbetrug (M.)
attività (F.) rimunerata Erwerbstätigkeit (F.)
attività (F.) secondaria Nebentätigkeit (F.)
attività (F.) sussidiaria Nebentätigkeit (F.)
attività (F.) terziaria Dienstleistung (F.)
attività (M.) dell'amministrazione Verwaltungshandeln (N.)
attivo (Adj.) aktiv
attivo (M.) Aktiva (N.Pl.)
attivo (M.) circolante Umlaufvermögen (N.)
attivo (M.) fallimentare Konkursmasse (F.)
attivo (M.) fisso Anlagevermögen (N.)
attivo erwerbstätig, tätig
atto (Adj.) fähig, tauglich
atto (M.) Akt (M.), Akte (F.), Dokument (N.), Handlung (F.), Tat (F.), Urkunde (F.)
atto (M.) amministrativo Verwaltungsakt (M.)
atto (M.) amministrativo ampliativo begünstigender Verwaltungsakt (M.)
atto (M.) amministrativo complesso mehrstufiger Verwaltungsakt (M.), mitwirkungsbedürftiger Verwaltungsakt (M.)
atto (M.) amministrativo dell'ordine giudiziario Justizverwaltungsakt (M.)
atto (M.) amministrativo reiterato wiederholte Verfügung (F.)
atto (M.) amministrativo su istanza dell' interessato mitwirkungsbedürftiger Verwaltungsakt (M.)
atto (M.) autoritativo Hoheitsakt (M.)
atto (M.) avente forza di legge Akt (M.) mit Gesetzeskraft
atto (M.) collettivo Gesamtakt (M.)
atto (M.) commesso in stato emotivo o passionale Affekthandlung (F.)
atto (M.) complesso Gesamtakt (M.)

atto (M.) continuato fortgesetzte Handlung (F.)
atto (M.) contrattuale Vertragsurkunde (F.)
atto (M.) costitutivo Gesellschaftsvertrag (M.), Gestaltungsakt (M.), Gründungsakt (M.), Gründungsvertrag (M.)
atto (M.) criminoso Missetat (F.)
atto (M.) d'accusa Anklageschrift (F.)
atto (M.) d'ufficio Amtshandlung (F.)
atto (M.) di adempimento Erfüllungsgeschäft (N.)
atto (M.) di cessione Abtretungsurkunde (F.), Abtretungsvertrag (M.)
atto (M.) di citazione (F.) Ladung (F.)
atto (M.) di citazione Klageschrift (F.)
atto (M.) di clemenza Gnadenakt (M.), Gnadenerweis (M.)
atto (M.) di commercio Handelsgeschäft (N.)
atto (M.) di designazione Ernennungsurkunde (F.)
atto (M.) di diritto pubblico Hoheitsakt (M.)
atto (M.) di fondazione Gründungsvertrag (M.)
atto (M.) di forza Gewalttat (F.)
atto (M.) di governo Regierungsakt (M.)
atto (M.) di grazia Gnadenakt (M.), Gnadenerweis (M.)
atto (M.) di guerra Kriegshandlung (F.)
atto (M.) di illecita violenza verbotene Eigenmacht (F.)
atto (M.) di libidine sexuelle Handlung (F.), Unzucht (F.)
atto (M.) di matrimonio Heiratsurkunde (F.)
atto (M.) di morte Sterbeurkunde (F.)
atto (M.) di nascita Geburtsurkunde (F.)
atto (M.) di nomina Ernennungsurkunde (F.)
atto (M.) di notificazione Zustellungsurkunde (F.)
atto (M.) di pignoramento Pfändungsurkunde (F.)
atto (M.) di procura Vollmachtsurkunde (F.)
atto (M.) di sovranità Hoheitsakt (M.)
atto (M.) di violenza Gewalttat (F.), Tätlichkeit (F.)
atto (M.) dispositivo Verfügung (F.), Verfügungsgeschäft (N.)
atto (M.) eccedente l'ordinaria amministrazione außerordentliches Verwaltungsgeschäft (N.) (außerordentliches Verwaltungsgeschäft in Italien)
atto (M.) esecutivo vollstreckbare Urkunde (F.)
atto (M.) esibizionistico exhibitionistische Handlung (F.)
atto (M.) giuridico Rechtsakt (M.), Rechtshandlung (F.)
atto (M.) giuridico in senso lato Realakt (M.)
atto (M.) giuridico in senso stretto rechtsgeschäftsähnliche Handlung (F.)
atto (M.) governativo Regierungsakt (M.)
atto (M.) illecito rechtswidrige Tat (F.), unerlaubte Handlung (F.)
atto (M.) imperativo Hoheitsakt (M.)
atto (M.) lecito erlaubtes Handeln (N.)
atto (M.) legittimo bedingungsfeindliches Rechtsgeschäft (N.)
atto (M.) materiale Realakt (M.), Tathandlung (F.)
atto (M.) negoziale Rechtsgeschäft (N.), rechtsgeschäftsähnliche Handlung (F.)
atto (M.) non negoziale Realakt (M.)
atto (M.) normativo Rechtsakt (M.)
atto (M.) normativo delle Comunità Europee Rechtsakt (M.) der Europäischen Gemeinschaften
atto (M.) notarile Notariatsakt (M.)
atto (M.) originale Urschrift (F.)
atto (M.) osceno Unzucht (F.), unzüchtige Handlung (F.)
atto (M.) paranegoziale geschäftsähnliche Handlung (F.)
atto (M.) potestativo Gestaltungsakt (M.)
atto (M.) preparatorio Vorbereitungshandlung (F.)
atto (M.) privato Privaturkunde (F.)
atto (M.) processuale Prozesshandlung (F.)
atto (M.) pubblico Notariatsakt (M.), öffentliche Beurkundung (F.), öffentliche Urkunde (F.)
atto (M.) punibile strafbedrohte Handlung (F.)
atto (M.) reale Realakt (M.), Tathandlung (F.)
atto (M.) scritto Schriftstück (N.)
atto (M.) sessuale sexuelle Handlung (F.)
Atto (M.) unico europeo Einheitliche Europäische Akte (F.), Europäische Akte (F.)
atto (M.) violento Tätlichkeit (F.)
attore (M.) Kläger (M.)
attraversamento (M.) Übergang (M.)
attraversamento (M.) del confine Grenzüberschreitung (F.)
attrezzare einrichten

attrezzatura (F.) Einrichtung (F.)
attrezzo (M.) Gerät (N.), Werkzeug (N.)
attribuire unterschieben, zuerkennen, zumessen, zurechnen, zuschreiben
attribuzione (F.) Befugnis (F.), Zuerkennung (F.), Zurechnung (F.), Zuständigkeit (F.)
attribuzione (F.) delegata Auftragsangelegenheit (F.)
attrice (F.) Klägerin (F.)
attuale aktuell, gegenwärtig
attuare ausführen, durchführen, durchsetzen, realisieren, umsetzen
attuazione (F.) Ausführung (F.), Durchführung (F.), Durchsetzung (F.), Realisierung (F.), Umsetzung (F.), Verwirklichung (F.), Vornahme (F.)
attuazione (F.) di un diritto Rechtsverfolgung (F.)
audienza (F.) Gehör (N.)
audire anhören, hören
audizione (F.) Anhörung (F.), Einvernahme (F.), Vernehmung (F.)
audizione (F.) di testimoni Zeugeneinvernahme (F.), Zeugenvernehmung (F.)
aumentare anheben, ansteigen, anwachsen, erhöhen, heben, steigern
aumento (M.) Anhebung (F.), Anstieg (M.), Erhöhung (F.), Zugang (M.), Zunahme (F.), Zuwachs (M.)
aumento (M.) del capitale Kapitalerhöhung (F.)
aumento (M.) dell'affitto Mieterhöhung (F.)
aumento (M.) salariale Lohnerhöhung (F.)
ausiliario (M.) Erfüllungsgehilfe (M.), Gehilfe (M), Helfer (M.), Hilfsbeamter (M.)
auspicare plädieren
austero streng
Australia (F.) Australien (N.)
Austria (F.) Österreich (N.)
autenticare authentifizieren, beglaubigen, bescheinigen, beurkunden, legitimieren (sich)
autenticazione (F.) Beglaubigung (F.), Beglaubigungsvermerk (M.), Bescheinigung (F.), Beurkundung (F.), Glaubhaftmachung (F.), öffentliche Beglaubigung (F.), öffentliche Beurkundung (F.)
autenticazione (F.) notarile notarielle Beurkundung (F.)
autenticità (F.) Authentie (F.), Echtheit (F.)
autentico authentisch, echt, original, urkundlich
autista (F.) Fahrerin (F.)
autista (M.) Fahrer (M.)
autoaccusa (F.) Selbstbezichtigung (F.)
autoaccusare selbstbezichtigen
autocalunnia (F.) Selbstbezichtigung (F.)
autocratico autokratisch
autocrazia (F.) Autokratie (F.)
autodecisione (F.) Selbstbestimmung (F.)
autodenuncia (F.) Selbstanzeige (F.)
autodeterminazione (F.) Selbstbestimmung (F.)
autodifesa (F.) Selbsthilfe (F.), Selbstverteidigung (F.)
autografo eigenhändig
autolimitazione (F.) Selbstbindung (F.)
automaticamente automatisch
automezzo (M.) Kraftfahrzeug (N.)
automobile (F.) Auto (N.), Kraftfahrzeug (N.), Wagen (M.) (Auto)
automobile (F.) noleggiata Mietwagen (M.)
autonomia (F.) Autonomie (F.), Selbstverwaltung (F.), Unabhängigkeit (F.)
autonomia (F.) collettiva Tarifautonomie (F.)
autonomia (F.) contrattuale Vertragsautonomie (F.)
autonomia (F.) della contrattazione collettiva Tarifautonomie (F.)
autonomia (F.) della volontà Willensfreiheit (F.)
autonomia (F.) finanziaria Finanzautonomie (F.)
autonomia (F.) organizzativa Organisationsautonomie (F.) (Organisationsautonomie in Italien)
autonomia (F.) privata Privatautonomie (F.)
autonomia (F.) territoriale Territorialautonomie (F.)
autonomo autonom, selbständig, unabhängig
autopattuglia (F.) Streifenwagen (M.)
autopsia (F.) Autopsie (F.), Leichenöffnung (F.), Obduktion (F.), Sektion (F.)
autore (M.) Autor (M.), Handelnder (M.), Rechtsvorgänger (M.), Urheber (M.), Verfasser (M.), Verursacher (M.)
autore (M.) accessorio Nebentäter (M.)
autore (M.) del danno Schädiger (M.)
autore (M.) di reato Straftäter (M.), Täter (M.)
autore (M.) mediato Hintermann (M.), mittelbarer Täter (M.), Schreibtischtäter (M.)
autore (M.) principale Haupttäter (M.)

autoría (F.) Täterschaft (F.)
autorimessa (F.) Garage (F.)
autorità (F.) Autorität (F.), Behörde (F.), Geltung (F.), Herrschaft (F.), Macht (F.), Obrigkeit (F.)
autorità (F.) amministrativa Verwaltungsbehörde (F.)
autorità (F.) collegiale Kollegialbehörde (F.)
autorità (F.) competente per i ricorsi in opposizione Widerspruchsbehörde (F.)
autorità (F.) del Land Landesbehörde (F.)
autorità (F.) dello Stato Staatsgewalt (F.)
autorità (F.) di cosa giudicata Rechtskraft (F.)
autorità (F.) di vigilanza Aufsichtsbehörde (F.)
autorità (F.) doganale Zollbehörde (F.)
autorità (F.) federale Bundesbehörde (F.)
autorità (F.) fiscale Steuerbehörde (F.)
autorità (F.) intermedia Mittelbehörde (F.)
autorità (F.) regionale Landesbehörde (F.)
autorità (F.) speciale Sonderbehörde (F.)
autorità (F.) superiore federale Bundesoberbehörde (F.)
autorità (F.) tutoria Aufsichtsbehörde (F.)
autoritario eigenmächtig
autoritativo autoritativ, hoheitlich
autorizzare autorisieren, berechtigen, bevollmächtigen, bewilligen, erlauben, ermächtigen, genehmigen, gestatten, legitimieren (sich), zulassen
autorizzato (M.) Berechtigter (M.)
autorizzato befugt, berechtigt
autorizzato a disporre verfügungsberechtigt
autorizzazione (F.) Autorisierung (F.), Berechtigung (F.), Bevollmächtigung (F.), Bewilligung (F.), Erlaubnis (F.), Ermächtigung (F.), Genehmigung (F.), Gestattung (F.), Vollmacht (F.), Zulassung (F.)
autorizzazione (F.) a cancellare Löschungsbewilligung (F.)
autorizzazione (F.) a compilare Ausfüllungsbefugnis (F.)
autorizzazione (F.) a contrarre matrimonio Heiratserlaubnis (F.)
autorizzazione (F.) a disporre Verfügungsermächtigung (F.)
autorizzazione (F.) a procedere Ermächtigung (F.) zur Strafverfolgung, Verfolgungsermächtigung (F.)
autorizzazione (F.) all'esercizio di un diritto Ausübungsermächtigung (F.)
autorizzazione (F.) d'iscrizione Eintragungsbewilligung (F.)
autorizzazione (F.) d'uso Benutzungsbewilligung (F.)
autorizzazione (F.) di circolazione Fahrerlaubnis (F.)
autorizzazione (F.) di residenza Aufenthaltsgenehmigung (F.)
autorizzazione (F.) di riempimento Ausfüllungsbefugnis (F.)
autorizzazione (F.) per l'alienazione di beni immobiliari Bodenverkehrsgenehmigung (F.)
autorizzazione a testimoniare in giudizio Aussagegenehmigung (F.)
autoscioglimento (M.) Selbstauflösung (F.)
autostrada (F.) Autobahn (F.)
autostrada (F.) federale Bundesautobahn (F.)
autotrasporto (M.) di merci Güterkraftverkehr (M.)
autotutela (F.) Selbsthilfe (F.)
autoveicolo (M.) Auto (N.), Kraftfahrzeug (N.)
autovettura (F.) Auto (N.), Kraftfahrzeug (N.), Wagen (M.) (Auto)
avallante (M.) Avallist (M.)
avallare avallieren, bürgen, garantieren
avallo (M.) Aval (M.), Wechselbürgschaft (F.)
avallo (M.) cambiario Wechselbürgschaft (F.)
avanzamento (M.) Beförderung (F.)
avanzare di grado befördern
avanzo (M.) Überhang (M.), Überschuss (M.)
avaria (F.) Beschädigung (F.), Haverei (F.)
avariare beschädigen
avente (M.) causa Erwerber (M.), Rechtsnachfolger (M.)
avente (M.) diritto Anspruchsberechtigter (M.), Berechtigter (M.)
avente (M.) diritto al voto Wahlberechtigter (M.)
avente autorità di cosa giudicata rechtskräftig
avente capacità giuridica rechtsfähig
avente diritto berechtigt
avente gli stessi diritti gleichberechtigt
aver cura pflegen, schonen
avere (M.) Haben (N.)
avere effetto wirken
avere fiducia vertrauen
avere in animo hegen

avere in proprietà eignen
avere l'intenzione beabsichtigen
avere precedenti penali vorbestraft sein
avere rapporti sessuali beischlafen
avidità (F.) Gier (F.), Habgier (F.)
avo (M.) Ahn (M.), Vorfahre (M.)
avocare beschlagnahmen
avocazione (F.) Devolution (F.), Evokation (F.)
avvallare verbürgen
avvantaggiamento (M.) Begünstigung (F.)
avvantaggiare bevorzugen
avvelenamento (M.) Vergiftung (F.)
avvelenare vergiften
avvenimento (M.) Ereignis (N.), Geschehen (N.)
avvenire ereignen (sich), geschehen
avveramento (M.) Eintritt (M.)
avversario (M.) Gegner (M.)
avvertimento (M.) Belehrung (F.), Benachrichtigung (F.), Hinweis (M.), Mitteilung (F.), Verwarnung (F.), Warnung (F.)
avvertimento (M.) relativo ai mezzi d'impugnazione Rechtsbehelfsbelehrung (F.), Rechtsmittelbelehrung (F.)
avvertire abmahnen, belehren, benachrichtigen, mitteilen, verwarnen, warnen
avviamento (M.) Beginn (M.), Geschäftswert (M.), goodwill (M.)
avviare beginnen
avvicendamento (M.) Wechsel (M.)
avvisare ankündigen, anzeigen, avisieren, hinweisen, mitteilen, verständigen
avviso (M.) Ankündigung (F.), Anmeldung (F.), Ansicht (F.), Anzeige (F.), Avis (M.), Bekanntmachung (F.), Hinweis (M.), Meinung (F.), Meldung (F.), Mitteilung (F.), Nachricht (F.), Verständigung (F.)
avviso (M.) d'imposizione Steuerbescheid (M.)
avviso (M.) di addebito Lastschriftanzeige (F.)
avviso (M.) di ricevimento Empfangsbestätigung (F.)
avviso (M.) di tassazione Steuerbescheid (M.)
avviso (M.) ufficiale Edikt (N.)
avvocatessa (F.) Anwältin (F.)
avvocato (M.) Advokat (M.), Anwalt (M.), Anwältin (F.), Fürsprecher (M.), Rechtsanwalt (M.)
avvocato (M.) e notaio (M.) Anwaltsnotar (M.)
avvocato (M.) generale Generalanwalt (M.)
avvocato (M.) specializzato Fachanwalt (M.)
avvocatuccio (M.) Winkeladvokat (M.)
avvocatura (F.) Anwaltschaft (F.)
avvocatura (F.) dello Stato Staatsadvokatur (F.)
azienda (F.) Betrieb (M.), Geschäft (N.), Unternehmen (N.)
azienda (F.) autonoma Eigenbetrieb (M.)
azienda (F.) commerciale Geschäftsbetrieb (M.), Gewerbebetrieb (M.), Handelsgeschäft (N.)
azienda (F.) comunale Eigengesellschaft (F.), Gemeindebetrieb (M.)
azienda (F.) statale Regiebetrieb (M.)
azionabile klagbar
azionare einklagen, klagen
azione (F.) Akt (M.), Aktion (F.), Einschreiten (N.), Einwirkung (F.), Handeln (N.), Handlung (F.), Klage (F.), Tat (F.), Wirkung (F.)
azione (F.) a difesa della garanzia ipotecaria Devastationsklage (F.)
azione (F.) a tutela dei consumatori Verbraucherschutzklage (F.)
azione (F.) al portatore Inhaberaktie (F.)
azione (F.) alimentare Unterhaltsklage (F.)
azione (F.) civile Zivilklage (F.)
azione (F.) civile nel processo penale Nebenklage (F.), Privatklage (F.)
azione (F.) comune Stammaktie (F.)
azione (F.) contro una decisione organizzativa di un organo comunale Kommunalverfassungsklage (F.)
azione (F.) costitutiva Gestaltungsklage (F.), Rechtsgestaltungsklage (F.)
azione (F.) d'adempimento Leistungsklage (F.)
azione (F.) d'annullamento Nichtigkeitsklage (F.)
azione (F.) del concorrente Konkurrentenklage (F.)
azione (F.) delle associazioni Verbandsklage (F.)
azione (F.) di accertamento Feststellungsklage (F.)
azione (F.) di accertamento della paternità Vaterschaftsklage (F.)
azione (F.) di adempimento Verpflich-

tungsklage (F.), Vornahmeklage (F.)
azione (F.) di annullamento Anfechtungsklage (F.)
azione (F.) di arricchimento Bereicherungsanspruch (M.), Bereicherungsklage (F.)
azione (F.) di condanna al pagamento Zahlungsklage (F.)
azione (F.) di condanna all'adempimento Leistungsklage (F.)
azione (F.) di disconoscimento Aberkennungsklage (F.)
azione (F.) di divisione Teilungsklage (F.)
azione (F.) di fondazione Gründeraktie (F.)
azione (F.) di godimento Genussschein (M.)
azione (F.) di guerra Kriegshandlung (F.)
azione (F.) di inesistenza del debito Aberkennungsklage (F.)
azione (F.) di nullità Nichtigkeitsklage (F.)
azione (F.) di opposizione Widerspruchsklage (F.)
azione (F.) di reclamo di stato Statusklage (F.)
azione (F.) di regresso Rückgriffsklage (F.)
azione (F.) di restituzione Restitutionsklage (F.)
azione (F.) di ricostituzione Herstellungsklage (F.)
azione (F.) di riduzione del prezzo Preisminderungsklage (F.)
azione (F.) di riforma Abänderungsklage (F.)
azione (F.) di rivendicazione Eigentumsherausgabeanspruch (M.), Herausgabeanspruch (M.)
azione (F.) di società mineraria Kux (M.)
azione (F.) di stato Statusklage (F.)
azione (F.) dichiarativa Feststellungsklage (F.)
azione (F.) estimatoria Preisminderungsklage (F.)
azione (F.) incidentale Zwischenklage (F.)
azione (F.) mobiliare Fahrnisklage (F.)
azione (F.) negatoria Abwehranspruch (M.), Eigentumsfreiheitsklage (F.), Eigentumsstörungsklage (F.), Negatorienklage (F.), Unterlassungsklage (F.)
azione (F.) nominativa Namensaktie (F.)
azione (F.) nominativa vincolante vinkulierte Namensaktie (F.)
azione (F.) ordinaria Stammaktie (F.)
azione (F.) penale Anklage (F.), Strafverfolgung (F.)
azione (F.) per la condanna alla resa di informazioni Auskunftsklage (F.)
azione (F.) per la condanna della pubblica amministrazione a provvedere Verpflichtungsklage (F.)
azione (F.) per la tutela dei consumatori Verbraucherschutzklage (F.)
azione (F.) petitoria Eigentumsklage
azione (F.) popolare Popularklage (F.)
azione (F.) possessoria possessorische Klage (F.)
azione (F.) privilegiata Vorzugsaktie (F.)
azione (F.) pubblica öffentliche Klage (F.)
azione (F.) quanti minoris Preisminderungsklage (F.)
azione (F.) redibitoria Wandlungsklage (F.)
azione (F.) revocatoria fallimentare Anfechtungsklage (F.), Konkursanfechtung (F.)
azione (F.) ripetitoria Kondiktion (F.)
azione (F.) societaria Aktie (F.)
azione (F.) successiva Stufenklage (F.)
azione (F.) successiva di accertamento dell'illegittimità di un atto amministrativo Fortsetzungsfeststellungsklage (F.)
azione (F.) sul merito della causa Hauptsacheklage (F.)
azione (F.) surrogatoria Drittschuldnerklage (F.)
azione (M.) del vicino Nachbarklage (F.)
azionista (M.) Aktieninhaber (M.), Aktionär (M.), Anteilseigner (M.)
azionista (M.) ordinario Stammaktionär (M.)
azionista (M.) principale Hauptaktionär (M.)
azzardo (M.) Glück (N.)
azzuffar(si) raufen (sich)

b

baccalaureato (M.) baccalaureus (M.) (lat.), Bakkalaureat (N.)
baccalaureus (M.) (lat.) baccalaureus (M.) (lat.)
Baden (M.) Baden (N.)
badessa (F.) Äbtissin (F.)
bagaglio (M.) Gepäck (N.)
bagattella (F.) Bagatelle (F.)
bagno (M.) di sangue Blutbad (N.)
ballottaggio (M.) Stichwahl (F.)
bambino (M.) Kind (N.)
banale ordinär

banca (F.) Bank (F.)
banca (F.) centrale Zentralbank (F.)
banca (F.) centrale del Land Landeszentralbank (F.)
Banca (F.) Centrale Europea (BCE) Europäische Zentralbank (F.) (EZB)
banca (F.) d'emissione Emissionsbank (F.), Notenbank (F.)
Banca (F.) d'Italia Italienische Nationalbank (F.)
banca (F.) del Land Landesbank (F.)
banca (F.) di credito fondiario Hypothekenbank (F.)
banca (F.) di credito ipotecario Hypothekenbank (F.)
banca (F.) di dati Datenbank (F.)
Banca (F.) europea di investimento Europäische Investionsbank (F.)
banca (F.) federale Bundesbank (F.)
Banca (F.) mondiale Weltbank (F.)
banca (F.) nazionale Landesbank (F.)
banca (F.) popolare Volksbank (F.)
banca (F.) regionale Landesbank (F.)
banca dati (F.) Datenbank (F.)
bancarotta (F.) Bankrott (M.), Krida (F.) (Krida in Österreich), Pleite (F.)
bancarotta (F.) fraudolenta betrügerische Krida
bancarotta (F.) semplice fahrlässige Krida (F.), Krida (F.) (Krida in Österreich)
bancarottiere (M.) Bankrotteur (M.)
banchiere (M.) Bankier (M.)
banco (M.) degli imputati Anklagebank (F.)
banco (M.) dei giudici popolari Geschworenenbank (F.)
bancomat (M.) Bankomat (M.)
banconota (F.) Banknote (F.), Geldschein (M.), Note (F.), Papiergeld (N.)
banda (F.) Bande (F.), Rotte (F.)
bandiera (F.) Fahne (F.), Flagge (F.)
bandiera (F.) federale Bundesflagge (F.)
bandire ächten, verbannen
bandito (Adj.) vogelfrei
bandito (M.) Bandit (M.)
banditore (M.) Auktionator (M.), Versteigerer (M.)
bando (M.) Ächtung (F.), Ausschreibung (F.), Ausweisung (F.), Bann (M.), Exil (N.), Landesverweisung (F.), Verbannung (F.)
bando (M.) di concorso Ausschreibung (F.), Wettbewerbsausschreibung (F.)
bando (M.) di concorso a premi Preisausschreiben (N.)
barare mogeln, schummeln
barattare tauschen
barattiere (M.) Betrüger (M.)
baratto (M.) Austausch (M.), Tausch (M.)
barone (M.) Freiherr (M.)
barriera (F.) Barriere (F.), Hindernis (N.), Schlagbaum (M.), Schranke (F.)
base (F.) Basis (F.), Grundlage (F.), Stamm (M.)
base (F.) di calcolo Berechnungsgrundlage (F.)
base (F.) di commisurazione Bemessungsgrundlage (F.)
base (F.) di imposizione Bemessungsgrundlage (F.)
base (F.) imponibile Besteuerungsgrundlage (F.), Steuerbemessungsgrundlage (F.)
base (F.) legale Rechtsgrundlage (F.)
base (F.) negoziale Geschäftsgrundlage (F.)
base (F.) normativa Rechtsgrundlage (F.)
Bassa Sassonia (F.) Niedersachsen (N.)
bassezza (F.) Infamie (F.)
basso infam, niedrig
bastante ausreichend, hinreichend
bastare hinreichen
bastonare prügeln
bastonate (F.Pl.) Prügel (M.Pl.)
battaglia (F.) Kampf (M.)
battaglia (F.) elettorale Wahlkampf (M.)
battaglione (M.) Bataillon (N.)
battere schlagen
batteria (F.) Batterie (F.)
battesimo (M.) Taufe (F.)
battezzare taufen
battitore (M.) Schläger (M.) (schlagender Mensch)
bavaglio (M.) Knebel (M.)
bavarese (M.) Bayer (M.)
bavarese bayerisch
Baviera (F.) Bayern (N.)
bellezza (F.) Schönheit (F.)
belligerante kriegführend
bello schön
bene (M.) Gut (N.), Sache (F.), Wohl (N.)
bene (M.) comune Allgemeinwohl (N.), Gemeingut (N.), Gemeinwohl (N.), Gesamtgut (N.)
bene (M.) consumabile verbrauchbare Sache (F.)

bene (M.) della comunione Gemeinschaftsgut (N.) (Ehegemeinschaftsgut)
bene (M.) demaniale Staatsgut (N.)
bene (M.) derelitto herrenlose Sache (F.)
bene (M.) di consumo Gebrauchsgegenstand (M.), verbrauchbare Sache (F.), Verbrauchsgut (N.)
bene (M.) di nessuno herrenlose Sache (F.)
bene (M.) ereditario Nachlassgegenstand (M.)
bene (M.) fungibile vertretbare Sache (F.)
bene (M.) giuridico Rechtsgut (N.)
bene (M.) giuridico individuale Individualrechtsgut (N.)
bene (M.) giuridico universale Universalrechtsgut (N.)
bene (M.) immateriale Immaterialgut (N.)
bene (M.) immobile Grundstück (N.), Liegenschaft (F.), unbewegliche Sache (F.)
bene (M.) immobiliare Immobilie (F.)
bene (M.) infungibile unvertretbare Sache (F.)
bene (M.) matrimoniale inalienabile Sondergut (N.)
bene (M.) mobile Fahrhabe (F.), Fahrnis (F.)
bene (M.) patrimoniale Patrimonium (N.)
bene (M.) pubblico Gemeinwohl (N.), öffentliche Sache (F.), öffentliches Gut (N.), Staatsgut (N.)
bene (M.) stabile Anwesen (N.)
beneficenza (F.) Wohlfahrt (F.)
beneficiario (M.) Begünstigter (M.), Destinatär (M.), Empfänger (M.), Nehmer (M.), Remittent (M.)
beneficiario (M.) del credito Kreditnehmer (M.)
beneficiario (M.) del pagamento Zahlungsempfänger (M.)
beneficiario (M.) di una promessa Versprechensempfänger (M.)
beneficienza (F.) pubblica öffentliche Wohlfahrt (F.), öffentliches Wohl (N.)
beneficio (M.) Begünstigung (F.), beneficium (N.) (lat.) (Wohltat), Rechtswohltat (F.)
beneficio (M.) d'escussione Einrede (F.) der Vorausklage
beneficio (M.) d'inventario beneficium (N.) inventarii (lat.) (Wohltat des Inventars), Vorbehalt (M.) der Inventarerrichtung
beneficium (N.) (lat.) beneficium (N.) (lat.) (Wohltat)
beneficium (N.) excussionis (lat.) Einrede (F.) der Vorausklage
beneficium (N.) inventarii (lat.) beneficium (N.) inventarii (lat.) (Wohltat des Inventars)
benemerenza (F.) Verdienst (M.)
benessere (M.) Wohl (N.)
benestare (M.) Benehmen (N.) (Benehmen im Verwaltungsrecht), Bewilligung (F.), Einwilligung (F.)
beni (M.Pl.) Habe (F.), Vermögen (N.)
beni (M.Pl.) acquistati durante il matrimonio nachträglich erworbenes Eigentum (N.)
beni (M.Pl.) del capitale circolante Umlaufvermögen (N.)
beni (M.Pl.) dotali Mitgift (F.), Vorbehaltsgut (N.)
beni (M.Pl.) ereditari Nachlass (M.)
beni (M.Pl.) mobili Mobilien (Pl.)
beni (M.Pl.) parafernali Vorbehaltsgut (N.)
beni (M.Pl.) patrimoniali Finanzvermögen (N.)
benservito (M.) Dienstzeugnis (N.), Zeugnis (N.)
benzina (F.) Benzin (N.)
bere trinken
berlina (F.) Pranger (M.)
Berlino (F.) Berlin (N.)
Berna (F.) Bern (N.)
bestemmia (F.) Blasphemie (F.), Gotteslästerung (F.), Lästerung (F.)
bestemmiare lästern
bestia (F.) Tier (N.)
bestiame (M.) Vieh (N.)
biasimare rügen, tadeln
biasimo (M.) Rüge (F.), Tadel (M.), Verweis (M.), Vorwurf (M.)
bibliografia (F.) Bibliographie
biblioteca (F.) Bibliothek (F.)
bibliotecario (M.) Bibliothekar (M.)
bicameralismo (M.) Zweikammersystem (N.)
bigamia (F.) Bigamie, Doppelehe (F.)
bigliettaio (M.) Schaffner (M.)
biglietto (M.) Fahrkarte (F.), Fahrschein (M.), Karte (F.)
biglietto (M.) di lotteria Los (N.)
biglietto (M.) di passaggio Passierschein (M.)
biglietto (M.) di trasporto Fahrkarte (F.), Fahrschein (M.)
bilancia (F.) commerciale Handelsbilanz (F.)
bilanciamento (M.) Abwägung (F.)

bilanciamento (M.) degli interessi in conflitto Güterabwägung (F.)
bilanciamento (M.) di interessi Güterabwägung (F.)
bilancio (M.) Bilanz (F.), Budget (N.), Etat (M.)
bilancio (M.) annuale Jahresabschluss (M.), Jahresbilanz (F.)
bilancio (M.) annuo Jahresbilanz (F.)
bilancio (M.) complementare di previsione Nachtragshaushalt (M.)
bilancio (M.) consuntivo Rechnungsabschluss (M.)
bilancio (M.) d'apertura Eröffnungsbilanz (F.)
bilancio (M.) d'esercizio Jahresabschluss (M.)
bilancio (M.) dello Stato Etat (M.), Finanzhaushalt (M.)
bilancio (M.) di previsione Haushaltsplan (M.), Voranschlag (M.)
bilancio (M.) federale Bundeshaushalt (M.)
bilancio (M.) finanziario Steuerbilanz (F.)
bilancio (M.) fiscale Steuerbilanz (F.)
bilancio (M.) idrico Wasserhaushalt (M.)
bilancio (M.) preventivo Budget (N.), Haushaltsplan (M.), Voranschlag (M.)
bilancio (M.) pubblico Etat (M.), Finanzhaushalt (M.), Haushalt (M.)
bilaterale bilateral, zweiseitig
bilinguismo (M.) Zweisprachigkeit (F.)
bimbo (M.) Kind (N.)
bipartizione (F.) Zweiteilung (F.)
birra (F.) Bier (N.)
bisognare erfordern
bisogno (M.) Bedarf (M.), Bedürfnis (N.), Erfordernis (N.), Not (F.)
bisogno (M.) base Regelbedarf (M.)
bisogno (M.) normale Regelbedarf (M.)
bisogno (M.) proprio Eigenbedarf (M.)
bisognoso bedürftig, dürftig (bedürftig)
blasfemia (F.) Blasphemie (F.), Gotteslästerung (F.)
blasfemo (M.) Frevler (M.)
blasone (M.) Wappen (N.)
bloccare absperren, blockieren, sperren
blocco (M.) Absperrung, Blockade (F.), Sperrung (F.)
blocco (M.) dei canoni d'affitto Mietpreisbindung (F.)
blocco (M.) dei prezzi Preisbindung (F.)
bocca (F.) Mund (M.)
boia (M.) Henker (M.), Scharfrichter (M.)
boicottaggio (M.) Boykott (M.)
boicottare boykottieren
bolla (F.) Bulle (F.)
bolla (F.) di consegna Lieferschein (M.)
bollare stempeln
bolletta (F.) d'imbarco Verladeschein (M.)
bolletta (F.) di carico Frachtbrief (M.)
bollettino (M.) Bulletin (N.)
bollettino (M.) di consegna Lieferschein (M.)
bollettino (M.) federale Bundesanzeiger (M.)
bollettino (M.) ministeriale Ministerialblatt (N.)
bollettino (M.) ufficiale Amtsblatt (N.)
bollo (M.) Marke (F.), Stempel (M.)
bollo (M.) auto Kraftfahrzeugsteuer (F.)
bollo (M.) fiscale Stempelmarke (F.)
bomba (F.) Bombe (F.)
bona fides (F.) (lat.) bona fides (F.) (lat.) (guter Glaube)
bonario gütlich
bonifica (F.) Erschließung (F.)
bonificare erschließen, überweisen
bonifico (M.) Preisnachlass (M.), Überweisung (F.)
bontà (F.) Güte (F.), Qualität (F.)
bordello (M.) Bordell (N.), Freudenhaus (N.)
bordo (M.) Bord (N.)
borghese (M.) Bürger (M.)
borghese bürgerlich
borgomastro (M.) Bürgermeister (M.)
borsa (F.) Börse (F.)
borsa (F.) di studio Stipendium (N.)
borsaiuolo (M.) Taschendieb (M.)
borsanerista (M.) Schwarzhändler (M.)
borsaro (M.) nero Schwarzhändler (M.)
borsista (M.) Börsenspekulant (M.), Stipendiat (M.)
bosco (M.) Wald (M.)
botte (F.Pl.) Prügel (M.Pl.)
bottega (F.) Laden (M.)
bottino (M.) Beute (F.)
bozza (F.) Entwurf (M.)
bracciante (M.) Tagelöhner (M.)
brama (F.) di uccidere Mordlust (F.)
branca (F.) Branche (F.), Zweig (M.)
branca (F.) del diritto Rechtsgebiet (N.)
branco (M.) Herde (F.)
Brandeburgo (M.) Brandenburg (N.)
bravura (F.) Können (N.)

Brema (F.) Bremen (N.)
brevettare patentieren
brevettazione (F.) Patentierung (F.)
brevetto (M.) Patent (N.)
brevetto (M.) d'invenzione Patent (N.)
brevi manu traditio (F.) (lat.) brevi manu traditio (F.) (lat.) (Übergabe kurzer Hand)
brigata (F.) Brigade (F.)
brocardo (M.) Rechtssprichwort (N.)
broglio (M.) elettorale Wahlbetrug (M.), Wahlfälschung (F.)
brontolare querulieren
bruciare brennen
brusco scharf
Bruxelles (F.) Brüssel (N.)
budget (M.) Budget (N.)
bugia (F.) Lüge (F.)
bugiardo (M.) Lügner (M.)
buio dunkel
Bulgaria (F.) Bulgarien (N.)
Bund (M.) Bund (M.)
Bundestag (M.) Bundestag (M.)
buon costume (M.) gute Sitten (F.Pl.)
buon padre (M.) di famiglia Durchschnittsmensch (M.)
buona condotta (F.) Leumund (M.)
buona fede (F.) bona fides (F.) (lat.) (guter Glaube), guter Glaube (M.), Gutgläubigkeit (F.), Redlichkeit (F.)
buona fede (F.) oggettiva Treu (F.) und Glauben (M.)
buono (M.) Bon (M.), Gutschein (M.)
buono (M.) d'acquisto Kaufschein (M.)
buono (M.) di consegna Lieferschein (M.)
burla (F.) Scherz (M.)
burocrazia (F.) Bürokratie (F.)
bustarella (F.) Schmiergeld (N.)

c

cabotaggio (M.) Kabotage (F.)
caccia (F.) Jagd (F.)
caccia (F.) di frodo Jagdwilderei (F.), Wilderei (F.)
cacciabile jagdbar
cacciare jagen
cacciare di frodo wildern
cacciatore (M.) Jäger (M.)
cacciatore (M.) di frodo Wilddieb (M.), Wilderer (M.)
cadavere (M.) Leiche (F.), Leichnam (M.)
cadente baufällig
cadere in rovina zerfallen
cadetto (M.) Kadett (M.)
caducità (F.) Hinfälligkeit (F.), Kaduzität (F.)
caduco hinfällig
caduta (F.) Fall (M.)
cagionare herbeiführen, verschulden, verursachen
cagione (F.) Beweggrund (M.), Grund (M.), Ursache (F.), Verursachung (F.)
calcinacci (M.Pl.) Schutt (M.)
calcolare abwägen, anrechnen, bedenken, bemessen, berechnen, kalkulieren, rechnen
calcolazione (F.) Berechnung (F.), Kalkulation (F.)
calcolo (M.) Berechnung (F.), Kalkulation (F.)
calcolo (M.) dei costi Kostenrechnung (F.)
calcolo (M.) del danno Schadensberechnung (F.)
calcolo (M.) del tempo Zeitberechnung (F.)
calcolo (M.) dell'imposizione contributiva Beitragsbemessung (F.)
caldeggiare befürworten
calendario (Adj.) kalendarisch
calendario (M.) Kalender (M.)
calligrafia (F.) Schrift (F.)
calmare befrieden
calmo still
calo (M.) Schwund (M.), Verminderung (F.)
calpestare betreten (V.)
calunnia (F.) Verleumder (M.), Verleumdung (F.)
calunniare verleumden
camaleonte (M.) Opportunist (M.)
cambiale (F.) a certo tempo vista Nachsichtwechsel (M.)
cambiale (F.) di comodo Gefälligkeitswechsel (M.)
cambiale (F.) di favore Gefälligkeitswechsel (M.)
cambiale (F.) in bianco Blankowechsel (M.)
cambiale (F.) propria Solawechsel (M.)
cambiale (F.) tratta gezogener Wechsel (M.)
cambiale (M.) Wechsel (M.)
cambiale (M.) a vista Sichtwechsel (M.)
cambiamento (M.) Änderung (F.), Veränderung (F.), Wechsel (M.)
cambiamento (M.) del nome Namensänderung (F.)
cambiamento (M.) in peggio reformatio

(F.) in peius (lat.) (Zurückbildung in das Schlechtere)
cambiare ändern, verändern
cambio (M.) Kurs (M.)
camera (F.) Kammer (F.)
camera (F.) a gas Gaskammer (F.)
camera (F.) alta Oberhaus (N.)
camera (F.) bassa Unterhaus (N.)
camera (F.) dei comuni Unterhaus (N.)
Camera (F.) dei deputati Abgeordnetenkammer (F.) (Abgeordnetenkammer in Italien)
camera (F.) dei deputati Repräsentantenhaus (N.)
camera (F.) dei rappresentanti Repräsentantenhaus (N.)
camera (F.) dell'agricoltura Landwirtschaftskammer (F.)
camera (F.) dell'artigianato Handwerkskammer (F.)
camera (F.) di commercio Handelskammer (F.)
camera (F.) di commercio ed industria Industrie- und Handelskammer (F.)
camera (F.) di commercio internazionale internationale Handelskammer (F.)
camera (F.) di consiglio Beratungszimmer (N.), nichtöffentliche Sitzung (F.)
camera (F.) di sicurezza Polizeigewahrsam (M.)
camera (F.) notarile federale Bundesnotarkammer (F.)
cameralistica (F.) Kameralistik (F.)
camino (M.) Schlot (M.), Schornstein (M.)
cammino (M.) Weg (M.)
campagna (F.) Aktion (F.), Kampagne (F.)
campagna (F.) elettorale Wahlkampf (M.)
campagna Flur (F. bzw. M.)
campione (M.) Meister (M.), Muster (N.), Probe (F.)
campione (M.) per esame Ansichtssendung (F.)
campo (M.) Bereich (M.), Feld (N.), Gebiet (N.), Rahmen (M.), Zweig (M.)
campo (M.) d'applicazione Anwendungsbereich (M.), Geltungsbereich (M.)
campo (M.) d'azione Wirkungskreis (M.)
campo (M.) d'azione delegato übertragener Wirkungskreis (M.)
campo (M.) d'azione proprio eigener Wirkungskreis (M.)
campo (M.) di concentramento Konzentrationslager (N.)
camuffamento (M.) Verdeckung (F.), Verschleierung (M.)
camuffare vermummen, verschleiern
canale (M.) Kanal (M.)
cancellare entfernen, löschen, streichen
cancellare dal registro dell'università exmatrikulieren
cancellazione (F.) Entfernung (F.), Löschung (F.), Streichung (F.), Tilgung (F.)
cancellazione (F.) dal registro dell'università Exmatrikulation (F.)
cancelleria (F.) Geschäftsstelle (F.), Kanzlei (F.), Kanzleramt (N.)
cancelleria (F.) federale Bundeskanzleramt (N.)
cancellierato (M.) Kanzleramt (N.)
cancelliere (M.) Gerichtsschreiber (M.), Kanzler (M.), Schriftführer (M.), Urkundsbeamter (M.)
cancelliere (M.) del Reich Reichskanzler (M.)
cancelliere (M.) dello scacchiere Schatzkanzler (M.)
cancelliere (M.) federale Bundeskanzler (M.)
candidata (F.) Bewerberin (F.)
candidato (M.) Anwärter (M.), Bewerber (M.), Kandidat (M.), Prüfling (M.)
candidatura (F.) Bewerbung (F.), Kandidatur (F.)
cane (M.) Hund (M.)
cannone (M.) Kanone (F.)
canone (M.) Gebühr (F.), Kanon (M.), Miete (F.), Mietzins (M.), Regel (F.), Zins (M.)
canone (M.) annuo di locazione Jahresmiete (F.)
canone (M.) d'affitto Pachtgeld (M.), Pachtzins (M.)
canone (M.) enfiteutico Erbbauzins (M.)
canone (M.) usurario Mietwucher (M.)
canonico kanonisch
cantiere (M.) Baustelle (F.)
cantone (M.) Kanton (M.)
CAP (codice d'avviamento postale) Postleitzahl (F.)
capace fähig, kompetent, tauglich
capace a delinquere deliktsfähig
capace d'agire geschäftsfähig
capace d'intendere einsichtsfähig, urteilsfähig
capace d'intendere e di volere zurechnungsfähig

capace di agire handlungsfähig
capace di agire in giudizio prozessfähig
capace di chiedere in giudizio postulationsfähig
capace di contrarre matrimonio ehemündig
capace di contrattare geschäftsfähig
capace di credito kreditfähig
capace di deliberare beschlussfähig
capace di discernere einsichtsfähig
capace di essere parte nel giudizio parteifähig
capace di guadagnare erwerbsfähig
capace di intendere e di volere deliktsfähig
capace di lavoro proficuo erwerbsfähig
capace di prestare giuramento eidesmündig
capace di testare testierfähig
capacità (F.) Fähigkeit (F.), Kapazität (F.), Können (N.), Qualifikation (F.), Tauglichkeit (F.), Vermögen (N.)
capacità (F.) a delinquere Deliktsfähigkeit (F.), Fähigkeit (F.) des Täters zur Begehung von Straftaten
capacità (F.) a prestare il proprio lavoro Arbeitsmündigkeit (F.)
capacità (F.) d'agire Geschäftsfähigkeit (F.), Handlungsfähigkeit (F.)
capacità (F.) d'agire in giudizio Prozessfähigkeit (F.)
capacità (F.) d'agire limitata beschränkte Geschäftsfähigkeit (F.), beschränkte Handlungsfähigkeit (F.)
capacità (F.) d'intendere Einsichtsfähigkeit (F.), Urteilsfähigkeit (F.)
capacità (F.) di chiedere in giudizio Postulationsfähigkeit (F.)
capacità (F.) di concludere contratti collettivi Tariffähigkeit (F.)
capacità (F.) di contrarre matrimonio Ehemündigkeit (F.)
capacità (F.) di deliberare Beschlussfähigkeit (F.)
capacità (F.) di disporre Dispositionsfähigkeit (F.)
capacità (F.) di esercitare un'impresa commerciale Handelsmündigkeit (F.)
capacità (F.) di essere parte nel giudizio Parteifähigkeit (F.)
capacità (F.) di essere titolare di diritti fondamentali Grundrechtsfähigkeit (F.)
capacità (F.) di far valere autnomamente i diritti fondamentali Grundrechtsmündigkeit (F.)
capacità (F.) di generare Zeugungsfähigkeit (F.)
capacità (F.) di guadagno Erwerbsfähigkeit (F.)
capacità (F.) di intendere Diskretionsfähigkeit (F.)
capacità (F.) di intendere e di volere Deliktsfähigkeit (F.), Zurechnungsfähigkeit (F.)
capacità (F.) di lavoro proficuo Erwerbsfähigkeit (F.)
capacità (F.) di pagamento Zahlungsfähigkeit (F.)
capacità (F.) di prestare giuramento Eidesmündigkeit (F.)
capacità (F.) di prestare il proprio lavoro Arbeitsfähigkeit (F.)
capacità (F.) di testare Testierfähigkeit (F.)
capacità (F.) di volere Steuerungsfähigkeit (F.), Willensfähigkeit (F.)
capacità (F.) giuridica Rechtsfähigkeit (F.)
capacità (F.) giuridica di diritto privato Privatrechtsfähigkeit (F.)
capacità (F.) giuridica limitata Teilrechtsfähigkeit (F:)
capacità (F.) matrimoniale Ehefähigkeit (F.)
capacità (F.) negoziale Geschäftsfähigkeit (F.)
capacità (F.) penale Strafmündigkeit (F.)
capacità (F.) processuale Prozessfähigkeit (F.)
capacità di procreare Zeugungsfähigkeit (F.)
caparra (F.) Angeld (N.), Anzahlung (F.), arrha (F.) (lat.), Aufgeld (N.), Draufgabe (F.)
caparra (F.) penitenziale Reugeld (N.)
capacità (F.) di sitpulare contratti di lavoro Arbeitsmündigkeit (F.)
capestro (M.) Strang (M.)
capire begreifen
capitale (F.) Hauptstadt (F.)
capitale (M.) Kapital (N.)
capitale (M.) approvato genehmigtes Kapital (N.)
capitale (M.) assicurato Versicherungssumme (F.)
capitale (M.) autorizzato genehmigtes Kapital (N.)
capitale (M.) azionario Aktienkapital (N.)
capitale (M.) circolante Betriebsvermögen (N.)
capitale (M.) d'esercizio Betriebsvermögen (N.), Geschäftsvermögen (N.)

capitale (M.) d'impresa Geschäftsguthaben (N.)
capitale (M.) del minore Mündelgeld (N.)
capitale (M.) di credito Fremdkapital (N.)
capitale (M.) di propria pertinenza Eigenkapital (N.)
capitale (M.) fisso Anlagevermögen (N.)
capitale (M.) iniziale Grundkapital (N.)
capitale (M.) investito Anlagevermögen (N.), Kapitalanlage (F.)
capitale (M.) minimo Mindestkapital (N.)
capitale (M.) mutuato Fremdkapital (N.)
capitale (M.) nominale Nennkapital (N.)
capitale (M.) prestato Fremdkapital (N.)
capitale (M.) proprio eigenes Kapital, Eigenkapital (N.)
capitale (M.) sociale Gesellschaftskapital (N.), Grundkapital (N.), Stammkapital (N.)
capitalismo (M.) Kapitalismus (M.)
capitalista (Adj.) kapitalistisch
capitalista (M.) Kapitalist (M.)
capitalistico kapitalistisch
capitalizzare kapitalisieren
capitalizzazione (F.) Kapitalisierung (F.)
capitano (M.) Hauptmann (M.), Kapitän (M.), Landeshauptmann (M.)
capitazione (F.) Kopfsteuer (F.)
capitolare kapitulieren
capitolato (M.) d'appalto Verdingungsordnung (F.)
capitolato (M.) generale VOB (F.) (Verdingungsordnung für Bauleistungen)
capitolazione (F.) Kapitulation (F.)
capitolo (M.) Abschnitt (M.)
capitolo (M.) cattedrale Domkapitel (N.)
capo (M.) Chef (M.), Führer (M.), Leiter (M.), Meister (M.), Obmann (M.), Rädelsführer (M.), Vorstand (M.)
capo (M.) cantiere Bauleiter (M.)
capo (M.) d'accusa Anklagepunkt (M.), Anklagesatz (M.)
capo (M.) d'imputazione Anklagesatz (M.)
capo (M.) dei servizi amministrativi di una circoscrizione Bezirkshauptmann (M.) (Bezirkshauptmann in Österreich)
capo (M.) del governo Regierungspräsident (M.)
capo (M.) del governo del cantone Statthalter (M.)
capo (M.) del personale Personalchef (M.)
capo (M.) della polizia Polizeichef (M.)
capo (M.) dello Stato Staatsoberhaupt (M.), Staatspräsident (M.)
capo (M.) di divisione Dezernent (M.)
capo (M.) di gabinetto Kabinettchef (M.)
capo (M.) di sezione Dezernent (M.)
capo (M.) divisione Ressortdirektor (M)
capo (M.) mastro Bauleiter (M.)
capo (M.) servizio Abteilungsdirektor (M.), Referent (M.)
capo (M.) settore Abteilungsdirektor (M.), Ressortdirektor (M)
capobanda (M.) Rädelsführer (M.)
capodopera (M.) Meisterstück (N.)
capogruppo (M.) Klubobmann (M.)
capolavoro (M.) Meisterstück (N.)
caporione (M.) Rädelsführer (M.)
caposezione (M.) Referent (M.)
capoverso (M.) Absatz (M.)
capovolgere umstürzen
cappella (F.) Kapelle (F.)
captare erschleichen
captatore (M.) d'eredità Erbschleicher (M.)
captazione (F.) Erschleichen
captazione (F.) d'eredità Erberschleichung (F.), Erbschleicherei (F.)
carabiniere (M.) Karabiniere (M.)
carato (M.) Karat (N.)
carattere (M.) Art (F.), Beschaffenheit (F.), Buchstabe (F.), Eigenschaft (F.), Natur (F.), Veranlagung (F.), Wesen (N.)
carattere (M.) personale Persönlichkeit (F.)
caratteristica (F.) Merkmal (N.), Zug (M.)
caratteristica (F.) dello Stato di diritto Rechtsstaatlichkeit (F.)
carcerato (Adj.) gefangen
carcerato (M.) Häftling (M.), Inhaftierter (M.), Insasse (M.), Sträfling (M.)
carcerazione (F.) Haft (F.), Inhaftierung (F.)
carcere (M.) Gefängnis (N.), Karzer (M.), Kerker (M.)
carcere (M.) minorile Jugendstrafanstalt (F.)
cardinale (M.) Kardinal (M.)
carente mangelhaft
carenza (F.) Karenz (F.)
carenza (F.) legislativa Gesetzeslücke (F.)
carenza (F.) organizzativa Organisationsmangel (M.)
carica (F.) Amt (N.), Dienst (M.), Posten (M.), Stellung (F.)
carica (F.) di corte Hofamt (N.)
carica (F.) di giudice Richteramt (N.)

carica (F.) elettiva Wahlamt (N.)
carica (F.) onoraria Ehrenamt (N.)
carica (F.) onorifica Ehrenamt (N.)
carica (F.) pubblica öffentliches Amt (N.)
carica (F.) secondaria Nebenamt (N.)
caricamento (M.) Ladung (F.)
caricare einladen, laden (aufladen), verladen
caricatore (M.) Versender (M.)
caricazione (F.) Ladung (F.)
carico (M.) Fracht (F.), Ladung (F.), Last (F.)
carico (M.) collettivo Sammelladung (F.)
carico (M.) misto Sammelladung (F.)
carità (F.) Almosen (N.)
carnefice (M.) Henker (M.)
carneficina (F.) Massaker (N.)
carreggiare transportieren
carreggiata (F.) Fahrbahn (F.)
carreggio (M.) Transport (M.)
carriera (F.) Karriere (F.), Laufbahn (F.)
carriera (F.) statale Staatsdienst (M.)
carro (M.) Wagen (M.) (Auto)
carro (M.) armato Panzer (M.)
carta (F.) Charta (F.), Karte (F.), Papier (N.)
carta (F.) bianca Blankett (N.)
carta (F.) chip Chipkarte (F.)
carta (F.) costituzionale Verfassungsurkunde (F.)
carta (F.) d'identità Ausweis (M.), Personalausweis (M.)
carta (F.) dei diritti fondamentali Grundrechtskatalog (M.)
carta (F.) di circolazione Kraftfahrzeugbrief (M.), Kraftfahrzeugschein (M.)
carta (F.) di credito Kreditkarte (F.)
carta (F.) fondamentale Grundgesetz (N.)
carta (F.) moneta Papiergeld (N.)
Carta (F.) sociale europea Europäische Sozialcharta (F.)
carta (F.) valore Wertpapier (N.)
carta-assegni (F.) Scheckkarte (F.)
cartella (F.) Akte (F.)
cartella (F.) di credito ipotecario Hypothekenpfandbrief (M.)
cartella (F.) esattoriale Steuerbescheid (M.)
cartella (F.) fondiaria Hypothekenpfandbrief (M.)
cartello (M.) Kartell (N.)
cartellone (M.) Plakat (N.)
cartolina (F.) postale Postkarte (F.)
cartoteca (F.) Kartei (F.)
cartuccia (M.) Patrone (F.)
casa (F.) Haus (N.), Heim (M.), Heimstätte (F.)
casa (F.) chiusa Bordell (N.), Freudenhaus (N.)
casa (F.) comunale Rathaus (N.)
casa (F.) d'affitto Mietshaus (N.)
casa (F.) delle donne Frauenhaus (N.)
casa (F.) dello studente Studentenheim (N.)
casa (F.) di commercio Handelsgeschäft (N.)
casa (F.) di correzione Zuchthaus (N.)
casa (F.) di cura Heilanstalt (F.), Krankenhaus (N.)
casa (F.) di pena Strafanstalt (F.)
casa (F.) di recupero Entziehungsanstalt (F.)
casa (F.) di rieducazione Jugendstrafanstalt (F.)
casa (F.) di rieducazione per minorenni Erziehungsanstalt (F.)
casa (F.) di rifugio per donne Frauenhaus (N.)
casa (F.) di riposo Altersheim (N.)
casa (F.) editrice Verlag (M.)
casa (F.) popolare Sozialwohnung (F.)
casalingo (Adj.) häuslich
cascame (M.) Abfall (M.)
casco (M.) Kasko (M.)
case-law (N.) (engl.) case-law (N.) (engl.) (Fallrecht), Fallrecht (N.)
casella (F.) Fach (N.)
casellario (M.) Kartei (F.)
casellario (M.) centrale Zentralregister (N.)
casellario (M.) centrale della motorizzazione Verkehrszentralregister (N.)
casellario (M.) giudiziale Strafregister (N.)
casellario (M.) giudiziale federale Bundeszentralregister (N.)
caserma (F.) Kaserne (F.)
casermone (M.) Mietskaserne (F.)
casistica (F.) Fallsammlung (F.), Kasuistik (F.)
caso (M.) Fall (M.), Gelegenheit (F.), Sache (F.), Zufall (M.)
caso (M.) assicurato Versicherungsfall (M.)
caso (M.) d'assicurazione Versicherungsfall (M.)
caso (M.) d'emergenza Notfall (M.)
caso (M.) di guerra Kriegsfall (M.), Verteidigungsfall (M.)
caso (M.) di manifesta ingiustizia Härtefall (M.)
caso (M.) di morte Todesfall (M.)

caso (M.) di necessità Notfall (M.)
caso (M.) fortuito Zufall (M.)
cassa (F.) Kasse (F.)
cassa (F.) contro documento di spedizione Kasse (F.) gegen Verladedokumente
cassa (F.) contro fattura Kasse (F.) gegen Faktura
cassa (F.) d'integrazione Lohnausgleichskasse (F.)
cassa (F.) dell'università Quästur (F.) (Zahlstelle an Universitäten)
cassa (F.) di credito edilizio Bausparkasse (F.)
cassa (F.) di risparmio Sparkasse (F.)
cassa (F.) di risparmio immobiliare Bausparkasse (F.)
cassa (F.) giudiziaria Gerichtskasse (F.)
cassa (F.) integrazione guadagni Lohnausgleichskasse (F.)
cassa (F.) malattia Krankenkasse (F.)
cassa (F.) malattia locale Ortskrankenkasse (F.)
cassa (F.) mutua autonoma Ersatzkasse (F.)
cassa (F.) mutua privata Privatkrankenkasse (F.)
cassare eingehen, kassieren
cassatorio kassatorisch
cassazione (F.) Kassation (F.)
cassazione (F.) parziale Teilaufhebung (F.) (eines Urteils)
cassiere (M.) Kassier (M.)
casta (F.) Kaste (F.)
castigare züchtigen
castigo (M.) Züchtigung (F.)
casto keusch
castrare kastrieren
castrazione (F.) Kastration (F.)
casua (M.) modello Musterprozess (M.)
casuale gelegentlich
casus (M.) belli (lat.) Kriegsfall (M.)
casus (M.) foederis (lat.) Bündnisfall (M.)
catalogare verzeichnen
catalogo (M.) Verzeichnis (N.)
catasto (M.) Kataster (M. bzw. N.), Katasteramt (N.)
catastrofe (F.) Katastrophe (F.)
categoria (F.) Gattung (F.), Gruppe (F.), Handelsklasse (F.), Klasse (F.), Schicht (F.), Sorte (F.), Typ (M.)
categoria (F.) professionale Berufsgruppe (F.)
catena (F.) Kette (F.)
catena (F.) di produzione Fließband (N.)
cattedra (F.) Lehrstuhl (M.)
cattedra (F.) universitaria Professur (F.)
cattiva prestazione (F.) Schlechtleistung (F.)
cattivo adempimento (M.) Schlechterfüllung (F.)
cattivo böse, schlecht, übel
cattivo uso (M.) Missbrauch (M.)
cattolico (Adj.) katholisch
cattura (F.) Beschlagnahme (F.), Fang (M.), Gefangennahme (F.), Prise (F.), Verhaftung (F.)
catturare ergreifen, kapern, verhaften
causa (F) soggettiva di esclusione della punibilità persönlicher Strafausschließungsgrund (M.)
causa (F.) Anlass (M.), causa (F.) (lat.) (Ursache bzw. Grund), Fall (M.), Grund (M.), Motiv (N.), Prozess (M.), Rechtsgrund (M.), Rechtssache (F.), Rechtsstreit (M.), Rechtsstreitigkeit (F.), Rechtstitel (M.), Sache (F.), Ursache (F.)
causa (F.) civile Zivilsache (F.)
causa (F.) commerciale Handelssache (F.)
causa (F.) d'improcedibilità Prozesshindernis (N.)
causa (F.) del fallimento Konkursgrund (M.)
causa (F.) del negozio Geschäftsgrundlage (F.)
causa (F.) della domanda Klagegrund (M.)
causa (F.) di astensione (F.) Ausschließungsgrund (M.)
causa (F.) di competenza della sezione famiglia del tribunale Familiensache (F.)
causa (F.) di esclusione della colpevolezza Schuldausschließungsgrund (M.)
causa (F.) di giustificazione Entschuldigungsgrund (M.), Rechtfertigungsgrund (M.)
causa (F.) di liceità Rechtfertigungsgrund (M.)
causa (F.) di morte Todesursache (F.)
causa (F.) di non punibilità Strafausschließungsgrund (M.)
causa (F.) di nullità Nichtigkeitsgrund (M.)
causa (F.) di valore minimo Bagatellsache (F.)
causa (F.) esimente Rechtfertigungsgrund (M.)
causa (F.) estintiva del reato Strafaufhebungsgrund (M.)

causa (F.) estintiva della punibilità Strafaufhebungsgrund (M.)
causa (F.) grave wichtiger Grund (M.)
causa (F.) in materia di filiazione Kindschaftssache (F.)
causa (F.) matrimoniale Familiensache (F.)
causa (F.) penale Strafsache (F.)
causa (F.) personale di esclusione della pena Strafausschließungsgrund (M.)
causa (F.) petendi (lat.) Klagebegründung (F.), Klagegrund (M.)
causa (F.) pregiudicata Präjudiz (N.)
causa (F.) pretendi (lat.) Klaggrund (M.)
causa (F.) principale Hauptsache (F.), Hauptursache (F.)
causa (F.) soggettiva di estinzione della pena persönlicher Strafaufhebungsgrund (M.)
causa (F.) trattata durante le ferie giudiziarie Feriensache (F.)
causa (F.) tributaria Steuersache (F.)
causale kausal, ursächlich
causalità (F.) Kausalität (F.), Ursächlichkeit (F.), Verursachung (F.)
causalità (F.) alternativa ipotetica überholende Kausalität (F.)
causalità (F.) cumulativa kumulative Kausalität (F.)
causam dans (lat.) Rechtsvorgänger (M.)
causam habens (lat.) Rechtsnachfolger (M.)
causare auswirken (sich), bedingen, bewirken, herbeiführen, verschulden, verursachen
causazione (F.) Herbeiführung (F.)
cautela (F.) Vorsichtsmaßnahme (F.)
cautelare sicherstellen, vorsorgen
cauzione (F.) Garantie (F.), Kaution (F.), Sicherheitsleistung (F.)
cavalcare reiten
cavaliere (M.) Ritter (M.)
cavalleria (F.) Kavallerie (F.)
cavalleria (F.) cambiaria Wechselreiterei (F.)
cavillo (M.) Schikane (F.)
cavilloso schikanös
cavo (M.) Kabel (N.)
CE (F.) (Comunità Europea) EG (F.) (Europäische Gemeinschaft)
CECA (F.) (Comunità Europea del Carbone e dell'Acciaio) Montanunion (F.)
ceco blind
cedente (M.) Altgläubiger (M.), Zedent (M.)
cedere abtreten, gehorchen, überlassen, übertragen, veräußern
cedibile abtretbar
cedola (F.) abtrennbarer Abschnitt (M.), Coupon (M.), Kupon (M.)
cedola (F.) di interessi Zinsschein (M.)
cedola (F.) di riaffogliamento Talon (M.)
CEE (F.) (Comunità economica europea) EWG (F.) (Europäische Wirtschaftsgemeinschaft)
CEEA (F.) (Comunità Europea dell'Energia Atomica) Euratom (F.) (Europäische Atomgemeinschaft)
ceffone (M.) Ohrfeige (F.)
celebrare vollziehen
celebrazione (F.) del matrimonio Eheschließung (F.), Trauung (F.)
celere geschwind
celerità (F.) Geschwindigkeit (F.)
celibato (M.) Zölibat (M. bzw. N.)
celibe (Adj.) ledig
celibe (M.) Junggeselle (M.)
cella (F.) Zelle (F.)
cella (F.) di morte Todeszelle (F.) (Todeszelle in den Vereinigten Staaten)
cenno (M.) Zeichen (N.)
censimento (M.) Erfassung (F.), Volkszählung (F.)
censire besteuern, erfassen
censura (F.) Missbilligung (F.), Verweis (M.), Zensur (F.)
censurare missbilligen, zensieren
centinaia (M.) Hundertschaft (F.)
cento hundert
centrale (Adj.) zentral
centralismo (M.) Zentralismus (M.)
centralizzare zentralisieren
centralizzazione (F.) Zentralisation (F.)
centro (M.) Kern (M.), Zentrum (N.)
centuria (F.) Hundertschaft (F.)
cercare naschlagen, schürfen, suchen
cerchia (F.) Bereich (M.), Feld (N.), Kreis (M.)
cerchio (M.) Kreis (M.)
cereale (M.) Getreide (N.)
ceremonia (F.) nuziale Hochzeit (F.)
certezza (F.) Bestimmtheit (F.), Gewissheit (F.), Sicherheit (F.)
certezza (F.) del diritto Rechtssicherheit (F.)
certezza (F.) giuridica Rechtssicherheit (F.)
certificare beglaubigen, bescheinigen, bestätigen, beurkunden
certificato (M.) Attest (N.), Beleg (M.),

Bescheinigung (F.), Bestätigung (F.), Nachweis (M.), Schein (M.), Zertifikat (N.), Zeugnis (N.)
certificato (M.) azionario Anteilsschein (M.)
certificato (M.) d'assicurazione Versicherungsurkunde (F.)
certificato (M.) d'eredità Erbschein (M.)
certificato (M.) di abilitazione Befähigungsnachweis (M.)
certificato (M.) di addebitamento Lastschrift (F.)
certificato (M.) di buona condotta Führungszeugnis (N.), Leumundszeugnis (N.), Unbescholtenheitszeugnis (N.)
certificato (M.) di carico Verladeschein (M.)
certificato (M.) di cessione Abtretungserklärung (F.)
certificato (M.) di debito Schuldschein (M.)
certificato (M.) di deposito Depositenzertifikat (N.)
certificato (M.) di lavoro Arbeitszeugnis (N.)
certificato (M.) di morte Sterbeurkunde (F.)
certificato (M.) di nullaosta Negativattest (M.)
certificato (M.) di partecipazione Anteilsschein (M.)
certificato (M.) di partecipazione al portatore Inhaberanteilsschein (M.)
certificato (M.) di servizio Dienstzeugnis (N.)
certificato (M.) di vaccinazione Impfschein (M.)
certificato (M.) generale del casellario giudiziale Führungszeugnis (N.)
certificato (M.) obbligazionario Teilschuldverschreibung (F.)
certificato (M.) penale Führungszeugnis (N.), Strafregisterauszug (M.)
certificato (M.) provvisorio Interimsschein (M.)
certificazione (F.) Beglaubigung (F.), Beurkundung (F.)
certificazione (F.) del bilancio Testat (N.)
certificazione (F.) pubblica öffentliche Beurkundung (F.)
certo bestimmt, gewiss, sicher
cervello (M.) Gehirn (N.), Hirn (M.)
cessante entgangen
cessare abbrechen, aufgeben, erlöschen, niederlegen, stilllegen, unterbrechen
cessazione (F.) Abstellung (F.), Aufgabe (F.), Beendigung (F.), Erlöschen (N.), Stilllegung (F.), Unterbrechung (F.), Wegfall (M.)
cessazione (F.) dei pagamenti Zahlungseinstellung (F.)
cessazione (F.) della base negoziale Wegfall (M.) der Geschäftsgrundlage
cessazione (F.) della causa Zweckfortfall (M.)
cessazione (F.) irreversibile delle funzioni cerebrali Hirntod (M.)
cessionario (M.) Abtretungsempfänger (M.), Neugläubiger (M.), Zessionar (M.)
cessione (F.) Abtretung (F.), cessio (F.) (lat.) (Abtretung), Übereignung (F.), Überlassung (F.), Übertragung (F.), Veräußerung (F.), Zession (F.)
cessione (F.) a titolo di garanzia Sicherungsabtretung (F.)
cessione (F.) allo scoperto Blankozession (F.)
cessione (F.) anticipata Vorausabtretung (F.)
cessione (F.) del credito Forderungsabtretung (F.)
cessione (F.) dell'azione di rivendicazione Vindikationszession (F.)
cessione (F.) di beni fondiari Grundabtretung (F.)
cessione (F.) di beni immobili Grundabtretung (F.)
cessione (F.) di contratto Vertragsübernahme (F.)
cessione (F.) di credito Forderungskauf (M.)
cessione (F.) di quota lite Erfolgshonorar (N.)
cessione (F.) fiduciaria Sicherungsübereignung (F.)
cessione (F.) globale Globalzession (F.)
cessione (F.) in luogo di adempimento Abtretung (F.) an Zahlungs Statt
cessione (F.) per l'incasso Inkassozession (F.)
cessione (F.) pro soluto Abtretung (F.) an Zahlungs Statt
cessione (F.) pro solvendo Abtretung (F.) zahlungshalber
cessione (F.) solvendi causa Abtretung (F.) zahlungshalber
cessione (F.) totale dei crediti Globalzession (F.)
ceto (M.) Schicht (F.), Stand (M.)
CGE (F.) (Corte di Giustizia Europea) EuGH (M.) (Europäischer Gerichtshof)
chiamare anrufen, aufrufen, heißen, laden (vorladen), nennen
chiamare alle armi einberufen

chiamare in causa beiladen
chiamata (F.) Appell
chiamata (F.) in causa Ladung (F.), Streitverkündung (F.)
chiamata (F.) in causa per ordine del giudice Beiladung (F.)
chiamato (M.) in causa Beigeladener (M.)
chiarimento (M.) Aufklärung (F.), Erklärung (F.), Erläuterung (F.)
chiarire aufklären, erklären, erläutern, klären
chiaro klar, offenbar
chiasso (M.) Lärm (M.)
chiassone (M.) Randalierer (M.)
chiave (F.) Schlüssel (M.)
chiedere begehren, bitten, ersuchen, fordern, fragen
chiedere in giudizio postulieren
chiedere l'annullamento anfechten
chief justice (M.) (engl.) Oberrichter (M.) (Oberrichter in den Vereinigten Staaten)
chierico (M.) Kleriker (M.)
chiesa (F.) Kirche (F.)
chiesa (F.) di Stato Staatskirche (F.)
chiesa (F.) regionale Landeskirche (F.)
chimica (F.) Chemie (F.)
chimico (Adj.) chemisch
chimico (M.) Chemiker (M.)
chiosco (M.) Kiosk (M.)
chip (M.) (engl.) Chip (M.)
chiudere abschließen, absperren, beenden, beendigen, einschließen, einstellen, schließen, stilllegen, verschließen
chiuso abgeschlossen
chiusura (F.) Abschluss (M.), Absperrung, Einstellung (F.), Schließung (F.), Schluss (M.), Stilllegung (F.), Verschluss (M.)
chiusura (F.) dei conti Rechnungsabschluss (M.)
chiusura (F.) dei negozi Ladenschluss (M.)
chiusura (F.) dell'assunzione delle prove Abschluss (M.) der Beweisaufnahme
chiusura (F.) dell'istruzione probatoria Abschluss (M.) der Beweisaufnahme
chiusura (F.) delle indagini preliminari Abschluss (M.) der Ermittlungen
choc (M.) Schock (M.)
ciarlatano (M.) Kurpfuscher (M.)
ciarpame (M.) Schund (M.), Trödel (M.)
cibo (M.) Futter (N.)
ciclico zyklisch
ciclo (M.) Periode (F.), Zyklus (M.)
cifra (F.) Nummer (F.), Summe (F.), Zahl (F.), Ziffer (F.)
cifra (F.) d'affari Umsatz (M.)
ciminiera (F.) Schlot (M.), Schornstein (M.)
cimitero (M.) Friedhof (M.)
cinque fünf
Cipro (M.) Zypern (N.)
circa rund
circolare (F.) Runderlass (M.), Rundschreiben (N.)
circolare umlaufen
circolazione (F.) Umlauf (M.), Verkehr (M.)
circolazione (F.) dei capitali Kapitalverkehr (M.)
circolazione (F.) delle merci Handelsverkehr (M.)
circolazione (F.) di beni Warenverkehr (M.)
circolazione (F.) giuridica Rechtsverkehr (M.)
circolazione (F.) immobiliare Grundstücksverkehr (M.)
circolazione (F.) stradale Straßenverkehr (M.)
circolo (M.) Kreis (M.)
circondare umgeben
circondario (M.) Bezirk (M.), Gerichtssprengel (M.), Kreis (M.), Sprengel (M.)
circondario (M.) rurale Landkreis (M.)
circonvenzione (F.) Ausbeutung (F.), Übervorteilung (F.)
circoscritto begrenzt
circoscrivere begrenzen, einschränken
circoscrizione (F.) Begrenzung (F.), Bezirk (M.), Einschränkung (F.), Gau (M.), Kreis (M.), Sprengel (M.)
circoscrizione (F.) amministrativa Regierungsbezirk (M.)
circoscrizione (F.) di caccia privata Eigenjagdbezirk (M.)
circoscrizione (F.) elettorale Wahlkreis (M.)
circoscrizione (F.) giudiziaria Gerichtssprengel (M.)
circostanza (F.) Umstand (M.)
circostanza (F.) aggravante erschwerender Umstand (M.), Erschwerungsgrund (M.), Strafschärfungsgrund (M.)
circostanza (F.) attenuante Milderungsgrund (M.), Strafmilderungsgrund (M.)
circostanza (F.) concomitante Begleitumstand (M.)
circostanza (F.) di fatto Tatumstand (M.)

circuito (M.) integrato Chip (M.)
cirminalità (F.) dei colletti bianchi white collar crime (M.) (engl.)
citare laden (vorladen), vorladen, zitieren
citare in giudizio klagen, verklagen
citazione (F.) Ladung (F.), Vorladung (F.), Zitat (N.)
citazione (F.) di testimoni Zeugenladung (F.)
citazione (F.) per pubblici proclami Ediktalzitation (F.)
citazione (F.) preventiva Vorausklage (F.)
città (F.) Stadt (F.)
città (F.) anseatica Hansestadt (F.)
città (F.) metropolitana Großstadt (F.)
cittadinanza (F.) Bürgerrecht (N.), Staatsangehörigkeit (F.), Staatsbürgerschaft (F.)
cittadino (M.) Bürger (M.), Inländer (M.), Staatsangehöriger (M.), Staatsbürger (M.)
cittadino (M.) extracomunitario Nicht-EU-Bürger (M.)
città-stato (F.) Stadtstaat (M.)
civico städtisch
civile bürgerlich, zivil, zivilgerichtlich
civiltà (F.) Kultur (F.)
clan (M.) Sippe (F.)
clandestino blind, heimlich, verborgen
classe (F.) Kaste (F.), Klasse (F.), Schicht (F.), Stand (M.)
classe (F.) nobile Adelsstand (M.)
classifica (F.) Bewertung (F.)
classificare bewerten, einordnen, klassifizieren, widmen
classificazione (F.) Einordnung (F.), Widmung (F.)
claudicante hinkend
claudicare hinken
clausola (F.) "effettivo" Effektivklausel (F.)
clausola (F.) Klausel (F.), Vertragsbedingung (F.)
clausola (F.) accessoria Nebenabrede (F.), Nebenbestimmung (F.)
clausola (F.) al portatore Inhaberklausel (F.)
clausola (F.) all'ordine Orderklausel (F.)
clausola (F.) arbitrale Schiedsklausel (F.)
clausola (F.) cif (cost - insurance - fright) cif
clausola (F.) closed shop Organisationsklausel (F.)
clausola (F.) compromissoria Schiedsklausel (F.)
clausola (F.) d'acquisto Kaufkraftklausel (F.)
clausola (F.) d'equità Billigkeitsklausel (F.)
clausola (F.) d'esonero da responsabilità Freizeichnungsklausel (F.)
clausola (F.) del luogo competente Gerichtsstandsklausel (F.)
clausola (F.) della nazione più favorita Meistbegünstigungsklausel (F.)
clausola (F.) della percentuale minima del 5% dei voti Fünfprozentklausel (F.)
clausola (F.) della scala mobile Gleitklausel (F.)
clausola (F.) delle nuove nozze Wiederverheiratungsklausel (F.)
clausola (F.) delle seconde nozze Wiederverheiratungsklausel (F.)
clausola (F.) di consolidamento del valore monetario Geldwertsicherungsklausel (F.)
clausola (F.) di decadenza Ausschlussklausel (F.), Verfallsklausel (F.), Verwirkungsklausel (F.)
clausola (F.) di decadenza dal termine Fälligkeitsklausel (F.)
clausola (F.) di differenziazione Differenzierungsklausel (F.)
clausola (F.) di esonero da responsabilità Ausschlussklausel (F.)
clausola (F.) di garanzia monetaria Wertsicherungsklausel (F.)
clausola (F.) di indicizzazione Indexklausel (F.)
clausola (F.) di non responsabilità Freizeichnungsklausel (F.)
clausola (F.) di protezione Schutzbestimmung (F.)
clausola (F.) di recesso Rücktrittsklausel (F.)
clausola (F.) di salvaguardia Schutzbestimmung (F.), Wertsicherungsklausel (F.)
clausola (F.) generale Generalklausel (F.)
clausola (F.) generale di polizia polizeiliche Generalklausel (F.)
clausola (F.) iunctim Junktimklausel (F.)
clausola (F.) penale Strafklausel (F.), Strafversprechen (N.), Vertragsstrafe (F.)
clausola (F.) risolutiva Auflösungsklausel (F.)
clausola (F.) valuta estera Devisenklausel (F.)
clausola (F.) vessatoria benachteiligende Klausel (F.)
clausole (F.Pl.) accessorie Akzidentialien (F.Pl.)
clausula (F.) rebus sic stantibus (lat.) clausula (F.) rebus sic stantibus (lat.) (Klausel bei unveränderter Sachlage)

clausura (F.) Klausur (F.)
clearing (M.) Clearing (N.)
clemente mild
clemenza (F.) Gnade (F.), Milde (F.)
cleptomane (M.) Kleptomane (M.)
cleptomania (F.) Kleptomanie (F.)
clericale klerikal
clero (M.) Klerus (M.)
cliente (M.) Gast (M.), Klient (M.), Kunde (F.), Mandant (M.)
clientela (F.) Klientel (F.)
clinica (F.) Anstalt (F.), Klinik (F.), Krankenhaus (N.)
club (M.) Klub (M.), Verein (M.)
CNEL (M.) (Consiglio Nazionale dell' Economia e del Lavoro) Nationaler Rat (M.) für Wirtschaft und Arbeit (Nationaler Rat für Wirtschaft und Arbeit in Italien)
co- Mit-
coadiutore (M.) Amtsgehilfe (M.) (Amtsgehilfe in Italien), Koadjutor (M.), Mitarbeiter (M.)
coadiuvare hilfeleisten
coalizione (F.) Bündnis (N.), Kartell (N.), Koalition (F.)
coalizzare koalieren
coartare beugen, erzwingen, nötigen
coattivo zwangsweise
coautore (M.) Mitautor (M.), Mittäter (M.)
coavallante (M.) Mitbürge (M.)
coavallo (M.) Mitbürgschaft (F.)
cocaina (F.) Kokain (N.)
coda (F.) Stau (M.) (Verkehrsstau)
Code (M.) civil (franz.) Code civil (franz.) (M.)
codeterminazione (F.) Mitbestimmung (F.)
codice (M.) codex (M.) (lat.), Gesetzbuch (N.), Kodex (M.)
Codice (M.) civile Bürgerliches Gesetzbuch (N.)
Codice (M.) civile francese Code civil (franz.) (M.)
codice (M.) d'avviamento postale (CAP) Postleitzahl (F.)
codice (M.) dell'artigianato Handwerksordnung (F.)
codice (M.) della strada Straßenverkehrsordnung (F.)
codice (M.) delle attività lucrative indipendenti Gewerbeordnung (F.)
codice (M.) deontologico Ehrenkodex (M.)
codice (M.) di commercio Handelsgesetzbuch (N.)
Codice (M.) di commercio francese Code de commerce (franz.) (M.)
codice (M.) di procedura civile Zivilprozessordnung (F.)
codice (M.) di procedura penale Strafprozessordnung (F.)
codice (M.) ISBN ISBN (International Standard Book Number)
codice (M.) penale Strafgesetzbuch (N.)
Codice (M.) penale francese Code pénal (franz.) (M.)
codice (M.) postale Postleitzahl (F.)
codice (M.) sociale Sozialgesetzbuch (N.)
codice (M.) tributario Abgabenordnung (F.)
codicillo (M.) Kodizill (N.), Zusatz (M.)
codificare kodifizieren
codificazione (F.) Kodifikation (F.)
coefficiente (M.) di copertura Deckungsverhältnis (N.)
coercibile erzwingbar
coercizione (F.) Erzwingung (F.), Nötigung (F.), Zwang (M.)
coercizione (F.) amministrativa Verwaltungszwang (M.)
coerede (M.) Miterbe (M.)
coerente logisch
cogente zwingend
cogestione (F.) Mitbestimmung (F.)
cogliere ergreifen
cogliere in flagranza del fatto auf frischer Tat ertappen
cogliere sul fatto auf frischer Tat ertappen
cognata (F.) Schwägerin (F.)
cognato (M.) Schwager (M.)
cognizione (F.) Kenntnis (F.), Wissen (N.)
cognizione (F.) di causa Sachkunde (F.)
cognome (M.) Familienname (N.), Nachname (M.), Zuname (M.)
cognome (M.) di nascita Geburtsname (M.)
coimprenditore (M.) Mitunternehmer (M.)
coimputato (M.) Mitangeklagter (M.), Mitbeschuldigter (M.)
coincidenza (F.) Zufall (M.)
cointeressato (M.) Mitbeteiligter (M.), Teilhaber (M.)
coinvolgere verstricken
coito (M.) Koitus (M.)
colcos (M.) Kolchose (F.)
collaborare kooperieren

collaboratore (M.) Mitarbeiter (M.)
collaboratore (M.) di giustizia Kronzeuge (M.)
collaboratore (M.) familiare Hausgehilfe (M.)
collaboratrice (F.) familiare Hausgehilfin (F.)
collaborazione (F.) Kooperation (F.), Mitarbeit (F.)
collaborazione (F.) internazionale internationale Zusammenarbeit (F.)
collaudare abnehmen
collaudo (M.) Abnahme (F.)
collazione (F.) Kollation (F.), Kollationierung (F.)
collega (F.) Genossin (F.)
collega (M.) Genosse (M.), Kollege (M.)
collegamento (M.) Überleitung (F.), Verbindung (F.)
collegare anschließen, verbinden
collegato (M.) Mitvermächtnis (N.)
collegiale kollegial
collegio (M.) Gremium (N.), Kollegium (N.), Senat (M.)
collegio (M.) d'arbitri Schiedsgericht (N.)
collegio (M.) dei giudici popolari Schöffenbank (F.)
collegio (M.) dei sindaci Rechnungsprüferkollegium (N.) (Rechnungsprüferkollegium in Italien), Wirtschaftsprüfer (M.)
collegio (M.) di probiviri Ehrengericht (N.)
collegio (M.) giudicante Spruchkörper (M.)
collegio (M.) sindacale Aufsichtsrat (M.), Rechnungsprüferkollegium (N.) (Rechnungsprüferkollegium in Italien)
collettività (F.) Allgemeinheit (F.)
collettivizzare vergesellschaften
collettivizzazione (F.) Vergesellschaftung (F.)
collettivo (Adj.) gemeinsam, kollektiv
collettivo (M.) Kollektiv (N.)
collezionare sammeln
collezione (F.) Sammlung (F.)
collidere kollidieren
collisione (F.) Kollision (F.), Konflikt (M.)
collisione (F.) d'interessi Interessenkollision (F.)
collo (M.) Stück (N.)
collocamento (M.) Anstellung (F.), Arbeitsvermittlung (F.), Stellenvermittlung (F.), Unterbringung (F.), Versetzung (F.)
collocamento (M.) a riposo Pensionierung (M.)
collocamento (M.) fuori ruolo Beurlaubung (F.)
collocamento (M.) in congedo Beurlaubung (F.)
collocare aufstellen, unterbringen
collocare a riposo pensionieren
collocare fuori ruolo beurlauben
collocare in congedo beurlauben
collocare in pensione (F.) emeritieren
collocato gelegen
collocazione (F.) in pensione Emeritierung (F.)
colludere kolludieren
collusione (F.) Kollusion (F.), Verdunkelung (F.)
colmare decken
colofone (M.) Impressum (N.)
colonia (F.) Kolonie (F.), Niederlassung (F.)
colonnello (M.) Oberst (M.)
colono (M.) Bauer (M.)
colore (M.) nazionale Nationalfarbe (F.)
colpa (F.) Fahrlässigkeit (F.), Schuld (F.), Verschulden (N.)
colpa (F.) aquiliana deliktisches Verschulden
colpa (F.) collettiva Kollektivschuld (F.)
colpa (F.) con previsione bewusste Fahrlässigkeit (F.)
colpa (F.) concorrente Mitverschulden (N.)
colpa (F.) cosciente bewusste Fahrlässigkeit (F.)
colpa (F.) extracontrattuale deliktisches Verschulden
colpa (F.) grave grobe Fahrlässigkeit (F.), Leichtfertigkeit (F.)
colpa (F.) in contrahendo Verschulden (N.) bei Vertragsschluss
colpa (F.) incosciente unbewusste Fahrlässigkeit (F.)
colpevole (Adj.) schuldig
colpevole (M.) Schuldiger (M.), Straffälliger
colpevolezza (F.) Schuld (F.), Verschulden (N.)
colpevolezza (F.) dolosa Vorsatzschuld (F.)
colpevolmente schuldhaft
colpire zuschlagen
colpo (M.) Schlag (M.), Schock (M.), Streich (M.)
colpo (M.) di grazia Gnadenstoß (M.)
colpo (M.) di stato Putsch (M.)

colpo (M.) di Stato Staatsstreich (M.)
colposo fahrlässig, schuldhaft
coltellata (F.) Messerstich (M.)
coltivare anbauen, bebauen, bestellen
coltivazione (F.) Anbau (M.), Bestellung (F.)
coltura (F.) Zucht (F.)
comandante (M.) Kapitän (M.), Kommandeur (M.)
comandare befehlen, bestellen, gebieten, heißen, kommandieren
comando (M.) Befehl (M.), Gebot (N.), Leitung (F.)
comando (M.) presso altra amministrazione Abordnung (F.)
combattere kämpfen
combattimento (M.) Kampf (M.)
combinare verabreden
come quasi
come d'accordo absprachegemäß
cominciare eröffnen
comitato (M.) Ausschuss (M.), Beirat (M.), Gremium (N.), Komitee (N.)
comitato (M.) civico Bürgerinitiative (F.)
comitato (M.) consultivo (del Bundestag) Ältestenrat (M.) (des Bundestages)
comitato (M.) di direzione Vorstand (M.)
comitato (M.) di lavoro Arbeitsgemeinschaft (F.) (ARGE)
comitato (M.) di mediazione Vermittlungsausschuss (M.)
comitato (M.) di presidenza Präsidium (N.)
comitato (M.) esecutivo Vorstand (M.)
comitato (M.) plenario Plenarausschuss (M.)
comitato (M.) tecnico Fachbeirat (M.)
comma (M.) Absatz (M.)
commemorare gedenken
commemorazione (F.) Begehung (F.)
commentare auslegen, erläutern, kommentieren
commentario (M.) Auslegung (F.), Kommentar (M.)
commentatore (M.) Kommentator (M.)
commento (M.) Erläuterung (F.), Kommentar (M.)
commerciale (Adj.) gewerblich
commerciale geschäftlich, geschäftsmäßig, kaufmännisch, kommerziell
commercialista (M.) Steuerberater (M.)
commercializzare kommerzialisieren
commerciante (F.) Gewerbetreibende (F.), Händlerin (F.), Kauffrau (F.)
commerciante (M.) Gewerbetreibender (M.), Händler (M.), Kaufmann (M.)
commerciante (M.) all'ingrosso Großhändler (M.)
commerciante (M.) apparente Scheinkaufmann (M.)
commerciante (M.) con facoltà di iscriversi nel registro delle imprese Kannkaufmann (M.)
commerciante (M.) in proprio Einzelkaufmann (M.)
commerciare handeln
commercio (M.) Gewerbe (N.), Handel (M.), Vertrieb (M.)
commercio (M.) a distanza Fernabsatz (M.)
commercio (M.) abusivo Schwarzhandel (M.)
commercio (M.) al dettaglio Einzelhandel
commercio (M.) al minuto Einzelhandel
commercio (M.) all'ingrosso Großhandel (M.)
commercio (M.) ambulante Reisegewerbe (N.)
commercio (M.) con l'estero Außenhandel (M.)
commercio (M.) di beni immobiliari Bodenverkehr (M.)
commercio (M.) elettronico E-Commerce (M.)
commercio (M.) internazionale Außenhandel (M.)
commercio (M.) interno Binnenhandel (M.)
commercio (M.) marittimo Seehandel (M.)
commercio (M.) nazionale Binnenhandel (M.)
commessa (F.) Bestellung (F.), Handlungsgehilfin (F.), Verkäuferin (F.)
commesso (M.) Amtsgehilfe (M.) (Amtsgehilfe in Italien), Gehilfe (M), Handlungsgehilfe (M.), Verkäufer (M.), Verrichtungsgehilfe (M.)
commesso (M.) di negozio Ladenangestellter (M.)
commettere begehen, verüben
commettere adulterio ehebrechen
comminare androhen, verhängen
comminatoria (F.) Androhung
comminazione (F.) Androhung
commissariale kommissarisch
commissariato (M.) Kommissariat (N.), Revier (N.)

commissario (M.) Kommissar (M.)
commissario (M.) del governo Regierungskommissar (M.), Staatskommissar (M.)
commissario (M.) governativo Regierungskommissar (M.)
commissionare bestellen
commissionario (M.) Kommissionär (M.)
commissionario (M.) contraente in proprio Selbsteintritt (M.)
commissione (F.) Auftragsgeschäft (N.), Ausschuss (M.), Begehung (F.), Besorgung (F.), Deputation (F.), Komitee (N.), Kommission (F.)
commissione (F.) consiliare Ortsbeirat (M.)
commissione (F.) d'inchiesta Enquêtekommission (F.), Untersuchungsausschuss (M.)
commissione (F.) del reato Tatbegehung (F.)
commissione (F.) dell'Unione Europea Kommission (F.) der Europäischen Union
commissione (F.) delle petizioni Petitionsausschuss (M.)
commissione (F.) di conciliazione Vermittlungsausschuss (M.)
commissione (F.) di vendita Verkaufskommission (F.)
commissione (F.) giuridica Rechtsausschuss (M.)
commissione (F.) inquirente Untersuchungsausschuss (M.)
commissione (F.) plenaria Plenarausschuss (M.)
commissione (F.) rogatoria Amtshilfeersuchen (N.)
commissione (F.) tecnica Fachkommission (F.)
commissione (F.) tributaria Finanzgericht (N.)
commissione Verübung (F.)
commistione (F.) Vermengung (F.), Vermischung (F.)
commisurare bemessen, vermessen (V.), zumessen
commisurazione (F.) Bemessung (F.), Vermessung (F.), Zumessung (F.)
commisurazione (F.) della pena Strafbemessung (F.), Strafzumessung (F.)
committente (M.) Auftraggeber (M.), Bauherr (M.), Bauträger (M.), Geschäftsherr (M.), Kommittent (M.)
committente (M.) di una costruzione Bauherr (M.)
commodum (N.) (lat.) commodum (N.) (lat.) (Bequemlichkeit bzw. Vorteil)
commoriente (M.) Kommorient (M.)
communio (F.) pro indiviso (lat.) Bruchteilsgemeinschaft (F.)
commutare umwandeln
commutazione (F.) Wandlung (F.)
commutazione (F.) della pena Strafumwandlung (F.)
comodante (M.) Verleiher (M.)
comodato (M.) Leihe (F.)
compagna (F.) Genossin (F.), Lebensgefährtin (F.), Partnerin (F.)
compagna (F.) di studi Kommilitonin (F.)
compagnia (F.) Bande (F.), Umgang (M.)
compagnia (F.) armatoriale Reederei (F.)
compagnia (F.) d'assicurazioni Versicherungsgesellschaft (F.)
compagno (M.) Genosse (M.), Lebensgefährte (M.), Partner (M.), Sozius (M.), Teilhaber (M.)
compagno (M.) di partito Parteigenosse (M.)
compagno (M.) di studi Kommilitone (M.)
comparare vergleichen (sich)
comparazione (F.) Vergleich (M.)
comparazione (F.) giuridica Rechtsvergleichung (F.)
comparire erscheinen
comparizione (F.) Erscheinen (N.)
comparizione (F.) personale persönliches Erscheinen (N.)
comparsa (F.) Schriftsatz (M.), Schriftstück (N.)
comparsa (F.) di risposta Erwiderungsschrift (F.), Klageerwiderung (F.)
compartecipazione (F.) Mittäterschaft (F.), Teilnahme (F.)
compartecipe (F.) Beteiligte (F.)
compartecipe (M.) Beteiligter (M.), Mitbeteiligter (M.), Teilnehmer (M.)
compatibile vereinbar
compatibile con l'ambiente umweltverträglich
compatibilià (F.) ambientale Umweltverträglichkeit (F.)
compatibilità (F.) Vereinbarkeit (F.)
compatibilità (F.) ecologica Umweltverträglichkeit (F.)
compendio (M.) Kompendium (N.), Repetitorium (N.)
compensabile aufrechenbar

compensare aufrechnen, ausgleichen, entschädigen, ersetzen, kompensieren
compensatio (F.) lucri cum damno (lat.) compensatio (F.) lucri cum damno (lat.) (Aufrechnung des Gewinns mit dem Schaden), Vorteilsausgleichung (F.)
compensazione (F.) Aufrechnung (F.), Ausgleich (M.), Entschädigung (F.), Kompensation (F.), Verrechnung (F.)
compensazione (F.) di colpa Kulpakompensation (F.)
compensazione (F.) eventuale Eventualaufrechnung (F.)
compensazione (F.) generale Clearing (N.)
compensazione (F.) salariale Lohnausgleich (M.)
compenso (M.) Abgeltung (F.), Dienstbezug (M.), Entgelt (N.), Gage (F.), Gehalt (N.), Kompensation (F.), Lohn (M.)
compenso (M.) delle spese Aufwendungserstattung (F.)
compenso (M.) di recupero Bergelohn (M.)
compenso (M.) in natura Deputat (N.)
compera (F.) Einkauf (M.)
comperare anschaffen
competente (Adj.) sachverständig, zuständig
competente einschlägig, kompetent
competenza (F.) Kompetenz (F.), Ressort (N.), Sachkunde (F.), Zuständigkeit (F.)
competenza (F.) della competenza Kompetenzkompetenz (F.)
competenza (F.) generale Allzuständigkeit (F.)
competenza (F.) internazionale internationale Zuständigkeit (F.)
competenza (F.) legislativa Gesetzgebungsbefugnis (F.), Gesetzgebungszuständigkeit (F.)
competenza (F.) negli affari culturali Kulturhoheit (F.)
competenza (F.) per annessione Annexkompetenz (F.)
competenza (F.) per materia sachliche Zuständigkeit (F.)
competenza (F.) per territorio örtliche Zuständigkeit (F.)
competenza (F.) per valore Wertzuständigkeit (F.)
competenza (F.) piena Allzuständigkeit (F.)
competenza (F.) quadro del Bund Rahmenkompetenz (F.) (in Deutschland)
competenza (F.) territoriale Gerichtsstand (M.), örtliche Zuständigkeit (F.)
competere bewerben (sich), konkurrieren
competitore (M.) Konkurrent (M.), Mitbewerber (M.), Wettbewerber (M.)
competizione (F.) Konkurrenz (F.), Leistungswettbewerb (M.), Wettbewerb (M.)
competizione (F.) d'intralcio Behinderungswettbewerb (M.)
compiacenza (F.) Gefälligkeit (F.)
compiere ausführen, beenden, begehen, besorgen, erfüllen, erledigen, verrichten, verüben, vollenden
compilare abfassen, aufstellen, ausfüllen, kompilieren, verfassen
compilatore (M.) Verfasser (M.)
compilazione (F.) Abfassung (F.), Aufstellung (F.), Ausfüllung (F.), Kompilation (F.), Verfassung (F.)
compilazione (F.) dell'inventario Inventur (F.)
compimento (M.) Abschluss (M.), Ausführung (F.), Durchführung (F.), Erfüllung (F.), Verrichtung (F.), Verübung (F.), Vollendung (F.), Vornahme (F.)
compito (M.) Aufgabe (F.), Obliegenheit (F.)
compito (M.) comune Gemeinschaftsaufgabe (F.)
compito (M.) comunitario Gemeinschaftsaufgabe (F.)
compito (M.) scritto Klausur (F.)
compiuto vollständig
compiuto con l'uso della forza gewaltsam
complementare ergänzend
complemento (M.) Nachtrag (M.)
complessivo allgemein, gesamt
complesso (Adj.) komplex
complesso (M.) Gesamtheit (F.), Komplex (M.), Körper (M.)
complesso (M.) industriale Konzern (M.)
completamento (M.) Ergänzung (F.), Vollendung (F.)
completare ergänzen, fertigstellen, vollenden
completare una fornitura ausliefern
completo fertig, voll, vollständig, vollzählig
complicare erschweren
complice (M.) Beitragstäter (M.), Gehilfe (M), Komplize (M.), Mittäter (M.)
complicità (F.) Beihilfe (F.) (Gehilfenschaft), Mittäterschaft (F.), Teilnahme (F.)
complottare konspirieren, verschwören (sich)

complotto (M.) Komplott (N.), Konspiration (F.), Verschwörung (F.)
componente (F.) Bestandteil (M.)
componente (F.) essenziale wesentlicher Bestandteil (M.)
componente (M.) Mitglied (N.)
componimento (M.) Beilegung (F.), Erledigung (F.)
componimento (M.) amichevole Vergleich (M.)
comporre beilegen, schlichten, vergleichen (sich)
comportamento (M.) Führung (F.), Gebaren (N.), Verhalten (N.)
comportamento (M.) concludente konkludentes Handeln (N.), schlüssiges Handeln (N.)
comportamento (M.) deviante abweichendes Verhalten (N.)
comportamento (M.) inappropriato Unfug (M.)
comportar(si) verhalten (sich)
comportare bedingen
compositore (M.) Schlichter (M.)
composizione (F.) Beilegung (F.), Komposition (F.), Konstitution (F.), Regelung (F.)
compossesso (M.) Mitbesitz (M.)
compossessore (M.) Mitbesitzer (M.)
compra (F.) Einkauf (M.)
comprare beziehen, einkaufen, kaufen
compratore (M.) Abnehmer (M.), Käufer (M.)
compravendita (F.) Kauf (M.), Kaufvertrag (M.)
compravendita (F.) al minuto Handkauf (M.)
compravendita (F.) commerciale Handelskauf (M.)
comprendere begreifen, einbeziehen, einschließen, enthalten
compreso inbegriffen, inklusiv
compromesso (M.) Ausgleich (M.), Kompromiss (M.), Schiedsabkommen (N.), Schiedsvertrag (M.), Übereinkunft (F.)
compromettere gefährden
comproprietà (F.) Miteigentum (N.)
comproprietà (F.) indivisa Gesamthandseigentum (N.)
comproprietà (F.) per quota ideale Bruchteilseigentum (N.)
comproprietario (M.) Miteigentümer (M.)
comprova (F.) Beweis (M.)
comprovabile beweisbar
comprovare belegen (V.), nachweisen
compulsivo zwingend
computabile anrechnungsfähig
computare berechnen, kalkulieren, rechnen
computazione (F.) Anrechnung (F.)
computer (M.) Computer (M.)
computista (M.) Rechnungsführer (M.)
computo (M.) Berechnung (F.), Kalkulation (F.)
computo (M.) del tempo Zeitberechnung (F.)
comunale kommunal, städtisch
comunanza (F.) Gemeinschaft (F.)
comunanza (F.) di rischi Gefahrengemeinschaft (F.)
comune (Adj.) gemein (allgemein), gemeinsam, gemeinschaftlich, ordinär
comune (M.) Gemeinde (F.), Kommune (F.)
comune allgemein
comune accordo (M.) Einvernehmen (N.)
comune intenzione (F.) delle parti gemeinsamer Parteiwille (M.), Parteiwille (M.)
comunicare ankündigen, bekanntgeben, bekanntmachen, benachrichtigen, kommunizieren, mitteilen, verlautbaren, verständigen
comunicato (M.) Bekanntgabe (F.)
comunicato (M.) rivendicativo Bekennerbrief (M.)
comunicazione (F.) Ankündigung (F.), Anschluss (M.), Bekanntgabe (F.), Bekanntmachung (F.), Benachrichtigung (F.), Kommunikation (F.), Mitteilung (F.), Nachricht (F.), Verständigung (F.)
comunione (F.) Gemeinschaft (F.)
comunione (F.) a mani riunite Gesamthandsgemeinschaft (F.)
comunione (F.) convenzionale vertragliche Gütergemeinschaft (F.) (vertragliche Gütergemeinschaft in Italien)
comunione (F.) degli acquisti Errungenschaftsgemeinschaft (F.)
comunione (F.) dei beni Gütergemeinschaft (F.)
comunione (F.) dei beni continuata tra il coniuge superstite e gli eredi fortgesetzte Gütergemeinschaft (F.)
comunione (F.) dei beni mobili fra coniugi Fahrnisgemeinschaft (F.)
comunione (F.) di vita Lebensgemeinschaft (F.)

comunione (F.) domestica Hausgemeinschaft (F.)
comunione (F.) ereditaria Erbengemeinschaft (F.), Miterbengemeinschaft (F.)
comunione (F.) generale dei beni allgemeine Gütergemeinschaft (F.)
comunione (F.) generale dei beni tra coniugi allgemeine Gütergemeinschaft (F.) der Ehegatten
comunione (F.) matrimoniale eheliche Lebensgemeinschaft (F.)
comunione (F.) per quote ideali Bruchteilsgemeinschaft (F.)
comunione (F.) pro indiviso Gesamthand (F.)
comunione (F.) tra coniugi eheliche Lebensgemeinschaft (F.)
comunione di rischi Gefahrengemeinschaft (F.)
comunismo (M.) Kommunismus (M.)
comunista (Adj.) kommunistisch
comunista (M.) Kommunist (M.)
comunità (F.) Gemeinschaft (F.)
comunità (F.) di fedeli Kirchengemeinde (F.)
comunità (F.) di lavoro Arbeitsgemeinschaft (F.) (ARGE)
comunità (F.) economica Wirtschaftsgemeinschaft (F.)
Comunità (F.) economica europea (CEE) Europäische Wirtschaftsgemeinschaft (F.) (EWG)
Comunità (F.) europea (CE) Europäische Gemeinschaft (EG)
Comunità (F.) Europea del Carbone e dell'Acciaio (CECA) Europäische Gemeinschaft (F.) für Kohle und Stahl (EGKS), Montanunion (F.)
Comunità (F.) Europea dell'Energia Atomica (CEEA) Europäische Atomgemeinschaft (F.) (EAG bzw. Euratom)
comunitario gemeinschaftlich
con- Mit-
con colpa grave leichtfertig
con destinazione determinata zweckgebunden
con effetti obbligatori unilaterali einseitig verpflichtend
con inganno unter Vorspiegelung falscher Tatsachen
con pari diritti gleichberechtigt
con raggiri ed artifizi unter Vorspiegelung falscher Tatsachen
con riserva di vorbehaltlich
con travisamento dei fatti unter Vorspiegelung falscher Tatsachen
concedente (M.) Lizenzgeber (M.)
concedente (M.) il credito Kreditgeber (M.)
concedere bewilligen, einräumen, erteilen, genehmigen, gestatten, gewähren, hingeben, verleihen
concedere un mutuo darleihen
concedere una licenza lizenzieren
concentrare konzentrieren
concentrazione (F.) Konzentration (F.), Zusammenschluss (M.)
concentrazione (F.) di imprese Unternehmenszusammenschluss (M.)
concepimento (M.) Empfängnis (F.)
concertare absprechen
concerto (M.) Benehmen (N.) (Benehmen im Verwaltungsrecht)
concessionario (M.) Inhaber (M.) einer Konzession, Konzessionär (M.), Konzessionsinhaber (M.), Vertragshändler (M.)
concessione (F.) Bewilligung (F.), Einräumung (F.), Erlaubnis (F.), Erteilung (F.), Genehmigung (F.), Gestattung (F.), Konzession (F.), Vergabe (F.)
concessione (F.) d'ipoteca Einräumung (F.) einer Hypothek, Hypothekengewährung (F.)
concessione (F.) di mutui Darlehensgeschäft (N.)
concessione (F.) di sovvenzioni Subventionierung (F.)
concessione (F.) di tipo Typengenehmigung (F.)
concessione (F.) edilizia Baugenehmigung (F.)
concetto (M.) Begriff (M.)
concetto (M.) giuridico Rechtsbegriff (M.)
concetto (M.) giuridico indeterminato unbestimmter Rechtsbegriff (M.)
concezione (F.) giuridica Rechtsauffassung (F.)
conciliabile vereinbar
conciliabilità (F.) Vereinbarkeit (F.)
conciliare einigen, schlichten, vereinbaren, vermitteln, versöhnen
conciliatore (M.) Schiedsmann (M.), Schlichter (M.)
conciliazione (F.) Einigung (F.), Vergleich (M.), Versöhnung (F.)
conciliazione (F.) composizione (F.) Schlichtung (F.)

conciliazione (F.) stragiudiziale Mediation (F.)
concilio (M.) Konzil (N.)
concilio (M.) vaticano Vatikanisches Konzil (N.)
concistoro (M.) Konsistorium (N.)
conclave (M.) Klausur (F.), Konklave (F.)
concludente konkludent, schlüssig, stichhaltig
concludenza (F.) Schlüssigkeit (F.)
concludere abschließen, beenden, beendigen, beschließen, eingehen, schließen, vollenden
conclusione (F.) Abschluss (M.), Antrag (M.), Beendigung (F.), Konklusion (F.), Schluss (M.), Schlussantrag (M.), Schlussfolgerung (F.)
conclusione (F.) del contratto Vertragsabschluss (M.)
conclusione (F.) di contratto Vertragsschluss (M.)
conclusione (F.) per analogia Ähnlichkeitsschluss (M.), Analogieschluß (M.)
conclusioni (F.Pl.) principali Hauptantrag (M.)
conclusivo abschließend, endgültig
concluso abgeschlossen
concomitante gleichzeitig
concordare abschließen, übereinstimmen, verabreden
concordato (M.) Ausgleich (M.), Kirchenvertrag (M.), Konkordat (N.)
concordato (M.) coatto Zwangsvergleich (M.)
concordato (M.) fallimentare Insolvenzplan (M.)
concordato (M.) prefallimentare Vergleichsverfahren (N.)
concordato (M.) preventivo Vergleich (M.)
concorde einig, übereinstimmend
concorrente (Adj.) konkurrierend
concorrente (M.) Konkurrent (M.), Mitbewerber (M.), Wettbewerber (M.)
concorrenza (F.) Konkurrenz (F.), Leistungswettbewerb (M.), Wettbewerb (M.)
concorrenza (F.) sleale unlauterer Wettbewerb (M.)
concorrere konkurrieren, mitwirken
concorso (M.) Konkurrenz (F.), Mitwirken (N.), Teilnahme (F.), Wettbewerb (M.)
concorso (M.) a premi Preisausschreiben (N.)
concorso (M.) anomalo di persone nel reato Exzess (M.) des Mittäters
concorso (M.) apparente di norme Gesetzeseinheit (F.), Gesetzeskonkurrenz (F.), Normenkollision (F.)
concorso (M.) di fonti Anspruchskonkurrenz (F.)
concorso (M.) di leggi Gesetzeskonkurrenz (F.)
concorso (M.) di persone nel reato Beteiligung (F.), Mittäterschaft (F.)
concorso (M.) di più cause indipendenti Mehrtäterschaft (F.)
concorso (M.) di reati Verbrechenskonkurrenz (F.)
concorso (M.) di responsabilità Anspruchskonkurrenz (F.)
concorso (M.) formale di reati Idealkonkurrenz (F.), Tateinheit (F.)
concorso (M.) formale eterogeneo ungleichartige Idealkonkurrenz (F.), ungleichartige Tateinheit (F.)
concorso (M.) formale omogeneo gleichartige Idealkonkurrenz (F.), gleichartige Tateinheit (F.)
concorso (M.) ideale di reati Idealkonkurrenz (F.)
concorso (M.) materiale di reati Realkonkurrenz (F.), Tatmehrheit (F.)
concorso (M.) materiale eterogeneo ungleichartige Realkonkurrenz (F.), ungleichartige Tatmehrheit (F.)
concorso (M.) materiale omogeneo gleichartige Realkonkurrenz (F.), gleichartige Tatmehrheit (F.)
concorso (M.) nel fatto colposo Mitverschulden (N.)
concreditore (M.) Mitgläubiger (M.)
concretare realisieren
concretezza (F.) Bestimmtheit (F.)
concretizzazione (F.) Konkretisierung (F.), Realisierung (F.)
concreto konkret, real
concubina (F.) Konkubine (F.)
concubinato (M.) Konkubinat (N.)
concubito (M.) Beischlaf (M.)
concussione (F.) Abgabenüberhebung (F.), Erpressung (F.) im Amt, Gebührenüberhebung (F.)
condanna (F.) Verurteilung (F.)
condanna (F.) a morte di un innocente Justizmord (M.)

condanna (F.) all'adempimento Leistungsurteil (N.)
condanna (F.) alla prestazione Leistungsurteil (N.)
condanna (F.) anteriore Vorstrafe (F.)
condanna (F.) generica Grundurteil (N.)
condannabile strafbar
condannare aburteilen, verurteilen
condebitore (M.) Mitschuldner (M.)
condicio (F.) sine qua non (lat.) condicio (F.) sine qua non (lat.) (Bedingung ohne die nicht)
condictio (F.) Kondiktion (F.)
condiscendente nachgiebig
condividere teilen
condizionale (F.) Bewährungszeit (F.)
condizionare bedingen, beeinflussen
condizionato bedingt
condizione (F.) Bedingung (F.), Klausel (F.), Kondition (F.), Lage (F.), Zustand (M.)
condizione (F.) contrattuale Vertragsbedingung (F.)
condizione (F.) del contratto Vertragsbedingung (F.)
condizione (F.) di consegna Lieferungsbedingung (F.)
condizione (F.) di contratto Geschäftsbedingung (F.)
condizione (F.) di madrina Patenschaft (F.)
condizione (F.) di padrino Patenschaft (F.)
condizione (F.) di pagamento Zahlungsbedingung (F.)
condizione (F.) di punibilità Strafbarkeitsbedingung (F.)
condizione (F.) di senzatetto Obdachlosigkeit (F.)
condizione (F.) di signore di campagna Junkertum (N.)
condizione (F.) di transazione Geschäftsbedingung (F.)
condizione (F.) favorevole Opportunität (F.)
condizione (F.) generale di contratto allgemeine Geschäftsbedingung (F.)
condizione (F.) inaccettabile unannehmbare Bedingung (F.)
condizione (F.) meramente potestativa Wollensbedingung (F.)
condizione (F.) necessaria condicio (F.) sine qua non (lat.) (Bedingung ohne die nicht)
condizione (F.) obiettiva di punibilità objektive Bedingung (F.) der Strafbarkeit
condizione (F.) potestativa Potestativbedingung (F.)
condizione (F.) preliminare Vorbedingung (F.)
condizione (F.) risolutiva auflösende Bedingung (F.), Resolutivbedingung (F.)
condizione (F.) sospensiva aufschiebende Bedingung (F.), Suspensivbedingung (F.)
condizioni (F.Pl.) d'azienda Betriebsverhältnis (N.Pl.)
condizioni (F.Pl.) d'esercizio Betriebsverhältnis (N.Pl.)
condizioni (F.Pl.) di assicurazione Versicherungsbedingungen (F.Pl.)
condizioni (F.Pl.) di polizza Versicherungsbedingungen (F.Pl.)
condizioni (M.Pl.) generali del contratto AGB (F.Pl.) (allgemeine Geschäftsbedingungen)
condominio (M.) Bruchteilseigentum (N.), Kondominat (N.), Kondominium (N.), Miteigentum (N.), Wohnungseigentum (N.)
condomino (M.) Miteigentümer (M.), Wohnungseigentümer (M.)
condonare erlassen, nachlassen, verzeihen
condono (M.) Erlass (M.), Verzeihung (F.)
condono (M.) di pena Straferlass (M.)
condono (M.) fiscale Steuererlass (M.)
condotta (F.) Benehmen (N.) (Verhalten), Führung (F.), Geleit (N.), Handeln (N.), Verhalten (N.)
condotta (F.) del processo Prozessführung (F.)
condotta (F.) tipica Tat (F.)
conducente (F.) Fahrerin (F.)
conducente (M.) Fahrer (M.), Führer (M.)
condurre durchführen, leiten, lenken
conduttore (M.) Mieter (M.), Pächter (M.)
confacente opportun
confederazione (F.) Bündnis (N.), Konföderation (F.), Staatenbund (M.), Vereinigung (F.)
confederazione (F.) di Stati Staatenbund (M.)
Confederazione (F.) sindacale tedesca Deutscher Gewerkschaftsbund (DGB) (M.), DGB (M.) (Deutscher Gewerkschaftsbund)
confederazione dell'industria Industrieverband (M.)
conferenza (F.) Konferenz (F.), Sitzung (F.), Tagung (F.), Vortrag (M.)
Conferenza (F.) dei notai dell'Unione

Europea CNUE (Europäischer Verband der Notare)
conferenza (F.) di Potsdam Potsdamer Konferenz (N.)
conferenza (F.) intergovernativa Regierungskonferenz (F.)
conferimento (M.) Einbringung (F.), Einlage (F.), Erteilung (F.), Übertragung (F.), Vergabe (F.)
conferimento (M.) di procura Bevollmächtigung (F.)
conferimento (M.) di un'onorificenza Verleihung (F.) einer Auszeichnung
conferimento (M.) in natura Sacheinlage (F.)
conferire erteilen, übertragen, verleihen
conferire un titolo accademico graduieren
conferire un titolo nobiliare adeln
conferma (F.) Bekräftigung (F.), Bestätigung (F.)
conferma (F.) di pagamento Zahlungsbestätigung (F.)
conferma (F.) di un ordine Auftragsbestätigung (F.)
confermare bejahen, bestätigen, bewähren, bezeugen
confessare bekennen, gestehen
confessione (F.) Bekenntnis (N.), Geständnis (N.)
confessione (F.) religiosa Konfession (F.)
confesso geständig
confezionare verpacken
confezione (F.) Verpackung (F.)
confidare anvertrauen, vertrauen
confideiussione (F.) Mitbürgschaft (F.)
confideiussore (M.) Mitbürge (M.)
confidente (M.) della polizia Spitzel (M.), V-Mann (M.)
confidenza (F.) Intimität (F.)
confidenze (F.Pl.) Vertraulichkeit (F.)
confidenziale intim, vertraulich
configurare gestalten
configurazione (F.) Form (F.), Gestalt (F.)
confinante (M.) Anlieger (M.), Anrainer (M.), Nachbar (M.)
confinare angrenzen
confindustria (F.) Industrieverband (M.)
confine (M.) Grenze (F.)
confine (M.) dello Stato Staatsgrenze (F.)
confino (M.) Zwangsaufenthalt (M.)
confisca (F.) Beschlagnahme (F.), Einziehung (F.), Konfiskation (F.), Wegnahme (F.)
confisca (F.) obbligatoria Verfall (M.)
confiscare beschlagnahmen, einziehen, konfiszieren, verfallen, wegnehmen
conflitto (M.) Auseinandersetzung (F.), Kollision (F.), Konflikt (M.), Streit (M.), Streitigkeit (F.), Widerstreit (M.)
conflitto (M.) armato Krieg (M.)
conflitto (M.) collettivo Tarifstreitigkeit (F.)
conflitto (M.) d'interessi Interessenkollision (F.)
conflitto (M.) di competenza Kompetenzkonflikt (M.), Zuständigkeitskonflikt (M.)
conflitto (M.) di doveri Pflichtenkollision (F.)
conflitto (M.) di leggi Statutenkollision (F.)
conflitto (M.) di norme Normenkollision (F.)
conflitto (M.) negativo di competenza negativer Kompetenzkonflikt (M.)
conflitto (M.) tra organi Organstreit (M.)
conflitto (M.) tra pretendenti Beanspruchcrstreit (M.)
confondere verwechseln
conformare anpassen
conforme konform, übereinstimmend
conforme al diritto rechtmäßig
conforme alla costituzione verfassungsgemäß, verfassungskonform
conforme alla legge gesetzmäßig
conforme alle prescrizioni vorschriftsmäßig
conformemente gemäß
conformità (F.) al diritto Rechtmäßigkeit (F.)
confrontare gegenüberstellen, vergleichen (sich)
confronto (M.) Gegenüberstellung (F.), Vergleich (M.)
confronto (M.) di scritture Schriftvergleich (M.)
confronto (M.) di testi Zeugengegenüberstellung (F.)
confusione (F.) Konfusion (F.), Vereinigung (F.), Vermischung (F.), Verwechslung (F.)
confutare widerlegen
confutazione (F.) Bestreitung (F.)
congedare beurlauben
congedo (M.) Beurlaubung (F.), Entlassung (F.), Urlaub (M.)
congedo (M.) di educazione Erziehungsurlaub (M.)
congedo (M.) di maternità Mutterschaftsurlaub (M.)
congedo (M.) educativo Erziehungsurlaub (M.)

congedo (M.) parentale Elternzeit (F.)
congelamento (M.) dei crediti Einfrieren (N.) der Guthaben
congiungere beischlafen, verbinden
congiunta (F.) Familienangehörige (F.)
congiunto (Adj.) verwandt
congiunto (M.) Familienangehöriger (M.), Familienmitglied (N.), Verwandter (M.)
congiuntura (F.) Konjunktur (F.)
congiunzione (F.) carnale Beischlaf (M.), Beiwohnung (F.)
congiura (F.) Konspiration (F.), Verschwörung (F.)
congiurare konspirieren, verschwören (sich)
congiurato (M.) Verschwörer (M.)
congregazione (F.) Kongregation (F.)
congresso (M.) Kongress (M.), Konvent (M.), Tagung (F.)
congresso (M.) del partito Parteitag (M.)
congresso (M.) di giuristi Juristentag (M.)
conguagliare ausgleichen
conguaglio (M.) Ausgleich (M.)
conguaglio (M.) delle aspettative previdenziali Versorgungsausgleich (M.)
conguaglio (M.) patrimoniale Zugewinnausgleich (M.)
conguaglio (M.) retributivo Lohnausgleich (M.)
coniugale ehelich
coniugar(si) vermählen (sich)
coniuge (F.) Ehefrau (F.), Gattin (F.)
coniuge (M.) Ehegatte (M.), Gatte (M.)
connessione (F.) Konnexität (F.), Verbindung (F.), Zusammenhang (M.)
connessione (F.) oggettiva Sachzusammenhang (M.)
connesso konnex
connivenza (F.) Konnivenz (F.)
connotazione (F.) Konnotation (F.)
conoscenza (F.) Erfahrung (F.), Erkenntnis (F. bzw. N.), Kenntnis (F.)
conoscenza (F.) del diritto Rechtskenntnis (F.)
conoscere kennen, wissen
conosciuto notorisch
conquista (F.) Errungenschaft (F.)
conquistare erringen
consanguineità (F.) Verwandtschaft (F.)
consanguineità Blutsverwandtschaft (F.)
consanguineo (M.) Blutsverwandter (M.), Kognat (M.)
consanguineo blutsverwandt
consapevole bewusst
consapevolezza (F.) Bewusstsein (N.), Wissentlichkeit (F.)
consapevolezza (F.) potenziale dell'antigiuridicità del fatto potentielles Unrechtsbewusstsein (N.)
consapevolmente wissentlich
consegna (F.) Ablieferung (F.), Auslieferung (F.), Lieferung (F.), Tradition (F.), Übergabe (F.), Zustellung (F.)
consegna (F.) a domicilio Lieferung (F.) frei Haus
consegna (F.) della cosa priva di vizi Nacherfüllung (F.)
consegna (F.) di merce diversa da quella pattuita Falschlieferung (F.)
consegnare abliefern, anvertrauen, einliefern, geben, liefern, überantworten, überbringen, übergeben, zustellen
consegnare nelle mani della giustizia ausliefern
conseguenza (F.) Auswirkung (F.), Erfolg (M.), Folge (F.), Wirkung (F.)
conseguenza (F.) accessoria Nebenfolge (F.)
conseguimento (M.) Errungenschaft (F.)
conseguimento (M.) con la forza Erzwingung (F.)
conseguire erringen, folgen
consenso (M.) Billigung (F.), Einigung (F.), Einverständnis (N.), Einwilligung (F.), Konsens (M.), Zustimmung (F.)
consenso (M.) generale Generalkonsens (M.)
consenso (M.) presunto mutmaßliche Einwilligung (F.)
consensuale konsensual, übereinstimmend
consentire bewilligen, einwilligen, erlauben, gestatten, zulassen, zustimmen
consentito erlaubt
consenziente einverstanden
conservare aufbewahren, erhalten (V.), konservieren, verwahren
conservativo konservativ
conservatore (Adj) konservativ
conservatore (M.) Verwahrer (M.)
conservazione (F.) Erhalt (M.)
considerare bedenken, berücksichtigen, betrachten, erwägen
considerazione (F.) Betracht (M.), Betrachtung, Betrachtungsweise (F.), Erwägung (F.)

considerevole erheblich
consigliar(si) beraten
consigliare beraten, empfehlen
consigliere (M.) Berater (M.), Rat (M.)
consigliere (M.) aulico Hofrat (M.)
consigliere (M.) di fabbrica Betriebsrat (M.)
consigliere (M.) di governo Regierungsrat (M.)
consigliere (M.) di legazione Legationsrat (M.)
consigliere (M.) giudiziario Gerichtsrat (M.)
consigliere (M.) municipale Stadtrat (M.)
consigliere (M.) nazionale Nationalrat (M.)
consiglio (M.) Beratung (F.), Empfehlung (F.), Rat (M.)
consiglio (M.) aulico Hofrat (M.)
consiglio (M.) comunale Gemeinderat (M.)
consiglio (M.) d'amministrazione Kuratorium (N.), Verwaltungsrat (M.)
Consiglio (M.) d'Europa Europarat (M.)
consiglio (M.) dei ministri Kabinett (N.), Ministerrat (M.) (Ministerrat in Italien)
consiglio (M.) del personale Personalrat (M.)
consiglio (M.) del Reich Reichsrat (M.)
consiglio (M.) dell'impero Reichsrat (M.)
Consiglio (M.) dell'UE Rat (M.) der EU
consiglio (M.) della corona Kronrat (M.)
consiglio (M.) della magistratura Gerichtsrat (M.)
consiglio (M.) di controllo Kontrollrat (M.)
consiglio (M.) di disciplina Disziplinarrat (M.) (Disziplinarrat in Italien)
consiglio (M.) di fabbrica Betriebsrat (M.)
consiglio (M.) di fondazione Stiftungsrat (M.)
consiglio (M.) di gabinetto Kabinettsrat (M.)
consiglio (M.) di gestione Kuratorium (N.)
consiglio (M.) di governo Regierungsrat (M.)
consiglio (M.) di guerra Kriegsgericht (N.)
consiglio (M.) di presidenza Präsidialrat (M.), Vorstand (M.)
consiglio (M.) di quartiere Ortsbeirat (M.)
consiglio (M.) di sicurezza Sicherheitsrat (M.)
Consiglio (M.) di Stato Staatsrat (M.)
Consiglio (M.) Europeo Europäischer Rat (M.)
consiglio (M.) federale Bundesrat (M.)
consiglio (M.) giudiziario Gerichtsrat (M.)
consiglio (M.) municipale Stadtrat (M.)
consiglio (M.) nazionale Nationalrat (M.)
Consiglio (M.) Nazionale dell'Economia e del Lavoro Nationaler Rat (M.) für Wirtschaft und Arbeit (Nationaler Rat für Wirtschaft und Arbeit in Italien)
consiglio (M.) parlamentare Parlamentarischer Rat (M.) (Parlamentarischer Rat in Deutschland)
consiglio (M.) provinciale Landtag (M.)
consiglio (M.) regionale Regionalrat (M.) (Regionalrat in Italien)
consiglio (M.) stampa Presserat (M.)
consiglio (M.) studentesco allgemeiner Studentenausschuss (M.)
Consiglio (M.) superiore della magistratura (CSM) Oberster Rat (M.) für Gerichtswesen (Oberster Rat für Gerichtswesen in Italien)
Consiglio (M.) supremo di difesa Oberster Verteidigungsrat (M.) (Oberster Verteidigungsrat in Italien)
consiglio d'azienda Betriebsrat (M.)
consiglio regionale Landtag (M.)
consistenza (F.) Bestand (M.)
consistenza (F.) dei beni Besitzstand (M.)
consocio (M.) Mitunternehmer (M.), Teilhaber (M.)
consolare konsularisch
consolato (M.) Konsulat (N.)
console (M.) Konsul (M.)
console (M.) onorario Wahlkonsul (M.)
consolidamento (M.) Konsolidation (F.)
consolidamento (M.) del valore monetario Geldwertsicherung (F.)
consolidare konsolidieren
consolidazione (F.) Konsolidation (F.)
consono übereinstimmend
consorte (F.) Gattin (F.), Gemahlin (F.)
consorte (M.) Ehemann (M.), Gatte (M.), Gemahl (M.), Konsorte (M.)
consorziale gemeinschaftlich, genossenschaftlich
consorzio (M.) (intercomunale) Zweckverband (M.) (von Gemeinden)
consorzio (M.) Gemeinschaft (F.), Genossenschaft (F.), Konsortium (N.), Konzern (M.), Syndikat (N.)
consorzio (M.) di circondari Landschaftsverband (M.)
consorzio (M.) di comuni Gemeindeverbund (M.)
consorzio (M.) per il deflusso delle acque Wasserverband (M.)

consorzio (M.) per il rifornimento idrico Wasserverband (M.)
constatare feststellen
constatazione (F.) Feststellung (F.)
consuetudinario gewohnheitsmäßig
consuetudine (F.) Gewohnheit (F.), Gewohnheitsrecht (N.), Usance (F.), Verkehrssitte (F.)
consuetudine (F.) internazionale Völkergewohnheitsrecht (N.)
consuetudine (F.) locale Herkommen (N.), Observanz (F.)
consulente (M.) Beistand (M.), Berater (M.), Konsulent (M.)
consulente (M.) d'assicurazione Versicherungsberater (M.)
consulente (M.) di orientamento Berufsberater (M.)
consulente (M.) editoriale Lektor (M.)
consulente (M.) fiscale Steuerberater (M.), Steuerbevollmächtigter (M.)
consulente (M.) legale Justitiar (M.), Rechtsberater (M.), Syndikus (M.), Syndikusanwalt (M.)
consulente (M.) tecnico Gutachter (M.), Sachverständiger (M.)
consulente (M.) tributario Steuerberater (M.), Steuerbevollmächtigter (M.)
consulenza (F.) Beratung (F.), Raterteilung (F.)
consulenza (F.) finanziaria Vermögensberatung (F.)
consulenza (F.) legale Rechtsberatung (F.)
consulenza (F.) legale gratuita Beratungshilfe (F.)
consulenza (F.) patrimoniale Vermögensberatung (F.)
consultar(si) beraten
consultare befragen, einsehen, naschlagen
consultazione (F.) Befragung (F.), Konsultation (F.)
consultazione (F.) referendaria Urabstimmung (F.)
consulto (M.) Beschluss (M.), Gutachten (N.)
consumabile verbrauchbar
consumare aufbrauchen, konsumieren, verbrauchen
consumatore (M.) Konsument (M.), Verbraucher (M.)
consumazione (F.) Verbrauch (M.), Vollendung (F.), Vollziehung (F.), Zeche (F.)
consumo (M.) Konsum (M.), Verbrauch (M.)
consunzione (F.) Konsumtion (F.)
contabile (M.) Buchhalter (M.), Rechnungsführer (M.)
contabilità (F.) Buchführung (F.), Buchhaltung (F.)
contabilità (F.) regolare ordnungsgemäße Buchführung (F.)
contadina (F.) Landwirtin (F.)
contadino (M.) Bauer (M.), Landwirt (M.)
contagio (M.) Ansteckung (F.), Infektion (F.)
contaminare korrumpieren
contaminazione (F.) Infektion (F.)
contaminazione (F.) ambientale Umweltbelastung (F.)
contante (Adj.) bar
contante (M.) Bargeld (N.), Kasse (F.)
contante netto netto Kasse
contare rechnen
contatto (M.) Kontakt (M.)
conte (M.) Graf (M.)
conteggiare berechnen, rechnen
conteggio (M.) Berechnung (F.)
contegno (M.) Gebaren (N.)
contemperare mildern
contemplare betrachten
contemplatio domini (F.) Handeln (N.) in fremdem Namen
contemporaneità (F.) Gleichzeitigkeit (F.)
contemporaneo gleichzeitig
contendere streiten
contenere einschließen, einschränken, enthalten
contenimento (M.) Beschränkung (F.), Einschränkung (F.)
contenuto (M.) Inhalt (M.), Text (M.)
contenuto (M.) della prestazione Leistungsinhalt (M.)
contenzioso (M.) tributario Finanzgerichtsbarkeit (F.)
contesa (F.) Hader (M.), Streitigkeit (F.)
contestabile anfechtbar
contestare abstreiten, anfechten, beanstanden, bestreiten, protestieren, widersprechen
contestato streitig
contestazione (F.) Anfechtung (F.), Beanstandung (F.), Bestreitung (F.), Rüge (F.), Vorhalt (M.)
contestazione (F.) della paternità Ehelichkeitsanfechtung (F.)
contestuale gleichzeitig

contestualità (F.) Gleichzeitigkeit (F.)
contestualmente Zug um Zug
continente (Adj.) keusch
contingente (M.) Kontingent (N.)
continuare dauern, fortführen, fortsetzen
continuato durchgehend, fortgesetzt
continuazione (F.) Fortführung (F.), Fortsetzung (F.), Fortsetzungszusammenhang (M.)
continuo dauernd, fortgesetzt
conto (M.) Faktura (F.), Konto (N.), Rechenschaft (F.), Rechnung (F.), Zeche (F.)
conto (M.) altrui Anderkonto (N.)
conto (M.) bancario Bankkonto (N.)
conto (M.) consutivo Rechnungsabschluss (M.)
conto (M.) corrente Kontokorrent (N.)
conto (M.) corrente di corrispondenza Girokonto (N.)
conto (M.) delle spese Kostenrechnung (F.)
conto (M.) di risparmio Sparkonto (N.)
conto (M.) economico Aufwands- und Ertragsrechnung (F.), Gewinnrechnung und Verlustrechnung (F.)
conto (M.) fiduciario Anderkonto (N.), Treuhandkonto (N.)
conto (M.) in banca Bankkonto (N.)
conto (M.) perdite e profitti Aufwands- und Ertragsrechnung (F.)
conto (M.) presuntivo Kostenvoranschlag (M.)
conto (M.) profitti e perdite Gewinnrechnung und Verlustrechnung (F.)
contra ius (lat.) rechtswidrig
contra legem (lat.) contra legem (lat.) (gegen das Gesetz), rechtswidrig
contrabbandare schmuggeln
contrabbandiere (M.) Schmuggler (M.)
contrabbando (M.) Konterbande (F.), Schmuggel (M.)
contraccettivo (M.) Verhütungsmittel (N.)
contraddire widersprechen
contraddittorio (M.) rechtliches Gehör
contraddittorio widersprüchlich
contraddizione (F.) Widerspruch (M.)
contraente (F.) Partnerin (F.)
contraente (M.) Partner (M.), Vertragspartei (F.), Vertragspartner (M.)
contraente (M.) dell'assicurazione Versicherungsnehmer (M.)
contraffare fälschen, nachahmen, verfälschen
contraffattore (M.) Fälscher (M.)
contraffazione (F.) Fälschung (F.), Nachahmung (F.), Verfälschung (F.)
contrapporre gegenüberstellen
contrapporsi opponieren
contrapposizione (F.) Gegenüberstellung (F.)
contrarietà (F.) al contratto Vertragswidrigkeit (F.)
contrarietà (F.) alla legge Gesetzwidrigkeit (F.)
contrario (M.) Gegenteil (N.)
contrario al buon costume sittenwidrig
contrario al contratto vertragswidrig
contrario all'ordine ordnungswidrig
contrario alla legge contra legem (lat.) (gegen das Gesetz), gesetzwidrig
contrario alle prescrizioni vorschriftswidrig
contrario allo statuto satzungswidrig
contrarius consensus (M.) (lat.) Aufhebungsvertrag (M.)
contrarre (M.) in proprio Selbstkontrahieren (N.)
contrarre kontrahieren, schließen
contrarre le seconde nozze wiederverheiraten
contrarre matrimonio heiraten
contrarre un mutuo darleihen
contrassegno (M.) Nachnahme (F.)
contrasto (M.) Gegensatz (M.), Widerspruch (M.)
contrattare verhandeln
contrattazione (F.) Verhandlung (F.)
contratti (M.Pl.) con i paesi dell'est Ostverträge (M.Pl.)
contratto (M.) Abkommen (N.), Kontrakt (M.), Vertrag (M.)
contratto (M.) a carico di terzi Vertrag (M.) zu Lasten Dritter
contratto (M.) a distanza Fernabsatzvertrag (M.)
contratto (M.) a domicilio Haustürgeschäft (N.)
contratto (M.) a favore di terzi Vertrag (M.) zugunsten Dritter
contratto (M.) a prestazioni corrispettive gegenseitiger Vertrag (M.)
contratto (M.) a termine fisso Fixgeschäft (N.), Termingeschäft (N.)
contratto (M.) a titolo gratuito unentgeltlicher Vertrag (M.)

contratto (M.) aleatorio Ausspielvertrag (M.), Eventualvertrag (M.), Glücksvertrag (M.)
contratto (M.) allo scoperto Blankogeschäft (N.)
contratto (M.) atipico atypischer Vertrag (M.), Innominatvertrag (M.)
contratto (M.) aziendale Betriebsvereinbarung (F.)
contratto (M.) bancario Bankgeschäft (N.)
contratto (M.) base Grundvertrag (M.)
contratto (M.) BAT Bundesangestelltentarifvertrag (M.) (BAT)
contratto (M.) collettivo Kollektivvertrag (M.)
contratto (M.) collettivo aziendale Unternehmenstarifvertrag (M.)
contratto (M.) collettivo bilateralmente sindacale Verbandstarifvertrag (M.)
contratto (M.) collettivo di lavoro Tarifvertrag (M.)
contratto (M.) collettivo di lavoro degli impiegati federali Bundesangestelltentarifvertrag (M.) (BAT)
contratto (M.) collettivo quadro Manteltarifvertrag (M.)
contratto (M.) con effetti obbligatori unilaterali einseitig verpflichtender Vertrag
contratto (M.) con se stesso Insichgeschäft (N.), Selbstkontrahieren (N.)
contratto (M.) concluso in silenzio stillschweigend geschlossener Vertrag (M.)
contratto (M.) concluso mediante moduli o formulari Formularvertrag (M.)
contratto (M.) consensuale Konsensualvertrag (M.)
contratto (M.) d'affitto Mietvertrag (M.), Pachtvertrag (M.)
contratto (M.) d'albergo Gastaufnahmevertrag (M.)
contratto (M.) d'appalto Unternehmerwerkvertrag (M.) (Unternehmerwerkvertrag in Italien), Werklieferungsvertrag (M.), Werkvertrag (M.)
contratto (M.) d'assicurazione Versicherungsvertrag (M.)
contratto (M.) d'edizione Verlagsvertrag (M.)
contratto (M.) d'opera Dienstvertrag (M.), Werkvertrag (M.)
contratto (M.) d'opera per la produzione e fornitura di una cosa fungibile uneigentlicher Werklieferungsvertrag (M.)
contratto (M.) definitivo Hauptvertrag (M.)
contratto (M.) della pubblica amministrazione verwaltungsrechtlicher Vertrag (M.)
contratto (M.) di albergo Beherbergungsvertrag (M.)
contratto (M.) di arruolamento Heuervertrag (M.)
contratto (M.) di borsa Börsengeschäft (M.)
contratto (M.) di cessione Abtretungserklärung (F.), Abtretungsvertrag (M.)
contratto (M.) di compravendita Kaufvertrag (M.)
contratto (M.) di consegna Auslieferungsvertrag (M.)
contratto (M.) di conto corrente Girovertrag (M.)
contratto (M.) di credito Kreditvertrag (M.)
contratto (M.) di deposito Depositum (M.), Verwahrungsvertrag (M.)
contratto (M.) di diritto pubblico öffentlichrechtlicher Vertrag (M.), verwaltungsrechtlicher Vertrag (M.)
contratto (M.) di dominio Beherrschungsvertrag (M.)
contratto (M.) di fatto faktischer Vertrag (M.)
contratto (M.) di fornitura di birra Bierlieferungsvertrag (M.)
contratto (M.) di franchising Franchisevertrag (M.)
contratto (M.) di garanzia Garantievertrag (M.), Sicherungsvertrag (M.)
contratto (M.) di gestione Verwaltungsvertrag (M.)
contratto (M.) di gestione d'affari Geschäftsbesorgungsvertrag (M.)
contratto (M.) di ingaggio Heuervertrag (M.)
contratto (M.) di lavoro Arbeitsvertrag (M.), Dienstvertrag (M.)
contratto (M.) di lavoro a catena Kettenarbeitsvertrag (M.)
contratto (M.) di locazione Bestandvertrag (M.) (Bestandvertrag in Österreich), Mietvertrag (M.)
contratto (M.) di magazzinaggio Lagervertrag (M.)
contratto (M.) di mandato Geschäftsbesorgungsvertrag (M.)
contratto (M.) di mediazione Makler-

vertrag (M.)
contratto (M.) di mediazione finanziaria Kreditvermittlungsvertrag (M.)
contratto (M.) di mutuo Darlehensvertrag (M.)
contratto (M.) di noleggio Chartervertrag (M.), Frachtvertrag (M.)
contratto (M.) di risoluzione del rapporto di lavoro Aufhebungsvertrag (M.)
contratto (M.) di risparmio immobiliare Bausparvertrag (M.)
contratto (M.) di riunificazione Einigungsvertrag (M.)
contratto (M.) di società Gesellschaftsvertrag (M.)
contratto (M.) di somministrazione Sukzessivlieferungsvertrag (M.)
contratto (M.) di sublocazione Untermietvertrag (M.)
contratto (M.) di trasporto Beförderungsvertrag (M.), Frachtvertrag (M.)
contratto (M.) di trattamento medico Behandlungsvertrag (M.)
contratto (M.) di viaggio Reisevertrag (M.)
contratto (M.) di vitalizio Leibgedinge (N.), Leibzucht (F.)
contratto (M.) differenziale Differenzgeschäft (N.)
contratto (M.) estimatorio Trödelvertrag (M.)
contratto (M.) fittizio Scheinvertrag (M.)
contratto (M.) innominato Innominatvertrag (M.)
contratto (M.) misto gemischter Vertrag (M.), Typenverschmelzungsvertrag (M.)
contratto (M.) nominato benannter Vertrag (M.)
contratto (M.) nuziale Ehevertrag (M.)
contratto (M.) online Onlinevertrag (M.)
contratto (M.) orale Verbalkontrakt (M.)
contratto (M.) preliminare Punktation (F.), Vorvertrag (M.)
contratto (M.) preliminare di vendita Kaufanwartschaftsvertrag (M.)
contratto (M.) principale Hauptvertrag (M.)
contratto (M.) quadro Netzvertrag (M.)
contratto (M.) reale Realkontrakt (M.), Realvertrag (M.)
contratto (M.) simulato Scheinvertrag (M.)
contratto (M.) sinallagmatico gegenseitiger Vertrag (M.)
contratto (M.) sociale Gesellschaftsvertrag (M.)
contratto (M.) stipulato per conto proprio Propergeschäft (N.)
contratto (M.) tariffario aziendale Werkstarifvertrag (M.)
contratto (M.) tipo Mustervertrag (M.)
contratto (M.) transitorio Überleitungsvertrag (M.)
contratto (M.) unilaterale einseitig verpflichtender Vertrag
contratto (M.) verbale Verbalkontrakt (M.)
contrattuale vertraglich
contravvenire übertreten, verstoßen, zuwiderhandeln
contravvenzione (F.) Übertretung (F.), Zuwiderhandlung (F.)
contravvenzione (F.) amministrativa Verwaltungsübertretung (F.)
contravvenzione (F.) commessa nell'esercizio delle pubbliche funzioni Amtsvergehen (N.)
contribuente (M.) Steuerpflichtiger (M.)
contribuire beitragen
contributo (M.) Beihilfe (F.) (Unterstützungsleistung im Verwaltungsrecht), Beitrag (M.), Kontribution (F.), Steuer (F.), Umlage (F.)
contributo (M.) di assicurazione sociale Beitrag (M.) zur Sozialversicherung, Sozialversicherungsbeitrag (M.)
contributo (M.) di costruzione Baukostenzuschuss (M.)
contributo (M.) previdenziale Sozialversicherungsbeitrag (M.)
contribuzione (F.) Beitragsleistung (F.), Kontribution (F.), Umlage (F.)
contro gegen, Rück-
contro assegno (M.) Nachnahme (F.)
controazione (F.) Gegenmaßnahme (F.)
controcredito (M.) Gegenforderung (F.)
controesame (M.) Kreuzverhör (N.)
controfirma (F.) Gegenzeichnung (F.)
controfirmare gegenzeichnen
controgarante (M.) Rückbürge (M.)
controgaranzia (F.) Rückbürgschaft (F.)
controllare beaufsichtigen, beherrschen, inspizieren, kontrollieren, nachprüfen, prüfen, überholen (überprüfen), überprüfen
controllo (M.) Aufsicht (F.), Beaufsichtigung (F.), Beherrschung (F.), Kontrolle

(F.), Nachprüfung (F.), Prüfung (F.), Untersuchung (F.)
controllo (M.) contenutistico Inhaltskontrolle (F.)
controllo (M.) dei gas di scarico Abgasuntersuchung (F.)
controllo (M.) del mercato Marktbeherrschung (F.)
controllo (M.) del rendimento Leistungskontrolle (F.)
controllo (M.) della costituzionalità delle leggi Normenkontrolle (F.)
controllo (M.) delle fusioni Fusionskontrolle (F.)
controllo (M.) di gestione Betriebsprüfung (F.)
controllo (M.) di legittimità Rechtsaufsicht (F.)
controllo (M.) di legittimità costituzionale Verfassungskontrolle (F.)
controllo (M.) di merito Sachprüfung (F.), Zweckmäßigkeitsprüfung (F.)
controllo (M.) fiscale Steuerprüfung (F.)
controllo (M.) gerarchico Dienstaufsicht (F.)
controllo (M.) sulle banche Bankenaufsicht (F.)
controllo (M.) tecnico Fachaufsicht (F.)
controllo delle attività (F.Pl.) professionali Gewerbeaufsicht (F.)
controllo di qualità Qualitätskontrolle (F.)
controllore (M.) Kontrolleur (M.), Prüfer (M.), Schaffner (M.)
contromisura (F.) Gegenmaßnahme (F.)
controparte (F.) Gegenseite (F.), Gegner (M.), Vertragspartner (M.)
controperizia (F.) Gegengutachten (N.)
controprestazione (F.) Gegenleistung (F.)
contropretesa (F.) Gegenanspruch (M.), Gegenforderung (F.)
controprova (F.) Gegenbeweis (M.)
controreplica (F.) Duplik (F.)
controrivoluzione (F.) Konterrevolution (F.)
controversia (F.) Auseinandersetzung (F.), Disputation (F.), Hader (M.), Händel (M. Pl.), Prozess (M.), Rechtsstreit (M.), Streit (M.), Streitigkeit (F.)
controversia (F.) collettiva Tarifstreitigkeit (F.)
controversia (F.) costituzionale Verfassungsstreitigkeit (F.)
controversia (F.) fiscale Steuersache (F.)
controversia (F.) giuridica Rechtsstreitigkeit (F.)
controversia (F.) pubblica öffentlichrechtliche Streitigkeit (F.)
controversia (F.Pl.) relativa all'espropriazione (di terreno edificabile) per pubblica utilità Baulandsache (F.)
controverso streitig, streitverfangen
contumace (Adj.) abwesend
contumace (F.) Abwesende (F.)
contumace (M.) Abwesender (M.)
contumace säumig
contumacia (F.) Abwesenheit (F.), Säumnis (F.)
contumaciale kontumazial
convalescenza (F.) Heilung (F.), Konvaleszenz (F.)
convalida (F.) Bestätigung (F.), Bestätigung (F.), Heilung (F.)
convalidare anerkennen, bestätigen
convegno (M.) Konvent (M.)
conveniente günstig, opportun, vorteilhaft
convenienza (F.) Vorteil (M.)
convenire abmachen, abreden, absprechen, beschließen, lohnen, übereinkommen, übereinstimmen, verabreden, vereinbaren
convenire in giudizio beklagen, verklagen
convento (M.) Kloster (N.), Stift (N.)
convenuta (F.) nel giudizio d'appello Berufungsbeklagte (F.)
convenuto (Adj.) beklagt
convenuto (M.) Beklagter (M.)
convenuto (M.) nel giudizio d'appello Berufungsbeklagter (M.)
convenuto verklagt
convenzionale hergebracht, konventional, vertraglich
convenzione (F.) Abkommen (N.), Abmachung (F.), Abrede (F.), Konvention (F.), Übereinkommen (N.), Übereinkunft (F.), Verabredung (F.), Vereinbarung (F.)
convenzione (F.) commerciale Handelsvertrag (M.)
convenzione (F.) dell'Aja sulla vendita internazionale di beni mobili corporali Haager Kaufrechtsübereinkommen (N.)
convenzione (F.) di Berna Berner Übereinkunft (F.)
convenzione (F.) di cartello Kartellabsprache (F.)
Convenzione (F.) di Ginevra Genfer Konvention (F.)

Convenzione (F.) di Monaco Münchener Abkommen (N.)
Convenzione (F.) di Vienna sul diritto dei trattati internazionali Wiener Vertragsrechtskonvention (F.)
Convenzione (F.) di Vienna sulle relazioni consolari Wiener Übereinkommen (F.) über konsularische Beziehungen
Convenzione (F.) europea di salvaguardia dei diritti dell'uomo e delle libertà fondamentali (CEDU) Europäische Konvention (F.) zum Schutz der Menschenrechte und Grundfreiheiten (EMRK)
convenzione (F.) matrimoniale Ehevertrag (M.)
convenzione (F.) nazionale Nationalkonvent (M.)
convenzione (F.) per la salvaguardia dei diritti dell'uomo Konvention (F.) zum Schutz der Menschenrechte
Convenzione (F.) relativa al contratto di trasporto internazionale di merci su strada (CMR) CMR (N.) (Übereinkommen über den Beförderungsvertrag im internationalen Straßengüterverkehr)
Convenzione (F.) sui contratti di vendita internazionale di merci (CISG) CISG (N.) (Convention on contracts for the international sale of goods), Convention on contracts for the international sale of goods (CISG)
convenzione (F.) sulla pesca Fischereiabkommen (N.)
convenzione (F.) universale sul diritto d'autore Welturheberrechtsabkommen (N.)
convenzione dell'Aja concernente le leggi e gli usi della guerra terrestre Haager Landkriegsordnung (F.)
conversare kommunizieren
conversione (F.) Konversion (F.), Umdeutung (F.), Umsetzung (F.), Umwandlung (F.)
conversione (F.) dei debiti Umschuldung (F.)
conversione (F.) della pena Strafumwandlung (F.)
convertibile konvertibel
convertibilità (F.) Konvertibilität (F.)
convertire umdeuten, umsetzen, umwandeln
convincere überzeugen
convinzione (F.) Überzeugung (F.)
convivenza (F.) di fatto eheähnliche Lebensgemeinschaft (F.), nichteheliche Lebensgemeinschaft (F.)
convivenza (F.) more uxorio eheähnliche Lebensgemeinschaft (F.), nichteheliche Lebensgemeinschaft (F.)
convivenza (F.) more uxorio tra persone dello stesso sesso Lebenspartnerschaft (F.)
convocare anberaumen, einberufen, einladen
convocazione (F.) Anberaumung (F.), Einberufung (F.), Einladung (F.)
cooperare kooperieren, mitwirken
cooperativa (F.) Genossenschaft (F.)
cooperativa (F.) di caccia Jagdgenossenschaft (F.)
cooperativa (F.) di consumo Konsumgenossenschaft (F.)
cooperativo genossenschaftlich
cooperazione (F.) Kooperation (F.), Mitarbeit (F.), Mitwirken (N.), Mitwirkung (F.)
cooperazione (F.) colposa nel reato fahrlässiges Zusammenwirken (N.) mehrerer
cooptare kooptieren
coordinamento (M.) Koordination (F.)
coordinamento (M.) del diritto Rechtsangleichung (F.)
coordinamento (M.) delle legislazioni Rechtsangleichung (F.)
coordinare koordinieren
coordinazione (F.) Koordination (F.)
copertura (F.) Absicherung, Deckung (F.)
copertura (F.) delle spese Kostendeckung (F.)
copia (F.) Abschrift (F.), Ausfertigung (F.), Duplikat (N.), Kopie (F.)
copia (F.) d'obbligo Pflichtexemplar (N.)
copia (F.) dattilografica Schreibmaschinenabschrift (F.)
copia (F.) gratuita Freiexemplar (N.)
copia (F.) in omaggio Freiexemplar (N.)
copiare abschreiben, kopieren, nachahmen, vervielfältigen
copiatura (F.) Nachahmung (F.)
coprire absichern, belegen (V.), decken
copyright (M.) (engl.) Copyright (N.) (Vervielfältigungsrecht), Verlagsrecht (N.)
corda (F.) Strang (M.)
corona (F.) Krone (F.)
coronamento (M.) Krönung (F.)
corpo (M.) Körper (M.), Leib (M.), Leiche (F.), Leichnam (M.)
corpo (M.) animale Tierkörper (M.)
corpo (M.) del delitto corpus (N.) delicti (lat.) (Gegenstand des Delikts)

corpo (M.) del reato Überführungsstück (N.)
corpo (M.) europeo Eurokorps (M.)
corporale körperlich
corporate governance (M.) (engl.) Leitung (F.) und Überwachung (F.) von Unternehmen
corporativo körperschaftlich
corporazione (F.) Gilde (F.), Innung (F.), Körperschaft (F.), Korporation (F.), Zunft (F.)
corporazione (F.) artigiana Handwerksinnung (F.)
corporazione (F.) di minatori Knappschaft (F.)
Corporazione (F.) federale dei miniatori Bundesknappschaft (F.)
corpus (M.) possessionis (lat.) tatsächliche Sachherrschaft (F.)
corpus (N.) delicti (lat.) corpus (N.) delicti (lat.) (Gegenstand des Delikts)
corredare ausstatten
corredare di versehen (V.) (mit)
corredo (M.) Ausstattung (F.), Aussteuer (F.)
correggere berichtigen, korrigieren, nachbessern, züchtigen
correità (F.) Mittäterschaft (F.)
corrente (F.) Richtung (F.), Strom (M.)
corrente kulant
correntezza (F.) Kulanz (F.)
correo (M.) Mittäter (M.)
correre laufen
correttezza (F.) Fairness (F.), Redlichkeit (F.)
correttivo mildernd
corretto fair, fehlerlos, korrekt, richtig
correzione (F.) Berichtigung (F.), Nachbesserung (F.), Züchtigung (F.)
correzione (F.) della sentenza Urteilsberichtigung (F.)
correzione (F.) di errori Fehlerkorrektur (F.)
corridoio (M.) Flur (F. bzw. M.)
corriere (M.) Kurier (M.)
corrispettivo (Adj.) korrespektiv, wechselbezüglich
corrispettivo (M.) Entgelt (N.), Gegenleistung (F.)
corrispondente (M.) Berichterstatter (M.)
corrispondente adäquat, befreundet
corrispondenza (F.) Korrespondenz (F.)
corrispondere auszahlen, bezahlen, gewähren, übereinstimmen, zahlen
corrispondere interessi verzinsen
corrompere bestechen, korrumpieren
corrotto korrupt
corruttibile bestechlich
corruttibilità (F.) Bestechlichkeit (F.)
corruzione (F.) Bestechung (F.), Korruption (F.)
corruzione (F.) attiva Vorteilsgewährung (F.)
corruzione (F.) di deputato Abgeordnetenbestechung (F.)
corruzione (F.) di pubblico ufficiale Beamtenbestechung (F.)
corruzione (F.) elettorale Wählerbestechung (F.)
corruzione (F.) passiva impropria Vorteilsannahme (F.)
corsa (F.) Fahrt (F.), Lauf (M.)
corsaro (M.) Pirat (M.)
corseggiamento (M.) Kaperei (F.)
corsia (F.) Fahrbahn (F.), Spur
corso (M.) Kurs (M.), Lauf (M.)
corso (M.) delle istanze Instanzenweg (M.), Instanzenzug (M.)
corso (M.) di borsa Börsenkurs (M.)
corso (M.) di dottorato Promotionsverfahren (N.)
corso (M.) di laurea in giurisprudenza Studium (N.) der Rechtswissenschaft
corso (M.) di ripetizione Repetitorium (N.)
corte (F.) Hof (M.)
corte (F.) amministrativa Verwaltungsgerichtshof (M.)
Corte (F.) amministrativa federale Bundesverwaltungsgericht (N.)
corte (F.) costituzionale Staatsgerichtshof (M.), Verfassungsgericht (N.), Verfassungsgerichtshof (M.)
corte (F.) costituzionale federale Bundesverfassungsgericht (N.)
Corte (F.) criminale internazionale (CCI) Internationaler Strafgerichtshof (M.) (IStGH)
corte (F.) d'appello Appellationsgerichtshof, Berufungsgericht (N.), Oberlandesgericht (N.)
corte (F.) d'assise Schwurgericht (N.)
corte (F.) dei conti Rechnungshof (M.)
Corte (F.) dei conti federale Bundesrechnungshof (M.)
Corte (F.) di Cassazione Kassationsgerichtshof (M.) (Kassationsgerichtshof in Italien)
corte (F.) di cassazione Revisionsgericht (N.)

corte (F.) di giustizia Gerichtshof (M.)
Corte (F.) di giustizia europea (CGE) Europäischer Gerichtshof (M.) (EuGH)
Corte (F.) europea dei diritti dell'uomo (CEDU) Europäischer Gerichtshof (M.) für Menschenrechte
Corte (F.) federale del lavoro Bundesarbeitsgericht (N.)
Corte (F.) federale delle finanze Bundesfinanzhof (M.)
Corte (F.) federale di giustizia Bundesgerichtshof (M.)
Corte (F.) internazionale di giustizia (CIG) Internationaler Gerichtshof (M.) (IGH)
corte (F.) marziale Standgericht (N.)
Corte (F.) sociale federale Bundessozialgericht (N.)
corte (F.) suprema Höchstgericht (N.), Oberster Gerichtshof (M.)
corte (F.) suprema d'appello di Baviera Bayerisches Oberstes Landesgericht (N.)
Corte (F.) suprema del Reich Reichsgericht (N.)
Corte (F.) Suprema di Cassazione Kassationsgerichtshof (M.) (Kassationsgerichtshof in Italien)
corte (F.) suprema di cassazione Oberster Gerichtshof (M.)
Corte (F.) suprema federale Bundesgerichtshof (M.), oberstes Bundesgericht (N.)
corte d'assise d'appello Schwurgericht (N.) zweiter Instanz
cortese gefällig
cortesia (F.) Gefälligkeit (F.)
cortile (M.) interno Hof (M.)
cosa (F.) Ding (N.), Sache (F.)
cosa (F.) altrui fremde Sache (F.)
cosa (F.) consumabile verbrauchbare Sache (F.)
cosa (F.) corporale körperliche Sache (F.)
cosa (F.) d'uso comune Gebrauchsgegenstand (M.)
cosa (F.) diversa aliud (N.) (lat.) (anderes)
cosa (F.) generica Gattungssache (F.)
cosa (F.) giudicata rechtskräftig entschiedene Sache (F.)
cosa (F.) giudicata formale formelle Rechtskraft (F.)
cosa (F.) giudicata sostanziale materielle Rechtskraft (F.)
cosa (F.) materiale körperliche Sache (F.)
cosa (F.) mobile bewegliche Sache (F.)
cosciente bewusst
coscientemente wissentlich
coscienza (F.) Bewusstsein (N.), Gewissen (N.)
coscienza (F.) dell'antigiuridicità del fatto Unrechtsbewusstsein (N.)
coscienza (F.) nazionale Nationalbewusstsein (N.)
coscritto (M.) Rekrut (M.)
coscrizione (F.) Konskription (F.)
cospirare konspirieren, verschwören (sich)
cospiratore (M.) Verschwörer (M.)
cospirazione (F.) Konspiration (F.), Verschwörung (F.)
costa (F.) Küste (F.)
costante ständig
costare kosten
costi (M.Pl.) Unkosten (F.Pl.)
costi (M.Pl.) comuni Gemeinkosten (F.Pl.)
costi (M.Pl.) di pubblicità Werbungskosten (F.Pl.)
costituente (M.) del pegno Pfandgeber (M.)
costituente verfassungsgebend
costituir(si) in einlassen (sich)
costituire errichten, gestalten, gründen
costituire in pegno verpfänden
costituire in pegno per ottenere un prestito beleihen
costituirsi fideiussore verbürgen
costitutivo konstitutiv
costituto (M.) possessorio Besitzkonstitut (N.), Besitzmittelungsverhältnis (N.)
costituzionale konstitutionell, verfassungsmäßig
costituzionalismo (M.) Konstitutionalismus (M.)
costituzionalmente illegittimo verfassungswidrig
costituzionalmente legittimo verfassungsmäßig
costituzionario verfassungsmäßig
costituzione (F.) Bestellung (F.), Bildung (F.), Errichtung (F.), Gestaltung (F.), Gründung (F.), Konstitution (F.), Verfassung (F.)
costituzione (F.) del Land Landesverfassung (F.)
costituzione (F.) del pegno Pfandbestellung (F.)
costituzione (F.) di banda armata Bandenbildung (F.)

costituzione (F.) di emergenza Notstandsverfassung (F.)
costituzione (F.) di garanzia Sicherstellung (F.)
costituzione (F.) di parte civile Nebenklage (F.)
costituzione (F.) di società Gesellschaftserrichtung (F.)
costituzione (F.) federale Bundesverfassung (F.)
costituzione (F.) in giudizio Einlassung (F.)
costituzione (F.) in mora Eintritt (M.) des Verzugs, Inverzugsetzung (F.)
costituzione (F.) in pegno Pfandbestellung (F.), Verpfändung (F.)
costituzione (F.) in senso formale formelle Verfassung (F.)
costituzione (F.) in senso materiale materielle Verfassung (F.)
costo (M.) Kosten (F.Pl.)
costo (M.) di fabbricazione Gestehungskosten (F.Pl.)
costo (M.) di vita Lebenserhaltungskosten (F.Pl.)
costringere erzwingen, nötigen, zwingen
costringimento (M.) Nötigung (F.)
costrittivo zwingend
costrizione (F.) Erzwingung (F.), Zwang (M.)
costrizione (F.) di elettore Wählernötigung (F.)
costruire errichten, konstruieren
costruire sopra bebauen
costruttivo konstruktiv
costruttore (M.) edile Baumeister (M.)
costruzione (F.) Bau (M.), Bauwerk (N.), Errichtung (F.)
costruzione (F.) di alloggi Wohnungsbau (M.)
costruzione (F.) stradale Straßenbau (M.)
costruzione (F.) su porzione di fondo attiguo Überbau (M.) (Grenzüberbau)
costume (M.) Brauch (M.), Gebrauch (M.), Sitte (F.)
cottimista (M.) Akkordant (M.)
cottimo (M.) Akkord (M.)
creare bilden, gestalten, gründen, schaffen, schöpfen (erschaffen)
creato (M.) Schöpfung (F.)
creazione (F.) Gründung (F.), Schöpfung (F.)
creazione (F.) del diritto Rechtsschöpfung (F.)
credenziale (F.) Beglaubigungsschreiben (N.), Kreditbrief (M.)
credere glauben
credibile glaubhaft, glaubwürdig
credibilità (F.) Glaubhaftigkeit (F.)
credito (M.) Anspruch (M.), Borg (M.), Forderung (F.), Guthaben (N.), Haben (N.), Kredit (M.)
credito (M.) agrario Bodenkredit (M.)
credito (M.) al consumatore Verbraucherdarlehen (N.), Verbraucherkredit (M.)
credito (M.) al consumo Verbraucherdarlehen (N.), Verbraucherkredit (M.)
credito (M.) ammesso allo stato passivo fallimentare Konkursforderung (F.)
credito (M.) d'accettazione Rembourskredit (M.)
credito (M.) documentario Dokumentenakkreditiv (N.), Rembourskredit (M.)
credito (M.) documentato Dokumentenakkreditiv (N.)
credito (M.) fondiario Bodenkredit (M.)
credito (M.) immobiliare Bodenkredit (M.), Realkredit (M.)
credito (M.) in conto corrente Kontokorrentkredit (M.)
credito (M.) in contropartita Gegenforderung (F.)
credito (M.) ipotecario Rentenschuld (F.)
credito (M.) pecuniario Geldforderung (F.)
credito (M.) per scoperto di conto corrente Kontokorrentkredit (M.), Überziehungskredit (M.)
credito (M.) personale Personalkredit (M.)
credito (M.) ponte Überbrückungskredit (M.)
credito (M.) principale Hauptforderung (F.)
credito (M.) reale Realkredit (M.)
credito (M.) rimborsabile Rembourskredit (M.)
credito (M.) su base scoperta Überziehungskredit (M.)
credito (M.) su pegno Lombardkredit (M.)
creditore (M.) Gläubiger (M.)
creditore (M.) chirografario nichtbevorrechtigter Gläubiger (M.)
creditore (M.) della massa Massegläubiger (M.)
creditore (M.) della massa ereditaria Nachlassgläubiger (M.)
creditore (M.) della massa fallimentare Insolvenzgläubiger (M.), Konkursgläubiger (M.)

creditore (M.) in solido Gesamtgläubiger (M.)
creditore (M.) ipotecario Hypothekar (M.)
creditore (M.) pignoratizio Pfandgläubiger (M.)
creditore (M.) privilegiato Absonderungsgläubiger (M.)
creditore (M.) procedente all'esecuzione Vollstreckungsgläubiger (M.)
creditore (M.) separatista Absonderungsgläubiger (M.)
crescere ansteigen, heranwachsen
crescita (F.) Zuwachs (M.)
crimenlese (M.) Majestätsverbrechen (N.)
criminale (Adj.) gewalttätig, verbrecherisch
criminale (M.) Verbrecher (M.)
criminale (M.) di guerra Kriegsverbrecher (M.)
criminale kriminal, kriminell
criminalistica (F.) Kriminalistik (F.)
criminalità (F.) Kriminalität (F.), Straffälligkeit (F.), Unterwelt (F.)
criminalità (F.) ambientale Umweltkriminalität (F.)
criminalità (F.) associata Bandenkriminalität (F.)
criminalità (F.) contro l'ambiente Umweltkriminalität (F.)
criminalità (F.) dei colletti bianchi Wirtschaftskriminalität (F.)
criminalità (F.) economica white collar crime (M.) (engl.), Wirtschaftskriminalität (F.)
criminalità (F.) giovanile Entwicklungskriminalität (F.)
criminalità (F.) minorile Entwicklungskriminalität (F.)
criminalità (F.) organizzata organisierte Kriminalität (F.)
criminalizzare kriminalisieren
crimine (M.) Verbrechen (N.)
crimine (M.) di guerra Kriegsverbrechen (N.)
criminologia (F.) Kriminologie (F.)
criminologico kriminologisch
criminologo (M.) Kriminologe (M.)
criminoso verbrecherisch
crisi (F.) legislativa Gesetzgebungsnotstand (M.)
cristiano (Adj.) christlich
cristiano (M.) Christ (M.)
criterio (M.) Indiz (N.), Merkmal (N.)
criterio (M.) di massima Richtlinie (F.)
criticare beurteilen, querulieren, rügen
croce (F.) Kreuz (N.)
Croce (F.) Rossa Rotes Kreuz (N.)
crollare umstürzen, zerfallen
crollo (M.) Einbruch (M.), Zerfall (M.)
cross examination (F.) (engl.) Kreuzverhör (N.)
crudele grausam
crudeltà (F.) Grausamkeit (F.)
crumiro (M.) Streikbrecher (M.)
CSM (Consiglio superiore della magistratura) Oberster Rat (M.) für Gerichtswesen (Oberster Rat für Gerichtswesen in Italien)
cugino (M.) Cousin (M.), Vetter (M.)
culpa (F.) in abstracto (lat.) culpa (F.) in abstracto (lat.) (Verschulden im Abstrakten)
culpa (F.) in contrahendo (lat.) culpa (F.) in contrahendo (lat.) (Verschulden beim Vertragsschluss), Verschulden (N.) bei Vertragsschluss
culpa (F.) in eligendo (lat.) culpa (F.) in eligendo (lat.) (Verschulden bei der Auswahl)
cultura (F.) Kultur (F.)
cumulare sammeln
cumulativo kumulativ
cumulo (M.) Häufung (F.), Kumulation (F.), Menge (F.)
cumulo (M.) di azioni Klagenhäufung (F.)
cuore (M.) Herz (N.)
cura (F.) Acht (F.), Behandlung (F.), Besorgung (F.), Betreuung (F.), Obacht (F.), Obhut (F.), Pflege (F.), Sorgfalt (F.)
cura (F.) d'affari Geschäftsbesorgung (F.)
curare behandeln, betreuen, hegen, heilen, pflegen, verwesen
curatela (F.) Kuratel (F.), Pflegschaft (F.)
curatela (F.) affidata ad un ente d'assistenza Amtspflegschaft (F.)
curatela (F.) assistenziale Amtspflegschaft (F.)
curatela (F.) dei beni dell'assente Abwesenheitspflegschaft (F.)
curatela (F.) del patrimonio Vermögenspflegschaft (F.)
curatela (F.) dell'eredità Nachlasspflegschaft (F.)
curatela (F.) dell'inabilitato Gebrechlichkeitspflegschaft (F.)

curatela (F.) in absentia Abwesenheitspflegschaft (F.)
curatela (F.) patrimoniale Vermögenspflegschaft (F.)
curatela (F.) speciale Ergänzungspflegschaft (F.)
curatela (F.) speciale del minore in giudizio Verfahrenspflegschaft (F.)
curatore (M.) Kurator (M.), Pfleger (M.)
curatore (M.) del fallimento Konkursverwalter (M.)
curatore (M.) dell'eredità Nachlasspfleger (M.)
curatore (M.) fallimentare Insolvenzverwalter (M.), Konkursverwalter (M.), Masseverwalter (M.)
curia (F.) Kurie (F.)
custode (M.) Aufseher (M.), Hüter (M.), Verwahrer (M.), Wärter (M.)
custodia (F.) Bewachung (F.), Gewahrsam (M.), Haft (F.), Obhut (F.), Verwahrung (F.)
custodia (F.) cautelare Untersuchungshaft (F.)
custodia (F.) di sicurezza Sicherheitsverwahrung (F.)
custodire aufbewahren, bewachen, hüten, verwahren

d

d'accordo einig, einverstanden
d'impero hoheitlich
d'obbligo obligat, obligatorisch
d'oltremare überseeisch
d'ufficio amtswegig, ex officio (lat.) (von Amts wegen), von Amts wegen
d'ultima volontà letztwillig
da caccia jagdbar
da esperto fachgerecht
da sé selbst
da vendere feil
damnum (N.) (lat.) damnum (N.) (lat.) (Schaden)
danneggiamento (M.) Beschädigung (F.), Sachbeschädigung (F.), Schädigung (F.)
danneggiamento (M.) di cose sottoposte a pignoramento Verstrickungsbruch (M.)
danneggiamento (M.) di cose sottoposte a sequestro Verstrickungsbruch (M.)
danneggiante (M.) Schädiger (M.)
danneggiare beeinträchtigen, benachteiligen, beschädigen, lädieren, schaden, schädigen
danneggiato (M.) Geschädigter (M.)
danno (M.) Beeinträchtigung (F.), Benachteiligung (F.), Beschädigung (F.), damnum (N.) (lat.) (Schaden), Schaden (M.)
danno (M.) alla salute Gesundheitsschaden (M.), Gesundheitsschädigung (F.)
danno (M.) alle persone Personenschaden (M.)
danno (M.) ambientale Umweltschaden (M.)
danno (M.) biologico Gesundheitsschaden (M.), Körperschaden (M.)
danno (M.) cagionato da animali Tierschaden (M.)
danno (M.) causato dalla grandine Hagelschaden (M.)
danno (M.) complessivo Gesamtschaden (M.)
danno (M.) conseguente Folgeschaden (M.)
danno (M.) corporale Körperschaden (M.)
danno (M.) d'inadempimento Nichterfüllungsschaden (M.)
danno (M.) da selvaggina Wildschaden (M.)
danno (M.) da vaccinazione Impfschaden (M.)
danno (M.) da vizio Mangelschaden (M.)
danno (M.) del terzo Drittschaden (M.)
danno (M.) diretto unmittelbarer Schaden (M.)
danno (M.) ecologico Umweltschaden (M.)
danno (M.) emergente Differenzschaden (M.), erlittener Schaden (M.), Sachschaden (M.), Vermögensminderung (F.), Vermögensschaden (N.)
danno (M.) fisico Körperschaden (M.)
danno (M.) immateriale immaterieller Schaden (M.)
danno (M.) indiretto Folgeschaden (M.), Mangelfolgeschaden (M.), mittelbarer Schaden (M.)
danno (M.) ingiusto rechtswidriger Schaden (M.)
danno (M.) materiale materieller Schaden (M.), Sachbeschädigung (F.), Sachschaden (M.)
danno (M.) mediato Mangelfolgeschaden (M.)
danno (M.) morale immaterieller Schaden (M.), Nichtvermögensschaden (M.), Schmerzensgeld (N.)

danno (M.) non patrimoniale immaterieller Schaden (M.), Nichtvermögensschaden (M.), Schmerzensgeld (N.)
danno (M.) patrimoniale Vermögensminderung (F.), Vermögensschaden (N.)
danno (M.) per inadempienza Nichterfüllungsschaden (M.)
danno (M.) permanente Folgeschaden (M.)
danno (M.) prevedibile hypothetischer Schaden (M.)
danno (M.) pubblico Schaden (M.) für die Allgemeinheit
danno (M.) reale Sachschaden (M.)
danno (M.) subito erlittener Schaden (M.)
danno (M.) subito da terzi Drittschaden (M.)
dannosità (F.) sociale Sozialschädlichkeit (F.)
dannoso benachteiligend, schädlich
dante (M.) causa Rechtsvorgänger (M.)
dare (M.) Soll (N.)
dare erteilen, geben, hingeben
dare a noleggio vermieten
dare impulso anregen
dare in affitto vermieten, verpachten
dare in locazione vermieten
dare in pegno verpfänden, versetzen
dare in prestito ausleihen, leihen, verleihen
dare la licenza lizenzieren
dare le dimissioni kündigen, zurücktreten
dare lettura verlesen
dare prova beweisen
dare un altro significato umdeuten
dare un giudizio urteilen
dare una sberla ohrfeigen
data (F.) Datum (N.), Tag (M.), Termin (M.)
data (F.) di scadenza Verfallsdatum
data (F.) ultima di validità Verfallsdatum
dati (M.Pl.) Daten (N.Pl.)
dati (M.Pl.) personali Personalien (F.Pl.)
dato (M.) di fatto Faktum (N.), Tatsache (F.)
dato (M.) personale Personalie (F.)
datore (M.) del pegno Pfandgeber (M.)
datore (M.) di credito Kreditgeber (M.)
datore (M.) di franchigia Franchisegeber (M.)
datore (M.) di lavoro Arbeitgeber (M.)
dazio (M.) Zoll (M.)
dazio (M.) economico Schutzzoll (M.)
dazio (M.) prottetivo Schutzzoll (M.)
dazione (F.) in luogo dell'adempimento Hingabe (F.) an Erfüllungs Statt
dazione (F.) in pagamento Hingabe (F.) an Zahlungs Statt
dazione (F.) in pegno Verpfändung (F.)
dazione (F.) pro solvendo Hingabe (F.) erfüllungshalber
dazione (F.) solvendi causa Hingabe (F.) erfüllungshalber
de auditu (lat.) vom Hörensagen
de cuius (lat.) Erblasser (M.), Erblasserin (F.)
de facto (lat.) de facto (lat.) (nach der tatsächlichen Sachlage), faktisch
de iure (lat.) de iure (lat.) (nach der Rechtslage), rechtlich
de lege ferenda (lat.) de lege ferenda (lat.) (nach erst noch zu erlassendem Gesetz)
de lege lata (lat.) de lege lata (lat.) (nach erlassenem Gesetz)
de quo (lat.) fraglich
de relato (lat.) vom Hörensagen
debitamente (Adv.) ordnungsgemäß
debiti (M.Pl.) Verbindlichkeiten (F.Pl.)
debito (M.) Debet (N.), Schuld (F.), Soll (N.), Verbindlichkeit (F.)
debito (M.) chiedibile Holschuld (F.)
debito (M.) della massa Masseschuld (F.)
debito (M.) dello Stato Staatsschuld (F.)
debito (M.) di interessi Zinsschuld (F.)
debito (M.) di valore Wertschuld (F.)
debito (M.) domiciliato Holschuld (F.)
debito (M.) ereditario Nachlassverbindlichkeit (F.)
debito (M.) fiscale Steuerschuld (F.)
debito (M.) fondiario Grundpfand (N.), Grundschuld (F.)
debito (M.) fondiario a favore del proprietario Eigentümergrundschuld (F.)
debito (M.) fondiario di garanzia Sicherungsgrundschuld (F.)
debito (M.) fondiario rappresentato da un titolo Briefgrundschuld (F.)
debito (M.) imperfetto unvollkommene Verbindlichkeit (F.)
debito (M.) pagabile a rate Abzahlungsschuld (F.)
debito (M.) pecuniario Geldschuld (F.)
debito (M.) portabile Bringschuld (F.), Schickschuld (F.)
debito (M.) principale Hauptschuld (F.)
debito (M.) pubblico Staatsschuld (F.)
debito (M.) sociale Gesellschaftsschuld (F.)
debito (M.) solidale Gesamtschuld (F.)
debito (M.) totale Gesamtschuld (F.)
debito (M.) verso il fisco Steuerschuld (F.)

debitore (M.) Debitor (M.), Schuldner (M.)
debitore (M.) esecutato Vollstreckungsschuldner (M.)
debitore (M.) fallimentare Gemeinschuldner (M.)
debitore (M.) in solido Gesamtschuldner (M.)
debitore (M.) ipotecario Hypothekenschuldner (M.)
debitore (M.) principale Hauptschuldner (M.)
debitore (M.) solidale Gesamtschuldner (M.), Selbstschuldner (M.)
debitore (M.) sottoposto all'esecuzione Vollstreckungsschuldner (M.)
debitrice (F.) Schuldnerin (F.)
debole gebrechlich
debolezza (F.) Gebrechlichkeit (F.), Laster (N.)
decadente gebrechlich
decadenza (F.) Aberkennung (F.), Ausschluss (M.), Hinfälligkeit (F.), Verfall (M.), Verlust (M.), Versäumung (F.), Verwirkung (F.), Verwirkung (F.)
decadenza (F.) da un diritto Rechtsverlust (M.)
decadere verfallen, verwirken
decadimento (M.) Zerfall (M.)
decanato (M.) Dekanat (N.)
decano (M.) Alterspräsident (M.), Dekan (M.), Doyen (M.) (franz.)
decapitare enthaupten, köpfen
decapitazione (F.) Enthauptung (F.)
decartellizzazione (F.) Entflechtung (F.)
decedere sterben, versterben
deceduto verstorben
decentralizzare dekonzentrieren
decentralizzazione (F.) Dekonzentration (F.), Dezentralisation (F.)
decentramento (M.) Dezentralisation (F.), Entflechtung (F.)
decentrare dezentralisieren, entflechten
decenza (F.) Anstand (M.)
decesso (M.) Tod (M.)
decidere bescheiden (V.), beschließen, entscheiden, entschließen (sich), erkennen
decisione (F.) Entscheid (M.), Entscheidung (F.), Entschließung (F.), Entschluss (M.), Erkenntnis (F. bzw. N.)
decisione (F.) allo stato degli atti Entscheidung nach Lage der Akten (F.)
decisione (F.) amministrativa Bescheid (M.)
decisione (F.) amministrativa preliminare Vorbescheid (M.)
decisione (F.) definitiva rechtskräftige Entscheidung (F.)
decisione (F.) del ricorso Widerspruchsbescheid (M.)
decisione (F.) della corte d'appello su una questione giuridica in materia di locazioni Rechtsentscheid (M.)
decisione (F.) discrezionale Ermessensentscheidung (F.)
decisione (F.) errata Fehlentscheidung (F.)
decisione (F.) finale Endurteil (N.)
decisione (F.) giudiziale Rechtsentscheid (M.), richterliche Entscheidung (F.)
decisione (F.) incidentale Zwischenverfügung (F.)
decisione (F.) interlocutoria Vorabentscheidung (F.)
decisione (F.) maggioritaria Mehrheitsbeschluss (M.)
decisione (F.) nel merito Entscheidung (F.) in der Sache, Sachentscheidung (F.)
decisione (F.) passata in giudicato rechtskräftige Entscheidung (F.)
decisione (F.) preliminare Vorabentscheidung (F.)
decisione (F.) relativa alle spese Kostenentscheidung (F.)
decisione (F.) sbagliata Fehlentscheidung (F.)
decisivo ausschlaggebend
declinare absagen
declivio (M.) Halde (F.)
decolonizzare entkolonialisieren
decolonizzazione (F.) Entkolonialisierung (F.)
decomporre verwesen
deconcentramento (M.) Dekonzentration (F.)
deconcentrare dekonzentrieren, entflechten
deconcentrazione (F.) Entflechtung (F.)
decorazione (F.) Orden (M.)
decoro (M.) Würde (F.)
decorrenza (F.) Ablauf (F.), Laufzeit (F.), Verfall (M.)
decorrenza (F.) del termine Fristbeginn (M.)
decorrere ablaufen
decorso (M.) del tempo Zeitablauf (M.)
decorso (M.) della prescrizione Verjährungsablauf (M.)
decozione (F.) Überschuldung (F.)
decrepitezza (F.) Gebrechlichkeit (F.)
decrepito (Adj.) gebrechlich

decretare begeben, entscheiden, statuieren, verhängen, verordnen
decretazione (F.) Begebung (F.)
decreto (M.) Beschluss (M.), Dekret (N.), Entscheid (M.), prozessleitende Verfügung (F.), Verfügung (F.), Verordnung (F.)
decreto (M.) che dispone il giudizio Dekret (N.) auf Einleitung des Hauptverfahrens, Eröffnungsbeschluss (M.)
decreto (M.) d'ammortamento Kraftloserklärung (F.)
decreto (M.) d'attuazione Ausführungsverordnung (F.)
decreto (M.) d'espulsione Ausweisungsbeschluss (M.)
decreto (M.) d'ingiunzione Mahnbescheid (M.)
decreto (M.) di archiviazione degli atti del procedimento penale Einstellungsbeschluss (M.)
decreto (M.) di condanna Strafverfügung (F.)
decreto (M.) di esecutorietà Vollstreckungsbescheid (M.)
decreto (M.) di nomina Ernennungsurkunde (F.)
decreto (M.) di polizia Polizeiverfügung (F.)
decreto (M.) editto (M.) Erlass (M.)
decreto (M.) giudiziario gerichtliche Verfügung (F.)
decreto (M.) ingiuntivo Zahlungsbefehl (M.)
decreto (M.) legge (d.l.) Gesetzesdekret (N.) (Gesetzesdekret in Italien), Notverordnung (F.)
decreto (M.) legislativo (d.lgs.) gesetzesvertretendes Dekret (N.) (gesetzesvertretendes Dekret in Italien)
decreto (M.) ministeriale Ministerialdekret (N.) (Ministerialdekret in Italien)
decreto (M.) penale Strafverfügung (F.)
decreto (M.) penale di condanna Strafbefehl (M.)
decreto del Presidente della Repubblica (D.P.R.) Dekret (N.) des Präsidenten der Republik
dedica (F.) Widmung (F.)
dedicare widmen
dedotto abzüglich
deducibile anrechnungsfähig
deducibilità (F.) Absetzbarkeit (F.)
dedurre ableiten, abrechnen, abschreiben, absetzen, abziehen, herleiten
deduzione (F.) Abschreibung (F.), Absetzung (F.), Abzug (M.), Parteiantrag (M.)
deduzione (F.) della prova Beweisantritt (M.), Beweisführung (F.)
defalcare abbuchen
defalco (M.) Abbuchung (F.)
deficienza (F.) Ausfall (M.), Unzulänglichkeit (F.)
deficienza (F.) d'inventario Fehlbestand (M.)
deficienza (F.) organizzativa Organisationsmangel (M.)
deficit (M.) Defizit (N.), Fehlbetrag (M.), Verlust (M.)
definibile bestimmbar
definibilità (F.) Bestimmbarkeit (F.)
definire abschließen, bestimmen, definieren, entscheiden
definitivo abschließend, endgültig
definito abgeschlossen
definizione (F.) Definition (F.)
definizione (F.) legale Legaldefinition (F.)
defraudamento (M.) Beraubung (F.), Unterschlagung (F.)
defraudare berauben, betrügen
defungere sterben
defunta (F.) Erblasserin (F.)
defunto (Adj.) tot, verstorben
defunto (M.) Erblasser (M.)
degenerato pervers
degnare würdigen
degradare degradieren
dei genitori elterlich
del diritto d'autore urheberrechtlich
del luogo lokal
delatore (M.) Denunziant (M.)
delazione (F.) Denunziation (F.)
delazione (F.) dell'eredità Erbanfall (M.)
delega (F.) Beauftragung (F.), Bevollmächtigung (F.), Delegation (F.), Vollmacht (F.)
delegante (F.) Anweisende (F.)
delegante (M.) Anweisender (M.)
delegare abordnen, bevollmächtigen, delegieren, ermächtigen, übertragen
delegata (F.) Delegierte (F.)
delegatario (M.) Anweisungsempfänger (M.)
delegato (M.) Angewiesener (M.), Beauftragter (M.), Bevollmächtigter (M.), Delegierter (M.), Vertreter (M.)
delegato (M.) d'azienda Betriebsrat (M.)
delegato (M.) federale Bundesbeauftragter (M.)

delegazione (F.) Anweisung (F.), Delegation (F.), Deputation (F.), Ermächtigung (F.), Vertretung (F.)
delegazione (F.) di pagamento Zahlungsanweisung (F.)
delibazione (F.) Delibation (F.), Exequatur (N.)
delibera (F.) Beschluss (M.), Entscheidung (F.)
delibera (F.) del consiglio dei ministri Kabinettsbeschluss (M.)
delibera (F.) dell'assemblea generale Hauptversammlungsbeschluss (M.)
delibera (F.) sull'accertamento pianificatorio Planfeststellungsbeschluss (M.)
deliberare beraten, beschließen
deliberato bewusst
deliberazione (F.) Beratung (F.), Beschluss (M.)
deliberazione (F.) a maggioranza Mehrheitsbeschluss (M.)
deliberazione (F.) assembleare Hauptversammlungsbeschluss (M.)
deliberazione (F.) della sentenza Urteilsberatung (F.)
deliberazione (F.) presa in assemblea plenaria Plenarbeschluss (M.)
deliberazione (F.) sociale Gesellschafterbeschluss (M.)
delimitare begrenzen
delimitato begrenzt
delimitazione (F.) Begrenzung (F.)
delineare entwerfen
delinquente (M.) Delinquent (M.), Rechtsbrecher (M.), Straftäter (M.), Verbrecher (M.)
delinquente (M.) abituale Gewohnheitsverbrecher (M.)
delinquente (M.) minorile jugendlicher Straftäter (M.)
delinquente (M.) occasionale Gelegenheitstäter (M.)
delinquente (M.) passionale Triebtäter (M.)
delinquente (M.) per convinzione Überzeugungstäter (M.)
delinquente (M.) per tendenza Hangverbrecher (M.)
delinquente (M.) professionale Berufsverbrecher (M.)
delinquenza (F.) Kriminalität (F.)
delinquenza (F.) minorile Jugendkriminalität (F.)
delirio (M.) Delirium (N.)
delitto (M.) Delikt (N.), Verbrechen (N.), Vergehen (N.)
delitto (M.) aggravato dall'evento erfolgsqualifiziertes Delikt (N.)
delitto (M.) capitale Kapitalverbrechen (N.)
delitto (M.) colposo Fahrlässigkeitsdelikt (N.)
delitto (M.) commesso nell'esercizio delle pubbliche funzioni Amtsverbrechen (N.)
delitto (M.) commesso per mezzo della stampa Pressedelikt (N.)
delitto (M.) continuato fortgesetztes Delikt (N.)
delitto (M.) contro il patrimonio Vermögensdelikt (N.)
delitto (M.) contro la moralità pubblica Sittlichkeitsdelikt (N.)
delitto (M.) di guerra Kriegsverbrechen (N.)
delitto (M.) di lesa maestà Majestätsverbrechen (N.)
delitto (M.) di violenza sessuale Sexualdelikt (N.)
delitto (M.) fiscale Fiskaldelikt (M.), Steuerdelikt (N.)
delitto (M.) perseguibile a querela di parte Antragsdelikt (N.)
delitto (M.) tentato versuchtes Verbrechen (N.)
delittuoso delikitisch, kriminal, kriminell, verbrecherisch
dell'obbligo obligatorisch
demagogo (M.) Demagoge (M.)
demandare übertragen
demanio (M.) Domäne (F.), Gemeingut (N.)
demanio (M.) privato Finanzvermögen (N.)
demanio (M.) pubblico öffentliches Eigentum (N.), Staatsgut (N.), Verwaltungsvermögen (N.)
demarche (F.) Demarche (F.)
demente (Adj.) irre, wahnsinnig
demente (M.) Irre (M.), Wahnsinniger (M.)
demenza (F.) Demenz (F.), Schwachsinn (M.), Wahnsinn (M.)
democratico (Adj.) demokratisch
democratico (M.) Demokrat (M.)
democrazia (F.) Demokratie (F.)
democrazia (F.) plebiscitaria plebiszitäre Demokratie (F.)
democrazia (F.) popolare Volksdemokratie (F.)
democrazia (F.) presidenziale Präsidialdemokratie (F.)

democrazia (F.) rappresentativa repräsentative Demokratie (F.)
demolire abbrechen, zerstören
demolizione (F.) Abbruch (M.), Zerstörung (F.)
demoscopia (F.) Demoskopie (F.)
denaro (M.) Geld (N.)
denaro (M.) in contanti Bargeld (N.)
denaro (M.) nero Schwarzgeld (N.)
denaro (M.) per le piccole spese personali Taschengeld (N.)
denaro (M.) per le spese minute Taschengeld (N.)
denaturalizzare ausbürgern
denaturalizzazione (F.) Ausbürgerung (F.)
denazificare entnazifizieren
denazificazione (F.) Entnazifizierung (F.)
denegare absprechen, leugnen, verweigern, weigern (sich)
denegata giustizia (F.) Rechtsverweigerung (F.)
denigrare herabsetzen
denigrazione (F.) Herabsetzung (F.), Rufmord (M.), Rufschädigung (F.)
denominare benennen
denominazione (F.) Benennung (F.)
denominazione (F.) della ditta Firma (F.)
denominazione (F.) sociale Firma (F.)
dente (M.) Zahn (M.)
dentista (M.) Zahnarzt (M.)
denuncia (F.) Anzeige (F.) (Anzeige bei einer Behörde), Denunziation (F.), Meldung (F.), Strafanzeige (F.)
denuncia (F.) dei redditi Steuererklärung (F.)
denuncia (F.) dei vizi Mängelrüge (F.)
denuncia (F.) della lite Streitverkündung (F.)
denuncia (F.) di scomparizione Vermisstenanzeige (F.)
denunciante (M.) Denunziant (M.)
denunciare anmelden, anzeigen, denunzieren, melden
depenalizzazione (F.) Entkriminalisierung (F.)
deperimento (M.) Abnutzung (F.), Verfall (M.)
deporre aussagen, niederlegen
deporre a carico belasten
deporre la carica abdanken
deportare deportieren, verschleppen (in die Länge ziehen)
deportazione (F.) Deportation (F.), Verschleppung (F.)
deporto (M.) Deport (M.)
depositante (M.) Hinterleger (M.)
depositante Einleger (M.)
depositare anmelden, deponieren, einlegen, einliefern, einreichen, hinterlegen
depositario (M.) Verwahrer (M.)
depositi (M.Pl.) Depositen (N.Pl.)
depositi (M.Pl.) disponibili Giralgeld (N.)
deposito (M.) Deponie (F.), Depositum (M.), Depot (N.), Einlage (F.), Guthaben (N.), Hinterlegung (F.), Lager (N.), Lagerhaus (N.), Magazin (N.), Verwahrung (F.)
deposito (M.) a risparmio Spareinlage (F.)
deposito (M.) a scadenza fissa Festgeld (N.), Termineinlage (F.)
deposito (M.) a termine Festgeld (N.), Termineinlage (F.)
deposito (M.) bagagli Gepäckaufbewahrung (F.)
deposito (M.) bancario Bankeinlage (F.)
deposito (M.) di garanzia Sicherheitsleistung (F.)
deposito (M.) di sicurezza Sicherheitsverwahrung (F.)
deposito (M.) giudiziario Hinterlegung (F.) bei Gericht
deposito (M.) in banca Bankeinlage (F.)
deposito (M.) iniziale Stammeinlage (F.)
deposito (M.) irregolare depositum (N.) irregulare (lat.) (unregelmäßige Verwahrung), unregelmäßige Verwahrung (F.)
deposito (M.) pubblico öffentlichrechtliche Verwahrung (F.)
deposito (M.) vincolato Termineinlage (F.)
depositum (N.) irregulare (lat.) depositum (N.) irregulare (lat.) (unregelmäßige Verwahrung)
deposizione (F.) Aussage (F.), Zeugenaussage (F.), Zeugnis (N.)
deposizione (F.) a carico Belastung (F.)
depravato pervers
depravazione (F.) Verwahrlosung (F.)
depredare berauben, plündern
depredatore (M.) Plünderer (M.), Räuber (M.)
depredazione (F.) Plünderung (F.)
deprezzamento (M.) Abnutzung (F.), Abwertung (F.), Entwertung (F.), Wertminderung (F.), Zerfall (M.)
deprezzare abwerten, zerfallen
depurare bereinigen

deputare abordnen
deputata (F.) Delegierte (F.)
deputato (M.) Abgeordneter (M.) (im Parlament), Delegierter (M.), Deputierter (M.)
deputato (M.) del congresso Kongressabgeordneter (M.) (Kongressabgeordneter in den Vereinigten Staaten)
deputato (M.) europeo Europaabgeordneter (M.)
deputazione (F.) Deputation (F.)
deputazione (F.) di lavoratori Abordnung (F.)
deregolare deregulieren
deregolazione (F.) Deregulierung (F.)
derelictio (F.) (lat.) Dereliktion (F.)
derelinquere derelinquieren
derelizione (F.) Dereliktion (F.), Eigentumsaufgabe (F.)
derisione (F.) Hohn (M.)
derivare folgen, herleiten, stammen
derivativo abgeleitet, derivativ
derivato (Adj.) derivativ
derivato (M.) Derivat (N.)
deroga (F.) Ausnahme (F.), Derogation (F.), Widerruf (M.)
deroga (F.) tariffaria Tarifausschluss (M.)
derogabile abdingbar, widerruflich
derogabilità (F.) Widerruflichkeit (F.)
derogante abweichend
derogare abbedingen, abdingen, abweichen, derogieren, widerrufen
derogatorio abweichend
derubamento (M.) Beraubung (F.)
derubare berauben
descrittivo deskriptiv
desiderare begehren
desiderio (M.) Lust (F.)
designare benennen, bestellen, designieren, ernennen, nominieren
designazione (F.) Benennung (F.), Designation (F.), Ernennung (F.), Nominierung (F.)
desistente (M.) Zurücktretender (M.)
desistenza (F.)volontaria Rücktritt (M.) vom unbeendeten Versuch
desolato (Adj.) baufällig
despota (M.) Despot (M.)
destinare adressieren, bestimmen, widmen, zuwenden
destinatario (M.) Adressat (M.), Destinatär (M.), Empfänger (M.)
destinatario (M.) del pagamento Zahlungsempfänger (M.)
destinatario (M.) della dichiarazione Erklärungsempfänger (M.)
destinatario (M.) della norma Normadressat (M.)
destinatario (M.) della notificazione Zustellungsadressat (M.)
destinatario (M.) della promessa Versprechensempfänger (M.)
destinatario (M.) della proposta Akzeptant (M.), Angebotsempfänger (M.), Erklärungsempfänger (M.)
destinazione (F.) Bestimmung (F.), Widmung (F.), Zuwendung (F.)
destinazione (F.) dell'area Flächennutzung (F.)
destino (M.) Los (N.), Schicksal (N.)
destituire abberufen, absetzen, entheben
destituzione (F.) Abberufung (F.), Absetzung (F.), Entfernung (F.), Enthebung (F.)
destituzione (F.) dalla carica Amtsenthebung (F.)
detective (M.) Detektiv (M.)
detector (M.) Detektor (M.)
detenere halten, innehaben
detentore (M.) Besitzdiener (M.), Detentor (M.), Fremdbesitzer (M.), Halter (M.), Inhaber (M.), Innehaber (M.)
detentore (M.) dell'autoveicolo Fahrzeughalter (M.), Kraftfahrzeughalter (M.)
detenuta (F.) Gefangene (F.), Strafgefangene (F.)
detenuto (Adj.) gefangen
detenuto (M.) Gefangener (M.), Häftling (M.), Inhaftierter (M.), Insasse (M.), Strafgefangener (M.), Sträfling (M.)
detenuto (M.) in custodia cautelare Untersuchungsgefangener (M.)
detenzione (F.) Fremdbesitz (M.), Gefangenschaft (F.), Gewahrsam (M.), Haft (F.), Halten (N.), Innehabung (F.)
detenzione (F.) illecita Vorenthaltung (F.)
deterioramento (M.) Beschädigung (F.)
deteriorare beschädigen
determinabile bestimmbar
determinabilità (F.) Bestimmbarkeit (F.)
determinante ausschlaggebend
determinare anstiften, bemessen, bestimmen, festsetzen, feststellen, zumessen
determinatezza (F.) Bestimmtheit (F.)
determinato bestimmt
determinatore (M.) Anstifter (M.)

determinatrice (F.) Anstifterin (F.)
determinazione (F.) Bestimmung (F.), Entschluss (M.), Ermittlung (F.), Festsetzung (F.), Feststellung (F.), Zumessung (F.)
determinazione (F.) degli utili Gewinnermittlung (F.)
determinazione (F.) della pena Strafzumessung (F.)
deterrenza (F.) Abschreckung (F.)
detettore (M.) Detektor (M.)
detrarre abbuchen, absetzen, abziehen
detratto abzüglich
detrazione (F.) Abbuchung (F.), Abzug (M.)
Deutsche Welle (F.) Deutsche Welle (F.)
devalorizzazione (F.) Entwertung (F.)
devastare zerstören
devastazione (F.) Devastation (F.), Zerstörung (F.)
deviante abartig, abweichend
devianza (F.) Abweichung (F.)
deviare abweichen
deviazione (F.) Abartigkeit (F.), Abweichung (F.)
devoluzione (F.) Anfall (M.), Devolution (F.), Heimfall (M.), Übertragung (F.)
devoluzione (F.) d'eredità Erbanfall (M.)
di alto tradimento landesverräterisch
di casa häuslich
di competenza generale allzuständig
di comune accordo (M.) tra le parti gemeinsamer Parteiwille (M.)
di diritto de iure (lat.) (nach der Rechtslage)
di diritto editoriale verlagsrechtlich
di diritto penale strafrechtlich
di diritto privato privatrechtlich
di diritto processuale verfahrensrechtlich
di fatto de facto (lat.) (nach der tatsächlichen Sachlage), faktisch, materiell
di legge juristisch
di libera professione freiberuflich
di mala fede schlechtgläubig, unredlich
di nessuno herrenlos
di obbligatorietà generale allgemeinverbindlich
di obbligazione schuldrechtlich
di opposizione oppositionell
di parente verwandtschaftlich
di polizia polizeilich
di propria mano eigenhändig
di proprio pugno eigenhändig
di pubblica sicurezza polizeilich
di rito verfahrensrechtlich
di se stesso eigen
di servizio dienstlich
di tutto riposo mündelsicher
di uso locale ortsüblich
di utilità pubblica gemeinnützig
di valditià generale allgemeingültig
diacono (M.) Diakon (M.)
dialogo (M.) nord-sud Nord-Süd-Dialog (M.)
diaria (F.) Aufwandsentschädigung (F.), Tagegeld (N.)
dibattere erörtern, verhandeln
dibattimento (M.) Debatte (F.), Hauptverfahren (N.), Hauptverhandlung (F.), mündliche Verhandlung (F.), Verhandlung (F.)
dibattito (M.) Debatte (F.), Disput (M.), Erörterung (F.)
dibattito (M.) parlamentare Parlamentsdebatte (F.)
dicastero (M.) Ministerium (N.), Ressort (N.)
dichiarare angeben, anmelden, anzeigen, aussagen, äußern, ausweisen, deklarieren, erklären, melden
dichiarare decaduto aberkennen
dichiarare interdetto entmündigen
dichiarare nullo kaduzieren
dichiarativo (Adj.) deklaratorisch
dichiarazione (F.) Angabe (F.), Aussage (F.), Äußerung (F.), Deklaration (F.), Erklärung (F.)
dichiarazione (F.) d'abbandono Verzichtserklärung (F.)
dichiarazione (F.) d'impugnazione Rechtsmittelerklärung (F.)
dichiarazione (F.) d'intenti Absichtserklärung (F.)
dichiarazione (F.) d'intenzione Absichtserklärung (F.)
dichiarazione (F.) dei redditi Steuererklärung (F.)
dichiarazione (F.) di cessione Abtretungserklärung (F.)
dichiarazione (F.) di guerra Kriegserklärung (F.)
dichiarazione (F.) di inammissibilità Nichtzulassung (F.)
dichiarazione (F.) di morte presunta Todeserklärung (F.)
dichiarazione (F.) di nomina Benennung (F.)
dichiarazione (F.) di non luogo a procedere Einstellungsbeschluss (M.)

dichiarazione (F.) di nullità Kaduzierung (F.), Kraftloserklärung (F.), Nichtigerklärung (F.), Ungültigkeitserklärung (F.)
dichiarazione (F.) di recesso Rücktrittserklärung (F.)
dichiarazione (F.) di riconoscimento Anerkenntnis (N.)
dichiarazione (F.) di rinuncia Verzichtserklärung (F.)
dichiarazione (F.) di scienza Vorstellungsmitteilung (F.), Wissenserklärung (F.)
dichiarazione (F.) di scioglimento Aufhebungserklärung (F.)
dichiarazione (F.) di volontà Willenserklärung (F.)
dichiarazione (F.) falsa Falschaussage
dichiarazione (F.) giurata eidesstattliche Erklärung (F.), eidesstattliche Versicherung (F.), Versicherung (F.) an Eides Statt
dichiarazione (F.) ioci causa Scherzerklärung (F.)
dichiarzione (F.) di decadenza Hinfälligkeitserklärung (F.)
dichiarzione (F.) recettizia empfangsbedürftige Willenserklärung (F.)
dicitura (F.) del testo Textform (F.)
diconoscimento (M.) della paternità Ehelichkeitsanfechtung (F.)
dicotomia (F.) Dichotomie (F.)
dicredito (M.) Rufschädigung (F.)
dies (M.) a quo (lat.) Fristbeginn (M.)
dies interpellat pro homine (lat.) dies interpellat pro homine (lat.) (der Termin mahnt anstelle des Menschen)
dieta (F.) Diät (F.)
dieta (F.) del Land Landtag (M.)
dieta (F.) del Reich Reichstag (M.)
dieta (F.) dell'impero Reichstag (M.)
dieta (F.) federale Bundestag (M.)
dieta (F.) regionale Landtag (M.)
difender(si) wehren (sich)
difendere verteidigen, vertreten (V.)
difensivo (Adj.) defensiv
difensore (M.) Strafverteidiger (M.), Verteidiger (M.)
difensore (M.) d'ufficio Amtsverteidiger (M.), notwendiger Verteidiger (M.), Offizialverteidigung (F.), Pflichtverteidiger (M.)
difensore (M.) di fiducia Wahlverteidiger (M.)
difensore (M.) laico Prozessagent (M.)
difensore (M.) penale Strafverteidiger (M.)
difensorio defensiv
difesa (F.) Abwehr (F.), Verteidigung (F.), Wehr (F.)
difesa (F.) d'ufficio Amtsverteidigung (F.), notwendige Verteidigung (F.)
difesa (F.) delle piante Pflanzenschutz (M.)
difesa (F.) di rischi Gefahrenabwehr (F.)
difesa (F.) necessaria notwendige Verteidigung (F.)
difesa (F.) obbligatoria notwendige Verteidigung (F.)
difesa (F.) penale Strafverteidigung (F.)
difesa (F.) personale Selbstverteidigung (F.)
difesa (F.) privata del possesso Besitzwehr (F.)
difesa (M.) d'ufficio Offizialverteidigung (F.)
difettare mangeln
difetto (M.) Fehler (M.), Mangel (M.)
difetto (M.) di costruzione Baufehler (M.), Baumangel (M.), Konstruktionsfehler (M.)
difetto (M.) di fabbricazione Fabrikationsfehler (M.)
difetto (M.) di forma Formmangel (M.)
difetto (M.) di motivazione Begründungsmangel (M.)
difetto (M.) principale Hauptmangel (M.)
difettosità (F.) Fehlerhaftigkeit
difettoso fehlerhaft, mangelhaft, unvollkommen, unzulänglich
diffalcare abrechnen, abschreiben
diffalco (M.) Abschreibung (F.)
diffamare diffamieren, herabsetzen, verleumden, verunglimpfen
diffamatore (M.) Verleumder (M.)
diffamazione (F.) Diffamierung, Herabsetzung (F.), Nachrede (F.) (üble Nachrede), Rufmord (M.), Rufschädigung (F.), üble Nachrede (F.), Verunglimpfung (F.)
diffamazione (F.) consistente nell'attribuzione di un fatto determinato (F.) Verleumdung (F.)
differenza (F.) Differenz (F.), Unterschied (M.)
differenziamento (M.) Unterscheidung (F.)
differenziare differenzieren, unterscheiden
differenziazione (F.) Differenzierung (F.)
differimento (M.) Aufschub (M.), Stundung (F.), Verschiebung
differire aufschieben, differieren, stunden, unterscheiden, verschieben, verzögern

difficile schwer
difficoltà (F.) Schwere (F.)
diffida (F.) Abmahnung (F.), Abmahnungsschreiben (N.), Erinnerung (F.), Mahnung (F.), Verwarnung (F.), Warnung (F.)
diffidare abmahnen, androhen, erinnern, mahnen, misstrauen, verwarnen, warnen
diffidenza (F.) Misstrauen (N.)
difforme abweichend
diga (F.) Deich (M.)
digitale digital
dignità (F.) Würde (F.)
dignità (F.) umana Menschenwürde (F.)
dignitario (M.) Würdenträger (M.)
dilapidazione (F.) Verschwendung (F.)
dilatorio dilatorisch
dilazionare aufschieben, stunden
dilazione (F.) Nachfrist (F.), Stundung (F.)
dilazione (F.) di pagamento Zahlungsaufschub (M.)
diligente sorgfältig
diligenza (F.) Sorgfalt (F.)
diligenza (F.) del buon padre di famiglia gebotene Sorgfalt (F.)
diligenza (F.) della parte Parteibetrieb (M.)
dimensione (F.) Ausmaß (N.), Maß (N.)
dimenticanza (F.) Versäumnis (N.)
dimettersi abtreten, niederlegen, zurücktreten
diminuire ermäßigen, herabsetzen, mindern, verkürzen, vermindern
diminuito verkürzt, vermindert
diminuzione (F.) Ermäßigung (F.), Herabsetzung (F.), Minderung (F.), Schwund (M.), Verkürzung (F.), Verminderung (F.)
diminuzione (F.) di valore Wertminderung (F.)
dimissionare kündigen
dimissionario (M.) Zurücktretender (M.)
dimissione (F.) Demission (F.), Kündigung (F.)
dimissione (F.) dalla carica Amtsniederlegung (F.)
dimissione (F.Pl.) Austritt (M.)
dimissioni (F.Pl.) Demission (F.), Kündigung (F.), Niederlegung (F.) (Amtsniederlegung), Rücktritt (M.)
dimora (F.) Aufenthalt (M.), Heimstätte (F.)
dimostrabile beweisbar
dimostrante (M.) Demonstrant (M.)
dimostrare ausweisen, bewähren, beweisen, demonstrieren, nachweisen
dimostrare la colpevolezza überführen
dimostrativo demonstrativ
dimostrazione (F.) Beweis (M.), Demonstration (F.), Nachweis (M.)
dinamico dynamisch
dinastia (F.) Dynastie (F.)
diniego (M.) Absage (F.), Versagung (F.), Verweigerung (F.), Weigerung (F.)
diniego (M.) di giustizia Rechtsverweigerung (F.)
Dio (M.) Gott (M.)
diocesi (F.) Bistum (N.), Diözese (F.)
dipartimento (M.) Abteilung (F.), Departement (N.), Ressort (N.), Sektion (F.)
dipendente (Adj.) abhängig
dipendente (M.) Bediensteter (M.)
dipendente (M.) pubblico Beamter (M.)
dipendenti (M.Pl.) Personal (N.)
dipendenza (F.) Abhängigkeit (F.), Geschäftsstelle (F.), Hörigkeit (F.), Niederlassung (F.), Zweigstelle (F.)
dipendenza (F.) economica wirtschaftliche Abhängigkeit (F.)
diploma (M.) Diplom (N.)
diplomatica (F.) Diplomatik (F.)
diplomatico (Adj.) diplomatisch
diplomatico (M.) Diplomat (M.)
diplomazia (F.) Diplomatie (F.)
direttiva (F.) Anweisung (F.), Direktive (F.), Richtlinie (F.), Weisung (F.)
direttiva (F.) fiscale Steuerrichtlinie (F.)
direttivo leitend
diretto direkt, unmittelbar
direttore (M.) Direktor (M.), Leiter (M.), Rektor (M.), Vorsteher (M.)
direttore (M.) aggiunto Konrektor (M.)
direttore (M.) civico Stadtdirektor (M.)
direttore (M.) del lavoro Arbeitsdirektor (M.)
direttore (M.) del personale Personalchef (M.)
direttore (M.) della costruzione Bauleiter (M.)
direttore (M.) di dipartimento Ressortdirektor (M)
direttore (M.) di divisione Abteilungsdirektor (M.)
direttore (M.) di reparto Abteilungsdirektor (M.)
direttore (M.) di ufficio Amtsdirektor (M.) (Amtsdirektor in Italien)
direttore (M.) generale Generaldirektor (M.), Intendant (M.)

direttore (M.) responsabile di un giornale Chefredakteur (M.)
direttore (M.) superiore distrettuale Oberkreisdirektor (M.)
direzione (F.) Direktion (F.), Führung (F.), Leitung (F.), Richtung (F.)
direzione (F.) del giornale Schriftleitung (F.)
direzione (F.) dell'economia Wirtschaftslenkung (F.)
direzione (F.) distrettuale antimafia Bezirksdirektion (F.) der Antimafiabehörde
direzione (F.) e controllo di imprese Leitung (F.) und Überwachung (F.) von Unternehmen
Direzione (F.) nazionale antimafia Nationale Antimafia Direktion (F.) (Nationale Antimafia Direktion in Italien)
direzione (F.) regionale di finanza Oberfinanzdirektion (F.)
dirigente (Adj.) leitend
dirigente (M.) Geschäftsführer (M.), leitender Angestellter (M.), Leiter (M.), Manager (M.)
dirigere führen, leiten, lenken, richten
dirigismo (M.) economico Planwirtschaft (F.), Wirtschaftslenkung (F.)
dirimente (M.) Ehehindernis (N.)
diritti (M.Pl.) civili e politici bürgerliche Ehrenrechte (N.Pl.)
diritti (M.Pl.) d'autore Tantieme (F.)
diritti (M.Pl.) di concessione Konzessionsabgabe (F.)
diritti (M.Pl.) di segreteria Sekretariatsgebühren (F.Pl.)
diritti (M.Pl.) reali Sachenrecht (N.)
diritto (Adj.) gerade
diritto (F.) della concorrenza Wettbewerbsrecht (N.)
diritto (M.) Anrecht (N.), Berechtigung (F.), Forderung (F.), Gebühr (F.), ius (N.) (lat.) (Recht), Jura (N.Pl.), Jus (N.), Recht (N.), Titel (M.)
diritto (M.) a soddisfazione privilegiata Recht (N.) auf vorzugsweise Befriedigung
diritto (M.) accessorio Nebenrecht (N.)
diritto (M.) acquisito wohlerworbenes Recht
diritto (M.) ad essere tenuto indenne Befreiungsanspruch (M.)
diritto (M.) aereo Luftrecht (N.)
diritto (M.) agli alimenti Unterhaltsanspruch (M.)
diritto (M.) agrario Agrarrecht (N.), Landwirtschaftsrecht (N.)
diritto (M.) al compenso del danno derivante dal sacrificio di un diritto privato Aufopferungsanspruch (M.)
diritto (M.) al lavoro Recht (N.) auf Arbeit
diritto (M.) al mantenimento Unterhaltsanspruch (M.), Unterhaltsrecht (N.)
diritto (M.) al nome Namensrecht (N.)
diritto (M.) al possesso Besitzrecht (N.)
diritto (M.) al rimborso Erstattungsanspruch (M.)
diritto (M.) al risarcimento del danno Schadensersatzanspruch (M.)
diritto (M.) al voto Stimmrecht (N.), Wahlberechtigung (F.)
diritto (M.) alimentare Lebensmittelrecht (N.)
diritto (M.) all'approvazione del bilancio Budgetrecht (N.)
diritto (M.) all'autoscioglimento Selbstauflösungsrecht (N.)
diritto (M.) all'esenzione Befreiungsanspruch (M.)
diritto (M.) all'esonero dalla responsabilità Freistellungsanspruch (M.)
diritto (M.) all'immagine Recht (N.) am eigenen Bild
diritto (M.) all'integrazione della legittima Pflichtteilsrestanspruch (M.)
diritto (M.) all'istituzione di commissioni d'inchiesta Enquêterecht (N.)
diritto (M.) alla cessazione degli atti di concorrenza sleale Unterlassungsanspruch (M.)
diritto (M.) alla concorrenza Wettbewerbsrecht (N.)
diritto (M.) alla consegna Herausgabeanspruch (M.)
diritto (M.) alla legittima Pflichtteilsanspruch (M.)
diritto (M.) alla pensione Pensionsanspruch (M.), Rentenanspruch (M.)
diritto (M.) alla previdenza sociale Sozialversicherungsanspruch (M.)
diritto (M.) alla reintegrazione Folgenbeseitungungsanspruch (M.)
diritto (M.) alla restituzione Herausgabeanspruch (M.), Rückgewähranspruch (M.)
diritto (M.) alla rimozione Beseitigungsanspruch (M.)

diritto (M.) alla separazione Absonderungsrecht (N.)
diritto (M.) alla successione Erbschaftsanspruch (M.)
diritto (M.) alla tutela giurisdizionale Justizgewährungsanspruch (M.)
diritto (M.) allo sciopero Streikrecht (N.)
diritto (M.) amministrativo Verwaltungsrecht (N.)
diritto (M.) amministrativo d'arte Kunstverwaltungsrecht (N.)
diritto (M.) amministrativo economico Wirtschaftsverwaltungsrecht (N.)
diritto (M.) assoluto absolutes Recht (N.)
diritto (M.) bancario Bankrecht (N.)
diritto (M.) bellico Kriegsrecht (N.)
diritto (M.) cambiario Wechselrecht (N.)
diritto (M.) canonico kanonisches Recht (N.), Kirchenrecht (N.)
diritto (M.) cinematografico Filmrecht (N.)
diritto (M.) civico Bürgerrecht (N.), Stadtrecht (M.)
diritto (M.) civile bürgerliches Recht (N.), Zivilrecht (N.)
diritto (M.) cogente zwingendes Recht (N.)
diritto (M.) collettivo del lavoro Kollektivarbeitsrecht (N.)
diritto (M.) commerciale Handelsrecht (N.)
diritto (M.) comparato Rechtsvergleichung (F.)
diritto (M.) comunale Gemeinderecht (N.), Kommunalrecht (N.), Stadtrecht (M.)
diritto (M.) comune gemeines Recht (N.)
diritto (M.) comunitario europäisches Recht (N.), Gemeinschaftsrecht (N.)
diritto (M.) comunitario europeo Europäisches Gemeinschaftsrecht (N.)
diritto (M.) connesso Leistungsschutzrecht (N.)
diritto (M.) consorziale Konzernrecht (N.)
diritto (M.) consuetudinario Gewohnheitsrecht (N.)
diritto (M.) contrattuale Vertragsrecht (N.)
diritto (M.) costituzionale Verfassungsrecht (N.)
diritto (M.) costituzionale-economico Wirtschaftsverfassungsrecht (N.)
diritto (M.) d'abitazione Wohnungsrecht (N.)
diritto (M.) d'acquisto Kaufrecht (N.)
diritto (M.) d'acquisto unitario einheitliches Kaufrecht (N.)
diritto (M.) d'asilo Asylrecht (N.)
diritto (M.) d'autodifesa Selbsthilferecht (N.)
diritto (M.) d'autore Autorenrecht (N.), Urheberrecht (N.)
diritto (M.) d'avocazione Devolutionsrecht (N.), Evokationsrecht (N.)
diritto (M.) d'enfiteusi Erbbaurecht (N.)
diritto (M.) d'indennizzo Schadensersatzanspruch (M.)
diritto (M.) d'iniziativa Initiativrecht (N.)
diritto (M.) d'inseguimento Verfolgungsrecht (N.)
diritto (M.) d'interpellanza Interpellationsrecht (N.)
diritto (M.) d'occupazione Besatzungsrecht (N.)
diritto (M.) d'opzione Bezugsrecht (N.) (Option)
diritto (M.) d'ospitalità Gastrecht (N.)
diritto (M.) d'uso Benutzungsgebühr (F.), Benutzungsrecht (N.), Gebrauchsrecht (N.), Nutzungsrecht (N.)
diritto (M.) d'utilizzazione Nutzungsrecht (N.)
diritto (M.) debole soft law (N.) (engl.)
diritto (M.) degli architetti Architektenrecht (N.)
diritto (M.) degli stranieri Ausländerrecht (N.), Fremdenrecht (N.)
diritto (M.) dei beni immateriali Immaterialgüterrecht (N.)
diritto (M.) dei brevetti Patentrecht (N.)
diritto (M.) dei cartelli Kartellrecht (N.)
diritto (M.) dei conflitti di leggi Kollisionsrecht (N.)
diritto (M.) dei contratti di vendita internazionali einheitliches Kaufrecht (N.)
diritto (M.) dei marchi Markenrecht (N.)
diritto (M.) dei marchi d'impresa Markenrecht (N.)
diritto (M.) dei masi chiusi Höferecht (N.)
diritto (M.) dei media Medienrecht (N.)
diritto (M.) dei minori Jugendrecht (N.)
diritto (M.) dei rapporti di vicinato Nachbarrecht (N.)
diritto (M.) dei titoli di credito Wertpapierrecht (N.)
diritto (M.) dei trasporti Verkehrsrecht (N.)
diritto (M.) dei trattati internazionali Völkervertragsrecht (F.)
diritto (M.) dei viaggiatori Reiserecht (N.)

diritto (M.) del bilancio Bilanzrecht (N.), Budgetrecht (N.)
diritto (M.) del bilancio pubblico Haushaltsrecht (N.)
diritto (M.) del cittadino Bürgerrecht (N.)
diritto (M.) del commercio marittimo Seehandelsrecht (N.)
diritto (M.) del coniuge superstite ai mobili e ai doni nuziali che non vengono imputati alla massa ereditaria Voraus (M.)
diritto (M.) del debito pubblico Staatsschuldenrecht (N.)
diritto (M.) del Land Landesrecht (N.)
diritto (M.) del lavoro Arbeitsrecht (N.)
diritto (M.) del lavoro individuale Individualarbeitsrecht (N.)
diritto (M.) del legittimario gesetzliches Erbrecht (N.)
diritto (M.) del mercato Marktrecht (N.)
diritto (M.) del passaporto Passrecht (N.)
diritto (M.) del più forte Faustrecht (N.)
diritto (M.) del proprietario confinante Anliegerrecht (N.)
diritto (M.) del pubblico impiego Beamtenrecht (N.)
diritto (M.) del suolo Bodenrecht (N.)
diritto (M.) del trasporto di persone Personenbeförderungsrecht (N.)
diritto (M.) del turismo Reiserecht (N.), Tourismusrecht (N.)
diritto (M.) dell'ambiente Umweltrecht (N.)
diritto (M.) dell'amministrazione sociale Sozialverwaltungsrecht (N.)
diritto (M.) dell'azienda all'attività imprenditoriale Recht (N.) am eingerichteten und ausgeübten Gewerbebetrieb
diritto (M.) dell'economia Wirtschaftsrecht (N.)
diritto (M.) dell'economia internazionale Außenwirtschaftsrecht (N.)
diritto (M.) dell'eliminazione di cadaveri di animali Tierkörperbeseitigungsrecht (N.)
diritto (M.) dell'energia Energierecht (N.)
diritto (M.) dell'esecuzione civile Zwangsvollstreckungsrecht (N.)
diritto (M.) dell'esecuzione forzata Zwangsvollstreckungsrecht (N.)
diritto (M.) dell'illecito civile Deliktsrecht (N.)
diritto (M.) dell'incentivazione dell'urbanistica Städtebauförderungsrecht (N.)
diritto (M.) dell'informatica Informatikrecht (N.), Rechtsinformatik (F.)
diritto (M.) dell'informazione Medienrecht (N.)
diritto (M.) dell'istruzione pubblica Bildungsverwaltungsrecht (N.)
diritto (M.) dell'Unione Europea Europäisches Unionsrecht (N.)
diritto (M.) dell'uomo Menschenrecht (N.)
diritto (M.) della borsa Börsenrecht (N.)
diritto (M.) della circolazione stradale Straßenverkehrsrecht (N.)
diritto (M.) della fotografia Fotorecht (N.)
diritto (M.) della guerra Kriegsrecht (N.)
diritto (M.) della locazione degli immobili adibiti ad uso commerciale Gewerberaummietrecht (N.)
diritto (M.) della navigazione aerea Luftfahrtsrecht (N.)
diritto (M.) della personalità Persönlichkeitsrecht (N.)
diritto (M.) della previdenza sociale Recht (N.) der sozialen Fürsorge, Sozialrecht (N.)
diritto (M.) della responsabilità civile Haftungsrecht (N.)
diritto (M.) della responsabilità per infortuni o danni Unfallhaftpflichtrecht (N.)
diritto (M.) della responsbilità penale dei medici Medizinstrafrecht (M.)
diritto (M.) della rete Internetrecht (N.)
diritto (M.) della stampa Presserecht (N.)
diritto (M.) della successione legittima gesetzliches Erbrecht (N.)
diritto (M.) della televisione Fernsehrecht (N.)
diritto (M.) della tutela dei minori Jugendschutzrecht (N.)
diritto (M.) delle acque Wasserrecht (N.)
diritto (M.) delle assemblee Versammlungsrecht (N.)
diritto (M.) delle assicurazioni Versicherungsrecht (N.)
diritto (M.) delle assicurazioni private Privatversicherungsrecht (N.)
diritto (M.) delle comunicazioni Verkehrsrecht (N.)
diritto (M.) delle dighe Deichrecht (N.)
diritto (M.) delle misure di sicurezza Maßnahmerecht (N.)
diritto (M.) delle obbligazioni Obligationenrecht (N.), Schuldrecht (N.)

diritto (M.) delle persone Personenrecht (N.)
diritto (M.) delle società Gesellschaftsrecht (N.)
diritto (M.) delle società per azioni Aktienrecht (N.)
diritto (M.) delle spese (legali) Kostenrecht (N.)
diritto (M.) delle tecnologie informatiche IT-Recht (N.)
diritto (M.) delle tecnologie multimediali Multimediarecht (M.)
diritto (M.) delle telecomunicazioni Fernmelderecht (N.)
diritto (M.) dello spazio Weltraumrecht (N.)
diritto (M.) derogabile nachgiebiges Recht (N.)
diritto (M.) di abitazione Wohnrecht (N.)
diritto (M.) di accedere agli atti Recht (N.) auf Akteneinsicht
diritto (M.) di accessione Eintrittsrecht (N.)
diritto (M.) di aspettativa Anwartschaftsrecht (N.)
diritto (M.) di astenersi dal testimoniare Auskunftsverweigerungsrecht (N.), Zeugnisverweigerungsrecht (N.)
diritto (M.) di audizione Anhörungsrecht (N.)
diritto (M.) di autodeterminazione Selbstbestimmungsrecht (N.)
diritto (M.) di bollo Stempelgebühr (F.)
diritto (M.) di caccia Jagdrecht (N.)
diritto (M.) di cancellazione Löschungsanspruch (M.)
diritto (M.) di cancelleria Schreibgebühr (F.)
diritto (M.) di collisione Kollisionsrecht (N.)
diritto (M.) di compensazione Ausgleichsanspruch (M.)
diritto (M.) di condotta Leitungsrecht (N.)
diritto (M.) di consultazione Anhörungsrecht (N.)
diritto (M.) di correzione Züchtigungsrecht (N.)
diritto (M.) di costruire Baurecht (N.)
diritto (M.) di credito Forderungsrecht (N.)
diritto (M.) di devoluzione Heimfallsrecht (N.)
diritto (M.) di diffusione Vertriebsrecht (N.)
diritto (M.) di direzione Leitungsrecht (N.)
diritto (M.) di disciplina Züchtigungsrecht (N.)
diritto (M.) di distribuzione Copyright (N.) (Vervielfältigungsrecht)
diritto (M.) di esclusione Hausrecht (N.)
diritto (M.) di esercitare la caccia Jagdausübungsrecht (N.)
diritto (M.) di estrazione Schürfrecht (N.)
diritto (M.) di famiglia Familienrecht (N.)
diritto (M.) di farsi giustizia Faustrecht (N.), Selbsthilferecht (N.)
diritto (M.) di godere e disporre delle cose in modo pieno ed esclusivo negatorischer Anspruch (M.)
diritto (M.) di godimento Nutzungsberechtigung (F.), Nutzungsrecht (N.)
diritto (M.) di Internet Internetrecht (N.)
diritto (M.) di licenza Lizenzgebühr (F.)
diritto (M.) di locazione Mietrecht (N.)
diritto (M.) di passaggio Wegerecht (N.)
diritto (M.) di pegno Pfandrecht (N.)
diritto (M.) di pegno derivante dal pignoramento Pfändungspfandrecht (N.)
diritto (M.) di pesca Fischereirecht (N.)
diritto (M.) di petizione Petitionsrecht (N.)
diritto (M.) di polizia Polizeirecht (N.)
diritto (M.) di prelazione Vorkaufsrecht (N.), Vorzugsrecht (M.)
diritto (M.) di prendere visione degli atti Recht (N.) auf Akteneinsicht
diritto (M.) di proprietà Eigentumsrecht (N.)
diritto (M.) di prospezione Schürfrecht (N.)
diritto (M.) di rappresentazione nella successione Eintrittsrecht (N.)
diritto (M.) di recesso Rücktrittsrecht (N.)
diritto (M.) di regresso Ausgleichsanspruch (M.)
diritto (M.) di replica Erwiderungsrecht (N.)
diritto (M.) di resistenza Widerstandsrecht (N.)
diritto (M.) di revocazione Widerrufsrecht (N.)
diritto (M.) di rifiutare la prestazione Leistungsverweigerungsrecht (N.)
diritto (M.) di rifiutare la testimonianza Aussageverweigerungsrecht (N.)
diritto (M.) di rinuncia Ausschlagungsrecht (N.)
diritto (M.) di riscatto Ablösungsrecht (N.), Rückkaufsrecht (N.), Wiederkaufsrecht (N.)
diritto (M.) di riservato dominio Eigentumsvorbehalt (M.)
diritto (M.) di ritenzione Retentionsrecht (N.), Zurückbehaltungsrecht (N.)
diritto (M.) di ritenzione del commer-

ciante kaufmännisches Zurückbehaltungsrecht (N.)
diritto (M.) di riunione Versammlungsrecht (N.)
diritto (M.) di riversione Heimfallsrecht (N.)
diritto (M.) di sciopero Streikrecht (N.)
diritto (M.) di scritturazione Schreibgebühr (F.)
diritto (M.) di segreteria Schreibgebühr (F.)
diritto (M.) di seguito Folgerecht (N.)
diritto (M.) di soggiorno Bleiberecht (N.)
diritto (M.) di suffragio Stimmrecht (N.), Wahlberechtigung (F.)
diritto (M.) di superficie Überbaurecht (N.)
diritto (M.) di surroga Eintrittsrecht (N.)
diritto (M.) di tutela Sorgerecht (N.)
diritto (M.) di veduta Fensterrecht (N.)
diritto (M.) di vendita Vertriebsrecht (N.)
diritto (M.) di vicinato Nachbarrecht (N.)
diritto (M.) di vigilanza su una persona Personensorgerecht (N.)
diritto (M.) di visita Besuchsrecht (N.)
diritto (M.) di voto Stimmrecht (N.), Wahlrecht (N.)
diritto (M.) di voto proporzionale Verhältniswahlrecht (N.)
diritto (M.) diplomatico Diplomatenrecht (N.)
diritto (M.) disciplinare Dienstrecht (N.), Disziplinarrecht (N.)
diritto (M.) disponibile Sekundärrecht (N.)
diritto (M.) dispositivo dispositives Recht (N.), nachgiebiges Recht (N.)
diritto (M.) doganale Zollrecht (N.)
diritto (M.) ecclesiastico Staatskirchenrecht (N.)
diritto (M.) economico Wirtschaftsrecht (N.)
diritto (M.) edilizio Baurecht (N.)
diritto (M.) editoriale Verlagsrecht (N.)
diritto (M.) elettorale Wahlrecht (N.)
diritto (M.) elettorale di tre classi (di elettori) Dreiklassenwahlrecht (N.)
diritto (M.) enfiteutico Erbbaurecht (N.)
diritto (M.) ereditario Erbrecht (N.)
diritto (M.) erga omnes absolutes Recht (N.)
diritto (M.) europeo europäisches Recht (N.), Europarecht (N.)
diritto (M.) fallimentare Insolvenzrecht (N.), Konkursrecht (N.)
diritto (M.) federale Bundesrecht (N.)
diritto (M.) finanziario Finanzrecht (N.)
diritto (M.) fiscale Steuerrecht (N.)
diritto (M.) fondamentale Grundrecht (N.)
diritto (M.) fondiario Bodenrecht (N.), Grundbuchrecht (N)
diritto (M.) formale formelles Recht (N.)
diritto (M.) genetico Genrecht (N.)
diritto (M.) giurisprudenziale case-law (N.) (engl.) (Fallrecht), Fallrecht (N.), Richterrecht (N.)
diritto (M.) immobiliare Grundrecht (N.), Grundstücksrecht (N.)
diritto (M.) imperativo zwingendes Recht (N.)
diritto (M.) in senso stretto ius (N.) strictum (lat.) (starres Recht)
diritto (M.) industriale Gewerberecht (N.)
diritto (M.) internazionale internationales Recht (N.)
diritto (M.) internazionale consuetudinario Völkergewohnheitsrecht (N.)
diritto (M.) internazionale privato internationales Privatrecht (N.)
diritto (M.) internazionale pubblico Völkerrecht (N.)
diritto (M.) interno Landesrecht (N.)
diritto (M.) marittimo Seerecht (N.)
diritto (M.) marittimo internazionale Seevölkerrecht (N.)
diritto (M.) materiale materielles Recht (N.)
diritto (M.) matrimoniale Eherecht (N.)
diritto (M.) medico Arztrecht (N.)
diritto (M.) militare Wehrrecht (N.)
diritto (M.) minerario Bergrecht (N.)
diritto (M.) morale d'autore Urheberpersönlichkeitsrecht (N.)
diritto (M.) naturale Naturrecht (N.), Vernunftrecht (N.)
diritto (M.) nazionale Landesrecht (N.)
diritto (M.) obiettivo Recht (N.) (objektives Recht)
diritto (M.) oggettivo objektives Recht (N.), Recht (N.) (objektives Recht)
diritto (M.) onorifico Ehrenrecht (N.)
diritto (M.) particolare Partikularrecht (N.)
diritto (M.) patrimoniale Güterrecht (N.), Vermögensrecht (N.)
diritto (M.) patrimoniale d'autore Verwertungsrecht (M.)
diritto (M.) patrimoniale tra coniugi Ehegüterrecht (N.)
diritto (M.) penale Strafrecht (N.)

diritto (M.) penale amministrativo Verwaltungsstrafrecht (N.)
diritto (M.) penale basato sul fatto Tatstrafrecht (N.)
diritto (M.) penale basato sulla personalità del reo Täterstrafrecht (N.)
diritto (M.) penale dei minori Jugendstrafrecht (N.)
diritto (M.) penale del Land Landesstrafrecht (N.)
diritto (M.) penale di guerra Kriegsstrafrecht (N.)
diritto (M.) penale economico Wirtschaftsstrafrecht (N.)
diritto (M.) penale internazionale Völkerstrafrecht (N.)
diritto (M.) penale militare Kriegsstrafrecht (N.), Wehrstrafrecht (N.)
diritto (M.) penale minorile Jugendstrafrecht (N.)
diritto (M.) penale speciale Nebenstrafrecht (N.)
diritto (M.) penale stradale Verkehrsstrafrecht (N.)
diritto (M.) penale tributario Steuerstrafrecht (N.)
diritto (M.) personale Personenrecht (N.), Persönlichkeitsrecht (N.)
diritto (M.) pignoratizio Pfandrecht (N.)
diritto (M.) positivo Gesetzesrecht (N.), positives Recht (N.)
diritto (M.) possessorio possessorischer Anspruch (M.)
diritto (M.) potestativo Gestaltungsrecht (N.)
diritto (M.) previdenziale Rentenrecht (N.)
diritto (M.) privato Privatrecht (N.)
diritto (M.) privato applicabile all'amministrazione Verwaltungsprivatrecht (N.)
diritto (M.) privato economico Wirtschaftsprivatrecht (N.)
diritto (M.) privilegiato Vorzugsrecht (M.)
diritto (M.) processuale formelles Recht (N.), Prozessrecht (N.), Verfahrensrecht (N.)
diritto (M.) processuale amministrativo Verwaltungsprozessrecht (N.)
diritto (M.) processuale civile Zivilprozessrecht (N.)
diritto (M.) processuale penale Strafprozessrecht (N.)
diritto (M.) professionale Standesrecht (N.)
diritto (M.) provinciale Landesrecht (N.)
diritto (M.) pubblico öffentliches Recht (N.), Staatsrecht (N.)
diritto (M.) pubblico soggettivo subjektives öffentliches Recht (N.)
diritto (M.) quesito wohlerworbenes Recht
diritto (M.) reale dingliches Recht (N.), Realrecht (N.), Sachenrecht (N.)
diritto (M.) reale di garanzia dingliches Sicherungsrecht (N.)
diritto (M.) reale limitato beschränktes dingliches Recht (N.)
diritto (M.) reale su cosa altrui beschränktes dingliches Recht (N.)
diritto (M.) regionale Landesrecht (N.)
diritto (M.) relativo relatives Recht (N.)
diritto (M.) romano römisches Recht (N.)
diritto (M.) sanitario Arztrecht (N.)
diritto (M.) scritto Gesetzesrecht (N.)
diritto (M.) secondario Sekundärrecht (N.)
diritto (M.) sociale Sozialrecht (N.)
diritto (M.) societario Gesellschaftsrecht (N.)
diritto (M.) soggettivo Anspruch (M.), Recht (N.) (subjektives Recht), Rechtsanspruch (M.), subjektives Recht (N.)
diritto (M.) sostanziale materielles Recht (N.)
diritto (M.) sovrano Hoheitsrecht (N.)
diritto (M.) spaziale Weltraumrecht (N.)
diritto (M.) speciale Sonderrecht (N.)
diritto (M.) statuale Staatsrecht (N.)
diritto (M.) statutario Satzungsrecht (N.)
diritto (M.) subiettivo Recht (N.) (subjektives Recht)
diritto (M.) successorio Erbrecht (N.)
diritto (M.) successorio dei coniugi Ehegattenerbrecht (N.)
diritto (M.) successorio surrogatorio Erbersatzanspruch (M.)
diritto (M.) tavolare Grundbuchrecht (N)
diritto (M.) territoriale Hoheitsrecht (N.)
diritto (M.) tributario Steuerrecht (N.)
diritto (M.) unitario della compravendita internazionale internationales Einheitskaufsrecht (N.)
diritto (M.) universale gemeines Recht (N.)
diritto (M.) urbanistico (F.) Bauplanungsrecht (N.)
diritto (M.) venatorio Jagdrecht (N.)
dirottamento (M.) aereo Flugzeugentführung (F.)
disaggio (M.) Abschlag (M.), Disagio (N.)

disapprovare missbilligen
disapprovazione (F.) Missbilligung (F.)
disarmare abrüsten
disarmato wehrlos
disarmo (M.) Abrüstung (F.)
disastro (M.) Unglück (N.)
disastro (M.) ferroviario Zugunglück (N.)
disattendere missachten
disattenzione (F.) Achtlosigkeit (F.)
disavanzo (M.) Defizit (N.), Fehlbetrag (M.), Verlust (M.)
disbrigo (M.) Besorgung (F.), Erledigung (F.), Verrichtung (F.)
discarica (F.) Deponie (F.)
discaricare entlasten
discarico (M.) Entlastung (F.)
discendente (M.) Abkömmling (M.), Deszendent (M.), Nachkomme (M.)
discendenti (M.Pl.) Deszendenz (F.)
discendenza (F.) Abkunft (F.), Abstammung (F.), Deszendenz (F.)
discendere abstammen, stammen
discernere unterscheiden
discernimento (M.) Einsicht (F.), Einsichtsfähigkeit (F.), Unterscheidung (F.), Urteilsfähigkeit (F.)
discesa (F.) Gefälle (N.)
discioglimento (M.) Auflösung (F.)
disciplina (F.) Disziplin (F.), Gehorsam (M.), Regelung (F.), Zucht (F.), Züchtigung (F.)
disciplina (F.) base Rahmenrecht (N.)
disciplina (F.) cornice Rahmenrecht (N.)
disciplina (F.) dei regolamenti edilizi Bauordnungsrecht (N.)
disciplina (F.) del fallimento Insolvenzordnung (F.)
disciplina (F.) del mercato Marktordnung (F.)
disciplina (F.) della divisione dei beni domestici Hausratsverordnung (F.)
disciplina (F.) della vendita Kaufrecht (N.)
disciplina (F.) di gruppo Fraktionszwang (M.)
disciplina (F.) quadro Rahmenrecht (N.)
disciplina (F.) tariffaria Gebührenordnung (F.)
disciplinare (Adj.) disziplinarisch
disciplinare regeln
discolpa (F.) Rechtfertigung (F.)
discolpare entschuldigen, exkulpieren, rechtfertigen
disconoscere aberkennen
disconoscimento (M.) Aberkennung (F.), Bestreitung (F.)
disconoscimento (M.) della legittimità Ehelichkeitsanfechtung (F.)
disconoscimento (M.) della paternità Vaterschaftsbestreitung (F.)
discorso (M.) Vortrag (M.)
discorso (M.) della corona Thronrede (F.) (Thronrede in Großbritannien)
discorso (M.) di chiusura Schlussvortrag (M.)
discredito (M.) Rufmord (M.)
discreto verschwiegen
discrezionalità (F.) Ermessen (N.)
discrezione (F.) Verschwiegenheit (F.)
discriminare diskriminieren
discriminazione (F.) Differenzierung (F.), Diskriminierung (F.)
discriminazione (F.) per motivi di razza Rassendiskriminierung (F.)
discriminazione (F.) razziale Rassendiskriminierung (F.)
discussione (F.) Debatte (F.), Disput (M.), Erörterung (F.)
discussione (F.) finale Schlussvortrag (M.)
discutere erörtern, verhandeln
discutibile fraglich, zweifelhaft
disdetta (F.) Kündigung (F.)
disdire absagen, widerrufen
disegnare zeichnen
disegno (M.) Vorlage (F.)
disegno (M.) di legge (d.d.l.) Gesetzentwurf (M.), Gesetzesvorlage (F.)
disegno (M.) di legge governativo Regierungsvorlage (F.)
disegno (M.) ornamentale Geschmacksmuster (N.)
diseredare enterben
diseredazione (F.) Enterbung (F.)
disertare desertieren
disertato (Adj.) fahnenflüchtig
disertore (M.) Deserteur (M.)
diserzione (F.) Desertierung (F.), Fahnenflucht (F.)
disfacimento (M.) Zerrüttung (F.)
disfare zerrütten
disgiunto einzeln
disgrazia (F.) Unglück (N.)
disgregazione (F.) Zerrüttung (F.)
disgregazione (F.) del matrimonio Zerrüttung (F.) der Ehe

disgregazione (F.) del rapporto matrimoniale Zerrüttung (F.) der Ehe
dislivello (M.) Gefälle (N.)
disobbediente ungehorsam
disobbedienza (F.) Unbotmäßigkeit (F.), Ungehorsam (M.)
disoccupato (Adj.) arbeitslos, erwerbslos
disoccupato (M.) Arbeitsloser (M.)
disoccupazione (F.) Arbeitslosigkeit (F.)
disoccupazione (F.) parziale Kurzarbeit (F.)
disonestà (F.) Unredlichkeit (F.)
disonesto (Adj.) unredlich
disordine (M.) Unruhe (F.), Unwesen (N.)
dispendio (M.) Aufwand (M.), Ausgabe (F.)
dispensa (F.) Dispens (M.), Entbindung (F.)
dispensare dispensieren, entbinden, entlassen, erlassen, freistellen
dispensato befreit
disperso (Adj.) verschollen
dispiacere (M.) Sorge (F.) (Besorgnis)
dispiegare entfalten
disponibile abdingbar, verfügbar
disponibilità (F.) Bereitschaft (F.), Disposition (F.), Verfügbarkeit (F.), Wartestand (M.)
disporre anordnen, bestimmen, disponieren, statuieren, verfügen
dispositivo (Adj.) dispositiv
dispositivo (M.) Spruch (M.), Tenor (M.) (Urteilstenor)
dispositivo (M.) d'allarme Alarmanlage (F.)
dispositivo (M.) della sentenza Tenor (M.) (Urteilstenor), Urteilsformel (F.), Urteilsspruch (M.), Urteilstenor (M.)
disposizione (F.) Anordnung (F.), Beibringung (F.), Bestimmung (F.), Disposition (F.), Maßnahme (F.), Maßregel (F.), Neigung (F.), Regel (F.), Verfügung (F.), Vorschrift (F.)
disposizione (F.) a causa di morte Verfügung von Todes wegen (F.)
disposizione (F.) accessoria Nebenbestimmung (F.)
disposizione (F.) amministrativa Verwaltungsvorschrift (F.)
disposizione (F.) base Rahmenvorschrift (F.)
disposizione (F.) d'ultima volontà letztwillige Verfügung (F.)
disposizione (F.) di legge Gesetzesvorschrift (F.)
disposizione (F.) dichiarante la validità dei contratti stipulati dal minore le cui prestazioni consistono in trasferimenti di somme lasciate a sua disposizione Taschengeldparagraph (M.)
disposizione (F.) finale Schlussbestimmung (F.)
disposizione (F.) generale allgemeine Bestimmung (F.)
disposizione (F.) mortis causa Verfügung von Todes wegen (F.)
disposizione (F.) normativa Normativbestimmung (F.)
disposizione (F.) particolare besondere Bestimmung (F.)
disposizione (F.) patrimoniale Vermögensverfügung (F.)
disposizione (F.) penale Strafbestimmung (F.)
disposizione (F.) provvisoria einstweilige Anordnung (F.)
disposizione (F.) quadro Rahmenvorschrift (F.)
disposizione (F.) testamentaria letztwillige Verfügung (F.)
disposizione (F.) transitoria Übergangsbestimmung (F.)
disposizioni (F.Pl) testamentarie per la divisione dell'eredità Teilungsanordnung (F.)
disposizioni (F.Pl.) preliminari al BGB Einführungsgesetz (N.)
disposto (M.) Verfügung (F.)
disposto bereit
dispotico despotisch
dispotismo (M.) Despotie (F.)
dispregiamento (M.) Abwertung (F.)
dispregiare abwerten
disprezzabile verwerflich
disprezzare missachten
disputa (F.) Disput (M.), Disputation (F.), Streit (M.)
dissenso (M.) Dissens (M.), Einigungsmangel (M.)
disseppellire exhumieren
dissequestro (M.) Freigabe (F.)
dissertazione (F.) Dissertation (F.)
dissesto (M.) Bankrott (M.), Insolvenz (F.), Zerrüttung (F.)
dissestrare zerrütten
dissidente (M.) Dissident (M.)
dissimulare dissimulieren, verbergen, verdecken, verschleiern, vortäuschen
dissimulazione (F.) Verdeckung (F.), Verschleierung (M.)

dissipare verschleudern, verschwenden
dissipazione (F.) Verschwendung (F.)
dissoluzione (F.) Auflösung (F.)
distaccato detachiert
distante fern
distanza (F.) Abstand (M.), Entfernung (F.)
distanza (F.) tra costruzioni Bauwich (M.)
distinguere distinguieren, unterscheiden
distintivo (M.) Insignie (F.)
distinto (Adj.) getrennt
distinzione (F.) Distinktion (F.), Unterscheidung (F.)
distorsione (F.) concorrenziale Wettbewerbsverzerrung (F.)
distretto (M.) Bezirk (M.), Distrikt (M.), Gau (M.), Gerichtssprengel (M.), Kreis (M.), Sprengel (M.)
distretto (M.) di caccia Jagdbezirk (M.)
distretto (M.) forestale Revier (N.)
distretto (M.) governativo Regierungsbezirk (M.)
distretto (M.) rurale Landkreis (M.)
distribuire verteilen
distributore (M.) (a gettone) Automat (M.)
distributore (M.) automatico Automat (M.)
distribuzione (F.) Verleih (M.), Verteilung (F.), Vertrieb (M.)
distribuzione (F.) d'energia Energieversorgung (F.)
distribuzione (F.) delle competenze Kompetenzverteilung (F.)
distruggere vernichten, zerrütten, zerstören
distruzione (F.) Abbruch (M.), Zerstörung (F.)
disturbare belästigen, stören
disturbatore (M.) Störer (M.)
disturbo (M.) Belästigung (F.), Störung (F.), Unfug (M.)
disturbo (M.) del riposo Ruhestörung (F.)
disturbo (M.) grave grober Unfug (M.)
disubbidiente unbotmäßig, ungehorsam
disubbidienza (F.) Ungehorsam (M.)
dito (M.) Finger (M.)
ditta (F.) Firma (F.)
ditta (F.) di vendite per corrispondenza Versandhaus (N.)
ditta (F.) oggettiva Sachfirma (F.)
dittatore (M.) Diktator (M.)
dittatura (F.) Diktatur (F.)
divergente abweichend
divergenza (F.) Abweichung (F.), Divergenz (F.)
divergere abweichen, divergieren
diversificare differenzieren
dividendo (M.) Dividende (F.)
dividendo (M.) addizionale Bonus (M.)
dividere aufteilen, auseinandersetzen (teilen), dividieren (F.), scheiden, teilen, trennen
dividere in particelle parzellieren
divieto (M.) Untersagung (F.), Verbot (N.)
divieto (M.) d'acquisto Erwerbsverbot (N.)
divieto (M.) d'alienazione Veräußerungsverbot (N.)
divieto (M.) degli atti di emulazione Schikaneverbot (N.)
divieto (M.) del doppio giudizio Verbot (N.) der Doppelbestrafung
divieto (M.) del venire contra factum proprium Estoppel (N.)
divieto (M.) dell'abuso del diritto soggettivo Schikaneverbot (N.)
divieto (M.) dell'analogia Analogieverbot (N.)
divieto (M.) della retroattività Rückwirkungsverbot (N.)
divieto (M.) di assunzione di prove Beweiserhebungsverbot (N.)
divieto (M.) di cartello Kartellverbot (N.)
divieto (M.) di cessione Abtretungsverbot (N.)
divieto (M.) di circolazione Fahrverbot (N.)
divieto (M.) di concorrenza Wettbewerbsverbot (N.)
divieto (M.) di dimora Aufenthaltsverbot (N.)
divieto (M.) di disporre Verfügungsverbot (N.)
divieto (M.) di disposizione Verfügungsverbot (N.)
divieto (M.) di eccesso Übermaßverbot (N.)
divieto (M.) di estradizione Auslieferungsverbot (N.)
divieto (M.) di fumare Rauchverbot (N.)
divieto (M.) di guida Fahrverbot (N.)
divieto (M.) di matrimonio Eheverbot (N.)
divieto (M.) di riproduzione Nachdrucksverbot (N.)
divieto (M.) di riunione Versammlungsverbot (N.)
divieto (M.) di soggiorno Aufenthaltsverbot (N.)
divieto (M.) di sorpasso Überholverbot (N.)
divieto (M.) di utilizzare Verwertungsverbot (N.)

divieto (M.) di utilizzare una prova Beweisverwertungsverbot (N.)
divieto (M.) di utilizzazione Verwertungsverbot (N.)
divieto (M.) preventivo präventives Verbot (N.)
divieto (M.) repressivo repressives Verbot (N.)
divisa (F.) Devise (F.), Uniform (F.)
divisa (F.) estera Valuta (F.)
divise (F.Pl.) Devisen (F.Pl.)
divisibile teilbar
divisione (F.) Aufspaltung (F.), Aufteilung (F.), Auseinandersetzung (F.), Dezernat (N.), Division (F.), Scheidung (F.), Teilung (F.), Trennung (F.)
divisione (F.) dei poteri Gewaltenteilung (F.)
diviso (Adj.) getrennt
divorziare scheiden
divorziata (F.) Geschiedene (F.)
divorziato (Adj.) geschieden
divorziato (M.) Geschiedener (M.)
divorzio (M.) Ehescheidung (F.), Scheidung (F.)
divorzio (M.) consensuale Konventionalscheidung (F.)
divulgare bekanntmachen, verlautbaren
divulgazione (F.) Bekanntmachung (F.)
dizionario (M.) Lexikon (N.)
docente (M.) Dozent (M.)
docente (M.) universitario Hochschuldozent (M.)
docile gefügig
documentabile aktenkundig, belegbar
documentale urkundlich
documentare belegen (V.)
documentario (Adj.) urkundlich
documentazione (F.) Unterlagen (F.Pl.)
documento (M.) Akte (F.), Bescheinigung (F.), Dokument (N.), Papier (N.), Schriftstück (N.), Urkunde (F.)
documento (M.) autentico echte Urkunde (F.)
documento (M.) contrattuale Vertragsurkunde (F.)
documento (M.) d'identificazione Personalausweis (M.)
documento (M.) di legittimazione hinkendes Inhaberpapier (N.), Inhaberzeichen (N.), Legitimationspapier (N.)
documento (M.) di prova Beleg (M.)
documento (M.) di riconoscimento Ausweis (M.)
documento (M.) digitale digitales Dokument (N.)
documento (M.) elettronico elektronisches Dokument (N.)
documento (M.) falso unechte Urkunde (F.)
documento (M.) informatico elektronisches Dokument (N.)
documento (M.) probatorio Beweisstück (N.), Beweisurkunde (F.)
documento (M.) pubblico öffentliche Urkunde (F.)
documento (M.) rappresentativo Traditionspapier (N.)
dogana (F.) Zoll (M.)
doganare verzollen
doganiere (M.) Zöllner (M.)
dogma (M.) Dogma (N.)
dogmatica (F.) Dogmatik (F.)
dogmatica (F.) giuridica Rechtsdogmatik (F.)
dolo (M.) Arglist (F.), arglistige Täuschung (F.), böse Absicht (F.), dolus (M.) (lat.) (Vorsatz), dolus (M.) malus (lat.) (Arglist), List (F.), Vorsatz (M.)
dolo (M.) di arricchimento Bereicherungsabsicht (F.)
dolo (M.) diretto direkter Vorsatz (M.), dolus (M.) directus (lat.) (direkter Vorsatz), unbedingter Vorsatz (M.), Wissentlichkeit (F.)
dolo (M.) eventuale bedingter Vorsatz (M.), dolus (M.) eventualis (lat.) (eventualer Vorsatz), dolus (M.) indirectus (lat.) (indirekter Vorsatz), Eventualvorsatz (M.), indirekter Vorsatz (M.)
dolo (M.) generale Gesamtvorsatz (M.)
dolo (M.) indiretto bedingter Vorsatz (M.), dolus (M.) indirectus (lat.) (indirekter Vorsatz), indirekter Vorsatz (M.)
dolo (M.) intenzionale Absicht (F.)
dolo (M.) specifico erweiterter Vorsatz (M.), überschießende Intendenz (F.)
dolo (M.) susseguente dolus (M.) subsequens (lat.) (nachträglicher Vorsatz)
dolo absichtliche Täuschung (F.)
dolore (M.) Schmerz (M.)
dolore (M.) psichico seelischer Schmerz (M.)
doloso arglistig, betrügerisch, böswillig, dolos, vorsätzlich
dolus (M.) (lat.) dolus (M.) (lat.) (Vorsatz)

dolus (M.) directus (lat.) dolus (M.) directus (lat.) (direkter Vorsatz)
dolus (M.) eventualis (lat.) dolus (M.) eventualis (lat.) (eventualer Vorsatz)
dolus (M.) generalis (lat.) dolus (M.) generalis (lat.) (allgemeiner Vorsatz)
dolus (M.) indirectus (lat.) dolus (M.) indirectus (lat.) (indirekter Vorsatz)
dolus (M.) malus (lat.) dolus (M.) malus (lat.) (Arglist)
dolus (M.) subsequens (lat.) dolus (M.) subsequens (lat.) (nachträglicher Vorsatz)
domain name (M.) (engl.) Domain-Name (M.)
domanda (F.) Anforderung (F.), Anfrage (F.), Anmeldung (F.), Ansuchen, Antrag (M.), Begehren (N.), Bitte (F.), Ersuchen (N.), Frage (F.), Gesuch (N.), Nachfrage (F.)
domanda (F.) d'annullamento Anfechtungsklage (F.)
domanda (F.) di accertamento incidentale Zwischenfeststellungsklage (F.)
domanda (F.) di ammissione Zulassungsantrag (M.)
domanda (F.) di ammissione di un credito al passivo Forderungsanmeldung (F.)
domanda (F.) di assunzione Bewerbung (F.)
domanda (F.) di concessione Konzessionsantrag (M.)
domanda (F.) di concessione mineraria Mutung (F.)
domanda (F.) di dichiarazione del fallimento Konkursantrag (M.)
domanda (F.) di divisione Teilungsklage (F.)
domanda (F.) di iscrizione nel registro delle imprese Anmeldung (F.) zum Handelsregister (Anmeldung zum Handelsregister in Italien)
domanda (F.) di parte Parteiantrag (M.)
domanda (F.) di rimborso Rückforderung (F.)
domanda (F.) giudiziale Klage (F.), Klageantrag (M.), Klagebegehren (N.)
domanda (F.) in via subordinata Eventualantrag (M.), Hilfsantrag (M.)
domanda (F.) incidentale Zwischenklage (F.)
domanda (F.) preventiva Voranfrage (F.)
domanda (F.) riconvenzionale Widerklage (F.)
domandare anfordern, anfragen, ansuchen, beanspruchen, begehren, ersuchen, fordern, fragen, klagen
domenica (F.) Sonntag (M.)
domestica (F.) Hausgehilfin (F.)
domestico (Adj.) häuslich
domestico (M.) Dienstbote (M.), Hausgehilfe (M.)
domiciliato ansässig
domicilio (M.) Wohnort (M.), Wohnsitz (M.)
domicilio (M.) coatto Zwangsaufenthalt (M.)
dominare beherrschen, gebieten, herrschen
dominio (M.) Beherrschung (F.), Domain (F.), Herrschaft (F.)
dominio (M.) diretto Obereigentum (N.)
dominio (M.) sul fatto Tatherrschaft (F.)
dominio (M.) sull'azione Tatherrschaft (F.)
dominio (M.) utile Untereigentum (N.)
dominium (M.) directum (lat.) Obereigentum (N.)
dominium (M.) utile (lat.) Untereigentum (N.)
donante (M.) Schenker (M.)
donare schenken, spenden, stiften, zuwenden
donatario (M.) Beschenkter (M.), Schenkungsempfänger (M.)
donatore (M.) Schenker (M.), Spender (M.), Stifter (M.) (Gründer)
donatore (M.) d'organo Organspender (M.)
donatrice (F.) Schenkerin (F.)
donazione (F.) Schenkung (F.), Stiftung (F.), Zuwendung (F.)
donazione (F.) a causa di morte Schenkung (F.) von Todes wegen
donazione (F.) inter vivos Schenkung (F.) unter Lebenden
donazione (F.) manuale Handschenkung (F.)
donazione (F.) mista gemischte Schenkung (F.)
donazione (F.) modale Schenkung (F.) unter Auflage
donazione (F.) mortis causa Schenkung (F.) von Todes wegen
donazione (F.) rimuneratoria remuneratorische Schenkung (F.)
donazione (F.) tra vivi Schenkung (F.) unter Lebenden
donna (F.) Frau (F.)
donna (F.) di malaffare Hure (F.)
donnant-donnant Zug um Zug
dono (M.) Gabe (F.), Geschenk (N.), Schenkung (F.), Spende (F.)
doping (M.) (engl.) Doping (N.)
doppia assicurazione (F.) Doppelversicherung (F.)

doppia cittadinanza (F.) Doppelstaatsangehörigkeit (F.)
doppia imposizione (F.) Doppelbesteuerung (F.)
doppio Doppel-, doppelt
doppio binario (M.) Zweispurigkeit (F.)
doppio cognome (M.) Doppelname (M.)
doppio nome (M.) Doppelname (M.)
doppiogiochista (M.) Opportunist (M.)
dosare abwägen
dossier (M.) Dossier (N.)
dotare ausstatten, aussteuern, dotieren
dotazione (F.) Ausstattung (F.), Bestand (M.), Dotation (F.)
dotazione (F.) organica Stellenplan (M.)
dote (F.) Ausstattung (F.), Aussteuer (F.), Mitgift (F.)
dottorando (M.) Doktorand (M.)
dottorato (M.) Doktorgrad (M.)
dottore (M.) Doktor (M.)
dottore (M.) di ricerca Doktor (M.)
dottore (M.) honoris causa Ehrendoktor (M.)
dottoressa (F.) Doktorin (F.)
dottrina (F.) Doktrin (F.), Lehre (F.), Rechtslehre (F.)
dottrina (F.) dell'ultra vires ultra-vires-Lehre (F.)
dottrina (F.) dello stato allgemeine Staatslehre (F.)
dottrina (F.) dello Stato Staatslehre (F.)
dottrina (F.) dominante herrschende Lehre (F.)
dottrina (F.) prevalente herrschende Lehre (F.)
dover conoscere kennen müssen
dover sapere kennen müssen, Wissenmüssen (N.)
dovere (M.) Obliegenheit (F.), Pflicht (F.)
dovere (M.) d'ufficio Amtspflicht (F.)
dovere (M.) di ammonimento Belehrungspflicht (F.)
dovere (M.) di diligenza Sorgfaltspflicht (F.)
dovere (M.) di dire la verità Wahrheitspflicht (F.)
dovere (M.) di esercitare il diritto di voto Wahlpflicht (F.)
dovere (M.) di fedeltà Treuepflicht (F.)
dovere (M.) di opposizione Remonstrationspflicht (F.)
dovere (M.) di pace sindacale Friedenspflicht (F.)
dovere (M.) di protezione Schutzpflicht (F.)
dovere (M.) di rimostranza Remonstrationspflicht (F.)
dovere (M.) di rivelazione Offenbarungspflicht (F.)
dovere (M.) di segretezza Verschwiegenheitspflicht (F.)
dovere (M.) fondamentale Grundpflicht (F.)
dovere (M.) giuridico Rechtspflicht (F.)
dovere schulden
draconiano drakonisch
droga (F.) Droge (F.), Rauschgift (N.)
drogato (Adj.) rauschgiftsüchtig, süchtig
drogato (M.) Rauschgiftsüchtiger (M.)
dualismo (M.) Dualismus (M.)
dualistico dualistisch
dubbio (Adj.) verdächtig
dubbio (M.) Bedenken (N.), Zweifel (M.)
dubbioso fraglich, zweifelhaft
dubitare bezweifeln
duca (M.) Herzog (M.)
ducato (M.) Herzogtum (N.)
duce (M.) Führer (M.)
duchessa (F.) Herzogin (F.)
due zwei
duello (M.) Duell (N.), Zweikampf (M.)
dumping (M.) Dumping (N.)
duomo (M.) Dom (M.)
duplica (F.) Duplik (F.)
duplicato (M.) Abschrift (F.), Ausfertigung (F.), Duplikat (N.), Nachbildung (F.), Zweitschrift (F.)
duplicazione (F.) Vervielfältigung (F.)
duplice doppelt
durare dauern, währen
durata (F.) Dauer (F.), Laufzeit (F.)
durata (F.) della carica Amtsdauer (F.)
durata (F.) legale degli studi Regelstudienzeit (F.)
durevole dauernd
duro hart

e

ebbrezza (F.) Rausch (M.), Trunkenheit (F.)
ebbro betrunken
ebreo (M.) Jude (M.)
eccedenza (F.) Überhang (M.), Übermaß (N.), Überschreitung (F.), Überschuss (M.)
eccedenza (F.) attiva Überschuss (M.)

eccedenza (F.) dei debiti Überschuldung (F.)
eccepire einwenden
eccessiva (F.) onerosità Äquivalenzstörung (F.), übermäßige Belastung (F.)
eccessivo exzessiv, übermäßig
eccesso (M.) Exzess (M.), Überhang (M.), Übermaß (N.)
eccesso (M.) colposo nella legittima difesa Notwehrüberschreitung (F.)
eccesso (M.) colposo nello stato di necessità Notstandsexzess (M.)
eccesso (M.) del detentore Fremdbesitzerexzess (M.)
eccesso (M.) di legittima difesa Notwehrexzess (M.)
eccesso (M.) di popolazione Überbevölkerung (F.)
eccesso (M.) di potere Überschreitung (F.) der Befugnis
eccesso (M.) di potere discrezionale Ermessensüberschreitung (F.)
eccetto außer
eccettuato außer
eccezionale außergewöhnlich, außerordentlich
eccezione (F.) Ausnahme (F.), Einrede (F.), Einspruch (M.), Einwand (M.), Einwendung (F.), exceptio (F.) (lat.) (Einrede)
eccezione (F.) d'inammissibilità Unzulässigkeitseinrede (F.)
eccezione (F.) d'incompetenza Unzuständigkeitseinrede (F.)
eccezione (F.) d'insufficienza della massa ereditaria Dürftigkeitseinrede (F.)
eccezione (F.) di parte Parteiantrag (M.)
eccezione (F.) dilatoria dilatorische Einrede (F.)
eccezione (F.) perentoria peremptorische Einrede (F.)
eccitare erregen
ecclesiastico (Adj.) geistlich, kirchlich, klerikal
ecclesiastico (M.) Geistlicher (M.), Kleriker (M.)
ecologia (F.) Ökologie (F.)
ecologicamente compatibile umweltverträglich
ecologico ökologisch
e-commerce (M.) (engl.) E-Commerce (M.)
economato (M.) Betriebsmittelverwaltung (F.)
economia (F.) Ökonomie (F.), Wirtschaft (F.)
economia (F.) aziendale Betriebswirtschaft (F.)
economia (F.) di guerra Kriegswirtschaft (F.)
economia (F.) di mercato Marktwirtschaft (F.)
economia (F.) internazionale Außenwirtschaft (F.)
economia (F.) naturale Naturalwirtschaft (F.)
economia (F.) nazionale Volkswirtschaft (F.)
economia (F.) privata Privatwirtschaft (F.)
economia (F.) programmata Planwirtschaft (F.)
economica (F.) agricola Landwirtschaft (F.)
economicità (F.) Wirtschaftlichkeit (F.)
economico ökonomisch, wirtschaftlich
economo (M.) Verwalter (M.)
ECU (F.) (unità di conto europea) ECU (M.) (European Currency Unit)
ecumene (F.) Ökumene (F.)
ecumenico ökumenisch
edicola (F.) Kiosk (M.)
edificabile baureif
edificare konstruieren
edificio (M.) Bau (M.), Bauwerk (N.), Gebäude (N.), Haus (N.)
edilizia (F.) abitativa Wohnungsbau (M.)
edilizia (F.) sociale sozialer Wohnungsbau (M.)
editore (M.) Herausgeber (M.), Verleger (M.)
editrice (F.) Herausgeberin (F.)
editto (M.) Edikt (N.)
edizione (F.) Auflage (F.), Ausgabe (F.), Edition (F.), Herausgabe (F.)
educare bilden, erziehen
educatore (M.) Erzieher (M.)
educazione (F.) Ausbildung (F.), Erziehung (F.)
educazione (F.) dei bambini Kindererziehung (F.)
EED (F.) (elaborazione elettronica dei dati) EDV (elektronische Datenverarbeitung) (F.)
effettivo (Adj.) aktiv, effektiv, faktisch, tatsächlich
effettivo (M.) Bestand (M.)
effetto (M.) Effekt (M.), Einwirkung (F.), Fazit (N.), Wirkung (F.)
effetto (M.) devolutivo Devolutiveffekt (M.)
effetto (M.) di legge rechtliche Wirkung (F.)
effetto (M.) erga omnes Drittwirkung (F.)
effetto (M.) giuridico rechtliche Wirkung (F.), Rechtsfolge (F.), Rechtswirkung (F.)

effetto (M.) legale Rechtsfolge (F.)
effetto (M.) obbligatorio Bindungswirkung (F.)
effetto (M.) reale dingliche Wirkung (F.)
effetto (M.) retroattivo Rückwirkung (F.)
effetto (M.) sospensivo Suspensiveffekt (M.)
effetto (M.) verso terzi Drittwirkung (F.)
effetto (M.) vincolante Bindungswirkung (F.)
effettuare bewirken, verrichten, vollziehen, vornehmen
effettuazione (F.) Verwirklichung (F.), Vollziehung (F.)
efficace rechtswirksam, wirksam
efficacia (F.) Wirksamkeit (F.)
efficacia (F.) di cosa giudicata Rechtskraft (F.)
efficacia (F.) giuridica Rechtswirksamkeit (F.)
efficacia (F.) probatoria Beweiskraft (F.)
efficacia (F.) soggettiva del contratto collettivo Tarifgebundenheit (F.)
efficacia (F.) sospensiva aufschiebende Wirkung (F.)
efficiente wirksam
efficienza (F.) Effizienz (F.), Wirksamkeit (F.)
effrazione (F.) Einbruch (M.)
egemonia (F.) Hegemonie (F.), Vorherrschaft (F.)
egida (F.) Patronat (N.)
eguaglianza (F.) Gleichberechtigung (F.), Gleichheit (F.)
eguaglianza (F.) del voto gleiche Wahl (F.)
eguale ebenbürtig, gleich
elaborare vorbereiten
elaborato (M.) Hausarbeit (F.)
elaboratore (M.) elettronico Computer (M.)
elaborazione (F.) Verarbeitung (F.), Vorbereitung (F.)
elaborazione (F.) dei dati Datenverarbeitung (F.)
elaborazione (F.) di testi Textverarbeitung (F.)
elaborazione (F.) elettronica dei dati (EED) elektronische Datenverarbeitung (F.) (EDV)
elargire spenden, zuwenden
elargitore (M.) Spender (M.)
elargizione (F.) Spende (F.), Zuwendung (F.)
eleggere wählen
eleggibile wählbar
eleggibilità (F.) passives Wahlrecht (N.)
elementi (M.Pl.) accidentali del negozio accidentialia negotii (lat.)
elementi (M.Pl.) oggettivi della fattispecie gesetzlicher Tatbestand (M.)
elemento (M.) accidentale Nebenabrede (F.)
elemento (M.) costitutivo Bestandteil (M.), Erfordernis (N.)
elemento (M.) costitutivo della fattispecie Tatbestandsmerkmal (N.)
elemento (M.) del contratto Vertragsbestandteil (N.)
elemento (M.) della colpevolezza Schuldmerkmal (N.)
elemento (M.) di prova Beweisstück (N.)
elemento (M.) essenziale Erfordernis (N.)
elemento (M.) negativo del fatto negatives Tatbestandsmerkmal (N.)
elemento (M.) negativo della fattispecie negatives Tatbestandsmerkmal (N.)
elemento (M.) normativo della fattispecie (astratta) normatives Tatbestandsmerkmal (N.)
elemento (M.) obiettivo della fattispecie objektives Tatbestandsmerkmal (N.)
elemento (M.) soggettivo dell'antigiuridicità sostanziale subjektives Unrechtselement (N.)
elemento (M.) soggettivo della causa di giustificazione subjektives Rechtfertigungselement (N.)
elemento (M.) soggettivo della fattispecie subjektives Tatbestandsmerkmal (N.)
elemento (M.) speciale della colpevolezza spezielles Schuldmerkmal (N.)
elemento descrittivo della fattispecie deskriptives Tatbestandsmerkmal (N.)
elemosina (F.) Almosen (N.)
elencare enumerieren, nennen, verzeichnen
elencazione (F.) Aufstellung (F.)
elenco (M.) Liste (F.), Nachweis (M.), Tabelle (F.), Verzeichnis (N.)
elenco (M.) dei debitori Schuldnerverzeichnis (N.)
elenco (M.) delle località abitate Ortsverzeichnis (N.)
elettivo wählbar
elettorato (M.) attivo aktives Wahlrecht (N.), Wahlberechtigung (F.)
elettorato (M.) passivo passives Wahlrecht (N.)
elettore (M.) Wahlberechtigter (M.), Wähler (M.)

elettrice (F.) Wählerin (F.)
elettricità (F.) Elektrizität (F.)
elettrico elektrisch
elettronico elektronisch
elevare anheben, erhöhen
elevazione (F.) Erhebung (F.), Erhöhung (F.)
elevazione (F.) del capitale Kapitalerhöhung (F.)
elezione (F.) Wahl (F.)
elezione (F.) a collegio uninominale Mehrheitswahl (F.)
elezione (F.) a lista Listenwahl (F.)
elezione (F.) amministrativa comunale Kommunalwahl (F.)
elezione (F.) complementare Nachwahl (F.)
elezione (F.) comunale Kommunalwahl (F.)
elezione (F.) del consiglio comunale Kommunalwahl (F.)
elezione (F.) europea Europawahl (F.)
elezione (F.) in base al sistema proporzionale Verhältniswahl (F.)
elezione (F.) nuova Neuwahl (F.)
elezione (F.) parziale Nachwahl (F.)
elezione (F.) preliminare Vorwahl (F.)
elezioni (F.Pl.) parlamentari Parlamentswahlen (F.Pl.)
eliminare abstellen, aussondern, beheben, beseitigen, entfernen, stilllegen
eliminazione (F.) Abstellung (F.), Ausschließung (F.), Aussonderung (F.), Behebung, Beseitigung (F.), Entfernung (F.), Stilllegung (F.)
eliminazione (F.) dei rifiuti Abfallbeseitigung (F.)
eliminazione (F.) dei vizi Nachbesserung (F.), Nacherfüllung (F.)
eliminazione (F.) delle conseguenze dannose Folgenbeseitigung
eliminazione (F.) di un'iscrizione dal casellario giudiziale Straftilgung (F.)
eludere ausweichen, umgehen
elusione (F.) Umgehung (F.)
elusione (F.) della legge Gesetzesumgehung (F.), Rechtsbeugung (F.)
e-mail (F.) E-Mail (N.)
emanare erlassen
emanazione (F.) Ausgabe (F.), Erlass (M.)
emanazione (F.) di una norma Normerlass (M.)
emancipare emanzipieren
emancipato ehemündig, mündig
emancipazione (F.) Ehefähigkeit (F.), Ehemündigkeit (F.), Emanzipation (F.), Entlassung (F.) aus der elterlichen Sorge (Entlassung aus der elterlichen Sorge in Italien)
embargo (M.) Embargo (N.)
embargo (M.) commerciale Handelsembargo (N.)
emblema (M.) dello Stato Hoheitszeichen (N.)
emblema (M.) nazionale Hoheitszeichen (N.), Nationalsymbol (N.)
emblema (M.) statale Nationalsymbol (N.)
embrione (M.) Embryo (M.)
emendamento (M.) Abänderung (F.), Abänderungsantrag (M.), Amendement (N.), Berichtigung (F.), Nachbesserung (F.), Novellierung (F.)
emendamento (M.) di legge Gesetzesänderung (F.)
emendare abändern, berichtigen, nachbessern, novellieren
emergenza (F.) Not (F.)
emerire emeritieren
emeritazione (F.) Emeritierung (F.)
emettere ausgeben, ausstellen, begeben, emittieren
emigrante (M.) Emigrant (M.)
emigrare abwandern, auswandern, emigrieren
emigrato (M.) Emigrant (M.)
emigrazione (F.) Abwanderung (F.), Emigration (F.)
emigrazione Auswanderung (F.)
emissione (F.) Ausstellung (F.), Begebung (F.), Emission (F.)
emissione (F.) di azioni Aktienemission (F.)
emissione (F.) sotto la pari Unterpari-Ausgabe (F.)
emittente (M.) Aussteller (M.), Emittent (M.)
emittente (M.) di cambiale Wechselaussteller (M.)
emittente (M.) pirata Piratensender (M.)
emolumento (M.) Dienstbezug (M.), Einkommen (N.), Einkunft (F.), Verdienst (M.)
emptio (F.) spei (lat.) Hoffnungskauf (M.), Kauf (M.) auf Hoffnung
encefalo (M.) Gehirn (N.)
enciclica (F.) Enzyklika (F.)
enciclopedia (F.) Enzyklopädie (F.), Lexikon (N.)
enclave (F.) Enklave (F.)

energia (F.) Energie (F.)
energia (F.) elettrica Elektrizität (F.), Strom (M.)
energia (F.) nucleare Kernenergie (F.)
enfiteusi (F.) Erbpacht (F.)
enorme außergewöhnlich
ente (M.) Anstalt (F.), Behörde (F.), Einrichtung (F.), Institution (F.), Körper (M.), Körperschaft (F.), Organ (N.), Träger (M.)
ente (M.) amministrativo Verwaltungsbehörde (F.)
ente (M.) assicuratore Versicherungsträger (M.)
ente (M.) assicuratore sociale Sozialversicherungsträger (M.)
ente (M.) autonomo Selbstverwaltungskörperschaft (F.)
ente (M.) centrale per la registrazione dei nomi a dominio in Germania (DENIC) DENIC (N.) (Deutsches Network Information Center)
ente (M.) collettivo Körperschaft (F.), Korporation (F.)
ente (M.) costituito da persone giuridiche Verbandskörperschaft (F.)
ente (M.) di diritto pubblico Körperschaft (F.) des öffentlichen Rechts
ente (M.) di supervisione tecnica Technischer Überwachungsverein (M.) (TÜV), TÜV (M.) (Technischer Überwachungsverein)
ente (M.) federale Bundesanstalt (F.)
ente (M.) morale Idealverein (M.)
ente (M.) nazionale per le strade (ANAS) Straßenbaubehörde (F.) (Straßenbaubehörde in Italien)
ente (M.) personale Personalkörperschaft (F.)
ente (M.) previdenziale Sozialversicherungsträger (M.)
ente (M.) pubblico Körperschaft (F.) des öffentlichen Rechts, öffentliche Einrichtung (F.), öffentliche Körperschaft (F.), öffentlichrechtliche Körperschaft (F.)
ente (M.) territoriale Gebietskörperschaft (F.)
entità (F.) Ausmaß (N.), Volumen (N.)
entità (F.) del danno Ausmaß (N.) des Schadens, Schadenshöhe (F.)
entità (F.) della pena Strafmaß (N.)
entrare beitreten, betreten (V.), eingehen, einreisen, eintreten
entrare di forza einbrechen
entrare in collisione kollidieren
entrata (F.) Aufnahme (F.), Beitritt (M.), Eingang (M.), Einkommen (N.), Einkunft (F.), Einnahme (F.), Eintritt (M.)
entrata (F.) d'esercizio Betriebseinnahme (F.)
entrata (F.) dell'azienda Betriebseinnahme (F.)
entrata (F.) in possesso Besitzergreifung (F.)
entrata (F.) in vigore Inkrafttreten (N.)
entro binnen
enumerare enumerieren
enumerazione (F.) Enumeration (F.)
enunciazione (F.) Darstellung (F.)
enunciazione (F.) dei fatti Sachverhaltsdarstellung (F.)
epidemia (F.) Seuche (F.)
epoca (F.) Zeitabschnitt (M.)
equanimità (F.) Unvoreingenommenheit (F.)
equipaggio (M.) Belegschaft (F.), Besatzung (F.)
equiparato nei diritti gleichberechtigt
equità (F.) Billigkeit (F.), Gerechtigkeit (F.)
equità Billigkeitsrecht (N.)
equivalente äquivalent, gleichwertig
equivalenza (F.) Äquivalenz (F.)
equivoco (M.) Missverständnis (N.)
equo billig, gerecht
erariale fiskalisch
erario (M.) Staatskasse (F.)
erede (F.) Erbin (F.)
erede (M.) Erbe (M.)
erede (M.) ab intestato Intestaterbe (M.)
erede (M.) apparente Scheinerbe (M.)
erede (M.) gravato di sostituzione Vorerbe (M.)
erede (M.) necessario Noterbe (M.)
erede (M.) sostituito Nacherbe (M.)
erede (M.) sostituto Ersatzerbe (M.)
erede (M.) testamentario Testamentserbe (M.)
erede (M.) ultimo Schlusserbe (M.)
erede (M.) universale Universalerbe (M.)
eredità (F.) Erbe (N.), Erbschaft (F.), Nachlass (M.), Verlassenschaft (F.)
eredità (F.) gravata di sostituzione Vorerbschaft (F.)
ereditare erben
ereditarietà (F.) Vererbung (F.)

ereditario (Adj.) erblich
eresia (F.) Häresie (F.), Ketzerei (F.)
eretico (M.) Ketzer (M.)
ergastolo (M.) lebenslange Freiheitsstrafe (F.), lebenslange Gefängnisstrafe (F.)
erigere errichten
ermeneutica (F.) Hermeneutik (F.)
ermorden ermorden
erogare spenden
erogazione (F.) Lieferung (F.), Spende (F.)
erogazione (F.) di energia Stromeinspeisung (F.)
erogazioni (F.Pl.) sociali Sozialleistung (F.)
eroina (F.) Heroin (N.)
errare verfehlen, versehen (V.) (sich)
errato unrichtig
erronea supposizione (F.) dell'esistenza di una causa di giustificazione Erlaubnisirrtum (M.), Erlaubnistatbestandsirrtum (M.)
erroneità (F.) Unrichtigkeit (F.)
erroneo falsch, irrtümlich, unrichtig
errore (M.) Fehler (M.), Irrtum (M.), Verfehlung (F.), Versehen (N.)
errore (M.) di calcolo Kalkulationsirrtum (M.)
errore (M.) di costruzione Konstruktionsfehler (M.)
errore (M.) di diritto Rechtsirrtum (M.), Verbotsirrtum (M.)
errore (M.) di fatto Irrtum (M.) über Tatumstände, Sachverhaltsirrtum (M.), Tatbestandsirrtum (M.), Tatsachenirrtum (M.)
errore (M.) di interpretazione Auslegungsfehler (M.)
errore (M.) di sussunzione Subsumtionsirrtum (M.)
errore (M.) diretto sul precetto direkter Verbotsirrtum (M.)
errore (M.) diretto sulla norma penale direkter Verbotsirrtum (M.)
errore (M.) evitabile sul precetto vermeidbarer Verbotsirrtum (M.)
errore (M.) evitabile sull'antigiuridicità del fatto vermeidbarer Verbotsirrtum (M.)
errore (M.) giudiziario Justizirrtum (M.)
errore (M.) grave sulla causalità grober Unverstand (M.)
errore (M.) indiretto sul precetto indirekter Verbotsirrtum (M.)
errore (M.) indiretto sull'antigiuridicità del fatto indirekter Verbotsirrtum (M.)
errore (M.) indiretto sulla norma penale indirekter Verbotsirrtum (M.)
errore (M.) nel motivo Motivirrtum (M.)
errore (M.) nella dichiarazione Erklärungsirrtum (M.)
errore (M.) nella trasmissione della dichiarazione Übermittlungsfehler (M.)
errore (M.) ostativo Äußerungsirrtum (M.), Erklärungsirrtum (M.), Inhaltsirrtum (M.)
errore (M.) professionale Kunstfehler (M.)
errore (M.) sugli effetti giuridici Rechtsfolgenirrtum (M.)
errore (M.) sul fatto Sachverhaltsirrtum (M.), Tatbestandsirrtum (M.)
errore (M.) sull'antigiuridicità del fatto Verbotsirrtum (M.)
errore (M.) sull'obbligo di garanzia Gebotsirrtum (M.)
errore (M.) sulla persona dell'offeso Irrtum (M.) über das Handlungsobjekt
errore (M.) sulla punibilità del fatto Strafbarkeitsirrtum (M.)
errore (M.) sulle circostanze del fatto Tatumstandsirrtum (M.)
errore (M.) tecnico Kunstfehler (M.)
errore-motivo (M.) Geschäftsirrtum (M.)
errore-vizio (M.) Bedeutungsirrtum (M.), Geschäftsirrtum (M.)
errroneamente versehentlich
esagerato übermäßig
esaltare verherrlichen
esaltazione (F.) Verherrlichung (F.)
esame (M.) Betrachtung, Einvernahme (F.), Examen (N.), Prüfung (F.), Revision (F.), Test (M.), Verhör (N.), Vernehmung (F.)
esame (M.) dei documenti Akteneinsicht (F.)
esame (M.) della pratica Akteneinsicht (F.)
esame (M.) di avvocato Rechtsanwaltsprüfung (F.) (Rechtsanwaltsprüfung in Italien)
esame (M.) di bilinguismo Zweisprachigkeitsprüfung (F.) (Zweisprachigkeitsprüfung in Südtirol)
esame (M.) di laurea Doktorprüfung (F.), Laureatsprüfung (F.) (Laureatsprüfung in Italien)
esame (M.) di legittimità Rechtmäßigkeitsprüfung (F.)
esame (M.) di maestro Meisterprüfung (F.)
esame (M.) di maestro artigiano Meisterprüfung (F.)

esame (M.) di maturità Abitur (N.), Matura (F.), Reifeprüfung (F.)
esame (M.) di stato Reifeprüfung (F.)
esame (M.) di Stato Staatsprüfung (F.)
esame (M.) di testimoni Zeugeneinvernahme (F.), Zeugenvernehmung (F.)
esame (M.) diretto direkte Vernehmung (F.)
esame (M.) finale Abschlussprüfung (F.)
esame (M.) finale di dottorato Rigorosum (N.)
esame (M.) giudiziale del mandato di cattura richterliche Haftprüfung (F.)
esame (M.) incrociato Kreuzverhör (N.)
esame (M.) intermedio Zwischenprüfung (F.)
esame (M.) necroscopico Obduktion (F.)
esame (M.) preliminare Vorprüfung (F.)
esame (M.) sul bisogno pubblico Bedürfnisprüfung (F.)
esame (M.) testimoniale Zeugenvernehmung (F.)
esami (M.Pl.) di Stato conclusivi dei corsi di studio di istruzione secondaria superiore Abitur (N.)
esaminando (M.) Prüfling (M.)
esaminare analysieren, einsehen, inspizieren, mustern, prüfen, revidieren, überprüfen, untersuchen, verhören
esaminatore (M.) Prüfer (M.)
esatto korrekt, richtig
esattore (M.) delle imposte Steuereinheber (M.)
esauriente erschöpfend
esaurimento (M.) Ausschöpfung (F.), Erschöpfung (F.)
esaurimento (M.) delle vie legali Ausschöpfung (F.) des Rechtsweges, Erschöpfung (F.) des Rechtsweges
esaurire erschöpfen
esazione (F.) delle tasse Steuerbeitreibung (F.)
esazione (F.) fiscale Steuerbeitreibung (F.)
escludere abbedingen, ausschließen, entfernen
esclusione (F.) Ausschließung (F.), Ausschluss (M.), Entfernung (F.)
esclusione (F.) del socio dalla società a responsabilità limitata Kaduzierung (F.)
esclusione (F.) della responsabilità Haftungsausschluss (M.)
esclusiva (F.) Alleinvertretung (F.)
esclusività (F.) Ausschließlichkeit (F.)
esclusivo Allein-, ausschließlich, exklusiv
escluso ausschließlich
escussione (F.) Verhör (N.), Vernehmung (F.), Vorausklage (F.)
escutere verhören
esecutività (F.) Vollstreckbarkeit (F.)
esecutività (F.) provvisoria vorläufige Vollstreckbarkeit (F.)
esecutivo (Adj.) exekutiv, vollstreckbar
esecutivo (M.) Exekutive (F.)
esecutore (M.) Vollstrecker (M.)
esecutore (M.) del testamento Testamentsvollstrecker (M.)
esecutore (M.) materiale Vordermann (M.), Werkzeug (N.)
esecutore (M.) testamentario Testamentsvollstrecker (M.)
esecutorietà (F.) Vollstreckbarkeit (F.)
esecutorietà (F.) provvisoria vorläufige Vollstreckbarkeit (F.)
esecutorio vollstreckbar
esecuzione (F.) Abwicklung (F.), Ausführung (F.), Begehung (F.), Beitreibung (F.), Besorgung (F.), Durchführung (F.), Exekution (F.), Verrichtung (F.), Vollstreckung (F.), Vollziehung (F.), Vollzug (M.), Vornahme (F.)
esecuzione (F.) amministrativa Verwaltungsvollstreckung (F.)
esecuzione (F.) capitale Hinrichtung (F.)
esecuzione (F.) concorsuale Gesamtvollstreckung (F.)
esecuzione (F.) d'ufficio Ersatzvornahme (F.)
esecuzione (F.) del testamento Testamentsvollstreckung (F.)
esecuzione (F.) della pena Strafvollstreckung (F.), Strafvollzug (M.)
esecuzione (F.) della pena detentiva Vollzug (M.)
esecuzione (F.) della sentenza Urteilsvollstreckung (F.)
esecuzione (F.) di stipendio Gehaltsexekution (F.)
esecuzione (F.) forzata Zwangsvollstreckung (F.)
esecuzione (F.) forzata di rilascio di immobile Zwangsräumung (F.)
esecuzione (F.) forzata immobiliare Immobiliarzwangsvollstreckung (F.)
esecuzione (F.) mobiliare Fahrnisexekution (F.)
esecuzione (F.) penale Strafvollstreckung (F.)

esecuzione (F.) testamentaria Testamentsvollstreckung (F.)
esecuzione (F.) universale Gesamtvollstreckung (F.)
eseguibile vollstreckbar
eseguibilità (F.) Vollstreckbarkeit (F.)
eseguire abwickeln, ausführen, besorgen, durchführen, exekutieren, verrichten, vollstrecken, vollziehen
esempio (M.) Beispiel (N.)
esempio (M.) regolare Regelbeispiel (N.)
esemplare (Adj.) beispielhaft
esemplare (M.) Ausfertigung (F.), Stück (N.)
esemplificativo beispielhaft
esentare entbinden
esente befreit, frei
esente d'imposta steuerfrei
esente da carichi lastenfrei
esente da dazio zollfrei
esente da debiti schuldenfrei
esente da oneri lastenfrei
esente da tassa steuerfrei
esente da tasse gebührenfrei
esenziare freistellen
esenzione (F.) Befreiung (F.), Entbindung (F.), Freistellung (F.)
esenzione (F.) d'imposta Steuererlass (M.)
esenzione (F.) fiscale Steuerbefreiung (F.)
esenzione (F.) per gruppo Gruppenfreistellung (F.)
esenzione (F.) tributaria Steuerbefreiung (F.)
esercente (M.) un'attività commerciale Gewerbetreibender (M.)
esercente attività commerciale o industriale gewerbetreibend
esercitare ausüben, betreiben, geltend machen
esercitare la funzione fungieren
esercitarsi üben
esercitazione (F.) Übung (F.)
esercito (M.) Armee (F.), Heer (N.)
esercizio (M.) Ausübung (F.), Geschäftsjahr (N.), Rechnungsjahr (N.), Übung (F.)
esercizio (M.) abusiva della professione medica Kurpfuscherei (F.)
esercizio (M.) commerciale ausgeübter Gewerbebetrieb (M.), Geschäftsbetrieb (M.), Geschäftsjahr (N.)
esercizio (M.) della caccia Jagdausübung (F.)
esercizio (M.) della professione Berufsausübung (F.)
esercizio (M.) delle funzioni d'ufficio Amtsausübung (F.)
esercizio (M.) delle proprie ragioni Selbsthilfe (F.)
esercizio (M.) di un diritto Geltendmachung (F.) eines Anspruchs, Rechtsausübung (F.), Rechtsverfolgung (F.)
esercizio (M.) di una facoltà legittima Wahrnehmung (F.) berechtigter Interessen
esercizio (M.) industriale ausgeübter Gewerbebetrieb (M.)
esibire beibringen, einreichen, vorlegen
esibizione (F.) Beibringung (F.), Vorlage (F.), Vorlegung (F.)
esibizionista (Adj.) exhibitionistisch
esibizionista (M.) Exhibitionist (M.)
esibizionistico exhibitionistisch
esigenza (F.) Anforderung (F.), Bedarf (M.), Bedürfnis (N.), Erforderlichkeit (F.), Erfordernis (N.)
esigere anfordern, beanspruchen, bedingen, einnehmen, eintreiben, erfordern, fordern, zumuten
esigibile ausstehend, erfüllbar, fällig, zahlbar, zumutbar
esigibilità (F.) Erfüllbarkeit (F.), Fälligkeit (F.), Zumutbarkeit (F.)
esiguo geringfügig
esiliare verbannen
esilio (M.) Exil (N.), Verbannung (F.)
esimere befreien, entbinden, freistellen
esistenza (F.) Dasein (N.), Existenz (F.), Leben (N.)
esistere existieren, leben
esitazione (F.) Bedenken (N.)
esito (M.) Lösung (F.)
esodio (M.) Abwanderung (F.)
esonerare befreien, dispensieren, entbinden, entlasten, erlassen, freistellen
esonerato befreit
esonero (M.) Befreiung (F.), Dispens (M.), Entbindung (F.), Entlastung (F.), Erlass (M.), Freiheit (F.), Freistellung (F.), Freizeichnung (F.)
esonero (M.) da responsabilità Haftungsausschluss (M.), Indemnität (F.)
esonero (M.) da tasse Steuerbefreiung (F.)
esonero (M.) dalla responsabilità Enthaftung (F.)
esonero (M.) dalle tasse Steuererlass (M.)
esonero (M.) di gruppo Gruppenfreistellung (F.)

esorbitante übermäßig
esordio (M.) Anfang (M.)
esordire beginnen
esortare ermahnen
esortazione (F.) Ermahnung (F.)
espandere erweitern
espansione (F.) Erweiterung (F.)
espediente (M.) Behelf (M.)
espediente (M.) giuridico Rechtsbehelf (M.)
espellere abschieben, ausschließen, ausweisen, vertreiben
esperienza (F.) Erfahrung (F.), Lebenserfahrung (F.)
esperienza (F.) di vita Lebenserfahrung (F.)
esperienza (F.) professionale Berufserfahrung (F.)
esperire betreiben
esperto (Adj.) kundig, sachverständig
esperto (M.) Experte (M.), Fachmann (M.), Gutachter (M.), Sachverständiger (M.)
espiare büßen, verbüßen
espiazione (F.) Sühne (F.), Verbüßung (F.)
espletamento (M.) Erledigung (F.)
espletazione (F.) Durchführung (F.)
esplicare ausüben, erklären
esplicazione (F.) Erklärung (F.), Erläuterung (F.)
esplicitamente ausdrücklich, expressis verbis (lat.) (ausdrücklich)
esplicito ausdrücklich, klar
esplodere explodieren
esplosione (F.) Explosion (F.)
esplosivo (M.) Sprengstoff (M.)
esporre ausstellen
esportare ausführen, exportieren
esportazione (F.) Ausfuhr (F.), Export (M.)
esposizione (F.) Aussetzung (F.), Ausstellung (F.), Darstellung (F.)
esposizione (F.) dei fatti Sachverhaltsdarstellung (F.)
esposizione (F.) nel merito Sachvortrag (M.)
espressamente ausdrücklich, expressis verbis (lat.) (ausdrücklich)
esprimere äußern
espropriare enteignen
espropriazione (F.) Enteignung (F.)
espropriazione (F.) amministrativa Administrativenteignung (F.)
espropriazione (F.) di fatto enteignungsgleicher Eingriff (M.)
espropriazione (F.) ex lege Legalenteignung (F.)
espropriazione (F.) forzata Zwangsenteignung (F.)
espropriazione (F.) immobiliare Immobiliarzwangsvollstreckung (F.)
espropriazione (F.) mobiliare Mobiliarzwangsvollstreckung (F.)
espropriazione (F.) per pubblica utilità Enteignung (F.) zu gemeinnützigen Zwecken
espulsione (F.) Abschiebung (F.), Ausschließung (F.), Ausweisung (F.), Landesverweisung (F.), Relegation (F.), Vertreibung (F.)
espulso (M.) Heimatvertriebener (M.), Vertriebener (M.)
essenziale erforderlich, hauptsächlich, nötig, notwendig, unabdingbar, wesentlich
esserci liegen (sich befinden)
essere (M.) Wesen (N.)
essere (M.) deforme Missgeburt (F.)
essere (M.) mostruoso Missgeburt (F.)
essere existieren
essere a conoscenza wissen
essere colpevole verschulden
essere debitore schulden
essere demandato obliegen, obliegen
essere emanato ergehen
essere in carica amtieren
essere in debito schulden
essere in funzione amtieren
essere in possesso besitzen
essere in relazione verkehren
essere in sessione tagen
essere preoccupato sorgen (sich)
essere pubblicato ergehen
essere residente wohnhaft sein
essere responsabile haften, vertreten müssen
essere reticente verschweigen
essere riunito tagen
essere sospeso ruhen, schweben
essere utile nützen (nützlich sein)
essere valido gelten
est (M.) Osten (M.)
estate (F.) Sommer (M.)
estendere erweitern
estensione (F.) Erweiterung (F.)
estensivo extensiv
estensore (M.) Aussteller (M.), Verfasser (M.)
esternare äußern
esternazione (F.) Äußerung (F.)
estero (Adj.) auswärtig

estero (M.) Ausland (N.)
esteso lang
estimazione (F.) Schätzung (F.)
estinguere bezahlen, löschen, tilgen
estinguersi erlöschen
estinzione (F.) Bezahlung (F.), Erlöschen (N.), Löschung (F.), Tilgung (F.)
estinzione (F.) dei debiti Schuldentilgung (F.)
estinzione (F.) del reato Erlöschen (N.) der Straftat
estoppel (M.) (engl.) Estoppel (N.)
estorcere erpressen, erzwingen
estorsione (F.) Erpressung (F.), Erzwingung (F.)
estorsione (F.) di deposizione Aussageerpressung (F.)
estorsione (F.) mediante violenza personale o minaccia di un male attuale per la vita o l'incolumità fisica räuberische Erpressung (F.)
estradare ausliefern
estradizione (F.) Auslieferung (F.)
estraneo (Adj.) unbefugt
estraneo (M.) Außenstehender (M.)
estrarre fördern, losen, schürfen
estrarre a sorte auslosen, verlosen
estraterritoriale exterritorial
estraterritorialità (F.) Exterritorialität (F.)
estratto (M.) Auszug (M.)
estratto (M.) del casellario giudiziale Strafregisterauszug (M.)
estratto (M.) del libro fondiario Grundbuchauszug (M.)
estratto (M.) di conto Kontoauszug (M.)
estratto (M.) tavolare Grundbuchauszug (M.)
estrazione (F.) Förderung (F.), Verlosung (F.)
estrazione (F.) a sorte Auslosung (F.)
estremi (M.Pl.) Daten (N.Pl.)
estremismo (M.) Extremismus (M.), Radikalismus (M.)
estremista (Adj.) radikal
estremista (M.) Extremist (M.)
estremo extrem
estromettere ausschließen
esumare exhumieren
esumazione (F.) Exhumierung (F.)
età (F.) Alter (N.), Lebensalter (N.)
età (F.) moderna Neuzeit (F.)
etica (F.) Ethik (F.), Ethos (M.)
etica (F.) sociale Sozialethik (F.)
etico ethisch
etnico ethnisch
ettaro (M.) Hektar (M.)
eugenetica (F.) Eugenik (F.)
eugenica (F.) Eugenik (F.)
eugenico eugenisch
Euratom (F.) Euratom (F.) (Europäische Atomgemeinschaft)
eurochèque (M.) Eurocheque (M.), Euroscheck (M.)
eurocorps (M.) Eurokorps (M.)
eurodeputato (M.) Europaabgeordneter (M.)
Europa (F.) Europa (N.)
europeo (Adj.) europäisch
eutanasia (F.) Euthanasie (F.), Sterbehilfe (F.)
evacuare aussiedeln, evakuieren, räumen
evacuato (M.) Aussiedler (M.)
evacuazione (F.) Evakuierung (F.), Räumung (F.)
evadere ausbrechen, ausweichen, fliehen, flüchten, hinterziehen
evaluazione (F.) Evaluation (F.), Evaluation (F.)
evangelico (Adj.) evangelisch
evasione (F.) Ausbruch (M.), Entweichung (F.), Flucht (F.), Hinterziehung (F.), Umgehung (F.)
evasione (F.) fiscale Abgabenhinterziehung (F.), Steuerflucht (F.), Steuerhinterziehung (F.)
evento (M.) Ereignis (N.), Erfolg (M.), Vorfall (M.)
evento (M.) assicurativo Versicherungsfall (M.)
eventuale allfällig, eventual
evidente evident, klar, offenbar, offenkundig, offensichtlich
evidente dagli atti aktenkundig
evidenza (F.) Evidenz (F.)
evincere entziehen
evitabile vermeidbar
evitare meiden, umgehen, verhindern, vermeiden
evizione (F.) Entwerung (F.), Entziehung (F.), Entzug (M.), Eviktion (F.)
evoluzione (F.) Entwicklung (F.)
ex gemäß
ex lege (lat.) ex lege (lat.) (kraft Gesetzes)
ex nunc (lat.) ex nunc (lat.) (von nun an)
ex officio (lat.) amtswegig, ex officio (lat.) (von Amts wegen), von Amts wegen
ex tunc (lat.) ex tunc (lat.) (von damals an)
exceptio (F.) (lat.) exceptio (F.) (lat.) (Ein-

rede)
exceptio (F.) doli (lat.) exceptio (F.) doli (lat.) (Einrede der Arglist)
exceptio (F.) veritatis (lat.) Wahrheitsbeweis (M.)
exclave (F.) Exklave (F.)
exequatur (M.) Exequatur (N.), Vollstreckungsurteil (N.)
expressis verbis (lat.) ausdrücklich, expressis verbis (lat.) (ausdrücklich)
extra matrimonium (lat.) unehelich
extracomunitario (M.) Nicht-EU-Bürger (M.)
extraconiugale außerehelich
extragiudiziale außergerichtlich
extraterritoriale exterritorial
extraterritorialità (F.) Exterritorialität (F.)
eziologico ursächlich

f

F.M.I. (M.) (Fondo monetario internazionale) IWF (Internationaler Währungsfonds) (M.)
fabbisogno (M.) Bedarf (M.), Bedürfnis (N.)
fabbrica (F.) Fabrik (F.), Werk (N.)
fabbricabile baureif
fabbricante (M.) Fabrikant (M.), Hersteller (M.)
fabbricante (M.) di monete false Falschmünzer (M.)
fabbricare bebauen, erzeugen, herstellen, produzieren
fabbricato (M.) Bau (M.), Bauwerk (N.), Erzeugnis (N.), Gebäude (N.)
fabbricato (M.) annesso Anbau (M.)
fabbricazione (F.) Fabrikation (F.), Herstellung (F.)
facente le veci di stellvertretend
facile leicht
facilitare begünstigen, erleichtern
facilitazione (F.) Begünstigung (F.), Erleichterung (F.)
facilitazione (F.) della prova Beweiserleichterung (F.)
facoltà (F.) Befugnis (F.), Ermächtigung (F.), Fachbereich (M.), Fakultät (F.), Vermögen (N.)
facoltà (F.) alternativa Alternativermächtigung (F.), Ersetzungsbefugnis (F.), facultas (F.) alternativa (lat.) (Ersetzungsbefugnis)
facoltà (F.) di astenersi dal deporre Aussageverweigerungsrecht (N.), Zeugnisverweigerungsrecht (N.)
facoltà (F.) di astensione dalla testimonianza Auskunftsverweigerungsrecht (N.)
facoltà (F.) di disporre Verfügungsbefugnis (F.)
facoltà (F.) di rappresentanza Vertretungsmacht (F.)
facoltà (F.) di scelta Wahlbefugnis (F.)
facoltativo fakultativ
facoltizzare ermächtigen
facsimile (M.) Faksimile (N.), Muster (N.)
factoring (M.) Factoring (N.)
facultas (F.) alternativa (lat.) facultas (F.) alternativa (lat.) (Ersetzungsbefugnis)
faida (F.) Fehde (F.)
fallimento (M.) Bankrott (M.), Konkurs (M.), Misserfolg (M.), Pleite (F.)
fallimento (M.) consecutivo Anschlusskonkurs (M.)
fallimento (M.) del matrimonio Scheitern (N.) der Ehe
fallimento (M.) successivo all'annullamento del concordato preventivo Anschlusskonkurs (M.)
fallire eingehen, scheitern, versagen
fallito (Adj.) bankrott
fallito (M.) Gemeinschuldner (M.)
fallo (M.) Sünde (F.)
falsa attestazione (F.) dello stato civile Personenstandsfälschung (F.)
falsa deposizione (F.) Falschaussage
falsa testimonianza (F.) Falschaussage
falsa testimonianza (F.) in stato di necessità Aussagenotstand (M.)
falsariga (F.) Beispiel (N.)
falsario (M.) Fälscher (M.), Falschmünzer (M.)
falsificare fälschen, verfälschen
falsificatore (M.) Fälscher (M.)
falsificazione (F.) Fälschung (F.), Verfälschung (F.)
falsificazione (F.) di atti Urkundenfälschung (F.)
falsificazione (F.) di monete Geldfälschung (F.)
falsificazione (F.) di valori bollati Wertzeichenfälschung (F.)
falsità (F.) Unwahrheit (F.)
falsità (F.) ideologica mediata mittelbare

Falschbeurkundung (F.)
falsità (F.) in atti Falschbeurkundung (F.), Urkundenfälschung (F.)
falso (Adj.) falsch, schlecht, unecht, unrichtig, unwahr
falso (M.) Fälschung (F.), Unwahrheit (F.)
falso (M.) documentale Urkundenfälschung (F.)
falso (M.) ideologico Falschbeurkundung (F.)
falso (M.) in atti Falschbeurkundung (F.)
falso (M.) in atto pubblico Urkundenfälschung (F.)
falso (M.) in documenti Urkundendelikt (N.)
falso (M.) in scrittura privata Urkundenfälschung (F.)
falso giuramento (M.) Falscheid (M.), Meineid (M.)
falso nummario (M.) Geldfälschung (F.)
falsus procurator (M.) (lat.) falsus procurator (M.) (lat.) (Vertreter ohne Vertretungsmacht)
fama (F.) Ruf (M.)
famiglia (F.) Familie (F.), Geschlecht (N.)
familiare (F.) Familienangehörige (F.)
familiare (M.) Familienangehöriger (M.), Familienmitglied (N.)
fanciullo (M.) Kind (N.)
fanteria (F.) Infanterie (F.)
far causa prozessieren
far cessare abstellen
far figurare ausweisen
far parte angehören
far prestare giuramento beeid(ig)en, vereidigen
far saltare in aria sprengen
far scoppiare sprengen
far socio beteiligen
far valere durchsetzen, geltend machen
far(si) riconoscere legitimieren (sich)
fare (M.) Tun (N.)
fare machen, schaffen, tun, vornehmen
fare a meno verzichten
fare appello appellieren, berufen
fare baccano randalieren
fare causa klagen
fare chiasso randalieren
fare da interprete dolmetschen
fare da mediatore intervenieren, vermitteln
fare esercizi üben
fare i conti abrechnen
fare il venditore ambulante hausieren
fare istanza eingeben
fare l'appello aufrufen
fare la serrata aussperren
fare la spia spionieren
fare le veci vertreten (V.)
fare protesto di mare verklaren
fare pubblicità werben
fare richiesta eingeben
fare un colpo di stato putschen
fare un'offerta bieten
fare una copia ausfertigen
fare uso di benutzen
farmacia (F.) Apotheke (F.)
farmacista (M.) Apotheker (M.)
farmaco (M.) Arznei (F.), Arzneimittel (N.), Medikament (N.)
farmacodipendenza (F.) Medikamentenabhängigkeit (F.)
fascicolo (M.) Akte (F.), Dossier (N.), Faszikel (N.)
fascicolo (M.) del difensore Akte (F.) der Verteidigung
fascicolo (M.) del pubblico ministero Akte (F.) der Staatsanwaltschaft
fascicolo (M.) per il dibattimento Akte (F.) für die Hauptverhandlung
fascicolo (M.) personale Personalakte (F.)
fascismo (M.) Faschismus (M.)
fase (F.) Periode (F.), Stufe (F.)
fase (F.) diabttimentale Hauptverhandlung (F.)
fase (F.) economica Konjunktur (F.)
fastidioso lästig
fato (M.) Schicksal (N.)
fatti (M.Pl.) Sachverhalt (M.)
fattispecie (F.) Tatbestand (M.)
fattispecie (F.) astratta abstrakter Tatbestand (M.), Tatbestand (M.)
fattispecie (F.) astratta del reato Straftatbestand (M.)
fattispecie (F.) concreta Lebenssachverhalt (M.), Sachverhalt (M.)
fattispecie (F.) di infedeltà patrimoniale Treubruchstatbestand (M.)
fattispecie (F.) legale del reato Straftatbestand (M.)
fattispecie (F.) soggettiva subjektiver Tatbestand (M.)
fatto (M.) Ereignis (N.), Faktum (N.), Handlung (F.), Tat (F.), Tatbestand (M.), Tatsache (F.), Vorfall (M.)

fatto (M.) accessorio Begleittat (F.)
fatto (M.) antigiuridico rechtswidrige Tat (F.)
fatto (M.) commesso in stato di ubriachezza Rauschtat (F.)
fatto (M.) commesso sotto l'azione di sostanze stupefacenti Rauschtat (F.)
fatto (M.) giuridico Rechtstatsache (F.)
fatto (M.) illecito Delikt (N.)
fatto (M.) inevitabile unabwendbares Ereignis (N.)
fatto (M.) nuovo Novum (N.)
fatto (M.) storico Sachverhalt (M.)
fatto (M.) successivo Nachtat (F.)
fatto salvo unbeschadet
fattore (M.) Faktor (M.), Verwalter (M.)
fattoria (F.) Hof (M.)
fattura (F.) Faktura (F.), Rechnung (F.)
fatturare berechnen, fakturieren
fatturato (M.) Umsatz (M.)
favella (F.) Sprache (F.)
favore (M.) Gefälligkeit (F.), Gunst (F.)
favoreggiamento (M.) Begünstigung (F.)
favoreggiamento (M.) personale Strafvereitelung (F.)
favoreggiare begünstigen
favorevole günstig
favorire begünstigen, fördern, protegieren
favorita (F.) Mätresse (F.)
fax (M.) Telefax (N.)
fecondazione (F.) artificiale künstliche Befruchtung (F.)
fede (F.) Glaube (M.), Treue (F.)
fede (F.) matrimoniale Heiratsurkunde (F.)
fede (F.) pubblica öffentlicher Glaube (M.)
fede (M.) di deposito Lagerschein (M.)
fedecommesso (M.) Fideikommiss (M.)
fedecommesso (M.) familiare Familienfideikommiss (M.)
fedele treu
fedeltà (F.) Treue (F.)
fedeltà (F.) verso la federazione Bundestreue (F.)
federale bundesstaatlich, föderal, föderalistisch
federalismo (M.) Bundesstaatlichkeit (F.), Föderalismus (M.)
federalista (Adj.) föderalistisch
federativo föderativ
federazione (F.) Bund (M.), Föderation (F.)
felicità (F.) Freude (F.)
feriale werktäglich
ferie (F.Pl.) Ferien (F.Pl.), Urlaub (M.)
ferie (F.Pl.) giudiziarie Gerichtsferien (Pl.)
ferire lädieren, verletzen, versehren, verwunden
ferita (F.) Stich (M.), Wunde (F.)
ferito (M.) Verletzter (M.)
fermare festhalten, festnehmen, stilllegen, verhaften
fermata (F.) Station (F.)
fermo (M.) Festhalten (N.), Festnahme (F.), Halten (N.), Sistierung (F.), Verhaftung (F.)
fermo (M.) di polizia vorläufige Festnahme (F.)
fermo fest, vorbehaltlich
fermo in posta postlagernd
fermo posta postlagernd
ferrovia (F.) Bahn (F.), Eisenbahn (F.)
ferrovie (F.Pl.) federali Bundesbahn (F.)
festa (F.) Feier (F.), Feiertag (M.)
festa (F.) nazionale gesetzlicher Feiertag (M.)
feticidio (M.) Tötung (F.) der Leibesfrucht
feto (M.) Fötus (M.), Leibesfrucht (F.)
feudale feudal
feudalismo (M.) Feudalismus (M.), Grundherrschaft (F.)
feudatario (M.) Grundherr (M.)
feudo (M.) Lehen (N.), Rittergut (N.)
fidanzamento (M.) Verlöbnis (N.), Verlobung (F.)
fidanzar(si) verloben (sich)
fidanzata (F.) Braut (F.), Verlobte (F.)
fidanzato (M.) Bräutigam (M.), Verlobter (M.)
fidatezza (F.) Zuverlässigkeit (F.)
fidato zuverlässig
fidefacente (F.) Bürgin (F.)
fidefacente (M.) Bürge (M.)
fideiussione (F.) Bürgschaft (F.), Garantie (F.)
fideiussione (F.) della fideiussione Nachbürgschaft (F.)
fideiussione (F.) senza beneficio d'escussione selbstschuldnerische Bürgschaft (F.)
fideiussione (F.) solidale Mitbürgschaft (F.)
fideiussore (M.) Bürge (M.), Garant (M.)
fideiussore (M.) del fideiussore Nachbürge (M.)
fideiussore (M.) precedente Vorbürge (M.)
fideiussore (M.) solidale Mitbürge (M.)
fiducia (F.) Vertrauen (N.)
fiduciante (M.) Treugeber (M.)

fiduciario (Adj.) fiduziarisch, treuhänderisch
fiduciario (M.) Treuhänder (M.), Treunehmer (M.)
fiduciario (M.) immobiliare Bauträger (M.)
fiera (F.) Messe (F.)
figlia (F.) Tochter (F.)
figlia (F.) affidataria Pflegetochter (F.)
figliastra (F.) Stiefkind (N.), Stieftochter (F.)
figliastro (M.) Stiefkind (N.), Stiefsohn (M.)
figlio (M.) Sohn (M.)
figlio (M.) adottivo Adoptivkind (N.)
figlio (M.) affidatario Pflegesohn (M.)
figlio (M.) legittimo eheliches Kind (N.)
figlio (M.) naturale nichteheliches Kind (N.)
figura (F.) Gestalt (F.)
figura (F.) aggravata di reato qualifizierte Straftat (F.)
figura (F.) attenuata di reato privilegierte Straftat (F.)
figura (F.) criminosa Straftatbestand (M.)
figurare erscheinen
filiale (F.) Filiale (F.), Niederlassung (F.), Tochtergesellschaft (F.), Zweigniederlassung (F.)
filiazione (F.) Abstammung (F.), Kindschaft (F.)
filiazione (F.) legittima eheliche Abstammung (F.)
filibustiere (M.) Freibeuter (M.)
film (M.) Film (M.)
filosofia (F.) Philosophie (F.)
filosofia (F.) del diritto Rechtsphilosophie (F.)
finale abschließend, letzte
finalistico final
finanza (F.) Finanz (F.)
finanze (F.Pl.) Finanzen (F.Pl.)
finanziamento (M.) Finanzierung (F.)
finanziamento (M.) dei partiti Parteienfinanzierung (F.)
finanziare finanzieren
finanziario (Adj.) finanziell
fine (F.) Ende (N.), Schluss (M.)
fine (M.) Zweck (M.)
fine (M.) di protezione Schutzzweck (M.)
fine(M.) dello Stato Staatszweck (M.)
fingere erfinden, fingieren, heucheln, vortäuschen
fini (M.Pl.) dello Stato Staatszweck (M.)
finire abschließen, absolvieren, beenden, beendigen, erschöpfen, fertigstellen, vollenden
finito fertig
finzione (F.) Fiktion (F.), Vorspiegelung (F.)
firma (F.) Signatur (F.), Unterfertigung (F.), Unterschrift (F.)
firma (F.) digitale digitale Unterschrift (F.)
firma (F.) elettronica elektronische Unterschrift (F.)
firma (F.) in bianco Blankounterschrift
firmare signieren, unterfertigen, unterschreiben, unterzeichnen, zeichnen
firmatario (M.) Signatar (M.), Unterfertigter (M.)
fiscale fiskalisch, steuerlich
fisco (M.) Fiskus (F.), Staatskasse (F.), Steuerbehörde (F.)
fisico (Adj.) körperlich, natürlich, physisch
fisico (M.) Körper (M.), Leib (M.)
fissare anberaumen, ansetzen, bemessen, bestimmen, festsetzen, feststellen
fissare l'imponibile veranlagen
fissare un termine befristen
fissazione (F.) Anberaumung (F.), Bemessung (F.), Bestimmung (F.), Festsetzung (F.), Feststellung (F.), Manie (F.)
fissazione (F.) di un termine Befristung (F.), Fristsetzung (F.)
fisso fest, fix, ständig
fittizio fiktiv
fitto (M.) Miete (F.), Mietzins (M.), Pacht (F.), Pachtgeld (M.), Pachtzins (M.), Zins (M.)
fiume (M.) Strom (M.)
flagranza (F.) Betreten (N.) auf frischer Tat
flessibile flexibel
flotta (F.) Flotte (F.)
fob (free on board) fob (free on board)
foggia (F.) Form (F.)
foglio (M.) d'impegnativa Krankenschein (M.)
foglio (M.) di allungamento Allonge (F.)
foglio (M.) di pubblicazione Verkündungsblatt (N.)
foglio (M.) firmato in bianco Blankett (N.)
foglio (M.) immobiliare Realfolium (N.)
foglio (M.) personale Personalfolium (N.)
foglio (M.) volante Flugblatt (N.)
folla (F.) Masse (F.), Menge (F.)
folle (Adj.) irre, wahnsinnig
folle (M.) Wahnsinniger (M.)
follia (F.) Wahnsinn (M.)
follia (F.) omicida Blutrausch (M.)
fomentatore (M.) Rädelsführer (M.)

fondamentale hauptsächlich, wesentlich
fondamento (M.) Basis (F.), Grundlage (F.)
fondamento (M.) del diritto Anspruchsgrundlage (F.)
fondamento (M.) giuridico Rechtsgrundlage (F.)
fondare begründen, einrichten, gründen, stiften
fondatezza (F.) Begründetheit (F.), Stichhaltigkeit (F.)
fondato begründet, stichhaltig
fondatore (M.) Gründer (M.), Stifter (M.) (Gründer)
fondazione (F.) Gründung (F.), Konstitution (F.), Stift (N.), Stiftung (F.)
fondazione (F.) non registrata Vorstiftung (F.)
fondazione (F.) privata Privatstiftung (F.)
fondere fusionieren, verschmelzen
fondi (M.Pl.) Geldmittel (N.Pl.), Kapital (N.), Mittel (N.)
fondi (M.Pl.) d'esercizio Betriebsmittel (N.Pl.)
fondi (M.Pl.) di gestione Betriebsmittel (N.Pl.)
fondo (M.) Boden (M.), Fond (M.), Grund (M.), Grundstück (N.)
fondo (M.) comune d'investimento Investmentfonds (M.)
fondo (M.) di garanzia Garantiefonds (M.)
fondo (M.) di riserva Rückstellung (F.)
fondo (M.) dominante herrschendes Grundstück (N.)
fondo (M.) marino Meeresboden (M.)
Fondo (M.) monetario internazionale (F.M.I.) Internationaler Währungsfond (M.) (IWF)
fondo (M.) patrimoniale Familiengut (N.)
fondo (M.) pensioni Pensionsfonds (M.)
fondo (M.) servente dienendes Grundstück (N.)
fonte (F.) Quelle (F.), Ursprung (M.)
fonte (F.) del diritto Anspruchsgrundlage (F.), Rechtsquelle (F.)
fonte (F.) normativa Rechtsquelle (F.)
foraggio (M.) Futtermittel (N.)
forca (F.) Galgen (M.)
forense forensisch, gerichtlich
foresta (F.) Forst (M.)
forfait (M.) Pauschale (F.)
forma (F.) Form (F.), Gestalt (F.)
forma (F.) ad substantiam Formzwang (M.), gesetzlich vorgeschriebene Form (F.)
forma (F.) di governo Regime (N.)
forma (F.) scritta Schriftform (F.), Schriftlichkeit (F.)
forma (F.) solenne Beurkundung (F.), Formgebundenheit (F.), öffentliche Beurkundung (F.)
forma (F.) statale Staatsform (F.)
forma (F.) volontaria gewillkürte Form (F.)
formale formal, formell, förmlich
formalismo (M.) Formalismus (M.)
formalità (F.) Formalie (F.), Formalität (F.), Formsache (F.)
formare ausbilden, bilden, gestalten
formare un bilancio bilanzieren
formazione (F.) Ausbildung (F.), Bildung (F.)
formazione (F.) d'inventario Inventarerrichtung (F.)
formazione (F.) dei magistrati ed ausiliari di giustizia Justizausbildung (F.)
formazione (F.) del diritto Rechtsbildung (F.)
formazione (F.) del patrimonio Vermögensbildung (F.)
formazione (F.) del rendiconto Rechnungslegung (F.)
formazione (F.) del testamento Testamenterrichtung (F.)
formazione (F.) e deliberazione (F.) del piano Planfeststellung (F.)
formazione (F.) giuridica juristische Ausbildung (F.)
formazione (F.) patrimoniale Vermögensbildung (F.)
formazione (F.) professionale Berufsausbildung (F.), Berufsbildung (F.)
formula (F.) Formel (F.)
formula (F.) esecutiva Vollstreckungsklausel (F.)
formulare abfassen, fassen, formulieren
formulario (M.) Formular (N.), Vordruck (M.)
formulazione (F.) Abfassung (F.), Fassung (F.), Formulierung (F.)
fornire ausstatten, liefern, versehen (V.) (mit), versorgen, zuliefern
fornire la prova beweisen
fornitore (M.) Lieferant (M.), Zulieferer (M.)
fornitore (M.) di servizi di Internet Provider (M.)

fornitura (F.) Auslieferung (F.), Lieferung (F.), Versand (M.), Versorgung (F.), Zulieferung (F.)
fornitura (F.) di servizi Dienstverschaffung (F.)
fornitura (F.) supplementare Nachlieferung (F.)
foro (M.) Gerichtshof (M.)
foro (M.) competente Gerichtsstand (M.)
foro (M.) del luogo di esecuzione Gerichtsstand (M.) des Erfüllungsortes
foro (M.) del luogo in cui è situata la cosa Gerichtsstand (M.) der belegenen Sache
foro (M.) elettivo Wahlgerichtsstand (M.)
foro (M.) facoltativo Wahlgerichtsstand (M.)
fortezza (F.) Festung (F.)
fortuna (F.) Glück (N.)
forum (N.) (lat.) forum (N.) (lat.) (Markt bzw. Gericht)
forum (N.) rei sitae (lat.) Gerichtsstand (M.) der belegenen Sache
forza (F.) Gewalt (F.) (Kraft), Kraft (F.), Macht (F.)
forza (F.) d'occupazione Besatzungsgewalt (F.)
forza (F.) di lavoro Arbeitskraft (F.)
forza (F.) di legge Gesetzeskraft (F.)
forza (F.) economica Wirtschaftskraft (F.)
forza (F.) fisica unmittelbarer Zwang (M.)
forza (F.) legale Rechtskraft (F.)
forza (F.) legislativa Gesetzeskraft (F.)
forza (F.) maggiore höhere Gewalt (F.), vis (F.) maior (lat.) (höhere Gewalt)
forza (F.) obbligatoria bindende Wirkung (F.)
forza (F.) probatoria Beweiskraft (F.)
forza (F.) vincolante bindende Wirkung (F.)
forzare beugen, erzwingen, nötigen, zwingen
forzato zwangsweise
forze (F.Pl.) armate Heer (N.), Militär (N.)
forze (F.Pl.) armate federali Bundesheer (N.), Bundeswehr (F.)
forze (F.Pl.) dell'ordine Sicherheitskräfte (F.Pl.)
forze (F.Pl.) di sicurezza Sicherheitskräfte (F.Pl.)
forze (F.Pl.) pubbliche Polizei (F.)
fotografia (F.) Foto (N.)
fra binnen
fraintendere missverstehen
fraintendimento (M.) Missverständnis (N.)
frammassone (M.) Freimaurer (M.)
frammentarietà (F.) Unvollständigkeit
frammentato unvollständig
franchigia (F.) Freiheit (F.), Freizeichnung (F.), Selbstbehalt (M.)
franchising (M.) Franchising (N.)
Francia (F.) Frankreich (N.)
franco franko, frei
franco a bordo fob (free on board), free on board (fob)
franco di diritti gebührenfrei
franco dogana zollfrei
franco domicilio frei Haus
francobollo (M.) Briefmarke (F.)
frase (F.) Satz (M.)
frate (M.) Mönch (M.)
fratellastri (M.Pl.) e sorellastre (F.Pl.) Halbgeschwister (Pl.)
fratellastro (M.) Stiefbruder (M.)
fratelli (M.Pl.) Geschwister (N.Pl.)
fratello (M.) Bruder (M.)
frattempo (M.) Zwischenzeit (F.)
fraudolento betrügerisch
frazionabile teilbar
frazionamento (M.) Aufspaltung (F.), Splitting (N.), Teilung (F.)
frazione (F.) Bruchteil (M.), Fraktion (F.), Klub (M.), Teil (M.)
free on board (fob) free on board (fob)
fregare klauen
frequentare besuchen, verkehren
frequente häufig
frodare betrügen, hinterziehen, unterschlagen
frodatore (M.) Betrüger (M.)
frode (F.) Betrug (M.), Hinterziehung (F.)
frode (F.) a mezzo del computer Computerbetrug (M.)
frode (F.) alla legge Gesetzesumgehung (F.)
frode (F.) economica Wirtschaftsbetrug (M.)
frode (F.) fiscale Abgabenhinterziehung (F.), Steuerbetrug (M.), Steuerhinterziehung (F.)
frode (F.) in assicurazione Versicherungsbetrug (M.)
frode (F.) in emigrazione Auswanderungsbetrug (M.)
frode (F.) informatica Computerbetrug (M.)
frode (F.) nell'adempimento Erfüllungsbetrug (M.)
frode (F.) processuale Prozessbetrug (M.)
frode (F.) elettorale Wahlbetrug (M.), Wahlfälschung (F.)

frontista (M.) Anlieger (M.), Anrainer (M.)
fruire genießen
frutta (F.) Frucht (F.)
fruttare bringen, eintragen
fruttare interessi verzinsen
frutto (M.) Ertrag (M.), Frucht (F.)
frutto (M.) civile Rechtsfrucht (F.)
fucilare erschießen
fucilazione (F.) Erschießung (F.)
fucile (M.) Gewehr (N.)
fuciliere (M.) Schütze (M.)
fuga (F.) Flucht (F.)
fuga (F.) del conducente Fahrerflucht (F.), unerlaubtes Entfernen (N.) vom Unfallort, Verkehrsunfallflucht (F.)
fuggiasco (M.) Flüchtling (M.)
fuggire fliehen, flüchten
fumare rauchen
fumo (M.) Rauch (M.)
funerale (M.) Beerdigung (F.)
fungere fungieren
fungere da intermediario vermitteln
fungibile fungibel, vertretbar
funzionale funktionell, wirksam
funzionario (M.) Amtsträger (M.), Amtswalter (M.), Funktionär (M.)
funzionario (M.) amministrativo Amtmann (M.)
funzionario (M.) comunale Gemeindebeamter (M.)
funzionario (M.) delle esecuzioni Vollzugsbeamter (M.)
funzionario (M.) di carriera Berufsbeamter (M.)
funzionario (M.) di ruolo Berufsbeamter (M.)
funzionario (M.) elettivo Wahlbeamter (M.)
funzionario (M.) federale Bundesbeamter (M.)
funzionario (M.) giudiziario Rechtspfleger (M.)
funzionario (M.) non retribuito Ehrenbeamter (M.)
funzionario (M.) onorifico Ehrenbeamter (M.)
funzionario (M.) pubblico Beamter (M.)
funzione (F.) Amt (N.), Funktion (F.), Obliegenheit (F.), Stellung (F.)
funzione (F.) accessoria Nebenamt (N.)
funzione (F.) della pena Strafzweck (M.)
funzione (F.) di servizio pubblico öffentliche Aufgabe (F.)
funzione (F.) pubblica öffentliches Amt (N.)
funzione (F.) sociale Sozialpflichtigkeit (F.)
funzione (F.) sociale della proprietà Sozialbindung (F.) des Eigentums
fuoco (M.) Feuer (N.)
fuori (Adj.) außen
fuori discussione unbestritten
fuorilegge (Adj.) vogelfrei
furbo listig
furfante (M.) Ganove (M.)
furfanteria (F.) Gaunerei (F.)
furia (F.) omicida Amoklauf (M.)
furto (M.) Diebstahl (M.)
furto (M.) commesso da banda Bandendiebstahl (M.)
furto (M.) con effrazione Einbruchsdiebstahl (M.)
furto (M.) con recidiva Diebstahl (M.) im Rückfall
furto (M.) con scasso Einbruchsdiebstahl (M.)
furto (M.) d'uso furtum (N.) usus (lat.) (Gebrauchsentwendung), Gebrauchsanmaßung (F.), Gebrauchsdiebstahl (M.), Gebrauchsentwendung (F.)
furto (M.) di energia elettrica Stromentwendung (F.)
furto (M.) in famiglia Haus- und Familiendiebstahl (M.)
furto (M.) lieve di generi alimentari o voluttuari per il consumo immediato Mundraub (M.)
furto (M.) occasionale Gelegenheitsdiebstahl (M.)
furto (M.) su cadavere Leichenfledderei (F.)
furtum (N.) usus (lat.) furtum (N.) usus (lat.) (Gebrauchsentwendung)
fusionare verschmelzen, zusammenschließen
fusione (F.) Fusion (F.), Vereinigung (F.), Verschmelzung (F.), Zusammenschluss (M.)
fusione (F.) di imprese Unternehmenszusammenschluss (M.)
fusioni (F.Pl.) e acquisizioni (F.Pl.) di società Mergers & Acquisitions (M&A) (engl.)
futile nichtig
futuro (Adj.) künftig, zukünftig

g

gabinetto (M.) Kabinett (N.)
gabinetto (M.) federale Bundeskabinett (N.)

galera (F.) Gefängnis (N.), Kerker (M.), Kittchen (N.), Knast (M.)
gara (F.) Wettbewerb (M.)
gara (F.) d'armamento Rüstungswettlauf (M.)
garage (M.) Garage (F.)
garante (F.) Bürgin (F.)
garante (M.) Bürge (M.), Garant (M.)
garantire avallieren, bürgen, decken, einstehen, garantieren, gewährleisten, sichern, sicherstellen, verbürgen, zusichern
garanzia (F.) Absicherung, Aval (M.), Deckung (F.), Garantie (F.), Gewähr (F.), Gewährleistung (F.), Obligo (N.), Sicherheit (F.), Sicherstellung (F.), Sicherung (F.), Zusicherung (F.)
garanzia (F.) bancaria Bankbürgschaft (F.)
garanzia (F.) del credito Kreditsicherung (F.)
garanzia (F.) delle vie legali Rechtsweggarantie (F.)
garanzia (F.) di cambio Wertsicherung (F.)
garanzia (F.) di giudizio Rechtsweggarantie (F.)
garanzia (F.) di qualità Qualitätsgarantie (F.)
garanzia (F.) fideiussoria Bürgschaft (F.)
garanzia (F.) giustiziale Rechtsweggarantie (F.)
garanzia (F.) immobiliare Grundpfand (N.)
garanzia (F.) istituzionale institutionelle Garantie (F.)
garanzia (F.) per evizione Eviktionshaftung (F.), Rechtsmängelhaftung (F.)
garanzia (F.) reale dingliche Sicherung (F.)
garanzia (F.) statale Staatshaftung (F.)
garzone (M.) Knecht (M.)
gas (M.) Benzin (N.), Gas (N.)
gastronomia (F.) Gastronomie (F.)
gattabuia (F.) Kittchen (N.)
gazzetta (F.) ufficiale Amtsblatt (N.), Gesetzblatt (N.)
gazzetta (F.) ufficiale della Repubblica Gesetzblatt (N.) der Republik
Gazzetta (F.) ufficiale della Repubblica federale di Germania Bundesgesetzblatt (N.) der Bundesrepublik Deutschland
Gazzetta (F.) Ufficiale delle Comunità Europee Amtsblatt (N.) der Europäischen Gemeinschaften
GEIE (M.) (Gruppo europeo di interesse economico) EWIV (F.) (Europäische wirtschaftliche Interessenvereinigung)
gelosia (F.) Eifersucht (F.)
geloso eifersüchtig
gemellaggio (M.) Partnerschaft (F.)
gemello (M.) Zwilling (M.)
gendarmeria (F.) Gendarmerie (F.)
gene (M.) Gen (N.)
generale (Adj.) allgemein, General-, generell
generale (M.) General (M.)
generalità (F.) Allgemeinheit (F.)
generalità (F.Pl.) Personalien (F.Pl.)
generalizzare generalisieren
generare zeugen
genere (M.) Art (F.), Gattung (F.), Genus (N.), Geschlecht (N.), Sorte (F.), Typ (M.)
genere (M.) alimentare Lebensmittel (N.)
genere (M.) voluttuario Genussmittel (N.)
generico allgemein, gemein (allgemein), generell
genero (M.) Schwiegersohn (M.)
genetico erbbiologisch, genetisch
genitore (M.) Elter (M. bzw. F.)
genitore (M.) affidatario Pflegeelter (M.)
genitori (M.Pl.) Eltern (Pl.)
genitori (M.Pl.) adottivi Adoptiveltern (Pl.)
genitori (M.Pl.) affidatari Pflegeeltern (M.Pl.)
genitori (M.Pl.) affilianti Stiefeltern (M.Pl.)
genocidio (M.) Genozid (M.), Völkermord (M.)
genoma (M.) Genom (N.)
genuinità (F.) Echtheit (F.)
genuino echt, natürlich, original, rein
gerarchia (F.) Hierarchie (F.), Rangordnung (F.)
gergo (M.) della malavita Gaunersprache (F.)
Germania (F.) Deutschland (N.)
germano (M.) Germane (M.)
gestante schwanger
gestazione (F.) Schwangerschaft (F.)
gestione (F.) Führung (F.), Gebaren (N.), Geschäftsführung (F.), Leitung (F.), Verwaltung (F.)
gestione (F.) coattiva Zwangsverwaltung (F.)
gestione (F.) contabile Buchhaltung (F.)
gestione (F.) d'affari Geschäftsbesorgung (F.), Geschäftsführung (F.) ohne Auftrag
gestione (F.) d'affari altrui Eigengeschäftsführung (F.)
gestione (F.) diretta Regiebetrieb (M.)
gestione (F.) esterna della società Drittorganschaft (F.)

gestione (F.) in economia Regiebetrieb (M.)
gestione (M.) statale di un'impresa Regie (F.)
gestire betreiben, führen, verwalten
gesto (M.) Gebärde (F.), Zeichen (N.)
gestore (M.) Verwalter (M.)
gestore (M.) d'affari Geschäftsführer (M.)
gettito (M.) Ertrag (M.)
gettone (M.) Chip (M.)
ghetto (M.) Getto (N.)
ghigliottina (F.) Guillotine (F.)
giacere liegen (sich befinden)
Giappone (M.) Japan (N.)
gilda (F.) Gilde (F.)
Ginevra (F.) Genf (F.)
ginnasio (M.) Gymnasium (N.)
giocare spielen
giocare in borsa spekulieren
giocatore (M.) di borsa Börsenspekulant (M.)
gioco (M.) Spiel (N.)
gioco (M.) d'azzardo Glücksspiel (N.)
gioco (M.) di borsa Börsenspekulation (F.)
gioia (F.) Freude (F.)
gioiello (M.) Kleinod (N.)
giornale (M.) Tageszeitung (F.), Zeitung (F.)
giornaliero (Adj.) täglich
giornaliero (M.) Tagelöhner (M.)
giornalmente (Adv.) täglich
giornata (F.) Tag (M.)
giornata (F.) di otto ore lavorative Achtstundentag (M.)
giorni (M.Pl.) di grazia Gnadenfrist (F.)
giorno (M.) Tag (M.)
giorno (M.) d'udienza Gerichtstag (M.)
giorno (M.) determinato Stichtag (M.)
giorno (M.) di festa Feiertag (M.)
giorno (M.) di riferimento Stichtag (M.)
giorno (M.) feriale Arbeitstag (M.), Werktag (M.)
giorno (M.) festivo Feiertag (M.)
giorno (M.) festivo legale gesetzlicher Feiertag (M.)
giorno (M.) lavorativo Arbeitstag (M.), Werktag (M.)
giovane (Adj.) jugendlich, jung
giovane (M.) Jugendlicher (M.)
giovanile jugendlich, jung
giovare nützen (nützlich sein)
gioventù (F.) Jugend (F.)
giovinezza (F.) Jugend (F.)
girante (M.) Indossant (M.)
girare indossieren, übertragen
girata (F.) Giro (N.), Indossament (N.), Übertragung (F.)
girata (F.) cambiaria Wechselindossament (N.)
girata (F.) in bianco Blankoindossament (N.)
giratario (M.) Indossat (M.)
giro (M.) Giro (N.)
giro (M.) d'affari Geschäftsumfang (M.), Umsatz (M.)
giro (M.) d'ispezione Streife (F.)
giro (M.) di merci Warenverkehr (M.)
giro (M.) di partite Überweisung (F.), Umbuchung (F.)
giroconto (M.) Girokonto (N.)
girovago (M.) Landstreicher (M.)
giudeo (M.) Jude (M.)
giudicabile justiziabel
giudicare aburteilen, beurteilen, bewerten, entscheiden, erkennen, judizieren, richten, urteilen, werten
giudicato (M.) Judikat (N.), rechtskräftig entschiedene Sache (F.), Urteil (N.)
giudice (M.) Gericht (N.), Richter (M.)
giudice (M.) a latere Beisitzer (M.)
giudice (M.) civile Zivilgericht (N.), Zivilrichter (M.)
giudice (M.) collegiale Kollegialgericht (N.)
giudice (M.) collegiale penale composto dal pretore e da due giudici popolari Schöffengericht (N.) (Schöffengericht in Deutschland)
giudice (M.) commerciale Handelsrichter (M.)
giudice (M.) competente in materia di locazioni Mietgericht (N.)
giudice (M.) competente in materia di successioni Nachlassgericht (N.)
giudice (M.) comunale Gemeindegericht (N.)
giudice (M.) con poteri decisori entscheidungsfähiger Geschworenere (M.)
giudice (M.) conciliatore Schiedsrichter (M.)
giudice (M.) d'appello Appellationsgericht (N.), Berufungsgericht (N.)
giudice (M.) del lavoro Arbeitsgericht (N.), Gewerbegericht (N.)
giudice (M.) del tribunale per i minorenni Jugendrichter (M.)
giudice (M.) delegato beauftragter Richter (M.), ersuchter Richter (M.)
giudice (M.) dell'esecuzione Vollstre-

ckungsgericht (N.), Zwangsvollstreckungsrichter (M.)
giudice (M.) dell'esecuzione penale Strafvollzugsrichter (M.)
giudice (M.) dell'impugnazione Rechtsmittelgericht (N.)
giudice (M.) dell'udienza preliminare (g.u.p.) Richter (M.) der Vorverhandlung
giudice (M.) della causa Prozessgericht (N.)
giudice (M.) di carriera Berufsrichter (M.)
giudice (M.) di cognizione Erkenntnisgericht (N.)
giudice (M.) di pace Friedensgericht (N.), Friedensrichter (M.)
giudice (M.) di prima istanza Erstgericht (N.)
giudice (M.) di primo grado Erstgericht (N.), Richter (M.) erster Instanz
giudice (M.) di primo grado delle Comunità Europee Gericht (N.) erster Instanz der Europäischen Gemeinschaften
giudice (M.) di sorveglianza Überwachungsrichter (M.) (Überwachungsrichter in Italien)
giudice (M.) fallimentare Konkursgericht (N.)
giudice (M.) federale Bundesrichter (M.)
giudice (M.) in composizione collegiale Kollegialgericht (N.)
giudice (M.) in composizione monocratica Einzelrichter (M.)
giudice (M.) istruttore Instruktionsrichter (M.), Untersuchungsrichter (M.)
giudice (M.) laico Laienrichter (M.)
giudice (M.) monocratico Alleinrichter (M.), Einzelrichter (M.)
giudice (M.) non togato Laienrichter (M.)
giudice (M.) penale Strafgericht (N.), Strafrichter (M.)
giudice (M.) per le indagini preliminari (g.i.p.) Ermittlungsrichter (M.)
giudice (M.) popolare Geschworener (M.), Laienrichter (M.), Schöffe (M.)
giudice (M.) popolare con poteri decisori entscheidungsfähige Geschworene (F.)
giudice (M.) precostituito dalla legge gesetzlicher Richter (M.)
giudice (M.) presso il tribunale vescovile Offizial (M.)
giudice (M.) procedente Prozessgericht (N.)
giudice (M.) relatore Berichterstatter (M.)
giudice (M.) richiesto ersuchter Richter (M.)
giudice (M.) speciale Sondergericht (N.)
giudice (M.) straordinario Ausnahmegericht (N.)
giudice (M.) supplente Ergänzungsrichter (M.)
giudice (M.) togato Berufsrichter (M.)
giudice (M.) tutelare Vormundschaftsgericht (N.), Vormundschaftsrichter (M.)
giudice (M.) unico Alleinrichter (M.)
giudiziale gerichtlich, richterlich
giudiziario gerichtlich, richterlich
giudizio (M.) Beurteilung (F.), Bewertung (F.), Gerichtsverfahren (N.), Hauptverfahren (N.), Judikation (F.), Prozess (M.), Spruch (M.), Urteil (N.), Verfahren (N.)
giudizio (M.) amministrativo Verwaltungsprozess (M.)
giudizio (M.) arbitrale Schiedsverfahren (N.)
giudizio (M.) civile Zivilprozess (M.), Zivilverfahren (N.)
giudizio (M.) contumaciale Abwesenheitsverfahren (N.), Kontumazialverfahren (N.)
giudizio (M.) d'appello Berufungsverfahren (N.)
giudizio (M.) d'impugnazione Rechtsmittelinstanz (F.)
giudizio (M.) di cognizione Erkenntnisverfahren (N.)
giudizio (M.) di legittimità costituzionale delle leggi Normenkontrollverfahren (N.)
giudizio (M.) di primo grado Hauptverfahren (N.)
giudizio (M.) di valore Werturteil (N.)
giudizio (M.) direttissimo beschleunigtes Verfahren (N.)
giudizio (M.) errato Fehlurteil (N.)
giudizio (M.) finale Aburteilung (F.)
giudizio (M.) in contumacia Versäumnisverfahren (N.)
giuidizio (M.) abbreviato abgekürztes Verfahren (N.)
giunta (F.) Ausschuss (M.), Junta (F.)
giunta (F.) amministrativa del circondario Kreisausschuss (M.)
giunta (F.) comunale Magistrat (N.)
giunta (F.) distrettuale Kreisausschuss (M.)
giunta (F.) provinciale Landesregierung (F.)
giunta (F.) regionale Landesregierung (F.), Regionalregierung (F.) (Regionalregierung in Italien)

giuoco (M.) Spiel (N.)
giuramento (M.) Beeid(ig)ung (F.), Eid (M.), Gelöbnis (N.), Schwur (M.)
giuramento (M.) d'ufficio Diensteid (M.)
giuramento (M.) di servizio Diensteid (M.)
giuramento (M.) dichiarativo Offenbarungseid (M.)
giuramento (M.) prestato dal debitore Offenbarungseid (M.)
giuramento (M.) prestato dopo la deposizione Nacheid (M.)
giuramento (M.) prestato prima della deposizione Voreid (M.)
giuramento (M.) promissorio eidesstattliche Erklärung (F.)
giuramento (M.) rivelatorio Offenbarungseid (M.)
giuramento (M.) testimoniale Zeugeneid (M.)
giurare geloben, schwören
giurato (Adj.) eidesstattlich
giureconsulto (M.) Jurist (M.), Rechtsberater (M.)
giurì (M.) d'onore Ehrengericht (N.)
giuria (F.) Jury (F.)
giuridicamente de iure (lat.) (nach der Rechtslage)
giuridico juridisch, juristisch, rechtlich, rechtswissenschaftlich
giurisdizionale richterlich
giurisdizione (F.) Gerichtsbarkeit (F.), Jurisdiktion (F.)
giurisdizione (F.) amministrativa Verwaltungsgerichtsbarkeit (F.)
giurisdizione (F.) arbitrale Schiedsgerichtsbarkeit (F.)
giurisdizione (F.) arbitrale internazionale internationale Schiedsgerichtsbarkeit (F.)
giurisdizione (F.) contenziosa streitige Gerichtsbarkeit (F.)
giurisdizione (F.) non contenziosa außerstreitige Gerichtsbarkeit (F.)
giurisdizione (F.) ordinaria ordentliche Gerichtsbarkeit (F.)
giurisdizione (F.) speciale Sondergerichtsbarkeit (F.)
giurisdizione (F.) tributaria Finanzgerichtsbarkeit (F.)
giurisdizione (F.) volontaria außerstreitige Gerichtsbarkeit (F.), freiwillige Gerichtsbarkeit (F.)
giurisperito (M.) Jurist (M.)
giurisperto (M.) in scienze economiche Wirtschaftsjurist (M.)
giurisprudenza (F.) ius (N.) (lat.) (Recht), Judikatur (F.), Jura (N.Pl.), Jurisprudenz (F.), Juristerei (F.), Jus (N.), Rechtsprechung (F.), Rechtswissenschaft (F.)
giurisprudenza (F.) degli interessi Interessenjurisprudenz (F.)
giurisprudenza (F.) dei concetti Begriffsjurisprudenz (F.)
giurista (M.) Jurist (M.)
giurista (M.) a pieno titolo Volljurist (M.) (Volljurist in Deutschland)
giurista (M.) commerciale Diplom-Wirtschaftsjurist (M.)
giurista (M.) d'impresa Diplom-Wirtschaftsjurist (M.), Wirtschaftsjurist (M.)
giusta gemäß
giusta causa (F.) wichtiger Grund (M.)
giustificabile vertretbar
giustificare entschuldigen, rechtfertigen
giustificativo (M.) Beleg (M.)
giustificato gerechtfertigt
giustificato motivo (M.) rechtfertigender Grund (M.)
giustificazione (F.) Begründung (F.), Entschuldigung (F.), Rechtfertigung (F.)
giustizia (F.) Billigkeit (F.), Gerechtigkeit (F.), Justiz (F.), Rechtspflege (F.)
giustizia (F.) amministrativa Verwaltungsgerichtsbarkeit (F.)
giustizia (F.) del caso concreto Fallgerechtigkeit (F.)
giustizia (F.) di classe Klassenjustiz (F.)
giustizia (F.) sommaria Lynchjustiz (F.)
giustiziare exekutieren, hinrichten
giusto billig, gerecht, korrekt, richtig
globale gesamt, global
glorificare verherrlichen
glorificazione (F.) Verherrlichung (F.)
godere genießen, nützen (transitiv)
godimento (M.) Genuss (M.), Lust (F.), Nutzung (F.)
gogna (F.) Pranger (M.)
golpe (M.) Putsch (M.)
golpista (M.) Putschist (M.)
good will (M.) (engl.) Geschäftswert (M.)
governante (M.) Regent (M.)
governare herrschen, regieren
governatore (M.) Gouverneur (M.), Statthalter (M.)

governo (M.) Kabinett (N.), Regierung (F.)
governo (M.) del Land Landesregierung (F.)
governo (M.) di un cantone Regierungsrat (M.)
governo (M.) federale Bundesregierung (F.)
governo (M.) regionale Landesregierung (F.)
gradimento (M.) Agrément (N.)
gradino (M.) Stufe (F.)
gradito gefällig, genehm
grado (M.) Ausmaß (N.), Dienstgrad (M.), Grad (M.), Maß (N.), Rang (M.), Rangordnung (F.), Stellung (F.), Würde (F.)
grado (M.) accademico akademischer Grad (M.)
grado (M.) del giudizio Instanz (F.), Rechtszug (M.)
grado (M.) del procedimento Rechtszug (M.)
grado (M.) di colpevolezza Ausmaß (N.) des Verschuldens
grado (M.) di giurisdizione Rechtszug (M.)
grado (M.) gerarchico Dienstgrad (M.)
grado (M.) precedente Vorrang (M.)
grado (M.)d'appello Berufungsinstanz (F.)
graduale gradual
gradualmente (Adv.) sukzessiv
graduare graduieren
graduatoria (F.) Rangordnung (F.)
graduazione (F.) Rangordnung (F.)
Gran Bretagna (F.) Großbritannien (N.)
granata (F.) Granate (F.)
grande groß, weit
grande handicappato (M.) Schwerbehinderter (M.)
grande invalido (M.) Schwerbehinderter (M.), Schwerbeschädigter (M.)
grandine (F.) Hagel (M.)
grano (M.) Getreide (N.)
gratifica (F.) Bonus (M.), Gratifikation (F.)
gratificare bedenken
gratificazione (F.) Gratifikation (F.), Prämie (F.)
gratis gratis, unentgeltlich
grattare klauen
gratuità (F.) Unentgeltlichkeit (F.)
gratuito frei, gratis, kostenlos, umsonst, unentgeltlich
gratuito patrocinio (M.) Prozesskostenhilfe (F.), Verfahrenshilfe (F.)
gravame (M.) Beschwer (F.), Beschwerde (F.), Rechtsmittel (N.)
gravare beschweren
gravare d'imposta besteuern
grave grob, schwer
gravida schwanger
gravidanza (F.) Schwangerschaft (F.)
gravità (F.) Schwere (F.)
gravità (F.) del reato Schwere (F.) des Verbrechens
gravità (F.) della colpevolezza Schwere (F.) der Schuld
grazia (F.) Begnadigung (F.), Gnade (F.)
grazia (F.) di dio Gottes Gnade
grazia (F.) divina Gottes Gnade
graziare begnadigen
gregge (F.) Herde (F.)
grimaldello (M.) Dietrich (M.)
grossista (M.) Großhändler
grosso (Adj.) grob
grosso (M.) Gros (N.)
gruppo (M.) Gruppe (F.), Klasse (F.), Konzern (M.)
gruppo (M.) di pressione Lobby (F.)
Gruppo (M.) europeo di interesse economico (GEIE) Europäische Wirtschaftliche Interessenvereinigung (F.) (EWIV)
gruppo (M.) finanziario Holding (F.)
gruppo (M.) linguistico Sprachgruppe (F.)
gruppo (M.) parlamentare Fraktion (F.), Klub (M.), Parlamentsfraktion (F.)
guadagnare gewinnen, verdienen
guadagno (M.) Gewinn (M.), Verdienst (M.), Zugewinn (M.)
guadagno (M.) accessorio Nebenverdienst (M.)
guadagno (M.) netto Reingewinn (M.)
guadagno (M.) occasionale Nebenverdienst (M.)
guardacaccia (M.) Jagdaufseher (M.)
guardapesca (M.) Fischereiaufseher (M.)
guardar(si) hüten
guardia (F.) Wache (F.), Wärter (M.)
guardia (F.) civica Miliz (F.)
guardia (F.) del corpo Garde (F.)
Guardia (F.) di Finanza Finanzwache (F.)
guardia (F.) federale di frontiera Bundesgrenzschutz (M.)
guardia (F.) forestale Förster (M.)
guardiano (M.) Hüter (M.), Wächter (M.)
guardiano (M.) notturno Nachtwächter (M.)
guardina (F.) Polizeigewahrsam (M.)
guarentigia (F.) Garantie (F.)

guarire heilen
guasto schlecht
guerra (F.) Krieg (M.)
guerra (F.) civile Bürgerkrieg (M.)
guerra (F.) d'aggressione Angriffskrieg (M.)
guerra (F.) dei contadini Bauernkrieg (M.)
guerra (F.) giusta gerechter Krieg (M.)
guerra (F.) offensiva Angriffskrieg (M.)
guerrigliero (M.) Guerillakämpfer (M.), Guerillero (M.)
guida (F.) Leitung (F.)
guida (F.) del mercato Marktführer (M.)
guida (F.) in stato d'ebbrezza Trunkenheit am Steuer (F.)
guida (F.) in stato di ebbrezza Trunkenheit (F.) im Straßenverkehr
guidare durchführen, fahren, führen, leiten, lenken
guidatore (M.) Fahrer (M.), Führer (M.)

h

handicappato (Adj.) behindert
handicappato (M.) Behinderter (M.)
hansa (F.) Hanse (F.)
hardware (M.) Hardware (F.)
hascisc (M.) Haschisch (N.)
hashish (M.) Haschisch (N.)
heller (M.) Heller (M.)
holding (F.) Dachgesellschaft (F.), Holding (F.)
homebanking (M.) (engl.) Homebanking (M.)
homepage (M.) Homepage (F.)
honoris causa (lat.) honoris causa (lat.)
hotel (M.) Gaststätte (F.)

i

idea (F.) Ansicht (F.), Gedanke (M.), Idee (F.)
ideale (Adj.) ideal, ideell
ideale (M.) Ideal (N.)
ideare erfinden
ideatore (M.) Erfinder (M.)
ideazione (F.) Erfindung (F.)
identico identisch
identificare identifizieren
identità (F.) Identität (F.)
ideologia (F.) Ideologie (F.)
idiota (M.) Idiot (M.)
idiotismo (M.) Idiotie (F.)
idiozia (F.) Idiotie (F.), Schwachsinn (M.)
idoneità (F.) Eignung (F.), Fähigkeit (F.), Tauglichkeit (F.)
idoneo fähig, qualifiziert, tauglich
idraulico (M.) Klempner (M.)
iganro unwissend
igiene (F.) Hygiene (F.)
ignaro arglos
ignobile verwerflich
ignorante unwissend
ignoranza (F.) Unkenntnis (F.), Unwissenheit (F.)
ignoranza (F.) del diritto Rechtsunkenntnis (F.)
ignoranza (F.) dell'antigiuridicità del fatto Rechtsblindheit (F.)
ignoranza (F.) inescusabile Kennenmüssen (N.)
ignoto fremd
illecito (Adj.) gesetzwidrig, rechtswidrig, widerrechtlich
illecito (M.) amministrativo Ordnungswidrigkeit (F.), Verwaltungsübertretung (F.), Verwaltungsunrecht (N.)
illecito (M.) penale strafbedrohte Handlung (F.)
illecito (M.) stradale Verkehrsdelikt (N.)
illecito strafbedroht, unerlaubt, ungesetzlich, unrechtmäßig, unstatthaft, unzulässig
illegale gesetzwidrig, illegal, rechtswidrig, ungesetzlich, unrechtmäßig, widerrechtlich
illegalità (F.) Gesetzwidrigkeit (F.), Illegalität (F.), Rechtswidrigkeit (F.), Unrechtmäßigkeit (F.), Widerrechtlichkeit (F.)
illegittimità (F.) Gesetzwidrigkeit (F.), Rechtswidrigkeit (F.), Unehelichkeit (F.), Unrechtmäßigkeit (F.)
illegittimità (F.) costituzionale Verfassungswidrigkeit (F.)
illegittimo gesetzwidrig, illegitim, rechtswidrig, unehelich, ungesetzlich, unrechtmäßig
illegittimo spossessamento (M.) verbotene Eigenmacht (F.)
illibatezza (F.) Unbescholtenheit (F.)
illibato unbescholten
illiceità (F.) Gesetzwidrigkeit (F.), Rechtswidrigkeit (F.), Unrechtmäßigkeit (F.), Unstatthaftigkeit (F.), Unzulässigkeit (F.), Widerrechtlichkeit (F.)

illimitato offen, unbeschränkt, uneingeschränkt
illudere täuschen
illuminazione (F.) Aufklärung (F.)
illuminismo (M.) Aufklärung (F.) (Zeitalter der Aufklärung)
illustrare erklären
illustrazione (F.) Erklärung (F.)
imballaggio (M.) Verpackung (F.)
imballare verpacken
imbarcare verschiffen
imbavagliamento (M.) Knebelung (F.)
imbavagliare knebeln
imbecille (Adj.) blöd
imbecille (M.) Idiot (M.)
imbrogliare betrügen, mogeln, neppen, schummeln, schwindeln
imbroglio (M.) Machenschaft (F.), Täuschung (F.), Übervorteilung (F.)
imbroglione (M.) Betrüger (M.), Gauner (M.), Hochstapler (M.)
imitare nachahmen
imitazione (F.) Nachahmung (F.), Nachbildung (F.)
immagazzinare lagern
immagine (F.) Bild (N.)
immanente (Adj.) immanent
immateriale immateriell, unkörperlich
immatricolare einschreiben, immatrikulieren
immatricolazione (F.) Immatrikulation (F.)
immediatamente sofort
immediatezza (F.) Unmittelbarkeit (F.)
immediato sofortig, umgehend, unmittelbar, unverzüglich
immemorabile unvordenklich
immettere einweisen
immettere nel possesso einantworten
immigrante (M.) Einwanderer (M.)
immigrare einwandern
immigrazione (F.) Einwanderung (F.)
imminente unmittelbar bevorstehend
immischiar(si) einmischen (sich)
immissione (F.) Einweisung (F.), Immission (F.)
immissione (F.) nel possesso Besitzeinweisung (F.), Einantwortung (F.)
immissioni (M.P.) acustici Lärmbelästigung (F.)
immobile (Adj.) immobil, unbeweglich
immobile (M.) Anwesen (N.), Immobilie (F.), Liegenschaft (F.)
immobile (M.) adibito ad uso commerciale Gewerberaum (M.)
immobile (M.) adibito ad uso diverso da quello di abitazione Geschäftsraum (M.)
immolare opfern
immondizie (F.Pl.) Müll (M.)
immorale sittenwidrig, unsittlich, unzüchtig
immoralità (F.) Sittenwidrigkeit (F.), Unsittlichkeit (F.)
immune immun
immunità (F.) Immunität (F.)
immunità (F.) parlamentare Indemnität (F.)
immutabile unabänderlich
immutabilità (F.) Unabänderlichkeit (F.)
impadronir(si) bemächtigen (sich)
imparare lernen
imparentato verwandt
impartire erteilen
impartire istruzioni weisen
impartizione (F.) Erteilung (F.)
imparziale unbefangen, unparteiisch, unparteilich
imparzialità (F.) Unbefangenheit (F.), Unparteilichkeit (F.), Unvoreingenommenheit (F.)
impedimento (M.) Abwendung (F.), Barriere (F.), Behinderung (F.), Hemmnis (F.), Hemmung (F.), Hindernis (N.), Störung (F.), Vereitelung (F.), Verhinderung (F.), Vermeidung (F.)
impedimento (M.) al matrimonio Ehehindernis (N.)
impedimento (M.) del pericolo Gefahrenabwendung (F.)
impedimento (M.) del recapito di una dichiarazione Zugangsvereitelung (F.)
impedimento (M.) dell'evento Erfolgsabwendung (F.)
impedimento (M.) di elezioni Wahlbehinderung (F.)
impedire abwenden, behindern, hemmen, hindern, vereiteln, verhindern, verhüten
impedito behindert
impegnar(si) verpflichten (sich)
impegnativo bindend, verbindlich
impegno (M.) Obligo (N.), Verbindlichkeit (F.), Verpflichtung (F.), Zusage (F.)
impegno (M.) di copertura Deckungszusage (F.)
impegno (M.) pubblico öffentliches Amt (N.)
impellante dringend

imperativo (Adj.) imperativ, zwingend
imperatore (M.) Herrscher (M.), Kaiser (M.)
imperatrice (F.) Kaiserin (F.)
imperfetto mangelhaft, unvollkommen
imperfezione (F.) Unvollständigkeit
imperiale kaiserlich
imperialismo (M.) Imperialismus (M.)
imperio (M.) Herrschaft (F.)
imperizia (F.) Unerfahrenheit (F.), Untüchtigkeit (F.)
impero (M.) Imperium (N.), Kaiserreich (N.), Königtum (N.), Reich (N.)
impero (M.) germanico Deutsches Reich (N.)
impiantare anlegen, einrichten, gründen
impianto (M.) Anlage (F.), Betriebsanlage (F.), Gerät (N.)
impianto (M.) di depurazione Kläranlage (F.)
impiccare hängen
impiegare anlegen, aufwenden, beschäftigen, gebrauchen, verwenden
impiegata (F.) Angestellte (F.)
impiegato (Adj.) angestellt
impiegato (M.) Angestellter (M.), Beamter (M.), Bediensteter (M.)
impiegato (M.) pubblico Bediensteter (M.) (Bediensteter des öffentlichen Dienstes)
impiego (M.) Anstellung (F.), Anwendung (F.), Beschäftigung (F.), Gebrauch (M.), Posten (M.), Stellung (F.), Verwendung (F.)
impiego (M.) abusivo Missbrauch (M.)
impignorabile unpfändbar
impignorabilità (F.) Unpfändbarkeit (F.)
implicare einschließen, verstricken
implicito immanent, stillschweigend
imponibile (Adj.) steuerbar, steuerpflichtig
imponibile (M.) Besteuerungsgrundlage (F.)
imponibile (M.) contributivo Beitragsbemessungsgrenze (F.)
imporre auferlegen, erzwingen, gebieten, nötigen, vorschreiben, zwingen
imporre un termine befristen
importante wichtig
importanza (F.) Bedeutung (F.), Belang (M.), Geltung (F.), Gewicht (N.), Interesse (N.)
importare belaufen, einführen, importieren
importatore (M.) Importeur (M.)
importazione (F.) Einfuhr (F.), Import (M.)
importo (M.) Betrag (M.), Summe (F.)
importo (M.) compensativo Ausgleichsbetrag (M.)
importo (M.) del credito Kreditbetrag (M.)
importo (M.) massimo Höchstbetrag (M.)
importo (M.) nominale Nennbetrag (M.)
importo (M.) non tassato Freibetrag (M.)
importunare belästigen
imposizione (F.) Besteuerung (F.), Oktroi (N.), Veranlagung (F.), Veranlagungsteuer (F.)
impossessamento (M.) Besitzergreifung (F.), Besitznahme (F.), Inbesitznahme (F.), Zueignung (F.)
impossessamento (M.) della nave Prise (F.)
impossessar(si) bemächtigen (sich)
impossibile unmöglich
impossibilità (F.) Unmöglichkeit (F.)
impossibilità (F.) assoluta absolute Unmöglichkeit (F.), endgültige Unmöglichkeit (F.)
impossibilità (F.) definitiva dauernde Unmöglichkeit (F.), endgültige Unmöglichkeit (F.)
impossibilità (F.) di adempiere Unerfüllbarkeit (F.)
impossibilità (F.) oggettiva objektive Unmöglichkeit (F.)
impossibilità (F.) originaria anfängliche Unmöglichkeit (F.), ursprüngliche Unmöglichkeit (F.)
impossibilità (F.) parziale Teilunmöglichkeit (F.)
impossibilità (F.) soggettiva subjektive Unmöglichkeit (F.), Unvermögen (N.)
impossibilità (F.) sopravvenuta nachfolgende Unmöglichkeit (F.), nachträgliche Unmöglichkeit (F.)
imposta (F.) Abgabe (F.), Steuer (F.), Umlage (F.)
imposta (F.) alla fonte Quellensteuer (F.)
imposta (F.) comunale Gemeindesteuer (F.)
imposta (F.) di bollo Stempelgebühr (F.), Stempelsteuer (F.), Verkehrsteuer (F.)
imposta (F.) di consumo Verbrauchsteuer (F.)
imposta (F.) di consumo sull'energia elettrica Stromsteuer (F.)
imposta (F.) di registro Verkehrsteuer (F.)
imposta (F.) diretta direkte Steuer (F.)
imposta (F.) doganale Zoll (M.)
imposta (F.) fondiaria Grundsteuer (F.)
imposta (F.) immobiliare Grundsteuer (F.)
imposta (F.) indiretta indirekte Steuer (F.)
imposta (F.) industriale Gewerbesteuer (F.)

imposta (F.) patrimoniale Besitzsteuer (F.)
imposta (F.) per il culto Kirchensteuer (F.)
imposta (F.) su terreni Grundsteuer (F.)
imposta (F.) sugli acquisti immobiliari Grunderwerbsteuer (F.)
imposta (F.) sugli affari Umsatzsteuer (F.), Verkehrsteuer (F.)
imposta (F.) sui redditi di lavoro dipendente Lohnsteuer (F.)
imposta (F.) sui trasferimenti Verkehrsteuer (F.)
imposta (F.) sul patrimonio Besitzsteuer (F.), Vermögensteuer (F.)
imposta (F.) sul reddito Einkommensteuer (F.), Ertragsteuer (F.)
imposta (F.) sul reddito dei capitali Kapitalertragsteuer (F.)
imposta (F.) sul reddito delle persone giuridiche (IRPEG) Körperschaftsteuer (F.)
imposta (F.) sul salario Lohnsteuer (F.)
imposta (F.) sul valore aggiunto (IVA) Mehrwertsteuer (F.)
imposta (F.) sull'industria arti e professioni Gewerbesteuer (F.)
imposta (F.) sulla cifra d'affari Umsatzsteuer (F.)
imposta (F.) sulla circolazione dei capitali Kapitalverkehrsteuer (F.)
imposta (F.) sulle assicurazioni Versicherungssteuer (F.)
imposta (F.) sulle donazioni Schenkungssteuer (F.)
imposta (F.) sulle successioni Erbschaftsteuer (F.)
imposta (M.) di solidarietà Solidaritätsbeitrag (M.)
impostare anlegen, einliefern
impotente unfähig
impotenza (F.) Unfähigkeit (F.), Unvermögen (N.)
impotenza (F.) generandi Zeugungsunfähigkeit (F.)
impoverito (M.) Entreicherter (M.)
imprecare lästern, schimpfen
imprecazione (F.) Lästerung (F.)
impregiudicato unbescholten
imprenditore (M.) Unternehmer (M.), Vollkaufmann (M.)
imprenditore (M.) agricolo landwirtschaftlicher Unternehmer (M.)
imprenditore (M.) che ha l'obbligo di farsi iscrivere nel registro del commercio Sollkaufmann (M.)
imprenditore (M.) commerciale Handelsunternehmer (M.), Kaufmann (M.)
imprenditore (M.) ex lege Musskaufmann (M.)
imprenditore (M.) individuale Einzelkaufmann (M.), Einzelunternehmer (M.)
imprenditore (M.) normale normaler Unternehmer (M.)
impresa (F.) Betrieb (M.), Unternehmen (N.)
impresa (F.) comune Gemeinschaftsunternehmen (N.)
impresa (F.) di spedizioni Versandhaus (N.)
impresa (F.) di tendenza Tendenzbetrieb (M.)
impresa (F.) familiare Familienunternehmen (N.)
imprescrittibile unverjährbar
imprescrittibilità (F.) Unverjährbarkeit (F.)
imprevedibile unvorhersehbar
imprevedibilità (F.) Unvorhersehbarkeit (F.)
imprigionamento (M.) Einsperren (N.)
imprigionare einsperren
improbabile unwahrscheinlich
improbabilità (F.) Unwahrscheinlichkeit (F.)
improcedibile unverfolgbar
improcedibilità (F.) Unverfolgbarkeit (F.)
improduttivo di effetti kraftlos
impronta (F.) Spur
impronta (F.) digitale Fingerabdruck (M.)
impronta (F.) digitale genetica genetischer Fingerabdruck (M.)
improprio uneigentlich
improvviso sofortig
imprudente unvorsichtig
imprudenza (F.) Unvorsichtigkeit (F.)
impudico unzüchtig
impugnabile anfechtbar
impugnabilità (F.) Anfechtbarkeit (F.)
impugnante (M.) Rechtsmittelkläger (M.)
impugnare anfechten
impugnativa (F.) Anfechtungsklage (F.), Rechtsmittel (N.)
impugnazione (F.) Anfechtung (F.), Beschwerde (F.)
impugnazione (F.) dei creditori Gläubigeranfechtung (F.)
impugnazione (F.) del contratto Vertragsanfechtung (F.)
impugnazione (F.) del licenziamento Kündigungsanfechtung (F.)

impugnazione (F.) del testamento Testamentsanfechtung (F.)
impugnazione (F.) dell'elezione Wahlanfechtung (F.)
impugnazione (F.) di una sentenza Urteilsanfechtung (F.)
impugnazione (F.) parziale Teilanfechtung (F.)
impugnazione (F.) per errore Irrtumsanfechtung (F.)
impulso (M.) Anregung (F.), Trieb (M.)
impulso (M.) della parte Parteibetrieb (M.)
impune straflos
impunito straflos
imputabile anrechenbar, schuldfähig, zurechenbar, zurechnungsfähig
imputabilità (F.) Schuldfähigkeit (F.), Zurechenbarkeit (F.), Zurechnungsfähigkeit (F.)
imputabilità (F.) diminuita verminderte Schuldfähigkeit (F.)
imputabilità (F.) parziale bedingte Schuldfähigkeit (F.)
imputare anrechnen, anschuldigen, beschuldigen, unterschieben, zumessen, zurechnen, zuschreiben
imputata (F.) Angeklagte (F.), Angeschuldigte (F.), Beschuldigte (F.)
imputato (M.) Angeklagter (M.), Angeschuldigter (M.), Beschuldigter (M.)
imputato (M.) principale Hauptangeklagter (M.)
imputazione (F.) Anklage (F.), Anklagesatz (M.), Anrechnung (F.), Anschuldigung (F.), Zurechnung (F.)
imputazione (F.) coatta Klageerzwingungsverfahren (N.)
imputridire verwesen
in attività di servizio aktiv
in bancarotta bankrott
in bianco blanko
in buon tedesco hochdeutsch
in buona fede gutgläubig, redlich
in camera di consiglio nichtöffentlich, unter Ausschluss der Öffentlichkeit
in caso di dubbio im Zweifel
in contanti bar
in dissesto bankrott
in dubio (lat.) im Zweifel
in dubio pro reo (lat.) in dubio pro reo (lat.) (im Zweifel für den Angeklagten)
in fase di begriffen
in flagranti (lat.) in flagranti (lat.) (bei der Tat)
in flagranza handhaft, in flagranti (lat.) (bei der Tat)
in forza della legge kraft Gesetzes
in franchigia doganale zollfrei
in genere generell
in linea di massima prinzipiell
in linea di principio prinzipiell
in luogo del pagamento an Zahlungs Statt
in mala fede bösgläubig
in mano comune gesamthänderisch
in materia einschlägig
in numero legale beschlussfähig, vollzählig
in occasione di anlässlich
in parte teilweise
in pericolo gefährdet
in pronto verfügbar
in proporzione anteilig
in pubblico öffentlich
in rete online (engl.)
in seguito nachträglich
in solido gemeinsam, gemeinschaftlich, gesamtschuldnerisch, solidarisch
in sospeso schwebend
in stato di begriffen
in stato di flagranza in flagranti (lat.) (bei der Tat)
in tempo utile rechtzeitig
in vendita feil
in vigore geltend
in virtù della legge kraft Gesetzes
inabile (Adj.) unfähig, untauglich
inabile (M.) Behinderter (M.)
inabile (M.) al lavoro Invalide (M.)
inabile al lavoro arbeitsunfähig, erwerbsunfähig
inabilità (F.) Unfähigkeit (F.)
inabilità (F.) al lavoro Arbeitsunfähigkeit (F.)
inabilitata (F.) beschränkt Handlungsfähige (F.)
inabilitato (M.) beschränkt Handlungsfähiger (M.)
inabilitazione (F.) beschränkte Entmündigung (F.)
inaccettabile unannehmbar
inadeguato unzulänglich
inadempibile unerfüllbar
inadempiente vertragsbrüchig
inadempienza (F.) Nichterfüllung (F.), Vertragswidrigkeit (F.)

inadempienza (F.) contrattuale Vertragsbruch (M.)
inadempimento (M.) Nichterfüllung (F.)
inadempimento (M.) degli obblighi del committente Geschäftsherrnpflichtverletzung (F.)
inadempimento (M.) dell'obbligo d'informazione Instruktionsfehler (M.)
inadempimento (M.) di un obbligo Pflichtverletzung (F.)
inaffidabile unglaubwürdig
inaffidabilità (F.) Unglaubwürdigkeit (F.)
inalienabile unveräußerlich
inammissibile unstatthaft, unzulässig
inammissibilità (F.) Unstatthaftigkeit (F.), Unzulässigkeit (F.)
inamovibile unversetzbar
inamovibilità (F.) Unversetzbarkeit (F.)
inapplicabile unanwendbar
inapplicabilità (F.) Unanwendbarkeit (F.)
inasprimento (M.) Asperation (M.)
inasprire verschärfen
inattendibile unglaubwürdig
inattendibilità (F.) Unglaubwürdigkeit (F.)
inattività (F.) Untätigkeit (F.)
inattivo untätig
inattuabile unerfüllbar
inattuabilità (F.) Undurchführbarkeit (F.)
inaugurazione (F.) Eröffnung (F.), Inauguration (F.)
inavvertenza (F.) Versehen (N.)
inavvertitamente versehentlich
inazione (F.) Untätigkeit (F.)
incapace unfähig
incapace d'intendere e di volere schuldunfähig
incapace di agire geschäftsunfähig
incapace di agire in giudizio prozessunfähig
incapace di essere sottoposto a pena detentiva haftunfähig
incapace di guidare fahruntüchtig
incapace di intendere e di volere unzurechnungsfähig
incapace di lavorare arbeitsunfähig
incapace di lavoro erwerbsunfähig
incapace di succedere erbunfähig
incapacità (F.) Unfähigkeit (F.), Unvermögen (N.)
incapacità (F.) assoluta di guidare absolute Fahruntüchtigkeit (F.)
incapacità (F.) d'agire Geschäftsunfähigkeit (F.)
incapacità (F.) di difendersi Wehrlosigkeit (F.)
incapacità (F.) di esercitare una professione Berufsunfähigkeit (F.)
incapacità (F.) di essere sottoposto a pena detentiva Haftunfähigkeit (F.)
incapacità (F.) di guidare Fahruntüchtigkeit (F.)
incapacità (F.) di intendere e di volere Schuldunfähigkeit (F.), Unzurechnungsfähigkeit (F.)
incapacità (F.) di lavorare Arbeitsunfähigkeit (F.)
incapacità (F.) di succedere Erbunfähigkeit (F.)
incapacità (F.) di testare Testierunfähigkeit (F.)
incapacità (F.) lavorativa Erwerbsunfähigkeit (F.)
incapacità (F.) naturale Deliktsunfähigkeit (F.)
incapacità (F.) penale Strafunmündigkeit (F.)
incarceramento (M.) Einsperren (N.)
incarcerare einsperren, inhaftieren
incaricare beauftragen, betrauen
incaricata (F.) di un pubblico servizio Beliehene (F.)
incaricato (M.) Beauftragter (M.), Sachbearbeiter (M.)
incaricato (M.) d'affari Geschäftsträger (M.)
incaricato (M.) di un pubblico servizio Beliehener (M.)
incaricato (M.) parlamentare al controllo delle forze armate Wehrbeauftragter (M.)
incaricato (M.) per la protezione dei dati Datenschutzbeauftragter (M.)
incarico (M.) Auftrag (M.), Beauftragung (F.)
incarico (M.) d'insegnamento Lehrauftrag (M.)
incarico (M.) di pagamento Zahlungsbefehl (M.)
incarico (M.) permanente Dauerauftrag (M.)
incassare beitreiben, einnehmen, einziehen, kassieren
incasso (M.) Beitreibung (F.), Eingang (M.), Einnahme (F.), Einziehung (F.), Inkasso (N.)
incedibile unabtretbar
incedibilità (F.) Unabtretbarkeit (F.)
incendiario (M.) Brandstifter (M.)
incendio (M.) Brand (M.)
incendio (M.) doloso Brandstiftung (F.)

incendio (M.) grave schwere Brandstiftung (F.)
incensurato unbescholten
incentivazione (F.) Förderung (F.)
incertezza (F.) Unzuverlässigkeit (F.), Zweifel (M.)
incertezza (F.) del diritto Rechtsunsicherheit (F.)
incerto fraglich, unzuverlässig, zweifelhaft
incesto (M.) Blutschande (F.), Inzest (F.)
incettare hamstern
inchiesta (F.) Enquête (F.), Ermittlung (F.), Untersuchung (F.)
inchiesta (F.) d'ufficio Amtsermittlung (F.)
inchiesta (F.) tributaria Steuerfahndung (F.)
inchiesta (F.) urgente Dringlichkeitsanfrage (F.)
incidente (M.) Unfall (M.), Unglücksfall (M.), Zwischenstreit (M.)
incidente (M.) probatorio Beweissicherung (F.), Beweissicherungsverfahren (N.), vorgelagerte Beweisaufnahme (M.)
incidente (M.) stradale Verkehrsunfall (M.)
incidente (M.) sul lavoro Arbeitsunfall (M.)
incidenza (F.) Anfall (M.), Auswirkung (F.)
incidere auswirken (sich), einwirken
incinta schwanger
incisione (F.) Stich (M.)
incitamento (M.) Anstiftung (F.), Drang (M.)
incitamento (M.) alla guerra Volksverhetzung (F.)
incitare anregen, anstiften
incitazione (F.) Anregung (F.)
inclinazione (F.) Neigung (F.)
includere einbeziehen, einschließen, enthalten
inclusione (F.) Einschließung (F.)
inclusivo inklusiv
incluso inbegriffen, inklusiv
incoerente widersprüchlich
incognito inkognito
incolpare anschuldigen, beschuldigen, bezichtigen
incolpata (F.) Beschuldigte (F.)
incolpato (M.) Beschuldigter (M.)
incolpazione (F.) Anschuldigung (F.), Bezichtigung (F.)
incolpevole (Adj.) unschuldig
incolpevolezza (F.) Unschuld (F.)
incolumità (F.) pubblica öffentliche Sicherheit (F.)
incomapatibilità (F.) con lo stato di detenzione Haftunfähigkeit (F.)
incombente drohend
incombenza (F.) Obliegenheit (F.)
incombere drohen, obliegen
incominciare beginnen
incompatibile inkompatibel, unvereinbar
incompatibile con lo stato di detenzione haftunfähig
incompatibilità (F.) Inkompatibilität (F.), Unvereinbarkeit (F.)
incompetente (M.) Laie (M.)
incompetente inkompetent, unbefugt, unzuständig
incompetenza (F.) Unkenntnis (F.), Unzuständigkeit (F.)
incompletezza (F.) Unvollständigkeit
incompleto unvollständig
inconciliabile inkompatibel, unvereinbar
inconciliabilità (F.) Inkompatibilität (F.), Unvereinbarkeit (F.)
incondizionabile bedingungsfeindlich
incondizionabilità (F.) Bedingungsfeindlichkeit (F.)
incondizionato unbedingt
inconfutabile unanfechtbar, unwiderlegbar
inconfutabilità (F.) Unanfechtbarkeit (F.)
inconsapevole unbewusst
inconsapevolezza (F.) Bewusstlosigkeit (F.)
inconscio unbewusst
incontestabile unanfechtbar, unbestreitbar, unwiderlegbar
incontestabilità (F.) Unanfechtbarkeit (F.)
incontestato unbestritten
incontrare kreuzen
incontroverso unbestritten
inconvenienti (M.Pl.) acustici Lärmbelästigung (F.)
incoraggiamento (M.) Förderung (F.)
incoraggiare anregen, fördern
incoronare krönen
incoronazione (F.) Krönung (F.)
incorporale unkörperlich
incorporare einverleiben, inkorporieren
incorporazione (F.) Anschluss (M.), Einverleibung (F.), Inkorporation (F.)
incorrettezza (F.) Unrichtigkeit (F.)
incorretto unrichtig
incorruttibilità (F.) Unbestechlichkeit (F.)
incostituzionale verfassungswidrig
incostituzionalità (F.) Verfassungswidrigkeit (F.)

incrementare erhöhen, steigern
incremento (M.) Erhöhung (F.), Zugang (M.), Zunahme (F.), Zuwachs (M.)
incremento (M.) del patrimonio Zugewinn (M.)
incriminare beschuldigen
incrociare kreuzen
incrocio (M.) Kreuzung (F.)
incurabile unheilbar
indagare ausforschen, erheben, ermitteln, forschen, nachforschen, schürfen, untersuchen
indagine (F.) Ausforschung (F.), Erhebung (F.), Ermittlung (F.), Forschung (F.), Nachforschung (F.), Recherche (F.)
indagine (F.) preliminare Vorerhebung (F.), Vorermittlung (F.)
indagini (F.Pl.) incrociate Rasterfahndung (F.)
indagini (F.Pl.) preliminari Ermittlungen (F.Pl.), Voruntersuchung (F.)
indebitamento (M.) eccessivo Überschuldung (F.)
indebitamento (M.) pubblico Staatsverschuldung (F.)
indebitar(si) verschulden (sich)
indebitare eccessivamente überschulden
indebito (Adj.) ungebührlich, ungerechtfertigt, widerrechtlich
indebito (M.) Nichtschuld (F.)
indecorosità (F.) Ungebühr (F.)
indecoroso ungebührlich
indegnità (F.) Unwürdigkeit (F.)
indegnità (F.) a succedere Erbunwürdigkeit (F.)
indegno unwürdig
indegno a succedere erbunwürdig
indennità (F.) Entschädigung (F.), Vergütung (F.)
indennità (F.) al lavoratore di mancata retribuzione Konkursausfallsgeld (N.)
indennità (F.) d'alloggio Wohngeld (N.)
indennità (F.) d'attesa Wartegeld (N.)
indennità (F.) di carenza Karenzentschädigung (F.)
indennità (F.) di contingenza Ortszuschlag (M.)
indennità (F.) di deprezzamento Abnutzungsentschädigung (F.)
indennità (F.) di disoccupazione Arbeitslosengeld (N.)
indennità (F.) di espropriazione Enteignungsentschädigung (F.)
indennità (F.) di funzione Funktionszulage (F.)
indennità (F.) di lavorazione pericolosa Gefahrenzulage (F.)
indennità (F.) di licenziamento Kündigungsentschädigung (F.)
indennità (F.) di mora Säumniszuschlag (M.)
indennità (F.) di residenza Ortszuschlag (M.)
indennità (F.) forfettaria Pauschalabfindung (F.), Pauschalentschädigung (F.)
indennità (F.) giornaliera Diäten (F.Pl.), Tagegeld (N.)
indennità (F.) in caso di morte Sterbegeld (N.)
indennità (F.) malattia Lohnfortzahlung (F.)
indennità (F.) parlamentare Diäten (F.Pl.)
indennità (F.) per ferie Urlaubsentgelt (N.)
indennità (F.) per spese Aufwandsentschädigung (F.)
indennizzare abfinden, abgelten, entschädigen, schadlos halten, vergüten
indennizzato (M.) Entschädigter (M.)
indennizzo (M.) Abfindung (F.), Abgeltung (F.), Entschädigung (F.), Ersatz (M.), Ersetzung (F.), Kompensation (F.), Reparation (F.), Schadloshaltung (F.), Vergütung (F.)
indennizzo (M.) per mancato godimento Nutzungsentschädigung (F.)
indennizzo (M.) successorio anticipato Erbausgleich (M.)
inderogabile unabänderlich, unabdingbar
inderogabilità (F.) Ausschließlichkeit (F.), Unabdingbarkeit (F.)
indeterminato unbestimmt
indicare angeben, hinweisen, indizieren, nachweisen, nennen
indicazione (F.) Angabe (F.), Hinweis (M.), Indikation (F.), Nachweis (M.)
indicazione (F.) del vero legittimato passivo Urheberbenennung (F.)
indicazione (F.) sociale soziale Indikation (F.)
indice (M.) Index (M.), Inhaltsverzeichnis (N.), Register (N.)
indice (M.) dei corsi di borsa Kursindex (M.)
indice (M.) dei titoli quotati in borsa Kursindex (M.)
indice (M.) di borsa Börsenindex (M.), Kursindex (M.)
indigenato (M.) Indigenat (N.)

indigeno einheimisch
indigente (Adj.) arm, bedürftig, dürftig (bedürftig)
indigenza (F.) Bedürftigkeit (F.)
indipendente selbständig, unabhängig
indipendenza (F.) Unabhängigkeit (F.)
indire anberaumen, ansetzen
indiretto indirekt, mittelbar
indirizzare adressieren
indirizzo (M.) Adresse (F.), Richtung (F.), Tendenz (F.)
indirizzo (M.) elettronico E-Mail Adresse (F.)
indirizzo (M.) e-mail E-Mail Adresse (F.)
indispensabile nötig, notwendig, unabdingbar
indispensabilità (F.) Unabdingbarkeit (F.)
individuabile bestimmbar
individuabilità (F.) Bestimmbarkeit (F.)
individuale einzeln, individuell
individuare identifizieren, spezifizieren
individuazione (F.) Aussonderung (F.), Konkretisierung (F.), Konzentration (F.)
individuazione (F.) degli utili Gewinnermittlung (F.)
individuo (M.) Individuum (N.)
indizi (M.Pl.) di reato Tatverdacht (M.)
indiziare verdächtigen
indiziato (Adj.) suspekt, verdächtig
indiziato (M.) Verdächtiger (M.)
indiziato (M.) di delitto Tatverdächtiger (M.)
indizio (M.) Anzeichen (N.), Indiz (N.)
indizione (F.) Anberaumung (F.)
indizione (F.) dei comizi elettorali Wahlausschreibung (F.) (Wahlausschreibung in Italien)
indizione (F.) di gara Ausschreibung (F.)
indocumentato beleglos
indole (F.) Art (F.), Beschaffenheit (F.), Eigenschaft (F.), Veranlagung (F.)
indugiare verzögern
indugio (M.) Verzögerung (F.)
indulgente mild
indulgenza (F.) Ablass (M.), Milde (F.)
indulto (M.) Straferlass (M.), Strafnachlass (M.)
indurre verleiten
indurre in errore irreführen
industria (F.) Gewerbe (N.), Industrie (F.), Wirtschaft (F.)
industria (F.) estrattiva Bergbau (M.)
industria (F.) mineraria Bergbau (M.)
industriale (Adj.) gewerblich, industriell
industriale (M.) Gewerbetreibender (M.)
induzione (F.) Verleitung (F.)
induzione (F.) in errore Irreführung (F.)
inefficace kraftlos, rechtsunwirksam, unwirksam
inefficacia (F.) Unwirksamkeit (F.)
inefficacia (F.) provvisoria schwebende Unwirksamkeit (F.)
ineguaglianza (F.) di trattamento Ungleichbehandlung (F.)
ineleggibile unwählbar
ineleggibilità (F.) Unwählbarkeit (F.)
inequivocabile klar
inerente eigen
inerinale interimistisch
inerme wehrlos
inerte untätig
inerzia (F.) Untätigkeit (F.)
inesattezza (F.) Unrichtigkeit (F.)
inesatto mangelhaft, unrichtig
inescusabile unentschuldbar
ineseguibile unerfüllbar, unvollstreckbar
ineseguibilità (F.) Undurchführbarkeit (F.), Unerfüllbarkeit (F.)
inesigibile uneinbringlich, unzumutbar
inesigibilità (F.) Uneinbringlichkeit (F.), Unzumutbarkeit (F.)
inesperienza (F.) Unerfahrenheit (F.)
inesperto unerfahren
inettitudine (F.) Unfähigkeit (F.)
inetto unfähig
inevitabile notwendig, unabwendbar, unvermeidbar
inevitabilità (F.) Unvermeidbarkeit (F.)
infallibilità (F.) Infallibilität (F.)
infame infam, verrucht
infamia (F.) Infamie (F.), Schande (F.)
infanticidio (M.) Kindestötung (F.)
infedele untreu
infedeltà (F.) Untreue (F.)
infedeltà (F.) del patrocinatore Parteiverrat (M.)
inferiore mindere, untere
inferma (F.) di mente Schwachsinnige (F.)
infermiere (M.) Pfleger (M.)
infermità (F.) di mente Geisteskrankheit (F.), Schwachsinn (M.)
infermo (Adj.) di mente geisteskrank, schwachsinnig
infermo (M.) di mente Irre (M.), Schwachsinniger (M.)

inferno (M.) Hölle (F.)
infezione (F.) Infektion (F.)
infilare stecken
infimo letzte
inflazione (F.) Inflation (F.)
infliggere auferlegen, belegen (V.), verhängen
influenza (F.) Auswirkung (F.)
influenzare beeinflussen, einwirken
influire auswirken (sich)
influsso (M.) Einwirkung (F.)
infondatezza (F.) Gegenstandslosigkeit (F.)
infondato gegenstandslos
informale informell
informante (M.) V-Mann (M.)
informar(si) erkundigen
informare aufklären, belehren, benachrichtigen, berichten, informieren, verständigen
informatica (F.) Informatik (F.)
informatica (F.) giuridica Rechtsinformatik (F.)
informatico (M.) Informatiker (M.)
informativo informationell
informato kundig
informatore (M.) Auskunftsperson (F.), Informant (M.), Spitzel (M.)
informatore (M.) confidenziale Gewährsmann (M.), V-Mann (M.)
informazione (F.) Aufklärung (F.), Auskunft (F.), Belehrung (F.), Bescheid (M.), Erkundigung (F.), Information (F.)
informazione (F.) di garanzia Verständigung (F.)
informazione (F.) sull'ambiente Umweltinformation (F.)
infortunio (M.) Unfall (M.), Unglücksfall (M.)
infortunio (M.) in itinere Arbeitswegunfall (M.), Wegeunfall (M.)
infortunio (M.) sul lavoro Arbeitsunfall (M.)
infrangere brechen, übertreten, verletzen
infrazione (F.) Rechtsverletzung (F.), Überschreitung (F.), Übertretung (F.), Verstoß (M.), Zuwiderhandlung (F.)
infrazione (F.) ad un obbligo Pflichtverletzung (F.)
infrazione (F.) disciplinare Dienstvergehen (N.)
infrazione (F.) stradale Verkehrsdelikt (N.)
infruttifero unverzinslich
infungibile unvertretbar
ingaggio (M.) Heuer (F.)
ingannare betrügen, irreführen, mogeln, neppen, täuschen, vorspiegeln
inganno (M.) Täuschung (F.), Vorspiegelung (F.)
inganno (M.) elettorale Wählertäuschung (F.)
ingegneria (F.) genetica Gentechnik (F.)
ingerenza (F.) Einmischung (F.), Ingerenz (F.)
ingerir(si) einmischen (sich)
Inghilterra (F.) England (N.)
ingiungere auffordern, mahnen
ingiunzione (F.) Anordnung (F.), Aufforderung (F.), Mahnung (F.)
ingiunzione (F.) d'esecuzione Vollstreckungsbefehl (M.)
ingiunzione (F.) di pagamento Mahnbescheid (M.), Zahlungsaufforderung (F.)
ingiuria (F.) Beleidigung (F.), Beschimpfung (F.), Injurie (F.)
ingiuria (F.) consistente nella forma offensiva dell'espressione Formalbeleidigung (F.)
ingiuria (F.) fisica Realinjurie (F.)
ingiuria (F.) reale Realinjurie (F.)
ingiuria (F.) verbale Verbalinjurie (F.)
ingiuriare beleidigen, beschimpfen
ingiustificato ungerechtfertigt
ingiustificato arricchimento (M.) ungerechtfertigte Bereicherung (F.)
ingiustizia (F.) Ungerechtigkeit (F.), Unrecht (N.)
ingiusto unbillig, ungerecht, unrecht
ingorgo (M.) Stau (M.) (Verkehrsstau)
ingratitudine (F.) grave grobe Undankbarkeit (F.)
ingresso (M.) Eintritt (M.)
ingresso (M.) abusivo nel fondo altrui unbefugtes Betreten (N.) eines fremden Grundstücks
inguaribile unheilbar
inibire verbieten
inibito verboten
inidce (M.) dei corsi di borsa Börsenindex (M.)
inidce (M.) dei prezzi al consumo Verbraucherpreisindex (M.)
inidoneo untauglich
inimputabile schuldunfähig, strafunmündig
inimputabilità (F.) Schuldunfähigkeit (F.)
iniquità (F.) Unbilligkeit (F.), Ungerechtigkeit (F.)

iniquo unbillig, ungerecht, unrecht
iniziale (F.) Initiale (F.)
iniziale anfänglich
iniziare beginnen, eröffnen
iniziativa (F.) Anregung (F.), Initiative (F.), Vorhaben (M.)
iniziativa (F.) civica Bürgerinitiative (F.)
iniziativa (F.) delle leggi Gesetzesinitiative (F.)
iniziativa (F.) legislativa Gesetzesinitiative (F.)
iniziativa (F.) popolare Volksbegehren (N.)
inizio (M.) Anfang (M.), Aufnahme (F.), Beginn (M.)
inizio (M.) del termine Fristbeginn (M.)
inizio (M.) dell'attività criminosa Anfang (M.) der Ausführung
inizio (M.) dell'azione penale Anklageerhebung (F.)
innalzamento (M.) Anhebung (F.)
innnocenza (F.) Unschuld (F.)
inno (M.) Hymne (F.)
inno (M.) nazionale Nationalhymne (F.)
innocente (Adj.) unschuldig
inoccupato (M.) Arbeitsloser (M.)
inoltrare einreichen, übermitteln
inoltro (M.) Übermittlung (F.), Weitergabe (F.)
inoperante hinfällig, unwirksam
inoperoso untätig
inopponibilità (F.) ai terzi di fatti non iscritti nell'apposito registro negative Publizität (F.)
inopportunità (F.) Unzweckmäßigkeit (F.)
inopportuno unzweckmäßig
inoppugnabile unanfechtbar
inoppugnabilità (F.) Bestandskraft (F.), Unanfechtbarkeit (F.)
inosservanza (F.) Versäumung (F.)
inosservanza (F.) del termine Fristversäumung (F.)
inquadramento (M.) Einordnung (F.)
inquadrare einordnen
inquietante besorgniserregend
inquilino (M.) Mieter (M.)
inquinamento (M.) Verdunkelung (F.)
inquinamento (M.) acustico Lärmbelästigung (F.)
inquinamento (M.) ambientale Umweltverschmutzung (F.)
inquinamento (M.) dell'ambiente Umweltverschmutzung (F.)
inquisire inquirieren
inquisizione (F.) Inquisition (F.)
insanabile unheilbar
insanabilità (F.) Unheilbarkeit (F.)
insediamento (M.) Bestallung (F.), Einsetzung (F.), Einweisung (F.)
insediamento (M.) di una carica Amtseinsetzung (F.)
insediamento (M.) in un ufficio Amtseinsetzung (F.)
insediare einsetzen, einweisen, investieren
insediare in una carica bestallen
insegna (F.) Insignie (F.)
insegna (F.) di sovranità Hoheitszeichen (N.)
insegna (F.) non appropriabile Freizeichen (N.)
insegnamento (M.) Lehre (F.), Unterricht (M.)
insegnamento (M.) per corrispondenza Fernunterricht (M.)
insegnamento (M.) religioso Religionsunterricht (M.)
insegnante (M.) Lehrer (M.)
insegnante (M.) di guida Fahrlehrer (M.)
insegnare beibringen, lehren, unterrichten
inseguimento (M.) Nacheile (F.)
inseguire jagen
inseminazione (F.) Insemination (F.)
inserimento (M.) Einlage (F.)
inserir(si) in einlassen (sich)
inserviente (M.) Diener (M.)
inserzione (F.) Inserat (N.)
insider (M.) (engl.) Insider (M.)
insider trading (M.) (engl.) Insiderhandel (M.)
insidia (F.) Heimtücke (F.), Tücke (F.)
insidiare nachstellen
insidioso heimtückisch
insieme (M.) Gesamtheit (F.)
insieme (M.) di varie proposte di legge Junktim (N.)
insignificante unbedeutend, unwichtig
insinuare einverleiben, insinuieren
insinuazione (F.) Einverleibung (F.), Insinuation (F.)
insinuazione (F.) del credito Forderungsanmeldung (F.)
insolvente bankrott, insolvent, zahlungsunfähig
insolvenza (F.) Bankrott (M.), Insolvenz (F.), Zahlungsunfähigkeit (F.)

insolvenza (F.) fraudolenta betrügerische Zahlungsunfähigkeit (F.)
insolvibile insolvent, zahlungsunfähig
insolvibilità (F.) Insolvenz (F.), Zahlungsunfähigkeit (F.)
insostenibile unvertretbar
installare anlegen
installatore (M.) Installateur (M.)
installazione (F.) Anlage (F.)
instaurare errichten, gründen
instaurazione (F.) Einführung (F.)
institore (M.) Handlungsbevollmächtigter (M.)
insubordinato unbotmäßig
insubordinazione (F.) Insubordination (F.), Unbotmäßigkeit (F.)
insuccesso (M.) Misserfolg (M.)
insufficiente dürftig (bedürftig), mangelhaft, unzulänglich
insufficienza (F.) Dürftigkeit (F.), Mangel (M.), Unzulänglichkeit (F.)
insultare beleidigen, beschimpfen
insulto (M.) Beleidigung (F.), Beschimpfung (F.)
insurrezione (F.) Aufstand (M.)
insussistente hinfällig
insussistenza (F.) Gegenstandslosigkeit (F.)
intaccare schaden, schädigen
intavolare einverleiben
intavolazione (F.) Einverleibung (F.), Grundbucheintragung (F.)
integrale voll, vollständig
integrare ergänzen, integrieren
integrazione (F.) Ergänzung (F.), Integration (F.), Zusammenschluss (M.)
integrazione (F.) finanziaria Ausgleichsbetrag (M.)
integrità (F.) Integrität (F.), Rechtschaffenheit (F.), Unbescholtenheit (F.), Unverletzbarkeit (F.)
integro rechtschaffen, redlich, unbescholten
intellettuale (Adj.) geistig
intelligibilità (F.) oggettiva di un atto recettizio da parte del destinatario Empfängerhorizont (M.)
intendente (M.) Intendant (M.)
intendere beabsichtigen, begreifen
intento (M.) Zweck (M.)
intenzionale absichtlich, mutwillig, vorsätzlich, wissentlich
intenzione (F.) Absicht (F.), Vorhaben (M.), Vorsatz (M.), Wollen (N.)
intenzione (F.) d'appropriazione Zueignungsabsicht (F.)
intenzione (F.) di procuarsi un profitto Bereicherungsabsicht (F.)
intenzione (F.) di procurare a sè o ad altri un profitto Vorteilsverschaffungsabsicht (F.)
intenzione (F.) dolosa böse Absicht (F.)
intenzione (F.) omicida Tötungsabsicht (F.)
interazione (F.) Interaktion (F.)
intercedere vermitteln
intercessione (F.) Fürsprache (F.), Interzession (F.)
intercessore (M.) Fürsprecher (M.)
intercettare abhören
intercettazione (F.) Abhören (N.)
interdetto (M.) Entmündigter (M.)
interdipendenza (F.) Zusammenhang (M.)
interdire entmündigen, untersagen, verbieten
interdizione (F.) Entmündigung (F.), Untersagung (F.), Verbot (N.)
interdizione (F.) dall'esercizio di un'attività commerciale Gewerbeuntersagung (F.)
interdizione (F.) dall'esercizio di una professione Gewerbeuntersagung (F.)
interdizione (F.) professionale Berufsverbot (N.)
interessata (F.) Beteiligte (F.)
interessato (M.) Beteiligter (M.)
interesse (M.) Belang (M.), Interesse (N.), Zins (M.)
interesse (M.) ad agire Rechtsschutzbedürfnis (N.)
interesse (M.) affettivo Affektionsinteresse (N.)
interesse (M.) all'accertamento Feststellungsinteresse (N.)
interesse (M.) all'adempimento Erfüllungsinteresse (N.)
interesse (M.) base Basiszins (M.)
interesse (M.) composto Zinseszins (M.)
interesse (M.) d'affezione Affektionsinteresse (N.)
interesse (M.) generale Allgemeininteresse (N.)
interesse (M.) negativo negatives Interesse (N.), Vertrauensinteresse (N.)
interesse (M.) positivo positives Interesse (N.)
interesse (M.) pubblico Allgemeinwohl (N.), öffentlicher Belang (M.), öffentliches Interesse (N.)

interessi (M.Pl.) debitori Schuldzinsen (M.Pl.)
interessi (M.Pl.) moratori Verzugszinsen (M.Pl.)
interessi (M.Pl.) su debiti Schuldzinsen (M.Pl.)
interferenza (F.) Einmischung (F.), Ingerenz (F.)
interferire eingreifen, einmischen (sich)
intergovernativo zwischenstaatlich
interim (M.) Interim (N.)
interinale einstweilig, kommissarisch
interinato (M.) Interim (N.), Stellvertretung (F.)
interino interimistisch
interlocutoria (F.) Zwischenbescheid (M.)
interlocutorio (Adj.) interlokutorisch
intermediare vermitteln
intermediario (M.) Makler (M.), Vermittler (M.)
intermediazione (F.) Vermittlung (F.)
internamento (M.) Internierung (F.), Unterbringung (F.)
internare internieren
internazionale grenzüberschreitend, international, zwischenstaatlich
Internet (M.) Internet (N.)
interno (Adj.) inländisch, innen
interno (M.) Inland (N.)
intero gesamt, vollständig
interpellanza (F.) Anfrage (F.), Interpellation (F.)
interpellanza (F.) d'urgenza Dringlichkeitsanfrage (F.)
interpellare anfragen, interpellieren
interpolare interpolieren
interpolazione (F.) Interpolation (F.)
interponente (M.) Hintermann (M.)
interposizione (F.) Vermittlung (F.)
interposto (M.) Strohmann (M.)
interpretare auslegen, erläutern, interpretieren
interpretazione (F.) Auslegung (F.), Interpretation (F.)
interpretazione (F.) autentica authentische Interpretation (F.)
interpretazione (F.) conforme alla costituzione verfassungskonforme Auslegung (F.)
interpretazione (F.) del contratto Vertragsauslegung (F.)
interpretazione (F.) della costituzione Verfassungsauslegung (F.)
interpretazione (F.) giurisprudenziale Richterrecht (N.)
interpretazione (F.) integrativa del contratto ergänzende Vertragsauslegung (F.)
interpretazione (F.) oggettiva normative Auslegung (F.)
interpretazione (F.) sistematica systematische Interpretation (F.)
interpretazione (F.) teleologica teleologische Auslegung (F.)
interprete (M.) Dolmetscher (M.)
interregno (M.) Interregnum (N.)
interrogare ausforschen, befragen, einvernehmen, prüfen, verhören, vernehmen
interrogatorio (M.) Verhör (N.), Vernehmung (F.)
interrogatorio (M.) della parte Parteivernehmung (F.)
interrogatorio (M.) incrociato Kreuzverhör (N.)
interrogazione (F.) Ausforschung (F.), Befragung (F.)
interrompere abbrechen, aussetzen, einstellen, unterbrechen
interruzione (F.) Abbruch (M.), Aussetzung (F.), Einstellung (F.), Stillstand (M.), Unterbrechung (F.)
interruzione (F.) del lavoro Betriebsstörung (F.)
interruzione (F.) del processo Prozessunterbrechung (F.)
interruzione (F.) dell'esercizio Betriebsstörung (F.)
interruzione (F.) della gravidanza Abbruch (M.) einer Schwangerschaft
interruzione (F.) della prescrizione Verjährungsunterbrechung (F.)
interruzione (F.) volontaria della gravidanza Schwangerschaftsabbruch (M.), Schwangerschaftsunterbrechung (F.)
interscambio (M.) zwischenstaatlicher Warenaustausch (M.)
interstatale zwischenstaatlich
intervallo (M.) Periode (F.), Zeitraum (M.), Zwischenzeit (F.)
interveniente (M.) Intervenient (M.)
interveniente (M.) adesivo Nebenintervenient (M.)
intervenire eingreifen, einschreiten, intervenieren
intervenire energicamente durchgreifen

intervento (M.) Eingriff (M.), Einschreiten (N.), Intervention (F.), Vermittlung (F.)
intervento (M.) adesivo Nebenintervention (F.)
intervento (M.) energico Durchgriff (M.)
intervento (M.) in proprio Selbsteintritt (M.)
intervento (M.) principale Hauptintervention (F.)
intervista (F.) Befragung (F.)
intervistare befragen
intesa (F.) Absprache (F.), Agreement (M.) (engl.), Benehmen (N.) (Benehmen im Verwaltungsrecht), Einigung (F.), Einvernehmen (N.), Einverständnis (N.), Kartell (N.), Übereinkommen (N.), Übereinkunft (F.), Verabredung (F.), Vereinbarung (F.)
intesa (F.) di cartello Kartellabsprache (F.)
intestare überschreiben
intestazione (F.) Eintragung (F.), Kopf (M.)
intestazione (F.) della sentenza Rubrum (N.)
intimare auffordern, laden (vorladen), mahnen, vorladen
intimare a comparire vorladen
intimazione (F.) Aufforderung (F.), Einladung (F.), Mahnung (F.), Vorladung (F.), Zustellung (F.)
intimazione (F.) al pagamento Zahlungsaufforderung (F.)
intimazione (F.) di sfratto Räumungsklage (F.)
intimidazione (F.) Abschreckung (F.), Einschüchterung
intimidire abschrecken, einschüchtern
intimità (F.) Intimität (F.)
intimo intim, privat
intitolare benennen
intitolazione (F.) Benennung (F.), Rubrik (F.), Titel (M.)
intontimento (M.) Betäubung (F.)
intontire betäuben
intossicare vergiften
intralciare behindern, hemmen, stören
intralcio (M.) Behinderung (F.), Hemmnis (F.)
intrallazzo (M.) Machenschaft (F.), Schiebung (F.)
intraprendere vornehmen
intrapresa (F.) Unternehmen (N.)
intrigante (M.) Ränkeschmied (M.)
intrigo (M.) Machenschaft (F.), Rank (M.)
introdurre einführen, einlassen (sich), importieren
introduzione (F.) Einführung (F.), Einleitung (F.)
introito (M.) Einkommen (N.), Einnahme (F.)
introito (M.) di gestione Betriebseinnahme (F.)
intrometter(si) einmischen (sich)
intromissione (F.) Einmischung (F.)
intuizione (F.) Idee (F.)
inutilmente umsonst
invalidità (F.) Erwerbsunfähigkeit (F.), Invalidität (F.), Ungültigkeit (F.), Versehrtheit (F.)
invalidità (F.) professionale Berufsunfähigkeit (F.)
invalidità (F.) relativa relative Unwirksamkeit (F.)
invalido (Adj.) erwerbsunfähig, ungültig
invalido (M.) Invalide (M.)
invalido arbeitsunfähig
invano umsonst
inveire schimpfen
inventare erfinden
inventariare verzeichnen
inventario (M.) Bestand (M.), Inventar (N.), Inventur (F.), Verzeichnis (N.)
inventario (M.) di beni Vermögensverzeichnis (N.)
inventario (M.) patrimoniale Vermögensverzeichnis (N.)
inventore (M.) Erfinder (M.)
invenzione (F.) Erfindung (F.), Fund (M.)
invenzione (F.) del lavoratore Arbeitnehmererfindung (F.)
invenzione (F.) del prestatore d'opera Arbeitnehmererfindung (F.), Diensterfindung (F.)
invenzione (F.) del tesoro Schatzfund (M.)
inverosimile unwahrscheinlich
inversione (F) Umkehr (F.)
inversione (F.) dell'onere della prova Beweislastumkehr (F.), Umkehr (F.) der Beweislast
investigare fahnden, forschen, nachforschen
investigatore (M.) Detektiv (M.), Ermittler (M.)
investigazione (F.) Fahndung (F.), Nachforschung (F.)
investimento (M.) Anlage (F.), Einsetzung (F.), Investition (F.), Investment (N.), Veranlagung (F.)

investimento (M.) di capitale Kapitalanlage (F.)
investire anlegen, einsetzen, investieren
investire di una carica bestallen
investitore (M.) Anleger (M.), Kapitalanleger (M.)
investitura (F.) Bestallung (F.), Investitur (F.)
inviare absenden, entsenden, schicken, versenden, zustellen
inviato (M.) Berichterstatter (M.), Gesandter (M.)
invio (M.) Entsendung (F.), Versand (M.), Versendung (F.), Zustellung (F.)
invio (M.) per visione Ansichtssendung (F.)
inviolabile unantastbar, unverletzlich
inviolabilità (F.) Unantastbarkeit (F.), Unverletzbarkeit (F.)
inviolabilità (F.) del domicilio Hausfriede (M.)
invitare auffordern, einladen, ersuchen, laden (vorladen)
invitatio (F.) ad offerendum (lat.) invitatio (F.) ad offerendum (lat.) (Einladung zum Angebot)
invito (M.) Aufforderung (F.), Einladung (F.)
invito (M.) a dichiarare diritti o pretese sotto pena di decadenza Aufgebot (N.) (Ausschlussverfahren vor einer Behörde)
invito (M.) ad offrire invitatio (F.) ad offerendum (lat.) (Einladung zum Angebot)
invito (M.) al pagamento Zahlungsaufforderung (F.)
invocare anrufen
involontario unfreiwillig, unwillkürlich
ipoteca (F.) Grundpfand (N.), Hypothek (F.)
ipoteca (F.) a favore del proprietario Eigentümerhypothek (F.)
ipoteca (F.) di garanzia Sicherungshypothek (F.)
ipoteca (F.) generale Gesamthypothek (F.)
ipoteca (F.) giudiziale Zwangshypothek (F.)
ipoteca (F.) iscritta Buchhypothek (F.)
ipoteca (F.) iscritta col solo ammontare massimo Höchstbetragshypothek (F.)
ipoteca (F.) ordinaria Verkehrshypothek (F.)
ipoteca (F.) rappresentata da un titolo al portatore Briefhypothek (F.)
ipoteca (F.) simultanea Gesamthypothek (F.)
ipoteca (F.) su navi Bodmerei (F.)
ipotecare beleihen
ipotecario hypothekarisch
ipotesi (F.) Annahme (F.), Hypothese (F.), Theorie (F.)
ipotizzare mutmaßen
ipso iure (lat.) ipso iure (lat.) (durch das Recht selbst)
irrecuperabile uneinbringlich
irrecuperabilità (F.) Uneinbringlichkeit (F.)
irregolare abnorm, fehlerhaft, ordnungswidrig, unregelmäßig, vorschriftswidrig
irreparabile irreversibel
irreperibile unauffindbar
irreperibilità (F.) Unauffindbarkeit (F.)
irresponsabile verantwortungslos
irresponsabilità (F.) Verantwortungslosigkeit (F.)
irreversibile irreversibel
irrevocabile unabänderlich, unwiderruflich
irrevocabilità (F.) Unabänderlichkeit (F.), Unwiderruflichkeit (F.)
irricevibile unzulässig
irricevibilità (F.) Unzulässigkeit (F.)
irrilevante gegenstandslos, unbedeutend, unwesentlich
irrimediabile irreversibel
irrinunciabile unabdingbar, unverzichtbar
irrinunciabilità (F.) Unverzichtbarkeit (F.)
irrinunziabile unverzichtbar
irrinunziabilità (F.) Unverzichtbarkeit (F.)
irrogare auferlegen, verhängen
irruzione (F.) Einbruch (M.)
ISBN (M.) ISBN (International Standard Book Number)
iscriver(si) beitreten
iscrivere anmelden, einschreiben, eintragen
iscrivere all'attivo aktivieren
iscriversi a belegen (V.)
iscrizione (F.) Anmeldung (F.), Eintrag (M.), Eintragung (F.)
iscrizione (F.) nel libro fondiario Grundbucheintragung (F.)
iscrizione (F.) preliminare Vormerkung (F.)
iscrizione (F.) tavolate Grundbucheintragung (F.)
ISDN (M.) ISDN (Integrated Services Digital Nework)
Isituto (M.) federale per la vigilanza sulle assicurazioni private Bundesversicherungsaufsichtsamt (N.)
islam (M.) Islam (M.)
isolamento (M.) diurno Einzelhaft (F.)
isolare absondern

ispettorato (M.) dei cartelli Kartellbehörde (F.)
Ispettorato (M.) federale dei cartelli Bundeskartellamt (N.)
Ispettorato (M.) federale della previdenza sociale Bundesversicherungsamt (N.)
ispettore (M.) Inspekteur (M.)
ispezionare einsehen, inspizieren, mustern, prüfen, überprüfen
ispezione (F.) Augenschein (M.), Einsicht (F.), Inspektion (F.), Untersuchung (F.)
ispezione (F.) degli atti Akteneinsicht (F.)
ispezione (F.) domiciliare Haussuchung (F.)
ispezione (F.) fiscale sul luogo Außenprüfung (F.)
ispezione (F.) personale Leibesvisitation (F.)
istantaneo sofortig
istante (M.) Kläger (M.)
istanza (F.) Antrag (M.), Begehren (N.), Eingabe (F.), Gesuch (N.), Instanz (F.), Rechtsgang (M.), Rechtszug (M.)
istanza (F.) alla Corte costituzionale Verfassungsbeschwerde (F.)
istanza (F.) per convalida di sfratto Räumungsklage (F.)
istanza (M.) di fallimento Konkursantrag (M.)
istaurazione (F.) Gründung (F.)
istigare anstiften, auffordern
istigare alla rivolta aufwiegeln
istigatore (M.) Anstifter (M.)
istigatrice (F.) Anstifterin (F.)
istigazione (F.) Anstiftung (F.), Aufforderung (F.), Aufhetzung (F.), psychische Beihilfe (F.), Verleitung (F.)
istigazione (F.) all'odio Volksverhetzung (F.)
istinto (M.) sessuale Geschlechtstrieb (M.)
istituire einrichten, einsetzen, errichten, gründen
Istituo (M.) nazionale per la vigilanza sulle assicurazioni private e di interesse collettivo (ISVAP) Versicherungsaufsichtsamt (N.) (Versicherungsaufsichtsamt in Italien)
istituto (M.) Anstalt (F.), Einrichtung (F.), Institut (N.), Institution (F.)
istituto (M.) bancario Bank (F.)
istituto (M.) carcerario Strafanstalt (F.)
istituto (M.) di credito Kreditinstitut (N.)
istituto (M.) di disintossicazione Entziehungsanstalt (F.)
istituto (M.) di pena Justizvollzugsanstalt (F.), Strafanstalt (F.), Strafvollzugsanstalt (F.)
istituto (M.) educativo Erziehungsanstalt (F.)
istituto (M.) federale Bundesanstalt (F.)
Istituto (M.) federale per la previdenza sociale degli impiegati Bundesversicherungsanstalt (F.) für Angestellte
istituto (M.) giuridico Rechtsinstitut (N.)
istituto (M.) penitenziario Strafanstalt (F.), Vollzugsanstalt (F.)
istituto (M.) per l'esecuzione delle pene Strafvollzugsanstalt (F.)
istituto (M.) pubblico öffentliche Einrichtung (F.)
istituto (M.) scolastico Schule (F.)
Istituto (M.) statistico delle Comunità Europee Statistisches Amt (N.) der Europäischen Gemeinschaften
istituto di credito Bank (F.)
istituzionale institutionell
istituzione (F.) Einrichtung (F.), Einsetzung (F.), Errichtung (F.), Institution (F.), Körperschaft (F.), Organ (N.)
istituzione (M.) d'erede Erbeinsetzung (F.)
istruire anweisen, aufklären, ausbilden, beibringen, belehren, instruieren, lehren, unterrichten, untersuchen, weisen
istruttore (M.) Ausbildender (M.)
istruttoria (F.) Ermittlungsverfahren (N.)
istruzione (F.) Anweisung (F.), Belehrung (F.), Disposition (F.), Instruktion (F.), Untersuchung (F.), Weisung (F.)
istruzione (F.) d'uso Gebrauchsanweisung (F.)
istruzione (F.) per l'uso Gebrauchsanweisung (F.)
istruzione (F.) probatoria Beweisaufnahme (F.), Beweisverfahren (N.)
istruzioni (M.Pl.) per l'uso Bedienungsanleitung (F.)
ISVAP (Istituo (M.) nazionale per la vigilanza sulle assicurazioni private e di interesse collettivo) Versicherungsaufsichtsamt (N.) (Versicherungsaufsichtsamt in Italien)
Italia (F.) Italien (N.)
italiana (F.) all'estero Auslandsitalienerin (F.)
italiano (M.) all'estero Auslandsitaliener (M.)
iter (M.) causale Kausalverlauf (M.)
iter (M.) formativo delle leggi Gesetzgebungsverfahren (N.)

ius (N.) corrigendi (lat.) Züchtigungsrecht (N.)
ius (N.) postulandi (lat.) Postulationsfähigkeit (F.)
ius (N.) retentionis (lat.) Zurückbehaltungsrecht (N.)
ius (N.) retinendi (lat.) Zurückbehaltungsrecht (N.)
ius (N.) strictum (lat.) ius (N.) strictum (lat.) (starres Recht)
ius (N.) tollendi (lat.) Wegnahmerecht (N.)
IVA (F.) (imposta sul valore aggiunto) Mehrwertsteuer (F.)

j

joint venture (M.) Joint venture (N.)
junker (M.) Junker (M.)

k

kidnapping (M.) (engl.) Kidnapping (N.), Kindesentziehung (F.)
kidnapping (M.) Entführung (F.)
killer (M.) (engl.) Killer (M.)
know-how (M.) Knowhow (N.)
kolkhos (M.) Kolchose (F.)

l

l'essere (M.) pignorato Verstrickung (F.)
l'essere (M.) sequestrato Verstrickung (F.)
lacuna (F.) Lücke (F.)
lacuna (F.) della legge Gesetzeslücke (F.)
ladro (M.) Dieb (M.), Langfinger (M.)
ladro (M.) d'occasione Gelegenheitsdieb (M.)
ladrocinio (M.) Diebstahl (M.)
laesio (F.) enormis (lat.) laesio (F.) enormis (lat.) (außergewöhnliche Verletzung)
lagnar(si) beschweren (sich)
lago (M.) See (M.)
laicizzazione (F.) Verweltlichung (F.)
laico (Adj.) weltlich
laico (M.) Laie (M.)
laico bekenntnisfrei
lamentare beklagen
lampante offenbar
land (M.) Bundesland (N.)
Land (M.) Land (N.)
lasciapassare (M.) Passierschein (M.)
lasciare quittieren, überlassen, verlassen (V.)
lasciare in eredità vererben
lascito (M.) Erbschaft (F.)
lasso (M.) di tempo Zeitabschnitt (M.), Zeitraum (M.)
latitante (M.) Flüchtige (M.)
lato (M.) Seite (F.)
latore (M.) Überbringer (M.)
lattoniere (M.) Klempner (M.)
laurearsi promovieren
laureato (M.) Hochschulabsolvent (M.)
lavaggio (M.) del cervello Gehirnwäsche (F.)
lavorare arbeiten, bearbeiten, verarbeiten
lavorativo erwerbstätig
lavoratore (M.) Arbeiter (M.), Arbeitnehmer (M.), Arbeitskraft (F.)
lavoratore (M.) a domicilio Heimarbeiter (M.)
lavoratore (M.) a tempo parziale Teilzeitbeschäftigter (M.)
lavoratore (M.) autonomo Selbständiger (M.)
lavoratore (M.) clandestino Schwarzarbeiter (M.)
lavoratore (M.) part-time Teilzeitbeschäftigter (M.)
lavoratore (M.) qualificato Facharbeiter (M.)
lavoratore (M.) straniero Gastarbeiter (M.)
lavoratrice (F.) Arbeitnehmerin (F.)
lavorazione (F.) Bearbeitung (F.), Verarbeitung (F.)
lavorazione (F.) a mano Manufaktur (F.)
lavoro (M.) Arbeit (F.), Beschäftigung (F.), Werk (N.)
lavoro (M.) a catena Fließbandarbeit (F.)
lavoro (M.) a cottimo Akkordarbeit (F.)
lavoro (M.) a domicilio Heimarbeit (F.)
lavoro (M.) a tempo parziale Teilzeitarbeit (F.)
lavoro (M.) a tempo parziale nel periodo antecedente il pensionamento Altersteilzeit (F.)
lavoro (M.) a turno Schichtarbeit (F.)
lavoro (M.) ad orario ridotto Kurzarbeit (F.)
lavoro (M.) clandestino Schwarzarbeit (F.)
lavoro (M.) coatto Zwangsarbeit (F.)
lavoro (M.) domestico Hausarbeit (F.)

lavoro (M.) forzato Zwangsarbeit (F.)
lavoro (M.) minorile Jugendarbeit (F.)
lavoro (M.) part-time Teilzeitarbeit (F.)
lavoro (M.) specializzato Facharbeit (F.)
lavoro (M.) stagionale Saisonarbeit (F.)
leader (M.) Führer (M.)
leader (M.) del mercato Marktführer (M.)
leale fair, loyal, redlich, reell, treu
lealtà (F.) Fairness (F.), Loyalität (F.), Redlichkeit (F.), Treue (F.)
leasing (M.) Leasing (N.)
leasing (M.) finanziario Mietkauf (M.)
leasing (M.) operativo Produzentenleasing (N.)
lecito (Adj.) legal
lecito erlaubt, legitim, statthaft, unbenommen, zulässig
ledere verletzen
lega (F.) Bund (M.), Bündnis (N.), Liga (F.), Verband (M.)
legale (Adj.) gesetzlich, gesetzmäßig, juristisch, legal, legitim, rechtlich, rechtmäßig
legale (M.) Advokat (M.), Anwalt (M.), Jurist (M.), Rechtsanwalt (M.)
legalità (F.) Gesetzmäßigkeit (F.), Legalität (F.), Rechtmäßigkeit (F.)
legalizzare legalisieren
legalizzazione (F.) Beurkundung (F.), Legalisation (F.), Legalisierung (F.)
legame (M.) Bindung (F.), Zusammenhang (M.)
legame (M.) giuridico Rechtsbindung (F.)
legare binden, verbinden, vermachen
legatario (M.) Legatar (M.), Vermächtnisnehmer (M.)
legato (Adj.) gebunden
legato (M.) Gesandter (M.), Legat (M.), Vermächtnis (N.)
legato (M.) alternativo Wahlvermächtnis (N.)
legato (M.) con effetto obbligatorio Damnationslegat (N.)
legato (M.) di cosa altrui Verschaffungsvermächtnis (N.)
legato (M.) di genere Gattungsvermächtnis (N.)
legato (M.) di specie Vindikationslegat (N.)
legato (M.) gravato da sostituzione fedecommissaria Nachvermächtnis (N.)
legato (M.) sostitutivo Ersatzvermächtnis (N.)
legatum (M.) per vindicationem (lat.) Vindikationslegat (N.)
legatum (N.) per damnationem (lat.) Damnationslegat (N.)
legazione (F.) Legation (F.)
legge (F.) Gesetz (N.), Jura (N.Pl.)
legge (F.) ad approvazione esplicita del consiglio federale Zustimmungsgesetz (N.) (Zustimmungsgesetz in Deutschland)
legge (F.) cambiaria Wechselgesetz (N.)
legge (F.) che viene approvata solo se il consiglio federale non vi si oppone entro il termine previsto Einspruchsgesetz (N.) (Einspruchsgesetz in Deutschland)
legge (F.) collegata Nebengesetz (N.)
legge (F.) complementare Nebengesetz (N.)
legge (F.) cornice Rahmengesetz (N.)
legge (F.) costituzionale federale Bundesverfassungsgesetz (N.)
legge (F.) d'attuazione Ausführungsgesetz (N.)
legge (F.) d'esecuzione Ausführungsgesetz (N.)
legge (F.) dei contributi sugli interessi Zinsabschlaggesetz (N.)
legge (F.) del Land Landesgesetz (N.)
legge (F.) del Reich Reichsgesetz (N.)
legge (F.) delega Ermächtigungsgesetz (N.)
legge (F.) dell'omertà Gesetz (M.) des Schweigens (Schweigepflicht für die Mitglieder einer Verbrecherbande in Italien)
legge (F.) derogatoria Novelle (F.)
legge (F.) di attuazione del diritto internazionale Transformationsgesetz (N.)
legge (F.) di bilancio Haushaltsgesetz (N.)
legge (F.) di delega Ermächtigungsgesetz (N.)
legge (F.) di deposito Depotgesetz (N.)
legge (F.) di promozione per la formazione patrimoniale Vermögensbildungsgesetz (N.)
legge (F.) di riforma sul diritto dei marchi Markenrechtsreformgesetz (N.)
legge (F.) di salvaguardia Schutzgesetz (N.)
legge (F.) di tutela Schutzgesetz (N.)
legge (F.) economica Wirtschaftsgesetz (N.)
legge (F.) fallimentare Insolvenzordnung (F.)
legge (F.) federale Bundesgesetz (N.)
legge (F.) federale notarile Bundesnotarordnung (F.)
legge (F.) federale sul procedimento disciplinare Bundesdisziplinargesetz (F.)
legge (F.) federale sul riposo Bundesurlaubsgesetz (N.)

legge (F.) federale sull'assistenza sociale Bundessozialhilfegesetz (N.)
legge (F.) federale sulla promozione della formazione professionale Bundesausbildungsförderungsgesetz (N.) (BaföG)
legge (F.) federale sulla protezione contro le immissioni Bundesimmissionsschutzgesetz (N.)
legge (F.) federale sulla protezione dei suoli Bundesbodenschutzgesetz (N.)
legge (F.) federale sulla protezione dell' ambiente Bundesnaturschutzgesetz (N.)
legge (F.) federale sulla tutela del segreto dei dati Bundesdatenschutzgesetz (N.)
legge (F.) federale sulle epidemie Bundesseuchengesetz (N.)
legge (F.) federale sulle foreste Bundeswaldgesetz (N.)
legge (F.) fiscale concernente le relazioni con l'estero Außensteuergesetz (N.)
legge (F.) fondamentale Grundgesetz (N.)
legge (F.) fondamentale dello Stato Staatsgrundgesetz (N.)
legge (F.) fondiaria Grundbuchordnung (F.)
legge (F.) generale allgemeines Gesetz (N.)
legge (F.) in bianco Blankettgesetz (F.)
legge (F.) introduttiva Einführungsgesetz (N.)
legge (F.) marziale Standrecht (N.)
legge (F.) morale Sittengesetz (N.)
legge (F.) penale Strafgesetz (N.)
legge (F.) per la protezione dalle infezioni Infektionsschutzgesetz (N.)
legge (F.) protettiva Schutzgesetz (N.)
legge (F.) provinciale Landesgesetz (N.)
legge (F.) quadro Mantelgesetz (N.), Rahmengesetz (N.)
legge (F.) quadro sul diritto del pubblico impiego Beamtenrechtsrahmengesetz (N.)
legge (F.) quadro sulle università Hochschulrahmengesetz (N.)
legge (F.) regionale Landesgesetz (N.)
legge (F.) stataria Standrecht (N.)
legge (F.) sugli assegni bancari Scheckgesetz (N.)
legge (F.) sugli spazzacamini Schornsteinfegergesetz (N.)
legge (F.) sui brevetti Patentgesetz (N.)
legge (F.) sui farmaci Arzneimittelgesetz (N.)
legge (F.) sui masi chiusi Höfegesetz (N.)
legge (F.) sul controllo delle armi da guerra Kriegswaffenkontrollgesetz (N.)
legge (F.) sul credito al consumo Verbraucherkreditgesetz (N.)
legge (F.) sul matrimonio Ehegesetz (N.)
legge (F.) sul pagamento della retribuzione durante il periodo di malattia Entgeltfortzahlungsgesetz (N.)
legge (F.) sul procedimento penale minorile Jugendgerichtsgesetz (N.)
legge (F.) sul riciclaggio del denaro sporco Geldwäschegesetz (N.)
legge (F.) sul riciclaggio di denaro Geldwäschegesetz (N.)
legge (F.) sul trasferimento di lavoratori all'estero comunitario Arbeitnehmerentsendegesetz (N.)
legge (F.) sull'alimentazione di corrente da fonti di energia rinnovabili nella rete pubblica Stromeinspeisungsgesetz (N.)
legge (F.) sull'amministrazione della polizia Polizeiverwaltungsgesetz (N.)
legge (F.) sull'assicurazione sociale del Reich Reichsversicherungsordnung (F.)
legge (F.) sull'azione revocatoria Anfechtungsgesetz (N.) (Gläubigeranfechtungsgesetz in Deutschland)
legge (F.) sull'economia Wirtschaftsgesetz (N.)
legge (F.) sull'energia nucleare Atomgesetz (N.)
legge (F.) sull'erogazione di energia Stromeinspeisungsgesetz (N.)
legge (F.) sull'esecuzione amministrativa Verwaltungsvollstreckungsgesetz (N.)
legge (F.) sull'imposta di consumo sull' energia elettrica Stromsteuergesetz (F.)
legge (F.) sull'imposta sul reddito Einkommensteuergesetz (N.)
legge (F.) sull'imposta sull'acquisto di beni immobili Grunderwerbsteuergesetz (N.)
legge (F.) sull'orario di lavoro Arbeitszeitgesetz (N.)
legge (F.) sull'ordinamento aziendale Betriebsverfassungsgesetz (N.)
legge (F.) sull'ordinamento giudiziario Gerichtsverfassungsgesetz (N.)
legge (F.) sull'organizzazione sociale delle aziende Betriebsverfassungsgesetz (N.)
legge (F.) sulla borsa Börsengesetz (N.)
legge (F.) sulla circolazione stradale Straßenverkehrsgesetz (N.)
legge (F.) sulla cogestione Mitbestimmungsgesetz (N.)

legge (F.) sulla pensione aziendale Betriebsrentengesetz (N.)
legge (F.) sulla responsabilità ambientale Umwelthaftungsgesetz (N.)
legge (F.) sulla responsabilità civile Haftpflichtgesetz (N.)
legge (F.) sulla sicurezza degli impianti tecnici Gerätesicherheitsgesetz (N.)
legge (F.) sulla sicurezza sul lavoro Arbeitssicherheitsgesetz (N.)
legge (F.) sulla società per azioni Aktiengesetz (N.)
legge (F.) sulla tutela dei conusmatori Verbraucherschutzgesetz (N.)
legge (F.) sulle case di riposo Heimgesetz (N.)
legge (F.) sulle informazioni in materia ambientale Umweltinformationsgesetz (N.)
legge (F.) sulle riunioni pubbliche Versammlungsgesetz (N.)
legge (F.) sulle sostanze chimiche Chemikaliengesetz (N.)
legge (F.) sulle sostanze stupefacenti Betäubungsmittelgesetz (N.), Suchmittelgesetz (N.)
legge (F.) sulle spese giudiziarie in materia di giurisdizione volontaria Kostenordnung (F.)
legge (F.) temporanea Zeitgesetz (N.)
legge (F.) transitoria Überleitungsgesetz (N.)
legge (F.) urbanistica Baugesetzbuch (N.)
legge (F.) urbanistica federale Bundesbaugesetz (N.)
legge (M.) sul trattamento pensionistico complementare Betriebsrentengesetz (N.)
legge-provvedimento (F.) Maßnahmegesetz (N.)
leggere lesen
leggero leicht
legiferante gesetzgebend
legislativo gesetzgebend, legislativ
legislatore (M.) Gesetzgeber (M.)
legislatura (F.) Legislaturperiode (F.), Wahlperiode (F.)
legislazione (F.) Gesetzgebung (F.)
legislazione (F.) antimafia Anti-Mafia Gesetzgebung (F.)
legislazione (F.) cornice Rahmengesetzgebung (F.)
legislazione (F.) del Land Landesgesetzgebung (F.)
legislazione (F.) eccezionale Notstandsgesetzgebung (F.)
legislazione (F.) esclusiva ausschließliche Gesetzgebung (F.)
legislazione (F.) federale Bundesgesetzgebung (F.)
legislazione (F.) federale concorrente konkurrierende Bundesgesetzgebung (F.)
legislazione (F.) per stato d'emergenza Notstandsgesetzgebung (F.)
legislazione (F.) previdenziale Sozialgesetzgebung (F.)
legislazione (F.) programmatica Rahmengesetzgebung (F.)
legislazione (F.) provinciale Landesgesetzgebung (F.)
legislazione (F.) quadro Rahmengesetzgebung (F.)
legislazione (F.) regionale Landesgesetzgebung (F.)
legislazione (F.) sociale Sozialgesetzgebung (F.)
legislazione (F.) sulla tutela dei dati Datenschutzgesetzgebung (F.)
legitimatio (F.) ad causam (lat.) Parteifähigkeit (F.)
legittima (F.) Pflichtteil (M.)
legittima difesa (F.) Notwehr (F.)
legittima difesa (F.) a favore di terzo Nothilfe (F.)
legittima difesa (F.) erroneamente supposta Putativnotwehr (F.)
legittima difesa (F.) putativa Putativnotwehr (F.)
legittimar(si) legitimieren (sich)
legittimare berechtigen, rechtfertigen
legittimario (M.) Noterbe (M.), Pflichtteilsberechtigter (M.)
legittimato berechtigt
legittimazione (F.) Berechtigung (F.), Ehelicherklärung (F.), Ehelichkeitserklärung (F.), Legitimation (F.), Legitimierung (F.)
legittimazione (F.) ad agire Klagebefugnis (F.), Sachbefugnis (F.), Sachlegitimation (F.)
legittimazione (F.) ad agire in giudizio Prozessführungsbefugnis (F.)
legittimazione (F.) attiva Aktivlegitimation (F.), Sachbefugnis (F.)
legittimazione (F.) attiva delle associazioni Verbandsklagerecht (F.)
legittimazione (F.) passiva Passivlegitimation (F.)

legittimità (F.) Ehelichkeit (F.), Gesetzmäßigkeit (F.), Legalität (F.), Legitimität (F.), Rechtmäßigkeit (F.)
legittimo (Adj.) ehelich, gesetzlich, gesetzmäßig, legal, legitim, rechtmäßig
lenocinio (M.) Kuppelei (F.), Zuhälterei (F.)
lenone (M.) Kuppler (M.), Zuhälter (M.)
lesa maestà (F.) Majestätsbeleidigung (F.)
lesbica (F.) Lesbierin (F.)
lesbico lesbisch
lesbio lesbisch
lesione (F.) Verkürzung (F.), Verletzung (F.)
lesione (F.) alla reputazione Rufschädigung (F.)
lesione (F.) dell'interesse negativo Vertrauensschaden (N.)
lesione (F.) dell'onore Ehrverletzung (F.)
lesione (F.) della salute Gesundheitsverletzung (F.)
lesione (F.) di un bene giuridico Rechtsgutsverletzung (F.)
lesione (F.) enorme laesio (F.) enormis (lat.) (außergewöhnliche Verletzung)
lesione (F.) non patrimoniale Nichtvermögensschaden (M.)
lesione (F.) patrimoniale Vermögensschaden (N.)
lesione (F.) personale Körperverletzung (F.)
lesione (F.) personale aggravata gefährliche Körperverletzung (F.)
lesione (F.) personale gravissima schwere Körperverletzung (F.)
lesione (F.) personale violenta gewaltsame Körperverletzung (F.)
lesione (F.) ultra dimidium Verkürzung (F.) über die Hälfte
letale tödlich
lettera (F.) Brief (M.), Buchstabe (F.), Schreiben (N.)
lettera (F.) commerciale Geschäftsbrief (M.)
lettera (F.) commerciale di conferma kaufmännisches Bestätigungsschreiben (N.)
lettera (F.) credenziale Beglaubigungsschreiben (N.)
lettera (F.) d'affari Geschäftsbrief (M.)
lettera (F.) d'ingiunzione Mahnschreiben (N.)
lettera (F.) di conferma Bestätigungsschreiben (N.)
lettera (F.) di copertura Deckungszusage (F.)
lettera (F.) di credito Akkreditiv (N.), Kreditbrief (M.)
lettera (F.) di diffida Mahnschreiben (N.)
lettera (F.) di immunità Freibrief (M.)
lettera (F.) di pegno Pfandbrief (M.)
lettera (F.) di porto Frachtbrief (M.)
lettera (F.) di privilegio Freibrief (M.)
lettera (F.) di rivendicazione Bekennerbrief (M.)
lettera (F.) di sollecitazione Mahnschreiben (N.)
lettera (F.) di vettura Frachtbrief (M.)
lettera (F.) elettronica E-Mail (N.)
lettera (F.) minatoria Drohbrief (M.)
lettera (F.) pastorale Hirtenbrief (M.)
lettera (F.) raccomandata Einschreiben (N.)
letterale buchstäblich
letteratura (F.) giuridica Schrifttum (N.)
lettore (M.) Lektor (M.)
lettura (F.) Lesung (F.), Verlesung (F.)
lettura (F.) della sentenza Urteilsverkündung (F.)
levare beseitigen
levata (F.) Beseitigung (F.)
levatrice (F.) Hebamme (F.)
lex (F.) fori (lat.) lex (F.) fori (lat.) (Recht des Gerichtsorts)
lezioni (F.Pl.) Unterricht (M.)
libbra (F.) Pfund (N.) (Gewicht von einem Pfund)
libera circolazione (F.) Freizügigkeit (F.)
libera circolazione (F.) dei lavoratori Arbeitnehmerfreizügigkeit (F.)
libera circolazione (F.) delle merci Warenverkehrsfreiheit (F.)
libera competizione (F.) economica freier Wettbewerb (M.)
libera concorrenza (F.) freier Wettbewerb (M.)
libera professione (F.) freier Beruf (M.)
libera volontà (F.) Willensfreiheit (F.)
liberale (Adj.) freiheitlich, liberal
liberale (M.) Liberaler (M.)
liberalismo (M.) Liberalismus (M.)
liberalità (F.) Schenkung (F.)
liberalità (F.) d'uso gebräuchliche unentgeltliche Zuwendung (F.)
liberare befreien, einzahlen, entbinden, enthaften, erlösen, exkulpieren, freilassen, freistellen, lösen
liberato befreit
liberatorio schuldbefreiend
liberazione (F.) Befreiung (F.), Einzahlung

(F.), Entbindung (F.), Enthaftung (F.), Freigabe (F.), Freilassung (F.), Freistellung (F.)
liberazione (F.) anticipata Strafnachlass (M.)
liberazione (F.) dalla responsabilità Enthaftung (F.), Haftentlassung (F.)
liberazione (F.) dei contadini Bauernbefreiung (F.)
liberismo (M.) economico Freihandel (M.)
libero frei, offen
libero di circolare freizügig (nicht ortsgebunden)
libero docente (M.) Privatdozent (M.)
libero professionista (M.) Freiberufler (M.)
libero scambio (M.) Freihandel (M.)
libertà (F.) Freiheit (F.)
libertà (F.) contrattuale Abschlussfreiheit (F.), Vertragsautonomie (F.), Vertragsfreiheit (F.)
libertà (F.) d'arte Kunstfreiheit (F.)
libertà (F.) d'associazione Koalitionsfreiheit (F.), Vereinigungsfreiheit (F.), Vereinsfreiheit (F.)
libertà (F.) d'azione Handlungsfreiheit (F.)
libertà (F.) d'industria Gewerbefreiheit (F.)
libertà (F.) d'informazione Informationsfreiheit (F.)
libertà (F.) d'insegnamento Lehrfreiheit (F.)
libertà (F.) d'opinione Meinungsfreiheit (F.)
libertà (F.) d'organizzazione sindacale Koalitionsfreiheit (F.)
libertà (F.) dei mari Meeresfreiheit (F.)
libertà (F.) della forma Formfreiheit (F.)
libertà (F.) di circolazione Freizügigkeit (F.)
libertà (F.) di circolazione dei capitali Kapitalverkehrsfreiheit (F.)
libertà (F.) di concorrenza Wettbewerbsfreiheit (F.)
libertà (F.) di contenuto Inhaltsfreiheit (F.)
libertà (F.) di coscienza Gewissensfreiheit (F.)
libertà (F.) di costituzione Gründungsfreiheit (F.)
libertà (F.) di costruire Baufreiheit (F.)
libertà (F.) di costruzione Baufreiheit (F.)
libertà (F.) di credenza Glaubensfreiheit (F.)
libertà (F.) di culto Bekenntnisfreiheit (F.)
libertà (F.) di non entrare in coalizione negative Koalitionsfreiheit (F.)
libertà (F.) di pensiero Gedankenfreiheit (F.), Meinungsfreiheit (F.)
libertà (F.) di prestare servizio Dienstleistungsfreiheit (F.)
libertà (F.) di prestazione dei servizi Dienstleistungsfreiheit (F.)
libertà (F.) di radiodiffussione Rundfunkfreiheit (F.)
libertà (F.) di riunione Versammlungsfreiheit (F.)
libertà (F.) di scelta della professione Berufsfreiheit (F.)
libertà (F.) di scienza Wissenschaftsfreiheit (F.)
libertà (F.) di stabilimento Niederlassungsfreiheit (F.)
libertà (F.) di stampa Pressefreiheit (F.)
libertà (F.) di testare Testierfreiheit (F.)
libertà (F.) di volere Willensfreiheit (F.)
libertà (F.) generale di agire allgemeine Handlungsfreiheit (F.)
libertà (F.) professionale Gewerbefreiheit (F.)
libertà (F.) religiosa Religionsfreiheit (F.)
libertà (F.) sindacale Koalitionsfreiheit (F.), Vereinigungsfreiheit (F.)
libertà (F.) testamentaria Testierfreiheit (F.)
libertà (F.) vigilata Freiheit (F.) unter Aufsicht (Freiheit unter Aufsicht in Italien), Führungsaufsicht (F.)
libertas (F.) agendi (lat.) Handlungsfreiheit (F.)
libretto (M.) di risparmio Sparbuch (N.)
libro (M.) Buch (N.), codex (M.) (lat.)
libro (M.) contabile Handelsbuch (N.)
libro (M.) dei soci Aktienbuch (N.)
libro (M.) di commercio Handelsbuch (N.)
libro (M.) fondiario Grundbuch (N.)
libro (M.) mastro Hauptbuch (N.)
libro (M.) parrocchiale Kirchenbuch (N.)
liceità (F.) Erlaubtheit (F.), Legalität (F.), Statthaftigkeit (F.), Zulässigkeit (F.)
licenza (F.) Bewilligung (F.), Erlaubnis (F.), Genehmigung (F.), Konzession (F.), Lizenz (F.)
licenza (F.) d'esportazione Ausfuhrerlaubnis (F.)
licenza (F.) di caccia Jagdschein (M.)
licenza (F.) di sfruttamento Nutzungslizenz (F.)
licenza (F.) di vendita al minuto di bevande alcooliche Schankkonzession (F.)
licenza (F.) obbligatoria Zwangslizenz (F.)
licenziabile kündbar
licenziamento (M.) Entlassung (F.), Kündigung (F.)

licenziamento (M.) in tronco fristlose Entlassung (F.)
licenziamento (M.) ordinario ordentliche Kündigung (F.)
licenziamento (M.) per giusta causa außerordentliche Kündigung (F.)
licenziamento (M.) senza preavviso fristlose Entlassung (F.)
licenziare entlassen, kündigen
licenziatario (M.) Lizenznehmer (M.)
licenziato (M.) Lizentiat (M.)
liceo (M.) Gymnasium (N.), Lyzeum (N.)
licitazione (F.) privata beschränkte Ausschreibung (F.)
Liechtenstein (M.) Liechtenstein (N.)
lieve geringfügig, leicht
limitare begrenzen, beschränken, einschränken, limitieren, verkürzen
limitare nel tempo befristen
limitativo restriktiv
limitato begrenzt, beschränkt, limitiert, verkürzt
limitazione (F.) Begrenzung (F.), Beschränkung (F.), Einschränkung (F.)
limitazione (F.) degli armamenti Rüstungsbegrenzung (F.)
limitazione (F.) del rischio Risikobegrenzung (F.)
limitazione (F.) della concorrenza Wettbewerbsbeschränkung (F.)
limitazione (F.) della libertà personale Freiheitsbeschränkung (F.)
limitazione (F.) della responsabilità Haftungsbeschränkung (F.)
limitazione (F.) temporale Befristung (F.)
limite (M.) Grenze (F.), Schranke (F.)
limite (M.) d'età Altersgrenze (F.)
limite (M.) di consumazione Aufbrauchsfrist (F.)
limite (M.) di sacrificio Opfergrenze (F.)
limite (M.) di tollerabilità Erträglichkeitsgrenze (F.)
limite (M.) di un diritto fondamentale Grundrechtsschranke (F.)
limite (M.) immanente di un diritto fondamentale immanente Grundrechtsschranke (F.)
limite (M.) massimo Höchstbetrag (M.)
limite (M.) per il calcolo dell'imposizione contributiva Beitragsbemessungsgrenze (F.)
limiti (M.Pl.) al diritto di proprietà Eigentumsbindung (F.)
limiti (M.Pl.) discrezionali Beurteilungsspielraum (M.)
limiti (M.Pl.) edittali della pena Strafrahmen (M.)
limpido klar
linciaggio (M.) Lynchen (N.)
linciare lynchen
linea (F.) Linie (F.), Stamm (M.), Strich (M.)
linea (F.) collaterale Seitenlinie (F.)
linea (F.) di fabbrica Baulinie (F.)
linea (F.) Oder-Neisse Oder-Neiße-Linie (F.)
linea (F.) retta gerade Linie (F.)
lingua (F.) Sprache (F.)
lingua (F.) del processo Gerichtssprache (F.)
lingua (F.) furbesca Gaunersprache (F.)
lingua (F.) ufficiale Amtssprache (F.)
linguaggio (M.) Sprache (F.)
linguaggio (M.) giuridico Rechtssprache (F.)
linguistica (F.) Linguistik (F.)
liquidare abrechnen, abwickeln, auflösen, auszahlen, festsetzen, liquidieren, regulieren, zahlen
liquidato beglichen
liquidatore (M.) Liquidator (M.)
liquidazione (F.) Abwicklung (F.), Auszahlung (F.), Festsetzung (F.), Liquidation (F.), Regulierung (F.), Zahlung (F.)
liquidazione (F.) concorsuale dell'eredità Nachlasskonkurs (M.)
liquidazione (F.) dei conti Abrechnung (F.)
liquidazione (F.) del danno del terzo Drittschadensliquidation (F.)
liquidazione (F.) delle spese Kostenfestsetzung (F.)
liquidazione (F.) di fine stagione Saisonschlussverkauf (M.)
liquidità (F.) Liquidität (F.), Verfügbarkeit (F.)
liquidizione (F.) Regulation (F.)
liquido (Adj.) liquide, verfügbar
lista (F.) Liste (F.)
lite (F.) Hader (M.), Händel (M.Pl.), Rechtsstreit (M.), Rechtsstreitigkeit (F.), Streit (M.), Streitigkeit (F.)
lite (F.) tra pretendenti Prätendentenstreit (M.)
litigare streiten
litigio (M.) Hader (M.), Händel (M.Pl.), Streit (M.)
litigioso (Adj.) streitig, streitverfangen
litigioso (M.) Querulant (M.)

litisconsorte (M.) Streitgenosse (M.)
litisconsorzio (M.) Streitgenossenschaft (F.)
litisconsorzio (M.) necessario notwendige Streitgenossenschaft (F.)
litispendenza (F.) Rechtsanhängigkeit (F.), Rechtshängigkeit (F.)
litorale (M.) Küste (F.)
livellamento (M.) Nivellierung (F.)
livello (M.) Geschoss (N.), Stand (M.), Stufe (F.)
lobbista (M.) Lobbyist (M.)
lobby (F.) Lobby (F.)
locale (Adj.) einheimisch, lokal, örtlich
locale (M.) Raum (M.)
locale (M.) commerciale Geschäftsraum (M.)
locale (M.) d'abitazione Wohnraum (M.)
località (F.) Ort (M.)
localizzato gelegen
locanda (F.) Gasthaus (N.), Gasthof (M.), Herberge (F.)
locare vermieten
locatario (M.) Bestandnehmer (M.) (Bestandnehmer in Österreich), Mieter (M.)
locatore (M.) Bestandgeber (M.) (Bestandgeber in Österreich), Vermieter (M.), Verpächter (M.)
locazione (F.) Miete (F.), Pacht (F.), Vermietung (F.), Verpachtung (F.)
locazione (F.) di immobili adibiti ad uso diverso da quello di abitazione Geschäftsraummiete (F.)
locazione (F.) di locali commerciali Geschäftsraummiete (F.)
locazione (F.) finanziaria Leasing (N.)
locazione (F.) operativa Produzentenleasing (N.)
locazione-vendita (F.) Mietkauf (M.)
lodo (M.) Spruch (M.)
lodo (M.) arbitrale Schiedsspruch (M.)
logica (F.) Logik (F.)
logicità (F.) Logik (F.)
logico logisch
logorare abnutzen
logorio (M.) Abnutzung (F.)
lombardaggio (M.) Lombard (M.)
Londra (F.) London (N.)
lontano fern, weit
lord (M.) Lord (M.)
lord cancelliere (M.) Lordkanzler (M.) (Lordkanzler in Großbritannien)
lord giudice (M.) supremo Lordoberrichter (M.) (Lordoberrichter in Großbritannien)
lordo brutto
lotta (F.) Kampf (M.)
lotta (F.) di classe Klassenkampf (M.)
lotta (F.) elettorale Wahlkampf (M.)
lotta (F.) sindacale Arbeitskampf (M.)
lottare kämpfen
lotteria (F.) Lotterie (F.)
lottizzare parzellieren
lotto (M.) Bauparzelle (F.), Los (N.), Lotto (N.), Parzelle (F.), Vorrat (M.)
luce (F.) rossa Rotlicht
lucrativo gewinnbringend
lucro (M.) cessante entgangener Gewinn (M.), lucrum (N.) cessans (lat.) (entgangener Gewinn)
lucrum (N.) cessans (lat.) entgangener Gewinn (M.), lucrum (N.) cessans (lat.) (entgangener Gewinn)
lungo lang, weit
luogo (M.) Ort (M.), Platz (M.), Stätte (F.), Stelle (F.)
luogo (M.) d'adempimento dell'obbligazione di fare Handlungsort (M.)
luogo (M.) del fatto Tatort (M.)
luogo (M.) del reato Tatort (M.)
luogo (M.) del simposio Tagungsort (M.)
luogo (M.) dell'adempimento Erfüllungsort (M.), Leistungsort (M.)
luogo (M.) dell'esecuzione capitale Richtstätte (F.)
luogo (M.) dell'incidente Unfallort (M.)
luogo (M.) dell'infortunio Unfallort (M.)
luogo (M.) della riunione Tagungsort (M.)
luogo (M.) di consegna Lieferort (M.)
luogo (M.) di insediamento Standort (M.)
luogo (M.) di lavoro Arbeitsstätte (F.)
luogo (M.) di resa Lieferort (M.)
luogo (M.) di residenza Aufenthaltsort (M.)
luogo (M.) di soggiorno Aufenthaltsort (M.)
luogo (M.) in cui si è verificato l'evento Erfolgsort (M.)
luogotenente (M.) Statthalter (M.)
lusso (M.) Luxus (M.)
lutto (M.) nazionale Staatstrauer (F.)

m

macchina (F.) Auto (N.), Fahrzeug (N.), Maschine (F.), Wagen (M.) (Auto)

macchina (F.) da scrivere Schreibmaschine (F.)
macchina (F.) della verità Lügendetektor (M.)
macchina (F.) noleggiata Mietwagen (M.)
macchinario (M.) Maschine (F.)
macchinatore (M.) Ränkeschmied (M.)
macchinazione (F.) Machenschaft (F.)
macerie (F.Pl.) Schutt (M.)
madre (F.) Mutter (F.)
madre (F.) affidataria Pflegemutter (F.)
madrina (F.) Patin (F.)
maestà (F.) Majestät (F.)
maestranza (F.) Belegschaft (F.)
maestranza (F.) di una miniera Knappschaft (F.)
maestria (F.) Können (N.)
maestro (M.) Lehrer (M.), Magister (M.), Meister (M.)
mafia (F.) Mafia (F.)
magazziniere (M.) Lagerhalter (M.)
magazzino (M.) Laden (M.), Lager (N.), Lagerhaus (N.), Magazin (N.)
magazzino (M.) di deposito Lagerhaus (N.)
maggior valore (M.) Mehrwert (M.)
maggioranza (F.) Majorität (F.), Mehrheit (F.)
maggioranza (F.) assoluta absolute Mehrheit (F.)
maggioranza (F.) dei voti Stimmenmehrheit (F.)
maggioranza (F.) qualificata qualifizierte Mehrheit (F.)
maggioranza (F.) relativa relative Mehrheit (F.)
maggiorascato (M.) Majorat (N.)
maggiorasco (M.) Majorat (N.)
maggiorazione (F.) Erhöhung (F.), Zulage (F.), Zuschlag (M.), Zuwachs (M.)
maggiorazione (F.) d'anzianità Alterszulage (F.)
maggiore (M.) Major (M.)
maggiore (M.) d'età Volljähriger (M.)
maggiore meiste
maggiore azionista (M.) Hauptaktionär (M.)
maggiore età (F.) Mündigkeit (F.), Volljährigkeit (F.)
maggiore offerta (F.) Meistgebot (N.)
maggiorenne (Adj.) mündig, volljährig
maggiorenne (M.) Volljähriger (M.)
Magister (M.) Magister (M.)
magistrato (M.) Justizbeamter (M.)
magistrato (M.) comunale Magistrat (N.)
magistrato (M.) di sorveglianza Überwachungsgericht (N.)
magistrato (M.) giudicante Richter (M.), Spruchrichter (M.)
magistrato (M.) inquirente Untersuchungsrichter (M.)
magistratura (F.) Gerichtsbarkeit (F.), Justiz (F.), Richterschaft (F.)
magistratura (F.) giudicante Richterschaft (F.)
magistratura (F.) ordinaria ordentliche Gerichtsbarkeit (F.)
magnificare verherrlichen
magnificazione (F.) Verherrlichung (F.)
magnifico rettore (M.) Magnifizenz (F.)
mala fede (F.) böser Glaube (M.), Bösgläubigkeit (F.), mala fides (F.) (lat.) (böser Glaube), Unredlichkeit (F.)
malato (Adj.) krank
malattia (F.) Krankheit (F.)
malattia (F.) contagiosa Seuche (F.)
malattia (F.) professionale Berufskrankheit (F.)
malavita (F.) Unterwelt (F.)
male (Adv.) böse, übel
male (M.) Übel (N.)
malfattore (M.) Missetäter (M.), Übeltäter (M.)
malfidato untreu
malignità (F.) Heimtücke (F.), Hinterlist (F.), Tücke (F.)
maligno böse, hinterlistig
malintendere missverstehen
malintenzionato böswillig
malinteso (M.) Missverständnis (N.)
malizioso heimtückisch, listig
malleabile gefügig
malmenare misshandeln
maltrattamento (M.) Misshandlung (F.)
maltrattamento (M.) di animali Tierquälerei (F.)
maltrattamento (M.) di minori Kindesmisshandlung (F.)
maltrattamento (M.) fisico körperliche Misshandlung (F.)
maltrattamento (M.) minorile Kindesmisshandlung (F.)
maltrattare misshandeln
malvagità (F.) Tücke (F.)

malversare unterschlagen, veruntreuen
malversazione (F.) Unterschlagung (F.), Untreue (F.), Veruntreuung (F.)
malversazione (F.) a danno dello stato Subventionsbetrug (M.)
malversazione (F.) di denaro pubblico Amtsunterschlagung (F.)
manager (M.) Manager (M.)
mancante entgangen
mancanza (F.) Lücke (F.), Mangel (M.), Unzulänglichkeit (F.), Verfehlung (F.)
mancanza (F.) d'aiuto Hilflosigkeit (F.)
mancanza (F.) d'azione Unterlassen (N.)
mancanza (F.) della base negoziale Fehlen (N.) der Geschäftsgrundlage
mancanza (F.) di numero legale Beschlussunfähigkeit (F.)
mancanza (F.) di senso Unverstand (M.)
mancanza (F.) di un ricovero Obdachlosigkeit (F.)
mancanza (F.) grave schwere Verfehlung (F.)
mancare ausbleiben, entgehen, fehlen, mangeln, verfehlen, versäumen
mancata accettazione (F.) Annahmeverweigerung (F.)
mancata ammissione (F.) Nichtzulassung (F.)
mancata comparizione (F.) Ausbleiben (N.)
mancata consumazione (F.) del reato Fehlen (N.) der Vollendung
mancata esecuzione (F.) dolosa di un provvedimento del giudice Vollstreckungsvereitelung (F.)
mancata imputabilità (F.) Schuldunfähigkeit (F.), Strafunmündigkeit (F.)
mancata prestazione (F.) Nichtleistung (F.)
mancato ausstehend
mancato adempimento (M.) Nichterfüllung (F.)
mancato godimento (M.) Nutzungsausfall (M.)
mancato guadagno (M.) entgangener Gewinn (M.), Gewinnentgang (M.), lucrum (N.) cessans (lat.) (entgangener Gewinn), Verdienstausfall (M.)
mancato uso (M.) del potere discrezionale Ermessensnichtgebrauch (M.)
mancia (F.) Trinkgeld (N.)
mandante (M.) Auftraggeber (M.), Gewaltgeber (M.) (Gewaltgeber in Österreich), Mandant (M.)
mandare entsenden, schicken, versenden
mandare allo scoperto überziehen
mandare in congedo entlassen
mandare in onda übertragen
mandare in pensione pensionieren
mandatario (M.) Auftragnehmer (M.), Beauftragter (M.), Gewalthaber (M.) (Gewalthaber in Österreich), Mandatar (M.), Sachwalter (M.)
mandatario (M.) commerciale Handlungsbevollmächtigter (M.)
mandato (M.) Amtszeit (F.), Auftrag (M.), Beauftragung (F.), Mandat (N.), Vollmacht (F.)
mandato (M.) ad litem Prozessbevollmächtigung (F.)
mandato (M.) alle liti Prozessvollmacht (F.)
mandato (M.) bancario Bankanweisung (F.)
mandato (M.) commerciale Handlungsvollmacht (F.)
mandato (M.) d'incasso Inkassomandat (N.)
mandato (M.) d'ingiunzione Mahnauftrag (M.)
mandato (M.) di cattura Fahndungsschreiben (N.), Haftbefehl (M.), Steckbrief (M.)
mandato (M.) di comparizione Vorladung (F.)
mandato (M.) di credito Akkreditiv (N.), Kreditauftrag (M.)
mandato (M.) di esecuzione Vollstreckungsanordnung (F.)
mandato (M.) di incasso Einziehungsermächtigung (F.)
mandato (M.) di pagamento Zahlungsanweisung (F.), Zahlungsbefehl (M.)
mandato (M.) di perquisizione Durchsuchungsbefehl (M.)
mandato (M.) di ricerca Fahndungsschreiben (N.)
mandato (M.) di riscossione Einziehungsermächtigung (F.)
mandato (M.) diretto Direktmandat (N.)
mandato (M.) eccedente Überhangmandat (N.)
mandato (M.) esecutivo Vollstreckungsbefehl (M.)
mandato (M.) imperativo imperatives Mandat (N.)
mandato (M.) speciale Spezialhandlungsvollmacht (F.)
mandria (F.) Herde (F.)

maneggiare behandeln
maneggio (M.) Bedienung (F.), Behandlung (F.)
manetta (F.) Handschelle (F.)
mangime (M.) Futtermittel (N.)
mania (F.) Manie (F.), Sucht (F.), Wahnsinn (M.)
maniaco (Adj.) wahnsinnig
maniaco (M.) Wahnsinniger (M.)
manicomio (M.) Irrenanstalt (F.)
maniera (F.) Art (F.), Methode (F.)
manifattura (F.) Manufaktur (F.)
manifestante (M.) Demonstrant (M.)
manifestare äußern, demonstrieren, offenbaren
manifestazione (F.) Äußerung (F.), Demonstration (F.), Offenbarung (F.)
manifestazione (F.) della volontà Willensäußerung (F.)
manifesto (Adj.) offenbar, offenkundig
Manifesto (M.) Kommunistisches Manifest (N.)
manifesto (M.) Manifest (N.), Plakat (N.)
manifesto (M.) comunista Kommunistisches Manifest (N.)
manifesto (M.) del partito comunista Kommunistisches Manifest (N.)
manifesto notorisch
manipolare fälschen, verfälschen
manipolazione (F.) Verfälschung (F.)
manleva (F.) Schadloshaltung (F.)
manlevare schadlos halten
mannaia (F.) Richtbeil (N.)
mano (F.) Hand (F.)
mano (F.) d'opera Arbeitskraft (F.)
mano (F.) pubblica öffentliche Hand (F.)
manomorta (F.) tote Hand (F.)
manoscritto (Adj.) handschriftlich
manoscritto (M.) Handschrift (F.)
manovrare bedienen
mansione (F.) Obliegenheit (F.)
mantello (M.) Mantel (M.)
mantenere erhalten (V.), ernähren, halten, instandhalten, konservieren, unterhalten (Unterhalt leisten), versorgen
mantenimento (M.) Erhalt (M.), Personensorge (F.), Unterhalt (M.), Versorgung (F.)
mantenimento (M.) del coniuge Ehegattenunterhalt (M.)
mantenuta (F.) Mätresse (F.)
manuale (M.) giuridico Rechtslehrbuch (N.)
manutengolo (M.) Hehler (M.)
manutenzione (F.) Instandhaltung (F.), Wartung (F.)
marca (F.) Marke (F.)
marca (F.) da bollo Stempelmarke (F.)
marca (F.) per diritti di cancelleria Marke (F.) für Kanzleigebühren (Marke für Kanzleigebühren in Italien)
marcare signieren, stempeln
marchio (M.) Marke (F.), Signatur (F.), Warenzeichen (N.), Zeichen (N.)
marchio (M.) di qualità Gütezeichen (N.)
marchio (M.) di servizio Dienstleistungsmarke (F.)
marchio (M.) non appropriabile Freizeichen (N.)
marciapiede (M.) Gehweg (M.)
mare (M.) Meer (N.), See (F.)
mare (M.) territoriale Hoheitsgewässer (N.), Küstengewässer (N.Pl.)
maresciallo (M.) Marschall (M.)
maresciallo (M.) ordinario Feldwebel (M.)
marina (F.) Marine (F.)
marinaio (M.) Matrose (M.), Seemann (M.)
marito (M.) Ehegatte (M.), Ehemann (M.), Gatte (M.), Gemahl (M.)
marittimo (M.) Seemann (M.)
marketing (M.) (engl.) Marketing (N.)
martirio (M.) Marter (F.)
martirizzare martern
mascalzone (M.) Lump (M.)
mascheramento (M.) Verdeckung (F.)
mascherare verdecken, vermummen
mascherare i fatti verdunkeln (verschleiern von Sachverhalten)
maso (M.) Hof (M.)
masochismo (M.) Masochismus (M.)
massa (F.) Masse (F.), Menge (F.)
massa (F.) attiva Aktiva (N.Pl.)
massa (F.) ereditaria Erbmasse (F.), Erbschaft (F.), Nachlass (M.), Verlassenschaft (F.)
massa (F.) fallimentare Insolvenzmasse (F.), Konkursmasse (F.)
massacro (M.) Blutbad (N.), Massaker (N.), Massenmord (M.)
massima (F.) Grundsatz (M.), Leitsatz (M.), Maxime (F.), Prinzip (N.)
massima (F.) d'esperienza Erfahrungsgrundsatz M.)
massima (F.) giuridica Rechtsgrundsatz (M.)
massimo (M.) Höchstbetrag (M.)

massimo höchste
massone (M.) Freimaurer (M.)
mastro (M.) Meister (M.)
materia (F.) Fach (N.), Gegenstand (M.), Stoff (M.)
materia (F.) civile Zivilsache (F.)
materia (F.) del contendere Hauptsache (F.), Streitgegenstand (M.)
materia (F.) giuridica Rechtsgebiet (N.)
materia (F.) penale Strafsache (F.)
materia (F.) tributaria Steuersache (F.)
materiale (Adj.) körperlich, materiell, sachlich
materiale (M.) Material (N.), Stoff (M.), Unterlagen (F.Pl.)
materialismo (M.) Materialismus (M.)
maternità (F.) Mutterschaft (F.), Schwangerschaft (F.)
matriarcato (M.) Matriarchat (N.), Mutterrecht (N.)
matrice (F.) Stamm (M.)
matricidio (M.) Muttermord (M.)
matricola (F.) Matrikel (F.)
matricola (M.) Studienanfänger (M.)
matrigna (F.) Stiefelter (M. bzw. F.), Stiefmutter (F.)
matrimoniale ehelich
matrimonio (M.) Ehe (F.), Eheschließung (F.), Heirat (F.), Hochzeit (F.), Trauung (F.), Vermählung (F.)
matrimonio (M.) acattolico akatholische Ehe (F.)
matrimonio (M.) apparente Scheinehe (F.)
matrimonio (M.) canonico Konkordatsehe (F.) (Konkordatsehe in Italien)
matrimonio (M.) civile Zivilehe (F.)
matrimonio (M.) concordatario Konkordatsehe (F.) (Konkordatsehe in Italien)
matrimonio (M.) fittizio Namensehe (F.), Scheinehe (F.)
matrimonio (M.) inesistente Nichtehe (F.)
matrimonio (M.) misto Mischehe (F.)
mattina (F.) Morgen (M.)
matto (Adj.) blöd, irre
maturare auflaufen
maturato fällig
maturazione (F.) Anfall (M.), Fälligkeit (F.), Reife (F.)
maturità (F.) Matura (F.), Reife (F.), Reifeprüfung (F.)
mazzetta (F.) Schmiergeld (N.)
Mecklenburg-Vorpommern (M.) Mecklenburg-Vorpommern (N.)
medesimo disegno (M.) criminoso Gesamtvorsatz (M.)
media (F.) Durchschnitt (M.)
media (M.Pl.) Medien (N.Pl.)
mediatizzazione (F.) Mediatisierung (F.)
mediato indirekt, mittelbar
mediatore (M.) Makler (M.), Ombudsmann (M.), Vermittler (M.)
mediatore (M.) di borsa Börsenmakler (M.)
mediatore (M.) di commercio Handelsmakler (M.)
mediazione (F.) Intervention (F.), Vermittlung (F.)
mediazione (F.) creditizia Kreditvermittlung (F.)
mediazione (F.) di lavoro Arbeitsvermittlung (F.)
mediazione (F.) matrimoniale Ehevermittlung (F.)
mediazione (F.) per locazione immobiliare Wohnungsvermittlung (F.)
medicina (F.) Arznei (F.), Heilkunde (F.), Medizin (F.)
medicina (F.) legale Gerichtsmedizin (F.), Rechtsmedizin (F.)
medicinale (M.) Arznei (F.), Arzneimittel (N.)
medico (Adj.) ärztlich, medizinisch
medico (M.) Arzt (M.)
medico (M.) capo Chefarzt (M.)
medico (M.) convenzionato Kassenarzt (M.)
medico (M.) di fiducia Vertrauensarzt (M.)
medico (M.) primario Chefarzt (M.)
medico (M.) superiore Oberarzt (M.)
medico-legale gerichtsmedizinisch
medio (Adj.) durchschnittlich
medio (M.) Medium (N.)
meglio besser
membro (M.) Angehöriger (M.), Glied (N.), Mitglied (N.)
membro (M.) della famiglia Familienangehörige (F.), Familienangehöriger (M.), Familienmitglied (N.), Verwandter (M.)
membro (M.) di un consorzio Konsorte (M.)
memorandum (M.) Memorandum (N.)
memoria (F.) Eingabe (F.), Erinnerung (F.), Schriftsatz (M.), Schriftstück (N.)
memoria (F.) di replica Erwiderungsschrift (F.)

mendicante (M.) Bettler (M.)
mendicare betteln
mendicità (F.) Bettelei (F.), Betteln (N.)
mene (F.Pl.) Machenschaft (F.)
meno abzüglich
menomato behindert
mensile monatlich
mentale geistig, mental
mentire lügen
mentitore (M.) Lügner (M.)
menzionare anmerken, erwähnen, nennen
menzione (F.) Vermerk (M.)
menzogna (F.) Lüge (F.)
mercanteggiare feilschen, handeln
mercantile merkantil
mercantilismo (M.) Merkantilismus (M.)
mercanzia (F.) Ware (F.)
mercatistica (F.) Marketing (N.)
mercato (M) nero Schwarzhandel (M.)
mercato (M.) forum (N.) (lat.) (Markt bzw. Gericht), Markt (M.)
mercato (M.) clandestino Schwarzmarkt (M.)
mercato (M.) comune gemeinsamer Markt (M.)
mercato (M.) comunitario gemeinsamer Markt (M.)
mercato (M.) dei cambi Devisenmarkt (M.)
mercato (M.) dei capitali Kapitalmarkt (M.)
mercato (M.) del lavoro Arbeitsmarkt (M.)
mercato (M.) delle divise Devisenmarkt (M.)
mercato (M.) finanziario Kapitalmarkt (M.)
mercato (M.) interno Binnenmarkt (M.)
mercato (M.) nazionale Binnenmarkt (M.)
mercato (M.) nero Schwarzmarkt (M.)
merce (F.) Frachtgut (N.), Gut (N.), Ware (F.)
merce (F.) spedita in conto deposito Konsignation (F.)
mercede (F.) Belohnung (F.)
mercenario (M.) Söldner (M.)
mergers e acquisitions (engl.) Mergers & Acquisitions (M&A) (engl.)
meritare verdienen
meritevole di credito kreditfähig, kreditwürdig
meritevole di fido kreditfähig, kreditwürdig
merito (M.) Sache (F.), Verdienst (M.)
mescolare mischen, vermengen
mescolazione (F.) Vermengung (F.)
mese (M.) Monat (M.)
messa (F.) Messe (F.)
messa (F.) all'attivo Aktivierung (F.)
messa (F.) in pericolo Gefährdung (F.)
messa (F.) in pericolo della sicurezza stradale Verkehrsgefährdung (F.)
messa (F.) in stato d'accusa Versetzung (F.) in den Anklagestand
messaggera (F.) Botin (F.), Botin (F.)
messaggero (M.) Bote (M.)
messaggio (M.) Botschaft (F.), Mitteilung (F.)
messaggio (M.) elettronico E-Mail (N.)
messaggio (M.) segreto scambiato fra detenuti Kassiber (M.)
messo (M.) Bote (M.)
mestiere (M.) Beruf (M.), Gewerbe (N.), Handwerk (N.)
metà (F.) Hälfte (F.)
meta (F.) Zweck (M.)
metodica (F.) Methodik (F.)
metodico methodisch
metodo (M.) Kunst (F.), Methode (F.), Weg (M.)
metodologia (F.) Methodenlehre (F.), Methodologie (F.)
metropoli (F.) Großstadt (F.)
metter(si) in einlassen (sich)
mettere a confronto gegenüberstellen, vergleichen (sich)
mettere a debito anlasten
mettere a fuoco klären
mettere a verbale zu Protokoll nehmen
mettere agli atti zu Protokoll nehmen
mettere in conto anrechnen, fakturieren, verrechnen
mettere in deposito lagern
mettere in minoranza überstimmen
mettere in pericolo gefährden
mettere in stato d'accusa anklagen
mettere per iscritto niederschreiben
mettere qn. contro qn. ausspielen
mezzana (F.) Kupplerin (F.)
mezzi (M.) socialmente pericolosi gemeingefährliche Mittel (N.Pl.)
mezzi (M.Pl.) finanziari Geldmittel (N.Pl.)
mezzi (M.Pl.) operativi Betriebsmittel (N.Pl.)
mezzo (M.) Instrument (N.), Medium (N.), Mittel (N.)
mezzo (M.) coattivo Zwangsmittel (N.)
mezzo (M.) coercitivo Beugemittel (N.Pl.), Zwangsmittel (N.)
mezzo (M.) d'impugnazione Rechtsbehelf (M.), Rechtsmittel (N.)

mezzo (M.) di comunicazione Verkehrsmittel (N.)
mezzo (M.) di correzione Zuchtmittel (N.)
mezzo (M.) di disciplina Zuchtmittel (N.)
mezzo (M.) di pagamento Zahlungsmittel (N.)
mezzo (M.) di prova Beweismittel (N.)
mezzo (M.) di prova ammissibile zulässiges Beweismittel (N.)
mezzo (M.) di telecomunicazione Fernkommunikationsmittel (M.)
mezzo (M.) di trasporto Verkehrsmittel (N.)
mezzo (M.) legale Rechtsmittel (N.)
mezzo (M.) probatorio Beweismittel (N.)
miglio (F.) marittimo Seemeile (F.)
miglioramento (M.) Besserung (F.), Verbesserung (F.)
miglioramento (M.) di salario Lohnerhöhung (F.)
migliorare bessern, verbessern
migliore besser
migliore offerta (F.) Meistgebot (N.)
migrazione (F.) Migration (F.), Wanderung (F.)
militare (Adj.) militärisch
militare (M.) Militär (N.), Soldat (M.)
militare (M.) di leva Wehrpflichtiger (M.)
milizia (F.) Miliz (F.)
milizia (F.) territoriale Landwehr (F.)
millantare hochstapeln
millantatore (M.) Hochstapler (M.)
minaccia (F.) Androhung, Bedrohung (F.), Drohung (F.), Gefährdung (F.)
minacciare androhen, bedrohen, drohen, erpressen, gefährden
minacciato gefährdet
minaccioso drohend
minatore (M.) Bergarbeiter (M.), Knappe (M.)
minatorio drohend
minerale (M.) Mineral (N.)
miniera (F.) Bergwerk (N.), Grube (F.), Zeche (F.)
miniera (F.) di carbone Zeche (F.)
minimizzare verharmlosen
minimizzazione (F.) Verharmlosung (F.)
minimo (M.) d'esistenza Existenzminimum (N.)
minimo (M.) della pena Mindeststrafe (F.)
minimo (M.) di salario Mindestlohn (M.)
minimo (M.) di sussistenza Existenzminimum (N.)
minimo (M.) vitale Existenzminimum (N.)
ministeriale ministeriell
ministero (M.) Ministerium (N.)
ministero (M.) degli affari esteri Außenministerium (N.), Auswärtiges Amt (N.)
ministero (M.) degli esteri Außenministerium (N.)
ministero (M.) della giustizia Justizministerium (N.)
ministero (M.) di giustizia. ministero (M.) della giustizia Ministerium (N.) für Justiz
ministero (M.) di grazia e giustizia Justizministerium (N.)
ministero (M.) federale della giustizia Bundesjustizministerium (N.)
ministro (M.) Minister (M.)
ministro (M.) degli esteri Außenminister (M.)
ministro (M.) del tesoro Schatzminister (M.)
ministro (M.) dell'interno Innenminister (M.)
ministro (M.) della giustizia Justizminister (M.), Minister (M.) für Justiz
ministro (M.) delle finanze Finanzminister (M.)
ministro (M.) di culto Geistlicher (M.)
ministro (M.) di giustizia Minister (M.) für Justiz, Justizminister (M.)
ministro (M.) di grazia e giustizia Justizminister (M.), Minister (M.) für Justiz
ministro (M.) federale Bundesminister (M.), Bundesministerin (F.)
ministro (M.) federale della giustizia Bundesjustizminister (M.)
ministro (M.) per gli affari esteri Außenminister (M.)
ministro (M.) senza portafoglio Minister (M.) für besondere Angelegenheiten, Minister (M.) ohne Geschäftsbereich
minor età (F.) Minorennität (F.)
minor valore (M.) Minderwert (M.)
minoranza (F.) Minderheit (F.), Minorität (F.)
minoranza (F.) dei voti Stimmenminderheit (F.)
minoranza (F.) linguistica Sprachminderheit (F.)
minorato (M.) Behinderter (M.)
minorazione (F.) Behinderung (F.)
minore (Adj.) minderjährig, unmündig
minore (M.) Jugendlicher (M.)
minore (M.) affidato Pflegekind (N.)

minore (M.) assistito Pflegekind (N.)
minore mindere
minore d'età minorenn
minore età (F.) Minderjährigkeit (F.), Unmündigkeit (F.)
minorenne (Adj.) jugendlich, minderjährig, minorenn, unmündig
minorenne (M.) Jugendlicher (M.)
minorile jugendlich
minorità (F.) Unmündigkeit (F.)
minusvalenza (F.) Minderwert (M.)
minusvalenza (F.) mercantile merkantiler Minderwert (M.)
mirare trachten
mischiare mischen, vermischen
misfatto (M.) Frevel (M.), Missetat (F.)
missile (M.) Rakete (F.)
missio (F.) canonica (lat.) missio (F.) canonica (lat.) (kirchlicher Auftrag)
missione (F.) Auftrag (M.), Delegation (F.)
misto gemischt
misura (F.) Maß (N.), Maßnahme (F.), Maßregel (F.)
misura (F.) cautelare Vorbeugehaft (F.), Vorsichtsmaßnahme (F.)
misura (F.) coercitiva Zwangsmaßnahme (F.)
misura (F.) della pena Strafmaß (N.)
misura (F.) di capacità Hohlmaß (N.)
misura (F.) di precauzione vorbeugende Maßnahme (F.)
misura (F.) di prevenzione vorbeugende Maßnahme (F.)
misura (F.) di protezione Schutzmaßnahme (F.)
misura (F.) di salvaguardia Schutzmaßnahme (F.)
misura (F.) di sicurezza Sicherungsmaßnahme (F.)
misura (F.) di sicurezza detentiva Sicherungsverwahrung (F.)
misura (F.) disciplinare Ordnungsmittel (N.)
misura (F.) interdittiva Verbotsmaßnahme (F.)
misura (F.) precauzionale Vorsichtsmaßnahme (F.)
misura (F.) preventiva Präventivmaßnahme (F.), vorbeugende Maßnahme (F.)
misura (F.) rieducativa Erziehungsmaßregel (F.)
misurare ermessen, messen, vermessen (V.)
misure (F.Pl.) di sicurezza Maßregel (F.) der Besserung und Sicherung
misure (F.Pl.) di sicurezza sul lavoro Betriebsschutz (M.)
mite mild
mitezza (F.) Milde (F.)
mitigare mildern
mitigazione (F.) Milderung (F.)
mittente (M.) Absender (M.), Adressant (M.)
mobile (Adj.) ambulant, beweglich, gleitend, mobil
mobile (M.) bewegliche Sache (F.), Fahrhabe (F.), Fahrnis (F.), Möbel (N.)
mobili (M.Pl.) Mobiliar (N.), Mobilien (Pl.)
mobilia (F.) Hausrat (M.), Mobiliar (N.)
mobilio (M.) Hausrat (M.), Möbel (N.)
mobilizzabile verwertbar
mobilizzare aktivieren
mobilizzazione (F.) Aktivierung (F.)
modalità (F.) di pagamento Zahlungsbedingung (F.)
modello (M.) Muster (N.)
modello (M.) d'utilità Gebrauchsmuster (N.)
modello (M.) di perfezione Ideal (N.)
modello (M.) ornamentale Geschmacksmuster (N.)
modello (M.) ornamentale comunitario Gemeinschaftsgeschmacksmuster (N.)
moderare mildern
modicità (F.) Billigkeit (F.)
modico kulant
modifica (F.) Abänderung (F.), Amendement (N.), Änderung (F.)
modificare abändern, ändern, verändern
modificazione (F.) Abänderung (F.), Gestaltung (F.), Veränderung (F.)
modificazione (F.) del godimento Nutzungsänderung (F.)
modificazione (F.) dell'imputazione Änderung (F.) des rechtlichen Gesichtspunktes
modificazione (F.) della legge Gesetzesänderung (F.)
modo (M.) Art (F.), Methode (F.), modus (M.) (lat.) (Art), Weg (M.)
modo (M.) di considerare Betrachtungsweise (F.)
modo (M.) di pensare Gesinnung (F.)
modo (M.) di procedere Technik (F.), Vorgehen (N.)
modulo (M.) Formular (N.), Vordruck (M.)
modulo (M.) di cessione Abtretungsformular (N.)

modulo (M.) in bianco Blankett (N.)
modus (M.) (lat.) modus (M.) (lat.) (Art)
modus (M.) Auflage (F.)
moglie (F.) Ehefrau (F.), Gattin (F.), Gemahlin (F.)
mole (F.) Volumen (N.)
molestare belästigen, stören
molestia (F.) Unfug (M.)
molestia (F.) del possesso Besitzstörung (F.)
molestia (F.) grave grober Unfug (M.)
molestia (F.) sessuale sexuelle Belästigung (F.)
molestia (M.) Belästigung (F.)
molesto lästig
moltiplicare vervielfältigen
moltiplicazione (F.) Vervielfältigung (F.)
moltitudine (F.) Menge (F.)
molto viel
momentaneo vorübergehend
Monaco (F.) in Baviera München (N.)
monaco (M.) Mönch (M.)
monarca (M.) Monarch (M.)
monarchia (F.) Monarchie (F.)
monarchico monarchisch
monastero (M.) Kloster (N.)
mondo (M.) Welt (F.)
moneta (F.) Geld (N.), Geldstück (N.), Münze (F.), Währung (F.)
moneta (F.) cartacea Papiergeld (N.)
moneta (F.) contabile Buchgeld (N.)
moneta (F.) contraffatta Falschgeld (N.)
moneta (F.) di biglione Scheidemünze (F.)
moneta (F.) divisionale Scheidemünze (F.)
moneta (F.) falsa Falschgeld (N.)
moneta (F.) in giro Giralgeld (N.)
moneta (F.) legale gesetzliches Zahlungsmittel (N.)
moneta (F.) scritturale Buchgeld (N.), Giralgeld (N.)
monetina (F.) Heller (M.)
monismo (M.) Monismus (M.)
monocratia (F.) Monokratie (F.)
monocratico monokratisch
monogamia (F.) Monogamie (F.)
monopolio (M.) Monopol (N.)
monopolio (M.) delle miniere Bergregal (M.)
monopolio (M.) fiscale Finanzmonopol (N.)
monopolizzare monopolisieren
monstrum (N.) (lat.) Missgeburt (F.)
montagna (F.) Berg (M.)
monte (M.) di credito su pegno Leihhaus (N.)
monte (M.) di pietà Leihhaus (N.)
monumento (M.) Denkmal (N.)
mora (F.) Säumnis (F.), Verzug (M.)
mora (F.) accipiendi (lat.) Annahmeverzug (M.), Gläubigerverzug (M.)
mora (F.) credendi (lat.) Gläubigerverzug (M.)
mora (F.) del creditore Annahmeverzug (M.), Gläubigerverzug (M.)
mora (F.) del debitore Schuldnerverzug (M.)
mora (F.) nel pagamento Zahlungsverzug (M.)
mora (F.) nella consegna Lieferungsverzug (M.)
mora (F.) nella prestazione Leistungsverzug (M.)
morale (Adj.) ideell, moralisch, sittlich
morale (F.) Moral (F.)
moralità (F.) Ethos (M.), Moral (F.), Sittlichkeit (F.)
moratoria (F.) Moratorium (N.), Nachfrist (F.), Stundung (F.), Zahlungsaufschub (M.)
morfina (F.) Morphium (N.)
morganatico morganatisch
morire sterben, versterben
moroso säumig
mortale tödlich
morte (F.) Tod (M.)
morte (F.) apparente Scheintod (M.)
morte (F.) civile bürgerlicher Tod (M.)
morte (F.) presunta Todesvermutung (F.)
morto (Adj.) tot, verstorben
mostra (F.) Ausstellung (F.), Messe (F.)
motivare begründen
motivato begründet, stichhaltig
motivazione (F.) Begründung (F.)
motivazione (F.) della decisione Entscheidungsgrund (M.)
motivazione (F.) della domanda Klagebegründung (F.)
motivazione (F.) della sentenza Urteilsbegründung (F.), Urteilsgrund (M.)
motivo (F.) di esclusione Ausschließungsgrund (M.)
motivo (M.) Anlass (M.), Beweggrund (M.), causa (F.) (lat.) (Ursache bzw. Grund), Grund (M.), Motiv (N.), Ursache (F.)
motivo (M.) abietto niedriger Beweggrund (M.)
motivo (M.) assoluto di ricorso (per cassazione) absoluter Revisionsgrund (M.)

motivo (M.) dell'arresto Haftgrund (M.)
motivo (M.) di agire Klagegrund (M.)
motivo (M.) di equità Billigkeitsgrund (M.)
motivo (M.) di ricorso per cassazione Revisionsgrund (M.)
motivo (M.) giuridico Rechtsgrund (M.)
motorizzazione (F.) Kraftfahrt (F.)
motorizzazione (F.) civile Kraftfahrt (F.)
movente (M.) Beweggrund (M.), Motiv (N.)
movimento (M.) degli affari Umsatz (M.)
movimento (M.) di capitali Kapitalverkehr (M.)
mozione (F.) Antrag (M.)
mozione (F.) di fiducia Vertrauensfrage (F.)
mozione (F.) di sfiducia Misstrauensantrag (F.)
multa (F.) Geldbuße (F.), Geldstrafe (F.)
multilaterale multilateral
multimediale multimedial
multinazionale (Adj.) multinational
multiproprietà (F.) Teilzeitwohnrecht (F.)
municipale städtisch
municipio (M.) Kommune (F.), Rathaus (N.)
munire di versehen (V.) (mit)
munizione (F.) Munition (F.)
muro (M.) pieno Brandmauer (F.)
muro (M.) spartifuoco Brandmauer (F.)
muro (M.) tagliafuoco Brandmauer (F.)
musulmano (M.) Moslem (M.)
mutamento (M.) Veränderung (F.), Wechsel (M.)
mutamento (M.) della domanda Klageänderung (F.)
mutare verändern
mutilare versehren, verstümmeln
mutilazione (F.) Verstümmelung (F.)
muto (Adj.) stumm
mutualità (F.) Gegenseitigkeit (F.)
mutuante (M.) Darlehensgeber (M.), Kreditgeber (M.)
mutuatario (M.) Darlehensnehmer (M.)
mutuo (Adj.) gegenseitig
mutuo (M.) Darlehen (N.)
mutuo (M.) fondiario Bodenkredit (M.)
mutuo (M.) obbligazionario Anleihe (F.)
mutuo (M.) parziario partiarisches Darlehen (N.)
mutuo dissenso (M.) Aufhebungsvertrag (M.)

n

nascita (F.) Geburt (F.), Ursprung (M.)
nascituro (Adj.) ungeboren
nascituro (M.) Leibesfrucht (F.), nasciturus (M.) (lat.) (Geborenwerdender), ungeborenes Kind (N.)
nascondere verbergen, verdecken
nascosto verborgen
nastro (M.) Band (N. bzw. M.)
nastro (M.) trasportatore Fließband (N.)
nativo (Adj.) gebürtig
NATO (F.) (Organizzazione del Patto Nordatlantico) NATO (F.) (North Atlantic Treaty Organization)
nato (M.) morto Totgeborener (M.)
nato geboren
natura (F.) Art (F.), Eigenschaft (F.), Konstitution (F.), Natur (F.), Wesen (N.)
naturale außerehelich, natürlich, nichtehelich, unehelich
naturalizzare einbürgern, naturalisieren
naturalizzazione (F.) Einbürgerung (F.), Naturalisation (F.)
naufragio (M.) Schiffbruch (M.)
nave (F.) Schiff (N.)
navigazione (F.) aerea Flugverkehr (M.)
navigazione (F.) interna Binnenschifffahrt (F.)
navigazione (F.) marittima Schifffahrt (F.)
navigazione (F.) spaziale Raumfahrt (F.)
naviglio (M.) Flotte (F.)
nazionale einheimisch, gesamtstaatlich, inländisch, national
nazionalismo (M.) Nationalismus (M.)
nazionalista (Adj.) nationalistisch
nazionalità (F.) Nationalität (F.), Staatsangehörigkeit (F.), Staatsbürgerschaft (F.)
nazionalizzare sozialisieren, verstaatlichen
nazionalizzazione (F.) Sozialisierung (F.), Verstaatlichung (F.)
nazionalsocialismo (M.) Nationalsozialismus (M.)
nazionalsocialista (Adj.) nationalsozialistisch
nazione (F.) Nation (F.)
Nazioni (F.Pl.) Unite (ONU) Vereinte Nationen (F.Pl.) (UNO)

ne bis in idem (lat.) ne bis in idem (lat.) (nicht zweimal im selben)
necessariamente unbedingt
necessario erforderlich, nötig, notwendig
necessità (F.) Erforderlichkeit (F.), Not (F.)
necessitare erfordern
necessitas (F.) agendi (lat.) Handlungspflicht (F.)
necroscopia (F.) Autopsie (F.), Leichenschau (F.), Obduktion (F.)
negare aberkennen, absagen, absprechen, abstreiten, ausschlagen, leugnen, verleugnen, versagen, verweigern, widersprechen
negativo negativ
negatorio negatorisch
negazione (F.) Aberkennung (F.)
negligente fahrlässig, nachlässig, säumig
negligenza (F.) Fahrlässigkeit (F.), Nachlässigkeit (F.), Säumnis (F.), Vernachlässigung (F.), Versäumnis (N.)
negligere vernachlässigen, versäumen
negotiorum gestio (F.) (lat.) Geschäftsführung (F.) ohne Auftrag
negoziabile begebbar
negoziabilità (F.) Begebbarkeit (F.)
negoziale geschäftlich, rechtsgeschäftlich
negoziante (F.) Kauffrau (F.)
negoziante (M.) Kaufmann (M.)
negoziare begeben, handeln, verhandeln
negoziato (M.) Verhandlung (F.)
negoziazione (F.) Begebung (F.), Handel (M.)
negoziazione (F.) di azioni Aktienhandel (M.)
negozio (M.) Geschäft (N.), Laden (M.)
negozio (M.) a scopo di garanzia Sicherungsgeschäft (N.)
negozio (M.) al minuto Handgeschäft (N.)
negozio (M.) causale Kausalgeschäft (N.)
negozio (M.) con effetti reali dingliches Rechtsgeschäft (M.)
negozio (M.) concluso dal rappresentante Vertretergeschäft (N.)
negozio (M.) delegato Vertretergeschäft (N.)
negozio (M.) di disposizione dingliches Rechtsgeschäft (M.), Verfügung (F.), Verfügungsgeschäft (N.)
negozio (M.) di garanzia Garantiegeschäft (N.)
negozio (M.) di obbligazione Verpflichtungsgeschäft (N.)
negozio (M.) dissimulato dissimuliertes Geschäft (N.), verdecktes Rechtsgeschäft (N.)
negozio (M.) giuridico Rechtsgeschäft (N.)
negozio (M.) giuridico inter vivos Rechtsgeschäft (N.) unter Lebenden
negozio (M.) giuridico personalissimo höchstpersönliches Rechtsgeschäft (N.)
negozio (M.) giuridico tra vivi Rechtsgeschäft (N.) unter Lebenden
negozio (M.) giuridico unilaterale einseitiges Rechtsgeschäft (N.)
negozio (M.) in frode alla legge Umgehungsgeschäft (N.)
negozio (M.) ioci causa Scherzgeschäft (N.)
negozio (M.) manuale Handgeschäft (N.)
negozio (M.) mortis causa Rechtsgeschäft (N.) von Todes wegen
negozio (M.) obbligatorio Verpflichtungsgeschäft (N.)
negozio (M.) per scherzo Scherzgeschäft (N.)
negozio (M.) plurilaterale mehrseitiges Rechtsgeschäft (N.)
negozio (M.) puro bedingungsfeindliches Rechtsgeschäft (N.)
negozio (M.) simulato Scheingeschäft (N.)
nello spazio di binnen
nemico (Adj.) feindlich
nemico (M.) Feind (M.)
nemico (M.) della costituzione Verfassungsfeind (M.)
nemico (M.) dello Stato Staatsfeind (M.)
nemo plus iuris ad alium transferre potest quam ipse habet (lat.) nemo plus iuris ad alium transferre potest quam ipse habet (lat.) (niemand kann mehr an Recht übertragen als er selbst hat)
Neohegelianismo (M.) Neuhegelianismus (M.)
Neokantismo (M.) Neukantianismus (M.)
neolaureato (M.) Absolvent (M.)
nepotismo (M.) Vetternwirtschaft (F.)
nesso (M.) Zusammenhang (M.)
nesso (M.) causale Kausalzusammenhang (M.)
nesso (M.) eziologico Kausalzusammenhang (M.), Ursächlichkeitsverhältnis (F.)
netto klar, netto, rein
neutrale neutral
neutralistico blockfrei
neutralità (F.) Neutralität (F.)
nevrosi (F.) Neurose (F.)
nicotina (F.) Nikotin (N.)
nipote (F.) Enkelin (F.), Nichte (F.)

nipote (M.) Enkel (M.), Kindeskind (N.)
Nizza (F.) Nizza (N.)
nobile (M.) giovane Junker (M.)
nobile edel
nobilitare adeln
nocevolezza (F.) sociale Sozialschädlichkeit (F.)
nocivo schädlich
nocivo alla salute gesundheitsschädlich
nocumento (M.) Beeinträchtigung (F.), Schaden (M.)
nocumento (M.) alla salute Gesundheitsschädigung (F.)
nocumento (M.) della salute Gesundheitsverletzung (F.)
noleggiante (M.) Verfrachter (M.), Verleiher (M.)
noleggiare chartern, mieten, verfrachten, verleihen
noleggio (M.) Charter (F.), Verleih (M.), Vermietung (F.)
nolo (M.) Fracht (F.), Miete (F.)
nomade (F.) Zigeunerin (F.)
nomade (M.) Zigeuner (M.)
nome (M.) Name (M.), Vorname (M.)
nome (M.) a domino Domain-Name (M.)
nome (M.) acquistato con il matrimonio Ehename (M.)
nome (M.) da ragazza Geburtsname (M.)
nome (M.) di famiglia Familienname (N.), Zuname (M.)
nome (M.) proprio Eigenname (M.)
nomina (F.) Benennung (F.), Berufung (F.), Bestallung (F.), Bestellung (F.), Einsetzung (F.), Ernennung (F.), Nominierung (F.), Ruf (M.)
nominale nominal, nominell
nominare berufen, bestellen, designieren, einsetzen, ernennen, nennen, nominieren, wählen
non nicht
non abbiente bedürftig
non alleato blockfrei
non ammissione (F.) Nichtzulassung (F.)
non appartenente ad un circondario kreisfrei
non appartenente ad un comune gemeindefrei
non autorizzato nichtberechtigt, unbefugt
non avente (M.) diritto Nichtberechtigter (M.)
non avente diritto nichtberechtigt
non comparire ausbleiben
non comunale gemeindefrei
non confessionale bekenntnisfrei
non conforme al contratto vertragswidrig
non contenzioso außerstreitig, nichtstreitig
non definitivo interlokutorisch
non documentato beleglos
non dominus (M.) (lat.) Nichtberechtigter (M.)
non fare (M.) Unterlassen (N.), Unterlassung (F.)
non fidarsi misstrauen
non fidatezza (F.) Unzuverlässigkeit (F.)
non fidato unzuverlässig
non genuino unecht
non imponibile steuerfrei
non imputabile schuldunfähig, strafunmündig, unzurechnungsfähig
non imputabilità (F.) Unzurechnungsfähigkeit (F.)
non legittimità (F.) Nichtehelichkeit (F.)
non pubblico nichtöffentlich
non punibile straflos
non riconosciuto nichtrechtsfähig
non scioperante (M.) Streikbrecher (M.)
non sottoponibile a condizione bedingungsfeindlich
non ufficiale inoffiziell
non valido ungültig
non vero unwahr
norma (F.) Kanon (M.), Norm (F.), Regel (F.), Satz (M.), Vorschrift (F.)
norma (F.) amministrativa Verwaltungsvorschrift (F.)
norma (F.) del buon costume Sittengesetz (N.)
norma (F.) di attuazione Vollzugsnorm (F.)
norma (F.) di chiusura Auffangsregelung (F.)
norma (F.) di circolazione stradale Verkehrsvorschrift (F.)
norma (F.) di esecuzione Vollzugsnorm (F.)
norma (F.) di procedura Verfahrensvorschrift (F.)
norma (F.) di rito Verfahrensvorschrift (F.)
norma (F.) di sicurezza Sicherheitsvorschrift (F.)
norma (F.) dispositiva Sollvorschrift (F.)
norma (F.) facoltativa Kannvorschrift (F.)
norma (F.) giuridica Rechtsnorm (F.), Rechtssatz (M.), Rechtsvorschrift (F.)

norma (F.) in bianco Blankettvorschrift (F.)
norma (F.) legale Rechtsvorschrift (F.)
norma (F.) limitativa della libera valutazione delle prove Beweisregel (F.)
norma (F.) penale Strafvorschrift (F.)
norma (F.) potestativa Kannvorschrift (F.)
norma (F.) processuale Verfahrensvorschrift (F.)
norma (F.) sui conflitti di leggi Kollisionsnorm (F.)
norma (F.) transitoria Übergangsvorschrift (F.)
normale (Adj.) normal
normare normieren
normativo normativ
norme (F.Pl.) procedurali Prozessordnung (F.)
nota (F.) Anmerkung (F.), Eintrag (M.), Note (F.), Rechnung (F.), Schriftsatz (M.), Vermerk (M.)
notaio (M.) Notar (M.)
notaio (M.) di circoscrizione Bezirksnotar (M.) (Bezirksnotar in Baden-Württemberg)
notare beobachten, merken, notieren
notariato (M.) Notariat (N.)
notarile notariell
notevole erheblich, relevant
notifica (F.) Abtretungsmitteilung (F.), Anmeldung (F.), Anzeige (F.), Meldung (F.), Zustellung (F.)
notificando (M.) Zustellungsadressat (M.)
notificare anzeigen, melden, notifizieren, zustellen
notificazione (F.) Notifikation (F.), Zustellung (F.)
notificazione (F.) amministrativa Verwaltungszustellung (F.)
notificazione (F.) d'ufficio Amtszustellung (F.)
notificazione (F.) dell'atto di citazione Ladungszustellung (F.)
notificazione (F.) in mani proprie Zustellung (F.) zu eigenen Händen (Zustellung zu eigenen Händen in Österreich)
notificazione (F.) non in mani proprie Ersatzzustellung (F.)
notificazione (F.) per pubblici proclami öffentliche Zustellung (F.)
notificazione (F.) sostitutiva Ersatzzustellung (F.)
notizia (F.) Bescheid (M.), Botschaft (F.), Information (F.), Kenntnis (F.), Kunde (F.), Mitteilung (F.), Nachricht (F.)
notizia (F.) a pagamento Inserat (N.)
noto publik
notorietà (F.) Allgemeinkundigkeit (F.)
notorio allgemeinkundig, notorisch, offenkundig, publik
novazione (F.) Neuerung (F.), Novation (F.), Schuldumschaffung (F.)
novella (F.) Novelle (F.)
novizio (M.) Novize (M.)
novum (N.) (lat.) Novum (N.)
nozione (F.) Begriff (M.), Wissen (N.)
nozione (F.) giuridica Rechtsbegriff (M.)
nozione (F.) giuridica indeterminata unbestimmter Rechtsbegriff (M.)
nozze (F.Pl.) Hochzeit (F.)
NU (F.Pl.) (Nazioni unite) UNO (F.) (United Nations Organization bzw. Vereinte Nationen)
nubile ledig
nucleo (M.) Kern (M.)
nucleo (M.) familiare Haushalt (M.)
nulla osta (M.) Unbedenklichkeitsbescheinigung (F.)
nullaosta (M.) Negativattest (M.)
nullità (F.) Nichtigkeit (F.), Ungültigkeit (F.)
nullità (F.) assoluta absolute Nichtigkeit (F.)
nullità (F.) del matrimonio Ehenichtigkeit (F.)
nullità (F.) parziale Teilnichtigkeit (F.)
nullo kraftlos, nichtig, ungültig
nullum crimen sine lege (lat.) nullum crimen sine lege (lat.) (kein Verbrechen ohne Gesetz)
numerare enumerieren
numerico numerisch
numero (M.) Nummer (F.), Zahl (F.)
numero (M.) chiuso numerus (M.) clausus (lat.)
numero (M.) d'ordine Aktenzeichen (N.)
numero (M.) imprecisato Dunkelziffer (F.)
numero (M.) internazionale normalizzato del libro ISBN (International Standard Book Number)
numero (M.) legale Beschlussfähigkeit (F.), Quorum (N.), Vollzähligkeit (F.)
numero (M.) supposto Dunkelziffer (F.)
numerus (M.) clausus (lat.) numerus (M.) clausus (lat.)
nuncius (M.) (lat.) Bote (M.)

nunzio (M.) Bote (M.), Nuntius (M.)
nuocere beeinträchtigen, schaden, schädigen
nuora (F.) Schwiegertochter (F.)
nuova versione (F.) Neuformulierung (F.)
nuove nozze (F.Pl.) Wiederverheiratung (F.)
nuovo neu
nuovo testo (M.) Neuformulierung (F.)
nutrimento (M.) Futter (N.)
nutrire ernähren
nutrizione (F.) Ernährung (F.)

o

obbediente (Adj.) gehorsam
obbedienza (F.) Befolgung (F.), Gehorsam (M.)
obbedire befolgen, gehorchen
obbligar(si) verpflichten (sich)
obbligare binden, nötigen, verpflichten, zwingen
obbligato (Adj.) obligat
obbligato (M.) Debitor (M.), Verpflichteter (M.)
obbligato (M.) cambiario Wechselverpflichteter (M.)
obbligato (M.) pro quota Teilschuldner (M.)
obbligatorietà (F.) Verbindlichkeit (F.)
obbligatorietà (F.) generale Allgemeinverbindlichkeit (F.)
obbligatorio bindend, obligat, obligatorisch, schuldrechtlich, verbindlich
obbligatorio per tutti allgemeinverbindlich
obbligazione (F.) Obligation (F.), Schuldverschreibung (F.), Teilschuldverschreibung (F.), Verbindlichkeit (F.), Verpflichtung (F.)
obbligazione (F.) accessoria Nebenpflicht (F.)
obbligazione (F.) al portatore Inhaberschuldverschreibung (F.)
obbligazione (F.) alternativa Alternativobligation (F.), Wahlschuld (F.)
obbligazione (F.) contrattuale Vertragspflicht (F.)
obbligazione (F.) convertibile Wandelschuldverschreibung (F.)
obbligazione (F.) dell'erede di prestare gli alimenti ai componenti della famiglia del defunto per trenta giorni dopo l'apertura della successione Dreißigster (M.)
obbligazione (F.) di fare Handlungspflicht (F.)
obbligazione (F.) di genere Gattungsschuld (F.)
obbligazione (F.) di genere limitata Vorratsschuld (F.)
obbligazione (F.) ereditaria Nachlassverbindlichkeit (F.)
obbligazione (F.) ex lege gesetzliches Schuldverhältnis (N.)
obbligazione (F.) facoltativa Fakultativobligation (F.)
obbligazione (F.) frazionata Teilschuldverschreibung (F.)
obbligazione (F.) generica Gattungsschuld (F.), Genusschuld (F.)
obbligazione (F.) in solido Gesamtgläubigerschaft (F.), Gesamtschuld (F.)
obbligazione (F.) indivisibile unteilbare Verbindlichkeit (F.)
obbligazione (F.) naturale Naturalobligation (F.)
obbligazione (F.) parziaria Teilgläubigerschaft (F.), Teilschuld (F.), Teilschuldnerschaft (F.)
obbligazione (F.) portabile Bringschuld (F.)
obbligazione (F.) secondaria Nebenpflicht (F.)
obbligazione (F.) societaria Aktienanleihe (F.)
obbligazione (F.) solidale Gesamtschuld (F.)
obbligazione (F.) solidale impropria unechte Gesamtschuld (F.)
obbligazione (F.) specifica Speziesschuld (F.), Stückschuld (F.)
obbligazione (F.) tributaria Steuerschuld (F.)
obbligazione (M.) pecuniaria Geldschuld (F.)
obbligo (M.) Auflage (F.), Pflicht (F.), Verbindlichkeit (F.), Verpflichtung (F.)
obbligo (M.) a contrarre Kontrahierungszwang (M.)
obbligo (M.) al mantenimento Unterhaltspflicht (F.)
obbligo (M.) alimentare Unterhaltspflicht (F.)
obbligo (M.) assicurativo Versicherungspflicht (F.)
obbligo (M.) contrattuale Vertragspflicht (F.)

obbligo (M.) contributivo Beitragspflicht (F.)
obbligo (M.) d'assicurazione Versicherungszwang (M.)
obbligo (M.) d'informazione Aufklärungspflicht (F.), Auskunftspflicht (F.)
obbligo (M.) d'uso Benutzungszwang (M.)
obbligo (M.) del garante Garantenpflicht (F.)
obbligo (M.) del passaporto Passpflicht (F.)
obbligo (M.) del patrocinio Anwaltszwang (M.)
obbligo (M.) del segreto Verschwiegenheitspflicht (F.)
obbligo (M.) del segreto professionale Geheimhaltungspflicht (F.), Schweigepflicht (F.)
obbligo (M.) dell'imposta Steuerpflicht (F.)
obbligo (M.) della difesa tecnica Anwaltszwang (M.)
obbligo (M.) della forma notarile Notariatszwang (M.)
obbligo (M.) di allacciamento Anschlusszwang (M.)
obbligo (M.) di assunzione Beschäftigungspflicht (F.)
obbligo (M.) di cautela Sorgfaltspflicht (F.)
obbligo (M.) di collazione Ausgleichspflicht (F.)
obbligo (M.) di contrarre Abschlusszwang (M.)
obbligo (M.) di cura e di assistenza Fürsorgepflicht (F.)
obbligo (M.) di custodia Obhutspflicht (F.)
obbligo (M.) di dare informazioni Auskunftspflicht (F.)
obbligo (M.) di denuncia Anzeigepflicht (F.), Meldepflicht (F.)
obbligo (M.) di denuncia dei vizi Rügepflicht (F.)
obbligo (M.) di deporre Aussagepflicht (F.)
obbligo (M.) di determinatezza Bestimmtheitsgebot (N.)
obbligo (M.) di dichiarare Meldepflicht (F.)
obbligo (M.) di fedeltà Treuepflicht (F.)
obbligo (M.) di forma Formzwang (M.)
obbligo (M.) di garanzia Gewährleistungspflicht (F.)
obbligo (M.) di impedire l'evento Erfolgsabwendungspflicht (F.), Gefahrenabwendungspflicht (F.)
obbligo (M.) di leva Wehrdienstpflicht (F.), Wehrpflicht (F.)
obbligo (M.) di mantenere il silenzio Schweigepflicht (F.)
obbligo (M.) di obbedienza Gehorsamspflicht (F.)
obbligo (M.) di pace sindacale Friedenspflicht (F.)
obbligo (M.) di partecipazione Mitwirkungspflicht (F.)
obbligo (M.) di possedere e di esibire un documento d'identità Ausweispflicht (F.)
obbligo (M.) di presentazione Vorlegungspflicht (F.)
obbligo (M.) di prestare alimenti Alimentationspflicht (F.)
obbligo (M.) di prestazione anticipata Vorleistungspflicht (F.)
obbligo (M.) di produrre un documento Editionspflicht (F.)
obbligo (M.) di protezione Obhutspflicht (F.)
obbligo (M.) di rendere noto Anzeigepflicht (F.)
obbligo (M.) di rendiconto Rechenschaftslegungspflicht (F.)
obbligo (M.) di residenza Residenzpflicht (F.)
obbligo (M.) di rinvio esplicito Ausdrücklichkeitsgebot (N.)
obbligo (M.) di riservatezza Schweigepflicht (F.)
obbligo (M.) di rispettare un contratto collettivo Tarifgebundenheit (F.)
obbligo (M.) di segretezza Geheimhaltungspflicht (F.)
obbligo (M.) di soggiorno Zwangsaufenthalt (M.)
obbligo (M.) di sorveglianza Aufsichtspflicht (F.)
obbligo (M.) di testimoniare Aussagepflicht (F.)
obbligo (M.) fiscale Steuerpflicht (F.)
obbligo (M.) giuridico Rechtspflicht (F.)
obbligo (M.) imperfetto unvollkommene Verbindlichkeit (F.)
obbligo (M.) militare Wehrdienstpflicht (F.)
obbligo (M.) nel traffico giuridico Verkehrspflicht (F.)
obbligo (M.) principale Hauptpflicht (F.)
obbligo (M.) scolastico Schulpflicht (F.), Schulzwang (M.)
obiettare einwenden, opponieren
obiettivo (Adj.) objektiv, sachlich, unparteiisch

obiettivo (M.) Zweck (M.)
obiettore (M.) di coscienza Kriegsdiensterweigerer (M.), Wehrdienstverweigerer (M.)
obiezione (F.) Bedenken (N.), Einrede (F.), Einspruch (M.), Einwand (M.), Einwendung (F.)
obiezione (F.) di coscienza Kriegsdienstverweigerung (F.), Wehrdienstverweigerung (F.)
obitorio (M.) Leichenschauhaus (N.)
obligazione (F.) di massa Masseverbindlichkeit (F.)
obliterare entwerten
occasionale gelegentlich
occasione (F.) Anlass (M.), Gelegenheit (F.), Möglichkeit (F.), Opportunität (F.)
occorrente erforderlich, nötig
occorrenza (F.) Erforderlichkeit (F.)
occorrere brauchen
occultamento (M.) Geheimhaltung (F.), Verschleierung (M.)
occultamento (M.) di documenti Urkundenunterschlagung (F.)
occultare verbergen, verdecken, verschleiern
occulto geheim, verborgen
occupar(si) befassen (sich)
occupare belegen (V.), beschäftigen, besetzen, beziehen, okkupieren
occupare in buona fede una porzione del fondo attiguo überbauen
occupato beschäftigt
occupazione (F.) Aneignung (F.), Besatzung (F.), Beschäftigung (F.), Besetzung (F.), Okkupation (F.), Tätigkeit (F.)
OCSE (F.) (Organizzazione per la Cooperazione e lo Sviluppo Economico) OECD (F.) (Organization for European Economic Cooperation)
odio (M.) Hass (M.)
odontoiatra (M.) Zahnarzt (M.)
offendere beleidigen, verunglimpfen
offerente (M.) Anbieter (M.), Bieter (M.)
offerta (F.) Anbot (N.), Angebot (N.), Antrag (M.), Gebot (N.), Offerte (F.), Spende (F.), Vorschlag (M.)
offerta (F.) al pubblico Auslobung (F.)
offerta (F.) in contanti Bargebot (N.)
offerta (F.) migliore Höchstgebot (N.)
offerta (F.) minima geringstes Gebot (N.), Mindestgebot (N.)
offerta (M.) al pubblico Angebot (M.) ad incertas personas
offesa (F.) Angriff (M.), Beleidigung (F.), Verstoß (M.), Verunglimpfung (F.)
offesa (F.) a gruppo collettivo Kollektivbeleidigung (F.)
offesa (F.) al credito Kreditschädigung (F.)
offesa (F.) all'onore Ehrenbeleidigung (F.), Ehrverletzung (F.)
offesa (F.) alla pubblica decenza Erregung (F.) öffentlichen Ärgernisses
officialità (F.) Offizialat (N.)
offrire anbieten, bieten, offerieren, spenden, stiften
offrire al pubblico ausloben
offrire in vendita feilbieten
offuscamento (M.) Verdunkelung (F.)
oggettivo objektiv
oggetto (M.) Gegenstand (M.), Objekt (N.)
oggetto (M.) del diritto Rechtsobjekt (N.)
oggetto (M.) della causa Hauptsache (F.), Streitgegenstand (M.)
oggetto (M.) della domanda Klagsgegenstand (M.)
oggetto (M.) della prova Beweisthema (N.)
oggetto (M.) della società Gesellschaftszweck (M.)
oggetto (M.) di pregio Wertgegenstand (M.)
oggetto (M.) di valore Wertgegenstand (M.), Wertsache (F.)
oggetto (M.) in contestazione Streitgegenstand (M.)
oggetto (M.) materiale del reato Handlungsobjekt (N.)
oggetto (M.) prezioso Wertsache (F.)
oggetto (M.) sociale Gesellschaftszweck (M.)
oligarchia (F.) Oligarchie (F.)
oligocrazia (F.) Oligokratie (F.)
oligopolio (M.) Oligopol (N.)
olio (M.) minerale Mineralöl (N.)
olografo eigenhändig, handschriftlich, holographisch
oltraggiare beschimpfen, verunglimpfen
oltraggio (M.) Beleidigung (F.), Ehrenbeleidigung (F.), Ehrverletzung (F.), Injurie (F.), Verunglimpfung (F.)
oltraggio (M.) al pubblico pudore öffentliches Ärgernis (N.)
oltranza (F.) Übermaß (N.)
oltre misura übermäßig
oltrepassare überschreiten
omaggio (M.) Huldigung (F.)
ombudsman (M.) Ombudsmann (M.)

omertà (F.) Gesetz (M.) des Schweigens (Schweigepflicht für die Mitglieder einer Verbrecherbande in Italien)
omessa denuncia (F.) del reato preordinato Nichtanzeige (F.) einer geplanten Straftat
omesso soccorso (M.) Beistandsverweigerung (F.)
omettere unterlassen, versäumen
omicida (F.) Mörderin (F.)
omicida (M.) Mörder (M.)
omicida (M.) comune Totschläger (M.)
omicida (M.) semplice Totschläger (M.)
omicidio (M.) Tötung (F.)
omicidio (M.) a scopo di rapina Raubmord (M.)
omicidio (M.) aggravato Mord (M.)
omicidio (M.) commesso con mezzo insidioso Meuchelmord (M.)
omicidio (M.) con violenza carnale Lustmord (M.)
omicidio (M.) di persone scelte a caso Amok (M.)
omicidio (M.) doloso comune Totschlag (M.)
omicidio (M.) preterintenzionale Körperverletzung (F.) mit Todesfolge
omicidio (M.) tentato Mordversuch (M.)
omicidio (M.) volontario Totschlag (M.)
omissione (F.) Unterlassen (N.), Unterlassung (F.), Versäumnis (N.)
omissione (F.) di soccorso Beistandsverweigerung (F.), unterlassene Hilfeleistung (F.), Unterlassung (F.) der Hilfeleistung (F.)
omissione (F.) negli incarichi culpa (F.) in eligendo (lat.) (Verschulden bei der Auswahl)
omogeneità (F.) Gleichartigkeit (F.)
omogeneo (Adj.) gleichartig
omologare anerkennen, genehmigen
omologazione (F.) Genehmigung (F.)
omosessuale (Adj.) homosexuell, schwul
omosessualità (F.) Homosexualität (F.)
OMPI (Organizzazione mondiale della proprietà intellettuale) WIPO (F.) (Weltorganisation für geistiges Eigentum)
OMS (Organizzazione mondiale della sanità) (F.) WHO (F.) (Weltgesundheitsorganisation)
onda (F.) tedesca Deutsche Welle (F.)
onere (M.) Auflage (F.), Belastung (F.), Beschwer (F.), Last (F.), Obliegenheit (F.)
onere (M.) della prova Beweislast (F.)
onere (M.) pubblico öffentliche Last (F.)
onere (M.) reale dingliche Belastung (F.), Grundstücksbelastung (F.), Reallast (F.)
oneri (M.Pl.) sociali Soziallasten (F.Pl.)
onerosità (F.) Entgeltlichkeit (F.), Härte (F.)
oneroso belastend, entgeltlich, lästig, schwer
onestà (F.) Integrität (F.), Rechtschaffenheit (F.), Redlichkeit (F.)
onesto rechtschaffen, redlich, treu
online online (engl.)
onnicompetente allzuständig
onomasiologia (F.) Onomasiologie (F.)
onorare honorieren
onorario (Adj.) ehrenamtlich
onorario (M.) Gage (F.), Honorar (N.)
onorario (M.) d'avvocato Anwaltsgebühr (F.), Rechtsanwaltsgebühr (F.)
onorario (M.) per assistenza in udienza Verhandlungsgebühr (F.)
onorato (M.) Begünstigter (M.)
onore (M.) Ehre (F.)
onorevole (M.) Abgeordneter (M.) (im Parlament)
onorificenza (F.) Orden (M.)
onorifico ehrenamtlich
onta (F.) Schande (F.)
ONU (F.) (Organizzazione delle Nazioni Unite) UNO (F.) (United Nations Organization bzw. Vereinte Nationen)
opera (F.) Arbeit (F.), Werk (N.)
opera (F.) collettiva Sammelwerk (N.)
opera (F.) scritta Schriftwerk (N.)
opera (F.) universitaria Studentenwerk (N.)
operaio (M.) Arbeiter (M.)
operaio (M.) qualificato Facharbeiter (M.)
operaio (M.) specializzato Facharbeiter (M.), Geselle (M.)
operante wirksam
operare operieren, wirken
operatività (F.) Wirksamkeit (F.)
operatore (M.) penitenziario Vollzugsbeamter (M.)
operazione (F.) Aktion (F.), Operation (F.), Transaktion (F.), Verrichtung (F.)
operazione (F.) a fermo Fixgeschäft (N.)
operazione (F.) a termine Termingeschäft (N.)
operazione (F.) allo scoperto Blankogeschäft (N.)
operazione (F.) bancaria Bankgeschäft (N.)

operazione (F.) commerciale Handelsgeschäft (N.)
operazione (F.) d'accettazione Akzeptgeschäft (N.)
operazione (F.) d'incasso Inkassogeschäft (N.)
operazione (F.) di borsa Börsengeschäft (M.)
operazione (F.) di deporto Deportgeschäft (N.)
operazione (F.) di deposito Depotgeschäft (N.)
operazione (F.) di magazzinaggio Lagergeschäft (N.)
operazione (F.) di prestito Darlehensgeschäft (N.)
operazione (F.) fine a se stessa Insichgeschäft (N.)
operazione (F.) in azioni Aktiengeschäft (N.)
operazione (F.) swap Swapgeschäft (N.)
operazione (F.) triangolare Dreiecksgeschäft (N.)
operazioni (F.Pl.) bancarie via Internet Homebanking (M.)
operazioni (F.Pl.) di cambio Usancenhandel (M.)
operazioni (F.Pl.) di pagamento Zahlungsverkehr (M.)
opere (F.Pl.) militari Wehrmittel (N.Pl.)
opinione (F.) Ansicht (F.), Gesinnung (F.), Meinung (F.)
opinione (F.) dominante herrschende Meinung (F.)
opinione (F.) prevalente herrschende Meinung (F.)
opinione (F.) pubblica öffentliche Meinung (F.)
opporsi opponieren
opportunista (M.) Opportunist (M.)
opportunità (F.) Chance (F.), commodum (N.) (lat.) (Bequemlichkeit bzw. Vorteil), Gelegenheit (F.), Opportunität (F.), Zweckmäßigkeit (F.)
opportuno günstig, opportun, zweckmäßig
opposizione (F.) Einspruch (M.), Einwendung (F.), Gegenvorstellung (F.), Opposition (F.), Remonstration (F.), Widerspruch (M.)
opposizione (F.) agli atti esecutivi Vollstreckungserinnerung (F.)
opposizione (F.) all'esecuzione Impugnationsklage (F.)
opposizione (F.) di terzo Drittwiderspruchsklage (F.), Interventionsklage (F.), Widerspruchsklage (F.)
opposto (M.) Gegensatz (M.), Gegenteil (N.)
opprimere unterdrücken
oppuganzione (F.) Anfechtung (F.)
oppugnabile anfechtbar
oppugnabilità (F.) Anfechtbarkeit (F.)
oppugnare anfechten, bestreiten, widerlegen
oppugnazione (F.) Bestreitung (F.)
optare optieren, wählen
opzione (F.) Option (F.), Wahl (F.)
ora (F.) Stunde (F.)
ora (F.) delle interrrogazioni Fragestunde (F.)
ora (F.) di chiusura Sperrstunde (F.)
ora (F.) di lavoro straordinario Überstunde (F.)
ora (F.) estiva Sommerzeit (F.)
ora (F.) legale Sommerzeit (F.)
ora (F.) straordinaria Überstunde (F.)
orale mündlich, verbal
oralità (F.) Mündlichkeit (F.)
orario (M.) d'apertura Geschäftszeit (F.)
orario (M.) d'ufficio Amtszeit (F.)
orario (M.) di chiusura dei locali pubblici Polizeistunde (F.)
orario (M.) di chiusura dei negozi Ladenschluss (M.)
orario (M.) di lavoro Arbeitszeit (F.)
orario (M.) di servizio Dienstzeit (F.)
oratore (M.) Sprecher (M.)
ordigno (M.) Bombe (F.)
ordinamento (M.) Ordnung (F.), Organisation (F.), Regelung (F.)
ordinamento (M.) base Grundordnung (F.)
ordinamento (M.) circondariale Kreisordnung (F.)
ordinamento (M.) comunale Gemeindeordnung (F.), Kommunalverfassung (F.)
ordinamento (M.) costituzionale verfassungsmäßige Ordnung (F.)
ordinamento (M.) del mercato Marktordnung (F.)
ordinamento (M.) del traffico automobilistico Kraftverkehrsordnung (F.)
ordinamento (M.) dell'artigianato Handwerksordnung (F.)
ordinamento (M.) della circolazione stradale Straßenverkehrsordnung (F.)
ordinamento (M.) didattico Studienordnung (F.)

ordinamento (M.) economico Wirtschaftsverfassung (F.)
ordinamento (M.) federale degli emolumenti delle professioni di avvocato e procuratore Bundesrechtsanwaltsgebührenordnung (F.)
ordinamento (M.) federale delle professioni di avvocato e procuratore Bundesrechtsanwaltsordnung (F.)
ordinamento (M.) finanziario Finanzverfassung (F.)
ordinamento (M.) fondamentale Grundordnung (F.)
ordinamento (M.) fondato sulla libertà e sulla democrazia freiheitlich-demokratische Grundordnung (F.)
ordinamento (M.) giudiziario Gerichtsordnung (F.), Gerichtsverfassung (F.)
ordinamento (M.) giudiziario amministrativo Verwaltungsgerichtsordnung (F.)
ordinamento (M.) giuridico Rechtsordnung (F.), Rechtssystem (N.)
ordinamento (M.) militare Militärverordnung (F.)
ordinamento (M.) urbanistico Raumordnung (F.)
ordinante (M.) Auftraggeber (M.)
ordinanza (F.) Anordnung (F.), Beschluss (M.), Erlass (M.), prozessleitende Verfügung (F.), Verfügung (F.), Verordnung (F.)
ordinanza (F.) d'urgenza Notverordnung (F.)
ordinanza (F.) di assegnazione Überweisungsbeschluss (M.)
ordinanza (F.) di liquidazione delle spese Kostenfestsetzungsbeschluss (M.)
ordinanza (F.) di pignoramento Pfändungsbeschluss (M.)
ordinanza (F.) di polizia Polizeiverfügung (F.)
ordinanza (F.) di rigetto Vorbescheid (M.)
ordinanza (F.) di sospensione dell'esecutività Anordnung (F.) der aufschiebenden Wirkung
ordinanza (F.) generale Allgemeinverfügung (F.)
ordinanza (F.) giudiziaria gerichtliche Verfügung (F.), richterliche Verfügung (M.)
ordinanza (F.) incidentale Zwischenverfügung (F.)
ordinanza (F.) speciale Sonderverordnung (F.)
ordinanza-ingiunzione (F.) Bußgeldbescheid (M.)
ordinare anordnen, anweisen, befehlen, beschließen, bestellen, disponieren, heißen, ordern, ordnen, verfügen, verordnen, vorschreiben
ordinare la consegna abrufen
ordinario (Adj.) ordentlich, ordinär
ordinario (M.) Ordinarius (M.), Universitätsprofessor (M.)
ordinario normal
ordinato ordentlich
ordinatore (M.) Anweisender (M.)
ordinatrice (F.) Anweisende (F.)
ordinazione (F.) Auftrag (M.), Bestellung (F.), Order (F.), Weihe (F.) (Priesteweihe)
ordine (M.) Anordnung (F.), Anweisung (F.), Auftrag (M.), Befehl (M.), Bestellung (F.), Disposition (F.), Folge (F.), Gebot (N.), Kammer (F.), Klasse (F.), Orden (M.), Order (F.), Ordnung (F.), Rang (M.), System (N.)
ordine (M.) alfabetico Buchstabenfolge (F.)
ordine (M.) degli avvocati Anwaltskammer (F.), Rechtsanwaltskammer (F.)
ordine (M.) del giorno Tagesordnung (F.)
ordine (M.) di accompagnamento coattivo Vorführungsbefehl (M.)
ordine (M.) di carcerazione Haftbefehl (M.)
ordine (M.) di cattura Haftbefehl (M.)
ordine (M.) di comparizione Vorladung (F.)
ordine (M.) di comparizione forzata Vorführungsbefehl (M.)
ordine (M.) di consegna Abruf (M.)
ordine (M.) di esecuzione Vollstreckungsbefehl (M.)
ordine (M.) di evacuazione Räumungsbefehl (M.)
ordine (M.) di pagamento Zahlungsanweisung (F.)
ordine (M.) di perquisizione Durchsuchungsbefehl (M.)
ordine (M.) di requisizione Leistungsbescheid (M.)
ordine (M.) di sfratto Räumungsbefehl (M.)
ordine (M.) giudiziario Justiz (F.)
ordine (M.) permanente Dauerauftrag (M.)
ordine (M.) pubblico öffentliche Ordnung (F.), ordre (M.) public (franz.)
ore (F.Pl.) lavorative Arbeitszeit (F.)
orfano (M.) Waise (M. bzw. F.)

orfano (M.) di padre o di madre Halbwaise (M.)
orfano (M.) di un genitore Halbwaise (M.)
organico (M.) Dienstpostenplan (F.), Stellenplan (M.)
organigramma (M.) Organigramm (N.)
organismo (M.) Organ (N.), Organisation (F.), Organismus (M.)
organizzare gliedern, organisieren
organizzatore (M.) Organisator (M.)
organizzatore (M.) di viaggi Reiseveranstalter (M.)
organizzazione (F.) Organisation (F.), Verbund (M.)
Organizzazione (F.) del Patto Nordatlantico North Atlantic Treaty Organization (N.) (NATO)
Organizzazione (F.) delle Nazioni Unite (ONU) United Nations Organization (N.) (UNO)
Organizzazione (F.) delle Nazioni unite per l'educazione la scienza e la cultura (UNESCO) United Nations Educational Scientific and Cultural Organisation (F.) (UNESCO)
Organizzazione (F.) europea di cooperazione economica (OECE) Organisation (F.) für europäische wirtschaftliche Zusammenarbeit (OEEC)
Organizzazione (F.) europea per la cooperazione e lo sviluppo economico (OCSE) Organisation (F.) für europäische wirtschaftliche Zusammenarbeit und Entwicklung (OECD), Organization for European Economic Cooperation (F.) (OECD)
organizzazione (F.) internazionale internationale Organisation (F.)
Organizzazione (F.) internazionale del lavoro (OIL) IAO (F.) (Internationale Arbeitsorganisation), Internationale Arbeitsorganisation (F.) (IAO)
Organizzazione (F.) internazionale dell' aviazione civile (ICAO) ICAO (F.) (Internationale Zivilluftfahrt-Organisation)
Organizzazione (F.) internazionale dell' aviazione civile (OIAC) Internationale Zivilluftfahrt-Organisation (F.) (ICAO)
Organizzazione (F.) Internazionale della Polizia Criminale (ICPO – Interpol) Internationale Kriminalpolizeiliche Organisation (F.) (Interpol), Interpol (F.) (Internationale Kriminalpolizeiliche Organisation)
Organizzazione (F.) mondiale della proprietà intellettuale (OMPI) Weltorganisation (F.) für geistiges Eigentum
Organizzazione (F.) mondiale della sanità (OMS) Weltgesundheitsorganisation (F.) (WHO)
Organizzazione (F.) mondiale della sanità WHO (F.) (Weltgesundheitsorganisation)
organizzazione (F.) sociale delle aziende Betriebsverfassung (F.)
Organizzazione (F.) tedesca ed internazionale di avvocati DIRO (F.) (Deutsche und internationale Rechtsanwaltsorganisation)
organo (M.) Organ (N.)
organo (M.) amministrativo Verwaltungsträger (M.)
organo (M.) arbitrale Schiedsstelle (F.)
organo (M.) collegiale Kollegialorgan (N.)
organo (M.) costituzionale Verfassungsorgan (N.)
organo (M.) deliberante Beschlussorgan (N.)
organo (M.) dell'esecuzione Vollstreckungsorgan (N.)
orientamento (M.) Tendenz (F.)
orientamento (M.) professionale Berufsberatung (F.)
originale (Adj.) natürlich, original
originale (M.) Original (N.), Urschrift (F.)
originario anfänglich, gebürtig, originär, ursprünglich
origine (F.) Abkunft (F.), Abstammung (F.), Beginn (M.), Herkommen (N.), Herkunft (F.), Ursprung (M.)
orizzontale horizontal
orizzonte (M.) Horizont (M.)
orma (F.) Spur
ortodosso orthodox
osceno unzüchtig
oscuramento (M.) Verdunkelung (F.)
oscuro dunkel
ospedale (M.) Hospital (N.), Krankenhaus (N.), Spital (N.)
ospedale (M.) psichiatrico Irrenanstalt (F.), psychiatrisches Krankenhaus (N.)
ospite (M.) Gast (M.)
osservanza (F.) Beachtung (F.), Befolgung (F.), Einhaltung (F.)
osservanza (F.) del termine Fristwahrung (F.)

osservare beachten, befolgen, beobachten, einhalten, gehorchen
osservazione (F.) Einwand (M.)
ostacolare behindern, erschweren, hemmen, hindern, knebeln
ostacolato behindert
ostacolo (M.) Barriere (F.), Hemmnis (F.), Hemmung (F.), Hindernis (N.)
ostaggio (M.) Geisel (F.)
oste (M.) Gastwirt (M.), Wirt (M.)
ostentato demonstrativ
osteria (F.) Wirtshaus (N.)
ostetrica (F.) Hebamme (F.)
ostile feindlich
ostilità (F.) Feindseligkeit (F.)
ostilità (F.) verso gli stranieri Ausländerfeindlichkeit (F.)
ostruzione (F.) Verschleppung (F.)
ostruzionismo (M.) processuale Prozessverschleppung (F.), Verfahrensverschleppung (F.)
ottenere durchsetzen, erhalten (V.), erringen

p

pacchetto (M.) Paket (N.)
pacco (M.) Paket (N.)
pace (F.) Friede (M.)
pace (F.) domestica Hausfriede (M.)
paciere (M.) Schlichter (M.)
pacificare befrieden
pacificazione (F.) Befriedung (F.)
pacifismo (M.) Pazifismus (M.)
pacifista (M.) Pazifist (M.)
pacta sunt servanda (lat.) pacta sunt servanda (lat.) (Verträge sind zu halten)
pactum (N.) de non petendo (lat.) pactum (N.) de non petendo (lat.) (Vertragsversprechen nicht zu verlangen)
padre (M.) Pater (M.), Vater (M.)
padre (M.) affidatario Pflegevater (M.)
padre (M.) naturale nichtehelicher Vater
padrino (M.) Pate (M.)
padrone (M.) Chef (M.), Dienstherr (M.), Herr (M.)
paesaggio (M.) Landschaft (F.)
paese (M.) Land (N.)
paese (M.) confinante Anliegerstaat (M.)
paese (M.) dell'est Ostgebiet (N.)
paese (M.) non alleato blockfreier Staat (M.)
paese (M.) terzo Drittland (N.)
paga (F.) Entgelt (N.), Entlohnung (F.), Lohn (M.), Sold (M.)
paga (F.) oraria Stundenlohn (M.)
pagabile zahlbar
pagamenti (M.Pl.) Zahlungsverkehr (M.)
pagamenti (M.Pl.) automatizzati automatisierter Zahlungsverkehr (M.)
pagamento (M.) Abgeltung (F.), Auszahlung (F.), Befriedigung (F.), Begleichung (F.), Bezahlung (F.), Einzahlung (F.), Entgelt (N.), Zahlung (F.)
pagamento (M.) a rate Abzahlung (F.)
pagamento (M.) alimentare Unterhaltszahlung (F.)
pagamento (M.) anticipato Vorauszahlung (F.), Vorschusszahlung (F.)
pagamento (M.) compensativo Ausgleichsbetrag (M.)
pagamento (M.) contro documento di spedizione Kasse gegen Verladedokumente
pagamento (M.) contro fattura Kasse gegen Faktura
pagamento (M.) dei debiti Entschuldung (F.)
pagamento (M.) dell'indebito Erfüllung (F.) einer Nichtschuld, Zahlung (F.) einer Nichtschuld
pagamento (M.) di interessi Verzinsung (F.)
pagamento (M.) di sussidi Unterhaltszahlung (F.)
pagamento (M.) in contanti Barzahlung (F.)
pagamento (M.) in denaro Barzahlung (F.)
pagamento (M.) parziale Abschlagszahlung (F.), Teilzahlung (F.)
pagamento (M.) rateale Abzahlung (F.), Ratenzahlung (F.), Teilzahlung (F.)
pagamento (M.) suppletivo Nachschuss (M.), Nachzahlung (F.)
pagare abgelten, auszahlen, befriedigen, begleichen, besolden, bezahlen, entgelten, lohnen, zahlen
pagare a rate abzahlen
pagare in acconto anzahlen
pagare la differenza nachzahlen
pagare un supplemento nachzahlen
pagella (M.) Zeugnis (N.)
pagina (F.) Seite (F.)
pagina (F.) principale Homepage (F.)
Palatinato (M.) renano Rheinland-Pfalz (N.)
palazzo (M.) Palast (M.)
palazzo (M.) del parlamento Parlaments-

gebäude (N.)
palazzo (M.) di giustizia Justizpalast (M.)
palesamento (M.) Offenbarung (F.)
palese offenbar, offenkundig, offensichtlich
pallottola (F.) Geschoss (N.)
palmario (M.) Erfolgshonorar (N.)
pandetta (F.) Pandekte (F.)
pandette (F.Pl.) Pandekten (F.Pl.)
pangermanico großdeutsch
panzer (M.) Panzer (M.)
papa (F.) Papst (M.)
papato (M.) Pontifikat (N.)
paradipendente arbeitnehmerähnlich
parafa (F.) Paraphe (F.)
parafare abzeichnen, paraphieren
parafatura (F.) Paraphierung (F.)
paragonare messen, vergleichen (sich)
paragone (M.) Vergleich (M.)
paragrafo (M.) Paragraph (M.)
parametro (M.) di commisurazione Bemessungsgrundlage (F.)
parcella (F.) Honorar (N.), Rechnung (F.)
parcella (F.) d'avvocato Anwaltsgebühr (F.), Rechtsanwaltsgebühr (F.)
parcella (F.) di terreno Parzelle (F.)
parcheggiare parken
parcheggio (M.) Parken (N.), Parkplatz (M.)
pareggiamento (M.) dei dati Datenabgleich (M.)
parentado (M.) Parentel (F.), Verwandtschaft (F.)
parentale verwandtschaftlich
parente (Adj.) verwandt
parente (M.) Angehöriger (M.), Verwandter (M.)
parentela (F.) Parentel (F.), Verwandtschaft (F.)
parere (M.) Ansicht (F.), Befund (M.), Gutachten (N.), Meinung (F.)
parere (M.) favorevole Befürwortung (F.)
parere (M.) legale Rechtsgutachten (N.)
pari ebenbürtig
pari passo Zug um Zug
pari trattamento (M.) Gleichbehandlung (F.)
parità (F.) Parität (F.)
parità (F.) delle opportunità Chancengleichheit (F.)
parità (F.) di chance Chancengleichheit (F.)
parità (F.) di diritti Gleichberechtigung (F.)
parità (F.) di trattamento Gleichbehandlung (F.)
parità (F.) nei meriti Ebenbürtigkeit (F.)
paritetico paritätisch
parlamentare (Adj.) parlamentarisch
parlamentare (M.) Parlamentarier (M.)
parlamentarismo (M.) Parlamentarismus (M.)
parlamento (M.) Parlament (N.), Parlamentsgebäude (N.)
Parlamento (M.) Europeo (PE) Europäisches Parlament (N.) (EP)
parlamento (M.) federale Bundestag (M.)
parlare kommunizieren, sprechen
parola (F.) Wort (N.)
parola (F.) d'onore Ehrenwort (N.)
parricidio (M.) Vatermord (M.)
parrocchia (F.) Kirchspiel (N.), Pfarre (F.)
parroco (M.) Pfarrer (M.)
parte (F.) Anteil (M.), Anteilsschein (M.), Beteiligte (F.), Beteiligter (M.), Partei (F.), Seite (F.), Teil (M.), Verfahrensbeteiligter (M.)
parte (F.) attorea Kläger (M.)
parte (F.) attrice Kläger (M.)
parte (F.) avversaria Gegenseite (F.), Gegner (M.)
parte (F.) civile Nebenkläger (M.), Privatkläger (M.)
parte (F.) contraente Vertragspartner (M.), vertragsschließende Partei (F.)
parte (F.) contrattuale Vertragspartei (F.)
parte (F.) generale allgemeiner Teil (M.)
parte (F.) in causa Verfahrensbeteiligter (M.)
parte (F.) integrante Bestandteil (M.), wesentlicher Bestandteil (M.)
parte (F.) interveniente Intervenient (M.)
parte (F.) lesa Geschädigter (M.)
parte (F.) nel giudizio Verfahrensbeteiligter (M.)
parte (F.) posteriore Rückseite (F.)
parte (F.) speciale besonderer Teil (M.)
parte (F.) stipulante vertragsschließende Partei (F.)
parte (F.) stipulante il contratto collettivo Tarifpartner (M.)
partecipante (M.) Teilnehmer (M.)
partecipare beiwohnen, beteiligen, mitwirken
partecipazione (F.) Beiwohnung (F.), Beteiligung (F.), Mitbestimmung (F.), Mitwirken (N.), Mitwirkung (F.), Partnerschaft (F.), Teilhaberschaft (F.), Teilnahme (F.)

partecipazione (F.) al capitale Kapitalbeteiligung (F.)
partecipazione (F.) di minoranza Minderheitsbeteiligung (F.)
partecipazione (F.) indiretta Unterbeteiligung (F.)
partecipazione (F.) maggioritaria Mehrheitsbeteiligung (F.)
partecipazione (F.) minoritaria Minderheitsbeteiligung (F.)
partecipe (F.) Partnerin (F.)
partecipe (M.) Partner (M.)
parti (F.Pl.) sociali Sozialpartner (M.)
particella (F.) Parzelle (F.)
particella (F.) catastale Flurstück (N.)
particolare besonders, partikulär, Sonder-, speziell
particolarismo (M.) Partikularismus (M.)
partita (F.) Posten (M.)
partita (F.) doppia doppelte Buchführung (M.)
partito (M.) Partei (F.)
partito (M.) comunale Rathauspartei (F.)
partito (M.) d'opposizione Oppositionspartei (F.)
partito (M.) di massa Volkspartei (M.)
partito (M.) popolare Volkspartei (M.)
partito (M.) unico Staatspartei (F.) (Einheitspartei)
partitocrazia (F.) Parteiherrschaft (F.)
partner (F.) Partnerin (F.)
partner (M.) Partner (M.)
parto (M.) di nato morto Totgeburt (F.)
partorire gebären
part-time (engl.) Teilzeitarbeit (F.)
parvenza (F.) Anschein (M.), Schein (M.)
parziale parteiisch, parteilich, partiell, teilweise
parzialità (F.) Befangenheit (F.), Parteilichkeit (F.)
parzialmente teilweise
parziarietà (F.) attiva Teilgläubigerschaft (F.)
parziarietà (F.) passiva Teilschuldnerschaft (F.)
pascolo (M.) alpino Alm (F.), Alpe (F.)
pascolo (M.) collettivo Allmende (F.)
passaggio (M.) Durchgang (M.), Übergang (M.), Überleitung (F.)
passaggio (M.) coattivo Notweg (M.)
passaggio (M.) del confine Grenzüberschreitung (F.)
passaggio (M.) della proprietà Eigentumsübertragung (F.)
passaggio (M.) di scrittura ad altro conto Umbuchung (F.)
passaporto (M.) Pass (M.), Reisepass (M.)
passare durchgehen, überleiten, verbinden
passare a vie di fatto tätlich werden
passare in giudicato Rechtskraft erlangen
passare sotto segreto verschweigen
passare un ordine ordern
passato in giudicato rechtskräftig
passeggero (M.) Insasse (M.)
passeggio (M.) delle prostitute Strich (M.)
passibile fähig
passibile di pena strafbar, straffällig
passibilità (F.) Fähigkeit (F.)
passività (F.) Untätigkeit (F.)
passività (F.Pl.) Passiva (N.Pl.), Verbindlichkeiten (F.Pl.)
passivo (Adj.) passiv, untätig
passivo (M.) Passiva (N.Pl.), Passivum (N.), Verlust (M.)
passo (M.) diplomatico Demarche (F.)
pastore (M.) Hirte (M.), Pastor (M.)
patema (M.) Schmerz (M.)
patema (M.) d'animo seelischer Schmerz (M.)
patente (F.) Fahrerlaubnis (F.)
patente (F.) di franchigia Freibrief (M.)
patente (F.) di guida Fahrerlaubnis (F.), Führerschein (M.)
paternità (F.) Vaterschaft (F.)
paternità (F.) dell'opera Urheberschaft (F.)
paterno elterlich, väterlich
patibolo (M.) Galgen (M.), Schafott (N.)
patria (F.) Heimat (F.), Heimstätte (F.), Vaterland (N.)
patria potestà (F.) elterliche Gewalt (F.), väterliche Gewalt (F.)
patria potestas (F.) (lat.) väterliche Gewalt (F.)
patrigno (M.) Stiefelter (M. bzw. F.), Stiefvater (M.)
patrimonio (M.) Habe (F.), Patrimonium (N.), Vermögen (N.)
patrimonio (M.) circolante Umlaufvermögen (N.)
patrimonio (M.) culturale del mondo Weltkulturerbe (N.)
patrimonio (M.) d'azienda Betriebsvermögen (N.)

patrimonio (M.) fallimentare Konkursmasse (F.)
patrimonio (M.) immobiliare Grundeigentum (N.)
patrimonio (M.) immobilizzato Anlagevermögen (N.)
patrimonio (M.) netto Reinvermögen (N.)
patrimonio (M.) pubblico Staatsgut (N.), Verwaltungsvermögen (N.)
patrimonio (M.) separato Sondervermögen (N.)
patrimonio (M.) sociale Gesellschaftsvermögen (N.)
patristica (F.) Patristik (F.)
patrocinare beistehen, plädieren, protegieren, verteidigen
patrocinato vertreten (Adj.)
patrocinatore (M.) Beistand (M.), Verteidiger (M.)
patrocinatore (M.) d'ufficio notwendiger Verteidiger (M.), Pflichtverteidiger (M.)
patrocinatore (M.) laico Prozessagent (M.)
patrocinatore (M.) legale Rechtsanwalt (M.), Rechtsbeistand (M.)
patrocinio (M.) Beistand (M.), Rechtsbeistand (M.), Verteidigung (F.)
patrocinio (M.) gratuito Armenrecht (N.)
patrocinio (M.) infedele Parteiverrat (M.)
patrocinio (M.) obbligatorio notwendige Verteidigung (F.), Vertretungszwang (M.)
patrologia (F.) Patristik (F.)
patronato (M.) Patronat (N.)
patrono (M.) Patron (M.), Schirmherr (M.)
patteggiamento (M.) Absprache (F.)
patteggiare verhandeln
patti (M.Pl.) accessori Akzidentialien (F.Pl.)
patto (M.) Abmachung (F.), Abrede (F.), Bedingung (F.), Klausel (F.), Konvention (F.), Pakt (M.), Verabredung (F.), Vereinbarung (F.), Vertrag (M.)
patto (M.) accessorio Nebenabrede (F.), Nebenvereinbarung (F.)
patto (M.) arbitrale Schiedsvertrag (M.)
patto (M.) commissorio Verfallspfand (N.)
patto (M.) compromissorio Schiedsvertrag (M.)
patto (M.) d'amicizia Freundschaftsvertrag (M.)
patto (M.) d'indennizzo Abfindungsvereinbarung (F.)
patto (M.) successorio Erbvertrag (M.)
pattuglia (F.) Streife (F.)
pattuire abmachen, abreden, schließen, verabreden, vereinbaren, verhandeln
pattuizione (F.) Abrede (F.), Absprache (F.), Vereinbarung (F.)
pauperismo (M.) Pauperismus (M.)
paura (F.) Furcht (F.)
pausa (F.) Pause (F.)
paziente (M.) Patient (M.)
pazzia (F.) Wahnsinn (M.)
pazzo (Adj.) irre, wahnsinnig
pazzo (M.) Irre (M.), Wahnsinniger (M.)
peccato (M.) Sünde (F.)
peculato (M.) Amtsunterschlagung (F.), Unterschlagung (F.) öffentlicher Gelder, Veruntreuung (F.)
peculiarità (F.) Merkmal (N.), Spezialität (F.)
pecuniaria Buße (F.)
pedaggio (M.) Maut (F.)
pedinamento (M.) Beschattung (F.)
pedinare beschatten
pedone (M.) Fußgänger (M.)
pegno (M.) Pfand (N.)
pegno (M.) manuale Faustpfand (N.)
pena (F.) Buße (F.), Strafe (F.)
pena (F.) accessoria Nebenstrafe (F.), Zusatzstrafe (F.)
pena (F.) capitale Lebensstrafe (F.), Todesstrafe (F.)
pena (F.) comminata per garantire l'attuazione di un provvedimento amministrativo Beugestrafe (F.)
pena (F.) complessiva Gesamtstrafe (F.)
pena (F.) convenzionale Vertragsstrafe (F.)
pena (F.) corporale Leibesstrafe (F.), Prügelstrafe (F.)
pena (F.) cumulativa Gesamtstrafe (F.)
pena (F.) detentiva Freiheitsstrafe (F.), Gefängnisstrafe (F.), Haftstrafe (F.)
pena (F.) detentiva per minorenni Jugendstrafe (F.)
pena (F.) detentiva sosostitutiva Ersatzfreiheitsstrafe (F.)
pena (F.) di morte Lebensstrafe (F.), Todesstrafe (F.)
pena (F.) edittale angedrohte Strafe (F.), Grundstrafe (F.)
pena (F.) infamante Ehrenstrafe (F.)
pena (F.) massima Höchststrafe (F.)
pena (F.) minima Mindeststrafe (F.)
pena (F.) normale Regelstrafe (F.)

pena (F.) pecuniaria Geldbuße (F.), Geldstrafe (F.)
pena (F.) principale Hauptstrafe (F.)
pena (F.) restrittiva della libertà personale Freiheitsstrafe (F.)
pena (F.) sostitutiva Ersatzstrafe (F.)
pena (F.) unitaria Einheitsstrafe (F.)
penale (Adj.) kriminal, kriminell, strafrechtlich
penale (F.) Konventionalstrafe (F.), Reugeld (N.), Vertragsstrafe (F.)
penalista (M.) Strafrechtler (M.), Strafverteidiger (M.)
penalistico strafrechtlich
penalità (F.) contrattuale Zwangsgeld (N.)
penalizzare pönalisieren
penalizzazione (F.) Pönalisierung (F.)
pendente anhängig, rechtshängig, schwebend
pendenza (F.) Anhängigkeit (F.), Rechtshängigkeit (F.), Schwebezustand (M.)
pendenza (F.) del termine Lauf (M.) der Frist
pendenza (F.) della condizione Zwischenzeit (F.)
pendere schweben
pendio (M.) Halde (F.)
penetrare eindringen
penetrare di forza einbrechen
penetrazione (F.) Eindringen (F.)
penitenza (F.) Buße (F.)
penitenziario (M.) Kerker (M.), Strafvollzugsanstalt (F.), Zuchthaus (N.)
pensiero (M.) Gedanke (M.), Idee (F.), Sorge (F.) (Besorgnis)
pensionamento (M.) Emeritierung (F.), Pensionierung (M.), Ruhestand (M.)
pensionamento (M.) temporaneo einstweiliger Ruhestand (M.)
pensionare emeritieren, pensionieren
pensionata (F.) Rentnerin (F.)
pensionato (M.) Rentner (M.)
pensione (F.) Pension (F.), Rente (F.), Ruhegehalt (N.)
pensione (F.) agli orfani Waisengeld (N.)
pensione (F.) aziendale Betriebsrente (F.)
pensione (F.) base Grundrente (F.)
pensione (F.) di riversibilità Hinterbliebenenrente (F.)
pensione (F.) di vecchiaia Altersruhegeld (N.), Altersversorgung (F.)
pensione (F.) indicizzata dynamische Rente (F.)
pensione (F.) sociale Sozialrente (F.)
pentimento (M.) Reue (F.)
pentimento (M.) operoso tätige Reue (F.)
pentitenziario (M.) Vollzugsanstalt (F.)
pentito (M.) Reuiger (M.)
penuria (F.) Mangel (M.)
per analogia analog
per carenza di mangels
per contratto (M.) privato freihändig
per errore irrtümlich, versehentlich
per esteso vollständig
per estratto auszugsweise
per insufficienza di mangels
per iscritto schriftlich
per mancanza di mangels
per niente umsonst
per principio prinzipiell
per questo ad hoc (lat.) (zu diesem Zweck)
per sentito dire vom Hörensagen
per testamento testamentarisch
per tutta la vita lebenslang
percento (M.) Prozent (N.)
percentuale (F.) Prozent (N.), prozentmäßiger Anteil (M.), Prozentsatz (M.), Quote (F.)
percentuale (F.) d'interessanza Tantieme (F.)
percepire beziehen
percorso (M.) Weg (M.)
percosse (F.Pl.) Prügel (M.Pl.)
percuotere prügeln, schlagen
perdente (M.) Verlierer (M.)
perdere unterliegen, verfehlen, verlieren, versäumen, verwirken
perdere un diritto per usucapione altrui versitzen
perdersi abhandenkommen
perdigiorno (M.) Tagedieb (M.)
perdita (F.) Ausfall (M.), Entgang (M.), Verlust (M.), Verwirkung (F.), Verwirkung (F.)
perdita (F.) dei diritti civili e politici Ehrverlust (M.)
perdita (F.) della proprietà Eigentumsverlust (M.)
perdita (F.) di emissione Disagio (N.)
perdita (F.) di salario Lohnausfall (M.)
perdita (F.) di un diritto Rechtsverlust (M.)
perdita (F.) di un diritto per usucapione altrui Versitzung (F.)
perdita (F.) di valore Wertminderung (F.)
perdonare verzeihen

perdono (M.) Verzeihung (F.)
perdurare dauern, währen
perentorio endgültig, peremptorisch
perenzione (F.) Peremption (F.), Verwirkung (F.)
perequare ausgleichen
perequazione (F.) assistenziale Versorgungsausgleich (M.)
perequazione (F.) degli oneri Lastenausgleich (M.)
perequazione (F.) finanziaria Finanzausgleich (M.)
perequazione (F.) finanziaria fra i Länder horizontaler Finanzausgleich (M.)
perequazione (F.) finanziaria fra il Bund ed i Länder vertikaler Finanzausgleich (M.)
perequazione (F.) finanziaria verticale vertikaler Finanzausgleich (M.)
perfetto fehlerlos, ideal
perfezionamento (M.) Ergänzung (F.), Fortbildung (F.), Verbesserung (F.), Vollendung (F.)
perfezionare nachbessern, schließen, verbessern, vollenden
perfezionars(si) fortbilden (sich)
perfidia (F.) Heimtücke (F.), Hinterlist (F.), Tücke (F.)
perfido heimtückisch, hinterlistig
pericolante baufällig
pericolo (M.) Gefahr (F.), Gefährdung (F.)
pericolo (M.) apparente Anscheinsgefahr (F.)
pericolo (M.) attuale gegenwärtige Gefahr (F.)
pericolo (M.) comune gemeine Gefahr (F.)
pericolo (M.) di collusione Verabredungsgefahr (F.)
pericolo (M.) di fallimento Pleitegeier (M.)
pericolo (M.) di fuga Fluchtgefahr (F.)
pericolo (M.) di inquinamento delle prove Verdunkelungsgefahr (F.)
pericolo (M.) di morte Lebensgefahr (F.), Todesgefahr (F.)
pericolo (M.) di recidiva Wiederholungsgefahr (F.)
pericolo (M.) di reiterazione Wiederholungsgefahr (F.)
pericolo (M.) di vita Lebensgefahr (F.)
pericolo (M.) imminente Gefahr (F.) im Verzug
pericolo (M.) nel ritardo Gefahr (F.) im Verzug
pericolo (M.) pubblico Gemeingefährlichkeit (F.)
pericolo (M.) putativo Putativgefahr (F.)
pericolosità (F.) sociale Gemeingefährlichkeit (F.)
pericoloso gefahrengeneigt, gefährlich
pericoloso per i minori jugendgefährdend
periculum (N.) in mora (lat.) Gefahr (F.) im Verzug
perimetro (M.) di rispetto Bannkreis (M.), Bannmeile (F.)
periodico (Adj.) periodisch
periodico (M.) Zeitschrift (F.)
periodo (M.) Frist (F.), Periode (F.), Zeitraum (M.)
periodo (M.) contabile Abrechnungszeitraum (M.)
periodo (M.) d'assenza Ausfallzeit (F.)
periodo (M.) d'attesa Karenzzeit (F.)
periodo (M.) d'esecuzione Leistungszeit (F.)
periodo (M.) del mandato Amtszeit (F.)
periodo (M.) della carica Amtszeit (F.)
periodo (M.) di aspettativa Karenzzeit (F.)
periodo (M.) di carenza Karenzzeit (F.)
periodo (M.) di concepimento Empfängniszeit (F.)
periodo (M.) di contribuzione figurativa Ersatzzeit (F.)
periodo (M.) di divieto di caccia Schonzeit (F.)
periodo (M.) di garanzia Garantiefrist (F.)
periodo (M.) di preavviso Kündigungsfrist (F.)
periodo (M.) di prescrizione Verjährungsfrist (F.)
periodo (M.) di prestazione Leistungszeit (F.)
periodo (M.) di sospensione condizionale della pena Bewährungszeit (F.)
periodo (M.) di stage Volontariatszeit (F.)
periodo (M.) di tempo Zeitabschnitt (M.)
periodo (M.) di volontariato Volontariatszeit (F.)
perito (M.) Gutachter (M.), Sachverständiger (M.)
perito (M.) d'asta Auktionator (M.)
perizia (F.) Expertise (F.), Gutachten (N.)
perizia (F.) criminologica kriminologisches Gutachten (N.)
perizia (F.) genetica erbbiologisches Gutachten (N.)

permanente dauernd, ständig
permanenza (F.) domiciliare Freizeitarrest (M.)
permanenza (F.) in carica Amtsdauer (F.), Amtszeit (F.)
permanere währen
permesso (Adj.) erlaubt, statthaft, unbenommen, zulässig
permesso (M.) Beurlaubung (F.), Bewilligung (F.), Erlaubnis (F.), Freibrief (M.), Gestattung (F.), Hafturlaub (M.), Zulassung (F.)
permesso (M.) d'esportazione Ausfuhrerlaubnis (F.)
permesso (M.) di caccia Jagdschein (M.)
permesso (M.) di costruire Bauschein (M.)
permesso (M.) di lavoro Arbeitsbewilligung (F.), Arbeitsgenehmigung (F.)
permesso (M.) di porto d'armi Waffenschein (M.)
permesso (M.) di soggiorno Aufenthaltserlaubnis (F.), Aufenthaltsgenehmigung (F.)
permettere erlauben, gestatten, zulassen
permuta (F.) Tausch (M.)
permutare tauschen
perno (M.) Kern (M.)
perorare plädieren
perorazione (F.) Plädoyer (N.)
perpetrare ausführen, begehen, verüben
perpetrazione (F.) Begehung (F.), Verübung (F.), Vollziehung (F.)
perpetuatio (F.) fori (lat.) perpetuatio (F.) fori (lat.) (Fortdauer der Zuständigkeit des Gerichts)
perpetuo dauernd, lebenslänglich
perquisire durchsuchen
perquisizione (F.) Durchsuchung (F.)
perquisizione (F.) domiciliare Hausdurchsuchung (F.), Haussuchung (F.)
perquisizione (F.) personale Leibesvisitation (F.)
persecuzione (F.) Ahndung (F.), Verfolgung (F.)
persecuzione (F.) immediata sofortige Verfolgung (F.)
persecuzione (F.) penale Strafverfolgung (F.)
perseguibilità (F.) Verfolgbarkeit (F.)
perseguire ahnden, verfolgen
perseguitare nachstellen
perso entgangen
persona (F.) Person (F.)
persona (F.) autorizzata a disporre Verfügungsberechtiger
persona (F.) deportata Heimatvertriebener (M.)
persona (F.) detenuta Inhaftierter (M.)
persona (F.) di servizio Bedienung (F.)
persona (F.) fisica natürliche Person (F.)
persona (F.) giuridica juristische Person (F.), Rechtsperson (F.)
persona (F.) giuridica di diritto pubblico Dienstherr (M.)
persona (F.) ingrata (lat.) persona (F.) ingrata (lat.) (unerwünschte Person)
persona (F.) interposta Strohmann (M.)
persona (F.) non grata (lat.) persona (F.) non grata (lat.) (unerwünschte Person)
persona (F.) offesa dal reato Verletzter (M.)
persona (F.) sospetta Verdächtiger (M.)
persona (F.) sottoposta a custodia cautelare Untersuchungsgefangener (M.)
personale (Adj.) individuell, persönlich
personale (M.) Belegschaft (F.), Personal (N.)
personalissimo höchstpersönlich
personalità (F.) Personalität (F.), Persönlichkeit (F.)
personalità (F.) dell'autore Urheberpersönlichkeit (F.)
personalità (F.) giuridica Rechtspersönlichkeit (F.)
pertinente einschlägig, zugehörig
pertinenza (F.) Zubehör (N.), Zugehörigkeit (F.)
pertinenza (F.) apparente Scheinbestandteil (M.)
perturbamento (M.) di elezioni Wahlbehinderung (F.)
perturbare stören
perturbatore (M.) Störer (M.)
perturbazione (F.) Störung (F.)
perverso pervers
pesante belastend, schwer
pesca (F.) Fischerei (F.)
pesca (F.) di frodo Fischwilderei (F.)
pescare fischen
peso (M.) Bedeutung (F.), Gewicht (N.), Last (F.), Schwere (F.)
petitio (F.) hereditatis (lat.) Erbschaftsklage (F.)
petitorio petitorisch
petitum (N.) (lat.) Klagsgegenstand (M.)
petizione (F.) Eingabe (F.), Petition (F.)

petizione (F.) d'eredità Erbschaftsklage (F.)
petrolio (M.) Mineralöl (N.)
pezza (F.) giustificativa Beleg (M.)
pezzo (M.) Stück (N.)
piacere (M.) Freude (F.)
piacevole gefällig
pianificare planen
pianificazione (F.) Planung (F.)
pianificazione (F.) finanziaria Finanzplanung (F.)
pianificazione (F.) regolatrice generale Bauleitplanung (F.)
pianificazione (F.) territoriale Raumordnung (F.)
pianificazione (F.) urbanistica Bauleitplanung (F.), Stadtplanung (F.)
piano (M.) Geschoss (N.), Plan (M.), Programm (N.), Stockwerk (N.)
piano (M.) di assetto territoriale Raumplan (M.)
piano (M.) di costruzione Bauplan (M.)
piano (M.) di finanziamento Finanzierungsplan (M.)
piano (M.) di risanamento Insolvenzplan (M.)
piano (M.) di zonizzazione Flächenwidmungsplan (M.)
piano (M.) regolatore Bauleitplan
piano (M.) regolatore generale Flächennutzungsplan (M.)
piano (M.) regolatore particolareggiato Bebauungsplan (M.)
piano (M.) sociale Sozialplan (M.)
piano (M.) stradale Fahrbahn (F.)
piano (M.) urbanistico Raumplan (M.)
pianta (F.) Pflanze (F.)
piantare stecken
piazza (F.) Platz (M.)
piazza (F.) del mercato forum (N.) (lat.) (Markt bzw. Gericht)
piazza (F.) pubblica forum (N.) (lat.) (Markt bzw. Gericht)
piazzare absetzen, unterbringen
picchiare prügeln, schlagen, stechen
picchiatore (M.) Schläger (M.) (schlagender Mensch)
piccola velocità (F.) Frachtgut (N.)
piccolo gering, geringfügig
piccolo dettagliante (M.) Kleinhändler (M.)
piccolo imprenditore (M.) Kleinunternehmer (M.), Minderkaufmann (M.)
piccolo Stato (M.) Kleinstaat (M.)
piede (M.) Fuß (M.)
piegare beugen
piena occupazione (F.) Vollbeschäftigung (F.)
pienezza (F.) di competenza Allzuständigkeit (F.)
pieno voll
pieno impiego (M.) Vollbeschäftigung (F.)
pigione (F.) Miete (F.), Mietzins (M.), Zins (M.)
pigione (F.) annua Jahresmiete (F.)
pigione (F.) di riferimento Vergleichsmiete (F.)
pigliare greifen
pignorabile pfändbar
pignoramento (M.) Pfändung (F.), Verpfändung (F.)
pignoramento (M.) dei salari Lohnpfändung (F.)
pignoramento (M.) di credito Forderungspfändung (F.)
pignoramento (M.) di stipendio Gehaltspfändung (F.)
pignoramento (M.) successivo Anschlusspfändung (F.)
pignorare pfänden
pignoratario (M.) Pfandnehmer (M.)
pignorato gepfändet
pila (F.) elettrica Batterie (F.)
pio sodalizio (M.) Religionsgesellschaft (F.)
piombare plombieren
piombatura (F.) Plombe (F.) (Verschlusssicherung)
piramide (F.) del potere Machtpyramide (F.)
pirata (M.) Freibeuter (M.), Pirat (M.), Seeräuber (M.)
pirateria (F.) Kaperei (F.), Piraterie (F.)
pirvilegiare bevorzugen
pistola (F.) Pistole (F.)
più zuzüglich
pizzo (M.) Schmiergeld (N.), Schutzgeld (N.)
plagiare plagiieren
plagiario (M.) Plagiator (M.)
plagio (M.) Plagiat (N.)
planare gleiten
plausibile plausibel
plebiscitario plebiszitär
plebiscito (M.) Plebiszit (N.), Volksabstimmung (F.), Volksentscheid (M.)
plenipotenziario (M.) Bevollmächtigter (M.)

pluralismo (M.) Pluralismus (M.)
pluralità (F.) Mehrheit (F.)
plurilaterale mehrseitig
pluristadio mehrstufig
plusvalore (M.) Mehrwert (M.)
plutocrazia (F.) Plutokratie (F.)
pogrom (M.) Pogrom (N.)
poligamia (F.) Polygamie (F.), Vielweiberei (F.)
poligamo polygam
polis (F.) Stadtstaat (M.)
politica (F.) Politik (F.)
politica (F.) economica Wirtschaftspolitik (F.)
politica (F.) estera Außenpolitik (F.)
politica (F.) legislativa Rechtspolitik (F.)
politico (Adj.) politisch
politico (M.) Politiker (M.), Staatsmann (M.)
polizia (F.) Polizei (F.)
polizia (F.) amministrativa Ordnungsbehörde (F.)
polizia (F.) del commercio e dell'industria Gewerbepolizei (F.)
polizia (F.) delle udienze Sitzungspolizei (F.)
polizia (F.) di Stato Staatspolizei (F.) (Staatspolizei in Italien)
polizia (F.) edilizia Baupolizei (F.)
polizia (F.) federale Bundespolizei (F.)
polizia (F.) ferroviaria Bahnpolizei (F.)
polizia (F.) giudiziaria Gerichtspolizei (F.), Kriminalpolizei (F.)
polizia (F.) penitenziaria Gefängnispolizei (F.) (Gefängnispolizei in Italien), Vollzugsbehörde (M.), Vollzugspolizei (F.)
polizia (F.) sanitaria Gesundheitspolizei (F.)
polizia (F.) segreta Geheimpolizei (F.)
polizia (F.) stradale Verkehrspolizei (F.)
polizia (F.) tributaria Steuerpolizei (F.) (Steuerpolizei in Italien)
poliziesco polizeilich
poliziotto (M.) Büttel (M.), Polizist (M.), Schutzmann (M.)
polizza (F.) Police (F.), Versicherungspolice (F.), Versicherungsschein (M.)
polizza (F.) d'assicurazione Versicherungspolice (F.), Versicherungsschein (M.), Versicherungsurkunde (F.)
polizza (F.) di carico Konnossement (N.), Ladeschein (M.)
ponderare abwägen, bedenken
ponderazione (F.) Abwägung (F.)
pontefice (M.) Papst (M.)
pontificato (M.) Pontifikat (N.)
popolazione (F.) Bevölkerung (F.)
popolazione (F.) dello Stato Staatsvolk (N.)
popolo (M.) Volk (N.)
pornografia (F.) Pornographie (F.)
pornografico pornographisch
porprietario (M.) di azioni Anteilseigner (M.)
porre in chiaro klären
porre in dubbio bezweifeln
porre in pericolo gefährden
portafoglio (M.) Bestand (M.)
portale (M.) web Homepage (F.)
portare bringen
portare a conoscenza ankündigen
portare a termine absolvieren
portare in salvo bergen
portata (F.) Wirkung (F.)
portata (F.) legale Rechtswirksamkeit (F.)
portatore (M.) Inhaber (M.), Innehaber (M.), Träger (M.), Überbringer (M.)
portatore (M.) d'azioni Aktieninhaber (M.)
portatore (M.) di cartelle edilizie Pfandbriefinhaber (M.)
portatore (M.) di cartelle fondiarie Pfandbriefinhaber (M.)
portavoce (M.) Sprecher (M.)
porto (M.) Beisichführen (N.), Fracht (F.), Hafen (M.), Porto (N.)
porto (M.) aereo Flughafen (M.)
porto (M.) d'armi Waffenschein (M.)
porto (M.) franco Freihafen (M.)
porto (M.) libero Freihafen (M.)
porzionabile teilbar
porzione (F.) Teil (M.)
porzione (F.) d'eredità Erbteil (M.)
positivismo (M.) Positivismus (M.)
positivismo (M.) giuridico Rechtspositivismus (M.)
positivo positiv
posizione (F.) Lage (F.), Stand (M.), Stellung (F.)
posizione (F.) del conto Kontostand (M.)
posizione (F.) di fiducia Vertrauensstellung (F.)
posizione (F.) di garante Garantenstellung (F.)
posizione (F.) di garanzia Vertrauensstellung (F.)
posizione (F.) giuridica Rechtslage (F.)

posizione (F.) sociale Existenz (F.)
posizione (F.) sul mercato Marktstellung (F.)
possedere besitzen
possedimento (M.) Besitztum (N.)
possesso (M.) Besitz (M.), Gewahrsam (M.)
possesso (M.) ad usucapionem Ersitzungsbesitz (M.)
possesso (M.) di un diritto Rechtsbesitz (M.)
possesso (M.) diretto unmittelbarer Besitz (M.)
possesso (M.) in proprio Eigenbesitz (M.)
possesso (M.) indiretto mittelbarer Besitz (M.)
possesso (M.) mediato mittelbarer Besitz (M.)
possesso (M.) parziale Teilbesitz (M.)
possesso (M.) precario Bittleihe (F.), Innehabung (F.)
possessore (M.) Besitzer (M.)
possessore (M.) a titolo delittuoso Deliktsbesitzer (M.)
possessore (M.) di beni ereditari Erbschaftsbesitzer (M.)
possessore (M.) di un animale Tierhalter (M.)
possessore (M.) fiduciario treuhänderischer Besitzer (M.)
possessore (M.) in proprio Eigenbesitzer (M.)
possessore (M.) mediato mittelbarer Besitzer (M.)
possessorio besitzrechtlich, possessorisch
possibile potentiell
possibilità (F.) Chance (F.), Möglichkeit (F.)
possibilità (F.) di adempimento Erfüllbarkeit (F.)
posta (F.) Post (F.)
posta (F.) federale Bundespost (F.)
Poste (F.Pl.) e Telecomunicazioni (F.Pl.) Post- und Fernmeldewesen (N.)
posteggiare parken
posteggio (M.) Parken (N.), Parkplatz (M.)
postergazione (F.) di grado Rangänderung (F.)
posteriore nachträglich
postfatto (M.) non punibile straflose Nachtat (F.)
postfatto (M.) punibile mitbestrafte Nachtat (F.)
posto (Adj.) belegen (Adj.)
posto (M.) Ort (M.), Platz (M.), Rang (M.), Standort (M.), Stätte (F.), Stelle (F.)
posto (M.) di polizia Wache (F.)
posto (M.) di ruolo Planstelle (F.)
posto (M.) organico Planstelle (F.)
posto (M.) vacante Vakanz (F.)
postulare postulieren
postulato (M.) Forderung (F.)
postumo postum
potentato (M.) Machthaber (M.)
potenza (F.) occupante Besatzungsgewalt (F.), Besatzungsmacht (F.)
potenziale potentiell
potenzialità (F.) Kapazität (F.)
potenziamento (M.) Erweiterung (F.)
potenziare erweitern
potere (M.) Befugnis (F.), Gewalt (F.) (Kraft), Hoheit (F.), Macht (F.)
potere (M.) assoluto Herrschaftsrecht (N.)
potere (M.) coercitivo federale Bundeszwang (M.)
potere (M.) costituente verfassungsgebende Gewalt (F.)
potere (M.) d'acquisto Kaufkraft (F.)
potere (M.) d'imposizione Steuerhoheit (F.)
potere (M.) dello Stato Staatsgewalt (F.)
potere (M.) di disposizione Verfügungsbefugnis (F.)
potere (M.) di levare imposte Steuerhoheit (F.)
potere (M.) di polizia Polizeigewalt (F.)
potere (M.) di rappresentanza Vertretungsbefugnis (F.), Vertretungsmacht (F.)
potere (M.) direttivo Direktionsrecht (N.), Weisungsrecht (N.)
potere (M.) discrezionale Ermessen (N.)
potere (M.) domestico del coniuge Schlüsselgewalt (F.)
potere (M.) esecutivo Exekutive (F.)
potere (M.) giurisdizionale Judikative (F.)
potere (M.) giurisprudenziale Rechtsprechungsgewalt (F.)
potere (M.) legislativo gesetzgebende Gewalt (F.), Gesetzgebungsbefugnis (F.), Legislative (F.)
potere (M.) ordinatorio Anweisungsbefugnis (F.), Weisungsrecht (N.)
potere (M.) pubblico öffentliche Hand (F.)
potere (M.) scolastico Schulgewalt (F.)
potere (M.) sulla cosa Sachherrschaft (F.)
potere (M.) tributario Steuerhoheit (F.)

potestà (F.) Hoheit (F.), Sorgerecht (N.)
potestà (F.) d'imposizione Finanzhoheit (F.)
potestà (F.) dei genitori elterliche Gewalt (F.), elterliche Sorge (F.), Sorge (F.) (Fürsorge)
potestà (F.) finanziaria Finanzhoheit (F.)
potestà (F.) fiscale Ertragshoheit (F.)
potestà (F.) parentale elterliche Sorge (F.)
potestà (F.) territoriale Territorialhoheit (F.)
povero (Adj.) arm
pranzo (M.) d'addio Henkersmahlzeit (F.)
prassi (F.) Gepflogenheit (F.), Praktik (F.), Praxis (N.), Übung (F.)
prassi (F.) giudiziaria Gerichtsgebrauch (M.)
pratica (F.) Akte (F.), Angelegenheit (F.), Brauch (M.), Dossier (N.), Erfahrung (F.), Gewohnheit (F.), Praktik (F.), Praxis (N.), Technik (F.), Übung (F.), Unterlagen (F.Pl.)
pratica (F.) commerciale Verkehrsauffassung (F.)
pratica (F.) giuridica Rechtspraxis (F.)
praticantato (M.) Praktikum (N.)
praticante (M.) Praktikant (M.), Volontär (M.)
praticante (M.) avvocato Rechtsanwaltsanwärter (M.)
praticare ausüben, betreiben
praticare il contrabbando schmuggeln
praticare il panachage panaschieren
preambolo (M.) Präambel (F.), Vorspruch (M.)
preavvisare voranmelden
preavviso (M.) Voranmeldung (F.)
preavviso (M.) di pignoramento Vorpfändung (F.)
prebenda (F.) Pfründe (F.)
precarietà (F.) Widerruflichkeit (F.)
precario widerruflich
precarista (M.) Bittleiher (M.)
precauzione (F.) Vorsichtsmaßnahme (F.)
precedente (Adj.) vorangehend
precedente (M.) Präzedenzfall (M.)
precedente (M.) giudiziale Präjudiz (N.)
precedente attività (F.) propria vorangegangenes Tun (N.)
precedenti (M.Pl.) giudiziari Vorstrafe (F.)
precedenti (M.Pl.) penali Vorstrafe (F.)
precedenza (F.) Präzedenz (F.), Priorität (F.), Vorfahrt (F.)
precedere vorangehen, vorgehen
precettare vorschreiben
precetto (M.) Regel (F.), Vorschrift (F.)
precetto (M.) legale Gesetzesvorschrift (F.)
precetto (M.) penale Strafvorschrift (F.)
preciso klar
precludere präkludieren
preclusione (F.) Ausschließung (F.), Ausschluss (M.), Präklusion (F.)
preda (F.) Beute (F.), Prise (F.)
predare plündern, rauben
predatore (M.) Marodeur (M.), Plünderer (M.)
predecessore (M.) Vorgänger (M.)
predetto vorerwähnt
predisporre aufstellen, vorbereiten
predisposizione (F.) Veranlagung (F.), Vorbereitung (F.)
predominio (M.) Vorherrschaft (F.)
preferenza (F.) Präferenz (F.), Priorität (F.), Vorrang (M.), Vorzug (M.)
preferenza (F.) della legge Vorrang (M.) des Gesetzes
preferire bevorzugen
prefetto (M.) Präfekt (M.)
prefisso (M.) Vorwahl (F.)
pregare bitten
pregio (M.) Kostbarkeit (F.), Wert (M.)
pregiudicare beeinträchtigen, benachteiligen, präjudizieren
pregiudicato (Adj.) vorbestraft
pregiudiziale präjudiziell
pregiudizievole benachteiligend
pregiudizio (M.) Beeinträchtigung (F.), Benachteiligung (F.), Nachteil (M.), Vorurteil (N.)
pregiudizio (M.) legale Rechtsnachteil (M.)
prelato (M.) Prälat (M.)
prelazione (F.) Vorkauf (M.)
prelazione (F.) legale gesetzliches Vorkaufsrecht (N.)
prelegato (M.) Prälegat (N.), Vorausvermächtnis (N.)
prelegge (F.) Einführungsgesetz (N.)
prelevamento (M.) Abhebung (F.), Entnahme (F.), Vorerhebung (F.)
prelevare abheben, abschöpfen, entnehmen, erheben
prelievo (M.) Abschöpfung (F.), Entnahme (F.), Erhebung (F.)
prelievo (M.) del sangue Blutprobe (F.)
preliminare vorab
prematuro vorzeitig

premeditato vorbedacht
premeditazione (F.) Vorbedacht (M.)
premessa (F.) Präambel (F.)
premiare belohnen
premier (M.) Premierminister (M.)
preminenza (F.) Vorherrschaft (F.)
premio (M.) Beitrag (M.), Belohnung (F.), Bonus (M.), Prämie (F.), Preis (M.), Zulage (F.)
premio (M.) al ritrovatore Finderlohn (M.)
premio (M.) d'anzianità Alterszulage (F.)
premio (M.) d'assicurazione Versicherungsprämie (F.)
premio (M.) di cambio Agio (N.)
premio (M.) di cattura Fangprämie (F.)
premio (M.) di emissione Aufgeld (N.)
premio (M.) di recupero Bergelohn (M.)
premio (M.) di rendimento Akkordzulage (F.)
premio (M.) di salvataggio Bergelohn (M.)
premorienza (F.) Vorabsterben (N.)
premorta (F.) Vorverstorbene (F.)
premorto (M.) Vorverstorbener (M.)
prendere einnehmen, entnehmen, ergreifen, erhalten (V.), fassen, greifen, nehmen, wegnehmen
prendere a nolo chartern, mieten
prendere a schiaffi ohrfeigen
prendere atto merken
prendere domicilio niederlassen (sich)
prendere in affitto mieten, pachten
prendere in consegna abnehmen, annehmen, übernehmen
prendere in considerazione berücksichtigen, betrachten
prendere in locazione mieten
prendere in matrimonio ehelichen
prendere in prestito entleihen, leihen
prendere nota notieren
prendere parte beteiligen
prendere una decisione entschließen (sich)
prendere visione einsehen
prenditore (M.) Nehmer (M.), Remittent (M.)
prenditore (M.) del credito Kreditnehmer (M.)
prenditore (M.) del pegno Pfandnehmer (M.)
prenditore (M.) di franchigia Franchisenehmer (M.)
prenome (M.) Vorname (M.)
prenotare reservieren, voranmelden, vorbestellen, vormerken
prenotazione (F.) Buchung (F.), Reservierung (F.), Voranmeldung (F.), Vorbestellung (F.), Vormerkung (F.)
prenotazione (F.) di cancellazione Löschungsvormerkung (F.)
preoccupante besorgniserregend
preoccupazione (F.) Besorgnis (F.), Sorge (F.) (Besorgnis)
preparare mischen, vorbereiten
preparatorio vorab
preparazione (F.) Vorbereitung (F.)
prepensionamento (M.) Vorruhestand (M.)
preponente (M.) Auftraggeber (M.)
preposto (M.) Propst (M.)
prerogativa (F.) Bevorrechtigung (F.), Prärogative (F.), Vorrecht (N.)
presa (F.) d'atto Kenntnisnahme (F.)
presa (F.) di conoscenza Einsichtnahme (F.), Kenntnisnahme (F.)
presa (F.) di posizione Stellungnahme (F.)
presa (F.) di possesso Inbesitznahme (F.)
presa (F.) di visione Einsichtnahme (F.)
presa (F.) in consegna Abnahme (F.)
presa (F.) in ostaggio Geiselnahme (F.)
prescrivere verjähren, verordnen, vorschreiben
prescrizione (F.) Verjährung (F.), Vorschrift (F.), Weisung (F.)
prescrizione (F.) dell'azione penale Verfolgungsverjährung (F.)
prescrizione (F.) della pena Vollstreckungsverjährung (F.)
prescrizione (F.) di legge Gesetzesvorschrift (F.)
prescrizione (F.) immemorabile unvordenkliche Verjährung (F.)
prescrizione (F.) ordinaria allgemeine Verjährungsfrist (F.), ordentliche Verjährungsfrist (F.)
presentare beibringen, einbringen, einführen, einlegen, einreichen, vorführen, vorlegen
presentare la propria candidatura kandidieren
presentarsi erscheinen
presentarsi candidato bewerben (sich), kandidieren
presentazione (F.) Vorlage (F.), Vorlegung (F.)
presentazione (F.) degli atti Aktenvorlage (F.)
presente (Adj.) anwesend, gegenwärtig

presente (F.) Anwesende (F.)
presente (M.) Anwesender (M.), Gegenwart (F.)
presenza (F.) Anwesenheit (F.), Dasein (N.), Gegenwart (F.)
preside (M.) Rektor (M.)
preside (M.) di facoltà Dekan (M.)
presidente (F.) Vorsitzende (F.)
presidente (M.) Obmann (M.), Präsident (M.), Vorsitzender (M.), Vorsitzer (M.), Vorstand (M.), Vorstandsvorsitzender (M.)
presidente (M.) anziano Alterspräsident (M.)
presidente (M.) del circondario Landrat (M.)
presidente (M.) del comitato direttivo Vorstandsvorsitzender (M.)
presidente (M.) del consiglio comunale Oberbürgermeister (M.)
presidente (M.) del consiglio dei ministri Ministerpräsident (M.), Ministerratspräsident (M.) (Ministerratspräsident in Italien)
presidente (M.) del consiglio direttivo Vorstandsvorsitzender (M.)
presidente (M.) del governo Regierungspräsident (M.)
presidente (M.) della commissione elettorale Wahlleiter (M.)
presidente (M.) della corte suprema Oberrichter (M.) (Oberrichter in den Vereinigten Staaten)
presidente (M.) della federazione Bundespräsident (M.)
presidente (M.) della giunta provinciale Landeshauptmann (M.)
presidente (M.) della porvincia Landeshauptmann (M.)
presidente (M.) della Repubblica Staatspräsident (M.)
Presidente (M.) della Repubblica federale di Germania Bundespräsident (M.)
presidente (M.) distrettuale Landrat (M.)
presidente (M.) ecclesiastico Präses (M.)
presidenza (F.) Direktion (F.), Präsidium (N.), Vorsitz (M.)
presidenza (F.) di facoltà Dekanat (N.)
presidio (M.) Besatzung (F.)
preso gefangen
pressante dringend
pressione (F.) Druck (M.)
prestanome (M.) Strohmann (M.)
prestare ausleihen, borgen, leihen, leisten, verleihen
prestare giuramento beeid(ig)en, schwören
prestare servizio amtieren
prestare su pegno beleihen, lombardieren
prestatore (M.) Darlehensgeber (M.), Verleiher (M.)
prestatore (M.) d'opera Arbeitnehmer (M.)
prestatore (M.) su pegno Pfandleiher (M.)
prestazione (F.) Leistung (F.)
prestazione (F.) accessoria Nebenleistung (F.)
prestazione (F.) anticipata Vorleistung (F.)
prestazione (F.) assistenziale Fürsorgeleistung (F.)
prestazione (F.) d'aiuto Hilfeleistung (F.)
prestazione (F.) d'assistenza Hilfeleistung (F.), Versorgung (F.)
prestazione (F.) d'opera Dienstleistung (F.)
prestazione (F.) del giuramento Beeid(ig)ung (F.)
prestazione (F.) di aliud pro alio Aliudleistung (F.)
prestazione (F.) di cosa diversa da quella dovuta Aliudleistung (F.)
prestazione (F.) di dare Geben (N.)
prestazione (F.) di fare positive Leistung (F.)
prestazione (F.) di garanzia Sicherheitsleistung (F.)
prestazione (F.) di giuramento Eidesleistung (F.), Vereidigung (F.)
prestazione (F.) di non fare Unterlassen (N.)
prestazione (F.) di servizio Dienstleistung (F.)
prestazione (F.) divisibile teilbare Leistung (F.)
prestazione (F.) fungibile vertretbare Handlüng (F.)
prestazione (F.) in luogo dell'adempimento Leistung (F.) an Erfüllungsstatt
prestazione (F.) in natura Sachleistung (F.)
prestazione (F.) inesatta Schlechtleistung (F.)
prestazione (F.) parziale Teilleistung (F.)
prestazione (F.) positiva positive Leistung (F.)
prestazione (F.) sociale Sozialleistung (F.)
prestito (M.) Anleihe (F.), Borg (M.), Darlehen (N.), Kredit (M.), Leihe (F.), Verleih (M.)
prestito (M.) a cambio marittimo Bodmerei (F.)
prestito (M.) a vista Tagesgeld (N.)
prestito (M.) giornaliero Tagesgeld (N.)

prestito (M.) obbligazionario convertibile Wandelanleihe (F.)
prestito (M.) su pegno Lombard (M.)
presumere annehmen, mutmaßen, vermuten
presumibile mutmaßlich
presunto mutmaßlich, vermeintlich, vermutlich
presunzione (F.) Anmaßung (F.), Präsumption (F.), Vermutung (F.)
presunzione (F.) assoluta unwiderlegbare Vermutung (F.)
presunzione (F.) d'innocenza Unschuldsvermutung (F.)
presunzione (F.) della paternità Vaterschaftsvermutung (F.)
presunzione (F.) di colpa Verschuldensvermutung (F.)
presunzione (F.) di commorienza Kommorientenvermutung (F.)
presunzione (F.) di legittimità Ehelichkeitsvermutung (F.)
presunzione (F.) di morte Todesvermutung (F.)
presunzione (F.) di non colpevolezza Unschuldsvermutung (F.)
presunzione (F.) di proprietà Eigentumsvermutung (F.)
presunzione (F.) iuris et de iure unwiderlegbare Vermutung (F.)
presunzione (F.) legale gesetzliche Vermutung (F.), Rechtsvermutung (F.)
presupporre bedingen
presupposto (M.) Bedingung (F.), Voraussetzung (F.)
presupposto (M.) per agire in giudizio Prozesshandlungsvoraussetzung (F.)
presupposto (M.) processuale Prozessvoraussetzung (F.)
prete (M.) Pfarrer (M.), Priester (M.)
pretendente (M.) Prätendent (M.)
pretendere anfordern, beanspruchen
pretensione (F.) Anmaßung (F.)
preterire übergehen
preterizione (F.) del legittimario Übergehung (F.) eines Plichtteilsberechtigen
pretesa (F.) Anforderung (F.), Anspruch (M.), Beanspruchung (F.), Forderung (F.)
pretesa (F.) di prestazioni sociali Sozialleistungsanspruch (M.)
pretesa (F.) giuridica Rechtsanspruch (M.)
preteso angeblich
pretesto (M.) Vorwand (M.)
pretium (M.) doloris (lat.) Schmerzensgeld (N.)
pretore (M.) Bezirksrichter (M.), Prätor (M.)
pretura (F.) Amtsgericht (N.), Bezirksgericht (N.) (Bezirksgericht in Österreich), Kreisgericht (N.)
pretura (F.) circondariale Bezirksgericht (N.) (Bezirksgericht in Österreich)
prevalenza (F.) Vorrang (M.)
prevalenza (F.) della legge Vorrang (M.) des Gesetzes
prevaricamento (M.) Amtsuntreue (F.)
prevaricare übertreten, veruntreuen
prevaricazione (F.) Amtsuntreue (F.), Amtsverbrechen (N.), Prävarikation (F.), Rechtsbeugung (F.)
prevedere vorhersehen
prevedibile absehbar, voraussehbar, vorhersehbar
prevedibilità (F.) Voraussehbarkeit (F.), Vorhersehbarkeit (F.)
prevenire abwenden, verhindern, verhüten, vorbeugen
preventivo (Adj.) präventiv, vorab, vorbeugend
preventivo (M.) Anschlag (M.), Voranschlag (M.)
preventivo (M.) di spesa Kostenvoranschlag (M.)
prevenuto befangen, voreingenommen
prevenzione (F.) Abwendung (F.), Prävention (F.), Verhütung (F.)
prevenzione (F.) degli infortuni Unfallverhütung (F.)
prevenzione (F.) del concepimento Empfängnisverhütung (F.)
prevenzione (F.) generale Generalprävention (F.)
prevenzione (F.) incendi Brandschutz (M.)
prevenzione (F.) speciale Spezialprävention (F.)
previdenza (F.) Daseinsvorsorge (F.), Vorsorge (F.), Wohlfahrt (F.)
previdenza (F.) sociale Fürsorge (F.), Sozialfürsorge (F.), Sozialversicherung (F.)
previsione (F.) Prognose (F.)
prevosto (M.) Propst (M.)
preziosità (F.) Kostbarkeit (F.)
prezioso edel, kostbar
prezzi (M.Pl.) imposti Preisbindung (F.)

prezzo (M.) Kurs (M.), Notierung (F.), Preis (M.)
prezzo (M.) al consumo Verbraucherpreis
prezzo (M.) corrente Marktpreis (M.)
prezzo (M.) d'acquisto Einkaufspreis (M.), Kaufpreis (M.)
prezzo (M.) del riscatto Lösegeld (N.)
prezzo (M.) dell'affitto Pachtgeld (M.)
prezzo (M.) dell'azione Aktienkurs (M.)
prezzo (M.) della liberazione Lösegeld (N.)
prezzo (M.) di borsa Börsenkurs (M.), Börsennotierung (F.)
prezzo (M.) di catalogo Listenpreis (M.)
prezzo (M.) di listino Listenpreis (M.)
prezzo (M.) di mercato Marktpreis (M.)
prezzo (M.) di riscatto Wiederkaufspreis (M.)
prezzo (M.) di trasporto Fracht (F.)
prezzo (M.) di vendita Kaufpreis (M.)
prezzo (M.) di vendita al dettaglio Verbraucherpreis
prezzo (M.) di vendita al minuto Verbraucherpreis
prezzo (M.) fisso Festpreis (M.)
prezzo (M.) giusto gerechter Preis (M.)
prezzo (M.) massimo Höchstpreis (M.)
prezzo (M.) politico Dumping (N.)
prezzo (M.) raccomandato Preisempfehlung (F.)
prezzo (M.) venale Marktpreis (M.)
prigione (F.) Gefängnis (N.), Kerker (M.), Kittchen (N.), Knast (M.)
prigionia (F.) Gefangenschaft (F.)
prigionia (F.) di guerra Kriegsgefangenschaft (F.)
prigioniero (M.) Gefangener (M.), Insasse (M.)
prigioniero (M.) di guerra Kriegsgefangener (M.)
primato (M.) Primat (M.)
prime rate (M.) (engl.) Prime Rate (N.) (engl.)
primo obere
primo atto (M.) esecutivo del fatto tipico Ansetzen (N.) zur Tatbestandsverwirklichung
primo direttore (M.) civico Oberstadtdirektor (M.)
primo discorso (M.) Jungfernrede (F.)
primo istituito (M.) Vorerbe (M.)
primo ministro (M.) Premierminister (M.)
primo sindaco (M.) Oberbürgermeister (M.)
primogenitura (F.) Primogenitur (F.)
primordiale ursprünglich
principale (Adj.) Haupt-, hauptsächlich, zentral
principale (M.) Chef (M.), Dienstherr (M.), Prinzipal (M.)
principato (M.) Fürstentum (N.), Königtum (N.)
principe (M.) Fürst (M.), Prinz (M.)
principe (M.) elettore Kurfürst (M.)
principessa (F.) Fürstin (F.), Prinzessin (F.)
principi (M.Pl.) generali del diritto allgemeine Rechtsgrundsätze (M.Pl.)
principio (M.) Anfang (M.), Beginn (M.), Grundlage (F.), Grundsatz (M.), Leitsatz (M.), Maxime (F.), Prinzip (N.), Richtlinie (F.)
principio (M.) accusatorio Anklageprinzip (N.)
principio (M.) costituzionale Verfassungsgrundsatz (M.), Verfassungsprinzip (N.)
principio (M.) d'opportunità Opportunitätsprinzip (N.)
principio (M.) del bilancio Haushaltsgrundsatz (M.)
principio (M.) del contraddittorio Grundsatz (M.) des rechtlichen Gehörs, Verhandlungsgrundsatz (M.)
principio (M.) del cumulo delle pene Kumulationsprinzip (N.)
principio (M.) del cumulo giuridico delle pene Asperationsprinzip (M.), Verschärfungsprinzip (N.)
principio (M.) del cumulo materiale delle pene Häufungsprinzip (N.)
principio (M.) del diritto Rechtsgrundsatz (M.)
principio (M.) del disfacimento Zerrüttungsprinzip (N.)
principio (M.) del divieto della reformatio in peius Verschlechterungsverbot (N.)
principio (M.) del libero convincimento Grundsatz (M.) der freien Beweiswürdigung
principio (M.) del locus rei sitae Belegenheitsgrundsatz (M.)
principio (M.) del ne bis in idem Verbot (N.) der Doppelbestrafung
principio (M.) del pari trattamento Gleichbehandlungsgrundsatz (M.)
principio (M.) del processo Verfahrensgrundsatz (M.)

principio (M.) dell'assorbimento Absorptionsprinzip (N.)
principio (M.) dell'astrattezza Abstraktionsprinzip (N.)
principio (M.) dell'equivalenza Äquivalenzprinzip (N.)
principio (M.) dell'inchiesta d'ufficio Amtsermittlungsgrundsatz (M.)
principio (M.) dell'obbligatorietà dell' azione penale Anklagezwang (M.)
principio (M.) della copertura delle spese Kostendeckungsprinzip (N.)
principio (M.) della democrazia Demokratieprinzip (N.)
principio (M.) della disgregazione Zerrüttungsprinzip (N.)
principio (M.) della parità di trattamento Gleichbehandlungsgrundsatz (M.)
principio (M.) della personalità Personalitätsprinzip (N.)
principio (M.) della ricerca della verità materiale Instruktionsmaxime (F.), Untersuchungsgrundsatz (M.)
principio (M.) dello Stato sociale Sozialstaatsprinzip (N.)
principio (M.) democratico Demokratieprinzip (N.)
principio (M.) di affidamento Vertrauensgrundsatz (M.)
principio (M.) di determinatezza Bestimmtheitsgrundsatz (M.)
principio (M.) di disposizione Beibringungsgrundsatz (M.)
principio (M.) di eguaglianza Gleichheitsgrundsatz (M.)
principio (M.) di eventualità Eventualmaxime (F.)
principio (M.) di legalità Legalitätsprinzip (N.)
principio (M.) di maggior favore per il lavoratore Günstigkeitsprinzip (N.)
principio (M.) di officialità Offizialmaxime (F.)
principio (M.) di oralità Mündlichkeitsgrundsatz (M.)
principio (M.) di preclusione Eventualmaxime (F.)
principio (M.) di priorità Prioritätsprinzip (N.)
principio (M.) di pubblicità Publizitätsprinzip (N.)
principio (M.) di rappresentazione Repräsentationsprinzip (N.)
principio (M.) di reciprocità Reziprozitätsprinzip (N.)
principio (M.) di sussidiarietà Subsidiaritätsprinzip (N.)
principio (M.) di tassatività Enumerationsprinzip (N.)
principio (M.) di territorialità Territorialitätsprinzip (N.)
principio (M.) di ufficialità Amtsgrundsatz (M.)
principio (M.) dispositivo Dispositionsmaxime (F.), Parteiherrschaft (F.), Verfügungsgrundsatz (M.)
principio (M.) generale del diritto allgemeiner Rechtsgrundsatz (M.)
principio (M.) giuridico Rechtsgrundsatz (M.)
principio (M.) inquisitorio Inquisitionsmaxime (F.), Untersuchungsgrundsatz (M.)
principio (M.) monarchico monarchisches Prinzip (N.)
principio (M.) nominale Nominalprinzip (N.)
principio (M.) processuale Verfahrensgrundsatz (M.)
principio (M.) tradizionale hergebrachter Grundsatz (M.)
prinicipio (M.) della ricerca della verità materiale Ermittlungsgrundsatz (M.)
priore (M.) Prior (M.)
priorità (F.) Priorität (F.), Vorrang (M.)
prioritario vorrangig
privare aberkennen, entziehen
privare della cittadinanza ausbürgern
privativa (F.) fiscale Finanzmonopol (N.)
privativo privativ
privatizzare privatisieren
privatizzazione (F.) Privatisierung (F.)
privato intim, privat, Privat-
privazione (F.) Aberkennung (F.), Entziehung (F.), Entzug (M.)
privazione (F.) della cittadinanza Ausbürgerung (F.)
privazione (F.) della libertà personale Freiheitsberaubung (F.), Freiheitsentziehung (F.)
privilegiare privilegieren
privilegiato (Adj.) bevorrechtigt, privilegiert
privilegiato (M.) Begünstigter (M.)
privilegio (M.) Bevorrechtigung (F.), ge-

setzliches Pfandrecht (N.), Priorität (F.), Privileg (N.), Sonderrecht (N.), Vorrang (M.), Vorrecht (N.), Vorzugsrecht (M.)
privilegio (M.) dei giudici Richterprivileg (N.)
privilegio (M.) del locatore Vermieterpfand (M.), Vermieterpfandrecht (N.)
privilegio (M.) dell'appaltatore Unternehmerpfandrecht (N.)
privilegio (M.) della quota Quotenvorrecht (N.)
privilegio (M.) marittimo Schiffspfandrecht (N.)
privo d'aiuto hilflos
privo d'oggetto gegenstandslos
privo di diritti rechtlos
privo di effetti giuridici rechtsunwirksam
privo di sensi bewusstlos
privo di valore wertlos
pro futuro (lat.) zukünftig
pro indiviso gesamthänderisch
pro quota anteilig
pro soluto an Zahlungs Statt
pro solvendo (lat.) erfüllungshalber, zahlungshalber
probabile mutmaßlich, wahrscheinlich
probabilità (F.) Chance (F.), Möglichkeit (F.), Wahrscheinlichkeit (F.)
probabilmente wahrscheinlich
probativo beweiskräftig
probatorio beweiskräftig
probità (F.) Redlichkeit (F.)
probo redlich
procacciamento (M.) Beschaffung (F.)
procacciare (M.) Verschaffen (F.)
procacciare beschaffen, verschaffen
procedere (M.) Vorgehen (N.)
procedere vorgehen
procedere legalmente verfolgen
procedimeno (M.) d'esecuzione Vollstreckungsverfahren (N.)
procedimento (M.) Prozess (M.), Rechtsgang (M.), Verfahren (N.), Vorgehen (N.)
procedimento (M.) a circolazione Umlaufverfahren (N.)
procedimento (M.) abbreviato (M.) abgekürztes Verfahren (N.)
procedimento (M.) accelerato beschleunigtes Verfahren (N.)
procedimento (M.) amministrativo Verwaltungsverfahren (N.)
procedimento (M.) arbitrale Schiedsverfahren (N.)
procedimento (M.) civile Zivilverfahren (N.)
procedimento (M.) concorsuale Konkursverfahren (N.)
procedimento (M.) contenzioso streitiges Verfahren (N.)
procedimento (M.) contumaciale Säumnisverfahren (N.), Versäumnisverfahren (N.)
procedimento (M.) d'appello Berufungsverfahren (N.)
procedimento (M.) d'esame preliminare Vorprüfungsverfahren (N.)
procedimento (M.) d'esecuzione Exekutionsverfahren (N.)
procedimento (M.) d'inchiesta Ermittlungsverfahren (N.)
procedimento (M.) d'ingiunzione Mahnverfahren (N.), Urkundenprozess (M.)
procedimento (M.) d'insolvenza sull'asse ereditaria Nachlassinsolvenzverfahren (N.)
procedimento (M.) d'ufficio Offizialverfahren (N.)
procedimento (M.) d'urgenza beschleunigtes Verfahren (N.)
procedimento (M.) di accertamento della paternità Vaterschaftsfeststellungsverfahren (N.)
procedimento (M.) di asilo Asylverfahren (N.)
procedimento (M.) di assunzione dei mezzi di prova Beweisverfahren (N.)
procedimento (M.) di cognizione Erkenntnisverfahren (N.)
procedimento (M.) di conciliazione Güteverfahren (N.)
procedimento (M.) di confisca Einziehungsverfahren (N.)
procedimento (M.) di estradizione Auslieferungsverfahren (N.)
procedimento (M.) di formazione delle leggi Gesetzgebungsverfahren (N.)
procedimento (M.) di liquidazione coatta amministrativa Liquidationsverfahren (N.) (Liquidationsverfahren in Italien)
procedimento (M.) di prevenzione Vorbeugungsverfahren (N.) (Vorbeugungsverfahren in Italien)
procedimento (M.) di reclamo Beschwerdeverfahren (N.)
procedimento (M.) di ricorso Beschwerdeverfahren (N.), Rekursverfahren (N.)

procedimento (M.) di tassazione Besteuerungsverfahren (N.)
procedimento (M.) disciplinare Disziplinarverfahren (N.)
procedimento (M.) esecutivo Exekutionsverfahren (N.)
procedimento (M.) fallimentare Insolvenzverfahren (N.)
procedimento (M.) giudiziario Gerichtsverfahren (N.)
procedimento (M.) in camera di consiglio Beschlussverfahren (N.)
procedimento (M.) in contumacia Abwesenheitsverfahren (N.), Säumnisverfahren (N.)
procedimento (M.) incidentale Zwischenverfahren (N.)
procedimento (M.) istruttorio Ermittlungsverfahren (N.), Vorverfahren (N.)
procedimento (M.) oggettivo objektives Verfahren (N.)
procedimento (M.) penale Strafverfahren (N.), Verfolgung (F.)
procedimento (M.) per decreto Mandatsverfahren (N.), Strafbefehlsverfahren (N.)
procedimento (M.) per il risarcimento o le restituzioni nel processo penale Adhäsionsverfahren (N.), Anhangsverfahren (N.)
procedimento (M.) per infrazioni amministrative Bußgeldverfahren (N.)
procedimento (M.) per l'accertamento dello status di una persona Statusprozess (M.)
procedimento (M.) per l'applicazione di misure di sicurezza Sicherungsverfahren (N.)
procedimento (M.) per la decisione sul ricorso amministrativo Widerspruchsverfahren (N.)
procedimento (M.) preliminare Vorverfahren (N.)
procedimento (M.) principale Hauptverfahren (N.)
procedimento (M.) provocatorio Aufgebotsverfahren (N.)
procedimento (M.) scritto schriftliches Verfahren (N.)
procedimento (M.) semplificato erleichtertes Verfahren (N.)
procedimento (M.) speciale besonderes Verfahren (N.)
procedura (F.) Prozedur (F.), Prozess (M.), Prozessordnung (F.), Rechtsgang (M.), Verfahren (N.)
procedura (F.) a circolazione Umlaufverfahren (N.)
procedura (F.) civile Zivilprozessrecht (N.)
procedura (F.) d'ammortamento Aufgebotsverfahren (N.)
procedura (F.) di concordato Vergleichsverfahren (N.)
procedura (F.) di fallimento Konkursverfahren (N.)
procedura (F.) di verifica Nachprüfungsverfahren (N.)
procedura (F.) esecutiva Vollstreckungsverfahren (N.)
procedura (F.) fallimentare Konkursverfahren (N.)
procedura (F.) penale Strafprozessrecht (N.)
processare prozessieren, streiten
processibile klagbar
processo (M.) Prozess (M.), Verfahren (N.)
processo (M.) a difesa tecnica obbligatoria Anwaltsprozess (M.)
processo (M.) accusatorio Anklageprozess (M.), Parteiprozess (M.)
processo (M.) alle streghe Hexenprozess (M.)
processo (M.) amministrativo Verwaltungsprozess (M.)
processo (M.) cambiario Wechselprozess (M.)
processo (M.) causale Kausalverlauf (M.)
processo (M.) civile Zivilprozess (M.)
processo (M.) civile in materia edilizia Bauprozess (M.)
processo (M.) con giudici popolari Geschworenenprozess (M.)
processo (M.) contumaciale Versäumnisverfahren (N.)
processo (M.) d'esecuzione Vollstreckungsverfahren (N.)
processo (M.) davanti alla corte d'assise Geschworenenprozess (M.)
processo (M.) del lavoro Arbeitsprozess (M.)
processo (M.) di divorzio Eheprozess (M.)
processo (M.) di esecuzione Vollstreckungsverfahren (N.)
processo (M.) di parti Parteiprozess (M.)
processo (M.) dimostrativo Schauprozess (M.)
processo (M.) documentale Urkundenprozess (M.)

processo (M.) esecutivo Exekutionsverfahren (N.)
processo (M.) in contumacia Kontumazialverfahren (N.)
processo (M.) in cui le parti possono stare personalmente Parteiprozess (M.)
processo (M.) inquisitorio Inquisitionsprozess (M.)
processo (M.) lavorativo Arbeitsprozess (M.)
processo (M.) matrimoniale Eheprozess (M.)
processo (M.) penale Strafprozess (M.)
processo (M.) promosso contro se stesso Insichprozess (M.)
processo (M.) sulla responsabilità civile Haftpflichtprozess (M.)
processo (M.) verbale Niederschrift (F.), Protokoll (N.)
processone (M.) Schauprozess (M.)
processuale prozessual, verfahrensrechtlich
proclama (M.) Aufruf (M.)
proclamare bekanntgeben, verhängen
proclamazione (F.) Bekanntgabe (F.), Verhängung (F.), Verkündung (F.)
proclamazione (F.) del dottore di ricerca Promotion (F.)
procrastinare prolongieren, verschieben, vertagen
procrastinazione (F.) Vertagung (F.)
procreare zeugen
procreazione (F.) Zeugung (F.)
procura (F.) Bevollmächtigung (F.), Handlungsvollmacht (F.), Vollmacht (F.), Vollmachtsurkunde (F.)
procura (F.) a concludere contratti Abschlussvollmacht (F.)
procura (F.) al rappresentante Innenvollmacht (F.)
procura (F.) alle liti Prozessbevollmächtigung (F.), Prozessvollmacht (F.)
procura (F.) apparente Anscheinsvollmacht (F.)
procura (F.) commerciale Prokura (F.)
procura (F.) commericale individuale Einzelvollmacht (F.)
procura (F.) congiunta Gesamtprokura (F.)
procura (F.) della Repubblica Bundesanwaltschaft (F.), Staatsanwaltschaft (F.)
procura (F.) esterna Außenvollmacht (F.)
procura (F.) federale Bundesanwaltschaft (F.)
procura (F.) fittizia Scheinvollmacht (F.)
procura (F.) generale Generalstaatsanwaltschaft (F.), Generalvollmacht (F.)
procura (F.) generale presso la Corte federale di giustizia Generalbundesanwaltschaft (F.)
procura (F.) in bianco Blankovollmacht (F.)
procura (F.) institoria Prokura (F.)
procura (F.) per comportamento concludente Duldungsvollmacht (F.)
procura (F.) speciale Einzelvollmacht (F.), Spezialhandlungsvollmacht (F.)
procurare (M.) Verschaffen (F.)
procurare anschaffen, beschaffen, besorgen, sorgen (für), verschaffen
procurata evasione (F.) Gefangenenbefreiung (F.)
procuratore (M.) Beauftragter (M.), Bevollmächtigter (M.), Handlungsbevollmächtigter (M.), Prokurator (M.), Prokurist (M.), Sachwalter (M.), Staatsanwalt (M.)
procuratore (M.) ad litem Prozessbevollmächtigter (M.)
procuratore (M.) alle liti Prozessbevollmächtigter (M.)
procuratore (M.) capo leitender Staatsanwalt (M.)
procuratore (M.) commerciale Prokurist (M.)
procuratore (M.) della corona Kronanwalt (M.)
procuratore (M.) della Repubblica Amtsanwalt (M.)
procuratore (M.) federale Bundesanwalt (M.)
procuratore (M.) generale Generalanwalt (M.), leitender Generalstaatsanwalt (M.)
procuratore (M.) generale della Repubblica presso il tribunale amministrativo federale Oberbundesanwalt (M.)
procuratore (M.) generale presso la corte d'appello Generalstaatsanwalt (M.) beim Oberlandesgericht
procuratore (M.) generale presso la Corte federale di giustizia Generalbundesanwalt (M.)
procuratore (M.) generale presso la Corte Suprema di Cassazione Generalstaatsanwalt (M.) beim Kassationsgerichtshof
procuratore (M.) nazionale antimafia nationaler Antimafia Staatsanwalt (M.) (nationaler Antimafia Staatsanwalt in Italien)

prodigalità (F.) Verschwendung (F.)
prodigare verschwenden
prodigo verschwenderisch
proditorio verräterisch
prodotto (M.) Erzeugnis (N.), Produkt (N.)
prodotto (M.) chimico Chemikalie (F.)
prodotto (M.) di consumo Verbraucherware (F.)
prodotto (M.) voluttario Genussmittel (N.)
produrre beibringen, bewirken, entwickeln, erzeugen, herbeiführen, herstellen, produzieren, vorbringen, vorlegen
produttivo nützlich
produttore (M.) Fabrikant (M.), Hersteller (M.), Produzent (M.)
produzione (F.) Beibringung (F.), Fabrikation (F.), Herbeiführung (F.), Herstellung (F.), Vorlage (F.), Vorlegung (F.)
produzione (F.) degli atti Aktenvorlage (F.)
produzione (F.) della prova Beweisantritt (M.)
produzione (F.) di materie prime Urproduktion (F.)
produzione (F.) normativa Rechtssetzung (F.)
proemio (M.) Präambel (F.)
profanazione (F.) Schändung (F.)
profano (M.) Laie (M.)
professionale beruflich, Berufs-, geschäftsmäßig, gewerbsmäßig
professionalità (F.) Geschäftsmäßigkeit (F.), Gewerbsmäßigkeit (F.)
professione (F.) Beruf (M.), Gewerbe (N.), Stand (M.)
professionista (M.) Freiberufler (M.), Selbständiger (M.)
professorato (M.) Professur (F.)
professore (M.) Lehrer (M.), Professor (M.)
professore (M.) incaricato Lehrbeauftragter (M.)
professore (M.) onorario Honorarprofessor (M.)
professore (M.) ordinario Ordinarius (M.)
professore (M.) ospite Gastprofessor (M.)
professore (M.) universitario Universitätsprofessor (M.)
proficuo gewinnbringend, konstruktiv, vorteilhaft
profilassi (F.) Verhütung (F.)
profilo (M.) Gesichtspunkt (M.)
profilo (M.) professionale Berufsbild (N.)
profitto (M.) Anfall (M.), Gewinn (M.), Nutzen (M.), Vorteil (M.)
profitto (M.) netto Reingewinn (M.)
profugo (M.) Flüchtling (M.), Heimatvertriebener (M.), Vertriebener (M.)
progettare beabsichtigen, entwerfen, planen
progettazione (F.) Bauplanung (F.)
progetto (M.) Entwurf (M.), Plan (M.), Vorhaben (M.), Vorlage (F.), Vorschlag (M.)
progetto (M.) di contratto Punktation (F.)
progetto (M.) di costruzione Bauplanung (F.)
progetto (M.) di legge Gesetzentwurf (M.), Gesetzesvorlage (F.)
progetto (M.) di legge di bilancio Haushaltsvorlage (F.)
progetto (M.) di legge governativo Regierungsvorlage (F.)
progetto (M.) edilizio Bauplan (M.)
progetto (M.) governativo Kabinettsvorlage (F.)
prognosi (F.) Prognose (F.)
programma (M.) Plan (M.), Programm (N.)
programma (M.) per elaboratori Software (F.) (engl.)
programmare disponieren, planen
programmazione (F.) Planung (F.)
programmazione (F.) finanziaria Finanzplanung (F.)
programmazione (F.) urbanistica Stadtplanung (F.)
progressione (F.) Progression (F.)
progressivamente (Adv.) sukzessiv
progressivo progressiv
proibire untersagen, verbieten
proibito verboten
proibizione (F.) Untersagung (F.), Verbot (N.)
proibizione (F.) d'acquisto Erwerbsverbot (N.)
proiettile (M.) Geschoss (N.)
prole (F.) Deszendenz (F.)
proletario (M.) Proletarier (M.)
prolungabile verlängerbar
prolungamento (M.) Prolongation (F.)
prolungare prolongieren, verlängern
prolungato verlängert
prolungazione (F.) Verlängerung (F.)
promemoria (M.) Memorandum (N.)
promessa (F.) Versprechen (N.), Zusage (F.), Zusicherung (F.)
promessa (F.) al pubblico Auslobung (F.)

promessa (F.) di debito Schuldversprechen (N.)
promessa (F.) di fideiussione Bürgschaftsversprechen (N.)
promessa (F.) di guadagno Gewinnzusage (F.)
promessa (F.) di matrimonio Verlöbnis (N.)
promessa (F.) di pagamento Zahlungsversprechen (N.)
promessa (F.) di rendimento Gewinnzusage (F.)
promessa (F.) nuziale Verlobung (F.)
promessa (F.) solenne Gelöbnis (N.)
promessa (F.) unilaterale einseitiges Versprechen (N.)
promettere versprechen, zusichern
promettere al pubblico ausloben
promettere solennemente geloben
promittente (F.) Versprechende (F.)
promittente (M.) Versprechender (M.)
promotore (M.) Gründer (M.)
promovimento (M.) dell'azione penale Anklageerhebung (F.)
promozione (F.) Beförderung (F.), Förderung (F.)
promozione (F.) del lavoro Arbeitsförderung (F.)
promozione (F.) dell'istruzione Ausbildungsförderung (F.)
promozione (F.) della formazione professionale Ausbildungsförderung (F.)
promozione (F.) di persone capaci e meritevoli Begabtenförderung (F.)
promulgare bekanntgeben, erlassen, promulgieren, verkünden
promulgazione (F.) Bekanntgabe (F.), Promulgation (F.), Verkündung (F.)
promuovere anregen, befördern, fördern
prontamente sofort, unverzüglich
pronto bereit, fertig
pronto cassa bar
pronuncia (F.) Spruch (M.)
pronuncia (F.) della sentenza Urteilseröffnung (F.), Urteilsverkündung (F.)
pronunciare verkünden
propaganda (F.) Werbung (F.)
propagandare werben
propensione (F.) Neigung (F.), Tendenz (F.)
proponente (F.) Antragstellerin (F.)
proponente (M.) Anbieter (M.), Anbotsteller (M.), Antragsteller (M.)
proporre anbieten, offerieren, vorschlagen
proporre azione klagen
proporre la propria candidatura bewerben (sich)
proporzionale (Adj.) anteilig, proportional, verhältnismäßig
proporzionale (F.) Proporz (M.)
proporzionale (F.) etnica ethnischer Proporz (ethnischer Proporz in Südtirol)
proporzionalità (F.) Verhältnismäßigkeit (F.)
proporzionato verhältnismäßig
proporzione (F.) Proportion (F.), Verhältnis (N.)
proposito (M.) Entschluss (M.), Vorhaben (M.), Vorsatz (M.)
proposito (M.) dell'agente Innentendenz (F.)
proposito (M.) di commettere il reato Tatentschluss (M.)
proposizione (F.) dell'azione Klageerhebung (F.)
proposta (F.) Anbot (N.), Angebot (N.), Antrag (M.), Eingabe (F.), Offerte (F.), Vorschlag (M.)
proposta (F.) d'emendamento Abänderungsantrag (M.)
proposta (F.) di legge Gesetzentwurf (M.), Gesetzesvorlage (F.)
proprietà (F.) Eigentum (N.)
proprietà (F.) a titolo derivativo abgeleitetes Eigentum (N.)
proprietà (F.) collettiva Gemeineigentum (N.), Kollektiveigentum (N.)
proprietà (F.) di garanzia Sicherungseigentum (N.)
proprietà (F.) esclusiva Alleineigentum (N.)
proprietà (F.) fiduciaria Treuhandeigentum (N.)
proprietà (F.) fondiaria Grundeigentum (N.)
proprietà (F.) indivisa Gesamthandseigentum (N.)
proprietà (F.) intellettuale geistiges Eigentum (N.)
proprietà (F.) mineraria Bergwerkseigentum (N.)
proprietà (F.) parziale Teileigentum (N.)
proprietà (F.) per quota ideale Bruchteilseigentum (N.)
proprietà (F.) privata Privateigentum (N.), Privateigentum (N.)
proprietà (F.) rurale Flur (F. bzw. M.)
proprietà (M.) pubblica öffentliches Eigentum (N.)

proprietaria (F.) Eigentümerin (F.)
proprietario (M.) Eigentümer (M.), Eigner (M.)
proprietario (M.) di immobili Grundeigentümer (M.)
proprietario (M.) di un animale Tierhalter (M.)
proprietario (M.) di un titolo di credito formalmente legittimato formell legitimierter Wertpapierinhaber (M.)
proprietario (M.) fondiario Grundeigentümer (M.)
proprietario (M.) unico Alleineigentümer (M.)
proprio eigen
prorettore (M.) Prorektor (M.)
proroga (F.) Aufschub (M.), Moratorium (N.), Prolongation (F.), Prorogation (F.), Stundung (F.), Verlängerung (F.), Verschiebung
proroga (F.) del contratto Vertragsverlängerung (F.)
proroga (F.) del termine Fristaufschub (M.), Nachfrist (F.)
proroga (F.) del termine di scadenza Fristverlängerung (F.)
proroga (F.) tacita stillschweigende Verlängerung (M.)
prorogabile verlängerbar
prorogare prolongieren, stunden, verlängern
prorogato verlängert
prorogazione (F.) Verlängerung (F.)
prorogazione (F.) di termine Fristverlängerung (F.)
prosciogliere entbinden, freisprechen
proscioglimento (M.) Entbindung (F.), Freisprechung (F.), Freispruch (M.)
proscritto (Adj.) vogelfrei
proscrivere ächten, verbannen
proscrizione (F.) Ächtung (F.), Verbannung (F.)
prosecuzione (F.) Fortführung (F.), Fortsetzung (F.)
proseguimento (M.) Fortführung (F.), Fortsetzung (F.), Verfolg (M.)
proseguire fortführen, fortsetzen
prosperità (F.) Wohl (N.)
prospettiva (F.) Chance (F.)
prosseneta (M.) Kuppler (M.), Zuhälter (M.)
prostituta (F.) Dirne (F.), Freudenmädchen (F.), Hure (F.), Prostituierte (F.)
prostituzione (F.) Prostitution (F.)
prostituzione (F.) stradale Strich (M.)
protare davanti vorführen
protegger(si) hüten
proteggere hegen, protegieren, schützen
protesta (F.) Protest (M.), Verwahrung (F.)
protestante (Adj.) evangelisch
protestare protestieren
protesto (M.) Protest (M.)
protesto (M.) cambiario Wechselprotest (M.)
protesto (M.) di mare Verklarung (F.)
protettorato (M.) Protektorat (N.)
protettore (M.) Patron (M.)
protezione (F.) Begünstigung (F.), Protektion (F.), Schutz (M.), Sicherung (F.), Wahrung (F.)
protezione (F.) antincendio Brandschutz (M.)
protezione (F.) contro gli infortuni Unfallverhütung (F.)
protezione (F.) dalle immissioni Immissionsschutz (M.)
protezione (F.) degli animali Tierschutz (M.)
protezione (F.) dei dati Datenschutz (M.)
protezione (F.) dei giovani Jugendschutz (M.)
protezione (F.) del lavoratore Arbeiterschutz (M.)
protezione (F.) dell'ambiente Umweltschutz (M.)
protezione (F.) della natura Naturschutz (M.)
protezione (F.) della proprietà industriale gewerblicher Rechtsschutz (M.)
protezione (F.) delle piante Pflanzenschutz (M.)
protezione (F.) delle varietà Sortenschutz (M.)
protezione (F.) dello Stato Staatsschutz (M.)
protezione (F.) giuridica Rechtsschutz (M.)
protocollare protokollieren
protocollista (M.) Protokollant (M.)
protocollo (M.) Niederschrift (F.), Protokoll (N.)
protrarre verschieben, verschleppen (in die Länge ziehen), verzögern
protrazione (F.) Verschleppung (F.), Verzögerung (F.)
protutore (M.) Gegenvormund (M.)
prova (F.) Bewährung (F.), Beweis (M.), Beweisgrund (M.), Nachweis (M.), Probe (F.), Prüfung (F.), Test (M.), Versuch (M.)

prova (F.) a carico Belastungsbeweis (M.)
prova (F.) a discarico Entlastungsbeweis (M.)
prova (F.) contraria Gegenbeweis (M.)
prova (F.) d'etilismo Blutprobe (F.)
prova (F.) d'innocenza Exkulpationsbeweis (M.)
prova (F.) della colpevolezza Überführung (F.)
prova (F.) di fortuna Verklarung (F.)
prova (F.) documentale Urkundenbeweis (M.)
prova (F.) formale Strengbeweis (M.)
prova (F.) indiziaria Anzeichenbeweis (M.), Indizienbeweis (M.)
prova (F.) libera Freibeweis (M.)
prova (F.) liberatoria Entlastungsbeweis (M.), Exkulpationsbeweis (M.), Wahrheitsbeweis (M.)
prova (F.) per indizi Indizienbeweis (M.)
prova (F.) per presunzione semplice Anscheinsbeweis (M.), Prima-facie-Beweis (M.)
prova (F.) peritale Sachverständigenbeweis (M.)
prova (F.) prima facie Anscheinsbeweis (M.)
prova (F.) testimoniale Zeugenbeweis (M.)
provare belegen (V.), bewähren, beweisen, nachweisen, versuchen
provenienza (F.) Herkunft (F.)
provenire stammen
proverbio (M.) giuridico Rechtssprichwort (N.)
provider (M.) (engl.) Provider (M.)
provincia (F.) Provinz (F.)
provocare bewirken, erregen, herbeiführen, provozieren, verschulden, verursachen
provocatore (M.) Provokateur (M.)
provocazione (F.) Herbeiführung (F.), Provokation (F.)
provocazione (F.) della legittima difesa Notwehrprovokation (F.)
provvedere (a) sorgen (für)
provvedere verwesen, vorsorgen
provvedimento (M.) Maßnahme (F.), Maßregel (F.), Verfügung (F.)
provvedimento (M.) amministrativo Verwaltungsakt (M.)
provvedimento (M.) d'urgenza einstweilige Verfügung (F.)
provvedimento (M.) di conferma Zweitbescheid (M.)
provvedimento (M.) di polizia Polizeiverfügung (F.)
provvedimento (M.) disciplinare Disziplinarmaßnahme (F.)
provvedimento (M.) interlocutorio Zwischenverfügung (F.)
provvedimento (M.) ordinatorio prozessleitende Verfügung (F.)
provvedimento (M.) provvisorio einstweilige Anordnung (F.)
provveditore (M.) Verweser (M.)
provvigione (F.) Provision (F.)
provvigione (F.) d'acquisto Abschlussprovision (F.), Einkaufskommission (F.)
provvigione (F.) per conclusione di contratto Abschlussprovision (F.)
provvigione (F.) per lo star del credere Delkredereprovision (F.)
provvisorio einstweilig, interimistisch, kommissarisch, vorläufig, vorübergehend
provvista (F.) Vorrat (M.)
prudenza (F.) Sorgfalt (F.)
Prussia (F.) Preußen (N.)
pseudonimo (M.) Pseudonym (N.)
psiche (F.) Psyche (F.)
psichiatra (M.) Psychiater (M.)
psichiatria (F.) Psychiatrie (F.)
psichiatrico psychiatrisches
psichico mental, psychisch
psicologia (F.) Psychologie (F.)
psicologo (M.) Psychologe (M.)
psicopatia (F.) Psychopathie (F.)
psicopatico (Adj.) psychopathisch
psicopatico (M.) Psychopath (M.)
psicosi (F.) Psychose (F.)
psicoterapia (F.) Psychotherapie (F.)
psicoterapista (M.) Psychotherapeut (M.)
pubblica amministrazione (F.) öffentliche Verwaltung (F.)
pubblica amministrazione (F.) delegata Weisungsverwaltung (F.)
pubblica utilità (F.) Allgemeinwohl (N.)
pubblicamente (Adv.) öffentlich
pubblicare bekanntmachen, drucken, herausgeben, kommunizieren, publizieren, verkünden, verlautbaren, verlegen, veröffentlichen
pubblicazione (F.) Bekanntmachung (F.), Edition (F.), Herausgabe (F.), Schrift (F.), Verkündung (F.), Veröffentlichung (F.)
pubblicazione (F.) della sentenza Ur-

teilsbekanntmachung (F.), Urteilsverkündung (F.)
pubblicazione (F.) di matrimonio Aufgebot (N.) (Ausschlussverfahren im Eherecht)
pubblicazione (F.) pericolosa per i minori jugendgefährdende Schrift (F.)
pubblicazione (F.) periodica Zeitschrift (F.)
pubblicazioni (F.Pl.) Aufgebot (N.) (Ausschlussverfahren im Eherecht)
pubblicità (F.) Öffentlichkeit (F.), Publizität (F.), Werbung (F.)
pubblicità (F.) denigratoria herabsetzende Werbung (F.)
pubblicità (F.) diretta Promotion (F.)
pubblicizzare vergesellschaften
pubblicizzazione (F.) Vergesellschaftung (F.)
pubblico (Adj.) öffentlich, publik
pubblico (M.) Allgemeinheit (F.), Öffentlichkeit (F.), Publikum (N.)
pubblico impiego (M.) öffentlicher Dienst (M.)
pubblico incanto (M.) öffentliche Versteigerung (F.), öffentliche Versteigerung (F.)
pubblico ministero (M.) Staatsanwalt (M.), Staatsanwältin (F.), Staatsanwaltschaft (F.)
pubblico potere (M.) Obrigkeit (F.)
pubblico ufficiale (M.) Amtsträger (M.), Beamter (M.), Bediensteter (M.) (Bediensteter des öffentlichen Dienstes)
pugno (M.) Faust (F.)
pungente scharf
pungere stechen
punibile strafbar, strafbedroht, straffällig
punibilità (F.) Strafbarkeit (F.), Straffälligkeit (F.)
punire ahnden, bestrafen, strafen, züchtigen
punizione (F.) Ahndung (F.), Bestrafung (F.), Strafe (F.), Züchtigung (F.)
punto (M.) controverso Streitfrage (F.)
punto (M.) dell'ordine del giorno Tagesordnungspunkt (M.)
punto (M.) di vista Ansicht (F.), Gesichtspunkt (M.)
puntura (F.) Stich (M.)
punzonare eichen
pupillo (M.) Mündel (N.), Pflegling (M.)
purgazione (F.) Befreiung (F.)
purificare klären
puro rein
putativo vermeintlich
putrefarsi verwesen

q

quadro (M.) Bild (N.), Rahmen (M.)
qualifica (F.) Qualifikation (F.)
qualificare benennen, einordnen
qualificato qualifiziert
qualificazione (F.) Befähigung (F.), Benennung (F.), Beurteilung (F.), Einordnung (F.)
qualità (F.) Beschaffenheit (F.), Eigenschaft (F.), Güte (F.), Handelsklasse (F.), Qualität (F.)
qualità (F.) di autore Tätereigenschaft (F.)
qualità (F.) di membro Mitgliedschaft (F.)
qualità (F.) di socio Mitgliedschaft (F.)
qualità (F.) soggettiva della responsabilità Schuldform (F.)
quantità (F.) Menge (F.), Volumen (N.)
quartiere (M.) generale Hauptquartier (M.)
quasi quasi
quasi contratto (M.) Quasikontrakt (M.)
quasi delitto (M.) Quasidelikt (N.)
quasi imposta (F.) Quasisteuer (F.)
quasi negatorio quasinegatorisch
quasicontrattuale vertragsähnlich
querela (F.) Antrag (M.), Strafantrag (M.), Verfolgungsantrag (M.)
querela (F.) di parte Privatklage (F.)
querelante (M.) Kläger (M.), Privatkläger (M.)
querelare anzeigen
querulone (M.) Querulant (M.)
quesito (Adj.) wohlerworben
questionario (M.) Fragebogen (M.)
questione (F.) Belang (M.), Frage (F.), Sache (F.)
questione (F.) controversa Streitfrage (F.)
questione (F.) di fatto Tatfrage (F.)
questione (F.) di fiducia Vertrauensfrage (F.)
questione (F.) di forma Formfrage (F.), Formsache (F.)
questione (F.) di merito Tatfrage (F.)
questione (F.) di rito Verfahrensfrage (F.)
questione (F.) giuridica Rechtsfrage
questione (F.) incidentale Zwischenstreit (M.)
questione (F.) pregiudiziale Vorfrage (F.)
questione (F.) preliminare Vorfrage (F.)
questione (F.) procedurale Verfahrensfrage (F.)

questione (F.) processuale Verfahrensfrage (F.)
questione (F.) sociale soziale Frage (F.)
questura (F.) Polizeidirektion (F.), Quästur (F.) (Polizeidirektion in Italien)
quiescenza (F.) Ruhestand (M.)
quietanza (F.) Empfangsbestätigung (F.), Quittung (F.)
quietanzare quittieren
quiete (F.) pubblica Landfriede (M.)
quintessenza (F.) Inbegriff (M.)
quorum (M.) (lat.) Beschlussfähigkeit (F.), Quorum (N.)
quota (F.) Anteil (M.), Anteilsschein (M.), Bruchteil (M.), Gebühr (F.), Quote (F.), Teil (M.)
quota (F.) d'ammortamento Tilgungsrate (F.)
quota (F.) d'eredità Erbteil (M.)
quota (F.) del datore di lavoro Arbeitgeberanteil (M.)
quota (F.) delle prestazioni sociali Sozialleistungsquote (F.)
quota (F.) di capitale Kapitalanteil (M.)
quota (F.) di partecipazione Geschäftsanteil (M.), Kapitalbeteiligung (F.)
quota (F.) di partecipazione agli utili Gewinnanteil (M.)
quota (F.) di proprietà Eigentumsanteil (M.)
quota (F.) di utili Tantieme (F.)
quota (F.) disponibile verfügbarer Erbteil (M.)
quota (F.) esente Freibetrag (M.)
quota (F.) esente a favore dei lavoratori dipendenti Arbeitnehmerfreibetrag (M.)
quota (F.) esente da imposta Steuerfreibetrag (M.)
quota (F.) indisponibile Pflichtteil (M.)
quota (F.) legittima Pflichtteil (M.)
quota (F.) sociale Kapitalbeteiligung (F.), Stammeinlage (F.)
quotare notieren, quotieren
quotazione (F.) Aktienkurs (M.), Notierung (F.), Quotierung (F.)
quotazione (F.) in borsa Börsenkurs (M.), Börsennotierung (F.)
quotidiano (Adj.) täglich
quotidiano (M.) Tageszeitung (F.), Zeitung (F.)
quotista (M.) Anteilseigner (M.)
quoziente (M.) Quotient (M.)

r

raccogliere sammeln
raccolta (F.) Sammelwerk (N.), Sammlung (F.)
raccolta (F.) d'affari Werbung (F.)
raccolta (F.) di giurisprudenza Entscheidungssammlung (F.)
raccolta (F.) di leggi Gesetzessammlung (F.)
raccomandare einschreiben, empfehlen
raccomandata (F.) Einschreiben (N.)
raccomandazione (F.) Empfehlung (F.)
racket (M.) delle tangenti Schutzgelderpressung (F.)
radiare löschen, streichen
radiazione (F.) Löschung (F.), Streichung (F.)
radicale (Adj.) radikal
radicalismo (M.) Radikalismus (M.)
radio (F.) Funk (M.), Rundfunk (M.)
radiodiffusione (F.) Funk (M.), Rundfunk (M.)
rafforzamento (M.) Besserung (F.)
raffrontare gegenüberstellen, vergleichen (sich)
raffronto (M.) Gegenüberstellung (F.), Vergleich (M.)
raggirare irreführen, neppen, täuschen
raggiratore (M.) Hochstapler (M.)
raggiro (M.) Täuschung (F.), Täuschungshandlung (F.)
raggiungimento (M.) dello scopo Zweckerreichung (F.)
raggruppamento (M.) Anordnung (F.)
raggruppare sammeln
ragionamento (M.) Logik (F.)
ragionare begründen
ragionato begründet
ragione (F.) Anlass (M.), causa (F.) (lat.) (Ursache bzw. Grund), Grund (M.), Motiv (N.), Räson (F.), ratio (F.) (lat.) (Sinn), Recht (N.), Ursache (F.), Vernunft (F.)
ragione (F.) contro una decisione Gegenvorstellung (F.)
ragione (F.) della domanda Klaggrund (M.)
ragione (F.) di Stato Staatsräson (F.)
ragione (F.) sociale Firma (F.)
ragione (M.) di giustizia Billigkeitsgrund (M.)
ragioneria (F.) Buchhaltung (F.)

ragionevole logisch, plausibel, vernünftig, zumutbar
ragionevolezza (F.) Vernunft (F.), Zumutbarkeit (F.)
ragioniere (M.) Buchhalter (M.), Rechnungsführer (M.)
rami (M.Pl.) protesi sul fondo del vicino Überhang (M.)
rammentare erinnern
ramo (M.) Fach (N.), Zweig (M.)
ramo (M.) d'affari Branche (F.)
ramo (M.) del diritto Rechtsgebiet (N.)
rancore (M.) Hass (M.)
rapace räuberisch
rapidità (F.) Geschwindigkeit (F.)
rapido geschwind
rapimento (M.) Entführung (F.), Kidnapping (N.)
rapimento (M.) di persona Menschenraub (M.)
rapina (F.) Beraubung (F.), Raub (M.), Raubüberfall (M.)
rapina (F.) commessa in luogo pubblico Straßenraub (M.)
rapina (F.) impropria räuberischer Diebstahl (M.)
rapinare berauben, rauben
rapinatore (M.) Räuber (M.)
rapinatore (M.) di banca Bankräuber (M.)
rapire entführen, kidnappen
rapitore (M.) Entführer (M.), Kidnapper (M.)
raporto (M.) annuale Jahresbericht (M.)
rapportare berichten, referieren
rapporti (M.Pl.) Umgang (M.)
rapporti (M.Pl.) giuridici rechtsgeschäftlicher Verkehr (M.)
rapporto (M.) Bericht (M.), Beziehung (F.), Bezug (M.), Meldung (F.), Rapport (M.), Referat (N.), Relation (F.), Verhältnis (N.), Verkehr (M.), Vortrag (M.), Zusammenhang (M.)
rapporto (M.) con terzi Außenverhältnis (N.)
rapporto (M.) contrattuale Vertragsverhältnis (N.)
rapporto (M.) d'affitto Pachtverhältnis (N.)
rapporto (M.) d'uso Benutzungsverhältnis (N.)
rapporto (M.) di causalità Kausalzusammenhang (M.), Ursächlichkeitsverhältnis (F.)
rapporto (M.) di coppia Partnerschaft (F.)
rapporto (M.) di cortesia Gefälligkeitsverhältnis (N.)
rapporto (M.) di dipendenza Abhängigkeitsverhältnis (N.)
rapporto (M.) di gestione Geschäftsbericht (M.), Rechenschaftslegung (F.)
rapporto (M.) di impiego pubblico Beamtenverhältnis (N.)
rapporto (M.) di lavoro Arbeitsverhältnis (N.)
rapporto (M.) di lavoro a tempo determinato reiterato Kettenarbeitsverhältnis (N.)
rapporto (M.) di locazione Mietverhältnis (N.)
rapporto (M.) di provvista Deckungsverhältnis (N.)
rapporto (M.) di quiescenza Ruhestandsverhältnis (N.)
rapporto (M.) di servizio Dienstverhältnis (N.)
rapporto (M.) di soggezione Pflichtenverhältnis (N.)
rapporto (M.) di supremazia Gewaltverhältnis (N.)
rapporto (M.) di supremazia speciale besonderes Gewaltverhältnis (N.)
rapporto (M.) di valuta Zuwendungsverhältnis (N.)
rapporto (M.) esterno Außenverhältnis (N.)
rapporto (M.) fiduciario Treuhandverhältnis (N.)
rapporto (M.) gerarchico Dienstverhältnis (N.)
rapporto (M.) giuridico Rechtsverhältnis (N.)
rapporto (M.) interno Innenverhältnis (N.)
rapporto (M.) locativo Mietverhältnis (N.)
rapporto (M.) obbligatorio Schuldverhältnis (N.)
rapporto (M.) obbligatorio a rinnovazione periodica Wiederkehrschuldverhältnis (N.)
rapporto (M.) obbligatorio di durata Dauerschuldverhältnis (N.)
rapporto (M.) obbligatorio ex lege gesetzliches Schuldverhältnis (N.), Schuldverhältnis (N.) kraft Gesetzes
rapporto (M.) obbligatorio negoziale rechtsgeschäftliches Schuldverhältnis (N.)
rapporto (M.) organico Organschaftsverhältnis (N.)
rapporto (M.) particolare tra pubblica amministrazione e privato Sonderverbindung (F.)

rapporto (M.) parziario partiarisches Verhältnis (N.)
rapporto (M.) sessuale Geschlechtsverkehr (M.)
rapporto (M.) tra possessore diretto e possessore indiretto Besitzmittelungsverhältnis (N.)
rapporto (M.) triangolare Dreiecksverhältnis (N.)
rappresaglia (F.) Repressalie (F.), Vergeltung (F.)
rappresentante (M.) Abschlussvertreter (M.), Agent (M.), Handlungsbevollmächtigter (M.), Obmann (M.), Repräsentant (M.), Stellvertreter (M.), Vertreter (M.)
rappresentante (M.) di commercio Handelsvertreter (M.)
rappresentante (M.) in giudizio Prozessbevollmächtigter (M.)
rappresentante (M.) legale gesetzlicher Vertreter (M.)
rappresentante (M.) popolare Volksvertreter (M.)
rappresentanza (F.) Agentur (F.), Delegation (F.), Repräsentation (F.), Stellvertretung (F.), Vertretung (F.)
rappresentanza (F.) attiva Aktivvertretung (F.)
rappresentanza (F.) collettiva Gesamtvertretung (F.)
rappresentanza (F.) congiunta Gesamtvertretung (F.)
rappresentanza (F.) dei giovani Jugendvertretung (F.)
rappresentanza (F.) dei lavoratori Arbeitnehmervertretung (F.)
rappresentanza (F.) del personale Arbeitnehmervertretung (F.), Personalvertretung (F.)
rappresentanza (F.) diretta direkte Stellvertretung (F.), unmittelbare Stellvertretung (F.)
rappresentanza (F.) esclusiva Alleinvertretung (F.)
rappresentanza (F.) indiretta indirekte Stellvertretung (F.), mittelbare Stellvertretung (F.)
rappresentanza (F.) obbligatoria Vertretungszwang (M.)
rappresentanza (F.) passiva Passivvertretung (F.)
rappresentanza (F.) popolare Volksvertretung (F.)
rappresentanza (F.) senza potere Scheinvertretung (F.)
rappresentanza (F.) studentesca di una facoltà Fachschaft (F.)
rappresentare bedeuten, repräsentieren, vertreten (V.)
rappresentativo repräsentativ
rappresentato vertreten (Adj.)
rappresentazione (F.) Repräsentation (F.)
raro kostbar
rassegnare le dimissioni abdanken, zurücktreten
rassettare instandsetzen
rastrellamento (M.) Razzia (F.)
rata (F.) Abschlagszahlung (F.), Rate (F.)
rata (F.) di rimborso Tilgungsrate (F.)
ratifica (F.) Genehmigung (F.), nachträgliche Zustimmung (F.), Ratifikation (F.), Zustimmung (F.)
ratificare genehmigen, ratifizieren, zustimmen
ratificazione (F.) Ratifikation (F.)
ratio (F.) (lat.) ratio (F.) (lat.) (Sinn), Zweck (M.)
ratto (M.) Entführung (F.), Menschenraub (M.)
ratto (M.) a scopo di estorsione erpresserischer Menschenraub (M.)
ratto (M.) di minore Kindesraub (M.)
ratto (M.) di persona inferma a fine di libidine Schändung (F.)
ravvedimento (M.) operoso tätige Reue (F.)
razionale logisch, vernünftig
razionalità (F.) Logik (F.), Zweckmäßigkeit (F.)
razionalizzare rationalisieren
razionalizzazione (F.) Rationalisierung (F.)
razza (F.) Rasse (F.)
razzia (F.) Razzia (F.)
razziale rassisch
razzismo (M.) Rassismus (M.)
razzista (Adj.) rassistisch
razzo (M.) Rakete (F.)
RDT (F.) (Repubblica democratica tedesca) DDR (F.) (Deutsche Demokratische Republik)
re (M.) König (M.)
re- Rück-
reagire reagieren
reale dinglich, effektiv, königlich, konkret, real, reell, sachlich, tatsächlich

realizzabile begebbar, verwertbar
realizzare ausführen, durchsetzen, realisieren, verwerten, verwirklichen
realizzazione (F.) Ausführung (F.), Durchsetzung (F.), Erfüllung (F.), Realisierung (F.), Verwertung (F.), Verwirklichung (F.)
realizzo (M.) Erlös (M.), Verwertung (F.)
realizzo (M.) di credito Forderungseintreibung (F.)
reame (M.) Königtum (N.)
reato (M.) Delikt (N.), strafbedrohte Handlung (F.), Straftat (F.), Tat (F.)
reato (M.) a forma libera reines Verursachungsdelikt (N.)
reato (M.) ambientale Umweltdelikt (N.)
reato (M.) bagattellare Bagatelldelikt (N.)
reato (M.) commesso all'estero Auslandsdelikt (N.)
reato (M.) commesso in stato di ubriachezza Alkoholdelikt (N.)
reato (M.) commesso nell'esercizio di pubbliche funzioni Amtsdelikt (N.)
reato (M.) commissivo Begehungsdelikt (N.)
reato (M.) continuato fortgesetztes Delikt (N.), Fortsetzungsdelikt (N.)
reato (M.) contro l'ambiente Umweltdelikt (N.)
reato (M.) d'azione Begehungsdelikt (N.)
reato (M.) d'evento Erfolgsdelikt (N.)
reato (M.) di danno Verletzungsdelikt (N.)
reato (M.) di pericolo Gefährdungsdelikt (N.)
reato (M.) di pericolo concreto konkretes Gefährdungsdelikt (N.)
reato (M.) di pericolo presunto abstraktes Gefährdungsdelikt (N.)
reato (M.) di pura condotta Tätigkeitsdelikt (N.)
reato (M.) di stampa Pressedelikt (N.)
reato (M.) economico Wirtschaftsstraftat (F.)
reato (M.) elettorale Wahldelikt (N.)
reato (M.) fallimentare Konkursstraftat (F.)
reato (M.) fiscale Steuerdelikt (N.)
reato (M.) formale Tätigkeitsdelikt (N.)
reato (M.) istantaneo con effetti permanenti Zustandsdelikt (N.)
reato (M.) materiale Erfolgsdelikt (N.)
reato (M.) omissivo Unterlassungsdelikt (N.)
reato (M.) omissivo improprio unechtes Unterlassungsdelikt (N.)
reato (M.) omissivo proprio echtes Unterlassungsdelikt (N.)
reato (M.) permanente Dauerdelikt (N.)
reato (M.) perseguibile d'ufficio Offizialdelikt (N.)
reato (M.) proprio Sonderdelikt (N.)
reato (M.) proprio con aumento di pena rispetto al corrispondente reato comune unechtes Sonderdelikt (N.)
reato (M.) putativo Wahndelikt (N.)
reato (M.) qualificato dall'evento erfolgsqualifiziertes Delikt (N.)
reato (M.) stradale Verkehrsdelikt (N.)
reato (M.) tributario Steuerdelikt (N.)
reattività (F.) Reaktionsvermögen (N.)
reazionario (Adj.) reaktionär
reazionario (M.) Reaktionär (M.)
reazione (F.) Reaktion (F.), Verteidigung (F.)
recapitare abliefern, zustellen
recapito (M.) Ablieferung (F.), Adresse (F.), Zustellung (F.)
recapito (M.) ritardato di una dichiarazione di volontà Zugangsverzögerung (F.)
recare pregiudizio beeinträchtigen
recedere austreten, zurücktreten
recedere dal contratto kündigen
recepire rezipieren
recesso (M.) Austritt (M.), Rezess (M.), Rücktritt (M.)
recesso (M.) attivo Rücktritt (M.) vom beendeten Versuch, tätige Reue (F.)
recesso (M.) modificativo Änderungskündigung (F.)
recesso (M.) per giusta causa außerordentliche Kündigung (F.)
recesso (M.) per gravi motivi außerordentliche Kündigung (F.)
recesso (M.) per uso proprio Eigenbedarfskündigung (F.)
recettizietà (F.) Empfangsbedürftigkeit (F.)
recettizio empfangsbedürftig
recezione (F.) Rezeption (F.)
recidiva (F.) Rückfall (M.)
recidiva (F.) reiterata wiederholter Rückfall (M.)
recidivo (Adj.) rückfällig
recidivo (M.) Rückfalltäter (M.)
recintare umzäunen
recinto (M.) Zaun (M.)
recinto Umzäunung (F.)
recinzione (F.) Zaun (M.)
reciprocità (F.) Gegenseitigkeit (F.), Reziprozität (F.)

reciproco beiderseitig, gegenseitig, reziprok, wechselbezüglich
reclamante (F.) Beschwerdeführerin (F.)
reclamante (M.) Beschwerdeführer (M.)
reclamare beanstanden, beschweren (sich), fordern, protestieren, reklamieren, zurückfordern
réclame (F.) Werbung (F.)
reclamo (M.) Anspruch (M.), Beanstandung (F.), Beschwerde (F.), Forderung (F.), Klage (F.), Protest (M.), Reklamation (F.), Zurückforderung (F.)
reclamo (M.) immediato sofortige Beschwerde (F.)
reclamo (M.) ulteriore weitere Beschwerde (F.)
recludere einsperren
reclusione (F.) Einschließung (F.), Einsperren (N.), Gefangenschaft (F.), Gefängnis (N.), Zuchthausstrafe (F.)
reclusione (F.) militare Strafarrest (M.)
recluta (M.) Rekrut (M.)
reclutamento (M.) Rekrutierung (F.)
reclutare anwerben
recriminare beschweren (sich)
recuperare beitreiben, eintreiben
recupero (M.) Beitreibung (F.), Einbringung (F.)
recupero (M.) di crediti Forderungseintreibung (F.)
redarre verfassen
redattore (M.) Verfasser (M.)
redattore (M.) capo Chefredakteur (M.)
redazione (F.) Abfassung (F.), Errichtung (F.), Fassung (F.), Schriftleitung (F.)
redazione (F.) d'inventario Bestandsaufnahme (F.), Inventarerrichtung (F.)
redazione (F.) del testamento Testamenterrichtung (F.), Testamentserrichtung (F.)
redazione (F.) della sentenza Urteilsabfassung (F.)
redditività (F.) Wirtschaftlichkeit (F.)
redditizio gewinnbringend
reddito (M.) Einkommen (N.), Einkunft (F.), Rendite (F.), Verdienst (M.)
reddito (M.) di lavoro Arbeitseinkommen (N.)
reddito (M.) di puro capitale Kapitalertrag (M.)
redenzione (F.) Ablösung (F.)
redibizione (F.) Wandlung (F.)
redigere abfassen, ausfertigen, errichten, niederschreiben, schreiben, verfassen
redimere ablösen
referendum (M.) Referendum (N.), Volksabstimmung (F.), Volksentscheid (M.)
referendum (M.) popolare Referendum (N.), Volksabstimmung (F.)
referendum (M.) sospensivo aufschiebendes Referendum (N.) (aufschiebendes Referendum in Italien)
referenza (F.) Empfehlung (F.)
referndum (M.) costitutivo aufschiebendes Referendum (N.) (aufschiebendes Referendum in Italien)
referto (M.) Befund (M.), Bericht (M.)
refinanziamento (M.) Refinanzierung (F.)
reformatio (F.) in peius (lat.) reformatio (F.) in peius (lat.) (Zurückbildung in das Schlechtere)
refrattario immun
refurtiva (F.) Diebsgut (N.)
regalare schenken, verschenken
regale königlich
regalità (F.) Königtum (N.)
regalo (M.) Gabe (F.), Geschenk (N.)
reggente (M.) Regent (M.)
reggente (M.) del Reich Reichsverweser (M.)
reggente (M.) dell'impero Reichsverweser (M.)
reggere halten, leiten
reggimento (M.) Regiment (N.)
regia (F.) Regie (F.)
regime (M.) Regelung (F.), Regierung (F.), Regime (N.), System (N.)
regime (M.) dell'autorizzazione preventiva Konzessionssystem (N.)
regime (M.) di concessione Konzessionssystem (N.)
regime (M.) di semilibertà Freigang (M.)
regime (M.) legale di separazione dei beni con la sola divisione dell'incremento patrimoniale allo scioglimento del matrimonio Zugewinngemeinschaft (F.)
regime (M.) patrimoniale Güterrecht (N.), Güterstand (M.)
regime (M.) patrimoniale legale gesetzlicher Güterstand (M.)
regime (M.) penitenziario Strafvollzug (M.)
regina (F.) Königin (F.)
regio königlich
regionale regional

regione (F.) Gebiet (N.), Land (N.), Landschaft (F.), Region (F.)
regione (F.) federale Bundesland (N.)
regione (F.) industriale Industriegebiet (N.)
regione (F.) orientale Ostgebiet (N.)
registrabilità (F.) Eintragungsfähigkeit (F.)
registrare aufzeichnen, buchen, einschreiben, eintragen, festhalten, melden, registrieren, verzeichnen
registrare in diffalco abbuchen
registratura (F.) Registratur (F.)
registrazione (F.) Aufzeichnung (F.), Buchung (F.), Eintrag (M.), Eintragung (F.)
registrazione (F.) a debito Lastschrift (F.)
registrazione (F.) contabile Bucheintragung (F.)
registro (M.) codex (M.) (lat.), Register (N.), Rolle (F.), Verzeichnis (N.)
registro (M.) centrale Zentralregister (N.)
registro (M.) centrale dei procedimenti penali in corso zentrales staatsanwaltschaftliches Verfahrensregister (N.)
registro (M.) centrale del commercio Gewerbezentralregister (N.)
registro (M.) degli atti di matrimonio Heiratsbuch (N.)
registro (M.) degli atti di morte Sterbebuch (N.)
registro (M.) degli atti di nascita Geburtenbuch (N.)
registro (M.) degli oneri edilizi Baulastenverzeichnis (N.)
registro (M.) dei brevetti per marchi Markenregister (N.)
registro (M.) dei marchi d'impresa Markenregister (N.)
registro (M.) dei regimi patrimoniali Güterrechtsregister (N.)
registro (M.) delle associazioni Vereinsregister (N.)
registro (M.) delle azioni Aktienbuch (N.)
registro (M.) delle imprese Handelsregister (N.)
registro (M.) dello stato civile Personenstandsbuch (N.)
registro (M.) dello stato di famiglia Familienbuch (N.)
registro (M.) di commercio Handelsregister (N.)
registro (M.) di matrimonio Heiratsbuch (N.)
registro (M.) di morte Sterbebuch (N.)
registro (M.) di nascita Geburtenbuch (N.)
registro (M.) immobiliare Immobilienregister (N.) (Immobilienregister in Italien), Liegenschaftsregister (N.) (Liegenschaftsregister in Italien)
registro (M.) parrocchiale Kirchenbuch (N.)
regnante (M.) Herrscher (M.)
regnare herrschen, regieren
regno (M.) Königreich, Königtum (N.), Reich (N.)
regola (F.) Grundsatz (M.), Regel (F.)
regola (F.) del bilancio Haushaltsgrundsatz (M.)
regola (F.) di prova Beweisregel (F.)
regolamentare regeln
regolamento (M.) Abwicklung (F.), Bereinigung (F.), Berichtigung (F.), Ordnung (F.), Rechtsverordnung (F.), Regelung (F.), Regulation (F.), Regulierung (F.), Verordnung (F.)
regolamento (M.) amministrativo Verwaltungsverordnung (F.)
regolamento (M.) d'attuazione Ausführungsverordnung (F.), Durchführungsverordnung (F.)
regolamento (M.) d'emergenza Notverordnung (F.)
regolamento (M.) d'esame Prüfungsordnung (F.)
regolamento (M.) d'esecuzione Ausführungsverordnung (F.), Durchführungsverordnung (F.), Vollzugsverordnung (F.)
regolamento (M.) d'organizzazione Organisationsakt (M.)
regolamento (M.) d'uso Benutzungsordnung (F.)
regolamento (M.) degli appalti di fornitura di beni e di servizi Verdingungsordnung (F.) für Leistungen (VOL)
regolamento (M.) degli appalti per le opere edili Verdingungsordnung (F.) für Bauleistungen (VOB)
regolamento (M.) degli stipendi Besoldungsordnung (F.)
regolamento (M.) delle elezioni Wahlordnung (F.)
regolamento (M.) di attuazione Vollzugsverordnung (F.)
regolamento (M.) di concordato Vergleichsordnung (F.)

regolamento (M.) di gestione Geschäftsordnung (F.)
regolamento (M.) di polizia Polizeiordnung (F.), Polizeiverordnung (F.)
regolamento (M.) disciplinare Ordnungsrecht (N.)
regolamento (M.) edilizio Bauordnung (F.)
regolamento (M.) elettorale Wahlordnung (F.)
regolamento (M.) esecutivo Durchführungsverordnung (F.)
regolamento (M.) fondiario Bodenordnung (F.)
regolamento (M.) interno Geschäftsordnung (F.), Verwaltungsverordnung (F.)
regolamento (M.) militare Militärverordnung (F.)
regolamento (M.) organizzativo Organisationsakt (M.)
regolamento (M.) per gli utenti Benutzungsordnung (F.)
regolamento (M.) salariale Besoldungsordnung (F.)
regolamento (M.) speciale Sonderverordnung (F.)
regolamento (M.) sui cantieri edili Baustellenverordnung (F.)
regolamento (M.) sul procedimento davanti al giudice fondiario Grundbuchverfügung (F.)
regolamento (M.) sull'edificazione dei suoli Baunutzungsverordnung (F.)
regolamento (M.) sulla raccolta delle batterie esauste Batterieverordnung (F.)
regolamento (M.) sulla successione nei poderi familiari Höfeordnung (F.)
regolamento (M.) sulle sostanze pericolose Gefahrstoffverordnung (F.)
regolamento (M.) sulle spese di riscaldamento Heizkostenverordnung (F.)
regolare abwickeln, bereinigen, berichtigen, erledigen, kanonisch, normal, normieren, ordnen, ordnungsgemäß, rechtmäßig, regeln, regulieren, richten, vorschriftsmäßig
regolarità (F.) Rechtmäßigkeit (F.)
regolarmente (Adv.) ordnungsgemäß
regolarmente costituito beschlussfähig
regolazione (F.) Regulation (F.)
regresso (M.) Regress (M.), Rückgriff (M.)
Reich (M.) Deutsches Reich (N.), Reich (N.) (Deutsches Reich 1871-1945)
reiezione (F.) Abweisung (F.), Verwerfung (F.), Zurückweisung (F.)
reinserimento (M.) nella società Resozialisierung (F.)
reintegrare wiedereinsetzen
reintegrazione (F.) Folgenbeseitigung
reintegrazione (F.) nel posto di lavoro Wiedereinstellung (F.)
reità (F.) Straffälligkeit (F.), Täterschaft (F.)
reiterato fortgesetzt, wiederholt
relata (F.) di notifica Zustellungsurkunde (F.)
relativo relativ
relatore (M.) Berichterstatter (M.), Referent (M.), Sachbearbeiter (M.), Sprecher (M.)
relazione (F.) Bericht (M.), Beziehung (F.), Bezug (M.), Kontakt (M.), Referat (N.), Relation (F.), Verbindung (F.), Verhältnis (N.), Vortrag (M.), Zusammenhang (M.)
relazione (F.) annuale Jahresbericht (M.)
relazione (F.) di bilancio Geschäftsbericht (M.)
relazione (F.) di notificazione Zustellungsurkunde (F.)
relazione (F.) diplomatica diplomatische Beziehung (F.)
relazione (F.) sugli atti Aktenvortrag (M.)
relazioni (F.Pl.) Umgang (M.)
religione (F.) Religion (F.)
religione (F.) di Stato Staatskirche (F.), Staatsreligion (F.)
religioso geistlich, kirchlich
reliquiario (M.) Schrein (M.)
relitto (M.) Wrack (N.)
relitto (M.) di mare Strandgut (N.)
relitto (M.) marittimo Strandgut (N.)
remissione (F.) Erlass (M.), Rücknahme (F.)
remissione (F.) del debito Erlassvertrag (M.), negatives Schuldanerkenntnis (N.), Schulderlass (M.)
remissione (F.) di pena Strafnachlass (M.)
remissione (F.) in termini Wiedereinsetzung (F.) in den vorigen Stand
remora (F.) Verzug (M.)
remunerativo gewinnbringend
remunerazione (F.) Lohn (M.)
remunerazione (M.) in natura Naturallohn (M.)
Renania (F.) settentrionale e Vestfalia Nordrhein-Westfalen (N.)
rendere einbringen, eintragen, lohnen, zurückgeben

rendere mediato mediatisieren
rendere noto bekanntmachen
rendere omaggio huldigen
rendere partecipe beteiligen
rendere pubblico bekanntgeben, offenlegen, publizieren
rendersi fideiussore bürgen
rendersi garante bürgen
rendersi latitante flüchtig werden
rendiconto (M.) Abrechnung (F.), Bericht (M.), Rechenschaftslegung (F.), Rechnungslegung (F.)
rendiconto (M.) annuale Jahresbericht (M.)
rendiconto (M.) generale d'esercizio Jahresabschluss (M.)
rendimento (M.) Effizienz (F.), Leistung (F.), Rendite (F.), Verzinsung (F.)
rendimento (M.) dei conti Rechnungslegung (F.)
rendita (F.) Ertrag (M.), Rendite (F.), Rente (F.)
rendita (F.) del capitale Kapitalertrag (M.)
rendita (F.) fondiaria Bodenrente (F.), Grundrente (F.)
rendita (F.) in denaro Geldrente (F.)
rendita (F.) vitalizia Leibrente (F.)
renitenza (F.) Weigerung (F.)
rentabilità (F.) Wirtschaftlichkeit (F.)
reo (M.) Straftäter (M.), Täter (M.)
reo (M.) di alto tradimento Hochverräter (M.), Landesverräter (M.)
reparto (M.) Abteilung (F.), Referat (N.), Ressort (N.), Sektion (F.)
reperire beschaffen, finden
reperto (M.) archeologico Bodenaltertum (N.)
repertorio (M.) Sammelwerk (N.), Sammlung (F.), Verzeichnis (N.)
repertorio (M.) di giurisprudenza Entscheidungssammlung (F.), Fallsammlung (F.)
replica (F.) Einwendung (F.), Erwiderung (F.), Gegenäußerung (F.), Replik (F.)
replicare erwidern, replizieren
repressione (F.) Ahndung (F.)
repressivo repressiv
reprimere ahnden, unterdrücken
repubblica (F.) Republik (F.)
Repubblica (F.) dei soviet Räterepublik (F.)
Repubblica (F.) democratica tedesca (RDT) Deutsche Demokratische Republik (F.) (DDR)
Repubblica (F.) federale Bundesrepublik (F.)
repubblicano (Adj.) republikanisch
repubblicano (M.) Republikaner (M.)
reputazione (F.) Leumund (M.)
requisiti (M.Pl.) oggettivi della compensazione Aufrechnungslage (F.)
requisito (M.) Anforderung (F.), Erfordernis (N.)
requisito (M.) di ammissione Zulassungsvoraussetzung (F.)
requisito (M.) di determinatezza Bestimmtheitserfordernis (N.)
requisito (M.) essenziale wesentlicher Bestandteil (M.)
requisito della causa di (F.) giustificazione Rechtfertigungselement (N.)
requisitoria (F.) Plädoyer (N.), Schlussvortrag (M.)
requisizione (F.) Requisition (F.)
res (F.) nullius (lat.) herrenlose Sache (F.)
resa (F.) Kapitulation (F.)
resa (F.) dei conti Rechenschaftslegung (F.), Rechnungslegung (F.)
rescindere aufheben, rückgängig machen
rescissione (F.) Aufhebung (F.), Rückgängigmachung (F.)
reservatio (F.) mentalis (lat.) geheimer Vorbehalt (M.), geheimer Vorbehalt (M.), Mentalreservation (F.)
residente (Adj.) ansässig
residente (M.) Inländer (M.)
residenza (F.) Aufenthalt (M.), Niederlassung (F.), Residenz (F.), Wohnort (M.), Wohnsitz (M.)
residuo (Adj.) restlich
residuo (M.) Rest (M.), Rückstand (M.), Saldo (M.), Überhang (M.)
resistenza (F.) Wehr (F.), Widerstand (M.)
resistenza (F.) ad un pubblico ufficiale Widerstand (M.) gegen einen Amtsträger
resistenza (F.) alla forza pubblica Widerstand (M.) gegen die Staatsgewalt
resoconto (M.) Protokoll (N.), Rechenschaftslegung (F.)
respingere ablehnen, abwehren, abweisen, ausschlagen, verstoßen, verwerfen, zurückweisen
responsabile (Adj.) haftbar, verantwortlich, zuständig
responsabile (M.) del servizio Sachbearbeiter (M.)

responsabilità (F.) Haftbarkeit (F.), Haftung (F.), Schuld (F.), Verantwortlichkeit (F.), Verantwortung (F.), Verschulden (N.), Vertretenmüssen (N.), Zuständigkeit (F.)
responsabilità (F.) ambientale Umwelthaftung (F.)
responsabilità (F.) amministrativa Amtshaftung (F.)
responsabilità (F.) aquiliana Verschuldenshaftung (F.)
responsabilità (F.) civile Haftpflicht (F.)
responsabilità (F.) civile del fabbricante o venditore del prodotto Produkthaftung (F.)
responsabilità (F.) civile della persona giuridica per gli atti illeciti commessi dai suoi rappresentanti legali Organhaftung (F.)
responsabilità (F.) contrattuale Vertragshaftung (F.)
responsabilità (F.) cumulativa Gesamthaftung (F.), Solidarhaftung (F.)
responsabilità (F.) da condotta Verhaltenshaftung (F.)
responsabilità (F.) dei funzionari pubblici Beamtenhaftung (F.)
responsabilità (F.) del lavoratore Arbeitnehmerhaftung (F.)
responsabilità (F.) del produttore Produzentenhaftung (F.)
responsabilità (F.) del provider Providerhaftung (F.)
responsabilità (F.) del socio unico per i debiti della società Durchgriffshaftung (F.)
responsabilità (F.) dell'albergatore Gastwirtshaftung (F.)
responsabilità (F.) dell'associazione Vereinshaftung (F.)
responsabilità (F.) dell'ente pubblico per il fatto commesso dai suoi funzionari Beamtenhaftung (F.)
responsabilità (F.) dell'erede Erbenhaftung (F.)
responsabilità (F.) dello Stato Staatshaftung (F.)
responsabilità (F.) di condotta Handlungshaftung (F.)
responsabilità (F.) extracontrattuale außervertragliche Haftung (F.), Verschuldenshaftung (F.)
responsabilità (F.) in solido Gesamtschuldnerschaft (F.)
responsabilità (F.) istantanea Zustandshaftung (F.)
responsabilità (F.) limitata beschränkte Haftung (F.)
responsabilità (F.) oggettiva Erfolgshaftung (F.), Gefährdungshaftung (F.)
responsabilità (F.) per affidamento Vertrauenshaftung (F.)
responsabilità (F.) per danni cagionati da animali Tierschadenhaftung (F.)
responsabilità (F.) per fatto degli ausiliari Gehilfenhaftung (F.)
responsabilità (F.) per fatto illecito Verschuldenshaftung (F.)
responsabilità (F.) per l'ammanco Ausfallhaftung (F.)
responsabilità (F.) personale persönliche Haftung (F.)
responsabilità (F.) precontrattuale culpa (F.) in contrahendo (lat.) (Verschulden beim Vertragsschluss), Verschulden (N.) bei Vertragsschluss
responsabilità (F.) secondo equità Billigkeitshaftung (F.)
responsabilità (F.) solidale Gesamthaftung (F.), gesamtschuldnerische Haftung (F.), Solidarhaftung (F.)
responso (M.) Bescheid (M.)
restante restlich
restare bleiben
restare assente ausbleiben
restaurare instandsetzen, wiederherstellen
restaurazione (F.) Wiederherstellung (F.)
restituire ausliefern, erstatten, herausgeben, rückerstatten, rückzahlen, wiedereinsetzen, zurückgeben
restitutio (F.) in integrum (lat.) Naturalherstellung (F.), Naturalrestitution (F.), restitutio (F.) in integrum (lat.) (Wiedereinsetzung in den vorigen Stand), Wiedereinsetzung (F.) in den vorigen Stand
restituzione (F.) Auslieferung (F.), Erstattung (F.), Herausgabe (F.), Restitution (F.), Rückerstattung (F.), Rückgabe (F.), Rückgewähr (F.)
restituzione (F.) in termini Wiedereinsetzung (F.) in den vorigen Stand
resto (M.) Rest (M.)
restringere beschränken, einschränken
restrittivo restriktiv
restrizione (F.) Beschränkung (F.), Einschränkung (F.)

restrizione (F.) alla concorrenza Wettbewerbsbeschränkung (F.)
restrizione (F.) del diritto di proprietà Eigentumsbindung (F.)
restrizione (F.) del potere discrezionale Ermessensreduzierung (F.)
restrizione (F.) della libertà personale Freiheitsbeschränkung (F.)
restrizione (F.) di tipo espropriativo enteignungsgleicher Eingriff (M.)
retata (F.) Razzia (F.)
rete (F.) Web (N.)
rete (F.) a strascico Schleppnetz (N.)
rete (F.) integrata di servizi digitali ISDN (Integrated Services Digital Nework)
rete (F.) Internet Internet (N.)
rete (F.) ISDN ISDN (Integrated Services Digital Nework)
reticenza (F.) Verschweigung (F.)
reticenza (F.) dolosa arglistiges Verschweigen (N.)
reticolo (M.) Raster (N.)
retino (M.) Raster (N.)
retorica (F.) Rhetorik (F.)
retribuire belohnen, besolden, bezahlen, entgelten, entlohnen, honorieren, lohnen, vergelten, vergüten
retribuzione (F.) Arbeitseinkommen (N.), Arbeitslohn (M.), Belohnung (F.), Besoldung (F.), Dienstbezug (M.), Entgelt (N.), Entlohnung (F.), Gehalt (N.), Lohn (M.), Vergeltung (F.), Vergütung (F.)
retribuzione (F.) a cottimo Akkordlohn (M.)
retribuzione (F.) in natura Naturallohn (M.)
retribuzione (F.) saldo (M.) Bezahlung (F.)
retro (M.) Rückseite (F.)
retro Rück-
retroattività (F.) Rückwirkung (F.)
retroattività (F.) impropria unechte Rückwirkung (F.)
retroattivo rückwirkend
rettata (F.) Streife (F.)
rettifica (F.) Abänderung (F.), Berichtigung (F.), Gegendarstellung (F.), Regulation (F.), Richtigstellung (F.)
rettifica (F.) del contratto Vertragsanpassung (F.)
rettificare berichtigen, korrigieren
rettificazione (F.) del registro immobiliare Grundbuchberichtigung (F.)
rettitudine (F.) Integrität (F.)
retto gerade
rettorato (M.) Rektorat (N.)
rettore (M.) Rektor (M.)
revisionare überholen (überprüfen)
revisione (F.) Prüfung (F.), Wiederaufnahme (F.)
revisione (F.) contabile Rechnungsprüfung (F.)
revisione (F.) dei conti Rechnungsprüfung (F.), Wirtschaftsprüfung (F.)
revisione (F.) della contabilità aziendale Betriebsprüfung (F.)
revisione (F.) della costituzione Verfassungsänderung (F.)
revisore (M.) Prüfer (M.)
revisore (M.) dei conti Betriebsprüfer (M.), Rechnungsprüfer (M.), Wirtschaftsprüfer (M.)
revoca (F.) Absage (F.), Aufhebung (F.), Widerruf (M.)
revoca (F.) della confessione Widerruf (M.) des Geständnisses
revoca (F.) della donazione Schenkungswiderruf (M.)
revocabile widerruflich
revocabilità (F.) Widerruflichkeit (F.)
revocare abberufen, absagen, rückgängig machen, widerrufen
revocatoria (F.) fallimentare Konkursanfechtung (F.)
revocazione (F.) Abberufung (F.), Aufhebung (F.), Widerruf (M.)
revocazione (F.) di testamento Testamentswiderruf (M.)
ri- Rück-
riabilitare rehabilitieren
riabilitazione (F.) Rehabilitation (F.)
riacquistare wiederkaufen
riacquisto (M.) Wiederkauf (M.)
riacquisto (M.) del possesso dallo spogliatore perseguito Besitzkehr (F.)
riadattamento (M.) sociale Resozialisierung (F.)
riadattamento profesionale (M.) Umschulung (F.)
rialzo (M.) Anhebung (F.), Erhöhung (F.), Hausse (F.)
rialzo (M.) artificiale dei prezzi Preistreiberei (F.)
rialzo (M.) fraudolento dei prezzi Preistreiberei (F.)
riammettere wiederaufnehmen

riammissione (F.) Wiederaufnahme (F.)
riapprovvigionamento (M.) Wiederbeschaffung (F.)
riarmo (M.) Aufrüstung (F.)
riassicurazione (F.) Rückversicherung (F.)
riassumere wiederaufnehmen
riassunzione (F.) Wiederaufnahme (F.)
riattivare reaktivieren
riattivazione (F.) Reaktivierung (F.)
ribass (M.) delle retribuzioni Lohnkürzung (F.)
ribassare herabsetzen
ribasso (M.) Abschlag (M.), Abzug (M.), Baisse (F.), Fall (M.), Herabsetzung (F.), Nachlass (M.), Preisabschlag (M.), Preisnachlass (M.), Rabatt (M.)
ribattere opponieren, widerlegen
ribellarsi meutern, protestieren, rebellieren
ribelle (M.) Aufrührer (M.), Rebell (M.)
ribellione (F.) Aufruhr (M.), Rebellion (F.)
ricattare erpressen
ricattatore (M.) Erpresser (M.)
ricattatorio erpresserisch
ricatto (M.) erpresserischer Menschenraub (M.)
ricavare einnehmen
ricavato (M.) Einnahme (F.), Erlös (M.)
ricavo (M.) Einkommen (N.), Erlös (M.), Ertrag (M.), Gewinn (M.)
ricavo (M.) netto Reingewinn (M.)
ricchezze (F.Pl.) del sottosuolo Bodenschatz (M.)
ricerca (F.) Ausforschung (F.), Ermittlung (F.), Fahndung (F.), Forschung (F.), Recherche (F.)
ricerca (F.) dell'autore del reato Fahndung (F.)
ricerca (F.) investigativa Nachforschung (F.)
ricercare fahnden, forschen, nachforschen
ricercatore (M.) Forscher (M.)
ricettare hehlen
ricettatore (M.) Hehler (M.)
ricettazione (F.) Hehlerei (F.)
ricettazione (F.) di merce su cui non è stata pagata l'imposta Steuerhehlerei (F.)
ricevere empfangen, erhalten (V.), übernehmen
ricevere in eredità erben
ricevibile zulässig
ricevibilità (F.) Zulässigkeit (F.)
ricevimento (M.) Empfang (M.), Erhalt (M.)
ricevitore (M.) a cristallo Detektor (M.)
ricevuta (F.) Bestätigung (F.), Empfangsbestätigung (F.), Quittung (F.)
ricevuta (F.) di carico Ladeschein (M.), Verladeschein (M.)
ricevuta (F.) di deposito Lagerschein (M.)
ricezione (F.) Empfang (M.), Erhalt (M.), Übernahme (F.)
richiamare abberufen, erinnern, verweisen
richiamo (M.) Abberufung (F.), Erinnerung (F.), Ruf (M.), Verweis (M.)
richiamo (M.) all'ordine Ordnungsruf (M.)
richiedente (F.) Antragstellerin (F.)
richiedente (M.) Antragsteller (M.)
richiedere anfordern, anfragen, ansuchen, bedingen, erfordern, ersuchen, fragen
richiesta (F.) Abruf (M.), Anforderung (F.), Anfrage (F.), Ansuchen, Aufforderung (F.), Bitte (F.), Ersuchen (N.), Forderung (F.), Frage (F.), Gesuch (N.), Nachfrage (F.), Verfolgungsantrag (M.)
richiesta (F.) d'assunzione di una prova Beweisantrag (M.)
richiesta (F.) di estradizione Auslieferungsersuchen (N.)
richiesta (F.) di rinvio a giudizio Anklageschrift (F.)
richiesta (F.) di rogatoria Rechtshilfeersuchen (N.)
richiesta (F.) per la dichiarazione del fallimento Eröffnungsantrag (M.) des Schuldners
richiesto erforderlich
riciclaggio (M.) del denaro sporco Geldwäsche (F.)
riciclaggio (M.) di denaro Geldwäsche (F.)
ricognizione (F.) Anerkennung (F.)
ricognizione (F.) di debito Schuldanerkenntnis (F.)
ricompensa (F.) Belohnung (F.), Prämie (F.), Vergütung (F.)
ricompensa (F.) per la cattura Fangprämie (F.)
ricompensare abgelten, belohnen, entgelten, entlohnen, vergelten, vergüten
ricompenso (M.) Entgelt (N.)
ricomporre umlegen
ricomposizione (F.) Umlegung (F.)
ricomposizione (F.) fondiaria Arrondierung, Flurbereinigung (F.)
ricomprare wiederkaufen
riconciliare versöhnen

riconciliazione (F.) Versöhnung (F.)
riconoscenza (F.) Anerkennung (F.)
riconoscere anerkennen, einräumen, erkennen, kennen, zuerkennen
riconoscimento (M.) Anerkenntnis (N.), Anerkennung (F.), Belohnung (F.), Einräumung (F.), Würdigung (F.), Zuerkennung (F.)
riconoscimento (M.) della paternità Vaterschaftsanerkenntnis (N.), Vaterschaftsanerkennung (F.)
riconoscimento (M.) di debito Schuldanerkenntnis (F.)
ricoprire verwalten
ricordare erinnern
ricordo (M.) Erinnerung (F.)
ricorrente (F.) Beschwerdeführerin (F.)
ricorrente (M.) Beschwerdeführer (M.)
ricorrenza (F.) Wiederkehr (F.)
ricorrere berufen
ricorrere a terzi garanti durchgreifen
ricorrere alla violenza tätlich werden
ricorrere in appello appellieren
ricorribile in cassazione revisibel
ricorso (M.) Berufung (F.), Beschwerde (F.), Einspruch (M.), Klage (F.), Rekurs (M.)
ricorso (M.) a terzi garanti Durchgriff (M.)
ricorso (M.) contro il licenziamento Kündigungsanfechtung (F.)
ricorso (M.) contro l'inerzia dell'amministrazione Untätigkeitsklage (F.)
ricorso (M.) contro la dichiarazione di inammissibilità Nichtzulassungsbeschwerde (F.)
ricorso (M.) costituzionale Verfassungsbeschwerde (F.)
ricorso (M.) d'opposizione all'esecuzione Vollstreckungsgegenklage (F.)
ricorso (M.) gerarchico Dienstaufsichtsbeschwerde (F.)
ricorso (M.) immediato per cassazione Sprungrevision (F.)
ricorso (M.) in opposizione Widerspruch (M.)
ricorso (M.) in via incidentale alla corte costituzionale Vorlageverfahren (N.)
ricorso (M.) incidentale Anschlussrevision (F.)
ricorso (M.) omisso medio Sprungrevision (F.)
ricorso (M.) per cassazione Nichtigkeitsbeschwerde (F.), Revision (F.)
ricorso (M.) per l'annullamento di un atto amministrativo Anfechtungsklage (F.)
ricorso (M.) per l'emanazione di un atto amministrativo rigettato Weigerungsklage (F.)
ricorso (M.) per la dichiarazione del fallimento Eröffnungsantrag (M.) des Gläubigers
ricorso (M.) per motivi di legittimità Rechtsbeschwerde (F.)
ricorso (M.) per ricusazione Ablehnungsantrag (M.)
ricorso (M.) per saltum Sprungrevision (F.)
ricostituzione (F.) Wiederherstellung (F.)
ricostruire wiederherstellen
ricostruzione (F.) Wiederherstellung (F.)
ricoverare einweisen, unterbringen
ricovero (M.) Einweisung (F.), Obdach (N.), Unterbringung (F.)
ricovero (M.) in istituto Anstaltsunterbringung (F.)
ricovero (M.) per anziani Altersheim (N.)
ricreazione (F.) Zeugung (F.)
ricusa (F.) Verwerfung (F.)
ricusare ablehnen, verweigern, zurückweisen
ricusazione (F.) Ablehnung (F.), Verweigerung (F.)
ricusazione (F.) per legittimo sospetto Ablehnung wegen Besorgnis der Befangenheit
ridistribuzione (F.) Umverteilung (F.)
ridotto verkürzt, vermindert
ridurre einschränken, ermäßigen, herabsetzen, kürzen, limitieren, mindern, reduzieren, verkürzen, vermindern
riduzione (F.) Einschränkung (F.), Ermäßigung (F.), Herabsetzung (F.), Minderung (F.), Nachlass (M.), Rabatt (M.), Reduktion (F.), Schwund (M.), Verkürzung (F.), Verminderung (F.)
riduzione (F.) dei premi per assicurati indenni da sinistri Schadensfreiheitsrabatt (M.)
riduzione (F.) del capitale Kapitalherabsetzung (F.)
riduzione (F.) del personale Personalabbau (M.)
riduzione (F.) del salario Lohnkürzung (F.)
riduzione (F.) di pena Strafherabsetzung (F.)
riduzione (F.) in pristino restitutio (F.) in integrum (lat.) (Wiedereinsetzung in den vorigen Stand)

riduzione (F.) patrimoniale Vermögensminderung (F.)
rieducazione (F.) professionale Umschulung (F.)
rielaborare abändern, bearbeiten
rielaborazione (F.) Bearbeitung (F.)
rielezione (F.) Neuwahl (F.)
riempimento (M.) Ausfüllung (F.)
riempire ausfüllen
riepilogare wiederholen
riepilogo (M.) Wiederholung (F.)
riesame (M.) Nachprüfung (F.)
riesame (M.) del mandato di cattura Haftprüfung (F.)
riesaminare nachprüfen, überprüfen
rifacimento (M.) Neuformulierung (F.), Wiederherstellung (F.)
riferimento (M.) Beziehung (F.), Bezugnahme (F.), Verweisung (F.)
riferire berichten, referieren
rifinanziare refinanzieren
rifinitura (F.) Fertigstellung (F.)
rifiutar(si) weigern (sich)
rifiutare ablehnen, absagen, abweisen, ausschlagen, versagen, verweigern, zurückweisen
rifiuti (M.Pl.) Abfall (M.), Müll (M.)
rifiuti (M.Pl.) speciali Sonderabfall (M.)
rifiuto (M.) Ablehnung (F.), Absage (F.), Abweisung (F.), Versagung (F.), Verweigerung (F.), Weigerung (F.), Zurückweisung (F.)
rifiuto (M.) d'accettazione Annahmeverweigerung (F.)
rifiuto (M.) d'adempimento Leistungsverweigerung (F.)
rifiuto (M.) di adempiere Erfüllungsverweigerung (F.)
rifiuto (M.) di pagamento Zahlungsverweigerung (F.)
rifletter(si) auswirken (sich)
rifondere ersetzen, zurückzahlen
riforma (F.) Novellierung (F.), Reform (F.)
riforma (F.) agraria Bodenreform (F.), Landreform (F.)
riforma (F.) amministrativa Verwaltungsreform (F.)
riforma (F.) burocratica Verwaltungsreform (F.)
riforma (F.) costituzionale Verfassungsänderung (F.)
riforma (F.) di una sentenza Abänderung (F.) eines Urteils
riforma (F.) fondiaria Bodenreform (F.), Landreform (F.)
riformare abändern, novellieren, reformieren
riformatorio (M.) Jugendstrafanstalt (F.)
riformazione (F.) Reformation (F.)
rifornimento (M.) Beschaffung (F.), Nachschieben (N.)
rifornire nachschieben
rifugiato (M.) Asylant (M.), Flüchtling (M.), Vertriebener (M.)
rifusione (F.) delle spese Aufwandsersatz (M.)
rigettare ablehnen, abweisen, verwerfen, zurückweisen
rigetto (M.) Ablehnung (F.), Abweisung (F.), Verwerfung (F.), Zurückweisung (F.)
rigetto (M.) nel merito Sachabweisung (F.)
rigidità (F.) Härte (F.)
rigido rigoros
rigore (M.) Härte (F.)
rigorismo (M.) Rigorismus (M.)
rigoroso rigoros, streng
riguardo (M.) Betracht (M.), Betrachtung, Rücksicht (F.)
rilasciare ausstellen, enthaften, entlassen, erlassen, erteilen, freilassen, herausgeben
rilasciare procura a bevollmächtigen
rilascio (M.) Enthaftung (F.), Entlassung (F.), Erlass (M.), Freilassung (F.), Herausgabe (F.)
rilevamento (M.) Erhebung (F.), Vermessung (F.)
rilevante erheblich, relevant, wichtig
rilevanza (F.) Bedeutung (F.), Relevanz (F.)
rilevare erfassen, übernehmen, vermessen (V.)
rilevazione (F.) Erfassung (F.), Ermittlung (F.)
rilievo (M.) Belang (M.), Übernahme (F.)
rilievo (M.) di beni Vermögensübernahme (F.)
rilievo (M.) di contratto Vertragsübernahme (F.)
rimandare verschieben, verweisen
rimando (M.) Verweis (M.), Verweisung (F.)
rimanente restlich
rimanere bleiben
rimborsare ablösen, ersetzen, erstatten, rückerstatten, rückzahlen, tilgen, zurückzahlen
rimborso (M.) Ablösung (F.), Erstattung (F.), Rembours (M.), Rückerstattung (F.), Rückgewähr (F.), Rückzahlung (F.), Tilgung (F.)

rimborso (M.) delle spese Aufwandsentschädigung (F.), Aufwandsersatz (M.), Kostenersatz (M.)
rimediare abhelfen, beheben
rimedio (M.) Abhilfe (F.), Behelf (M.), Gegenmaßnahme (F.), Instrument (N.)
rimedio (M.) giuridico Rechtsbehelf (M.)
rimessa (F.) Ablieferung (F.), Einzahlung (F.), Transfer (M.), Übermittlung (F.)
rimessione (F.) Verweisung (F.)
rimettere erlassen, nachlassen, überlassen, übermitteln, überweisen, wiedereinsetzen
rimettere in libertà entlassen
rimorso (M.) Gewissensbiss (M.), Reue (F.)
rimostranza (F.) Remonstration (F.)
rimozione (F.) Absetzung (F.), Abstellung (F.), Beseitigung (F.), Entfernung (F.), Entsorgung (F.)
rimpiazzamento (M.) Ersetzung (F.)
rimpiazzare ersetzen, wiederbeschaffen
rimpiazzo (M.) Wiederbeschaffung (F.)
rimproverabile vorwerfbar
rimproverabilità (F.) Vorwerfbarkeit (F.)
rimproverare rügen, schelten, tadeln
rimprovero (M.) Schelte (F.), Tadel (M.), Vorwurf (M.)
rimunerare entgelten, entlohnen, entschädigen, vergüten
rimuneratorio remuneratorisch
rimunerazione (F.) Entgelt (N.), Entlohnung (F.), Gehalt (N.), Remuneration (F.), Vergütung (F.)
rimunerazione (F.) in natura Deputat (N.)
rimuovere absetzen, beseitigen, entfernen, entsorgen
rinnegare verleugnen
rinnovabile verlängerbar
rinnovare verlängern
rinnovato verlängert
rinnovazione (F.) Verlängerung (F.)
rinnovazione (F.) tacita stillschweigende Verlängerung (M.)
rinnovo (M.) Verlängerung (F.)
rinnovo (M.) tacito stillschweigende Verlängerung (M.)
rintracciare aufspüren
rinuncia (F.) Ausschlagung (F.), Preisgabe (F.), Rücknahme (F.), Verzicht (M.)
rinuncia (F.) agli atti Klagerücknahme (F.)
rinuncia (F.) all'appello Berufungsverzicht (M.)
rinuncia (F.) all'eredità Ausschlagung (F.), Erbverzicht (M.)
rinuncia (F.) all'impugnazione Rechtsmittelverzicht (M.)
rinunciare ausschlagen, niederlegen, preisgeben, verzichten
rinunzia (F.) Verzicht (M.)
rinunziare ausschlagen, verzichten
rinvenimento (M.) archeologico Bodenaltertum (N.)
rinvenire finden
rinviare aufschieben, verlegen, verschieben, vertagen, verweisen, zurückverweisen
rinvio (M.) Aufschub (M.), Rückverweisung (F.), Verschiebung, Vertagung (F.), Verweis (M.), Verweisung (F.), Zurückverweisung (F.)
rinvio (M.) al giudice di grado inferiore Rückverweisung (F.)
rinvio (M.) al regime sanzionatorio di un'altra norma Rechtsfolgenverweisung (F.)
rinvio (M.) dell'esecuzione della pena Strafaufschub (M.)
rinvio (M.) sine die Vertagung (F.) auf unbestimmte Zeit
riordinamento (M.) della proprietà rurale Arrondierung, Flurbereinigung (F.)
ripagare vergelten
riparare abhelfen, beheben, instandsetzen, reparieren, wiedergutmachen, wiederherstellen
riparazione (F.) Behebung, Entschädigung (F.), Reparation (F.), Reparatur (F.), Wiedergutmachung (F.), Wiederherstellung (F.)
riparazione (F.) del danno Wiedergutmachung (F.)
riparazione (F.) di piccola manutenzione Schönheitsreparatur (F.)
riparazione (F.) morale Genugtuung (F.)
riparazione (F.) per ingiusta detenzione Haftentschädigung (F.)
riparo (M.) Abhilfe (F.), Obdach (N.)
ripartire aufteilen, teilen, umlegen, verteilen
ripartizione (F.) Abteilung (F.), Aufteilung (F.), Teilung (F.), Umlage (F.), Umlegung (F.), Verteilung (F.)
ripartizione (F.) a due Zweiteilung (F.)
ripartizione (F.) degli affari Geschäftsverteilung (F.)
ripartizione (F.) dei seggi Sitzverteilung (F.)

ripartizione (F.) delle competenze Kompetenzverteilung (F.)
riparto (M.) Verteilung (F.)
ripassare nachbessern
ripercuoter(si) auswirken (sich)
ripercussione (F.) Auswirkung (F.)
ripetere kondizieren, repetieren, rückfordern, wiederholen, zurückfordern
ripetitore (M.) Repetitor (M.)
ripetizione (F.) Häufung (F.), Rückforderung (F.), Wiederholung (F.), Zurückforderung (F.)
ripetizione (F.) dell'indebito Kondiktion (F.)
ripetizione (F.) della prestazione Leistungskondiktion (F.)
ripetuto wiederholt
ripiego (M.) Abhilfe (F.), Behelf (M.)
riportare prolongieren
riporto (M.) Prolongation (F.), Schiebung (F.), Übertragung (F.)
riposare ruhen
riposo (M.) Ruhe (F.)
riposo (M.) dei defunti Totenruhe (F.)
riprendere wiederaufnehmen
ripresa (F.) Wiederaufnahme (F.)
ripresentare wiedervorlegen
ripresentazione (F.) Wiedervorlage (F.)
ripristinare wiedereinsetzen, wiederherstellen
ripristino (M.) Wiederherstellung (F.)
ripristino (M.) integrale restitutio (F.) in integrum (lat.) (Wiedereinsetzung in den vorigen Stand)
riprivatizzare reprivatisieren
riprivatizzazione (F.) Reprivatisierung (F.)
riprodurre kopieren, vervielfältigen
riproduzione (F.) Kopie (F.), Nachbildung (F.), Vervielfältigung (F.)
riprovazione (F.) Missbilligung (F.)
riprovevole verwerflich
ripudiare verstoßen
riputazione (F.) Leumund (M.), Ruf (M.)
riqualificazione (F.) professionale Umschulung (F.)
risanamento (M.) Sanierung (F.)
risanare heilen, sanieren
risaputo notorisch
risarcimento (M.) Ersatz (M.), Kompensation (F.)
risarcimento (M.) del danno Entschädigung (F.), Schadensersatz (M.)
risarcimento (M.) del danno per la persona offesa dal reato Opferentschädigung (F.) (Opferentschädigung in Deutschland)
risarcimento (M.) in denaro Geldersatz (M.)
risarcimento (M.) in forma specifica Naturalherstellung (F.)
risarcimento (M.) pecuniario Geldersatz (M.)
risarcire entschädigen, ersetzen, schadlos halten
riscattare ablösen, wiederkaufen
riscatto (M.) Ablösung (F.), Lösegeld (N.), Rückkauf (M.), Wiederkauf (M.)
rischio (M.) Gefahr (F.), Gefahrtragung (F.), Risiko (N.)
rischio (M.) contrattuale Preisgefahr (F.)
rischio (M.) d'azienda Betriebsrisiko (N.)
rischio (M.) d'esercizio Betriebsgefahr (F.)
rischio (M.) del trasporto Beförderungsgefahr (F.)
rischio (M.) dell'impossibilità sopravvenuta Leistungsgefahr (F.)
rischio (M.) della controprestazione Preisgefahr (F.)
rischio (M.) di collusione Verabredungsgefahr (F.)
rischio (M.) di morte Todesgefahr (F.)
rischio (M.) di trasporto Transportrisiko (N.)
rischio (M.) di vita Lebensrisiko (N.)
rischio (M.) retributivo Vergütungsgefahr (F.)
riscontare rediskontieren
risconto (M.) Rediskont (M.), Rediskontierung (F.), Refinanzierung (F.)
riscontrare erwidern
riscossione (F.) Beitreibung (F.), Eingang (M.), Einziehung (F.), Erhebung (F.)
riscossione (F.) di credito Forderungseintreibung (F.)
riscossione (F.) di tangenti Schutzgelderpressung (F.)
riscuotere beitreiben, beziehen, einnehmen, eintreiben, einziehen, erheben, heben
riserbo (M.) Reserve (F.)
riserva (F.) Reservation (F.), Reserve (F.), Rücklage (F.), Rückstellung (F.), Vorbehalt (M.), Vorrat (M.)
riserva (F.) bancaria Liquiditätsreserve (F.)
riserva (F.) costituzionale Verfassungsvorbehalt (M.)
riserva (F.) del proprio rifornimento Selbstbelieferungsklausel (F.)

riserva (F.) di autorizzazione Erlaubnisvorbehalt (M.)
riserva (F.) di caccia privata Eigenjagdbezirk (M.)
riserva (F.) di divise Devisenreserve (F.)
riserva (F.) di grado Rangvorbehalt (M.)
riserva (F.) di legge Gesetzesvorbehalt (M.)
riserva (F.) di legge costituzionale Verfassungsvorbehalt (M.)
riserva (F.) di liquidità Liquiditätsreserve (F.)
riserva (F.) di nomina del contraente Benennungsvorbehalt
riserva (F.) di proprietà Eigentumsvorbehalt (M.)
riserva (F.) di proprietà per debiti di conto corrente Kontokorrentvorbehalt (M.)
riserva (F.) di proprietà prorogata verlängerter Eigentumsvorbehalt (M.)
riserva (F.) di revoca Widerrufsvorbehalt (M.)
riserva (F.) di valuta Währungsreserve (F.)
riserva (F.) di valute Devisenreserve (F.)
riserva (F.) mentale geheimer Vorbehalt (M.), geheimer Vorbehalt (M.), Mentalreservation (F.)
riserva (F.) minima Mindestreserve (F.)
riserva (F.) monetaria Währungsreserve (F.)
riserva (F.) obbligatoria Mindestreserve (F.)
riserva (F.) valutaria Devisenreserve (F.), Währungsreserve (F.)
riservare buchen, reservieren, vorbehalten, vormerken
riservatezza (F.) Vertraulichkeit (F.)
riservato privat, verschwiegen, vertraulich
riservato dominio (M.) Eigentumsvorbehalt (M.)
riservazione (F.) Reservierung (F.)
riservista (M.) Reservist (M.)
risiedere wohnen
risocializzare resozialisieren
risocializzazione (F.) Resozialisierung (F.)
risolutivo resolutiv
risoluzione (F.) Auflösung (F.), Beschluss (M.), Entschließung (F.), Entschluss (M.), Kündigung (F.), Lösung (F.), Resolution (F.)
risoluzione (F.) consensuale del rapporto di lavoro Aufhebungsvertrag (M.)
risoluzione (F.) criminosa Tatentschluss (M.)
risoluzione (F.) del contratto Vertragsauflösung (F.), Wandlung (F.)
risoluzione (F.) del rapporto di lavoro Auflösung (F.) des Arbeitsverhältnisses
risolvere aufheben, auflösen, erledigen, lösen
risorse (F.Pl.) Betriebsmittel (N.Pl.)
risorse (F.Pl.) del sottosuolo Bodenschatz (M.)
risparmiare schonen, sparen
risparmiatore (M.) Anleger (M.), Sparer (M.)
rispettare achten, beachten, befolgen, einhalten
rispetto (M.) Achtung (F.), Beachtung (F.), Befolgung (F.), Hochachtung (F.)
rispetto (M.) del termine Fristwahrung (F.)
rispondere antworten, bescheiden (V.), einstehen, erwidern, haften, verschulden
rispondere affermativamente bejahen
risposta (F.) Antwort (F.), Bescheid (M.), Erwiderung (F.), Gegenäußerung (F.), Replik (F.)
risposta (F.) interlocutoria Zwischenbescheid (M.)
risposta (F.) negativa Absage (F.), abschlägiger Bescheid (M.)
rissa (F.) Prügelei (F.), Raufhandel (M.), Schlägerei (F.)
ristabilire wiederherstellen
ristagno (M.) Stillstand (M.)
ristauro (M.) Reparatur (F.)
ristorante (M.) Gaststätte (F.)
ristornare stornieren
ristorno (M.) Storno (N.)
ristretto beschränkt
risultare folgen
risultato (M.) Effekt (M.), Erfolg (M.), Fazit (N.), Folge (F.)
ritardare verzögern
ritardo (M.) Verzögerung (F.), Verzug (M.)
ritardo (M.) nel pagamento Zahlungsverzug (M.)
ritardo (M.) nell'adempimento Leistungsverzug (M.)
ritenere einbehalten, vorenthalten, zurückbehalten
ritenuta (F.) Einbehaltung (F.)
ritenuta (F.) alla fonte Quellensteuer (F.)
ritenuta (F.) alla fonte sugli interessi Zinsabschlag (M.)
ritenzione (F.) Retention (F.), Vorenthaltung (F.), Zurückbehaltung (F.)
ritirare abheben, abholen, abrufen, abziehen, einziehen, entnehmen, entziehen, zurückziehen

ritirarsi austreten
ritirata (F.) Zapfenstreich (M.)
ritiro (M.) Abholung (F.), Abzug (M.), Austritt (M.), Einziehung (F.), Entzug (M.), Rücknahme (F.)
rito (M.) del lavoro Arbeitsprozess (M.)
rito (M.) speciale besonderes Verfahren (N.)
ritoccare nachbessern
ritornare zurückgeben
ritorno (M.) Umkehr (F.)
ritorsione (F.) Retorsion (F.), Vergeltung (F.)
ritrarre zurückziehen
ritrasferimento (M.) della proprietà Rückübereignung (F.)
ritrattare widerrufen, zurückziehen
ritrattazione (F.) Widerruf (M.)
ritrovamento (M.) Fund (M.)
ritrovatore (M.) Finder (M.)
rituale ordnungsgemäß, vorschriftsmäßig
riunificare wiedervereinigen
riunificazione (F.) Wiedervereinigung (F.)
riunione (F.) Konferenz (F.), Konvent (M.), Sitzung (F.), Tagsatzung (F.), Vereinigung (F.), Versammlung (F.)
riunione (F.) dei soci Gesellschafterversammlung (F.)
riunione (F.) di procedimenti Verbindung (F.) von Verfahren
riunione (F.) generale Hauptversammlung (F.)
riunir(si) in assemblea versammeln (sich)
riunire vereinen
riva (F.) Ufer (N.)
rivalorizzare aufwerten
rivalorizzazione (F.) Aufwertung (F.)
rivalsa (F.) Nachnahme (F.), Regress (M.), Rückgriff (M.), Schadloshaltung (F.)
rivalutare aufwerten
rivalutazione (F.) Aufwertung (F.)
rivedere revidieren, überholen (überprüfen)
rivelare entdecken, offenbaren, offenlegen, preisgeben, verraten
rivelazione (F.) Entdeckung, Offenbarung (F.), Offenlegung (F.), Preisgabe (F.)
rivelazione (F.) del segreto professionale Verletzung (F.) des Berufsgeheimnisses
rivendicare beanspruchen, bekennen, entweren, fordern, herausverlangen, vindizieren, zurückfordern
rivendicare per via giudiziaria einklagen
rivendicazione (F.) Beanspruchung (F.), Forderung (F.), Vindikation (F.), Zurückforderung (F.)
rivendicazione (F.) d'eredità Erbschaftsanspruch (M.)
rivendita (F.) Wiederverkauf (M.)
riverenza (F.) Hochachtung (F.)
riversione (F.) Heimfall (M.)
rivista (F.) Magazin (N.), Zeitschrift (F.)
rivolger(si) anrufen
rivolgere umkehren
rivolta (F.) Aufruhr (M.), Aufstand (M.), Meuterei (F.)
rivolta (F.) militare Soldatenmeuterei (F.)
rivoltarsi meutern
rivoltoso (M.) Aufrührer (M.), Meuterer (M.)
rivoluzionare umstürzen
rivoluzione (F.) Revolution (F.), Umsturz (M.)
rivoluzione (F.) industriale industrielle Revolution (F.)
robaccia (F.) Schund (M.)
rogare ausstellen, beurkunden
rogatoria (F.) Amtshilfeersuchen (N.), Rechtshilfeersuchen (N.)
rogito (M.) Akt (M.)
rogito (M.) notarile Notariatsakt (M.), notarielle Beurkundung (F.)
romano römisch
rompere abbrechen, brechen
rosso rot
Rota (F.) Romana (lat.) Rota (F.) Romana (lat.) (römisches Rad)
rotare rotieren
rotazione (F.) Rotation (F.)
rotondo rund
rottura (F.) Abbruch (M.), Bruch (M.)
rottura (F.) di contratto Vertragsbruch (M.)
rottura (F.) di sigilli Siegelbruch (M.)
rovesciare umkehren, umstürzen
rovina (F.) Verfall (M.), Zerfall (M.), Zerrüttung (F.)
rovinare beschädigen, korrumpieren, zerrütten
rubare klauen, rauben, stehlen
rubrica (F.) Rubrik (F.), Rubrum (N.)
ruffianeria (F.) Zuhälterei (F.)
rumore (M.) Lärm (M.)
ruolo (M.) Rolle (F.)
ruolo (M.) dei dibattimenti Verhandlungskalender (M.)
ruolo (M.) delle udienze Terminkalender (M.)

ruota (F.) Rad (N.)
ruvido grob

S

s.p.a. (F.) (società per azioni) AG (F.) (Aktiengesellschaft)
s.r.l. (F.) (società a responsabilità limitata) GmbH (F.) (Gesellschaft mit beschränkter Haftung)
sabotaggio (M.) Sabotage (F.)
sabotaggio (M.) di computer Computersabotage (F.)
sabotare sabotieren
saccheggiare plündern
saccheggiatore (M.) Marodeur (M.), Plünderer (M.)
saccheggio (M.) Plünderung (F.)
sacco (M.) Sack (M.)
sacerdote (M.) Priester (M.)
sacramento (M.) Sakrament (N.)
sacrificare aufopfern, opfern
sacrificio (M.) Aufopferung (F.), Opfer (N.), Sonderopfer (N.)
sacrificio (M.) di un diritto privato Aufopferung (F.) (Aufopferung im Verwaltungsrecht)
sacrilegio (M.) Frevel (M.), Sakrileg (N.)
sacrilego (M.) Frevler (M.)
sacro heilig
sadismo (M.) Sadismus (M.)
saggio (M.) Probe (F.), Prozentsatz (M.), Satz (M.)
saggio (M.) d'interesse Zinssatz (M.)
saggio (M.) di sconto Diskontsatz (M.)
sala (F.) d'udienza Verhandlungssaal (M.)
salariare besolden
salario (M.) Arbeitslohn (M.), Besoldung (F.), Lohn (M.)
salario (M.) a cottimo Akkordlohn (M.)
salario (M.) a giornata Tagelohn (M.)
salario (M.) a tempo Zeitlohn (M.)
salario (M.) ad economia Zeitlohn (M.)
salario (M.) ad ora Stundenlohn (M.)
salario (M.) base Grundlohn (M.)
salario (M.) dei domestici Lidlohn (M.)
salario (M.) dell'arruolato su nave Heuer (F.)
salario (M.) di riferimento Ecklohn (M.)
salario (M.) minimo Mindestlohn (M.)
saldare abzahlen, begleichen, liquidieren, saldieren
saldato beglichen
saldi (M.Pl) Ausverkauf (M.)
saldo (M.) Begleichung (F.), Rest (M.), Saldo (M.)
saldo (M.) a credito Guthaben (N.), Haben (N.)
saldo (M.) a debito Debet (N.)
saldo (M.) attivo Guthaben (N.), Haben (N.)
saldo (M.) contabile Rechnungsabschluss (M.)
saldo (M.) passivo Soll (N.)
salire ansteigen
salita (F.) Anstieg (M.)
salma (F.) Leiche (F.), Leichnam (M.)
salto (M.) Sprung (M.)
saltuario gelegentlich, unregelmäßig
salubre gesund
salute (F.) Gesundheit (F.), Wohl (N.)
salute (F.) precaria Gebrechlichkeit (F.)
salvacondotto (M.) freies Geleit (N.)
salvaguardare hegen, hüten, schützen, wahren
salvaguardia (F.) Verhütung (F.), Wahrnehmung (F.) (Wahrung), Wahrung (F.)
salvare bergen, erlösen, lösen
salvatore (M.) Retter (M.)
salvo außer, heil, unbeschadet, vorbehaltlich
salvo venduto freibleibend
sanare heilen, sanieren
sanatoria (F.) Heilung (F.), Legalisierung (F.), nachträgliche Zustimmung (F.), Sanierung (F.)
sancire genehmigen
sangue (M.) Blut (N.)
sanità (F.) Gesundheit (F.)
sano gesund, heil
Santa Sede (F.) Heiliger Stuhl (M.)
santo heilig
sanzionare sanktionieren, strafen
sanzione (F.) Sanktion (F.), Strafdrohung (F.), Strafe (F.)
sanzione (F.) detentiva disciplinare Ordnungshaft (F.)
sanzione (F.) detentiva per impossibilità di pagamento di una sanzione pecuniaria Ersatzzwangshaft (F.)
sanzione (F.) disciplinare Disziplinarmaßnahme (F.), Disziplinarstrafe (F.), Ordnungsstrafe (F.)

sanzione (F.) pecuniaria Bußgeld (N.), Geldbuße (F.)
sanzione (F.) pecuniaria amministrativa Verwaltungsgeldbuße (F.), Verwarnungsgeld (N.)
sanzione (F.) pecuniaria disciplinare Ordnungsgeld (N.)
sanzione (F.) pecuniaria sostitutiva Ersatzgeldstrafe (F.)
sanzione (F.) penale Strafdrohung (F.), Strafe (F.), Strafsanktion (F.)
sapere (M.) Wissen (N.)
sapere (V.) kennen, wissen
Sassonia (F.) Sachsen (N.)
Sassonia-Anhalt (M.) Sachsen-Anhalt (N.)
saturazione (F.) Sättigung (F.)
saturazione (F.) del mercato Marktsättigung (F.)
saturo satt
sazietà (F.) Sättigung (F.)
sazio satt
sbadato achtlos
sbagliarsi versehen (V.) (sich)
sbagliato falsch, unrichtig
sbaglio (M.) Fehler (M.), Irrtum (M.), Versehen (N.)
sbarcare ausladen
sbarra (F.) Schlagbaum (M.), Schranke (F.)
sbarramento (M.) Absperrung, Wehr (F.)
sbarrare absperren, sperren, verschließen
sbattere zuschlagen
sberla (F.) Ohrfeige (F.)
sbilancio (M.) Missverhältnis (N.)
sbirro (M.) Büttel (M.)
sblocco (M.) Freigabe (F.)
sbocco (M.) Absatz (M.)
sbornia (F.) Rausch (M.)
sborsare ausgeben
sborso (M.) Auslage (F.), Auszahlung (F.)
sbrigare besorgen
sbruffare hochstapeln
scacciare jagen
scadente fällig
scadenza (F.) Ablauf (F.), Erlöschen (N.), Fälligkeit (F.), Laufzeit (F.), Termin (M.), Verfall (M.)
scadenza (F.) del termine Fristablauf (M.), Fristende (N.)
scadere ablaufen, erlöschen, verfallen
scaduto fällig
scagionare entschuldigen
scala (F.) Maß (N.)
scala (F.) mobile gleitende Skala (F.) (gleitende Skala in Italien)
scalino (M.) Stufe (F.)
scambi (M.Pl.) commerciali Handelsverkehr (M.)
scambiare austauschen, tauschen, verwechseln
scambio (M.) Austausch (M.), Tausch (M.), Verwechslung (F.)
scambio (M.) di capitali Kapitalverkehr (M.)
scambio (M.) di merci Warenverkehr (M.)
scambio (M.) internazionale grenzüberschreitender Handelsverkehr (M.)
scandalo (M.) pubblico öffentliches Ärgernis (N.)
scansare ausweichen, meiden
scapolo (M.) Junggeselle (M.)
scappare fliehen
scappatella (F.) Seitensprung (M.)
scarcerare enthaften, entlassen, freilassen
scarcerazione (F.) Enthaftung (F.), Entlassung (F.), Freilassung (F.), Haftentlassung (F.)
scaricamento (M.) Abwälzung (F.)
scaricare abwälzen, ausladen, deponieren, löschen
scarico (M.) Deponie (F.), Entlastung (F.), Löschung (F.)
scarso gering, geringfügig
scarto (M.) Abfall (M.)
scassinare einbrechen
scassinatore (M.) Einbrecher (M.)
scasso (M.) Einbruch (M.)
scavare fördern
scegliere auswählen, wählen
scellerato (Adj.) verrucht
scellerato (M.) Frevler (M.)
scelta (F.) Auswahl (F.), Option (F.), Wahl (F.)
scelta (F.) del diritto applicabile Rechtswahl (F.)
scelta (F.) della professione Berufswahl (F.)
sceriffo (M.) Sheriff (M.)
scheda (F.) Karte (F.)
scheda (F.) di votazione Stimmzettel (M.)
scheda (F.) elettorale Stimmzettel (M.), Wahlzettel (M.)
scheda (F.) segnaletica Steckbrief (M.)
schedario (M.) Datei (F.), Kartei (F.)
schema (M.) System (N.)
schermo (M.) Bildschirm (M.)

scherno (M.) Hohn (M.)
scherzo (M.) Scherz (M.), Streich (M.)
schiaffeggiare ohrfeigen
schiaffo (M.) Ohrfeige (F.)
schiamazzare randalieren
schiamazzo (M.) Lärm (M.)
schiavitù (F.) Knechtschaft (F.)
schiavo (Adj.) hörig
schiavo (M.) Knecht (M.), Sklave (M.)
schierare aufstellen
schizofrenia (F.) Schizophrenie (F.)
Schleswig-Holstein (M.) Schleswig-Holstein (N.)
sciagura (F.) Unglücksfall (M.)
scientemente wissentlich
scientifico wissenschaftlich
scienza (F.) Kunde (F.), Wissen (N.), Wissenschaft (F.)
scienza (F.) del diritto Rechtswissenschaft (F.)
scienza (F.) giuridica Rechtswissenschaft (F.)
scienza (F.) medica Heilkunde (F.)
scienze (F.Pl.) economiche Wirtschaftswissenschaften (F.Pl.)
scienze (F.Pl.) politiche Politikwissenschaft (F.)
sciocchezze (F.Pl.) Unfug (M.)
sciogliere auflösen, lösen
scioglimento (M.) Auflösung (F.), Auseinandersetzung (F.)
scioglimento (M.) del matrimonio Ehescheidung (F.)
scioperare streiken
sciopero (M.) Ausstand (M.), Streik (M.)
sciopero (M.) ad oltranza unbefristeter Streik (M.)
sciopero (M.) generale Generalstreik (M.), Vollstreik (M.)
sciopero (M.) organizzato organisierter Streik (M.)
sciopero (M.) parziale Teilstreik (M.)
sciopero (M.) selvaggio wilder Streik (M.)
sciopero (M.) totale Vollstreik (M.)
scippatore (M.) Straßenräuber (M.)
scisma (M.) Schisma (N.)
scissione (F.) Aufspaltung (F.), Spaltung (F.)
scivolare gleiten
sclassificare entwidmen
sclassificazione (F.) Entwidmung (F.)
scoglimento (M.) della comunione legale Auflösung (F.) der Gütergemeinschaft
scoiare schinden
scolara (F.) Schülerin (F.)
scolaro (M.) Schüler (M.)
scommessa (F.) Wette (F.)
scommettere wetten
scomparire sterben
scomparsa (F.) Verschollenheit (F.)
scomparso (Adj.) verschollen
scomparso verstorben
scomunica (F.) Exkommunikation (F.)
scomunicare exkommunizieren
sconfitta (F.) Misserfolg (M.)
sconfitta (F.) elettorale Wahlniederlage (F.)
sconosciuto (Adj.) fremd
sconsideratezza (F.) Unverstand (M.)
scontare büßen, diskontieren, verbüßen
sconto (M.) Abschlag (M.), Diskont (M.), Nachlass (M.), Preisabschlag (M.), Preisnachlass (M.), Rabatt (M.), Skonto (N.)
scontrino (M.) Quittung (F.)
sconveniente ungebührlich
sconvenienza (F.) Ungebühr (F.)
sconvolgimento (M.) mentale Geisteszerrüttung (F.)
scoperta (F.) Entdeckung, Offenbarung (F.)
scoperta (F.) del tesoro Schatzfund (M.)
scoperto (M.) Überziehung (F.)
scoperto (M.) obbligatorio Selbstbehalt (M.)
scopo (M.) Zweck (M.)
scopo (M.) dello Stato Staatszweck (M.)
scopo (M.) di lucro Gewinnabsicht (F.)
scopo (M.) sociale Gesellschaftszweck (M.)
scoppiare ausbrechen, explodieren
scoppio (M.) Ausbruch (M.), Explosion (F.)
scoprire aufdecken, entdecken, finden, offenbaren
scorporare absondern
scorrere fließen
scorrettezza (F.) Fehlerhaftigkeit
scorta (F.) Begleitung (F.), Bestand (M.), Garde (F.), Geleit (N.), Vorrat (M.)
scorta (F.) armata Begleitschutz (M.)
scorta (F.) di divise Devisenreserve (F.)
scortare begleiten
scorticare schinden
scorticatore (M.) Schinder (M.)
scossa (F.) Schock (M.)
scostamento (M.) Abweichung (F.)
scostare abstellen
scrigno (M.) Schrein (M.)
scritto (M.) Schreiben (N.), Schrift (F.), Skript (N.), Skriptum (N.)

scritto (M.) compilato Kompilation (F.)
scritto a mano handschriftlich
scrittura (F.) Akt (M.), Dokument (N.), Schrift (F.), Schriftsatz (M.), Schriftstück (N.)
scrittura (F.) a mano Handschrift (F.)
scrittura (F.) contabile Bucheintragung (F.), Buchung (F.)
scrittura (F.) di storno Storno (N.)
scrittura (F.) inversa Umbuchung (F.)
scrittura (F.) privata Privaturkunde (F.)
scrittura (F.) privata autenticata beglaubigte Privaturkunde (F.)
scritturale (F.) Schreiberin (F.)
scritturale (M.) Schreiber (M.)
scrivano (M.) Schreiber (M.), Schriftführer (M.)
scrivente (F.) Schreiberin (F.)
scrivente (M.) Schreiber (M.)
scrivere schreiben, verfassen
scrivere a credito zuschreiben
scrocco (M.) Zechprellerei (F.)
scrutinio (M.) Abstimmung (F.), Auszählung (F.), Wahl (F.), Wahlgang (M.)
scrutinio (M.) di lista Listenwahl (F.)
scrutinio (M.) segreto geheime Wahl (F.)
scuola (F.) Lehre (F.), Schule (F.)
scuola (F.) confessionale Bekenntnisschule (F.)
scuola (F.) d'avviamento professionale Berufsschule (F.)
scuola (F.) elementare Volksschule (F.)
scuola (F.) giuridica Rechtsschule (F.)
scuola (F.) integrata Gesamtschule (F.)
scuola (F.) interconfessionale Gemeinschaftsschule (F.)
scuola (F.) per corrispondenza Fernunterricht (M.)
scuola (F.) privata Privatschule (F.)
scuola (F.) professionale Berufsschule (F.)
scuola (F.) professionale di istruzione superiore Fachhochschule (F.)
scuro dunkel
scusa (F.) Entschuldigung (F.), Verzeihung (F.)
scusabile entschuldbar
scusante (F.) Rechtfertigungsgrund (M.)
scusare entschuldigen
sdaziare verzollen
sdebitamento (M.) Entschuldung (F.)
sdoganare verzollen
secessione (F.) Sezession (F.)
secolare weltlich
secolarizzare säkularisieren
secolarizzazione (F.) Säkularisation (F.)
seconda residenza (F.) Zweitwohnsitz (M.)
secondario Neben-
seconde nozze (F.Pl.) Wiederverheiratung (F.)
secondo gemäß, zweit
secondo domicilio (M.) Zweitwohnsitz (M.)
secondo esame (M.) di stato Assessorexamen (M.)
secondo grado (M.) di merito Berufungsinstanz (F.)
secondo la legge ex lege (lat.) (kraft Gesetzes)
sede (F.) Geschäftsstelle (F.), Niederlassung (F.), Sitz (M.), Stätte (F.)
sede (F.) distaccata Außenabteilung (F.), Zweigstelle (F.)
sede (F.) fissa Standort (M.)
sede (F.) secondaria Filiale (F.)
sedicente angeblich
sedizioso (Adj.) subversiv
sedizioso (M.) Meuterer (M.)
sedurre verführen
seduta (F.) Sitzung (F.), Tagsatzung (F.), Tagung (F.)
seduta (F.) pubblica öffentliche Sitzung (F.)
seduzione (F.) Verführung (F.)
seggio (M.) Sitz (M.)
segnalare ankündigen, benachrichtigen, hinweisen, melden, mitteilen
segnalazione (F.) Angabe (F.), Ankündigung (F.), Benachrichtigung (F.), Hinweis (M.), Mitteilung (F.)
segnalazione (F.) stradale Verkehrszeichen (N.)
segnale (M.) Anzeichen (N.)
segnare signieren
segnatario (M.) Signatar (M.)
segnatura (F.) Signatur (F.)
segno (M.) Insignie (F.), Merkmal (N.), Symbol (N.), Zeichen (N.)
segno (M.) di garanzia Gütezeichen (N.)
segno (M.) stradale Verkehrszeichen (N.)
segregazione (F.) dal mondo esterno Kontaktsperre (F.)
segretaria (F.) Sekretärin (F.)
segretario (M.) Schriftführer (M.), Sekretär (M.)
segretario (M.) comunale Gemeindedirektor (M.)

segretario (M.) di legazione Legationssekretär (M.)
segretario (M.) di Stato Staatssekretär (M.)
segretario (M.) generale Generalsekretär (M.)
segretario (M.) verbalizzante (M.) Protokollant (M.)
segreteria (F.) Geschäftsstelle (F.), Sekretariat (N.)
segreteria (F.) comunale Bürgermeisterei (F.)
segreteria (F.) di Stato Staatskanzlei (F.)
segretezza (F.) Geheimhaltung (F.), Verschwiegenheit (F.)
segreto (Adj.) geheim, heimlich, vertraulich
segreto (M.) Geheimnis (N.)
segreto (M.) bancario Bankgeheimnis (N.)
segreto (M.) commerciale Geschäftsgeheimnis (N.)
segreto (M.) d'ufficio Amtsgeheimnis (N.), Amtsverschwiegenheit (F.), Dienstgeheimnis (N.)
segreto (M.) della corrispondenza Briefgeheimnis (N.)
segreto (M.) delle telecomunicazioni Fernmeldegeheimnis (N.)
segreto (M.) dello scrutinio Wahlgeheimnis (N.)
segreto (M.) di corrispondenza Korrespondenzgeheimnis (N.)
segreto (M.) di servizio Dienstverschwiegenheit (F.)
segreto (M.) di Stato Staatsgeheimnis (N.)
segreto (M.) epistolare Briefgeheimnis (N.), Korrespondenzgeheimnis (N.)
segreto (M.) fiscale Steuergeheimnis (N.)
segreto (M.) industriale Geschäftsgeheimnis (N.)
segreto (M.) istruttorio Ermittlungsgeheimnis (N.)
segreto (M.) postale Postgeheimnis (N.)
segreto (M.) professionale Amtsverschwiegenheit (F.), Berufsgeheimnis (N.), Dienstverschwiegenheit (F.)
seguire folgen, gehorchen
seguito (M.) Geleit (N.), Verfolg (M.)
selezionare auswählen, wählen
selezione (F.) Auswahl (F.), Wahl (F.)
selezione (F.) sociale Sozialauswahl (F.)
selvaggina (F.) Wild (N.)
seme (M.) Saat (F.)
semente (M.) Saat (F.)
semestre (M.) Semester (N.)
semimputabilità (F.) bedingte Schuldfähigkeit (F.), verminderte Schuldfähigkeit (F.)
semina (F.) Saat (F.)
seminagione (F.) Saat (F.)
seminario (M.) Seminar (N.)
seminfermità (F.) Geistesschwäche (F.), Halbzurechnungsfähigkeit (F.)
seminfermo halbzurechnungsfähig
semplificare erleichtern, vereinfachen
semplificazione (F.) Vereinfachung (F.)
senato (M.) Senat (M.)
Senato della Repubblica Senat (M.) der Republik
senatore (M.) Senator (M.)
sensale (M.) Handelsmakler (M.), Makler (M.), Vermittler (M.)
sensale (M.) immobiliare Immobilienmakler (M.)
sensatezza (F.) Vernunft (F.)
sensato vernünftig
senso (F.) della giustizia Rechtsempfinden (N.)
senso (M.) della giustizia Rechtsgefühl (N.)
senso (M.) di colpa Schuldgefühl (N.)
senso (M.) letterale delle parole buchstäblicher Sinn (M.)
sentenza (F.) Entscheid (M.), Entscheidung (F.), Erkenntnis (F. bzw. N.), Judikat (N.), Urteil (N.)
sentenza (F.) arbitrale Schiedsspruch (M.)
sentenza (F.) che obbliga la pubblica amministrazione a decidere secondo l'assunto giuridico del giudice Bescheidungsurteil (N.)
sentenza (F.) complementare Ergänzungsurteil (N.)
sentenza (F.) conclusiva Schlussurteil (N.)
sentenza (F.) contumaciale Abwesenheitsurteil (N.), Versäumnisurteil (N.)
sentenza (F.) costitutiva Gestaltungsurteil (N.)
sentenza (F.) d'omologazione Bestätigungsurteil (N.)
sentenza (F.) definitiva Endurteil (N.), Schlussurteil (N.)
sentenza (F.) di accertamento Feststellungsurteil (N.)
sentenza (F.) di assoluzione Freispruch (M.)
sentenza (F.) di condanna Strafurteil (N.), Verurteilung (F.)

sentenza (F.) di condanna con riserva Vorbehaltsurteil (N.)
sentenza (F.) di delibazione di decisioni straniere Vollstreckungsurteil (N.)
sentenza (F.) di dichiarazione del fallimento Eröffnungsbeschluss (M.) über das Konkursverfahren
sentenza (F.) di esecutorietà Vollstreckungsurteil (N.)
sentenza (F.) di merito Sachurteil (N.)
sentenza (F.) di prima istanza erstinstanzliches Urteil (N.)
sentenza (F.) di primo grado erstinstanzliches Urteil (N.)
sentenza (F.) di proscioglimento Freispruch (M.)
sentenza (F.) di riconoscimento Anerkenntnisurteil (N.)
sentenza (F.) di rinuncia Verzichtsurteil (N.)
sentenza (F.) di rito Prozessurteil (N.)
sentenza (F.) dichiarativa Feststellungsurteil (N.)
sentenza (F.) dichiarativa di fallimento Eröffnungsbeschluss (M.) über das Konkursverfahren
sentenza (F.) errata Fehlurteil (N.)
sentenza (F.) esecutiva Vollstreckungsurteil (N.)
sentenza (F.) finale Aburteilung (F.), Endurteil (N.), Schlussurteil (N.)
sentenza (F.) giudiziaria Richterspruch (M.)
sentenza (F.) in contumacia Abwesenheitsurteil (N.)
sentenza (F.) incidentale Zwischenurteil (N.)
sentenza (F.) inesistente Scheinurteil (N.)
sentenza (F.) interlocutoria Zwischenurteil (N.)
sentenza (F.) interlocutoria in materia probatoria Beweisinterlokut (N.)
sentenza (F.) interlocutoria sulla colpevolezza Schuldinterlokut (N.)
sentenza (F.) interlocutoria sulla commissione del fatto Tatinterlokut (N.)
sentenza (F.) parziale Teilurteil (N.)
sentenza (F.) penale Straferkenntnis (F.), Strafurteil (N.)
sentenza (F.) provvisoria di condanna Vorbehaltsurteil (N.)
sentenza (F.) totale Vollurteil (N.)
sentenziare aburteilen, entscheiden, urteilen
sentimento (M.) del diritto Rechtsempfinden (N.)
sentimento (M.) nazionale Nationalgefühl (N.)
sentire anhören, hören, vernehmen
sentito (M.) dire Hörensagen (N.)
senza casa obdachlos
senza colpa schuldlos
senza difetti fehlerlos
senza diritto rechtlos
senza effetti kraftlos
senza errori fehlerlos
senza giusta causa ungerechtfertigt
senza impegno freibleibend
senza impiego erwerbslos
senza importanza unwichtig
senza indugio unverzüglich
senza interessi unverzinslich
senza lavoro arbeitslos, erwerbslos
senza padrone herrenlos
senza patria heimatlos
senza personalità giuridica nichtrechtsfähig
senza preavviso fristlos
senza preconcetti unvoreingenommen
senza pregiudizi unvoreingenommen
senza proprietario herrenlos
senza riguardo rücksichtslos
senza riserve vorbehaltlos
senza sospetti arglos
senza spese kostenlos
senza termine fristlos
senza tetto obdachlos
senza valore wertlos
separabile abtrennbar
separare absondern, abtrennen, aussondern, teilen, trennen
separato (Adj.) getrennt
separazione (F.) Absonderung (F.), Abtrennung (F.), Aussonderung (F.), Spaltung (F.), Teilung (F.), Trennung (F.)
separazione (F.) dei beni Gütertrennung (F.)
separazione (F.) dei coniugi Trennung (F.) der Ehegatten
separazione (F.) dei processi Prozesstrennung (F.)
separazione (F.) delle cause Prozesstrennung (F.)
separazione (F.) di fatto Getrenntleben (N.)
separazione (F.) di letto e di mensa Trennung (F.) von Tisch und Bett
separazione (F.) mobiliare Hausratsteilung (F.)

separazione (F.) quod thorum et mensam Trennung (F.) von Tisch und Bett
sepoltura (F.) Beerdigung (F.)
seppellimento (M.) Beerdigung (F.)
seppellire beerdigen
sequenza (F.) Folge (F.)
sequestrabile pfändbar
sequestrare beschlagnahmen, einziehen, entführen, kidnappen, sequestrieren
sequestratario (M.) Zwangsverwalter (M.)
sequestrato gepfändet
sequestro (M.) Arrest (M.), Beschlag (M.), Beschlagnahme (F.), Einziehung (F.), Exekution (F.), Sequester (M.), Sequestration (F.), Sicherstellung (F.), Zwangsverwaltung (F.)
sequestro (M.) di donne Frauenraub (M.)
sequestro (M.) di persona Entführung (F.), Freiheitsberaubung (F.), Freiheitsentziehung (F.), Menschenraub (M.)
sequestro (M.) di persona a scopo di estorsione erpresserischer Menschenraub (M.)
sequestro (M.) di salario Lohnpfändung (F.)
serrata (F.) Aussperrung (F.)
servire bedienen, dienen, nützen (nützlich sein)
servitore (M.) Diener (M.), Dienstbote (M.), Knecht (M.)
servitù (F.) Dienstbarkeit (F.), Knechtschaft (F.), Servitut (F.)
servitù (F.) civica Allmende (F.)
servitù (F.) coatta Legalservitut (F.)
servitù (F.) della gleba Leibeigentum (N.)
servitù (F.) di passaggio Notweg (M.), Wegerecht (N.)
servitù (F.) legale Legalservitut (F.)
servitù (F.) personale limitata beschränkte persönliche Dienstbarkeit (F.)
servitù (F.) prediale Grunddienstbarkeit (F.)
servitù (F.) pubblica öffentliche Dienstbarkeit (F.)
servitù (F.) rurale Felddienstbarkeit (F.)
servizio (M.) Bedienung (F.), Dienst (M.), Dienstleistung (F.)
servizio (M.) civile Zivildienst (M.)
servizio (M.) d'emergenza Bereitschaftsdienst (M.)
servizio (M.) d'informazioni federale Bundesnachrichtendienst (M.)
servizio (M.) del personale Personalabteilung (F.)
servizio (M.) dello Stato Staatsdienst (M.)
servizio (M.) di polizia Polizeivollzugsdienst (M.)
servizio (M.) di pronto soccorso Bereitschaftsdienst (M.)
servizio (M.) di prova Vorbereitungsdienst (M.)
servizio (M.) estero auswärtiger Dienst (M.)
servizio (M.) militare Grundwehrdienst (M.), Kriegsdienst (M.), Wehrdienst (M.)
servizio (M.) militare obbligatorio Wehrdienstpflicht (F.)
servizio (M.) preparatorio Vorbereitungsdienst (M.)
servizio (M.) pubblico öffentliche Dienstleistung (F.), öffentlicher Dienst (M.), Staatsdienst (M.)
servizio (M.) segreto Geheimdienst (M.), Verfassungsschutz (M.)
servizio (M.) sostitutivo Ersatzdienst (M.)
Servizio (M.) tedesco per gli scambi accademici Deutscher Akademischer Austauschdienst (M.) (DAAD)
servizo (M.) di nettezza urbana Müllabfuhr (F.)
sessione (F.) Session (F.), Sitzung (F.), Sitzungsperiode (F.)
sesso (M.) Geschlecht (N.), Sex (M.)
sessuale geschlechtlich, sexuell
sessualità (F.) Sex (M.)
setta (F.) Sekte (F.)
settimana (F.) Woche (F.)
settimanale (Adj.) wöchentlich
settore (M.) Bereich (M.), Dezernat (N.), Fach (N.), Sektor (M.), Zweig (M.)
severità (F.) Härte (F.)
severo rigoros, streng
sevizie (F.Pl.) Misshandlung (F.)
sezione (F.) Abschnitt (M.), Abteilung (F.), Dezernat (N.), Kammer (F.), Referat (N.), Sektion (F.), Senat (M.)
sezione (F.) cadaverica Leichenöffnung (F.), Sektion (F.)
sezione (F.) civile Abteilung (F.) für Zivilsachen, Zivilkammer (F.), Zivilsenat (M.)
sezione (F.) distaccata Außenabteilung (F.), detachierte Kammer (F.), Zweigstelle (F.)
sezione (F.) famiglia del tribunale Familiengericht (N.)
sezione (F.) penale Abteilung (F.) für Strafsachen, Strafkammer (F.), Strafsenat (M.) (Strafsenat beim Bundesgerichtshof)

sezione (F.) spettanza (F.) Ressort (N.)
sezioni (F.Pl.) unite gemeinsamer Senat (M.)
sfasciare einbrechen
sfavore (M.) Nachteil (M.)
sfera (F.) Bereich (M.), Sphäre (F.)
sfera (F.) d'azione Wirkungskreis (M.)
sfera (F.) d'azione propria eigener Wirkungskreis (M.)
sfera (F.) della riservatezza Intimsphäre (F.)
sfera (F.) giuridica Rechtssphäre (F.)
sfera (F.) intima Intimsphäre (F.)
sfidare provozieren
sfiducia (F.) Misstrauen (N.)
sfinire schaffen
sfiorare streifen
sfollare aussiedeln, evakuieren, räumen
sfollato (M.) Aussiedler (M.)
sfondare einbrechen
sfortuna (F.) Unglück (N.)
sfratto (M.) Ausweisung (F.), Räumung (F.), Zwangsräumung (F.)
sfruttamento (M.) Ausbeutung (F.), Ausspielung, Verwertung (F.)
sfruttamento (M.) della prostituzione Zuhälterei (F.)
sfruttare ausspielen, nützen (transitiv), verwerten
sfruttatore (M.) di prostitute Zuhälter (M.)
sfuggire entgehen
sgomberare räumen
sgombero (M.) Räumung (F.)
sgravare entlasten
sgravio (M.) Entlastung (F.), Erleichterung (F.)
sgridare schelten, schimpfen
sgridata (F.) Schelte (F.)
sicario (M.) Killer (M.)
sicurezza (F.) Gewähr (F.), Gewissheit (F.), Sicherheit (F.)
sicurezza (F.) del traffico Verkehrssicherheit (F.)
sicurezza (F.) della circolazione stradale Verkehrssicherheit (F.)
sicurezza (F.) mobiliare Mobiliarsicherheit (F.)
sicurezza (F.) pubblica öffentliche Sicherheit (F.)
sicurezza (F.) pubblica e ordine (M.) pubblico öffentliche Sicherheit und Ordnung (F.)
sicurezza (F.) sociale Sozialversicherung (F.)
sicurezza (F.) sul lavoro Arbeitssicherheit (F.)
sicuro gewiss, sicher, zuverlässig
sigillare siegeln, versiegeln
sigillatura (F.) Versiegelung (F.)
sigillo (M.) Petschaft (F.), Siegel (N.), Verschluss (M.)
sigillo (M.) d'ufficio Dienstsiegel (N.)
sigillo (M.) su oggetti pignorati Pfandsiegel (N.)
sigillo (M.) ufficiale Dienstsiegel (N.)
sigla (F.) Abkürzung (F.), Aktenzeichen (N.), Paraphe (F.), Signatur (F.)
siglare abzeichnen, paraphieren, signieren
significare bedeuten
significato (M.) Bedeutung (F.)
signora (F.) Frau (F.)
signore (M.) Herr (M.), Lord (M.)
signore (M.) di campagna Gutsherr (M.)
signore (M.) di una tenuta Gutsherr (M.)
signoria (F.) Gutsherrschaft (F.)
silenzio (M.) Ruhe (F.), Schweigen (N.), Stillschweigen (N.), Verschweigung (F.)
silenzioso still
sillogismo (M.) Syllogismus (M.)
simbolo (M.) Symbol (N.)
simbolo (M.) dello Stato Staatssymbol (N.)
simbolo (M.) giuridico Rechtssymbol (N.)
simile (Adj.) gleichartig
simile al dipendente di lavoro arbeitnehmerähnlich
similitudine (F.) Ähnlichkeit (F.)
simposio (M.) Kongress (M.), Tagung (F.)
simulare fingieren, heucheln, simulieren, vorspiegeln, vortäuschen
simulatore (M.) Simulant (M.)
simulazione (F.) Abgabe (F.) einer Scheinerklärung, Simulierung (F.), Täuschung (F.), Vorspiegelung (F.), Vortäuschung (F.)
simulazione (F.) di reato Vortäuschen einer Straftat (N.)
simultaneamente Zug um Zug
simultaneità (F.) Gleichzeitigkeit (F.)
simultaneo gleichzeitig, simultan
sinallagma (M.) Synallagma (N.)
sinallagma (M.) funzionale funktionelles Synallagma (N.)
sinallagma (M.) genetico genetisches Synallagma (N.)
sinallagmatico gegenseitig, synallagmatisch

sindacale gewerkschaftlich
sindacalista (M.) Gewerkschaftler (M.)
sindacare kontrollieren, prüfen, überprüfen
sindacato (M.) Gewerkschaft (F.), Syndikat (N.)
sindacato (M.) dei lavoratori Arbeitnehmerverband (M.)
sindacato (M.) di costituzionalità Verfassungskontrolle (F.)
sindacato (M.) di legittimità costituzionale in astratto abstrakte Normenkontrolle (F.)
sindacato (M.) di legittimità costituzionale in concreto konkrete Normenkontrolle (F.)
sindacato (M.) sul contenuto Inhaltskontrolle (F.)
sindaco (M.) Aufsichtsrat (M.), Bürgermeister (M.), Gemeindedirektor (M.), Rechnungsprüfer (M.)
sine die (lat.) fristlos
singolarità (F.) Spezialität (F.)
singolo einzeln
sinistrato (M.) Geschädigter (M.)
sinistro (M.) Schaden (M.), Unfall (M.)
sinodo (M.) Synode (F.)
sintesi (F.) Synthese (F.)
sistema (M.) Gliederung (F.), Methode (F.), System (N.)
sistema (M.) bicamerale Zweikammersystem (N.)
sistema (M.) bicamerale perfetto echtes Zweikammernsystem (N.)
sistema (M.) creditizio Kreditwesen (N.)
sistema (M.) d'informazione Informationssystem (N.)
sistema (M.) del doppio binario Zweispurigkeit (F.)
sistema (M.) dello Stato di diritto Rechtsstaatlichkeit (F.)
sistema (M.) di valori Wertesystem (N.)
sistema (M.) esperto Expertensystem (N.)
sistema (M.) finanziario Finanzverfassung (F.)
sistema (M.) giuridico Rechtssystem (N.)
sistema (M.) graduale Gradualsystem (N.)
sistema (M.) informatico del personale Personalinformationssystem (N.)
sistema (M.) maggioritario Mehrheitswahlrecht (N.)
Sistema (M.) Monetario Europeo (SME) Europäisches Währungssystem (N.) (EWS)
sistema (M.) unicamerale Einkammersystem (N.)
sistemare bereinigen, ordnen
sistematica (F.) Systematik (F.)
sistematico methodisch, systematisch
sistemazione (F.) Bereinigung (F.), Regulation (F.), Unterbringung (F.)
sistemazione (F.) amichevole gütliche Regelung (F.)
sistemazione (F.) del diritto Rechtsbereinigung (F.)
sito (Adj.) belegen (Adj.)
sito (M.) Internet Website (F.)
sito (M.) web Website (F.)
sito gelegen
situato belegen (Adj.), gelegen
situazione (F.) Lage (F.), Stand (M.), Zustand (M.)
situazione (F.) d'emergenza Notstandslage (F.)
situazione (F.) di diritto Rechtslage (F.)
situazione (F.) di fatto Sachlage (F.)
situazione (F.) giuridica Rechtslage (F.)
situazione (F.) patrimoniale Besitzstand (M.)
sleale unlauter, untreu, verräterisch
smaltimento (M.) Entsorgung (F.)
smaltimento (M.) dei rifiuti Abfallentsorgung (F.)
smaltire entsorgen
smarrimento (M.) Verlust (M.)
smarrire verlieren
smarrirsi abhandenkommen
SME (M.) (Sistema monetario europeo) EWS (N.) (Europäisches Währungssystem)
smembramento (M.) Aufspaltung (F.)
smentire dementieren, verleugnen, widersprechen
smentita (F.) Dementi (N.), Widerruf (M.)
smerciabilità (F.) Absetzbarkeit (F.)
smerciare absetzen, unterbringen
smercio (M.) Absatz (M.), Unterbringung (F.), Vertrieb (M.)
smobilitare abrüsten
smobilizzazione (F.) Abrüstung (F.)
smog (M.) Smog (M.)
sobillare aufhetzen, aufwiegeln, hetzen
sobillazione (F.) Aufhetzung (F.)
soccombente (M.) Verlierer (M.)
soccombere unterliegen
soccorrere beistehen, helfen, hilfeleisten
soccorso (M.) Beistand (M.), Hilfe (F.), Hilfeleistung (F.)
soccorso (M.) difensivo Nothilfe (F.)

socia (F.) Genossin (F.), Partnerin (F.)
socia (F.) accomandante Kommanditistin (F.)
sociale gesellschaftlich, sozial
socialismo (M.) Sozialismus (M.)
socialista (Adj.) sozialistisch
socialista (M.) Sozialist (M.)
socialistico sozialistisch
socializzare sozialisieren, vergesellschaften
socializzazione (F.) Sozialisierung (F.), Vergesellschaftung (F.)
socialmente dannoso sozialschädlich
socialmente pericoloso gemeingefährlich
società (F.) Gesellschaft (F.)
società (F.) a responsabilità limitata (s.r.l.) Gesellschaft (F.) mit beschränkter Haftung (GmbH)
società (F.) a socio unico Einmanngesellschaft (F.)
società (F.) affiliata Tochtergesellschaft (F.)
società (F.) armatrice Reederei (F.)
società (F.) commerciale Handelsgesellschaft (F.)
società (F.) controllante Muttergesellschaft (F.)
società (F.) cooperativa Genossenschaft (F.)
società (F.) cooperativa iscritta eingetragene Genossenschaft (F.)
società (F.) cooperativa registrata eingetragene Genossenschaft (F.)
società (F.) d'assicurazioni Versicherungsgesellschaft (F.), Versicherungsträger (M.)
società (F.) d'investimento Investmentgesellschaft (F.)
Società (F.) delle Nazioni Völkerbund (M.)
società (F.) di ammortamento Abschreibungsgesellschaft (F.)
società (F.) di capitali Kapitalgesellschaft (F.)
società (F.) di controllo Holdinggesellschaft (F.)
società (F.) di diritto civile Gesellschaft (F.) des bürgerlichen Rechts
società (F.) di fatto faktische Gesellschaft (F.), fehlerhafte Gesellschaft (F.)
società (F.) di investimenti Kapitalanlagegesellschaft (F.)
società (F.) di mutua assicurazione Versicherungsverein (M.)
società (F.) di partecipazione Holding (F.)
società (F.) di partecipazione finanziaria Holdinggesellschaft (F.)
società (F.) di persone Personalgesellschaft (F.), Personengesellschaft (F.)
società (F.) dipendente Tochtergesellschaft (F.)
società (F.) familiare Familiengesellschaft (F.)
società (F.) fiduciaria Treuhandgesellschaft (F.)
società (F.) finanziaria Dachgesellschaft (F.)
società (F.) holding Holdinggesellschaft (F.)
società (F.) in accomandita per azioni (s.a.p.a.) Kommanditgesellschaft (F.) auf Aktien
società (F.) in accomandita semplice (s.a.) KG (F.) (Kommanditgesellschaft), Kommanditgesellschaft (F.) (KG)
società (F.) in formazione Gründungsgesellschaft (F.), Vorgesellschaft (F.)
società (F.) in nome collettivo (s.n.c.) offene Handelsgesellschaft (F.) (OHG), OHG (F.) (offene Handelsgesellschaft)
società (F.) individuale Einmanngesellschaft (F.)
società (F.) interna Innengesellschaft (F.)
società (F.) irregolare fehlerhafte Gesellschaft (F.)
società (F.) madre Muttergesellschaft (F.)
società (F.) occasionale Gelegenheitsgesellschaft (F.)
società (F.) per azioni (s.p.a.) Aktiengesellschaft (F.) (AG)
società (F.) per la protezione degli animali Tierschutzverein (M.)
società (F.) semplice einfache Gesellschaft (F.)
società (F.) senza soci Keinmanngesellschaft (F.)
società (F.) tra avvocati Anwaltssozietät (F.)
società (F.) tra liberi professionisti (s.t.p.) Anwaltssozietät (F.)
società (F.) tra professionisti (s.t.p.) Partnerschaftsgesellschaft
società (F.) unipersonale Einmanngesellschaft (F.)
socio (M.) Genosse (M.), Gesellschafter (M.), Mitglied (N.), Partner (M.), Sozius (M.)
socio (M.) accomandante Kommanditist (M.)
socio (M.) accomandatario Komplementär (M.)
socio (M.) di un consorzio minerario Gewerke (M.)
socio (M.) fondatore Gründer (M.)

socio (M.) occulto stiller Gesellschafter (M.)
socio (M.) unico Alleingesellschafter (M.)
sociologia (F.) del diritto Rechtssoziologie (F.)
sociologo (M.) Soziologie (F.)
soddisfacimento (M.) Genugtuung (F.)
soddisfacimento (M.) anticipato Erbausgleich (M.)
soddisfare befriedigen, decken
soddisfazione (F.) Befriedigung (F.), Genugtuung (F.), Satisfaktion (F.)
sodomia (F.) Sodomie (F.)
sofferenza (F.) Schmerz (M.)
sofisticazione (F.) Verfälschung (F.)
soft law (M.) (engl.) soft law (N.) (engl.)
software (M.) (engl.) Anwendung (F.), Software (F.) (engl.)
soggettivo subjektiv
soggetto (Adj.) hörig
soggetto (M.) Individuum (N.), Person (F.), Subjekt (N.)
soggetto (M.) con cittadinanza plurima Mehrstaater (M.)
soggetto (M.) considerato imprenditore per ragioni formali Formkaufmann (M.)
soggetto (M.) di diritto Rechtssubjekt (N.)
soggetto (M.) di diritto internazionale Völkerrechtssubjekt (N.)
soggetto (M.) diverso dall'interessato Außenstehender (M.)
soggetto (M.) giuridico Rechtssubjekt (N.)
soggetto (M.) internazionale Völkerrechtssubjekt (N.)
soggetto (M.) passivo d'imposta Steuerpflichtiger (M.)
soggetto (M.) tassabile Steuerpflichtiger (M.)
soggetto a denuncia anzeigepflichtig, meldepflichtig
soggetto a pignoramento pfändbar
soggetto a tassa gebührenpflichtig
soggetto ad autorizzazione genehmigungsbedürftig
soggetto ad imposta steuerpflichtig
soggezione (F.) Hörigkeit (F.)
soggiorno (M.) Aufenthalt (M.)
sola (F.) di cambio Solawechsel (M.)
soldato (M.) Soldat (M.)
soldato (M.) di ventura Söldner (M.)
soldo (M.) Heller (M.), Sold (M.)
solidale gesamtschuldnerisch, selbstschuldnerisch, solidarisch
solidarietà (F.) Solidarität (F.)
solidità (F.) finanziaria Bonität (F.)
solito gewöhnlich
sollecitare beschleunigen, empfehlen, erinnern, mahnen
sollecitazione (F.) Erinnerung (F.)
sollevare aufwiegeln, entlasten
sollevare eccezione einwenden
soluzione (F.) Lösung (F.)
solvendi causa (lat.) erfüllungshalber, zahlungshalber
solvente zahlungsfähig
solvenza (F.) Liquidität (F.), Solvenz (F.), Zahlungsfähigkeit (F.)
solvibile liquide, solvent, zahlungsfähig
solvibilità (F.) Bonität (F.), Liquidität (F.), Solvenz (F.), Zahlungsfähigkeit (F.)
somaro (M.) Esel (M.)
somma (F.) Betrag (M.), Summe (F.)
somma (F.) assicurata Versicherungssumme (F.)
somma (F.) di denaro Geldbetrag (M.)
somma (F.) forfettaria Pauschale (F.)
somma (F.) mancante Fehlbetrag (M.)
somma (F.) pagabile in caso di morte Sterbegeld (N.)
sommario (Adj.) summarisch
sommario (M.) Inhaltsverzeichnis (N.), Kompendium (N.)
somministrare beibringen, liefern
somministrazione (F.) Lieferung (F.)
sommo höchste
sommossa (F.) Auflauf (M.), Erhebung (F.), Landfriedensbruch (M.)
sondaggio (M.) preparatorio Vorerhebung (F.)
sondare ausforschen
sopportare dulden, erleiden
sopportazione (F.) Duldung (F.)
sopportazione (F.) del rischio Gefahrtragung (F.)
soppressione (F.) Abschaffung (F.), Aufhebung (F.), Beseitigung (F.), Unterschlagung (F.)
soppressione (F.) di atti Urkundenunterdrückung (F.)
soppressione (F.) di documenti Urkundenunterdrückung (F.)
soppressione (F.) di un atto Unterdrücken (N.) einer Urkunde
soppressione (F.) di un documento Unterdrücken (N.) einer Urkunde

soppriinere abschaffen, aufheben, beseitigen, unterdrücken
sopra menzionato vorerwähnt
sopraccaricare überlasten
sopraedificare überbauen
sopralluogo (M.) Augenschein (M.), Bestandsufnahme (F.), Haussuchung (F.), Lokalermin (M.)
sopranazionale supranational, überstaatlich
soprappeso (M.) Überlastung (F.)
soprappiù (M.) Überschuss (M.)
soprapremio (M.) di rischio Gefahrenzulage (F.)
sopravvalutare überbewerten
sopravvalutazione (F.) Überbewertung (F.)
sopravvenuto nachträglich
sopreccedenza (F.) Übermaß (N.)
sopredificazione (F.) Überbau (M.) (Grenzüberbau)
soprintendente (M.) Superintendent (M.)
sordo (Adj.) taub
sordomuto (Adj.) taubstumm
sorella (F.) Schwester (F.)
sorellastra (F.) Stiefschwester (F.)
sorgente (F.) Quelle (F.)
sorpassare überholen (überprüfen)
sorte (F.) Glück (N.), Los (N.)
sorteggiare auslosen, losen, verlosen
sorteggio (M.) Auslosung (F.), Verlosung (F.)
sorvegliante (M.) Aufseher (M.), Hüter (M.)
sorveglianza (F.) Aufsicht (F.), Beaufsichtiung (F.), Bewachung (F.), Überwachung (F.)
sorveglianza (F.) dei lavori di costruzione Bauaufsicht (F.)
sorveglianza (F.) edilizia Bauüberwachung (F.)
sorveglianza (F.) statale Staatsaufsicht (F.)
sorveglianza (F.) sulle banche Bankenaufsicht (F.)
sorvegliare beaufsichtigen, bewachen, hüten, überwachen
sospendere aussetzen, einstellen, entheben, sistieren, suspendieren, unterbrechen
sospensione (F.) Aussetzung (F.), Einstellung (F.), Enthebung (F.), Sistierung (F.), Suspendierung (F.), Unterbrechung (F.)
sospensione (F.) condizionale della pena bedingte Strafaussetzung (F.)
sospensione (F.) dall'ufficio Amtsenthebung (F.)
sospensione (F.) dei pagamenti Zahlungseinstellung (F.)
sospensione (F.) del procedimento Ruhen (N.) des Verfahrens
sospensione (F.) del termine Fristhemmung (F.)
sospensione (F.) della pena Strafaussetzung (F.)
sospensione (F.) della prescrizione Ruhen (N.) der Verjährung, Verjährungsaussetzung (F.)
sospensione (F.) provvisoria vorläufige Einstellung (F.)
sospensivo aufschiebend, suspensiv
sospeso offen
sospettare verdächtigen
sospettato (M.) Tatverdächtiger (M.)
sospetto (Adj.) suspekt, verdächtig
sospetto (M.) Argwohn (M.), Verdacht (M.), Verdächtigung (F.)
sospetto (M.) di carattere politico politische Verdächtigung (F.)
sospetto (M.) di fuga Fluchtgefahr (F.)
sospetto di parzialità befangen
sosta (F.) Stillstand (M.)
sostanza (F.) Masse (F.), Stoff (M.), Wesen (N.)
sostanza (F.) chimica Chemikalie (F.)
sostanza (F.) stupefacente Rauschgift (N.)
sostanziale wesentlich
sostenere behaupten, eintreten, ernähren, fördern
sostenibile vertretbar
sostentamento (M.) Versorgung (F.)
sostenuto fest
sostituire austauschen, eintreten, ersetzen, substituieren, vertreten (V.)
sostituto (Adj.) stellvertretend
sostituto (M.) Ersatzerbe (M.), Stellvertreter (M.), Substitut (N.), Vertreter (M.), Verweser (M.)
sostituto (M.) fedecommissario Nacherbe (M.)
sostituto procuratore (M.) stellvertretender Staatsanwalt (M.)
sostituzione (F.) Ersatz (M.), Ersetzung (F.), Stellvertretung (F.), Substitution (F.), Vertretung (F.), Verwechslung (F.)
sostituzione (F.) di neonato Unterschieben (N.) eines Kindes
sostituzione (F.) di parte Parteiänderung (F.)

sostituzione (F.) fedecommissaria Fideikommiss (M.), Nacherbschaft (F.)
sostituzione (F.) ordinaria Ersatzerbschaft (F.), Vulgarsubstitution (F.)
sostituzione (F.) processuale Prozessstandschaft (F.)
sostituzione (F.) volgare Ersatzerbschaft (F.), Vulgarsubstitution (F.)
sotterrare beerdigen
sotto il vincolo del giuramento eidesstattlich
sottoassicurazione (F.) Unterversicherung (F.)
sottobanco unter der Hand
sottocomitato (M.) Unterausschuss (M.)
sottocommissione (F.) Unterausschuss (M.)
sottoporre a procedimento penale verfolgen
sottoporre al supplizio della ruota rädern
sottoporre alla visita di leva mustern
sottoposizione (F.) a termine Betagung (F.)
sottoposto (Adj.) untergeordnet
sottoposto a termine betagt
sottoscritto (M.) Unterfertigter (M.)
sottoscrivere subskribieren, unterfertigen, unterschreiben, unterzeichnen, zeichnen
sottoscrizione (F.) Subskription (F.), Unterfertigung (F.), Unterschrift (F.), Unterzeichnung (F.)
sottoscrizione (F.) di azioni Zeichnung (F.) von Aktien
sottosegretario (M.) di Stato Unterstaatssekretär (M.)
sottotenente (M.) Leutnant (M.)
sottovalutazione (F.) Unterbewertung (F.)
sottrarre abziehen, entwenden, entziehen, hinterziehen, unterschlagen, wegnehmen
sottrazione (F.) Abzug (M.), Beiseiteschaffen (N.), Entwendung (F.), Entziehung (F.), Entzug (M.), Hinterziehung (F.), Unterschlagung (F.), Wegnahme (F.)
sottrazione (F.) di atti Urkundenunterschlagung (F.)
sottrazione (F.) di cosa data in pegno Pfandkehr (F.)
sottrazione (F.) di cose sottoposte a pignoramento Verstrickungsbruch (M.)
sottrazione (F.) di cose sottoposte a sequestro Verstrickungsbruch (M.)
sottrazione (F.) di energia Energieentziehung (F.)
sottrazione (F.) di mezzi di prova Beweisunterschlagung (F.)
sottrazione (F.) di minorenni Kindesentziehung (F.)
sovente häufig
sovraccaricare überlasten
sovraccarico (M.) Überlastung (F.)
sovranazionale supranational, überstaatlich
sovranità (F.) Hoheit (F.), Hoheitsgewalt (F.), Souveränität (F.), Staatsgewalt (F.)
sovranità (F.) finanziaria Finanzhoheit (F.)
sovranità (F.) fiscale Steuerhoheit (F.)
sovranità (F.) personale Personalhoheit (F.)
sovranità (F.) popolare Volkssouveränität (F.)
sovranità (F.) territoriale Gebietshoheit (F.), Territorialhoheit (F.)
sovrano (Adj.) hoheitlich, königlich, souverän
sovrano (M.) Fürst (M.), Herrscher (M.), Landesherr (M.), Majestät (F.), Souverän (M.)
sovrappiù (M.) Zugabe (F.)
sovrappopolazione (F.) Überbevölkerung (F.)
sovrapprezzo (M.) d'emissione Agio (N.)
sovrintendente (M.) Superintendent (M.)
sovvenzionare subventionieren, zuschießen
sovvenzione (F.) Beihilfe (F.) (Unterstützungsleistung im Verwaltungsrecht), Finanzierung (F.), Subvention (F.), Zuschuss (M.)
sovversivo subversiv
spacciare veräußern, vertreiben
spaccio (M.) Veräußerung (F.), Vertrieb (M.)
spaccio (M.) di carne di seconda qualità Freibank (F.)
spaccio (M.) di merci Vertreibung (F.)
spada (F.) Schwert (N.)
sparare erschießen, schießen
sparatoria (F.) Amok (M.)
spareggio (M.) Missverhältnis (N.)
sparo (M.) Schuss (M.)
spartizione (F.) Verteilung (F.)
spaventare schrecken
spavento (M.) Furcht (F.)
spazio (M.) Raum (M.), Weltraum (M.)
spazio (M.) di tempo Zeitraum (M.)
spazio (M.) economico europeo (SEE) Europäischer Wirtschaftsraum (M.) (EWR)
spazzacamino (M.) Schornsteinfeger (M.)
speciale besonders, Sonder-, speziell
specialista (M.) Fachmann (M.), Spezialist (M.)
specialità (F.) Spezialität (F.)

specializzar(si) fortbilden (sich)
specializzazione (F.) Fortbildung (F.)
specie (F.) Art (F.), Sorte (F.), Spezies (F.), Typ (M.)
specificare spezifizieren
specificazione (F.) Spezifikation (F.), Verarbeitung (F.)
speculare spekulieren
speculatore (M.) Spekulant (M.)
speculatore (M.) di borsa Börsenspekulant (M.)
speculazione (F.) Spekulation (F.)
speculazione (F.) in borsa Börsenspekulation (F.)
spedire absenden, aufgeben, ausfertigen, befördern, schicken, übermitteln, versenden
spedire merce in conto deposito konsignieren
speditore (M.) Absender (M.), Versender (M.)
spedizione (F.) Abfertigung (F.) (Fertigmachen für Versendung), Ablieferung (F.), Aufgabe (F.), Beförderung (F.), Spedition (F.), Übermittlung (F.), Versand (M.), Versendung (F.)
spedizione (F.) raggruppata Sammelladung (F.)
spedizioniere (M.) Spediteur (M.), Versender (M.)
spegnere abstellen
spendere aufwenden, ausgeben, auslegen
spergiuro (Adj.) meineidig
spergiuro (M.) Falscheid (M.), Meineid (M.)
sperperare verschleudern, verschwenden
sperpero (M.) Verschwendung (F.)
spesa (F.) Aufwand (M.), Aufwendung (F.), Ausgabe (F.), Auslage (F.), Spese (F.)
spesa (F.) d'esercizio Betriebsausgabe (F.)
spesa (F.) di conservazione notwendige Aufwendung (F.)
spesa (F.) di gestione Betriebsausgabe (F.)
spesa (F.) necessaria notwendige Aufwendung (F.), notwendige Verwendung (F.)
spesa (F.) particolare Sonderausgabe (F.)
spesa (F.) utile nützliche Verwendung (F.)
spese (F.Pl.) Kosten (F.Pl.), Spesen (F.Pl.), Unkosten (F.Pl.)
spese (F.Pl.) addizionali Nebenkosten (F.Pl.)
spese (F.Pl.) amministrative Verwaltungskosten (F.Pl.)
spese (F.Pl.) complementari Nebenkosten (F.Pl.)
spese (F.Pl.) comuni Gemeinkosten (F.Pl.)
spese (F.Pl.) d'amministrazione Verwaltungskosten (F.Pl.)
spese (F.Pl.) di amministrazione della massa fallimentare Massekosten (F.Pl.)
spese (F.Pl.) di costruzione Baukosten (F.Pl.)
spese (F.Pl.) di gestione Verwaltungskosten (F.Pl.)
spese (F.Pl.) di giudizio Gerichtskosten (F.Pl.), Prozesskosten (F.Pl.)
spese (F.Pl.) di manutenzione Instandhaltungskosten (F.Pl.)
spese (F.Pl.) di produzione Gestehungskosten (F.Pl.)
spese (F.Pl.) di riscaldamento Heizkosten (F.Pl.)
spese (F.Pl.) di viaggio Reisekosten (F.Pl.)
spese (F.Pl.) funerarie Beerdigungskosten (F.Pl.)
spese (F.Pl.) giudiziali Prozesskosten (F.Pl.)
spese (F.Pl.) giudiziarie Gerichtskosten (F.Pl.)
spese (F.Pl.) legali Prozesskosten (F.Pl.)
spese (F.Pl.) materiali Sachaufwendung (F.)
spese (F.Pl.) postali Porto (N.)
spese (F.Pl.) processuali Gerichtskosten (F.Pl.), Prozessgebühr (F.)
spese (F.Pl.) pubblicitarie Werbungskosten (F.Pl.)
spese accessorie (F.Pl.) Nebenkosten (F.Pl.)
spesso häufig
spettanza (F.) Zuständigkeit (F.)
spettare gehören
spia (F.) Spion (M.)
spiaggia (F.) Strand (M.)
spiare spionieren
spiccioli (M.Pl.) Kleingeld (N.)
spicciolo (M.) Münze (F.)
spiegare aufklären, erklären, erläutern
spiegazione (F.) Aufklärung (F.), Ausführung (F.), Erklärung (F.), Erläuterung (F.), Interpretation (F.)
spietatezza (F.) Grausamkeit (F.)
spietato grausam, rücksichtslos
spingere verleiten
spinta (F.) Drang (M.), Trieb (M.)
spionaggio (M.) Spionage (F.)
spione (M.) Spion (M.)
spirare erlöschen
spirito (M.) Geist (M.)
splitting (M.) Splitting (N.)

spogliare entziehen
spoglio (M.) Besitzentziehung (F.)
spoglio (M.) dei voti Auszählung (F.)
sponda (F.) Ufer (N.)
sponsali (M.Pl.) Eheverlöbnis (N.)
sponsor (M.) Sponsor (M.)
sponsoring (M.) Sponsoring (N.)
sponsorizzatore (M.) Sponsor (M.)
spontaneità (F.) Spontaneität (F.)
spontaneo freiwillig, spontan
sporadico unregelmäßig
sport (M.) Sport (M.)
sportello (M.) Schalter (M.)
sposa (F.) Braut (F.)
sposalizio (M.) Hochzeit (F.)
sposar(si) heiraten, vermählen (sich)
sposare ehelichen, heiraten, trauen (eine Eheschließung vornehmen)
sposo (M.) Bräutigam (M.), Ehemann (M.)
spossessamento (M.) Besitzentziehung (F.), Entziehung (F.), Entzug (M.)
spossessare entziehen
spostamento (M.) Verschiebung, Versetzung (F.)
spostare verlegen, verschieben, versetzen
sprecare verschleudern, verschwenden
spreco (M.) Verschwendung (F.)
spregevole infam, verwerflich
spregevolezza (F.) Infamie (F.)
spregiudicatezza (F.) Unvoreingenommenheit (F.)
spregiudicato unvoreingenommen
sproporzionalità (F.) Missverhältnis (N.)
spurio unecht
squadra (F.) Geschwader (N.), Rotte (F.)
squadra (F.) mobile Bereitschaftspolizei (F.), Fahndungspolizei (F.)
squadriglia (F.) Geschwader (N.)
squalificare ausschließen
squilibrio (M.) Missverhältnis (N.), Ungleichgewicht (N.)
stabile (Adj.) fest, ständig
stabile (M.) Haus (N.)
stabile stabil
stabilimento (M.) Anlage (F.), Anstalt (F.), Manufaktur (F.)
stabilimento (M.) industriale Fabrik (F.)
stabilimento (M.) penitenziario Vollzugsanstalt (F.)
stabilir(si) niederlassen (sich)
stabilire anberaumen, ansetzen, aufstellen, bestimmen, festsetzen, feststellen, statuieren, verabreden
stabilire la residenza niederlassen (sich)
stabilito bestimmt
staccabile abtrennbar
staccare abtrennen
stacco (M.) Abtrennung (F.)
stage (M.) Volontariat (N.)
stagione (F.) Saison (F.)
stagnino (M.) Klempner (M.)
stampa (F.) Druck (M.), Drucksache (F.), Presse (F.) (Gesamtheit der Zeitungen)
stampare drucken
stampato (M.) Drucksache (F.), Druckschrift (F.), Druckwerk (N.)
stampiglia (F.) Stempel (M.)
stampigliare stempeln
standard (M.) Einheitswert (M.), Standard (M.)
standardizzare normieren
standing (M.) (engl.) Bonität (F.)
stanza (F.) di compensazione Abrechnungsstelle (F.)
star (M.) del credere Delkredere (N.)
stare ai comandi gehorchen
stare in giudizio prozessieren
stasi (F.) Stillstand (M.)
statale staatlich
statalizzare verstaatlichen
statalizzazione (F.) Verstaatlichung (F.)
staterello (M.) Kleinstaat (M.)
Stati (M.Pl.) del Benelux Benelux-Staaten (M.Pl.)
Stati (M.Pl.) Uniti d'America Vereinigte Staaten (M.Pl.) von Amerika
statistica (F.) Erhebung (F.), Statistik (F.)
statistica (F.) della criminalità Kriminalstatistik (F.)
statizzare verstaatlichen
statizzazione (F.) Verstaatlichung (F.)
stato (M.) Dienstherr (M.)
Stato (M.) Land (N.), Staat (M.)
stato (M.) Stand (M.), Zustand (M.)
Stato (M.) alleato Bündnisstaat (M.)
Stato (M.) assistenziale Wohlfahrtsstaat (M.)
stato (M.) civile Personenstand (M.), Stand (M.)
Stato (M.) confinante Anliegerstaat (M.)
stato (M.) d'eccezione Ausnahmezustand (M.)
stato (M.) d'insolvenza Insolvenz (F.)

stato (M.) d'urgenza Notstandslage (F.)
stato (M.) degli atti Aktenlage (F.)
stato (M.) dei fatti Sachlage (F.)
Stato (M.) della chiesa Kirchenstaat (M.)
stato (M.) delle cose Sachverhalt (M.)
stato (M.) di bisogno Bedürftigkeit (F.), Notlage (F.), Notstandslage (F.)
stato (M.) di crisi Notstandslage (F.)
Stato (M.) di diritto Rechtsstaat (M.)
stato (M.) di ebbrezza Rauschzustand (M.)
stato (M.) di eccitazione Affekt (M.)
stato (M.) di emergenza Ausnahmezustand (M.)
Stato (M.) di emergenza nazionale Staatsnotstand (M.)
stato (M.) di figlio legittimo Ehelichkeit (F.)
stato (M.) di fuorilegge Rechtlosigkeit (F.)
stato (M.) di guerra Verteidigungsfall (M.)
stato (M.) di incoscienza Bewusstlosigkeit (F.)
stato (M.) di necessità Notlage (F.), Notstand (M.)
stato (M.) di necessità difensivo defensiver Notstand (M.)
stato (M.) di necessità dovuto a violenza fisica o morale Nötigungsnotstand (M.)
stato (M.) di necessità erroneamente supposto Putativnotstand (M.)
Stato (M.) di necessità nazionale Staatsnotstand (M.)
stato (M.) di necessità non codificato übergesetzlicher Notstand (M.)
stato (M.) di necessità putativo Putativnotstand (M.)
stato (M.) di necessità scusante entschuldigender Notstand (M.)
Stato (M.) di partiti Parteienstaat (M.)
stato (M.) di pericolo pubblico Ausnahmezustand (M.)
Stato (M.) di polizia Polizeistaat (M.)
stato (M.) di previsione Voranschlag (M.)
stato (M.) di ubriachezza Rauschzustand (M.)
stato (M.) emotivo Affekt (M.)
Stato (M.) federale Bundesstaat (M.)
stato (M.) giuridico Rechtslage (F.), Status (M.)
Stato (M.) libero Freistaat (M.)
Stato (M.) membro Teilstaat (M.)
Stato (M.) nazionale Nationalstaat (M.)
Stato (M.) neutrale blockfreier Staat (M.)
stato (M.) passionale Affekt (M.)
stato (M.) patrimoniale Besitzstand (M.), Bilanz (F.), Status (M.)
stato (M.) personale Personenstand (M.)
Stato (M.) plurinazionale Nationalitätenstaat (M.)
Stato (M.) pontifico Kirchenstaat (M.)
Stato (M.) sociale Sozialstaat (M.)
Stato (M.) territoriale Territorialstaat (M.)
stato di necessità (M.) aggressivo aggressiver Notstand (M.)
statuire entscheiden, statuieren
statuizione (F.) Spruch (M.)
status (M.) (lat.) Personenstand (M.), Status (M.)
status (M.) quo (lat.) status (M.) quo (lat.) (Zustand in dem)
statutario satzungsgemäß, statutarisch, verfassungsgemäß
statuto (M.) Charta (F.), Satzung (F.), Statut (N.), Verfassung (F.)
Statuto (M.) Albertino Albertinisches Statut (N.)
statuto (M.) autonomo Autonomiestatut (N.)
statuto (M.) comunale Gemeindesatzung (F.), Gemeindeverfassung (F.)
statuto (M.) d'occupazione Besatzungsstatut (N.)
statuto (M.) dei lavoratori Arbeiterstatut (N.) (Arbeiterstatut in Italien)
statuto (M.) di autonomia Autonomiestatut (N.)
statuto (M.) personale Personalstatut (N.)
statuto (M.) principale Hauptsatzung (F.)
statuto (M.) regionale Landesverfassung (F.)
stazionarietà (F.) Gebundenheit (F.)
stazione (F.) Station (F.)
stazzare eichen
stemma (M.) Wappen (N.)
stendere abfassen, niederschreiben, schreiben, verfassen
sterile steril
sterilizzare sterilisieren
sterilizzazione (F.) Sterilisation (F.)
sterzare ausweichen
stesso selbst
stesura (F.) Abfassung (F.), Ausfertigung (F.)
stesura (F.) della sentenza Urteilsabfassung (F.)
stilare schreiben
stima (F.) Bewertung (F.), Hochachtung

(F.), Ruf (M.), Schätzung (F.), Taxe (F.), Werturteil (N.)
stimare achten, anschlagen, beurteilen, bewerten, schätzen, taxieren, veranlagen, werten
stimolare anregen, fördern
stimolo (M.) Anregung (F.)
stipendiare besolden
stipendio (M.) Besoldung (F.), Dienstbezug (M.), Gage (F.), Gehalt (N.), Verdienst (M.)
stipendio (M.) base Grundgehalt (N.)
stipendio (M.) di disponibilità Wartegeld (N.)
stipo (M.) Schrein (M.)
stipulante (M.) Versprechensempfänger (M.)
stipulare abschließen, stipulieren, vereinbaren
stipulato abgeschlossen
stipulazione (F.) Abschluss (M.), Stipulation (F.)
stipulazione (F.) di contratto Vertragsabschluss (M.), Vertragsschluss (M.)
stirpe (F.) Geschlecht (N.), Sippe (F.), Stamm (M.)
stoffa (F.) Stoff (M.)
stolto (M.) Idiot (M.)
stordimento (M.) Betäubung (F.)
stordire betäuben
storia (F.) Geschichte (F.)
storia (F.) costituzionale Verfassungsgeschichte (F.)
storia (F.) del diritto Rechtsgeschichte (F.)
storico geschichtlich, historisch
stornare stornieren, streichen, umbuchen
storno (M.) Storno (N.)
storpiare verstümmeln
strada (F.) Straße (F.)
strada (F.) a senso unico Einbahnstraße (F.)
strada (F.) di grande comunicazione Fernstraße (F.)
strada (F.) extraurbana Landstraße (F.)
strada (F.) federale Bundesstraße (F.)
strada (F.) federale di grande comunicazione Bundesfernstraße (F.)
strada (F.) per cavalli Reitweg (M.)
strada (F.) privata Privatstraße (F.)
strada (F.) senza uscita Sackgasse (F.)
strage (F.) Amok (M.), Blutbad (N.), Massaker (N.), Massenmord (M.)
stragiudiziale außergerichtlich
stralcio (M.) Auszug (M.)
strangolamento (M.) Strangulation (F.)
strangolare strangulieren
straniero (Adj.) ausländisch, fremd
straniero (M.) Ausländer (M.), Fremder (M.)
straniero (M.) senza patria heimatloser Ausländer (M.)
strano abwegig
straordinario (Adj.) außergewöhnlich, außerordentlich
strato (M.) Schicht (F.)
strega (F.) Hexe (F.)
stretta (F.) di mano Handschlag (M.)
stretto intim
strozzinaggio (M.) Wucher (M.)
strozzino (M.) Wucherer (M.)
strumento (M.) Behelf (M.), Gerät (N.), Instrument (N.), Medium (N.), Werkzeug (N.)
strumento (M.) di pagamento Zahlungsmittel (N.)
strumento (M.) notarile Notariatsakt (M.)
struttura (F.) Anordnung (F.), Gliederung (F.)
struttura (F.) economica Wirtschaftsverfassung (F.)
strutturare gliedern
studentato (M.) Studentenheim (N.)
studente (M.) Schüler (M.), Schülerin (F.)
studente (M.) universitario Student (M.)
studentessa (F.) Schülerin (F.)
studenti (M.Pl.) universitari Studentenschaft (F.)
studiare analysieren, lernen, studieren
studio (M.) Forschung (F.), Kanzlei (F.), Studium (N.)
studio (M.) associato Sozietät (F.)
studio (M.) legale Rechtsanwaltskanzlei (F.)
studioso (M.) Forscher (M.)
stupefacente (M.) Betäubungsmittel (N.), Droge (F.), Rauschgift (N.)
stupidaggini (F.Pl.) Unfug (M.)
stupido (Adj.) blöd
stuprare vergewaltigen
stupratore (M.) Vergewaltiger (M.)
stupro (M.) Notzucht (F.), Vergewaltigung (F.)
su indicato vorerwähnt
subaffitto (M.) Untermiete (F.), Unterpacht (F.)
subaffituario (M.) Unterpächter (M.)
subalterno subaltern, untergeben
subappaltatore (M.) Subunternehmer (M.)

subastazione (F.) Subhastation (F.)
subconduttore (M.) Untermieter (M.)
subdolo hinterlistig
subentrare eintreten
subiettivo subjektiv
subire erleiden
subitaneo sofortig
subito sofort
sublegato (M.) Untervermächtnis (N.)
sublocatorio (M.) Untermieter (M.)
sublocazione (F.) Untermiete (F.)
subordinato (Adj.) untergeben, untergeordnet
subordinazione (F.) Subordination (F.)
subornare beeinflussen
subornazione (F.) Anstiftung (F.)
subprocura (F.) Untervollmacht (F.)
succedere erben, ereignen (sich), folgen, geschehen
successibile erbberechtigt
successione (F.) Erbanfall (M.), Erbfolge (F.), Erwerb (M.), Nachfolge (F.), Sukzession (F.)
successione (F.) a causa di morte Erwerb (M.) von Todes wegen
successione (F.) a titolo particolare Einzelrechtsnachfolge (F.), Sondererbfolge (F.), Sonderrechtsnachfolge (F.)
successione (F.) a titolo universale Gesamtrechtsnachfolge (F.)
successione (F.) ab intestato Intestaterbfolge (F.)
successione (F.) contra testamentum Noterbrecht (N.)
successione (F.) degli Stati Staatennachfolge (F.)
successione (F.) dei legittimari Noterbrecht (N.)
successione (F.) inter vivos Erwerb (M.) unter Lebenden
successione (F.) legittima gesetzliche Erbfolge (F.)
successione (F.) mortis causa Erwerb (M.) von Todes wegen
successione (F.) necessaria Noterbrecht (N.)
successione (F.) nei diritti Rechtsnachfolge (F.)
successione (F.) nel contratto Vertragsübernahme (F.)
successione (F.) nel processo Parteiänderung (F.), Parteiwechsel (M.)
successione (F.) nelle funzioni Funktionsnachfolge (F.)
successione (F.) particolare Singularsukzession (F.), Sondererbfolge (F.)
successione (F.) testamentaria gewillkürte Erbfolge (F.)
successione (F.) tra vivi Erwerb (M.) unter Lebenden
successione (F.) universale Universalsukzession (F.), Vermögensnachfolge (F.)
successione (F.) volontaria gewillkürte Erbfolge (F.)
successivo nachträglich, sukzessiv
successo (M.) Erfolg (M.)
successore (M.) Nachfolger (M.), Rechtsnachfolger (M.)
succube (Adj.) hörig
succursale (F.) Filiale (F.), Niederlassung (F.), Zweigniederlassung (F.), Zweigstelle (F.)
suddetto vorerwähnt
sudditanza (F.) Hörigkeit (F.)
suddividere teilen
suddivisione (F.) Teilung (F.)
sufficiente ausreichend, hinreichend
suffragetta (F.) Suffragette (M.)
suffragio (M.) Stimme (F.)
suffragio (M.) diretto unmittelbare Wahl (F.)
suffragio (M.) universale allgemeine Wahl (F.)
suggellamento (M.) Verschluss (M.)
suggellare siegeln, versiegeln
suggello (M.) Siegel (N.)
suggerimento (M.) Anregung (F.), Empfehlung (F.), Vorschlag (M.)
suggerire anregen
suggestivo suggestiv
suicida (M.) Selbstmörder (M.)
suicidio (M.) Freitod (M.), Selbstmord (M.), Suizid (M.)
suocera (F.) Schwiegerelter (M. bzw. F.), Schwiegermutter (F.)
suoceri (M.Pl.) Schwiegereltern (M.Pl.)
suocero (M.) Schwiegerelter (M. bzw. F.), Schwiegervater (M.)
suolo (M.) Boden (M.), Grund (M.)
suora (F.) Nonne (F.)
superamento (M.) Überschreitung (F.)
superare absolvieren, überschreiten
superficie (F.) Boden (M.), Fläche (F.)
superiore (Adj.) obere
superiore (M.) Vorgesetzter (M.)

superiore (M.) gerarchico Dienstvorgesetzter (M.), Vorgesetzter (M.)
superstite (Adj.) hinterblieben
superstite (M.) Hinterbliebener (M.)
superteste (M.) Kronzeuge (M.)
suppellettili (F.Pl.) Hausrat (M.)
supplementare ergänzend, nachträglich, zusätzlich
supplemento (M.) Annex (M.), Ergänzung (F.), Zugabe (F.), Zulage (F.), Zusatz (M.), Zuschlag (M.), Zuschuss (M.)
supplente (Adj.) stellvertretend
supplente (M.) Stellvertreter (M.), Vertreter (M.)
supplenza (F.) Stellvertretung (F.), Vertretung (F.)
suppletivo ergänzend, zusätzlich
supplire ergänzen, vertreten (V.)
supporre annehmen, mutmaßen, vermuten
supposizione (F.) Annahme (F.), Hypothese (F.), Vermutung (F.)
supposizione (F.) di parto Unterschieben (N.) eines Kindes
supposto vermutlich
Suprema Corte (F.) di Cassazione Kassationsgerichtshof (M.) (Kassationsgerichtshof in Italien)
supremazia (F.) Herrschaft (F.)
supremazia (M.) statale allgemeines Gewaltverhältnis (N.)
supremo höchste
surplus (M.) Überschuss (M.)
surroga (F.) Surrogation (F.)
surrogare einsetzen, eintreten, ersetzen
surrogato (M.) Ersatz (M.), Surrogat (N.)
surrogazione (F.) Einsetzung (F.), Surrogation (F.)
surrogazione (F.) legale Legalzession (F.)
suscettibile di ricorso per cassazione revisibel
suspensione (F.) Suspension (F.)
sussidi (F.Pl.) Subsidien (F.Pl.)
sussidiarietà (F.) Subsidiarität (F.)
sussidiario subsidiär
sussidiato (M.) Unterstützungsempfänger (M.)
sussidio (M.) Beihilfe (F.) (Unterstützungsleistung im Verwaltungsrecht), Hilfe (F.), Zuschuss (M.)
sussidio (M.) all'educazione Erziehungshilfe (F.)
sussidio (M.) di disoccupazione Arbeitslosengeld (N.)
sussidio (M.) di famiglia Familienfürsorge (F.), Kindergeld (N.)
sussidio (M.) per l'alloggio Wohngeld (N.)
sussidio (M.) per le ferie Urlaubsgeld (N.)
sussidio (M.) per le spese giudiziali Prozesskostenhilfe (F.)
sussistenza (F.) Existenz (F.)
sussistere existieren
sussumere subsumieren
sussunzione (F.) Subsumtion (F.)
suzeraineté (F.) (franz.) Suzeranität (F.)
svaligiatore (M.) Räuber (M.)
svaligiatore (M.) di banca Bankräuber (M.)
svalorizzare entwerten
svalutare abwerten, entwerten
svalutazione (F.) Abwertung (F.), Entwertung (F.), Wertminderung (F.)
svantaggiare benachteiligen
svantaggio (M.) Benachteiligung (F.), Nachteil (M.), Schaden (M.)
svantaggioso benachteiligend
svelare aufdecken, entdecken, offenbaren
svendere verschleudern
svendita (F.) Ausverkauf (M.), Räumungsverkauf (M.), Schlussverkauf (M.)
svenimento (M.) Bewusstlosigkeit (F.)
sventamento (M.) Vereitelung (F.)
sventare vereiteln, verhindern, verhüten
svenuto bewusstlos
sviamento (M.) di clientela Abwerbung (F.) (Abwerbung von Kunden)
sviamento (M.) di potere Ermessensmissbrauch (M.)
sviare ableiten
sviluppare entfalten, entwickeln
sviluppo (M.) Entfaltung (F.), Entwicklung (F.)
svincolare befreien, freistellen
svincolo (M.) Befreiung (F.), Freigabe (F.), Freistellung (F.)
svista (F.) Versehen (N.)
Svizzera (F.) Schweiz (F.)
svolgere vornehmen
svolgimento (M.) Abwicklung (F.), Entwicklung (F.)
svolgimento (M.) del processo per impulso del giudice Amtsbetrieb (M.)

t

tabella (F.) Tabelle (F.)
tabella (F.) delle corse Fahrtenbuch (N.)
tabella (F.) delle sanzioni pecuniarie Bußgeldkatalog (M.)
tabellare tariflich
tabù (M.) Tabu (N.)
taccheggiatore (M.) Ladendieb (M.)
taccheggio (M.) Ladendiebstahl (M.)
tacere schweigen, verschweigen
tacere qc a qn vorenthalten
tacitare abfinden, abgelten, befriedigen
tacitazione (F.) Abfindung (F.), Abgeltung (F.)
tacito still, stillschweigend
tagliaborse (M.) Taschendieb (M.)
tagliando (M.) abtrennbarer Abschnitt (M.), Coupon (M.), Kupon (M.), Talon (M.)
tagliare durchschneiden
tagliente scharf
taglione (M.) Talion (F.)
talare (M.) Talar (M.), Talar (M.)
talentato begabt
talloncino (M.) abtrennbarer Abschnitt (M.)
tangente (F.) Schmiergeld (N.), Schutzgeld (N.)
tappa (F.) Stufe (F.)
tara (F.) Tara (F.)
tarare eichen
targa (F.) Plakette (F.)
targa (F.) automobilistica Kraftfahrzeugkennzeichen (N.)
targa (F.) di riconoscimento Kraftfahrzeugkennzeichen (N.)
targhetta (F.) distintiva Plakette (F.)
tariffa (F.) Gebührenordnung (F.), Tarif (M.), Taxe (F.)
tariffa (F.) federale per gli avvocati Bundesgebührenordnung (F.) für Rechtsanwälte
tariffa (F.) oraria Stundensatz (M.)
tariffale tariflich
tariffario tariflich
tariffazione (F.) Tarifierung (F.)
tasporti (M.Pl.) e comunicazioni (F.Pl.) Verkehrswirtschaft (F.)
tassa (F.) Abgabe (F.), Gebühr (F.), Steuer (F.), Taxe (F.), Tribut (M.)
tassa (F.) amministrativa Verwaltungsgebühr (F.)
tassa (F.) d'uso Benutzungsgebühr (F.)
tassa (F.) di bollo Stempelgebühr (F.), Stempelsteuer (F.)
tassa (F.) di circolazione Kraftfahrzeugsteuer (F.)
tassa (F.) di compensazione Ausgleichsabgabe (F.)
tassa (F.) di conguaglio Ausgleichsabgabe (F.)
tassa (F.) di consumo Akzise (F.)
tassa (F.) di licenza Lizenzgebühr (F.)
tassa (F.) di successione Erbschaftsteuer (F.)
tassa (F.) indiretta indirekte Steuer (F.)
tassa (F.) patrimoniale Besitzsteuer (F.)
tassa (F.) per la chiesa Kirchensteuer (F.)
tassa (F.) sui cani Hundesteuer (F.)
tassa (F.) sul patrimonio Besitzsteuer (F.)
tassa (F.) sul reddito Einkommensteuer (F.)
tassabile gebührenpflichtig, steuerbar, steuerpflichtig
tassare abschöpfen, besteuern, veranlagen
tassativo (Adj.) enumerativ
tassativo erschöpfend, taxativ
tassazione (F.) Abschöpfung (F.), Besteuerung (F.), Veranlagungsteuer (F.)
tassì (M.) Taxi (N.)
tasso (M.) Grad (M.), Quote (F.), Satz (M.), Zins (M.)
tasso (M.) alcoolimetrico del sangue Blutalkohol (M.)
tasso (M.) base Basiszinssatz (M.)
tasso (M.) d'imposta Hebesatz (M.)
tasso (M.) d'interessi Verzinsung (F.), Zinssatz (M.)
tasso (M.) d'interessi privilegiato Prime Rate (N.) (engl.)
tasso (M.) di maggiorazione (M.) Zuschuss (M.)
tasso (M.) di riferimento Leitzins (M.)
tasso (M.) di sconto Diskont (M.), Diskontsatz (M.)
tasso (M.) giornaliero Tagessatz (M.)
tasso (M.) guida Leitzins (M.)
tattica (F.) Taktik (F.)
tattica (F.) processuale Prozesstaktik (F.)
taverna (F.) Wirtshaus (N.)
taxi (M.) Taxi (N.)
tecnica (F.) Kunst (F.), Technik (F.)
tecnico (Adj.) technisch
tecnico (M.) Experte (M.), Fachmann (M.), Gutachter (M.)

tedesca (F.) Deutsche (F.)
tedesca (F.) all'estero Auslandsdeutsche (F.)
tedesco (M.) Deutscher (M.)
tedesco (M.) all'estero Auslandsdeutscher (M.)
tedesco letterario hochdeutsch
telebanco (M.) Telebanking (N.)
telebanking (M.) (engl.) Telebanking (N.)
telecomunicazione (F.) Fernkommunikation (F.), Telekommunikation (F.)
telecomunicazioni (F.Pl.) Fernmeldewesen (N.)
telefax (M.) Telefax (N.)
telefonare anrufen
telefono (M.) Fernsprecher (M.), Telefon (N.)
telegramma (M.) Telegramm (N.)
teleologia (F.) Teleologie (F.)
teleologico teleologisch
teletext (M.) Bildschirmtext
televendita (F.) Teleshopping (M.)
televideo (M.) Bildschirmtext
televisione (F.) Fernsehen (N.)
tema (M.) Thema (N.)
tempestivo rechtzeitig
tempo (M.) Zeit (F.)
tempo (M.) di reazione Reaktionszeit (F.)
tempo (M.) libero Freizeit (F.)
tempo (M.) per riflettere Bedenkzeit (F.)
temporale (Adj.) zeitlich
temporaneo befristet, einstweilig, vorläufig, vorübergehend
tendenza (F.) Neigung (F.), Tendenz (F.)
tendenza (F.) nociva schädliche Neigung (F.)
tendere hängen, trachten
tener conto di berücksichtigen
tenere halten, innehaben
tenere in buono stato instandhalten
tenore (M.) Inhalt (M.), Tenor (M.) (Urteilstenor), Wortlaut (M.)
tenore (M.) della sentenza Urteilstenor (M.)
tentare versuchen
tentativo (M.) Versuch (M.)
tentativo (M.) compiuto beendeter Versuch (M.)
tentativo (M.) di conciliazione Einigungsversuch (M.), Schlichtungsversuch (M.)
tentativo (M.) inidoneo untauglicher Versuch (M.)
tentativo (M.) qualificato qualifizierter Versuch (M.)
tenue mild
tenuità (F.) Milde (F.)
tenuta (F.) dei libri Buchführung (F.)
tenuta (F.) regolare dei libri contabili ordnungsgemäße Buchführung (F.)
teocrazia (F.) Theokratie (F.)
teologia (F.) Theologie (F.)
teoretico theoretisch
teoria (F.) Lehre (F.), Theorie (F.)
teoria (F.) causale dell'azione kausale Handlungslehre (F.)
teoria (F.) dell'adeguatezza Adäquanztheorie (F.)
teoria (F.) dell'alimentazione Alimentationstheorie (F.)
teoria (F.) dell'azione Handlungslehre (F.)
teoria (F.) dell'esigibilità Aufopferungstheorie (F.)
teoria (F.) della causalità adeguata Adäquanztheorie (F.)
teoria (F.) della condicio sine qua non Äquivalenztheorie (F.), Bedingungstheorie
teoria (F.) della dichiarazione Erklärungstheorie (F.)
teoria (F.) della equivalenza Äquivalenztheorie (F.)
teoria (F.) della tripartizione Drei-Elemente-Lehre (F.)
teoria (F.) della volontà Willenstheorie (F.)
teoria (F.) dello stato allgemeine Staatslehre (F.)
teoria (F.) dello Stato Staatslehre (F.)
teoria (F.) finalistica dell'azione finale Handlungslehre (F.)
teoria (F.) monistica del concorso di persone nel reato Einheitstätersystem (N.)
teoria (F.) politica Ideologie (F.)
teorico theoretisch
teppismo (M.) Rowdytum (N.)
terapia (F.) Therapie (F.)
tergo (M.) Rückseite (F.)
terminare abschließen, beenden, beendigen, beschließen, einstellen, erledigen, vollenden
terminato abgeschlossen, fertig
termine (M.) Befristung (F.), Ende (N.), Frist (F.), Laufzeit (F.), Schluss (M.), Stichtag (M.), Termin (M.), Zeitpunkt (M.)
termine (M.) a pena di decadenza Ausschlussfrist (F.), Fallfrist (F.), Präklusivfrist (F.)
termine (M.) di consegna Lieferzeit (F.)
termine (M.) di decadenza Verfallsfrist (F.)

termine (M.) di garanzia Garantiefrist (F.)
termine (M.) di preavviso Kündigungsfrist (F.)
termine (M.) di prescrizione Verjährungsfrist (F.)
termine (M.) di presentazione Vorlagefrist (F.)
termine (M.) di scadenza Verfallsfrist (F.)
termine (M.) di tempo Zeitbestimmung (F.)
termine (M.) giuridico Rechtsbegriff (M.)
termine (M.) per la costituzione in giudizio Einlassungsfrist (F.)
termine (M.) per promuovere l'azione Klagefrist (F.)
termine (M.) perentorio Ausschlussfrist (F.), Fallfrist (F.), Notfrist (F.), Präklusivfrist (F.), Verfallsfrist (F.)
termine (M.) preclusivo Präklusivfrist (F.)
termine (M.) suppletivo Nachfrist (F.)
termine (M.) utile per la rinuncia all'eredità Ausschlagungsfrist (F.)
terminologia (F.) Terminologie (F.)
terra (F.) Land (N.)
terreno (M.) Boden (M.), Grund (M.), Grundstück (N.), Land (N.)
terreno (M.) edificabile Bauland (N.)
terrificare schrecken
territoriale örtlich, territorial
territorialità (F.) Territorialität (F.)
territorio (M.) Gebiet (N.), Territorium (N.), Zone (F.)
territorio (M.) comunale Gemarkung (F.), Gemeindegebiet (N.)
territorio (M.) d'oltremare überseeisches Gebiet (N.)
territorio (M.) della Saar Saarland (N.)
territorio (M.) dello Stato Staatsgebiet (N.)
territorio (M.) doganale Zollgebiet (N.)
territorio (M.) extradoganale Zollausschlussgebiet (N.)
territorio (M.) federale Bundesgebiet (N.)
territorio (M.) nazionale Inland (N.)
territorio (M.) non appartenente a nessun comune gemeindefreies Gebiet (N.)
territorio (M.) occupato Besatzungsgebiet (N.)
terrore (M.) Terror (M.)
terrorismo (M.) Terrorismus (M.)
terrorista (M.) Terrorist (M.)
terzeità (F.) Unbefangenheit (F.)
terzo (Adj.) dritte, unparteiisch
terzo (M.) Dritter (M.)
terzo debitore (M.) Drittschuldner (M.)
terzo mondo (M.) Dritte Welt (F.)
tesi (F.) These (F.)
tesi (F.) di diploma universitario Diplomarbeit (F.)
tesi (F.) di laurea Diplomarbeit (F.), Laureatsarbeit (F.) (Laureatsarbeit in Italien)
tesi (F.) giuridica Rechtsauffassung (F.)
tesoreria (F.) dello Stato Staatskasse (F.)
tesoriere (M.) Kämmerer (M.)
tesoro (M.) Kleinod (N.), Schatz (M.)
tessera (F.) Karte (F.)
tessera (F.) assicurativa Versicherungskarte (F.)
tessera (F.) d'identificazione Ausweis (M.)
test (M.) Test (M.)
testa (F.) Kopf (M.)
testamentario letztwillig, testamentarisch
testamento (M.) Testament (N.)
testamento (M.) a favore di un portatore di handicap Behindertentestament (N.)
testamento (M.) berlinese Berliner Testament (N.)
testamento (M.) congiuntivo gemeinschaftliches Testament (N.)
testamento (M.) corrispettivo korrespektives Testament (N.), wechselbezügliches Testament (N.)
testamento (M.) di diseredazione Negativtestament (N.)
testamento (M.) olografo eigenhändiges Testament, holographisches Testament (N.)
testamento (M.) pubblico öffentliches Testament (N.)
testamento (M.) reciproco gegenseitiges Testament (N.), reziprokes Testament (N.)
testamento (M.) segreto geheimes Testament (N.)
testamento (M.) simultaneo gemeinschaftliches Testament (N.)
testamento (M.) speciale Nottestament (N.)
testare testieren
testata (F.) Kopf (M.), Titel (M.)
testatico (M.) Kopfsteuer (F.)
testatore (M.) Erblasser (M.), Testator (M.)
testatrice (F.) Erblasserin (F.)
teste (M.) Zeuge (M.)
testificare bezeugen
testimone (M.) Zeuge (M.)

testimone (M.) a discarico Entlastungszeuge (M.)
testimone (M.) auricolare Ohrenzeuge (M.)
testimone (M.) del matrimonio Trauzeuge (M.)
testimone (M.) dell'accusa Belastungszeuge (M.)
testimone (M.) della difesa Entlastungszeuge (M.)
testimone (M.) oculare Augenzeuge (M.)
testimone (M.) principale Hauptzeuge (M.)
testimonianza (F.) Zeugenaussage (F.), Zeugenschaft (F.), Zeugnis (N.)
testimoniare aussagen, bezeugen, zeugen
testimonio (M.) Zeuge (M.)
testimonio (M.) a carico Belastungszeuge (M.)
testimonio (M.) di nozze Trauzeuge (M.)
testimonio (M.) principale Kronzeuge (M.)
testo (M.) Fassung (F.), Text (M.)
testuale buchstäblich
tetto (M.) Obdach (N.)
thema (M.) probandum Beweisthema (N.)
timbrare stempeln
timbro (M.) Stempel (M.)
timesharing (M.) (engl.) Teilzeitwohnrecht (F.)
timore (M.) Furcht (F.)
tipicità (F.) Typenzwang (M.)
tipizzare typisieren
tipizzazione (F.) Typisierung (F.)
tipo (M.) Muster (N.), Sorte (F.), Typ (M.)
tipo (M.) di azione Klageart (F.)
tirannia (F.) Tyrannei (F.)
tirannico despotisch
tiranno (M.) Tyrann (M.)
tirare schießen
tirare per le lunghe verschleppen (in die Länge ziehen)
tiratore (M.) Schütze (M.)
tiro (M.) Schuss (M.), Streich (M.)
tirocinio (M.) Lehre (F.), Praktikum (N.)
titolare (Adj.) berechtigt
titolare (M.) Anspruchsberechtigter (M.), Berechtigter (M.), Inhaber (M.), Innehaber (M.), Träger (M.)
titolare (M.) d'azioni Aktieninhaber (M.)
titolare (M.) d'ufficio Amtsträger (M.)
titolare (M.) del brevetto Patentinhaber (M.)
titolare (M.) della concessione Konzessionsinhaber (M.)
titolare (M.) di un titolo accademico Graduierter (M.)
titoli (M.Pl.) Effekten (M.Pl.)
titolo (M.) Abschnitt (M.), Anrecht (N.), Anspruch (M.), Berechtigung (F.), Papier (N.), Rechtsgrund (M.), Rechtstitel (M.), Rubrum (N.), Stück (N.), Titel (M.), Urkunde (F.)
titolo (M.) accademico Hochschulgrad (M.)
titolo (M.) al portatore Inhaberpapier (N.)
titolo (M.) all'ordine Orderpapier (N.)
titolo (M.) della domanda Klagegrund (M.)
titolo (M.) di credito Wertpapier (N.)
titolo (M.) di credito negoziabile begebbares Wertpapier (N.)
titolo (M.) di godimento Genussschein (M.)
titolo (M.) di legittimazione hinkendes Inhaberpapier (N.), Legitimationspapier (N.)
titolo (M.) di trasporto Fahrschein (M.)
titolo (M.) esecutivo vollstreckbare Urkunde (F.), Vollstreckungstitel (M.)
titolo (M.) girabile incorporante ipoteca Grundschuldbrief (M.)
titolo (M.) giuridico Rechtstitel (M.)
titolo (M.) ipotecario Hypothekenbrief (M.), Pfandbrief (M.)
titolo (M.) nominativo Namenspapier (N.), Rektapapier (N.)
titolo (M.) normativo Rechtsgrundlage (F.)
titolo (M.) obbligazionario Schuldverschreibung (F.)
titolo (M.) putativo vermeintlicher Rechtstitel (M.)
titolo (M.) rappresentativo Traditionspapier (N.)
titolo (M.) viziato mangelhafter Titel (M.)
toccare greifen, streifen
toga (F.) Robe (F.), Talar (M.)
togliere entfernen
tolleranza (F.) Duldung (F.), Toleranz (F.)
tollerare dulden, tolerieren
tondo rund
tontina (F.) Tontine (F.)
tormentare foltern, martern
tormento (M.) Folter (F.), Marter (F.)
torto (M.) Unrecht (N.)
tortura (F.) Folter (F.), Marter (F.), Tortur (F.)
torturare foltern, martern
tossicodipendente (Adj.) rauschgiftsüchtig, süchtig

tossicodipendente (M.) Rauschgiftsüchtiger (M.)
tossicodipendenza (F.) Sucht (F.)
totale gesamt
totalità (F.) Gesamtheit (F.)
totalità (F.) dei proprietari d'immobili in un comune Realgemeinde (F.)
traccia (F.) Spur
tracciato (M.) Entwurf (M.)
tradimento (M.) Treubruch (M.), Verrat (M.)
tradire verraten
traditore (Adj.) treubrüchig
traditore (M.) Verräter (M.)
traditrice (F.) Verräterin (F.)
tradizionale hergebracht
tradizione (F.) Gepflogenheit (F.), Tradition (F.)
tradurre überstellen
tradurre a voce dolmetschen
traduttore (M.) Übersetzer (M.)
traduzione (F.) di detenuti Überstellung (F.) von Gefangenen
traente (M.) Adressant (M.), Aussteller (M.), Trassant (M.)
trafficante (M.) Schieber (M.)
trafficare handeln
traffico (M.) Verkehr (M.)
traffico (M.) aereo Flugverkehr (M.)
traffico (M.) automobolistico Kraftverkehr (M.)
traffico (M.) commerciale Handelsverkehr (M.)
traffico (M.) delle merci Warenverkehr (M.)
traffico (M.) giuridico rechtsgeschäftlicher Verkehr (M.), Rechtsverkehr (M.)
traffico (M.) stradale Straßenverkehr (M.)
trafugamento (M.) Entwendung (F.)
tragedia (F.) Katastrophe (F.)
tralasciare unterlassen
tranne außer
tranquillità (F.) Ruhe (F.)
transazione (F.) Kompromiss (M.), Operation (F.), Transaktion (F.), Vergleich (M.)
transazione (F.) giudiziaria Prozessvergleich (M.)
transigere vergleichen (sich)
transito (M.) Transit (M.)
transitorio vorläufig, vorübergehend
transizione (F.) Übergang (M.)
trapasso (M.) Übergang (M.)
trapasso (M.) del diritto Rechtsübergang (M.)
trapasso (M.) di proprietà Übereignung (F.)
trapiantare transplantieren
trapianto (M.) Transplantation (F.)
trarre ausstellen
trarre allo scoperto überziehen
trascrivere abschreiben, eintragen, überschreiben
trascrizione (F.) Abschrift (F.), Eintrag (M.), Eintragung (F.), Niederschrift (F.)
trascrizione (F.) condizionale Vormerkung (F.)
trascrizione (F.) condizionale di un accordo delle parti contraenti sul passaggio della proprietà di un bene immobile Auflassungsvormerkung (F.)
trascuranza (F.) Vernachlässigung (F.), Versäumnis (N.)
trascurare missachten, vernachlässigen, versäumen
trasferibile übertragbar
trasferimento (M.) Abtretung (F.), Abwälzung (F.), Beförderung (F.), Transfer (M.), Überführung (F.), Übergabe (F.), Übergang (M.), Überlassung (F.), Übertragung (F.), Überweisung (F.), Umsetzung (F.), Versetzung (F.)
trasferimento (M.) d'azienda Betriebsübergang (M.)
trasferimento (M.) della proprietà Eigentumsübertragung (F.), Übereignung (F.)
trasferimento (M.) della sede Sitzverlegung (F.)
trasferimento (M.) di beni immobili Grundstücksverkehr (M.)
trasferimento (M.) di credito Forderungsübergang (M.)
trasferimento (M.) di diritti Rechtsübertragung (F.)
trasferimento (M.) di garanzia Sicherungsübereignung (F.)
trasferire abwälzen, befördern, transferieren, überführen, übergeben, überleiten, überschreiben, übertragen, überweisen, verlegen, versetzen
trasferire da un conto ad un altro umbuchen
trasferire la proprietà übereignen
trasferta (F.) Ortszuschlag (M.)
trasformare transformieren, umwandeln, verändern, verarbeiten
trasformazione (F.) Transformation (F.),

Umwandlung (F.), Veränderung (F.), Verarbeitung (F.)
trasformazione (F.) di una società Umgründung (F.) einer Gesellschaft
trasgredire überschreiten, übertreten, verletzen, verstoßen, zuwiderhandeln
trasgressione (F.) Überschreitung (F.), Übertretung (F.), Verstoß (M.), Zuwiderhandlung (F.)
traslazione (F.) Abwälzung (F.), Übertragung (F.), Weitergabe (F.)
traslazione (F.) di proprietà Eigentumsübertragung (F.)
traslocare verlegen
trasmettere überleiten, übermitteln, überschreiben, übertragen
trasmettere in eredità vererben
trasmettere via radio funken
trasmissibile übertragbar
trasmissibile per successione erblich
trasmissione (F.) Übermittlung (F.), Übertragung (F.), Weitergabe (F.)
trasmissione (F.) degli atti Aktenübersendung (F.), Aktenvorlage (F.)
trasmissione (F.) del diritto Rechtsübergang (M.)
trasmissione (F.) in eredità Vererbung (F.)
trasporre umsetzen
trasportare befördern, transportieren, überführen, verfrachten, versenden
trasporto (M.) Beförderung (F.), Transport (M.), Überführung (F.), Versendung (F.)
trasporto (M.) dei rifiuti Abfallbeseitigung (F.), Müllabfuhr (F.)
trasporto (M.) di merci a grande distanza Güterfernverkehr (M.)
trasporto (M.) di persone Personenbeförderung (F.)
trasporto (M.) interno Kabotage (F.)
trassato (M.) Trassat (M.)
tratta (F.) gezogener Wechsel (M.), Tratte (F.)
tratta (F.) accettata Akzept (N.)
tratta (F.) degli esseri umani Menschenhandel (M.)
tratta (F.) degli schiavi Menschenhandel (M.)
tratta (F.) di donne Frauenhandel (M.)
trattamento (M.) Behandlung (F.), Regelung (F.)
trattamento (M.) della nazione più favorita Meistbegünstigung (F.)
trattamento (M.) di fine rapporto Abfertigung (F.) (geldlicher Ausgleich im Arbeitsrecht)
trattamento (M.) di malattia Krankengeld (N.)
trattamento (M.) di miglior favore Meistbegünstigung (F.)
trattamento (M.) di quiescenza Altersruhegeld (N.), Ruhegehalt (N.)
trattamento (M.) terapeutico Heilbehandlung (F.)
trattare absprechen, bearbeiten, befassen (sich), behandeln, erörtern, verhandeln
trattario (M.) Adressat (M.), Trassat (M.)
trattativa (F.) Verhandlung (F.)
trattativa (F.) collettiva Tarifverhandlung (F.)
trattativa (F.) contrattuale Vertragsverhandlung (F.)
trattato (M.) Abkommen (N.), Konvention (F.), Vertrag (M.)
trattato (M.) costitutivo Gründungsvertrag (M.)
trattato (M.) d'amicizia Freundschaftsvertrag (M.)
trattato (M.) d'arbitrato Schiedsabkommen (N.)
trattato (M.) d'estradizione Auslieferungsvertrag (M.)
trattato (M.) di Amsterdam Amsterdamer Vertrag (M.)
trattato (M.) di assistenza giudiziaria Rechtshilfeabkommen (N.)
trattato (M.) di Bruxelles Brüsseler Vertrag (M.)
trattato (M.) di cessione Abtretungsvertrag (M.)
trattato (M.) di commercio Handelsabkommen (N.), Handelsvertrag (M.)
trattato (M.) di Nizza Nizzaer Vertrag (M.)
trattato (M.) di non proliferazione di armi nucleari Atomwaffensperrvertrag (M.)
trattato (M.) di pace Friedensvertrag (M.)
trattato (M.) di Roma Römischer Vertrag (M.)
trattato (M.) di Stato Staatsvertrag (M.)
trattato (M.) di Versaglia Versailler Vertrag (M.)
trattato (M.) economico Wirtschaftsvertrag (M.)
trattato (M.) internazionale Staatsvertrag (M.)

trattato (M.) sui rapporti tra la Repubblica Federale Tedesca e le tre potenze occidentali Deutschlandvertrag (M.)
Trattato (M.) sulla Germania Deutschlandvertrag (M.)
trattato (M.) sulle armi chimiche Chemiewaffenübereinkommen (N.)
trattato (M.) tipo Mustervertrag (M.)
trattato (M.) tra Stato e chiesa Kirchenvertrag (M.)
trattazione (F.) Bearbeitung (F.)
trattenere abziehen, einbehalten, festhalten, zurückbehalten
trattenuta (F.) Abzug (M.), Einbehaltung (F.), Zurückbehaltung (F.)
trattenuta (F.) all'origine Quellensteuer (F.)
tratto (M.) Strang (M.), Strich (M.), Zug (M.)
trattoria (F.) Gasthaus (N.), Wirtshaus (N.)
trauma (M.) Schock (M.)
traveller's cheque (M.) Travellerscheck (M.)
traviamento (M.) Verwahrlosung (F.)
travisare vermummen
tre drei
tregua (F.) di fatto Waffenstillstand (M.)
tregua (F.) giurata Urfehde (F.)
treno (M.) Zug (M.)
triangolo (M.) Dreieck (N.)
tribunale (M.) Gericht (N.), Gerichtshof (M.), Landesgericht (N.) (Landesgericht in Österreich und Südtirol), Landgericht (N.), Tribunal (N.)
tribunale (M.) amministrativo Verwaltungsgericht (N.)
tribunale (M.) amministrativo di secondo grado Oberverwaltungsgericht (N.)
tribunale (M.) circondariale Kreisgericht (N.)
tribunale (M.) civile Zivilgericht (N.)
tribunale (M.) commerciale Handelsgericht (N.)
tribunale (M.) del commercio Kaufmannsgericht (N.)
tribunale (M.) del lavoro Arbeitsgericht (N.)
tribunale (M.) del lavoro del Land Landesarbeitsgericht (N.)
tribunale (M.) della navigazione Schifffahrtsgericht (N.)
tribunale (M.) delle acque pubbliche Wassergericht (F.) (Wassergericht in Italien)
tribunale (M.) di sorveglianza Überwachungsgerichtshof (M.)
tribunale (M.) disciplinare Disziplinargericht (N.)
tribunale (M.) ecclesiastico Kirchengericht (N.)
tribunale (M.) fallimentare Insolvenzgericht (N.), Konkursgericht (N.)
tribunale (M.) federale Bundesgericht (N.)
tribunale (M.) federale competente in materia di brevetti Bundespatentgericht (N.)
Tribunale (M.) internazionale per il diritto del mare (ITLOS) Internationaler Seegerichtshof (ITLOS) (M.)
tribunale (M.) marittimo Seegericht (N.)
tribunale (M.) militare Kriegsgericht (N.), Militärgericht (M.)
tribunale (M.) ordinario Landesgericht (N.) (Landesgericht in Österreich und Südtirol)
tribunale (M.) per i minorenni Jugendgericht (N.)
tribunale (M.) sociale Sozialgericht (N.)
tribunale (M.) sociale del Land Landessozialgericht (N.)
tribunale (M.) speciale Sondergericht (N.)
tribunale (M.) statario Standgericht (N.)
tributario fiskalisch, steuerlich
tributo (M.) Abgabe (F.), Steuer (F.), Tribut (M.)
tricotomia (F.) Trichotomie (F.)
trimestrale vierteljährlich
trimestre (M.) Quartal (N.), Vierteljahr (N.)
tripartizione (F.) Drei-Elemente-Lehre (F.)
triviale ordinär
troncare abbrechen, unterbrechen
trono (M.) Thron (M.)
trovare finden
trovarsi liegen (sich befinden)
trovarsi in deposito lagern
trovatello (M.) Findelkind (N.)
truffa (F.) Betrug (M.)
truffa (F.) a mezzo del computer Computerbetrug (M.)
truffa (F.) contrattuale Eingehungsbetrug (M.)
truffa (F.) in materia di sovvenzioni Subventionsbetrug (M.)
truffa (F.) nell'investimento di capitali Kapitalanlagebetrug (M.)
truffa (F.) processuale Prozessbetrug (M.)
truffare betrügen, mogeln, neppen, schwindeln
truffatore (M.) Betrüger (M.), Gauner (M.), Hochstapler (M.)

trust (M.) Trust (M.)
tumulto (M.) Lärm (M.), Unruhe (F.)
turbamento (M.) Störung (F.)
turbamento (M.) della convivenza coniugale Ehestörung (F.)
turbamento (M.) della coscienza Bewusstseinsstörung (F.)
turbativa (F.) del possesso Besitzstörung (F.)
turbativa (F.) della proprietà Eigentumsstörung (F.)
turbazione (F.) della quiete Ruhestörung (F.)
Turchia (F.) Türkei (F.)
Turingia (F.) Thüringen (N.)
turismo (M.) Tourismus (M.)
turno (M.) Schicht (F.), Turnus (M.)
turpe unsittlich, verwerflich
turpitudine (F.) Unsittlichkeit (F.)
tutela (F.) Obhut (F.), Schutz (M.), Vormundschaft (F.), Wahrnehmung (F.) (Wahrung), Wahrung (F.)
tutela (F.) affidata ad ente d'assistenza Amtsvormundschaft (F.)
tutela (F.) assistenziale Amtsvormundschaft (F.)
tutela (F.) contro il licenzimento Kündigungsschutz (M.)
tutela (F.) contro il pignoramento Pfändungsschutz (M.)
tutela (F.) contro l'esecuzione forzata Vollstreckungsschutz (M.)
tutela (F.) costituzionale Verfassungsschutz (M.)
tutela (F.) dei beni giuridici Rechtsgüterschutz (M.)
tutela (F.) dei dati Datenschutz (M.)
tutela (F.) dei minori Jugendschutz (M.)
tutela (F.) dei modelli Musterschutz (M.)
tutela (F.) dei monumenti Denkmalschutz (M.)
tutela (F.) del consumatore Verbraucherschutz (M.)
tutela (F.) del lavoratore Arbeiterschutz (M.)
tutela (F.) del lavoro Arbeitsschutz (M.)
tutela (F.) del lavoro minorile Jugendarbeitsschutz (M.)
tutela (F.) del locatario Mieterschutz (M.)
tutela (F.) del paesaggio Landschaftsschutz (M.)
tutela (F.) del possesso Besitzschutz (M.)
tutela (F.) del terzo Drittschutz (M.)
tutela (F.) del titolo Titelschutz (M.)
tutela (F.) dell'affidamento Vertrauensschutz (M.)
tutela (F.) dell'affidamento del terzo Drittschutz (M.)
tutela (F.) dell'immagine Bildnisschutz (M.)
tutela (F.) dell'inquilino Mieterschutz (M.)
tutela (F.) della buona fede Gutglaubensschutz (M.)
tutela (F.) della lavoratrice madre Mutterschutz (M.)
tutela (F.) della maternità Mutterschutz (M.)
tutela (F.) della natura Naturschutz (M.)
tutela (F.) della persona offesa dal reato Opferschutz (M.)
tutela (F.) della personalità Persönlichkeitsschutz (M.)
tutela (F.) delle acque Gewässerschutz (M.)
tutela (F.) delle specie Artenschutz (M.)
tutela (F.) dello Stato Staatsschutz (M.)
tutela (F.) giuridica Rechtsschutz (M.)
tutela (F.) possessoria Besitzschutz (M.)
tutela (F.) provvisoria vorläufiger Rechtsschutz (M.)
tutelare hegen, schützen, wahren
tutore (M.) Hüter (M.), Tutor (M.), Vormund (M.)
tutto gesamt

u

ubbidiente (Adj.) gehorsam
ubbidienza (F.) Gehorsam (M.)
ubbidire befolgen, gehorchen
ubicato gelegen
ubicazione (F.) Standort (M.)
ubriacar(si) betrinken (sich)
ubriachezza (F.) Rausch (M.), Trunkenheit (F.)
ubriachezza (F.) manifesta Vollrausch (M.)
ubriachezza (F.) piena Vollrausch (M.), Volltrunkenheit (F.)
ubriaco betrunken
uccidere morden, töten, umbringen
uccidere con mezzi insidiosi meucheln
udienza (F.) Audienz (F.), Gehör (N.), Gerichtsverhandlung (F.), Sitzung (F.), Tagsatzung (F.), Termin (M.), Verhandlung (F.)
udienza (F.) civile Zivilverhandlung (F.)
udienza (F.) di conciliazione Güteverhandlung (F.)

udienza (F.) di discussione mündliche Verhandlung (F.)
udienza (F.) di trattazione mündliche Verhandlung (F.)
udienza (F.) in camera di consiglio nichtöffentliche Sitzung (F.)
udienza (F.) preliminare Eröffnungsverfahren (N.), Vorverhandlung (F.), Zwischenverfahren (N.)
udienza (F.) principale Haupttermin (M.)
udienza (F.) pubblica öffentliche Sitzung (F.)
udienza (F.) sui luoghi Lokaltermin (M.)
udire hören
udito (M.) Gehör (N.)
uditore (M.) Hospitant (M.), Referendar (M.)
uditore (M.) giudiziario Gerichtsreferendar (M.), Rechtsreferendar (M.)
UE (F.) (Unione Europea) EU (F.) (Europäische Union)
UEO (Unione dell'Europa Occidentale) (F.) WEU (Westeuropäische Union) (F.)
ufficiale (Adj.) amtlich, offiziell
ufficiale (M.) Offizier (M.)
ufficiale (M.) dello stato civile Standesbeamter (M.)
ufficiale (M.) giudiziario Gerichtsvollzieher (M.), Justizwachtmeister (M.), Vollstreckungsbeamter (M.)
ufficiale (M.) rogante Urkundsbeamter (M.)
ufficiale (M.) sanitario Amtsarzt (M.)
ufficiale dienstlich
ufficialmente von Amts wegen
ufficio (M.) Amt (N.), Büro (N.), Dienststelle (F.), Geschäftsstelle (F.), Kanzlei (F.), Stelle (F.)
ufficio (M.) anagrafico Meldebehörde (F.)
ufficio (M.) arbitrale Schlichtungsstelle (F.)
ufficio (M.) assistenza giovanile Jugendamt (N.)
ufficio (M.) catastale Katasteramt (N.)
ufficio (M.) d'igiene Gesundheitsamt (N.)
ufficio (M.) dei brevetti Patentamt (N.)
ufficio (M.) del circondario Landratsamt (N.)
ufficio (M.) del giudice di pace Friedensgericht (N.)
ufficio (M.) del lavoro Arbeitsamt (N.)
ufficio (M.) del libro fondiario Grundbuchamt (N.)
ufficio (M.) del personale Personalabteilung (F.)
ufficio (M.) dell'ispettorato del lavoro Gewerbeaufsichtsamt (N.)
ufficio (M.) della circolazione stradale Straßenverkehrsbehörde (F.)
ufficio (M.) delle finanze Finanzamt (N.)
ufficio (M.) dello stato civile Standesamt (N.)
ufficio (M.) di arbitrato Schiedsstelle (F.)
ufficio (M.) di certificazione Zertifizierungsstelle (F.)
ufficio (M.) di collocamento Arbeitsamt (N.), Stellenvermittlung (F.)
ufficio (M.) di conciliazione Einigungsstelle (F.), Ortsgericht (N.), Schlichtungsstelle (F.)
ufficio (M.) di giudice Richteramt (N.)
ufficio (M.) di servizio sociale minorile Jugendamt (N.)
ufficio (M.) distrettuale Landratsamt (N.)
ufficio (M.) elettorale Wahlamt (N.)
ufficio (M.) esecuzioni giudiziarie Justizvollzugsanstalt (F.)
ufficio (M.) federale Bundesamt (N.)
Ufficio (M.) federale dei cartelli Bundeskartellamt (N.)
Ufficio (M.) federale della presidenza Bundespräsidialamt (N.)
Ufficio (M.) federale della sanità Bundesgesundheitsamt (F.)
Ufficio (M.) federale di vigilanza Bundesaufsichtsamt (N.)
Ufficio (M.) federale per la motorizzazione Kraftfahrtbundesamt (N.)
Ufficio (M.) federale per la repressione della criminalità Bundeskriminalamt (N.)
ufficio (M.) giudiziario Gericht (N.), Gerichtsamt (N.)
ufficio (M.) immobiliare Immobilienbüro (N.)
ufficio (M.) imposte Finanzamt (N.)
ufficio (M.) organizzazione Organisationsamt (N.) (Organisationsamt in Italien)
ufficio (M.) per il regolamento edilizio Bauordnungsamt (N.)
Ufficio (M.) per la difesa della costituzione Bundesverfassungsschutz (M.)
ufficio (M.) periferico Außenabteilung (F.)
ufficio (M.) postale Postamt (N.)
ufficio (M.) pubblico öffentliches Amt (N.)
ufficio (M.) sanitario Gesundheitsamt (N.)
ufficio (M.) secondario Nebenamt (N.)
ufficio (M.) stampa Presseamt (N.)

ufficio (M.) tavolare Grundbuchamt (N.)
ufficio (M.) verifica pesi e misure Eichamt (N.)
ufficio (M.) verificazione pesi e misure Eichamt (N.)
ufficioso inoffiziell, offiziös
uguaglianza (F.) Gleichberechtigung (F.), Gleichheit (F.)
uguale gleich, identisch
uguali capacità (F.Pl.) Ebenbürtigkeit (F.)
ulteriore weitere
ultima parola (F.) letztes Wort (N.)
ultima volontà (F.) letzter Wille (M.)
ultimare fertigstellen
ultimatum (M.) Ultimatum (N.)
ultimazione (F.) Abschluss (M.), Beendigung (F.), Fertigstellung (F.)
ultimo letzte
ultimo pasto (M.) del condannato a morte Henkersmahlzeit (F.)
ultrattività (F.) Nachwirkung (F.)
umano menschlich
unanimità (F.) Einstimmigkeit (F.)
UNESCO (F.) (Organizzazione delle Nazioni Unite per l'educazione la scienza e la cultura) UNESCO (F.) (United Nations Educational Scientific and Cultural Organization)
unico Allein-
unico avente (M.) diritto alla successione mortis causa nel maso chiuso Anerbe (M.)
unificare einigen, vereinen
unificazione (F.) Einigung (F.), Vereinigung (F.)
uniformazione (F.) Anpassung (F.)
uniforme (Adj.) einheitlich
uniforme (F.) Uniform (F.)
unilaterale einseitig, einseitig verpflichtend
unione (F.) Bündnis (N.), Einheit (F.), Einigung (F.), Union (F.), Verband (M.), Verbund (M.), Vereinigung (F.), Zusammenschluss (M.)
unione (F.) amministrativa Verwaltungsgemeinschaft (F.)
Unione (F.) dell'Europa Occidentale (UEO) Westeuropäische Union (F.) (WEU), WEU (Westeuropäische Union) (F.)
unione (F.) di comuni Gemeindeverband (M.)
unione (F.) di fatto nichteheliche Lebensgemeinschaft (F.)
unione (F.) di imprese Unternehmensverbund (M.)
unione (F.) di terra Scholle (F.) (Erdklumpen)
unione (F.) doganale Zollunion (F.)
unione (F.) economica Wirtschaftsunion (F.)
Unione (F.) Europea (UE) Europäische Union (F.) (EU)
unione (F.) monetaria Währungsunion (F.)
Unione (F.) postale universale (UPU) Weltpostverein (M.)
unione (F.) reale Realunion (F.)
Unione (F.) Sovietica Sowjetunion (F.)
unione (M.) di fatto eheähnliche Lebensgemeinschaft (F.)
unione (M.) personale Personalunion (F.)
unire einigen, vereinen, vermischen, zusammenschließen
unire in matrimonio trauen (eine Eheschließung vornehmen)
unità (F.) Einheit (F.)
unità (F.) del diritto Rechtseinheit (F.)
unità (F.) del fatto Handlungseinheit (F.)
Unità (F.) di conto europea (ECU) European Currency Unit (N.) (ECU)
unitarietà (F.) del diritto Rechtseinheit (F.)
unitario (Adj.) einheitlich
unito vereinigt
universale allgemein, universal
universalità (F.) Gesamtheit (F.), Universalität (F.)
universalità (F.) di beni mobili Inbegriff (M.)
universalità (F.) di cose Sachgesamtheit (F.), Sachinbegriff (M.)
universalità (F.) di diritto Rechtsgesamtheit (F.)
universalità (F.) di fatto Sachgesamtheit (F.)
università (F.) alma mater (F.) (lat.) (Nährmutter bzw. Universität), Hochschule (F.), Universität (F.)
Università (F.) europea Europäische Universität (F.)
università (F.) integrata Gesamthochschule (F.)
università (F.) popolare Volkshochschule (F.)
universitario akademisch
uomo (M.) comune Durchschnittsmensch (M.)
uomo (M.) di fiducia Vertrauensmann (M.)
uomo (M.) di paglia Strohmann (M.)

uomo (M.) di Stato Staatsmann (M.)
uomo (M.) medio Durchschnittsmensch (M.)
uomo (M.) politico Politiker (M.)
urbanistica (F.) Städtebau (M.)
urbanizzazione (F.) Verstädterung (F.)
urbano städtisch
urgente dringend, dringlich, vordringlich
urgenza (F.) Dringlichkeit (F.)
urna (F.) Wahlurne (F.)
urna (F.) cineraria Urne (F.)
urna (F.) elettorale Urne (F.), Wahlurne (F.)
usanza (F.) Brauch (M.), Gebrauch (M.), Gepflogenheit (F.), Übung (F.), Usance (F.)
usanza (F.) commerciale Verkehrsauffassung (F.), Verkehrssitte (F.)
usare benutzen, brauchen, gebrauchen, verwenden
usare cavilli schikanieren
usare rappresaglie vergelten
usare violenza carnale vergewaltigen
usciere (M.) Amtsdiener (M.), Amtsgehilfe (M.) (Amtsgehilfe in Italien), Gerichtsdiener (M.)
uscire austreten, verlassen (V.)
uso (M.) Anwendung (F.), Bedienung (F.), Benutzung (F.), Brauch (M.), Gebrauch (M.), Gepflogenheit (F.), Gewohnheit (F.), Nutzung (F.), Sitte (F.), Übung (F.), Usance (F.), Verwendung (F.)
uso (M.) civico Allmende (F.), Observanz (F.)
uso (M.) commerciale Handelsbrauch (M.), Verkehrssitte (F.)
uso (M.) comune Allgemeingebrauch (M.), Gemeingebrauch (M.)
uso (M.) improprio di distributori automatici Automatenmissbrauch (M.)
uso (M.) interno Eigenbedarf (M.)
uso (M.) mercantile Handelsbrauch (M.)
uso (M.) normativo Gewohnheitsrecht (N.)
uso (M.) particolare Sondernutzung (F.)
uso (M.) per scopo diverso da quello di destinazione Zweckentfremdung (F.)
uso (M.) proprio Eigenbedarf (M.)
uso (M.) pubblico Allgemeingebrauch (M.), Gemeingebrauch (M.)
usuale hergebracht
usucapione (F.) Ersitzung (F.)
usucapire ersitzen
usufrutto (M.) Fruchtgenuss (M.), Nießbrauch (M.), Nutznießung (F.)
usufruttuario (M.) Fruchtnießer (M.) (Fruchtnießer in Österreich), Nießbrauchsberechtigter (M.), Nutznießer (M.)
usura (F.) Abnutzung (F.), Geldwucher (M.), Sachwucher (M.), Wucher (M.)
usura (F.) pecuniaria Kreditwucher (M.)
usura (F.) semplice Leistungswucher (M.)
usuraio (M.) Wucherer (M.)
usurario wucherisch
usurpare usurpieren
usurpazione (F.) Aneignung (F.), Anmaßung (F.), Usurpation (F.)
usurpazione (F.) di funzioni pubbliche Amtsanmaßung (F.)
usurpazione (F.) di un diritto Rechtsanmaßung (F.)
utensile (M.) Werkzeug (N.)
utente (F.) Benützerin (F.)
utente (M.) Benutzer (M.), Teilnehmer (M.)
utile (Adj.) konstruktiv, nützlich
utile (M.) Ertrag (M.), Gewinn (M.)
utile (M.) proveniente dall'uso di una cosa o dall'esercizio di un diritto Gebrauchsvorteil (M.)
utilità (F.) commodum (N.) (lat.) (Bequemlichkeit bzw. Vorteil)
utilità (F.) pubblica Gemeinnützigkeit (F.)
utilitarismo (M.) Utilitarismus (M.)
utilizzabile verfügbar, verwertbar
utilizzabilità (F.) Verfügbarkeit (F.)
utilizzare benutzen, gebrauchen, verwenden, verwerten
utilizzatore (M.) Anwender (M.)
utilizzazione (F.) Nutzung (F.), Verwendung (F.)
utilizzazione (F.) dell'area Flächennutzung (F.)
utilizzo (M.) Benutzung (F.)
utitlità (F.) sociale Gemeinnützigkeit (F.)

V

vacante frei, offen
vacanza (F.) Ferien (F.Pl.), Urlaub (M.), Vakanz (F.)
vacanze (F.Pl.) giudiziarie Gerichtsferien (Pl.)
vaccinare impfen
vaccinazione (F.) Impfung (F.)
vaccinazione (F.) obbligatoria Impfzwang (M.)

vagabondo (M.) Landstreicher (M.)
vaglia (M.) Anweisung (F.)
vaglia (M.) cambiario Solawechsel (M.)
vaglia (M.) postale Postanweisung (F.)
valere gelten
validità (F.) Geltung (F.), Gültigkeit (F.), Rechtswirksamkeit (F.), Stichhaltigkeit (F.)
validità (F.) generale Allgemeingültigkeit (F.)
valido gültig, rechtskräftig, rechtswirksam
valore (M.) Kostbarkeit (F.), Valuta (F.), Wert (M.), Wertgegenstand (M.)
valore (M.) affettivo Affektionswert (M.)
valore (M.) aggiunto Mehrwert (M.)
valore (M.) bollato Wertzeichen (N.)
valore (M.) bollato ufficiale amtliches Wertzeichen (N.)
valore (M.) collettivo Gemeinschaftswert (M.)
valore (M.) contabile Buchwert (M.)
valore (M.) convenuto Taxe (F.)
valore (M.) corrente Zeitwert (M.)
valore (M.) d'affezione Affektionswert (M.), Liebhaberwert (M.)
valore (M.) d'avviamento Geschäftswert (M.), goodwill (M.)
valore (M.) d'uso Nutzwert (M.)
valore (M.) della causa Gegenstandswert (M.), Streitwert (M.)
valore (M.) della ditta Geschäftswert (M.), goodwill (M.)
valore (M.) di affezione Affektionsinteresse (N.)
valore (M.) di carico Buchwert (M.)
valore (M.) di libro Buchwert (M.)
valore (M.) mobiliare Papier (N.), Wertpapier (N.)
valore (M.) monetario Geldwert (M.)
valore (M.) nominale Nennwert (M.) (Nennwert eines Wertpapiers), Nominalwert (M.)
valore (M.) soggettivo subjektiver Wert (M.)
valore (M.) unitario Einheitswert (M.)
valori (M.Pl.) Effekten (M.Pl.)
valorizzare erschließen, verwerten
valorizzazione (F.) Erschließung (F.), Verwertung (F.)
valuta (F.) Valuta (F.), Währung (F.), Wert (M.)
valutare anrechnen, anschlagen, ansetzen, beurteilen, bewerten, ermessen, erwägen, kalkulieren, schätzen, taxieren, veranlagen, werten, zensieren
valutazione (F.) Anschlag (M.), Beurteilung (F.), Bewertung (F.), Erwägung (F.), Schätzung (F.), Taxe (F.), Wertung (F.), Werturteil (N.)
valutazione (F.) del danno Schadensberechnung (F.)
valutazione (F.) della prova Beweiswürdigung (F.)
valutazione (F.) di impatto ambientale (VIA) Umweltverträglichkeitsprüfung (F.)
vandalo (M.) Randalierer (M.)
vano (M.) d'abitazione Wohnraum (M.)
vantaggio (M.) commodum (N.) (lat.) (Bequemlichkeit bzw. Vorteil), Nutzen (M.), Vorteil (M.)
vantaggio (M.) d'uso Gebrauchsvorteil (M.)
vantaggio (M.) patrimoniale Vermögensvorteil (M.)
vantaggioso nützlich, vorteilhaft
vantare beanspruchen
varare verabschieden
variabile gleitend
variare differieren
variazione (F.) Abänderung (F.), Abweichung (F.), Veränderung (F.), Wechsel (M.)
varo (M.) di una legge Verabschiedung (F.) eines Gesetzes
vassallo (M.) Vasall (M.)
vasto weit
Vaticano (M.) Vatikan (M.)
vecchiaia (F.) Alter (N.)
veci (F.Pl.) Stellvertretung (F.)
vedova (F.) Witwe (F.)
vedovo (M.) Witwer (M.)
veicolo (M.) Fahrzeug (N.), Wagen (M.) (Auto)
veicolo (M.) commerciale Nutzfahrzeug (N.)
veicolo (M.) utilitario Nutzfahrzeug (N.)
veleno (M.) Gift (N.)
velenoso giftig
veloce geschwind
velocità (F.) Geschwindigkeit (F.)
velocità (F.) di reazione Reaktionsgeschwindigkeit (F.)
venale bestechlich, korrupt
venalità (F.) Bestechlichkeit (F.)
vendemmiatore (M.) Winzer (M.)
vendere veräußern, verkaufen, versetzen, vertreiben
vendere a vil prezzo verschleudern
vendere all'asta versteigern

vendere all'incanto versteigern
vendere porta a porta hausieren
vendetta (F.) Rache (F.)
vendetta (F.) di sangue Blutrache (F.)
vendicare rächen
vendita (F.) Absatz (M.), Kauf (M.), Veräußerung (F.), Verkauf (M.), Vertrieb (M.)
vendita (F.) a credito Kreditkauf (M.)
vendita (F.) a distanza Teleshopping (M.)
vendita (F.) a prova Kauf (M.) auf Probe
vendita (F.) a rate Ratengeschäft (N.), Ratenkauf (M.), Teilzahlungsgeschäft (N.)
vendita (F.) a sorte Kauf (M.) auf Hoffnung
vendita (F.) a trattativa privata freihändiger Verkauf (M.)
vendita (F.) ad effetti reali Realkauf (M.)
vendita (F.) aleatoria Hoffnungskauf (M.), Kauf (M.) auf Hoffnung
vendita (F.) all'asta Versteigerung (F.)
vendita (F.) all'incanto Auktion (F.), Versteigerung (F.)
vendita (F.) all'incanto nella divisione Teilungsversteigerung (F.)
vendita (F.) coattiva Selbsthilfeverkauf (M.)
vendita (F.) con consegna a giorno fisso Fixgeschäft (N.)
vendita (F.) con efficacia obbligatoria schuldrechtlicher Kauf (M.) (schuldrechtlicher Kauf in Italien)
vendita (F.) con individuazione Bestimmungskauf (M.)
vendita (F.) con riserva di dominio Kauf (M.) unter Eigentumsvorbehalt
vendita (F.) con riserva di proprietà Kauf (M.) unter Eigentumsvorbehalt
vendita (F.) con specificazione Bestimmungskauf (M.)
vendita (F.) d'eredità Erbschaftskauf (M.)
vendita (F.) del pegno Pfandverkauf (M.)
vendita (F.) di animali Viehkauf (M.)
vendita (F.) di cosa a scopo di garanzia Sicherungsübereignung (F.)
vendita (F.) di cosa altrui Kauf (M.) der Sache eines Dritten, Verkauf (M.) einer fremden Sache
vendita (F.) di cosa futura Verkauf (M.) einer künftigen Sache
vendita (F.) di cosa generica Gattungskauf (M.)
vendita (F.) di cose future Kauf (M.) künftiger Sachen
vendita (F.) di fine stagione Schlussverkauf (M.)
vendita (F.) di liquidazione Räumungsverkauf (M.)
vendita (F.) forzata Notverkauf (M.), Zwangsversteigerung (F.)
vendita (F.) forzata al pubblico incanto Zwangsversteigerung (F.)
vendita (F.) forzata all'incanto Subhastation (F.)
vendita (F.) immobiliare Grundstückskauf (M.)
vendita (F.) in danno Selbsthilfeverkauf (M.)
vendita (F.) per catalogo Versandhandel (M.)
vendita (F.) per corrispondenza Versandhandel (M.), Versendungskauf (M.)
vendita (F.) porta a porta Haustürgeschäft (N.)
vendita (F.) privata freihändiger Verkauf (M.)
vendita (F.) rateale Teilzahlungsgeschäft (N.)
vendita (F.) su campione Kauf (M.) nach Probe
vendita (F.) su catalogo Versendungskauf (M.)
vendita (F.) su specificazione Spezifikationskauf (M.)
venditore (M.) Verkäufer (M.)
venditore (M.) all'asta Auktionator (M.), Versteigerer (M.)
venditore (M.) ambulante Hausierer (M.)
venditrice (F.) Verkäuferin (F.)
veneficio (M.) Giftmord (M.)
venerare huldigen
venerazione (F.) Huldigung (F.)
venir (M.) meno Wegfall (M.)
venir (M.) meno dell'arricchimento Wegfall (M.) der Bereicherung (F.)
venir (M.) meno dell'interesse del creditore alla prestazione Zweckstörung (F.)
venir (M.) meno della causa Zweckfortfall (M.)
venire a sapere erfahren (V.)
venturo künftig
verbale (M.) Niederschrift (F.), Protokoll (N.)
verbale (M.) di udienza Verhandlungsprotokoll (N.)
verbale verbal
verbalizzare aufzeichnen, beurkunden, protokollieren

verbalmente (Adv.) mündlich
verdetto (M.) Spruch (M.), Urteil (N.), Verdikt (N.)
verdetto (M.) di colpevolezza Schuldspruch (M.)
verdicità (F.) Wahrheit (F.)
vergine (F.) Jungfrau (F.)
vergogna (F.) Schande (F.)
veridicità (F.) Echtheit (F.)
veridico echt, wahr
verifica (F.) Nachprüfung (F.), Probe (F.), Prüfung (F.), Untersuchung (F.)
verifica (F.) contabile Rechnungsprüfung (F.)
verifica (F.) fiscale Steuerprüfung (F.)
verifica (F.) fiscale sul luogo Außenprüfung (F.)
verificare eichen, ermitteln, nachprüfen, prüfen, revidieren, überprüfen
verificarsi eintreten
verificazione (F.) Bewährung (F.), Nachprüfung (F.), Revision (F.)
verificazione (F.) delle elezioni Wahlprüfung (F.)
verità (F.) Wahrheit (F.)
vero real, wahr
versamento (M.) Einzahlung (F.), Überweisung (F.), Zahlung (F.)
versamento (M.) a rate Abzahlung (F.)
versamento (M.) a risparmio Spareinlage (F.)
versamento (M.) supplementare Nachschuss (M.)
versare anweisen, einzahlen, zahlen
versato kundig
versione (F.) Fassung (F.)
verso (M.) Rückseite (F.)
verso gegen
vertenza (F.) Streitfrage (F.), Streitigkeit (F.)
vertenza (F.) giudiziaria Rechtsstreit (M.)
verticale (Adj.) vertikal
vescovo (M.) Bischof (M.)
vessare schikanieren
vessatorio schikanös
vessazione (F.) Schikane (F.)
veste (F.) Talar (M.)
veto (M.) Veto (N.)
vetrina (F.) Auslage (F.)
vettore (M.) Frachtführer (M.)
via (F.) Straße (F.), Weg (M.)
via (F.) di fatto Handgreiflichkeit (F.)
via (F.) di mare Seeweg (M.)
via (F.) gerarchica Behördenweg (M.), Dienstweg (M.), Instanzenweg (M.), Instanzenzug (M.)
via (F.) giudiziaria Rechtsweg (M.)
via (F.) marittima Seeweg (M.)
via (F.) privata Privatstraße (F.)
viaggiare reisen
viaggio (M.) Fahrt (F.), Reise (F.)
vice (Adj.) stellvertretend
vicecancelliere (M.) Vizekanzler (M.)
vicemadre (F.) Pflegemutter (F.)
vicenda (F.) Ereignis (N.)
vicepadre (M.) Pflegevater (M.)
vice-preside (M.) Konrektor (M.)
vicepresidente (M.) Vizepräsident (M.)
vicerè (M.) Vizekönig (M.)
viceregina (F.) Vizekönigin (F.)
vicino (M.) Anlieger (M.), Nachbar (M.)
vicolo (M.) cieco Sackgasse (F.)
video (M.) Bildschirm (M.)
videotel (M.) Bildschirmtext
vie (F.Pl.) di fatto Tätlichkeit (F.)
vie (F.Pl.) legali Rechtsweg (M.)
vie (F.Pl.) legali ordinarie ordentlicher Rechtsweg (M.)
Vienna (F.) Wien (N.)
vietare untersagen, verbieten
vietato verboten
vigente geltend, gültig
vigenza (F.) Gültigkeit (F.)
vigere gelten
vigilanza (F.) Aufsicht (F.), Beaufsichtigung (F.), Bewachung (F.), Kontrolle (F.), Überwachung (F.)
vigilanza (F.) federale Bundesaufsicht (F.)
vigilanza (F.) gerarchica Dienstaufsicht (F.)
vigilanza (F.) statale Staatsaufsicht (F.)
vigilanza (F.) su una persona Personensorge (F.)
vigilanza (F.) sui comuni Kommunalaufsicht (F.)
vigilanza (F.) sulle assicurazioni Versicherungsaufsicht (F.)
vigilanza (F.) sulle banche Bankenaufsicht (F.)
vigilanza (F.) sulle fusioni Fusionskontrolle (F.)
vigilare beaufsichtigen, bewachen, kontrollieren, überwachen
vigile (M.) Wärter (M.)
vignaiolo (M.) Winzer (M.)

vigore (M.) Geltung (F.), Gültigkeit (F.), Kraft (F.)
vile infam
vilipendere verächtlichmachen, verunglimpfen
vilipendio (M.) Beschimpfung (F.), Verächtlichmachung (F.), Verunglimpfung (F.)
vilipendio (M.) di cadavere Leichenschändung (F.)
villino (M.) in proprio Eigenheim (N.)
viltà (F.) Infamie (F.)
vincere gewinnen
vincolante bindend, verbindlich
vincolare binden, sperren, verpflichten, vinkulieren
vincolatezza (F.) Gebundenheit (F.)
vincolato fest, gebunden
vincolo (M.) Bindung (F.), Last (F.), Verpflichtung (F.), Vinkulierung (F.)
vincolo (M.) coniugale Eheband (N.)
vincolo (M.) della continuazione Fortsetzungszusammenhang (M.)
vincolo (M.) giuridico Rechtsbindung (F.)
vincolo (M.) matrimoniale Eheband (N.)
violare missbrauchen, übergehen, überschreiten, übertreten, verletzen
violatore (M.) della legge Rechtsbrecher (M.)
violazione (F.) Bruch (M.), Überschreitung (F.), Verletzung (F.), Verstoß (M.)
violazione (F.) amministrativa Ordnungswidrigkeit (F.)
violazione (F.) contrattuale Vertragsbruch (M.)
violazione (F.) dei doveri d'ufficio Amtspflichtverletzung (F.), Dienstvergehen (N.)
violazione (F.) dei doveri reciproci dei coniugi Eheverfehlung (F.)
violazione (F.) del contratto Vertragsverletzung (F.)
violazione (F.) del diritto Rechtsverletzung (F.)
violazione (F.) del dovere di diligenza Sorgfaltspflichtverletzung (F.)
violazione (F.) del segreto professionale Verletzung (F.) des Berufsgeheimnisses
violazione (F.) del trattato Vertragsverletzung (F.)
violazione (F.) dell'obbligo contrattuale Vertragspflichtverletzung (F.)
violazione (F.) della detenzione Gewahrsamsbruch (M.)
violazione (F.) della legge Rechtsbruch (M.)
violazione (F.) della pace Friedensbruch (M.)
violazione (F.) della pubblica custodia di cose Verwahrungsbruch (M.)
violazione (F.) della quiete pubblica Landfriedensbruch (M.)
violazione (F.) di brevetto Patentverletzung (F.)
violazione (F.) di credito Forderungsverletzung (F.)
violazione (F.) di domicilio Hausfriedensbruch (M.)
violazione (F.) di giuramento Eidesbruch (M.)
violazione (F.) di legge Rechtsverletzung (F.)
violazione (F.) di sigilli Siegelbruch (M.)
violazione (F.) di un dovere Pflichtverletzung (F.)
violazione (F.) positiva del credito positive Forderungsverletzung (F.)
violazione (F.) positiva di un obbligo contrattuale positive Vertragspflichtverletzung (F.)
violentare vergewaltigen
violento gewaltsam, gewalttätig
violenza (F.) Gewalttätigkeit (F.), Zwang (M.)
violenza (F.) carnale Notzucht (F.), Vergewaltigung (F.)
violenza (F.) compulsiva psychischer Zwang (M.)
violenza (F.) fisica Gewalt (F.) (Kraft), physischer Zwang (M.)
violenza (F.) mediata mittelbarer Zwang (M.)
violenza (F.) morale Gewalt (F.) (Kraft)
violenza (F.) privata Nötigung (F.)
violenza (F.) psichica psychischer Zwang (M.)
violenza (M.) sessuale sexueller Missbrauch (M.)
virtuale potentiell
vis (F.) maior (lat.) höhere Gewalt (F.), vis (F.) maior (lat.) (höhere Gewalt)
visibile offenbar
visibilità (F.) Sicht (F.)
visione (F.) Einsicht (F.), Kenntnis (F.)
visita (F.) di leva Musterung (F.)
visitare besuchen, inspizieren
visiting professor (M.) (engl.) Gastprofessor (M.)
viso (M.) Gesicht (M.)
vista (F.) Sicht (F.)

vistare abzeichnen
visto (M.) Sichtvermerk (M.), Visum (N.)
visura (F.) Einsichtnahme (F.)
vita (F.) Leben (N.)
vita (F.) privata Privatleben (N.)
vitalizio (Adj.) lebenslänglich
vitalizio (M.) Leibrente (F.)
vittima (F.) Opfer (N.), Verletzter (M.)
vittimologia (F.) Viktimologie (F.)
vitto (M.) Kost (F.)
vittoria (F.) Sieg (M.)
vivace mobil
vivere leben
vivisezione (F.) Vivisektion (F.)
viziato fehlerhaft, mangelhaft
vizio (M.) Fehler (M.), Laster (N.), Mangel (M.)
vizio (M.) apparente offenkundiger Mangel (M.)
vizio (M.) della cosa Sachmangel (M.)
vizio (M.) della costruzione Baumangel (M.)
vizio (M.) della volontà Willensmangel (M.)
vizio (M.) di forma Formfehler (M.), Formmangel (M.)
vizio (M.) di merito Ermessensmangel (M.), Sachmangel (M.)
vizio (M.) formale Formfehler (M.), Formmangel (M.)
vizio (M.) giuridico Rechtsmangel (M.)
vizio (M.) nel consenso Einigungsmangel (M.)
vizio (M.) nell'esercizio del potere discrezionale Ermessensfehler (M.)
vizio (M.) occulto verborgener Mangel (M.)
vizio (M.) occulto della cosa Gewährmangel (M.)
vizio (M.) palese offenkundiger Mangel (M.)
vizio (M.) parziale di mente Geistesschwäche (F.)
vizio (M.) redibitorio Wandlungsfehler (M.)
viziosità (F.) Fehlerhaftigkeit
vizioso fehlerhaft, mangelhaft
vocatio (F.) in ius (lat.) Ladung (F.)
vocazione (F.) Berufung (F.)
voce (F.) Stimme (F.)
voglia (F.) Lust (F.)
volantino (M.) Flugblatt (N.), Flugschrift (F.)
volare fliegen
volere (M.) Wille (M.), Wollen (N.)
volgare ordinär, vulgär
volo (M.) Flug (M.)
volontà (F.) Wille (M.), Wollen (N.)
volontà (F.) degli effetti giuridici Rechtsfolgewille (M.)
volontà (F.) dell'unitarietà Einheitlichkeitswille (M.)
volontà (F.) delle parti Parteiwille (M.)
volontà (F.) di agire Handlungswille (M.)
volontà (F.) di dichiarazione Erklärungswille (M.)
volontà (F.) di disporre Handlungswille (M.)
volontà (F.) di rappresentanza Vertretungswille (M.)
volontà (F.) di vincolarsi giuridicamente Rechtsbindungswille (M.)
volontà (F.) negoziale Geschäftswille (M.)
volontà (F.) testamentaria letztwillige Verfügung (F.)
volontariato (M.) Volontariat (N.)
volontarietà (F.) Freiwilligkeit (F.)
volontario (M.) Volontär (M.)
volontario außerstreitig, ehrenamtlich, freiwillig, gewillkürt
voltagabbana (M.) Opportunist (M.)
volto (M.) Gesicht (M.)
volume (M.) Anfall (M.), Band (N. bzw. M.), Volumen (N.)
volume (M.) d'affari Geschäftsumfang (M.)
votante (F.) Wählerin (F.)
votante (M.) Wähler (M.)
votare abstimmen, stimmen, verabschieden, wählen
votazione (F.) Abstimmung (F.), Stimmabgabe (F.), Wahl (F.), Wahlgang (M.)
votazione (F.) di una legge Gesetzesverabschiedung (F.)
votazione (F.) per corrispondenza Briefwahl (F.), Urabstimmung (F.)
votazione (F.) per divisione Hammelsprung (M.)
votazione (F.) per teste Abstimmung (F.) nach Köpfen
votazione (F.) segreta geheime Wahl (F.)
voto (M.) Gelübde (N.), Note (F.), Stimme (F.), Votum (N.), Zensur (F.)
voto (M.) a blocco Blockwahl (F.)
voto (M.) contrario Gegenstimme (F.)
voto (M.) di fiducia Vertrauensvotum (N.)
voto (M.) di gruppo Gruppenwahl (F.)
voto (M.) di sfiducia Misstrauensvotum (N.)
voto (M.) di sfiducia costruttivo konstruktives Misstrauensvotum (N.)
voto (M.) dissidente Sondervotum (N.)

voto (M.) proporzionale Verhältniswahl (F.)
voto (M.) unanime Einstimmigkeit (F.)
vuotare räumen
vuoto (M.) Lücke (F.)
Vurtemberga (F.) Baden-Württemberg (N.)

w

web (M.) (engl.) Web (N.)
white collar crime (M.) (engl.) Wirtschaftskriminalität (F.)

x

xenofobia (F.) Ausländerfeindlichkeit (F.)

z

zero null
zia (F.) Tante (F.)
zingara (F.) Zigeunerin (F.)
zingaro (M.) Zigeuner (M.)
zio (M.) Onkel (M.)
zolla (F.) Scholle (F.) (Erdklumpen)
zona (F.) Raum (M.), Zone (F.)
zona (F.) bloccata Sperrgebiet (N.)
zona (F.) d'occupazione Besatzungsgebiet (N.), Besatzungszone (F.)
zona (F.) di insediamenti produttivi Gewerbegebiet (N.)
zona (F.) di libero scambio Freihandelszone (F.)
zona (F.) di rispetto Schutzbereich (M.)
zona (F.) economica esclusiva exklusive Wirtschaftszone (F.)
zona (F.) edificabile Bauplatz (M.)
zona (F.) extradoganale Zollausschlussgebiet (N.)
zona (F.) franca Zollausschlussgebiet (N.)
zona (F.) industriale Gewerbegebiet (N.), Industriegebiet (N.)
zona (F.) occupata Besatzungsgebiet (N.), Besatzungszone (F.)
zona (F.) pedonale Fußgängerzone (F.)
zona (F.) periferica Außenbereich (M.)
zona (F.) produttiva Gewerbegebiet (N.)
zona (F.) residenziale Wohngebiet (N.)
zoppicante hinkend
zoppiccare hinken